D1735204

Voigtländer/Jacob

Grünlandwirtschaft und Futterbau

Grünlandwirtschaft und Futterbau

Herausgegeben von
Prof. Dr. Gerhard Voigtländer
Freising-Weihenstephan
Prof. Dr. Helmut Jacob, Stuttgart-Hohenheim

Unter Mitarbeit von
Prof. Dr. Peter Boeker †, Bonn
Prof. Dr. Dr. h.c. Karl Enigk, Hannover
Prof. Dr. Wilhelm Opitz von Boberfeld, Gießen
Prof. Dr. Uwe Simon, Freising-Weihenstephan
Prof. Dr. Ernst Zimmer, Braunschweig-Völkenrode

137 Abbildungen und 281 Tabellen

VERLAG
EUGEN
ULMER

Anschriften der Mitarbeiter

Prof. Dr. Peter Boeker †, Institut für Pflanzenbau der Universität Bonn, Lehrstuhl für Allgemeinen Pflanzenbau

Prof. Dr. Dr. h.c. Karl Enigk, Institut für Parasitologie der Tierärztlichen Hochschule Hannover

Prof. Dr. Helmut Jacob, Institut für Pflanzenbau der Universität Stuttgart-Hohenheim, Lehrstuhl für Grünlandlehre

Prof. Dr. Wilhelm Opitz von Boberfeld, Institut für Pflanzenbau und Pflanzenzüchtung II – Grünlandwirtschaft und Futterbau – der Universität Gießen

Prof. Dr. Uwe Simon, Lehrstuhl für Grünland und Futterbau der Technischen Universität München

Prof. Dr. Gerhard Voigtländer, Lehrstuhl für Grünland und Futterbau der Technischen Universität München

Prof. Dr. Ernst Zimmer, Institut für Grünland- und Futterpflanzenforschung der FAL Braunschweig-Völkenrode

CIP-Kurztitelaufnahme der Deutschen Bibliothek

Grünlandwirtschaft und Futterbau / hrsg. von Gerhard Voigtländer ;
Helmut Jacob. Unter Mitarb. von Peter Boeker ... – Stuttgart :
Ulmer, 1987.
ISBN 3-8001-3071-8

NE: Voigtländer, Gerhard [Hrsg.]; Boeker, Peter [Mitverf.]

Wollgrasweg 41, 7000 Stuttgart 70 (Hohenheim)
Printed in Germany
Umschlaggestaltung: A. Krugmann, Freiberg am Neckar
Satz: JW Filmsatz, Passau
Druck und Bindung: Röck, Weinsberg

Vorwort

Das vorliegende Buch hat zum Ziel, die einzelnen Formen des Futterbaues mit ihren Ansprüchen an die Bewirtschaftung und mit ihren Leistungen darzustellen. Auch der Grünlandwirt arbeitet im Spannungsfeld zwischen Ökologie und Ökonomie. Deswegen wurden die Ansprüche der Nutztiere und die Wirtschaftlichkeit des Futterbaues etwas stärker betont, als es sonst in der Grünland- und Futterbauliteratur der Fall ist. Dennoch steht die Behandlung pflanzenbaulich-ökologischer Probleme weit im Vordergrund.

Unser Fachgebiet erfordert in allen seinen Teilen eine weitgehende Spezialisierung, wenn weitere Fortschritte erzielt werden sollen. Daß sie für die Welternährung notwendig sind, wird uns nicht nur auf den alle drei bis vier Jahre stattfindenden Internationalen Graslandkongressen vor Augen geführt. Andererseits fordert wohl kein Teilgebiet der pflanzlichen Produktion so sehr zum Denken in Kreisläufen und zur Synthese heraus wie der Futterbau mit seinen vielseitigen Wechselwirkungen zwischen pflanzlicher und tierischer Produktion unter der lenkenden Hand des Menschen.

Um diesen divergierenden Erfordernissen Rechnung zu tragen, haben wir uns bemüht, die wichtigsten Teilgebiete unseres Faches mit Hilfe von einleuchtenden Beispielen aus der eigenen Arbeit und aus der Fachliteratur darzustellen. Dabei sollten sowohl Fakten und wissenschaftliche Detailkenntnisse vermittelt, als auch Gedankengänge und Zusammenhänge zwischen den Teilen möglichst nachvollziehbar dargelegt werden.

Wir wollten ein Lehrbuch vorlegen und kein Handbuch. Daher war es nicht unsere Absicht, die Literatur unseres Fachgebietes möglichst lückenlos zu erfassen. So mag die Auswahl bisweilen willkürlich erscheinen. Andere Autoren wurden besonders dann zitiert, wenn Tabellen, Abbildungen oder spezielle Aussagen übernommen wurden. Die verwendeten und weiterführenden Arbeiten wurden getrennt für die fünf Hauptkapitel zusammengestellt. Lehr- und Fachbücher wurden jedoch vor dem Gesamtverzeichnis gesondert aufgeführt.

Im ersten Kapitel wurde als Einführung eine Art von Gesamtschau versucht mit gemeinsamen Grundlagen, einer kurzen Charakteristik der einzelnen Futterbauformen, ihrer Leistungen und der Verwertung ihrer Produkte in der Tierhaltung und im Futterbaubetrieb.

Im zweiten Kapitel wird das Dauergrünland behandelt, aber auch seine Verbesserung und Erneuerung mit Saatmethoden. Dabei zeigt sich, daß der Begriff „Dauergrünland“ immer schwerer zu definieren ist; denn es ist keineswegs klar, von welchem Zeitraum ab eine Grünlandfläche als Dauergrünland anzusehen ist. Kann man mit Herbiziden selektiv behandeltes und durch Nachsaat renoviertes Grünland noch als Dauergrünland bezeichnen? Kann man die frühere Definition noch aufrecht erhalten, nach der die Bezeichnung Dauergrünland dann gerechtfertigt ist, wenn sich die Narbe im Einklang mit allen auf sie wirkenden Standortseinflüssen befindet? Kann sich ein solches Gleichgewicht überhaupt noch einstellen, wenn der Mensch willkürlich oder auch planmäßig das Artengefüge kurzfristig ändern oder auch nur stören kann? Diese Fragen werden auch von uns nicht beantwortet. Die Autoren waren aber bemüht, dem Leser Informationen zu vermitteln, die ihm ein eigenes Urteil ermöglichen können.

Das dritte Kapitel über das Wechselgrünland ist, wohl als Folge seiner nachlassenden Bedeutung in den letzten Jahrzehnten, sehr kurz ausgefallen. Kleegras-, Feldgras- und Egartwirtschaft sind in Mitteleuropa zugunsten einer getrennten Bewirtschaftung von Ackerland und Dauergrünland stark eingeschränkt worden. Dennoch zeichnen sich im alternativen Landbau, in der Forderung nach gesunden Fruchtfolgen und in der Tendenz, weniger Fremdenergie (Düngung, Pflanzenschutz) in der Landwirtschaft zu verwenden, Entwicklungen ab, die einer Rückkehr zum Wechselgrünland hier und da förderlich sein könnten.

Im vierten Kapitel wird der Feldfutterbau einschließlich Maisanbau besprochen. Er nimmt zwar in der Bundesrepublik nur um 10% der LF in Anspruch, hat aber gerade durch den Mais erheblich an Gewicht gewonnen. Dies gilt in erster Linie für seine vielseitigen Vorteile, zunehmend aber auch für die Schäden, die er in bestimmten Lagen verursachen kann. Jedenfalls kann man den Futterbau auf dem Ackerland nicht mehr uneingeschränkt als ein Mittel zur Förderung der Bodenfruchtbarkeit bezeichnen. Eine Verbesserung der Anbaumethoden und ein standortschonender Futterbau sind daher aktuelle Forschungsthemen.

Schließlich befaßt sich das fünfte Kapitel mit der Futterkonservierung. Hier sind die Kenntnisse in den letzten Jahren weiter gewachsen, wenn auch die Übertragbarkeit in den Grünlandbetrieb immer noch Schwierigkeiten bereitet. Aber auch in dieser Richtung sind Fortschritte unverkennbar.

Ein so umfangreiches Wissensgebiet konnte von einem Autor allein nicht bearbeitet werden. Daher sei den gewonnenen Autoren für ihre Mitarbeit gedankt. Unser Dank gebührt weiterhin Kollegen und Mitarbeitern für ihre Anregungen und Verbesserungsvorschläge, ebenso den zahlreichen Helfern bei der Anfertigung des Manuskriptes.

Die Zusammenarbeit mehrerer Verfasser auf benachbarten Fachgebieten birgt immer die Gefahr von Überschneidungen und Wiederholungen in sich. Diese wurden zumeist behoben, z. T. aber bewußt belassen, wenn ein Gegenstand von verschiedenen Gesichtspunkten aus betrachtet wird. So werden z. B. verschiedene Grasarten unter dem Aspekt von Nach- und Neuansaaten auf Dauergrünland besprochen und dieselben Arten später aus dem Blickwinkel des Feldfutterbaues und der Futterpflanzenzüchtung.

Unser gemeinsamer Dank gilt dem Verlag, insbesondere Herrn Roland Ulmer für seine verständnisvolle Förderung und für die Geduld, mit der er die Fertigstellung des Manuskriptes abgewartet hat. Es sei der Wunsch angefügt, daß unsere Arbeit eine interessierte Aufnahme bei den Studenten, in Wissenschaft, Beratung und Praxis finden möge.

Weihenstephan und Hohenheim, Frühjahr 1987

Gerhard Voigtländer
Helmut Jacob

Inhaltsverzeichnis

1 Einführung in den Futterbau – Umfang, Formen und Leistungen

(G. Voigtländer)

1.1 Größe und geographische Verteilung der Futterflächen

Die Gesamtfläche des Grünlandes der Erde umfaßt etwa 3 Mrd. ha. Die Verteilung auf die einzelnen Erdteile ist Tab. 1 nach einer Zusammenstellung von Alberda (1977) zu entnehmen.

Der überwiegende Teil des Dauergrünlandes ist für den Ackerbau nicht geeignet. Alberda hat versucht, die bei optimaler Bewirtschaftung mögliche, von den Klimafaktoren begrenzte Futterproduktion zu berechnen und kommt auf eine mögliche TS-Produktion von 40 Mrd. t. Auf der Grundlage der gehandelten Milch- und Fleischproduktion der Welt werden gegenwärtig nur 1,1 Mrd. t TS oder 2,8% der möglichen Menge erzeugt, in Europa immerhin schon 25% (vgl. Tab. 2).

Demnach sind noch bedeutende Reserven vorhanden, die durch zweckmäßigere, intensivere Wirtschaftsweise erschlossen werden müssen. Legt man einen täglichen Milch- und Fleischbedarf von 0,5 bzw. 0,05 kg je Einwohner zugrunde, so müssen bei unvermindertem Wachstum der Erdbevölkerung die Tierbestände derartig zunehmen, daß sie am Ende des 21. Jahrhunderts nur noch versorgt werden könnten, wenn das theoretisch mögliche Ertragspotential des Grünlandes voll ausgeschöpft würde (Alberda 1977). Da dieses Ziel nur teilweise realisierbar ist, kann nur eine

Tab. 1. Die potentielle und mögliche Gesamt-TS-Produktion und die potentielle und mögliche Futter-TS-Produktion von Dauerwiesen und -weiden der Kontinente der Erde

1 Kontinent	2 Dauerwiesen und -weiden	3 Potentielle Gesamt-TS-Produktion	4 Mögliche Gesamt-TS-Produktion	5 Potentielle Futter-TS-Produktion	6 Mögliche Futter-TS-Produktion
	Mill. ha		Megatonnen (MT)/Jahr		
Afrika	792	62994	18318	37797	10991
Nord- und Mittelamerika	353	19841	8787	11905	5272
Südamerika	385	26972	15258	16183	9155
Asien (ohne USSR)	533	29397	6639	17638	3984
Europa (ohne USSR)	88	3920	2130	2352	1278
Ozeanien	466	28351	8251	17011	4951
USSR	376	13610	6887	8166	4132
Gesamt	2993	185085	66270	111052	39763

1 MT = 1 Mill. t

Spalte 3 = Brutto-TS-Produktion geschlossener grüner Pflanzenbestände, nach meteorologischen Daten und geographischer Lage kalkuliert

Spalte 4 = TS-Produktion bei bestmöglicher Bewirtschaftung, jedoch mit Abzügen von der potentiellen TS-Produktion (Spalte 3) wegen armer Böden oder Wassermangel

Spalte 5 und 6 = 60% der TS-Produktion unter Spalte 3 bzw. 4 (geschätzt)

Verlangsamung der Bevölkerungszunahme eine Katastrophe verhindern. Zugleich muß eine Intensivierung der Futterproduktion, besonders in den Entwicklungsländern, dazu beitragen, diese Gefahr zu verringern.

Der Futterbau ist der umfangreichste und vielseitigste Zweig des Landbaues. Allein das Dauergrünland nimmt in der Welt zwei Drittel der landwirtschaftlich genutzten Fläche (LF) ein. Allerdings umfaßt es neben dem Intensivgrünland auch Steppen, Savannen, Almen, Hutungen und andere ödlandähnliche, meist sehr extensiv als Weide genutzten Flächen.

In Europa sind die nordischen Länder und die kontinentalen Gebiete verhältnismäßig grünlandarm, die maritimen Lagen und der Alpenraum dagegen grünlandreich. In der Bundesrepublik Deutschland sind die Grünlandanteile etwas ausgeglichener, wenn man von den weniger ins Gewicht fallenden Zahlen für Hamburg, Bremen und Westberlin einmal absieht. Die Grünlandanteile machen 31 bis 44 % der LF aus. Auffallend ist der hohe Anteil an Wiesen in den beiden süddeutschen Ländern und an Weiden und Mähweiden in Nordrhein-Westfalen, Schleswig-Holstein und Niedersachsen. Weitere Einzelheiten enthält Tab. 3.

Die Aufgliederung der LF, des Dauergrünlandes und des Hauptfruchtfutterbaues auf dem Ackerland ist für das Bundesgebiet im Vergleich zu Bayern in Tab. 4 zusammengestellt. Im Dauergrünlandanteil unterscheiden sich das Bundesgebiet und Bayern nur wenig, wesentlich stärker aber im Ackerfutteranteil (10,2 zu 14,9 % der LF). Die deutlichsten Verschiebungen hat es innerhalb des Ackerfutterbaues gegeben. Hier hat der Anbau von Grün- und Silomais in den letzten 20 Jahren stetig zugenommen, und zwar zu Lasten aller anderen Feldfutterpflanzen einschließlich Futterrüben (Abb. 1).

1.2 Aufgaben des Futterbaues

Nach dem 2. Weltkrieg stellte STÄHLIN (1949) als Hauptaufgabe des Futterbaues heraus: „Steige-

Tab. 2. Die berechnete Futter-TS-Produktion nach der Fleisch- und Milchproduktion im Vergleich zur notwendigen und möglichen Produktion

1 Kontinent	2 Bevölkerungszahl	3 Notwendige Futter-TS-Produktion zur Ernährung der Tierbestände	4 Berechnete Futter-TS-Produktion nach der Fleisch- und Milchproduktion	5 Mögliche Futter-TS-Produktion	6 Berechnete Futter-TS-Produktion in Prozent der „möglichen“
	Mill.	Megatonnen (MT)/Jahr			
Afrika	384	165	54	10991	0,49
Nord- und Mittelamerika	340	146	252	5272	4,78
Südamerika	212	91	96	9155	1,05
Asien	2223	956	135	3984	3,39
Europa	473	203	316	1278	24,73
Ozeanien	21	89	48	4951	0,97
USSR	252	108	197	4132	4,77
Gesamt	3905	1758	1098	39763	2,76

1 MT = 1 Mill. t

Spalte 3, Rechengang: Angenommener Tagesbedarf von 0,5 kg Milch und 0,05 kg Fleisch je Einwohner entspricht einem Jahresbedarf von 430 kg Futter-TS je Einwohner (11 kg TS für 1 kg Fleisch und 1,25 kg TS für 1 kg Milch). – 430 kg Futter-TS multipliziert mit der Bevölkerungszahl ergibt die notwendige TS-Produktion

Tab. 3. Verbreitung des Dauergrünlandes (DG) in % der landwirtschftlich genutzten Fläche (LF)

A. in der Welt, 1981[1] (unter Dauergrünland werden hier auch Steppen, Savannen u. a. ödlandähnliche, meist sehr extensiv als Weide genutzte Flächen aufgeführt)

Land	DG % der LF	in 1000 ha Ackerland	in 1000 ha Grünland
Europa ohne USSR	37,9	140773	86062
USSR	61,7	232173	373600
Asien ohne USSR (mit China)	58,6	457686	649062
China (Volksrepublik)	73,9	100900	285690
Südamerika	76,8	137316	454405
Nord- und Mittelamerika	56,5	273024	354511
Afrika	81,1	182724	783932
Ozeanien	91,3	44903	470419
Welt	68,3	1468599	3171991

B. in Europa, 1981[1] % der LF

Finnland	6,3	CSSR	24,4	Belgien-Luxemburg	44,4
Dänemark	8,5	Italien	33,0	Österreich	55,3
Norwegen	11,5	Spanien	34,3	Niederlande	57,1
Schweden	19,4	BR Deutschland	38,6	Großbritannien	61,9
Polen	21,4	Frankreich	40,7	Irland	83,3
DDR	19,9	Jugoslawien	44,8	Schweiz	79,6

C. in der Bundesrepublik Deutschland, 1983[2]

	LF 1000 ha	DG % der LF	Wi	MW	Wei + A	Hut + StrW
				in % des Dauergrünlandes		
Hamburg	16	38,6	20,8	27,4	48,0	3,8
Schleswig-Holstein	1092	43,6	25,6	16,0	56,3	2,1
Niedersachsen	2744	39,9	25,8	35,4	37,5	1,3
Bremen	11	79,3	22,5	38,7	38,7	0,1
Nordrhein-Westfalen	1637	32,5	30,2	34,8	32,5	2,5
Hessen	774	33,6	48,5	34,5	13,8	3,2
Rheinland-Pfalz	735	31,3	44,9	31,8	20,0	3,3
Baden-Württemberg	1525	41,6	80,2	8,5	9,1	2,2
Bayern	3476	39,1	81,9	7,6	7,0	3,5
Saarland	67	41,2	55,7	29,7	12,8	1,8
Westberlin	1	20,4	66,4	4,6	22,9	5,9
Bundesrepublik Deutschland	12079	38,3	52,6	21,2	23,7	2,5

Quellen: [1] FAO Production Yearbook, 1982
[2] Statistisches Bundesamt Wiesbaden 1983. Fachserie 3, Reihe 3, Pflanzl. Erzeugung

Abkürzungen: Wiesen (Wi), Mähweiden (MW), Weiden und Almen (Wei + A), Hutungen und Streuwiesen (Hut + StrW)

Tab. 4. Hauptfutterfläche im Bundesgebiet und in Bayern 1983, in 1000 ha

	Bundesgebiet		Bayern	
Landwirtschaftlich genutzte Fläche (LF)	12079,0	100%	3476,4	100%
Ackerland	7232,6	59,9	2089,4	60,1
Dauergrünland (DG)	4630,2	38,3	1359,2	39,1
Hauptfruchtfutterbau[1] a.d. Ackerland	1229,8	10,2	518,1	14,9
Hauptfruchtfutterbau (DG u. Ackerfutterbau)	5860,0	48,5	1877,3	54,0
Dauergrünland	4630,2	100%	1359,2	100%
1. Wiesen	2435,6	52,6	1113,6	81,9
2. Mähweiden	982,6	21,2	103,4	7,6
3. Weiden und Almen	1095,5	23,7	94,5	7,0
4. Streuwiesen und Hutungen	116,4	2,5	47,7	3,5
Hauptfruchtfutterbau a.d. Ackerland	1229,8	100%	518,1	100%
1. Klee, Kleegras u. Klee-Luzerne-Gemisch	160,1	13,0	102,5	19,8
2. Luzerne	29,4	2,4	14,9	2,9
3. Grasanbau zum Abmähen oder Abweiden	101,8	8,3	13,5	2,6
4. Grünmais, Silomais	807,2[2]	65,6	343,5[3]	66,3
5. Sonstige Futterpflanzen	5,5	0,5	1,0	0,2
6. Futterrüben u.a. Futterhackfrüchte	125,7	10,2	42,7	8,2

[1] ohne Futterkartoffeln und Futtergetreide
[2] 1968: 122,1 1972: 285,1 1976: 463,1 1980: 694,6
[3] 1968: 77,8 1972: 150,5 1976: 230,0 1980: 323,7
Quelle: Statistisches Bundesamt Wiesbaden 1983, Fachserie 3, Reihe 3, Pflanzl. Erzeugung

rung der Futterproduktion nach Menge und Güte". Es ist verständlich, daß nach den überstandenen Mangelsituationen die Massenproduktion im Vordergrund stand. Klapp (1957) sah ebenfalls als nächstliegende Aufgabe des Futterbaues die Versorgung eines angemessenen Viehbestandes mit vollwertigem Futter an. Im wechselnden Lauf der Jahreszeiten müsse Grün-, Saft- und Gärfutter, Heu und anderes Trockenfutter im richtigen Verhältnis zur Verfügung gestellt werden. Dabei müßten die Anforderungen der Tiere an das Eiweiß-StE-Verhältnis, an den Ballast-, Mineral- und Wirkstoffgehalt des Futters berücksichtigt werden. Die lange Zeit der Winterfütterung müsse durch zeitig anfallende Winterzwischenfrüchte einerseits und durch Frischfutter bis in den Winter hinein andererseits abgekürzt werden. Die Winterfütterung selbst sei durch eine planmäßige Bevorratung mit möglichst hochwertigen Futterkonserven qualitativ zu verbessern und quantitativ zu sichern.

Mit steigenden finanziellen Ansprüchen kamen, unter dem Einfluß ständig zunehmender Einkommen im außerlandwirtschaftlichen Bereich, betriebswirtschaftliche Anforderungen hinzu. Wie im Verkaufsfruchtbau wurden auch im Futterbau mehr und mehr die Erlöse pro ha zum Maßstab für den Erfolg. Als Folge ergab sich die Forderung, eine optimale Futterversorgung auf möglichst kleiner Hauptfruchtfutterfläche zu erreichen, um entweder mehr Marktfrüchte anbauen oder den Viehbesatz des Betriebes erhöhen zu können.

Seit dem 2. Weltkrieg mußten die Aufgaben des Futterbaues mit immer weniger Arbeitskräften erfüllt werden. Die dazu notwendige Mechanisierung mußte finanziert werden. Das war wiederum nur durch hohe Erlöse, d. h. durch hohe Leistungen aus Pflanzen- und Tierproduktion möglich. Dabei zeigten sich zunehmend Tendenzen einer teilweisen Loslösung der Milch- und Fleischproduktion von der Futterfläche. Hohe Preise für Landkauf und Pacht, zunehmende Bewirtschaftungskosten, Mangel an Arbeitskräften bzw. Kosten für Fremd-AK, ordentliche Fleisch- und Milchpreise führten dazu, daß immer mehr Betriebe dazu übergingen, wirtschaftseigenes Grundfutter durch Kraftfutter aufzuwerten und oft bis zur physiologisch gerade oder kaum noch vertretbaren Grenze zu ersetzen. Diese Entwicklung wurde durch relativ günstige Kraftfutterpreise und den Zwang zur Erhöhung der Viehbestände und Leistungen, besonders in kleineren Betrieben, gefördert.

Die Aufgaben des Futterbaues unter dem Einfluß der Intensivierung und Mechanisierung kommen auch in einem Schema von LACKAMP (1978) zum Ausdruck, in dem er die Ziele der Gräserzüchtung formuliert. Zusätzlich zu den bekannten Zuchtzielen fordert er Resistenz gegen häufigen Schnitt, gegen die Verwendung schwerer Maschinen, gegen Zertreten und Verschmutzen beim Weidegang und schließlich eine ausreichende Toleranz gegen große Mengen an Flüssigmist.

1.3 Formen des Futterbaues

In der Bundesrepublik Deutschland dienen etwa 75% der LF der Futterproduktion. Hierin sind jedoch Futtergetreide, Körnermais, Körnerleguminosen, Futterkartoffeln u. a. mit enthalten.

Hier wird nur das Grundfutter behandelt, das zur Fütterung von Wiederkäuern und Pferden dient. SIMON (1978) charakterisiert es mit folgenden Umschreibungen:

1. Grundfutter wird im Verlaufe seines Wachstumszyklus genutz, auf jeden Fall bevor das Leben der Pflanzen vollendet ist.
2. Es wird dem Vieh im frischen oder im konservierten Zustand verabreicht.
3. Grundfutter dient dazu, den Erhaltungsbedarf der Tiere zu decken und darüber hinaus einen mehr oder weniger großen Teil des Leistungsbedarfs.
4. Es wird normalerweise auf dem Betrieb selbst produziert und verbraucht.

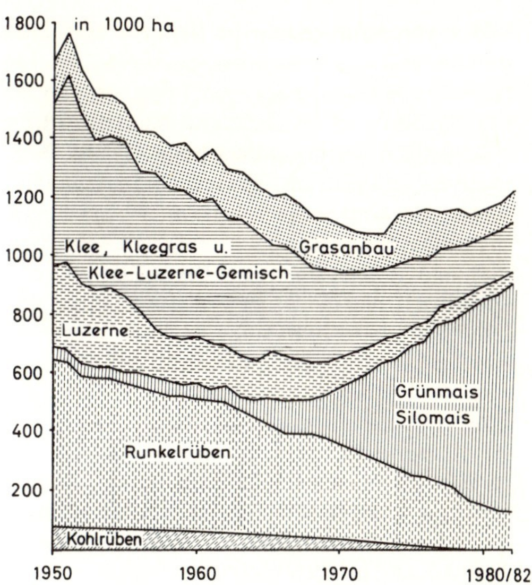

Abb. 1. Veränderungen im Anbauverhältnis wichtiger Ackerfutterpflanzen in der Bundesrepublik Deutschland seit 1950 (STEINHAUSER et al. 1983).

Grundfutter in diesem Sinne wird auf Wiesen und Weiden, im Feldfutter-, Zwischenfrucht- und Nebenfutterbau gewonnen.

1.3.1 **Dauergrünland** (vgl. Kap. 2)

1.3.1.1 **Bestimmungsgründe für die Entscheidung zur Grünlandwirtschaft** (vgl. 2.1)

Das Dauergrünland nimmt von jeher in der Bundesrepublik Deutschland zum überwiegenden Teil Flächen ein, die nicht als Ackerland genutzt werden können. So sind die grundwassernahen Grünländereien in Küstennähe, in den Bach- und Flußauen oder in Moorgebieten ebenso als „Zwangsgrünland" oder „unbedingtes Grünland" anzusehen wie die flachgründigen Weideflächen im Jura, in den Mittelgebirgen und im Alpenraum oder deren Hangflächen, die nach LÖHR (1971) bis zu einer Neigung von 80% gemäht und geweidet und bis zu 100% nur noch gemäht werden können. Die Grenze zwischen Acker und Grünland kann durch technische Entwicklungen verschoben werden. So sind z. B. schwere und schwerste Böden erst durch starke Schlepper, leistungsfähige Bodenbearbeitungsgeräte und Herbizide ackerfähig geworden.

Häufig sprechen aber auch strukturelle und betriebswirtschaftliche Gründe dafür, daß das letzte Ackerland eines Betriebes als Grünland genutzt wird und umgekehrt. So kommt es, daß bisweilen Flächen unter den Pflug genommen werden, die besser als Grünland genutzt würden.

Schließlich können klimatische Gründe eine relative Vorzüglichkeit der Grünlandnutzung bedingen. Das trifft beispielsweise im niederschlagsreichen bayerischen und schwäbischen Alpenvorland zu, das den Graswuchs begünstigt und den Ackerbau trotz moderner Anbauverfahren mit dem Einsatz von Herbiziden, Halmverkürzungsmitteln, kurzstrohigen und in ihren Wärme- und Feuchteansprüchen angepaßten Sorten erschwert. Dennoch wäre Ackerbau möglich, wie die Anbauverhältnisse in diesen Gebieten im vorigen Jahrhundert erkennen lassen, als die Versorgung der Bevölkerung mit Lebensmitteln, speziell mit Brotgetreide, aus Ackerbaugebieten über den Markt noch nicht möglich war.

Eine Schwäche des Dauergrünlandes liegt darin, daß seine Produkte nur über wenige Zweige der tierischen Veredelung genutzt werden können; dagegen bietet der Ackerbau sowohl vom Anbau als auch von der Verwertung seiner Erzeugnisse her vielseitige Alternativen. Außer Milch, Fleisch, Zucht- und Nutzvieh kann der Grünlandwirt nur Heu und Produkte der Heißlufttrocknung (Grünmehl, Pellets und Cobs) verkaufen. Für diese Trockenkonserven ergaben sich allerdings in den letzten Jahren zunehmende Marktchancen sowohl innerhalb der Landwirtschaft als auch außerhalb durch Verkauf an Jagdpächter und private wie gewerbliche Pferdehaltungen.

Tab. 5. Der Grünlandanteil an der LF im Gebiet der Bundesrepublik Deutschland in %

Zeitraum	Wiesen[1]	Weiden[2]	Gesamt
1907	23,6	8,1	31,7
1915	24,7	12,3	37,0
1935/38	24,8	13,1	37,9
1963/64	25,4	14,9	40,3
1965	27,2	14,0	41,2
1970	24,6	15,9	40,5
1973	24,0	15,9	39,9
1977	22,0	17,4	39,4
1978	21,8	17,3	39,1
1979	21,5	17,5	39,0
1980	21,3	17,5	38,8
1981	21,1	17,5	38,6
1982	21,0	17,5	38,5
1983	21,1	17,2	38,3

[1] Einschließlich Streuwiesen und Hutungen
[2] Einschließlich Mähweiden und Almen

Der Grünlandanteil hat im Gebiet der Bundesrepublik Deutschland in den Jahrzehnten dieses Jahrhunderts bis 1965 laufend zugenommen. Die Entwicklung ist in Tab. 5 angegeben.

Der Rückgang nach 1965 betraf nur die Wiesen, Streuwiesen und Hutungen, während der Anteil an Mähweiden, Weiden und Almen bis 1977 sogar deutlich zunahm. Hierin kommt der Strukturwandel, d. h. die Abnahme kleiner Betriebe mit Wiesennutzung und die Zunahme größerer Betriebe mit Weidenutzung zum Ausdruck, andererseits auch das Brachfallen von Extensivgrünland, z. B. in Spessart, Rhön und Dillkreis.

1.3.1.2 **Wiesen** (vgl. 2.6.3.1)

Die Wiesen nehmen heute noch mit etwa 53 % den Hauptanteil der Grünlandfläche in der Bundesrepublik Deutschland ein. Ganz genau läßt sich der Anteil nicht erfassen, da es Übergänge zwischen Wiesen und Mähweiden gibt, besonders in Süddeutschland. Außerdem werden Mähweiden in der Praxis nicht selten als Wiesen bezeichnet; sie dürften dann auch als Wiesen in die Statistik eingehen. Deswegen nimmt RIEDER (1976) an, daß der Mähweideanteil für Baden-Württemberg und Bayern zu niedrig angegeben wird (1983: 8,5 bzw. 7,6 % des Dauergrünlandes). Er schätzt ihn auf je 20 %. Dementsprechend würde sich der Wiesenanteil verringern.

Die Heuerträge der Wiesen stagnierten nach KLAPP (1971) 50 Jahre lang (von 1900 bis 1950) um 42 dt/ha. Erst danach stiegen sie stetig an, wenn sie auch mit den Ertragssteigerungen auf dem Ackerland nicht Schritt halten konnten. 1981 erreichten Wiesen und Mähweiden mit einem durchschnittlichen Heuertrag von 78,4 dt/ha ihren bisher höchsten Stand.

Noch 1971 wird der Anteil einschüriger Wiesen von KLAPP mit etwa 22 % der westdeutschen Wiesen angegeben. Seitdem dürfte ihr Anteil mit zunehmender Intensivierung einerseits und dem Brachfallen ödlandartiger Flächen andererseits zurückgegangen sein.

Ein großer Teil des Wiesenheues ist nur von mäßiger Qualität. Mangelnde Düngung, ungünstige botanische Zusammensetzung, zu später Schnitt und hohe Werbungsverluste sind die Hauptgründe dafür.

Die Verbesserung der Nährstofferträge ist auf der Zweischnittwiese nur in engen Grenzen möglich. Vor allem gibt es kaum Ansatzpunkte für eine höhere N-Düngung. Sie führt zwangsläufig zur Vorverlegung der Nutzungen und damit zu drei bis vier Schnitten in einer Vegetationszeit. Will man von der Zweischnittnutzung nicht abgehen, dann kann man mit PK-Düngung auf kleewüchsigen Standorten befriedigende Erträge mit guter Qualität erzeugen. Graswüchsige Lagen zwingen geradezu zu N-Düngung und Mehrschnittnutzung.

Ein großer Anteil der Wiesen liegt auf feuchten bis nassen Standorten und ist deswegen nicht beweidbar. Aber auch der Übergang zur Mehrschnittnutzung hat beim heutigen Stand der Mechanisierung mit immer schwerer werdenden Maschinen und Geräten seine Grenzen. Selbst kurzfristige Überschwemmungen gestatten dann keine termingemäße Ernte, zumal die Fuhren mit steigenden Erträgen bei Silagebereitung, Sommerstallfütterung, Gewinnung von Frischgras für die Heißlufttrocknung, aber auch bei vorgewelktem Gras für die Warm- und Kaltbelüftung pro Flächeneinheit zahlreicher und im einzelnen schwerer werden als bei der früher überwiegenden Heuwerbung durch Bodentrocknung.

Neben der Heubereitung wird in letzter Zeit mit zunehmenden Betriebsgrößen und gefördert durch Maschinenringe und Siliergemeinschaften die Einsäuerung von Wiesenfutter stärker betont. Außerdem nimmt die Sommerstallfütterung mit Frischgras, die in den süddeutschen Realteilungsgebieten schon seit Generationen praktiziert wird, aus verschiedenen Gründen auch in Anerbengebieten wieder zu. Hiervon ist ein positiver Effekt auf Düngung, Nutzung und Nährstofferträge auch der Schnittwiesen zu erwarten.

1.3.1.3 **Streuwiesen** (vgl. 2.6.3.1)

Streuwiesen und Hutungen sind neuerdings in den Zahlen des Statistischen Bundesamtes zusammengefaßt. Sie machen in der Bundesrepublik Deutschland 3,1 % der Dauergrünlandfläche aus. Der größte Teil der Streuwiesen entfällt auf Bayern. Ihre Bedeutung ist mit der Entwicklung einstreuloser Aufstallungsformen zurückgegangen.

Dennoch verzichten viele Betriebe im Grünlandgebiet nicht gern auf Einstreu und damit auf Strohzukauf oder – falls vorhanden – auf Nutzung ihrer Streuwiesen. Hierfür gibt es gute Gründe. Nicht alle Betriebe verfügen über neue Stallungen, viele haben noch Anbindeställe, die auch dem Vieh zuliebe eingestreut werden.

Grubenraum zur Sammlung des gesamten Flüssigmistes ist teuer. Meistens reicht er nicht aus, um die Gülle von Oktober bis März aufzubewahren. Um nicht im Winter güllen zu müssen, sammeln diese Betriebe nur die Jauche (Harngülle) und bereiten im Winter kotreichen Festmist.

Ein häufiger Grund für die Anwendung von festem Stallmist ist der positive Einfluß auf die Zusammensetzung der Grasnarbe im Vergleich zur Gülle. Tatsächlich wird damit eine extreme Verunkrautung mit Stumpfblättrigem Ampfer (*Rumex obtusifolius*) und Umbelliferen (*Anthriscus sylvestris* und *Heracleum sphondylium*) eher vermieden als mit Gülledüngung.

Es bleibt abzuwarten, ob diese Motive auch in Zukunft wirksam sein werden. Auf jeden Fall würden sich dann die Ziele des Grünlandwirts mit mit denen der Landespflege decken, der die Erhaltung von Feuchtbiotopen ein besonderes Anliegen ist.

1.3.1.4 **Weiden und Mähweiden** (vgl. 2.6.4)

Dauerweiden sind besonders dort verbreitet, wo das gesamte Winterfutter vom Ackerland oder von Naturwiesen gewonnen werden kann. Auch in maritimen Klimagebieten mit kurzer Winterfutterzeit und gleichzeitig reduziertem Viehbestand ist der Anteil an Dauerweiden verhältnismäßig hoch. Abgesehen von Berggebieten sind aber Dauerweiden im eigentlichen Sinne doch selten geworden, weil auf produktiven Standorten, auch ohne forcierte Düngung, im Vorsommer ein Futterberg entstehen muß, den man in der Regel durch angemessene Erhöhung des Viehbesatzes nicht nutzen kann. Dieser Futterberg muß durch Schnittnutzung abgeschöpft und konserviert werden. Damit ist der erste Schritt zur Mähweide bereits getan.

Die Mähweidewirtschaft wurde erst in den dreißiger Jahren als eigenes System entwickelt. Man versteht darunter einen mehr oder weniger regelmäßigen Wechsel zwischen Mahd und Weidegang. Diese Nutzung ermöglicht es gemeinsam mit Düngungs- und Pflegemaßnahmen, die Zusammensetzung des Pflanzenbestandes lenkend und korrigierend zu beeinflussen. Außerdem bringt die Mähweide durch eine ausgewogene Kombination von Obergräsern, Untergräsern und ggf. Kleearten höhere Nährstofferträge als die Dauerweide.

Ein großer Vorteil der Mähweide besteht weiterhin darin, daß die Futteraufnahme nach einer Schnittnutzung besser ist als nach Weidegang und daß zu einer Schnittnutzung ohne Beeinträchtigung der Futterverwertung Stallmist oder Gülle gedüngt werden kann.

Weide und Mähweide sind der Intensivierung weit mehr zugänglich als die zwei- bis dreischnittige Wiese. Weidegang erhöht die Narbendichte und hilft die meisten Wiesenunkräuter bekämpfen. Häufigere Nutzung ergibt bessere Futterqualität und erlaubt die Anwendung höherer Stickstoffgaben. Zugleich wird der Nährstoffkreislauf innerhalb eines Betriebes beschleunigt.

1.3.1.5 Almen (Alpen) (vgl. 2.6.4.5.1)

Unter Almen (bayrisch) oder Alpen (alemannisch) verstehen wir Grünlandflächen im Gebirge, die wegen ihrer Entfernung vom Hof und/oder wegen schlechter Wegeverhältnisse während der Vegetationszeit selbständig bewirtschaftet werden müssen. Eine direkte Bewirtschaftung vom Talbetrieb aus, d. h. eine tägliche Rückkehr des Weideviehs und des Personals und der tägliche Transport der erzeugten Produkte zum Heimgut scheiden aus.

Allerdings hat der Alpwegebau in den letzten beiden Jahrzehnten eine teilweise Bewirtschaftung vom Tal aus ermöglicht. Auf jeden Fall erleichtert die Erschließung der Alpen durch gut befahrbare Wege den Transport von Personal, Futter- und Düngemitteln, von Zaun- und Baumaterial und von all den Dingen, die für den Haushalt der Hirten erforderlich sind. Mit PKW befahrbare Wege erlauben in vielen Fällen auch die Betreuung des Weideviehs vom Talbetrieb aus oder die Beaufsichtigung mehrerer Alpen durch einen Hirten.

Solange aber die Weidetiere nicht täglich zum Heimgut zurückkehren bzw. solange die Alpweideflächen nicht in dessen Beweidungs- und Nutzungsrhythmus mit Winterfuttergewinnung einbezogen werden, bleibt das Merkmal der selbständigen Bewirtschaftung bestehen. Ähnlich hat schon SPANN (1923) den Begriff „Alpe“ definiert: „Unter Alpen versteht man jene Flächen im Gebirge, die in einer Mindestmeereshöhe von 900 m gelegen sind, während der günstigen Jahreszeit dem aufgetriebenen Vieh durch Beweidung Nahrung bieten und getrennt von den Heimgütern bewirtschaftet werden, jedoch in einem organischen Zusammenhang mit diesen stehen.“.

Etwas abweichend davon wird heute keine genaue untere Grenze mehr angegeben, weil tatsächlich auch Flächen unter 900 m ü. NN „alpmäßig“ bewirtschaftet werden.

SPANN (1923) unterscheidet:

Voralpen	900–1300 m ü. NN
Mittelalpen	1300–1700 m ü. NN
Hochalpen	1700 m bis Schneegrenze

KRIEGER (1950) etwas abweichend davon im Allgäu:

Landalpen, untere Grenze alpmäßiger Bewirtschaftung	bis 1100 m ü. NN
Mittelalpen	1100–1400 m ü. NN
Hochalpen	> 1400 m ü. NN

Daneben gibt es bei einer ganzen Reihe von Autoren noch andere Abstufungen, die natürlich auch sehr stark von der geographischen Lage des betreffenden Alpgebietes bestimmt werden.

Die verschiedenen Höhenstufen werden als Staffeln oder Läger (Leger) bezeichnet. Man spricht von Niederleger, Mittelleger, Hochleger. Zwischen Heimgut und Alpe sind häufig noch Vorweiden vorhanden oder Maiensässen, auf die das Vieh vor und nach der Älpung getrieben wird.

Außer nach den Höhenstufen werden die Almen (Alpen) nach den Eigentumsverhältnissen und nach der Art der Nutzung eingeteilt. Auf die Eigentumsverhältnisse, die recht vielgestaltig und rechtlich kompliziert sind, soll hier nicht weiter eingegangen werden. Nach der aufgetriebenen Viehgattung unterscheiden LEIDENFROST und PASCHER (1958) noch Kuhalmen (Melkalpen, Sennalpen), Stieralmen, Jungviehalmen (Rinderalpen), Ochsenalmen, Galtalmen, Galtalpen (Auftrieb von Ochsen bzw. Jungvieh), Gemischte Almen (Auftrieb von Kühen und Jungvieh), Roßalmen, Schaf- und Ziegenalmen. Heute steht die Älpung von Jungvieh weit im Vordergrund; die Zahl der Sennalpen ist stark zurückgegangen, während die übrigen Nutzungsformen in der Alpwirtschaft im deutschsprachigen Alpenraum nur noch sporadisch vorkommen.

1.3.1.6 Hutungen (vgl. 2.6.4.5.1)

Hutungen sind extensiv genutzte Flächen, die meistens in Gemeinde- oder Genossenschaftsbesitz sind und früher durch die Herde einer Gemeinde abgehütet wurden. Dazu sammelte der Gemeindehirte die Kühe und Rinder von Klein- und Nebenerwerbsbauern am frühen Morgen und kehrte abends, bisweilen nach anstrengenden

Märschen und Überwindung großer Höhenunterschiede, in das Dorf oder in die Stadt zurück. Diese Form der Behütung ist ausnahmsweise heute noch üblich, z. B. in Oberstdorf, wo laut Bericht des Rechtlervereins 1979 128 „Gassenkühe" vorhanden waren.

In trockenen Lagen, auf kalkhaltigen Jura-, Muschelkalk- und Lößböden werden flachgründige Hutungen und Triften oder in den letzten beiden Jahrzehnten entstandene Brachflächen durch Hüteschafhaltung genutzt.

Hutungen und Triften stehen dem Ödland nahe, d. h. sie wurden wegen ihrer armen, flachgründigen Böden, ihres rauhen Klimas und dementsprechend geringen Graswuchses und wegen ihrer weiten Entfernung von den Siedlungen als Grünland genutzt. Soweit sie tiefgründig genug waren und z. B. in Verbindung mit Aussiedlungen melioriert werden konnten, ist das in der Nachkriegszeit mehrfach geschehen.

Ebenso wie die Hutungen stellen die Almen (Alpen) und Streuwiesen zumeist ödlandartige Flächen dar. Ihnen ist gemeinsam, daß sie durch ein Minimum an Bewirtschaftungsmaßnahmen vor der Verbuschung und schließlich vor der Wiederbewaldung bewahrt werden. Dennoch gibt es keine eindeutige Definition des Ödlandbegriffes, auch nicht in der deutschen oder internationalen Statistik. So werden z. B. ausgedehnte Flächen in Großbritannien unter rough grazings (Ödlandrasen) geführt, die in der Bundesrepublik Deutschland den Wiesen und Weiden zugerechnet würden.

Bei der Abgrenzung des Ödlandbegriffes muß man jedenfalls davon ausgehen, daß die landwirtschaftlich genutzten Anteile der ödlandartigen Grünlandflächen wichtige Aufgaben für die Landwirtschaft und die Landespflege erfüllen. Außerdem enthält dieses extensiv genutzte Grünland auch heute noch Teilflächen, die durch Exposition, Krumentiefe und Oberflächengestaltung begünstigt sind und daher mit geringem Aufwand in Kulturgrünland umgewandelt werden können, ohne daß es dazu in jedem Fall aufwendiger Kultivierungen bedarf.

Nach Klapp (1971) gehören zum Ödland vornehmlich zwei Flächengruppen:

1. Flächen, die bisher überhaupt nicht genutzt werden, aber durch kulturtechnische Maßnahmen zu wirtschaftlichen Leistungen gebracht werden können, z. B. unkultivierte Hochmoore.
2. Flächen, die zwar landwirtschaftlich sehr extensiv genutzt werden, nach Melioration und Änderung der Nutzungsweise aber wirtschaftlich höhere Erfolge – land- oder forstwirtschaftlicher Art – versprechen.

1.3.1.7 Die naturräumliche Verteilung des Grünlandes (vgl. 2.1.2)

Die Nutzung des Grünlandes in seinen verschiedenen Formen wird nicht überall vom natürlichen Standort bedingt. Natürlich sind die fruchtbaren Ackerebenen mit vorzüglichen Getreide- und Zuckerrübenerträgen grünlandarm, ebenso die niederschlagsärmeren und klimatisch begünstigten Weinbaulagen. Hier trifft man Grünland nur in Bach- und Flußniederungen oder auf ähnlichen grundwassernahen Standorten an. Grünlandreich sind die maritimen Klimagebiete, die höheren Lagen in den Mittelgebirgen, die Alpen und das nördliche Alpenvorland.

Im niederschlagsreichen Bergland wird das Grünland vom Grundwasser völlig unabhängig, während der Ackerbau durch Wasserüberschuß, ungünstiges Kleinklima und stärkere Hangneigung erschwert und schließlich unmöglich wird. Im Seeklima sind es nicht die Niederschläge, sondern die Grundwassernähe, höhere Luftfeuchte, Mangel an Vorflut, Überschwemmungsgefahr, ausgedehnte Moorgebiete oder sehr schwere Böden, die eher für Grünland- als für Ackernutzung sprechen. Weder im Küsten- noch im Bergland handelt es sich ausschließlich um absolutes Grünland, wie ja auch die Geschichte der Bodennutzung in diesen Gebieten beweist.

Selten entscheidet nur ein Faktor über die Nutzungsrichtung, meistens wirken mehrere zusammen. An erster Stelle steht für den Grünlandwuchs das Wasser in Form von Grundwasser, Niederschlägen, Überschwemmungen oder Bewässerungs- und Beregnungsmöglichkeiten. Dann folgen topographische Faktoren, wie Höhenlage, Hangneigung, Exposition und Geländeausformung. Der Boden, der für Ackernutzung von entscheidendem Einfluß sein kann, hat für den Grünlandwuchs eher mittelbare und indirekte Bedeutung. Dabei sind Bodenart, Struktur und Wasserführung entscheidender als natürlicher Nährstoffgehalt, der durch Düngung aufgebessert werden kann.

Schwerste Böden erschweren die Ackernutzung, ergeben aber mit mittleren Niederschlagsmengen, ausgeglichener Temperatur und Luftfeuchte gute Voraussetzungen für die Grünlandwirtschaft. Andererseits erfordern hohe Niederschläge eine besonders gute Wasserführung und

Wasserableitung, um eine intensive Mähweidewirtschaft zu ermöglichen. Hier finden sich hochproduktive und stets beweidbare Grünlandnarben auf flachgründigen Böden (10 bis 15 cm Krume) mit Kies- und Schotterunterlage. Voraussetzung ist allerdings neben gut verteilten Sommerniederschlägen eine gleichmäßige Nährstoffversorgung.

1.3.1.8 Ursachen für die Entwicklung von Weidewirtschaft und Wiesennutzung

Oft wird nach den Bestimmungsgründen für die Weidewirtschaft in Norddeutschland, für das Vorherrschen guter Weiden im Küstengebiet bzw. für die Bevorzugung der Wiesennutzung in Baden–Württemberg und Bayern gefragt. Mit den natürlichen Standortsfaktoren oder mit dem höheren Winterfutterbedarf in Süddeutschland läßt sich diese Frage nur teilweise beantworten. Weitere Hinweise gibt uns die Betriebsstruktur: Die flächenknapperen süddeutschen Betriebe bevorzugten traditionsgemäß die Schnittnutzung mit Sommerstallfütterung, die in Norddeutschland vorherrschenden, reichlicher mit Fläche ausgestatteten Betriebe die Weidewirtschaft.

Die Hauptursache dürfte in der Siedlungsweise und in der Verteilung bzw. Aufsplitterung des Grundbesitzes um den Hof, den Weiler oder das Dorf zu suchen sein. Dauerweiden sind weitgehend an Einzelhoflage oder mindestens an arrondierten, zusammenhängenden Grundbesitz gebunden. Deswegen breiteten sich gute Weiden auch in Süddeutschland dort aus, wo die Flurbereinigung durchgeführt und Betriebe ausgesiedelt wurden. Das klassische Beispiel hierfür ist die „Vereinödung" im Allgäu, die 1550 begonnen wurde und gegen Ende des 18. Jahrhunderts ihren Höhepunkt erreichte. Hierbei handelte es sich um eine umfassende Flurbereinigung, die mit der Aussiedlung von Betrieben aus den engen Dorflagen und mit der Gründung von Weilern verbunden war.

Der Weideanteil nimmt also mit der Auflockerung der Siedlungsweise und der Arrondierung zu, mit der Flurzersplitterung und der Entfernung vom Hof ab. Dagegen findet man kaum einen Zusammenhang zwischen Weideanteil und natürlichen Standortsfaktoren. Das bedeutet, daß viele beweidbare Standorte als Wiesen genutzt werden, während oft auch grundwassernahe Standorte beweidet werden müssen. Als Sonderfall sei für die Mittelgebirge und den Alpenraum erwähnt, daß beweidbares Talgrünland zur Winterfuttergewinnung gemäht werden muß, wenn der ganze oder ein wesentlicher Teil des Viehbestandes im Sommer auf Bergweiden gehalten wird.

1.3.2 Wechselgrünland (vgl. Kap. 3)

1.3.2.1 Allgemeines

Das Wechselgrünland steht in der Nutzungsdauer, der Zusammensetzung der Pflanzenbestände und seiner Wirkung auf die C- und N-Gehalte des Bodens zwischen dem Dauergrünland und dem Feldfutterbau mit Gräsern, Leguminosen und ihren Mischungen. Während das Dauergrünland auf unbeschränkte Zeit unter einer ausdauernden Pflanzendecke liegt, wird beim Wechselgrünland eine zeitweilige – meist mehrjährige – Ackernutzung planmäßig zwischengeschaltet (KÖHNLEIN 1971). Der Umbruch führt zu lebhaften Abbauvorgängen in der organischenFraktion des Bodens, so daß die immer wieder als Wechselgrünland genutzten Böden einen geringeren Humusgehalt aufweisen als solche unter einer dauernd ungestörten Grünlandnarbe. Das Wechselgrünland kann durch Mahd, als Weide oder Mähweide genutzt werden.

Das Wechselgrünland entspricht in seinen Ansprüchen und Leistungen mehr dem Dauergrünland, wenn Grünlandnutzung überwiegt und die Ackernutzung nur eine kurzfristige Unterbrechung der Grünlandnutzung darstellt. Die Ertragsdepressionen der sog. Hungerjahre sind durch Verwendung geeigneter Saatmischungen mit ausdauernden Gräsern und Leguminosen sowie durch kräftige NPK-Düngung weitgehend zu vermeiden.

Das Wechselgrünland entspricht mehr dem Feldfutterbau, wenn die Grünlandnutzung lediglich eine kurzfristige Unterbrechung der Ackernutzung mit sich bringt. Die Zusammensetzung des Pflanzenbestandes wird dann noch mehr von der Ansaatmischung und der Anfangsnutzung geprägt und noch nicht vom Zusammenwirken aller Standortsfaktoren; er befindet sich also noch nicht in der Entwicklung zu einer Pflanzengemeinschaft (Definition nach ELLENBERG, zit. KLAPP 1971, Seite 112).

In ähnlicher Weise wie KÖHNLEIN unterscheidet auch KLAPP (1957) kurzfristiges Kleegras in Marktfruchtfolgen und mehrjähriges Kleegras oder Wechselgrasland in der Wechselwirtschaft, das an die Stelle von Dauergrünland treten oder intensive Marktfruchtfolgen durch „Erholungspausen" auflockern soll.

Der Wechsel von Kleegras bzw. Grasland und Ackerland setzt Eignung für beide Arten der Bewirtschaftung voraus. Der Grasbau hat zum Ziel, den Boden mit den Wurzelrückständen anzureichern und ihn damit auf den Anbau von Ackerkulturen vorzubereiten. Der Bodenzustand wird verbessert, Unkräuter, Krankheiten und Schädlinge des vorhergehenden Ackerbaues werden zurückgedrängt oder eliminiert. Ackernutzung beseitigt andererseits viele Grünlandunkräuter.

Das Wechselgrünland hat in Mitteleuropa stark an Bedeutung verloren. In Großbritannien und in Übersee spielt es aber heute noch eine große Rolle als „ley farming system" oder als „temporary pasture".

Die „periodische Erneuerung" des Dauergrünlandes trägt ähnliche Züge, gehört aber nicht in dieses System; denn dabei wird Grünland von Zeit zu Zeit umgebrochen, wenn Ertrag und/oder Qualität nicht mehr befriedigen, aber es wird ohne Ackerzwischennutzung neu angesät.

1.3.2.2 Die Verbreitung der Wechselwirtschaft

Früher war das Wechselgrünland in Gebieten mit erschwerter Bodenbearbeitung und in feuchteren Lagen weit verbreitet. So kennen wir die Kleegraswirtschaft in den Mecklenburgischen Küstengebieten, die Koppelwirtschaft Schleswig-Holsteins, die Feldgraswirtschaft im Schwarzwald und die Egartwirtschaft im Alpenraum. Wenn wir noch die Kleegraswirtschaft in den nordischen Ländern mit in Betracht ziehen, dann finden wir die Wechselwirtschaft hauptsächlich im regenreichen Küsten- und Gebirgsklima mit kurzen Sommern und meist flachgründigen Verwitterungsböden.

Unter weniger extremen Boden- und Klimabedingungen wurde das Wechselgrasland schon früh durch kurzfristige Kleegrasanlagen ersetzt. Auf besten Ackerböden war es wohl überhaupt nie vorhanden. KLAPP (1967) weist darauf hin, daß die Verkürzung der Grasjahre mit abnehmender Höhenlage und Regenmenge in den höheren Gebirgen deutlich zu beobachten sei, und zwar umsomehr, je lohnender und sicherer sich der Ackerbau gestalten lasse.

1.3.2.3 Entwicklungstendenzen

Der Rückgang der Wechselwirtschaft in Mitteleuropa hat mannigfache Ursachen:

1. Langfristiger Kleegrasanbau ist mit Ertragseinbußen verbunden, die man sich mit anwachsendem Viehbestand nicht mehr leisten konnte.
2. Man wurde sich bewußt, daß auch kurzfristiger Kleegrasanbau zur Bodenerholung beiträgt, solange der Kleeanteil noch nicht zurückgeht.
3. Andererseits wurde die nachlassende Vorfruchtwirkung älterer „verungraster" Bestände erkannt; jedenfalls reichte die Ertragssteigerung der Marktfrüchte nach mehrjährigem Futterbau nicht aus, um den Verlust an Marktfruchtfläche auszugleichen.
4. Die Bodenfruchtbarkeit wurde vermehrt durch Düngung und Erhöhung des Viehbesatzes sichergestellt, das Unkraut wurde durch mechanische und später durch chemische Maßnahmen bekämpft.
5. Die Ackererträge wurden wirksam durch stetig steigende Mineraldüngergaben erhöht.
6. Mit zunehmender Marktorientierung ergab sich eine Entflechtung der Wechselwirtschaft in dem Sinne, daß in den extremeren Lagen reine Grünlandwirtschaft betrieben, in den günstigeren Lagen Grünland und Ackerland getrennt bewirtschaftet wurden.
7. Allmählich war auch die Erkenntnis gereift, daß Dauergrünland ohne Ansaatrisiko höhere Erträge bringt als langjähriges Kleegras, wenn es richtig gedüngt und bewirtschaftet wird.

Die Entwicklung weg vom mehrjährigen hin zum kurzfristigen Kleegras erscheint folgerichtig und auch im Hinblick auf Bodenfruchtbarkeit und Erträge gerechtfertigt. Dennoch muß erwähnt werden, daß Länder mit vorherrschender Kleegraswirtschaft keine Humusprobleme und kaum Fruchtfolgeschäden kennen. Umso bedenklicher muß es erscheinen, wenn in den letzten 15 Jahren Klee- und Luzernegras stark zurückgegangen und aus vielen Betrieben ganz verschwunden sind. Die negativen Folgen einseitiger Getreide-Mais-Fruchtfolgen für Grenz- und Hanglagen sind auch durch spezielle Anbaumaßnahmen kaum abzuwenden.

1.3.3 Hauptfruchtfutterbau (Feldfutterbau) (vgl. Kap. 4)

1.3.3.1 Gräser, Leguminosen und deren Gemische (vgl. 4.2.2–4)

Hier können wir einsömmerigen, überjährigen und zwei- bis mehrjährigen Futterbau unterscheiden. Der einsömmerige Futterbau, z. B. mit Einjährigem Weidelgras (*Lolium multiflorum* ssp. *gaudini*), Perserklee (*Trifolium resupinatum*) oder Alexandrinerklee (*Trifolium alexandrinum*), nimmt verhältnismäßig geringe Flächen in Anspruch, da er im Ertrag mit längerfristigem Klee- oder Kleegrasanbau nicht konkurrieren kann. Eher kommen diese Arten im Zweit- und Zwischenfruchtbau zur Geltung. Im Hauptfruchtbau treten sie an die Stelle ausgewinterter oder mißlungener Rotklee- bzw. Kleegrasschläge. Hier ergibt sich aber die Frage, ob nicht Silomais, Runkelrüben oder Wickfutter mit Kleegrasuntersaat ertragssicherer sind. Höhere Erträge bringen diese Arten bei gleichwertiger Anbautechnik auf jeden Fall. Situation und Bedürfnisse des Betriebes werden im Einzelfall entscheidend sein.

Die wichtigste Form ist der überjährige Futterbau. Hier wird Rotklee unter Getreide oder Kleegras in Blanksaat angebaut mit einer bzw. zwei bis drei Nutzungen im Ansaatjahr und der Hauptnutzung im folgenden Jahr. Auch die Stoppelsaat von Welschem Weidelgras (*Lolium multiflorum*) nach der Getreideernte mit Hauptnutzung im Folgejahr ist eine Alternative.

Der zweijährige Anbau von reinem Rotklee scheidet auch bei der Verwendung von etwas ausdauernderen Sorten aus, weil Ertragsrückgänge kaum vermeidbar sind. Wenn zweijähriger Anbau angestrebt wird, dann als Kleegras mit der Betonung von kleekrebsresistenten Sorten und Kombinationen von Welschem und Bastard-Weidelgras (*Lolium multiflorum* bzw. *Lolium* x *hybridum*), aber auch schon zusammen mit Wiesenschwingel und Lieschgras (*Festuca pratensis* bzw. *Phleum pratense*).

Mehrjähriger Anbau kommt eigentlich nur mit Luzerne (*Medicago sativa* bzw. *Medicago* x *varia*) oder Luzernegras unter Verwendung von Knaulgras und Glatthafer (*Dactylis glomerata* bzw. *Arrhenatherum elatius*) auf trockneren oder Wiesenschwingel und Lieschgras (*Festuca pratensis* bzw. *Phleum pratense*) auf frischeren Standorten in Frage. Mehrjähriger Luzernebau wurde früher auf sog. Springschlägen meistens außerhalb der Fruchtfolge betrieben. Heute beschränkt man sich gern auf zwei- bis dreijährige Nutzung und hat dann neben höheren Erträgen den Vorteil, die gute Vorfruchtwirkung innerhalb der Fruchtfolge häufiger bzw. regelmäßig nutzen zu können.

KÖHNLEIN (1971) macht darauf aufmerksam, daß ein Kleegrasschlag mit einjähriger Nutzung zwei Jahre und mit zweijähriger Nutzung drei Jahre Bodenruhe (ohne Tiefenbearbeitung) bedeutet. Durch den gedrosselten Sauerstoffzutritt und die ungestörte Tätigkeit der Bodentiere verlagert sich der „Humusspiegel" auf ein höheres Niveau, d. h. es wird ein größerer Anteil der organischen Substanz in „bodenständigen" Humus umgebaut und ein entsprechend kleinerer total abgebaut. Ein weiterer Vorteil des Kleegras- und Luzerneanbaues liegt in der Erschließung des Unterbodens durch tiefreichende Wurzelkanäle bzw. durch Förderung der Regenwurmtätigkeit. Hier scheint die große und doch fein verteilte Wurzelmasse eines Kleegrasbestandes von besonderer Wirkung zu sein.

Die Humusanreicherung verbessert schließlich die Luft- und Wasserführung. Damit geht eine auch nach dem Kleegrasanbau noch wirksame Förderung des Bodenlebens und aller Umsetzungsvorgänge einher.

1.3.3.2 Grün- und Silomais (vgl. 4.2.1)

Noch 1968 betrug der Anteil von Grün- und Silomais in der Bundesrepublik Deutschland etwa 11 % der Feldfutterfläche, in Bayern etwa 16 %, 1983 dagegen 65,6 bzw. 66,3 %. Diese gewaltige Steigerung hat eine Reihe von Ursachen. Die großen Chancen des Silomaisanbaues wurden, wohl stark aufbauend auf amerikanischen Erfahrungen, von einigen Fachleuten der beteiligten Fachgebiete frühzeitig erkannt. In der Maiszüchtung sorgten in Deutschland POLLMER, SCHNELL und ZSCHEISCHLER in Verbindung mit der praktischen Pflanzenzüchtung für große Fortschritte, auch außerhalb der früheren Maisanbaugebiete. So konnte der Mais in Grenzlagen vordringen.

In der Betriebswirtschaft war es RINTELEN, der die Einführung der verschiedenen Formen des Maisanbaues in den Betrieb an Beispielen demonstrierte; darüber hinaus führte er selbst praktische Anbau- und Fütterungsversuche durch. Von der Landtechnik wurden Maschinen und Geräte für Saat, Düngung, Ernte, Konservierung und Verfütterung von Silomais und Lieschkolbenschrotsilage entwickelt. Schließlich wurde die Konservierung und Verfütterung von Maisprodukten in zahlreichen Versuchen geprüft, an denen Mitarbeiter der Tierernährung in Weihenstephan und der BLT* in Grub maßgeblich beteiligt waren.

Parallel zu diesen Entwicklungen erreichte die Produktionstechnik im Pflanzenbau und im Pflanzenschutz ein sehr hohes Niveau. Die auf allen Teilgebieten erzielten Fortschritte führten schließlich zu ausgereiften Produktionssystemen.

---

* Bayerische Landesanstalt für Tierzucht

So war die Zeit sehr schnell reif, die Vorteile des Maisanbaues für die Praxis nutzbar zu machen; es sind im wesentlichen folgende:

1. Hohe Erträge an Trockensubstanz und an energiereichem Futter;
2. Einmalige, einfache Ernte, nachdem die Mechanisierung gelöst war;
3. Gute Silierbarkeit mit geringen Verlusten;
4. Vielseitige Verwendbarkeit in der Rinder- und Schweinemast (Kolbenschrotsilage) sowie in der Milchviehhaltung;
5. Nährstoffausgleich zu eiweißreichen Grundfuttermitteln (Weidegras, junges oder kleereiches Wiesenheu, Klee- und Luzerneheu, Klee- und Luzernegras einschließlich Konserven, eiweißreiche Zwischenfrüchte, frisches und siliertes Zuckerrübenblatt);
6. Weitgehende Selbstverträglichkeit, kaum Fruchtfolgeprobleme, geringe Ansprüche an die Vorfrucht;
7. Gute Vorfrucht für Getreide und Zuckerrüben – Mais ist Feindpflanze des Nematoden und überträgt keine Fußkrankheiten.

Diesen Vorteilen stehen folgende Nachteile gegenüber:

1. Verarmung der Fruchtfolgen, da verschiedene Arten vom Mais verdrängt werden;
2. Gefährdung der Nachfrüchte durch Maisherbizide; je nach Witterungsverlauf im Winter verschieden;
3. Häufung von Beulenbrand und von Maiszünsler (in warmen Lagen) bei mehrfach wiederholtem Anbau auf derselben Fläche;
4. Erosionsgefahr infolge sehr langsamer Anfangsentwicklung (witterungsabhängig); schon bei geringer Hangneigung große Abschwemmungen bei Starkregen;
5. Förderung schwer bekämpfbarer Unkräuter, besonders Hirsearten.

Die Vorteile überwiegen bei weitem. Bei vorsichtigem Anbau und seiner Begrenzung auf geeignete Standorte lassen sich die angeführten Nachteile weitgehend vermeiden. Weitere Verbesserungen in der Anbautechnik werden ebenfalls dazu beitragen.

1.3.3.3 Andere Pflanzenarten und Futterhackfrüchte (vgl. 4.2.5–7)

Hier sollen nur Runkel- und Kohlrüben erwähnt werden. Sie sind im Anbau ebenfalls stark eingeschränkt worden (vgl. Tab. 4 und Abb. 1). Andere Futterpflanzen, z. B. Topinambur *(Helianthus tuberosus)*, spielen nur noch eine untergeordnete Rolle, wiederum andere werden unter den Zweitfrüchten angesprochen.

Die Runkelrübe bevorzugt frische, nicht zu trockene und nicht zu kalte Lagen. Saat-, Pflege- und Erntearbeiten sind ähnlich wie bei der Zuckerrübe weitgehend mechanisierbar und mit Hilfe von einkeimigem Saatgut und chemischer Unkrautbekämpfung auch „handarbeitslos“ geworden. Dennoch kann sie, arbeitswirtschaftlich gesehen, auch im Hinblick auf Lagerung und Verfütterung, nicht mit dem Silomais konkurrieren, der im übrigen länger haltbar und damit als Ergänzung zum sommerlichen Grünfutter oder Weidegang verwendbar ist.

Die Futterrübe wird besonders in der Milchviehhaltung als hochverdauliches und diätetisch wirksames Grundfutter sehr geschätzt. Sie ist in der Lage, rohfaserreiches Grundfutter zu ergänzen und die Gesamtfutteraufnahme zu erhöhen. Ihre positiven Wirkungen in der Rinderfütterung fielen wahrscheinlich auch deswegen auf, weil sie nach dem StE-System energetisch um etwa 15 % unterbewertet wurde.

Die Konkurrenzfähigkeit der Runkelrübe wird in Deutschland nur durch kurze Vegetationszeit, zu kühle Herbstwitterung und zu früh einsetzende Fröste begrenzt, z. B. in den höheren oder ungünstigen Lagen der Mittelgebirge. Deswegen wird sie dort z. T. auch heute noch durch die Kohlrübe ersetzt. Diese war auch in anderen kühlen und feuchten Lagen weit verbreitet, z. B. auf der Schwäbischen Alb, der Frankenalb, in Oberfranken oder in Schleswig-Holstein, wo sie wohl überwiegend als Zweitfrucht angebaut wurde. Da sie das Verpflanzen gut verträgt, war sie für den Zweitfruchtanbau besonders gut geeignet, in günstigeren Küstenlagen sogar für den Stoppelfruchtbau.

Die Kohlrübe hat geringe Ansprüche an Wärme und Sonnenscheindauer. Sie kann daher bis in den späten Herbst hinein noch erhebliche Massen bilden; vorübergehende Fröste bis −8 °C werden vertragen, ohne daß das Wachstum schon endgültig eingestellt wird. Die Nährstoffgehalte übertreffen die der Runkelrübe; der Kohlgeschmack kann allerdings auf die Milch übergehen. Ein weiterer Nachteil gegenüber den Runkelrüben liegt in der noch geringeren Haltbarkeit.

1.3.4 Zwischenfruchtbau (vgl. 4.3)

Der Zwischenfruchtbau nutzt den Zeitraum zwischen zwei Hauptfrüchten zur Produktion von Futter bzw. von organischer Substanz zum

Zwecke der Gründüngung aus. Ähnlich wie die Besömmerung der Brache im Rahmen der Dreifelderwirtschaft durch Futterpflanzen und Hackfrüchte werden durch Zwischenfrüchte Teilbrachen bebaut.

Der Vorteil der Zwischenfrüchte liegt in der Futtergewinnung, der Befruchtung, Erschließung und Beschattung des Bodens, schließlich in der Gewinnung von pflanzennutzbarem Stickstoff durch den Anbau von Leguminosen und in der Aufschließung von Bodennährstoffen durch Tiefwurzler.

Der Zwischenfruchtbau ergänzt den Hauptfruchtfutterbau gerade in den Zeiten, in denen Futter fehlt oder knapper wird; so fallen Winterraps und Rübsen vor dem Weideaustrieb an, während die Stoppelfrüchte, ggf. auch die Untersaaten, das nachlassende Weidefutter ergänzen bzw. die Weidezeit verlängern.

Wir unterscheiden:

1. Untersaaten unter Getreide im Frühjahr zur Herbstnutzung. Sie gedeihen in Lagen mit nicht zu trockenem Sommer. Hierfür kommen Weißklee, Gelbklee, auf leichteren Böden Serradella in Frage.
2. Stoppelsaaten zur Herbstnutzung nach früh räumenden Vorfrüchten. Beispiele sind: Leguminosengemenge, Sommerraps, Ölrettich, Senf, Stoppelrüben. Möglichst frühe Erntetermine der Hauptfrüchte, reichliche Sommerniederschläge und nicht zu kalte Herbstwitterung sind als Voraussetzungen zu nennen.
3. Überwinternde Zwischenfrüchte, die man auch als Stoppelsaaten zur Frühjahrsnutzung bezeichnen kann. Beispiele: Landsberger Gemenge (Zottelwicke, Inkarnatklee, Welsches Weidelgras), Grünroggen, Winterrübsen, Winterraps.
   Diese Form des Zwischenfruchtbaues ist sehr sicher, hat aber den Nachteil, daß sie die Wasservorräte des Bodens stark beansprucht und das Feld zu spät räumt.
4. Zweitfrüchte sind eigentlich keine Zwischenfrüchte, sondern spätsaatverträgliche Hauptfrüchte, die nach überwinternden Zwischenfrüchten stehen. Beispiele: Grünmais, in günstigen Lagen Silomais, Markstammkohl, Kohlrüben, Sonnenblumen.
   Da Winterzwischenfrüchte und Zweitfrüchte zusammen meistens keine höheren Erträge bringen als rechtzeitig gesäte Hauptfrüchte, hat sich diese Kombination wenig durchgesetzt. Außerdem sind Aufwand und Risiko von zwei Bestellungen in Rechnung zu stellen.

Die klimatische Grenze des Zwischenfruchtbaues liegt dort, wo nicht mindestens 60 bis 90 Tage mit ausreichender Wärme für Stoppelfrüchte und eine etwas längere Zeit nach der Ernte der Deckfrucht für Untersaaten zur Verfügung stehen (Knauer 1975). Die früheste Saatzeit verlangen von den Stoppelsaaten Leguminosengemenge, danach Sonnenblumen, Stoppelrüben, Sommerraps, Ölrettich und schließlich Senf. Von den Winterzwischenfrüchten folgen Raps, Welsches Weidelgras, Rübsen, Landsberger Gemenge, Wickroggen und Grünroggen aufeinander.

In der Fruchtfolge ist beim Anbau von Leguminosen und Kruziferen auf die Verträglichkeit mit den Hauptfrüchten zu achten. Sonst können Krankheiten und Schädlinge der Hauptfrüchte übertragen und vermehrt werden. Nach Möglichkeit müssen neutrale oder entsprechende „Feindpflanzen“ ausgewählt werden.

Für den Zwischenfruchtbau sind besonders leichte und mittelschwere Böden geeignet, und zwar aus folgenden Gründen:

1. Vorfrüchte und Deckfrüchte reifen früher.
2. Leichter Boden ist „jederzeit“ bearbeitbar und auch in Feuchteperioden saatfertig zu machen.
3. Leichtere Böden sind besser durchlüftet und daher „wärmer“ als schwere „kalte“ Böden; sie sind daher bei ausreichender Wasserversorgung im Herbst und im Frühjahr wüchsiger als kalte.
4. Die Beanspruchung des Bodenwassers ist unschädlich, weil auf leichten Böden die Winterfeuchtigkeit ohne Pflanzendecke ungenutzt versickert, der Wasservorrat aber leichter wieder aufgefüllt werden kann als auf schweren Böden.
5. So leidet die Zweitfrucht nach Winterzwischenfrüchten auf leichten Böden weniger unter Wassermangel als auf schweren.
6. Leichte Böden sind nicht so sehr auf eine rauhe Winterfurche angewiesen wie schwere.
7. Leichte Böden brauchen die Nebenwirkungen des Zwischenfruchtbaues dringender als schwere.

Die Aussichten des Zwischenfruchtbaues sind unter maritimem Klimaeinfluß mit feuchter Herbstwitterung und milden Wintern auf leichteren Böden am besten. Frühräumende Hauptfrüchte (Raps, Wintergerste, frühe Sommergerste) begünstigen den Stoppelfruchtbau.

Die Bedingungen verschlechtern sich mit zunehmend kontinentalem Klima, trockenem Spätsommer, frühem Wintereinbruch und zunehmender Höhenlage. Im kontinentalen Mittel- und Ostdeutschland herrschen dann Untersaaten vor,

z. B. Serradella; insgesamt nimmt der Zwischenfruchtbau aber ab.

Bei nicht zu hartem Winter sind Wickroggen und Rübsen sogar in den günstigeren Ackerbaulagen der Mittelgebirge noch recht sicher, wo von den Sommerzwischenfrüchten nur der Senf und kaum noch der Sommerraps anbauwürdig sind.

Der Zwischenfruchtbau bietet eine Fülle von Arten und Anbauformen und damit die Möglichkeit der Anpassung an alle Boden-, Klima- und Betriebsverhältnisse. Außerdem ist die Schlagkraft der Betriebe in den letzten zwei Jahrzehnten immer größer geworden. Unter diesen Voraussetzungen erscheint die Zwischenfruchtfläche in der Bundesrepublik verhältnismäßig klein. Sie erreichte 1977* 9,9 % der LF, in Bayern 8,7 %. Von der Zwischenfruchtfläche wurden 58,7 % zur Futtergewinnung und 41,3 % zum Unterpflügen angebaut, in Bayern waren es 63,7 % bzw. 36,3 %.

1.3.5 Zusatzfutterbau

In manchen Gebieten der Erde werden die Rinder zu 50 bis 70 % mit Reisstroh ernährt. Aber auch in Mitteleuropa hat der Zusatzfutterbau in früheren Jahrzehnten, zwischen und in den Weltkriegen bis in die fünfziger Jahre hinein eine große Rolle gespielt. Der Umfang, in dem Getreidestroh verfüttert wird, ist heute schwer abzuschätzen. Es ist aber möglich, daß jetzt wieder eine Zunahme eintritt, und zwar aus folgenden Gründen:

1. Es hat sich herausgestellt, daß das Stroh (und älteres Heu) mit der Stärkewertberechnung nach Kellner deutlich unterbewertet wurde. Das dürfte eine höhere Wertschätzung auch in der Praxis zur Folge haben.
2. Der Aufschluß von Stroh durch Natronlauge oder Ammoniakgas eröffnet die Möglichkeit, die Qualität des Futterstrohes weiter zu verbessern. Damit ist ein weiterer Anreiz zur Verfütterung von Stroh gegeben.

Die Energiegehalte von Getreide- und Grassamenstroh sowie von Zuckerrübenblatt sind in Tab. 6 angegeben.

Leguminosenstroh entspricht nach Höhe und Schwankungen der Energiegehalte etwa dem Grassamenstroh; nur Gelbe Lupinen, Rotklee und Sommerwicken liegen deutlich darunter. Alle Leguminosen übertreffen die Getreidearten und Gräser im Gehalt des Strohes an Rohprotein bei

* Letzte Erhebung

Tab. 6. Energiegehalte (MJ NEL, StE) in Stroh und Zuckerrübenblatt (aus DLG-Futterwerttabellen 1982)

Bezeichnung	in 1 kg TM (NEL MJ)	in 1 kg TM (StE)	in 1 kg Futtermittel (NEL MJ)	(StE)
Gerstenstroh	3,89	340	3,35	292
– NAOH-Aufschluß	4,21	343	3,62	294
– NH_3-Aufschluß	4,29	368	3,69	316
Haferstroh	3,57	311	3,07	267
– NH_3-Aufschluß	4,04	351	3,47	301
Roggenstroh	3,38	315	2,90	270
Weizenstroh	3,61	317	3,10	272
– NAOH-Aufschluß	4,59	411	3,95	353
– NH_3-Aufschluß	4,27	378	3,67	325
Glatthaferstroh	3,97	316	3,42	271
Knaulgrasstroh	2,97	221	2,56	190
Rotschwingelstroh	3,71	295	3,19	253
Deutsches Weidelgrasstroh	3,91	312	3,36	268
Wiesenschwingelstroh	3,59	297	3,09	255
Zuckerrübenblatt (künstlich getrocknet)				
– verschmutzt	4,95	494	4,56	456
– sauber	6,11	604	5,38	532

Tab. 7. Eiweiß- und Energiegehalte von frischem Rübenblatt in Abhängigkeit von der Verschmutzung im Verlauf der Ernte

Art des Futters		% verd. Eiweiß i.d.TS	StE/ kg TS	MJ NEL/ kg TS
Zuckerrübenblatt	sehr sauber	10,4 (11,0)	619 (671)	(6,9)
	sauber	11,0	572	
	weniger gut	9,0 (9,5)	490 (534)	(5,4)
Futterrübenblatt	sauber	12,8	592	
	weniger gut	9,6	524	

In ( ) = Werte aus DLG-Futterwerttabellen 1982

weitem und werden daher in der Fütterung höher eingeschätzt.

Als besonders wertvoll muß der Futterschnitt nach der Grassamenernte angesehen werden. Vom Wiesenschwingel wurden auf Anmoorboden mit zusätzlich 60 kg N/ha 30 bis 40 dt TS/ha/Jahr geerntet; das entspricht einem Bruttoertrag von 16000 bis 21500 MJ NEL bzw. einem Netto-Ertrag in Form von Silage oder UDT-Heu von 11000 bis 16000 MJ NEL/ha. Das Ertragspotential der einzelnen Grasarten in der Futternutzung ist verschieden. Die kurzlebigen Weidelgräser eignen sich besonders für den kombinierten Futter- und Samenbau.

Bewährt hat sich auch eine Klee-Einsaat im Frühjahr vor der letzten Grassamenernte. Das nach der Samenernte anfallende Kleegras kann zur Grünfütterung oder Konservierung in jeder Form genutzt werden. Außerdem hat es einen höheren Futter- und Vorfruchtwert als reine Grasbestände. Für die Einsaat kommen 10 bis 12 kg Sommerrotklee/ha oder 4 bis 6 kg Weißklee/ha in Frage (Bürger et al. 1961).

Zuckerrübenblatt war auf der Handarbeitsstufe immer ein sauberes, für Frischfütterung und Silagebereitung geeignetes Grundfutter. Im voll mechanisierten Zuckerrübenbau ist es entscheidend vom Ernte- und Bergungsverfahren abhängig, in welcher Qualität das Futter eingebracht werden kann. Wird das Blatt vom Köpfen weg direkt auf den mitfahrenden Wagen gefördert und wird eine Verschmutzung beim Abladen und Festwalzen im Fahrsilo vermieden, dann kann die Qualität sogar besser sein als auf der Handarbeitsstufe.

Wie sehr die Werbung der Blätter die Qualität beeinflußt, zeigen Werte von Kellner-Becker (1971) und der DLG (1982) in Tab. 7.

Auf ähnlicher Höhe liegen die Gehalte von Blättern und Abfällen der verschiedenen Kohlarten. Als Mittelwert für Blumenkohl, Rosenkohl, Weißkohl und Wirsingkohl wurden 10,3% verdauliches Eiweiß und 634 StE errechnet.

1.4 Ertrags- und Qualitätsvergleich verschiedener Futterbauformen und Futterpflanzen

Um ungefähre Vorstellungen von den Leistungen der verschiedenen Futterbauformen und Pflanzenarten zu gewinnen, gibt es zahlreiche Faustzahlen und Leistungsvergleiche. Da sie meistens mit Daten von verschiedenen Standorten durchgeführt werden und häufig auch die Nutzungstermine nicht ganz vergleichbar sind, müssen solche Leistungsvergleiche zwangsläufig mit großen Schwankungsbereichen veröffentlicht werden. Dennoch haben sie für Lehr- und Beratungszwecke ihren Wert. Sie verschaffen einen Überblick und dienen einer ersten Orientierung. So liegen z. B. Zusammenstellungen vor von Klapp (1957), Scheller (1976) und Knauer (1975), der die Brutto- und Netto-Erträge von allen Formen und Arten des Hauptfruchtfutter- und Zwischenfruchtbaues in dt Grün- und Trockenmasse, in dt verd. Rohprotein, kStE und kEFr, jeweils pro ha, angibt. Auch Köhnlein (1971) führte zahlreiche Leistungs- und Qualitätsvergleiche durch, die in der Mehrzahl aus eigenen Versuchsergebnissen stammen.

Die Frage nach der Über- oder Unterlegenheit einer Futterbauform kann aus Zusammenstellungen von verschiedenen Standorten und Jahren nicht beantwortet werden, schon deswegen nicht, weil die verschiedenen Futterpflanzen ganz spezifische Standortsansprüche haben können; so wird es immer mehr oder weniger große Interaktionen zwischen Pflanzenart und Standort geben. Diese Frage muß also für jeden Standort, wenigstens für jede Gruppe ähnlicher Standorte, getrennt beantwortet werden. Das kann am besten geschehen mit Erträgen oder Versuchsergebnissen aus denselben Versuchsjahren mit denselben Sorten unter vergleichbarer artgemäßer Düngung und Nutzung.

1.4.1 Ertragsvergleiche

Auf einer Ackerbraunerde wurde elf Jahre lang ein Versuch mit drei Weidemischungen durchgeführt. Die Ergebnisse des vierten bis sechsten Versuchsjahres wurden mit denen von gutem Dauergrünland auf benachbartem Standort verglichen (Abb. 2). Man kann daraus schließen, daß die Neuansaat bzw. die periodische Erneuerung des Dauergrünlandes sinnlos ist, wenn man leistungsfähiges Grünland mit gutem Pflanzenbestand zum Vergleich heranzieht.

Auf vier Standorten im oberbayerischen Grünlandgürtel wurden in dreijährigen Artenvergleichsversuchen (Spatz et al. 1974) Silomais, Markstammkohl, Runkelrüben, Kohlrüben und Perserkleegras (unter Grünhafer) miteinander verglichen. Es wurden auf allen Standorten dieselben Sorten verwendet. Die nach Standorten und Futterpflanzen aufgegliederten Durchschnittserträge an verd. Rohprotein in dt/ha und kStE/ha sind in Tab. 8 zusammengestellt.

Daraus kann man entnehmen, daß der Silomais im kStE-Ertrag auf drei Standorten an der Spitze lag, während auf dem Straßhof, unmittelbar am Alpenrand gelegen, der Markstammkohl dominierte und Kohlrüben den zweiten Platz einnahmen. Im Eiweißertrag stand Perserkleegras stets an erster und Runkelrüben mit einer Ausnahme (Kohlrüben Straßhof) an zweiter Stelle. Betrachtet man die Mittelwerte aller Arten und Versuchsjahre, dann fällt im Eiweißertrag lediglich der

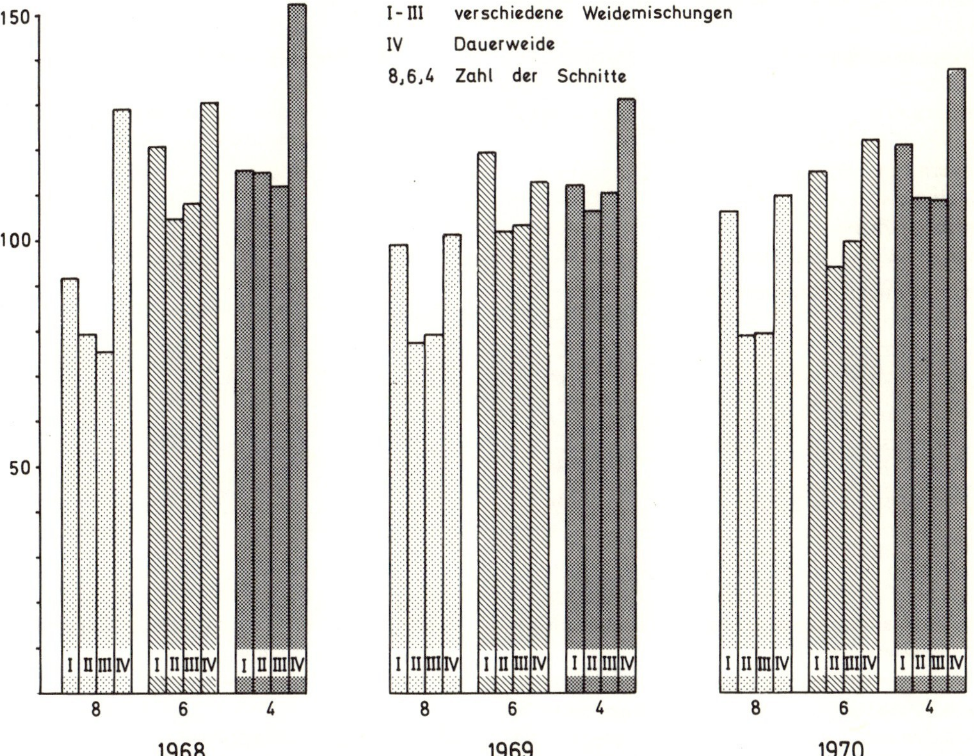

Abb. 2. Erträge von Weideansaaten im 4. bis 6. Jahr nach der Versuchsanlage im Vergleich zu einer Dauerweide unter ähnlichen Witterungs- und Bodenbedingungen (Weihenstephan, Dürnast).

Tab. 8. Eiweiß- und kStE-Erträge in einem Futterpflanzenvergleichsversuch auf vier oberbayerischen Standorten (Spatz et al. 1974)

Standort	Silomais	Markstamm-kohl	Kohlrüben	Runkelrüben	Kleegras	$\bar{x}$
verd. Eiweiß dt/ha						
Marzoll	8,3	11,4	11,4	15,5	16,7	12,7
Schwaiganger	8,0	10,3	13,1	13,7	16,8	12,4
Straßhof	5,4	7,2	9,5	9,0	15,2	9,3
Grünschwaige	9,2	6,4	9,0	13,2	14,8	10,5
$\bar{x}$	7,8	8,8	10,8	12,8	15,9	11,2
kStE/ha						
Marzoll	10950	8430	6370	7690	6320	7952
Schwaiganger	11890	9670	7770	7590	7150	8814
Straßhof	8700	11080	9140	7790	7640	8870
Grünschwaige	10920	8340	7140	9420	6750	8514
$\bar{x}$	10615	9380	7605	8122	6965	8537

Tab. 9. Rohprotein- und kStE-Erträge von Silomais und Futterrüben in Bayern, getrennt nach sommerfeuchten und sommertrockenen Standorten (Seitner 1978)

Gebiet bzw. Standorte	Vergleichserträge			
	kStE/ha		dt RP/ha	
Futterart	absolut	relativ*	absolut	relativ*
Bayern (n = 36)				
Silomais	10641	100	12,8	100
Rübenkörper	9419	89	15,2	117
Rübenkörper und -blatt	11685	110	22,3	174
sommerfeuchte Standorte (n = 25)				
Silomais	10956	100	13,1	100
Rübenkörper	9653	88	15,4	118
Rübenkörper und -blatt	11860	108	22,2	169
sommertrockene Standorte (n = 11)				
Silomais	9925	100	12,0	100
Rübenkörper	8886	90	14,1	118
Rübenkörper und -blatt	11286	114	21,7	181

* Silomais (mfr. + msp. Sortiment) = 100

Straßhof und im kStE-Ertrag der Standort Marzoll deutlich ab.

Aus diesen Versuchen geht hervor, daß der Anbau mehrerer Arten einen Ertragsausgleich zwischen den Standorten bringt, daß aber nur die Auswahl der am besten angepaßten Arten höchste Leistungen auf den einzelnen Standorten ermöglicht.

Eine neuere und umfangreiche Auswertung von Vergleichsversuchen mit Ackerfutterpflanzen hat Seitner (1978) vorgelegt. Er unterscheidet dabei „Vergleichsversuche", „Blockversuche" und „ökologische Vergleiche".

Unter **Vergleichsversuchen** versteht er Anlagen, in denen die verglichenen Arten randomisiert in einem Versuch angebaut werden. Im **Blockver-**

such werden die Arten in Blöcken nebeneinander auf demselben Standort und im selben Jahr geprüft. **Ökologische Vergleiche** beruhen auf verschiedenen Versuchsanlagen, die meistens in denselben Jahren und Versuchsorten, also unter gleichen Witterungsbedingungen, nicht aber auf unmittelbar nebeneinander liegenden Standorten durchgeführt werden.

Die Ergebnisse von Vergleichs- und Blockversuchen sind in Tab. 9 enthalten. Hieraus geht ebenso wie aus 59 ökologischen Vergleichen hervor, daß Futterrüben mit Blatt dem Silomais überlegen, ohne Blatt unterlegen waren.

Die Erträge von Silomais und Futterrüben im Vergleich zu ein- bis mehrjährigen Gräsern und Leguminosen sind in Verhältniszahlen in Tab. 10 aufgeführt.

Hier zeigt sich sehr eindrucksvoll die Größenordnung der Ertragsunterschiede, in kStE zu Gunsten von Mais und Rüben, im Rohprotein zu Gunsten der Gräser und Leguminosen. Es wäre interessant gewesen, wenn man in denselben Versuchsjahren auf benachbarten und vergleichbaren Standorten die Erträge von Dauergrünland ermittelt hätte.

Eine Zusammenstellung von Versuchsergebnissen des ehemaligen Lehr- und Forschungsinstituts für Grünlandwirtschaft und Futterbau in Steinach/Ndb. ist in diesem Zusammenhang von besonderem Interesse, da sie unter einheitlicher Versuchstechnik auf vergleichbaren Standorten entstanden sind (vgl. Tab. 11).

Da die Verhältnisse in und um Steinach für Grünlandwirtschaft und Feldfutterbau in gleicher Weise günstig sind, kann die Weide (und Mähweide) mit Klee- und Luzernegras durchaus konkurrieren, wenn man die Nährstofferträge (kStE) betrachtet. Unterlegen sind erwartungsgemäß die Erträge auf Zwei- und Dreischnittwiesen.

Tab. 10. Silomais- und Futterrübenerträge im Vergleich zu ein- bis mehrjährigem Feldfutterbau mit Gräsern und Leguminosen (SEITNER 1978)

Vergleichsfrüchte (= 100)	Anzahl d. Vergl.-versuche	Relativerträge von Leguminosen und Gräsern an kStE	RP
		1. über- und mehrjährige	
Silomais	6	61	250
Futterrübenkörper	11	74	205
Futterrübenkörper und -blatt	11	60	136
		2. einjährige Arten	
Silomais	12	50	146
Futterrübenkörper	12	55	121
Futterrübenkörper und -blatt	12	44	81

1.4.2 Ertrags- und Qualitätsvergleiche

Die Ergebnisse eines Vergleichs von ein- bis mehrjährigem Kleegras mit Dauergrünland sind

Tab. 11. Ertragsvergleich zwischen Wiese, Mähweide und Feldfutterbau an Hand langjähriger Versuche des Lehr- und Forschungsinstituts Steinach/Ndb. (VOIGTLÄNDER 1966)

Futterart	Jahresernten	Heu (dt/ha)	kStE (je ha)	Bemerkungen
Wiese	6	38,6	1350	ungedüngt
Wiese	38	83,6	3000	gut gedüngt
Weide brutto	6	114,0	5200	Schnittversuch
Weide netto	6	–	4200	Erträge nach Falke-Geith
Klee	10	121,8	4300	Klee oder Kleegemische
Kleegras	12	140,4	4900	Mittel verschiedener Mischungen
Luzerne	5	129,1	4500	Reine Luzerne
Luzernegras	5	137,4	4800	Mittel verschiedener Mischungen

Die Erträge wurden mit Ausnahme von „Weide netto“ aus verlustlos getrockneten Grünfutterproben ermittelt.

in Tab. 12 enthalten. Die höchsten Erträge an TS und kStE lieferten Rotklee und Welsches Weidelgras, die höchsten Eiweißerträge Wiesenschwingel, Lieschgras und Rotklee, weil hier der Rotklee im Bestand dominierte. Die Gehalte an Nähr- und Mineralstoffen waren ausgeglichen. Lediglich das Dauergrünland fiel im Rohprotein-, K- und Ca-Gehalt im Vergleich zu den Ackerkulturen etwas ab, während das Luzernegras etwas höhere Rohfasergehalte aufwies. Sobald Perserklee und Deutsches Weidelgras am Bestand beteiligt waren, stieg der Na-Gehalt an. Die Dauerweide lag im TS-Ertrag und in den kStE/ha recht gut, wenn man berücksichtigt, daß hier die Verhältnisse für den Ackerfutterbau günstiger sind und daß in zwei Versuchsjahren das Kleegras ein- bzw. zweimal neu bestellt werden muß.

Einen Ertrags- und Qualitätsvergleich zwischen Zwei- und Dreischnittwiesen einerseits und Mähweiden andererseits hat MAAF (1969) auf der Versuchsstation Veitshof in Weihenstephan angestellt. Die Zusammensetzung der Pflanzenbestände ist in Tab. 13, Erträge und Inhaltsstoffe sind in Tab. 14 wiedergegeben.

Die Qualitäts- und Ertragsunterschiede sind sehr groß, obgleich die Standorte unmittelbar benachbart sind. Die Unterschiede sind in erster Linie durch die Nutzung, in zweiter durch die Düngung bedingt, die besonders auf Variante 2(NPK) der Mähweide sehr hoch war. Die Düngung war jedoch der Nutzung angepaßt, so daß es zweifelhaft ist, ob eine Erhöhung der Wiesendüngung die Erträge noch wesentlich hätte steigern können, ohne die Pflanzenbestände in ihrer Qualität zu beeinträchtigen.

1.4.3 Qualitätsvergleiche

Im folgenden Qualitätsvergleich zwischen Grünland und Ackerfutter stammen die Ergebnisse allerdings nicht von vergleichbaren Standorten, sondern aus einer großen Zahl von neueren Analysen (1500 Grünland-, 460 Ackerfutterproben) aus ganz Bayern (VOIGTLÄNDER und RIEDER 1979). In Abb. 3 sind Ergebnisse aus den Grünlandproben aufgezeichnet. Sie zeigen, daß die K-Gehalte für eine hohe Pflanzenproduktion in jedem Fall ausreichen (Grenzwerte nach KNAUER 1963). Vom Bedarf des Tieres aus gesehen, sind sie immer überhöht. Die P-Gehalte genügen nur im Wiesengras für optimale Erträge. In der Tierproduktion ist der Bedarf für Erhaltung + 10 bis 15 kg Milch/Tag auf Wiesen und Mähweiden nicht immer gedeckt. Dasselbe gilt für Magne-

Tab. 12. Vergleich von einjährigem und überjährigem Kleegras mit Dauergrünland auf einer Ackerbraunerde in Weihenstephan; Mittel aus 2 Hauptnutzungsjahren

Futterbauform	TS (dt/ha)	verd. RP (dt/ha)	kStE (ha)	RP (% in der TS)	RF	P	K	Ca	Mg	Na
1. Einj. Weidelgras, Welsches Weidelgras, Perserklee	132 131	18,8	7698	18,9	21,4	0,53	4,1	1,4	0,19	0,23
2. Wie 1., jedoch unter Grünhafer	134 132	18,2	7959	18,4	21,8	0,53	4,0	1,2	0,18	0,25
3. Welsches Weidelgras, Rotklee	145 164	20,3	8405	18,5	21,5	0,50	4,6	1,4	0,25	0,03
4. Wiesenschwingel, Lieschgras, Rotklee	134 160	22,5	7598	21,2	20,9	0,49	4,5	1,8	0,32	0,02
5. Glatthafer, Knaulgras, Luzerne	131 163	20,9	6895	21,0	24,0	0,48	4,1	1,8	0,23	0,03
6. Deutsches Weidelgras, Lieschgras, Weißklee	126 140	20,3	7278	21,1	21,9	0,58	4,0	1,4	0,25	0,12
7. Dauerweide Dorfacker	124 121	16,1	7428	17,2	22,8	0,50	3,4	1,0	0,24	0,07

Unter TS dt/ha stehen jeweils in der oberen Zeile die zweijährigen Mittel, darunter die TS-Erträge des 2. Hauptnutzungsjahres

Tab. 13. Die landwirtschaflichen Artengruppen im Wiesen- und Weideversuch Veitshof; geschätzte Prozentanteile am Gesamtertrag (MAAF 1969)

	WZ	Wiese O	Wiese PK	Wiese NPK	Weide NPK	Weide 2 (NPK)
Hochwertige Gräser	8–7	14,0	44,1	47,3	71,0	75,9
Mittelwertige Gräser	6–5	4,8	2,1	0,9	1,3	1,8
Minderwertige Gräser	4–2	41,5	8,9	10,4	0,2	0,1
Leguminosen	8–6	1,7	2,4	1,8	17,8	11,1
Wertvolle Kräuter	6–5	9,4	9,5	9,3	4,6	5,0
Minderwertige Kräuter	4–2	19,8	21,5	20,7	3,7	3,3
Grasähnliche	2	2,7	0,3	0,0	0,0	
Wertlose und giftige Kräuter	1(–1)	6,1	11,2	9,6	1,4	2,8

WZ = Wertzahl

sium, von dem Grenzwerte für Dauergrünland nicht bekannt sind. Die K-, P- und Mg-Gehalte von Ackerfutterpflanzen sind in Abb. 4 aufgetragen. Hier fallen besonders die niedrigen P-Gehalte in fast allen Arten und Gemischen auf. Auch die Mg-Gehalte können nicht immer befriedigen. Die insgesamt niedrigen Werte für Mais entsprechen den Erwartungen, ebenso die niedrigen P- und hohen K- und Mg-Gehalte des Rübenblattes. Aus einer Serie von Spurenelementuntersuchungen in Weihenstephan (KIRCHGESSNER et al. 1968 u. 1971, PAHL et al. 1970, LANG et al. 1972, VOIGTLÄNDER et al. 1972) lassen sich auch einige Vergleiche zwischen Futterpflanzen ableiten (vgl. Tab. 15). Die Versuche wurden auf sehr ähnlichen Standorten in der näheren Umgebung von Wei-

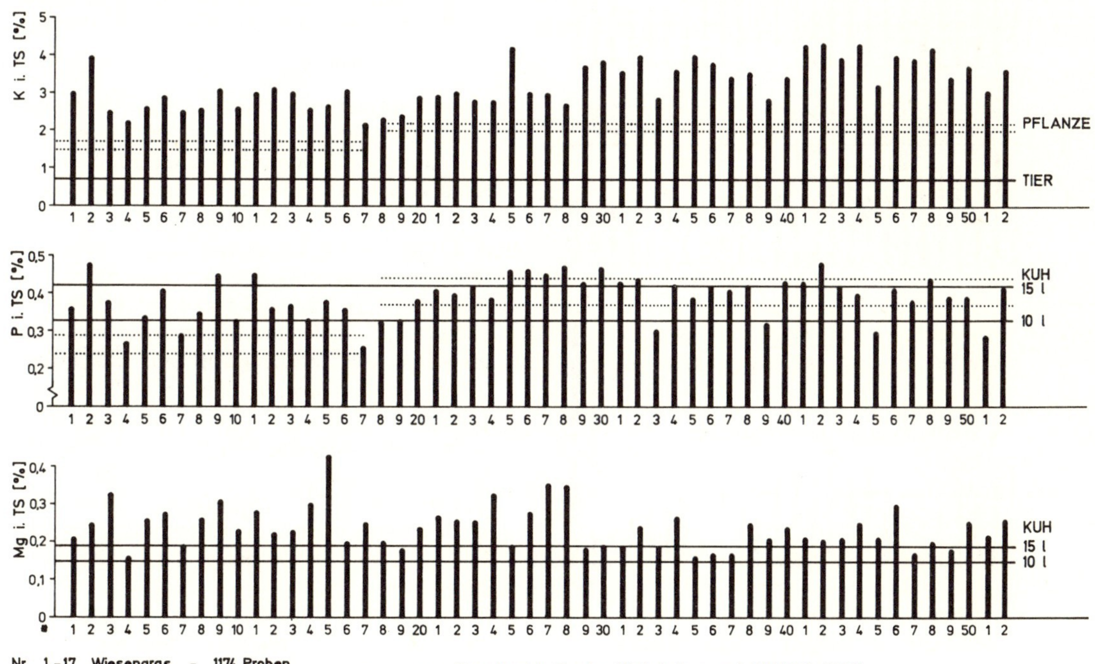

Abb. 3. K-, P- und Mg-Gehalte von Grünlandfutter aus 40 bayerischen Naturräumen. Mittelwerte aus 1500 Pflanzenanalysen und Grenzwertlinien für den Bedarf von Pflanze und Tier (Milchkuh) (VOIGTLÄNDER und RIEDER 1979).

henstephan auf Mineralboden angestellt; lediglich die Werte der letzten Zeile in den beiden Gruppen stammen von Niedermoorgrünland.

Die Spurenelementgehalte aller Futterpflanzen fallen mit wenigen Ausnahmen mit der Alterung ab. Es überrascht, daß der Wiesenschwingel in beiden Reifestadien höhere Gehalte an Cu, Mn, Co, in Stadium II sogar an Mo erreichte als Rotklee und Luzerne. Außerdem fallen die überdurchschnittlichen Cu-, Zn-, Co- und die hohen Mn- und Mo-Gehalte des Weidefutters vom Niedermoor auf, wo man normalerweise mit Cu- und Mn-Mangel rechnen muß. In keinem Fall wurde eine besondere Spurenelementdüngung gegeben. Der Bedarf der Milchkuh für Erhaltung + 20 kg Milch/Tag war selbst mit dem jüngeren Futter nicht immer gedeckt. Am häufigsten liegt Zn- und Mn-Mangel vor. Die meisten ausreichenden Gehalte wurden in Wiesenschwingel und Weidegras ermittelt.

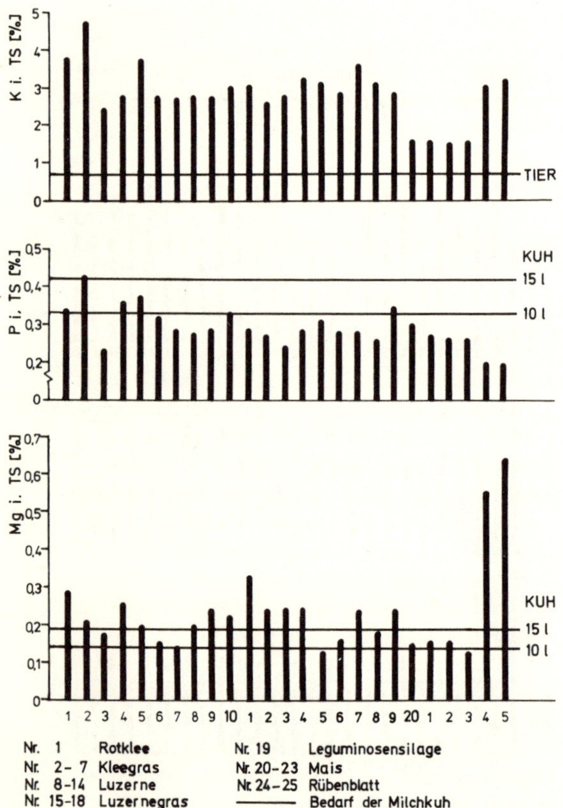

Abb. 4. K-, P- und Mg-Gehalte von Ackerfutterpflanzen mit Grenzwertlinien für den Bedarf der Milchkuh. Mittelwerte von 460 Proben aus bayerischen Betrieben (VOIGTLÄNDER und RIEDER 1979).

Tab. 14. Erträge sowie Nähr- und Mineralstoffgehalte des Futters von Wiese und Weide; Gehalte in % der TS, Mittel aus 3 Versuchsjahren (MAAF 1969)

	Wiese		Weide	
	PK	NPK	NPK	2 (NPK)
TS (dt/ha)	78	85	115	147
kStE brutto/ha	2660	3291	7168	8853
EFE*	419	507	849	1073
Rohprotein	13,6	14,6	21,1	20,8
Rohfett	3,4	3,6	4,6	4,7
Rohfaser	29,5	29,6	20,7	21,1
NFE	44,3	43,4	42,0	41,7
Asche	9,23	8,74	11,50	11,76
Phosphor	0,34	0,35	0,44	0,45
Calcium	1,12	1,04	1,02	0,80
Kalium	2,35	2,15	3,50	3,94
Magnesium	0,34	0,37	0,24	0,20
Natrium	0,06	0,08	0,04	0,03

* EFE = Ertrags-Futterwert-Einheiten = dt/ha × Wertzahl

1.4.4 Folgerungen

Zusammenfassend läßt sich aus den Ertrags- und Qualitätsvergleichen zunächst einmal entnehmen, daß gute Dauergrünlandbestände hohe Erträge abwerfen können, die auf längere Sicht durch Neuansaaten nicht übertroffen werden. Auf ackerfähigen Böden sind Silomais und Futterrüben ertragreicher, doch können diese nicht in gleichem Maße wie das Grünlandfutter die Futterbasis für die Rindviehhaltung bilden. Feldgras- und Kleegrasschläge bringen u. U. höhere Erträge als das Dauergrünland, erfordern diesem gegenüber jedoch ackerfähige Böden und verursachen zusätzliche Ansaatkosten. Die Erträge der Wiesen schwanken in weiten Grenzen; in der Futterqualität sind sie aufgrund der Unterschiede in der botanischen Zusammensetzung und im Pflanzenalter bei der Ernte dem Weidefutter unterlegen.

Aus den zahlreichen Futteranalysen ist zu entnehmen, daß besonders die Gehalte an Calcium, Phosphor, Magnesium und Natrium den Tierbedarf häufig nicht decken; daher muß entsprechendes Mineralfutter bereitgestellt werden. Zwischen den Futterpflanzenarten und Artengruppen bestehen beträchtliche Unterschiede.

Tab. 15. Spurenelemente in Rotklee, Luzerne, Wiesenschwingel und Weidelgras in vergleichbaren Entwicklungsstadien (ppm i. TS)

Futterart	n =	Jahr	Cu	Zn	Mn	Co	Mo	Fe
Stadium I								
Rotklee	9	1964	13,0	33	47	0,10	0,3	112
Luzerne	12	1964	8,5	26	30	0,12	2,3	194
Luzerne	12	1966/68	8,7	48	34	0,13	1,3	213
Wiesenschwingel	19	1965/69	13,3	39	57	0,21	1,9	244
Weidegras	19	1964/66	11,5	34	96	0,12	0,5	254
Weidegras (Niedermoor)	4	1969/70	14,0	54	51	0,20	1,1	–
Mittel Stadium I			11,5	39	52,5	0,15	1,23	203
Stadium II								
Rotklee	11	1964	10,0	23	33	0,05	0,15	75
Luzerne	7	1964	5,7	13	21	0,08	1,03	161
Luzerne	7	1966/68	7,3	35	23	0,09	0,81	105
Wiesenschwingel	12	1965/69	12,2	34	39	0,21	1,60	101
Weidegras (Niedermoor)	4	1969/70	9,2	47	42	0,16	1,19	–
Mittel Stadium II			8,9	30	32	0,12	0,96	110
Bedarf Milchkuh (Erh. + 20 kg Milch)			10	50	40–50	0,1	<1	50

Stadium I = bis Beginn des Knospenansatzes (Rispenschiebens); Weidegras bis Siloreife; Weidegras (Niedermoor) bis Weidereife

Stadium II = von Stadium I bis Samenreife; Weidegras (Niedermoor) bis Siloreife

1.5 Gemeinsame Grundlagen

1.5.1 Wachstum und Entwicklung von Futterpflanzen

Der Wachstumsverlauf von Gräsern und Leguminosen wird von den Umweltbedingungen bestimmt, unter denen sie angebaut werden bzw. vorkommen. Die Kombination von Umweltfaktoren wechselt ständig, so daß auch an ein und demselben Standort keine Vegetationsperiode der anderen gleicht. Für die Bewirtschaftung von Futterflächen ist es daher wichtig zu wissen, wie die Futterpflanzenarten und -bestände auf bestimmte Umwelteinflüsse reagieren.

Die natürlichen Umweltfaktoren, die die größte Wirkung auf Wachstum und Entwicklung ausüben, sind Licht, Temperatur und Feuchte.

1.5.1.1 Lichteinflüsse

Nach Smith (1975) kann die Intensität, die Qualität und die Dauer der Lichteinwirkung für das Pflanzenwachstum von Bedeutung sein.

Die **Lichtintensität** erreicht im Freiland bei voller Sonneneinstrahlung nach Geisler (1980) 80000 bis 100000 lux, nach amerikanischen Autoren zwischen 85000 und 110000 lux. Jedoch ist die Lichtmenge, die wirklich ausnutzbar ist, wichtiger als die Intensität der Lichteinstrahlung. Ein Bestand mit einem geschlossenen Blattdach kann kaum mehr als 20000 lux für die Photosynthese nutzen, also nur ein knappes Viertel der eingestrahlten Lichtenergie bei unbedecktem Himmel. Nur bei schräger Blattstellung, nicht zu dichtem Bestand und möglichst gleichmäßiger Ausfüllung des Standraumes mit Blättern kann eine größere Blattfläche den Lichtsättigungswert erreichen, über den hinaus keine zusätzliche Photosynthese möglich ist.

Knauer (1975) gibt für Rotklee einen Blattflächenindex (BFI = cm^2 Blattfläche je cm^2 Bodenfläche) von 4 bis 8 je nach Jahreszeit als optimal an. Weißklee erreichte jeweils vor der Nutzung im Ansaatjahr einen BFI von 4 bis 5 und im Hauptnutzungsjahr von 2 bis 4,5.

Nach Koblet (1972) ergab sich die beste Ausnützung der Lichtenergie in einem Naturwiesenbestand bei einem Blattflächenindex (BFI) von 2 bis 3. Bei niedrigeren Werten traf ein bedeutender Teil des eingestrahlten Lichtes nicht auf den Pflanzenbestand. Bei einem höheren BFI vermochte die erweiterte Blattfläche das verstärkte Absinken der Nettoassimilationsrate (NAR) infolge zu starker Beschattung nicht mehr zu kompensieren. Nach LEHMANN (1968), zit. von NÖSBERGER (1970), wurden bei einem BFI von 2 –3 etwa 70% des einfallenden Lichtes von einem Knaulgrasbestand aufgefangen. Auch für die Triebbildung ist der Lichteinfall in einem Pflanzenbestand von Bedeutung. So erwies sich von den Umweltfaktoren Strahlung, Temperatur und Bodenfeuchtigkeit das bis an die Basis der Pflanzen vordringende Licht als die wichtigste Variationsursache der Triebbildung. Während der vegetativen Phase begann die Triebzahl schon abzunehmen, wenn die Helligkeit unter dem Blätterdach noch 25 bis 35 % des vollen Lichtes über dem Bestand erreichte.

Der **Wettbewerb um das Licht** ist ein wichtiger Faktor, wenn Futterpflanzen unter Deckfrucht angesät werden, oder wenn es sich um mehr oder weniger artenreiche Mischbestände handelt. Die meisten Futterpflanzenarten sind Sonnenpflanzen, wenigstens im Vergleich zu solchen, die auch oder bevorzugt im Schatten gedeihen. Dennoch unterscheiden sich die Arten in ihrer Reaktion auf unterschiedliche Lichtintensität. So produzierte Rotklee bei geringer Lichtintensität mehr Sproßmasse als Luzerne und Luzerne mehr als Wiesenhornklee. Die Empfindlichkeit gegenüber mangelnder Belichtung dürfte eine Ursache dafür sein, daß Hornklee in wüchsigen Beständen mit massen- und hochwüchsigen Konkurrenten häufig völlig unterdrückt wird. Andererseits erreicht er auf Bergweiden bei niedrigbleibenden Beständen und hoher Einstrahlung, gefördert durch PK-Düngung, sehr schnell hohe Massenanteile. Von den Gräsern ist Knaulgras schattenverträglicher als Lieschgras und Wiesenschwingel; daher kommt es auch, häufig gemeinsam mit Wiesenkerbel (*Anthriscus sylvestris*), im Baumschatten und in Obstgärten (orchard grass) vor.

Nach SMITH (1975) erreichen Gräser und Leguminosen des gemäßigten Klimas die Lichtsättigung bei wesentlich geringerer Lichtintensität als Arten tropischer Herkunft (20000 bis 30000 lux bzw. 60000 lux oder mehr). Die Ausnutzung der Lichtenergie in der Nähe des Sättigungswertes dürfte in den Gräsern des gemäßigten Klimas unter 3%, für tropische Gräser bei 5 bis 6% liegen. Tropische Arten weisen also eine höhere potentielle Photosyntheserate auf, benötigen aber zum Erreichen der Lichtsättigung und damit zur Entfaltung ihrer vollen Leistungsfähigkeit eine wesentlich größere Lichtintensität.

Die beiden Gruppen von Grasarten unterscheiden sich auch in biochemischer Hinsicht. Tropische Gräser haben keine apparente Photorespiration und können daher das Kohlendioxid der Luft in einem geschlossenen System bis auf weniger als 5 ppm abbauen. Dagegen verläuft in den „gemäßigten" Gräsern die Respiration auch bei Belichtung, so daß diese Arten das Kohlendioxid der Luft nur bis auf etwa 50 bis 60 ppm reduzieren können. Außerdem haben die tropischen Gräser einen Kohlenstoff-Photosyntheseweg, im Verlaufe dessen der Kohlenstoff in C_4-Verbindungen eingebaut wird, während in „gemäßigten" Grasarten als erste stabile Produkte der Photosynthese C_3-Körper gebildet werden. Biochemische, aber auch physiologische und anatomische Eigenschaften bewirken also, daß C_4-Pflanzen eine effizientere CO_2-Assimilation, eine geringere Photorespiration (Veratmung) und damit eine bessere Ökonomie der Stoffproduktion aufweisen als C_3-Pflanzen.

Die **Lichtqualität** ergibt sich aus der Wellenlänge der Lichtstrahlen. Die Pflanzenentwicklung ist besser unter dem vollen Spektrum des Sonnenlichtes als unter irgendeinem Teilspektrum.

Die **Tageslänge** bzw. die Belichtungsdauer beeinflußt sowohl das vegetative Wachstum als auch die generative oder Blühphase. Mehr als die Tageslänge scheint noch die Länge der Dunkelperiode die Reaktion der Pflanzen zu steuern.

Die Wirkung der Tageslänge auf den Blühvorgang wurde seit langem intensiv erforscht, da die Saatgutproduktion und die geographische Verteilung der Pflanzenarten, -sorten und -typen entscheidend davon abhängen. Kurztagspflanzen blühen nur in einem Bereich relativ kurzer Tage und langer Nächte, Langtagspflanzen nur unter dem Einfluß langer Tage und relativ kurzer Nächte. So kommen Kurztagspflanzen mehr in Äquatornähe, extreme Langtagspflanzen z. B. im hohen Norden vor. Tagneutrale Pflanzen entwickeln sich weitgehend unabhängig von der Länge der Belichtungs- und Dunkelperioden.

1.5.1.2 Blühinduktion, Vernalisation

Die Zusammenhänge zwischen Belichtungsdauer und Blühneigung bzw. Blühinduktion erwiesen sich im Verlaufe der zahlreichen Untersuchungen als komplizierter, als es in dieser kurzen Zusammenfassung dargestellt wurde. Außerdem benötigen viele Pflanzenarten zusätzlich zu den photoperiodischen Ansprüchen noch den Einfluß spezifischer, meistens tiefer Temperaturen in einer bestimmten Einwirkungsdauer, um den Übergang in die generative Phase vollziehen zu können.

Viele Arten erreichen die **Blühinduktion** nur, wenn sie längere Zeit tieferen Temperaturen ausgesetzt waren (Vernalisation). Die Wirkung tiefer Temperaturen kann ganz oder teilweise durch kurze Tageslängen ersetzt werden oder bedarf bei einigen Arten der Ergänzung durch den Kurztag. Arten mit ausgesprochenem Vernalisationsbedürfnis, die also bei Frühjahrsaussaat wenig oder gar nicht zum Blühen kommen, sind u. a. *Alopecurus pratensis*, *Lolium perenne*, *Lolium multiflorum*, *Festuca pratensis*, *Festuca rubra* und *Phalaris arundinacea*. Bei *Lolium perenne* können niedrige Temperaturen durch Kurztag ersetzt werden; bei *Dactylis glomerata*, *Poa pratensis* und *Bromus inermis* ist Kurztag dagegen vor dem Eintreten oder gleichzeitig mit tieferen Temperaturen unbedingt erforderlich (Bommer 1961).

Von den Gräsern, die nach Frühjahrsaussaat reichlich zum Blühen kommen, ist *Lolium multiflorum* ssp. *gaudini* eine der bekanntesten; aber auch ausdauernde Arten, wie *Phleum pratense*, *Poa palustris* und *Trisetum flavescens* gehören dazu. Kurze Tage und kühle Temperaturen können bei diesen Arten die Blühinduktion geringfügig oder erheblich verstärken.

Knauer (1975) weist ebenfalls darauf hin, daß *Dactylis glomerata*, *Festuca pratensis* und *Lolium perenne* ein ausgesprochenes **Vernalisationsbedürfnis** haben, während *Phleum pratense* und *Poa palustris* unabhängig von niedrigen Temperaturen zur Blüte kommen.

Bei manchen, auch ausdauernden Gräsern genügt schon die Kältebehandlung angekeimter Karyopsen, um die Blühinduktion herbeizuführen; andere Arten, wie *Dactylis glomerata*, *Poa pratensis*, *Festuca pratensis*, *Festuca rubra* und *Arrhenatherum elatius*, reagieren überhaupt nicht, auch auf längere Kältebehandlung angekeimter Spelzfrüchte. Normalerweise erreichen überjährige und ausdauernde Grasarten die Blühinduktionsphase als voll ausgebildete Pflanzen. Von welchem Stadium ab Vernalisation möglich ist, ist z. T. noch nicht genügend bekannt. Manche Arten können in jedem Alter vernalisiert werden, manche erst vom 3- oder 4- bis 6-Blattstadium ab. Die Wirkung der Vernalisation kann sich mit unterschiedlicher Stärke über mehrere Wachstumsstadien oder morphologische „Zustände" erstrecken, in denen sie akkumuliert wird, so daß von einer quantitativen Vernalisation gesprochen werden kann.

Offenbar ist eine Übertragung des Vernalisationszustandes auf Seitentriebe ausdauernder Grasarten nur in begrenztem Umfang möglich. Jeder Trieb muß also seine Blühreife allein erreichen. Seitentriebe, die erst nach der Blühinduktion gebildet werden, kommen dann in dem betreffenden Jahr nicht mehr zur Blüte. Das trifft besonders für die Frühjahrstriebe von Arten mit starkem Vernalisationsanspruch zu. Diese Eigenschaft ist nach Bommer (1961) mit ein Grund für die Ausdauerfähigkeit dieser Arten. Demnach nähme die Ausdauer mit dem Vernalisationsbedürfnis zu. Das gilt wohl für *Lolium perenne*, nicht aber für andere ausdauernde Arten, deren Blühinduktion nicht von der Wirkung niedriger Temperaturen oder vom Kurztag abhängig ist.

Neben den ein- und überjährigen Arten kann man also drei Gruppen von perennierenden Arten bilden, die sich in ihrem Blühverhalten nach Frühjahrsaussaat und in ihren Vernalisationsansprüchen unterscheiden (Bommer 1961):

1. Ausdauernde Arten, die sich ähnlich wie überjährige (winterannuelle) verhalten. Sie benötigen eine Periode mit kühlen Temperaturen, die auch schon auf die angequollene Spelzfrucht wirken.
   Beispiel: *Lolium perenne*.
2. Ausdauernde Arten, deren Karyopsen nicht vernalisiert werden können. Die unter Temperatureinfluß ablaufenden Prozesse sind an die grüne Pflanze gebunden. Bei starkem Vernalisationsanspruch werden nach Frühjahrsaussaat keine Blütentriebe gebildet. Teilweise muß tiefe Temperatur durch Kurztag ergänzt werden.
   Beispiele: *Bromus inermis*, *Dactylis glomerata*, *Poa pratensis*, *Festuca pratensis*, *Festuca rubra*, *Festuca ovina*, *Phalaris arundinacea*.
   Bei weniger starkem Vernalisationsbedürfnis ist Schossen und Blühen nach Frühjahrsaussaat möglich.
   Beispiele: *Arrhenatherum elatius*, *Phleum pratense*, *Poa palustris*.
3. Ausdauernde Arten, die sich ähnlich wie einjährige verhalten. Sie zeigen starke Blühneigung bei Frühjahrsaussaat auch bei höheren Temperaturen. Vernalisation ihrer Karyopsen kann die Entwicklung beschleunigen, oder sie kann ganz unwirksam sein.
   Beispiel: *Trisetum flavescens*.

Aus dem Vergleich der drei Gruppen ergibt sich die Frage, wodurch Ausdauer gegenüber ein- oder zweijährigen Arten eigentlich bewirkt wird. BOMMER (1961) sieht das Wesen der Ausdauerfähigkeit darin, daß trotz der Kurzlebigkeit der Einzeltriebe stets Knospenmeristeme an der Basis der Triebe, an Ausläufern oder Rhizomen vorhanden sind, die auch nach längeren Ruhe- oder Hemmungsperioden lebensfähig bleiben und vermutlich in Verbindung mit der Stoffspeicherung der Triebe zum Wiederaustreiben befähigt sind. Jedenfalls weist jede Art in Bezug auf ihr Vernalisationsverhalten eine große, genotypisch bedingte Variabilität auf. Es können sogar unter den Herkünften verschiedener geographischer Breiten innerhalb derselben Art Kurztag- und Langtagpflanzen gefunden werden.

Wenn die Blühinduktion erfolgt ist, wird die Blütenanlage durch Tageslängenreize ausgelöst, die über das Blatt vermittelt werden. Dann folgt die weitere Entwicklung der Blütenstände mit der Halmstreckung. Unter Kurztagsverhältnissen, die die Entwicklung von Blütenständen bei Langtagspflanzen verzögern, werden längere Blütenstände mit einer größeren Zahl von Stufen ausgebildet, im Langtag bei beschleunigter Entwicklung kürzere. Daher sind im Freiland die Blütenstände der ältesten, überwinterten Triebe am größten und die Hauptträger des Samenertrages in der kommenden Vegetationsperiode.

1.5.1.3 Blühverhalten und vegetatives Wachstum (vgl. 2.6.1.1.2 bis 2.6.1.1.3)

Je länger ein Trieb braucht, um zur Blütenbildung zu kommen, desto mehr Blätter werden vor der Blüte ausgebildet; ihre Länge nimmt offenbar bis zur Blütenanlage zu, danach wieder ab. Die Bildung neuer Seitentriebe (Bestockung) wird durch das Schossen der Blütenhalme beeinträchtigt, und zwar umso stärker, je größer der Anteil schossender Triebe an der Gesamttriebzahl ist. So kommt es zu einem Höhepunkt der Bestockung vor dem Schossen und dann wieder nach der Vollblüte oder Samenreife. Eine nochmalige Intensivierung der Bestockung kann unter dem Einfluß kühlerer Temperaturen im Herbst eintreten, wenn bis dahin ruhende Triebknospen stimuliert werden.

1.5.1.4 Blütenentwicklung und Wurzelwachstum

Mit dem Schossen und der Blütenbildung nimmt das Sproßwachstum stärker zu als das Wurzelwachstum. Daraus ergibt sich ein erweitertes Sproß-Wurzel-Verhältnis (BOMMER 1960, 1961, TROUGHTON 1957). Das Wurzelgewicht stagniert, weil infolge der gehemmten Bestockung keine neuen Wurzeln gebildet werden. Mit der Abreifung der fertilen Triebe können die Wurzeln ausdauernder Arten entweder absterben oder bei anderen Arten mit den Triebteilen des Wurzelbereichs erhalten bleiben. Auf jeden Fall kommt es mit der Bildung neuer Seitentriebe zur Ausbildung neuer Wurzeln.

1.5.1.5 Bestockungsfähigkeit und Ausdauer

Die Bestockungsfähigkeit hängt offenbar mit der Ausdauer eng zusammen. Im Gegensatz zu den ebenfalls (verschieden stark) bestockten einjährigen oder winterannuellen Getreidearten ist es für die perennierenden Gräser charakteristisch, daß selbst nach starkem Blühen und Fruchten Seitenknospen lebensfähig bleiben, während die einjährigen Arten danach ganz absterben. Hierfür können hormonale Einflüsse, Erschöpfung der Energiereserven bzw. die Unfähigkeit, Speicherstoffe zu bilden und Reserven anzulegen, verantwortlich gemacht werden.

Außer den genetisch bedingten Ursachen spielen für die Ausdauer noch verschiedene Einflüsse des Standorts, der Bewirtschaftung und der Nutzung sowie Wuchsform, Konkurrenzkraft und Winterhärte eine maßgebende Rolle.

Zusammenhänge zwischen Vernalisationsbedürfnis und Winterhärte sind schwer nachweisbar. Während manches für eine enge Korrelation zwischen Vernalisationsbedürfnis, Schoßneigung und Winterhärte spricht, z. B. bei den Festuca-Arten, sind *Phleum pratense* und *Trisetum flavescens* mit geringem bzw. keinem Vernalisationsbedürfnis sehr winterhart, *Lolium perenne* aber mit einem ausgesprochenen Vernalisationsbedürfnis in vielen Formen durch Auswinterung gefährdet.

Im Blühverhalten besteht von Art zu Art und innerhalb einer Art eine große Variabilität, die weitgehend von den klimatischen Verhältnissen und der geographischen Lage des Herkunftsgebietes abhängt. Aber auch andere Umweltverhältnisse üben einen starken Einfluß aus. So wissen wir, daß intensive Beweidung späte Formen selektiert, Heu- und Samennutzung frühe Formen stärker fördert. Daher bietet die genetisch und umweltbedingte Variabilität der Arten viele Möglichkeiten der Auslese und der Kombination für die Züchtung, andererseits der Anpassung an die verschiedensten Standorte und Nutzungszwecke. Dabei ist es bisweilen schwierig, ausreichende und rentable Samenproduktion mit extremen Anforderungen an die Verwendung und Nutzung der vegetativen Pflanzenteile zu vereinbaren. Jedenfalls ist eine gründliche Kenntnis des photoperiodischen Verhaltens und der physiologischen Besonderheiten von Futterpflanzenarten und -sorten eine wichtige Voraussetzung für Anbau und Züchtung, um eine immer bessere Anpassung von Pflanzenbeständen und Pflanzengemeinschaften an die jeweiligen Produktionsbedingungen zu erreichen.

1.5.1.6 Temperatur und Pflanzenwachstum

Die Bedeutung der Temperatur in Kombination mit der Belichtung für die Vernalisation von Futtergräsern wurde bereits behandelt. Tatsächlich wirkt die Temperatur auf alle physiologischen Prozesse, und die Temperaturextreme begrenzen die Zahl der Arten und Sorten, die an einem Standort angebaut werden können. Die optimale Temperatur kann für verschiedene Arten, Entwicklungsstadien und Pflanzenteile ganz verschieden sein. Im allgemeinen ist die optimale Temperatur für das vegetative Wachstum geringer als für das Blühen und Fruchten, für das Wachstum der Wurzeln niedriger als für das des Sprosses.

„Gemäßigte" Pflanzenarten haben eine Optimaltemperatur für das Wachstum von ungefähr 20 °C, gedeihen aber auch noch gut bei niedrigeren Temperaturen. Tropische Gräser wachsen dagegen am besten bei 30 bis 35 °C und produzieren kaum noch unter 15 °C. Japanische Untersuchungen haben gezeigt, daß die TS-Produktion von sieben Gräsern des gemäßigten Klimas in einem Temperaturbereich von 10 bis 20 °C am größten war. Zwei tropische Gräser (*Paspalum notatum* und *Cynodon dactylon*) erreichten die höchste Produktion bei 35 °C; sie fiel bei niedrigeren Temperaturen schnell, bei höheren langsamer ab (MURATA u. IYAMA 1963, zit. in SMITH 1975).

Dementsprechend verschieden sind auch die Ansprüche an das Verhältnis zwischen Tag- und Nachttemperaturen (Tab. 16).

Die meisten Untersuchungen an Gräsern und Leguminosen zeigen, daß steigende Temperaturen die Reife beschleunigen, den Gehalt an leichtlöslichen Kohlenhydraten und die Verdaulichkeit herabsetzen und den Rohfasergehalt erhöhen. So hat eine Temperaturänderung kurz vor der Ernte direkten Einfluß auf den Futterwert (SMITH 1970, MARTEN 1970, LANG 1975).

Tab. 16. Relatives Wachstum von Sämlingspflanzen verschiedener Grasarten in 3 Tag/Nacht-Temperaturkombinationen (nach KAWANABE 1968, zit. in SMITH 1975)

Unterfamilie und Art	Temperatur-regime (°C) 15/10	27/22	36/31
Festucoideae (gemäßigtes Klima)			
Bromus inermis	75	98	65
Festuca arundinacea	76	99	55
Poa pratensis	68	98	62
Phalaris arundinacea	66	93	61
Panicoideae (Tropen, Subtropen)			
Setaria sphacelata	5	88	100
Cenchrus ciliaris	11	86	100
Paspalum dilatatum	23	90	100
Panicum maximum	23	89	100
Sorghum almum	26	77	100
Eragrostoideae (Tropen, Subtropen)			
Chloris gayana	22	91	100

1.5.1.7 Wassergehalt und Pflanzenentwicklung

Eine ausreichende Bodenfeuchte ist notwendig für normales Wachstum. Der kritische Faktor ist jedoch der Wassergehalt der Pflanzengewebe. Er ist abhängig von der Verfügbarkeit des Bodenwassers und vom Umfang der Transpiration aus den Blattoberflächen. Schon ein geringes Absinken des Wassergehaltes in den Pflanzen unter ein bestimmtes Maß kann die Zellteilung und das Zellwachstum beeinträchtigen oder ganz verhindern. Der Mangel an Gewebeflüssigkeit kann besonders in Obergräsern während der Phase der schnellen Halmstreckung, also während des Schossens bis zur Blüte, das Wachstum einschränken und den Ertrag begrenzen. Allgemein kann man feststellen, daß Wassermangel das vegetative Wachstum beeinträchtigt und die Reife beschleunigt.

1.5.2 Reservestoffbildung in Futterpflanzen (vgl. 2.6.1.2)

Zweijährige, mehrjährige und ausdauernde Gräser und Leguminosen sind auf die Speicherung von Energie in Form von leicht verfügbaren Kohlenhydraten angewiesen. Leguminosen, tropische und subtropische Grasarten speichern überwiegend Stärke, die Gräser des gemäßigten

Klimabereichs überwiegend Fructosane als Reservestoffe in den dazu geeigneten vegetativen Geweben. Die Fructosane unterscheiden sich sehr stark nach ihren Kettenlängen. Während Arten des Tribus Hordeae nur kurzkettige Fructosane speichern (z. B. ungefähr 26 Fructoseeinheiten in *Bromus inermis*), speichern die Arten im Tribus Aveneae überwiegend langkettige Fructosane (z. B. bis zu 260 Fructoseeinheiten in *Phleum pratense*). Dagegen kommen im Tribus Festuceae Arten mit kurz- und langkettigen Fructosanen vor. Aber sowohl die Arten der Familie Gramineae als auch die der Leguminosae speichern in ihren Spelzfrüchten bzw. Samen Stärke.

1.5.2.1 Nutzung und Stoffspeicherung (vgl. 2.6.2.2)

Die Wuchsform der Arten ist sehr entscheidend für die Nutzungsempfindlichkeit. Hochwüchsige Arten, z. B. *Arrhenatherum elatius* und alle Wiesenleguminosen, sind völlig auf Stoffspeicherung angewiesen, weil die ganze oder nahezu die ganze assimilierende Substanz durch den Schnitt entfernt wird. Von den Untergräsern und anderen in Bodennähe wachsenden Arten bleibt dagegen bei normaler Nutzungsintensität immer genügend Blattmasse übrig, die dann durch ihre Photosyntheseaktivität die Energie zum Wiederaustrieb und zur erneuten, schnell einsetzenden Stoffspeicherung liefert. Wenig nutzungsempfindlich sind z. B. *Poa pratensis*, *Lolium perenne*, *Agropyron repens*, etwas mehr *Phleum pratense*, *Dactylis glomerata* und *Festuca pratensis*. Innerhalb dieser Arten kommen aber auch sehr große Unterschiede zwischen verschiedenen Wuchstypen vor, z. B. Rasen- und Futtersorten.

Große Unterschiede bestehen auch zwischen den Arten im Hinblick auf den Zeitbedarf für die Stoffspeicherung. So benötigt *Molina caerulea* eine ganze Vegetationszeit zur Stoffmobilisierung und Stoffspeicherung und kann sich deswegen nur bei einmaligem Spätschnitt (September/Oktober) mit größeren Massenanteilen behaupten. *Arrhenatherum elatius* erreicht höchste Vitalität und Erträge bei etwa zwei- bis dreimaliger Nutzung und nicht zu frühem ersten Schnitt. Ähnlich verhalten sich wahrscheinlich verschiedene Leguminosen und Kräuter, die ihr Optimum in Zweischnittwiesen haben. Eine häufigere Nutzung vertragen dann schon *Alopecurus pratensis*, *Trisetum flavescens* und *Festuca pratensis*.

Die Intensität des Nachwuchses und das Überleben von Gräsern nach dem Schnitt sind in hohem Maße abhängig von der Höhe des Vegetationskegels junger Triebe über dem Boden. Wird der Vegetationskegel mit dem Schnitt schon erfaßt und entfernt, dann muß der folgende Nachwuchs aus neuen Basalknospen entstehen, die vorhanden sein können oder nicht. Manche Arten bilden erst neue Basaltriebe aus, wenn sie in die Blüte kommen. Das gilt z. B. für *Phleum pratense*. Wenn diese Art während der Halmstreckung bis zum Rispenschieben geschnitten wird, ist eine Ertragsdepression zu erwarten, weil der Vegetationskegel erfaßt wird, wenn noch keine neuen Basaltriebe vorhanden sind und meist zugleich ein Tiefstand der KH-Reserven erreicht ist. Die Entwicklung von Basalknospen wird demnach im Lieschgras durch apikale Dominanz des sich streckenden Halmes bis zur Blüte unterdrückt. Wird vor der Halmstreckung geweidet, dann werden nur Blätter erfaßt und der Nachwuchs nicht geschädigt. Nach der Blüte ist der Nachwuchs gesichert, weil dann genügend Basalknospen für die Bildung neuer Triebe und Blätter sorgen.

Im Gegensatz zu *Phleum pratense* u. a. erholt sich *Dactylis glomerata* sehr schnell. Es kann praktisch in jedem Stadium genutzt werden, sogar zu Beginn der Halmstreckung. Die Blütentriebe scheinen keine apikale Dominanz auszuüben, so daß im Frühjahr ständig neue Basalkospen gebildet werden und jederzeit neue Triebe in den einzelnen Entwicklungsabschnitten vorhanden sind. Nach dem Schnitt können die abgeschnittenen Blätter aus der Stoppel weiterwachsen und neue Blätter sehr schnell aus den Basaltrieben entstehen, so daß die Photosynthese nur ganz kurzfristig unterbrochen ist.

Für die Überwinterung von Gräsern und Leguminosen ist eine ausreichende Speicherung von Reserven erforderlich. Sie werden gebraucht für die Entwicklung der Kälteresistenz, für den Erhaltungsbedarf während der Winterruhe und für den Wachstumsbeginn im nächsten Frühjahr. Je länger der Winter, desto mehr Reserven sind notwendig; sie können am besten durch schonende Nutzung in den letzten Herbstwochen gesichert werden. Eine Nutzung nach den ersten scharfen Frösten ist kaum noch gefährlich für die Überwinterung.

1.5.2.2 Kältetoleranz – Kälteresistenz

Die Fähigkeit, Kälte und Hitze zu ertragen, ist von Art zu Art verschieden. Sie ist auch von der Fähigkeit der Arten abhängig, gewisse Umsetzungen und Veränderungen in ihrer Substanz durchzumachen, die für die Entwicklung von Hitze- und Kältetoleranz z. T. ähnlich verlaufen. So tritt meistens ein Abfall des nicht gebundenen und des Gesamtwassergehaltes und eine Zunahme des im Gewebe gebundenen Wassers ein. Die wasserbindenden Kolloide nehmen zu, ebenso der Zuckergehalt. Stärke wird in Zucker umgewandelt; die metabolische Aktivität nimmt langsam ab.

Die Entwicklung der Kälteresistenz im Herbst und ihre Aufhebung im Laufe des Frühjahrs erfolgt in einem bestimmten Rhythmus. Ihre Intensität ist mit der elektrischen Leitfähigkeit meßbar. Im gemäßigten Klima beginnt die Entwicklung der Resistenz Anfang bis Mitte September und sie verstärkt sich je nach Witterung bis Anfang Dezember. Sie bleibt dann auf hohem Niveau, solange Temperaturen um den oder unter dem Gefrierpunkt herrschen, auch wenn die Pflanzen durch eine Schneedecke geschützt sind. Mit dem Einsetzen wärmerer Temperaturen und Tauwetter baut sich die Kälteresistenz verhältnismäßig schnell ab. Die meisten Frostschäden entstehen in dieser Zeit, wenn Kälterückschläge auftreten. Entweder kommen sie so schnell, daß eine erneute Abhärtung nicht möglich ist, wie z. B. bei extremen Unterschieden zwischen Tag- und Nachttemperaturen. Oder sie treten langsamer ein; dann ist es möglich, daß es an Kohlenhydraten fehlt, um nochmal eine ausreichende Resistenz zu entwickeln. Neben tiefen Temperaturen wirkt auch der Kurztag im Herbst resistenzbildend, soweit die betreffenden Arten dazu befähigt sind. Auch Wechseltemperaturen von etwa 20 °C bis < 0 °C, wie sie im Wechsel von Sonnentagen und Strahlungsnächten im Herbst vorkommen können, wirken in dieser Richtung. Bei gleichbleibenden warmen Temperaturen erfolgt auch im Kurztag keine Abhärtung; die Temperatur ist also der entscheidende Faktor.

Die Entwicklung der Kälteresistenz kann behindert oder verzögert werden, wenn in dieser Zeit ein Schnitt genommen wird, wenn warmes und feuchtes Wetter einsetzt oder wenn Stickstoff gedüngt wird. In diesem Sinne wirken auch hohe Gehalte an löslichem Boden-N, die das Wachstum besonders der Gräser anregen, wenn die Pflanzen eigentlich ruhen sollten. Andererseits fördern hohe K-Gehalte in der Bodenlösung die Winterfestigkeit des Pflanzenbestandes ganz eindeutig.

Das K : N-Verhältnis sollte möglichst weit gehalten werden.

1.5.3 Ertragsbildung von Futterpflanzen

Die Stoffproduktion von Einzelpflanzen und Pflanzenbeständen wird maßgeblich vom Produktionspotential der Pflanze und von den im Verlaufe des Produktionsprozesses einwirkenden Umweltfaktoren bestimmt. Der Faktor Zeit spielt dabei eine erhebliche Rolle, weil sich das Ertragsbildungspotential der Pflanze in den einzelnen Entwicklungsabschnitten zugleich mit den Umweltbedingungen fortlaufend ändert. Diese Änderungen können im Blick auf die Ertragsbildung gleichsinnig oder gegensätzlich verlaufen, sie können sich gegenseitig verstärken oder aufheben. Mit anderen Worten, es bestehen zahlreiche Wechselwirkungen zwischen den einzelnen Faktoren der Komplexe „Umwelt“ und „Pflanze“, aber auch zwischen den Faktoren innerhalb dieser beiden Gruppen (Nösberger 1970).

Von den Umweltbedingungen sind es vor allem die Faktoren Licht (Einstrahlung, Tageslänge), Temperatur, Niederschlags- und Bodenfeuchte neben denen der Bewirtschaftung, die besonders wirksam sind. Innerhalb des Komplexes „Pflanze“ ist die Photosynthese der wichtigste Parameter der Stoffproduktion; denn etwa 90% der Trockensubstanz sind organischen Ursprungs, also Produkte der Photosynthese.

1.5.3.1 Nettoassimilationsrate (NAR)

Als Maßstab für die Assimilationsleistung einer Pflanze oder eines Pflanzenbestandes wird die Nettoassimilationsrate (NAR) benutzt. Die NAR ist definiert als die Zunahme an Trockenmasse je cm^2 Blattfläche. Dabei ist zu bedenken, daß trotz aller Fortschritte die Bestimmung der Blattfläche eines Bestandes noch mit Fehlern behaftet ist. Sie hat auch deswegen eine beschränkte Aussagekraft, weil sie das Mittel aus allen gemessenen Blattflächen darstellt. Die Nettoassimilationsraten der oberen Blattschicht differieren aber ganz erheblich von denen der unteren (Kornher und Nyström 1971, zit. von Wasshausen 1975). Auch wird die Einbeziehung der Blattscheiden in die Messungen nicht einheitlich gehandhabt; außerdem ist anzunehmen, daß ihre Photosyntheseaktivität infolge geringeren Lichtgenusses nicht so groß ist wie die der Blätter.

1.5.3.2 Relative Wachstumsrate (RWR)

Als ein anderes Maß für die Photosyntheseleistung kann man die relative Wachstumsrate

(RWR) ansehen, worunter das Verhältnis zwischen der Zuwachsrate und der vorhandenen Pflanzensubstanz verstanden wird. Bei mehrschnittigen und ausdauernden Futterpflanzen kann es aber sein, daß im Frühjahr oder nach einer Nutzung die Zuwachsrate vorübergehend wesentlich stärker von der Mobilisierung der Reservestoffe als von der Photosynthese der vorhandenen Pflanzensubstanz abhängig ist.

NAR und RWR werden zweifellos u. a. vom CO_2- und vom Nährstoffangebot beeinflußt. Während in hohen und dichten Pflanzenbeständen die CO_2-Konzentration zum begrenzenden Faktor für die Assimilationsleistung werden kann, sind Ergebnisse von Düngungsversuchen widersprüchlich. Offenbar werden bei guter Nährstoffversorgung des Bodens durch zusätzliche Düngergaben keine höheren NAR erreicht, aber bei N- und P-Mangel die Substanzzunahme pro Einheit Blattfläche herabgesetzt (Nösberger 1970).

Veränderungen an der Blattfläche bzw. am Blattflächenindex (BFI) spielen für die NAR eine entscheidende Rolle, wenn auch keine strikte Korrelation zu erwarten ist. Zu sehr wird die NAR variiert durch Umwelteinflüsse, aber auch durch das Alter der Pflanzenorgane, den Bedarf des Bestandes für Reservestoff- und Wurzelbildung sowie durch die bei gleicher mittlerer Blattfläche möglicherweise sehr unterschiedliche Lichtinterzeption.

1.5.3.3 Blattflächenindex (BFI)

Die höchste TS-Produktion einer Pflanze oder eines Pflanzenbestandes wird erreicht, wenn die eingestrahlte Lichtenergie in optimalem Umfang von der Blattfläche aufgefangen und mit Hilfe des Blattgrüns in Trockensubstanz umgewandelt wird. Als Maß für die Größe der Blattfläche wird der Blattflächenindex (BFI) = dm^2 Blattfläche/dm^2 Bodenoberfläche benutzt. Außer den Blattspreiten können allerdings auch andere chlorophyllhaltige Pflanzenorgane zur Stoffproduktion beitragen (Stengel, Halme, Spelzen, Stolonen). Nösberger (1970) teilt Höchstwerte für den BFI mit, die bis dahin in den Untersuchungen des Instituts für Pflanzenbau der ETH Zürich gefunden wurden (Tab. 17).

Tab. 17. Höchstwerte für den BFI einiger Futterpflanzen (nach Nösberger 1970)

Pflanzenart (Sorte)			Blattflächenindex
Weißklee			6,4
Knaulgras (Floreal)			7,0
Welsches Weidelgras (Lior)			15,5
Glatthaferwiese			7,8
Mais*	6 Pflanzen	N_1	2,7
	pro m^2	N_2	4,0
Mais*	12 Pflanzen	N_1	4,7
	pro m^2	N_2	6,0

* in der Blüte

Jedoch ist nicht der Höchstwert des BFI gleichbedeutend mit höchster Stoffproduktion, sondern der BFI, der in Kombination mit der Intensität der Einstrahlung zum Höchstertrag führt. Er wird als optimaler BFI bezeichnet. Sein Wert ist abhängig von der Blattdichte, dem Blattwinkel, der Verteilung der Blattmasse innerhalb des Standraumes und von der Intensität der Einstrahlung. Diese wiederum hängt ab vom Einfallwinkel der Sonnenstrahlen, von der Himmelsstrahlung, der Bewölkung, der Jahreszeit und entscheidend auch von der geographischen Breite.

Von den Umweltfaktoren sind außerdem Temperatur, Wasser- und Nährstoffversorgung mit entscheidend für den Aufbau und die Ausdehnung des Blattapparates. Deswegen hat auch Alberda (1969) bei seinen Untersuchungen zum Ertragspotential von Grünlandbeständen (meistens Mischungen aus Heu- und Weidetypen von Deutschem Weidelgras) versucht, die Wasser- und Nährstoffversorgung stets optimal zu gestalten. Unter diesen Bedingungen fand er, daß Wachstum und Ertrag von Boden und Klima unabhängiger wurden. Er verglich seine im Freilandversuch ermittelten Ertragspotentiale mit Kalkulationen nach einem Programm von De Wit (1965), in dem die in dieser Hinsicht wichtigen Eigenschaften des Blätterdaches und eine Reihe von Faktoren quantitativ berücksichtigt wurden, die den Umfang der Einstrahlung in einen Bestand in erster Linie beeinflussen. Da die Kalkulation von De Wit (1965) die gesamte ober- und unterirdische Substanzproduktion erfaßte, die Freilandversuche jedoch nur die geerntete Trockensubstanz, mußte von einer großen Zahl von Einzelproben der Anteil der Sproßmasse an der Gesamt-TS ermittelt werden. Er betrug in einer dichten Narbe nach Erreichen eines BFI von 5 und bei einer Schnitthöhe von 5 cm im Mittel etwa 60 %. Diese Zahl stellt zwar nur einen Anhalt dar, ergab aber in Verbindung mit der nach De Wit (1965) kalkulierten Produktion eine gute Übereinstim-

Tab. 18. Potentielle Produktion bei aufrechter Blattstellung und einem BFI* = 5 für mittlere Strahlungswerte 1960–1965 in kg TS/ha und Tag. Tatsächliche Produktion nach Daten für denselben Zeitraum von Droevendaal und Ost-Flevoland (ALBERDA 1969)

Monat	April			Mai			Juni			Juli			August			September			Oktober		
Dekade Nr.	10	11	12	13	14	15	16	17	18	19	20	21	22	23	24	25	26	27	28	29	30
Potentielle Produktion (nach DEWIT) für die durchschnittliche Strahlung in Wageningen	214	242	258	274	295	307	334	316	330	301	295	301	284	264	247	227	218	185	167	136	118
TS-Produktion geschätzt als 60% der Gesamt-Produktion	128	145	155	164	177	184	200	190	198	180	177	180	170	158	148	136	131	111	100	82	71
TS-Produktion, Mittel aus tatsächlichen Erträgen	105	133	152	170	183	192	200	200	195	185	175	160	147	133	116	100	85	66	50	33	10
Zahl der Tage vom Mähen bis zu einem geschlossenen Bestand		25			20			22			25			27		28	31	–		–	

* BFI = Blattflächenindex

mung mit dem von ALBERDA (1969) im Freiland an zwei Standorten festgestellten Ertragspotential (Tab. 18). Es wurde hier ausgedrückt als Dekadenmittel der täglichen Zuwachsrate in kg TS/ha.

Die Zuwachsrate je ha (crop growth rate) ist besonders für die Klärung von produktionstechnischen Fragen von Bedeutung. Ertragsfeststellungen auf separaten Parzellen in kurzen Zeitabständen lassen den Zuwachs pro ha und Tag, den Wachstumsverlauf und die jahreszeitliche Ertragsverteilung erkennen.

1.5.4 Ertragsaufbau von Futterpflanzenbeständen

Alle Pflanzenbestände, besonders aber bodenblattreiche, bilden im Frühjahr und nach einem Schnitt ihre oberirdische Substanz zunächst in Bodennähe aus. Mit fortschreitendem Höhenwachstum kommen weitere Bestandesschichten (Stockwerke) hinzu. Die **Ertragsbildung** wird also im Verlaufe des Wachstums nach oben verlagert, ohne daß die TS-Bildung in Bodennähe eingestellt wird. Sie wird in den unteren Stockwerken umso günstiger sein, je mehr Licht die oberen Schichten durchdringen kann. Hierzu kann eine aufrechte bis schräge Haltung der oberen Blätter wesentlich beitragen. Dagegen sind in Bodennähe horizontale Blattstellungen erwünscht, um möglichst kein Licht ungenutzt bis zum Boden gelangen zu lassen.

Der **Ertragsanteil** in den einzelnen Bestandesschichten weicht von Art zu Art und von Bestand zu Bestand voneinander ab. Er ist abhängig vom Pflanzenalter, vom Blatt-Stengel-Verhältnis, vom individuellen bzw. artbedingten Höhenwuchs, von der Intensität der Bestockung, von der Ausbildung der Blütenstände und vom Anteil absterbender Blätter in den unteren Schichten mit zunehmendem Alter.

In Mischbeständen mit verschiedenen Pflanzenarten sind die Lichtverhältnisse nicht nur für die Substanzproduktion, sondern auch für den Wettbewerb zwischen den Arten von Bedeutung.

Bei zwei bis drei Schnitten während einer Vegetation dominieren die Obergräser und die hochwüchsigen Kräuter, während in fünf bis sechs Nutzungen Untergräser, Weißklee und niedrig bleibende Kräuter sich stärker ausbreiten können. Dementsprechend verhält sich die Ertragsverteilung in den Bestandesschichten.

WINIGER (1968) fand in einer dreimal geschnittenen Wiese eine „eher lockere Substanzverteilung" über eine größere Bestandeshöhe und eine Massierung des Ertrages in Bodennähe bei sechsmaligem Schnitt. Der Blattanteil am Erntegut von zwei Jahren betrug bei sechsmaligem Schnitt 75%, bei dreimaligem 35% des Ertrages.

Ein wesentlicher Einfluß auf die **Schichtung eines Bestandes** geht auch von der N-Düngung aus. In einem Versuch von NÖSBERGER (1974) mit Knaulgras (N_1 = 90 kg N/ha, N_2 = 360 kg N/ha) wurde durch N_2 der Ertrag um 56%, die Blattfläche zur Zeit des Schnittes um 84% und die Triebzahl pro dm² Bodenfläche um 22% erhöht. Mit der höheren N-Gabe änderte sich auch die Bestandesstruktur. „Die tieferen Etagen erhielten bis zu einem BFI von 6 noch soviel Licht (> 19% des Tageslichts), daß sich neue Sproßachsen entfalten konnten". Bei der kleinen N-Gabe setzte der Rückgang der Triebzahl schon bei einer relativ bescheidenen Ausbildung der Blattfläche ein.

In Mischbeständen kann die indirekte Wirkung der N-Düngung auf die Bestandesschichtung erheblich sein: Massenwüchsige, konkurrenzkräftige Gräser und Kräuter werden gefördert und bestimmen dann weitgehend je nach ihrem individuellen bzw. artgemäßen Ertragsaufbau die Ertragsanteile in den Schichten des Bestandes. Ähnliches gilt auch für Leguminosen, die ein schlechteres Aneignungsvermögen für Bodennährstoffe (P und K) haben als manche Gräser und Kräuter und deswegen durch PK-Düngung zur Dominanz gelangen können.

In Untersuchungen von MÄDEL und VOIGTLÄNDER (1975a und 1975b) wurden bei vergleichbarer Aufwuchshöhe die in Tab. 19 verzeichneten Ertragsanteile in den einzelnen Schichten verschiedener Futterpflanzenbestände gefunden. Die Proben von *Trifolium pratense* und *Medicago x varia* wurden aus dreimal jährlich geschnittenen Beständen entnommen, alle übrigen aus fünfmal genutzten. Die Mischung *Lolium perenne* und *Dactylis glomerata* hatten die höchsten TS-Er-

Tab. 19. Prozentuale Verteilung des TS-Ertrages in den Schichten von Futterpflanzenbeständen (in situ) in Frühjahrs (F)-, Sommer (S)- und Herbstaufwüchsen (H).
Bestandteile der Mischung: 55% Gräser (WD, WRP, WSC, WL), 25% Weißklee, 20% Löwenzahn. – Sorten Vigor (WD), Holstenkamp (KL), NFG-Gigant (WKL), Hungaropoly (RKL), Du Puits (LUZ) (MÄDEL und VOIGTLÄNDER 1975a und b)

Schicht	Mischung			WD			KL			WKL	RKL	LUZ
cm[1]	F	S	H	F	S	H	F	S	H	S	S	S
Frühe Schnittzeit												
35–40												16
30–35												
25–30		3					17	15	12		17	32
20–25		6								13		
15–20		13			6	11	30	32	33	17	47	26
10–15	18	20	28	16	18	19				21		
5–10	37	26	35	34	30	27	53	53	55	23	36	26
0– 5	45	32	37	50	46	43				26		
WT[2]	24	26	21	26	26	16	36	18	21	23	19	32
Mittlere (optimale Schnittzeit)												
55–60												9
50–55												
45–50							5	4	2			18
40–45												
35–40							9	10	7		26	20
30–35		4				3						
25–30		8	2		2	5	18	17	17		21	19
20–25	8	9	4	4	7	8				13		
15–20	12	13	16	9	13	13	27	29	32	18	25	17
10–15	22	18	21	19	19	18				22		
5–10	29	20	27	30	25	23	41	40	42	25	28	17
0– 5	29	28	30	38	34	30				22		
WT	38	33	32	40	32	27	41	28	32	34	30	47

Tab. 19. Fortsetzung.

Schicht cm[1]	Mischung F	 S	 H	WD F	 S	 H	KL F	 S	 H	WKL S	RKL S	LUZ S
Späte Schnittzeit												
75–80 70–75							4				6	
65–70 60–65							5				8	12
55–60 50–55							9	4			10	17
45–50 40–45	6	6					12	7	6		10	18
35–40 30–35	13	9		3 4	3 4	3 5	14	12	11		14	16
25–30 20–25	20	20	4 9	6 10	7 11	7 10	16	18	19	11 17	16	14
15–20 10–15	29	30	15 21	14 17	13 17	13 16	19	26	28	18 18	18	12
5–10 0– 5	32	35	25 26	21 25	20 25	20 26	21	33	36	17 19	18	11
WT	52	46	42	60	49	38	54	36	42	46	57	65

[1] = cm über Schnitthöhe; [2] WT = Aufwuchstage
WD = Deutsches Weidelgras, KL = Knaulgras, WKL = Weißklee, RKL = Rotklee, LUZ = Luzerne
(WRP = Wiesenrispe, WSC = Wiesenschwingel, WL = Wiesenlieschgras)
Schichthöhen: je 5 cm (z.B. WD) oder je 10 cm (z.B. KL)

tragsanteile in den unteren Bestandesschichten, obgleich die TS-Gehalte von oben nach unten abfielen.

Der räumliche Ertragsaufbau von Futterpflanzenbeständen und seine Abhängigkeit von Standorts- und Bewirtschaftungsfaktoren gibt dem Futterbauer Hinweise, wie er seine Produktion im Hinblick auf Menge und Güte verbessern kann. Auch lassen die Unterschiede zwischen den Arten erkennen, welche sich als Mischungspartner eignen, wenn man ihre Ertragsbildung in den einzelnen Stockwerken im Verlaufe der verschiedenen Nutzungen einer Vegetationszeit miteinander vergleicht. Eine optimale Ausfüllung des Standraumes ergibt sich, wenn sich die Bestandspartner im Ertragsaufbau ergänzen und wenn sie im Wachstumsrhythmus etwa übereinstimmen.

1.5.5 Zuwachsraten und Verlauf der Substanzproduktion

Die zeitliche Verteilung der Futterproduktion, d.h. die Tageszuwachsleistung der Arten und Bestände, kennzeichnet die Schwerpunkte und den Verlauf der Produktion in der Vegetationszeit. Außerdem erlaubt sie, die Leistungsfähigkeit verschiedener Pflanzen miteinander zu vergleichen.

In einer Untersuchung im Osten von Schleswig-Holstein fand WASSHAUSEN (1975), daß die Phase höchster Zuwachsraten beim Welschen Weidelgras am kürzesten war und bei den Futterrüben (Sorte Polygold) am längsten; Grün- und Silomais lagen dazwischen mit einer etwas längeren Spanne für Grünmais. Das Welsche Weidelgras erreichte in den einzelnen Schnitten die höchsten Zuwachsraten sehr schnell, konnte sie aber nicht lange aufrechterhalten. Das hängt natürlich eng mit dem Schnittrhythmus zusammen: Einerseits wird die Massenbildung schon vor dem oder im Höhepunkt unterbrochen, andererseits kann die verbleibende, assimilierende Blattmasse das einfallende Licht optimal für die erneute Produktion nutzen. Da die Jugendentwicklung des Welschen Weidelgrases bereits im Vorjahr stattfindet, kann es im Hauptnutzungsjahr sofort mit der Ertragsbildung beginnen, wenn die Bedingungen dafür gegeben sind. Im

Gegensatz dazu treten Mais und Futterrüben erst um die Mai/Juniwende in die Phase deutlich zunehmender Wachstumsraten ein. Das Weidelgras ist in der ersten, die Futterrübe in der zweiten Hälfte der Vegetationsperiode der potentiellen Ertragsbildung verhältnismäßig gut angepaßt. Mais ist dagegen in Schleswig-Holstein offenbar nicht in der Lage, das Produktionspotential „gemäßigter" Arten annähernd zu erreichen (Abb. 5).

Die von WASSHAUSEN (1975) ermittelten höchsten Tageszuwachsraten enthält Tab. 20.

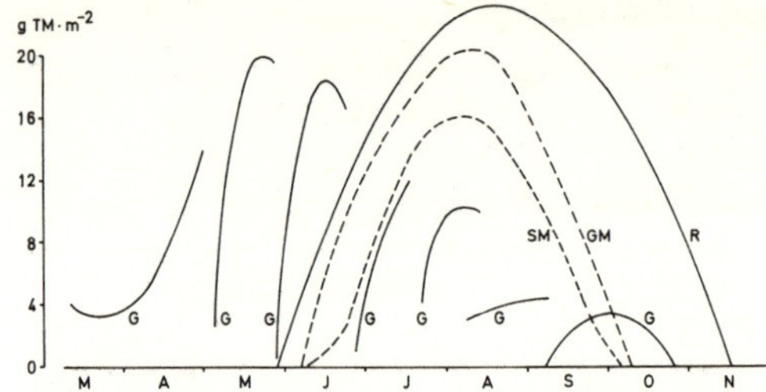

Abb. 5. Tageszuwachsraten von Futterpflanzen. G = Welsches Weidelgras (1 : 1 Lembkes und Tetrone), 450 kg N, Schnittregime: spät/tief (siehe Tab. 20); SM = Silomais, 200 kg N; GM = Grünmais, 200 kg N; R = Rüben, 8 Pflanzen/m², 240 kg N/ha (WASSHAUSEN 1975).

1.6 Die Verwertung des Grünlandertrages

1.6.1 Die Verwertung des Grundfutters durch Wiederkäuer

Je höher die Leistungen der Wiederkäuer, insbesondere die Milchleistungen steigen, desto schwieriger ist es, die dafür erforderliche Nährstoffversorgung sicherzustellen. Die Höhe der Leistung wird in erster Linie durch Aufnahme von verdaulicher Energie bestimmt und bei höherem Leistungsniveau häufig auch begrenzt. Die Energieversorgung hängt ab von der Energiekonzentration in der Trockensubstanz und von der Menge des aufgenommenen Futters.

Die Energiekonzentration in der Gesamtration läßt sich mit steigenden Leistungen durch zunehmenden Kraftfuttereinsatz erhöhen. Die Grenze ist jedoch dann erreicht, wenn nicht mehr genügend Grobfutter (Rauhfutter, Strukturfutter) in der Ration enthalten ist; die Grenze kann für Milchkühe mit einem Rohfasergehalt von 18 bis 20% der Gesamtration umschrieben werden, der nicht unterschritten werden darf.

Der Energiegehalt von Futterstoffen kann heute ziemlich genau ermittelt und anhand von Tabellenwerten auch abgeschätzt werden. Dagegen ist es schwieriger, die Futteraufnahme einigermaßen exakt vorauszusagen. Wir fanden in Weideversuchen Schwankungen von unter 10 bis über 20 kg TS/Kuh und Tag. Bei Stallfütterung und ähnlichem Futterangebot (nach Menge und Güte) sind die Schwankungen offenbar geringer. Dennoch gibt es verschiedene Autoren, die versucht haben, die einzelnen Einflußgrößen zu quantifizieren und mit diesen Werten die Futteraufnahme zu kalkulieren. Hierzu sei auf die Angaben von MCCULLOUGH (1973) verwiesen.

1.6.1.1 Die Futteraufnahme als Funktion verschiedener Einflußfaktoren

Der Futterverzehr ist abhängig von den Eigenschaften des Tieres, andererseits von der Menge und den Eigenschaften des angebotenen Futters.

Tab. 20. Maximale Tageszuwachsraten (g TS/m²) von Welschem Weidelgras, Mais und Futterrüben (WASSHAUSEN 1975)

	Welsches Weidelgras				Mais		Futterrüben		
	Schnittregime* spät		früh		Silo Pflanzen/m²	Grün	Pflanzen/m²		
	tief	hoch	tief	hoch	8	40	8	16	24
g TS/m²	20	32	32	16	16	20	23	25	23

* spät: bei 40–30 ... dt TS/ha tief: 3–5 cm
früh: bei 25–25 ... dt TS/ha hoch: 10–12 cm

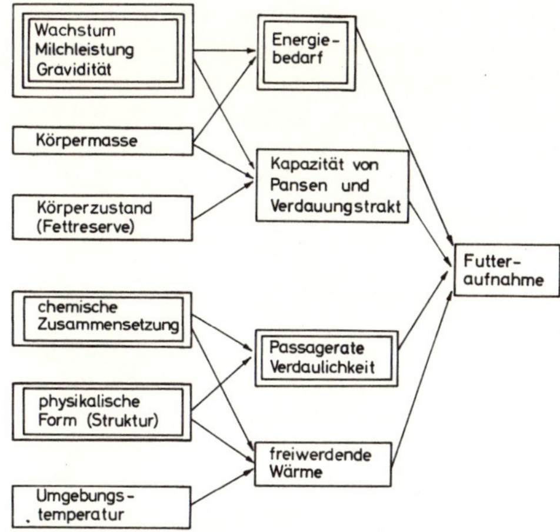

Abb. 6. Vereinfachtes Schema für die Regulation der Futteraufnahme beim Wiederkäuer (PIATKOWSKI 1975).

PIATKOWSKI (1975) hat diese Zusammenhänge in einem vereinfachten Schema dargestellt, das in Abb. 6 wiedergegeben ist. Die mehrfachen Umrandungen sollen die stärkere Bedeutung dieser Faktoren betonen. Danach wird die Futteraufnahme sehr stark vom Energiebedarf bestimmt, der vom Leistungsstand, vom Stadium der Trächtigkeit, vom Wachstum und von der erreichten Körpermasse abhängt. Das Volumen des Pansens und des Verdauungstraktes ist besonders für die Höhe der Grundfutteraufnahme von Bedeutung; die Kapazität kann durch den wachsenden Foetus und durch Fettansatz beeinträchtigt werden.

Für die Höhe der Futteraufnahme ist weiterhin entscheidend, wie schnell das Futter im Verdauungstrakt abgebaut wird und neuem Futter Platz macht. Bei diesen Vorgängen spielen der **Grad des Abbaues** (Verdaulichkeit), die **Geschwindigkeit des Abbaues** (Abbaurate) und die **Passagerate** eine bedeutsame Rolle. Unter Passagerate des Futters versteht man die Zeitspanne, die benötigt wird, bis die unverdauten Rationsbestandteile mit dem Kot ausgeschieden werden. Passagerate und Abbaurate werden von der chemischen Zusammensetzung und von der physikalischen Struktur des Futters weitgehend bestimmt. Die Verdaulichkeit ist direkt abhängig von der chemischen Zusammensetzung, indirekt von der physikalischen Struktur, die maßgeblich ist für die Speichelproduktion, für das pH-Milieu im Pansen und schließlich auch für die Intensität der Pansentätigkeit und damit wiederum für die Abbaurate, besonders für den Zelluloseabbau. Die Speichelproduktion steht in negativer Korrelation zur sog. Dichte einer Futterration oder eines Futtermittels. Deswegen wird aus Heu oder Anwelksilage mehr TS aufgenommen als aus Naßsilage. Auch Kraftfutter erhöht die Dichte einer Ration und senkt vor allem bei hohen Gaben infolge verringerter Speichelproduktion und tiefer pH-Werte im Pansen die Grundfutteraufnahme.

Neben der chemostatischen Regulation der Futteraufnahme, die vor allem bei hohen Konzentratgaben wirksam wird, spielt die thermostatische eine wesentliche Rolle; beide beruhen auf Wirkungen der chemischen und der physikalischen Futterbeschaffenheit, die thermostatische zusätzlich noch auf der Umgebungstemperatur. Auf diese Regulationsmechanismen braucht hier nicht eingegangen zu werden.

Mit steigender Verdaulichkeit der organischen Substanz bzw. mit zunehmender Energiekonzentration steigt die Futteraufnahme an. Bis zu einer oberen Grenze von 70% Verdaulichkeit der organischen Substanz von Winterfutter-Rationen und von etwa 75% im Grünfutter wird die Futteraufnahme mechanisch reguliert. Das bedeutet, daß die Größe der Vormägen die Futteraufnahme begrenzt. Wird in diesem Verdaulichkeitsbereich ein gewisser Füllungsgrad erreicht, dann wird über die Dehnung der Pansenwand das Signal zur Einstellung der Futteraufnahme gegeben. Je geringer die Passagegeschwindigkeit des Futters, desto eher wird die mechanische Sättigung erreicht. Leicht verdauliches Futter führt daher zu höheren Futteraufnahmen, solange der bereits angeführte Mindestgehalt an Rohfaser nicht unterschritten wird. Bei weiter ansteigender Verdaulichkeit der Gesamtration, über 75% hinaus, kann es infolge eines verstärkten Abfalls des pH-Wertes im Pansen und Zunahme der Fettsäurenproduktion sogar zu einem Rückgang des Futterverzehrs kommen. Jedenfalls hat bei höheren Werten die Verdaulichkeit kaum noch einen positiven Einfluß auf die Futteraufnahme. Umso mehr wird die physikalische Struktur des Futters wirksam, die unabhängig von der Verdaulichkeit die Abbaurate des Futters im Pansen verändert bzw. maßgeblich mitbestimmt.

1.6.1.1.1 Futterstruktur und Futteraufnahme

Neben der Rohfaser wird auch der TS-Gehalt zur Definition der Struktur herangezogen. In verschiedenen Untersuchungen hat sich gezeigt, daß nur in den unteren Bereichen der TS- und Rohfasergehalte eine Zunahme der Futteraufnahme mit steigenden Gehalten einhergeht. So geht aus

Ergebnissen von ROHR (1972) hervor, daß in einem Bereich von 12 bis 18 % TS im Frischgras die tägliche Futteraufnahme deutlich zunahm, bei höheren Gehalten aber stagnierte bzw. abnahm.

In Untersuchungen von ROTH und KIRCHGESSNER (1972) stieg die Futteraufnahme aus Weidegras mit steigenden Rohfasergehalten von 20 % auf 25 bis 26 % an, um bei höheren Werten wieder abzufallen. Der positive Einfluß zunehmender TS- und Rohfasergehalte auf die Futteraufnahme läßt sich mit den Wirkungen der verbesserten Struktur erklären. Genügend strukturiertes Rauhfutter fördert über die Speichelproduktion die Neutralisierung der Gärungsprodukte im Pansen. Zu hohe Verdaulichkeit und zu wenig Strukturfutter in der Ration bewirken, daß die Produktion von Gärsäuren im Pansen (Propionsäure, Buttersäure, schließlich sogar Milchsäure) stark ansteigt. Damit kommt es mit fallendem pH-Wert zur Azidose, zu Schäden an der Pansenschleimhaut und mindestens zu abnehmendem Milchfettgehalt und verringerter Futteraufnahme.

1.6.1.1.2 Futterangebot und Futteraufnahme

In verschiedenen Arbeiten wurde nachgewiesen, daß die Futteraufnahme beim Weidegang von der Höhe des Futterangebotes abhängt. Je höher das Angebot und damit die Möglichkeit zur Futterselektion, desto höher die Futteraufnahme. KIRCHGESSNER und ROTH (1972) fanden lineare Beziehungen bis zu einem Futterangebot von 15 kg TS pro Tier und Mahlzeit. MOTT (1974) kam zu ähnlichen Ergebnissen, jedoch mit dem Unterschied, daß bei höheren Zulagen keine Steigerung der Aufnahme mehr stattfand. BERNGRUBER (1977) bestätigte die enge Korrelation zwischen Futterangebot und Futteraufnahme für Mastfärsen. In diesen Versuchen konnte ebenso wie von KIRCHGESSNER und ROTH (1972) die positive Wirkung der Selektion auf die Qualität des aufgenommenen Futters durch den Qualitätsvergleich von Angebot und Weiderest nachgewiesen werden. Andererseits fanden wir bei mehrtägiger Umtriebsweide, daß die Aufnahme von Tag zu Tag trotz ausreichenden Futterangebotes zurückging. Sicher können die auf der Weide festgestellten Zusammenhänge zwischen Futterangebot und Futteraufnahme auch dann nicht auf Stallfütterung übertragen werden, wenn die Möglichkeit zum Selektieren aus qualitativ unterschiedlichem Material geboten wird. Positiv für eine höhere Futteraufnahme auch von jüngerem Gras auf der Weide ist zu werten, daß die Tiere das Futter ihrem physiologischen Bedarf entsprechend auswählen können und daß sie bei ausreichender Freßzeit die Grasezeit nach Belieben unterbrechen oder fortsetzen können. Damit könnte ein ähnlicher Effekt wie mit der sog. biologischen Fütterung verbunden sein.

1.6.1.1.3 Proteingehalt und Futteraufnahme

Nachteilig kann sich auch ein zu tiefes oder stark überhöhtes Proteinangebot auf die Futteraufnahme auswirken. Da Weidegras in der Regel einen Protein-Überschuß aufweist, ist es zweckmäßig, das Weidefutter durch Maissilage, bei ausreichendem Rohfasergehalt auch durch energiereiches Kraftfutter (Getreideschrot, Trockenschnitzel) zu ergänzen.

Eine ausgeglichene Futterration ist aber auch im Hinblick auf die Fermentationsvorgänge im Pansen und damit auf die Futteraufnahme von Bedeutung. So kann es zweckmäßig sein, durch Regulierung des Verhältnisses zwischen Rohfasergehalt und verdaulicher Energie die Passagegeschwindigkeit zu optimieren oder durch ein ausgewogenes Eiweiß-Energie-Verhältnis die Fermentation zu verbessern. Offenbar ist der Proteinbedarf hierfür höher als für den Erhaltungsbedarf. Daher fordert MCCULLOUGH (1973), daß nicht weniger als 10 % Protein in einer Ration enthalten sein sollten, um eine gute Fermentation und Futteraufnahme zu sichern. Nach verschiedenen Versuchen werden 12,5 bis 13,5 % Rohprotein in der Ration für die Verdauungsvorgänge (Abbaurate) und für die Futteraufnahme als optimal betrachtet.

1.6.1.1.4 Schmackhaftigkeit und Futteraufnahme

Sicher wird unterschiedliche Schmackhaftigkeit von Wiederkäuern empfunden. Es ist aber anzunehmen, daß nur die Extreme schlechter Schmackhaftigkeit bei der Futteraufnahme ins Gewicht fallen, wenn man unter Schmackhaftigkeit die Wirkung von Geruch, Geschmack, Bitterstoffgehalt, Aussehen und Verunreinigungen des Futters auf die Geschmacksnerven versteht. Allerdings ist es kaum möglich, diese Futtereigenschaften im Versuch von denen zu isolieren, die exakt meßbar sind, aber geschmacklich kaum wahrgenommen werden können.

So war in den zahlreichen Versuchen zu diesem Thema die Schmackhaftigkeit, gemessen an der

Futteraufnahme und der „Freßaktivität“ in den einzelnen Varianten, meistens eng korreliert mit z. B. dem Pflanzenalter, dem Blatt-Stengel-Verhältnis, der Verdaulichkeit oder den Gehalten an TS, Rohfaser, Rohprotein und leichtlöslichen Kohlenhydraten. Dies alles sind Eigenschaften, deren Einfluß auf die Futteraufnahme im Versuch nachgewiesen und physiologisch begründet ist.

Versuche zur Ermittlung der Schmackhaftigkeit sind auch deswegen erschwert, weil Gewöhnung und Abwechslung die An- und Aufnahme des Futters durch das Tier beeinflussen. So wird eine neue Futterration oder Weidegras beim Wechsel von gewohnten Beständen z. B. auf Neuansaaten bisweilen zuerst vollständig verschmäht, nach einigen Tagen aber in großen Mengen verzehrt.

Die Abwechslung spielt dann eine Rolle, wenn verschiedene Futter- oder Pflanzenarten in einer Auswahl angeboten werden (Cafeteria-System). Die dabei festgestellte Reihenfolge in der Beliebtheit, gemessen an der Futteraufnahme, ist nach amerikanischen Arbeiten kein zuverlässiger Maßstab für die Futteraufnahme, wenn die einzelnen Futterarten jeweils allein zugeteilt werden, wie es in der Praxis die Regel ist.

Nach dem voraufgegangenen sieht es nicht so aus, als ob die Schmackhaftigkeit im oben definierten Sinne als meßbarer Faktor in die Rationsgestaltung einbezogen werden könne, wenn eine Ration frei von Schimmel, Giftpflanzen, morphologisch nicht akzeptablen Arten und Verunreinigungen ist, wenn die wissenschaftlich fundierten Grundsätze der Fütterung berücksichtigt werden und wenn einwandfreies Futter im entsprechenden physiologischen Alter in angemessener Menge angeboten wird.

1.6.1.2 Die Leistung in Abhängigkeit von der Futteraufnahme und vom Gehalt an verdaulichen Nährstoffen

In Tab. 21 (Rohr 1975) wird deutlich, daß mit Verbesserung der Verdaulichkeit von 64% bis über 72% die tägliche Futteraufnahme um 2,2 kg (19,8%) und die StE-Aufnahme um 2120 (34,9%) ansteigt. Darin kommt zugleich die Qualitätsverbesserung zum Ausdruck. Entsprechend steigt auch die mögliche Milchleistung.

Tab. 22 deutet an, wie wichtig eine gute Grundfutterqualität für die Leistung aus der Gesamtration ist. Das überalterte Futter hat nicht nur eine schlechtere Qualität, sondern es wird auch weniger (2 kg) davon aufgenommen.

Tab. 21. Einfluß der Verdaulichkeit auf die TS- und StE-Aufnahme aus Grünfutter (Rohr 1975)

Verdaulichkeit d. org. Substanz (%)	Aufnahme/Kuh u. Tag Trockenmasse (kg)	StE	StE reichen für kg Milch (einschl. Erhaltung)*
64–68	11,1	6080	9,0
68–70	11,5	6650	11,1
70–72	11,9	7070	12,6
über 72	13,3	8200	16,7

* 3600 StE

In den folgenden Tabellen ist für Milchproduktion und Jungviehaufzucht statt des StE-Systems das NEL-System verwendet worden. In beiden Systemen wird die Netto-Energie aus den Gehalten an verdaulichen Rohnährstoffen der Futtermittel und aus Energie-Verwertungsfaktoren errechnet. Die Systeme unterscheiden sich in den Verwertungsfaktoren und in der Berechnung der Netto-Energie. Auf Einzelheiten muß hier nicht eingegangen werden; die Praxis entnimmt die NEL-Werte den neuen Futterwerttabellen.

Die Einführung eines neuen Systems war notwendig geworden, weil die Forschungen auf dem Gebiet des Energie-Umsatzes ergeben hatten, daß

Tab. 22. Einfluß der Silagequalität auf die Trockenmasse- und Energieaufnahme bei Milchkühen (tägliche Kraftfuttergabe: 9 kg) Rohr 1978

	Anwelksilage früher Schnitt	Anwelksilage später Schnitt
Rohfasergehalt der Silage (% der Trockenmasse)	25,9	32,3
Verdaulichkeit der org. Substanz	77,4	70,3
Trockenmasseaufnahme		
aus Grundfutter (kg)	9,62	7,56
gesamt (kg)	17,54	15,48
aus der aufgenommenen Energie zu erzielende Milchmenge (kg Milch mit 4% Fett)	31,0	23,8

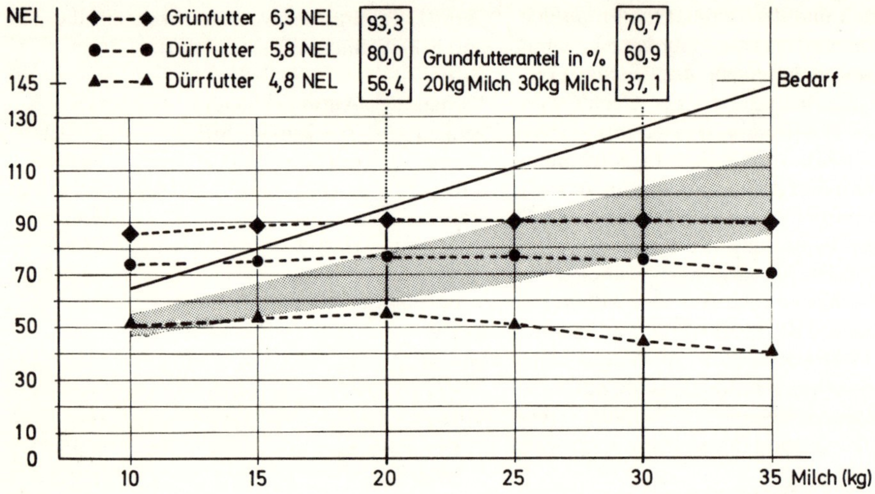

Abb. 7. Einfluß von Rauhfutterqualität, Verzehr und Milchleistung auf den notwendigen Kraftfuttereinsatz. Schraffierte Fläche: oberer Rand 80%, unterer Rand 60% Grundfutteranteil (SCHNEEBERGER 1980).

die aus dem Fettansatz abgeleiteten Verwertungsfaktoren für den Eiweißansatz, also für Muskelbildung und Milchproduktion, keine volle Gültigkeit haben. Außerdem waren bei der StE-Berechnung nach KELLNER Korrekturen zwischen beobachtetem und errechnetem Fettansatz erforderlich durch Berücksichtigung der Wertigkeit des Kraftfutters und des Rohfaserabzuges beim Rauhfutter. Hieraus ergaben sich bisweilen Unstimmigkeiten in der Bewertung.

Andererseits wurde eine möglichst genaue Futterbewertung mit gesteigerten Milchleistungen immer wichtiger, weil die Deckung des Energiebedarfs infolge begrenzter Kapazität des Verdauungstraktes immer schwieriger wird. Außerdem steigt der Kraftfutteranteil an der Ration mit erhöhten Leistungen erheblich an (Abb. 7). Daraus ergibt sich ebenso die Forderung nach einer richtigen Bewertung von Grund- und Kraftfutter, und zwar aus physiologischen und ökonomischen Gründen.

1.6.1.3 Die Nährstoffversorgung

1.6.1.3.1 Bedarfsnormen für Milchviehhaltung und Jungviehaufzucht

Die Höhe des Erhaltungsbedarfs ist vom Lebendgewicht abhängig, der Leistungsbedarf von der Milch- oder Fleischproduktion. Somit spielt auch das Alter der Tiere und die Nutzungsrichtung eine Rolle.

Die Bedarfsnormen sind aus einer großen Zahl von Versuchen der Tierernährung abgeleitet worden. Hierzu sei auf die einschlägige Literatur verwiesen, z. B. KIRCHGESSNER (1982), MENKE und HUSS (1980) und ROHR (1985). Der Erhaltungsbedarf für Milchkühe ist in Tab. 23 angegeben.

Der Energiebedarf für die Erhaltung wird seit der Umstellung des Bewertungssystems in MJ NEL ausgedrückt. Der Eiweißbedarf wird in Rohprotein angegeben, nachdem sich herausgestellt hatte, daß das verdauliche Rohprotein kein geeigneter Maßstab für die Eiweißversorgung der Wiederkäuer sein kann.

Der Bedarf der Milchkuh an Protein bzw. Aminosäuren wird überwiegend durch das im Pansen

Tab. 23. Erhaltungsbedarf der Milchkühe (nach KIRCHGESSNER 1982)

Lebendgewicht kg	RP g/Tag	RP g/Tag*	NEL MJ/Tag	Quotient RP/NEL
400	350	–	26,2	13,4
450	390	–	28,6	13,6
500	420	425	31,0	13,5
550	450	450	33,3	13,5
600	480	475	35,5	13,5
650	500	500	37,7	13,3

* nach ROHR (1985)

Tab. 24. Zum Nährstoffbedarf von Milchkühen (Kirchgessner 1982)

I. Nährstoffnormen für die Produktion von 1 kg Milch

Fettgehalt der Milch (%)	RP (g)	NEL (MJ)	Quotient (RP/NEL)
3,0	79	2,77	28,5
3,5	82	2,97	27,6
4,0	85	3,17	26,8
4,5	88	3,37	26,1
5,0	91	3,57	25,5

II. Richtzahlen für verschiedene Milchleistungen

	TS (kg)	RP (g)	NEL (MJ)	Quotient (RP/NEL) ca.
Erhaltung				
bei 650 kg	12–16	500	37,7	13,3
Milch, 3,8 % Fett				
Erhaltung +				
5 kg Milch	14–22	918	53,2	17,3
10 kg Milch		1335	68,6	19,5
15 kg Milch		1753	84,1	20,8
20 kg Milch		2170	99,5	21,8
25 kg Milch		2588	115,0	22,5
30 kg Milch		3005	130,4	23,0
Milch, 4 % Fett				
Erhaltung +				
5 kg Milch	14–22	925	53,6	17,3
10 kg Milch		1350	69,4	19,4
15 kg Milch		1775	85,3	20,8
20 kg Milch		2200	101,2	21,7
25 kg Milch		2625	117,0	22,4
30 kg Milch		3050	132,9	23,0
Milch, 4,2 % Fett				
Erhaltung +				
5 kg Milch	14–22	933	54,0	17,3
10 kg Milch		1365	70,2	19,4
15 kg Milch		1798	86,5	20,8
20 kg Milch		2230	102,7	21,7
25 kg Milch		2663	119,0	22,4
30 kg Milch		3095	135,2	22,9
Milch, 4,4 % Fett				
Erhaltung +				
5 kg Milch	14–22	940	54,4	17,3
10 kg Milch		1380	71,0	19,4
15 kg Milch		1820	87,7	20,8
20 kg Milch		2260	104,3	21,7
25 kg Milch		2700	121,0	22,3
30 kg Milch		3140	137,6	22,8

Der Rohproteinbedarf trockenstehender Kühe entspricht etwa dem Bedarf für Erhaltung + 7 bis 8 kg Milch/Tag

neugebildete Mikrobenprotein, in geringerem Maße durch das im Pansen nicht abgebaute Futterprotein gedeckt. Dabei ist die Intensität der mikrobiellen Proteinsynthese in erster Linie von der Energiezufuhr abhängig.

Mit höheren Milchleistungen steigt jedoch der Proteinbedarf stärker an als der Energiebedarf, so daß der relative Anteil des Mikrobenproteins auch bei bedarfsgerechter Energiezufuhr abnimmt; d. h.: Je höher die Milchleistung, desto mehr unabgebautes Futterprotein muß in den Dünndarm gelangen.

Kirchgessner et al. (1985) weisen darauf hin, daß das Wirtschaftsfutter (Gras, Grassilage, Heu, Getreide, Ackerbohnen) zu sehr hohen Anteilen abbaubares Protein enthält und deswegen nur für etwa 20 kg Milch/Kuh/Tag oder etwa für 4000 kg/Kuh/Jahr ausreicht. Von den genannten Grundfutterarten wird Weide- und Mähweidegras noch am günstigsten eingestuft. Für die Gesamtration ergibt sich daraus eine Verwertungsgrenze von 14 bis 15 % Rohprotein; darüber hinaus ist eine weitere Steigerung der Proteinkonzentration im Wirtschaftsfutter für die Fütterung wirkungslos, ja eher schädlich.

Tab. 24 gibt den Nährstoffbedarf für 1 kg Milch und für verschiedene Milchleistungen pro Kuh und Tag bei unterschiedlichem Fettgehalt an. Hierbei sind die Angaben für den Rohproteinbedarf mit Hilfe der neuen Normen des Ausschusses für Bedarfsnormen der Gesellschaft für Ernährungsphysiologie der Haustiere errechnet worden (vgl. Rohr 1985).

Die Rohproteinmengen in Tab. 24 sind bei niedrigen und mittleren Leistungen immer bedarfsdeckend. Bei hohen Leistungen ist der Bedarf nur dann gedeckt, wenn der Abbau des Futterproteins die Grenze von 80 % (bei 30 kg Milch/Tag) und von 75 % (bei 35 kg) nicht überschreitet. Sollte dieser Fall aber vorliegen, dann müßten Eiweißträger mit geringerer Abbaubar-

keit eingesetzt werden. Die Proteine der verschiedenen Futtermittel lassen sich nach ihrer Abbaubarkeit wie folgt einteilen (Schwankungsbreiten von ± 10%):
Klasse 1 (65% Abbau): Trockengrün, Sojaschrot, Baumwollsaatkuchen/Schrot, Maiskleber, Trokkenschnitzel, Biertreber;
Klasse 2 (75% Abbau): Maissilage, Sonnenblumenkuchen/Schrot, Palmkernkuchen/Schrot, Kokoskuchen/Schrot, Erdnußkuchen/Schrot, Rapsschrot, Hefe, Maiskeimschrot;
Klasse 3 (85% Abbau): Frischgras, Grassilage, Heu, Weizen, Hafer, Gerste, Ackerbohnen.

Proteine mit unbekannter Abbaubarkeit sind zunächst der Klasse 3 zuzuordnen, sofern sie keiner chemischen oder thermischen Behandlung unterlegen waren, Proteine tierischer Herkunft meistens der Klasse 1.

Berechnung von Futterrationen
Grundlage der Berechnung sind die Bedarfsnormen, die Nährstoffgehalte der Futtermittel für Wiederkäuer und der Futtervoranschlag eines Betriebes mit der Aufteilung der vorhandenen Futterarten auf die Tierzahl in den einzelnen Gruppen (Kühe, Jungvieh, Mastrinder). In der Milchviehfütterung sollte das Nährstoffverhältnis der Grundfutterration je nach Art des Grundfutters durch eiweiß- bzw. energiereiche Futtermittel ausgeglichen werden. Das bietet den Vorteil, daß alle über die Leistung der Grundration hinausgehenden Milchleistungen mit einem Kraftfutter gleicher Zusammensetzung erzielt werden können. Das Kraftfutter zum Ausgleich der Grundration, z. B. für Erhaltung und 10 kg Milch/Kuh/Tag, wird als Ausgleichskraftfutter, das für darüberhinausgehende Leistungen als Aufbaukraftfutter bezeichnet.

Neben einer ausreichenden und ausgewogenen Nährstoffzufuhr muß die Futterration hinsichtlich Verdaulichkeit, Nährstoffkonzentration und Gehalten an Rohfaser, Mineral- und Wirkstoffen leistungsgerecht gestaltet werden.

Nährstoffbedarf wachsender Zuchtrinder
Im Vergleich zum Energiebedarf haben Aufzuchtrinder einen relativ niedrigen Eiweißbedarf. Es ist aber wichtig, für das Wachstum der Pansenmikroben ausreichende Mengen an abgebautem Futterprotein zur Verfügung zu stellen, weil eine unzureichende N-Versorgung der Mikroben die Verdaulichkeit der organischen Substanz herabsetzt. Dagegen spielt der Anteil an unabgebautem Futterprotein keine wesentliche Rolle.

Tab. 25. Richtzahlen für die Rohproteinversorgung von Aufzuchtrindern* (Ausschuß für Bedarfsnormen; ROHR 1985)

Leb.-masse	TM-Aufnahme	Lebendmassezunahme g/Tag				
		400	500	600	700	800
kg	kg/Tag	g RP/Tag				
150	3–4	–	360	385	410	435
200	4–5	–	440	465	490	520
250	5–6	485	510	540	570	605
300	6–7	550	580	615	645	685
350	7–8	630	655	680	720	765
400	8–8,5	720	735	750	795	845
450	8,5–9,5	775	790	820	870	925
500	9–10	830	845	890	945	1005

* Bei hochtragenden Färsen (Kalbinnen) gelten die gleichen Richtzahlen wie bei trockenstehenden Kühen (siehe Tab. 24)

In der Futtertrockenmasse sollten mindestens 9% Rohprotein enthalten sein. Für den N-Bedarf der Mikroorganismen sind 20 g Rohprotein je MJ NEL als ausreichend anzusehen. Daraus ergeben sich die in Tab. 25 angeführten Richtzahlen.

Die Anwendung des NEL-Systems für die Ermittlung des Energiebedarfs weiblicher Rinder stellt nach KÖGEL (1980) eine Kompromißlösung dar. Sie wird aber für vertretbar gehalten, weil eine streng leistungsbezogene Fütterung in der Aufzucht wirtschaftlich nicht so bedeutsam ist wie in der Milchproduktion, da etwa 70% der aufgenommenen Futterenergie für die Erhaltung benötigt werden.

Vom Ausschuß für Bedarfsnormen der Gesellschaft für Ernährungsphysiologie der Haustiere wurde während der Aufzucht ein Erhaltungsbedarf von 0,317 MJ NEL pro kg Lebendgewicht^{0,75} unterstellt. Der Erhaltungsbedarf wird jedoch während des Wachstums erheblich schwanken (in Abhängigkeit von Haltungsverfahren, Fütterungsintensität, Lebendgewicht und Rasse). Der Ausschuß hat daher nur Richtwerte für den energetischen Gesamtbedarf errechnet, die in Tab. 26 enthalten sind.

1.6.1.3.2 Bedarfsnormen für die Rindermast

In der **Jungrindermast** ist in den höheren Gewichtsabschnitten eine höhere Nährstoffkonzentration als in der Aufzucht erforderlich. Die

Tab. 26. Angaben zum energetischen Gesamtbedarf weiblicher Zuchtrinder bei unterschiedlichem Lebendgewicht und Zuwachs (in MJ NEL/Tag)

Lebend-gewicht (kg)	Gewichtszunahmen (g) 400	500	600	700	800
150	–	–	19,4	21,2	23,2
200	–	–	23,0	24,9	27,0
250	–	25,1	27,0	28,6	30,7
300	27,3	29,3	31,3	33,4	35,6
350	30,3	32,3	34,5	36,7	38,9
400	33,0	35,2	37,4	39,8	–
450	36,8	39,3	41,8	–	–
500	40,5	43,3	46,1	–	–

Nährstoffkonzentration im Verlauf der Mast hängt auch von der Mastmethode ab. In der intensiven Stallmast können Bullen mit 15–18 Monaten 500–550 kg LG erreichen, bei der Weideendmast erst in 20–22 Monaten. Im ersten Fall ist während der ganzen Mastzeit eine höhere, wenn auch gegen Mastende etwas absinkende Nährstoffkonzentration erforderlich; in der Weidemast kann bzw. muß wenigstens bei der Überwinterung vor dem zweiten Weidesommer verhalten und mit geringerer Nährstoffkonzentration (Grassilage und/oder Heu mittlerer bis mäßiger Qualität) gefüttert werden. Im zweiten Weidesommer kann das billige, aber höherwertige Weidefutter zum sog. kompensatorischen Wachstum genutzt werden. Die Tageszunahmen können jetzt 800–1000 g betragen, während im Winter für etwa 400 g gefüttert wurde.

In den Vormägen der Wiederkäuer laufen der bakterielle Abbau von Futterprotein und die Synthese von Mikrobenprotein ± parallel. Das in den Darm gelangende Eiweiß besteht hauptsächlich aus neugebildetem Mikrobenprotein. Daher ist das verdauliche Rohprotein (Differenz zwischen aufgenommenem und mit dem Kot ausgeschiedenem Protein) auch für den Mastbullen kein geeigneter Maßstab für die Eiweißversorgung. Mit Hilfe der neuen Normen soll die Zufuhr von Rohprotein so gesteuert werden, daß der Bedarf der Mastbullen und der Pansenmikroben angemessen gedeckt wird. Das Mikrobenwachs-

Tab. 27. Richtzahlen für die Versorgung Schwarzbunter Bullen mit Stärkeeinheiten (StE) und Rohprotein (RP) (DLG-Arbeitskreis Futter und Fütterung 1985)

Lebend-gewicht (kg)	TM-Aufnahme (kg/Tag)	bei Tageszunahmen von: 800 g, müssen zugeführt werden: StE	RP (g)	1000 g StE	RP (g)	1200 g StE	RP (g)	1400 g StE	RP (g)
150 (125–175)	3 – 4	2200	480	2400	550	–	–	–	–
200 (175–225)	3,5– 5	2550	520	2800	600	3100	670	–	–
250 (225–275)	4 – 6	–	–	3200	660	3550	730	3950	790
300 (275–325)	5 – 7	–	–	3600	720	4000	780	4500	840
350 (325–375)	6 – 7,5	–	–	4000	770	4400	850	4900	930
400 (375–425)	7 – 8,5	–	–	4300	820	4750	920	5250	1020
450 (425–475)	7,5– 9	4250	800	4600	900	5100	1010	–	–
500 (475–525)	8 –10	4600	870	5000	980	5550	1100	–	–
550 (525–575)	8,5–10	4950	940	5400	1060	–	–	–	–

tum ist auch hier von der Energieaufnahme entscheidend abhängig.

Bis zu einem Lebendgewicht von 300 bis 350 kg benötigen **Mastbullen** neben dem Mikrobenprotein eine bestimmte Menge an nicht abgebautem Futterprotein. In der zweiten Masthälfte ist bereits das Mikrobenprotein gut ausreichend für die Bedarfsdeckung (DLG-Arbeitskreis Futter und Fütterung 1985).

Tab. 27 enthält Richtzahlen für die Nährstoffversorgung Schwarzbunter Bullen in der Intensivmast.

Für **Fleckviehbullen** (Tab. 28) sind im Vergleich zu Schwarzbunten die Werte für den StE-Bedarf um 4 bis 7% gekürzt, weil der Zuwachs an Lebendmasse beim Fleckviehbullen im Vergleich zum Schwarzbunten zu einem höheren Anteil aus Eiweiß und zu einem geringeren aus Fett besteht. Dieser Unterschied war schon länger bekannt und durch Versuche nachgewiesen.

An Rohprotein brauchen die Fleckviehbullen in der ersten Masthälfte bei gleichen Zunahmen mehr als die Schwarzbunten, weil mehr Körperprotein angesetzt wird.

In der zweiten Masthälfte dagegen, in der das im Pansen gebildete Mikrobenprotein den Bedarf bereits übersteigt, ergibt sich die erforderliche Proteinmenge aus der Höhe der Energiezufuhr. Da die Fleckviehbullen bei gleichen Zunahmen weniger Energie (mehr Proteinansatz) benötigen als die Schwarzbunten (mehr Fettansatz), muß auch etwas weniger Rohprotein für die mikrobielle Proteinsynthese bereitgestellt werden.

Schwarzbunte und Fleckviehtiere stellen unter den Zweinutzungsrassen die Extreme dar (milchbetont bzw. fleischbetont). Die Rotbunten liegen im Nährstoffbedarf dazwischen; das Gelbvieh ist etwa dem Fleckvieh und das Braunvieh den Schwarzbunten gleichzustellen.

Tab. 28 gibt die Richtzahlen (StE und RP) für Fleckviehbullen wieder.

Die in den Tab. 27 und 28 aufgeführten Werte gelten für die Intensivmast von **Jungbullen**. Dagegen kommt die Endmast nach einer extensiveren Vormast, z. B. auf der Weide, in Frage. Da die Tiere nach der Vormast ein geringeres Gewicht als gleichalte intensiv gemästete Tiere haben und in der Endmast mehr Futter aufnehmen, setzen sie

Tab. 28. Richtzahlen für die Versorgung von Fleckviehbullen mit Stärkeeinheiten (StE) und Rohprotein (RP) (DLG-Arbeitskreis 1985)

Lebendgewicht	TM-Aufnahme	bei Tageszunahmen von: 800 g		1000 g		1200 g		1400 g		1600 g	
		müssen zugeführt werden:									
(kg)	(kg/Tag)	StE	RP (g)	StE	RP (g)	StE	RP (g)	StE	RP (g)	StE	RP (g)
150 (125–175)	3 – 4	2100	500	2300	560	2550	630	–	–	–	–
200 (175–225)	3,5– 5	2450	530	2650	610	2900	690	3200	750	–	–
250 (225–275)	4 – 6	–	–	3050	670	3350	750	3700	810	4200	860
300 (275–325)	5 – 7	–	–	3400	730	3750	800	4200	860	4650	920
350 (325–375)	6 – 7,5	–	–	3800	760	4150	840	4550	920	5050	990
400 (375–425)	7 – 8,5	–	–	4100	790	4450	880	4900	980	5400	1060
450 (425–475)	7,5– 9	–	–	4350	870	4800	970	5300	1060	–	–
500 (475–525)	8 –10	–	–	4750	950	5200	1060	5700	1140	–	–
550 (525–575)	8,5–10	–	–	5150	1030	5650	1140	–	–	–	–
600 (575–625)	9 –10,5	–	–	5500	1100	6050	1210	–	–	–	–

Tab. 29. Schätzwerte zur Futteraufnahme wachsender Rinder bei unterschiedlichem Lebendgewicht und unterschiedlicher Energiedichte (in kg Ts pro Tier und Tag) (KIRCHGESSNER 1982)

	Umsetzbarkeit der Energie q	Lebendgewicht (kg) 200	300	400	500	600
Grundfutter (z. B. Rauhfutter,	0,4	3,5	4,8	6,0	7,1	8,1
Silage u. a.)	0,5	4,1	5,6	6,9	8,2	9,4
	0,6	4,7	6,3	7,9	9,3	10,7
Kraftfutter und pellet. Grundfutter	0,7	4,5	6,1	7,5	8,9	10,2

mehr Fleisch an als die durchgehend intensiv gemästeten Tiere. So kann man in der Endmastperiode Tageszunahmen von 1300 g erzielen, wenn die Bullen mit etwa 300 kg zur Endmast aufgestellt werden. Daher empfiehlt der DLG-Arbeitskreis (1985), trotz geringer Abweichungen im StE- und RP-Bedarf, die in den Tab. 27 und 28 für Tageszunahmen von 1200 bis 1400 g angegebenen Werte zugrunde zu legen.

Für die Aufstellung von Mastrationen ist die Höhe der voraussichtlichen täglichen Futteraufnahme von Bedeutung. Sie erhöht sich im Mastverlauf von 4 bis 5 auf 10 bis 11 kg TS; das entspricht einem relativen Verzehr von 2,5% des LG zu Mastbeginn und von 1,7% zu Mastende. Die Futteraufnahme hängt auch von der Energiedichte (Nährstoffkonzentration) ab, wie Tab. 29 zeigt.

Für die **Mast weiblicher Rinder** sind die Normen für Jungbullenmast um 10 bis 20% zu kürzen. Man erzielt dann zwar geringere Tageszunahmen, vermeidet aber eine stärkere Verfettung schon während der Hauptmastzeit. Je nach Rasse und Typ sind die Färsen mit 400–500 kg schlachtreif. Geht man über dieses Gewicht hinaus, nimmt die Verfettung stark zu, während die Tageszunahmen und die Schlachtqualität zurückgehen.

Die Abhängigkeit der Gewichtszunahmen weiblicher Rinder auf der Weide vom physiologischen Alter des Futters, von der Rinderrasse und von der Intensität der Winterfütterung läßt sich aus Tab. 30 ablesen.

In diesem Versuch von BERNGRUBER (1977) brachte die Gruppe Deutsches Fleckvieh auf jungem Weidegras (mittlere Wuchshöhe 20 cm) mit verhaltener Winterfütterung wirtschaftlich das beste Ergebnis. Das kompensatorische Wachstum tritt nach der Überwinterung im 2. Weidesommer in allen Gruppen deutlich hervor.

Die **Mast von Jungochsen** hat keine große Bedeutung mehr; die Futterverwertung kastrierter Tiere ist wesentlich schlechter als die von

Tab. 30. Gewichtszunahmen von Mastfärsen auf der Weide in g je Tier und Tag in 2 Vegetationsperioden bei variierter Winterfütterung

	Älteres Weidefutter				Junges Weidefutter			
	Dt. Fleckvieh		Dt. Braunvieh		Dt. Fleckvieh		Dt. Braunvieh	
Aufzucht	681		670		659		683	
1. Weidesommer	748		748		920		865	
Winterfütterung	verhalten	satt	verhalten	satt	verhalten	satt	verhalten	satt
Winteraufstallung	469	771	394	669	465	707	381	739
2. Weidesommer	651	416	512	378	704	470	592	227

Jungbullen, der Futterverbrauch je kg Zuwachs liegt bis 15% darüber. Für Grünlandbetriebe haben Ochsen und Färsen den Vorteil gegenüber Bullen, daß sie auch im zweiten Weidesommer in normaler Umzäunung auf der Weide gehalten werden können, auch wenn andere Kuh- und Jungviehgruppen in unmittelbarer Nachbarschaft weiden.

1.6.1.3.3 Bedarfsnormen für die Schafhaltung

Hier werden die Kalkulationen von ECKL (1976) herangezogen, weil sie sich besonders auf die Verfahren der Koppel- und Hüteschafhaltung beziehen. Zunächst wird ein zusammenfassender Überblick über die durchschnittliche Futteraufnahme von ausgewachsenen Schafen verschiedener Leistungsstadien gegeben (Tab. 31). Die Daten wurden – wie auch alle übrigen – aus einer sehr gründlichen Literaturauswertung abgeleitet.

Bei den folgenden Bedarfsnormen handelt es sich um Größen, „die sich auf den Normalfall beziehen und die aufgrund oftmaliger Überprüfung eine hohe Aussagekraft und Übertragbarkeit besitzen“ (ECKL 1976). Der Bedarf an verdaulichem Eiweiß wurde nicht mit einbezogen,

Tab. 31. Durchschnittliche Futteraufnahme ausgewachsener Schafe verschiedener Leistungsstadien (ECKL 1976)

Bezeichnung	Futteraufnahme (kg TS/Tag) von Schafen mit ... kg Lebendmasse 70	80
Nichtträchtige Schafe		
Gras	1,4	1,5
Grassilage	1,0	1,1
Heu	1,7	1,8
Hochträchtige Schafe		
Zusätzliche Grundfutteraufnahme gegenüber nichtträchtigen Tieren	0,15	
Laktierende Schafe		
Zusätzliche Grundfutteraufnahme gegenüber nichtträchtigen Tieren		
Mutterschafe mit		
– Einzellämmern	0,40	
– Zwillingslämmern	0,50	

Tab. 32. Durchschnittlicher Erhaltungs- und Bewegungsenergiebedarf ausgewachsener Schafe bei Koppelschafhaltung und stationärer Hüteschafhaltung (ECKL 1976)

Bezeichnung	StE/Schaf und Tag für Tiere mit ... kg Lebendmasse 70	80
Koppelschafhaltung		
Stallhaltungsperiode	540	600
Weideperiode	560	625
Stationäre Hüteschafhaltung		
Stallhaltungsperiode	540	600
Weideperiode	600	670

Berechnungsgrundlagen: Bewegungsarbeit von Schafen während der Weideperiode bei Koppelschafhaltung rund 2 km horizontal/Tag; bei stationärer Hüteschafhaltung rund 6 km horizontal/Tag

weil angenommen wird, daß er bei dem ermittelten Energiebedarfsniveau und den in Frage kommenden Futterarten weitgehend abgedeckt ist.

Der Erhaltungsbedarf ausgewachsener Schafe ist für Koppel- und Hüteschafhaltung und für 70 bzw. 80 kg LG in Tab. 32 getrennt aufgeführt. Der Eiweißbedarf dürfte beim Weidegang 65 bzw. 70 g betragen, so daß ein Eiweiß – StE-Verhältnis von

Tab. 33. Über das Erhaltungsniveau hinaus erforderlicher Energiebedarf von Schafen während der Laktation; 0,375 bzw. 0,390 kStE/kg Milch mit einem Lamm bzw. 2 Lämmern (ECKL 1976)

Lämmeraufzuchtverfahren	kStE Bedarf/Schaf und Laktation bei einem saugenden Lamm	zwei saugenden Lämmern
Herkömmliche Aufzucht (durchschnittliche Laktationsperiode 110 Tage)	38	55
Frühentwöhnung (durchschnittliche Laktationsperiode 35 Tage)	17	28

Tab. 34. Durchschnittlicher Energiebedarf je kg Zuwachs einschließlich Erhaltung in der Lämmerproduktion

Lebendmasse-entwicklung	StE/kg Zuwachs einschließlich Erhaltung bei Tageszunahmen von ... g/Lamm		
kg/Lamm	100	200	300
Geburt–10	–	1400	1200
10–20	3450	2200	1600
20–30	4475	2900	2400
30–40	5400	3600	3000
40–50	6300	4200	3400
50–60	7100	4775	–

Quelle: Berechnung nach Angaben anderer Autoren (Eckl 1976)

1 : 8,6 bzw. 1 : 8,9 (Koppelschafe) und von 1 : 9,2 bzw. 1 : 9,5 (Hüteschafe) anzunehmen ist.

Der Bedarf während der Laktation ist jeweils für die Laktationsperiode in kStE eingetragen (Tab. 33). Aus den zusätzlichen Daten läßt sich der Tagesbedarf unschwer errechnen. Das Eiweiß : StE-Verhältnis für die Milchproduktion bewegt sich zwischen 1 : 4 und 1 : 4,5. Kirchgessner (1982) gibt 90 bis 100 g verd. Rohprotein in 430 StE für 1 kg Schafmilch an.

Schließlich ist in Tab. 34 noch der durchschnittliche Energiebedarf in der Lämmerproduktion aufgeführt. Nach dem Absetzen der Lämmer wird ein Eiweiß – StE-Verhältnis von 1 : 4,5 in der Gesamtration gefordert. In der Weidemast wird mit einem Gewicht von etwa 40 kg abgesetzt, wenn die Endmast ebenfalls mit Weidefutter erfolgen soll.

1.6.1.4 Die Mineralstoffversorgung

1.6.1.4.1 Bedeutung der Mengen- und Spurenelemente

Mineralstoffe sind für einen normalen Ablauf der Lebensvorgänge im Organismus und als Baustoffe des Tierkörpers unbedingt notwendig. Sie erfüllen wichtige Aufgaben im Stoffwechsel, z. B. bei der Umwandlung der Futternährstoffe in tierische Leistungen. Bei Mineralstoffmangel oder bei gestörten Relationen zwischen den einzelnen Stoffen kommt es zunächst zu latenten, in gravierenden Fällen zu offenen Mangelerscheinungen, wie Lecksucht, Knochen- und Skelettschäden, Tetanie, Calcinose oder Fruchtbarkeitsstörungen.

Die Mineralstoffe sind also lebensnotwendig und müssen den Nutztieren in ausreichender Menge und im richtigen Verhältnis mit dem Futter zugeführt werden. Wir unterscheiden in dieser Stoffgruppe Mengen- und Spurenelemente.

Von den Mengenelementen sind besonders Calcium, Phosphor, Magnesium und Natrium, aber auch Kalium, Chlor und Schwefel für die Fütterung essentiell, von den Spurenelementen Eisen, Kupfer, Mangan, Zink, Kobalt, Molybdän, Jod und Selen. Auf die Funktion der einzelnen Stoffe im Tierkörper, auf die zahlreichen Wechselbeziehungen und auf ihren Gehalt in tierischen Organen und Produkten kann hier nicht eingegangen werden. Einige allgemeine Hinweise mögen genügen. (Hierzu siehe auch Fachverband Futtermittelindustrie e. V., 1979).

Mineralstoffe stehen in Wechselbeziehung zu Vitaminen und sind Bestandteile von Fermenten und Hormonen. Sie regulieren den osmotischen Druck in den Körperzellen und sind für die Pansenflora und für den Ablauf der Verdauung von Bedeutung. Offenbar bestehen enge Zusammenhänge zum Geschlechtszyklus und zur Fruchtbarkeit. So weist Sonderegger (1978) darauf hin, daß nach Untersuchungen in Praxisbetrieben die Fruchtbarkeit der Kühe durch ungenügende Na-Zufuhr verschlechtert und durch eine leicht über der Bedarfsnorm liegende P-Aufnahme verbessert werden kann.

1.6.1.4.2 Grundsätze der Bedarfsdeckung

Die Anforderungen an die Ca-P-Versorgung der Milchkuh hat Günther (1978) in drei Grundsätzen zusammengefaßt.

1. Grundsatz der Bedarfsdeckung
Die empfohlenen Bedarfsmengen an Calcium und Phosphor müssen mindestens in der Tagesration enthalten sein.

Z. B. Kuh mit 30 kg Milch täglich: 120 g Ca und 74 g P.

2. Grundsatz der Ausgeglichenheit
Bei gedecktem Mindestbedarf müssen Ca und P in einem Verhältnis zwischen 1,5 : 1 und 3,0 : 1 in der Tagesration vorliegen. Bei Überschuß des einen Elementes muß das andere bis zur Einstellung der Ausgeglichenheit nachgezogen werden. Beträgt z. B. die Ca-Versorgung 150 g täglich, so ist die P-Zufuhr auf mindestens 100 g anzuheben (Ca : P = 1,5 : 1).

3. Grundsatz des Sicherheitszuschlages
Die erheblichen Schwankungen und Unsicherheiten im Ca-P-Angebot über das Grundfutter müssen dadurch kompensiert werden, daß durch den Mineralfutter-Einsatz Ca-P-Mengen je kg TM Grundfutter angestrebt werden, die etwa 10 bis 20% oberhalb der Mindest-Bedarfswerte liegen.

Z. B. Kuh mit 30 kg Milch täglich: 135 bis 140 g Ca und 85 bis 90 g P.

Verallgemeinernd kann man sagen, daß die Mengenelemente meistens mehrere Aufgaben im tierischen Organismus zu erfüllen haben; dagegen sind die Wirkungen der Spurenelemente eher auf eine oder wenige Funktionen beschränkt. Außerdem sind sie maßgeblich am Aufbau körpereigener Wirkstoffe beteiligt. Das gilt besonders für Eisen, Zink, Kobalt, Molybdän, Jod und Selen.

Zur Information von Praxis, Beratung und Wissenschaft wurden von Fachexperten schon früh **Bedarfsnormen** für die verschiedenen Tierarten, Alters- und Leistungsgruppen erarbeitet und aufgrund von Fütterungs-, Bilanz- und Stoffwechselversuchen laufend dem jeweiligen Kenntnisstand angepaßt. Diese Bedarfsnormen sind für den Produzenten und für den Verbraucher von Grün- und Rauhfutter in gleicher Weise von Interesse. Sie dienen dazu, die Qualität des produzierten Futters daran zu messen und den eventuellen Fehlbedarf möglichst treffsicher abzuschätzen.

Die vom Ausschuß für Bedarfsnormen der Gesellschaft für Ernährungsphysiologie der Haustiere 1978 herausgegebenen „Empfehlungen zur **Mineralstoffversorgung**" berücksichtigen für Rinder und Schafe nur die vier Elemente Ca, Mg, P und Na. Es sind die Elemente, die in den heute gebräuchlichen Rationen oft in unzureichender Menge vorhanden sind. Damit kommt zugleich zum Ausdruck, daß die übrigen Mengenelemente (K, Cl, S) in den meisten Rationen in ausreichender Menge angeboten werden.

Die Anwendung der Normen wird dadurch erschwert, daß die einzelnen Mineralstoffe aus den verschiedenen Futtermitteln unterschiedlich ausgenutzt werden und daß zwischen verschiedenen Elementen Wechselbeziehungen bestehen, die die Ausnutzung eines Elements beeinträchtigen können.

Noch schwieriger bzw. unsicherer ist die Beurteilung der **Spurenelementversorgung.** Die Ursache hierfür liegt nicht zuletzt darin, daß die Spurenelementgehalte im Grundfutter kurzfristig, z. B. in Abhängigkeit von Witterungseinflüssen, stark schwanken können. Das trifft für die Mengenelemente nicht in dem Maß zu. Außerdem sind diese aufgrund ihrer Größenordnungen genauer meßbar als die Spurenelemente. Das liegt weniger an der Analytik als an der Probenahme und an der Verarbeitung vor der Analyse.

Die Folgen für die Fütterung sind jedoch nicht so schwerwiegend, weil die meisten Spurenelemente in den gebräuchlichen Grund- und Kraftfuttermitteln in ausreichender Menge vorhanden sind. Bei der Anwendung der Spurenelement-Bedarfsnormen wird daher der unterschiedliche Gehalt des Grundfutters nicht in dem Maße berücksichtigt wie bei den Mengenelementen, wenn man einmal vom Futter extremer Standorte, z. B. leichte Sandböden und spurenelementarme Moorböden, absieht. Man arbeitet vielmehr mit Sicherheitszuschlägen für Spurenelemente und Vitamine in den verschiedenen Mineralfuttertypen, worauf später eingegangen wird.

1.6.1.4.3 Bedarfsnormen für Rinder

In den folgenden Tabellen mit den Bedarfsnormen für Rinder und Schafe ist außer dem Bedarf an Mengenelementen (in g) auch der an Spurene-

Tab. 35. Empfehlungen zur Mineralstoffversorgung von Milchkühen (Tier/Tag)

Mengenelemente (g)	Ca	P	Mg	Na
Lebendmasse (kg)	650	650	650	650
Erhaltung	26	26	13	9
Milchleistung, kg/Tag				
5	42	34	16	12
10	58	43	19	15
15	74	51	22	18
20	90	59	25	22
25	106	68	29	25
30	122	76	32	28
35	138	84	35	31

Spurenelemente (mg)	Zn	Cu	Co	Mn	Mo	J	Fe
5 kg Milch	700	130	2	700	12	7	500
35 kg Milch	1200	200	3	1000	20	10	800

Tab. 36. Futteraufnahme und Gehalte an Mengenelementen für 20 kg Milch (je Tier und Tag)

	Notwendige Gehalte im Futter in % (20 kg Milch)			
	Ca	P	Mg	Na
Futteraufnahme (kg TS/Kuh/Tag)				
10	0,90	0,59	0,25	0,22
12	0,75	0,49	0,21	0,18
14	0,64	0,42	0,18	0,16

lementen (in mg) enthalten. Die Zahlen entsprechen den Empfehlungen der Gesellschaft für Ernährungsphysiologie der Haustiere bzw. des Fachverbandes Futtermittelindustrie.

Wenn man die Mineralstoffaufnahme aus dem Grundfutter kalkulieren will, ist es erforderlich, die Gehalte in der TS und die Futteraufnahme zu berücksichtigen. Geht man vom Bedarf für 20 kg Milch (Tab. 35) aus, dann sind bei steigender Futteraufnahme die in Tab. 36 angegebenen Gehalte an Mengenelementen notwendig.

Auch für Aufzuchtrinder ist die Ergänzung von Ca, P, Mg und Na über die tägliche Futterration hinaus notwendig. Die Ergänzung erfolgt über ein Mineralfutter, das auf das Grundfutter abgestimmt ist. Damit ist zugleich der Spurenelementbedarf abgedeckt, für den BURGSTALLER (1979) nach HENNIG folgende Richtwerte für die gesamte Tagesration angibt (mg/kg Futter): Kupfer 8, Eisen 50, Zink 40 bis 50 und Mangan 60 mg. Die Empfehlungen für Mengen- und Spurenelemente enthält Tab. 37.

In Tab. 38 sind die Empfehlungen für Mastbullen aufgeführt. Die Mengenelemente sind in der Originaltabelle der Gesellschaft für Ernährungsphysiologie der Haustiere nach Tageszunahmen von 600, 800, 1000 und 1200 g aufgegliedert worden. Hier sind der Übersicht wegen nur die Werte für 800 und 1000 g Zunahme angegeben.

1.6.1.4.4 Bedarfsnormen für Schafe

Für Schafe (Tab. 39) werden größere Ca-Überschüsse als „keineswegs unbedenklich" bezeichnet, weil Ca im Darm zur Bildung von Phosphaten und zur Beeinflussung des pH-Wertes beiträgt. Eine Unterschreitung der P-Normen führt zu Leistungsdepressionen, eine übersteigerte Zufuhr jedoch zu Stoffwechselstörungen. Gerade in der intensiven Lämmermast muß die P-Zuteilung genau bemessen werden, weil ein Überangebot zu vermehrter Harnsteinbildung (Urolithiasis) und damit zu hohen Ausfällen durch Tod führen kann.

Ein Überangebot an Magnesium, das die Gesundheit gefährdet, gibt es nicht; ein Mg-Mangel ist nur bei sehr hohen Leistungen zu befürchten.

Tab. 37. Empfehlungen zur Mineralstoffversorgung von Aufzuchtfärsen (Tier/Tag)

Mengenelemente (g)	Ca			P			Mg	Na
Zunahme (g/Tag)	500	600	700	500	600	700	500–700	500–700
LM-Abschnitt (kg)								
bis 150	21	24	27	11	12	13	4	3
150–200	23	26	29	14	15	16	5	3
200–250	27	29	32	16	17	18	6	4
250–300	30	33	37	19	20	22	7	5
300–350	32	35	39	22	23	24	8	5
350–400	31	34	37	23	24	26	9	6
400–450	33	36	39	26	27	28	10	7
über 450	32	36	40	29	30	31	11	8

Spurenelemente (mg)			Zn	Cu	Co	Mn	Mo	J	Fe
bis	150 kg LM	von	300	75	1	200	5	2	200
über	450 kg LM	bis	700	130	2	500	12	5	500

LM = Lebendmasse

Tab. 38. Empfehlungen zur Mineralstoffversorgung von Mastbullen (Tier/Tag)

Mengenelemente (g)	Ca		P		Mg		Na	
Zunahme (g/Tag)	800	1000	800	1000	800	1000	800	1000
LM-Abschnitt (kg)								
bis 150	30		14		4		3	
150–200	32	38	17	19	5	5	4	4
200–250	34	40	19	21	6	6	4	5
250–300	40	48	23	25	7	8	5	5
300–350	42	50	25	28	8	8	6	6
350–400	40	46	27	29	9	9	6	6
400–450	42	48	29	31	10	10	7	7
450–500	44	50	32	34	11	11	7	8
über 500	46	52	32	33	12	12	8	8

Spurenlemente (mg)		Zn	Cu	Co	Mn	Mo	J	Fe
bis 150 kg LM	von	300	75	1	200	5	2	200
über 500 kg LM	bis	700	130	2	500	12	5	500

Tab. 39. Empfehlungen zur Mineralstoffversorgung von Schafen (Tier/Tag)

Mengenelemente (g)	Ca	P	Mg	Na
Mutterschafe, 70 bis 80 kg LM				
güst	7,5	5,5	1,0	1,5
bis 90. Trächtigkeitstag	8,5	6,0	1,0	2,0
ab 90. Trächtigkeitstag	15,0	7,5	1,5	2,0
laktierend, 1 Lamm	17,0	9,0	2,5	2,0
laktierend, 2 Lämmer	20,0	10,0	3,0	2,5
Lämmer, 15 bis 30 kg LM				
300 g tägliche Zunahme	12,0	4,5	1,0	1,5
400 g tägliche Zunahme	15,0	5,0	1,0	1,5
Lämmer, 30 bis 50 kg LM				
200 g tägliche Zunahme	12,0	4,5	1,0	1,5
300 g tägliche Zunahme	13,0	5,5	1,0	1,5
400 g tägliche Zunahme	17,0	6,5	1,0	1,5

Spurenelemente (mg)	Zn	Cu	Co	Mn	J	Fe
Mutterschafe, 70 bis 80 kg LM						
güst bis 90. Trächtigkeitstag	60	15	0,12	40	0,8	20
ab 90. Trächtigkeitstag	70	15	0,20	50	1,0	20
laktierend, 1 Lamm	90	20	0,20	70	1,2	30
laktierend, 2 Lämmer	90	20	0,20	70	1,2	30
Lämmer, 15 bis 30 kg LM						
300–400 g tägliche Zunahme	50	10	0,06	30	0,4	20
Lämmer, 30 bis 50 kg LM						
200–400 g tägliche Zunahme	60	15	0,12	40	0,8	25

Tab. 40. Haupttypen von Mineralfutter zum Ausgleich des Grundfutters (Pallauf 1978)

Typ	Gehalte in % Ca	P	Mg	Na	Quotient Ca/P	hauptsächliche Rationen
I	8	12	2	9	0,7	Wiesengras mit Heu, Luzerne, Zuckerrübenblatt, Kleegras, Grassilage
II	11	8	2	9	1,4	Weidegras mit Maissilage, Grassilage mit Maissilage u.a. Mischrationen
III	16	5	2	9	3,2	Ca-armes Grundfutter, Futterrüben, extreme Weideverhältnisse, Getreide, Ölschrote

Allerdings kann die Mg-Verfügbarkeit stark absinken (von 20 auf 10%), wenn das Futter gleichzeitig reich an Kalium und Rohprotein ist, wie z. B. in jungem Weidefutter. Dann besteht nach Kemp et al. (1961 und spätere Arbeiten) wie bei Rindern Tetaniegefahr. Na-Mangel tritt häufig auf, ist aber durch Lecksteine und Viehsalz leicht zu beheben. Überschüsse werden mit dem Harn ausgeschieden.

1.6.1.4.5 Mineralstoffergänzung

Bei der Durchführung der Mineralstoffütterung geht man davon aus, daß der Mineralstoffgehalt des Grundfutters bei den heute geforderten Leistungen nicht ausreicht. Außerdem sind die Schwankungen in Abhängigkeit von der Futterart, der botanischen Zusammensetzung der Mischbestände, von Düngung, Nutzung, Witterung, Werbungs- und Konservierungsverlusten außerordentlich groß, besonders bei den Spurenelementen.

Legt man Tabellenwerte für die Rationsberechnung zu Grunde, die aus zahlreichen Einzelwerten gebildet werden, dann empfiehlt es sich nach Pallauf (1978), vom Mittelwert eine Standardabweichung (in der Tabelle angegeben) abzuziehen. Damit ist gewährleistet, daß die Gehalte des Grundfutters nicht zu hoch eingeschätzt werden.

Um Mängel und Leistungsabfall auf jeden Fall zu vermeiden, werden zusätzlich zum Grundfutter für Milchkühe täglich 100 bis 150 g Mineralfutter empfohlen, für Jungrinder 60 bis 100 g. Meistens ist der Na-Mangel im Grundfutter so stark, daß zusätzlich zum Mineralfutter Lecksteine oder Viehsalz (50 g pro Tier und Tag) angeboten werden sollten.

Nach dem Futtermittelrecht sind vier Normtypen von Mineralfutter für Rinder definiert worden, die sich hauptsächlich im Ca-P-Verhältnis

Tab. 41. Beispiel für die Mineralfuttertypen für Rinder

	Einheit	I	II	III
Inhaltsstoffe				
Calcium	%	8,5	12,0	18,0
Phosphor	%	12,0	7,5	5,0
Magnesium	%	3,0	3,0	3,0
Natrium	%	9,5	11,0	8,0
Zusatzstoffe (je kg)				
Vitamin A	IE	1000000	1000000	1000000
Vitamin D_3	IE	80000	80000	80000
Vitamin E	mg	600	600	600
Kupfer	mg	1000	1000	1000
Zink	mg	6000	6000	6000
Mangan	mg	3000	3000	3000
Kobalt	mg	30	30	30
Jod	mg	10	10	10

unterscheiden und eine Anpassung an die wichtigsten Grundfutterarten ermöglichen. Vereinfachte Haupttypen sind in Tab. 40 enthalten, ein Beispiel aus dem Programm eines Herstellers in Tab. 41. Von den Zusatzstoffen sind nur Co, Cu und Zn (mindestens 10, 700 bzw. 3000 mg/kg) obligatorisch.

Über das Grundfutterniveau hinausgehende Milchleistungen erfordern Kraftfutter, das entsprechend mit einer Mineralstoffmischung angereichert sein muß. Mängel im Grundfutter lassen sich damit nicht ausgleichen. Lücken im Grund- und Kraftfutter an Spurenelementen werden über die vorgeschriebenen Mindestgehalte im Mineralfutter geschlossen.

Vitaminiertes Mineralfutter ist besonders in der Winterfütterung anzuraten, da die meisten Grundfutterarten den Bedarf an den Vitaminen A, D und E nicht decken können. Beim Weidegang und bei Sommerstallhaltung mit Grünfutter ist ein Vitaminzusatz nicht erforderlich, jedoch – wie im Winter – 100 bis 150 g Mineralfutter. Dieses kann zum Beifutter im Stall oder in Form von Lecksteinen gegeben werden. Auf ein ständiges, reichliches Angebot von Na ist besonders unter süddeutschen Verhältnissen Wert zu legen. Zur Umstellung von der Winterfütterung auf Weidegang oder Grünfütterung ist ein Mg-reiches Mineralfutter zu verwenden, das nach der Normentafel 6 bis 12% Mg aufweisen muß.

1.6.2 Die Wirtschaftlichkeit der Futterproduktion

1.6.2.1 Futterbau – Grundlage der Viehhaltung im landwirtschaftlichen Betrieb

Vor der Besömmerung der Brache wurde das Sommerfutter hauptsächlich durch Weidegang gewonnen. Hierzu wurden Stoppelfelder, Brachflächen, extensives Grünland, Hutungen und Waldweideflächen herangezogen. Um das Winterfutter war es schlecht bestellt. Es bestand hauptsächlich aus Stroh, schlechtem Heu von ungedüngten, oft vernäßten Wiesen, in Berglagen auch aus Wildheu oder gar aus Laub und Waldstreu.

Mit der Intensivierung des Ackerbaues durch den Anbau von Blattfrüchten auf der Brache und allmähliche Einführung der Mineraldüngung wurde die Viehhaltung verstärkt in den Betrieb einbezogen. Sie stand aber zum großen Teil im Dienste des Ackerbaues. Klee und Kleegras wurden in erster Linie als Futter, aber auch zur Bodenbefruchtung und zur Sicherung der Verkaufsfruchterträge angebaut. Der anfallende Mist kam ausschließlich auf das Ackerland. Das Grünland wurde und blieb lange Zeit „die Mutter des Ackerlandes“. Auch die Viehhaltung selbst diente auf der sog. Gespannstufe oft mehr der Arbeitsleistung als der Produktion von Veredelungsprodukten.

Mit zunehmendem Einsatz von Handelsdünger, Kraftfutter, Fremdenergie und Maschinen nahm die Veredlungsproduktion zu. Mit steigender Kaufkraft der Bevölkerung stieg aber auch die Nachfrage nach tierischen Produkten. Das führte mehr und mehr zur Spezialisierung und teilweise zur Loslösung der Tierproduktion von der Nutzfläche (Schweine, Hühner). Die Milchviehhaltung konzentrierte sich auf die Gebiete mit leistungsfähigem, natürlichem Grünland und vereinzelt auch auf kleinere Ackerbaubetriebe, die aus den Verkaufsfrüchten des Ackerlandes kein ausreichendes Einkommen erwirtschaften konnten und für die ein Übergang zur flächenunabhängigen Veredlung (Schweine, Hühner) nicht in Frage kam.

Die Rindermast dehnte sich in Süddeutschland besonders in mittleren und größeren Ackerbaubetrieben aus, und zwar zugleich mit der ständigen Zunahme des Silomaisanbaues. In Norddeutschland basiert die Mast ebenfalls auf Maissilage, darüber hinaus auf Grassilage, Rübenblattsilage und Weidegras.

Man kann demnach heute noch davon ausgehen, daß der Futterbau die Grundlage der Viehhaltung im landwirtschaftlichen Betrieb ist, soweit es sich um Wiederkäuer handelt. Allerdings werden in der Jungrindermast und in der intensiven Milchviehhaltung zunehmend Anteile des Grundfutters durch Kraftfutter ersetzt. Der Kraftfuttereinsatz ist andererseits bei sinnvoller Verwendung betriebswirtschaftlich gerechtfertigt; außerdem dient er dazu, die Viehbestände auf zu knapper Nutzfläche aufzustocken und so der Familie ein ausreichendes Einkommen zu sichern.

1.6.2.2 Produktionsverfahren in der Grünlandwirtschaft

Der sommerliche Weidegang ist besonders in **Nord- und Westdeutschland** verbreitet. Weiden und Mähweiden nehmen in diesen Regionen 65 bis 75% der Grünlandfläche in Anspruch. Es ist anzunehmen, daß je nach Betriebsgröße alle

Intensitätsstufen der Weidewirtschaft von der intensiven Portionsweide bis hin zur extensiven Standweide praktiziert werden. Wie weit die intensive Standweide auch von kleineren Grünlandbetrieben übernommen wird, ist noch nicht zu übersehen.

Der Wiesenanteil liegt in **Norddeutschland** und in Nordrhein-Westfalen bei 25 bis 35 % der Grünlandfläche. Häufig handelt es sich um Flächen, die aus irgendeinem Grunde nicht beweidet werden können. Die wichtigste Konservierungsform von Grünlandprodukten ist die Silagebereitung. Soweit Heu gewonnen wird, überwiegt Bodentrocknung. Unterdachtrocknung und Heißlufttrocknung spielen nicht die Rolle wie in Süddeutschland.

In **Süddeutschland** werden laut Statistik nur 15 bis 18 % des Grünlandes als Weiden und Mähweiden genutzt und über 80 % als Schnittwiesen. Wahrscheinlich liegt aber der Weide- und Mähweideanteil etwas höher, weil die mit dem E-Zaun beweideten Flächen nicht genau zuteilbar sind und deswegen häufig als Wiesen erfaßt werden. Soweit Weidewirtschaft betrieben wird, überwiegt in den Grünlandregionen des Voralpengebietes und der Mittelgebirge die intensive Umtriebs- und Portionsweide. Die intensive Standweide hat in der Praxis noch keine Bedeutung erlangt; sie befindet sich im Versuchsstadium. Klima, Topographie, Zusammensetzung der Pflanzenbestände und Betriebsgrößen unterscheiden sich von denen der Länder und Gebiete mit maritimem Klima, in denen die intensive Standweide entwickelt und erprobt wurde.

In der Futterkonservierung nimmt die Silagebereitung auch in Süddeutschland zu. Um 1980 dominierte aber noch die Heugewinnung, z. B. in Bayern mit etwa 60 % der gesamten Winterfutterernte ohne Silomais. Die Heißlufttrocknung ist regional von großer Bedeutung; bezogen auf ganz Bayern macht das getrocknete Grünfutter aber nur etwa 1,5 % der konservierten Rauhfuttermenge aus.

In **Baden Württemberg** ist der Heuanteil am Winterfutter wahrscheinlich etwas größer als in Bayern, wenigstens der Anteil, der unter Dach getrocknet wird. Heubelüftungsanlagen hatten nach der letzten Statistik in Baden-Württemberg 26,4 % der Rindviehhalter, in Bayern nur 12,5 %. Der Anteil der Betriebe mit Siloanlagen betrug 41,9 bzw. 54,0 %.

In den Ländern **Hessen, Rheinland-Pfalz** und **Saarland** liegt der Weide- und Mähweideanteil bei 48, 52 bzw. 42,5 % der Dauergrünlandfläche. In der Futterkonservierung herrscht die Gewinnung von Silage und Bodenheu vor. Im Anteil der Betriebe mit Silo- und Heubelüftungsanlagen liegen diese Länder unter dem Bundesdurchschnitt (Tab. 42).

In Tab. 43 ist ein Beispiel für die proportionalen Spezialkosten und Faktoransprüche verschiedener Verfahren der Futtergewinnung auf dem Grünland aufgeführt. Unter „Standweide" ist hier die extensive Form angesprochen. Die neuerdings

Tab. 42 Regionale Verteilung der Silobetriebe und der Betriebe mit Unterdachtrocknung in der Bundesrepublik Deutschland

Land	Silobetriebe % der Rindviehhalter	Silobetriebe Hochsilos %	Betriebe mit UD-Trocknung % der Rindviehhalter
Schleswig-Holstein und Hamburg	25,3	31	10,2
Niedersachsen und Bremen	21,5	22	8,0
Nordrhein-Westfalen	33,0	46	12,6
Hessen	35,4	77	7,3
Rheinland-Pfalz	19,3	71	11,6
Baden-Württemberg	41,9	78	26,4
Bayern	54,0	84	12,5
Saarland	13,9	57	4,2
Bundesrepublik ohne Berlin	38,4	69	13,2

Quelle: Statistisches Bundesamt, Wiesbaden, Heft 9, 1975

Tab. 43. Proportionale nicht marktfähige Leistungen, proportionale Spezialkosten und Faktoransprüche verschiedener Verfahren der Futterproduktion auf Grünland (STEINHAUSER 1984)

Bezeichnung	Einheit	Standweide[1]	Umtriebsweide[2]	Portionsweide[2]	Wiese Anwelksilage	Wiese-Heu Bodentrocknung
Proportionale nicht marktfähige Leistungen						
Bruttoertrag	kStE/ha	3200	6000	6600	4000	3800
	GJ NEL/ha	32,6	61,2	67,3	42,0	44,6
Verluste	%	40	30	20	25	40
Nettoertrag	kStE/ha	1920	4200	5280	3000	2280
	GJ NEL/ha	19,6	42,8	53,8	31,5	26,8
Proportionale Spezialkosten[3]	DM/ha	198	640	891	812	765
	DM/Netto					
	– kStE	0,10	0,15	0,17	0,27	0,34
	– 10 MJ NEL	0,10	0,15	0,17	0,26	0,29
Prop. Spezialkosten incl. Nutzungskosten[4]	DM/Netto					
	– kStE	0,31	0,25	0,24	0,40	0,51
	– 10 MJ NEL	0,30	0,24	0,24	0,38	0,44
Faktoransprüche						
Arbeit	AKh/ha	18	50	59	22	24

[1] Nutzung als Jungviehweide, Standweide alter Art
[2] Nutzung als Milchviehweide, reine Weidenutzung
[3] Handelsdünger, Maschinen und Zugkraft, Weidezaun, Silounterhalt (bei Anwelksilage), Zinsanspruch, Umlaufvermögen (bei Silage u. Bodenheu)
[4] 400,– DM Pacht/ha

Berechnungsgrundlage: KTBL, Datensammlung für die Betriebsplanung in der Landwirtschaft, 1983.
KTBL-Taschenbuch Landwirtschaft, 1982.

empfohlene intensive Standweide würde wahrscheinlich geringere Verluste, höhere Nettoerträge, höhere Aufwendungen für Düngung und Schnittnutzung und damit ähnliche proportionale Spezialkosten pro Netto-kStE aufweisen wie die Umtriebsweide. Der Arbeitszeitbedarf der intensiven Standweide wird mit Sicherheit höher liegen als die in Tab. 43 angegebenen Werte für Standweide (18 AKh/ha), weil alle drei bis vier Wochen Stickstoff gedüngt werden muß. Außerdem sind im Frühjahr neben den Pflegearbeiten die Mähflächen mit E-Zaun abzugrenzen und die Konservierungsschnitte vorzunehmen. WEISS (1978) kam auf eine Differenz von 10 AKh/ha zwischen intensiver Standweide und Umtriebsweide. Der Vorteil der Intensiv-Standweide ergab sich aus folgenden Faktoren:

- kein Nachmähen
- größere Flächenleistungen bei der Düngung und Winterfuttergewinnung, weil feste Innenzäune fehlen
- nur $^1/_{10}$ des Aufwandes der Umtriebsweide für Zaunarbeiten.

1.6.2.3 Produktionsverfahren im Ackerfutterbau

Die wichtigsten Futterpflanzen unter den Verhältnissen der Bundesrepublik Deutschland sind entsprechend ihrem Anteil an der Ackerfutterfläche Grün- und Silomais, Futterrüben, Klee- und Luzernegras, reines Feldgras und reine Luzerne. In Bayern lautet die Reihenfolge ähnlich, lediglich die Futterrüben rücken an die dritte und das reine Gras an die fünfte Stelle. Ertrags- und Qualitätsvergleiche wurden im Kap. 1.4 durchgeführt. Hier soll nur noch auf die Kosten der einzelnen Verfahren eingegangen werden.

Tab. 44. Grenzkosten der Erzeugung je kStE bei Ausdehnung der Futtergrundlage über verschiedene Ackerfuttergewinnungsverfahren bei Eigenmechanisierung (REISCH u. ZEDDIES 1983)

Bezeichnung	Einheit	Silo-mais	Runkel-rüben	Kleegras	Zwischenfrüchte Sommer-raps-silage	Klee-gras-silage	Zucker-rüben-blatt-silage
Proportionale Spezialkosten	DM/ha	1573	2074	1080	586	486	118
Nutzungskosten Boden	DM/ha	700[1]	700[1]	700[1]	–	–	–
weitere Nutzungskosten	DM/ha	–	–	–	(120)[2]	(120)[2]	282[3]
Grenzkosten ohne Nutzungskosten für Arbeit	DM/ha	2273	2774	1780	586 (706)	486 (606)	400
Nettoertrag	kStE/ha	6600	7000	4000	1800	1500	2200
Grenzkosten ohne Nutzungskosten für Arbeit	DM/kStE	0,34	0,40	0,45	0,33 (0,39)	0,32 (0,40)	0,18
Zusätzlicher AKh-Bedarf in HE[4]	AKh/ha	16	31	–	9	9	11
Grenzkosten bei 12 DM/AKh Nutzungskosten	DM/kStE	0,37	0,45	0,45	0,39 (0,45)	0,40 (0,48)	0,24

[1] Verdrängte Frucht ist Sommergerste oder Hafer
[2] Wenn Sommerweizen statt Winterweizen = 120,– DM Minderertrag/ha
[3] Pflanzenverfügbarer Düngerwert; besteht die Alternative des Rübenblattverkaufs zu einem höheren Wert, dann ist dieser maßgeblich
[4] Im Vergleich zur verdrängten Frucht in der Hackfruchternte (HE)

Die Kalkulation von REISCH und ZEDDIES (1983) in Tab. 44 läßt erkennen, daß die Kosten der Produktion unter verschiedenen Voraussetzungen gesehen werden können. Je nachdem ob Nutzungskosten für Boden und Arbeit (zusätzliche AKh) oder Beeinträchtigung der Nachfruchterträge angesetzt werden müssen, ergeben sich bei gleichen Nettoerträgen unterschiedliche Grenzkosten je ha bzw. je Nährstoffeinheit.

Tab. 45 ist nach Unterlagen von STEINHAUSER (1984) zusammengestellt. Hier wird angenommen, daß die Runkelrüben ohne Blatt dem Silomais unterlegen sind, während von der Kleegrassilage ein relativ hoher Nährstoffertrag erwartet wird. Die proportionalen Spezialkosten sind in ähnlicher Höhe, die Nutzungskosten für die Fläche jedoch wesentlich höher angesetzt als von REISCH und ZEDDIES (1983), die davon ausgehen, daß nur Sommergerste und Hafer durch Silomais, Runkelrüben und Kleegras verdrängt werden. Aufgrund der höheren Nutzungskosten und der z. T. geringeren Ertragsannahmen (Runkelrüben, Sommerraps) kommt STEINHAUSER (1984) zu erheblich höheren Kosten je kStE als REISCH und ZEDDIES (1983).

1.6.2.4 Nutzung der Futterflächen durch verschiedene Formen der Viehhaltung

Der Anteil der tierischen Produktion an der gesamten Nahrungsmittelproduktion von 69,5 Mill. t Getreideeinheiten (GE) betrug 1980/81 nach REISCH und ZEDDIES (1983) in der Bundesrepublik Deutschland 80,4 %. Zur gleichen Zeit brachte die tierische Produktion 70,8 % der Verkaufserlöse der deutschen Landwirtschaft von 52,1 Mrd. DM. Die Verkaufserlöse der Tierproduktion entstammten zu 36,5 % aus der Milchviehhaltung, zu über 26 % aus der Produktion von Rindern und Kälbern und damit zu 63 % aus der Rindviehhaltung. Etwa 70 % der gesamten Nutzfläche und 75 % des Arbeits- und Kapitaleinsatzes (ohne Bewertung des Bodens) dienen der Viehhaltung insgesamt.

Wiederkäuer mit ihren verschiedenen Nutzungsrichtungen sind in der Lage, Grünfutter,

Tab. 45. Proportionale nichtmarktfähige Leistungen, proportionale Spezialkosten und Faktoransprüche je ha (STEINHAUSER 1984)

Bezeichnung	Einheit	Silomais	Runkelrüben	Kleegrassilage	Sommerrapssilage	Zuckerrübenblattsilage
Proportionale nichtmarktfähige Leistungen						
Bruttoertrag	kStE/ha	8100	6930	6300	1300/2600	3970
	GJ NEL/ha	84,2	75,6	67,6	13,3/26,6	40,5
Verluste	%	15	15	25	35	35
Nettoertrag	kStE/ha	6885	5890	4725	845/1690	2580
	GJ NEL/ha	71,5	64,3	50,7	8,6/17,3	26,3
Proportionale	DM/ha	1768	1985	1202	377/517	145
Spezialkosten	DM/Netto-kStE	0,26	0,34	0,25	0,45/0,31	0,06
	– 10 MJ NEL	0,25	0,30	0,24	0,44/0,30	0,06
Nutzungskosten						
Fläche	DM/ha	1300	1300	1300	–	–
Düngerwert	DM/ha	–	–	–	100/200	319
Prop. Spezialkosten incl. Nutzungskosten	DM/Netto-kStE	0,45	0,55	0,53	0,56/0,42	0,18
	– 10 MJ NEL	0,43	0,51	0,49	0,55/0,41	0,18
Faktoransprüche						
Arbeit	AKh/ha	15	66	29	7/8	17

Berechnungsgrundlage: KTBL, Datensammlung für die Betriebsplanung in der Landwirtschaft, 1983.
KTBL-Taschenbuch Landwirtschaft, 1982.

Heu und Silage vom Dauergrünland und die nicht marktfähigen Produkte des Ackerbaues zu verwerten. Soweit die Wiederkäuer auf dieses Halm- und Saftfutter angewiesen sind, haben wir es mit einer flächenabhängigen Nutzviehhaltung zu tun. Im folgenden sollen die einzelnen Viehhaltungszweige charakterisiert und ihre Leistungen miteinander verglichen werden.

1.6.2.4.1 Milchviehhaltung

Die Milchviehhaltung ist die Nutzungsform, die unter den derzeitigen Preis-Kosten-Verhältnissen einen hohen Deckungsbeitrag und eine hohe Faktorverwertung aufweist. Aus diesem Grunde ist die Milchviehhaltung der bevorzugte Viehhaltungszweig für mittelbäuerliche Familienbetriebe mit knapper Flächenausstattung und reichlichem Arbeitskräftebesatz. Durch den Übergang zu arbeitssparenden Stallsystemen hat sich der Deckungsbeitrag pro Arbeitskraftstunde in den letzten Jahren deutlich verbessert. JUNGEHÜLSING (1979) errechnete, daß im Jahre 1965 in alten Stallungen und mit Kühen mittlerer Leistung pro Arbeitskraftstunde 15 kg Milch ermolken wurden, 1979 mit Hochleistungskühen und modernen Stallsystemen 120 bis 180 kg Milch/AKh. Neben einem relativ hohen Arbeitszeitbedarf sind in der Milchviehhaltung betriebliche Investitionen erforderlich, wodurch die relative Wettbewerbskraft dieses Produktionszweiges stark beeinträchtigt wird. Unter Voraussetzung vorhandener Stallgebäude ist in Tab. 46 die Entwicklung der proportionalen Spezialkosten sowie der Deckungsbeiträge von 1960/61 bis 1980/81 nach REISCH und ZEDDIES (1983) aufgeführt. Insgesamt ist zu berücksichtigen, daß in der Milchviehhaltung viele termingebundene Arbeiten anfallen, die einerseits Spezialkenntnisse erfordern und andererseits großer Sorgfalt bedürfen.

Die Differenz in der Milchleistung pro Kuh von 800 kg ergibt sich aus der durchschnittlichen jährlichen Steigerungsrate von 40 kg Milch in diesem Zeitraum. Aufgrund der Preis-Kosten-Entwick-

Tab. 46. Vergleich der Kennzahlen der Milcherzeugung für die Wirtschaftsjahre 1960/61 und 1980/81 (REISCH u. ZEDDIES 1983)

Angaben pro Einheit Milchkuh	Milcherzeugung mit Weidegang, Durchhaltebetrieb, 5jähriger Umtrieb, Laufstall mit Melkstand, 30 bzw. 40 Tiere	
	Daten von 1960/61	Daten von 1980/81
Milch	1428 DM (4200 kg à 0,34 DM)	3000 DM (5000 kg à 0,60 DM)
Kälber	135 DM (0,9 St. à 150 DM)	360 DM (0,9 St. à 400 DM)
Schlachtvieh	216 DM (120 kg à 1,80 DM)	408 DM (120 kg à 3,40 DM)
Marktleistung	1779 DM	3768 DM
Kraftfutter	380 DM	682 DM
Bestandsergänzung	320 DM (1600 DM : 5)	560 DM (2800 DM : 5)
Geräte, Maschinen, Wasser, Energie	40 DM	148 DM
Tierarzt, Deckgeld, Milchkontrolle	70 DM	134 DM
Versicherung, Zinsansatz	108 DM	274 DM
Prop. Spezialkosten, Familienbetrieb	918 DM	1798 DM
Melkerlohn	360 DM	650 DM
Prop. Spezialkosten, Lohnarbeitsbetrieb	1278 DM	2448 DM
Deckungsbeitrag:		
Familienbetrieb	861 DM	1970 DM
Lohnarbeitsbetrieb	501 DM	1320 DM
Faktoransprüche:		
Wirtschaftsfutter	2050 kStE bzw. 20775 MJ NEL	2100 kStE bzw. 21324 MJ NEL
Arbeit	95 AKh	60 AKh
Faktorverwertung:		
Wirtsch.-Futter:		
Familienbetrieb	0,42 DM/kStE bzw. 0,41 DM je 10 MJ NEL	0,94 DM/kStE bzw. 0,92 DM je 10 MJ NEL
Lohnarbeitsbetrieb	0,24 DM/kStE bzw. 0,24 DM je 10 MJ NEL	0,63 DM/kStE bzw. 0,62 DM je 10 MJ NEL
Arbeit	9 DM/AKh	33 DM/AKh

lung haben sich die Deckungsbeiträge deutlich verbessert. Das gilt auch für den Lohnarbeitsbetrieb, wobei angenommen wurde, daß 40 Kühe 1980/81 mit Nachzucht versorgt werden konnten im Vergleich zu 30 Kühen im Wirtschaftsjahr 1960/61. Allerdings sind Lohnkosten niedrig angesetzt, ebenso die Kuhzahl pro Melker.

Tab. 47gibt eine Berechnung von STEINHAUSER (1984) wieder. Sie zeigt einen Anstieg der Deckungsbeiträge je Kuh von 332 bzw. 294 DM und je ha von 511 bzw. 452 DM bei einer Steigerung der Jahresmilchleistung von 4000 auf 5000 bzw. 5000 auf 6000 kg, jeweils ohne Nachzucht. Zum gleichen Zeitpunkt wurden für eine Milchviehhaltung mit selbstergänzender Nachzucht und 4000 kg Milch/Jahr ebenso hohe Deckungsbeiträge/Kuh wie für eine Leistung von 5000 kg ohne Nachzucht, aber geringere je ha Grünland als für eine Leistung von 4000 kg Milch ohne Nachzucht errechnet.

Flächenknappe Betriebe mit gutem Grünland sollten demnach auf Nachzucht verzichten und hohe Leistungen pro Kuh anstreben. Gut mit Fläche ausgestattete Betriebe oder Betriebe mit teils gutem und teils schlechtem Grünland können mit hohen Milchleistungen und eigener Nachzucht ebenfalls zu sehr guten Erfolgen kommen.

1.6.2.4.2 Jungviehaufzucht

In den meisten Milchviehbetrieben wird wenigstens der Eigenbedarf an weiblichen Tieren zur Bestandsergänzung nachgezogen. Selbst wenn daraus niedrigere Deckungsbeiträge/ha Grünland als bei Zukauf hochtragender Färsen resultieren, sind die rechnerisch nicht erfaßbaren Vorteile doch sehr groß. Man kann die besten Tiere auswählen, es werden keine Krankheiten eingeschleppt, die Aufzucht wird nebenbei miterledigt, schlechteres Futter kann verwertet werden, das Risiko ist geringer.

Die spezialisierte Färsenaufzucht als eigene Nutzungsform ist zwar mit weniger Arbeit verbunden als die Milchviehhaltung, bringt aber niedrige Deckungsbeiträge pro Tier und pro ha, so daß große Flächen und entsprechende Tierzahlen gebraucht werden, um ein ausreichendes Einkommen zu erreichen. Demzufolge hat diese Nutzungsform einen hohen Kapital- und Futterbedarf. Außerdem ist der Arbeitsaufwand mit

Tab. 47. Deckungsbeiträge, Faktoransprüche und Faktorverwertung in der Milchkuhhaltung ohne Nachzucht bei einer Jahresleistung von 4000, 5000 und 6000 kg Milch (Grünlandbetrieb, vorhandene Gebäude, Fam.-AK (Steinhauser 1984)

Bezeichnung	Milchleistung kg/Kuh und Jahr		
	4000	5000	6000
Proportionale Marktleistung			
Milch (0,69 DM/kg loco-hof)	2760	3450	4140
Kälber (0,95 Stück)[1]	611	635	664
insgesamt	3371	4085	4804
Proportionale Spezialkosten			
leistungsunabhängig	858	863	868
davon Wirtschaftsfutter			
Sommer 1372 10 MJ; 0,17 DM/10 MJ NEL	233	233	233
Winter 1194 10 MJ; 0,27 DM/10 MJ NEL	322	322	322
leistungsabhängig	665	942	1462
davon Kraftfutter (4,4/8,8/13,2 dt; 57 DM/dt)	251	502	752
insgesamt	1523	1905	2330
Deckungsbeitrag	1848	2180	2474
Faktoransprüche			
Grünland (ha/Kuh)	0,65	0,65	0,65
Arbeit (AKh/Kuh)[2]			
Tierbetreuung	65	67	69
Wirtschaftsfuttergewinnung	26	26	26
Siloraum (m^3/Kuh)	10	10	10
Faktorlieferung Flüssigmist (m^3/Kuh)	20	20	20
Faktorverwertung (Grünland in DM/ha)	2843	3354	3806

[1] 776 DM je männl. Kalb, 510/560/620 DM je weibl Nutz- bzw. Zuchtkalb
[2] 20 Kühe, Anbindestall, Absaugmelkanlage, Gitterrost
Berechnungsgrundlage: KTBL, Datensammlung für die Betriebsplanung in der Landwirtschaft, 1983

Tab. 48. Beispiel für die Weidemast mit Bullenkälbern aus der Herbstkalbung. Mittlere tägliche Zunahmen und mittlerer Futterbedarf eines Mastbullen

Gewichts-abschnitt (kg)	Haltung	Tage	tägl. Zunahme (g)	Kraftfutter (kg/Tag)	Anwelksilage (35% TS) (kg/Tag)	oder Heu (kg/Tag)	Weide (ha)
125–180	Stall	75	730	2,0	6,0	2,5	
180–305	Weide	180	700				0,2–0,4
305–380	Stall	165	450		22,0	8,5	
380–525	Weide	160	900				0,3–0,6

Gesamtbedarf: Anwelksilage 41 dt; oder Heu 16 dt; Kraftfutter 1,5 dt
Mastdauer: 19 Monate + 4 Monate Aufzucht

dem Ankauf der Kälber, der Aufzucht, der Tierbetreuung einschließlich Trächtigkeitskontrolle und der Winterfuttergewinnung sehr hoch, so daß trotz ausreichender Fläche und großer Tierbestände das Einkommen pro AKh vergleichsweise gering bleibt.

1.6.2.4.3 Jungbullenmast

Die Mast von Jungbullen ist auf der Basis von Silomais, Grassilage und Rübenblattsilage oder als Weidemast möglich. Hier soll nur auf die Weidemast eingegangen werden. Sie bringt verhältnismäßig hohe Deckungsbeiträge pro ha. Wegen des geringen Arbeitsbedarfs ist der Deckungsbeitrag pro AKh höher als bei den anderen Formen der Grünlandnutzung mit Ausnahme der Milchviehhaltung (vgl. Tab. 51). Der Grundfutter- und Kapitalbedarf sind niedriger als bei der Milchviehhaltung und der Färsenaufzucht. Wegen der besonderen Ansprüche der Weidebullen an die Futterqualität, die Witterungsverhältnisse, die Einzäunung und die Betriebsgröße hat sich diese Nutzungsform in der Bundesrepublik Deutschland nur im norddeutschen Küstengebiet in nennenswertem Umfang durchgesetzt und mit rückläufiger Tendenz gehalten. Aus zwei Tabellen von Daenicke und Rohr (1977) läßt sich der zeitliche Verlauf und die Produktionstechnik der Mast von Herbst- und Frühjahrskälbern ablesen.

Die **Herbstkälber** werden im September bis Dezember geboren (im Tabellenbeispiel Mitte Oktober). Bis zum Gewicht von 125 kg ist eine viermonatige Aufzucht angenommen (Frühentwöhnung). So ergibt sich eine Gesamtmastdauer von 23 Monaten in dieser intensiveren Form der Weidemast von Jungbullen mit Verkauf gegen Mitte September.

Die **Frühjahrskälber** werden in den Monaten Januar bis April geboren, im Beispiel der Tab. 49

Tab. 49. Beispiel für die Weidemast mit Bullenkälbern aus der Frühjahrskalbung. Mittlere tägliche Zunahmen und mittlerer Futterbedarf eines Mastbullen

Gewichts-abschnitt (kg)	Haltung	Tage	mittl. tägl. Zunahme (g)	Kraftfutter (kg/Tag)	Anwelksilage (35% TS) (kg/Tag)	oder Heu (kg/Tag)	Weide (ha)
125–180	Weide	90	600	1,0			0,1–0,2
180–270	Stall	195	450	1,0	12,0	4,5	
270–405	Weide	195	700				0,2–0,5
405–480	Stall	165	450		26,0	10,0	
480–590	Weide	100	1100				0,4–0,7

Gesamtbedarf: Anwelksilage 66 dt; oder Heu 25 dt; Kraftfutter 2,9 dt
Mastdauer: 24,5 Monate + 4 Monate Aufzucht

Anfang März. Anschließend folgt bis Anfang Juli die Aufzucht durch Frühentwöhnung, gefolgt von 90 Tagen Weidegang bis Anfang Oktober. Nach zwei weiteren Stall- bzw. Weideperioden wird in knapp 29 Monaten (28,5), also im August, das Endgewicht erreicht. Dieses Verfahren eignet sich für extensivere Standorte bzw. weniger leistungsfähige (weidelgrasarme) Grasnarben; es ist jedoch im Bedarf an Futter und Stallraum aufwendiger als die Weidemast von Herbstkälbern.

1.6.2.4.4 Färsenmast

Färsen haben eine schlechtere Futterverwertung als Bullen. Außerdem liegen die Verkaufserlöse um 20 bis 30 DPf/kg Lebendgewicht unter denen für Mastbullen. Diese Differenz wird in der Regel durch die niedrigeren Kosten für weibliche Kälber und den geringeren Kraftfutterbedarf der Mastfärsen nicht ausgeglichen. Hinzu kommt, daß Mastfärsen früher die Schlachtreife erreichen und mit einem Mastendgewicht von 430 bis 450 kg verkauft werden. Das hat allerdings den Vorteil, daß die im Januar und Februar geborenen Kälber bereits nach der 2. Weideperiode, also mit etwa 20 bis 21 Monaten geschlachtet werden können.

Während unter den derzeitigen Bedingungen der Deckungsbeitrag pro Weidemastbulle bei 750 DM (pro ha 1650 DM) liegt, erreicht er für eine Mastfärse ohne Vornutzung etwa 350 DM und je ha 750 DM (vgl. Tab. 51). Arbeitswirtschaftlich ist die Färsenmast ohne Vornutzung ein einfaches und wenig aufwendiges Verfahren. Lediglich die Aufzucht erfordert denselben Aufwand und dieselbe Sorgfalt wie die von Bullen. Später sind Färsen nicht nur poblemloser in der Haltung, sondern auch anspruchsloser in der Fütterung. Auch reagieren sie nicht so stark mit unterschiedlicher Gewichtszunahme auf Witterungsextreme und Belästigung durch Insekten. Diese Faktoren in Verbindung mit dem für Bullen weniger geeigneten Weidegras sind sicher mit maßgebend dafür, daß sich die Färsenmast unter süddeutschen Verhältnissen gut bewährt und daß die Versuche mit Weidemast von Bullen bisher keine Erfolge gebracht haben.

Zu Tab. 50 bemerken die Autoren (Daenicke und Rohr 1977), daß nur Herbstkälber nach dem 2. Weidesommer schlachtreif werden. Für Fleckviehkälber gilt das nach unseren Ergebnissen auch noch für Januar-Februar-Kälber, die dann in den Zunahmen sogar höher liegen als in Tab. 50 angegeben. Allerdings wird man auf schlechteren Weiden im 1. Weidesommer auf Kraftfutter (1 bis 1,5 kg/Tier und Tag) nicht verzichten können.

1.6.2.4.5 Färsenmast mit Vornutzung

Dieses Verfahren ist in der Wirtschaftlichkeit etwas besser zu beurteilen als die Färsenmast ohne Vornutzung, hat aber einen höheren Arbeitszeitbedarf als die einfache Färsenmast und die Bullenmast (vgl. Tab. 51). Die Färsen werden je nach Rasse, Typ und Entwicklung mit 13 bis 16 Monaten gedeckt bzw. besamt und kalben dementsprechend mit 22 bis 25 Monaten ab. Die Kälber saugen noch etwa sechs bis acht Wochen an der Mutter und werden dann aufgezogen. Sie können aber auch bald nach der Geburt abgesetzt und gemästet oder frühentwöhnt aufgezogen werden. Je nach Futterzustand werden die vorgenutzten Färsen nach dem Kalben bzw. nach dem Absetzen noch zwei bis drei Monate ausgemästet und dann in einem Alter von 27 bis 30 Monaten geschlachtet. Die Endgewichte dürfen höher sein als bei der einfachen Färsenmast, weil die Färsen

Tab. 50. Beispiel für die Weidemast mit Kuhkälbern aus der Herbstkalbung. Mittlere tägliche Zunahmen und mittlerer Futterbedarf einer Mastfärse

Gewichtsabschnitt (kg)	Haltung	Tage	tägl. Zunahme (g)	Kraftfutter (kg/Tag)	Anwelksilage (35 % TS) (kg/Tag)	oder Heu (kg/Tag)	Weide (ha)
120–160	Stall	60	700	2,5	6,0	2,5	
160–260	Weide	180	550				0,1–0,2
260–315	Stall	165	350		19,0	7,5	
315–425	Weide	150	750				0,2–0,4

Gesamtbedarf: Anwelksilage 35 dt; oder Heu 14 dt; Kraftfutter 1,5 dt
Mastdauer: Einschließlich Aufzucht 22 Monate

während der Trächtigkeit ihren Rahmen ausweiten und bei gleicher Verfettung mehr Fleisch ansetzen können.

Man gewinnt mit diesem Verfahren ein zusätzliches Kalb, ein Vorteil, der besonders ins Gewicht fällt, wenn Kälber knapp und teuer sind. Nachteilig ist für den Arbeitsablauf, daß die Kälber zu verschiedenen Zeiten anfallen und daß man die Bullen verkaufen oder später getrennt halten muß. Damit der Betrieb störungsfrei und verlustarm läuft, ist auf die Auswahl der Deckbullen besonderer Wert zu legen; sie sollten Leichtkalbigkeit und gute Mastleistungen vererben. Der Arbeitsaufwand, der mit der Produktion von einem Kalb aus (erstgebärenden) Färsen verbunden ist, sollte trotzdem nicht unterschätzt werden.

Dieses Verfahren kennt je nach der weiteren Verwendung der Färsen, nach der Dauer der Säugeperiode, nach dem Erstkalbealter und nach der Verwertung des Kalbes verschiedene Varianten, auf die hier nicht weiter eingegangen werden kann.

1.6.2.4.6 Mutterkuhhaltung

In dieser Nutzungsform wird jährlich von einer Kuh bestenfalls ein Kalb aufgezogen und mit einem Gewicht von 250 bis 300 kg abgesetzt. Ob es zur Mast weiterverkauft, geschlachtet oder im eigenen Betrieb ausgemästet wird, hängt von vielen Faktoren ab (Futterfläche, Stallraum, AK-Besatz). Die Mutterkuhhaltung verwertet die Fläche schlecht, die Arbeit noch verhältnismäßig gut. Wir finden sie deswegen überwiegend in Ackerbaubetrieben, die über Nebenfutter und Restgrünland verfügen, das anderweitig nicht genutzt werden kann oder soll. Das Nebenfutter kann aus Zuckerrübenblattsilage, Schlempe und Grassamen- oder Leguminosenstroh bestehen.

Tab. 51 Proportionale Marktleistungen und proportionale Spezialkosten verschiedener Produktionsverfahren der Rinder- und Schafhaltung in DM/Tier/Jahr mit ihren Deckungsbeiträgen (zusammengestellt nach Unterlagen von STEINHAUSER 1984)

Produktionsverfahren	Proportionale Marktleistung (DM)	Proportionale Spezialkosten (DM)	Deckungsbeiträge in DM je Tier (Einheit)	je ha	je AKh
Milchkuh (4000 kg Milch, selbsterg. Nachz.)	3759	1647	2112	2485	20,9
Milchkuh (ohne Nachzucht)					
4000 kg	3371	1523	1848	2843	20,3
5000 kg	4085	1905	2180	3354	23,4
6000 kg	4804	2330	2474	3806	26,0
Weidebullenmast	2200	1424	776	1687	18,1
Färsenmast ohne Vornutzung	1932	1595	337	733	9,2
Färsenmast mit Vornutzung	2455	1720	735	896	11,5
Mutterkuhhaltung	1864	1248	616	677	9,3
Koppelschafhaltung	362	195	167	1518	9,8

Berechnungsgrundlage: KTBL, Datensammlung für die Betriebsplanung in der Landwirtschaft, 1983.
KTBL-Taschenbuch Landwirtschaft, 1982.

Annahmen: Vorhandene Gebäude, Familien-AK, Preise und Kosten 1983/1984.

Preise der Hauptprodukte: Milch 0,69 DM/kg; Bullen (LG) 4,40 DM/kg; Färsen o.V. (LG) 4,20 DM/kg; Färsen m.V. (LG) 3,90 DM/kg; Lammfleisch (LG) 5,50 DM/kg.

Flächenbedarf/Tier (Einheit)/Jahr: Milchkühe mit Nz 0,85 ha, ohne Nz 0,65 ha; Mutterkühe mit Ausmast aller Kälber 0,91 ha; Färsenmast o.V. 0,46 ha, m.V. 0,82 ha; Bullenmast 0,46 ha; Koppelschafe 0,11 ha.

AKh/Tier (Einheit)/Jahr einschließlich Wirtschaftsfuttergewinnung:

Milchkuh (4000 kg mit Nz)	101 Std.	Milchkuh (6000 kg ohne Nz)	95 Std.	Färsen m.V.	63,9 Std.
Milchkuh (4000 kg ohne Nz)	91 Std.	Weidebullen	42,9 Std.	Mutterkühe	66,0 Std.
Milchkuh (5000 kg ohne Nz)	93 Std.	Färsen o.V.	36,5 Std.	Koppelschafe	17,1 Std.

Bestandesgrößen: 20 Milchkühe, 35 Bullen bzw. Färsen, 20 Mutterkühe, 50 Koppelschafe (Produktivität 145)

Im Vollerwerb ist Mutterkuhhaltung nur in sehr großen Betrieben, z. B. mit natürlichem Extensivgrünland möglich. Solche Betriebe sind selten in der Bundesrepublik Deutschland. Meistens läuft die Mutterkuhhaltung in Betrieben mit, die den Haupterwerb aus Intensivkulturen oder flächenunabhängiger Viehhaltung beziehen. Auch Nebenerwerb ist möglich. Dabei ist aber auch zu bedenken, daß eine erfolgreiche Mutterkuhhaltung eine regelmäßige und sorgfältige Betreuung erfordert. In Gebieten mit langen Wintern wird die Rentabilität im Vergleich zu maritimen Klimalagen stark eingeschränkt durch den hohen Arbeitsaufwand für die Winterfuttergewinnung.

In der Mutterkuhhaltung werden entweder Zweinutzungsrinder mit reinen Mastrassen gekreuzt oder es wird die Dreirassenkreuzung angewandt. Das Ziel ist es, aus einer mittelschweren, genügend milchergiebigen und leichtkalbigen Mutterkuh ein großrahmiges Kalb mit hoher Wachstumskapazität und guter Schlachtqualität zu bekommen. In der Dreirassenkreuzung ergibt z. B. die Kreuzung zwischen einem Angusbullen und einer leichtkalbigen Fleckviehkuh in der F_1 die Mutterkuh, die dann mit einem großrahmigen Bullen einer Mastrasse gedeckt wird. Die F_2 liefert dann die Masttiere für den Schlachtviehverkauf.

In der Bundesrepublik Deutschland wird Winterkalbung bevorzugt und eine möglichst lange Nutzungsdauer der Mutterkuh angestrebt. Fünf Jahre sind leicht erreichbar, fünf bis zehn Kälber je Mutterkuh bei der geringen Beanspruchung keine Seltenheit. Die Färsen sollen im Alter von zwei Jahren erstmals abkalben.

Innerhalb der Nutzungsform „Mutterkuhhaltung“ sind verschiedene Produktionsverfahren möglich. Sie unterscheiden sich durch die verwendeten Rassen und Kreuzungssysteme, durch die von der Nutzungsdauer der Mutterkühe abhängige Bestandsergänzung und durch die Verwendung der abgesetzten Bullen- und Färsenkälber. In den Deckungsbeiträgen je Mutterkuh (mit anteiligen Masttieren) und je ha liegt die Mutterkuhhaltung deutlich hinter der Färsenmast mit Vornutzung (vgl. Tab. 51).

1.6.2.4.7 Koppelschafhaltung

Das Interesse an der Schafhaltung hat in den letzten Jahren stark zugenommen. Der Schafbestand erhöhte sich in der Bundesrepublik Deutschland nach einem Tiefstand von 800000 Tieren im Jahr 1965 auf 1,2 Mill. Tiere im Jahr 1982. Zugleich nahm die Zahl der Schafhalter zu. Die durchschnittliche Bestandsgröße betrug 20 Tiere (Reisch und Zeddies 1983).

Der Anteil der Koppelschafe hat sich ebenfalls erhöht, er machte 1982 24% am Gesamt-Schafbestand aus. Unter Koppelschafhaltung versteht man das Halten von Schafen unterschiedlicher Herdengröße auf abgegrenzten Futterflächen ohne ständige Aufsicht. Sie eignet sich für bäuerliche und größere Betriebe, wird aber auch mit Erfolg im Nebenerwerb betrieben, zumal verhältnismäßig wenig termingebundene Arbeiten anfallen.

Für die Zunahme der Koppelschafhaltung sind verschiedene Ursachen zu nennen. Neben der Nutzung von Restgrünland, besonders in Hanglagen, bietet der Ackerbau vielseitige Möglichkeiten zur Verwertung von Abfällen aus dem Getreide-, Hackfrucht-, Leguminosen- und Zwischenfruchtbau durch Schafe. Auch die Verwendung vorhandener Gebäude, die im Vergleich zu Rindern kürzere Winterfutterzeit, die Erzeugung von Lammfleisch und Wolle zum Eigenverbrauch und Liebhaberei können mit Anlaß zur Haltung von Koppelschafen sein. Als geeignete Schafrassen sind Merinolandschafe, schwarzköpfige und weißköpfige Fleischschafe, Texelschafe und Kreuzungen mit anderen Schafrassen zu nennen. Den höchsten Anteil haben Merinolandschafe, in Bayern mit 82,9 und in der Bundesrepublik Deutschland mit 42,8%.

Voraussetzungen sind Spezialkenntnisse und sorgfältige Tierbetreuung, ohne die es mit Sicherheit Enttäuschungen gibt. Außerdem muß ausreichend Futterfläche, ein schafdichter Außenzaun, geeigneter Stallraum und genügend Arbeitskapazität vorhanden sein. Unter diesen Bedingungen wird die Wirtschaftlichkeit günstig beurteilt (vgl. Tab. 51).

1.6.2.4.8 Vergleich der Produktionsverfahren

Anhand der Deckungsbeiträge je Tier (Einheit), je ha und je AKh werden die verschiedenen Verfahren in Tab. 51 miteinander verglichen. Dem Vergleich liegen Kalkulationen von Steinhauser (1984) zugrunde, die hier nicht im einzelnen aufgeführt werden können.

Die Überlegenheit der Milchviehhaltung steht außer Frage. Die Weidebullenmast verwertet Arbeitskraft und Fläche noch recht gut, obgleich hier nur von einer durchschnittlichen Tageszunahme von 710 g und einem Endgewicht von

500 kg bei einer Mastdauer von 21 Monaten ausgegangen wurde. Die größere Wachstumskapazität der Bullen, ohne zu starke vorzeitige Verfettung, läßt sich nur mit Herbstkälbern oder durch Stallendmast von Frühjahrskälbern nach dem zweiten Weidesommer ausschöpfen. Herbstkälber bzw. Stallendmast im Herbst mit Frühjahrskälbern passen nicht gut in Gemischtbetriebe mit intensivem Silomais- und Hackfruchtbau. Außerdem ist für die Stallendmast zusätzlicher Stallraum erforderlich.

In Gemischtbetrieben mit Getreide, Silomais und Zwischenfrüchten oder in reinen Grünlandbetrieben ließe sich die Weidebullenmast mit Herbstkälbern durchaus praktizieren. Sie sollte auf süddeutschem Grünland noch genauer untersucht werden.

Vorerst bleiben für den Grünlandbetrieb als Alternativen zur Milchviehhaltung nur die extensiven Produktionsverfahren übrig.

Bei der Entscheidung für das eine oder andere Verfahren spielen die Flächen-, Gebäude- und Kapitalausstattung eines Betriebes, die verfügbaren Arbeitskräfte und außerlandwirtschaftliche Verdienstmöglichkeiten eine große Rolle. Wenn Ackerbau möglich ist, gibt es meist mehrere Alternativen; herrscht absolutes Dauergrünland vor oder besitzt es eine eindeutige relative Vorzüglichkeit, dann kann der Entscheidungsspielraum sehr eng werden.

So haben Betriebe mit 15 bis 20 ha Grünland keine andere Wahl als intensive Milchviehhaltung mit hohen Leistungen, wenn ein ausreichendes Familieneinkommen erzielt werden soll. Kommt Ackerland in ähnlicher Größenordnung hinzu, dann kann die Milchviehhaltung z. B. durch Jungviehaufzucht und Bullenmast auf Maisbasis ergänzt werden. Ist nur absolutes Dauergrünland vorhanden, das nicht durch Milchvieh genutzt werden soll oder kann, dann sind wesentlich größere Flächen erforderlich, wenn eine Familie ihr Einkommen aus einem extensiven Produktionsverfahren sichern will.

In Tab. 52 sind die Tierzahlen, der Bedarf an Fläche und AKh zusammengestellt, die in den einzelnen Produktionsverfahren für Gesamtdeckungsbeiträge von 35000, 50000 und 60000 DM erforderlich sind. Aus der Aufstellung geht die Sonderstellung der Milchviehhaltung noch eindeutiger hervor. Um einen Gesamtdeckungsbeitrag von 60000 DM zu erzielen, benötigt man in der Milchviehhaltung 16 bis 24 ha, 24 bis 33 Kühe und 2300 bis 3000 Arbeitsstunden = 1,0 bis 1,5 AK. Wenn man die Bullenmast einmal außer acht läßt, braucht man für einen GDB von 60000 DM in den anderen vier Verfahren 40 bis

Tab. 52. Zur Erzielung von verschiedenen Gesamtdeckungsbeiträgen (GDB) erforderlicher Bedarf an Fläche, Tieren und AKh

GDB	35000 DM			50000 DM			60000 DM		
Bedarf	(ha)	(St.)	(AKh)	(ha)	(St.)	(AKh)	(ha)	(St.)	(AKh)
Verfahren									
Milchkühe mit selbstergänzender Nachzucht									
4000 kg Milch/Kuh/Jahr	14	17	1674	20	24	2391	24	28	2869
Milchkühe ohne Nachzucht[1]									
4000 kg Milch/Kuh/Jahr	12	19	1724	18	27	2462	21	32	2954
5000 kg Milch/Kuh/Jahr	10	16	1493	15	23	2133	18	28	2560
6000 kg Milch/Kuh/Jahr	9	14	1344	13	20	1920	16	24	2304
Weidebullen	21	45	1935	30	64	2764	36	77	3317
Färsen ohne Vornutzung	48	104	3791	68	148	5415	82	178	6498
Färsen mit Vornutzung	39	48	3043	56	68	4347	67	82	5216
Mutterkühe	52	57	3750	74	81	5357	89	97	6429
Koppelschafe[2]	23	210	3584	33	299	5120	40	359	6144

[1] Daten für Arbeit ermittelt bei 20 Kühen, Anbindestall und Absauganlage
[2] Produktivität 145, Endgewicht 47 kg, 150 Tage Stallhaltung

90 ha, 80 bis 180 Rinder- bzw. 360 Schafeinheiten und 5000 bis 6500 AKh = 2,5 bis 3 AK.

Nach diesen Zahlen haben die extensiven Verfahren der Grünlandnutzung selbst in größeren Betrieben wenig Chancen, weil kein befriedigendes Einkommen je AKh erzielt werden kann. Die Werte gelten nur unter den hier angenommenen Voraussetzungen. Allerdings wurde eine gute Produktionstechnik unterstellt. Jede weitere Verbesserung der Leistung je Tier und jede Senkung des Aufwandes, besonders für Tierbetreuung und Winterfuttergewinnung, sind geeignet, die Wettbewerbsfähigkeit der extensiven Verfahren zu verbessern.

Am ehesten ist bei den großen Stückzahlen eine Verringerung der AKh/Tier denkbar. Dazu ist wiederum in vielen Fällen Kapital für arbeitswirtschaftlich günstige Stallbauten oder Umbauten oder aber auch für moderne Maschinen erforderlich.

2 Das Dauergrünland (vgl. 1.3.1)

P. Boeker: Kap. 2.4, K. Enigk: Kap. 2.5.6, H. Jacob: Kap. 2.1, 2.2, 2.5.7 bis 2.6.4, W. Opitz von Boberfeld: Kap. 2.5.1, 2.5.3, 2.5.4, G. Voigtländer: Kap. 2.3, 2.5.2, 2.5.5, 2.6.5

2.1 Entstehung in Mitteleuropa, Zustand und Wertschätzung (vgl. 1.3.1)

2.1.1 Herkunft

Als Folge des Baumwuchs begünstigenden Klimas Zentraleuropas konnte sich nach der jüngsten Eiszeit (Würmeiszeit) eine annähernd geschlossene Waldvegetation ausbilden. Die hohe Konkurrenzkraft der hochwüchsigen Baumgewächse unterband überwiegend die Entwicklung weiterer Vegetationsformen. Waldfrei und, soweit es die natürlichen Voraussetzungen erlauben, somit anderen Vegetationsformen zugänglich, blieben lediglich die windreichen Säume der Meeresküste entlang der salzreichen Nordsee, Lagen oberhalb der Baumgrenze, Lawinengänge und Geröllhalden, Hochmoore, manche Zwischen- und Niedermoore. Nur auf solche räumlich sehr begrenzten Bereiche beschränkt entwickelte sich Grünland auch als natürliche Vegetationsform.

Die meisten heutigen Grünlandgesellschaften werden hingegen durch Arten gebildet, die

- dem natürlichen Grünland entstammen
- als Begleitflora der verschiedenen Waldvegetationsformen auftraten
- teilweise wahrscheinlich aus den Wiesensteppen SO-Europas sowie anderen waldfreien Nachbarregionen Zentraleuropas eingewandert sind (vgl. 2.3.1).

Es ist ausschließlich anthropogenen Einflüssen zuzuschreiben, daß sich heimische Grünlandarten, Waldbegleiter und „Zuwanderer" zu einer Vegetationsform zusammenfügten, die an pflanzensoziologischer Vielfalt und räumlicher Ausdehnung das „natürliche Grünland" weit übertrifft. Verantwortlich für diese Entwicklung war die ausgangs der späten Steinzeit einsetzende, zunächst mehr oder weniger zufällige und allmähliche, ab dem Mittelalter aber planmäßige Zurückdrängung des Waldes durch fortgesetzte Waldweidenutzung und Waldrodung. Das heutige Wirtschaftsgrünland verdankt seine Herkunft allerdings nicht mehr ausschließlich diesem Vorgang. Vielfach ist es nach Umwandlung von Ackerland, im Küstenbereich nach Auflandung und Eindeichung aus Selbstberasungen hervorgegangen oder – wie auch im Zuge der Erneuerung bereits vorhandenen Grünlandes – aus gezielten Ansaaten.

Das Grünland Zentraleuropas ist in seiner Mehrheit mithin keine originäre Vegetationsform, sondern vorwiegend Folge einer wie auch immer gearteten Nutzung der mitteleuropäischen Landschaft durch Menschen.

2.1.2 Absolutes Grünland, Wahlgrünland

Dauergrünland

- wird überwiegend durch lang- oder zumindest längerlebige Pflanzenarten gebildet; es unterliegt deshalb keiner jährlichen Bodenbearbeitungs- und Ansaatnotwendigkeit
- ist durch eine Vielzahl von Arten und Artenkombinationen gekennzeichnet, die sich in Entwicklungsverhalten und Standortansprüchen mehr oder weniger deutlich unterscheiden.

Als Vegetationsform hat „Grünland" deshalb eine große ökologische Streubreite. Jeweils „standortgemäße" Arten fügen sich zu standort- bzw. umwelttypischen Artenkombinationen („Pflanzengemeinschaften") zusammen (vgl. 2.3), Umweltänderungen werden durch Wandel bestehender Artenkombinationen stets nachvollzogen. Die Vegetationsform bringt sich auf diese Weise in ihrer botanischen Zusammensetzung immer wieder in Übereinstimmung zur Umwelt. Diese hohe Elastizität versetzt sie zugleich in die Lage, bis an die ökologischen Grenzen der Existenz höherer Pflanzen vorzudringen. Mit Blick darauf, daß die auf Grünland oberirdisch heranwachsende Biomasse Futtergrundlage für bestimmte Formen der Nutztierhaltung ist, erlaubt das mithin landwirtschaftliche Bodennutzung auch noch unter Standortbedingungen, die Ackerbau erschweren, mit hohem Risiko verbinden oder bereits ganz ausschließen.

Grünland, zu dem standortbedingt keine Alternative einer landwirtschaftlichen Bodennutzung gegeben oder das unter bestimmten Standortvoraussetzungen in Ertragsleistung sowie Ertragssicherheit Ackerkulturen und Feldfutterbau überlegen ist, wird als **absolutes Grünland** bezeichnet.

Die wichtigsten Bestimmungsgründe für absolutes Grünland unter mitteleuropäischen Verhältnissen faßt Tab. 53 zusammen.

Das landwirtschaftlich genutzte Grünland (Wirtschaftsgrünland) in der Bundesrepublik Deutschland ist mehrheitlich absolutes Grünland. Verteilung und Verbreitung werden überwiegend, wenn auch nicht ausschließlich von den Aussichten ackerbaulicher Bodennutzung bestimmt. Sie sind nicht zwingend gleichbedeutend mit Standortgunst für produktiven Grünlandfutterbau. Vielmehr findet sich Wirtschaftsgrünland hierzulande sehr häufig sogar unter pflanzenbaulich ungünstigen Standortbedingungen. Natürlicherweise wirken solche Verhältnisse zumeist ertragsbegrenzend, was nicht selten mit „Leistungsschwäche" der Kulturart verwechselt wird.

Unter bestimmten Voraussetzungen wird Grünlandfutterbau auch in ackerfähigen bzw. ackerwürdigen Lagen betrieben. Grünland an Standorten, die gute ackerbauliche Ertragsleistungen zu erbringen in der Lage wären oder zumindest durch Meliorationen ackerfähig werden können, wird als **Wahlgrünland** bezeichnet.

Bestimmungsgründe für Wahlgrünland sind:

- standörtliche günstige Aufzucht- und Absatzbedingungen für Zuchttiere, günstige Erzeugungs- und Absatzbedingungen für Produkte insbesondere aus der Wiederkäuerhaltung
- günstige Bewässerungsmöglichkeiten
- ungünstige agrarstrukturelle Voraussetzungen wie Flurzersplitterung bzw. weiträumige Streulage.

In der Bundesrepublik Deutschland findet sich Wahlgrünland vornehmlich in bestimmten Lagen der nord- und nordwestdeutschen Niederungen sowie des Allgäues. Es wird oft als Weidegrünland genutzt. Soweit durch Flurlage und agrarstrukturelle Verhältnisse nicht verhindert, unterliegt es zumeist intensiver Bewirtschaftung.

2.1.3 Zustand des Wirtschaftsgrünlandes

Der Pflanzenertrag des deutschen Wirtschaftsgrünlandes hat seit Jahrzehnten im statistischen Mittel überwiegend steigende Tendenz, bleibt aber noch immer hinter dem Ertragsniveau der Ackergrünfutterleguminosen zurück (Tab. 54). Massenertragsangaben für Grünlandfutter kommt jedoch nur begrenzter Aussagewert zu. Sie geben lediglich Auskunft über geerntete Pflanzensubstanz, erlauben aber keine Aussage über die je Futtereinheit erzielbare tierische Nutzleistung. Diese wird vielmehr von den qualitativen Eigenschaften des Futters bestimmt (vgl. 1.2). Die Qualitätseigenschaften des Grünlandfutters sind jedoch sehr uneinheitlich und deshalb für die Gesamtheit der statistisch erfaßten Massenerträge verschiedenster Herkunft nicht zu umschreiben. Die effektive Nutzleistung des deut-

Tab. 53. Bestimmungsgründe für absolutes Grünland

Grünlandnutzung auslösender Faktor	Bestimmungsgrund für Grünland
Hangneigung, Flachgründigkeit, Steinbesatz	erschwerte oder ausgeschlossene Bodenbearbeitung; notwendiger Erosionsschutz mit zunehmender Hangneigung
ungünstige Klimaverhältnisse, Bodenart	Erschwernis des Ackerbaues durch hohe Niederschläge, kurze Vegetationsperiode, Kaltluftbildung u. Frostgefährdung während der Vegetationsperiode, Bodenbearbeitung erschwerende Bindigkeit des Bodens
ungünstiger Bodenwasserhaushalt, Überflutungsgefährdung	Ackerbau erschwerende oder ausschließende Staunässe, Vernässung als Folge fehlender oder nicht erreichbarer Entwässerung, standortbedingte periodische oder ständige Trockenheit, Ackerbau ausschließende Überflutungsgefahr

Tab. 54. Entwicklung der Erträge des Wirtschaftsgrünlandes im Vergleich zum Klee- und Luzerneanbau jeweils in dt/ha Heuwert

	Heuwert dt/ha Dauerwiesen u. Mähweiden	Klee u. Luzerne
1935/38	48,2	67,2
1957/61	57,6	71,8
1962/66	59,9	71,4
1967/71	67,7	79,0
1972/76	67,2	76,1
1977/81	75,4	82,9

Quelle: Stat. Jahrbuch über Ernährung, Landwirtschaft und Forsten der Bundesrepublik Deutschland 1974f.

schen Wirtschaftsgrünlandes in der Wiederkäuerernährung ist daher pauschal nicht zu definieren, sondern bestenfalls dessen Leistungspotential anhand einzelner Stichproben abschätzbar.

Die hohe Variabilität der Werteigenschaften von Grünlandfutter und die sich daraus herleitenden Folgen für den tierischen Nutzertrag verdeutlicht beispielhaft Abb. 8 für einige Heuarten. Dargestellt sind Unterschiede in der Verdaulichkeit der organischen Substanz. Letztere erlaubt auf Grund ihrer Beziehungen zum Gehalt verdaulicher Nährstoffe Rückschlüsse auf die je Futtereinheit erzielbare tierische Nutzleistung (Näheres hierzu bei KIRCHGESSNER 1978). Im Beispielfall differieren die Verdauungsquotienten je nach Heu-

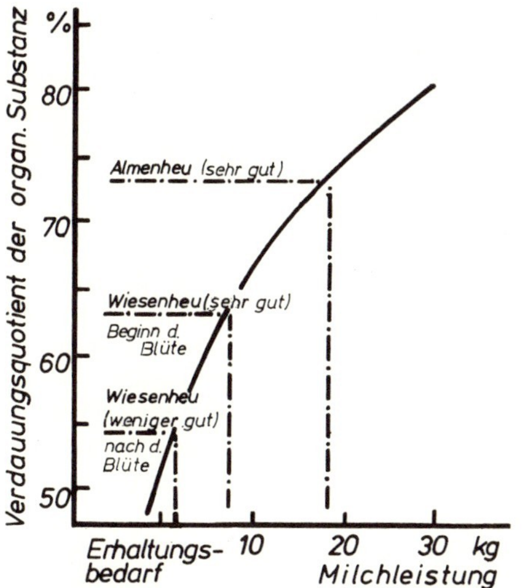

Abb. 8. Milchleistung bei Verfütterung verschiedener Arten von Wiesenheu (nach KIRCHGESSNER, Tierernährung 1978).

art zwischen ca. 54 und 72. Bei gewichtsmäßig vergleichbarer Heuaufnahme werden auf dieser Grundlage somit ganz verschiedene Nährstoffmengen zugeführt. Maximalen Verzehr unterstellt, würden dabei im vorliegenden Fall bei Kühen Milchleistungen erzielbar sein, die je nach verwendeter Heuart etwa zwischen 2 und 18 kg (zuzüglich zum Erhaltungsbedarf) differieren. Die an diesem Beispiel zum Ausdruck kommende Variabilität eines maßgeblichen Futterwertmerkmales berührt die Wirtschaftlichkeit des Grünlandfutterbaues in außerordentlicher Weise.

Die Ursachen der Futterwertvariabilität, aber auch der vergleichsweise eingeschränkten Massenleistung sind nicht kulturartspezifisch. Vielmehr sind im wesentlichen verantwortlich:

1. Den Erfordernissen der Leistungsfütterung, vornehmlich der Ernährung der Milchkuh nicht (mehr) angepaßte Nutzungsformen. Ein herausragendes Hindernis wirtschaftlicher Verwertung des Grünlandfutters ist der hohe Anteil von Zwei-Schnittwiesen am deutschen Wirtschaftsgrünland. Im Nettoertrag sind sie intensiveren Nutzungsformen (Weide, Vielschnitt) unterlegen.
2. Nutzungsverspätungen, gleichbedeutend mit Minderung vor allem der Konzentration verdaulicher Nährstoffe, des Carotingehaltes, auf nährstoffärmeren Böden aber auch der Mineralstoffgehalte.
3. Trockenmasse-, Nährstoff- und Verdaulichkeitsverluste bei der Futterkonservierung als Folge mangelnder Sorgfalt bei Werbung und Konservierung sowie unzulänglicher Konservierungsverfahren.
4. Unbefriedigende botanische Zusammensetzung der Pflanzenbestände, ursprünglich vorwiegend standortbedingt, zunehmend auch Folge von Bewirtschaftungs- und Nutzungsmaßnahmen.
5. Bewirtschaftungsmängel, wie unzulängliche oder fehlerhafte Versorgung des Grünlandes mit mineralischen oder wirtschaftseigenen Düngestoffen, Narbenschäden durch Befahren bei zu hoher Bodenfeuchte mit schwerem Gerät und oft ungeeigneter Bereifung der Antriebsmaschinen sowie durch falsch eingestellte Werbegeräte, insbesondere zu tiefe Mahd und ungeeignete Narbenpflegemaßnahmen.
6. Pflanzenbaulich ungünstig wirkende Standorteigenschaften bzw. -bedingungen. Der hierdurch bedingte absolute Charakter großer Teile des deutschen Wirtschaftsgrünlandes spiegelt sich in der Ertragsleistung wieder.

7. Oft unzureichender Ausbildungs- und Kenntnisstand des Grünlandwirtes, vor allem unzulängliche Kenntnis biologischer Grundlagen der Grünlandbewirtschaftung.

2.1.4 Wertschätzung des Grünlandes

Unter Grünland werden für das Pflanzenwachstum maßgebliche Bodeneigenschaften begünstigt und mit zunehmendem Alter der Dauerbestände ständig verbessert (vgl. 2.5.8.4). Grünlandpflanzenbestände sind Schädlingskalamitäten in geringerem Ausmaß ausgesetzt als Ackerkulturen. Fruchtfolgeprobleme treten nicht auf. Als Dauerkultur schützt Grünland erosionsgefährdete Bodenoberflächen. Die Verlagerung von Mineralstoffen im Boden vermag es herabzusetzen oder zu unterbinden.

Über seine ökologische Bedeutung hinaus ist Grünland zudem ein wichtiges landschaftsgestaltendes Element, das Reiz und Attraktivität einer Landschaft mitbestimmen kann.

Grünlandfutter ist die naturgemäße Nahrungsgrundlage herbivorer Tiere. Insbesondere der Wiederkäuer ist auf die Zufuhr eines durch angemessenen Rohfasergehalt gekennzeichneten und physikalisch entsprechend strukturierten Futters angewiesen. Nur unter dieser Voraussetzung können die in den Vormägen ablaufenden Gärvorgänge gelenkt und im Fließgleichgewicht gehalten werden. Grünlandfutter erfüllt diese Bedingung in idealer Weise. Umgekehrt ist der **Wiederkäuer der natürliche Verwerter** des rohfaserreichen und anders als auf dem Weg über das Nutztier nicht verwertbaren Grünlandfutters. Es gilt schließlich als **billigster Futterstoff,** Weidegang zugleich als ein **wichtiges Element in der Aufzucht** sowie zur **Gesunderhaltung** der Tierbestände.

Unbeschadet der Vorzüge des Grünlandfutters ist dessen Teilhabe an der Erbringung tierischer Nutzleistung abgesunken. Den mit der Verbesserung des Leistungspotentials besonders der Milchkuh gestiegenen Ansprüchen an die Nährstoffkonzentration im Futter entspricht es zumeist nur ungenügend. Unter dem Zwang zur Bereitstellung hochwertigen Futters hat es daher die frühere Stellung vornehmlich in der Ernährung der Milchkuh eingebüßt. Die vielfach unbefriedigende Qualität des Grünlandfutters, vor allem dessen mäßige Energiekonzentration ist nicht zuletzt auch Konsequenz unzulänglicher Kenntnis biologischer Zusammenhänge. Nach wie vor entsprechen Aus- und Fortbildungsaufwand im grünlandbezogenen Pflanzenbau den sich aus ökologischen und produktionstechnischen Belangen ergebenden Erfordernissen nur unvollkommen, ganz abgesehen davon, daß er gegenüber dem im Ackerbau gewohnten ohnehin vergleichsweise niedriger ist. Der Nettoertrag des Wirtschaftsgrünlandes wird aber von der Art der Behandlung der aus zahlreichen Arten zusammengesetzten verschiedenartigen Pflanzenbestände, der Gestaltung und Organisation ihrer Nutzung bestimmt. Hierfür entscheidend wird letztlich wiederum die Fähigkeit des Bewirtschafters, in biologischen Zusammenhängen zu denken und wirtschaftliche Erfordernisse danach auszurichten. Beispielhaft demonstriert dieses Tab. 55, die die Spanne von Weise (1957) an mehreren Weiden vom Typ der Weidelgras-Weißklee-Weide (Lolio-Cynosuretum typicum) ermittelter Nettoerträge wiedergibt. Die hier gefundene große Ertragsdifferenz innerhalb derselben Pflanzengesellschaft spiegelt vornehmlich Bewirtschaftungs- und Nutzungsunterschiede wieder. Potentiell zu hoher Leistung befähigte Pflanzenbestände, wie solche des Lolio-Cynosuretum typicum (vgl. 2.3), garantieren nicht auch schon entsprechende Erträge. Das gegebene Potential läßt sich vielmehr erst durch angemessene Behandlung auch tatsächlich realisieren. Der hohen floristischen „Elastizität" des (vielseitigen) Dauerbestandes gegenüber äußeren Einflüssen jeder Art, dem Erkennen und Beherrschen der sich vollziehenden Vorgänge kommt dabei eine zentrale Bedeutung zu. Leistungsschwaches Grünland ist nicht zwangsläufig und generell Folge (ungünstiger) natürlicher Umwelteinflüsse. Die Qualität der Bestände des Wirtschaftsgrünlandes und des hier erzeugten Futters sind stets Ergebnis der Summe aller wirksamen natürlichen Standorteinflüsse zuzüglich der von Bewirtschaftung und Nutzung ausgehenden. Auch letztere sind „Standortfaktoren" im weiteren Sinne, die je nach Handhabung natürliche Standortwirkungen zu verstärken, umgekehrt aber auch abzuschwächen oder auszugleichen vermögen.

Tab. 55. Nettoertragsspanne bei typischen Weidelgras-Weißklee-Weiden *(Lolio-Cynosuretum typicum)* (nach Weise 1957, zit. bei Klapp 1965b, verändert)

Nettoertrag:	kStE/ha	rel.
niedrigst:	1350	100
höchst:	6700	496

2.2 Natürliche Grundlagen

2.2.1 Wasser

2.2.1.1 Wasserbedarf und Wasserverbrauch

Unter mitteleuropäischen Verhältnissen tragen bevorzugt oder ausschließlich Grünlandvegetation:

- feuchte, nasse, überflutungsgefährdete Lagen; sie gelten als „geborene“ Grünlandstandorte (regenreiche, luftfeuchte Lagen, grundwasserreiche Niederungen sowie Auen und Täler, Moore)
- periodischem oder dauerndem Feuchtemangel unterliegende Standorte (durchlässige, flachgründige, trockene Böden, oftmals zudem in Hanglage, manche wechselfeuchte Böden).

Maßgebend für diese in sich widersprüchliche Verteilung sind vornehmlich Ackerwürdigkeit bzw. Ackerfähigkeit eines Standortes. Die Existenz einer Grünlandvegetation unter solcherart verschiedenen Bedingungen beruht sodann auf deren Fähigkeit, Artenkombinationen zu entwickeln, die auf Grund spezifischer Eigenschaften ihrer Glieder den jeweiligen standorttypischen Feuchteverhältnissen angepaßt sind.

Während Grünlandvegetation demnach unter sehr gegensätzlichen Feuchtebedingungen möglich ist, werden Verlauf und Stärke der Biomassebildung hingegen von der Höhe des Wasserangebotes und der zeitlichen Verteilung der Wasserzufuhr bestimmt. Standortbedingt fortgesetzter Wassermangel begrenzt die Bildung oberirdischer Biomasse insgesamt, periodischer Feuchtemangel beeinträchtigt zudem die Stetigkeit des Zuwachses. Ständig gesicherte Wasserversorgung ist daher Voraussetzung einer auf wiederholte Entfernung großer Teile des Assimilationsapparates gerichteten Nutzungsweise, die mehrmalige Regeneration der Pflanzen während der Vegetationsperiode erfordert.

In der Bewertung der Feuchteansprüche der Grünlandpflanzenbestände ist zwischen **Wasserbedarf** und **Wasserverbrauch** zu unterscheiden. Der **Wasserbedarf** ist eine schwierig zu quantifizierende Größe. Er läßt sich zwar an einzelnen Pflanzenteilen oder Pflanzen und bei exakter Trennung von Transpiration und Evaporation messen. Das Ergebnis solcher Bestimmungen ist jedoch nicht auf die Verhältnisse der vielseitigen und in ihrer Zusammensetzung Veränderungen unterworfenen Pflanzenbestände des Freilandes übertragbar.

Tab. 56. Wasserverbrauch des Grünlandes nach verschiedenen Autoren (Zusammenfassung nach Klapp 1971, Larcher 1973, Baumann et al. 1974)

mittlerer Jahresverbrauch gesamt	400 bis 520 mm
anteiliger Verbrauch Vegetationsruhe	50 bis 120 mm
Jahresverbrauch, Extreme	60/1160 mm
mittlerer Tagesverbrauch Vegetationszeit	2,2 bis 3,1 mm
Tagesverbrauch-Extreme	1,1/15,5 mm

Mit hinlänglicher Genauigkeit erfaßbar ist dagegen der **Wasserverbrauch** des Grünlandes. Er bewegt sich in einer Spanne zwischen etwa 400 und 500 mm/Jahr. Im Einzelfall kann er unter 100 mm/Jahr absinken, aber auch auf über 1000 mm/Jahr ansteigen (Tab. 56). Die Variabilität des Wasserverbrauches hat mehrere Ursachen:

1. Der Wasserverbrauch steht nach Höhe und Verlauf in Beziehung zur Entwicklung der oberirdischen Pflanzenmasse. Er steigt mit Beginn des Streckungswachstums bis zu dessen Ende an. In ständig kurz gehaltenen Grasnarben verläuft er hingegen stetiger. Der Wasserverbrauch voll ausschossender Bestände (Wiesen) ist deshalb unter vergleichbaren Bedingungen höher als der niedrig gehaltener (Weiden); die Bodenwasservorräte werden durch erstere mithin stärker beansprucht. Gleiches ist für Weidegrünland bei fehlendem Reinigungsschnitt zu unterstellen. Nutzungsweise und Bewirtschaftung nehmen somit auf den Wasserverbrauch Einfluß (siehe auch Freckmann 1932, Makking 1962, Klapp 1971).
2. Der Wasserverbrauch der Grasnarbe ist unter bestimmten Voraussetzungen angebotsabhängig:

- er vermindert sich bei Wassermangel, der die aktuelle Evapotranspiration zwangsweise einschränkt; der Jahresverbrauch kann nach Trockenzeiten verringert sein
- er steigt bei unbegrenzter Wasserzufuhr, unbeschränkter Wurzelaktivität und hohem Sättigungsdefizit der Luft und vermag sich der Verdunstung freier Wasserflächen anzunähern oder diese sogar zu übersteigen. Mundel und

Wellenbrock (1978) ermittelten in Lysimeteranlagen auf Niedermoor Evapotranspirationswerte bis zu 14 mm/Tag, Larcher (1973) zitiert Verbrauchswerte bis zu 15,5 mm/Tag.

3. Der Wasserverbrauch sinkt in feuchten und kühlen Jahren bzw. Witterungsperioden sowie bei ständiger oder zeitweiser mit O_2-Mangel im Wurzelraum verbundener hoher Bodenfeuchte, die die Wurzelaktivität einschränkt.

Ertragssteigernde Düngung beeinflußt den Wasserverbrauch in sehr geringem, insgesamt zu vernachlässigendem Umfang. Der „Transpirationskoeffizient" (= Wasserverbrauch je kg erzeugte TM in l), der für Grünland zumeist mit ca. 800 l H_2O angegeben wird, ist aus diesem Grunde kein geeigneter Kennwert zur Kennzeichnung des Wasserverbrauches. Unter der Voraussetzung ungestörter Feuchtezufuhr ist er vielmehr umso niedriger, je günstiger alle übrigen Umweltfaktoren einschließlich Nutzung und Bewirtschaftung, vor allem aber die Düngung gestaltet sind.

2.2.1.2 Wasserversorgung aus Niederschlägen und Grundwasser

Niederschlag

Mit den Niederschlägen steigen unter mitteleuropäischen Klimaverhältnissen die Massenerträge der Grünlandpflanzenbestände zunächst an. Als notwendige Niederschlagsmenge werden angegeben:

ausreichende Wasserversorgung untere Grenze: ab 850 mm Jahresniederschlag (Schweighart 1966, Staehler und Steuerer-Finckh 1965, Brünner-Schöllhorn 1972)

weitgehende Unabhängigkeit von weiteren Wasserversorgungsquellen: ab etwa 1000 mm Jahresniederschlag (Dancau 1966, Klapp 1971, Spatz und Voigtländer 1969).

Diese ihren Beobachtungsgrundlagen nach zumeist auf Schnittwiesen bezogenen Niederschlagssummen sind jedoch vornehmlich als Richtgrößen zu deuten. Die tatsächliche Niederschlagswirkung ergibt sich aus dem Zusammenwirken vieler variabler Faktoren, insbesondere von Temperatur und Luftfeuchte, Speichervermögen und Wasserführung des Bodens, oberirdischem Abfluß, Intensität der Düngung, Nutzung, botanischer Zusammensetzung des Pflanzenbestandes. Eine isolierte Bewertung des Niederschlags als Klimafaktor ist daher unzulässig. Sie kann zu Fehlschlüssen führen. Beispielhaft zeigt dies Tab. 57 für zwei übereinstimmend bewirtschaftete Standorte mit niederschlagsabhängigem Grünlandpflanzenwuchs. Standort 2 erreicht den für angemessenes Pflanzenwachstum als notwendig bewerteten Niederschlagssummenwert. Standort 1 bleibt erheblich darunter, ist aber dennoch im Ertrag überlegen. Der unterschiedliche Wasserhaushalt der vorliegenden Böden sowie die sich aus verschiedenen Höhenlagen ergebenden Temperaturunterschiede variieren die Wirkung der Niederschläge hier entscheidend. Das Beispiel verdeutlicht zudem, daß auch Bewertungen der auf die Wachstumszeit bezogenen Niederschlagssummen bei isolierter Betrachtung keine eindeutigeren Aussagen erlauben. Jahrweise gänzlich verschiedene Ertragsergebnisse unter gleichen Standort- und Bewirtschaftungsbedingungen und selbst annähernd übereinstimmenden Sommerniederschlägen sind bekannte Erscheinungen.

Tab. 57. Einjähriger Pflanzenertrag *(Dactylis glomerata)* unter verschiedenen Niederschlagsbedingungen (ohne Grundwasser; Pflanzenbestände nach Alter und Sorte identisch; 4-maliger Schnitt/Jahr; Beobachtungszeitraum übereinstimmend)

Standort	1 Stuttgart/ Hohenheim	2 Oberer Lindenhof/ Schwäb. Alb
Boden	Parabraunerde (tiefgr., L)	Rendzina (flachgr., sL)
Höhe m ü. NN	450	800
Niederschlag:		
Jahr mm	672	897
Apr.–Sept. mm	335	446
TM-Ertrag dt/ha		
N1 = 100 kg N/ha	72,6	53,7
N2 = 300 kg N/ha	110,3	84,8
Relativ; Standort 1 = 100		
N1	100	74
N2	100	77

Besser als mit Summenwerten über Jahr oder Vegetationszeit läßt sich der Einfluß der Niederschläge über deren monatliche Verteilung abschätzen. Der Bezug zu allen anderen ertragswirksamen Faktoren, insbesondere zum Wasserspeichervemögen des Bodens, bleibt indes auch hierbei bestehen.

Grundwasser
Die Grünlandpflanzen vermögen mit ihren Wurzeln in den offenen Saugsaum des Grundwassers einzudringen, mit einem Aerenchym ausgestattete (futterbaulich zumeist unerwünschte, wie z. B. *Caltha palustris*, *Equisetum palustre* u. a.) darüber hinaus auch in den geschlossenen. Für das auf gleichmäßige Wasserversorgung angewiesene Wirtschaftsgrünland kann Grundwasser somit eine stetig wirksame, Wachstum und Ertrag begünstigende Versorgungsquelle bilden, soweit

- der offene Saugsaum während der Vegetationszeit uneingeschränkt wurzelzugänglich ist
- der Wurzelraum gleichzeitig durch den geschlossenen Saugsaum nicht eingeengt, die Narbenfestigkeit nicht beeinträchtigt wird.

Diese Bedingungen sind jedoch selten erfüllt. Die Lage der Grundwasseroberfläche ändert sich im Normalfall regelmäßig mit der Jahreszeit in einer dem Wasserbedarf der Pflanze eher entgegengesetzten Weise. Während der **Vegetationsruhe** (Zeit geringsten Wasserverbrauches) steigt die Grundwasseroberfläche in der Regel an. Sie erreicht in dieser Periode ihre geringste Flurtiefe. Dringt sie dabei mit dem geschlossenen Saugsaum in den eigentlichen Wurzelbereich vor, werden die Wurzelaktivität beeinträchtigt, im Frühjahr Bodenerwärmung und Nitrifikation behindert, der Wachstumsbeginn verzögert.

Während der **Vegetationsperiode** sinkt die Grundwasseroberfläche dagegen mit steigendem Wasserverbrauch und strebt zur Zeit höchsten Wasserbedarfes der Pflanzen der jeweils tiefsten Lage zu, und zwar bei ozeanischem Grundwassergang im Juli, bei kontinentalem allerdings erst im September/Oktober (BAUMANN et al. 1974). Vollzieht sich der Grundwasserrückgang allmählich, vermögen Pflanzenwurzeln dem Saugsaum nachzuwachsen, solange die Verbindung dorthin erhalten bleibt. Die Ertragswirksamkeit dieser Erscheinung ist für Wirtschaftsgrünland aber unsicher, soweit sich der grundwasserbeeinflußte Bereich von der viel stärker durch Nutzungseinflüsse bestimmten, insgesamt eher oberflächennahen Hauptwurzelzone entfernt (vgl. 2.6.2.1). Der Nährstoffumsatz der Pflanzenbestände vollzieht sich der Lage der Hauptwurzelzone entsprechend in einer flachen, oberflächennahen Bodenschicht. Herrscht dort Wassermangel, vermindert sich auch die Nährstoffverfügbarkeit. Damit bleibt die Wirkung eines nur für einzelne tieferreichende Pflanzenwurzeln gerade noch erreichbaren Grundwassers begrenzt.

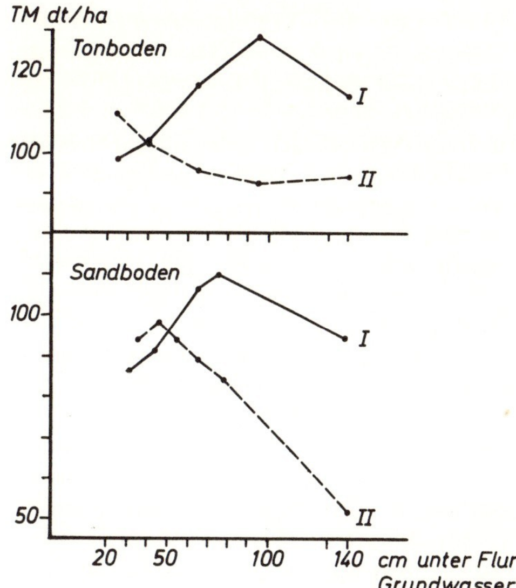

Abb. 9. TM-Erträge (Weide) aus zwei Jahren (I und II) mit verschiedenen Witterungsverläufen auf einem Tonboden (nach MINDERHOUD 1960, verändert) sowie einem Sandboden (JACOB 1969) bei variierten Grundwassertiefen.

Die **Witterung** bzw. der **Witterungsverlauf** variieren die Ertragswirksamkeit des Grundwassers. Namentlich Höhe und Verteilung der Niederschläge, Luftfeuchte und Temperatur nehmen Einfluß. Entsprechend der Variabilität des Witterungsablaufes ist daher selbst bei (unter natürlichen Bedingungen kaum gegebener) gleichbleibender Tiefe der Grundwasseroberfläche nicht auch gleichbleibende Ertragswirksamkeit des Grundwassers zu erwarten (Abb. 9). Die Definition einer sog. „optimalen Grundwassertiefe" ist mithin schwierig. Die günstigste Grundwassertiefe eines Standortes ist immer nur ein Näherungswert.

2.2.1.3 Stau- und Überschwemmungswasser

Stauwasser
Seiner ausschließlichen Niederschlagsabhängigkeit entsprechend wechselt der Feuchtezustand stauwasserbeeinflußter Böden je nach Niederschlagshöhe und -verteilung sowie Tiefe des Stauhorizontes zwischen Vernässung und Austrocknung. Maßgebend für die Wirkung des Stauwassers auf Grünlandpflanzenbestände und deren Ertragsverhalten ist daher die zeitliche Dauer der

„Vernässungs-", der „Feucht-" und der „Trockenphase". Ökologisch günstigste Periode ist die Übergangsphase zwischen Austrocknung und Vernässung, nämlich die durch einen angemessenen Luft-/Wassergehalt des Bodens gekennzeichnete „Feuchtphase". Sie währt umso länger, je tiefer die Stausohle ansteht (die allerdings eine Tiefe um 1,20 m unter Flur auch nicht unterschreiten sollte), je günstiger die Wasserkapazität des Bodens ausgebildet ist, je gleichmäßiger Niederschläge verteilt sind und ggf. in Hanglage oder am Hangfuß ein stetiger seitlicher Wasserzufluß gewährleistet wird (MÜCKENHAUSEN 1975). Für Wirtschaftsgrünland ergibt sich daraus:

1. Bei standortbedingt langen Feuchtphasen kann Stauwasser wegen des nur begrenzten Wurzeltiefganges der meisten Grünlandpflanzen (Seite 258 f.) eine verläßlichere Wasserversorgungsquelle sein als ein z. Z. des Hauptbedarfes absinkendes und für die Wurzeln nicht mehr erreichbares Grundwasser.
2. Verkürzte Feuchtphase, dafür aber deutlich ausgeprägte, vor allem jeweils kurzfristig wechselnde Naß- und Trockenphasen beeinträchtigen die Wachstumsbedingungen und Bewirtschaftungsvoraussetzungen nachhaltig und ungünstig. Extreme Vernässung bedeutet zugleich verzögerte Bodenerwärmung im Frühjahr, starke Austrocknung begünstigt Temperaturextreme an der Bodenoberfläche, beides begrenzt die Wurzelaktivität und Nitrifikation. Die Pflanzenbestände reagieren nach Zusammensetzung und Ertragsleistung entsprechend.

Überschwemmungswasser

Für die Wirkung des Überschwemmungswassers auf Grünland ist dessen zeitlicher Eintritt maßgebend.

Tab. 58. Empfindlichkeit gegenüber sommerlicher Überflutung (KLAPP 1965b, 1971)

wenig oder unempfindlich	Arten der Flut-, Trittrasengesellschaften und Röhrichte
widerstandsfähig bzw. zu rascher Erholung befähigt	*Alopecurus pratensis, Festuca pratensis, Phleum pratense, Poa palustris, Lotus uliginosus*
empfindlich	*Arrhenatherum elatius, Cynosurus cristatus, Dactylis glomerata, Festuca rubra, Lolium perenne, Poa pratensis, Trifolium repens*

Winterfluten
- verlaufen für die im Ruhezustand verharrende Grasnarbe in der Regel ohne Nachteile, sofern keine Erosionsschäden eintreten, und die Überflutung kurzfristig bleibt; die Bodenfauna wird offensichtlich nicht nachhaltig geschädigt
- können im Falle der Zufuhr nährstoffreicher Schwebstoffe massenertragsbegünstigende Effekte ausüben, soweit die Narben nicht zugedeckt werden.

Sommerfluten
- beeinträchtigen Bewirtschaftung (z. B. Düngung) und Nutzung (Futterwerbung, Weidegang)
- bergen Schadgefahren für die Grasnarbe
- vermögen unerwünschte Bestandsänderungen einzuleiten.

Schaden bestimmend bei Sommerfluten sind Überflutungsdauer, Überflutungshöhe, Wassertemperatur, Schaden auslösend vor allem O_2-Mangel als Folge des einsetzenden O_2-zehrenden Abbaues abgestorbener Pflanzenteile im Wasser. Erhöhte Wassertemperatur fördert den O_2-Verbrauch zusätzlich. Bei längerer Überflutungsdauer bestehen für die Pflanzen nur Überlebenschancen, soweit Teile des Vegetationsapparates das Wasser überragen. Pflanzen kolloidreicher Böden werden stärker geschädigt als solche leichterer Böden.

Die Empfindlichkeit der Pflanzen gegen Sommerfluten nimmt mit zunehmendem artbedingtem Wasseranspruch ab (Tab. 58). Sommerfluten treffen somit nicht alle Arten gleich, wirken daher selektierend. Sie können im Extrem die Ausbreitung unerwünschter Arten oder solcher geringen Futterwertes der Flut- und Trittrasengesellschaften fördern.

Verharrt Überschwemmungswasser längere Zeit in abflußlosen Mulden, so vermögen mit der Flut zugeführte Schwebstoffe eine allmähliche Oberflächenverdichtung des Bodens herbeizuführen. Damit wird die Wasserversickerung (einschließlich Versickerung des Niederschlagswassers) mit der Zeit herabgesetzt. Derartige, häufig schwer austrocknende Mulden, nicht selten Standorte der Flutrasengesellschaften, bieten zugleich Lebensraum für Parasiten oder deren Zwischenwirte. Sie bergen somit latente Infektionsgefahren für das Nutzvieh (vgl. 2.5.6).

2.2.1.4 Boden und Wasserversorgung

Die Ausnutzung des in einer definierten Bodenschicht gespeicherten und pflanzenverfügbaren

Tab. 59. Klassifizierung der nutzbaren Feldkapazität (nFK) wichtiger Böden (nach MÜLLER, BENECKE und RENGER, zit. bei MÜCKENHAUSEN 1975)

Bodentypen mit Bodenarten	Abstufung der nFK	Wassergehalt in 0–10 dm u. Flur in l/m³ bzw. mm bei pF 2,5–4,2
Podsol aus Flugsand	sehr gering	< 50
Pseudogley, Gley u. Knick, Brackmarsch mit toniger Bodenart, Podsol aus Geschiebesand	gering	50–100
Parabraunerde aus Geschiebelehm, Pseudogley aus Löß, Brackmarsch u. typische Flußmarsch mit toniger Bodenart	mittel	100–150
Parabraunerde aus Löß, Auengley, Brauner Auenboden u. typische Seemarsch mit schluffig-toniger bis toniger Bodenart	hoch	150–250
Schwarzerde aus Löß, Hoch- und Niedermoor	sehr hoch	> 200

Wassers (Tab. 59) hängt vom Wurzeltiefgang ab. Dieser ist unter Grasnarben im Vergleich zu den meisten kurzlebigen Ackerkulturen aber eingeschränkt. Mithin bleibt die Versorgung der Grasnarben aus Haftwasservorräten auf oberflächennahe Bodenschichten begrenzt. Der pflanzenverfügbare Teil des Haftwassers tieferer, für Ackerkulturarten erreichbarer Bodenschichten, wird für Wirtschaftsgrünland daher nicht mehr wachstums- bzw. ertragswirksam. Hohe Nutzungshäufigkeiten vermindern den Wurzeltiefgang zusätzlich (vgl. 2.6.2) und schränken damit die Ausnutzung des pflanzenverfügbaren Haftwassers noch weiter ein. Darüber hinaus ist nicht selten die Durchwurzelbarkeit von Böden, die der Grünlandnutzung zugewiesen sind, ohnehin vermindert, so z. B. durch flach anstehende Stauwassersohlen, hohe Bodenbindigkeit, generelle Flachgründigkeit. Die den Pflanzen zur Verfügung stehenden Bodenwasservorräte sind dann stets begrenzt. Das Wasserhaltevermögen des Bodens wird daher vor allem für intensiv genutztes Wirtschaftsgrünland umso entscheidender. Es ist überall dort ein maßgeblicher Standortfaktor, wo kontinuierliche Wasserversorgung aus Niederschlägen oder Grundwasser nicht gesichert ist.

Einen Sonderfall bilden organische Böden. Besonders auf Hochmoor ist der Wurzeltiefgang der Grasnarben außerordentlich stark begrenzt. Dennoch sorgt die ständige und zügige Ergänzung der Wasservorräte bis in die oberste Bodenschicht aus Grundwasser trotz eingeschränkter Wurzeltiefe für eine stete Wasserversorgung.

2.2.2 Klima

2.2.2.1 Strahlung und Temperatur

Die **Sonnenstrahlung** stellt als Licht und Wärme die energetische Voraussetzung der Assimilation, steuert über die Belichtungsdauer zugleich den Entwicklungsablauf der Pflanze (Photoperiodismus), Lichtreize lösen das Richtungswachstum aus (Phototropismus).

Die **Lichtstrahlung** beeinflußt Pflanzenertrag und Futterqualität des Grünlandes (Tab. 60). Mit zunehmender Lichtintensität

- steigen Trockensubstanzgehalt, Trockensubstanzertrag, Gehalte energetisch verwertbarer Futterbestandteile an und
- sinken Rohproteingehalt, Nitratgehalt, Rohfasergehalt ab.

Positiv beeinflußt werden offenbar zugleich die Trieb- und Blattbildungsrate, negativ dagegen die Blattgröße.

Die **Intensität der Lichtstrahlung** nimmt auf dem Weg durch dichte Grünlandpflanzenbestände ab. Das dabei entstehende Strahlungsgefälle steht in Abhängigkeit zu Blattdichte, Blattstellung im Raum und Aufwuchshöhe (vgl. 1.5.1.1). In Beständen, die durch Arten mit **stockwerkartigem Blattansatz** und schräger Blattstellung aufgebaut sind (Gramineen), vermindert sich der Lichtgenuß nur allmählich; sie nutzen Licht besser aus als Bestände, die durch Arten mit überwiegend **horizontaler Blattstellung** gebildet werden (z. B. Trifoliumarten). Das jeweils am höchsten exponierte Blatt unterliegt in solchen Beständen

Tab. 60. TM-Erträge und verschiedene Futterwertmerkmale bei 4 Wochen altem *Lolium perenne* in Abhängigkeit von Lichtintensität und Temperatur (nach DEINUM 1966, verändert)

Licht-intensität*	TM Ertrag (g/Gefäß)	TM (%)	RP (%d.TM)	verd. RP (%d.TM)	RF (%d.TM)	wasser-lösl. KH (%d.TM)	NO_3 (%d.TM)	Stärke-wert
			Temperatur 25/20 °C (Tag/Nacht)					
hoch	51,6	27,8	8,2	4,1	27,9	21,2	0,08	59
normal	40,6	22,1	10,4	6,3	28,7	18,8	0,07	58
niedrig	24,7	15,2	18,3	13,8	29,0	8,2	1,66	57
			Temperatur 20/15 °C (Tag/Nacht)					
hoch	38,7	23,9	8,8	4,8	23,3	26,7	0,09	69
normal	37,2	19,7	11,9	7,7	26,8	21,2	0,09	62
niedrig	21,0	12,7	20,1	15,6	27,9	7,9	2,60	56
			Temperatur 15/10 °C (Tag/Nacht)					
hoch	33,5	23,4	11,4	7,3	19,5	33,2	0,12	77
normal	29,1	19,6	13,2	9,0	21,6	28,4	0,09	70
niedrig	18,3	12,6	22,7	18,2	25,6	9,0	2,39	56

* hoch $= \pm 2{,}042\,\mathrm{kJ \cdot cm^{-2} \cdot Tag^{-1}}$ normal $= \pm 1{,}458\,\mathrm{kJ \cdot cm^{-2} \cdot Tag^{-1}}$ niedrig $= \pm 0{,}375\,\mathrm{kJ \cdot cm^{-2} \cdot Tag^{-1}}$

stets stärkster Lichtzufuhr, wirkt seinerseits aber auf tiefer angeordnete Blätter beschattend (Abb. 10). Innerhalb des Bestandesprofiles sind die Voraussetzungen für die Photosynthese somit je nach Bestandsaufbau verschieden. Sie verändern sich darüber hinaus mit zunehmender Aufwuchshöhe ständig weiter. Sobald dabei der optimale Blattflächenindex (BFI) überschritten wird, tritt in den tieferen Bestandsschichten allmählich Lichtmangel ein. Die Photosynthesebedingungen verschlechtern sich damit stetig. In den immer stärker beschatteten Bestandsschichten wird schließlich die Photosyntheserate von der Respirationsrate eingeholt. Die hier lokalisierten, photosynthetisch aktiven Pflanzenteile vergilben allmählich, die Blätter sterben schließlich ab und lösen sich vom Trieb. Als futterbaulich wirksame Konsequenz ergibt sich aus diesem Vorgang:

1. Die Stoffbildung des Bestandes wird herabgesetzt.
2. Das Blatt-Halm-Verhältnis verschiebt sich zugunsten der mit dem Streckungswachstum anwachsenden rohfaserreichen Halmsubstanz.

Die Intensität der Belichtung nimmt schließlich auf die botanische Zusammensetzung der Bestände Einfluß:

1. Lichtmangel am Boden unter dichten, geschlossenen Pflanzenbeständen behindert die Samenkeimung sowie die Entwicklung von Jungpflanzen und benachteiligt viele niedrigwüchsige Arten. Erwünschte wie unerwünschte Arten (Unkräuter) werden gleichermaßen betroffen (vgl. 2.5.8).

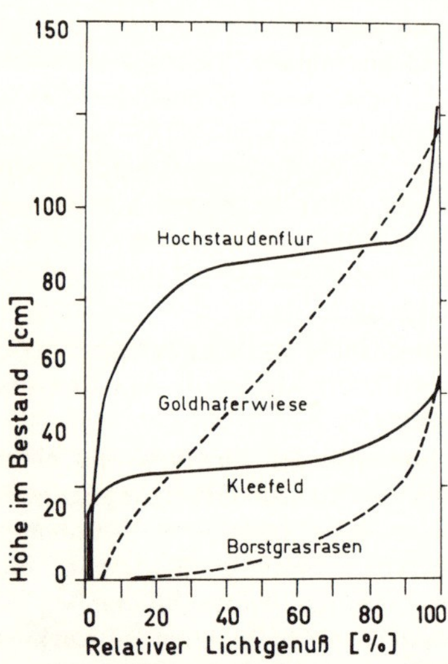

Abb. 10. Helligkeitsabnahme in einer Goldhaferwiese *(Trisetetum trollietosum)*, einer niedrigen Borstgras-Goldhafer-Wiese *(Trisetetum nardetosum)*, einer Hochstaudenflur *(Adenostyleto cicerbitetum)* und einem Kleefeld *(Trifolium subterraneum* mit *Lolium rigidum)* (nach KNAPP, G., KNAPP, R. und DONALD, aus LARCHER, W. (Hrsg.): Ökologie der Pflanzen 1973).

2. Ständige Minderung der Lichtzufuhr unter Baumpflanzungen, Lichtabschirmung durch Berge, Waldränder u. ä. benachteiligt lichtbedürftige Arten (manche Trifoliumarten, verschiedene Gramineen wie *Festuca pratensis*, *Poa pratensis*, *Arrhenatherum elatius*). Weniger schattenempfindliche werden dadurch eher begünstigt, darunter oftmals Arten, die besonders bei Auftreten in hohen Bestandsanteilen nicht erwünscht sind (z. B. *Poa trivialis*, *Anthriscus sylvestris*, *Aegopodium podagraria*).

Zur **Temperatur** der Luft steht das Wachstum maßgeblicher Grasarten des Wirtschaftsgrünlandes in folgender Beziehung:

Assimilationsbeginn: um 0 °C (LARCHER 1973)

Deutlicher Zuwachs: ab etwa 8 bis 10 °C (KLAPP 1971, VOIGTLÄNDER 1964)

Günstigster Temperaturbereich: zwischen 17 und 25 °C (COOPER and TAINTON 1968, KLAPP 1971, NELSON et al. 1978)

Ende des Ertragszuwachses: zwischen 30 und 35 °C (COOPER and TAINTON 1968)

Bis zum günstigsten Temperaturbereich nehmen

- Trockenmasse- und Rohfasergehalte sowie der Trockenmasseertrag zu
- die Gehalte für verdauliches Rohprotein und wasserlösliche Kohlenhydrate bzw. die Energiekonzentration insgesamt ab (Tab. 60).

Der Einfluß der Temperatur auf den Grünlandertrag steht in Beziehung zu weiteren Standortwirkungen, insbesondere zur Wasserversorgung der Pflanzen. Unter mitteleuropäischen Verhältnissen verhalten sich beide Faktoren in der Regel entgegengesetzt: Mit zunehmendem Temperaturniveau verschlechtert sich die Wasserversorgung. Wasser wird schließlich Minimumfaktor und limitiert seinerseits den Ertrag. Der „günstigste Temperaturbereich" zwischen 17 und 25 °C hat somit nur unter der Voraussetzung optimaler Wasserversorgung Gültigkeit. Die Vielfalt der Standorte und Verschiedenheiten der Standortbedingungen, unter denen Grünlandpflanzenbestände existieren, schränken seine Übertragbarkeit ein. Für Grünland gültige „optimale Temperaturen" sind stets standortbezogene Werte, die jeweils für den Einzelfall neu zu bestimmen sind.

Nicht eindeutig geklärt ist der Einfluß der **Nachttemperaturen.** Durch hohe nächtliche Temperatur wird der Assimilationsgewinn als Folge verstärkter Respiration gesenkt. Deutlicher Rückgang der Nachttemperatur mindert nächtliche Respirationsverluste. Zu starkes Absinken übt andererseits eine den Ertrag wiederum beschränkende Gesamttemperaturwirkung aus. Diese Erscheinung kommt offenbar besonders deutlich in der 2. Hälfte der Vegetationsperiode zur Geltung. Es gibt allerdings Hinweise auf art- und sogar sortenbedingte unterschiedliche Reaktion gegenüber den Nachttemperaturen (BUCHNER 1977).

Die ertragsbegrenzende Wirkung verringerter **Gesamttemperaturen** kann durch günstige Nährstoffversorgung und Bodenstruktur sowie höhere Strahlungsintensität abgemildert werden (zu Strahlungsintensität siehe Tab. 60). Ein entsprechender Effekt ist jedoch nur in einem begrenzten Temperaturbereich möglich. Bei generell niedrigen Temperaturen sinken unweigerlich Öffnungsgeschwindigkeit und Spaltenbreite der Stomata, so daß sowohl der CO_2-Zufluß in das Blatt, als auch die Transpiration vermindert, die Photosynthese somit zwangsläufig eingeschränkt oder schließlich eingestellt wird.

Der **Temperaturfaktor** bestimmt zugleich die Dauer der Vegetationszeit und damit die Länge der Frischfutter- bzw. Weideperiode. Letztere steigt unter den Klimaverhältnissen Mitteleuropas von weniger als 100 Tagen in den alpinen, noch bewirtschafteten Hochlagen bis auf über 250 Tage in den Niederungen des atlantisch getönten Klimas an. Die Temperatur wird damit für den Umfang der Winterfutterbevorratung mitbestimmend.

2.2.2.2 Klimafeuchte und Wind

Mit Erhöhung der **Klimafeuchte** vergrößert sich der Grünlandanteil an der LN. Zunehmende Luftfeuchte vornehmlich zur Nordsee hin und/oder ansteigende und häufigere Niederschläge in Berglagen begünstigen das auf gleichmäßige Wasserversorgung angewiesene Wirtschaftsgrünland, wie sie umgekehrt die Bedingungen für Ackerbau in der Regel verschlechtern. Die Pflanzenerträge des Grünlandes steigen mit Zunahme der Klimafeuchte an. Mit Niederschlagsanstieg verbundene Ertragsverbesserung findet unter den mitteleuropäischen Klimabedingungen jedoch Grenzen. Sie werden zum einen durch die gegenläufige Beziehung von Niederschlagssumme und Temperatur gezogen, die vor allem mit dem Höhenanstieg verbunden ist, zum anderen durch die Beeinträchtigung der mechanischen Belastbarkeit der Narben mit zunehmendem Niederschlag. Allerdings ergeben sich in der Bewertung der Ertragswirksamkeit von Niederschlägen je nach Nutzungsart Unterschiede. Bei **Wiesennutzung** steigt der Ertrag unter mitteleuropäischen Verhältnissen mit den

Niederschlägen so lange an, bis die Temperatur zum ertragsbegrenzenden Faktor wird. Für den bayerischen Grünlandgürtel ermittelten SPATZ und VOIGTLÄNDER (1969) auf Grund höhenbedingter Niederschlagszunahme, aber gleichzeitigem Temperaturrückgang, einen Ertragsanstieg bis zu Niederschlägen von 1070 mm je Jahr bzw. 720 mm in der Periode April bis September. Oberhalb dieses Bereiches sinken die Erträge zumindest in den Höhenlagen wieder ab.

Demgegenüber werden bei **Weidenutzung** mit generell zunehmender Klimafeuchte primär zunächst solche Einflüsse ertragsbegrenzend, die von der Nutzungsart unmittelbar selber ausgehen. Vorrangig sind dies die mit ansteigender Klimafeuchte verbundenen

- Trittschäden und dadurch bedingten Narbenverletzungen
- durch Tritt verursachten Verdichtungen bindiger Böden mit entsprechenden Rückwirkungen auf die botanische Zusammensetzung der Pflanzenbestände sowie den Pflanzenertrag
- zunehmende Futterverschmutzung (durch Trittеinfluß)
- verminderte Futteraufnahme.

Solche Begleiterscheinungen der Weidenutzung wirken sich offenbar viel früher ertragsbegrenzend aus, als der mit ansteigenden Niederschlägen zumeist verbundene Temperaturrückgang deutlich wirksam wird. Das Niederschlagsoptimum liegt demnach bei Weidenutzung vor allem auf bindigeren oder zu Vernässung neigenden Böden niedriger als bei Wiesennutzung. Unter den Standortbedingungen Oberbayerns wurde ein Rückgang der Weideleistung bereits ab etwa 500 mm Niederschlag im Zeitraum April/September ermittelt (SPATZ und VOIGTLÄNDER 1969). Der nutzungsbezogene Unterschied der Klimafeuchtewirkung erklärt im übrigen den hohen Wiesenanteil im süddeutschen Grünland mit, ist allerdings nicht dessen alleinige Ursache. Weidenutzung wird hier u. a. sowohl bei zu hoher als auch zu niedriger Klimafeuchte, die keinen steten Futterzuwachs gewährleistet, oftmals erschwert.

Wind

Bei erhöhten Lufttemperaturen kann andauernder Wind zu stärkerer Anspannung der Wasserbilanz der Pflanzen führen. Mit eintretendem Wassermangel schließen sich die Stomata. Die Photosynthese wird damit eingeschränkt und schließlich unterbrochen. Wind senkt zudem Tauspende und Benetzungsdauer und erhöht damit ebenfalls den Verdunstungsanspruch. Je kürzer die Benetzungsdauer währt, desto schneller steigt die Verdunstung an, desto stärker werden in niederschlagsärmeren Zeiten die Bodenwasservorräte beansprucht. Umgekehrt werden in windgeschützten Lagen die Stomata der Pflanzen auch an warmen Sommertagen später geschlossen als in windexponierten. Die Evapotranspiration wird unter dieser Voraussetzung begünstigt. Das kann somit bei Windstille zu stärkerer Beanspruchung der Bodenwasservorräte beitragen. Soweit die Wasserversorgung jedoch zu keinem Zeitpunkt gefährdet ist, werden andererseits damit auch die Photosyntheseleistung und mithin der Pflanzenertrag begünstigt. Höhere Ca-, Mg-, Na-, Cu-, aber erniedrigte K-Gehalte wurden in N-Deutschland zudem im Einflußbereich von Windschutzanlagen beobachtet.

Heftiger Wind, besonders an sonnenreichen Tagen senkt die Bestandstemperatur. Umgekehrt trägt Windschutz nachts zu vergleichsweise stärkerer Abkühlung bei. Beide Vorgänge können die Respiration vermindern, regelmäßig sehr starke nächtliche Abkühlung aber auch eine Begrenzung der Zuwachsleistung herbeiführen (Seite 89).

In steilen und flachgründigen Gebirgslagen wurden gelegentlich windbedingte Abrisse an Grasnarben beobachtet, soweit diese durch äußere Einflüsse mechanische Beschädigungen erlitten (übermäßige Beweidung vornehmlich mit Schafen, sonstiges starkes Betreten, Skipisten).

2.2.2.3 Witterungsverlauf

Für die Zuwachsleistung der Grünlandpflanzenbestände läßt sich die Wirkung der einzelnen Klimaelemente im Jahresgang der Witterung nicht pauschal bewerten. Standort und auch Nutzungsformen vermögen den einzelnen Witterungselementen jeweils ganz verschiedenes Gewicht zu verleihen.

Im **Frühjahr** gilt im Normalfall zunächst die Temperatur als Minimumfaktor. Sie bestimmt den Futterwuchs und Beginn der Frischfutterperiode maßgeblich. Umgekehrt kann jedoch sehr rasche Zunahme der Tagestemperaturen in spätfrostgefährdeten Lagen für das Ertragsergebnis auch abträglich sein, soweit ohnehin zu früher Entwicklung neigende Arten (z. B. *Dactylis glomerata* unter den Gräsern) die Winterruhe vorzeitig beenden, sodann durch Fröste aber wiederum geschädigt werden.

Der Wasserfaktor wird bedeutungsmäßig im Frühjahr meist hinter der Temperatur eingeordnet, weil die vorhandene Winterfeuchte in aller

Regel die Wasserversorgung der Grünlandbestände zunächst sichert. Diese Einstufung trifft zweifelsfrei für bindige und/oder grundwasserbeeinflußte Böden auch zu. Bei Grundwasserferne und/oder eingeschränktem Wasserspeichervermögen des Bodens ist der verfügbare Winterfeuchtevorrat jedoch meist schnell aufgebraucht. Ergiebige und gut verteilte Niederschläge erlangen sodann unter solchen Bedingungen für den Ertragszuwachs im Frühjahr gleich hohe Bedeutung wie angemessener Temperaturanstieg.

Der **Sommer** ist durch einen deutlichen Rückgang der Zuwachsleistung vor allem der Gramineen gekennzeichnet, der auch als Sommerdepression bezeichnet wird (vgl. 2.6.4.2). Als Folge des mit höheren Temperaturen verbundenen erhöhten Sättigungsdefizites der Luft steigt zugleich der Wasserverbrauch zu Lasten der Bodenwasservorräte an. Führt dieser Vorgang zu Wassermangel, verschärft das die Sommerdepression zusätzlich. Umgekehrt mildern ausreichende und gleichmäßig verteilte Niederschläge den sommerlichen Rückgang der Zuwachsleistung aber wieder. Trotz dieser für die Futtererzeugung ganz wesentlichen Wirkung der Sommerniederschläge treten diese bedeutungsmäßig aber sofort hinter der Sonnenstrahlung als den maßgeblicheren Bestimmungsfaktor für die Ertragsleistung zurück, sobald sie in ausreichender Menge und guter Verteilung fallen.

Im **Herbst** verlängern angemessen hohe Temperaturen verbunden mit entsprechender Wasserversorgung die Frischfutterperiode. Andererseits fördert bereits eingeschränkte Wuchsleistung, z. B. als Folge deutlich absinkender Nachttemperaturen, aber noch hinlänglicher Photosynthesebedingungen die Reservestoffbildung bzw. -speicherung vor Winter. Überwinterungsvermögen und Wiederaustrieb im Frühjahr werden somit begünstigt.

Die Witterungswirkungen im **Winter** sowie im **Übergang zum Frühjahr** werden für Grünlandnarben meist unterschätzt. Vorwiegend erlangen Wirksamkeit:

- Wechselfröste durch Auffrieren und anschließendes Austrocknen der Pflanzen
- vorübergehender stärkerer Temperaturanstieg mit der Folge von Frostenthärtung, Wachstumsanregung und verstärktem Reservestoffverbrauch
- Schnee- und Eisdecken mit der Folge einer Begünstigung von *Fusarium nivale* und anderen Pilzerkrankungen
- Spätfröste mit Schadwirkungen an zu sehr früher Entwicklung befähigen Arten oder Sorten.

Die Widerstandsfähigkeit gegen winterliche Witterungswirkungen ist arttypisch verschieden. Wenig oder gar nicht gefährdet sind u. a. *Festuca pratensis*, *Poa pratensis*, *Phleum pratense*, besonders schneeschimmelanfällig *Lolium perenne*, im Hinblick auf früh einsetzende Entwicklung spätfrostempfindlich *Dactylis glomerata*. Bei züchterisch bearbeiteten Arten ist die Widerstandsfähigkeit gegenüber Winterwitterungswirkungen auch sortenbedingt verschieden. Winterfestigkeit wird zudem durch angemessene P- und vor allem K-Versorgung sowie alle die Reservestoffbildung vor Winter fördernden Faktoren begünstigt.

Unbeschadet der je nach den Rahmenbedingungen verschiedenen Wirkungsweise zumindest der erwähnten Witterungselemente erlaubt der generelle Charakter der Witterung ganzer Perioden oder eines Jahres aber dennoch für Grünlandwachstum und Futterqualität allgemeingültige Aussagen. Er prägt den Pflanzenertrag quantitativ und qualitativ, beeinflußt darüber hinaus die botanische Zusammensetzung der Pflanzenbestände in charakteristischer Weise. **Feuchte** bzw. **nasse Witterung** während der Vegtationsperiode begünstigt die Zuwachsleistung, soweit keine ausgesprochene Bodenvernässung und damit Bodenluftmangel eintritt. Sie ist aber andererseits zumeist mit geringerer Futterqualität verbunden, und zwar vornehmlich als Folge von Futterwerteinbußen bei der Werbung, erhöhten Werbungsverlusten und verschlechterten Konservierungsbedingungen. Schließlich ist die Narbe bei nasser Witterung der Gefahr mechanischer Beschädigungen stärker ausgesetzt. Unerwünschte Arten vermögen sodann in entstehende Lücken einzuwandern. Auf diese Weise können Veränderungen am Bestandsaufbau eingeleitet werden. Unabhängig von derartigen Vorgängen wird die Entwicklung feuchtholder Pflanzen begünstigt, so daß sich das Bestandsgefüge verschieben kann. Mit nasser Witterung ist bei Weidegang zumeist auch eine stärkere Futterverschmutzung verbunden. Die Futteraufnahme auf der Weide ist schlechter, der Weiderest erhöht sich. **Niederschlagsarme, trockene Witterung** in der Vegetationszeit bedeutet bei Grundwasserferne zumeist niedrigeren Ertrag, in der Regel aber günstigere Futterqualität, bessere Futteraufnahme bei Weidegang, allerdings häufig auch geringere P-Gehalte im Futter. Feuchteliebende Pflanzen des Wirtschaftsgrünlandes oder solche, die stete Wasserversorgung verlangen, sind verdrängungsgefährdet.

2.2.2.4 Geländeklima, Kleinklima

Das vom Großklima abgesetzte Geländeklima (bzw. Meso- oder Lokalklima) wird maßgeblich vom Strahlungsgenuß der Bodenoberfläche bestimmt. Exposition und Inklination bedingen bei direkter Sonneneinstrahlung Unterschiede in der Bestrahlung der Bodenoberfläche. Die dadurch ausgelösten Temperaturdifferenzierungen in der bodennahen Luftschicht sowie in der obersten Bodenschicht beeinflussen Ertragsleistung und Zusammensetzung der Grünlandbestände. Sehr verallgemeinert gilt:

Südhänge haben einen früheren Vegetationsbeginn, sind eher austrocknungsgefährdet, zugleich aber in der Regel arten-, besonders krautreicher als **Nordhänge,** in deren originären Beständen Gräser, ebenso aber auch Moose stärker auftreten. Soweit der Pflanzenwuchs auf Südhängen nicht durch Feuchtemangel gefährdet ist, sind sie ertragsreicher als Nordhänge, zugleich ist dort erzeugtes Futter qualitativ höher zu bewerten. **Osthänge** sind häufiger frostgefährdet. **Westhänge** gelten auf Grund oftmals reichlicherer Wasserversorgung aus Niederschlägen als wachstumsbegünstigt.

Von der Exposition wird bei Windstille und klarem Wetter die Dauer der Taubenetzung beeinflußt. Die Evapotranspiration und damit die Beanspruchung der Bodenwasservorräte wird davon betroffen (Seite. 90). Lange Benetzungsdauer beeinträchtigt darüber hinaus die Futterwerbung. Anwelken oder Trocknen des Futters werden verlängert, damit das Konservierungsrisiko erhöht, u. U. auch zusätzliche Arbeitsgänge erforderlich (z. B. Schwadenziehen am Abend).

Ein eigenes Klima bildet sich innerhalb von Pflanzenbeständen, das als „Kleinklima" (bzw. Bestands- oder Mikroklima) bezeichnet wird. Pflanzenbestände mildern mit zunehmender Dichte und Wuchshöhe die Temperaturextreme zwischen Tag und Nacht in Nähe der Bodenoberfläche sowie in den obersten Bodenschichten ab. Luftruhe und Luftfeuchte in Bodennähe nehmen zu. Das somit ausgeglichenere Klima dieser Zone begünstigt die bodenbiologischen Vorgänge sowie die Wachstumsbedingungen der Pflanze. Dichte Pflanzenbestände schränken darüber hinaus die Wärmeleitung zwischen Boden und Atmosphäre ein. Bei wolkenloser Witterung und Windstille bildet sich sodann nachts oberhalb der Bestandsoberfläche eine Abkühlzone aus. Die Abkühlung wird in feuchten Lagen durch erhöhte Evaporation noch zusätzlich gefördert. Der damit verstärkte nächtliche Temperaturrückgang oberhalb der Bestandsoberfläche senkt seinerseits die Respirationsrate (vgl. 2.2.2.1). Windgeschützte, tiefere Hanglagen, die sich tagsüber kräftig erwärmen, nachts aber auch stärker abkühlen, gelten daher als am meisten zuwachsbegünstigt. Andererseits vermag nächtliche Abkühlung über stark isolierend wirkenden Grünlandbeständen oder über Beständen feuchter Gebiete bei bestimmten Wetterlagen zur Ausbildung örtlicher Strahlungsfröste zu führen. Solche Strahlungsfröste treten vornehmlich während der Übergangsjahreszeiten, in besonders gefährdeten Gebieten aber auch über die gesamte Vegetationsperiode hin auf. Grünlandflächen gelten daher unter bestimmten Voraussetzungen als ausgesprochene Kaltluftbildner (Näheres bei GEIGER 1969, VAN EIMERN und HÄCKEL 1979).

Die gelände- und bestandsklimatischen Unterschiede sind bei Windstille und wolkenarmer Witterung am größten. Sie gleichen sich bei bewölktem Himmel, stärkerer Luftbewegung sowie bei Niederschlägen weitgehend aus.

2.2.2.5 Höhenlage und „Höhenkomplex"

Mit dem Höhenanstieg wandeln sich klima-, relief- und bodenbedingt die Standortverhältnisse im weitesten Sinne. Vegetation, Pflanzenwachstum sowie Bewirtschaftung und Nutzung werden davon mit zunehmender Höhenlage immer nachhaltiger berührt. Die Gesamtheit der dabei Wirksamkeit erlangenden und zumeist in engem Zusammenhang zueinander stehenden Kräfte wird mit dem Begriff „Höhenkomplex" umschrieben.

Tab. 61 faßt einige für Grünland und Grünlandbewirtschaftung maßgebliche höhenbedingte Veränderungen und Wirkungen zusammen. Aus ihnen leitet sich ein mit dem Höhenanstieg in der Regel einhergehender Rückgang des Pflanzenertrages wie der Grünlandleistung insgesamt ab. Besonders weitreichenden Einfluß nehmen die Verspätung des Vegetationsbeginns auf Grund höhenbedingt rückläufiger Lufttemperaturen sowie die sich ändernden bodenchemischen Verhältnisse:

Verspätung des Wachstumsbeginns setzt die Pflanzen schon in frühem Entwicklungsstadium dem Langtagseinfluß aus. Die vegetative Entwicklungsphase wird mithin verkürzt. Im Zusammenwirken mit wuchsbeschleunigender, schneller Er-

Tab. 61. Wirkungen des Höhenanstieges auf Grünlandstandorten

Änderung mit dem Höhenanstieg	Wirkung
Abnahme	
mittlere Lufttemperatur	– Verspätung des Vegetationsbeginns – Verkürzung der Vegetationszeit bzw. Frischfutterperiode, damit – wachsendes Konservierungsbedürfnis
Zunahme	
Luftfeuchte	– Begünstigung des Grünlandpflanzenwuchses, aber Erschwerung der Futterwerbung
Niederschlag	– Begünstigung des Grünlandanteils an der LN – Begünstigung des Pflanzenwuchses – Erschwerung der Futterwerbung – Förderung der Bodenauswaschung, zunehmend Nährstoff-, Basenarmut, Spurenelementmangel, abnehmende pH-Werte (Ausnahme Kalkgebirge) – Förderung der Bodenerosion, Flachgründigkeit nimmt zu
Dauer der Schneebedeckung	– Frostschutz – Zunahme bestimmter Pilzkrankheiten
Strahlungsintensität	– Wuchsbeschleunigung – rasche Erwärmung nach der Schneeschmelze
Reliefwirkung (Zertalung, Hangneigung)	– Erschwerung der Bewirtschaftung, sinkender Düngungs-, Pflegeaufwand, insgesamt abnehmende Bewirtschaftungsintensität – erhöhte Steigleistung der Weidetiere, damit Zunahme des Erhaltungsbedarfes

wärmung als Folge erhöhter Strahlungsintensität in den höheren Lagen tritt gleichzeitig die Nutzungsreife rascher ein. Termingerechte Futterwerbung wird dadurch erschwert, bei Weidenutzung bereitet die Bewältigung des Futteraufwuchses Schwierigkeiten. Futterwerteinbußen wird damit zusätzlich Vorschub geleistet. Häufigere Niederschläge verschärfen die Situation weiter und erhöhen das Konservierungsrisiko.

Sowohl vom Ausgangsgestein als auch durch **verstärkte Auswaschung** bedingt, weisen Böden höherer Lagen oftmals niedrige Nährstoffgehalte und außerhalb der Kalkgebirge in der Regel niedrigere pH-Werte auf. Von Relief und Klima ausgehende Erschwernisse für Bewirtschaftung und Nutzung führen andererseits häufig zur Senkung des pflanzenbaulichen Aufwandes, insbesondere der Nährstoffzufuhr. Das verschärft auf Dauer die Wirkungen der Standortgegebenheiten auf Vegetation und Pflanzenertrag zusätzlich. Die originären Pflanzenbestände in ihrer botanischen Zusammensetzung passen sich den jeweiligen Standort- und Bewirtschaftungsbedingungen an. Es stellen sich Arten und Artenkombinationen ein, die anspruchsloser, aber auch ertragsschwächer werden (vgl. 2.1.2).

Wie aus Tab. 62 hervorgeht, ist der von der Gesamtheit aller höhenbedingten Wirkungen verursachte Ertragsrückgang standortverschieden zu bewerten.

Auf gleiche Meereshöhe bezogen sind die **höhenbedingten Standortwirkungen** nicht einheitlich. Die klimatischen Verhältnisse ändern sich nicht immer der Höhenlage entsprechend. Regional treten Niederschlagsanomalien (Regenschattenlagen), expositions- oder inklinationsbedingte Temperaturanomalien auf. Bodenart und -typ, Bodennährstoffverhältnisse, Bodenreaktion wechseln ebenso häufig wie das Relief. Die Bewirtschaftungsbedingungen wenden sich nicht

Tab. 62. Höhenbedingter Ertragsrückgang bei Grünland (relativ)

Gebiet	erfaßter Höhenbereich	Ertragsrückgang je ... m Höhenanstieg	Autor
Bayer. Allgäu	955–1555 m ü. NN	ca. 6% je 100 m	SPATZ 1970
Bayern gesamt	ab 1000 m ü. NN	ca. 8% je 100 m	RIEDER 1976
Karpaten	550–1000 m ü. NN	ca. 10% je 100 m	HABOVSTIAK 1977
Schweiz	400–2400 m ü. NN	ca. 10% je 250 m	CAPUTA 1968

immer einheitlich und grundsätzlich zum Schlechteren. Schließlich können die Wachstumsbedingungen für die Grünlandpflanzen mit steigenden Niederschlägen zunächst sogar begünstigt werden, soweit die Temperatur noch nicht limitierender Faktor ist (vgl. 2.2.2.2). Der höhenbedingte Massenertragsrückgang des Wirtschaftsgrünlandes verläuft daher nicht zwingend geradlinig. Abb. 11 zeigt dies beispielhaft für Wiesengrünland im Bayerischen Allgäu sowie für den Bayerischen Grünlandgürtel insgesamt. Entsprechende Düngung läßt die Heuerträge mit der Höhe im Allgäu sogar ansteigen, und zwar so lange, bis der Niederschlag als zunächst ertragswirksamer Minimumfaktor von der Temperatur als solcher abgelöst wird. Lediglich bei fehlendem Nährstoffersatz erlangt der „Höhenkomplex" sofort Wirksamkeit. Ein höhenbedingter Massenertragsabfall muß demnach in Lagen unter ca. 800 bis 1000 m ü.NN nicht auftreten. Wie sich am Durchschnitt des gesamten Bayerischen Grünlandgürtels zeigt, können die mit der Meereshöhe

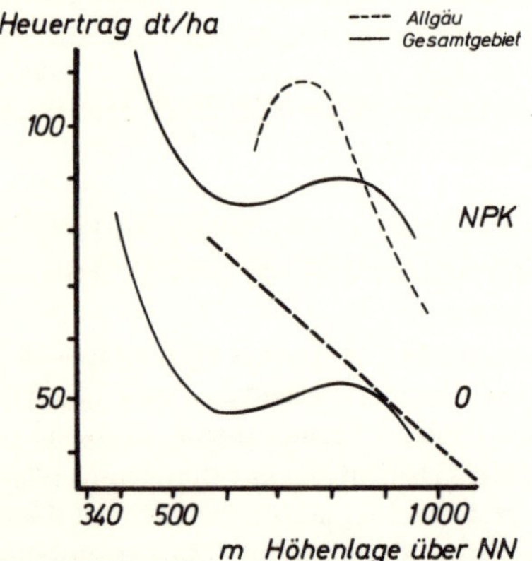

Abb. 11. Höhenlage und Heuertrag im Bayerischen Grünlandgürtel (= Gesamtgebiet) sowie im Allgäu speziell (nach SPATZ und VOIGTLÄNDER 1969, verändert).

zunächst zurückgehenden Erträge in mittleren Höhenlagen auch noch einmal ansteigen.

2.2.3 Boden

2.2.3.1 Bodenart und -typ

Bodenart und Bodentyp haben für Grünland als Vegetationsform auf Grund seiner Anpassungsfähigkeit nachgeordnete Bedeutung. Sie beeinflussen jedoch maßgeblich

- Verteilung und Anteil des Grünlandes an der LN; bestimmend werden hierfür vorwiegend die Aussichten ackerbaulicher Nutzung sowie die
- botanische Zusammensetzung der Pflanzenbestände, damit letztlich Pflanzenertrag und Grünlandleistung.

Bodenart

Wie aus Tab. 63 hervorgeht, steigen die Heuerträge mit zunehmendem Tongehalt des Bodens an. Ursachen des Ertraganstieges sind zum einen die sich mit dem Tongehalt in der Regel gleichzeitig verbessernden Nährstoffverhältnisse, zum anderen aber hauptsächlich die Verbesserung des Bodenwasserhaushaltes. Die Bodenart darf allerdings nicht isoliert bewertet werden. Sie ist in ihrer Bedeutung für Grünland vielmehr stets in Zusammenhang zur Wasserversorgung der Pflanzenbestände aus Niederschlägen und/oder Grundwasser zu sehen. Gewährleisten diese keine stetige und ausreichende Wasserversorgung, werden Wasserspeichervermögen und Wasserführung des Bodens zu einem maßgebenden, Ertrag und Ertragssicherheit begünstigenden Faktor. Die Pflanzenerträge steigen in solchen Fällen im gleichen Maße an, wie die nutzbare Feldkapazität mit zunehmendem Tongehalt des Bodens verbessert wird.

Sehr hohe **Tongehalte** schränken allerdings anderseits Durchwurzelbarkeit und Durchlässigkeit des

Tab. 63. Heuerträge dt/ha ohne Düngung in Abhängigkeit von der Bodenart in Südhessen (Schmitt und Brauer 1979)

Bodenart	Anzahl Versuche	Ernte-jahre	Heuertrag dt/ha
Sandboden einschl. lehm. Sand und humoser Sand	13	159	30,6
Lehmboden, einschl. sand. Lehm	21	192	48,1
humoser Lehmboden	9	65	56,8
schwerer Lehmboden und Tonboden	4	24	68,0
Moorboden	4	26	55,3

Bodens ein. Weidetiertritt und Befahren bei hohem Feuchtegehalt wirken zusätzlich verdichtend. Trotz hohem Wasserspeichervermögen ist der Anteil pflanzenverfügbaren Wassers vermindert. Die Bewirtschaftungsfähigkeit sehr tonreicher Böden, Ertragsleistung und botanische Zusammensetzung ihrer Pflanzenbestände sind deshalb in hohem Maße von Umfang und Wirksamkeit bestimmter Meliorationsmaßnahmen abhängig (Entwässerung, ggf. Durchwurzelbarkeit und Wasserbeweglichkeit fördernde Kalkung). Ist diese Voraussetzung gegeben, ist die Eignung der Tonböden für Grünland jedoch in der Regel sehr gut. Demgegenüber vermögen sich auf **Sandböden** bei nur durchschnittlichen Niederschlägen und unzulänglicher Versorgung aus Grundwasser lediglich ertragsschwache Pflanzenbestände auszubilden.

Unter Bedingungen gesicherter Wasserversorgung aus Sommerniederschlägen mindert sich die Bedeutung des die Feldkapazität verbessernden Tongehaltes für Ertragsstetigkeit und -höhe. Bei hohen und stetig fließenden Sommerniederschlägen werden mittlere bis leichte Böden ertragreicher als unter gleichen Bedingungen tonreiche, schwere Böden (Abb. 12).

Tab. 64. Bevorzugt Grünland und Grünlandnutzung zugewiesene Bodentypen

Kategorie		Bestimmungsgrund für Grünland im Falle landwirtschaftlicher Bodennutzung
Terrestrische Böden	Ranker, flachgründige Rendzinen	Flachgründigkeit, erschwerte oder fehlende Möglichkeit der Bodenbearbeitung bei Ackerbau
	Pelosole	erschwerte Bodenbearbeitung bei Ackerbau
Hydromorphe Böden	**Staunässeböden**	
	Pseudogleye	bei extremer Ausprägung erschwerter Ackerbau
	Stagnogleye	ohne Melioration erschwerter Ackerbau
	Grundwasserbeeinflußte Böden	
	Auenböden, Gleye, Naßgleye, Anmoorgley, See-, Brack-, Flußmarsch	zumeist erschwerter Ackerbau (Überflutungsgefahr oder schwierige Gefügeverhältnisse mit verminderter Wasserbeweglichkeit, eingeschränkter Sickerfähigkeit oder hoher Grundwasserlage)
Moorböden	Niedermoor, Hochmoor, Übergangsmoor	Ackernutzung in der Regel mit Substanzverlust verbunden, bei zu starker Entwässerung (mit dem Ziel, Ackerfähigkeit zu erreichen) Vermullungsgefahr (gilt allerdings auch für Grünland)

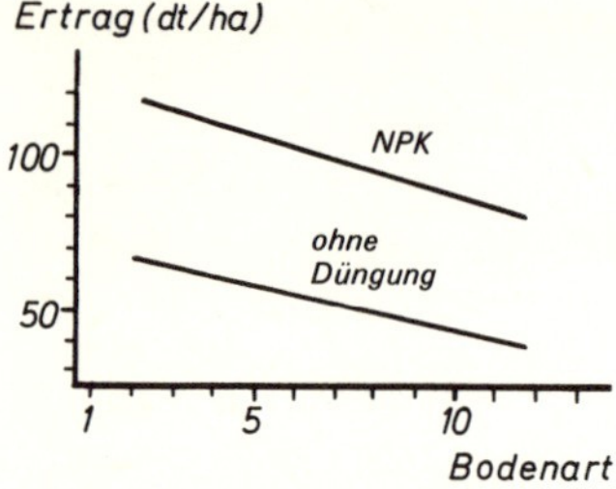

Abb. 12. Bodenart und Heuertrag (Oberbayern). 2 = humoser Sand, 3 = lehmiger Kies, 4 = lehmiger Sand, 5 = humoser lehmiger Kies, 6 = humoser lehmiger Sand, 7 = sandiger Lehm, 8 = humoser Lehm, 9 = Lehm, 10 = leicht anmoorig, 11 = erdiges Moor, 12 = Niedermoor (nach SPATZ und VOIGTLÄNDER 1969).

Bodentyp (vgl. 2.3.2.1)
Spezifische Eignung eines Bodentyps für Grünland und Grünlandnutzung ist für das deutsche Wirtschaftsgrünland kein maßgebendes Kriterium der Verteilung bzw. des Anteils an der LN. Soweit nicht klimatische Gründe, Relief oder Überflutungsgefährdung Grünlandnutzung als einzige Möglichkeit landwirtschaftlicher Bodennutzung ohnehin erzwingen, konzentriert sich das deutsche Grünland in der Regel vielmehr auf Bodentypen, die für Ackernutzung weniger oder gar nicht geeignet sind oder die erst nach aufwendiger Melioration Ackerfähigkeit erlangen können. Die wichtigsten der unter diesem Gesichtspunkt der Grünlandnutzung bevorzugt zugeführten faßt Tab. 64 zusammen. Die dort ausgewiesenen Bodentypen unterscheiden sich nach der für Pflanzenertrag, Artenkombination und Bewirtschaftungsfähigkeit maßgeblichen Dynamik ihrer Wasserhaushalte z. T. grundlegend:

1. Ranker, flachgründige Rendzinen, Pelosole, Pseudogleye und Stagnogleye vermögen eine gleichmäßige Wasserversorgung der Grünlandbestände meist nicht zu gewährleisten. Bei den Staunässeböden treten oft Bewirtschaftungserschwernisse hinzu. Pflanzenwuchs und Ertragsleistung, z. T. die Bewirtschaftungsfähigkeit, sind bei den angeführten Bodentypen vornehmlich von der Höhe und Verteilung der Niederschläge abhängig, bei Pseudogleyen allerdings auch von der Tiefe der Stausohle bzw. der Dauer der Feuchtphase (vgl. 2.2.1.3).
2. Grundwasserbeeinflußte Böden gelten als „geborene" Grünlandböden. Die Wertung hat jedoch nur volle Gültigkeit, sofern die Versorgung aus Grundwasser während der Hauptbedarfszeit tatsächlich ständig sichergestellt und gleichzeitig die Bewirtschaftungsfähigkeit uneingeschränkt jederzeit gegeben ist bzw. beides durch Meliorationen hergestellt wird.
3. Für organische Böden stellt Grünlandnutzung im Hinblick auf die Eigenschaften der Moorböden die günstigste Nutzungsform dar, wie diese umgekehrt stetige Wasserversorgung garantieren. Dennoch sind Moorböden bei zwar hohem Ertragsniveau durch insgesamt stärkere Ertragsschwankungen gekennzeichnet als etwa Sandböden bei angemessener Wasserversorgung.

Die Wirkung bodentypologischer Einflüsse auf die botanische Zusammensetzung der Grasnarbe und deren Ertragsleistung wird zugleich auch von der Intensität der Nutzung und Bewirtschaftung variiert. Wasser- und Nährstoffumsatz der Grünlandpflanzenbestände vollziehen sich bei kulturarttypisch eingeschränkter Bewurzelungstiefe in einer seichten, oberflächennahen Bodenschicht. Stetige Wasser- und Nährstoffversorgung, ggf. auch kulturtechnische Meliorationsmaßnahmen vermögen deshalb bodentypologische Unterschiede bei intensiver Nutzung zu verwischen, gelegentlich sogar auszugleichen. Lediglich extensive Bewirtschaftung und Nutzung oder zumindest eingeschränkte Bewirtschaftungsintensität lassen die Wirksamkeit der Bodenunterschiede zu jedem Zeitpunkt entsprechend deutlich hervortreten.

2.2.3.2 Bodenreaktion und Nährstoffhaushalt

Von der Bodenreaktion gehen Einflüsse auf die **Artenkombination** der Pflanzenbestände sowie **Mineralstoffgehalte** der Aufwüchse aus. Nur unter bestimmten Voraussetzungen wird auch der **Pflanzenertrag** beeinflußt.

Die verschiedenen **Artenkombinationen** (Pflanzengesellschaften) des Dauergrünlandes haben auch verschiedene pH-Bereiche bevorzugten Vorkommens. Sie heben sich darin mehr oder weniger deutlich voneinander ab (Tab. 65). Futterbaulich leistungsfähige Gesellschaften finden sich vornehmlich innerhalb von pH-Spannen, die hohe Nährstoffverfügbarkeit gewährleisten, gleichzeitig aber auch Voraussetzung günstiger bodenphysikalischer Verhältnisse und hoher bodenbiologischer Aktivität sind. Das sind je nach Tongehalt und Gehalt an organischer Substanz:

- auf Mineralböden der Bereich zwischen pH 5,0 und 6,5
- auf organischen Böden zwischen pH 4,5 und 5,0 ($CaCl_2$).

Tab. 65. pH-Wert-Schwerpunkte einiger Pflanzengesellschaften (nach KLAPP 1965b und 1971, verändert) (Futterwertzahlen (WZ) von −1 bis +8 nach KLAPP et al. 1953)

pH-Werte	bis 4,0	> 4,0/5,0	> 5,0/6,0	> 6,0/7,0	> 7,0	∅WZ
Gesellschaften	Häufigkeit des Vorkommens (rel.; größte Häufigkeit = 100)					
Ginsterheiden, Borstgrasrasen (Nardo-Callunetea)	39	100	16	–	–	1,9
Typ. Glatthaferwiesen (Arrhenatheretum)	5	39	100	77	23	5,2
Typ. Weidelgrasweiden (Lolio-Cynosuretum typ.)	–	11	45	100	32	7,2
Kalktrockenrasen (Mesobromion)	–	4	23	31	100	3,1

Die Beziehungen zwischen Bodenreaktion und Pflanzenbestand sind allerdings nicht starr fixiert. Vor allem Wasserversorgung und Düngung wirken variierend und vermögen bei günstiger Gestaltung nachteilige Wirkungen der Bodenreaktion abzuschwächen. Futterbaulich wertvolle Pflanzenbestände können daher auch außerhalb ihres pH-Wert-Schwerpunktbereiches auftreten, sofern ihre Wasser- und Nährstoffansprüche erfüllt sind. Umgekehrt sind die Grenzen leistungsschwacher Gesellschaften ebenfalls fließend. Sie dringen auch in die futterbaulich günstigeren pH-Bereiche vor, sofern die Existenzbedingungen höherwertiger Pflanzengesellschaften anderweitig eingeschränkt sind (z. B. durch Wassermangel). Der pH-Wert ist zudem keine konstante Größe, sondern kurzfristigen Schwankungen unterworfen.

Der **Mineralstoffgehalt** der Pflanzen wird von der Bodenreaktion hauptsächlich durch deren Wirkung auf die Nährstoffverfügbarkeit im Boden sowie über die botanische Zusammensetzung der Bestände beeinflußt. Für Na, Mg, Ca wurden auf einem süddeutschen Standort die in Tab. 66 zusammengefaßten Beziehungen ermittelt. Soweit die Mineralstoffzufuhr über das Grünlandfutter auf die Leistungsbereitschaft und die Gesundheit der Tiere Einfluß nimmt, vermag die Bodenreaktion somit indirekte Wirkung auszuüben. Für Milchkühe wurde eine Zunahme der Fertilität mit steigendem pH-Wert bis zu einem Optimum um pH 5,3 bis 5,5 (KCl) auf Mineralböden beobachtet, mit weiter zunehmendem pH-Wert tendenziell wieder allmählicher Rückgang. Maßgeblich wirksam werden offenbar vorzüglich die Verfügbarkeit von P, K, Mg, Na, Ca, vor allem aber von Spurennährelementen wie Co und Cu (JUDEL, zit. bei STÄHLIN in BECKER und NEHRING 1969).

In der **Massenertragsleistung** wird eine Wirkung der Bodenreaktion lediglich an ungedüngten Beständen oder bei pH-Wert-Extremen deutlich (Abb. 13). Ursachen relativer Toleranz in der

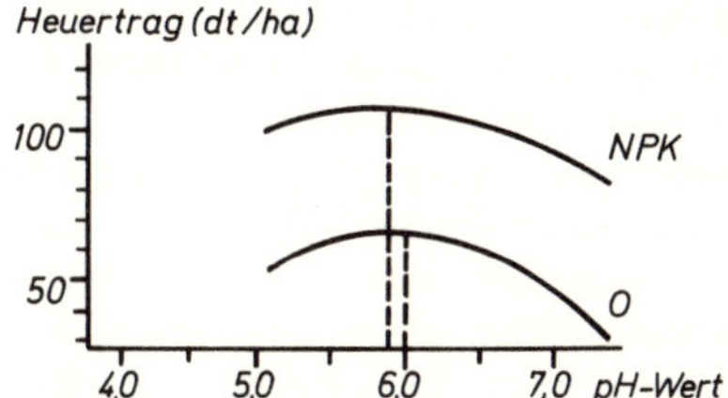

Abb. 13. pH-Wert und Heuertrag (Oberbayern) mit (NPK) und ohne (O) Düngung (nach SPATZ und VOIGTLÄNDER 1969).

Tab. 66. Korrelationskoeffizienten zwischen einigen Mineralstoffgehalten im Futter sowie pH-Wert bzw. pflanzenverfügbaren P- und K-Gehalten im Boden auf einem Allgäuer Standort (SPATZ 1970)

Boden	Futter	r
P_2O_5 mg/100 g Boden	P % d. TM	0,614*
K_2O mg/100 g Boden	K % d. TM	0,193
pH-Wert Boden	Ca % d. TM	0,767*
pH-Wert Boden	Mg % d. TM	0,684*
pH-Wert Boden	Na % d. TM	0,489*

* = hs (hoch signifikant)

Massebildung gegenüber der Bodenreaktion sind die hohe Anpassungsfähigkeit der Grünlandvegetation an ihre Umwelt sowie die Ausgleichsfunktionen besonders von Düngung und Feuchte. Ein in der Regel deutlich stärkerer Ertragsabfall im alkalischen Bereich ist selten unmittelbare Folge bodenreaktionsbedingter Wirkungen, sondern meist Konsequenz unbefriedigender Feuchteverhältnisse. Hohe pH-Werte sind häufig an flachgründige und durchlässige, somit trockene Böden über basischem Ausgangsgestein gebunden. Wasser ist hier zumeist Minimumfaktor und eigentliche ertragsbegrenzende Größe.

Insgesamt ist der pH-Wert jedoch nur ein Teilaspekt des Gesamtbasenhaushaltes im Boden. Höhere Bedeutung kommt der Basensättigung zu. Ertrag und Artenkombination der Grünlandvegetation werden (neben dem Wasserhaushalt des Bodens) vom Basensättigungsgrad deutlicher beeinflußt als vom pH-Wert (KLAPP 1965b).

Inwieweit der **Nährstoffhaushalt** des Bodens zu exakter Bewertung der Ertragsleistung und Mineralstoffgehalte im Futter herangezogen werden kann, ist nicht restlos geklärt. Abgesehen von den Verhältnissen bei extremem Nährstoffmangel im Boden erschwert die Vielfalt der Artenkombinationen im deutschen Wirtschaftsgrünland sowie die Verschiedenartigkeit der Nutzungsweise und der Standorte, unter denen Grünland bewirtschaftet wird, entsprechende Aussagen. Das Nährstoffaufnahmevermögen der Arten ist im übrigen nicht einheitlich. Manche Kräuter schließen den Boden tiefer auf als Gräser und verschiedene Leguminosen. Darüber hinaus besteht zu manchen Mineralstoffen eine deutliche Affinität. Tab. 66 weist beispielsweise für den P_2O_5-Gehalt des Bodens und P-Gehalt des Futters gute Übereinstimmung auf. Das gilt der gleichen Untersuchung zufolge hingegen nicht für K_2O, das, extremen Mangel ausgenommen, auch bei geringeren Bodenvorräten noch in höheren Mengen aufgenommen werden kann, als es von der Pflanze benötigt wird oder dem Anspruch des Nutztieres an die K-Gehalte im Futter entspricht. Ionenantagonismen im Boden variieren die Aufnahmeverhältnisse weiter. Darüber hinaus ändert sich die Verfügbarkeit der Nährstoffe in Abhängigkeit von Jahreszeit und Witterung sowie dem aus gleichem Anlaß ständig Schwankungen unterworfenen pH-Wert.

2.3 Pflanzenarten und Pflanzengesellschaften

2.3.1 Pflanzenarten des Dauergrünlandes

Etwa 90% des deutschen Grünlandes stellen keine natürliche Vegetation dar, sondern sind aus Wald durch Kahlschlag und Rodung entstanden. Ohne Mahd und Weidegang gäbe es im Waldklima Mitteleuropas keine Wiesen und Intensivweiden. Dennoch stammt nur ein Teil der auf dem Grünland vorkommenden Pflanzenarten aus dem Wald.

ELLENBERG (1952) gliedert die von ihm aufgeführten häufigsten Grünlandpflanzen (363 Arten) nach ihrer wahrscheinlichen Herkunft wie folgt:

- aus Wäldern etwa 25%
- von Waldlichtungen, Wildpfaden und anderen halbruderalen Standorten 20%
- von natürlich waldfreien Standorten innerhalb des Waldgebietes (Moore, Ufer, Salzmarschen, Alpenmatten, Dünen, Schutthalden) 30%
- aus waldfreien Nachbargebieten (Steppen, mediterrane Grasheiden, Tundren) 15%
- Herkunft unsicher 10%

2.3.1.1 Soziologie der Grünlandpflanzen

KLAPP und Mitarbeiter sammelten mehr als 5000 Bestandsaufnahmen, in denen etwa 700 Arten angetroffen wurden. Davon fanden sich nur 20 Arten in mehr als 50% der untersuchten Flächen, dagegen etwa 350 Arten in weniger als 1%.

In Tab. 67 sind die nach Häufigkeit und Massenanteil wichtigsten 81 Arten genannt, und zwar nur für das Wirtschaftsgrünland im engeren Sinne (I = Dauerweiden; II = mehrschürige Wiesen, mäßig trocken bis mäßig feucht; III = mehrschürige Wiesen, feucht bis sehr feucht). Die Reihenfolge der Arten ist nach abnehmender Stetigkeit in I, II und III geordnet. Daraus kann man ablesen, welche Arten ihre Hauptverbreitung in den Weiden (I) gegenüber den Wiesen (II, III) haben und wie das Artvorkommen auf die Feuchtestufen (II, III) verteilt ist.

Die Ertragsanteile der einzelnen Arten (unter Masse-%) erscheinen in der Tabelle als sehr gering. Dabei ist zu bedenken, daß sie Mittelwerte aus einer großen Zahl von Aufnahmen darstellen

Tab. 67. Die wichtigsten Pflanzen des Wirtschaftsgrünlandes nach Stetigkeit und Massenanteilen (%) in 3 Gruppen von Grünlandgesellschaften, mit ökologischen Kennzahlen und Wertzahlen

		Stetigkeit (%)			Masse (%)						
		I	II	III	I	II	III	RZ	FZ	NZ	WZ
Trifolium repens	E	**97**	80	64	**7,1**	2,0	0,9	3	4	4	8
Festuca rubra	A	**91**	95	85	**23,3**	11,9	7,3	3	4	3	4/5
Agrostis tenuis		**88**	57	26	**11,1**	4,1	1,8	2	4	3	5
Taraxacum officinale	B	**82**	81	42	**2,2**	1,6	0,4	4	4	5	5
Poa pratensis	A	**80**	70	46	**5,9**	2,9	1,8	3	4	4	8
Cerastium fontanum	A	**78**	76	58	**0,1**	0,1	0,1	3	4	3	3
Cynosurus cristatus	E	**74**	56	41	**3,1**	1,7	1,2	3	4	3	6
Bellis perennis	E	**64**	54	38	**0,6**	+	+	4	4	4	2
Lolium perenne	E	**59**	11	4	**9,2**	0,3	0,1	4	4	5	8
Lotus corniculatus		**47**	38	2	**0,6**	0,4	+	3	3	2	7
Hypochoeris radicata		**43**	17		**0,5**	0,1		2	3	2	1
Phleum pratense	E	**40**	26	19	**0,7**	0,2	0,2	3	6	4	8
Poa annua		**38**	+		**0,3**	+		4	6	5	5
Pimpinella saxifraga		**32**	26		**0,1**	0,1		3	3	2	5
Leontodon autumnalis	E	**27**	20	11	**0,2**	0,2	0,1	3	4	3	5
Plantago major		**27**			**0,2**			4	6	4	2
Potentilla erecta		**25**	18	19	**0,2**	0,2	0,1	2	4	1	2
Festuca ovina		**23**	16	5	**1,5**	1,1	0,3	2	3	2	3
Nardus stricta		**18**	16	12	**0,2**	0,1	0,1	1	4	1	2
Ranunculus nemorosus		**17**	11		**0,1**	+		2	4	2	1
Elymus repens = *Agropyron repens*		**12**	5	3	**0,2**	0,2	+	4	6	5	6
Trifolium pratense	A	75	**92**	75	0,5	**4,5**	2,2	3	4	3	7
Plantago lanceolata	A	78	**90**	55	1,4	**2,7**	1,0	3	4	3	6
Ranunculus acris = *R. acer*	A	72	**90**	82	0,8	**1,6**	1,9	3	6	3	–1
Rumex acetosa	A	64	**90**	79	0,4	**1,1**	1,0	3	5	3	4
Leucanthemum vulgare = *Chrysanthemum leucanth.*	B	52	**88**	56	0,9	**1,6**	0,7	3	4	2	2
Trisetum flavescens	B	39	**78**	22	0,9	**3,9**	0,4	3	4	4	7
Achillea millefolium	B	71	**77**	21	1,0	**1,0**	0,3	3	4	4	5
Anthoxanthum odoratum		34	**75**	79	1,8	**2,8**	1,7	2	5	3	3
Veronica chamaedrys	B	39	**70**	19	0,1	**0,3**	0,1	3	4	3	2
Dactylis glomerata	B	54	**65**	13	2,1	**2,8**	0,2	4	4	5	7
Heracleum sphondylium	D	14	**65**	13	+	**2,7**	0,1	4	4	5	5
Centaurea jacea	A	36	**60**	44	0,2	**0,9**	0,4	3	5	3	3
Alopecurus pratensis	A	20	**56**	56	0,6	**4,2**	3,3	3	6	5	7
Alchemilla xanthochlora = *A. vulgaris*		32	**55**	13	0,4	**1,0**	+	2	4	3	5
Briza media		30	**52**	49	0,2	**0,8**	0,8	2	4	2	5
Leontodon hispidus	A	23	**52**	19	0,2	**1,1**	0,2	3	5	3	5
Avenula pubescens = *Helictotrichon pubescens*	B	14	**47**	25	0,7	**0,8**	0,8	4	3	3	4
Arrhenatherum elatius	D	6	**45**	5	0,1	**4,8**	0,2	4	4	5	7
Anthriscus sylvestris	D	7	**44**	2	+	**1,6**	+	4	4	5	4
Vicia cracca	A	22	**43**	22	0,1	**0,3**	0,2	3	5	3	6
Bromus hordeaceus = *B. mollis*	D	18	**38**	7	0,5	**1,0**	0,1	3	4	4	3
Galium mollugo	D	13	**38**	8	+	**0,5**	0,2	4	4	4	3

Tab. 67. Fortsetzung.

		Stetigkeit (%)			Masse (%)						
		I	II	III	I	II	III	RZ	FZ	NZ	WZ
Colchicum autumnale		1	**37**	32	+	**0,5**	0,5	4	6	3	–1
Trifolium dubium	B	33	**37**	28	0,5	**0,6**	0,4	3	4	3	6
Crepis biennis	D	3	**36**	7	+	**0,8**	0,1	4	4	4	4
Knautia arvensis	B	16	**34**	2	0,1	**0,3**	+	3	3	3	2
Vicia sepium	B	14	**34**	2	+	**0,3**	+	4	4	4	6
Hypericum maculatum		10	**33**	3	+	**0,2**	+	2	4	2	1
Pimpinella major	B	3	**33**	29	+	**0,5**	0,2	4	5	4	5
Campanula rotundifolia		23	**31**	+	+	+	+	3	3	3	3
Tragopogon pratensis ssp. *orientalis*	D	1	**29**	4	+	**0,2**	+	4	4	4	4
Cirsium oleraceum	F	10	**28**	13	+	**0,1**	1,0	4	7	3	4
Luzula spec.		24	**28**	28	0,9	**0,9**	0,8	2	3	1	2
Daucus carota	D	10	**24**	8	+	**0,2**	0,1	4	4	3	3
Geranium sylvaticum			**15**	+		**0,3**	+	3	4	3	2
Medicago lupulina		7	**15**	7	+	**0,1**	+	4	3	2	7
Holcus lanatus	A	68	87	**87**	2,9	3,8	**5,3**	3	6	4	4
Lychnis flos-cuculi	C	16	36	**81**	+	0,1	**1,2**	3	7	3	1
Poa trivialis	A	56	65	**69**	2,6	2,8	**3,0**	3	6	5	7
Festuca pratensis	A	52	60	**67**	2,8	3,3	**4,0**	4	5	4	8
Carex spec.				**65**			**6,5**				
Ranunculus repens		52	21	**64**	0,7	0,3	**1,9**	3	7	4	2
Lotus uliginosus	F	10	20	**61**	0,1	0,2	**1,1**	3	8	2	7
Caltha palustris	F			**60**			**0,2**	2	8	2	–1
Lathyrus pratensis	A	16	58	**58**	+	0,6	**0,9**	4	6	3	7
Filipendula ulmaria	C	1	20	**57**	+	0,1	**0,9**	3	8	3	3
Deschampsia cespitosa	C	22	28	**54**	0,3	0,6	**1,7**	3	7	3	3
Polygonum bistorta	F	7	33	**49**	+	1,2	**1,7**	2	6	3	4
Cirsium palustre	C	12	7	**47**	+	+	**0,5**	2	8	2	0
Sanguisorba officinalis	C	10	38	**45**	+	1,6	**3,1**	3	7	3	5
Scirpus sylvaticus	F			**40**			**1,8**	3	8	3	2
Angelica sylvestris	C		13	**38**		+	**0,6**	2	7	3	2
Bromus racemosus	F	2	11	**38**	+	0,2	**1,1**	4	7	3	4
Equisetum palustre	C	3	4	**35**	+	+	**0,6**	3	8	2	–1
Juncus spec.		2		**32**	+		**6,7**				
Silaum silaus	C		15	**29**		0,2	**1,7**	4	7	3	2
Rhinanthus spec.			6	**25**		+	**0,6**				–1
Agrostis gigantea		20	7	**27**	1,4	0,1	**0,7**	4	8	4	7
Molinia caerulea	C		4	**22**		0,2	**1,1**	2	8	1	2
Stachys officinalis = St. betonica	C	4	7	**9**	+	+	**0,1**	2	6	2	2

Stetigkeit = Häufigkeit des Vorkommens in % der Bestandsaufnahmen
Masse % = geschätzter Ertragsanteil
I = „Fett"- und Magerweiden (ohne Ödlandweiden)
II = Vorwiegend mäßig trockene bis mäßig feuchte Wiesen
III = Vorwiegend feuchte bis sehr feuchte Wiesen
RZ = Reaktionszahl
FZ = Feuchtezahl
NZ = Stickstoffzahl
WZ = Wertzahl

Gesellschaftsanschluß der Arten:
A Wirtschaftsgrünland (Molinio-Arrhenatheretea)
B Frische Wirtschaftsrasen (Arrhenatheretalia)
C Feuchtwiesen (Molinietalia)
D Frische Mähwiesen (Arrhenatherion)
E Frische Weiden (Cynosurion)
F Dotterblumenwiesen (Calthion)

(I = 1680, II = 1380, III = 630). Im Einzelfall erreichten 80 Arten über 20%, davon 43 über 50% und 11 sogar über 90%. In Weiden waren z. B. *Lolium perenne*, *Poa pratensis* und *Festuca rubra* bisweilen mit 80 bis 95% Bestandsanteil vertreten.

In den letzten vier Spalten der Tabelle sind die Wertzahlen und drei ökologische Kennzahlen aufgeführt. Die *Wertzahlen* nach KLAPP et al. (1953) dienen der Bewertung der Arten im lebenden Bestand, und zwar in zehn Wertstufen

Stufe 8: in jeder Hinsicht vollwertige Futterpflanzen
Stufe 0: als Futter ganz wertlose Pflanzen
Stufe –1: gesundheitsschädliche (giftige) Arten

Als wirklich brauchbare Futterpflanzen sind nur die in den Stufen 4 bis 8 anzusehen; sie machten in den Beständen der Tab. 67 etwa 67% des Gesamtbestandes aus.

Die **ökologischen Kennzahlen** wurden nur z.T. experimentell ermittelt; im wesentlichen war man bei ihrer Aufstellung auf Erfahrungswerte und Beobachtungen angewiesen.

Die Problematik der Ermittlung von ökologischen Kennzahlen ergibt sich auch daraus, daß die Grundlagen des besten Gedeihens in einem gemischten Bestand unter Konkurrenzdruck (Ökologisches Optimum) meist und sehr stark von denen in Reinkultur (Physiologisches Optimum) abweichen; schon wenige im Bestand vorhandene Konkurrenten können das Optimum eines Faktors für eine Art wesentlich verschieben. So wird z. B. *Festuca rubra* in Vergesellschaftung mit *Lolium perenne* und anderen Intensivgräsern durch steigende N-Gaben zunehmend unterdrückt, während es im Reinbestand durch dieselbe N-Düngung fast in gleichem Maße gefördert wird wie die Konkurrenten im Reinbestand.

Das Verhalten der Arten kann aber auch stark von der Vergesellschaftung selbst abhängig sein, wie Tab. 68 zeigt. In wüchsigen Kulturrasen werden Arten durch N-Düngung unterdrückt, die in Ödlandrasen wegen fehlender Konkurrenz gefördert werden. Ähnliche oder andere Wechselwirkungen bestehen auch für andere Faktoren.

Tab. 68. Ertragsanteile in Abhängigkeit von der N-Düngung; ohne N = 100 (KLAPP 1965b)

	in wüchsigen Wiesen	in Ödlandwiesen
Rotschwingel	65	164
Rotes Straußgras	39	173
Rotklee	55	216
Weißklee	39	282

Während in der Tab. 67 von KLAPP(1971) nur das Verhalten der Arten gegenüber den drei Bodenfaktoren pH-Wert, N-Versorgung und Feuchte ausgedrückt wird, werden von ELLENBERG (1978 und 1979) außerdem die Klimafaktoren Licht, Temperatur und Kontinentalität berücksichtigt. Darüber hinaus hat man sich seit langem bemüht, das Verhalten der Grünlandpflanzen auch gegenüber anderen Umweltfaktoren zu ergründen. Dabei ließen sich aus dem Komplex Bodenfruchtbarkeit außer der Bodenreaktion und der N-Wirkung keine weiteren Einzelwirkungen zur Kennzeichnung des Artverhaltens in Zahlen fassen. Auch ein sicherer, abgestufter Zusammenhang zwischen Bodennährstoffen (P_2O_5 und K_2O) und Artenvorkommen konnte nicht gefunden werden. Darauf haben sowohl KLAPP als auch ELLENBERG mehrfach hingewiesen, ebenso auf die Ursachen hierfür, die von KLAPP (1971) eingehend diskutiert werden.

Wenn auch die bereits eingeführten ökologischen Kennzahlen mit einer gewissen Unsicherheit behaftet sind, können sie doch akzeptiert werden, weil die Erfahrung und die Forschungsarbeit unserer fähigsten Vegetationskundler dahintersteht. Mit den Kennzahlen können die Zeigerwerte von Pflanzengemeinschaften ermittelt werden, wozu allerdings möglichst vollständige Vegetationsaufnahmen nötig sind. Diese „Bestandeskennzahlen" erlauben sicher bessere, weil differenziertere Aussagen über die Beziehungen zwischen Vegetation und Standort, als es mit Hilfe des Zeigerwerts weniger Arten oder sog. ökologischer Gruppen (Feuchtezeiger, N-Zeiger) möglich war. Diese werden allerdings für eine schnelle Orientierung oder in der Grünlandberatung ihre Bedeutung behalten.

(Weitere Einzelheiten zu den ökologischen Kennzahlen und Wertzahlen siehe unter 2.4.2.2 und 2.4.2.3.)

2.3.2 Pflanzenbestände, Pflanzengemeinschaften und Pflanzengesellschaften

Die floristische Beschaffenheit von Dauergrünlandbeständen ist im Hinblick auf Futterwert und Standortsbeurteilung von größtem Interesse. Man versteht unter **Pflanzenbestand** jeden pflanzlichen Aufwuchs, z. B. von Zuckerrüben und Weizen, zunächst aber auch jede Grasnarbe einer

Wiese oder Weide, die im Gleichgewicht mit allen lang- und kurzfristig auf sie einwirkenden Faktoren des Standorts und der Bewirtschaftung Biomasse produziert.

Eine **Pflanzengemeinschaft** ist nach ELLENBERG in Übereinstimmung mit KLAPP (1971) die einzelne, im Freiland beobachtete umwelt- und konkurrenzbedingte Artenkombination im konkreten Sinne.

Die **Pflanzengesellschaft** ist dagegen eine aus der vergleichenden Zusammenfassung gleicher oder ähnlicher Einzelgemeinschaften erkannte Vegetationseinheit im abstrakten Sinne.

Es ist ein altes Bestreben der Grünlandforschung, eine Übersicht über die Pflanzengesellschaften der extrem verschiedenen Grünlandstandorte zu gewinnen und andererseits die Eigenschaften des Standorts an den vorherrschenden Pflanzenarten zu erkennen. Dabei zeigte sich bald, daß die massenbildenden Arten meist wenig standorts- bzw. gesellschaftsgebunden sind, während die für bestimmte Standorte charakteristischen Arten für den Massenertrag oft keine große Bedeutung haben.

Die von BRAUN-BLANQUET entwickelte pflanzensoziologische Arbeitsweise stellt deswegen die Charakterarten der einzelnen Gesellschaften in den Vordergrund, legt jedoch Wert auf eine möglichst vollständige Artenliste, in der alle Arten nach ihrem Massenanteil (Dominanz) aufgeführt sind. Die grundlegende Einheit des Systems von BRAUN-BLANQUET ist die Assoziation, die durch Charakterarten (Kennarten) und in ihren standortbedingten Abwandlungen durch Differentialarten (Trennarten) gekennzeichnet wird.

Jede Pflanzengesellschaft läßt sich nach TÜXEN als eine nach ihrer Artenverbindung durch den Standort ausgelesene Arbeitsgemeinschaft von Pflanzen definieren. Zeiger für die Standortwirkungen sind die Kennartengruppen, die mit Trennarten und Begleitern gemeinsam die Gesamtwirkung aller Standortseinflüsse erkennen lassen und eine Untergliederung der Assoziation in Subassoziationen, Varianten und Fazies ermöglichen.

Schwierigkeiten bei der Anwendung des pflanzensoziologischen Systems ergaben sich aus folgendem:

1. Viele der wirtschaftlich wichtigen Grünlandpflanzen haben eine relativ weite ökologische Streubreite, also nur eine geringe Aussagekraft für einen bestimmten Standort.
2. Auch die Kennarten sind nicht absolut gesellschaftstreu, d. h. manche sind eng an bestimmte Standorte gebunden, andere können auf verschiedenen, wenn auch ähnlichen Standorten vorkommen.
3. Mit zunehmender Intensivierung durch Düngung und häufigere Nutzung nehmen die anspruchsvollen und wenig standortsgebundenen Massenbildner so stark zu, daß die häufig konkurrenzschwachen Kenn- und Trennarten unterdrückt oder ganz eliminiert werden.
4. Der Einfluß der Bewirtschaftung kann so stark werden, daß er im pflanzensoziologischen Sinne eine drastische Änderung des Standortes bedeutet: Aus dem Ödlandrasen wird durch Düngung und Nutzung ein Kulturrasen, aus der Zweischnittwiese durch Beweidung und ihre Begleiteinflüsse eine Intensivweide.

In der Vergangenheit hat es nicht an Versuchen gefehlt, Wiesentypen nach dem Anteil der „herrschenden“ (dominanten) Arten zu unterscheiden. In Ländern mit einheitlichen Standortsbedingungen und bei sehr intensiver Nutzung kann man damit auskommen. Auch zur Beurteilung der Futterqualität in einer aktuellen Situation sind Dominanzmethoden durchaus geeignet, nicht jedoch für eine längerfristig gültige Standortsdiagnose, weil die Massenanteile in Abhängigkeit von Jahreszeit, Witterung, Düngung und Nutzung große und kurzfristig eintretende Schwankungen aufweisen können.

Die pflanzensoziologische Arbeits- und Betrachtungsweise verliert zwar mit der Intensivierung der Grünlandwirtschaft an Bedeutung, andererseits gewinnt sie an Gewicht, wo es um die Beurteilung von Grünland auf extremen Standorten geht. Zu einer positiven und fruchtbaren Diskussion mit Naturschutz und Landschaftspflege ist es für den Grünlandspezialisten unerläßlich, pflanzensoziologisch-ökologisch denken, urteilen und selbst arbeiten zu können; stellt doch das Grünland, insbesondere das ödlandartige Extensivgrünland, eine naturnahe Vegetation dar, deren Bedingtheit, Zustand und Entwicklungsmöglichkeit am besten mit vegetationskundlichen Methoden beurteilt werden können.

2.3.2.1 Zeigerwert von Grünlandgesellschaften

Die natürliche Vegetation mit ihren verschiedenen Pflanzengesellschaften stellt den besten Ausdruck aller auf sie wirkenden Standorteinflüsse dar, die im Zusammenwirken von Boden, Klima und Bewirtschaftung bestehen. Der Nachdruck dieser Aussage liegt auf der Gesamtwirkung der Umwelteinflüsse (KLAPP 1971). Alle Einzelursachen zu erkennen, ist nicht möglich. Die Aussagekraft für einen Standortsfaktor ist jedoch umso eindeutiger, je stärker dieser an einem Standort auf die Vegetation wirkt. Das können der Wasserfaktor, die Bodenreaktion, aber auch Düngung und Nutzungsintensität sein.

Jede Änderung des Standorts, sowohl zeitlich als auch räumlich-flächenhaft gesehen, muß eine Änderung in der Struktur der betroffenen Pflanzengemeinschaft nach sich ziehen.

Klima und Witterung

Die großen Unterschiede in der Vegetation der Erde in Abhängigkeit vom Großklima sind bekannt. Aber auch im europäischen Bereich treten sie schon deutlich hervor, wenn man das Grünland in maritimen Lagen mit dem im kontinentalen Osteuropa vergleicht oder Talweiden mit Bergweiden. Wirkungen des Klein- und Geländeklimas oder extremer Jahreswitterung sind ebenfalls an der Vegetation zu erkennen. Besonders auf kleinen Flächen ist die pflanzensoziologische Methode sicher genauer und schneller als bodenkundlich, meteorologisch oder phänologisch begründete Kartierungen.

Wasserverhältnisse

Der Wasserhaushalt eines Standorts und seine jahreszeitliche Dynamik werden wohl am sichersten von allen Standortsfaktoren mit Hilfe der Feuchtezahlen der Pflanzenarten und ihrer Gesellschaften charakterisiert. Dabei bestehen Wechselbeziehungen zu Bodenarten und Bodentypen, sicher auch zum Einfluß von Stauhorizonten, die von der Pflanzengemeinschaft nicht sicher angezeigt werden. Hier ist die Mitwirkung der Bodenkunde erforderlich, wie überhaupt in der Vegetationskunde auf die ergänzende Unterstützung durch Nachbardisziplinen nicht verzichtet werden kann.

Ein besonderer Vorteil der vegetationskundlichen Beurteilung der Wasserverhältnisse gegenüber Messungen beruht darauf, daß auch große Flächen, durch Aufnahme aller vorkommenden Pflanzengemeinschaften und deren Kartierung, mit einem lückenlosen Netz überzogen werden können, das den Feuchtegrad und seine räumliche Verteilung schnell und sicher erkennen läßt. Die pflanzensoziologische Kartierung wird deswegen für wasserwirtschaftliche, Agrar- und Landschaftsplanungen bevorzugt verwendet. Ein Beispiel aus dem Itztal enthält Tab. 69.

Der Flächenanteil der einzelnen Pflanzengesellschaften wird planimetriert, so daß auch die für einzelne Verwendungszwecke verfügbaren Flächen erfaßt werden.

Bei Eingriffen in den Wasserhaushalt dient die Kartierung der Beweissicherung, indem z. B. vor einer Flußregulierung und sechs bis acht Jahre

Tab. 69. Pflanzengesellschaften, Wasserstufen, Grundwasser-Flurabstände und Eignung der Standorte für landwirtschaftliche Zwecke. Beispiel aus dem Itztal (subkontinental; 600 mm Jahres-Niederschlagshöhe, 340 mm April bis September, Jahrestemperatur 8 bis 8,5 °C, Juli 17,5 °C; Böden mittlerer bis höherer Wasserkapazität: Auelehm) (VOLLRATH)

Pflanzengesellschaften (im speziellen Fall)	Pflanzengesellschaften (allgemein)	Wasserstufe (Nr.	Bezeichnung)	GW-Flurabstand (cm)
Glatthafer-Halbtrockenrasen	Halbtrockenrasen	1	trocken	> 120
Salbei-Glatthafer-Wiese	Frischwiese trocken	2	ziemlich trocken	> 120
Silgen-Glatthafer-Wiese	Frischwiese	3	frisch	120– 80
Typische Silgenwiese		4	ziemlich feucht	80– 60
Schlankseggen-Silgen-Wiese	Feuchtwiesen	5	feucht	60– 45
Sumpflabkraut-Silgen-Wiese		6	sehr feucht	45– 30
Silgen-Schlankseggen-Wiese	Naßwiesen	7	naß	30– 20
Reine Schlankseggen-Wiese		8	sehr naß	20– 10
Wasserschwaden-Röhricht	Röhrichte	9	Wasserspiegelbereich	10– 0

1 und 2 für Grünland zu trocken, Qualität mäßig, Erträge schlecht;

3 bis 6 geeignet, Qualität und Erträge gut, 3 und 4 wegen Befahrbarkeit bevorzugt, 5 und 6 ermöglichen Höchsterträge;

7 bis 9 zu naß, Qualität schlecht, aber noch hohe Erträge.

Die GW-Flurabstände beziehen sich auf die niedereren = herbstlichen Stände.

danach Kartierungen durchgeführt werden. So lassen sich in Verbindung mit bodenkundlichen und hydrologischen Untersuchungen die durch die Maßnahme verursachten Veränderungen beweiskräftig feststellen.

Im Rahmen eines Beweissicherungsverfahrens führten wir auf der Talwasserscheide zwischen Kocher und Brenz (Ostalb) eine Grünlandkartierung durch (MARTIN und VOIGTLÄNDER 1960). An vier Stellen im Kartierungsgebiet befanden sich Grundwassermeßpegel, an denen zwei Jahre lang die in Tab. 70 enthaltenen Werte der Grundwasser-Flurabstände gemessen wurden. So ergab sich die Möglichkeit, die an den Pegeln aufgenommenen Pflanzengemeinschaften und ihre Feuchtezahlen mit den Ergebnissen der hydrologischen Messungen zu vergleichen.

Es ergab sich eine gute Übereinstimmung zwischen den Feuchtezahlen der Grünland-Pflanzengemeinschaften und den Mittelwerten der laufend gemessenen Grundwasser-Flurabstände.

Tab. 70. Pflanzengesellschaften und Grundwasser-Flurabstände

Pflanzengesellschaft	FZ*	Pegel Nr.	cm Grundwasser-Flurabstand Mittel	min.	max.
Glatthaferwiese					
frisch	3,2	3	187	164	451
feucht	3,4	2	97	–7	285
Kohldistelwiese					
typisch	3,5	1	79	54	239
naß	4,2	4	20	–1	96

* 5 Feuchtestufen (1 = Trocknis-, 5 = Nässezeiger)

Bodeneigenschaften

Die Pflanzengesellschaften lassen nur solche Eigenschaften erkennen, die physiologisch stark wirksam sind. Von den Bodenarten lassen sich am Pflanzenbestand Sand-, Ton- und Moorböden gut unterscheiden, wenn auch nur durch ihren Einfluß auf Wasserhaushalt, Durchlüftung und Erwärmbarkeit.

Enge Zusammenhänge ergaben sich zwischen Basensättigungsgrad (V-Wert) und Pflanzengesellschaften (BOEKER 1957); jedoch wurden bei verstärkter Düngung und Kalkung (auf stärker sauren Böden) die Wirkungen des natürlichen Basenhaushaltes überdeckt.

Der Bodentyp kann sich über den Wasserhaushalt deutlich auf die Zusammensetzung der Grasnarbe auswirken. Allerdings können auch typverschiedene Böden sehr ähnliche Pflanzengesellschaften tragen. In dem Material von KLAPP waren nur die Kalktrockenrasen an eine Serie von verwandten Bodentypen gebunden.

Düngung und Bewirtschaftung

Für die Mehrzahl der Grünlandpflanzen sind die Nährstoffansprüche gut bekannt, ebenso die soziologische Beurteilung der Düngerwirkung. Wirkungen des Stickstoffs und der flüssigen Wirtschaftsdünger sind sehr auffällig, ebenso die des N-Mangels bei guter PK-Versorgung.

Die Unterschiede in der Bewirtschaftung, besonders in der Nutzung, sind für den Fachmann an der Artenkombination leicht zu erkennen. Extrem sind die Wirkungen von ein- bis zweimaliger Mahd im Vergleich zu intensivem Weidegang, aber auch die Unterschiede zwischen einmaligem Schnitt und Vielschnitt. Bei ausreichender Nährstoffversorgung ähnelt eine Vielschnittnarbe mehr einer Weidenarbe als der einer Zweischnittwiese.

Aber auch unter Weidenutzung ergeben sich große Unterschiede in der Reaktion der Grasnarbe durch Über- bzw. Unterbeweidung, durch extensive Weidewirtschaft mit geringem Düngeraufwand bzw. Intensivweide mit reichlicher Nährstoffversorgung. Mit zunehmender Intensität der Nutzung nimmt die Artenzahl ab, die Differentialarten werden eliminiert, Arten der Tritt- und Ruderalgesellschaften dringen ein.

Ertragsleistung und Futterqualität

Die aktuellen Erträge von Pflanzengesellschaften kann man wiegen, aber schwer vorhersagen, weil die Jahresschwankungen, besonders extensiv genutzter Flächen, und die Düngungsunterschiede innerhalb einer Gesellschaft sehr groß sein können. Eher ist es möglich, das Potential einer Pflanzengesellschaft vorauszusagen. Dabei ist zu bedenken, daß Ödlandrasen und Extensivgrünland durch Starkdüngung und häufigere Nutzung in leistungsfähigere Gesellschaften umgewandelt werden. Das Potential dieser von Natur aus leistungsschwachen Gesellschaften kann man also nur bei mäßiger Intensität bis zu der Grenze ermitteln, an der diese Umwandlung beginnt. Dabei ergeben sich Übergänge zwischen den Gesellschaften und gegenseitige Durchdringungen, die die Diagnose erschweren, aber in der Praxis sehr häufig sind.

Zur Abschätzung der Futterqualität sind die Wertzahlen nach KLAPP et al. (1953) und die Gütezahlen nach STÄHLIN (1971) gut geeignet.

Vorgeschichte und Entwicklung
Für den Gutachter, den Berater, aber auch für den Versuchsansteller ist es oft wichtig, die Vorgeschichte einer Grünlandfläche zu kennen; bei fehlenden Informationen kann der Fachmann aus dem vorhandenen Pflanzenbestand auf die bisherige Bewirtschaftung, auf Behandlungsfehler, auf die Ursachen von Narbenschäden und auf die mögliche Leistung schließen.

Noch wichtiger sind Voraussagen über die Weiterentwicklung von Beständen, z. B. nach Umstellungen in der Bewirtschaftung oder nach Meliorationen. Hierüber ist genügend aus zahlreichen Arbeiten bekannt, um sichere Aussagen machen zu können. Die umfangreichen Ergebnisse der Sukzessionsforschung lassen die möglichen Fort- und Rückentwicklungen von Pflanzengesellschaften unter der Wirkung verschiedenster Einflüsse gut erkennen.

Zusammenfassend sei festgestellt: Der Pflanzenbestand des Grünlandes gibt die genaueste Auskunft über die **Gesamtheit der Standorteinflüsse.** Die Grenzen der Aussage liegen in vielen Fällen bei der Erkennung der Einzelursachen. Diese ist umso eher möglich, je schärfer ein Umweltfaktor ökologisch-physiologisch in die Bildung der Pflanzengemeinschaft eingreift.

Weiterführende Literatur zum Komplex „Zeigerwert der Grünlandgesellschaften“: KLAPP 1965b, ELLENBERG 1978 und 1979, STÄHLIN und SCHWEIGHART 1960.

2.3.2.2 Gliederung der Grünlandvegetation

Das Wirtschaftsgrünland bezeichnen wir mit KLAPP (1965b) auch als **Kulturrasen**. Das sind durch Kultur-, Düngungs-, Nutzungs- und Pflegemaßnahmen aus Wald oder Ödland entwickelte Flächen, die der Futterversorgung von Nutztieren dienen.

Unter **Ödlandrasen** verstehen wir dagegen Flächen, auf denen durch gelegentlichen Schnitt oder extensiven Weidegang die Wiederbewaldung gerade verhindert oder doch wenigstens der Holzwuchs stark eingeschränkt wird. Ödlandrasen können dennoch hohe Erträge an Biomasse bringen. Hier handelt es sich um häufig überschwemmte oder länger unter Wasser stehende Bestände, deren Düngung nicht lohnt. Der Aufwuchs dieser meistens nur einmal in einem oder zwei Jahren gemähten Flächen ist für Futterzwecke ungeeignet. Ödlandrasen unter Beweidung bringen dagegen nur geringe Erträge, die aber – meistens sehr selektiv – als Futter genutzt werden.

Die Übergänge zwischen Ödland- und Kulturrasen sind fließend. Kulturrasen findet man hauptsächlich in mäßig trockenen bis mäßig feuchten Lagen; die höchstwertigen Bestände sind in den sog. frischen Lagen bei Feuchtezahlen um 4 bis 5 anzutreffen (10stufige Skala).

In der folgenden Zusammenstellung sind sieben Klassen von Pflanzengesellschaften aufgeführt, die für die Grünlandwirtschaft von direkter oder indirekter Bedeutung sind:

1. Plantaginetea	Tritt- und Flutrasen
2. Phragmitetea	Röhrichte und Großseggen-Sümpfe
3. Scheuchzerio-Caricetea nigrae	Kleinseggen-Zwischenmoore und -Sumpfrasen
4. Molinio-Arrhenatheretea	Grünland-Gesellschaften
5. Sedo-Scleranthetea	Lockere Sand- und Felsrasen
6. Festuco-Brometea	Kalk-Magerrasen
7. Nardo-Callunetea	Borstgras- und Zwergstrauchheiden

Die Klassen 1 bis 3 stellen feuchte, 5 und 6 trockene und 7 nährstoffarme Ödlandrasen (bei meistens ausreichenden Niederschlägen) dar; die Klasse 4 enthält die Kulturrasen.

Neben den Grünlandgesellschaften unter 4 sind hier die Ödlandrasen mit erwähnt, weil einige von ihnen leicht in Kulturrasen überführt werden können. Das gilt besonders für 7. In dieser Klasse genügen Kalkung, NPK-Düngung und geregelte Nutzung, um aus Nardeten Horstrotschwingel-Weißklee-Weiden oder sogar Goldhaferwiesen entstehen zu lassen. Diese Umwandlung erscheint im Bedarfsfall auch heute noch vertretbar, weil in den Mittelgebirgen und Alpen noch umfangreiche Borstgras- und Zwergstrauchheiden vorhanden sind.

Dagegen ist die Gewinnung von Kulturrasen aus feuchten bis nassen Ödlandrasen oder aus Trockenrasen aus Gründen des Landschafts- und Naturschutzes abzulehnen, weil es davon nur noch Restflächen gibt in sehr unregelmäßiger regionaler Verteilung. Außerdem ist die Wirtschaftlichkeit unter normalen Verhältnissen nicht gegeben, weil Entwässerung, häufig sogar Schaffung oder Vertiefung der Vorflut einerseits und

Tab. 71. Die Aufgliederung der Grünland-Gesellschaften nach Ordnungen, Verbänden und Assoziationen (Bezeichnungen nach ELLENBERG 1979, z. T. nach OBERDORFER 1970)

Klasse (-etea)	Ordnung (-etalia)	Verband (-ion)	Assoziation (-etum) (Beispiele)
Molinio-Arrhenatheretea Grünland-Gesellschaften	Molinietalia Feuchtwiesen	Molinion Pfeifengras-Streuwiesen, ungedüngt	Molinietum medioeuropaeum Kalk-Pfeifengraswiese Junco-Molinietum bodensaure Pfeifengraswiese
		Calthion gedüngte Feuchtwiesen	Angelico-Cirsietum Kohldistelwiese
	Arrhenatheretalia Gedüngte Frischwiesen und -weiden	Arrhenatherion Glatthaferwiesen	Arrhenatheretum medioeuropaeum Glatthaferwiese (mit verschiedenen Subassoziationen)
		Polygono-Trisetion Goldhafer-Bergwiesen	Geranio-Trisetetum Storchschnabel-Goldhafer-Wiese
		Cynosurion Weidelgras-Kammgras-Weiden	Lolio-Cynosuretum Weidelgras-Weißklee-Weide
			Festuco-Cynosuretum Hostrotschwingel-Weißklee-Weide
		Poion alpinae Subalpine Milchkrautweiden	Prunello-Poetum alpinae Milchkrautweide

Beregnung oder Bewässerung andererseits zu hohe Kosten verursachen.

In der Tab. 71 sind die Grünlandgesellschaften nach Ordnungen, Verbänden und Assoziationen aufgegliedert. Die Klasse der Grünland-Gesellschaften unterscheidet sich von vielen anderen durch ein Minimum an regelmäßiger Entfernung bzw. Beeinträchtigung des Baum- und Strauchwuchses. Die beiden Ordnungen unterscheiden sich durch die Standortsfeuchte. Innerhalb der Molinietalia wirken Düngung und Nutzung zwischen Verbänden und Assoziationen differenzierend, innerhalb der Arrhenatheretalia Schnitt und Weidegang einerseits und die Höhenlage andererseits.

2.3.2.3 Ertragsfähigkeit und Düngungsreaktion von Wiesen-Pflanzengesellschaften

Ödlandrasen und extensiv bewirtschaftete Grünlandgesellschaften weisen enge Zusammenhänge zur Wirkung der natürlichen Standortfaktoren auf, von denen dann auch die Ertragsfähigkeit weitgehend bestimmt oder begrenzt wird. Zugleich ist damit eine große soziologische Vielfalt verbunden.

KLAPP hat 1962 das bis dahin in Mittel-, Süd- und Westdeutschland angefallene Datenmaterial über die Ertragsfähigkeit von Wiesengesellschaften kritisch gesichtet, mit 1700 eigenen Massenschätzungen auf soziologisch genau definierten Flächen verglichen, die gewogenen Heuerträge von 165 Düngungsversuchen mit einbezogen und damit die Düngerwirkung auf den Ertrag der verschiedenen Pflanzengesellschaften dargestellt. Eine ungefähre Rangfolge der Erträge von nicht bzw. nicht besonders gedüngten Beständen der Gesellschaftseinheiten ist in Tab. 72 gekürzt wiedergegeben. Diese Werte sagen über das Potential wenig aus. So liefern die Gesellschaften 3 und 4 bei starker Düngung, Beibehaltung der Wiesennutzung und geringfügiger Erhöhung der Schnittzahl 70 bis 100 dt Heu/ha, ohne in ihrer pflanzensoziologischen Struktur verändert zu werden.

An die Stelle der meisten unter 6 bis 9 genannten Gesellschaften treten bei verstärkter Wiesendüngung – die dann eine Veränderung des Standorts bedeutet – andere, leistungsfähigere Gesellschaften mit ebenfalls 70 bis 100 dt Heu/ha; lediglich die Erträge der Trockenrasen können durch Wassermangel auf einem etwas geringeren Niveau begrenzt werden.

Alle in der Tab. 72 verzeichneten Ödlandrasen werden durch verstärkte Wiesendüngung in Kulturrasen umgewandelt, die dann in Gesellschaften der Klasse Molinio-Arrhenatheretea einzuordnen sind. In diesen Fällen wird neben den Erträgen die Futterqualität wesentlich stärker verbessert als dann, wenn sich die Ertragssteigerung durch verstärkte Düngung innerhalb eines Kulturrasens vollzieht; hier ist die Qualität infolge besserer Bewirtschaftung und rechtzeitiger, meist auch mehrmaliger Nutzung schon bei mäßiger Düngung wesentlich besser als auf den ungedüngten und höchstens einmal genutzten Ödlandrasen.

Ertragssteigerungen über 70 bis 100 dt Heu/ha wären auf den meisten Flächen möglich. Dazu

Tab. 72. Heuerträge nicht oder nur mäßig gedüngter Wiesengesellschaften, nach fallenden ha-Erträgen, nicht nach ökologischen Gesichtspunkten geordnet; Futterqualität nicht berücksichtigt

				Heuerträge dt/ha
1.		Röhrichte, z. B. Rohrglanzgras und Wasserschwaden	Ö	um 150
2.	a	Großseggenbestände	Ö	65–125
	b	Knickfuchsschwanzrasen mit hohen Anteilen an Rohrglanzgras, Wasserschwaden oder Quecke	K	
3.	a	Glatthaferwiesen, frische bis feuchte tiefer Lagen	K	55–65
	b	Kohldistelwiesen in der Subass. von Bärenklau		
4.		Glatthaferwiesen in Berglagen	K	50–55
5.	a	Glatthaferwiesen, trockene Lagen	K	um 45
	b	Glatthaferwiesen, stark wechselfeuchte tiefer Lagen	K	
	c	Goldhaferwiesen, feuchte bessere Standorte	K	
6.	a	Schlankseggenrieder außerhalb des Flutbereichs, überjährig geerntet	Ö	wenig über 40
	b	Glatthaferwiesen, sehr trockene (z. b. mit Wiesensalbei)	K	
	c	Goldhaferwiesen, typische	K	
	d	Wassergreiskrautwiesen, Traubentrespenwiesen	K	
	e	Wiesenknopf-Silgen-Wiesen	K	
7.	a	Knickfuchsschwanzrasen ohne größeren Hochgrasanteil	K	25–35
	b	Fuchsseggenrieder	Ö	
	c	Goldhaferwiesen, magere oder trockenere	K	
	d	Rotschwingel-Straußgras-Bestände	K	
	e	Pfeifengraswiesen basenreicher Standorte	Ö	
8.	a	Pfeifengraswiesen basenarmer Standorte	Ö	um 20
	b	Hundsstraußgraswiesen, typische	Ö	
	c	Waldbinsen-Sumpfwiesen	Ö	
9.	a	Hundsstraußgraswiesen, schlecht entwickelte	Ö	10–15
	b	Davallseggenrasen	Ö	
	c	Halbtrockenrasen	Ö	
	d	Borstgrasrasen (feuchte u. typische)	Ö	
	e	Ginsterheiden	Ö	

Ö = Ödlandrasen, K = Kulturrasen

Tab. 73. Veränderungen von Ödlandrasen durch Bewirtschaftung

Ausgangszustand	Erste Maßnahmen	Zwischenstufen	Weitere Maßnahmen	Endstufen*
1) Festuco-Brometea (Mesobromion) bei tiefgründigem Boden	NPK-Düngung, geregelte Schnitt- oder Weidenutzung	Trockene Glatthaferwiesen und Weidelgrasweiden	1) Beregnung stärkere Düngung Mehrschnitt Intensivweide	
2) Nardo-Callunetea saure Böden	NPKCa-Düngung, geregelte Schnittnutzung, Weidegang mit Nachmahd	Berg-Glatthafer- und Goldhaferwiesen, Rotschwingelweiden	2) stärkere Düngung Mehrschnitt Intensivweide	
3) Molinietum medioeuropaeum basische Böden	NPK-Düngung, Mehrschnitt, Umtriebsweide	Kohldistelwiesen Feuchte Weidelgrasweiden	3) wie unter 2) und mäßige Entwässerung	3–5 × **Mahd:** Übergänge vom Arrhenatheretum
4) Junco-Molinietum saure Böden	NPKCa Mehrschnitt Umtriebsweide	Wassergreiskraut-Traubentrespen-Wiesen, Feuchte Weidelgrasweiden	4) wie unter 2) und mäßige Entwässerung	zum Lolio-Cynosuretum
5) Scheuchzerio-Caricetea nigrae (Caricion davallianae) bas. Böden	Entwässerung NPK Mehrschnitt Umtriebsweide	Kohldistelwiesen Feuchte Weidelgrasweiden	5) wie unter 2) und stärkere Entwässerung Einsaat	**Weidegang:** Lolio-Cynosuretum
6) Scheuchzerio-Caricetea nigrae (Caricion nigrae) saure Böden	Entwässerung NPKCa Mehrschnitt Umtriebsweide	Wassergreiskraut-Traubentrespen-Wiesen, Feuchte Weidelgrasweiden	6) wie unter 2) und stärkere Entwässerung Einsaat	
7) Phragmitetea (Magno-) Caricion elatae, Naßböden	Entwässerung NPK (Ca) Mehrschnitt	Feuchtwiesen verschiedener Assoziationen	7) wie unter 2) und stärkere Entwässerung Einsaat	
8) Plantaginetea (besonders Assoziationen mit *Alopecurus geniculatus* und *Phalaris arundinacea*)	Freilegung vom Hochwasser, Auffüllen von Mulden, NPK, Mehrschnitt	Feuchtwiesen verschiedener Assoziationen	8) wie unter 2) und mäßige Entwässerung Einsaat	

* Zustand der unter 1) bis 8) genannten Gesellschaften bei sehr intensiver Bewirtschaftung

müßte die Düngung, besonders mit N, noch weiter verstärkt werden; sie setzt aber Vielschnitt oder intensive Beweidung voraus.

2.3.2.4 Vom Ödlandrasen zum Kulturgrünland

Diese Entwicklung hat sich in den letzten Jahrzehnten so schnell vollzogen, daß Ödlandrasen in manchen Ländern und Landesteilen selten geworden sind. Allerdings ist nicht aus allen Ödlandrasen Intensivgrünland entstanden, sondern viele Grünlandflächen befinden sich auf halbem Wege. Ob und wie lange sie dort verharren, hängt von vielen Umständen, insbesondere von wirtschaftlichen und produktionstechnischen Voraussetzungen ab. Wie solche Umstellungen ablaufen können und von welchen Maßnahmen sie bewirkt werden, ist in Tab. 73 in Anlehnung an Klapp (1965b) angegeben. Hier wird im wesentlichen die Verbesserung ohne Neuansaat dargelegt. Lediglich in der zweiten Phase werden die feuchteren Gesellschaften zusätzlich durch Einsaat verbessert. Von diesen nicht sehr schwerwiegenden Ausnahmen abgesehen, wird die natürliche Sukzession nicht durch die tiefwirkenden Eingriffe Bestandsabtötung oder Umbruch gestört (vgl. 2.5.7).

Dieses Kapitel und die Besprechung der Tab. 73 kann wohl nicht besser abgeschlossen werden als mit einem Wort von Ernst Klapp: „Mit zunehmenden Wirtschaftseinflüssen kommt es zu einer nahezu vollständigen Konvergenz von Erträgen und Pflanzenbeständen ursprünglich verschiedenster Grasnarben.“

2.4 Die Bewertung des Dauergrünlandes

2.4.1 Die Reichsbodenschätzung

Die Reichsbodenschätzung, die 1934 begann, diente als Hilfsmittel für Besteuerungszwecke. Die Grundlage bestand in einer engmaschigen Untersuchung und Bewertung des Bodens, wobei auch die Klima- und Wasserverhältnisse berücksichtigt wurden. Sie konnte naturgemäß nur von dem damals gültigen Kenntnisstand über die Eigenschaften der verschiedenen Bodenarten ausgehen; noch nicht berücksichtigt wurde die moderne Bodentypenlehre und das Wissen um die verschiedenen Pflanzengesellschaften des Grünlandes mit ihrem jeweils verschiedenen Wert für den Betrieb und als Indikator für Standorteigenschaften. Da das Wissen hierüber in den letzten vier Jahrzehnten stark zugenommen hat, ist der ursprünglich angelegte Rahmen als ein wenig grob zu bezeichnen. Verschiedene Autoren haben sich daher mit Verbesserungsvorschlägen befaßt. Einzelheiten hierzu und die Durchführung der Bodenschätzung sind in Voigtländer und Voss (1979) zusammenfassend dargestellt.

2.4.2 Bewertung nach der Bestandszusammensetzung

2.4.2.1 Voraussetzungen

Die Kenntnis der botanischen Zusammensetzung der Grünlandbestände ermöglicht Aussagen über die Standorte wie auch über den Futterwert. Voraussetzung dafür ist eine genaue Bestandsuntersuchung unter Erfassung auch der Arten, die nur in geringen Anteilen oder vereinzelt im Bestand vorkommen. Man versteht unter Pflanzenbestand jeglichen Pflanzenaufwuchs, der eine Fläche bedeckt, also jeden Aufwuchs auf Acker- und Grünland. Eine Pflanzengemeinschaft ist eine konkrete Ansiedlung mehrjähriger Pflanzen auf einem bestimmten Standort. Pflanzengemeinschaften befinden sich im Gleichgewicht mit den Umweltbedingungen. Aus dem Vergleich zahlreicher ähnlicher Pflanzengemeinschaften ist der abstrakte Begriff einer Pflanzengesellschaft entstanden. Die Kenntnis der Standorteigenschaften, unter denen bestimmte Pflanzengesellschaften anzutreffen sind, befähigt den Fachmann zu konkreten Aussagen über Herkunft, Wert und Entwicklungsmöglichkeiten einer bestimmten Pflanzengemeinschaft.

In Mitteleuropa werden die Pflanzengesellschaften in der Regel nach dem System von Braun-Blanquet und Tüxen definiert. In den östlichen und westlichen Teilen Europas sind aber auch andere Systeme in Gebrauch, ebenso in den skandinavischen Ländern. Während früher (z. T. auch heute noch) die Ableitung der Pflanzengesellschaften durch umfangreiche handschriftliche Tabellenarbeit erfolgte, ist in den letzten Jahren zunehmend die elektronische Datenverarbeitung eingesetzt worden. In der Bundesrepublik sei hier insbesondere auf die Arbeiten von Spatz und Siegmund (1973) hingewiesen.

2.4.2.2 Ökologische Kennzahlen zur Standortbeurteilung

Ellenberg veröffentlichte 1950 eine Schrift „Unkrautgemeinschaften als Zeiger für Klima und

Boden" sowie 1952 in der gleichen Schriftenreihe „Wiesen und Weiden und ihre standörtliche Bewertung" unter Mitwirkung von STÄHLIN. In beiden Schriften bewertete er mehrere hundert Ackerunkräuter und Grünlandpflanzen nach ihrem ökologischen Verhalten mit Hilfe verschiedener Kennzahlen. Dieses System wurde von ELLENBERG weiterentwickelt und auf etwa 2000 Pflanzenarten ausgedehnt (1979). Die Kennzahlen sind für die elektronische Datenverarbeitung geeignet. So läßt sich z. B. die systematische Zuordnung einzelner Pflanzenarten zu den Pflanzengesellschaften Mitteleuropas errechnen. Darüber hinaus kann anhand der Zeigerwerte festgestellt werden, ob eine gefundene Artengruppe ökologisch einheitlich zu bewerten ist.

Bezüglich des ökologischen Verhaltens werden folgende Zahlen definiert:

L = **Lichtzahl;** die Zahlen liegen zwischen 1 und 9, wobei 1 eine Tiefschattenpflanze, 9 eine Voll-Lichtpflanze bezeichnet, die nur an voll bestrahlten Plätzen zu finden ist.

T = **Temperaturzahl:** hierbei wird das Vorkommen im Wärmegefälle von der mediterranen bis zur arktischen Zone bzw. von Tieflagen zur alpinen Stufe erfaßt. 1 bedeutet Kältezeiger, die nur in hohen Gebirgslagen oder im boreal-arktischen Bereich vorkommen, 9 sind extreme Wärmezeiger, die vom mediterranen Gebiet auf die wärmsten Gebiete Mitteleuropas übergreifen.

K = **Kontinentalitätszahl:** diese Arten kommen im Kontinentalitätsgefälle von der Atlantikküste bis ins Innere Eurasiens vor, wobei sie insbesondere auf Temperaturschwankungen ansprechen. 1 bedeutet euozeanisch, Arten, die in Mitteleuropa nur an sehr wenigen Vorposten an der Atlantikküste vorkommen, 9 bedeutet eukontinental, d. h. die Arten fehlen im eigentlichen Mitteleuropa.

F = **Feuchtezahl:** 1 bedeutet Starktrockniszeiger, die an oftmals austrocknenden Stellen lebensfähig sind und auf trockene Böden beschränkt sind. 9 sind Nässezeiger, die ihr Schwergewicht auf oft durchnäßten, luftarmen Böden haben. Dazu kommen 10 = Wechselwasserzeiger, das sind Wasserpflanzen, die längere Zeiten ohne Wasserbedeckung ertragen. 11 = Wasserpflanzen, die unter Wasser wurzeln, aber zumindest zeitweilig über dessen Oberfläche aufragen oder Schwimmpflanzen, die an der Wasseroberfläche flottieren. 12 sind Unterwasserpflanzen, die ständig oder fast dauernd untergetaucht sind. Dazu gibt es noch Angaben über Wechselfeuchtezeiger und Überschwemmungszeiger.

R = **Reaktionszahl:** 1 = Starksäurezeiger, die niemals auf schwachsauren bis alkalischen Böden vorkommen, 9 sind Basen- und Kalkzeiger, die stets auf kalkreichen Böden zu finden sind.

N = **Stickstoffzahl:** hiermit ist die Mineralstickstoff-Versorgung während der Vegetationszeit angesprochen.
1 = Anzeiger für stickstoffärmste Standorte,
9 = Vorkommen an übermäßig stickstoffreichen Standorten, z. B. Viehlägerpflanze, Verschmutzungszeiger.

S = **Salzzahl:** hierbei ist angesprochen das Vorkommen im Gefälle des Salzgehaltes in der Bodenlösung bzw. im Wasser. Hier gibt es nur vier Stufen – salzmeidende Pflanzen, I salzertragend, II meist salzzeigend, aber auch auf salzarmen Böden vorkommend, III stets salzzeigend als obligater Halophyt.

Z, z = **Schwermetallresistenz:** Arten, die auf Standorten mit hoher Konzentration an Zink, Blei oder anderen Schwermetallen zu finden sind. Hier sind zwei Stufen eingeteilt, z = mäßig schwermetallresistent, Z = ausgesprochen schwermetallresistent.

Einzelheiten über die Abstufung der ökologischen Kennzahlen und die ökologische Bewertung der wichtigsten Pflanzenarten des Wirtschaftsgrünlandes findet man bei VOIGTLÄNDER und VOSS (1979).

2.4.2.3 Wertzahlen

Mit der Bewertung der Grünlandpflanzen hat man sich schon sehr früh befaßt. Bereits in der „Hausväterliteratur" gibt es dafür erste Ansätze. Die Beurteilung der einzelnen Arten änderte sich jedoch im Laufe der beiden letzten Jahrhunderte mit der Änderung der Einflüsse durch Düngung, Nutzung, Bestandespflege und Bewirtschaftung. ALBRECHT VON THAER war wohl der erste, der eine umfangreichere Liste von Grünlandpflanzen aufstellte. Er differenzierte in seinem Buch „Grundsätze der rationellen Landwirtschaft", Band 3 (1810), wie folgt:

1. Wiesenpflanzen erster Art, die vorzüglichsten Wiesenpflanzen, welche die fruchtbarsten Wiesen hauptsächlich einnehmen und durch üppigen Wuchs die Fruchtbarkeit derselben anzeigen.

Tab. 74. Bewertung von Gräsern und Leguminosen nach DE VRIES et al. (1942) bzw. KLAPP et al. (1953)

WZ	DE VRIES et al. Art	WZ	KLAPP et al. Art
10	*Lolium perenne*	8	*Festuca pratensis*
9	*Pleum pratense*		*Lolium perenne*
	Poa pratensis		*Phleum pratense*
8	*Arrhenatherum elatius*		*Poa pratensis*
	Avenula pubescens		*Trifolium repens*
	Lolium multiflorum	7	*Agrostis gigantea*
	Poa trivialis		*Alopecurus pratensis*
	Trifolium repens		*Arrhenatherum elatius*
7	*Alopecurus pratensis*		*Dactylis glomerata*
	Cynosurus cristatus		*Lolium multiflorum*
	Hordeum secalinum		*Poa trivialis*
	Medicago lupulina		*Puccinellia maritima*
	Puccinellia maritima		*Trisetum flavescens*
	Trifolium fragiferum		*Lathyrus pratensis*
	Trifolium hybridum		*Lotus corniculatus*
	Trifolium pratense		*Medicago lupulina*
	Trisetum flavescens		*Onobrychis viciifolia*
			Trifolium fragiferum
			Trifolium pratense

2. Wiesenpflanzen zweiter Art; hierzu gehören die minder erheblichen, jedoch guten Wiesenpflanzen, z. B. das Englische Raygras *Lolium perenne*.
3. Schlechtere Wiesenpflanzen, wozu sogenannte zweifelhafte Wiesenpflanzen gerechnet werden, z. B. *Equisetum*- und *Ranunculus*-Arten.
4. Wirklich giftige Pflanzen, wozu z. B. das Bilsenkraut *Hyoscyamus niger* und der Stechapfel *Datura stramonium* gehören (die jedoch auf dem Grünland in heutiger Zeit kaum noch vorkommen).

DE VRIES, 'T HART und KRUIJNE (1942) bewerteten insgesamt 169 Pflanzenarten in einer elfstufigen Skala von 0 bis 10. Die Betonung lag auf dem Weidewert, jedoch wurden auch Heuwert und Narbenbildungsvermögen berücksichtigt. An der Spitze der Skala steht *Lolium perenne*, das als einziges die Wertzahl 10 erhielt. Die Wertzahl 9 wurde nur *Phleum pratense* und *Poa pratensis* zugeteilt.

Diese Methode ist in Holland viel im Gebrauch, z. B. auch in der Grünlandmelioration, in der alle Narben mit Wertziffern gekennzeichnet werden; nach deren Höhe wird dann entschieden, ob die Bestände umbruchlos verbessert werden können oder durch Neusaat zu höherem Wert gebracht werden müssen.

Aufbauend auf diesem Beispiel entwickelte KLAPP 1949 Wertzahlen für 74 wichtige Grünlandpflanzen. Während sich die holländischen Wertzahlen auch in Deutschland für die Bewertung von Weiden als sehr brauchbar erwiesen, waren sie für die Bewertung der Wiesen weniger geeignet. 1953 wurden von KLAPP, BOEKER, KÖNIG und STÄHLIN Wertzahlen für Grünlandpflanzen veröffentlicht, die sich für die Bewertung von Wiesen und Weiden eignen. Der Bewertung der Arten liegen folgende Kriterien zugrunde:

1. Futterwert nach Analyse, Erfahrung oder Gattungszugehörigkeit,
2. Schmackhaftigkeit bzw. Beliebtheit beim Vieh,
3. Anteil wertvoller Organe,
4. Zeitdauer der Vollwertigkeit,
5. Zulässiger Bestandesanteil,
6. Nutzbarkeit, z. B. Erreichbarkeit für das Weidevieh,
7. Schädlichkeit, Giftigkeit (hier auch Schmarotzertum).

Die Bewertung wird nach einer 10stufigen Skala vorgenommen; die höchstwertigen Arten erhalten die Wertzahl 8, die wertlosen oder nicht gefressenen die Wertzahl 0 und Giftpflanzen -1.

Tab. 74 enthält einen Vergleich der Systeme von DE VRIES et al. (1942) und KLAPP et al. (1953), der nur die oberen Wertstufen der Gräser und Leguminosen umfaßt.

Soweit geringwertige oder giftige Arten höhere Anteile einnehmen, ist eine schärfere Bewertung dieser Arten angebracht, um den geringeren Wert solcher Bestände deutlicher zum Ausdruck zu bringen. In diesem Sinne sind nach KLAPP et al. zu bewerten:

1. Giftpflanzen bei einem Bestandesanteil bis zu 3% mit -1, bei Anteilen von 3 bis 10% mit -2 und bei einem solchen von über 10% mit -3;
2. Kräuter, die bei der Heuernte leicht bröseln, z. B. *Sanguisorba officinalis*, bei Mengenanteilen > 10% mit einem Abschlag von ein bis zwei Wertzahlen;
3. Arten, die in Weiden bzw. in Wiesen und Weiden als sehr lästige Ungräser und Unkräuter auftreten können, je nach Massenanteil im Bestand:

	unter 10%	10 bis 30%	über 30%
Deschampsia cespitosa	3	1	–1
Festuca arundinacea	4	1	0
große *Carex*-Arten	1	0	–1
große *Juncus*-Arten	1	0	–1

In die Gruppe der unter 3. genannten Arten ist auch *Agropyron repens** einzuordnen. Diese Art wird mit geringen Massenanteilen im Grünland mit der Wertzahl 6 verrechnet. Bei hohen Anteilen setzt sie Futteraufnahme und Leistung herab. Deswegen erscheint die Wertzahl 0 angebracht, wenn ihre Massenanteile 30% übersteigen.

Grundlage für die Berechnung der Bestandeswertzahl ist eine vollständige Bestandesaufnahme, in der jedoch nur die Ertragsanteile von 1% und darüber berücksichtigt werden. Daraus können sich kleine Ungenauigkeiten ergeben, wenn z. B. einzeln vorkommende Giftpflanzen unberücksichtigt bleiben müssen. Man multipliziert den geschätzten Ertragsanteil der einzelnen Arten in Prozent mit ihrer Wertzahl. Die Summe der Produkte, durch die Summe der bewerteten Ertragsanteile dividiert, ergibt die Wertzahl des Bestandes. Ein Beispiel enthält Tab. 75.

Mit Hilfe der Wertzahlen lassen sich die Grünlandpflanzengesellschaften und einzelne Flächen gut vergleichen. In welchem Rahmen sich

* = *Elymus repens* (siehe kriechende Quecke)

Tab. 75. Berechnung der Wertzahl eines guten Weidelgras-Weißklee-Bestandes (Weidelgrasweide)

Pflanzenarten	Ertragsanteil (%)	Wertzahl	E × W
Lolium perenne	70	8	560
Poa pratensis	10	8	80
Taraxacum officinale	5	5	25
Trifolium repens	5	8	40
Festuca rubra	4	5	20
Poa trivialis	4	7	28
Poa annua	1	5	5
Phleum pratense	1	8	8
	100		766

Bestandeswertzahl 7,66

Tab. 76. Beispiele für Futterwertzahlen

1. Kalksumpfwiesen	1,31
2. Braunseggensumpfwiesen	1,48–1,67
3. Borstgrasrasen	
a) heidereich	1,46–1,78
b) gräserreicher als a)	2,54–2,88
4. Saure Pfeifengraswiesen	2,94
5. Kalktrockenrasen	2,38–3,44
6. Dotterblumenwiesen	3,51–5,00
7. arme Goldhafer-Bergwiesen	3,60–4,92
8. Rotschwingel-Straußgras-Weiden	4,63–5,51
9. Glatthaferwiesen	5,01–6,15
10. Weidelgrasweiden	
a) feucht	5,89–6,35
b) trocken	5,75–7,27
c) typisch, reich	6,35–7,55

Tab. 77. Veränderung der Wertzahlen in Düngungsversuchen (bis 1949 kaum gedüngt, bis 1953 jährlich 80 bis 100 kg N/ha)

Betrieb	1949	1953	Zunahme
A	6,47	7,19	0,72
B	6,58	6,90	0,32
C	5,87	6,87	1,00
D	5,80	6,01	0,21
E	6,69	7,20	0,51
ØA–E	6,28	6,83	0,55

die Wertzahlen für die wichtigsten Pflanzengesellschaften bewegen, zeigt die Aufstellung von KLAPP et al. 1953 in Tab. 76.

Je nach Zusammensetzung und Behandlung des Bestandes kann sich die Wertzahl auch schneller oder langsamer ändern (siehe Tab. 77).

Die Wertzahlen stiegen am deutlichsten an in den Betrieben A und C mit knaulgras- bzw. weidelgrasreicheren Narben; in den Betrieben B und D mit rotschwingelreicheren Beständen war die Erhöhung geringer.

Tab. 78 gibt einen Vergleich von drei Betriebsgruppen mit steigendem N-Aufwand wieder.

In der Reihenfolge I – III wurden leicht ansteigende N-Zahlen und deutlich erhöhte Wertzahlen ermittelt. Die Ursache liegt in der Zunahme der Arten mit den Wertzahlen 7 und 8 und in der Abnahme der mit 4 und 5 bewerteten. Die Anteile der minderwertigen Arten fallen weniger ins Gewicht.

Von verschiedenen Autoren ist Kritik an den Wertzahlen geübt worden. Es wird vor allen Dingen bemängelt, daß der Wert der Kräuter im Hinblick auf ihren Mineral- und Wirkstoffgehalt zu niedrig angesetzt wurde. Wenn die Gräser von KLAPP et al. stärker bewertet wurden, dann liegt die Ursache wohl in der besseren Nutzbarkeit und im höheren Ertragspotential.

Die Wertzahlen sind jedoch in erster Linie für die Bewertung von Beständen und zur Ermittlung von Unterschieden geeignet, die durch Boden, Klima und Bewirtschaftung verursacht werden. Sie geben aber auch wertvolle Hinweise auf den Futterwert, der von einem Bestand bei standortgerechter Nutzung zu erwarten ist.

MOTT (1957) hat vorgeschlagen, aus Ertrag und Futterwert durch Multiplikation eine Ertragswertzahl (Ertragsfutterwerteinheit, EFE) zu errechnen. Tatsächlich bieten die EFE eine gute Möglichkeit, z. B. den Erfolg verschiedener Düngungsvarianten auf Wirtschaftsgrünland zu prüfen.

Tab. 78. Stickstoff- und Wertzahlen sowie Mengenanteile der Arten mit den Wertzahlen −1 bis +8 in 3 Betriebsgruppen mit steigendem N-Aufwand (I bis III) (nach OPITZ VON BOBERFELD 1971)

Düngungsstufe	I	II	III
Stickstoffzahl	4,35	4,57	4,62
Futterwertzahl	6,53	6,99	7,24
Mengenanteil der Arten mit der Futterwertzahl			
−1	+	+	+
0	+	+	
1	0,5	0,2	0,1
2	1,5	0,6	0,1
3	0,4	0,3	0,6
4	9,2	3,3	1,6
5	23,9	14,2	7,1
6	2,6	3,9	4,8
7	19,3	30,8	34,3
8	42,6	46,7	51,4
Ertragsanteil (% der TS)			
Gräser	82,3	88,4	93,3
Leguminosen	2,2	0,8	0,2
sonstige Kräuter	15,5	10,8	6,5

2.4.2.4 Grünfutterwert – Heufutterwert – Streuewert

Von ELLENBERG (1952) wurden gemeinsam mit STÄHLIN Vorschläge für die Berechnung des Grünfutterwertes, des Heufutterwertes und des Streuewertes von Beständen gemacht. Die Arten wurden folgendermaßen bewertet:

G – gute Futterpflanzen
M – mittelmäßige Futterpflanzen
S – schlechte Futterpflanzen
gi – Giftpflanzen
N – niederliegende, vom Vieh und der Sense nicht erfaßte Arten.

Die Arten wurden getrennt bewertet nach ihrem Wert im Heu oder Grünfutter; z. B. werden *Ranunculus acer*, *R. bulbosus* und *R. repens* im Grünfutter als gi = giftig bewertet, im Heu als M = mittelmäßige Futterpflanzen, da bei der Trocknung die in den Grünpflanzen enthaltenen Alkaloide um- und abgebaut werden.

Der Heu- bzw. Grünfutterwert wird aus den Prozentanteilen der fünf Artengruppen errechnet, wobei die Gruppe N fortgelassen wird, da sie weder auf der Weide noch beim Schnitt erfaßt werden kann. Zur Errechnung wird folgende Formel angewandt:

$$GF\ (HF) = G + \tfrac{1}{2}\,M + \tfrac{1}{4}\,S - 2\,gi.$$

Hierbei wurde davon ausgegangen, daß zur Erzeugung derselben Milchmenge etwa doppelt soviel mittelmäßiges Heu gebraucht würde, als wenn nur gutes Futter gefüttert worden wäre. Von schlechten Futterpflanzen wäre sogar viermal soviel erforderlich. Das ist sicher eine grobe Vereinfachung, sie genügt aber, um bei der Berechnung zu einer Wertabstufung zwischen den Beständen zu kommen.

Bei der Berechnung des Streuwertes fallen die Giftpflanzen fort, niederliegende werden nicht berücksichtigt. Hier lautet die Formel:

$$ST = G + \frac{1}{2} M + \frac{1}{4} S.$$

Die Streuepflanzen werden nach anderen Maßstäben bewertet als die Futterpflanzen. Man unterscheidet – hauptsächlich nach der Fähigkeit, Flüssigkeit zu binden – gute, mittelmäßige und schlechte Streuepflanzen.

2.4.2.5 Gütezahlen von Pflanzenarten in frischem Grundfutter

STÄHLIN veröffentlichte 1971 unter diesem Titel eine Zusammenstellung der Bewertung von Futterpflanzen, und zwar nicht nur von den Futterpflanzen des Grünlandes, sondern auch von den Arten des Feldfutters einschließlich der Unkräuter, die in ihm vorkommen und dessen Wert mindern können. So werden z. B. auch Raps, Senf und andere Arten aufgeführt, desgleichen Kartoffeln, Rübenarten, Kohlarten usw. Es sollten in dieser Liste von 1057 Arten möglichst alle im Grundfutter häufiger oder auch seltener vorkommenden Arten erfaßt werden, um eine gleichmäßige Bewertung der verschiedenen Futterschläge zu ermöglichen.

Die Liste der Bewertung ist gegliedert in

I. Einkeimblättrige Arten
  a Gramineen
  b sonstige Arten, z.B. *Carex*, *Orchis* spec.
II. Zweikeimblättrige Blütenpflanzen
  a Leguminosen
  b sonstige dikotyle Arten
III. Sporenpflanzen
  a Farnpflanzen
  b Moose
  c Flechten
  d echte Pilze

Die Arten wurden bewertet nach dem **Entwicklungsstand**, z. B. Zustand vor bzw. in der Blüte, dem **Mengenanteil** am Bestand sowie nach der beabsichtigten **Nutzung** als Grünfutter, Heu oder Silage. Diese Bewertung soll den Heu- und Gärfutterbewertungsschlüssel der Deutschen Landwirtschafts-Gesellschaft ergänzen.

Die differenzierte Bewertung soll zum Ausdruck bringen, inwieweit sich die Arten mit ihren Inhaltsstoffen für die Beweidung, für die Heuwerbung oder für die Silagebereitung eignen. Wäh-

Tab. 79. Gütezahlen von *Lolium perenne* und *Trifolium repens* in Abhängigkeit von Nutzungsart, Entwicklungsstadium und Bestandsanteil

Art	Nutzungsart	Bewertung			
		vor Blüte		in Blüte	
Lolium perenne					
Deutsches Weidelgras	Grünfutter	bis 30%	80	bis 30%	60
		über 30%	70	über 30%	40
	Heu und Silage				60
Vor Blüte sehr wertvoll und bevorzugt gefressen; in Blüte Stengel von vielen Formen drahtig-zäh und auf der Weide stehengelassen; getrocknet und siliert sehr gut und gesund. Östrogenwirkung?					
Trifolium repens					
Weißklee	Grünfutter	bis 30%	90	bis 30%	90
		30–50%	50	30–50%	50
		über 50%	– 200	über 50%	– 200
	Heu und Silage	über 50%	50	über 50%	50
Eiweißreich und bevorzugt gefressen, aber sehr wenig Rohfaser, deshalb in größerer Menge Aufblähen (durch rasche Zersetzung von Protein starke Gasbildung bei wenig Gerüstsubstanz oder durch Blausäure Hemmung der Pansentätigkeit?). Konserviert in großer Menge von gleichbleibendem Wert?					

rend der Konservierung kann sich ihr Wert als Futter ändern. So können sich die in frischem Zustand bereits in kleineren Mengen schädlichen Senfölglykoside von Kreuzblütlern weitgehend bei der Trocknung verändern, ähnlich ist es auch mit dem Anemonolgehalt der Hahnenfußarten. Disteln und Brennesseln werden auf der Weide nicht angerührt, angewelkt oder getrocknet jedoch bei hohem Nährstoffgehalt gefressen.

Die Angabe von Wert und Wirkung jeder Art erfolgt in Prozenten einer mit 100 Gütepunkten bedachten Idealpflanze. Diese Zahl 100 wurde jedoch nie vergeben, der tatsächliche Höchstwert beträgt 90. Es gibt keine Art, in welchem Entwicklungszustand und Mengenanteil auch immer, die mit ihrer chemischen Zusammensetzung und der Reaktion des Tieres auf ihren Verzehr als vollkommen und unübertrefflich betrachtet werden kann (STÄHLIN 1971).

Die Arten wurden in Stufen zu mindestens zehn Gütepunkten bewertet, so daß im Grunde die Wertzahlen nach KLAPP et al. wieder sichtbar werden. Je nach dem Mengenanteil und z. B. dem Zeitpunkt der Nutzung, vor oder nach der Blüte, wurden Zu- oder Abschläge vorgesehen.

Tab. 79 enthält als Beispiele die Bewertung von *Lolium perenne* und *Trifolium repens* mit Hilfe der Gütezahlen. Beide Arten erhielten in den Wertzahlen nach KLAPP, BOEKER, KÖNIG und STÄHLIN die Wertzahl 8. Wie zu sehen ist, bewertet STÄHLIN sehr viel genauer je nach dem Zustand und dem Mengenanteil. Dabei werden auch Angaben über mögliche Schadwirkungen bei der Verfütterung an die Tiere gemacht, die von besonderem Wert sind.

STÄHLIN (1971) erläutert die Gütezahlen in Worten (Güteklassen), erwähnt aber, daß stets ein anderer Begriff mit einem solchen Wort verbunden sein kann, daß daher Gütezahlen und Güteklassen nur Richtwerte darstellen.

Gütezahl	**Güteklasse**
über 90	höchstwertig
70 bis 90	wertvoll bis sehr wertvoll
50 bis 70	mäßig wertvoll bis wertvoll
30 bis 50	geringwertig bis mäßig wertvoll
10 bis 30	sehr geringwertig bis geringwertig
0 bis 10	wertlos bis sehr geringwertig
0 bis –100	wertlos bis leistungsmindernd
–100 bis –300	leistungsmindernd bis stark gesundheitsschädlich
–300 bis –∞	stark gesundheitsschädlich bis tödlich

Bei den negativen Werten wurde für eine alleinige Verringerung von Milchmenge und Fleischansatz sowie eine Qualitätsminderung der tierischen Produkte die Gütezahl **–100** gewählt. Bei Vorliegen von Angaben über schwache Schädigungen der Gesundheit und über die Reizung der Magen- und Darmschleimhäute zu Durchfall gab es eine Bewertung von **–200**. Können schwere bis irreparable Erkrankungen der Tiere eintreten und gab es Angaben über Todesfälle bei bestimmten Futterarten, wurde die Bewertung von **–300** bis –∞ gegeben, allerdings nur dann, wenn schon geringe Mengen dieser Arten solche Folgen hervorriefen.

Aus den Gütezahlen der Einzelpflanzen wird durch Mutiplikation mit ihren Bestandsanteilen, Summierung der Produkte und Division der Summe durch 100 die Gesamt- oder Bestandsgütezahl errechnet. Nach den Gesamtgütezahlen wurde schließlich die Eignung des Futters für bestimmte Tiergruppen festgelegt.

Die Errechnung der Gütezahlen des Grundfutters mit Hilfe der Methode von STÄHLIN gibt sicherlich genauere Hinweise auf den aktuellen Futterwert eines Bestandes als die Anwendung der Wertzahlen nach KLAPP et al.; sie ist jedoch recht kompliziert wegen der Abstufungen, die je nach Mengenanteil, Pflanzenalter und Verwendungszweck zu berücksichtigen sind.

2.4.2.6 Die Komplexmethode zur Bewertung des Futters

In enger Zusammenarbeit mit STÄHLIN entwickelten ŠOŠTARIĆ-PISAČIĆ und KOVAČEVIĆ ab 1962 eine Methode zur Bewertung von Grünlandpflanzen, die 1974 endgültig vorlag. Die dazugehörige Liste umfaßt 970 Arten. Die Pflanzenarten werden zunächst in neun Güteklassen eingeteilt von vorzüglich über sehr gut, gut, mittelmäßig, schlecht, wertlos, depressiv (schwach schädlich), schädlich bis sehr schädlich. Sie werden sowohl im grünen Zustand wie im Heu bewertet. In die endgültige Bewertung werden auch verschiedene Standortfaktoren einbezogen, die einen Einfluß auf den Futterwert haben können, wie z. B. die Nährstoffversorgung, die Höhenlage, die Standortfeuchte, die Bodenreaktion und die Beschattung. Ferner werden berücksichtigt die Wirkung der Düngung, der Nutzungsintensität und der Artenvielfalt. Außer dem Futterwert des Bestandes wird auch der sog. Summarwert (Futterwert × Ertrag in dt/ha) ermittelt. Im einzelnen muß hierzu auf die Originalarbeit verwiesen werden.

2.5 Bewirtschaftung des Grünlandes

2.5.1 Wasserhaushaltsregulierung

2.5.1.1 Wasserarten

2.5.1.1.1 Oberflächenwasser

Das Wirtschaftsgrünland benötigt für die Stoffbildung wesentlich mehr Wasser als die Hack- und Halmfrüchte (vgl. 2.2). Aufgrund der Bedeutung des Faktors Wasser und der anstehenden Dauermischbestände gehen vom Wasserhaushalt eines Standortes direkte und indirekte Einflüsse auf die Vergesellschaftung der Arten und die Dominanzverhältnisse aus (vgl. 2.3). Die direkten Effekte kommen durch die unterschiedliche Anpassung der Arten an Wassermangel bzw. Wasserüberschuß zur Wirkung. Da der Wasserhaushalt über die Tragfähigkeit des Bodens Auswirkungen auf die mögliche Nutzungsform Weide bzw. Mahd hat und die Nutzungsform sich ihrerseits wiederum spezifisch auf die Vergesellschaftung auswirkt, gehen vom Wasserhaushalt auch indirekte Effekte aus. Abb. 14 vermittelt die ökologische Stellung der wichtigsten Gesellschaftseinheiten des Wirtschaftsgrünlandes in Abhängigkeit vom Wasserhaushalt und dem Basenreichtum; aus den mit angeführten Wertzahlen der Pflanzenbestände, die nach der Skala von KLAPP et al. (1953) berechnet sind, läßt sich generell die nachhaltig prägende Wirkung des Wasserhaushaltes in Abhängigkeit vom Basenreichtum der Böden auf die Quantität und Qualität des Aufwuchses ableiten.

Die Erscheinungsformen des Wassers und die daran gekoppelten Eigenschaften lassen sich unter verschiedenen Aspekten systematisieren. Im Hinblick auf Maßnahmen des landwirtschaftlichen Wasserbaues (vgl. Abb. 19), d. h. der Regulierung des Wasserhaushaltes, bietet sich eine Gruppierung nach dem in Abb. 15 dargestellten System an. Oberflächenwasser ist die Wassermenge, die vom Boden nicht aufgenommen werden kann und als Überschuß zunächst in Erscheinung tritt. Die Formen des Oberflächenwassers lassen sich nach der Herkunft unterscheiden. Oberflächenwasser kann Sauerstoffmangel auslösen, Verletzungen der Pflanzengewebe, Verschmutzung des Aufwuchses, Bodenverschlämmung und Bodenerosionen herbeiführen. Daher hat das Oberflächenwasser in Abhängigkeit vom Zeitpunkt des Auftretens, der Dauer sowie Stärke des Vorkommens, der Wassertemperatur und der Herkunft eine ertragsbegrenzende Wirkung. Zur Beeinträchtigung der Vegetation durch das Oberflächenwasser läßt sich feststellen, daß die Narbe um so stärker geschädigt wird, je mehr trockenholde Arten in ihr vorkommen; kaum in Mitleidenschaft gezogen werden die Kennarten der Naßweiden und Röhrichte. Recht empfindlich reagieren auf Oberflächenwasser die meisten Leguminosen und von den Gramineen u. a. *Arrhenatherum elatius*, *Dactylis glomerata*, *Festuca rubra*, *Lolium perenne*, *Poa pratensis;* relativ widerstandsfähig sind

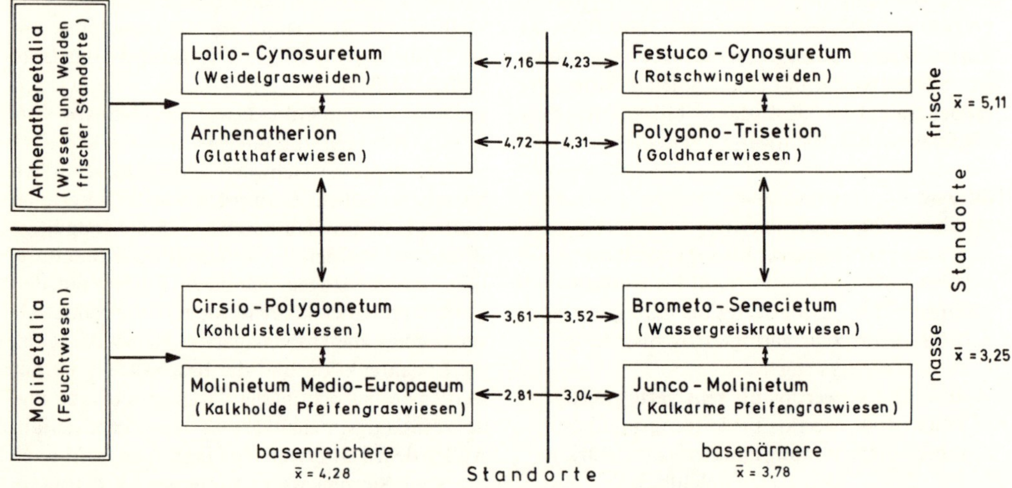

Abb. 14. Ökologische Stellung der Gesellschaftseinheiten des Wirtschaftsgrünlandes mit den von KLAPP (1965) angegebenen Wertzahlen für die jeweils typische Ausprägung der Assoziationen.

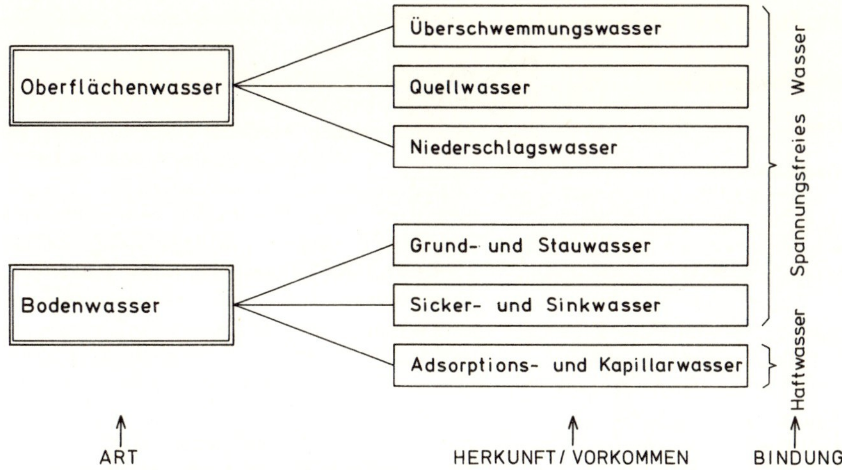

Abb. 15. Wassererscheinungsformen auf und im Boden.

bzw. ein gutes Regenerationsvermögen weisen dagegen u. a. auf: *Alopecurus pratensis*, *Elymus repens**, *Festuca pratensis*, *Phleum pratense* sowie *Poa palustris* (vgl. 2.2). Auf das Oberflächenwasser läßt sich Einfluß nehmen durch den Gewässerbau und die Entwässerungsmaßnahmen (vgl. Abb. 19).

2.5.1.1.2 Bodenwasser

Die Erscheinungsformen des Bodenwassers lassen sich nach der Art der Bindung gruppieren. Sowohl für die pflanzliche Erzeugung wie für wasserbauliche Eingriffe ist die Art der Bindung von Bedeutung. **Grundwasser** bildet sich aus dem Sicker- und Sinkwasser bzw. aus seitlichem Zufluß von Gewässern auf schwer wasserdurchlässigen Schichten, die sich in der Regel in Tiefen von unterhalb 1,3 bis 1,5 m unter Flur befinden (EGGELSMANN 1973, MÜCKENHAUSEN 1985). Grundwasser zeichnet sich im gewissen Gegensatz zum Stauwasser durch eine seitliche Bewegung, einen erhöhten Sauerstoffgehalt aus und ist das ganze Jahr über vorhanden. Die Auswirkungen des Grundwassers auf das Pflanzenwachstum sind abhängig von

- der klimatisch bedingten Wasserbilanz,
- der kapillaren Fördermenge,
- der Durchwurzelungstiefe bzw. nutzbaren Feldkapazität und
- der Bewirtschaftungsintensität.

* (siehe kriechende Quecke)

Ergebnisse von Grundwasserstandsversuchen, die auf tonreichen (HOOGERKAMP und WOLDRING 1968), tonarmen Böden (JACOB 1969) oder Moorböden (VON DER WAYDBRINK 1969) in verschiedenen Regionen durchgeführt wurden, lassen sich, wenn überhaupt, nicht ohne Einschränkungen auf andere Standorte übertragen. Bei der Grünlandnutzung auf mittleren Böden sind Grundwasserstände bis zu 1,0 m unter Flur noch voll wirksam, bei Sandböden sind dagegen Grundwasserflurabstände von 0,7 m erforderlich (Abb. 16), auf Moor- und Tonböden mit ausreichender nutzbarer Feldkapazität (Abb. 17) und guter Niederschlagsverteilung kann auf Grundwasser vielfach ganz verzichtet werden. Neben dem mittleren Grundwasserstand sind die Schwankungen des Grundwasserstandes nicht ohne Einfluß (vgl. 2.5.1.2.3).

Beim **Stauwasser** liegt die Stauwassersohle in einer Tiefe von 1,5 bis 1,3 m und weniger unter Flur (EGGELSMANN 1973, MÜCKENHAUSEN 1985). Diese im Vergleich zur Grundwasserstauschicht flachere Lage führt in der Regel zu stärkeren zeitlichen Wassergehaltsschwankungen, d. h. das Stauwasser tritt nur periodisch auf und führt zu unbedeutender seitlicher Wasserbewegung. Im Hinblick auf das Pflanzenwachstum lassen sich drei Phasen auf Staunässeböden (Pseudogleyen) unterscheiden, und zwar die

- Naß-,
- Feucht- und
- Trockenphase.

Für pflanzliche Stoffbildung bzw. wasserbauliche Eingriffe ist das zeitliche Ausmaß der Feucht-

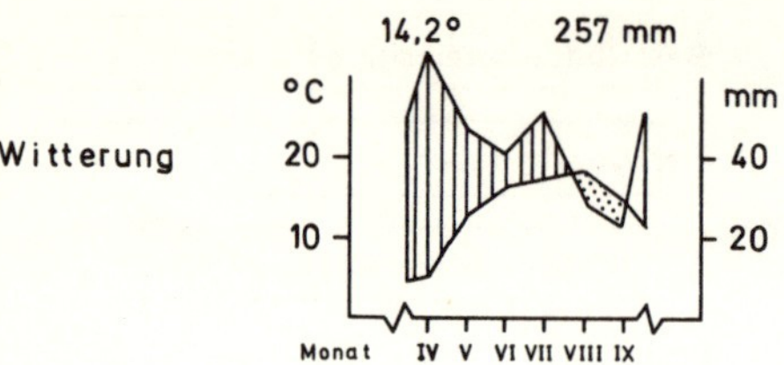

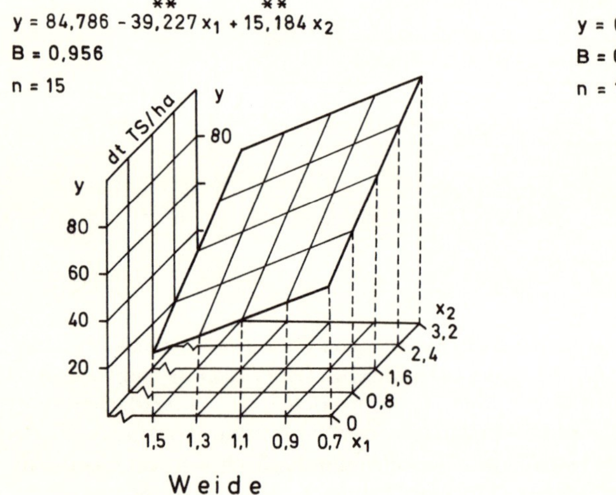

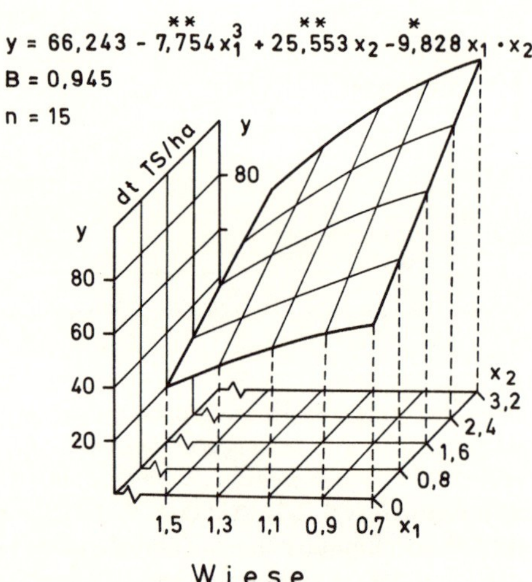

Abb. 16. Trockensubstanzerträge in Abhängigkeit vom Grundwasserstand und N-Aufwand, Boker Heide 1973.

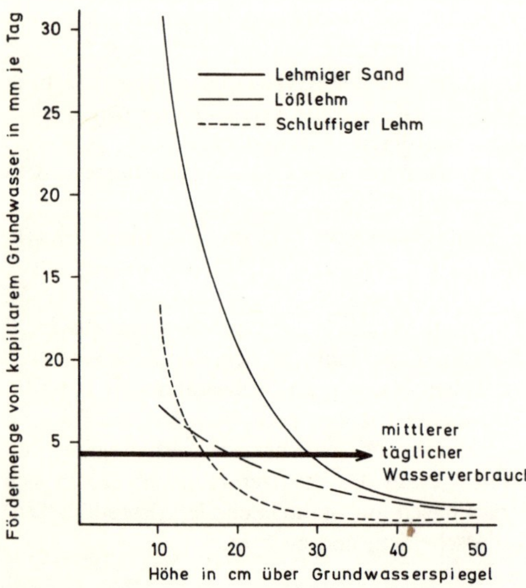

Abb. 17. Aufstiegsmenge von kapillarem Grundwasser verschiedener Böden in mm je Tag in unterschiedlicher Entfernung vom Grundwasserspiegel (nach MOTT 1953, verändert).

phase von Bedeutung (ARENS et al. 1958). Die Dauer der Feuchtphase ist abhängig u. a. von der Tiefe der Stauwassersohle, vom Relief und der Höhe sowie Verteilung der Niederschläge; günstig wirkt sich eine lange Feuchtphase aus.

Sicker- und Sinkwasser ist das sich in den gröberen Hohlräumen, d. h. Porengrößen $> 10\,\mu m$, unter dem Einfluß der Schwerkraft abwärts bewegende Wasser. Auch hierbei handelt es sich noch um spannungsfreies Wasser (vgl. Abb. 15). Das Verhalten von Sink- und Sickerwasser ist nicht einheitlich (MÜCKENHAUSEN 1985, VON BOGUSLAWSKI 1981). Während die Ableitung des Sinkwassers – pF[1] = 0 – in weiten Hohlräumen, wie Rissen, Röhren etc., mit hohen Influktionsraten und damit u. U. hohem Dränabfluß erfolgt, sind die Infiltrationsraten des Sickerwassers – pF < 2,5 – aufgrund des Abflusses in den nur engeren Hohlräumen, den langsam dränenden Poren, wesentlich geringer. Die Infiltrations- und

[1] pF = log cm Wassersäule als Kennzeichen der Wasserspannung

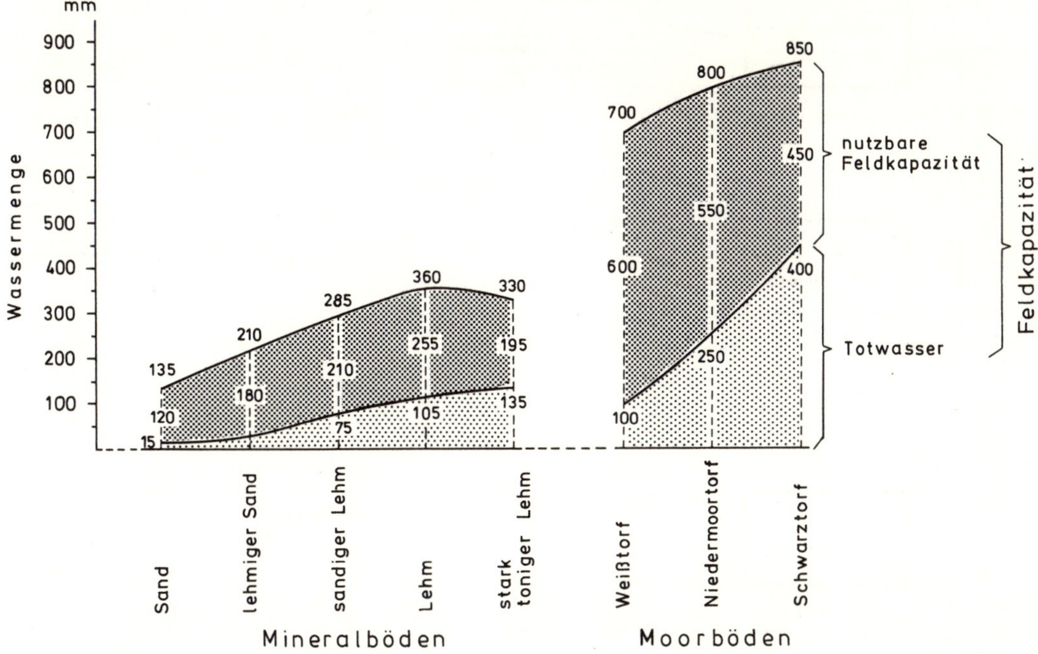

Abb. 18. Feldkapazität, nutzbare Feldkapazität und Totwasser in mm verschiedener Böden in dem Bereich 0–100 cm (nach CZERATZKI und KORTE 1961 bzw. KUNTZE 1981, verändert).

Influktionseigenschaften haben weniger als zeitlich begrenztes Wasserreservoir für die pflanzliche Stoffbildung, sondern vor allem für Entwässerungsmaßnahmen Bedeutung (vgl. 2.5.1.2).

Adsorptions- und Kapillarwasser, im Gegensatz zum spannungsfreien Wasser auch als Haftwasser bezeichnet (vgl. Abb. 15), ist der Teil des Bodenwassers, der entgegen der Schwerkraft gehalten wird. Das Adsorptionswasser umhüllt die feste Oberfläche der organischen und anorganischen Bodenteilchen, ohne daß es zur Meniskenbildung kommt. Die Intensität der Bindung hängt ab von der Entfernung der Wassermoleküle zur Teilchenoberfläche; je größer die Entfernung, desto geringer die Bindung der Wassermoleküle. Ein beachtlicher Teil des Adsorptionswassers ist aufgrund der Bindungskräfte von über 6000 bar und der vergleichsweise geringeren Saugspannung der Nutzpflanzen mit maximal ca. 16 bar, d. h. pF = 4,2, nicht pflanzenverfügbar und kann damit die Wasserdurchlässigkeit in Abhängigkeit von Körnung, Art der Bodenkolloide einschließlich sorbierter Kationen und Lagerungsdichte beeinflussen. Die Menge an Totwasser bzw. nicht pflanzenverfügbarem Wasser (vgl. Abb. 18) wird damit zu einem Teil auch aus dem Adsorptionswasser gebildet. Als Kapillar- oder Porensaugwasser wird das durch die Menisken im Boden gehaltene Wasser bezeichnet. Die Menisken werden durch zwei Kräfte, nämlich die Adhäsionskräfte zwischen Teilchenoberfläche und Wassermolekülen sowie die Kohäsionskräfte zwischen den einzelnen Wassermolekülen gebildet. Das in den Kapillaren zum einen enthaltene und zum anderen auch geförderte Wasser hängt ab von Form, d. h. $< 10\,\mu m$, und Ausmaß sowie Kontinuität der Poren. In den Poren $< 0{,}2\,\mu m$ ist das Wasser nicht mehr pflanzenverfügbar, d. h. das in diesen Poren enthaltene Wasser bildet den anderen Teil des Totwassers (Abb. 18). Mit der Zunahme der Porendurchmesser nimmt die Bindungsintensität des Kapillarwassers ab, die Beweglichkeit und Pflanzenverfügbarkeit nehmen zu. Die kapillare Wasserfördermenge ist von großer Bedeutung bei der Förderung vor allem des Grundwassers.

Welches Ausmaß die kapillare Fördermenge in Abhängigkeit von Textur und Abstand zum Grundwasserstand unter Modellbedingungen erreichen kann, ist der Abb. 17 zu entnehmen. Die gesamte Haftwassermenge wird mit **Feldkapazität** bezeichnet. Aus der Differenz zwischen Feldkapa-

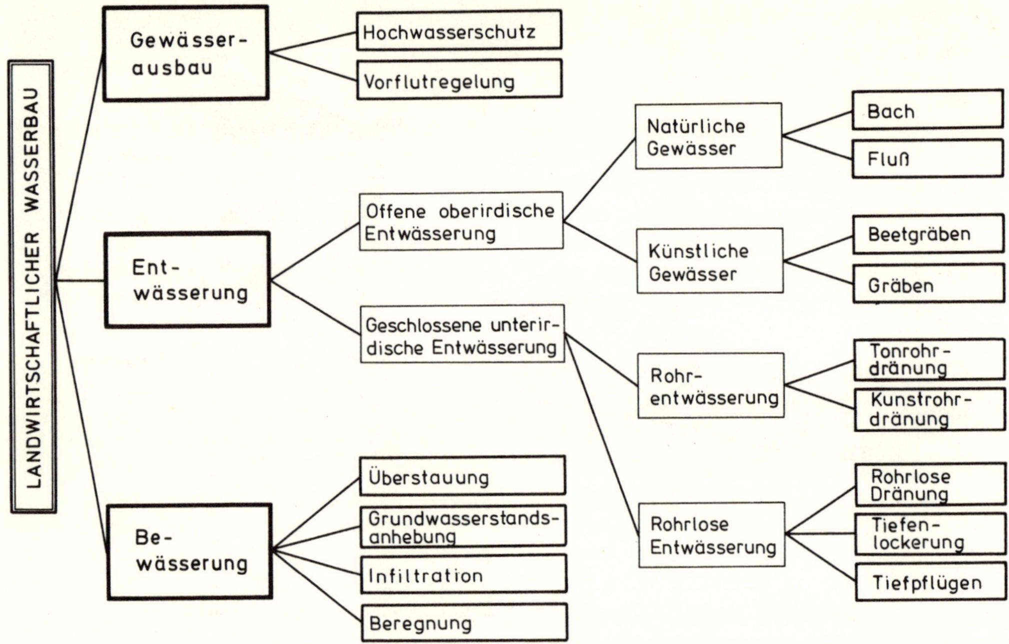

Abb. 19. Regulative des Wasserhaushaltes im gemäßigten Klimabereich.

zität und Totwasser ergibt sich die **nutzbare Feldkapazität**. In der Abb. 18 ist die Feldkapazität, die nutzbare Feldkapazität und das Totwasser für verschiedene Böden in dem Bereich 0 bis 100 cm dargestellt; die Wassermenge ist in mm abgetragen, was Volumen-% entspricht. Die Menge an **pflanzenverfügbarem Wasser** ergibt sich aus dem Produkt nutzbarer Feldkapazität × Durchwurzelungstiefe. Da die Grünlandvegetation den Bereich 0 bis 100 cm selten voll durchwurzelt, wird das pflanzenverfügbare Wasser in der Regel geringer sein als die in der Abb. 18 jeweils angegebene nutzbare Feldkapazität. Diese Betrachtung hat vor allem Bedeutung für die Beregnung (vgl. 2.5.1.2.3).

2.5.1.2 Regulation

2.5.1.2.1 Gewässerausbau

Bei der **Regulierung des Wasserhaushaltes** ist zwischen pflanzenbaulichen (vgl. 2.2) und wasserbaulichen Maßnahmen zu unterscheiden. In Abb. 19 ist das System wasserbaulicher Regulative dargestellt. Die Eingriffe haben ein gemeinsames Ziel, und zwar periodisch auftretende Oberflächen- und Bodenwasserinbalancen abzuschwächen. Bei sämtlichen wasserbaulichen Eingriffen ist stets zwischen klein- und großflächigen Auswirkungen zu differenzieren, da nicht nur die Primärproduktion, sondern auch andere Bereiche, wie u. a. Kommunen und Industrie, Ansprüche an den Wasserhaushalt stellen. Selbst auf kleineren Parzellen muß die Regulierung des Wasserhaushaltes exakt auf das notwendige Maß begrenzt werden, da die Be- bzw. Entwässerung einzelner Teilbereiche in angrenzenden Zonen in der Regel die gegenteilige Wirkung auslöst.

Beim **Gewässerausbau** handelt es sich um einen Eingriff, von dem in der Regel ein größeres Areal beeinflußt wird. Derartige Maßnahmen werden durchweg nicht einzelbetrieblich, sondern überbetrieblich im Zusammenhang mit agrarstrukturellen Investitionen, wie u. a. Flurbereinigung, eingeleitet und erfordern sorgfältige Planung. Beim Gewässerausbau ist, wie aus der Abb. 19 hervorgeht, zwischen der Regelung der Vorflut und dem Schutz vor Hochwasser zu unterscheiden. Beide Einzelmaßnahmen begrenzen die negative Wirkung des Oberflächenwassers auf Vegetation und Boden (vgl. 2.5.1.1.1). Als Möglichkeiten zur Veränderung der Vorflut bieten sich u. a. an

- eine veränderte Linienführung von Wasserläufen
- ein verändertes Uferprofil sowie
- die Installation von Schöpfwerken und Sielen.

Die Veränderung der Vorflut erhöht den Abfluß, wodurch letztlich die Bildung von Oberflächenwasser eingeschränkt und der Grundwasserstand teilweise abgesenkt wird. Bei den Maßnahmen zum Hochwasserschutz ist zwischen dem Binnenland und dem Tidegebiet zu unterscheiden. Im Tidegebiet erfolgt der Schutz vor Hochwasser durch den Deichbau. Als Einzelmaßnahmen zum Schutz vor Hochwasser kommen im Binnenland neben Deichanlagen in den Niederungen Rückhaltebecken im Mittel- und Hochgebirge in Betracht.

2.5.1.2.2 Entwässerung

Vernässung führt neben der Bewirtschaftungserschwernis zu vermehrtem Auftreten von Giftpflanzen, wie z. B. *Caltha palustris*, *Cardamine pratensis*, *Colchicum autumnale*, *Equisetum palustre*, *Ranunculus acris*, *Ranunculus flammula*, *Senecio aquaticus*, von Parasiten (vgl. 2.5.6), zu erhöhtem Wärmebedarf und zu Luftmangel im Boden. Luftmangel für sich beeinträchtigt die physikalischen, chemischen und biologischen Verhältnisse und damit auch indirekt das Pflanzenwachstum. Entwässerungsmaßnahmen haben daher zum Ziel, Nässeschäden zu beseitigen. Neben den in der Abb. 19 aufgelisteten Entwässerungsmaßnahmen kommt der sogenannten biologischen Entwässerung Bedeutung zu, denn nicht selten bewirken Nährstoff- und Bewirtschaftungsmängel den Anschein vernäßter Flächen.

Aufgrund der hohen Aussagekraft und des relativ geringen Aufwandes sollten vegetationskundliche Erhebungen stets die Basis für die Planung von Meliorationen bilden (SCHULZE 1961, 1966). Zur Charakterisierung des Wasserhaushaltes eignet sich die Ausweisung der anstehenden Subassoziation (vgl. 2.3) wesentlich besser als die Berechnung der Feuchtezahlen auf der Basis von Ertragsanteilen unter Benutzung von Feuchtezahlenskalen (OPITZ VON BOBERFELD und BOEKER 1977a), da die Ertragsanteile einzelner Arten nicht nur durch die Feuchtigkeitsverhältnisse, sondern ebenso durch die Düngungsintensität geprägt werden. Im Unterschied zur Kartierung der Vegetation stellen selbst Zeitreihenerhebungen mit dem Ziel der Ermittlung der Menge an Bodenwasser arbeits- und zeitaufwendige Momentaufnahmen mit nur eingeschränkter Aussagekraft dar.

Bei den **offenen oberirdischen Entwässerungssystemen** (vgl. Abb. 19) entscheidet die Sohle bzw. der Wasserstand und die jeweilige Wasserdurchlässigkeit der Böden darüber, ob nur Oberflächenwasser, wie bei den Beetgräben, oder zusätzlich auch Bodenwasser, wie bei den Bächen, Flüssen und Gräben, abgeleitet wird. Die offene Entwässerung durch natürliche und künstliche Gewässerläufe beansprucht im Vergleich zur geschlossenen unterirdischen Entwässerung (vgl. Abb. 19) relativ viel Fläche und beachtliche Aufwendungen für ihre Instandhaltung.

Die **Rohrentwässerung** erfordert im Hinblick auf die Seitenwirkung der Sauger eine hinreichende Vorflut und eine gewisse Wasserdurchlässigkeit der Böden. Unter Normalbedingungen sind bei ordnungsgemäßer Verlegung Ton- und Kunststoffrohre in gleicher Weise für die Dränung geeignet. In der Regel ist die Art der Dränmaschine und sind damit die Kosten für die Wahl der Rohrart maßgebend. Zur Zeit werden zum überwiegenden Teil Kunststoffrohre verwendet. Ein besonderes Problem bei der Rohrentwässerung stellen mit zunehmender Entwässerungszeit Wasserabflußstörungen, bedingt durch

- Einschlämmung
- Verockerung und
- Einwachsen von Wurzeln

dar. Die Gefahr der Einschlämmung ist auf feinsand- und schluffreichen Böden gegeben. Durch ein ausreichendes Drängefälle, die Verwendung von Filtern sowie Dränspülungen läßt sich der Einschlämmungsgefahr begegnen (EGGELSMANN 1973, 1982). Die Verockerung zeichnet sich durch die Oxidation von Fe-II-Verbindungen zu Fe-III-Verbindungen aus, mit anschließender Ausfällung und Alterung infolge Dehydration. Die Problematik der Verockerung stellt sich vor allem auf Böden mit erhöhten Gehalten an löslichem Eisen, so z. B. auf Podsolen und Moormarschen. Als Gegenmaßnahmen bieten sich vor allem Dränspülungen mit erhöhtem Wasserdruck an (BAUMANN et al. 1974, EGGELSMANN 1982). Funktionsstörungen, bedingt durch das Einwachsen der Wurzeln, werden vor allem durch Vertreter der Dikotyledonen, wie z. B. *Cirsium spec.*, *Equisetum spec.*, *Polygonum bistorta*, *Rumex obtusifolius* u. a., hervorgerufen. So können Kräuter unter wasserbaulichem Aspekt zu gefährlichen Unkräutern werden (vgl. 2.5.4.1).

Bei der **rohrlosen Entwässerung** ist zwischen Maßnahmen zu unterscheiden, die lediglich den Wasserspeicherraum vergrößern oder darüber hinaus einen Teil des spannungsfreien Wassers ableiten. So werden mit der rohrlosen Dränung, der Maulwurfsdränung, auf Mineralböden beide Ziele verfolgt, wohingegen auf Moorböden hiermit lediglich ein Teil des spannungsfreien Wassers abgeführt wird. In schweren Böden sowie in stark zersetzten Torfen ist die rohrlose Dränung sogar vielfach wirkungsvoller als die Rohrdränung (EGGELSMANN 1973, GALVIN 1982). Die Funktionsdauer beträgt auf Mineralböden in Abhängigkeit vom Tongehalt acht bis zehn Jahre und auf Moorböden in Abhängigkeit von der Lagerungsdichte des Torfes ein bis zehn Jahre. Hohe Tongehalte und hohe Lagerungsdichten wirken sich günstig auf die Funktionsdauer aus, sie verlängern sie. Zur Grundwasserableitung eignet sich die rohrlose Dränung aufgrund der hierdurch eingeschränkten Funktionsdauer kaum. Die rohrlose Dränung kommt bevorzugt auf stark verockerungsgefährdeten Standorten und nachträglich zu einer vorhandenen Rohrdränung zur Anlage, so u. a. auf Pseudogleyen, Pelosolen und Mooren.

Aufgrund der Kosten sowie der sich durch die Auswirkung der Unterbodenmelioration ergebenden Alternativen, nämlich der ackerbaulichen Nutzung, haben für die Bewirtschaftung des Grünlandes sowohl die **Tiefenlockerung** (SCHULTE-KARRING 1968, 1970) wie das **Tiefpflügen** (KUNTZE 1981) eine untergeordnete Bedeutung. Ziel der Tiefenlockerung und des Tiefpflügens, deren Bearbeitungsgrenzen jeweils unterhalb von 0,4 m liegen, ist es,

- die geologisch, z. B. auf Pseudogleyen, Pelosolen
- die genetisch, z. B. auf Podsolen, Parabraunerden und
- die mechanisch

bedingten Verdichtungen teilweise zu beseitigen, um so vor allem das pflanzenverfügbare Wasser (vgl. 2.5.1.1.2) zu erhöhen. Ein Gefahrenmoment der Unterbodenmelioration ist die Wiederverdichtung namentlich durch Bodendruck in niederschlagsreichen Perioden.

2.5.1.2.3 Bewässerung

Die verschiedenen Bewässerungsverfahren gemäßigter Klimate sind entsprechend dem Wasserbedarf in der Abb. 19 aufgelistet. Da auch die Bewässerung eine relativ aufwendige Maßnahme darstellt, deren Erfolg nachhaltig durch die Faktoren Pflanze, Temperatur, Boden und Zeit sowie deren Wechselwirkungen geprägt wird und nicht immer leicht abschätzbar ist, sollten vor der Einleitung von Bewässerungsmaßnahmen zunächst die Möglichkeiten der restlichen variierbaren Produktionsfaktoren voll ausgeschöpft werden (vgl. Abb. 46).

Tab. 80. Kleegraserträge in dt Heu/ha in Abhängigkeit wechselnder Grundwasserstände (nach FRECKMANN 1932)

Grundwasserstand	Erträge absolut	Erträge relativ
Winter hoch und Sommer tief	127	67
Winter tief und Sommer hoch	182	100
Winter und Sommer gleichmäßig	159	83

Die **Überstauung** hatte auf den Riesel- oder Wässerwiesen in und am Rande der Mittelgebirge, wie u. a. Sauerland, Westerwald, Harz, Erzgebirge und Schwarzwald, in der Vergangenheit regional größere Bedeutung. Da die Wasserzu- und -ableiter, die Basis für die Funktion dieser Bewässerungsart, einen beachtlichen Aufwand für die Instandhaltung erfordern und darüber hinaus die Bewirtschaftung erschweren, hat die wirtschaftlich-technische Entwicklung der Grünlandbewirtschaftung dazu geführt, daß derartige Anlagen z. Z. nicht mehr gebaut und vorhandene Systeme vielfach beseitigt werden (JACOB 1969). Bei der Zufuhr von Wasser auf Rieselwiesen ist zu beachten, daß weder bei Frost bewässert wird noch in Zeiten relativ hoher Wachstumsraten bzw. in wärmeren Perioden die Flächen länger überstaut werden. Anzustreben ist stets rieselndes und nicht stagnierendes Wasser, d. h. die Funktion der Ableiter muß immer voll gewährleistet sein. Generell sollte das Wässern kurz und die Intervalle ausreichend lang sein.

Das **Grundwasser** wird vor allem dort **angehoben**, wo der Gewässerausbau in bestimmten Zeitabschnitten zu einer über das erwünschte Maß hinausgehenden Grundwasserabsenkung geführt hat. Eine Anhebung des Grundwasserstandes wird durch die Errichtung von Stauanlagen in offene oberirdische Entwässerungssysteme, wie Wehre oder Rückhaltebecken, erreicht. Voraussetzung für die Funktion derartiger Anlagen ist

- ein ausreichender Zufluß
- ein ebenes Gelände oberhalb des Staues und
- eine ausreichende Durchlässigkeit der Böden.

Bei der Anhebung des Grundwasserstandes ist zu bedenken, daß der natürliche, d. h. unbeeinflußte, Grundwasserstand im Winter am höchsten und im Sommer am niedrigsten ist. Mehrjährige Untersuchungen von FRECKMANN (1932) auf lehmigem Sand zum Einfluß zeitlich variierter

Tab. 81. Auswirkung der Beregung im Vergleich zu unberegnet auf Lolio-Cynosureten in verschiedenen Jahren (nach BECKHOFF 1963)

Witterung	Beregnung in mm	Mehr- bzw. Mindererträge in dt TS/ha Jahr	einzelne Nutzungen
Trockenes Jahr	293	+34,1	von +15,4 bis kein Minderertrag
Durchschnittlich	110	+10,6	von +13,6 bis −4,8
Feuchtes Jahr	66	− 1,1	von + 5,2 bis −3,4

Grundwasserstände, deren Ergebnisse in der Tab. 80 zusammengestellt sind, zeigen, daß für Maximalerträge ein dem natürlichen Verlauf spiegelbildlicher Grundwasserstand erforderlich ist. Dort, wo der Grundwasserstand sich durch wasserbauliche Maßnahmen beeinflussen läßt, sollte vom Prinzip her im Winter ein großer und im Sommer ein geringer Grundwasser-Flur-Abstand eingestellt werden.

Bei zeitweiligem Wassermangel und Böden mit eingeschränkter seitlicher Wasserbewegung kann eine zusätzliche Wasserzufuhr über ein poröses, unterirdisch verlegtes Rohrsystem, über **Infiltration**, erfolgen (KRZYSCH 1958, DÖRTER 1962). Die Wirtschaftlichkeit dieses Bewässerungsverfahrens ist jedoch durch die relativ hohen Kosten für die stationäre Investition stark begrenzt.

Die **Beregnung** hat, wie aus der Tab. 81 hervorgeht, der als Boden ein tiefgründiger schwerer Lehm und ein Düngungsniveau von 150 kg/ha und Jahr zugrunde liegt (BECKHOFF 1963), vorrangig die Verminderung von Trockenschäden zum Ziel; folglich muß sie auf den Wasserbedarf, der sowohl von Pflanze wie Boden abhängt, exakt abgestellt werden. Für den Beregnungszeitpunkt sind Perioden überdurchschnittlichen Wasserbedarfes, sogenannte kritische Zeiten (BROUWER 1959), von besonderer Bedeutung. So ist unmittelbar nach der Nutzung bei wenig Blattmasse und nicht sehr dichten Narben eine Zusatzbewässerung nur in Ausnahmefällen erforderlich; voll wirksam wird die Beregnung dagegen erst bei kräftigem Nachwuchs und geschlossenen Narben. In diesen kritischen Zeiten hängt der Beregnungstermin und die erforderliche Wassermenge von dem Verarmungsgrad des Bodens ab. So droht im gemäßigten Klimabereich Wassermangel in den kritischen Zeiten, wenn die nutzbare Feldkapazität (vgl. Abb. 18) bis auf etwa 30% gesunken ist (SCHRÖDER 1968, KLAPP 1971). Eine Auffüllung auf 50% der nutzbaren Feldkapazität wird durchweg als ausreichend bewertet, folglich sollten Gaben von mindestens 20 mm je Termin verabreicht werden. Bei derartigen Kalkulationen ist zu berücksichtigen, daß sich die in der Abb. 18 abgetragenen Werte auf den Bereich 0 bis 100 cm beziehen, andererseits die vorwiegend an der Ertragsbildung beteiligten Arten je nach Wuchstyp und Umwelt nur den Bereich 0 bis 50 cm oder gar weniger intensiver durchwurzeln; somit ergibt sich das pflanzenverfügbare Wasser aus der nutzbaren Feldkapazität und der Durchwurzelungstiefe (vgl. 2.5.1.1.2). Die Anzahl der erforderlichen Beregnungstermine beläuft sich in Abhängigkeit von Witterung und Standort auf eine bis zwei Gaben je Zwischennutzungszeit. In diesem Zusammenhang ist zu beachten, daß mit steigender Zahl der Beregnungsgaben aus den verschiedensten Gründen die Wirksamkeit vielfach abnimmt (BROUWER 1959).

Da die Regelung des Wasserhaushaltes nicht nur pflanzenbauliche, sondern darüber hinaus bodenkundliche und kulturtechnische Fragen aufwirft, ist in diesem Rahmen hier lediglich die prinzipielle Behandlung möglich. Für weitere, ins Detail gehende Analysen, die beispielsweise für Planung, Ausführung und Haftung unumgänglich sind, ist auf das hier angeführte Schrifttum sowie auf erarbeitete Normen (ANONYMUS 1973a, b, c) zu verweisen.

2.5.2 Düngung des Grünlandes

2.5.2.1 Stickstoffdüngung (N-Düngung)

Die Stickstoffdüngung fand auf dem Grünland später und zögernder Eingang als auf dem Ackerland. Erst in den dreißiger Jahren erkannte man allmählich die großen Möglichkeiten, die durch häufigeren Schnitt oder durch die Weide- und Mähweidenutzung mit Hilfe des Stickstoffs erschlossen werden können. Hierzu war ein vollständiges Umdenken erforderlich, weil bis dahin der Weidegang ganz allgemein als die extensivste Möglichkeit jeglicher Landnutzung überhaupt galt.

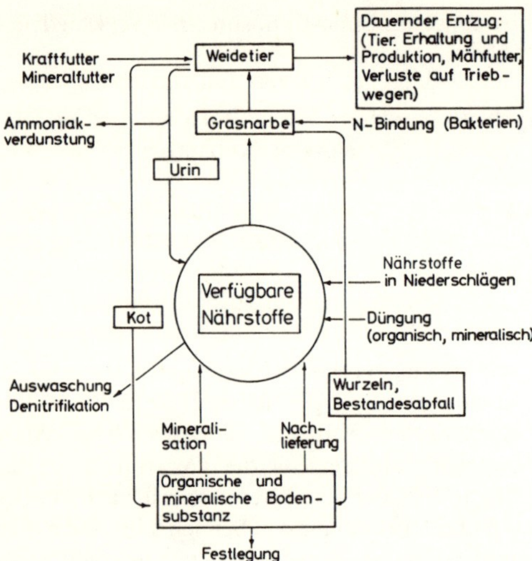

Abb. 20. Nährstoffkreislauf im System Boden-Pflanze-Tier auf Weiden (nach KLAPP 1971).

2.5.2.1.1 Betriebswirtschaftliche Aspekte

Der Stickstoffeinsatz erfordert auf dem Dauergrünland noch mehr Überlegungen als zu Ackerkulturen. Auf dem Acker kann man die N-Düngung bis zu der Grenze steigern, an der der Aufwand noch durch den Mehrerlös gedeckt wird. Die durch die Ernte des Mehrertrages verursachten Mehrkosten fallen nicht ins Gewicht. Je größer der Betrieb, desto besser. Auf dem Dauergrünland werden in größeren Betrieben die Grenzen der Intensivierung häufig durch die Größe des Viehbestandes gesteckt, der unter bestimmten Stall-, Arbeitskräfte- und Kapitalverhältnissen gehalten werden kann. So kommt es, daß nur die Betriebe das Ertragspotential des Dauergrünlandes mit Hilfe des Stickstoffs voll ausschöpfen müssen, die knapp mit Fläche ausgestattet oder in der Lage sind, noch Grünland umzubrechen und Verkaufsfrüchte mit entsprechendem Ertragsniveau anzubauen.

Unter der Voraussetzung ausreichender Flächenausstattung sind Aufwand und Ertrag des Dauergrünlandes weitgehend von der Nutzungsrichtung der Rindviehhaltung abhängig. Nutzungsrichtungen mit hohen Deckungsbeiträgen, wie z. B. die Milchviehhaltung mit überdurchschnittlichen bis hohen Leistungen, vertragen praktisch jeden ertragssteigernden Aufwand. Hier kann also die Leistungsfähigkeit der Grasnarbe bis zum Optimum des Düngeraufwandes voll ausgenutzt werden. Das gilt schon nicht mehr für unterdurchschnittliche Milchleistungen und die Mast von Weidebullen und noch weniger für die verschiedenen Verfahren der Färsenmast und Mutterkuhhaltung.

2.5.2.1.2 N im Nährstoffkreislauf

Der Handelsdüngeraufwand ist in Betrieben mit starker Viehhaltung geringer als in Ackerbaubetrieben gleicher Intensitätsstufe. Die Ursache liegt in dem fast geschlossenen betriebsinternen Nährstoffkreislauf, aus dem mit Milch und Fleisch nur wenig Pflanzennährstoffe pro ha und Jahr exportiert werden. Voraussetzung ist allerdings, daß das umlaufende Nährstoffkapital durch Güllewirtschaft oder andere Formen der Flüssigdüngung in schnellem Umlauf mit möglichst großer Effizienz und mit geringen Verlusten genutzt wird. Diese Forderungen können nur bei gleichmäßiger Verteilung des anfallenden Wirtschaftsdüngers auf die gesamte Betriebsfläche erfüllt werden.

Der Stickstoff nimmt im Nährstoffkreislauf eines Betriebes eine Sonderstellung unter den Pflanzennährstoffen ein, weil er in verschiedenen und teilweise flüchtigen Verbindungen auftritt (vgl. Abb. 20). Die Nachlieferung von Bodenstickstoff hängt vom unterschiedlichen C-Gehalt der Böden und vom N-Gehalt der organischen Substanz ab. Die Nachlieferung läuft ± parallel mit vorübergehender oder längerer Festlegung hauptsächlich in organischer Form. Es können aber auch erhebliche Mengen Ammonium-N durch Tonminerale sorbiert und wieder nachgeliefert werden. Das scheint besonders auf Schwemmland- und Lößböden der Fall zu sein. Für N-Sammlung und N-Freisetzung spielen der Leguminosenanteil der Grasnarbe und die biologische Tätigkeit des Bodens eine entscheidende Rolle.

Nach der N-Düngung und im gesamten Kreislauf erleidet der Stickstoff hauptsächlich witterungsbedingte Verluste durch Ammoniakverdunstung, Denitrifikation und Auswaschung, die schwer zu quantifizieren sind. Infolge der großen Schwankungsbreite in den Zu- und Abgängen des Nährstoffkreislaufs ist die Aufstellung einer Stickstoffbilanz im Grünlandbetrieb kaum vertretbar bzw. wenig aussagekräftig.

2.5.2.1.3 N und Grunddüngung

Bei der Anwendung und Steigerung der N-Düngung muß die Relation zu den Nährstoffen P und

K im Auge behalten werden. Auch die übrigen Mengen- und Spurenelemente sollten so reichlich verfügbar sein, daß selbst in der höchsten N-Stufe keine Ertrags- und Qualitätsbegrenzung durch einen anderen Pflanzennährstoff eintreten kann.

Im Gegensatz zum Stickstoff ist es jedoch möglich, das Angebot an Mengen- und Spurenelementen durch Düngergaben, die in größeren Abständen verabreicht werden, auf einem ausreichenden Niveau zu halten und dieses durch Untersuchung von Boden- und Pflanzenproben zu kontrollieren. In N-Steigerungsversuchen kann man es als ein Zeichen mindestens ausreichender Mineralstoffversorgung ansehen, wenn die Mineralstoffgehalte (Mengen- und Spurenelemente) in der Pflanzen-Trockensubstanz unter dem Einfluß steigender N-Gaben und ha-Erträge gleichhoch bleiben oder sogar etwas ansteigen – wenn also der sogenannte Verdünungseffekt nicht eintritt. Auf die Ermittlung des Nährstoffbedarfs für den einzelnen Betrieb oder für eine bestimmte Fläche wird in 2.5.2.4.1 genauer eingegangen.

2.5.2.1.4 N-Düngung auf Extensivgrünland

Extensivgrünland kann naturbedingt sein, wenn es in höheren Lagen, an steilen Hängen, auf vernäßten Flächen oder in Trockengebieten auf flachgründigen Böden vorkommt. Es kann aber auch von Natur aus gutes Grünland noch mit einem gewissen Erfolg extensiv bewirtschaftet werden, weil die Festkosten im Vergleich zum Ackerbau gering sind. Solche Flächen treffen wir heute noch allzu häufig im süddeutschen Wiesengebiet, aber auch in größeren westdeutschen Weidebetrieben an.

Wenn auch die N-Düngung in Versuchen auf natürlichem oder intensivierungsfähigem Extensiv-Grünland bei entsprechend angepaßter Nutzung meistens noch gute Wirkungen zeigt, ist diese Frage im praktischen Betrieb doch unterschiedlich zu beurteilen.

Grünland in höheren Lagen, Almen und Alpen

Auf Almen und Alpen lohnt sich eine N-Düngung höchstens auf kleineren Teilflächen zur Schaffung von Futterreserven; für die N-Düngung größerer Flächenteile ist die Vegetationszeit zu kurz und die Besatzstärke zu gering. Eine dem relativ geringen Ertrag angemessene PK-Düngung bringt dagegen bei tragbarem Aufwand erstaunliche Erfolge durch höhere Erträge, verbesserte Qualität, Förderung der Leguminosen und eine gleichmäßige über die Vegetationszeit verteilte Futterproduktion.

Weis fand in unseren fünfjährigen Untersuchungen auf der Sandbichler-Alm südlich Bayrischzell (1400 bis 1600 m ü. NN), daß ungedüngtes Almfutter geringe Erträge bringt und qualitativ minderwertig ist. Mit PK-Düngung (120 kg P_2O_5 und 140 K_2O/ha) wurde innerhalb von zwei Vegetationsperioden folgendes erreicht:

- eine futterwirtschaftlich erwünschte Umschichtung des Pflanzenbestandes (ungedüngt: Wertzahl 2,5; PK: Wertzahl 5,4)
- die für die Ernährung der Jungrinder erforderlichen Mindestgehalte an verdaulichem Rohprotein, StE, Calcium und Phosphor
- die ernährungsphysiologisch erwünschten Verhältnisse von verdaulichem Rohprotein: StE und von Ca : P
- K-Gehalte, die eine ausreichende Versorgung des Pflanzenbestandes mit Kalium anzeigen (vgl. 1.6.1.3 bis 4).

Die Weidetiere nahmen Trockenmasse und Nährstoffe auf den mit PK und NPK gedüngten Koppeln in folgendem Verhältnis auf (Gesamtmenge auf der ungedüngten Koppel = 100):

	PK	NPK
Trockenmasse	200	300
kStE	200	250
Rohprotein	200–300	300–400
verd. Rohprotein	300	400–500

Die verdauliche Energie stellt auf Almweiden den begrenzenden Faktor dar; deswegen sind nach diesen Zahlen Nährstoffverhältnisse und Erträge (unter Berücksichtigung der niedrigeren Düngungskosten) auf der PK-Koppel wesentlich günstiger zu beurteilen als auf der NPK-Koppel. Unbefriedigend blieben die Na-Gehalte im Futter, die nur durch Beifütterung ausgeglichen werden können.

Die Spurenelementgehalte wurden zwar gegenüber „ungedüngt" durch PK-Düngung deutlich gesenkt, überschritten aber dennoch regelmäßig die für das Rind erforderlichen Mindestgehalte.

Auf trockenen, flachgründigen und deswegen nicht ackerbaren Standorten begrenzt der Faktor Wasser den Ertrag und den Viehbesatz pro ha. N-Düngung scheidet daher aus. Sie kann jedoch bei denselben Bodenverhältnissen lohnend sein, wenn das unzureichende Bodenwasser durch ho-

Tab. 82. Heuerträge auf einer Zweischnittwiese (700 m ü. NN, 732 mm, 6,3 °C).
Bodenuntersuchung bei Versuchsbeginn: pH 6,6; 1,1 mg P_2O_5; 7,5 mg K_2O/100 g Boden;
nach 7 Jahren: pH 6,6; 5,7 mg P_2O_5; 14 mg K_2O;
N-Düngung in der 1. bzw. 2. Versuchsperiode: 20, 40, 60 (40, 60, 80) kg N/ha.
Kleeanteil: PK-Variante 2,5 %, N-Varianten 4 bis 5,5 %

	PK	PKN_1	PKN_2	PKN_3
	Heuertrag in dt/ha			
1. Versuchsperiode				
∅ aus 5 Jahren	41,8	49,5	55,0	60,8
2. Versuchsperiode				
∅ aus 2 Jahren	48,6	62,9	68,1	75,9
	Mehrleistung in kg Heu/kg N			
1. Versuchsperiode	–	38,5	32,8	31,6
2. Versuchsperiode	–	35,8	32,5	34,1

Die Pflanzenbestände wurden besonders durch NPK-Düngung verbessert und blieben bis Versuchsende grasreich (70 bis 80 % Bestandsanteil) mit Wertzahlen um 6,5.

he und gut verteilte Sommerniederschläge (500–600 mm vom April bis September) regelmäßig ergänzt wird. So erzielten wir mit einer Düngung von 150 kg N/ha in vier mit der Vegetationszeit ansteigenden Teilgaben auf einer flachgründigen Südhangweide der Schwäbischen Alb (730 m ü. NN) im Mittel von fünf Versuchsjahren 84,6 dt TS/ha und eine mittlere Leistung von 18,2 kg TS je kg N.

Tab. 83. Heuerträge in dt TS je ha bei steigender Stickstoffdüngung und Schnitthäufigkeit auf stickstoffreichem Anmoorboden. Kleeanteil weniger als 5 %

Düngung PK + kg N/ha/Jahr	Zahl der Schnitte 2	3	4
0	83,5	77,9	75,3
40	83,2	–	–
60	87,8	76,0	78,7
	(30,3)	(25,8)	(23,8)
80	–	–	78,2

Zahlen in ( ) = % Rohfaser i. TS

Ein- und zweischnittige Wiesen, extensiv bewirtschaftete Weiden

Grasreiche, wenig kleewüchsige ein-bis zweischnittige Wiesen kommen ohne N-Düngung nicht aus. Ein Beispiel von einem entwässerten Anmoorboden in ungünstigem Klima enthält Tab. 82.

Ganz anders reagierte ein grasreicher Bestand auf stickstoffreichem Anmoorboden auf steigende Stickstoffgaben in drei Versuchsjahren (Tab. 83).

Da der Stickstoff keine Wirkung auf den Ertrag zeigte, wurde auch keine Qualitätseinbuße mit steigender N-Düngung festgestellt. Die Qualität wurde jedoch durch die Schnitthäufigkeit verbessert, ohne daß sich die Bestandeswertzahlen wesentlich änderten (5,4 bis 5,9).

In günstigeren Lagen und auf Mineralboden kann man normalerweise auf grasreichen Wiesen mit einer guten Stickstoffwirkung rechnen. Sie beschleunigt aber das Wachstum besonders im 1. Schnitt so stark, daß man automatisch zu mehr Schnitten übergehen muß, wenn man Qualitätsfutter ernten will.

Auf kleewüchsigen ein- bis zweischnittigen Wiesen ist die N-Düngung keine lohnende Maßnahme. Auf Standorten mit ausreichendem Ertragspotential muß man sich entscheiden, ob man mit mineralischer N-Düngung, drei bis fünf Schnitten und geringerem Kleeanteil Futter produzieren will, oder ob man es sich leisten kann, ohne mineralische N-Düngung bei der Zweischnittnutzung zu bleiben. Dann hat man mit alleiniger PK-Düngung den Vorteil, daß die Narbe auf lange Sicht stabil bleibt, daß das Futter im ersten Schnitt wesentlich langsamer altert und daß die Qualität in beiden Schnitten besser ist als mit NPK-Gaben und zwei Schnitten; die hierzu erforderlichen niedrigen N-Gaben werden bisweilen auch als „Kompromißgaben" bezeichnet. Sie erniedrigen den Kleeanteil und verschlechtern die Qualität, ohne den Ertrag entsprechend zu erhöhen.

Extensiv bewirtschaftete Weiden in guten Grünlandlagen können jederzeit durch N-Düngung intensiviert werden. Voraussetzungen sind häufigere Nutzung, Futterabschöpfung durch Mahd und Erhöhung des Viehbesatzes je ha.

N-Düngung und Pflanzenbestände

Der Einfluß der N-Düngung auf die Zusammensetzung der Pflanzenbestände kann nicht isoliert von der Nutzung und von der PK-Düngung betrachtet werden. Was Ellenberg für den Fak-

Tab. 84. N-Düngung und Ertragsanteile von 7 Pflanzenarten im Rein- und Mischbestand; Ertrag ohne N = 100 (KLAPP 1965b)

Pflanzenarten		Ertrag mit N im Reinkulturversuch	Ertrag mit N im Grünlandbestand
Gemeine Rispe	*Poa trivialis*	*622*	*219*
Knaulgras	*Dactylis glomerata*	*590*	*196*
Glatthafer	*Arrhenatherum elatius*	*567*	*266*
Ruchgras	*Anthoxanthum odoratum*	*551*	*38*
Rasenschmiele	*Deschampsia cespitosa*	*297*	*88*
Weißklee	*Trifolium repens*	*193*	*39*
Rotklee	*Trifolium pratense*	*166*	*55*

tor Wasser so eindrucksvoll festgestellt hat, gilt auch für den Faktor N-Düngung: Die Pflanzenarten verhalten sich in Reinkultur anders als in Mischbeständen. Nach dem Beispiel von KLAPP (1965b) in Tab. 84 werden alle Arten in Reinkultur durch N-Düngung gegenüber „ohne N" gefördert, im Grünlandbestand jedoch nur die konkurrenzkräftigen, durch N in der Massenbildung am stärksten geförderten Gräser; die übrigen verlieren im Ertragsanteil im Vergleich zu N-freier Düngung.

Die hier gezeigten Unterschiede sind jedoch nicht allgemeingültig. Grasarten und Leguminosen, die in wüchsigen Wiesen unter dem Einfluß der N-Düngung unterdrückt werden, werden nach einer Zusammenstellung von KLAPP (1965b) in ödlandartigen Wiesen durch N zunächst gefördert (vgl. Tab. 68).

Tab. 85. Ertragsanteile (%, geschätzt) in Abhängigkeit von der Düngung auf Almweiden nach vier Versuchsjahren (nach WEIS, 1980)

Pflanzenarten	0	PK	NPK
Agrostis tenuis	1	6	10
Festuca rubra	8	27	35
Trifolium pratense	2	12	9
Trifolium repens	+	13	12

Rotschwingel, Rotes Straußgras und die Leguminosen nahmen auch auf der Sandbichler-Alm im Vergleich zu den ungedüngten Parzellen durch N (PK)-Düngung stark zu (Tab. 85).

Die Förderung wird aber nur so lange anhalten, bis die verbesserte Nährstoffversorgung des Standorts wüchsigeren Arten ein Auskommen bietet.

Eine sehr gute Reaktion von Pflanzenbeständen des Extensivgrünlandes auf NPK- und PK-Düngung fand ZÜRN (1953) in seinen Versuchen im Alpenraum (Tab. 86).

Hier wurde zwar der Leguminosenanteil durch NPK-Düngung gegenüber PK verringert, in gleichem Maße aber auch der Anteil unerwünschter Arten bei gleichzeitiger Zunahme der Nutzgräser.

Eine ähnliche Aussage ermöglicht Tab. 87. Erst NPK-Düngung führte zum höchsten Anteil von Leguminosen und Nutzgräsern, NPKCa-Düngung zur Ausschaltung von *Nardus stricta* und zum höchsten Ertrag in zehn Versuchsjahren.

Tab. 86. Mittlere Zusammensetzung der Pflanzenbestände in Düngungsversuchen auf alpinem Grünland; Gruppenanteile in % des Gesamtertrages (nach ZÜRN 1953)

Flächenbehandlung	Unkräuter, wertlose Pflanzen Borstgras	Futterkräuter	Leguminosen	Nutzgräser
unbehandelt	50–80	0–10	0– 5	5–35
Kaliphosphatdüngung	10–20	20–30	10–20	30–50
Volldüngung	5–10	20–30	5–10	55–65

Tab. 87. Der Einfluß der Düngung auf die botanische Zusammensetzung von Calluneten in 10 Versuchsjahren. Bestandsanteile in % des Gesamtertrages geschätzt (nach ZÜRN 1953)

Düngung	Besenheide	Borstgras	Kräuter + Leguminosen	Nutzgräser	mittlerer Heuertrag (dt/ha)
ungedüngt	70	20	10	–	12,6
PK	20	15	40	25	19,9
NPK	0	10	45	45	30,4
NPK + CaO	0	Spuren	45	55	32,7

Die gräserfördernde Wirkung der N-Düngung tritt auch in Abb. 21 zutage. Zugleich wird aber deutlich, daß sowohl PK- als auch NPK-Düngung qualitativ hochwertige Grasnarben erzeugen kann; die Grasartigen und Kräuter werden allerdings durch NPK schneller und stärker unterdrückt. Die Verbesserung der Wertzahlen verläuft in beiden Varianten sehr schnell (Abb. 22).

Auch auf extensiv genutzten Wiesen mit ein bis zwei, ausnahmsweise drei Schnitten, übt die Düngung große Wirkungen auf die Grasnarbe aus. ZÜRN (1968): „Wie kaum auf einer anderen Grünlandfläche vermag die Düngung auf der Wiese die Pflanzenbestände in ihrer Zusammensetzung zu beeinflussen". Mittelwerte aus zahlreichen Literaturangaben enthält Tab. 88.

Die Zahlen der Tabelle geben nur einen Teil des Düngungseinflusses wieder. Zusätzlich ist zu berücksichtigen, daß auf den ungedüngten Flächen minderwertige Gräser und Kräuter überwiegen, die auf den gedüngten Parzellen leistungsfähigen und hochwertigen Gräsern und Leguminosen Platz machen.

Tab. 88. Düngung und Pflanzenbestände auf ein- bis dreischnittigen Wiesen

Ertragsanteile der Artengruppen in %	Düngung kg/ha		
	Ungedüngt	80–100 P_2O_5 120–160 K_2O	40–60 N 80–100 P_2O_5 120–160 K_2O
Gräser	45	50	65
Leguminosen	10	22	8
Kräuter	45	28	27
Summe	100	100	100

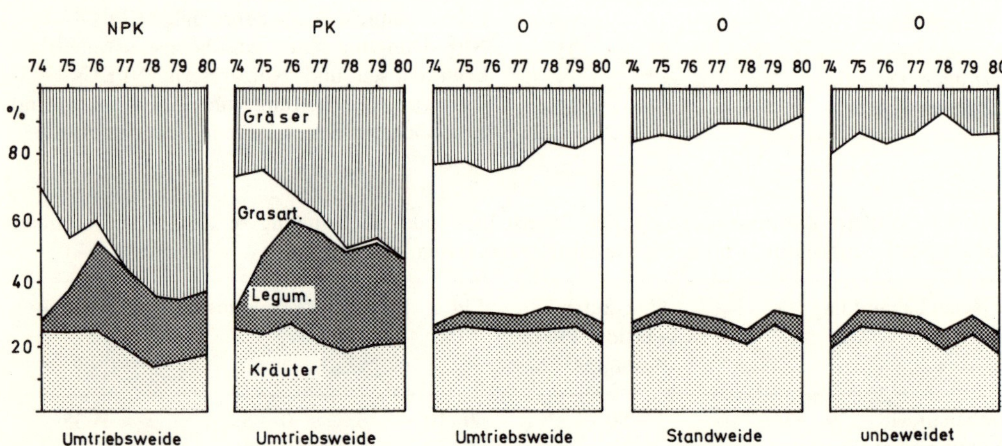

Abb. 21. Die Veränderung der Artengruppenanteile 1974 bis 1980 auf den Dauerquadraten der Sandbichler-Alm, 1400 m bis 1600 m ü. NN (WEIS 1983).

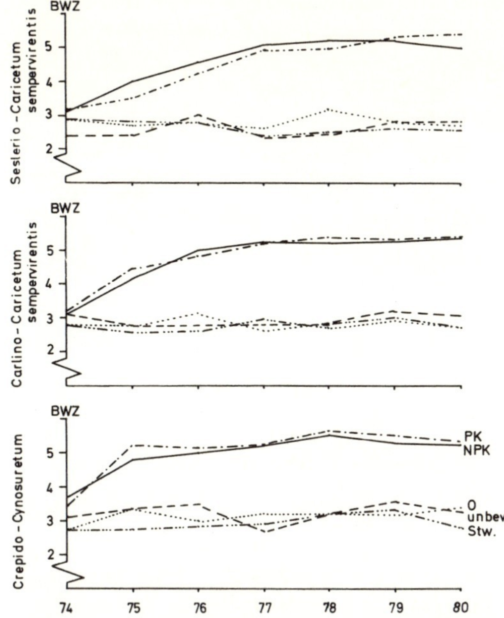

Abb. 22. Bestandeswertzahlen (nach Klapp et al. 1953) von drei Pflanzengesellschaften der Sandbichler-Alm unter dem Einfluß von Düngung und Nutzung im Verlauf von sieben Jahren. NPK, PK und O wurden als Umtriebsweide genutzt (Weis 1983).

Aus den geschätzten prozentualen Anteilen der soziologischen Artengruppen in unseren Untersuchungen auf der Versuchsstation Veitshof lassen sich die Wirkungen der Bewirtschaftung auf die Pflanzengemeinschaften gut ablesen (Tab. 89).

Das Molinietum der O-Variante wird durch Düngung in ein Arrhenatherion umgewandelt. Cynosurion-Arten sind nur unter Beweidung konkurrenzfähig. Auf der Weide fehlen die Arten der Feuchtwiesen, sonstige Feuchtezeiger und Arten nährstoffarmer Standorte.

Hier kommen auch wesentlich weniger Molinio-Arrhenatheretea-Arten vor; das ist damit zu erklären, daß viele von ihnen gegen Tritt und häufigere Nutzung empfindlich sind. Auffallend, aber nicht extrem ist der Rückgang der Artenzahl durch Beweidung auf unmittelbar benachbartem Standort.

Fast als Gesetzmäßigkeit kann gelten, daß einseitige Düngungsmaßnahmen nicht zur gewünschten Bestandszusammensetzung führen. Auf die Dauer bewirkt nur die gemeinsame Anwendung von P und K eine Erhöhung der Leguminosen- und Gräseranteile. Dasselbe gilt für die NPK-Düngung. NP- oder NK-Düngung allein – oder P bzw. K allein – können nur dann einmal gerechtfertigt sein, wenn durch vorhergehende falsche Düngung ein stärkeres Ungleichgewicht der P – bzw. K- Vorräte im Boden eingetreten ist. Dabei ist grundsätzlich zu bedenken, daß hohe Vorräte an Kali beim Unterlassen der K-Düngung viel schneller abgebaut werden als hohe Phosphatmengen beim Aussetzen der P-Düngung.

Tab. 89. Soziologische Artengruppen des Wiesen- und Weideversuchs auf dem Veitshof; geschätzte Prozentanteile am Gesamtertrag (Maaf 1969)

Soziologische Artengruppen	Wiese			Weide	
	(O)	(PK)	(NPK)	(NPK)	(2 (NPK))
Molinio-Arrhenatheretea	34,6	67,2	66,5	38,8	32,6
Arrhenatheretalia	4,0	6,5	9,4	8,0	8,8
Arrhenatherion	4,1	9,6	8,3	0,0	
Cynosurion	0,5	1,5	0,5	45,4	48,9
Molinietalia	27,4	6,8	7,0	0,2	
Molinion	20,6	0,8	0,5		
Plantaginetea	2,5	2,2	2,8	6,2	6,8
Chenopodietea	0,5	1,6	1,2	0,4	1,2
Phragmitetea	0,7	0,3	0,2		
Sonstige Feuchteanzeiger	3,3	1,7	1,5		
Magerkeitszeiger	1,8	0,5	0,4		
Sonstige Begleiter	0,0	1,3	1,7	1,0	1,7
Artenzahlen	56	64	61	36	33

2.5.2.1.5 N-Düngung auf Intensivgrünland

In der intensiven Grünlandwirtschaft kann im Hinblick auf Pflanzenbestand und N-Bedarf kaum noch zwischen Wiese und Weide unterschieden werden. Häufigere Nutzung kann durch Schnitt und Weidegang oder im Wechsel von beiden erfolgen; sie ist zusammen mit angemessener Nährstoffversorgung das Hauptcharakteristikum moderner Grünlandwirtschaft. Auf mineralische N-Düngung kann auch bei hohem Viehbesatz nicht verzichtet werden, weil gerade aus dem Wirtschaftsdünger hohe N-Verluste während und nach der Ausbringung unvermeidbar sind.

Grundsätzlich ist es gleichgültig, in welcher Form der Stickstoff gegeben wird, ob als Mineraldünger oder als Wirtschaftsdünger. Dabei wird vorausgesetzt, daß in beiden Fällen termingerecht gedüngt wird. Diese Annahme ist aber nur für einen Teil des im Verlaufe eines Jahres gleichmäßig anfallenden Wirtschaftsdüngers realisierbar, weil nach den Wintermonaten für die Frühjahrsdüngung zuviel und – wenigstens im Weidebetrieb – im Sommer zuwenig Gülle oder Stallmist und Jauche zur Verfügung stehen. Außerdem ist die zeitliche Abstimmung der organischen Düngung auf die Schnitt- und Weidenutzung wesentlich schwieriger als die der mineralischen N-Düngung, die z. B. auf der intensiven Standweide sogar zwischen die weidenden Tiere oder ins nachgewachsene Gras gestreut werden kann.

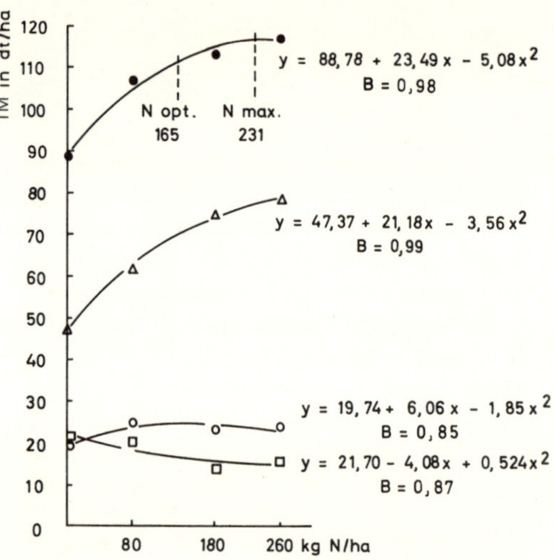

Abb. 23. Produktionsfunktionen der N-Düngung, Mähweide Eberspoint. TS-Ertrag: (●) Gesamt, (△) Gräser, (□) Weißklee, (○) Löwenzahn. Vier Nutzungen, 80 kg P_2O_5, 130 kg K_2O, 200 dt Stallmist/ha, Weidegang.

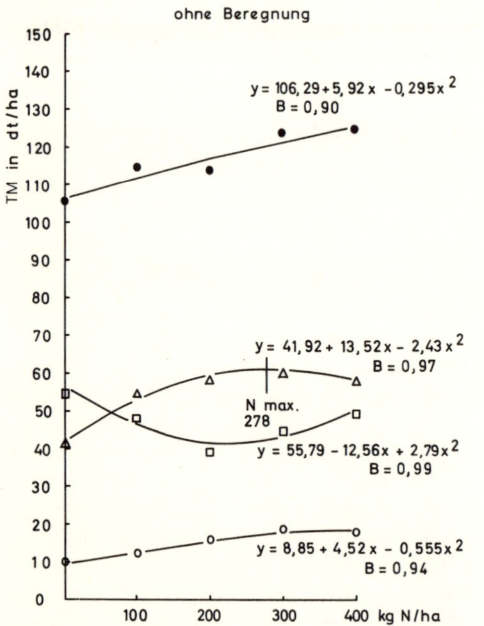

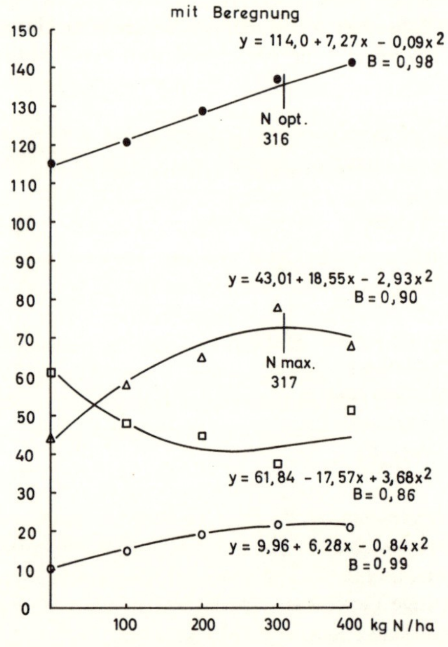

Abb. 24. Produktionsfunktionen der N-Düngung, Ansaat-Mähweide Weihenstephan. TS-Ertrag: (●) Gesamt, (△) Gräser, (□) Weißklee, (○) Löwenzahn. Fünf Nutzungen, 90 kg P_2O_5, 250 kg K_2O/ha, kein Stallmist, kein Weidegang.

Der Wirkungsgrad des Stickstoffs im Wirtschaftsdünger weist in Abhängigkeit von der Gewinnung, Lagerung und Ausbringung größere Schwankungen auf als der des Stickstoffs im Mineraldünger. Die Unterschiede werden noch verstärkt durch die wechselnden Anteile von Kot, Harn, Einstreu und Wasser. Ein weiterer Nachteil liegt in der Verteilbarkeit des Wirtschaftsdüngers. Trotz aller technischen Fortschritte ist die Verteilung auf der Einzelfläche und auf der gesamten Nutzfläche ungleichmäßiger als die des Mineraldüngers.

Nur bei gleichmäßiger Verteilung und pflanzenbaulich rechtzeitiger Anwendung kann man die N-Wirkung von Wirtschafts- und Handelsdünger miteinander vergleichen. Dabei muß fraglich bleiben, welcher Teil des Stickstoffs im Wirtschaftsdünger tatsächlich bis an die Pflanzenwurzel gelangt.

Dagegen kann man mit Handelsdünger-Stickstoff exakter kalkulieren. In Anbetracht der Kosten ist es wichtig, sich über Grenzkosten und Grenzerlös der N-Düngung zu informieren.

Produktionsfunktionen der Stickstoffdüngung

Aus N-Steigerungsversuchen kann man mit Hilfe von Regressionsanalysen die Produktionsfunktionen des Stickstoffs errechnen. Dabei wird der Ertrag als eine Funktion der N-Düngung dargestellt. Aus dieser Funktion können Ertragsleistungen und Rentabilität für jedes kg N bestimmt werden. Als Rentabilitätsschwelle haben wir unterstellt, daß unter den derzeitigen Preis-Kosten-Verhältnissen das letzte kg Dünger-N noch einen Bruttoertrag von 6,7 kg TS = 44 MJ NEL bringen sollte. Ob diese Annahme stimmt, hängt natürlich entscheidend von der Verwertung der MJ NEL ab. Selbst wenn man mit 50% Verlust (durch Weiderest, Luxuskonsum oder Konservierung) kalkuliert, müßten mit den verbleibenden 22 MJ NEL (netto) noch 3 bis 4 kg Milch einschließlich Erhaltungsanteil produziert werden können. Damit wären die Grenzkosten von 1 kg N etwa gedeckt.

Man spricht vom optimalen N-Aufwand, wenn die Grenzkosten = dem Grenzerlös sind; der maximale Aufwand bezeichnet die Menge, bei deren Überschreitung kein Ertragszuwachs mehr eintritt. Einzelheiten zur Methodik sind in Voigtländer und Lang (1975) enthalten.

In den Abb. 23 und 24 sind einige Berechnungsbeispiele dargestellt. Auf der Dauer-Mähweide Eberspoint bewirkten Stallmist-, Boden- und Leguminosenstickstoff, auf der Ansaat-Mähweide Weihenstephan hauptsächlich der Leguminosenstickstoff, schon sehr hohe Erträge ohne mineralischen Stickstoff. In beiden Versuchen wirkte sich die N-Düngung nur auf den Grasanteil aus. In Weihenstephan lag das Maximum des Gesamtertrages außerhalb der aufgewendeten N-Mengen. Ohne Beregnung hat sich die N-Düngung im trockenen Sommer 1972 nicht gelohnt, mit Beregnung kam sie relativ gut zur Wirkung. Mit dem Optimum des Gesamtertrages war zugleich das Maximum des Grasertrages erreicht.

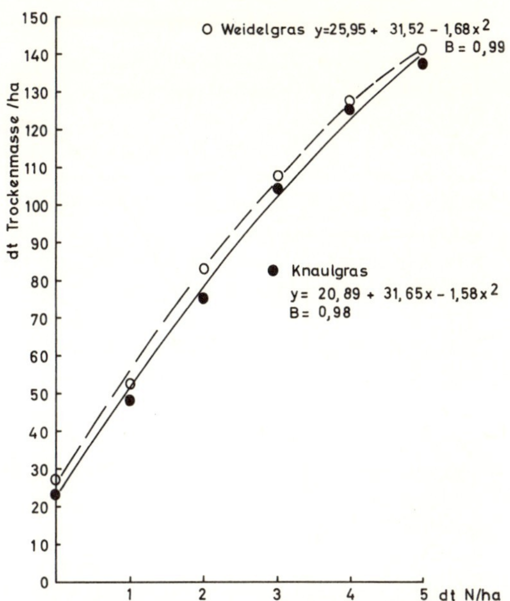

Abb. 25. Produktionsfunktionen der N-Düngung zu Deutschem Weidelgras und Knaulgras im 6. Jahr nach der Ansaat. Jährlich fünf Nutzungen, 90 kg P_2O_5 und 250 kg K_2O/ha, kein Stallmist, kein Weidegang, Versuchsfeld Weihenstephan.

In Abb. 25 sind die Ergebnisse von N-Steigerungsversuchen zu Deutschem Weidelgras (Sorte Barlenna) und Knaulgras (Sorte Holstenkamp) dargestellt. Sie stammen aus dem sechsten Jahr nach der Ansaat ebenfalls von unserem Versuchsfeld Weihenstephan. Mit 5 dt N (= 500 kg N/ha) wurde weder das Maximum noch das Optimum der Ertragssteigerung erzielt. Das letzte kg N brachte noch über 10 kStE. Der steile Anstieg der Kurven und die hohen Grenzerträge haben ihre Ursachen darin, daß kein Stickstoff von Leguminosen und wenig aus dem Boden zur Verfügung stand.

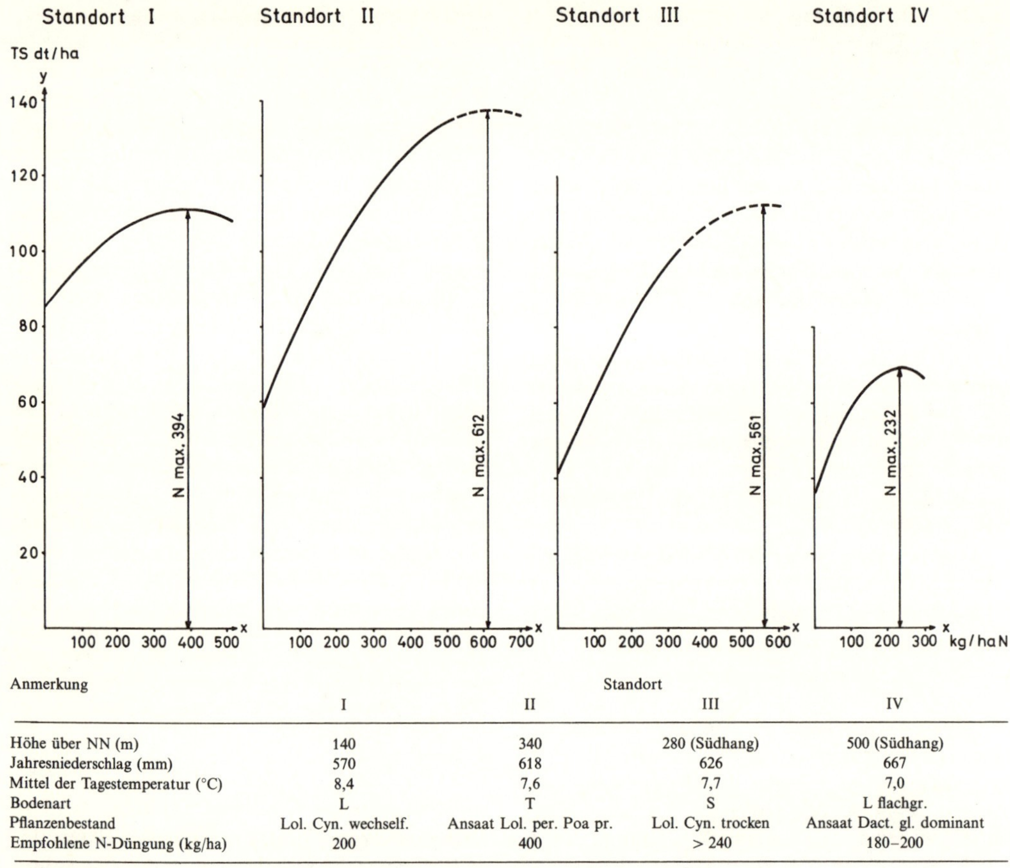

Anmerkung	Standort I	II	III	IV
Höhe über NN (m)	140	340	280 (Südhang)	500 (Südhang)
Jahresniederschlag (mm)	570	618	626	667
Mittel der Tagestemperatur (°C)	8,4	7,6	7,7	7,0
Bodenart	L	T	S	L flachgr.
Pflanzenbestand	Lol. Cyn. wechself.	Ansaat Lol. per. Poa pr.	Lol. Cyn. trocken	Ansaat Dact. gl. dominant
Empfohlene N-Düngung (kg/ha)	200	400	> 240	180–200

Abb. 26. Produktivität steigender N-Gaben auf 4 Weidestandorten in Thüringen (D. Roth 1967).

Abb. 26 macht deutlich, welche N-Mengen erforderlich sind, um auf verschiedenen Standorten das Ertragsmaximum zu erzielen. Dabei wirken die Gunst des Standorts und das Potential des Pflanzenbestandes entscheidend mit. Die empfohlene N-Düngung ist auf das Ertragsoptimum von Durchschnittsjahren ausgerichtet.

N-Düngung und Jahreserträge

Die Wirkung des Düngerstickstoffs ist umso größer, je geringer die Versorgung aus dem Boden- oder aus dem Leguminosen-Stickstoff ist. Hierzu sei auf Abb. 27 verwiesen. Die der Kurve 2 von Reid (1972) zugrunde liegenden Daten wurden in Schottland im Feldfutterbau mit einer Sorte von *Lolium perenne* im Mittel von sechs Versuchsjahren und fünf Nutzungen pro Jahr gewonnen; der niedrige N-Gehalt des Bodens kommt in einem niedrigen Anfangsertrag – im übrigen auch in einem niedrigen Stickstoffgehalt des Erntegutes von 1,85% N in der Variante „ohne N“ – zum Ausdruck. Die Wirkung der mineralischen N-Düngung steigt bis über 300 kg/ha hinaus an.

Die Daten von Kreil et al. (1966) stammen aus der DDR, jedoch von Dauergrünland, das im Jahr vier- bis sechsmal genutzt wurde. Es stellt mehr Stickstoff aus dem Boden zur Verfügung als der Ackerstandort unter Weidelgras. Deswegen wurden in der Variante „ohne N“ höhere Erträge und höhere Gehalte an Stickstoff in der Erntemasse (2,74%) gefunden. Das frühere Abknicken der Kurve 3 von Kreil et al. (1966) wird wahrscheinlich mit dem Ertragspotential des Standorts und/oder des Pflanzenbestandes zusammenhängen. Die Kurve 4 von Boxem (1973) mit Werten aus Dauergrünland, vier Jahren und fünf Nutzungen im Jahr (viermal Weide, ein Siloschnitt) wird von Minderhoud (1974) als typisch für niederländische Verhältnisse bezeichnet.

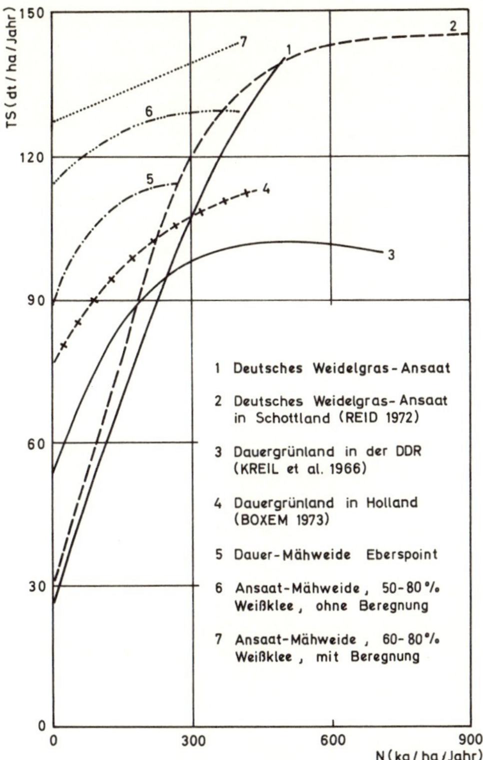

Abb. 27. N-Steigerung und Jahreserträge auf Dauer- und Ansaatgrünland (MINDERHOUD et al. 1974; ergänzt durch eigene Ergebnisse = Kurven 1, 5, 6, 7).

Ganz ähnlich verlaufen die Ertragskurven, die wir in unseren Versuchen gefunden haben. Die für Weidelgras (1) entspricht weitgehend der von REID, die von der Dauer-Mähweide Eberspoint (5) läuft denen von BOXEM und KREIL parallel – wahrscheinlich wegen der Stallmistdüngung in allen Varianten auf einem etwas höheren Niveau. Die Erträge auf der Ansaat-Mähweide (6 und 7) mit 50–80 bzw 60–80% Weißklee ohne N-Düngung sind wohl nur auf Neuansaaten erzielbar, weil sich so hohe Weißkleeanteile in einer Mähweidenarbe auf die Dauer nicht halten lassen.

Immerhin kann man aus der Darstellung den Schluß ziehen, daß sich im Feldfutterbau sowohl mit hohem Kleeanteil als auch mit Gräsern und hoher N-Düngung Höchsterträge erzielen lassen. Das Potential des Dauergrünlandes liegt niedriger; ohne mineralische N-Düngung ordnen sich die Erträge zwischen reinem Gras- und Kleegrasanbau ein.

N-Düngung – Aufwuchsdauer, Ertrag, Qualität

Das Zusammenwirken von Aufwuchsdauer (Nutzungshäufigkeit) und N-Düngung auf Dauergrünland hat MINDERHOUD (1974) aufgrund von Daten von VAN BURG (1970) dargestellt (Abb. 28). Die Wuchsperiode (auf der Abszisse aufgetragen) dauerte 12 bis 55 Tage nach der N-Düngung im Juni. Bei ungestörtem Wachstum stieg bei einer N-Düngung von 80 kg/ha der TS-Ertrag (brutto) bis zum Ende der Versuchsperiode kontinuierlich an. Trotz sinkender Nährstoffgehalte gilt dasselbe für den Ertrag an Stärkeeinheiten, während der Ertrag an verd. Rohprotein nach 30 Tagen mit 80 und 120 kg N nicht mehr zunahm, weil die Rohprotein-Gehalte in den höheren N-Stufen stärker abfielen als die TS-Erträge anstiegen. Hier wurden nur die Faktoren Wuchsdauer und mineralische N-Düngung in Betracht gezogen. Die Zuwachsrate wird bei niedrigen und hohen N-Gaben auch von einer Reihe anderer Faktoren beeinflußt, z.B. von Licht, Temperatur und Feuchtigkeit, besonders wenn diese nach der einen oder anderen Seite Extreme aufweisen.

N-Düngung und Wachstumsverlauf

(vgl. 2.6.4.3.3)

Der Graszuwachs, gemessen in kg Gras-Trockensubstanz je ha und Tag, setzt im Frühjahr bei 8 bis 10 °C verstärkt ein und erreicht mit steigenden Temperaturen um die Mai-Juniwende einen absoluten Höhepunkt. Dann läßt die Wuchskraft verhältnismäßig schnell nach. Unter günstigen Witterungsbedingungen kommt es im Verlaufe der Monate Juli und August zu einem zweiten Gipfel geringerer Höhe, von dem aus dann das Wachstum stetig bis zum Eintreten der Winterruhe absinkt. Das zwischen beiden Höhepunkten liegende Ertragstief (die Sommerdepression) wird verhältnismäßig häufig, in manchen Gebieten regelmäßig beobachtet.

An verschiedenen Stellen wurde versucht, die Sommerdepression durch N-Düngung wenigstens abzuschwächen. Die Erfolge von VAN DER MOLEN, VAN BURG und in unseren eigenen Versuchen waren gering. Auf der Schwäbischen Alb fanden wir zur Zeit der Sommerdepression meistens die geringste Leistung je kg N.

Sehr gute N-Wirkungen können wieder im Hochsommer und im frühen Herbst erzielt werden unter der Voraussetzung, daß die Wasserversorgung ausreicht. In den süddeutschen Grünlandgebieten fallen etwa $^{3}/_{5}$ bis $^{2}/_{3}$ der Jahresniederschläge von April bis September mit Maxima

Tab. 90. Die Leistung je kg N in kg TS in den einzelnen Weideschnitten bei verschiedenen Teilgaben im Weideversuch Oberer Lindenhof; 730 m ü. NN, 900 mm Niederschlag (550 mm IV bis IX)
N-Leistung = Ertrag der N-Variante – Ertrag der O-Variante (kg TS/ha) : kg N/Teilgabe

kg N/ha Teilgabe	1958 1.	2.	3.	4.	5.	kg N/ha Teilgabe	1959 1.	2.	3.	4.	5.
	Schnitt						Schnitt				
15	24,5	–	12,4	51,3	–	15	16,3	–	11,9	27,8	–
22,5	–	33,6	21,9	–	–	22,5	–	23,2	7,5	–	–
30	15,0	25,2	15,6	35,3	21,4	30	9,6	19,2	8,6	16,3	17,2
45	10,0	20,2	14,7	28,9	–	45	5,8	18,9	8,1	20,4	–
60	10,7	18,7	–	–	–	60	3,4	12,3	–	–	–
67,5	9,2	–	–	26,0	–	67,5	3,9	–	–	16,5	–

in den Sommermonaten. Daher ist bei einer Jahresmenge ab 900 mm (ohne Grundwasseranschluß) die N-Wirkung im Sommer ziemlich sicher. Auch in holländischen und schwedischen Arbeiten (Giöbel 1945) wird von guten N-Leistungen im Sommer berichtet. Giöbel weist sogar darauf hin, daß die Sommerdüngung mit Stickstoff im allgemeinen die größte Wirkung und das beste wirtschaftliche Ergebnis bringe. In unseren Versuchen war auch die N-Düngung zur letzten Nutzung im September noch lohnend (Tab. 90).

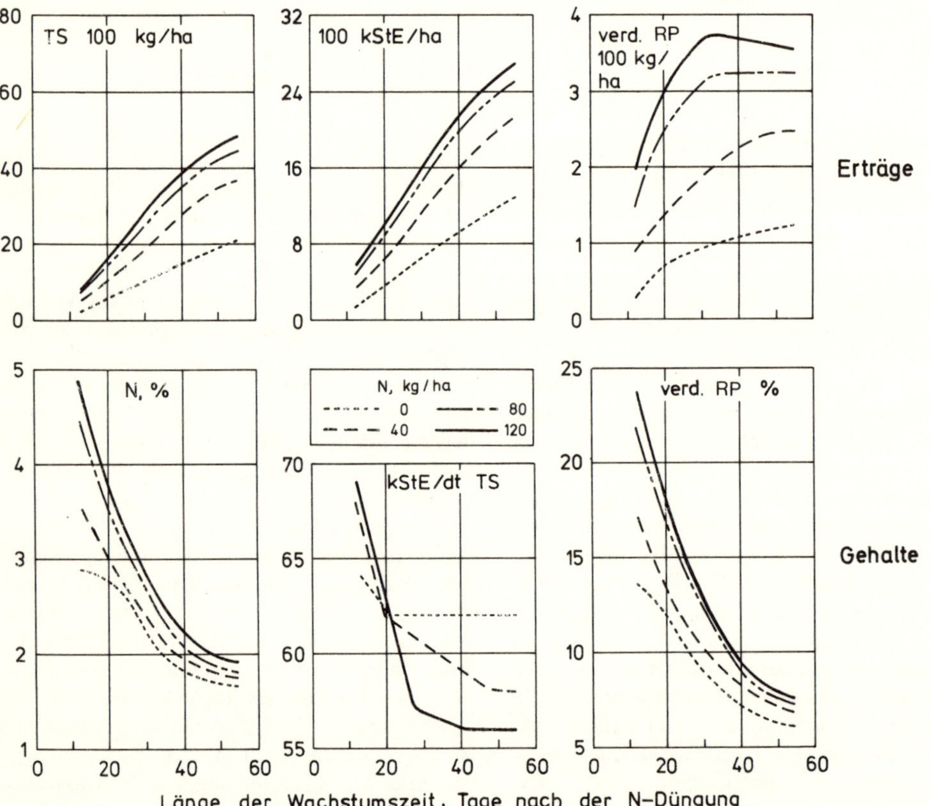

Abb. 28. Einfluß der Aufwuchszeit auf Ertrag, Qualität und N-Wirkung (0, 40, 80, 120 kg N/ha) im Juni (Minderhoud et al. 1974, gekürzt).

Tab. 91. Die Weideerträge in 5 Nutzungen (dt/ha) und die Leistungen der einzelnen Varianten in kg TS/kg N im Weideversuch Oberer Lindenhof

Versuchs-glied	N-Verteilung % v. 150 kg N/ha	Grünmasse	Trocken-masse	Roh-protein	kg TS je kg N	
		$\bar{x}$ 1958 bis 1960			1958	1959
1	20, 20, 20, 20, 20	516,1	89,8	17,5	22,6	12,9
2	30, 30, 10, 10, 20	493,0	87,3	17,4	19,1	13,7
3	45, 30, 15, 10, –	491,8	85,5	17,0	19,3	11,9
4	10, 15, 30, 45, –	531,4	93,6	17,9	25,7	17,4
5	–, 20, 30, 30, 20	528,4	92,4	17,8	23,7	18,4
6	40, 40, 20, –, –	492,4	86,0	17,4	19,8	11,0

Vier von den sechs Teilgaben in Tab. 90 kommen nur in zwei bzw. drei Schnitten vor. Deswegen ergeben sich die besten Vergleichsmöglichkeiten bei einer Teilgabe von 30 kg N in fünf Schnitten bzw. 45 kg N in vier Schnitten. Die Sommerdepression fiel immer in den Zeitraum des dritten Aufwuchses. Die Erträge desselben Versuchs im Mittel von drei Jahren sind in Tab. 91 für die sechs N-Verteilungsvarianten enthalten.

Nach demselben Plan (jedoch nur vier Varianten) wurden zwei weitere Versuche auf den Versuchsgütern Wildschwaige (vier Jahre) und Dürnast (drei Jahre) durchgeführt. Die Rangfolge der

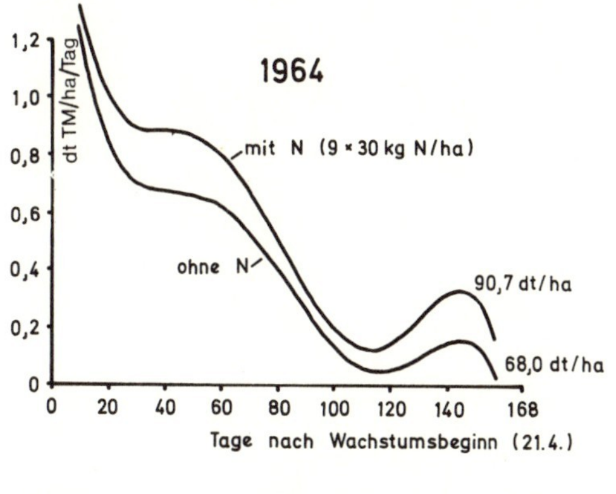

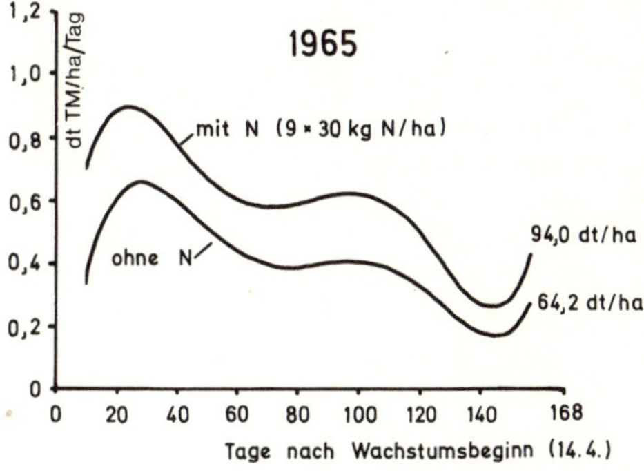

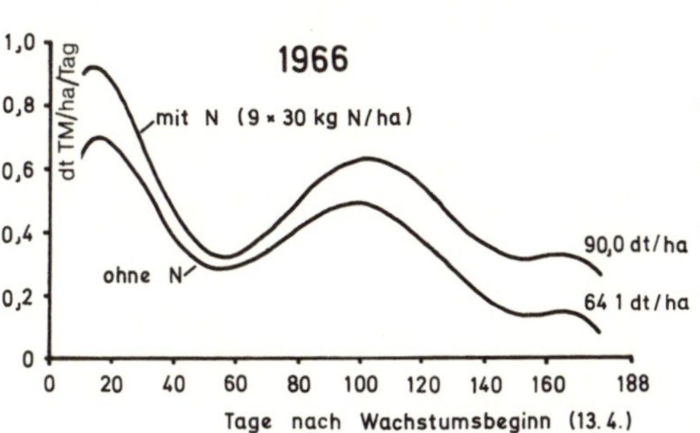

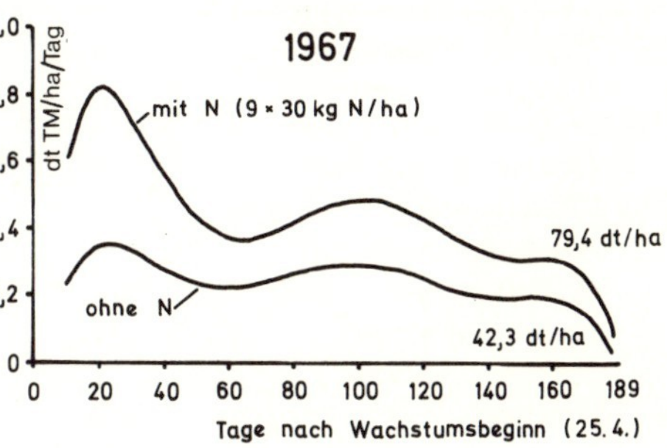

Abb. 29. Zuwachskurven mit und ohne N-Düngung im Weideversuch Dürnast. Standort: Versuchsgut Dürnast bei Weihenstephan, 470 m ü. NN, 814 mm, 7,6 °C, Exposition 4,5 °NNO. Boden: schwach pseudovergleyte Ackerbraunerde, schluffiger Lehm. Dichte Narbe einer Weidelgras-Weißklee-Weide. Gleitende Mittel aus je drei Versuchsreihen mit je acht bzw. neun Weideschnitten. Schnittintervall von Reihe zu Reihe jeweils sieben Tage, Ruhezeit von Schnitt zu Schnitt in den Reihen je 21 Tage. Grunddüngung 150 kg P_2O_5 und 200 kg K_2O je ha (PAHL und VOIGTLÄNDER 1969).

Tab. 92. Die Rangfolge der Varianten in den N-Verteilungsversuchen Oberer Lindenhof, Wildschwaige und Dürnast

Variante Nr.	%von 150 kg N/ha	Rang-Nr. Ob. Lindenhof	Wildschwaige	Dürnast
1	20, 20, 20, 20, 20	3	2	1
3	45, 30, 15, 10, –	4	4	4
4	10, 15, 30, 45, –	1	3	3
5	–, 20, 30, 30, 20	2	1	2

Varianten im Gesamtertrag enthält für alle drei Standorte Tab. 92.

Die Differenzen zwischen den Gesamterträgen waren meistens nicht signifikant. Am sichersten war die Überlegenheit niedriger Frühjahrs- und höherer Sommergaben über die Variante 3 mit entgegengesetzter Verteilung. Die Variante 1 mit gleichmäßiger Verteilung der N-Düngung auf alle fünf Nutzungen stand auf den drei Standorten nur wenig zurück.

Die N-Wirkungen in vier Versuchsjahren mit acht bis neun Nutzungen auf dem Standort Dürnast sind in Abb. 29 dargestellt (Pahl und Voigtländer 1969).

Tab. 93. Wertzahlen und Massenprozente der wichtigeren Arten von Pflanzenbeständen auf Versuchsflächen nach 3 bis 5 Versuchsjahren

	Gesellschaft	Lolio-Cynosuretum							
	Standort	Wildschwaige		Dürnast		Dürnast		Veitshof	
	Zahl der Nutzungen	5 × W		5 × M		8 × M		6 × W	
Wertzahl	Arten	PK	+ N	PK	+ N	PK	+ N	PK	+ N
8	*Festuca pratensis*	29	39	9	7	3	4	3	5
8	*Phleum pratense*		+	1	+	1	1	+	+
8	*Lolium perenne*			17	16	11	14	41	46
8	*Poa pratensis*	15	12	22	40	20	24	+	+
7	*Alopecurus pratensis*	2	2	3	3	4	2	2	2
7	*Dactylis glomerata*	4	9	1	2	+	3	4	4
7	*Agrostis stolonifera*	4	7	3	1	4	2	1	1
7	*Poa trivialis*	4	3	11	12	20	25	5	4
6	*Elymus repens = Agropyron repens*	+	1	+		1	2	+	2
6	*Cynosurus cristatus*			3	2	2	+		
5	*Festuca rubra*	2	2		+				
5	*Poa annua*		+	1	1	5	5	+	+
4	*Holcus lanatus*	10	8		+	1	+		
8	*Trifolium repens*	16	7	15	5	9	4	21	14
7	*Trifolium pratense*	1	+		+	+			
5	*Taraxacum officinale*	8	8	9	7	6	4	5	6
5	*Carum Carvi*			2	2	5	5		
5	*Leontodon autumnalis*	+	+	2	1	2	1		
2	*Bellis perennis*	1	+	1	+	+	+	2	1
2	*Ranunculus repens*	1	+	+	+	2	1	2	3
–1	*Senecio aquaticus*	1	1						
3/4	Sonstige	2	1	+	1	4	3	3	1
	Gräser	70	82	71	84	72	82	67	75
	Leguminosen	17	7	15	5	9	4	21	14
	Kräuter	13	11	14	11	19	14	12	11
	Wertzahlen	6,84	7,02	7,22	7,41	6,76	6,98	7,37	7,39

Der Kurvenverlauf ist von Jahr zu Jahr in Abhängigkeit von der Witterung verschieden. Im vierten Versuchsjahr mit dem niedrigsten Gesamtertrag wurde die höchste Leistung je kg N festgestellt. Die N-Wirkung im Sommer tritt mit geringfügigen zeitlichen Verschiebungen deutlich hervor.

N-Düngung und Pflanzenbestände

Auf Intensivgrünland sind die düngungsbedingten Einflüsse auf die Grasnarbe nicht so groß wie unter extensiver Bewirtschaftung, solange es gelingt, Extreme im Viehbesatz – in der Anwendung von Wirtschaftsdüngern – und in der mechanischen Belastung zu vermeiden. Diese Bedingungen konnten in den Versuchen, die in Tab. 93 genannt sind, erfüllt werden, obgleich die Versuchsflächen auf der Wildschwaige und auf dem Veitshof in den normalen Nutzungsrhythmus der beiden Betriebe einbezogen waren. Die höheren Grasanteile auf den NPK-Parzellen und die höheren Anteile von Kleearten und Kräutern auf den PK-gedüngten Varianten sind zwar deutlich erkennbar; es ergeben sich jedoch nur geringe Unterschiede in den Wertzahlen, und zwar zugunsten der NPK-Düngung. Zugleich kann aus den Ergebnissen geschlossen werden, daß bei der vorliegenden Nutzungshäufigkeit in den drei bis fünf Versuchsjahren kein gravierender Unterschied in der Wirkung von Mahd und Beweidung eingetreten ist.

Zürn (1965) stellte in elf Versuchsjahren Ertragsgleichheit und keine wesentlichen Veränderungen der Pflanzenbestände durch Schnitt – im Vergleich zu gleichhäufiger Weidenutzung fest. Dabei erhielt die Portionsweide mit Berücksichtigung der tierischen Ausscheidungen eine um etwa 100 kg/ha höhere N-Düngung.

Oostendorp und Hoogerkamp (1967) berichteten von einer Zunahme wertvoller Gräser und einer Abnahme „mäßiger" Gräser und Kräuter bei Mahd und Weidenutzung in vier Versuchsjahren mit steigender Stickstoffdüngung. Diese Entwicklung war auf Sand- und Tonboden bis 450 kg N/ha, auf Moorboden bis 350 kg N eingetreten.

Frankena verglich viermalige Mahd mit fünfmaligem Weidegang, jeweils mit 80 und 200 kg N/ha gedüngt. Auf diesem relativ niedrigen Düngungsniveau bewirkte Weidegang eindeutig bessere Pflanzenbestände als Mahd. Die Wertzahlen betrugen

unter	mit 80 kg N	200 kg N
Weidenutzung	6,68	7,17
Mahd	5,73	5,78

In diesem Zusammenhang ist die Mitteilung von Minderhoud et al. (1974) von Interesse, daß unter Schnittnutzung erst mit 450 kg N/ha die Triebzahl von *Lolium perenne* (Wertzahl 8) etwas überschritten wurde, die unter Weidenutzung bereits mit 200 kg N/ha erreicht war.

Aus den bisher zitierten Ergebnissen kann man schließen, daß reine Schnittnutzung der Grasnarbe unter normaler Bewirtschaftung nicht zu schaden braucht, wenn die Stickstoffversorgung gewährleistet ist. Daß dabei auch die übrigen Nährstoffe reichlich zur Verfügung stehen müssen, kann man Ergebnissen von Thöni (1964) entnehmen. Danach war Vielschnitt auf gut gedüngten Wiesenflächen bei guter Wasserversorgung auf die Dauer ohne stärkere Verunkrautung möglich, während bei zu geringer oder Mangeldüngung der Kräuteranteil durch häufigen Schnitt vermehrt wurde. Andererseits geht nach Klapp (1956) jede Grasnarbe in weniger graswüchsigen Lagen – bei unsteter Wasserversorgung – unter Vielschnitt zugrunde.

N-Düngung und Verunkrautung

Die Verunkrautung mit *Rumex obtusifolius*, *Heracleum sphondylium*, *Anthriscus sylvestris* und *Elymus repens* = *Agropyron repens* hat sich gebietsweise verstärkt. Die Hauptursachen sind mit wechselnden Anteilen:

- Erhöhung des Viehbesatzes
- verstärkte, z. T. unharmonische Düngung
- einseitige Schnittnutzung
- Einschränkung des Weideganges
- Mißverhältnis zwischen N-Düngung und Nutzungshäufigkeit
- Narbenschäden durch Beweidung und mechanische Belastung bei Nässe
- weniger Rücksichtnahme auf die Witterung als früher in der Absicht, das Grünland rechtzeitig zu nutzen.

Tab. 94. Ertragsanteile von Gräsern, Leguminosen und Bärenklau bei steigenden N-Gaben

Düngung	Gräser	Kleearten	Bärenklau
	Ertragsanteile (%)		
ohne N	39,2	60,4	0,4
N 1	71,0	27,1	1,9
N 2	71,4	25,2	3,4
N 4	79,4	7,2	13,4
N 8	65,6	1,6	32,8

Demnach ist die Düngung nur eine und sicher nicht immer die Hauptursache für die Verunkrautung. Es ist auch falsch, nur die Nährstoffe und ihr Verhältnis zueinander verantwortlich zu machen. Gerade bei der übermäßigen Verwendung von Flüssigmist können Schäden durch Verätzung und Erstickung eintreten, von denen besonders erwünschte Arten betroffen werden.

Andererseits hat schon REMY (1931) nachgewiesen, daß Umbelliferen auch durch einseitige Mineraldüngeranwendung gefördert werden können. In Tab. 94 wird gezeigt, daß mit steigender N-Düngung zunächst die Gräser zunehmen, die dann aber bei nochmaliger Verdoppelung der N-Gaben durch den stärker wachsenden Anteil von Bärenklau wieder eingeschränkt werden.

Ein Beispiel für die Bedeutung der Schnitthäufigkeit bei der Verunkrautung mit *Elymus repens* (Kriechende Quecke) enthält Abb. 30 von MINDERHOUD et al. (1974).

Bei geringer Nutzungszahl kann die Quecke mit ihren ausgedehnten und speicherfähigen Rhizo-

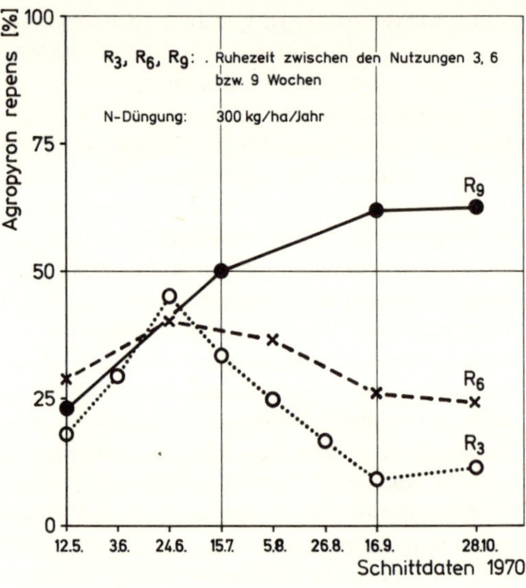

Abb. 30. Schnitthäufigkeit und Konkurrenz zwischen *Elymus repens* und *Lolium perenne* (MINDERHOUD et al. 1974).

Tab. 95. Rohprotein-, NO_3- und Mineralstoffgehalte im Weidefutter in Abhängigkeit von gesteigerten N-Gaben; Mittel aus 3 Nutzungen in 2 Reifestadien; Grünschwaige 1969 und 1970

kg N/ha/ Nutzung	TS (dt/ha)	RP	NO_3	Asche	P	K	Ca	Mg	Na
					(in % der TM)				
1969									
Weidereife									
0	16,8	19,2	0,12	10,0	0,39	3,40	0,59	0,19	0,012
60	22,4	22,2	0,32	10,1	0,39	3,81	0,64	0,21	0,012
120	25,7	24,9	0,65	10,7	0,38	3,83	0,70	0,22	0,014
240	25,4	26,5	1,07	11,1	0,38	3,98	0,74	0,22	0,013
Siloreife									
0	27,0	17,2	0,12	9,7	0,37	3,42	0,60	0,18	0,011
60	32,4	18,2	0,23	9,5	0,35	3,43	0,62	0,19	0,016
120	34,6	20,4	0,51	9,8	0,36	3,59	0,64	0,20	0,017
240	35,6	22,7	0,88	10,1	0,35	3,64	0,71	0,23	0,021
1970									
Weidereife									
0	19,3	21,5	0,13	10,7	0,44	3,87	0,80	0,23	0,018
60	24,5	24,0	0,31	11,0	0,43	4,20	0,78	0,25	0,020
120	26,5	25,9	0,56	11,6	0,43	4,30	0,86	0,27	0,026
240	26,6	28,2	0,98	11,7	0,43	4,53	0,85	0,27	0,021
Siloreife									
0	26,0	18,7	0,13	10,4	0,42	3,57	0,85	0,22	0,019
60	31,4	20,1	0,23	10,7	0,41	3,83	0,85	0,24	0,024
120	34,8	21,6	0,46	11,0	0,40	4,03	0,82	0,24	0,022
240	35,7	24,5	0,84	11,4	0,40	4,07	0,90	0,27	0,026

men ihren Ertragsanteil ausweiten, während kurze Ruhezeiten das Deutsche Weidelgras begünstigen.

Die Zahl der Nutzungen läßt sich durch Weidegang leichter an die erhöhte Düngung anpassen als durch alleinige Schnittnutzung. Andererseits wird die Erhöhung der Nutzungsfrequenz mit Einführung der Sommerstallfütterung dringender, weil im Sommer mehr Wirtschaftsdünger anfällt als beim Weidegang.

N-Düngung und Futterqualität

Aus der Vielzahl der vorliegenden Ergebnisse sollen nur einige Beispiele ausgewählt werden. MARAMBIO (1971) führte in zwei Vegetationsperioden Versuche auf Niedermoorboden (Mähweide Grünschwaige) mit steigenden N-Gaben (0–60–120–240 kg N/ha und Nutzung) bei guter PK-Versorgung aus Boden und Düngung durch. Die Ergebnisse sind in den Tab. 95 und 96 enthalten.

Die Zahlen in Tab. 95 weisen im ersten Jahr eindeutig ansteigende Erträge, Rohprotein-, K-, Ca-, Mg- und Na-Gehalte bei gesteigerter N-Düngung nach. Die Aschegehalte stiegen etwas an, die P-Gehalte fielen leicht ab bei P_2O_5-Gehalten von 15 bis 20 mg/100 g Boden und einer Düngung von 90 kg P_2O_5/ha und Jahr. Ganz ähnliche Werte wurden, bei höherem Ertrags- und Qualitätsniveau, 1970 gefunden. Lediglich die Ca- und Na-Gehalte stiegen in etwas unregelmäßigeren Sprüngen. Die NO_3-Gehalte zeigen in beiden Jahren eine deutliche Abhängigkeit von der Höhe der N-Düngung. Nur in der höchsten Stufe (240 kg N/ha und Nutzung) wurden überhöhte, wenn auch noch keine gefährlichen Werte erreicht.

In Tab. 96 zeigt sich, daß nur die **Carotingehalte** durch die N-Düngung erhöht wurden. Dagegen fielen die KH-Gehalte in den meisten Fraktionen mit gesteigerter N-Düngung eindeutig ab. Lignin und Fett, aber auch die hier nicht aufgeführten Spurenelemente, wurden durch die N-Düngung nicht beeinflußt; die geringen Schwankungen lassen sich jedenfalls nicht auf die Düngung zurückführen.

1970 wurden ganz ähnliche Gehalte gefunden. In beiden Jahren wurde der Gehalt an leichtlöslichen Kohlenhydraten jedoch am stärksten durch die Temperatur zwei Tage vor der Ernte beeinflußt (negativ). In extremen Fällen wurde damit die Wirkung der N-Düngung auf die NSKH-Gehalte überdeckt.

Während der Einfluß der N-Düngung auf die KH-Gehalte durch Witterungseinflüsse und Auswahl der Nutzungszeitpunkte variiert werden kann, ist die N-Wirkung auf die **Mineralstoffgehalte** in erster Linie vom Mineralstoffangebot aus Boden und Düngung abhängig. Mit steigenden N-Gaben können demnach ansteigende, gleichbleibende oder sogar abfallende (Verdünnungseffekt) Mineralstoffgehalte einhergehen. Die in Tab. 97 aufgeführten Zahlen des Hessischen Landesamtes weisen gleichbleibende (P, K, Ca) und leicht ansteigende Gehalte (Mg, Na) aus, während in dem mehrjährigen niederländischen Weideversuch ansteigende Gehalte bei einer N-Steigerung von 150 auf 625 kg/ha und Jahr überwiegen.

Tab. 96. Kohlenhydrate im Weidefutter in Abhängigkeit von gesteigerten N-Gaben; Mittel aus 3 Nutzungen in 2 Reifestadien, alle Werte in % der Trockenmasse; Grünschwaige 1969

kg N/ha/ Nutzung	Glucose Fructose	Saccharose Fructosan	Rohfaser	Lignin	Fett	NFE	Carotin (mg/kg)
Weidereife							
0	2,97	4,43	23,1	7,4	5,31	42,3	284
60	2,57	3,82	22,7	6,8	5,55	39,4	323
120	2,29	2,94	22,2	6,5	5,29	36,9	345
240	1,84	2,54	21,9	7,5	5,26	35,4	356
Siloreife							
0	3,02	4,93	25,4	7,2	4,56	43,1	232
60	2,82	4,32	25,2	8,0	4,52	42,6	250
120	2,70	3,75	24,9	7,9	4,52	40,4	265
240	2,39	3,26	24,6	7,7	4,45	38,1	269

Tab. 97. Hessische Weidedüngungsversuche 1970 bis 1975, Inhaltsstoffe (Mittel I. und III. Schnitt), 74 Jahresergebnisse, Mittelgebirgsstandorte

N-Düngung (kg/ha)	RP (%)	RF (%)	P (%)	K (%)	Ca (%)	Mg (%)	Na (%)
100	18,1	24,6	0,43	2,94	0,79	0,21	0,035
200	19,3	24,4	0,42	2,89	0,79	0,23	0,042
300	21,1	23,9	0,43	2,95	0,81	0,25	0,049

Tab. 98. Mineralstoffgehalt des Weide-Aufwuchses bei unterschiedlich hoher N-Düngung in einem niederländischen Weideversuch

pro Jahr:	150 kg N/ha				625 kg N/ha			
pro Schnitt:	30 kg N/ha				125 kg N/ha			
% i. TS Jahr:	1.	2.	3.	4.	1.	2.	3.	4.
Mg	0,23	0,22	0,19	0,22	0,24	0,25	0,23	0,25
K	2,27	2,42	2,44	2,64	2,47	2,51	2,72	2,64
Na	0,54	0,43	0,53	0,42	0,62	0,57	0,66	0,69
Ca	0,66	0,63	0,64	0,69	0,72	0,69	0,70	0,78
P	0,46	0,43	0,43	0,48	0,43	0,46	0,47	0,50
S	0,38	0,30	0,27	0,27	0,36	0,32	0,32	0,32
Cl	1,47	1,71	1,74	1,73	1,22	1,59	1,74	1,49
NO_3	0,08	0,13	0,21	0,24	0,66	0,63	0,69	0,85

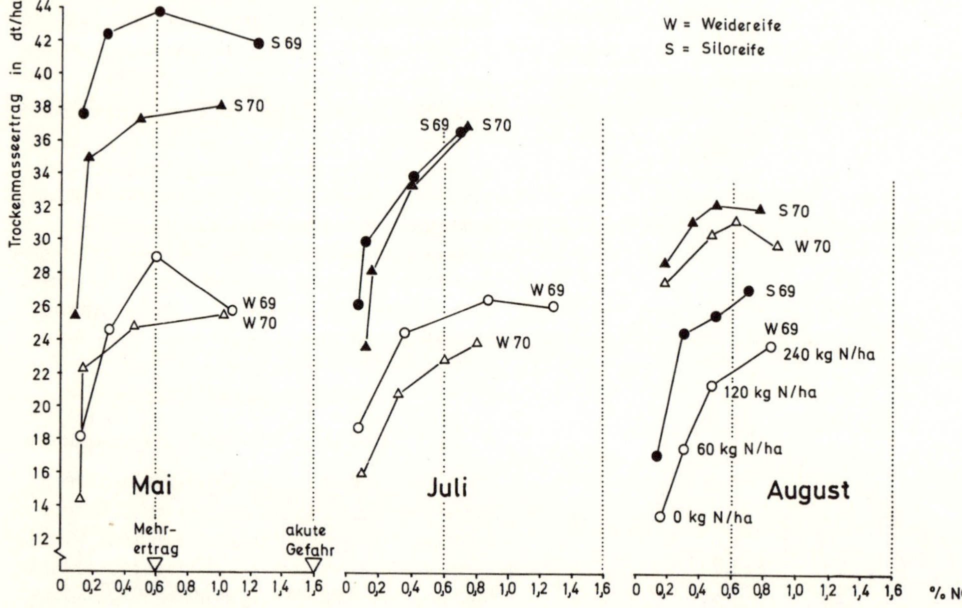

Abb. 31. Erträge in dt TS/ha und NO_3-Gehalte von Mähweidefutter in % der TS auf N-reichem Anmoor in drei voneinander unabhängigen Nutzungen. N-Steigerung 0, 60, 120, 240 kg/ha/Nutzung. W = Weidereife, S = Siloreife; Versuchsstation Grünschwaige 1969, 1970.

Daraus kann man schließen, daß ein reichliches Mineralstoffangebot in den vier Versuchsjahren aufrechterhalten werden konnte (Tab. 98).

Während die Steigerung der Rohprotein- und Mineralstoffgehalte bzw. die Senkung der KH-Gehalte durch erhöhte N-Gaben keine nachteiligen Folgen für die Fütterung haben müssen, kann das für überhöhte **NO_3-Gehalte** im Futter sehr wohl zutreffen. Ab 0,5% NO_3 in der TS können subletale Schäden auftreten, ab 1,5% NO_3 i. TS ist bei normaler Futteraufnahme mit akuter Gefährdung der Tiere durch Bildung von Methämoglobin im Blut zu rechnen. Allerdings sind die genannten Zahlen keine feststehenden Normen, sondern nur Anhalte. Bei ausgewogener Fütterung, insbesondere bei angemessener Energieversorgung, werden auch etwas höhere NO_3-Werte von den Tieren vertragen.

Abb. 31 zeigt, daß auch bei einer unrealistisch hohen N-Düngung von 240 kg/ha und Nutzung

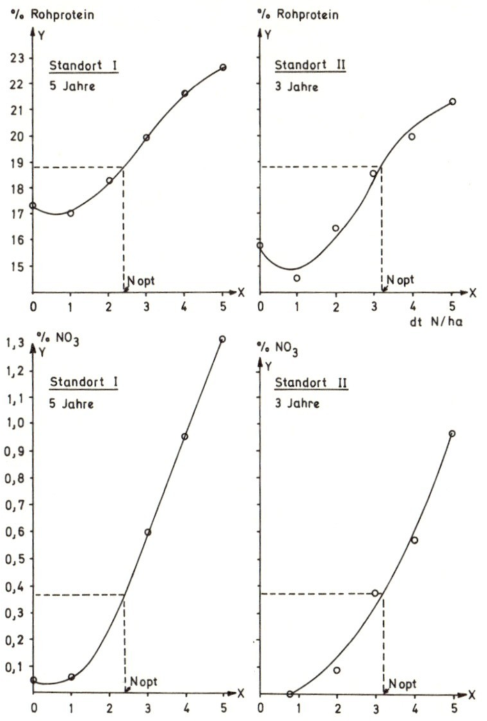

Abb. 32. Rohprotein- und Nitratgehalte im Weidegras (% i. TS) bei gesteigerter N-Düngung in je vier Teilgaben (ROTH 1970). Standort I = gut durchfeuchtete Flußauenweide, Standort II = trockene Vorgebirgsweide. Im Optimum der N-Düngung von 240 bzw. 320 kg/ha erreichten die NO_3-Gehalte knapp 0,4% i. TS.

maximal nur 1,3% NO_3 i. TS erreicht wurden. Oft werden im Sommer und im frühen Herbst höhere NO_3-Gehalte als im Frühjahr festgestellt. Das hängt mit Witterungseinflüssen und dem nachlassenden Futterwuchs zusammen. Deswegen sollte man die Höhe der N-Teilgaben dem jahreszeitlichen Ertragsabfall anpassen und nicht umgekehrt verfahren, auch wenn man mit gleichmäßiger N-Verteilung oder zum Sommer ansteigenden Gaben einen um einige dt/ha höheren Gesamtertrag und eine etwas bessere Futterverteilung erreicht (vgl. Tab. 91).

Abb. 32 nach ROTH (1970) läßt erkennen, daß die NO_3-Gehalte auf zwei Standorten im Mittel unter 0,4% blieben, wenn die N-Düngung optimal war, d. h. wenn sich das letzte kg N gerade noch bezahlt machte.

Nach neueren Untersuchungen in Holland (GEURINK und KEMP 1983) sind die maximal tolerierbaren NO_3-Gehalte auch von der Schnelligkeit der Futteraufnahme abhängig, die nach Grundfutterarten verschieden ist. Für Gras, das abgeweidet wird, fand man einen tolerierbaren Maximalwert von 2% NO_3 in der TS, für Stallfütterung mit Frischgras 1,5% NO_3, für Heu und stark angewelkte Silage 0,75%. Die TS-Aufnahme aus frischem Gras mit hohem Wassergehalt, bzw. großer Gesamtmasse, verläuft besonders beim Abweiden viel langsamer als aus Heu oder Anwelksilage. Außerdem liegen Ergebnisse vor, nach denen das Nitrat aus Heu und Anwelksilage schneller in den Pansensaft diffundiert als aus ungehäckseltem und durch den Konservierungsvorgang nicht angegriffenem Frischfutter.

Die Schnelligkeit der Futteraufnahme ist deswegen so bedeutungsvoll, weil schon zwei bis drei Std. nach der Fütterung der Höchstwert an Methämoglobin erreicht werden kann. Je langsamer also die Aufnahme von nitratreichem Futter, desto flacher der Kurvenverlauf des Methämoglobingehaltes im Blut.

2.5.2.2 Phosphatdüngung (P-Düngung)

2.5.2.2.1 Wirkungsgrundlagen und P-Ausnutzung

Dort, wo bereits ein hohes Ertragsniveau erreicht wurde, ist es das Ziel der Phosphatdüngung, durch eine optimale P-Versorgung dieses Niveau zu halten. Große Ertragssteigerungen sind in einer solchen Situation nicht mehr möglich. Umso stärker reagieren bisher extensiv genutzte und schwach gedüngte Pflanzenbestände auf P-Zufuhr.

Wenn auch aus vielen langjährigen Versuchen hervorgeht, daß nur die Kombination von Phosphat und Kali Höchsterträge ermöglicht, so sind doch zahlreiche Fälle bekannt, in denen die Phosphatdüngung allein zu sehr guten Erfolgen führte. Das wird nur dann der Fall sein, wenn (noch) genügend Kali aus dem Bodenvorrat zur Verfügung steht.

Mit der Phosphatdüngung werden die Leguminosen auf dem Dauergrünland bei ausreichender Kaliversorgung stark gefördert. Die Ursache hierfür liegt in dem schlechten Aneignungsvermögen dieser Pflanzengruppe für P und K, besonders in Mangelsituationen. Da auf längere Sicht durch die Leguminosen erhebliche Stickstoffmengen gesammelt werden, die dem Pflanzenbestand zur Verfügung stehen, kann der Fall eintreten, daß eine Phosphatdüngung wie eine Volldüngung wirkt.

Das Phosphat ist im Boden schwer beweglich, weil es bei stark saurer und bei neutraler bis alkalischer Bodenreaktion festgelegt wird. Man unterscheidet organisch und anorganisch gebundenes Phosphat. Der Anteil des organisch gebundenen Phosphats liegt im Oberboden nach BERNHARDT et al. (1978) zwischen 25 und 60% des Gesamt-P; etwa 60% davon sind in Phytaten gebunden. Der Beitrag des organisch gebundenen P zur P-Versorgung der Pflanze ist sehr gering.

Das anorganische Phosphat wird als sog. Oberflächenphosphat an Bodenbestandteile oder an organische Substanzen gebunden, an deren Oberflächen Al-, Fe- und Ca-Ionen haften, die dann die Brücke zum Phosphat herstellen. P-bindende Bodenbestandteile sind Tonminerale, Eisen- und Aluminiumoxide und -hydroxide. Primäre Minerale, wie Quarz und Feldspäte, und H-gesättigte organische Bodensubstanzen können kein oder kaum P an der Oberfläche festhalten; daher das geringe P-Bindungsvermögen von Sand- bzw. Hochmoorböden. Einfache Bindungen des Phosphations an Al- und Fe-Atome sind relativ stabil, u. U. aber wieder lösbar, jedoch sind Bindungen kaum noch reversibel, wenn das Anion zu zwei Fe-Atomen eine O-Brücke herstellt.

Mit dem Phosphation konkurrieren andere Anionen, wie z. B. OH^- und Silikat, um die Bindungsplätze. Durch Zugabe von Silikat kann daher das Phosphat in sauren Böden besser verfügbar werden. Mit ansteigendem pH-Wert läßt die P-Sorption durch die Tonfraktion sowie durch Eisen- und Aluminiumoxide (Auftreten nur unter pH 4,8) nach. Zugleich nimmt in den meisten Böden die Ca-Konzentration zu. Ca kann Phosphat zu Ca-Phosphaten binden. Im neutralen bis schwach alkalischen Bereich nimmt jedoch die P-Löslichkeit schwer löslicher Phosphate (Dicalciumphosphat, Oktocalciumphosphat, Hydroxylapatit, Fluorapatit) stark ab.

Aus leicht löslichen Düngerphosphaten wird in sauren bis neutralen Böden das herausgelöste Phosphat überwiegend an Oberflächen gebunden, in schwach alkalischen, insbesondere kalkhaltigen Böden vermutlich überwiegend in schwerlösliche Ca-Phosphate umgewandelt. Die pH-Grenze des Bodens zwischen den beiden schwer löslichen Umwandlungsformen – Ca-Phosphate und Oberflächenphosphat – ist jedoch nicht sehr scharf.

Daß das gedüngte Phosphat nicht voll ausgenutzt wird, liegt daran, daß die leicht löslichen Düngerphosphate durch Reaktion mit dem Boden in schwerer lösliche umgewandelt werden. Mit steigender P-Anreicherung wird jedoch dieser Verfügbarkeitsverlust immer geringer: die P-Ausnutzung steigt an. Erst dann, wenn die P-Aufnahme nicht mehr durch die Menge an verfügbarem P im Boden begrenzt wird, nimmt die Ausnutzung weiterer P-Gaben wieder ab (RUSSELL 1973, in BERNHARDT et al. 1978).

Die P-Verfügbarkeit ist im Mineralboden nach vielen Autoren am besten in einem pH-Bereich von 5,5 bis 6,5 gewährleistet. Die Festlegung hat den Vorteil, daß eine Phosphatauswaschung kaum zu befürchten ist, hat aber den Nachteil, daß das Phosphat nur schwer in eine Bodentiefe von 10 bis 20 cm vordringen kann, die aber als Wurzelraum auch unter Grünland nutzbar ist. Wenn dennoch nennenswerte P-Mengen in dieser Tiefe oder noch darunter gelegentlich angetroffen werden, dann ist eine Verlagerung durch Pflanzenwurzeln und Bodentiere anzunehmen. Auch auf schwach bindenden Sand- und Hochmoorböden kann das Phosphat in tiefere Schichten gelangen und sich besonders bei starker Phosphatdüngung im Sickerwasser anreichern.

Die Ausnutzung der Düngerphosphorsäure kann im langjährigen Versuch ermittelt werden. Sie erreicht nach KLAPP (1971) die doppelte Höhe wie im Ackerboden. Im Dauerwiesenversuch Reichelsheim nahm die P-Ausnutzung in 53 Versuchsjahren von 13 auf 40% zu.

Von BERNHARDT et al. (1978) wird aus der P-Bilanz eine mittlere Ausnutzung des insgesamt zugeführten Phosphors von etwa 50% angegeben, d. h. daß dem Boden im Stichjahr etwa doppelt soviel P zugeführt als von der gesamten Pflanzenproduktion (einschließlich Wald) entzogen wurde.

2.5.2.2.2 P-Düngung und Heuerträge auf Wiesen

Für die P-Wirkung spielt die Ausgangssituation einer Grünlandfläche eine wichtige Rolle. KLAPP (1971) erzielte auf bisher ungedüngten Flächen einen mittleren Mehrertrag von 33%, auf länger gedüngten Parzellen von 13%. Er zitiert Ergebnisse von GERICKE, nach denen die relativen Mehrerträge durch Phosphatdüngung im Laufe der Versuchsjahre von 56% auf 22% abnahmen.

Wenn auch andere Nährstoffe im Minimum sind, dann steigt mit ihrer Ergänzung auch die P-Leistung. So fand ZÜRN (1968) in zehnjährigen Untersuchungen

mit N + P_2O_5	62,6 dt Heu/ha
mit N + K_2O	63,7 dt Heu/ha
mit N + K_2O + P_2O_5	77,2 dt Heu/ha

oder KLAPP (1971) auf P- und Ca-armen Böden

mit P-Düngung ohne Ca	19% Mehrertrag
mit P-Düngung mit Ca	34% Mehrertrag.

Der Wirkungswert der Phosphatdüngung schwankt in Abhängigkeit von der Nährstoffversorgung des Bodens, vom Potential des Pflanzenbestandes und von Witterungseinflüssen in weiten Grenzen. Wir ermittelten auf Niedermoorwiesen in elf Versuchsjahren zwischen 14 und 26 kg Heu je kg P_2O_5. Die Leistung war am höchsten ohne organische Düngung, jedoch bei gleichzeitiger Düngung mit Stallmist, Schafpferch und Kartoffelkraut nicht wesentlich geringer (VOIGTLÄNDER 1966). Andere Autoren berichten von noch höheren P_2O_5-Erzeugungsleistungen auf Niedermoorwiesen.

Es ist nicht die Regel, daß der Wirkungswert mit zunehmender Versuchsdauer nachläßt. Nicht verbrauchte oder nicht verfügbare Reste der P-Düngung aus vorhergehenden Jahren können den P-Wirkungswert in Folgejahren erhöhen. So stellte KÖNIG (1950) folgende Leistungen je kg P_2O_5 fest:

Jahr der Düngung:	1.–2.	3.–4.	5.–6.	7.–9.
kg Heu je kg P_2O_5	15,0	22,3	22,2	35,6

Ganz ähnliche Zahlen werden von ZÜRN (1968) mitgeteilt (Tab.99).

Über 30 kg Heu je kg P_2O_5 sind eine sehr gute Leistung. Auch KLAPP (1971) vertritt die Meinung, daß in weniger extremen Fällen die Werte zwischen 5 und 30 kg Heu je kg P_2O_5 liegen können. In diesem Bereich bewegen sich Ergebnisse von GERICKE aus umfangreichem Versuchsmaterial. Der Wirkungswert betrug danach bei einer Anwendung von 60 kg P_2O_5/ha 24 kg Heu, von 120 kg P_2O_5/ha 21 kg Heu je 1 kg P_2O_5.

In gleicher Weise wie die Wirkungswerte differieren von Fall zu Fall auch die durch Phosphatdüngung erzielbaren Mehrerträge in dt Heu/ha. In einer großen Zahl von Wiesenversuchen wurden mit 60 bis 120 kg P_2O_5/ha Mehrerträge von 10 bis 40 dt Heu/ha erzielt. Dabei lagen die meisten Werte zwischen 15 und 25 dt Heu/ha. Hierzu sei auch auf Tab. 99 (ZÜRN 1968) verwiesen.

Die Nachwirkung der Phosphatdüngung kann sich über viele Jahre erstrecken. So berichtet schon TRUNINGER (1929) über Nachwirkungen von 60 kg P_2O_5/ha und Jahr, die bis ins 13. Jahr nach Aufhören der Phosphatdüngung feststellbar waren. In den bekannten Wiesenversuchen von WAGNER (1921) bewirkte eine einmalige P_2O_5-Gabe von 144 kg/ha noch im achten und neunten Nachwirkungsjahr Mehrerträge von 9,2 bzw. 5,7 dt Heu/ha. Von den 144 kg P_2O_5/ha waren bis dahin 61 kg = 42% aufgenommen worden.

Wirkung und Nachwirkung der Phosphatdüngung werden besonders dann auffallen, wenn es auf sauren Böden durch Kalkung und auf alkalischen durch physiologisch saure N-Düngung gelingt, den für die einzelnen Böden optimalen pH-

Tab. 99. Wirkung der Phosphatdüngung in 9 Versuchsjahren im Mittel von 7 Wiesenversuchen (ZÜRN 1968)

Düngung kg/ha	Heuerträge dt/ha 1.–3. Jahr	4.–6. Jahr	7.–9. Jahr	Mittel von 9 Jahren	RP-Ertrag kg/ha
50 N + 150 K_2O	49,3	62,1	52,3	54,6	568
50 N + 150 K_2O + 80 P_2O_5	59,8	80,9	82,8	74,5	864
Mehrertrag durch 80 P_2O_5	10,5	18,8	30,5	19,9	296
kg Heu bzw. RP je 1 kg P_2O_5	13,1	23,5	38,1	24,9	3,7

Wert zu erreichen und damit bereits festgelegtes Phosphat teilweise wieder verfügbar zu machen.

Jedenfalls ist die Nachwirkung der im Boden schwer beweglichen Phosphorsäure wesentlich nachhaltiger, auch von Schnitt zu Schnitt, als die von Kalium und besonders von Stickstoff.

2.5.2.2.3 P-Düngung, Weideerträge und Weideleistungen

Die in der Vergangenheit immer wieder berichteten Erfolge der Phosphatdüngung auf **Wiesen** beruhen sicher darauf, daß die meisten Böden von Natur aus P-arm sind und in der Düngung lange vernachlässigt wurden (Wiese = Mutter des Ackerlandes). Es kommt wohl noch hinzu, daß gerade auf der Wiese die Kombination von Phosphat und Kalium – manchmal sogar sehr schnell – zu leistungsfähigeren Pflanzenbeständen führt.

Etwas anders ist die Situation auf **Weiden und Mähweiden.** Sie werden in der Regel wesentlich intensiver bewirtschaftet und gedüngt. Außerdem beugt der Nährstoffrückfluß mindestens beim Weidegang einer extremen Verarmung vor. Unter diesen Bedingungen sind P-bedingte Verbesserungen der Pflanzenbestände weniger auffallend. Ja, viele intensive Grünlandbetriebe haben das Optimum der P-Versorgung bereits überschritten, so daß hier kaum eine lohnende Wirkung weiterer P-Gaben erwartet werden kann.

Weideversuche zur Prüfung der Phosphatwirkung sind sehr selten, weil die Weideerträge in dt TS/ha nur gelegentlich in Institutsversuchen festgestellt werden. Dagegen wurden in der Vergangenheit zahlreiche Versuche mit Weideleistungsermittlungen durchgeführt. Da hier die Wirkung der Düngung mit Hilfe der Tierleistungen getestet wird, sind die Ergebnisse mit größeren Fehlern behaftet als bei der Verwendung des exakt ermittelten Pflanzenertrages als Maß für die Düngerwirkung.

In drei Allgäuer Güllebetrieben (Voigtländer 1952) wurde in drei Jahren die Wirkung der Phosphatdüngung auf Mähweiden untersucht. Die Versuche wurden in jedem Betrieb in drei Blocks mit dreifacher Wiederholung angelegt. Jeder Block bekam eine andere Grunddüngung, die im Laufe der drei Versuchsjahre zwischen Gülle, Gülle + Stallmist und Mineraldüngung (je 80 kg N und K_2O/ha) abwechselte. In jedem Block wurde eine Koppel ohne mineralische Phosphatdüngung einer mit 80 kg P_2O_5 gedüngten gegenübergestellt. Die Ergebnisse sind in Tab. 100 zusammengefaßt.

Tab. 100. Wirkung der Phosphatdüngung auf Allgäuer Mähweiden

Mittlere jährliche Düngung kg/ha	kStE/ha
130 N, 170 K_2O, 27 P_2O_5	4443
130 N, 170 K_2O, 27 P_2O_5 + 80 P_2O_5	5304
Mehrertrag durch 80 P_2O_5	861
Wirkungswert (kStE/1 kg P_2O_5)	10,8

Ähnliche Wirkungswerte teilt Zürn (1968) mit, der die Ergebnisse von acht P-Düngungsversuchen anderer Autoren mit 27 Versuchsjahren zusammenfaßte. Hier brachte bei deutlich niedrigerem Leistungsniveau (2400–3055–3505 kStE/ha) eine zusätzlich zu Stickstoff und Kalium gegebene Phosphatdüngung von 60 kg bzw. 120 kg P_2O_5/ha Leistungen von 10,9 bzw. 9,2 kStE je 1 kg P_2O_5.

Könekamp und Blattmann (1959) leiteten aus den Aufzeichnungen von mehr als 4000 Weidetagebüchern (Zeitraum 1948 bis 1956) Mehrleistungen von etwa 50% durch > 120 kg P_2O_5/ha im Vergleich zu Betrieben mit 0 bis 30 kg P_2O_5/ha ab. Die Wirkungswerte werden mit 4 bis 10 kStE je 1 kg P_2O_5 und darüber angegeben. Dabei ist zu bedenken, daß hieran auch Wirkungen erhöhter Bewirtschaftungsintensität beteiligt sind. Ebenso waren in den meisten Betrieben die Nährstoffmängel der Kriegs- und Nachkriegszeit noch nicht behoben, womit ebenfalls ein Teil der guten Phosphatleistung zu erklären ist.

2.5.2.2.4 P-Düngung, Pflanzenbestand und Futterqualität

Alle vorliegenden Versuchsergebnisse zeigen deutlich, daß die P-Düngung die Grünlandbe-

Tab. 101. Ertragsanteile der Artengruppen auf Wiesen in Abhängigkeit von der Düngung (Klapp 1971)

Düngung	O	P	K	PK	Verschiedene Düngerkombinationen	
Artengruppen					ohne P	mit P
Gräser	46	44	48	47	51	53
Kleeartige	15	24	21	33	15	22
Sonstige	39	32	31	20	34	25

stände umsomehr verbessert, je schlechter die P-Versorgung bis dahin war. Am besten läßt sich die P-Wirkung im Mangelversuch erkennen.

Den größten Nutzen ziehen in den meisten Fällen die **Leguminosen** aus der P-Düngung, so daß ihr Anteil in der Regel mit der P-Düngung ansteigt. Voraussetzung ist allerdings eine ausreichende K-Lieferung aus dem Boden oder der Düngung. Im Mittel zahlreicher Versuchsergebnisse wurden die in Tab. 101 aufgeführten Ertragsanteile gefunden.

Auf **Ödlandrasen** waren nach 15 bis 17 Versuchsjahren die Anteile der Ödlandflora von 80 auf 20 % und die der hochwertigen Pflanzen von 0 auf 36 % durch P-Düngung gesenkt bzw. gesteigert worden. Ähnliche Wirkungen werden auch von ZÜRN berichtet. Im Zusammenhang mit den Bestandsverbesserungen werden die Wertzahlen um 1 bis 2 Punkte erhöht.

Die Anhebung des P-Gehaltes im **Wiesenfutter** durch P-Düngung ist auf direktem und indirektem Wege möglich. Jedenfalls gelingt die direkte Steigerung des P-Gehaltes durch P-Düngung besser und sicherer als die des Ca-Gehaltes durch Ca-Düngung.

Die Wirkung der P-Versorgung aus **Boden und Düngung** wird leicht überdeckt durch Bestandsveränderungen und Alter des Futters beim Schnitt. Junges Futter ist grundsätzlich P-reicher als älteres, kräuterreiches enthält mehr P als grasreiches. Die Leguminosen haben zwar häufig auch etwas mehr P als die Gräser, jedoch sind die Unterschiede gering und nicht immer gegeben. Eine indirekte Anhebung des P-Gehaltes ist also am ehesten durch Erhöhung des Anteiles an Futterkräutern zu erwarten.

Tab. 102. P-Gehalte im Wiesen- und Weidefutter in Weihenstephaner Grünlandversuchen (Mittel aus verschiedenen Jahren und Schnitten in % i. TS)

Standort	P-Gehalt im Heu Düngung PK	NPK	P-Gehalt im Weidegras NPK-Düngung 5–6 Nutzungen
	2–3 Schnitte		
Veitshof	0,34	0,35	0,45
Wildschwaige	0,25	0,24*	0,39
Grünschwaige	0,30	0,29	0,42

* NP_2K = 0,27

Tab. 103. Steigerung der P-Gehalte durch P-Düngung in Gräsern und Kräutern. Mittelwerte und Schwankungen aus Wiesen-Versuchsserien (KNAUER 1963b)

P-Gehalte	ohne P-Düngung	mit 60 kg P_2O_5/ha
In Gräsern	0,18–0,23	0,30–0,31
In Kräutern	0,23–0,30	0,35–0,36

Auf **zwei- bis dreischnittigen Wiesen** werden die in der Rinderfütterung erwünschten Gehalte von mindestens 0,3 % P in der Praxis selten erreicht, auf 5 bis 6 mal genutzten Weiden jedoch leicht überschritten. Hierzu siehe Tab. 102.

In Wiesenversuchen liegen die Werte wohl hauptsächlich deswegen etwas höher als in der Praxis, weil der Parzellenertrag verlustlos getrocknet und dann analysiert wird, während die Analysen in praktischen Betrieben aus dem fertigen Heu stammen, das mit erheblichen Feldverlusten belastet sein kann.

Die P-Gehalte wurden in einer Reihe von P-Düngungsversuchen in Kräutern und Leguminosen durch P-Düngung stärker gesteigert als in Gräsern. Das wird für Kräuter von KNAUER (1963b) nicht bestätigt (Tab. 103), obgleich mit P-Düngung höhere Gehalte erreicht wurden.

2.5.2.3 Kalidüngung (K-Düngung)

2.5.2.3.1 Wirkungsgrundlagen und K-Ausnutzung

Die **Beweglichkeit des Kaliums** im Boden ist größer als die des Phosphats. Auch die Auswaschung kann beträchtlich sein, besonders aus Sand- und Moorböden. Trotz der Mobilität im Boden sind Nachwirkungen ausreichender K-Gaben bekannt, ebenso eine Zunahme der Kaliwirkung bei fortgesetzter Düngung. Die Ausnutzung des gedüngten Kaliums ist i. a. besser als die des Phosphats; sie betrug in der Auswertung von KÖNIG (1950) 57 %.

Die höchsten K-Gehalte findet man in tL- und lT-Böden und in Schwarzerden, die geringsten in Podsol-, Laterit- und Moorböden. Im Boden unterscheidet man drei Formen, die im Gleichgewicht miteinander stehen:

- nicht austauschbares K (nativ oder fixiert)
- austauschbares K (sorbiert)
- gelöstes K (liquid)

In Mineralböden liegen 1 bis 2 % des Gesamt-K in austauschbarer Form vor. Davon ist wiederum nur ein geringer Prozentsatz in der Bodenlösung anzutreffen. In Moorböden ist der Gehalt an nicht austauschbarem K wesentlich geringer als in Mineralböden.

Das nicht austauschbare K ist nur begrenzt pflanzenverfügbar. Das austauschbare K ist pflanzenverfügbar, jedoch vor Auswaschung geschützt, während das ebenfalls pflanzenverfügbare gelöste K ausgewaschen, d. h. mit dem Sickerwasser in größere, für die Pflanzenwurzeln nicht erreichbare Bodentiefen verfrachtet werden kann.

Das nicht austauschbare K erreicht in silikatreichen Böden die höchsten Gehalte, so in den Kalifeldspäten, in Glimmer, Illit, Vermiculit und Montmorillonit. Der Gehalt an austauschbarem K kann in Abhängigkeit vom Tongehalt des Bodens stark schwanken von etwa 10 mg (Sandboden) bis etwa 50 mg (Tonboden) je 100 g.

Zwischen den verschiedenen K-Formen (nicht austauschbar, austauschbar, löslich) stellt sich im Boden ständig, wenn auch langsam, ein Gleichgewicht ein. Dieser Vorgang wird durch den K-Entzug der Pflanzen und durch die K-Düngung gestört bzw. beeinflußt. Der Anteil des nicht austauschbaren Kaliums an der gesamten K-Aufnahme nimmt mit abnehmendem Gehalt des Bodens an wasserlöslichem und austauschbarem K zu, die Gesamtaufnahme geht jedoch zurück.

Für die **K-Nachlieferung** hat die Korngröße der primären und sekundären Tonminerale eine besondere Bedeutung. Mit zunehmender Korngröße und fortschreitender K-Verarmung nimmt die Geschwindigkeit der K-Nachlieferung ab. So kann es vorkommen, daß trotz noch ausreichender oder sogar hoher K-Gehalte im Boden Mindererträge bei zu geringer K-Düngung eintreten, weil das im Boden vorhandene K der Pflanze nicht schnell genug zur Verfügung steht. Da die Herauslösung des Kaliums aus den Tonmineralen auch von der Durchfeuchtung abhängig ist, kann in feuchteren Vegetationsperioden mit einer höheren Nachlieferung gerechnet werden als in trockenen. So konnten wir bei der Auswertung von mehreren Steinacher Dauerversuchen eine signifikante Beziehung zwischen dem Kalientzug der Pflanzen und den Niederschlägen feststellen.

Bei der sog. **Kalifixierung** kann das Kalium in eine schwer oder überhaupt nicht pflanzenverfügbare Form übergehen. Sie wirkt zwar der Auswaschung entgegen, kann aber das Kalium den Pflanzen weitgehend entziehen. Die K-Fixierung erfolgt in den Zwischenschichten der Tonminerale durch Quellung oder Schrumpfung der Schichtpakete. Man unterscheidet daher Feucht- und Trockenfixierung. Die einzelnen Tonminerale fixieren in verschiedener Weise und Intensität. So tritt in manchen Böden überhaupt keine, in anderen wieder eine starke Fixierung auf. Außer den Tonmineralen beeinflussen der pH-Wert, die Gehalte an Fe- und Al-Oxiden, der Gehalt an organischer Substanz und die Konzentration der Gleichgewichtslösung den K-Fixierungsgrad. Er wird weiterhin bestimmt vom Grad der K-Verarmung und vom Tongehalt des Bodens. Dabei zeigen Unterböden i. a. eine stärkere Fixierung als Oberböden. Damit hängt es wohl auch zusammen, daß unter Dauergrünland zunächst keine K-Fixierung am Ertrag beobachtet wird, die dann aber nach Umbruch mit anschließender Ackernutzung umso deutlicher in Erscheinung tritt.

2.5.2.3.2 K-Düngung und Heuerträge auf Wiesen

Die durch Kaliumdüngung erzielbaren Mehrerträge weisen sehr starke Schwankungen auf. Neben sehr geringen und nicht lohnenden Mehrerträgen auf K-reichen Böden wird von Mehrerträgen auf K-armen Niedermoorböden von über 50 dt Wiesenheu/ha berichtet. Die Mehrzahl der Angaben liegt nach Klapp (1971) bei Mehrerträgen zwischen 5 und 15 dt Heu/ha. Für die Düngewirkung des Kaliums ist natürlich auch die Versorgung mit anderen Nährstoffen von großer Bedeutung. So ergab eine Zusammenstellung aus sechs vergleichbaren Wiesenversuchen die folgenden relativen Ertragssteigerungen im Vergleich zu „Ungedüngt“: Nur K 12 %, nur P 32 %, P + K 50 %.

Wie für die K-bedingten Ertragssteigerungen wurden auch für die K-Wirkungswerte ganz verschiedene Angaben gemacht. Die höchsten Werte wurden wiederum auf **Niedermoor** mit annähernd 30 kg Heu je kg K_2O ermittelt. Aber auch auf **Mineralboden** wurden ähnliche Leistungen in einem langjährigen Düngungsversuch von Wagner (zit. Zürn 1968) erzielt. Sie kamen allerdings mehr dadurch zustande, daß die Erträge bei alleiniger P-Düngung im Verlaufe der Versuchsdauer zurückgingen, während sie unter dem Einfluß der PK-Düngung nach einem kräftigen Anstieg vom ersten zum zweiten Dezennium bis zum fünften Jahrzehnt stagnierten (Tab. 104).

In neunjährigen Wiesenversuchen auf **gut mit K versorgten Böden** des Bayerischen Waldes nahm die Leistung mit der Versuchsdauer von 8,9 über

14,9 auf 17,7 kg Heu je kg K_2O zu, in ähnlicher Weise auf alpinen Wiesen:

K_2O-Düngung kg/ha	Ertragsleistung je kg K_2O kg Heu 1.–6. Jahr	7.–11. Jahr	kg RP 1.–11. Jahr
40	11,0	22,0	0,98
80	8,9	17,9	1,06
120	10,7	13,3	1,30

Mittelwerte aus 4400 Ertragsfeststellungen im Bundesgebiet ergaben Leistungen je kg K_2O im Vergleich zur NP-Düngung von 11,8–10,1–9,8 kg Heu mit 80, 120 bzw. 160 kg K_2O/ha. Alle diese Versuche kranken daran, daß die Erträge der Bezugsbasis – einer Mangeldüngung – schon im ersten Versuchsjahr geringer sein können als mit K-Ergänzung, daß sie aber mit zunehmender Versuchsdauer wohl in jedem Fall absinken, so daß von einer echten Steigerung des K-Wirkungswertes mit zunehmender Versuchsdauer nur gesprochen werden kann, solange Boden- oder Bestandesverbesserungen durch die anhaltende K-Düngung erreicht werden.

Abb. 33 enthält Ergebnisse von SCHECHTNER (1971). Auf einer Dauerwiesen-Neuanlage gingen die Erträge auch dann zurück, wenn eine volle NPK-Düngung gegeben wurde. Dieser Rückgang kann mit den noch nicht ganz vermeidbaren Erscheinungen der sog. Hungerjahre erklärt werden. Sie dürften jedoch nicht nur bodenbedingt sein, sondern auch mit dem nachlassenden Ertragspotential des Pflanzenbestandes zusammenhängen. In beiden Serien (PK und NPK) bewirkt die Unterlassung der Kaliumdüngung schon in den ersten und noch mehr in neun Versuchsjahren signifikante Ertragsrückgänge.

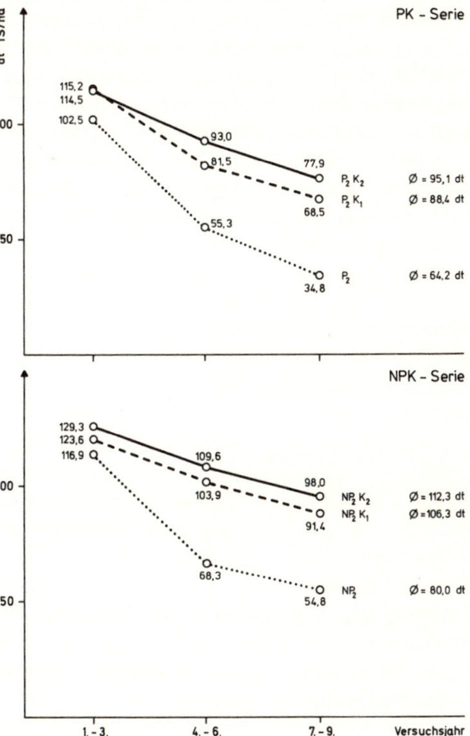

Abb. 33. Kaliwirkung im Nährstoffmangelversuch Gumpenstein: Dauerwiesen-Neuanlage auf Braunerde, 700 m ü. NN; 6,8 °C, 1049 mm langj. Mittel (SCHECHTNER 1971).

Tab. 104. Ergebnisse eines Wiesenversuchs im Odenwald in 50 Versuchsjahren auf einem Bachlehm-Alluvium (SCHMITT 1963, in ZÜRN 1968)

	Heu dt/ha und Jahr 96 kg/ha P_2O_5 ohne K_2O	96 kg/ha P_2O_5 + 120 kg/ha K_2O	Mehrertrag an Heu dt/ha	Ertragsleistung in kg Heu durch 1 kg K_2O
1. Jahrzehnt	51,9	70,5	18,6	15,5
2. Jahrzehnt	58,7	85,2	26,5	22,1
3. Jahrzehnt	55,8	82,6	26,8	22,3
4. Jahrzehnt	45,1	80,0	34,9	29,1
5. Jahrzehnt	49,3	82,8	33,5	27,9
	RP-Ertrag kg/ha und Jahr		Mehrertrag kg/ha	kg RP je 1 kg K_2O
5. Jahrzehnt	409	708	299	2,45

Diese Ergebnisse zeigen deutlich, daß die Kaliversorgung sorgfältiger kontrolliert werden muß als die Phosphatversorgung; die Beweglichkeit des Kaliums im Boden und der Luxusverbrauch der Pflanzen bei zunächst guter K-Versorgung können bewirken, daß in wenigen Jahren aus Überfluß Mangel entsteht. Diese Gefahr ist im Falle des weniger beweglichen Phosphats nicht gegeben, dessen Aufnahme durch die Pflanzenbestände außerdem engere Grenzen gezogen sind.

Abb. 34 stellt Ergebnisse mit überdurchschnittlichen N- und K-Leistungen bei einheitlicher P_2O_5-Düngung (150 kg/ha) und guter Nährstoffversorgung des Bodens (20 bis 30 mg K_2O/100 g) dar. Die Leistungen betrugen in kg TS

je kg N in Düngungsstufe

21,0	N 200 K 150
19,8	N 200 K 300
18,6	N 100 K 0

je kg K_2O in Düngungsstufe

21,5	N 200 K 150
14,4	N 0 K 150
11,1	N 100 K 150

Wechselwirkungen durch Kombination von N und K waren weit überwiegend positiv in den Stufen N 200 K 150 (10,6 dt TS/ha) und N 200 K 300 (11,5 dt TS/ha), jeweils im Mittel der acht Versuchsjahre.

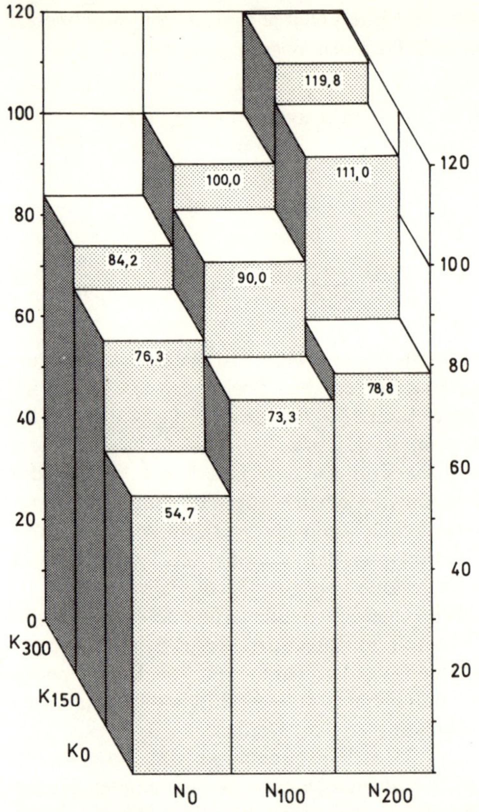

Abb. 34. Mittlere Erträge einer Mehrschnittwiese in dt TS/ha in acht Jahren (1970 bis 1977) auf schwerem, wechselfeuchtem Lehmboden bei variierter NK-Düngung (kg N bzw. K_2O/ha/Jahr); 250 m ü. NN, 8,5 °C, 950 mm langj. Mittel (GRUBER 1979).

2.5.2.3.3 K-Düngung, Weideerträge und Weideleistungen

Von 1970 bis 1980 führten wir auf einer alten Dauerweidenarbe auf nährstoffreichem Anmoor einen Kalisteigerungsversuch durch. Der Bestand war und blieb bis 1980 sehr grasreich mit Wertzahlen um 6,8. Einige Ergebnisse sind in Abb. 35 dargestellt.

Interpretation und Folgerungen

1. Die anfangs hohen K_2O-Gehalte des Bodens fielen sehr schnell von 40 mg auf etwa 10 mg ab. Lediglich mit 400 kg K_2O/ha und Jahr ließ sich in elf Versuchsjahren das Niveau auf etwa 15 mg/100 g Boden halten.
2. Die Kaliwirkung auf den Ertrag nahm im Verlauf der Versuchsjahre deutlich zu. Die absoluten Erträge gingen mit der Versuchsdauer auf allen Varianten zurück; wahrscheinliche Ursachen: Aussetzen der Beweidung, etwas geringere Narbendichte als zu Versuchsbeginn, suboptimale K- und N-Düngung.
3. Die K-Gehalte fielen in den Varianten K_0 bis K_{200} auf 1 bis 2% i. TS ab und erreichten lediglich mit 400 kg K_2O/ha noch einen befriedigenden Ertragsgrenzwert von 2,9% i. TS. Nach FINCK (1979) sind 2 bis 4% K i. TS optimal.
4. Die Mg-Gehalte in der TS stiegen mit fallenden K-Gehalten im Boden und in der TS in allen Varianten an, ebenso die Na-Gehalte – diese jedoch nur bis auf 0,1% Na i. TS.
5. Die Relationen zwischen den K_2O- und MgO- bzw. K_2O- und Na_2O-Entzügen waren 1970, wegen der einheitlich hohen K_2O-Gehalte im Boden (40 mg/100 g), in den fünf Varianten noch nahezu gleich; bis 1980 hatten sich jedoch auf Grund der unterschiedlichen K-Düngung und der bekannten Antagonismen gegensätzliche Beziehungen eingestellt.

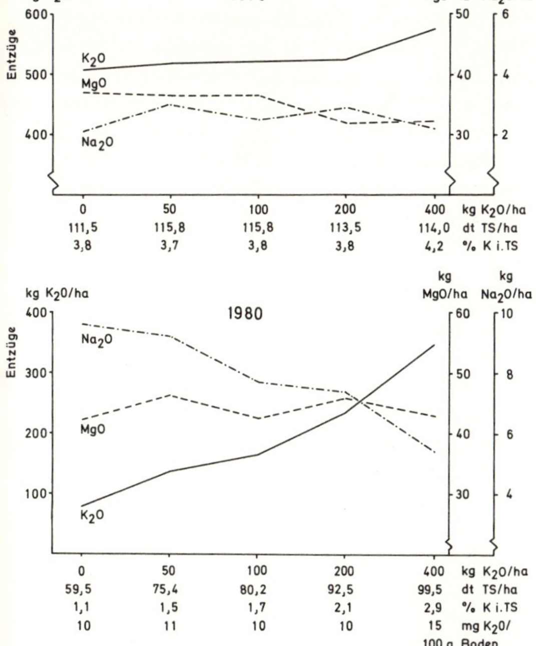

Abb.35. Wirkung gesteigerter Kaligaben auf TS-Erträge, K-Gehalte in TS und Mineralstoffentzüge einer Mähweidenarbe im ersten und letzten von elf Versuchsjahren. Grunddüngung: 200 kg N/ha in fünf Gaben und 120 kg P_2O_5 im Frühjahr; keine organische Düngung. fünf Schnitte/Jahr, keine Beweidung.

6. Der Rückgang der K_2O-Gehalte im Boden auf 10 mg/100 g und in der TS auf 1 bis 2% K läßt den Schluß zu, daß 200 kg K_2O/ha/Jahr auf längere Sicht für ein Ertragsniveau von 100 dt TS/ha nicht ausreichen. Selbst 400 kg K_2O/ha · Jahr scheinen in Anbetracht der 1980 ermittelten Endwerte langfristig gesehen noch nicht optimal zu sein.

Über die Wirkung des Kaliums auf die **Weideleistungen** liegen keine Ergebnisse aus neuerer Zeit vor. Die Wirkungswerte schwanken in älteren Ermittlungen zwischen 0 und 20 kStE je kg K_2O mit einem Mittel um 5 kStE. Ergebnisse aus der Vorkriegs-, Kriegs- und Nachkriegszeit zeigen wahrscheinlich deswegen bessere Kaliwirkungen, weil Düngung und Viehbesatz wesentlich geringer waren als in den letzten beiden Jahrzehnten. Außerdem war bis dahin das Dauergrünland in der Düngung im Vergleich zum Ackerland stärker vernachlässigt worden, als es heute der Fall ist. In einer Auswertung von ZÜRN (1952) wurden Wirkungswerte von 4,7 bis 10,2 kStE je kg K_2O ermittelt. Aus den Weideertragsermittlungen von KÖNEKAMP und BLATTMANN (1959) lassen sich Wirkungswerte von 6 bis 10 kStE/kg K_2O ableiten.

2.5.2.3.4 K-Düngung, Pflanzenbestand und Futterqualität

Kalidüngung verbessert auf Wiesen den Pflanzenbestand bei Kalimangel in ähnlicher Weise wie Phosphatdüngung bei Phosphatmangel. In allen nur denkbaren Vergleichen mit und ohne Kaliumdüngung wurden die Leguminosen durch die Kaliumdüngung gefördert, am stärksten bei einem Vergleich von N und NK. Hier nimmt normalerweise der Grasanteil ab, während er in den anderen Kombinationen durch K-Düngung gefördert wird. Der Kräuteranteil zeigt insgesamt eher abnehmende als zunehmende Tendenz, wenn Kalium irgendeiner Mangeldüngung hinzugefügt wird.

Die Förderung der **Leguminosen** durch K-Düngung hängt damit zusammen, daß die landwirtschaftlich wichtigen Angehörigen dieser Familie besonders unter dem Konkurrenzdruck ertragreicher Gräser in der K-Aneignung nach einer Reihe von Untersuchungen stark unterlegen sind. Sie weisen deswegen auch von den drei landwirtschaftlichen Artengruppen (Gräser, Leguminosen, Kräuter) normalerweise die geringsten K-Gehalte auf; sie können sich jedoch bei reichlichem K-Angebot behaupten oder sogar gegenüber den Gräsern durchsetzen, wenn diese nicht durch hohe N-Gaben bewußt gefördert werden. Auf Weiden kann diese N-Wirkung durch Kurzhalten der Narbe abgemildert werden. Im übrigen sind die K-Wirkungen auf den Pflanzenbestand von Weiden ähnlich denen, die auf Wiesen beobachtet wurden, wenn auch nicht so auffällig, weil der Weidegang mit häufigerer Nutzung, höherer N-Düngung und stärkerer Bodenverdichtung die Grasnarbe vereinfacht, die Artenzahl stark vermindert und die Wirkungen der K-Düngung überdeckt.

Der Kaliumgehalt des **Erntegutes** wird durch K-Düngung stärker beeinflußt als der P-Gehalt durch P-Düngung. Offenbar ist das Aufnahmevermögen aller Artengruppen für Kalium der Menge nach weniger begrenzt als für Phosphat. Mit steigenden K-Gehalten in der TS findet man regelmäßig geringere Ca-, Mg- und Na-Gehalte. Ebenso muß nach einigen Autoren mit geringeren P-Gehalten gerechnet werden. Durch steigende N-Gaben werden die K-Gehalte in der TS gesenkt, wenn nicht genügend Kalium aus dem

Boden oder aus der Düngung zur Verfügung steht. Bei reichlicher K-Versorgung des Bestandes kann der K-Gehalt in der TS mit steigender N-Düngung dagegen ansteigen (MARAMBIO 1971).

In solchen Fällen besteht akute Tetaniegefahr, weil ein hohes Produkt aus Kalium und Rohprotein, wie DE GROOT und BROUWER in Holland nachwiesen, die Mg-Resorption im Tierkörper herabsetzt (Abb. 36). Da zugleich die Mg-Gehalte in der Futter-TS durch hohe K-Gehalte erniedrigt werden, ist in dieser Situation der Mg-Gehalt des Mineralfutters von besonderer Bedeutung. Andererseits wird an diesem Beispiel deutlich, daß gerade die N- und K-Düngung sehr überlegt dem jeweiligen Bedarf angepaßt und eine Luxusaufnahme vermieden werden sollte.

In unseren Versuchen zeigte sich weiter, daß bei **mäßigen K-Gehalten** des Bodens eine einmalige K-Gabe im Frühjahr zu überhöhten K-Gehalten in der TS der ersten Nutzung und zu abfallenden Werten in den folgenden führte mit allen Wirkungen auf die Gehalte an Ca, Mg und Na. Bei hohen K-Gehalten des Bodens war diese Wirkung weniger auffällig oder gar nicht feststellbar. Bei mäßigem Kaliangebot aus dem Boden und auf leichten Böden sind gleichmäßige K-Gehalte im Futter am besten durch Anwendung von NK-Düngern zu erzielen, die im Verlaufe der Vegetationszeit gleichmäßig auf alle Nutzungen verteilt werden. Da die Phosphatgehalte i. TS auf eine ungleichmäßige Düngerverteilung weniger reagieren, kann die P-Düngung in einer Gabe im Frühjahr erfolgen. Auch die Anwendung von NPK-Düngern während der Vegetationszeit ist möglich. Die P- und K-Bilanzen eines Betriebes bzw. einer bestimmten Teilfläche und die Bodengehalte sollten allerdings bekannt sein, um die richtige Zusammensetzung des NPK-Düngers wählen zu können.

In einem **Kalisteigerungsversuch** auf einer Mähweide (Anmoor-Niedermoorboden) wurde der K-Gehalt in der TS auf allen Varianten durch eine zusätzliche Düngung von 100 kg Na_2O/ha leicht angehoben, während die Mg- und Na-Gehalte i. TS durch K-Düngung erwartungsgemäß gesenkt wurden. Der K-Gehalt in der TS ist außerdem abhängig von der Bestandszusammensetzung, da die Artengruppen im K-Gehalt deutliche Unterschiede aufweisen. So teilt KLAPP (1971) zusammengefaßt folgende Werte mit:

	% K_2O i. TS ohne K	mit K	Mittel aus versch. Untersuch.
Gräser	2,03	2,61	2,44
Kleeartige	1,79	1,84	2,00
Kräuter	2,66	4,13	3,05

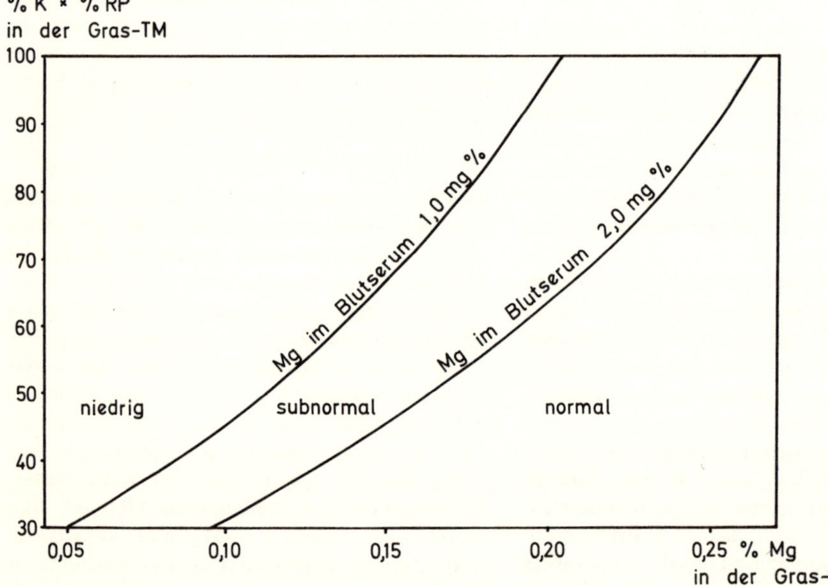

Abb. 36. Zusammenhang zwischen den Rohprotein-, K- und Mg-Gehalten der Grastrockenmasse und dem Mg-Gehalt des Blutserums von Milchkühen (DE GROOT und BROUWER 1967).

Schließlich wird der K-Gehalt ähnlich wie der an Rohprotein und Phosphat sehr stark vom Alter des Futters bestimmt. Er nimmt mit der Nutzungshäufigkeit zu, ist also im Weide- und Mähweidegras stets höher als im Wiesengras. Das kommt auch in den Grenzwerten zum Ausdruck, die man mit WAGNER auch als Sättigungswerte bezeichnen könnte. Sie geben einen gewissen Hinweis auf die K-Versorgung des Bodens und auf die Grenze der K-bedingten Ertragssteigerung. Da sich der Übergang vom Kalimangel zum ausreichenden Kaliangebot am Kaligehalt der Pflanze deutlich und fast sprunghaft zeigt, ist die Pflanzenanalyse zur Ermittlung des Versorgungsgrades recht gut geeignet (Tab. 112). Für älteres Futter, z. B. von zwei- bis dreischnittigen Wiesen, liegen die einen bestimmten Versorgungsgrad kennzeichnenden Gehalte entsprechend niedriger als für jüngeres Gras, z. B. von fünf- bis sechsmal genutzten Weiden.

Die Wirkung der verschiedenen Kalidüngerformen auf Ertrag und Qualität ist in hohem Maße abhängig von ihrem Gehalt an Mg und Na, der sehr verschieden sein kann, sich aber besonders bemerkbar macht, wenn Mg- und Na-Mangel vorliegen. Die Na-Anreicherung im Futter gelingt jedoch nur bei mäßigem K-Angebot oder wenn „natrophile" Pflanzenarten, in erster Linie *Lolium perenne*, im Bestand vorhanden sind.

Die Frage, ob schwefelsaures Kali dem Kaliumchlorid vorzuziehen sei, muß wohl in erster Linie im Zusammenhang mit einem eventuellen Schwefelbedarf gesehen werden; denn eine physiologisch bedingte „Vorliebe" für die Sulfatform – wie z. B. von Obst, Gemüse und bestimmten Sonderkulturen – wurde an Grünlandpflanzen genausowenig festgestellt wie Schäden an Pflanze und Tier durch die Chloridform. Selbstverständlich sinkt bei Verwendung von Kaliumsulfat im Vergleich zu Kaliumchlorid der Cl-Gehalt im Futter deutlich ab; aber die Überlegenheit der einen über die andere Form, die früher einmal beim Vergleich von „blauen" mit „roten" Dreinährstoffdüngern auf Dauergrünland gefunden worden war, konnte nachträglich und nachhaltig nicht bestätigt werden.

Das Kalium reguliert die Wasserstoffionenkonzentration in der Pflanze und im Antagonismus zu Ca und Mg den Quellungszustand der Zellen. Es ist verantwortlich für die Aktivierung vieler Enzyme, steigert den Turgor, verringert die Wasserverluste durch Transpiration, erniedrigt den Gefrierpunkt des Zellsaftes und erhöht damit die Frostresistenz. Entscheidend für die Futterqualität ist sicher der Einfluß des Kaliums auf den Gehalt an Kohlenhydraten und damit auf den Energiegehalt des Grünlandfutters. Dieser läßt bei intensiver Grünlandwirtschaft im Vergleich zum Proteingehalt ohnehin zu wünschen übrig, besonders bei gleichzeitig hoher Stickstoffdüngung.

Tab. 105. Einfluß der K-Düngung auf den Ertrag in g TS/Gefäß und auf den Gehalt von *Lolium perenne* an einigen Inhaltsstoffen in % der TS; Ernte gegen Ende der vegetativen Phase

Ertrag Gehalt	K-Düngung bei mittlerer N-Gabe K_0	 K_2	 K_4
Ertrag, g TS	30,4	56,8	65,0
K-Gehalt	0,31	1,41	2,33
N-Gehalt	3,08	2,62	1,43
Saccharose	0,68	3,37	4,52
Polyfructosane	0,25	3,26	4,68
Stärke	1,03	3,29	4,18

Ein Beispiel für die Wirkung der K-Düngung auf Erträge und einige Inhaltsstoffe von *Lolium perenne* in einem Gefäßversuch von HEHL und MENGEL (1972) enthält Tab. 105.

Der Gehalt an Glucose und Fructose von Gräsern und Leguminosen wurde durch K- und N-Düngung erniedrigt. Die Steigerung der Saccharose-, Polyfructosan- und Stärkegehalte trat erst bei nachlassendem Massenwuchs ein.

2.5.2.4 Kaliphosphatdüngung (PK-Düngung), Ertrag, Pflanzenbestand, Futterqualität

Die Kombination von P und K führt vor allem dann zu Ertragssteigerungen, wenn an beiden oder an einem von beiden ein extremer Mangel im Boden vorliegt. Wie aus Abb. 37 ersichtlich ist, wurden Höchsterträge durch NPK-Düngung auf 21 Standorten mit 203 Ertragsfeststellungen bei überwiegender Wiesennutzung nur bei P_2O_5-Gehalten im Boden größer als 7 mg/100 g und K_2O-Gehalten größer als 5 mg/100 g erzielt. Bei PK-Düngung waren mindestens 10 mg P_2O_5 bzw. K_2O/100 g für den Höchstertrag erforderlich, wahrscheinlich deswegen, weil der Boden weniger intensiv durchwurzelt wird als bei NPK-Düngung. Die Höchsterträge streuen relativ dicht um die Diagonale, die alle Punkte mit einem P_2O_5 : K_2O-Verhältnis im Boden von 1 : 1 miteinander verbindet. Demnach ist eine PK-Düngung sinn-

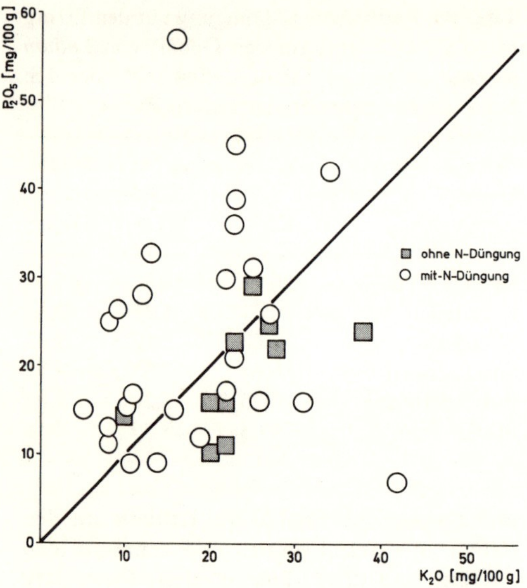

Abb. 37. P_2O_5- und K_2O-Gehalte im Boden (0 bis 6 cm, CAL-Methode), mit denen auf 21 Standorten in der Bundesrepublik Deutschland Höchsterträge erzielt wurden (DELLER 1980).

voll und sparsam, die ein ausgewogenes Verhältnis im Boden bewirkt und einen gewissen Sicherheitsabstand zu den Mindestgehalten gewährleistet. Daraus kann man die Empfehlung eines Gehaltsniveaus von je 20 mg P_2O_5 und K_2O/100 g Boden ableiten.

Aus Abb. 37 läßt sich weiter folgern, daß die Anwendung von PK- oder NPK-Düngern nur dann sinnvoll ist, wenn ein etwa ausgeglichenes Verhältnis der P_2O_5- und K_2O-Gehalte im Boden vorliegt.

In unseren Mähweideversuchen in Dorfacker bei Freising und auf dem Spitalhof in Kempten haben wir festgestellt, daß die Mehrnährstoffdünger (MND) 13/13/21 und 12/12/17/2 signifikant höhere TS-Erträge brachten als verschiedene Kombinationen von Einzelnährstoffdüngern (ED) bei Nährstoffgleichheit und gleichzeitiger Ausbringung. Diese Ergebnisse sind wahrscheinlich darauf zurückzuführen, daß das Zusammenwirken von P und K in den MND am besten gewährleistet ist, weil sozusagen jedes Düngerkorn die Nährstoffe in dem vorgegebenen Verhältnis enthält.

Tab. 106. Erträge und Mehrerträge durch PK- und NPK-Düngung auf Wiesen

Ertrag	ungedüngt	PK 80/140	NPK 45/80/140
dt Heu/ha	42,7	69,4	78,3
relativ	100	162	183
Mehrertrag	–	durch PK	durch N
dt Heu/ha	–	26,7	8,9

WOLF (1972) fand in 20 Dauerwiesenversuchen mit 230 Jahresernten die in Tab. 106 aufgeführten Heuerträge.

Der Ertrag wurde durch PK-Düngung um 60 % und durch zusätzliche N-Düngung um weitere 20 % gesteigert. Derartige Ertragsrelationen wurden auch auf anderen zwei- bis dreischnittigen Wiesen häufig errechnet.

Die 230 Jahresernten wiesen folgende Schwankungsbereiche auf:

Düngung	Erträge (dt Heu/ha)
O	3,2 bis 89,9
PK	17,9 bis 113,5
NPK	25,2 bis 119,9

Tab. 107. Futterwert und Ertrags-Futterwert-Einheiten (EFE) in fünf Versuchen und drei Wiesengesellschaften

Gesellschaft	Wertzahl des Bestandes			EFE		
	(O)	(PK)	(NPK)	(O)	(PK)	(NPK)
Filiformi-Scirpetum	3,62	5,84	6,09	133	393	446
Filiformi-Scirpetum	3,44	5,04	4,90	124	307	384
Arrhenatheretum	4,74	6,29	6,71	159	416	503
Trisetetum	4,18	6,02	6,20	112	376	461
Trisetetum	3,72	6,18	6,30	106	400	495

Unter den Bodentypen erwies sich die pseudovergleyte Braunerde als besonders dankbar für PK-, weniger für NPK-Düngung, während die Erträge auf Anmoorgley nur durch PK-Düngung gesteigert wurden.

Interessant ist auch die Entwicklung der **Bestandeswertzahlen** und der EFE auf drei verschiedenen Wiesengesellschaften (Tab. 107).

Die Bestandeswertzahl wurde durch PK-Düngung besonders auf den Haferwiesen erhöht; die EFE erreichten auch im *Filiformi-Scirpetum* (1. Zeile) den Haferwiesen vergleichbare Werte.

Auf einer Niedermoorwiese stellten wir in zwölf Versuchsjahren die in Tab. 108 aufgeführten Veränderungen der Pflanzenbestände fest.

PK-Düngung bewirkte die leistungsfähigsten Bestände; lediglich in der Reihe C (Stallmist) war die Bestandeswertzahl in der Variante NP_2K geringfügig höher.

Auf Weiden werden mit PK-Düngung in Abhängigkeit vom Standort und vom Kleeanteil 60 bis 90 dt TS/ha erzielt, während Grasbestände in einer Ackerfruchtfolge mit PK-Düngung nur 25 bis 30 dt TS/ha brachten. Für den erheblichen Unterschied ist die kontinuierliche N-Nachlieferung aus dem Grünlandboden maßgebend.

Über die Abhängigkeit der Weideleistungen von der PK-Düngung berichten Könekamp et al. (1959). Danach hing der Mehrertrag durch hohe PK-Düngung (115/150 kg/ha) gegenüber niedriger (40/80 kg/ha) auch von der Höhe der N-Düngung ab:

kg N/ha	0	18	44	75	105	145
Mehrertrag kStE/ha	340	385	329	301	274	225

2.5.2.4.1 Ermittlung des Phosphat- und Kalibedarfs

Ob und wieviel Mineraldünger ein Betrieb zukaufen muß, hängt von einer Reihe von Faktoren ab. Aber auch innerhalb eines Betriebes kann der Bedarf der einzelnen Flächen verschieden sein in Abhängigkeit von der innerbetrieblichen Verteilung des Wirtschaftsdüngers und von der Nutzung als Schnittfläche oder Weide.

Die Höhe der Mineraldüngung auf dem Dauergrünland wird von folgenden Einflußgrößen bestimmt:

1. Ertragshöhe und Nährstoffentzug.
2. Nährstoffrücklieferung über die Wirtschaftsdünger auf die verschiedenen Flächen eines Betriebes. Im reinen Grünlandbetrieb werden alle Nährstoffe auf die Futterflächen zurückgegeben, gegebenenfalls in unterschiedlicher Verteilung. Mit zunehmendem Acker- und Verkaufsfruchtanteil erhält das Grünland entsprechend weniger Wirtschaftsdünger. Mit den Verkaufsfrüchten werden Nährstoffmengen aus dem Betrieb exportiert, was sich auf die Höhe des Mineraldüngerzukaufs wesentlich stärker auswirkt als der Export mit Milch und Fleisch aus einem reinen Futterbaubetrieb.
3. Versorgung des Bodens mit pflanzenverfügbaren Nährstoffen. Eine regelmäßig auf Testflächen durchgeführte Bodenuntersuchung – im Abstand von zwei bis drei Jahren – gibt Auskunft über das Gehaltsniveau und über den Trend der Gehalte in Abhängigkeit von der bis dahin praktizierten Düngung. Bei der Probenahme ist nach einem 1979 gefaßten Beschluß des VDLUFA eine Bodentiefe von 0 bis 10 cm einzuhalten. Das Bodenuntersuchungsergebnis allein erlaubt jedoch keine exakte Aussage über die Höhe der notwendigen Düngung und über ihre Ertragswirksamkeit; es ist nur nützlich im Zusammenhang mit den aktuellen Werten der unter 1. und 2. genannten Faktoren.

Tab. 108. Wertzahlen der Pflanzenbestände im Wiesenversuch Wildschwaige nach 12 Versuchsjahren.
A = ohne organische Düngung, B = dreimal Kartoffelkraut, C = dreimal Stallmist, D = zweimal Schafpferch in 9 Jahren

	Mineraldüngung					
	O	K	P	PK	NPK	NP_2K
A	4,47	5,68	4,99	**6,17**	5,76	5,93
B	5,16	5,48	5,63	**5,88**	5,34	5,71
C	5,28	6,00	5,33	5,95	5,96	**6,01**
D	5,09	5,59	5,66	**5,93**	5,63	5,78

Der Mineraldüngerbedarf wird nach neueren Empfehlungen aus der Differenz zwischen Nährstoffentzug und Nährstoffrücklieferung berechnet. Für diese Differenz wird der Begriff **„tatsächlicher Nährstoffentzug“** = △ E eingeführt: △ E = Nährstoffentzug – Nährstoffrücklieferung (LUFA-Arbeitsgruppe 1984). Je nach Gehaltsstufe des Bodens werden noch Zu- oder Abschläge vorgenommen, wie aus Tab. 109 hervorgeht.

△ E muß für den einzelnen Betrieb bzw. für die einzelne Fläche gesondert errechnet werden unter

Tab. 109. Empfohlene Mineraldüngermengen auf der Basis △ E

Gehaltsstufe	P_2O_5-Düngung	K_2O-Düngung
A niedrig	△ E + 40 kg/ha	△ E + 60 kg/ha
B mittel	△ E + 20 kg/ha	△ E + 30 kg/ha
C hoch	△ E	△ E
D sehr hoch	½ △ E	½ △ E
E extrem hoch	keine	keine

Tab. 110. Gehaltsstufen für P_2O_5 und K_2O in Grünlandböden

Gehaltsstufe (Probenahmetiefe 0 bis 10 cm)	mg je 100 g Boden P_2O_5	K_2O
A niedrig	unter 10	unter 10
B mittel	10–20	10–20
C hoch	21–30	21–30
D sehr hoch	31–50	31–50
E extrem hoch	über 50	über 50

Tab. 111. Beispiel für die Berechnung des Mineraldüngerbedarfes (Unterstellte Milchleistungen: Acker-Grünland-Betrieb 4000 kg/Kuh und Jahr, reiner Grünlandbetrieb 5000 kg/Kuh und Jahr) (LUFA-Arbeitsgruppe 1979)

	Ertrag (dt TS/ha)	Ernte-entzug (kg/ha)	Ges. Nährstoff-anfall über Kot und Harn[1] (kg/ha)	Rück-lieferung auf das Grünland (kg/ha)	Tat-sächl. Entzug △ E (kg/ha)	Düngeempfehlungen (kg/ha) bei Gehaltsstufe niedrig	mittel	hoch	sehr hoch
Acker-Grünland-Betrieb (Grünland überwiegende Futterbasis, keine Verkaufsfrüchte)		P_2O_5		(Jauche)		△ E + 40	△ E + 20	△ E	½ △ E
	50	30	30	0	30	70	50	30	30[2]
	70	55	45	0	55	95	75	55	55[2]
	90	70	60	0	70	110	90	70	35
		K_2O		(Jauche)		△ E + 60	△ E + 30	△ E	½ △ E
	50	140	130	55	85	145	115	85	40
	70	210	195	85	125	185	155	125	60
	90	280	260	110	170	230	200	170	85
Reiner Grünland- bzw. Futterbaubetrieb		P_2O_5		(Gülle)		△ E + 40	△ E + 20	△ E	½ △ E
	90	70	80	80	(–10)	30	10	0	0
	110	100	100	100	0	40	20	0	0
		K_2O		(Gülle)		△ E + 60	△ E + 30	△ E	½ △ E
	90	280	260	260	20	80	50	40[2]	20[2]
	110	350	325	325	25	85	55	50[2]	25[2]

[1] unterstellter RGV-Besatz bei 50 dt TS/ha 1,0; 70 dt TS/ha 1,5; 90 dt TS/ha 2,0; 110 dt TS/ha 2.5

[2] jedes zweite Jahr

Tab. 111a. Mineralische Ergänzungsdüngung pro ha Mähweide (5 Nutzungen/Jahr) in Abhängigkeit vom Schnittnutzungsanteil und von der Versorgungsstufe des Bodens (nach LUFA BAYERN 1984)

Nutzungsart	Nährstoff	Entzug (kg/ha)	Rücklieferung 50 m^3 Gülle/ha	△ E (kg/ha)	Ergänzungsdüngung (kg/ha) bei Versorgungsstufe niedrig	mittel	hoch	sehr hoch
	P_2O_5				△E + 40	△E + 20	△ E	$^1/_2$△E
reine Schnittnutzung		130	100	30	70	50	30	15
$^1/_2$ Weide + $^1/_2$ Schnitt		90	100	(–10)	30	10	–	–
reine Weidenutzung		50	100	(–50)	–	–	–	–
	K_2O				△E + 60	△E + 30	△ E	$^1/_2$△E
reine Schnittnutzung		400	300	100	160	130	100	50
$^1/_2$ Weide + $^1/_2$ Schnitt		240	300	(–60)	–	–	–	–
reine Weidenutzung		80	300	(–220)	–	–	–	–

Berücksichtigung von Ertrag, Entzug und Rücklieferung.

Über die Abmessung der **Gehaltsstufen** bestehen wohl auch heute noch keine einheitlichen Auffassungen. Zum mindesten für die K_2O-Gehalte des Bodens wird von einigen Autoren die Berücksichtigung von Bodenart und Humusgehalt empfohlen. Die Arbeitsgruppe der LUFA Bayern (1984) verwendet das in Tab. 110 enthaltene Schema generell.

Beispiele für die Berechnung des Mineraldüngerbedarfs sind in Tab. 111 enthalten, und zwar gesondert für einen Acker-Grünlandbetrieb und für einen reinen Grünland- bzw. Futterbaubetrieb. Dabei wird mit mehreren **Ertragsstufen** kalkuliert, aus denen sich entsprechende Mengen für den Nährstoffentzug ergeben. Die Höhe des Viehbesatzes ist einerseits vom Ertrag abhängig und bestimmt andererseits die mit Kot und Harn produzierten Nährstoffmengen. Diese sind außerdem abhängig von der Höhe der Milchleistung, da mit steigender Milchleistung mehr Kraft- und Mineralfutter gefüttert werden muß, das besonders die Phosphatrücklieferung erhöht. Die Grunddaten für Erträge, Entzüge und Nährstoffrücklieferung können im Versuchsbetrieb selbst ermittelt werden. In der Praxis ist man auf Ertragsschätzungen und für die Nährstoffgehalte von Pflanzen und Exkrementen auf Faustzahlen angewiesen. Für die Kalkulationen in Tab. 111 wurden die Grunddaten der LUFA-Arbeitsgruppe (1979) benutzt, die hier nicht im einzelnen aufgeführt werden müssen.

Für den Acker-Grünlandbetrieb wurde unter „Rücklieferung auf das Grünland" angenommen, daß Festmist hergestellt wird und daß das Grünland nur Jauche erhält, während im Grünlandbetrieb nur mit Gülle gedüngt wird.

In Tab. 111 a ist die Berechnung der mineralischen Ergänzungsdüngung für eine Mähweidefläche gezeigt. Die Entzüge für reine Schnittnutzung (Sommerstallfütterung) wurden mit 130 kg P_2O_5 und 400 kg K_2O/ha angenommen; sie können im praktischen Betrieb ermittelt bzw. nach Faustzahlen geschätzt werden.

Neben der Nährstofflieferung mit 50 m^3 Gülle/ha werden die mit den Exkrementen der Weidetiere bei teilweisem bzw. reinem Weidegang auf die Fläche entfallenden Pflanzennährstoffe berücksichtigt. Zur Berechnung sind im konkreten Fall außer den Mengen und Nährstoffgehalten von Gülle, Kot und Harn (Faustzahlen) Angaben über die Zahl der Kuh- bzw. GV-Weidetage in der Weideperiode und über die Dauer der täglichen Auftriebszeit erforderlich.

Ein negativer Wert für △ E ergibt sich, wenn die Rücklieferung den Entzug übersteigt. Die notwendige Ergänzungsdüngung errechnet sich aus dem tatsächlichen Entzug (△ E) und den Zuschlägen in Abhängigkeit von der Versorgungsstufe (Gehaltsstufe) des Bodens (Tab. 109).

Tab. 112. Grenzwerte für den Grad der Nährstoffversorgung von Wiesen und Weiden (in Anlehnung an Knauer)

Nährstoffversorgung	P-Gehalte in % der TS bei Roheiweißgehalten von				
	< 10%	10–15%	15–20%	20–25%	> 25%
	bzw. Rohfasergehalten von				
	> 30%	30–25%	25–21%	21–18%	< 18%
sehr starker Mangel	< 0,13	< 0,18	< 0,24	< 0,29	< 0,31
starker Mangel	0,13–0,18	0,18–0,22	0,24–0,29	0,29–0,33	0,31–0,35
schwacher Mangel	0,18–0,24	0,22–0,31	0,29–0,33	0,33–0,37	0,35–0,40
Grenzbereich	0,24–0,29	0,31–0,33	0,33–0,37	0,37–0,41	0,40–0,44
ausreichend versorgt	> 0,29	> 0,33	> 0,37	> 0,41	> 0,44
	K-Gehalte in % der TS				
sehr starker Mangel	< 1,16	< 1,33	< 1,49	< 1,66	< 1,66
starker Mangel	1,16–1,33	1,33–1,49	1,49–1,66	1,66–1,83	1,66–1,91
schwacher Mangel	1,33–1,49	1,49–1,66	1,66–1,83	1,83–1,99	1,91–2,08
Grenzbereich	1,49–1,66	1,66–1,83	1,83–2,08	1,99–2,16	2,08–2,24
ausreichend versorgt	> 1,66	> 1,83	> 2,08	> 2,16	> 2,24

Werden keine Wirtschaftsdünger zugeführt, dann entspricht △ E dem Entzug des Erntegutes.

Eine gute Hilfe bei der Ermittlung des Nährstoffbedarfs stellt die **Pflanzenanalyse** dar. Man geht davon aus, daß bei einer bestimmten Nährstoffkonzentration in der Pflanze die Grenze erreicht ist, von der ab durch weitere Düngung mit dem betreffenden Nährstoff keine Ertragssteigerung mehr erreicht wird. Man spricht deshalb von Ertragsgrenzwerten oder Grenzbereichen. Für Phosphat und Kali sind die Grenzwerte nach Knauer (1963a) in Tab. 112 angeführt. Da die Nährstoffgehalte mit zunehmendem Pflanzenalter abnehmen und dementsprechend auch die Grenzwerte, sind sie in der Tabelle nach Rohprotein- bzw. Rohfasergehalten eingeordnet.

Finck (1979) gibt für Gras im Blühbeginn (10 bis 15% Roheiweiß) mit 0,35% P und 2% K etwas höhere Ertragsgrenzwerte an, ebenso Schechtner (1971) mit 2,3% K in der TS bei jährlich drei Schnitten in tieferen Lagen.

2.5.2.5 Kalkdüngung

2.5.2.5.1 Beurteilung der Kalkbedürftigkeit

Die Kalkdüngung hat auf dem Dauergrünland eine geringere Bedeutung als auf dem Ackerland, weil die meisten wertvollen Grünlandpflanzen am besten bei schwach saurer Bodenreaktion (pH 5,5 bis 6,4) gedeihen. Außerdem kommt die strukturfördernde Wirkung des Kalkes kaum zur Geltung, weil eine Einarbeitung des Kalkes in den Grünlandboden nicht möglich ist und weil die grünlandeigene Bodenstruktur auch ohne Kalkung stabil und für den Pflanzenwuchs günstig gestaltet werden kann. Die Ursachen hierfür liegen in der dauernden Bedeckung der Bodenoberfläche und in der intensiven Durchwurzelung des Oberbodens durch eine lebendige Grasnarbe und damit in einer gesteigerten biologischen Aktivität des Bodens im Vergleich zu benachbartem Ackerland.

Die anzustrebenden pH-Werte auf Acker- und Grünland werden von Finck (1979) in Abhängigkeit vom Ton- und Humusgehalt des Bodens angegeben (Tab. 113).

Ganz ähnliche Daten findet man in der Broschüre einer Arbeitsgruppe der LUFA Bayern (1979), die außerdem als einmalige Höchstgaben auf schweren Böden (T, tL) 40 dt, auf mittleren und leichten Mineralböden 20 dt und auf Anmoorböden 10 dt $CaCO_3$/ha empfiehlt. Für die Grünlandkalkung kommt im Normalfall kohlensaurer Kalk in Frage, weil er keine Verätzungen oder Verbrennungen verursacht und weil die günstigen Wirkungen der übrigen – meistens teureren – Kalkformen nur nach Einarbeitung in den Boden erzielt werden können. Auf Mg-armen Böden sollten magnesiumhaltige Kalke bevorzugt werden, falls sie am Ort des Verbrauchs preiswerter sind als andere Mg-haltige Mineraldünger.

Die Kalkbedürftigkeit eines Grünlandstandortes kann auch gut mit Hilfe einzelner Pflanzenarten und Pflanzengesellschaften beurteilt werden; das gilt besonders für die Extreme. So deuten Borstgrasrasen und Heiden oder saure Pfeifengraswiesen auf Kalkarmut, *Mesobrometen*, trockene Glatthaferwiesen oder Kalk-Pfeifengraswiesen auf ausreichende Kalkversorgung hin. Auch einzelne Pflanzenarten oder Artengruppen können als Zeigerpflanzen gute Hinweise geben.

Tab. 113. Anzustrebende pH-Werte (pH-Ziel) von Acker und Grünland (angegeben sind die Mittelwerte, von denen Abweichungen bis ±0,2 pH zulässig sind; z. B. erstreckt sich bei einem pH-Ziel von pH 6,0 der optimale Bereich von 5,8 bis 6,2)

Boden	pH-Ziel Acker	pH-Ziel Grünland
Mineralböden (bis 4% Humus)		
Ton, Lehm, schwerer sandiger Lehm (Löß) T, L, sL (>17%Ton)	7,0[1]	5,8
stark lehmiger Sand bzw. sL (12–17% Ton)	6,5	5,5
schwach lehmiger Sand lS (5–12% Ton)	6,0	5,0
Sand S (0–5% Ton)	5,5	5,0
Humusreiche Böden (mehr als 4% Humus)		
humusreicher Sand (4–8% Humus)	5,5	5,0
sehr humusreicher Sand (9–14% Humus)	5,0	5,0
anmooriger Sand (15–30% Humus)	4,5	4,5
Moor[2] (>30% Humus)	4,0	4,5

[1] pH 7 bis 7,5: schwere Böden sollten 0,2 bis 1% feinverteiltes Carbonat enthalten

[2] kalkhaltiges Niedermoor: pH 6 bis 7

Hierzu sei auf die ökologischen **Zeigerwerte** von ELLENBERG (1979) verwiesen. Daraus geht auch hervor, daß Bodenfeuchte und Bodensäure keinesfalls parallel laufen müssen. Bodenfeuchtes Grünland kann kalkreich sein und hohe pH-Werte aufweisen, wenn das Grundwasser aus kalkreichen Einzugsgebieten gespeist wird. Ein Beispiel dafür ist das Niedermoorgrünland im Norden der Münchner Ebene mit hohem Grundwasserstand und pH-Werten von 6,5 bis 7,0. Auch die Ausbildung saurer oder kalkreicher Pfeifengraswiesen wird weitgehend von der Herkunft des Grundwassers bestimmt.

Die optimalen pH-Werte für die einzelnen Bodenarten deuten schon darauf hin, daß die Kalkdüngung nur auf sauren und stark sauren Böden (pH < 5,5) Erfolg bringen kann. Auf neutralen und alkalischen Standorten ist keine lohnende Wirkung zu erwarten. Im Gegenteil kann es auf alkalischen Böden durchaus vorteilhaft sein, regelmäßig oder wechselweise physiologisch saure Düngemittel zu verwenden, ohne zu kalken.

2.5.2.5.2 Kalkdüngung und Grünlanderträge

ZÜRN (1968) fand im Mittel von acht bis zwölf Versuchsjahren folgende Zusammenhänge (Tab. 114).

Tab. 114. Abhängigkeit der Kalkwirkung vom pH-Wert des Bodens (Mittel von je 8 bis 12 Jahren) (ZÜRN 1968)

Versuch	Säurezustand des Bodens	pH-Wert	Heuertrag dt/ha bei NPK	bei NPK + Kalk*	± durch Kalk
1.	neutral	6,5	83,3	82,0	− 1,3
2.	schwach sauer	6,0	82,3	82,1	− 0,2
3.	schwach sauer	6,0	76,7	79,2	+ 2,5
4.	schwach sauer	5,5	70,9	76,1	+ 5,2
5.	sauer	5,0	59,1	68,1	+ 9,0
6.	stark sauer	4,5	59,0	66,4	+ 7,4
7.	sehr stark sauer	4,0	65,7	75,7	+10,0
8.	sehr stark sauer	3,8	65,9	80,7	+14,8

* alle 2 bis 3 Jahre 15 bis 20 dt $CaCO_3$/ha

Die Kalkwirkung nahm mit abnehmenden pH-Werten erwartungsgemäß zu. In zwei anderen Versuchen nahm die Kalkwirkung auf Gneisverwitterung (pseudovergleyte Braunerde) im Bayerischen Wald vom 1. bis zum 18. Versuchsjahr ab; während der Mehrertrag durch 30 dt Mischkalk in den ersten sechs Jahren noch 5,1 dt Heu je ha und Jahr betrug, wurden in den letzten sechs Jahren mit derselben Düngermenge nur noch 1,3 dt Heu/ha und Jahr mehr erzeugt. Allerdings trugen in diesen beiden Versuchen kalkhaltige NP-Dünger zur deutlichen Anhebung der pH-Werte, auch auf den ungekalkten Parzellen, bei. GRUNDLER und VOIGTLÄNDER (1979) fanden auf einem stark sauren Gleyboden, mit einem pH-Wert von 3,9 zu Beginn des Versuches, in 21 Versuchsjahren einen durchschnittlichen Mehrertrag von 8,2 dt Heu/ha und Jahr durch 450 kg CaO/ha und Jahr im Vergleich zu alkalischer NPK-Düngung und von 10,3 dt Heu/ha und Jahr im Vergleich zu physiologisch saurer NPK-Düngung. In diesem Fall war die Kalkdüngung auch in der zweiten Hälfte der gesamten Versuchszeit noch rentabel; sie war gegenüber der ersten Hälfte nur um 22 bzw. 35% zurückgegangen.

Aus den vorliegenden Ergebnissen kann man schließen, daß man bei pH-Werten über 5,5 nicht mehr mit einem sicheren Erfolg der Kalkdüngung rechnen kann. Zur schnellen Steigerung der Grünlanderträge auf stark sauren Böden sind jedoch neben einer angemessenen PK- und NPK-Düngung regelmäßige Kalkgaben erforderlich. Nach Erreichen von pH-Werten über 5,5 genügt auf Mineralböden die regelmäßige Verwendung physiologisch alkalischer NP-Dünger. Auf staunassen Böden kann es nach unseren Versuchen zweckmäßig sein, regelmäßig zu kalken, da wir in den letzten drei von 21 Versuchsjahren noch einen Mehrertrag von fast 9 dt Heu/ha und Jahr mit Kalkung zusätzlich zu alkalischer NPK-Düngung erzielt haben. Der pH-Wert war auf dieser Variante über 6,0 angestiegen.

Der Ertragsverlauf läßt sich aus Tab. 115 ablesen. Dabei ist zu beachten, daß in Versuchsperiode I zwei Schnitte und in Periode II drei Schnitte pro Jahr genommen wurden und daß die Erträge bei Versuchsbeginn (1954) schon durch die erste Versuchsdüngung beeinflußt waren.

Weitere Ergebnisse zur Wirkung der Kalkdüngung auf die Grünlanderträge findet man bei ZÜRN (1968). Auch KLAPP (1971) berichtet von sehr guten Erfolgen der Kalkdüngung auf Ödlandböden, die durch zusätzliche NPK-Düngung noch gesteigert wurden. Danach fand ARENS (1959) in Rengen in fünf Jahren folgende Gesamterträge in dt TS/ha:

ohne jede Düngung	69
mit Kalkung	136
mit CaPK	148
mit CaNPK	198

In anderen Rengener Versuchen betrug der Ertragsanstieg:

durch Kalkung allein	96%
durch Kalkung zu PK	56%
durch Kalkung zu NPK	6%.

Es bleibt aber festzuhalten, daß die Kalkung auf Böden in gutem Düngungszustand oft nicht lohnend ist, vor allem bei gleichzeitiger Verwendung von physiologisch alkalischer NPK-Düngung. Selbst auf Ödlandböden kann die Kalkdüngung unrentabel werden, sobald die Anhebung der Bodenreaktion in den erwünschten pH-Bereich und die Umstellung auf leistungsfähige Pflanzenbestände erreicht sind.

Tab. 115. Heuerträge in den einzelnen Versuchsperioden in Relativwerten (Erträge zu Versuchsbeginn 1954 = 100) (GRUNDLER und VOIGTLÄNDER 1979)

Düngung		ungedüngt	NPK alkalisch	NPK alkalisch + CaO	NPK sauer	NPK sauer + CaO
Versuchsanfang 1954						
Heu	dt/ha	26,1	47,8	52,4	51,2	59,2
	relativ	100	100	100	100	100
1954–1958		131	128	133	128	132
1959–1963		150	151	165	133	148
1964–1967		154	169	163	122	141
Periode I		144	148	153	126	140
1968–1970		180	186	179	147	159
1971–1974		162	190	189	155	171
Periode II		175	188	184	150	165

2.5.2.5.3 Kalkdüngung, Pflanzenbestand, Futterqualität

Auf Ödlandrasen oder auf sauren Magerrasen kann eine Kalkung, besonders in Kombination

Tab. 116. Wirkung der Kalkung mit und ohne NPK-Düngung auf Zusammensetzung (%) und Wertzahlen der Pflanzenbestände in Rengener Dauerversuchen (KLAPP 1971)

Pflanzengruppen	Nur Kalkung 1943/1944	Nur Kalkung 1960	Volldüngung mit Kalk 1960
Ödlandflora	10	**73**	–
Pflanzen mittleren Wertes	18	22	17
Hochwertige Futterpflanzen	**70**	4	**83**
Rest	2	1	–

Die Wertzahlen in einem Rengener Dauerversuch

Düngung	1942*	1943/44	1952/53	1958
Kalk allein	2,06	3,29	4,98	4,03
Volldüngung	3,41	3,92	5,05	6,48

* Versuchsbeginn

mit einer NPK-Düngung, die Pflanzenbestände schnell verbessern. Alleinige Kalkung bewirkt aber auf längere Sicht eine drastische Verschlechterung der Grasnarbe. KLAPP (1971) sagt dazu: „Ohne reichliche sonstige Düngung verkehren sich die guten Wirkungen der Kalkdüngung früher oder später in das Gegenteil". Diese Wirkungen verdeutlicht Tab. 116.

Aus dem oberen Teil der Tabelle ist ersichtlich, daß mit Kalkung allein in 17 Versuchsjahren aus einem guten Pflanzenbestand ein Ödlandrasen entstanden ist, während Volldüngung mit Kalk die Grasnarbe im Vergleich zur Ausgangssituation noch wesentlich verbessert hat. Auch die Wertzahlen im unteren Teil der Tabelle weisen darauf hin, daß nach zehnjähriger alleiniger Kalkung die Bestandsverschlechterung eingesetzt hat. Dagegen wurde mit Volldüngung und Kalk in 17 Versuchsjahren nach kontinuierlichem Anstieg der Wertzahlen ein hochwertiger Bestand entwickelt (Wertzahl 6,48).

Auch in unserem Dauerversuch bewirkte Kalkung bzw. alkalische NPK-Düngung eine grundlegende Bestandsverbesserung im Vergleich zur Ausgangssituation und zur ungedüngten Variante (Tab. 117). Dagegen blieben die hohen Anteile des Anfangsbestandes an minderwertigen Arten auf den Varianten „ungedüngt" und „NPK (sauer)" bis Versuchsende erhalten.

Durch **Kalkung** und alkalische **NPK-Düngung** wurden *Alopecurus pratensis* und *Festuca pratensis* stark, *Poa trivialis*, *Lotus corniculatus* und *Trifolium hybridum* deutlich gefördert, die beiden Leguminosen jedoch nur in der Periode I mit Zweischnittnutzung.

Durch stark saure Bodenreaktion bzw. Nährstoffmangel (saure NPK-Düngung und ohne Düngung erreichten *Holcus lanatus*, *Anthoxanthum odoratum*, *Festuca rubra* und die Grasartigen sehr hohen Bestandteile.

In der **ungedüngten Variante** stiegen die pH-Werte (und die Erträge) im Laufe der langen Versuchsdauer deutlich an, was mit der seitlichen Verfrachtung von Kalk und Nährstoffen aus den gedüngten Varianten im Zusammenhang mit

Tab. 117. Ertragsanteile (%) in Abhängigkeit von alkalischer und saurer Düngung im Wiesenversuch Niedersteinach (ursprünglich stark saurer Gleyboden) nach 21 Versuchsjahren (1954 bis 1967 zwei, 1968 bis 1974 drei Schnitte pro Jahr) (GRUNDLER und VOIGTLÄNDER 1979)

	ungedüngt	NPK alkalisch	NPK alkalisch + CaO	NPK sauer	NPK sauer + CaO
Wiesenfuchsschwanz	+	☐25	☐32	10	☐38
Wiesenschwingel	5	☐21	☐23	6	☐27
Rotschwingel	○20	3	4	○22	7
Wolliges Honiggras	○7	3	4	○15	5
Ruchgras	○4	–	+	○4	1
Sauergräser	○20	12	8	○26	5

☐ Durch kalkhaltige Düngung geförderte Arten
○ Durch stark saure Bodenreaktion und Nährstoffmangel geförderte Arten

Tab. 118. Ca-Gehalte im Erntegut des 1. und 2. Schnittes in % der TS, Wiesenversuch Niedersteinach

Düngung	ungedüngt	NPK alkalisch	NPK alkalisch + CaO	NPK sauer	NPK sauer + CaO
1. Schnitt					
Versuchsanfang	0,92	0,77	0,81	0,67	0,69
Periode I	0,73	0,68	0,75	0,60	0,66
Periode II	0,89	0,63	0,72	0,53	0,64
1954–1973	0,79	0,66	0,74	0,57	0,65
2. Schnitt					
Versuchsanfang	1,10	0,99	1,33	0,59	0,91
Periode I	0,99	0,96	1,14	0,72	0,98
Periode II	1,19	0,90	0,99	0,64	0,86
1954–1973	1,08	0,94	1,07	0,68	0,92

häufiger vorkommenden hohen Grundwasserständen auf diesem Standort zu erklären ist.

Von den Qualitätsmerkmalen interessiert im Zusammenhang mit der Kalkdüngung in erster Linie der Ca-Gehalt des Futters. Er wurde im Niedersteinacher Wiesenversuch durch Ca-Düngung im Vergleich zu beiden NPK-Varianten im ersten und zweiten Schnitt deutlich angehoben. Noch höher war er aber auf der ungedüngten und ungekalkten Variante (Tab. 118).

Die Ursache hierfür liegt in den wesentlich höheren Kräuteranteilen der ungedüngten Variante. Außerdem ließen die vergleichsweise niedrigen Kaligehalte im Futter der ungedüngten Variante aufgrund des K : Ca-Antagonismus höhere Ca-Aufnahmen zu (Tab. 119). Die niedrigen Ca-Gehalte im Futter der Variante NPK (sauer) erklären sich neben der fehlenden Ca-Düngung aus den geringen Kräuteranteilen und den höheren K-Gehalten besonders im zweiten Schnitt, in dem die Ca-Gehalte der übrigen Varianten wesentlich höhere Werte erreichten.

Aus allen vorliegenden Ergebnissen läßt sich schließen, daß die Anhebung der Ca-Gehalte im Futter durch Kalkdüngung nur in begrenztem Umfang möglich ist, besonders im Bereich der optimalen pH-Werte des Bodens. Höhere Ca-Gehalte im Futter sind leichter durch Förderung der Leguminosenanteile am Pflanzenbestand zu erreichen.

Tab. 119. K-Gehalte im Erntegut des 1. und 2. Schnittes in % der TS, Wiesenversuch Niedersteinach

Düngung	ungedüngt	NPK alkalisch	NPK alkalisch + CaO	NPK sauer	NPK sauer + CaO
1. Schnitt					
Versuchsanfang	1,46	2,37	2,12	2,08	2,03
Periode I	1,48	2,10	1,95	1,80	1,70
Periode II	1,29	1,93	1,94	2,11	2,09
∅1954–1973	1,41	2,02	1,95	1,93	1,90
2. Schnitt					
Versuchsanfang	1,31	2,06	2,17	2,02	1,91
Periode I	1,37	2,05	2,11	2,02	1,92
Periode II	1,17	1,39	1,77	2,04	1,87
∅1954–1973	1,28	1,77	1,97	2,02	1,90

2.5.2.6 Düngung mit anderen Mineralstoffen

Natrium

Die Notwendigkeit des Natriums für den Pflanzenertrag ist nur für wenige Familien und Gattungen nachgewiesen worden. Dagegen ist es für alle Säugetiere lebensnotwendig. So wird die Frage diskutiert, ob das Natrium dem Tier auf dem Wege der Düngung oder der Fütterung, also indirekt oder direkt, zur Verfügung gestellt werden soll. Die Frage wäre einfacher zu beantworten, wenn die Erhöhung des Na-Gehaltes in der Pflanzensubstanz durch Na-Düngung in jedem Futterbestand mit Sicherheit zu erreichen wäre. Das trifft jedoch nicht zu, weil der Grad der möglichen Anreicherung von der Pflanzenart und von dem Verhältnis der Kationen in der Bodenlösung abhängig ist. So wird die Na-Aufnahme durch zunehmende K- und Ca-Gehalte des Bodens erschwert, u. U. fast ganz verhindert. Hierüber liegen eindeutige Ergebnisse aus K-Steigerungsversuchen vor.

Wenn man die ertragssteigernde Wirkung des Kaliums ausschöpfen will bzw. wenn hohe K-Werte im Boden vorliegen, dann kann eine Na-Düngung nur zu einer befriedigenden Na-Anreicherung führen, wenn Pflanzenarten vorherrschen, die aufgrund ihrer Herkunft und ihrer physiologischen Eigenarten hohe Salzgehalte im Boden und in der Düngung tolerieren oder zu ihrem Gedeihen benötigen. Das trifft in erster Linie für das Deutsche und Welsche Weidelgras zu, in geringerem Maße für Knaulgras, Weißklee und Löwenzahn. Eine befriedigende Anreicherung mit mäßigem Aufwand (50 kg Na_2O/ha) auf 0,4% i. TS haben wir in unseren Versuchen nur bei einem Anteil von 60% *Lolium perenne* erreicht. Ohne Na-Düngung stellten wir bei etwa gleichem Loliumanteil gerade noch ausreichende Werte von 0,15 bis 0,22% Na i. TS fest.

Da die übrigen Arten, insbesondere die oben nicht erwähnten, geringere Gehalte aufweisen und meistens mit höheren Anteilen vertreten sind als *Lolium perenne*, muß wesentlich mehr mit Natrium gedüngt werden, wenn man eine Anreicherung erzielen will. So fand Ernst (1978) in drei Versuchsjahren nur eine Erhöhung des Na-Gehaltes durch 200 kg Na_2O/ha und Jahr auf 0,093% Na im Vergleich zu 0,059% ohne Na-Düngung; Pflanzenarten, die gut auf Na-Düngung ansprechen, waren jedoch nur mit etwa 25% am Bestand beteiligt.

Der Erfolg einer Na-Düngung ist demnach auf weidelgrasreichen Narben gewährleistet, auf anderen Beständen dagegen ist sie weder sicher noch nachhaltig. Die Nachhaltigkeit wird auch beeinträchtigt durch die große **Beweglichkeit des Natriums** im Boden. Schon nach zwei Versuchsjahren fand Ernst (1978) nach einer Düngung mit 200 kg Na_2O/ha und Jahr eine starke Einwaschung von 0 bis 5 in 5 bis 10 bzw. 10 bis 15 cm Bodentiefe (13,7; 15,1 bzw. 15,6 mg Na/100 g Boden). Ohne Na-Düngung lauteten die Werte: 5,2; 4,2 bzw. 4,5 mg Na/100 g Boden. Dabei fielen in den drei Versuchsjahren von April bis September nur 260, 420 bzw. 390 mm Niederschlag, während man im oberbayerischen und schwäbischen Grünlandgürtel im Sommerhalbjahr mit 800 mm rechnen muß. Das bedeutet je nach Bodenart und Krumentiefe noch höhere Ein- bzw. Auswaschungsverluste.

In verschiedenen Beobachtungen und Untersuchungen wurde eine erhöhte Futteraufnahme von Milchkühen nach Na-Düngung auf der Weide festgestellt (Finger und Werk, Ernst, Würtele). Ernst (1978) berichtet in seiner Dissertation über eine Steigerung des Futterverzehrs durch Erhöhung des Na-Gehaltes und Verminderung des Queckenanteils im Weidefutter. Es stellt sich lediglich die Frage, ob dieser Effekt auch eintritt, wenn die Na-Versorgung auf anderem Wege – durch hohe natürliche Na-Gehalte oder durch Beifütterung – optimal gewährleistet ist.

Abschließend ist zur Na-Düngung zu sagen, daß sie voll gerechtfertigt ist, wenn sie die Na-Gehalte sicher erhöht. Auf weidelgrasreichen Narben genügen dazu 50 bis 100 kg Na_2O/ha und Jahr. Dort, wo die Wirkung nicht sicher ist, kann die Anwendung Na-haltiger Handelsdünger dennoch zweckmäßig sein, wenn das Natrium als Beistoff kostengünstig mitgeliefert wird. In solchen Fällen darf aber auf Beifütterung von Viehsalz in irgendeiner Form nicht verzichtet werden.

Magnesium

Das Magnesium hat seine größte Bedeutung für die Pflanze als Baustein des Chlorophylls, wenn auch dessen Anteil am Gesamt Mg-Gehalt nur bis zu 20% ausmacht. Da der Mg-Düngung früher wenig Aufmerksamkeit geschenkt wurde, wird häufig Mg-Mangel im Boden festgestellt. Das betrifft in erster Linie leichte Sandböden, aber auch in zunehmendem Umfang schwere Böden. Der natürliche Mg-Gehalt des Bodens hängt zwar entscheidend vom Mg-Gehalt des bodenbildenden Gesteins ab; dennoch kann die Krume eines von Natur aus Mg-reichen Bodens an Mg verarmt sein.

Tab. 120. Gehaltsklassen der Mg-Werte für Grünland und entsprechende Richtzahlen für die Mg-Düngung (Faustzahlen 1980)

Gehalts-klassen	alle Bodenarten BR Nord	/BR Süd mg Mg/100 g Boden	Düngung kg MgO/ha
A niedrig	< 6	< 11	150–200
B mittel	6–10	11–20	60–100
C hoch	> 10	21–30	0– 50*
D sehr hoch		> 30	0

* Mg-Düngung nur bei sehr weitem K_2O:Mg-Verhältnis im Boden

Der **Entzug** eines Grünlandertrages von 125 dt TS/ha beträgt etwa 25 bis 40 kg MgO/ha bei guter Mg-Versorgung. Die **Auswaschung** liegt je nach Bodenart und Bodenvorrat in der gleichen Größenordnung, kann aber nach verschiedenen Arbeiten noch höhere Werte erreichen; die Mg-Auswaschung ist wesentlich geringer als die von Kalk, aber deutlich höher als die von Kali.
Durch Mg-Düngung kann eine **Anreicherung** im Boden erzielt werden. Die Grenzwerte sind mit den Düngungsempfehlungen in Tab. 120 angegeben; sie bezeichnen das leichtlösliche, weitgehend pflanzenverfügbare, mit der $CaCl_2$-Methode ermittelte Magnesium.

Ertragssteigerungen auf Grünland durch Mg-Düngung werden sehr selten beobachtet, am ehesten auf leichten, sauren Böden. So wurde der Ertrag verschiedener Gräser durch 50 kg MgO/ha um 10 % erhöht; in der Tschechoslowakei wurden auf Wiesen Mehrerträge von 17 dt/ha gefunden, wenn der Gehalt des Bodens an pflanzenverfügbarem Magnesium unter 4,8 mg/100 g lag. In anderen Versuchen trat eine Mg-Wirkung bei 2 bis 3 mg Mg/100 g Boden ein, während auf einem Lehmboden mit 8 mg Mg/100 g keine Wirkung erzielt wurde. Ertragssteigerungen durch Mg-Düngung werden also Ausnahmen bleiben.

Magnesium wird in erster Linie gedüngt, um einem Mg-Mangel in der Fütterung und damit der Weidetetanie vorzubeugen. Wenn auch der Mg-Gehalt des Weidefutters durch Mg-Düngung meistens verbessert werden konnte, so ist die Wirkung doch nicht in jedem Fall sicher. Besonders in der ersten Nutzung werden die erforderlichen Mindestgehalte von 0,20 bis 0,25 % Mg i. TS häufig unterschritten. Das ist gerade in jungem Weidefutter gefährlich, weil das Magnesium infolge gleichzeitig hoher Protein- und K-Gehalte vom Tier schlechter verwertet wird als in älterem. Deswegen wird für Milchkühe ein Mindestgehalt von 0,25 % Mg gefordert. Auch in Versuchen von WASSHAUSEN und MÜLLER (1978) waren aufgrund niedriger Mg-Gehalte im Frühjahr die Jahresschwankungen meistens größer als die düngungsbedingte Beeinflussung des Mg-Gehaltes. Daher halten sie eine Zufütterung Mg-haltiger (und Na-haltiger) Mineralstoffgemische für erforderlich.

Die Mg-Aufnahme durch die Pflanze wird durch die Konkurrenz anderer Kationen behindert, zumal die Mg-Konzentration in der Bodenlösung meist geringer ist. Am stärksten behindern hohe Gehalte an H- und K-Ionen die Mg-Aufnahme. Das kann sogar geschehen, wenn reichlich Magnesium in der Bodenlösung vorhanden ist. Auch die NH_4-Konkurrenz kann eine Rolle spielen. Wenn man diese Zusammenhänge kennt und berücksichtigt, kann man sehr wohl abschätzen, ob mit einer Mg-Anreicherung durch Düngung zu rechnen ist oder nicht. Gegebenenfalls müssen durch Aufkalkung, Einschränkung der Kalidüngung oder Wechsel der N-Form die Voraussetzungen für eine Verbesserung der Mg-Wirkung geschaffen werden.

Für die Düngung stehen reine Mg-Dünger oder Mg-haltige Kalk-, Stickstoff-, Phosphor-, Kali- und Mehrnährstoffdünger zur Verfügung. Die Auswahl wird vom Düngungssystem des Betriebes und von der Preiswürdigkeit abhängig sein.

Schwefel

Nach SAALBACH (1970) liegt der durchschnittliche Schwefelgehalt von einigen Futterpflanzen in der Größenordnung von 0,22 bis 0,28 % S i. TS. Die Schwankungsbreite ist aber gerade in Futterpflanzen erheblich:

% S i. TS	von	bis	Mittel
Weide	0,20	0,35	0,26
Feldgras	0,10	0,35	0,22
Rotklee	0,21	0,33	0,28

Die Entzüge betragen in Abhängigkeit vom S-Gehalt und von der Ertragshöhe etwa 10 bis 35 kg S je ha. Aus diesen Zahlen kann man nur den ungefähren S-Bedarf ableiten, da er nicht mit dem Entzug übereinstimmen muß.

Ein besseres Maß für den Schwefelbedarf ist das **N : S-Verhältnis** in der Pflanze. Es sollte nach Ansicht verschiedener Autoren nicht weiter als 15 : 1 sein. Ist es weiter, dann kann Schwefel zum begrenzenden Wachstumsfaktor werden. Für Futterpflanzen kommt hinzu, daß ein Verhältnis von 15 bis 20 : 1 auch für den Wiederkäuer optimal ist.

Gewisse Anhalte für den S-Bedarf bietet die **S-Konzentration in der TS.** Im Deutschen Weidelgras scheint eine Konzentration von 0,25% i. TS für Höchsterträge ausreichend zu sein, davon 0,1% in Form von SO_4-S. Bedeutend höhere Konzentrationen sind offenbar für Höchsterträge mancher Kruziferen erforderlich. Dagegen lassen sich aus der Bodenuntersuchung kaum Hinweise auf die S-Versorgung bzw. den S-Bedarf der Pflanzen ableiten.

Die höheren Pflanzen sind auf die Sulfatform angewiesen. Normalerweise ist eine Schwefeldüngung nicht notwendig, wenn S-haltige Handelsdünger angewandt werden, z. B. Schwefelsaures Ammoniak (24% S), Kalimagnesia (18% S), Ammonsulfatsalpeter (15% S), Superphosphat (12% S), Stickstoffmagnesia mit Cu (14% S), Kainit (4,8% S) und verschiedene Mehrnährstoffdünger (4 bis 9% S). Auch aus organischen Dungstoffen können erhebliche S-Mengen freigesetzt werden. Schließlich sind noch die beträchtlichen Schwefelmengen in Rechnung zu stellen, die in Form von Immissionen bei der Verbrennung von Kohle, Gas und Treibstoffen auf Boden und Pflanzen gelangen; sie können im Übermaß und als SO_2- bzw. SO_3-haltige Abgase pflanzenschädlich werden, einen S-Mangel von Gräsern nach Versuchen in Hurley dagegen mildern.

Grünland und Futterpflanzen benötigen am ehesten dann eine zusätzliche Schwefeldüngung, wenn keine S-haltigen Handelsdünger angewandt werden und wenn die Flächen außerhalb von Ballungs- und Industriegebieten liegen. So konnte Saalbach (1970) außerhalb solcher Gebiete erhebliche Ertragssteigerungen an Kruziferen, aber auch an einem Feldgrasbestand, durch Anwendung von Ammonsulfatsalpeter im Vergleich zu nahezu S-freiem Kalkammonsalpeter feststellen.

Die S-Wirkung war auf Standorten mit höherem Ertragsniveau deutlicher, woraus geschlossen wird, daß der Schwefel mit steigenden Erträgen leicht zum Minimumfaktor werden kann. Zur Behebung solcher Mängel wird es aber in allen Fällen genügen, statt schwefelfreier und nur hochprozentiger Mineraldünger ein Düngemittel mit höherem S-Gehalt zu verwenden.

2.5.2.7 Düngung mit Spurenelementen

2.5.2.7.1 Allgemeines

Unter essentiellen Spurenelementen versteht man solche, die in Organismen (Pflanze, Tier, Mensch) schon in sehr geringer Konzentration lebenswichtige Funktionen ausüben und für das normale Gedeihen unentbehrlich sind.

Für die Pflanze sind essentiell: Eisen, Mangan. Kupfer, Zink, Molybdän und Bor; für das Tier alle vorgenannten außer Bor, aber zusätzlich: Jod, Kobalt, Selen, Chrom, Zinn, Vanadin, Fluor, Silicium, Nickel, Arsen und Blei. Außer diesen kommen weitere Spurenelemente im Tierkörper vor, von denen bisher keine physiologischen Funktionen bekannt sind (Kirchgessner 1982).

Tab. 121. Erwünschte Spurenelementgehalte in Futterpflanzen (ppm i. TS), nach verschiedenen Autoren

Fe	Mn	Cu	Zn	Mo	Co	J	Se	B
Zur Bedarfsdeckung[1] der Rinder								
50–60	50–60	10–12	30–50	0,1–0,2	0,1	0,3	0,1	–
Ertrags-Grenzwert[2] für Gräser bei Blühbeginn								
50–60	40–50	5–10	20–50	0,3–0,5	–	–	–	5–6
Kritische Gehalte[3] in der Weidereife								
60	30	5	13	0,2	Deutsches Weidelgras			
60	30	5	13	0,1	Weißklee			

[1] die Gehalte gewährleisten bei normaler Futteraufnahme eine ausreichende Versorgung
[2] für Höchsterträge erforderliche Mindestgehalte
[3] Gehalte, bei denen 90% des Höchstertrages erzielt werden

In Tab. 121 sind die Elemente aufgeführt, die für die Futterpflanzen und Rinder lebensnotwendig sind. Die angegebenen Bedarfsnormen und Grenzwerte verschiedener Autoren sind nicht ganz einheitlich, stimmen jedoch in den Größenordnungen gut überein. Die für das Gedeihen der Futterpflanzen notwendige Konzentration in der Trockensubstanz deckt sich für einige Elemente nicht mit der Konzentration, die für das Tier erforderlich ist. Diese Abweichungen sind bei den Überlegungen zur Düngung bzw. Beifütterung von Spurenelementen zu berücksichtigen.

Die in der Tab. 121 nicht enthaltenen essentiellen Spurenelemente sind im Kreislauf Boden-Pflanze-Tier stets ausreichend vorhanden.

2.5.2.7.2 Zur Feststellung des Bedarfs

Der Bedarf ist durch Bodenanalysen allein noch weniger zuverlässig zu beurteilen als bei den Mengenelementen, weil die Verfügbarkeit der Spurenelemente u. a. stark von der Witterung und vom wechselnden Bodenzustand abhängig ist. Nur für Cu und Co gibt die Bodenuntersuchung

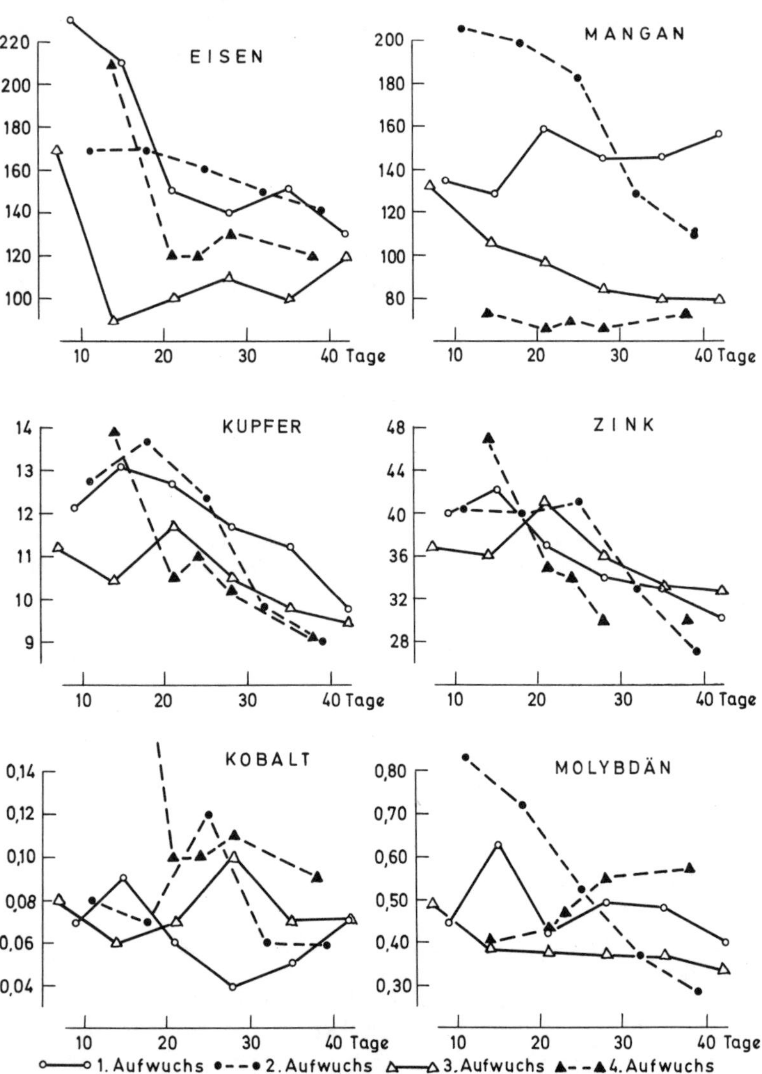

Abb. 38. Spurenelementgehalte von Weidelgras (mg/kg TS) im Verlauf des Wachstums und der Vegetationsperiode. Weidelgras-Weißklee-Weide auf Mineralboden (KIRCHGESSNER et al. 1971).

gewisse Hinweise auf den Versorgungsgrad der Pflanze.

Da die einwirkenden Faktoren weitgehend bekannt sind, wurde in der DDR ein **EDV-Programm** aufgestellt, um den Spurenelementbedarf bestimmter Grünlandflächen abzuschätzen. Diese Methode brachte in über 80% von 82 Testflächen zutreffende Ergebnisse. Sonst ist man auf die **Pflanzenanalyse** angewiesen, die genauer erkennen läßt, ob die gewünschte Konzentration erreicht wurde. Entscheidend für den Erfolg der Pflanzenanalyse ist die Gewinnung einer repräsentativen Probe im Stadium der Nutzungsreife. Die Beurteilung der Ergebnisse kann erschwert werden durch wechselnde Gräser-Leguminosen-Kräuter- bzw. Blatt-Stengel-Verhältnisse, durch Unterschiede im physiologischen Alter und durch kurzfristig wirksame Witterungseinflüsse.

Es gelten folgende Gesetzmäßigkeiten:

1. Leguminosen und Kräuter haben, mit Ausnahme des Mn, höhere Spurenelementgehalte als die Gräser.
2. Die Blätter sind reicher an Spurenelementen als die Stengel.
3. Mit der physiologischen Alterung aller Pflanzenarten innerhalb eines Aufwuchses nehmen die Gehalte ab. Die Ursache liegt im Verdünnungseffekt und in der Zunahme des Stengelanteils.
4. Mit fortschreitender Vegetationszeit nehmen die Spurenelementgehalte besonders dann zu, wenn der Klee- und Kräuteranteil zunimmt und wenn in der Gruppe der Gräser der Blattanteil ansteigt; beides ist in den Sommermonaten häufig der Fall.

Diese Gesetzmäßigkeiten können durch witterungsbedingte Gehaltsänderungen in der Pflanze gestört werden, ebenso durch kurzfristige Zustandsänderungen des Bodens (Vernässung, Verdichtung, Erwärmung, Auflockerung), die die Verfügbarkeit der Spurenelemente verbessern oder herabsetzen.

Derartige Einflüsse sind an den Kurven in Abb. 38 auf den ersten Blick erkennbar. Eigentlich müßten alle Werte mit der Alterung des Futters abnehmen, während die Kurven für die vier Aufwüchse mehr oder weniger parallel übereinander verlaufen müßten mit den höchsten Gehalten im vierten Aufwuchs. Beides trifft jedoch nicht zu.

Außerdem sind zahlreiche Synergismen und Antagonismen zwischen Mengen- und Spurenelementen sowie innerhalb der Gruppe der Spurenelemente bei der Aufnahme durch die Pflanzen bekannt, deren Ausmaß nur schwer zu quantifizieren ist. Einen Eindruck von den möglichen Wechselbeziehungen vermitteln die Abb. 39 und 40, die sozusagen das Fazit eines intensiven

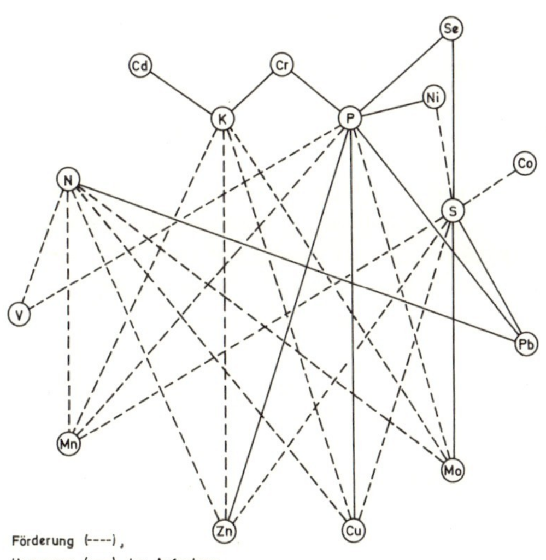

Abb. 39. Wechselwirkungen zwischen Mengen- und Spurenelementen bei der Aufnahme durch Kulturpflanzen; überwiegend Gramineen, Leguminosen und Cruciferen (Nach etwa 150 Literaturangaben aus den Jahren 1969–1977; CHÉTELAT 1978).

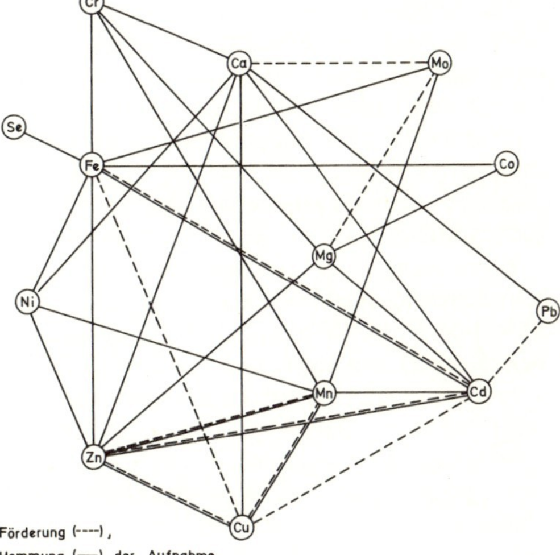

Abb. 40. Wechselwirkungen zwischen Ca, Mg und Spurenelementen bei der Aufnahme durch Kulturpflanzen; überwiegend Gramineen, Leguminosen und Cruciferen (nach etwa 150 Literaturangaben aus den Jahren 1969–1977; CHÉTELAT 1978).

Studiums der neueren Literatur darstellen. Eine planmäßig kalkulierte Düngung mit Spurenelementen ist demnach viel schwieriger als mit den Hauptnährstoffen, zumal nur sehr geringe Mengen angewandt werden können.

2.5.2.7.3 Spurenelemente – düngen oder füttern?

Die Düngung sollte zuerst darauf abgestellt sein, eindeutig erkannte Mängel zu beseitigen, die den Ertrag begrenzen. Eine darüber hinausgehende Düngung zur Anreicherung des betreffenden Elements ggf. bis auf ein tierphysiologisch erwünschtes Niveau ist nicht generell zu empfehlen, weil

- unerwünschte Antagonismen ausgelöst werden können
- schädliche Wirkungen möglich sind
- die gedüngten Spurennährstoffe leicht durch Festlegung inaktiviert werden können.

Wo eine Anreicherung durch Düngung unsicher erscheint, ist Beifütterung einer Mineralstoffmischung mit Spurenelementen angebracht, die genau dosiert werden kann und bei höheren Leistungen ohnehin erforderlich ist.

2.5.2.7.4 Essentielle Spurenelemente in Futterpflanzen

Kupfer

Der **Kupfergehalt** des Grünlandaufwuchses sollte 8 bis 10 ppm in der Gras-TS erreichen. Bei normaler Ausnutzung des Futter-Kupfers enthält dann das Blut einer Milchkuh die notwendige Menge von 1 ppm Cu (Finck 1979). Die Cu-Aufnahme der Tiere hängt stark vom Ca-Gehalt des Futters ab, der nicht über 0,8% i. TS liegen sollte, ebenso vom Mo-Gehalt, der unter 3 ppm bleiben sollte.

Kupfermangel tritt meistens auf sorptionsschwachen, leichten Böden, auf humosen und auf Moorböden auf. Es kann jedoch bei angemessenem Kupferstatus im Boden zu einer Unterversorgung der Tiere (Hypocupraemie) kommen, wenn bestimmte Begleitfaktoren mitwirken.

So können Überangebote an Mo, S, Zn, Pb, Fe und Cd die Absorption, Ausnutzung und Speicherung von Cu im Tierkörper stören.

Der Gesamt-Cu-Gehalt der meisten Böden ist von Natur aus sehr gering (5 bis 100 ppm). Mineralböden enthalten etwa 20 bis 60 ppm Cu, meistens in anorganischer Bindung. In humusreichen Böden überwiegen Cu-Chelate, der Gesamtgehalt ist geringer, die Cu-Verfügbarkeit eingeschränkt.

Tab. 122. Cu-Gehalte (ppm i. TS) im Mähweidefutter in Abhängigkeit von der Düngung mit 1330 g Cu/ha/Jahr in Form eines Mehrnährstoffdüngers im Vergleich zu Cu-freier NPK-Düngung

Düngung	1969	1970	1971	1972	1973
Dorfacker					
ohne Cu	11,2	15,5	11,2	13,2	11,1
mit Cu	11,2	15,0	13,1	13,8	12,0
Spitalhof					
ohne Cu	–	15,5	12,3	13,0	12,2
mit Cu	–	15,5	13,1	14,3	12,4

Ein Kupfermangel kann durch Düngung behoben werden, wie von einer Reihe von Autoren berichtet wird. In Holland wird empfohlen, bei Cu-Mangel auf Milchviehweiden 2,5 kg Kupfersulfat pro ha zu spritzen. Kick stellte in einem Wiesenversuch auf Lehmboden eine Steigerung des Cu-Gehaltes von 10 auf 12 ppm i. TS durch 2 kg Cu/ha in fester Form fest, Kirchgessner auf einer Mähweide eine Steigerung von 13 auf 19 ppm Cu durch 10 kg Cu/ha.

Die Wirkung einer Kupfersulfatdüngung auf den Cu-Gehalt des Futters von grasreichen Beständen ist häufig unbefriedigend. Dagegen reagieren Kleearten mit deutlich höheren Gehalten auf die Cu-Düngung.

Wir fanden auf zwei Standorten (Mineralboden), daß mit 1330 g Cu/ha · Jahr der Cu-Gehalt des Futters gesteigert wurde, allerdings erst zwei bis drei Jahre nach der ersten Anwendung (Tab. 122).

Vetter et al. (1970) erreichten in Nordwestdeutschland auf vier Standorten (Marsch, lehmiger Sand, humoser Sand, Sand) im Mittel von 20 Versuchsjahren folgende Gehaltssteigerungen (mg/kg TS) durch Cu-Düngung:

	100 kg N	150–200 kg N/ha
ohne Cu	7,9	8,6
mit 2 kg Cu/ha	11,7	n. b.
mit 3–4 kg Cu/ha	n. b.	13,4

Archer (1970) stellte nach einmaliger Anwendung von 11,2 kg Cu/ha auf Moorboden nur im ersten Jahr eine signifikante Erhöhung des Cu-Gehaltes in einem Kleegrasgemisch fest (Tab. 123).

Tab. 123. Wirkung von 44 kg $CuSO_4 \cdot 5H_2O$ (11,2 kg Cu) je ha auf den Cu-Gehalt von Kleegras (Mittel aus 3 Schnitten)

Jahr	ohne Cu	mit Cu	Steigerung %
	Cu (ppm)		
1	3,6	5,7	60
2	5,5	6,3	14
3	5,2	6,3	21
4	6,8	7,7	13
5	5,8	6,0	3

Diese kurzfristige Wirkung einer Kupferdüngung kommt auch in einer Empfehlung von OOSTENDORP (1974) zum Ausdruck, der bei akutem Cu-Mangel eine Kopfdüngung mit 2,5 kg Kupfersulfat (0,6 kg Cu) je ha alle zwei bis drei Wochen auf Jungviehweiden anrät, der aber vor den Gefahren dieser Düngergaben für Schafe, Pferde und Milchkühe warnt.

Über die ertragsbeeinflussende Wirkung einer Cu-Düngung liegen keine neueren Ergebnisse vor. Es ist jedoch anzunehmen, daß der Ertrag durch extremen Cu-Mangel begrenzt werden kann, wenn dieser nach RADEMACHER ein Überhandnehmen minderwertiger Gräser, besonders von *Holcus lanatus*, bewirkt und wenn bei erkrankten Gräsern Spitzendürre, Blattflecken und Weißährigkeit auftreten. Solche Erscheinungen sind aber nach KLAPP (1971) in Mischgrasnarben kaum einmal zu beobachten. Echter Cu-Mangel ist fast ausschließlich auf rohhumusreiche, podsolige Heide- und Heidemoorböden beschränkt.

Häufiger als absoluter Mangel kommt es vor, daß die Cu-Aufnahme durch zu hohe Ca-, S-, P- und Mo-Gehalte im Boden, durch Störungen des Basen-Säure-Verhältnisses oder durch Festlegung in organischen Böden erschwert wird. In gleicher Richtung wirken hohe pH-Werte und Bodenaustrocknung, während die Cu-Mobilität durch Bodenfeuchte aus Grundwasser und Niederschlägen erhöht wird. PK-Düngung beeinflußt den Cu-Gehalt der TS wenig; er wird aber bisweilen durch N-Düngung angehoben, wie in Schnittversuchen nachgewiesen wurde. Eine Erhöhung des Cu-Gehaltes durch N-Düngung wurde aber nur auf den Parzellen festgestellt, die eine Cu-Düngung erhalten hatten; dagegen bewirkte die N-Düngung auf den Cu-ungedüngten eine Senkung der Cu-Gehalte (Verdünnungseffekt).

Eine Cu-Düngung ist nur bei echtem Mangel erforderlich und bei stark erschwerter Aufnahme, die durch Pflanzenanalyse nachweisbar ist; jedes Übermaß ist schädlich für Pflanze und Tier. Außer Kupfersulfat sind Kupferschlackenmehle (2 bis 5 kg Cu/ha) im Abstand von zwei bis drei Jahren für die Beseitigung des Cu-Mangels geeignet. VETTER (1970) empfiehlt bei starkem Mangel 4 bis 8 Cu/ha, bei mittlerer Versorgung 1 bis 2 kg. Dazu gibt er eine Reihe von Cu-, Cu-Co-, Cu-Co-Zn- und Cu-Zn-Mg-Düngern mit ihren Nährstoffgehalten an. Eine schnelle Wirkung wird mit Spritzung einer $CuSO_4 \cdot 5H_2O$-Lösung erzielt.

Mangan

Manganmangel kommt auf Grünland ebenfalls selten vor. Dennoch kann der Gehalt im Futter unbefriedigend sein, wenn mit steigendem pH-Wert des Bodens oder im Zusammenhang mit einer Kalkung die Mn-Aufnahme gehemmt ist. Das gilt auch für Ca-reiche Humusböden, z. B. aus Niedermoor, die einen hohen Kalkgehalt und einen natürlichen pH-Wert um 7 haben können. Die günstigste Bodenreaktion für die Mn-Verfügbarkeit liegt aber um pH 5. Das Mangan liegt im Boden in zwei-, drei- und vierwertiger Form vor. Pflanzenverfügbar ist nur das zweiwertige Mn und das leicht zu Mn^{2+} reduzierbare höherwertige Mn. Je niedriger der pH-Wert, je ungünstiger die Durchlüftung, desto niedriger ist auch das Redoxpotential des Bodens, so daß viel Mn in pflanzenverfügbarer Form vorliegt.

Reduzierende Verhältnisse im Boden, z. B. bei Staunässe, starke Versauerung und K-Mangel können die **Mn-Verfügbarkeit** so stark erhöhen, daß Schäden an den Kleearten entstehen. Gräser sind offenbar weniger gefährdet. Sie haben einen höheren arttypischen Mn-Gehalt und einen höheren Bedarf an Mn als Kräuter und Leguminosen; Mn ist in dieser Hinsicht eine Ausnahme unter den Spurenelementen. Offenbar leiden die einzel-

Tab. 124. Wirkung von Kalkammonsalpeter (KAS) und Ammonsulfatsalpeter (ASS) auf die Mn-Gehalte von Mähweidefutter auf Mineralboden in der Weidereife (ppm i. TS)

Düngung	Dorfacker (ppm Mn)	(n = 23) s %	Spitalhof (ppm Mn)	(n = 19) s %
PK + KAS	105	21,8	152	19,2
PK + ASS	167	21,8	234	23,3

nen Gräser in unterschiedlicher Weise unter Mn-Mangel. Als empfindlich gelten *Alopecurus pratensis* und *Arrhenatherum elatius*, als weniger anfällig *Dactylis glomerata, Festuca rubra* und *Lolium perenne*. Pflanzen auf Mn-Mangelstandorten weisen bräunliche Spitzen und schmutzig verfärbte Blattspreiten auf.

Die Düngung kann sich in den meisten Fällen auf die Anwendung physiologisch saurer Düngemittel zur Behebung eines Mn-Mangels beschränken. Ein Beispiel enthält Tab. 124.

Obgleich auf beiden Standorten kein Mangel vorlag, wurde der Mn-Gehalt um 50 bis 60% gesteigert.

Wenn diese Maßnahmen nicht ausreichen, um den geforderten Mindestgehalt von 40 bis 50 ppm in der TS zu erreichen, dann sind Mn-haltige Düngemittel anzuwenden. Neben Mangansulfat – je nach Mangelsituation 5 bis 50 kg/ha – kommen Mehrnährstoffdünger mit Spurenelementen, Thomasphosphat, Hüttenkalk, Mangansuperphosphat und andere in Frage. Wo eine Immobilisierung des gedüngten Mn zu befürchten ist, kann eine Spritzung mit Mangansulfat (0,5 bis 1%ige Lösung in 500 bis 800 l/ha) sinnvoll sein, wie aus der DDR mitgeteilt wird, oder mit einer Lösung von 1,5 prozentigem $MnSO_4 \cdot 5H_2O$ bzw. mit Mn-Chelaten.

Zink

Die **Zn-Konzentrationen,** die eine ausreichende Versorgung der Futterpflanzen anzeigen, liegen deutlich unter denen, die im Hinblick auf die Fütterung erwünscht sind. Während für die meisten Pflanzen Zn-Werte von 15 bis 25 ppm i. TS keinen Mangel bedeuten, sind für Milchkühe etwa 30 (Erhaltung) bis 50 ppm i. TS (Erhaltung + 20 kg Tagesmilch) erforderlich.

Bei **Zinkmangel** tritt Chlorose zuerst an den jungen Blättern auf. Die Mangelsymptome werden durch starke Sonneneinstrahlung und Überkalkung begünstigt. Zinkmangel wird häufig auf Böden angetroffen, die reich an Phosphat sind, oder er tritt nach Verabreichung hoher Phosphatgaben verstärkt in Erscheinung, wobei Bodenart, Bodenreaktion und Art des P-Düngers modifizierend mitwirken. Bei hohem P-Gehalt der Pflanze können bei normalen Zn-Gehalten schon Zn-Mangelsymptome auftreten. Das bedeutet, daß das **P- : Zn-Verhältnis** entscheidend ist; je höher der P-Gehalt, desto höher ist auch der Zinkbedarf der Pflanze. Dennoch können die für das Pflanzenwachstum erforderlichen Zn-Mengen auch bei hohem P-Angebot in den meisten Fällen von den Grünlandpflanzen aufgenommen werden. Da der Zn-Bedarf von Art zu Art verschieden groß ist, ist in einem Mischbestand damit zu rechnen, daß die Mangelsituation einzelner Arten im Ertrag und qualitativ nicht in Erscheinung tritt.

Dagegen werden die für das Tier notwendigen Zn-Gehalte des Futters sehr häufig nicht erreicht. Da der Zn-Mangel oft nicht durch zu geringe Zn-Gehalte im Boden verursacht wird, sondern durch Festlegung oder Behinderung der Zn-Aufnahme, genügen meistens Umstellungen in den normalen Düngungsmaßnahmen; dazu gehören

- Anwendung physiologisch sauer wirkender Düngemittel
- Einschränkung nicht mehr ertragswirksamer P-Düngung
- Auswahl Zn-reicher NPKCa- und Mehrnährstoffdünger, z. B. Thomas-Mischdünger, Hüttenkalk, Magnesiamergel.

Zusätzlich können im Bedarfsfall angewendet werden

- als Bodendünger 3 bis 5 kg Zn/ha in Form von Zn-Sulfat
- als Blattdünger zur schnellen Zn-Anreicherung 2,5 bis 10 kg $ZnSO_4 \cdot 7H_2O$/ha oder Zn-Chelate.

Molybdän

Mo wird von der Pflanze in wesentlich geringerer Menge als Bor, Mangan, Kupfer und Zink benötigt. Zuerst wurde seine Bedeutung für einige Stickstoff-bindende Organismen nachgewiesen und bald danach auch seine Notwendigkeit für den Stickstoffhaushalt verschiedener Leguminosen bestätigt.

Besonderes Interesse fand das Molybdän, nachdem es durch Mo-Düngung gelungen war, in Australien ausgedehnte Ödlandflächen in fruchtbares Weideland umzuwandeln. Weitere Mangelgebiete wurden u. a. in Neuseeland, den USA, in Afrika und England beobachtet.

Mo ist in neutralen bis basischen Böden – als einziges bisher bekanntes essentielles Spurenelement – besser verfügbar als in sauren. Der Mo-Gehalt der meisten Böden schwankt zwischen 0,3 und 5 ppm. Optimal sind 1 bis 2 ppm; bis 220 ppm kamen vor mit entsprechenden Erkrankungen des Weideviehs. Böden mit weniger als 0,7 ppm Mo werden als Mangelböden eingestuft.

Bestimmte Bodenarten und Bodentypen sind durch **Mo-Mangel** gefährdet. Dazu zählen Lateritböden, Gleyböden in Podsolgebieten, saure Böden mit hohem Mangangehalt, Hochmoorböden, anmoorige und saure Sandböden, degenerierte Löß- und Muschelkalkwitterungsböden.

Die **Mo-Gehalte** in Futterpflanzen schwanken normalerweise zwischen 0,5 und 5,0 ppm. Aber in Heuproben wurden bis 18 ppm und in Leguminosen auf Mo-reichen Böden bis 160 ppm festgestellt. In Mangelpflanzen werden 0,02 bis 0,2 ppm Mo i. TS gefunden. Der Bedarf der Pflanzen ist bei einer Konzentration von etwa 1 ppm Mo i. TS gedeckt. Gräser stellen geringere, Leguminosen höhere Ansprüche an die Mo-Versorgung. Mängel sind daher gelegentlich an Kleearten und Luzerne aufgetreten und nur unter extremen Bedingungen an *Phleum pratense* und anderen Gräsern. Hier zeigten sich Symptome, die an N-Mangel erinnern, an *Lolium perenne* und *L. multiflorum*, *Phleum pratense*, *Dactylis glomerata* und *Phalaris tuberosa*.* Die Mo-Gehalte in Futterpflanzen können durch Anwendung von Molybdat leicht erhöht werden, wie an Luzerne, Rotklee, Wiesenheu und Weidefutter nachgewiesen wurde. Nur ist darauf zu achten, daß sie unter 10 ppm Mo i. TS bleiben.

In vielen Versuchen wurde der Futter- und Saatgutertrag der Luzerne durch Mo-Düngung gesteigert. Nach anderen Autoren reagierten auch Markstammkohl, Rotklee und Lieschgras, in Ungarn eine Dauerweide auf alkalischem Boden positiv auf Mo-Zufuhr.

In einem Gefäßversuch reichten Gehalte von etwa 1 ppm an austauschbarem Molybdän in Böden mit pH-Werten zwischen 5,0 und 5,8 für optimale Erträge offenbar nicht aus, da die Mo-Düngung bedeutende Mehrerträge an Luzerne und Lieschgras bewirkte. Da Mo-Mangel sowohl durch Mo-Düngung als auch durch Kalkung behoben werden kann, ist von Fall zu Fall zu überlegen, welche Konsequenzen die eine oder die andere Maßnahme auf das Verhalten anderer Pflanzennährstoffe ausüben könnte.

Einige Autoren berichten über eine Steigerung des Rohproteingehalts von Luzerne und Rotklee durch Mo-Düngung auf Mangelböden.

Der Bedarf des Tieres ist bei normaler Futteraufnahme mit einer Konzentration von 0,1 ppm i. TS gedeckt. Gehalte über 5 ppm können beim Wiederkäuer Molybdenose hervorrufen und Cu-Mangel induzieren; daher steht eine Anreicherung von Mo über den Bedarf der Pflanze hinaus nicht zur Debatte. Um diesen zu sichern, ist Aufkalkung saurer Grünlandböden bis in den optimalen pH-Bereich und die Anwendung Mo-haltiger Handelsdünger meistens ausreichend. So enthalten Hüttenkalk 3 ppm, Thomasphosphat 5 ppm, Superphosphat 1 ppm und Rohphosphat 1 bis 200 ppm Mo. Für eine planmäßige Düngung müßte demnach mindestens das Rohphosphat auf Spurenelemente untersucht werden.

Auf den oben erwähnten Mo-Mangelstandorten und für leguminosenreiche Bestände könnten die bisher genannten Düngungsmaßnahmen u. U. nicht ausreichen. Dann ist eine Düngung mit Natriummolybdat oder Ammoniummolybdat zu empfehlen. Auf Grünland sollten 500 g Natriummolybdat/ha und Jahr nicht überschritten werden. Auf Weideflächen sind noch geringere Mengen in mehrjährigen Abständen angebracht.

* (siehe Knollenglanzgras)

Eisen

Der Gesamt-Fe-Gehalt der Böden liegt mit 0,5 bis 5 % im Vergleich zu anderen Spurenelementen relativ hoch. Ausgesprochen Fe-arm sind Hochmoore; in den meisten Böden ist Eisen jedoch in ausreichender Menge vorhanden. Trotzdem tritt an vielen Kulturpflanzen Eisenmangel als sogenannte Kalkchlorose auf. Neben dem Kalk und hohen pH-Werten gibt es verschiedene andere „Antagonismen“ im Boden und in der Pflanze selbst, die die Verfügbarkeit des Eisens für die Pflanze herabsetzen können. Überhöhte Gehalte an Phosphat und Kalium, aber auch Mangan, Nickel, Kupfer, Zink und Kobalt sind hier zu nennen.

Ein Teil des Eisens scheint im Boden in Form von Komplexverbindungen vorzuliegen, die für die Fe-Versorgung der Pflanzen offenbar eine größere Bedeutung haben als anorganische Eisensalze. Eisenmangel an Pflanzen ist nicht an bestimmte Bodenarten gebunden, wenn er auch auf kalkreichen Böden und leichteren Böden besonders verbreitet ist. Er kommt eben nicht nur durch Herabsetzung der Fe-Löslichkeit im Boden, sondern auch durch Inaktivierung des Eisens in der Pflanze zustande.

Unter mitteleuropäischen Verhältnissen werden Grünlandpflanzen immer den für die Fütterung erwünschten Gehalt von 50 bis 60 ppm i. TS erreichen oder sogar erheblich überschreiten. In einer großen Untersuchungsreihe schwankten die Gehalte verschiedener wildwachsender Arten zwischen 60 ppm Fe (*Arrhenatherum elatius*) und 2650 ppm Fe (*Silene nutans*). 70 % der Proben hatten einen Gehalt von 100 bis 500 ppm, die meisten Werte lagen zwischen 200 und 300 ppm. Wenn man optimale pH-Werte einhält und eine

Überdüngung mit Mengen- und Spurenelementen vermeidet, ist eine Fe-Düngung des Dauergrünlandes überflüssig. Außerdem ist eine Düngung mit Fe-Salzen, auf Grund rascher Inaktivierung im Boden oder in der Pflanze, in ihrer Wirkung sehr unsicher.

Kobalt

Co-Mangel tritt hauptsächlich auf Granit-, Sand- und Moorböden (organic soils) auf, während tonig-lehmige Böden und solche vulkanischen Ursprungs mehr Co enthalten. Podsolierung führt meistens zur Entwicklung von Co-Mangel, besonders unter Auflagehumus (A_0-Horizont).

Kobalt ist für höhere Pflanzen offenbar nicht lebensnotwendig. Dagegen sind die Knöllchenbakterien der Stickstoffsammler auf Co angewiesen. So wurde die Zahl der Wurzelknöllchen an Luzerne in ungarischen Versuchen durch eine Spritzung mit Kobaltnitrat beträchtlich erhöht.

Anders als an den Grünlandpflanzen sind an Wiederkäuern schwere Co-Mangelkrankheiten bekannt geworden, so an Jungrindern auf Schwarzwaldgranit mit biotitarmen Böden und an Schafen auf Mangelstandorten bzw. unter bestimmten Mangelbedingungen. In Mitteleuropa handelt es sich jedoch um Ausnahmefälle. Die zur Anreicherung des Bodens und des Futters erforderlichen Co-Mengen sind gering. Der Entzug einer Normalernte beträgt nur 10 bis 30 g Co/ha. Das Futter sollte etwa 0,1 ppm Co i. TS enthalten.

Der Mangel kann durch Thomasphosphat, Kupferschlackenmehle oder durch spezielle Co-Dünger behoben werden. In Großbritannien wurde in Untersuchungen an Weidelgräsern und Weidefutter der Kobaltgehalt von 0,06 bis 0,11 auf 0,19 bis 0,27 ppm durch Spritzen von 200 g Co/ha bzw. 2,2 kg Kobaltsulfat/ha gesteigert. Dabei war die Spritzung wirksamer und einfacher als die mehrmalige Zufütterung von Kobaltsulfat an die an Co-Mangel leidenden Weidelämmer. Von den meisten Autoren wird jedoch die Beifütterung der Düngung von Spurenelementen vorgezogen, soweit sie nicht für den Pflanzenertrag und für die Ausbildung anderer Qualitätskriterien, also nicht nur zur Anreicherung des betr. Elementes selbst, erforderlich ist. Kobaltmangel konnte in einem Schwarzwaldbetrieb durch exakt dosierte Co-Gaben ins Tränkwasser behoben werden.

In Irland wurde in einer Serie von dreijährigen Versuchen festgestellt, daß eine Anreicherung des Futters mit Co durch 1,32 kg Kobaltsulfat/ha am besten auf leichtem Boden möglich war, während ein hoher Mn-Gehalt des Bodens bei gleicher Düngung die Co-Aufnahme stark blockierte (Tab. 125).

Auch bei intensiver Beweidung des Grünlandes kann eine Co-Düngung nützlich sein, da Co als unersetzlicher Bestandteil des Vitamin B12 von den Knöllchenbakterien und von den Pansenmikroben des Wiederkäuers benötigt wird. Da Hochleistungskühe einen hohen Bedarf an Vitamin B12 haben, kann es vorkommen, daß die im Weidefutter enthaltenen Kobaltmengen nicht ausreichen. Sollte der Kleeanteil durch Co-Mangel beeinträchtigt werden – wofür der Nachweis fehlt – dann wäre tatsächlich eine Co-Düngung

Tab. 125. Die Wirkung einer Kobaltsulfatdüngung auf die Co-Gehalte von Weidegras (FLEMING 1977)

Bodenfaktoren	Standort A			Standort B			Standort C		
	Werte im Boden								
pH	6,7			6,4			6,5		
Co (ppm)	2,5			3,0			7,0		
Mn (ppm)	213			70			1167		
Ton (%)	11			8			24		
Org geb. C (%)	7,7			2,9			3,1		
Düngung $CoSO_4 \cdot 7H_2O$ kg/ha	ppm im Weidegras (TS)								
	Mai	Juli	Sept.	Mai	Juli	Sept.	Mai	Juli	Sept.
0	0,02	0,04	0,03	0,06	0,05	0,07	0,02	0,02	0,02
1,32	0,10	0,15	0,08	0,21	0,16	0,13	0,04	0,05	0,03

angebracht; sollte der Mangel die Tiere allein betreffen, dann ergibt sich auch hier wieder die Frage: Co – düngen oder füttern?

Wenn in Zukunft auf Grund der Energiesituation die Leguminosen auf dem Dauergrünland wieder stärker in den Vordergrund treten sollten, dann müßte wahrscheinlich auch der Co- (und Mo-)Versorgung in der angewandten Forschung mehr Beachtung geschenkt werden.

Selen

Dieses Element kann am natürlichen Standort in größeren Mengen aufgenommen werden, ohne den Pflanzen zu schaden. Dagegen können 10 ppm i. TS für das Tier bereits toxisch wirken. Mangelerscheinungen treten jedoch in den letzten Jahren wesentlich häufiger auf als gefährliche Überschüsse. So wurde Se-Mangel in Dänemark, Frankreich, Irland, Neuseeland und in den USA beobachtet.

In dänischen Untersuchungen wurde eine Selenitdüngung zu Welschem Weidelgras auf gekalktem Boden besser ausgenutzt als auf ungekalktem. Ihre Anfangswirkung war auf Sandboden größer als auf Lehmboden. In Irland wurden die Gewichtszunahmen von Lämmern durch Fütterung von monatlich 5 mg Se pro Tier während des Weideganges signifikant gesteigert. Das Gesamtgebiet war wegen niedriger Se-Gehalte bekannt, der Boden der Versuchsweiden wies mit 0,02 ppm Se ebenfalls einen deutlichen Mangel auf.

Der Gehalt des Futters für Wiederkäuer sollte zwischen 0,03 und 0,1 ppm liegen. In den USA und Neuseeland wurde einem Se-Mangel im Futter (Gräser, Futterleguminosen, Weiden) durch Düngung mit Selenit oder mit Se-haltigen Düngemitteln, z. B. Rohphosphat, begegnet. Mit 9 kg Natrium-Selenit, vor der Ansaat einer Weide gegeben, wurde der Se-Gehalt des ersten Aufwuchses von 0,01 auf 2,0 ppm erhöht und noch drei Jahre danach auf einem ausreichenden Niveau von etwa 0,05 ppm gehalten. In Dänemark erhöhte eine Selenitdüngung den Se-Gehalt des Rotklees im ersten Aufwuchs eines Gefäßversuches von weniger als 0,1 auf 1,2 ppm bei Bodenwerten von 0,13 ppm Gesamt-Se.

Während Se in sehr geringen Mengen für Säugetiere offenbar essentiell ist, können große Mengen im Futter zu akuten, geringere zu chronischen Erkrankungen führen. Die chronischen treten in zwei verschiedenen Typen auf und äußern sich im einen Fall durch Gleichgewichtsstörungen, Abmagerung und Freßunlust, im anderen durch Haarausfall, Mißbildungen an den Hufen und Klauen, aber weniger durch Abmagerung. Solche Erscheinungen können schon beim Verzehr von Gräsern und Heu mit Gehalten von 10 bis 30 ppm Se i. TS vorkommen.

Bor

Vom Bor sind keine physiologischen Funktionen im Tierkörper bekannt. Von den höheren Pflanzen haben die dikotylen offenbar einen höheren Borbedarf als die monokotylen. Unter den Futterpflanzen sind es besonders Luzerne und Inkarnatklee, aber auch Rotklee und Weißklee, die unter Bormangel leiden können. Dieser kann durch zu geringe Gehalte im Boden entstehen, aber auch durch Borfestlegung auf ausgetrockneten Alkali- und Kalkböden. Daraus ergibt sich schon, daß Bormangel auf Dauergrünland auch bei hohem Weiß- oder Rotkleeanteil selten vorkommt, wenn die optimalen pH-Werte eingehalten werden.

Mittlere Gehalte von Luzerne lagen bei 20 bis 30 ppm i. TS, in Mangelpflanzen zwischen 7 und 19 ppm. Dagegen wurden in Rüben 76 und in Löwenzahn 80 ppm i. TS gefunden. Bormangel und Borverträglichkeit liegen bei den einzelnen Arten unterschiedlich weit auseinander. So hat Luzerne einen hohen Bedarf und eine geringe Empfindlichkeit gegen Bor, während Rotklee, Inkarnatklee und Weißklee bei ebenfalls hohem Bedarf eine mittlere Empfindlichkeit aufweisen. Nach mehreren Autoren wurde ein hoher Bedarf mit 0,5 ppm B in der Bodenlösung (mittel = 0,1 bis 0,5 ppm; gering = 0,1 ppm) definiert.

Der Borbedarf kommt auch sehr deutlich im Borentzug zum Ausdruck. Nach verschiedenen Mitteilungen entzogen 80 dt Wiesenheu je ha 48 g Bor, 80 dt Kleeheu 290 g Bor und ca 80 dt Luzerneheu 500 bis 600 g Bor/ha.

Bormangel äußert sich an den Leguminosen durch Verkürzung der Internodien, verbunden mit einem besenartigen Wuchs, durch Deformierung der Blattspreiten und Verfärbungen (gelb, rot, bronze) der Sproß- und Blattspitzen. Zur Behebung von Mangelschäden auf kalkhaltigen Böden empfehlen verschiedene Autoren:

Art	Borax kg/ha	kritischer Borgehalt ppm i. TS
Luzerne	35	9–20
Inkarnatklee	30	
Rotklee	25	12
Weißklee	10	
Lupinen	5	

Auf sauren Böden reicht jedoch die Hälfte der angegebenen Mengen aus. Auf Sandböden können schon nach der Anwendung von 15 kg Borax/ha starke Ertragseinbußen von Inkarnatklee, Rotklee und Weißklee entstehen.

2.5.2.8 Düngung mit Fest- und Flüssigmist

2.5.2.8.1 Nährstoffgehalte von Stallmist, Jauche und Gülle

Nach der Ausscheidung von Kot und Harn treten bei der weiteren Behandlung durch Zusatz von Einstreu oder Wasser und bei der Lagerung Veränderungen ein, so daß Mengen und Gehalte der organischen Wirtschaftsdünger nicht mit denen von Kot und Harn übereinstimmen.

Stallmist besteht aus Kot, Einstreu und Harn, soweit er durch die festen Bestandteile des Mistes gebunden werden kann. Pro GV-Rind kann man mit etwa 100 bis 130 dt Stapelmist bzw. 140 bis 180 dt Tiefstallmist in 365 Tagen Stallhaltung rechnen. FINCK (1979) gibt für Rinder- und Schweinemist 20 bis 25% organische Substanz mit einem C/N-Verhältnis von 20 : 1 und die in Tab. 126 aufgeführten Schwankungsbereiche der Nährstoffgehalte an.

Die **Jauche** besteht aus dem mikrobiell umgesetzten Harn von Haustieren (FINCK 1979). In wechselnden Mengen können Sickersaft, Stall- und Regenwasser oder geringe Kotmengen beigemischt sein. Der Anteil des Harns an der Jauche beträgt oft nur etwa 50%. Wenn man mit 20 kg Harn pro GV-Rind und Tag rechnet, erhält man bei ganzjähriger Stallhaltung etwa 7 m^3 Harn und je nach Verdünnung mit Wasser bzw. Verbleib von Harn im Festmist entsprechende Mengen Jauche.

Tab. 126. Nährstoffgehalt von Stallmist (FINCK 1979)

Gehalte in %	Gehalte in ppm
N = 0,2 – 0,6	Mangan = 30 – 50
P = 0,04 – 0,3	Zink = 10 – 20
K = 0,1 – 0,8	Bor = 3 – 5
Ca = 0,07 – 1,0	Kupfer = 1 – 3
Mg = 0,06 – 0,3	Molybdän = 0,1 – 0,2

Die Nährstoffgehalte in der Jauche werden von AIGNER (1980)* wie folgt angegeben:

	N	P_2O_5	K_2O
Mittelwerte kg/m^3	2 (0,4 bis 4,1)	0,1 (0,03 bis 0,6)	6 (1,68 bis 11,8)
Gute Gehalte kg/m^3	4	0,1	8
Spurennährstoffe g/m^3	etwa 0,8 Mn	0,4 Cu	2,4 B

* Ruhr-Stickstoff AG, Faustzahlen

Gülle oder Flüssigmist besteht aus Kot, Harn, Einstreuresten und soviel Wasser, daß das Gemisch ohne Schwierigkeiten gepumpt und verteilt werden kann. Wasserzusatz zur N-Konservierung ist nach weitgehender Ablösung der Gülleverschlauchung durch die moderne Faßgüllerei selten geworden. Früher war die Güllebereitung aus Einstreumangel nur in reinen Grünlandbetrieben bekannt, heute ist sie aus arbeitswirtschaftlichen Gründen auch in viehhaltenden Ackerbaubetrieben weit verbreitet.

Die Düngerwirkung wird vom TS- und Nährstoffgehalt begrenzt. Die Nährstoffgehalte von Flüssigmist hängen von der Tierart, von der Intensität der Fütterung, von der Art des Futters und vom Wasseranteil ab. Diese Faktoren bestimmen auch maßgeblich den TS-Gehalt des Flüssigmistes. KORIATH et al.

Tab. 127. Durchschnittlicher Nährstoffgehalt von Rindergülle in Abhängigkeit von Alter und Nutzung, bezogen auf Gülle mit 10% TS

	N	P	K	Ca	Mg	Na
	(% im Flüssigmist)					
Jungrinder	0,35	0,12	0,28	0,19	0,06	0,06
Mastbullen	0,70	0,18	0,56	0,20	0,08	0,05
Milchkühe	0,40	0,06	0,46	0,21	0,05	0,05

Tab. 128. Nährstoffgehalt von Gülle (Flüssigmist)

Nähr-element	% Nährelemente in der Gülle (mit 7,5% TS) Rinder	Schweine	(mit 15% TS) Hühner
N	0,4	0,6	1,0
P	0,1	0,2	0,3
K	0,4	0,2	0,4
Mg	0,04	0,05	1,0
organische Substanz	5,5	6,0	10,5

(1975) geben die in Tab. 127 aufgeführten Nährstoffgehalte für verschiedene Rindergüllen an.

Die hohen Werte für Mastbullen sind auf hohe Kraftfuttergaben zurückzuführen; sonst liegen die von FINCK (1979) für Rinder mitgeteilten Zahlen nahezu auf gleicher Höhe (Tab. 128).

Die Spurenelementgehalte in der Gülle können erheblich sein und bei korrekter Fütterung auch sehr gleichmäßig anfallen, so daß man Flüssigmist genauso wie festen Stallmist als einen vielseitig wirksamen Mehrnährstoffdünger ansehen kann. Im Interesse einer gesicherten Versorgung von Pflanzen und Tieren mit Spurenstoffen ist auf eine gleichmäßige Verteilung der Wirtschaftsdünger auf die gesamte Futterfläche eines Grünlandbetriebes deswegen besonderer Wert zu legen, weil Spurennährstoffe in mineralischer Form meistens nicht gedüngt werden und bei hoher Intensität unbemerkt ins Minimum geraten können.

Tab. 129. Spurennährstoffgehalt (ppm) verschiedener Güllearten (KORIATH et al. 1975)

	B	Mn	Mo	Cu	Zn
Milchkühe[1]	3,6	31,4	0,17	3,7	19,2
Mastschweine[1]	3,6	27,3	0,18	6,9	36,8
Legehennen[2]	5,6	71,8	0,52	11,6	54,4

[1] ppm bezogen auf Gülle mit 10% TS
[2] ppm bezogen auf Kot mit 20% TS

Tab. 130. Güllemenge/Rind und Jahr in Abhängigkeit vom Tiergewicht und vom TS-Gehalt der Gülle

TS-Gehalt %	m³ Gülle/Rind und Jahr 500	600	700 kg LG
10,5	14,6	17,5	20,4
7,5	20,4	24,4	28,5
6,0	25,5	30,6	35,8
5,0	30,6	36,8	43,0
4,0	38,3	45,5	53,5

Nach FINCK (1979) entsprechen die Spurenelementgehalte in der Gülle etwa denen des Stallmistes (vgl. Tab. 126). KORIATH et al. (1975) teilen für Rinder ähnliche Gehalte mit, während die für Mastschweine und Legehennen – auch unter Berücksichtigung des TS-Gehaltes – teilweise etwas darüber liegen (siehe Cu und Zn in Tab. 129).

2.5.2.8.2 Kalkulation des Nährstoffumlaufs im Grünlandbetrieb

Mittelwerte, wie in den vorhergehenden Tabellen, haben für den Einzelfall nur eine eingeschränkte Bedeutung. RIEDER (1983a, b) hat sich daher bemüht, Faustzahlen zu entwickeln, die die wichtigsten Einflußgrößen berücksichtigen und die Ermittlung der Nährstoffgehalte in der Gülle in Anpassung an die jeweilige Situation einzelner Betriebe ermöglichen (Tab. 130 und 131).

Zunächst ist die Güllemenge vom Tiergewicht und vom TS-Gehalt der Gülle abhängig. Beide Größen lassen sich mit einiger Sorgfalt im Betrieb ausreichend genau feststellen.
Mit der Gülle werden etwa folgende %-Anteile der mit dem Futter aufgenommenen Mineralstoffmengen wieder ausgeschieden:

	N	P_2O_5	K_2O
Milchkühe	80	80	95
Aufzuchtrinder	85	95	95
Mastbullen	90	98	98

Aus dieser Quote und aus der leistungsabhängigen Nährstoffaufnahme aus Grund-, Mineral- und Kraftfutter errechnet sich die Nährstoffrücklieferung (Tab. 131).

Aus diesen Werten läßt sich mit Hilfe der Güllemengen/Rind und Jahr (Tab. 130) der Mineralstoffgehalt der Gülle in Abhängigkeit von der Milchleistung und vom Tiergewicht errechnen, z. B. für 6000 kg Milch und 600 kg LG/Kuh:

TS-Gehalt der Gülle %		10,5	7,5	6,0	5,0	4,0
kg/m³ Gülle	N	5,7	4,1	3,3	2,7	2,2
	P_2O_5	2,7	2,0	1,6	1,3	1,1
	K_2O	7,1	5,1	4,1	3,4	2,7

Tab. 131. Mineralstoffrücklieferung in Abhängigkeit von der Milchleistung in kg/Kuh und Jahr (600 kg LG)

Milchleistung (kg)	4000	5000	6000
Mineralstoff-Rücklieferung in kg/Kuh und Jahr			
N	70	85	100
P_2O_5	30	40	48
K_2O	130	130	125
CaO	50	50	50
MgO	16	20	25
Na_2O	7	8	9

Für Aufzuchtrinder ist die Rücklieferung mit 60 kg N, 25 kg P_2O_5 und 130 kg K_2O je GV anzusetzen

Die auf diese Weise ermittelten Werte kann man in die weiteren Kalkulationen zur Bedarfsdeckung einzelner Betriebe und Flächen einfügen (siehe 2.5.2.4.1).

Mit abnehmendem TS-, also zunehmendem Wassergehalt sinkt die Nährstoffkonzentration stark ab. Das ist vorteilhaft, weil nach früheren Untersuchungen von BRÜNNER die Güllewirkung mit zunehmendem Wassergehalt verbessert wird und weil bei überhöhten Güllegaben die Gefahr der Überdüngung abnimmt. Nachteilig ist, daß mit abnehmendem TS-Gehalt die Kosten für Güllelagerung und -transport ansteigen.

2.5.2.8.3 Ausnutzung der Nährstoffe aus Wirtschaftsdüngern

Jauchestickstoff ist in der Wirkung auf den Ertrag dem Mineraldüngerstickstoff gleichwertig. Der Stickstoff im Festmist erreicht nach STRAUCH et al. je nach Lagerungs- und Düngungstechnik nur 0 bis 30% der Wirkung des Mineraldüngerstickstoffs; nach FINCK (1979) wird der Stickstoff im Festmist im Mittel der ersten Jahre zu etwa 50% ausgenutzt.

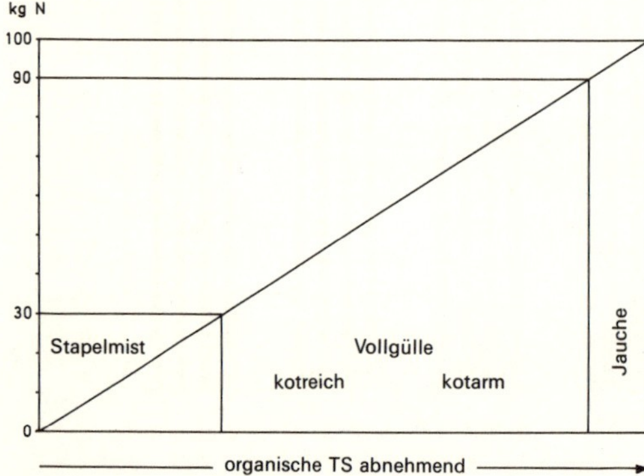

Abb. 41. Wertigkeit des Stickstoffs in Stalldüngern, gemessen an der Ertragswirkung im Vergleich zu Mineraldüngerstickstoff (STRAUCH et al. 1977).

In Abb. 41 nach STRAUCH et al. ist die **Wertigkeit des Stickstoffs** in Stalldüngern schematisch dargestellt. Danach nähert sich die Wertigkeit des Stickstoffs in kotarmer Gülle der N-Wertigkeit in der Jauche und die in kotreicher Gülle der im Festmist.

Über die Wertigkeit von P und K in den Wirtschaftsdüngern gehen die Meinungen kaum auseinander. Die meisten Autoren vertreten die Ansicht, daß die P-Mengen in Stallmist und Gülle voll angerechnet werden können, daß Wirtschaftsdünger-P und Mineraldünger-P also gleichwertig sind. Auch die Kaliwirkung in den Wirtschaftsdüngern ist der in Mineraldüngern gleichzusetzen, wenn besonders auf leichteren Böden günstige Anwendungszeiten eingehalten werden können.

Die **Nährstoffausnutzung** wird nicht aus dem Ertrag, sondern aus dem Anteil der aus den Düngemitteln aufgenommenen Nährstoffe abgeleitet. Hier schwanken die Angaben über die P-Ausnutzung von Stallmist und Gülle von 15-20%

Tab. 132. Mittlere Ausnutzung des Güllestickstoffs

Zeit der Düngung	Ausnutzungsgrad %	
nach RIEDER		
Februar bis März	40–60	30–60*
April bis Juni	70	50–70*
Juli bis September	50	40–60*
Oktober bis November	30	30–40*
Dezember bis Januar	10–20	(20–30)*
nach NEUHAUS		
Februar	50	
März	60	
April	70	
Mai	60	
Juni	50	
Juli	30	
August	30	
September	20	

* LUFA Bayern 1984

bis 55-70 % (langjährig), über die K-Ausnutzung von 50-60 % bis 80 %.

Im Gegensatz zu P und K weicht die Ausnutzung des Gülle-N von der in Jauche und Handelsdünger deutlich ab. Die Gülle enthält zu etwa 50 % NH_4-N aus dem Harn. Dieser Teil wäre voll wirksam, kann jedoch Verluste erleiden durch Verdunstung oder – nach Nitrifizierung im Boden – durch Auswaschung.

Der übrige Stickstoff der Gülle ist in den unverdauten N-haltigen Substanzen des Kotes fest gebunden. Es wird jedoch angenommen, daß bei fortgesetzter Düngung mit Gülle bestimmte Teile des organisch gebundenen Stickstoffs im Boden im Laufe der Zeit mineralisiert und pflanzenverfügbar werden.

NH_4-Verluste einerseits und Mineralisierungsraten andererseits sind schwer erfaßbar. In der Praxis ist man auf Schätzwerte angewiesen, die aus den Ergebnissen von Feldversuchen abgeleitet wurden. Entscheidend für den Ausnutzungsgrad des Gülle-N ist der Düngungstermin (Tab. 132).

2.5.2.8.4 Wirkungen der Wirtschaftsdünger in der Futterproduktion

Stallmist (Festmist)

Die Wirkung der Stalldüngung war auf vernachlässigtem Dauergrünland häufig sehr auffallend; deswegen hat man sie in früheren Jahrzehnten oft als Humuswirkung interpretiert. Allmählich stellte es sich jedoch heraus, daß fester Stallmist den C-Gehalt von Grünlandböden kaum verbessern kann. Die positive Wirkung ging in erster Linie von den Nähr- und Wirkstoffen, bisweilen auch vom Effekt der Bodenbedeckung aus, die die Grasnarbe im Frühjahr gegen Frost und Wechseltemperaturen und im Sommer gegen Austrocknung oder Hitzeschäden schützen kann.

Demnach ist eine **Stallmistwirkung** nur zu erwarten, wenn die Nährstoffversorgung aus dem Boden und aus der Mineraldüngung nicht ausreichend gewährleistet ist. ZÜRN fand in Admont im Mittel von 100 Jahresernten folgende Erträge:

	Heu dt/ha
1. Mineraldüngung	67,2
2. Mineraldüngung + 400 dt Kompost/ha*	68,6
3. Mineraldüngung + 150 dt Stallmist/ha*	74,5

*Kompost und Stallmist jedes zweite Jahr.

Eine Kompostwirkung war kaum gegeben, die von Stallmist betrug 9,7 kg Heu je dt.

Wie sehr diese Stallmistwirkung von den Pflanzennährstoffen bestimmt wird, zeigt die Abb. 42 vom langjährigen Wiesenversuch Wildschwaige. In allen Mangelparzellen wurden die Heuerträge

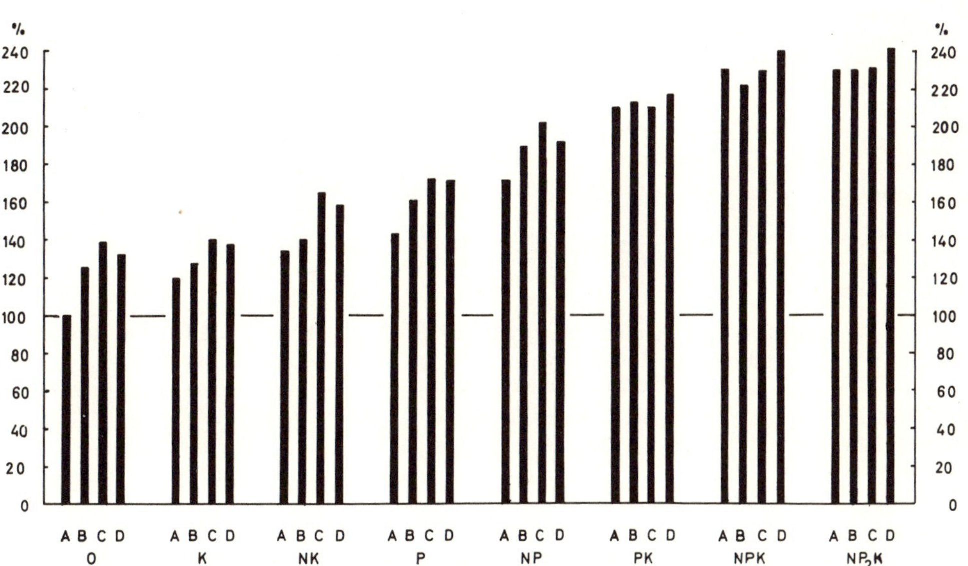

Abb. 42. Heuerträge im Mittel von elf Versuchsjahren auf dem Versuchsgut Wildschwaige (ohne organische und mineralische Düngung 39,3 dt/ha = 100). A = ohne organische Düngung, b = Kartoffelkraut, C = Stallmist, D = Schafpferch.

durch Stallmist deutlich gesteigert. Sobald aber PK und NPK ausreichend in mineralischer Form gedüngt wurden, blieb die organische Düngung nahezu wirkungslos. Lediglich unter dem Einfluß von Schafpferch ist noch eine Ertragssteigerung angedeutet.

Je dt Stallmist wurden folgende Leistungen in kg Heu erzielt:

Min. Düngung	O	K	NK	P
kg Heu	23,5	13,4	21,1	18,5

Min. Düngung	NP	PK	NPK	NP_2K
kg Heu	20,3	–	–	1,2

Daß die **Humuswirkung des Stallmistes** auf dem Dauergrünland auf den meisten Standorten nicht von entscheidender Bedeutung ist, wurde vielfach festgestellt. ZÜRN berichtet von Untersuchungen in einem Betrieb auf stark lehmigem Sandboden. Hier wurden bei vergleichbarem Düngungszustand folgende C_t-Gehalte ermittelt:

Ackerland	4,33 %
Wechselgrünland	6,04 %
Dauergrünland	7,48 %

Tab. 133. Einfluß der Düngung auf den Humusgehalt von Grünlandböden (ZÜRN 1968)

Düngung	Wechselgrünland (% C)	Dauergrünland (% C)
ungedüngt	5,10	8,18
Stallmist	5,43	8,62
Mineraldünger (PK, NPK)	6,10	8,82
Mineraldünger (PK, NPK) + Stallmist	6,42	9,30

Das Grünland weist also von Natur aus höhere Gehalte auf. Absterbende Wurzeln und oberirdische Pflanzenreste einerseits und ein gebremster Abbau im Grünlandboden andererseits führen bei ausreichender Mineraldüngung zu einer C-Anreicherung bis auf ein standortstypisches Niveau. Die Humusgehalte (C_t) liegen im Mineralboden unter Ackernutzung normalerweise zwischen 2 und 4 %. Diese schon sehr hohen Werte werden selten überschritten. Auf vergleichbarem Dauergrünland finden sich 4 bis 10 %. Aber schon eine Steigerung über 5 % hinaus hat auf dem Grünland kaum noch einen Einfluß auf die nachhaltige Ertragsleistung. Im Gegenteil werden folgende Nachteile zu hoher Humusgehalte genannt: Mangelnde mechanische Belastbarkeit, Narbenauflockerung, Bestandsverschlechterung und die Gefahr einer mit verstärkter N-Freisetzung verbundenen Verunkrautung, z. B. mit Umbelliferen und großer Brennessel.

Untersuchungen in Bayern und Österreich ließen die in Tab. 133 aufgezeichneten Reaktionen erkennen.

Die Abhängigkeit der Stallmistwirkung von der Höhe der Mineraldüngung wurde in vielen Versuchen auf süddeutschen und österreichischen Wiesen nachgewiesen. Eine Zusammenstellung ist in Tab. 134 enthalten.

Die durch Stallmistdüngung bewirkten Mehrerträge können verschiedene Ursachen haben:

1. Die Höhe der mineralischen N-, P- und K-Gaben reichte nicht aus.
2. Es fehlte an Spurenelementen oder Wirkstoffen, die im Stallmist enthalten waren, nicht aber in den Mineraldüngern.
3. Der Stallmist übte eine Schutzwirkung aus.
4. Der C-Gehalt des Bodens lag unter dem Optimum und wurde durch alle Düngungsmaßnahmen z.T. direkt z.T. indirekt erhöht. Das bewirkte zunächst Mehrerträge durch Verbes-

Tab. 134. Wirkung des Stallmistes auf die Heuerträge von Wiesen in Abhängigkeit von der Art und der Höhe der Mineraldüngung (ZÜRN 1968)

Mineraldünger kg/ha und Jahr	Heuerträge dt/ha ohne Stallmist	mit 200 dt Stallmist/ha*	Mehrerträge durch Stallmist dt/ha	relativ
ungedüngt	34,0	52,5	18,5	100
$80 P_2O_5 + 140 K_2O$	59,2	68,7	9,6	52
$60 N + 80 P_2O_5 + 140 K_2O$	75,5	80,8	5,3	29

* jedes 2. bis 3. Jahr

serung der Struktur und Belebung aller Umsetzungsprozesse im Boden, bis die optimalen C-Gehalte erreicht waren.

Ganz ähnliche Relationen wie auf Wiesen wurden auf Weiden in den Untersuchungen von GEITH und später von KÖNEKAMP et al. festgestellt:

Mineraldüngung	GEITH	KÖNEKAMP et al.
	Mehrertrag durch Stallmist	
ungedüngt	100	100
mittel	45	52
hoch	24	26

Beim Vergleich von reiner Mineraldüngung mit kombinierter Mineral- und Stallmistdüngung – bei Nährstoffgleichheit – war die reine Mineraldüngung mit 117,5 dt Weideheuertrag der kombinierten Düngung mit 110 dt deutlich überlegen. Dabei waren die P- und K-Gehalte von Stallmist entsprechend der Analyse voll, der N-Gehalt aber nur zu einem Drittel berechnet worden. Oft werden aber vom Stallmiststickstoff nur 25% der Wirkung des mineralischen Stickstoffs erreicht. Ausbringungszeitpunkt, Vegetationsstadium und Witterungseinflüsse können den Wirkungsgrad stark modifizieren.

Auf ödlandartigen Flächen kann die Kombination Stallmist + Mineraldünger solange besser wirken als Mineraldünger allein, bis die Bodenvorräte auf ein ausreichendes Niveau aufgefüllt und die Pflanzenbestände auf leistungsfähigere Artenkombinationen umgestellt sind. Diese Umstellung ist in der Regel mit einer Änderung der Pflanzengesellschaft verbunden. Auf Kulturrasen bewirkt Stallmist keine gravierenden Bestandsveränderungen, auf Wiesen im Laufe der Zeit artenreiche, durchaus wertvolle Bestände.

Tab. 135. Wirkung der Jauchedüngung im Mittel von 11 Versuchsjahren (BRÜNNER und SCHÖLLHORN 1972)

Düngung/ha	Heu (dt/ha)	RP (%)	P_2O_5 (%)	K_2O (%)
ungedüngt	62,8	9,35	0,50	2,11
30 m^3 Jauche	74,6	9,26	0,49	2,42
Jauche + 80 kg P_2O_5 als Superphosphat	84,3	9,59	0,60	2,47

Jauche

Die Jauche ist wegen ihrer schnellen Wirkung und wegen der guten Nährstoffausnutzung ein sehr guter Grünlanddünger, besonders in der ersten Hälfte der Vegetationszeit. Aber: Bei ungleichmäßiger Verteilung, zu starker Dosierung ($> 30\ m^3/ha$) und fehlerhafter Anwendung, z. B. bei großer Hitze, auf trockenem oder gefrorenem Boden, werden die flachwurzelnden Gräser und Leguminosen stark geschädigt. Es entstehen Lücken, die dann von konkurrenzstarken Arten (Umbelliferen, Ampfer, Löwenzahn) sehr schnell besiedelt werden. Diese Arten sind besonders dankbar für das hohe K-Angebot in der Jauche und sind offenbar in der Lage, sich die übrigen Nährstoffe aus dem Boden besser anzueignen als die Flachwurzler.

Auf P-armem Boden ist deswegen eine Jauchegabe von 30 m^3/ha (mit etwa 100 kg N und 200 kg K_2O) durch 60 bis 80 kg P_2O_5/ha am besten in Form von Superphosphat zu ergänzen. Damit wird zugleich eine N-Bindung erreicht, wenn man das Superphosphat in die Jaucherinne oder in entsprechender Dosierung vor der Ausbringung ins Jauchefaß einbringt.

Nachteile einseitiger Jauchedüngung werden durch einen Wechsel mit PK-, NPK- und Stallmistdüngung von Jahr zu Jahr und z.T. auch innerhalb einer Vegetationszeit vermieden. Wie wirksam eine Jauchedüngung sein kann, läßt Tab. 135 erkennen.

Die Jauche brachte einen Mehrertrag von 12 dt/ha, die P-Düngung nochmals 10 dt/ha = 12 kg Heu je kg P_2O_5.

Tab. 136. Heuerträge mit Wirtschaftsdünger und Kalkammonsalpeter, jeweils eingestellt auf gleiche Nährstoffmengen (75 kg N/ha); BRÜNNER und SCHÖLLHORN 1972

	Harn	Kot	Jauche	Stallmist	Gülle	KAS
Heuertrag dt/ha	122,6	115,0	123,0	118,2	130,2	130,6
Stallmist = 100	103,7	97,3	104,1	100,0	110,2	110,5

Tab. 137. Güllewirkung auf Niedermoorgrünland in dt TS/ha

Versuch	Jährliche Güllemenge m^3/ha							
Nr.	0	25	50	75	100	150	200	250
1	44,2	–	64,1	–	63,4	–	75,1	–
2	55,3	69,6	76,3	–	85,3	–	–	–
3	74,8	–	–	–	91,8	–	100,8	100,3
4	65,7	–	–	81,2	–	89,6	–	–
5	59,5	–	–	–	86,7	–	91,5	–

Gülle (Flüssigmist)

Gülle brachte in Aulendorfer Versuchen im Vergleich zu anderen organischen Dungstoffen und zu KAS die in Tab. 136 mitgeteilten Ergebnisse. Zwei weitere Varianten mit verflüssigtem Stallmist (ohne und mit Jauche) brachten im Vergleich zu dem Aufwand an Arbeit und Einrichtungen keine wesentlichen Mehrerträge (rel. 112,4 bzw. 111,8).

In der DDR wurden nach Koriath et al. (1975) mit steigenden Güllegaben (∅0,29 % N) die in Tab. 137 vermerkten TS-Erträge ermittelt.

Der höchste Mehrertrag wurde in diesen Versuchen in den Monaten April bis Juni erzielt. Im Durchschnitt des Jahres ergaben sich folgende Leistungen in kg TS/kg N mit 100, 150 bzw. 200 kg Güllestickstoff/ha: 12,1 – 10,8 – 9,6. Als Mineraldüngeräquivalente wurden, ähnlich wie in Versuchen mit Feldgras, für Gülle-N auf Dauergrünland im ersten Aufwuchs etwa 70 %, in den folgenden etwa 50 % ermittelt. Auf Mittelgebirgsgrünland in der DDR entsprach die Wirkung des Güllestickstoffs bei langjähriger Gülleanwendung sogar annähernd der im Mineraldünger. Hieraus kann man schließen, daß die Güllewirkung bzw. -nachwirkung langfristig gesehen werden muß, weil aus der organischen Substanz im Laufe der Jahre – sicher abnehmende – N-Mengen pflanzenverfügbar werden.

Wir fanden 1950, daß in drei Güllebetrieben der Anteil von Mahd und Weidegang eine entscheidende Bedeutung für die Grünlandleistung hatte. Beim Vergleich zeigten sich folgende Beziehungen im Mittel von drei Versuchsjahren:

Betrieb Nr.	Zahl der Beweidungen/Jahr	Mahd in % der Fläche	Leistung in kStE/ha
1	7	47	4390
2	4,5	100	4950
3	3,4	130	6100

In den Angaben für Betrieb 3 kommt die Wirkung der während der Vegetationszeit verfügbaren Güllemenge und die bessere Ausnutzung des „hereingegrasten“ Grünfutters zum Ausdruck.

Andererseits zeigte sich in denselben Betrieben die Kehrseite der divergierenden Nutzungsweise: Mit der Abnahme der jährlichen Weidenutzungen von 7 auf 3,4 nahm der Ertragsanteil der „Gülleunkräuter“ von 10,8 % auf 29,4 % zu und der Anteil der Intensivweide-Arten von 38,0 % auf 18,4 % ab.

Ergänzungsdüngung mit Stickstoff

Auch bei hohem Viehbesatz (> 2,5 GV/ha LF) hat sich eine Ergänzung der Gülle durch mineralische N-Düngung bewährt, besonders in Weide- und Mähweidebetrieben, in denen Gülle oft dann nicht zur Verfügung steht, wenn sie ertragswirksam eingesetzt werden könnte. Das haben neben Ergebnissen von Gutermann und Staehler auch eigene Untersuchungen gezeigt. In fünf Versuchsjahren wurden zusätzlich zur Gülle von 1,7 bis 2,5 GV/ha, zu 80 kg P_2O_5 und 60 kg K_2O (als Mineraldünger) jährlich 60 und 120 kg N als KAS gegeben. In den einzelnen Jahren wurden sehr ausgeglichene Leistungen erzielt mit folgenden Mittelwerten:

ohne KAS	5150 kStE/ha	–
60 kg N/ha	5646 kStE/ha	8,3 kStE/kg N
120 kg N/ha	6345 kStE/ha	10,0 kStE/kg N

Der Anteil der Versuchsfläche an der Betriebsfläche von etwa 25 % und die insgesamt verbesserte Bewirtschaftung bewirkten folgende Betriebsentwicklung im Laufe von sechs Jahren:

GV/ha LF	1,73 → 2,57
ha HF/GV	0,53 → 0,36
kg Milch/ha HF	4251 → 6328
kg Milch/ha Kuh-HF	6800 → 9894

Tab. 138. Gülledüngung (je 30 m³/ha) mit zusätzlicher mineralischer N-Düngung auf Intensivgrünland und 3 Standorten (WASSHAUSEN, WÜRTELE)

Var.	Düngung		Nieders. Nordseeküste ∅3 Jahre Trockenmasse-Erträge			Sauerland ∅5 Jahre			Bayer. Alpenvorland ∅3 Jahre		
			dt/ha	relativ		dt/ha	relativ		dt/ha	relativ	
1	0 Gülle	0 N	61,4	**100**	69	46,0	**100**	86	74,4	**100**	81
2	Gülle	0 N	89,2	145	**100**	53,3	116	**100**	92,3	124	**100**
3	Gülle	100 kg N/ha	108,1	176	121	88,5	192	166	99,0	133	107
4	Gülle	200 kg N/ha	120,3	196	135	97,6	212	183	104,6	141	113
5	Gülle	300 kg N/ha	116,3	189	130	101,5	221	190	109,0	146	118

Zusätzliche Ergebnisse auf den 3 Standorten:

Standort	Grenzerträge (kg TS/kg N) Var. 1	2	3	4	5	Rohproteinerträge (Var. 2 = 100) 1	2	3	4	5
Nordseeküste	–	29,0	9,6	4,1	–1,0	61	100	132	167	178
Sauerland	–	7,6	19,6	9,1	4,3	97	100	200	243	274
Alpenvorland	–	19,7	6,7	5,6	4,3	79	100	107	116	226

Ergebnisse von WASSHAUSEN (1980) und WÜRTELE (1980) sind in Tab. 138 zusammengestellt und in einigen Punkten kommentiert.

Die Güllewirkung war besonders an der niedersächsischen Nordseeküste sehr gut; die mineralische N-Düngung bewirkte jedoch in Kombination mit 30 m³ Gülle in den Varianten mit 200 und 300 kg N/ha zunehmende Verunkrautung und Lückenbildung; sie war daher unwirtschaftlich (Grenze bei 6 bis 7 kg TS/kg N).

Im Sauerland nahm der Grasanteil mit gesteigerter N-Düngung bis auf 86 % zu, wenn er auch insgesamt im Verlaufe der fünf Versuchsjahre etwas zurückgegangen war. So war eine gute mineralische N-Wirkung bis zur vorletzten Stufe gesichert.

Der Bestand im Alpenvorland hatte anfangs Grasanteile von 75 bis 81 %, die aber in den drei Jahren auf 40 bis 57 % abfielen, so daß die N-Verwertung durch die hohen Kräuteranteile eingeschränkt wurde. Andererseits lagen die TS- und Rohproteinerträge infolge hoher Kleeanteile schon in den beiden Varianten ohne mineralische N-Düngung sehr hoch.

Folgerungen: Im Sauerland wurden Erträge und N-Wirkung durch Boden und Klima, auf den beiden anderen Standorten durch die rückläufige Leistungsfähigkeit der Pflanzenbestände begrenzt.

Gülle-Zusatzstoffe

Seit mit Gülle gedüngt wird, gab es Versuche, ihre Düngewirkung und andere wichtige Eigenschaften zu verbessern. Früher war die N-Konservierung das Hauptziel, z. B. durch Zusatz chemischer Mittel oder durch Verdünnung mit Wasser. Heute werden außerdem in folgenden Punkten Verbesserungen angestrebt:

- biologische N-Bindung
- Geruchsminderung
- Desinfizierung
- Homogenität und Viskosität
- Futteraufnahme auf begüllten Pflanzenbeständen
- Verhinderung von Ätzschäden an Pflanzen
- Wirkungen auf das Bodenleben
- Hemmung oder Förderung der Güllegärung
- allgemeine Nährstoffwirkung
- chemische oder chemisch-physikalische Bindung von schädlichen Abbauprodukten während der Güllelagerung und -reifung.

Diese Ziele werden auf zwei grundsätzlich verschiedenen Wegen verfolgt:

- durch Güllezusätze (Zusatzstoffe zur Gülle) und
- durch Güllebelüftung.

In der Bundesrepublik Deutschland sind ungefähr 20 bis 30 Zusatzstoffe auf dem Markt, deren Wirkungen nur teilweise zuverlässig nachgewiesen wurden. An verschiedenen Stellen sind daher entsprechende Untersuchungen angelaufen.

Güllebelüftung

Mit belüfteter Gülle wurden auf Dauergrünland nur wenige exakte und zugleich praxisnahe Versuche durchgeführt. Dazu gehören dreijährige Feld- und Laboruntersuchungen auf dem Spitalhof in Kempten, über die GEHRING und THALMANN mehrfach berichtet haben. Unter anderem wurden folgende Fragen bearbeitet:

- Wirkung oberflächen- und tiefenbelüfteter im Vergleich zu unbehandelter Gülle und Handelsdünger (auf die Handelsdüngervarianten wird hier nicht näher eingegangen) auf Grünlanderträge, Pflanzenbestände und Pflanzeninhaltsstoffe
- Einfluß dieser Düngervarianten auf die Futteraufnahme durch Milchkühe
- Veränderung der Keimfähigkeit von Pflanzen- und Unkrautsamen in verschieden behandelter Gülle während der Lagerung.

Die Wirkung auf die Erträge ist in Tab. 139 zusammengefaßt. Die doppelte Güllemenge (von 4 GV/ha) brachte etwas geringere Erträge als die einfache (von 2 GV/ha), die allerdings in der zweiten und vierten Nutzung durch 50 kg N/ha (KAS) ergänzt wurde. Offenbar hat der Stickstoff im KAS einen großen Anteil an diesem Ergebnis.

Die Düngerverteilung auf fünf bzw. drei Nutzungen könnte den Einfluß der mineralischen N-Düngung in der zweiten und vierten Nutzung der Güllevariante (2 GV/ha) noch verstärkt haben, weil die Nachwirkung der auf drei Nutzungen verteilten hohen Güllegaben (4 GV) in der zweiten bzw. vierten Nutzung unerwartet gering war.

Tab. 139. Wirkung von Gülle (unbelüftet = UB, oberflächenbelüftet = OB, tiefenbelüftet = TB) auf die TS-Erträge von Intensivgrünland (Spitalhof Kempten); Mittelwerte aus 3 Versuchsjahren, je 5 Nutzungen und 4 Wiederholungen (THALMANN 1985)

Jährliche Düngung	TS-Ertrag	0[1]	UB	OB	TB
3 × Gülle (2 GV/ha) + 2 × 50 kg N/ha (KAS)	dt/ha	82,9	132,0	135,4	133,6
	rel.	63	100	103	101
3 × Gülle (4 GV/ha)	dt/ha	82,9	125,6	123,9	122,8
	rel.	66	100	99	98

[1] 0 = ungedüngt

Tab. 140. Keimfähigkeit von Samen verschiedener Pflanzenarten nach 20tägiger Lagerung in belüfteter und unbelüfteter Gülle und ihre Veränderungen in % (Auszug aus THALMANN 1985)

Pflanzenarten	unbehandelt	UB	OB	TB
Wiesenrispe	86	74	83	81
	100	– 9,3	– 3,5	– 5,8
Jährige Rispe	96	93	93	95
	100	– 3,1	– 3,1	– 1,0
Dt. Weidelgras	95	79	75	83
	100	–16,8	–21,1	–12,6
Rasenschmiele	78	61	73	70
	100	–21,8	– 6,4	–10,3
Weißklee	96	12	7	18
	100	–87,5	–92,7	–81,3
Stumpfblättriger Ampfer	97	83	91	90
	100	–14,4	– 6,2	– 7,2
Schafgarbe	71	27	48	45
	100	–62,0	–32,4	–36,6
Alle Arten	71	45	50	51
	100	–36,6	–29,6	–28,2

Im übrigen bewirkte die belüftete gegenüber der unbelüfteten Gülle keine signifikanten Ertragsunterschiede. Im Mittel von 60 Ertragsermittlungen von jeder Variante ergab sich ein geringfügiger Mehrertrag durch unbehandelte Gülle gegenüber belüfteter. Hierin kommt eine etwas bessere N-Wirkung zum Ausdruck, die durch größere Wuchshöhe, geringere Gehalte an TS und NSKH sowie höhere an Rohprotein und Rohfaser (gleiche Nutzungstermine) in Variante UB im Vergleich zu OB und TB bestätigt wird.

Die mittleren Nitratgehalte erreichten in allen Varianten Werte von 0,5 bis 0,6 % i. TS; auch die Höchstwerte waren tierphysiologisch unbedenklich.

Weitere Wirkungen der Gülledüngung:

- Keine wesentlichen Veränderungen des Pflanzenbestandes aller Varianten in drei Versuchsjahren. Keine Unterschiede zwischen den Varianten mit und ohne Belüftung.
- Futteraufnahme und Freßaktivität von Milchkühen bei freier Wahl der Varianten und etwa gleicher Angebotsmenge auf der Handelsdünger-Variante am höchsten, auf den Gülleva-

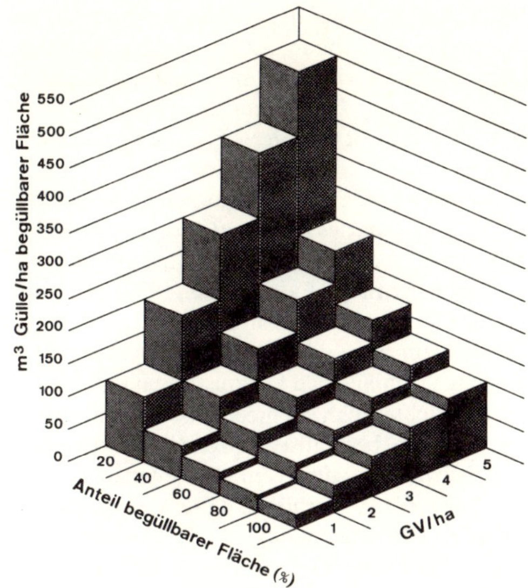

Abb. 43. In vielen Grünlandbetrieben werden nicht alle Teilflächen begüllt (Hanglage, Entfernung). Je kleiner der Anteil begüllbarer Fläche an der LF und je höher der GV-Besatz/ha LF sind, desto mehr Gülle entfällt auf 1 ha begüllbare Fläche. Annahme: Ganzjährige Stallhaltung, 20 m³/GV/Jahr.

rianten fast gleich. Die geringen Unterschiede zwischen „belüftet" und „unbelüftet" nicht immer in gleicher Richtung und durch Witterungseinflüsse, Selbstreinigung des Pflanzenbestandes nach Güllung und Gewöhnung der Tiere überdeckt.

- Die Keimfähigkeit von 14 verschiedenen Pflanzensamen (acht Gräser, zwei Kleearten, vier Kräuter) nahm nach Lagerung (20 Tage) in unbehandelter Gülle etwas stärker ab als in belüfteter (vgl. Tab. 140).

Die Samen reagierten unterschiedlich auf 20tägige Lagerung in den drei Güllearten. Am stärksten wurde die Keimfähigkeit der Weißkleesamen beeinträchtigt.

Die **Probleme**, die durch Gülledüngung im Grünlandbetrieb entstehen können, haben ihre gemeinsame Ursache in der Überdüngung in Verbindung mit mechanischer Überlastung und Beschädigung der Grasnarbe; daher ist das Verhältnis Tierbesatz: begüllbare Fläche von größtem Interesse. 1 GV produziert etwa 20 m³ Gülle mit 7,5 % TS. Diese Menge enthält je nach Leistungsstufe 80 bis 100 kg N, davon etwa 50 % pflanzenverwertbar. 4 GV/ha produzieren demnach 80 m³ Gülle mit 160 bis 200 kg pflanzenverfügbarem Stickstoff pro Jahr. Damit sind drei Güllegaben mit je 50 bis 70 kg N/ha möglich. Nach allen vorliegenden Ergebnissen können leistungsfähige grasreiche Grünlandbestände diese Mengen in vier bis fünf Nutzungen ohne Schaden verkraften, wenn sie in der Weide- bis Siloreife genutzt werden (100 bis 125 dt TS/ha/Jahr). Soweit die Theorie. In der Praxis

- sind nicht alle Flächen eines Betriebes begüllbar, oft weniger als 50 %; die Konsequenzen zeigt Abb. 43
- sind leistungsfähige, grasreiche Bestände selten
- wird oft noch zu spät genutzt, witterungsbedingt, zwangsläufig oder absichtlich
- werden immer höhere Milchleistungen durch mehr Kraftfutter angestrebt, die Nährstoffgehalte in der Gülle erhöht und die Pflanzenbestände oft bis zur Schädigung belastet.

Abhilfemöglichkeiten

- Nutzung aller technischen Hilfsmittel, um die Gülle auf die gesamte Betriebsfläche zu verteilen
- Schaffung, notfalls Neuanlage von Grünland mit leistungsfähigen Gräsern
- Erhaltung dieser Pflanzenbestände mit allen Mitteln der Nutzung, Düngung und Bestandspflege.

2.5.2.8.5 Klärschlamm

Seuchenhygienisch einwandfreier Klärschlamm kann das ganze Jahr über auf Grünland ausgebracht werden – im Sommerhalbjahr jeweils unmittelbar nach einer Nutzung –, seuchenhygienisch bedenklicher Klärschlamm nur nach der letzten Nutzung bis zum Jahresende. Die Mengen sind auf 2,5 t Trockenmasse, entsprechend 50 m³ Flüssigschlamm mit 5 % TS, je ha und Jahr zu beschränken. Entwässerter Klärschlamm (ca. 20 % TS) sollte nur jedes zweite Jahr in einer Menge von 20 t/ha auf Dauergrünland verwendet werden.

Die Düngerwirkung bleibt i. a. hinter den Erwartungen zurück; sie hängt hauptsächlich vom Gehalt an verfügbarem Stickstoff ab, der erheblich schwanken kann. Phosphor und Calcium sind in höheren Anteilen, Kali und Magnesium in wesentlich geringeren enthalten. Eine Klärschlammdüngung ist demnach durch Kali und Magnesium (im Bedarfsfall) und meistens auch durch Stickstoff zu ergänzen. Um diese Zusatzdüngung richtig bemessen zu können, ist eine chemische Analyse des Klärschlamms erforderlich. Vom Anbieter werden nur Durchschnittsgehalte mitgeteilt.

Die Anwendung des Klärschlamms auf der LF muß ausgeschlossen werden, wenn die Schwermetallgehalte zu hoch sind. Seit dem 1.04.1983 gelten in der Bundesrepublik Deutschland folgende Grenzwerte (mg/kg Klärschlamm-TS):

Blei	1200	Nickel	200
Cadmium	20	Quecksilber	25
Chrom	1200	Zink	3000
Kupfer	1200		

Ist auch nur einer dieser Grenzwerte überschritten, darf der Klärschlamm nur mit besonderer Genehmigung der zuständigen Behörde verwendet werden. Die Analysenkosten tragen die Betreiber von Kläranlagen, die zu Untersuchungen des Klärschlamms in bestimmten zeitlichen Abständen verpflichtet sind.

Um bereits bestehende Belastungen der LF erkennen zu können, ist eine Bodenuntersuchung auf Schwermetalle ratsam.

2.5.3 Pflege des Grünlandes

2.5.3.1 Lockern und Verdichten

Die Abb. 46 (s. Seite 186) zeigt, daß die Wirkung von Pflegemaßnahmen auf die Vegetation durch eine Reihe von Faktoren variiert wird. Insofern stellen die Pflegemaßnahmen sogar einen Teil der indirekten Unkraut- bzw. Ungrasbekämpfungsmaßnahmen dar. Gleichfalls haben die Pflegemaßnahmen eine Bedeutung bei der umbruchlosen Grünlandverbesserung (vgl. 2.5.7). Neben den an anderer Stelle behandelten Pflegeaufwendungen Nachsaaten (vgl. 2.5.9) und Offenhaltung der Be- und Entwässerungssysteme (vgl. 2.5.1) kommt den Faktoren

- Lockern bzw. Verdichten und
- Schleppen bzw. Nachmahd

hier besondere Bedeutung zu.

Vom mechanischen Lockern und Verdichten werden durch die Pflege-, im Gegensatz zu den Meliorationsmaßnahmen (vgl. 2.5.1.2), nur die oberen Bodenzonen erfaßt. Die Funktion des **Lockerns** und verbunden damit das Einmischen der auf die Oberfläche applizierten Nährstoffe erfüllt auf dem Grünland die Bodenfauna, wie u. a. Regenwurm, Maulwurf, Feldmaus, Insekten. Vom Wasserhaushalt und den Nährstoffaufwendungen wird die Aktivität der Bodenfauna beeinflußt, und zwar ist auf nassen Standorten, bei niedriger Bodenreaktion und erhöhter Salzkonzentration, die Aktivität eingeschränkt (REMUS 1962). Aufgrund der hohen biologischen Aktivität von Grünlandböden ist ein oberflächennahes Lockern bzw. Aerifizieren im Gegensatz beispielsweise zu intensiv belasteten Rasenflächen (HELLSTERN 1972) nicht erforderlich, es bringt vielmehr aufgrund von Narbenverletzungen bei schon ausreichendem Porenvolumen nur Nachteile (KLAPP 1971). Ein scharfes Eggen (OSIECZANSKI 1954) bzw. der Einsatz von Spezialgeräten mit gleicher Wirkungsrichtung (FRECKMANN 1932) mit dem Ziel der Teilbeseitigung von Filz, d. h. ein Vertikutieren, kann auf Ödlandrasen oder extensiv genutztem Grünland den Luftaustausch verbessern, unerwünschte Pflanzen mechanisch beeinträchtigen und die bestandsergänzende Selbstaussaat oder Nachsaat begünstigen. Auf intensiv bewirtschafteten Flächen erhöhen diese Aufwendungen selbst im Zusammenhang mit Nachsaaten (vgl. 2.5.9) durch die Gefahr der Zunahme unerwünschter Arten, wie u. a. *Elymus repens*, *Poa trivialis*, *Rumex obtusifolius*, *Stellaria media*, das Gesamtrisiko (OPITZ VON BOBERFELD 1981).

In Abhängigkeit von Boden und Nutzung kann ein zusätzliches **Verdichten** mit Walzen nicht nur im Zusammenhang mit der Neuanlage von Grünland nach vorgeschalteter Bodenbearbeitung eine vorteilhafte Wirkung haben. So zeichnen sich Böden mit hoher Luftkapazität durch eine geringe Wärmeleitfähigkeit und Wärmekapazität und als Folge davon durch ganz beträchtliche Temperaturschwankungen der Bodenoberfläche und bodennahen Luftschicht aus. Dieses ungünstige Mikroklima kann selbst im Sommer noch zu Strahlungsfrösten führen, was vor allem auf entwässerten, nicht besandeten Moorböden markant in Erscheinung tritt. Diese Besonderheiten manifestieren sich u. a. im Nichtvorhandensein von *Arrhenatherum elatius*, da diese Art früh austreibt und die dann erfolgende Schädigung durch Spätfröste aufgrund der geringen Reservekohlenhydratmengen in diesem Stadium längerfristig nicht übersteht. Walzen führt zu erhöhter Kapillarität und damit gesteigerten Wassergehalten in der obersten Bodenschicht, wodurch die Wärmeleitfähigkeit und Wärmekapazität verbessert wird. Darüber hinaus werden aufgefrorene Soden, eine Erscheinung vor allem feuchter Standorte, angedrückt und die Bestockung, namentlich der Untergräser, angeregt. Insofern hat das Walzen auf Anmoor- und Moorstandorten, deren Flächen vorwiegend als Wiesen genutzt werden, eine besondere Stellung (FRECKMANN 1932). Der angestrebte Effekt des Walzens wird nur erreicht, wenn

- zum richtigen Zeitpunkt im Hinblick auf die Jahreszeit und den Bodenwassergehalt sowie
- mit optimal konstruiertem Gerät und richtiger Fahrtgeschwindigkeit

auf vor allem zur Selbstauflockerung neigenden Böden gearbeitet wird. So sollte im Frühjahr nicht zu früh, weil in diesen Fällen noch vorhandene Wasserüberschüsse zu Verdichtungsschäden mit verstärkter Ausbreitungsgefahr von *Juncus spec.* führen, und andererseits nicht zu spät gewalzt werden, da infolge Trockenheit dann der Verdichtungseffekt zu gering ist. Im Hinblick auf das Gerät und die Ausführung des Arbeitsganges ist zu fordern, daß der Walzendurchmesser mindestens 0,9 m für den Anwendungsbereich Mineralböden und mindestens 1,2 m für den Einsatz auf Moorböden mit Rücksicht auf die Vermeidung von Stauchungen und einen leichteren Zug betragen sollte. Das Gewicht ist auf 1,2 bis 2,0 t je Meter Arbeitsbreite zu bemessen. Darüber hinaus sollten zur Vermeidung von Quetschungen beim Wenden die Breiten einzelner Walzenglieder 1,0 bis 1,3 m nicht überschreiten (SEGLER und DENCKER 1961). Da der Verdichtungseffekt auch von der Fahrtgeschwindigkeit abhängt, sollten je nach Bodenzustand und Ausführung der Walze 4 km/h nicht wesentlich überschritten werden. Zu dem spezifischen Effekt des Walzens auf die Vegetation finden sich unter 2.5.4.2.4 Anmerkungen. Darüber hinaus lassen sich, wie aus der Abb. 44 hervorgeht, durch Verdichtungen die Ertragsanteile der bei geringem Düngungsniveau und höheren Grobporenanteilen weit verbreiteten Art *Festuca rubra* begrenzen, was Auswirkungen auf die Höhe und die Qualität der Erträge hat.

2.5.3.2 Schleppen und Nachmahd

Hauptziel des **Schleppens** ist die Beseitigung von durch Bodentiere verursachten Unebenheiten der Oberfläche sowie die Teilbeseitigung der durch die Applikation von festen wie flüssigen Wirtschaftsdüngern verursachten Narbenabdeckung. Aus den anzustrebenden Zielen beim Einsatz der Schleppe ergibt sich zum Anwendungstermin, daß er in Abhängigkeit von der standorts- und jahreszeitbedingten Aktivität der Bodentiere im Frühjahr und in Abhängigkeit von der Menge sowie Verteilung der Wirtschaftsdüngergaben bald nach deren Applikation zu organisieren ist. Wie Untersuchungen zum Einfluß der Fladenverteilung generell (KÖHNLEIN und VON SPRECKELSEN 1953) sowie zur Fladenverteilung mit verschiedenen Geräten (BREUNIG 1962) zeigen, läßt sich durch den Einsatz der Schleppe zur Verteilung der Fladen feststellen, daß das Ausmaß der Geilstellen durch diese Pflegemaßnahmen in der Regel sogar vergrößert wird. In der Abb. 45 sind die Zusammenhänge quantifiziert, wobei vor allem die jeweiligen Relationen aufschlußreich sind, da die Zahl der Geilstellen je nach den Bewirtschaftungsverhältnissen stark variiert (SCHILDKNECHT 1953). Das Entfernen von Kot auf Gestütsweiden bzw. der Nutzungswechsel auf Gestüts- und auch Schafweiden ist vor allem aus

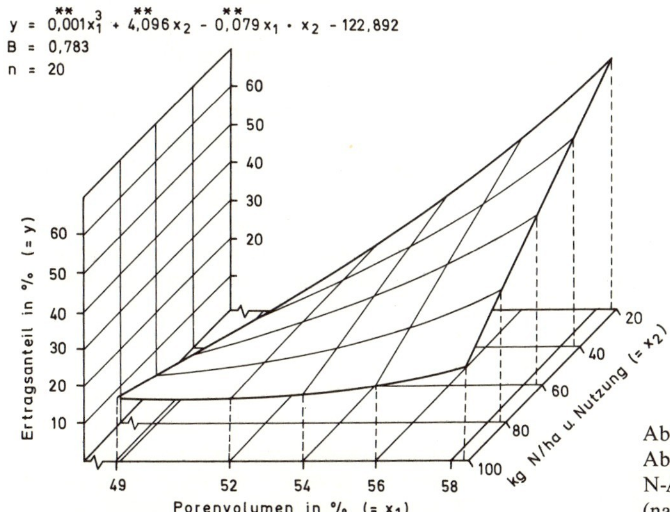

Abb. 44. Ertragsanteil an *Festuca rubra* in Abhängigkeit von Porenvolumen und N-Aufwand (nach OPITZ VON BOBERFELD 1976).

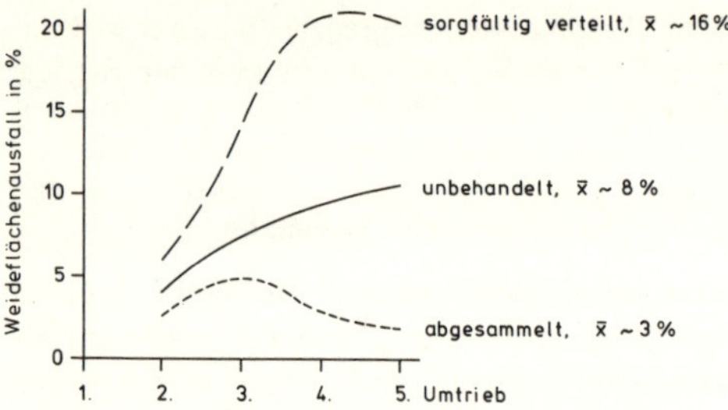

Abb. 45. Weideflächenausfall in % der Gesamtfläche durch Geilstellenbildung auf Umtriebsweiden bei unterschiedlicher Behandlung der Flächen (nach KÖHNLEIN und VON SPRECKELSEN 1953, verändert).

hygienischen Gründen längerfristig erforderlich, hier liegen besondere Verhältnisse vor (vgl. 2.5.6).

Der Tab. 141 ist zu entnehmen, daß die **Nachmahd** einen beachtlichen Effekt auf die Auswirkung der Geilstellen, auf die Energiekonzentration des Aufwuchses und die Pflanzenbestandszusammensetzung hat. Die Nachmahd wirkt dem Effekt selektiver Unterbeweidung entgegen, die sich durch verstärktes Vorkommen von u. a. *Cirsium arvense*, *Deschampsia cespitosa*, *Elymus repens*, *Festuca arundinacea*, *Rumex obtusifolius*, *Urtica dioica* auszeichnet. Zur erforderlichen

Tab. 141. Der Einfluß einer differenzierten Nachmahd auf den Geilstellenanteil und den Ertrag bei fünf Umtrieben/Vegetationsperiode im Mittel über drei Beobachtungsjahre sowie die *Lolium perenne*-Ertragsanteile im Frühjahr nach sechsjähriger Bewirtschaftung (zusammengestellt nach MOTT et al. 1971, 1972)

Nachmahd nach	keinem Umtrieb	2. und 4. Umtrieb	jedem Umtrieb
Geilstellenanteil an der Gesamtfläche in %	35	11	9
Bruttoerträge in kStE/ha	4284	4935	4633
Bruttoerträge in dt TS/ha	73,36	81,54	75,23
StE/kg TS im Futterangebot	584	605	616
Lolium perenne-Ertragsanteil nach 6 Jahren in %	~16	~32	~34

Häufigkeit der Nachmahd und dem daraus resultierenden optimalen Termin für die Durchführung dieser Pflegemaßnahme läßt sich feststellen, daß das Ausmaß der Geilstellenbildung und die Höhe des Weiderestes maßgebend ist. Sofern nicht ein Teil des Weidefutters konserviert wird, ist in der Regel weitgehend unabhängig von der Nutzungsform (ERNST 1983) eine einmalige Nachmahd in der Vegetationsperiode erforderlich. Wie sich aus der Abb. 45 ableiten läßt, ist der günstigste Zeitpunkt für die Nachmahd der Zeitraum um den zweiten bis dritten Umtrieb. Der Reinigungsschnitt sollte im Hinblick auf die Restassimilationsfläche und die Organe der Reservestoffspeicherung nicht zu tief, d. h. mit Stoppellängen von über 5 cm, durchgeführt werden, wobei es dann unerheblich ist, welche Schnittwerkzeuge zum Einsatz gelangen (BECKHOFF 1979, KREIL 1981).

2.5.4 Unkräuter- und Ungräserbekämpfung

2.5.4.1 Unkraut – Ungras

Die Abgrenzung von Nutzpflanze und Unkraut bzw. Ungras ist auf Ackerflächen durchweg einfacher vorzunehmen als auf Grünlandflächen. Während bei den Rein- oder Mischbeständen des Ackerlandes, abgesehen von einigen Ausnahmen, jede nicht angesäte Art als unerwünscht bewertet wird, ist die Abgrenzung von Kraut und Unkraut bzw. Gras und Ungras auf dem Grünland nicht in jedem Falle allgemeingültig. Gemeinsamkeiten bestehen dagegen auf dem Acker- und Grünland insofern, als nicht jede unerwünschte Pflanze bereits bekämpfungswürdig ist. Entscheidungen im Hinblick auf die Bekämpfungswürdigkeit unerwünschter Pflanzen sind in Abhängigkeit von den Massenanteilen stets standorts-, nutzungs- und zeitabhängig.

Ob eine Grünlandpflanze ein Kraut oder Unkraut bzw. Gras oder Ungras ist, hängt von der Nützlichkeit ab. Absolut unerwünschte Pflanzen sind auf dem Grünland

- Giftpflanzen, d. h. Pflanzen, die auf den tierischen Organismus nachhaltig schädigend einwirken, Wertzahl nach KLAPP et al. (1953) bei dieser Gruppe –1 (vgl. Tab. 142 und 143, Seite 190 und 191)
- Platz- und Nährstoff-„räuber“, d. h. Pflanzen, die aufgrund ihrer äußeren oder inneren Beschaffenheit von den Nutztieren nicht aufgenommen werden, Wertzahl nach KLAPP et al. (1953) bei dieser Gruppe 0 (vgl. Tab. 142 und 143, Seite 190 und 191)

- Halb- oder Vollschmarotzer, d. h. höhere Pflanzen, die den Nutzpflanzen über Haustorien vorwiegend Nährstoffe oder Assimilate entziehen, Wertzahl nach KLAPP et al. (1953) bei dieser Gruppe -1 bis 0, hier z. B. *Cuscuta spec.*, *Orobanche spec.*, *Rhinanthus spec.*

In den Tab. 142 und 143 sind u. a. verbreitete Vertreter der obligaten sowie Arten, die als **fakultative Unkräuter** bzw. **Ungräser** einzustufen sind, aufgelistet. Fakultative Unkräuter oder Ungräser haben die Einstufung in den Wertzahlenbereich von 1 bis 6 nach der Skala von KLAPP et al. (1953) gemeinsam. Ob nun ein Vertreter dieses Wertzahlenbereiches zu einer unerwünschten oder bekämpfungswürdigen Art wird, hängt im Einzelfall ab von

- der Menge,
- dem Entwicklungsstadium und
- dem Zustand bei der Verfütterung.

Zur Gruppe der weniger wertvollen **Gramineen,** die damit leicht zu Ungräsern werden können, zählen u. a. Formen, die

- sich aufgrund des Blatt-Halm-Verhältnisses in ihrer Gesamtheit als generative Typen einstufen lassen, so z. B. *Bromus spec.*
- eine dichte oder rauhe Behaarung aufweisen, so z. B. *Elymus repens*, *Holcus lanatus* und *Trisetum flavescens*
- sich durch harte Blätter oder scharfe Riefen und Blattränder auszeichnen, so z. B. *Deschampsia cespitosa* sowie Formen von *Festuca arundinacea.*

Bei den auf dem Wirtschaftsgrünland verbreiteten **Leguminosen** entscheidet in starkem Maße die Menge darüber, ob es sich um Kräuter oder bereits um Unkräuter handelt. Aufgrund ihrer spezifischen ernährungsphysiologischen und Konservierungs-Eigenschaften werden viele Leguminosen bei Ertragsanteilen von über 50 % auf Wiesen und Weiden zu Unkräutern. Aufgrund des relativ geringen Ertrages der sonstigen Kräuter und ihrer diätetischen Wirkung bei bereits relativ geringen Massenanteilen, werden sie vielfach bei Ertragsanteilen von über 30 % zu Unkräutern. Da zu den sonstigen Kräutern beispielsweise u. a. auch Vertreter der Cyperaceen zählen, ist anzumerken, daß Vertreter dieser Familie, so z. B. *Carex spec.*, leicht zu Reizungen und Entzündungen der Schleimhäute des Verdauungstraktes führen, d. h. je nach Gewöhnung und Massenanteil sind hier die Grenzen von Kraut zu Unkraut fließend. Hinweise zu den Grenzbereichen Kraut-Unkraut bzw. Gras-Ungras sowie zu den Schwellenwerten, wann vielfach die Bekämpfungswürdigkeit gegeben ist, finden sich für die Arten, die eine größere Verbreitung aufweisen (STÄHLIN 1969, JUNK 1982), in den Tab. 142 und 143. Im Einzelfall können jedoch Arten bereits unterhalb des angeführten Schwellenwertes bekämpfungswürdig sein, so beispielsweise auf dränierten Flächen Kräuter mit markanter Wurzelausbildung. Somit können auch technische Aspekte dazu führen, daß Kräuter zu gefährlichen Unkräutern werden können.

2.5.4.2 Indirekte Bekämpfung

2.5.4.2.1 Standortsfaktoren

Im Gegensatz zu den direkten Eingriffen gegen Unkräuter bzw. Ungräser, setzen die indirekten Bekämpfungsmaßnahmen an den eigentlichen Ursachen der unerwünschten Pflanzenbestandszusammensetzung an. Da die direkten und indirekten Maßnahmen sich vor allem in ihrer kurz- und langfristigen Auswirkung auf beabsichtigte Veränderungen hin fundamental unterscheiden, ist die Beachtung dieses Sachverhaltes ganz entscheidend. Im Prinzip ist das Instrumentarium der indirekten Unkraut- bzw. Ungrasbekämpfung identisch mit dem der umbruchlosen Grünlandverbesserung (vgl. 2.5.7). Aus diesem Grunde soll hier nur kurz auf die Haupt- und Wechselwirkungen der entscheidenden Faktoren eingegangen werden, soweit enge Zusammenhänge zu den direkten Bekämpfungsmaßnahmen gegeben sind.

In der Abb. 46 sind die wesentlichen Einzelmaßnahmen in ihrer Gesamtauswirkung auf die Narbe schematisch dargestellt. Hierbei ist allerdings zu beachten, daß von den aufgelisteten Eingriffen nicht ausschließlich Hauptwirkungen in Richtung einer Veränderung der Narbenzusammensetzung ausgehen, vielmehr treten darüber hinaus Interaktionen auf, die die Effizienz einiger oder gar aller weiteren Faktoren beeinflussen.

Diese als Folge der Veränderung der Auswirkung eines Faktors ausgelösten Wechselwirkungen können dann ihrerseits die eingeleitete Einzelmaßnahme in ihrer Auswirkung verstärken oder hemmen. Auf diese Komplexwirkungen soll hier nur aufmerksam gemacht, auf sie kann bei der Behandlung der Einzelfaktoren nicht so ausführlich eingegangen werden.

Von den variierbaren Standortsfaktoren haben Wasserüberschuß und Trockenheit besonderes Gewicht. So führt **Wasserüberschuß** ganz allgemein zu

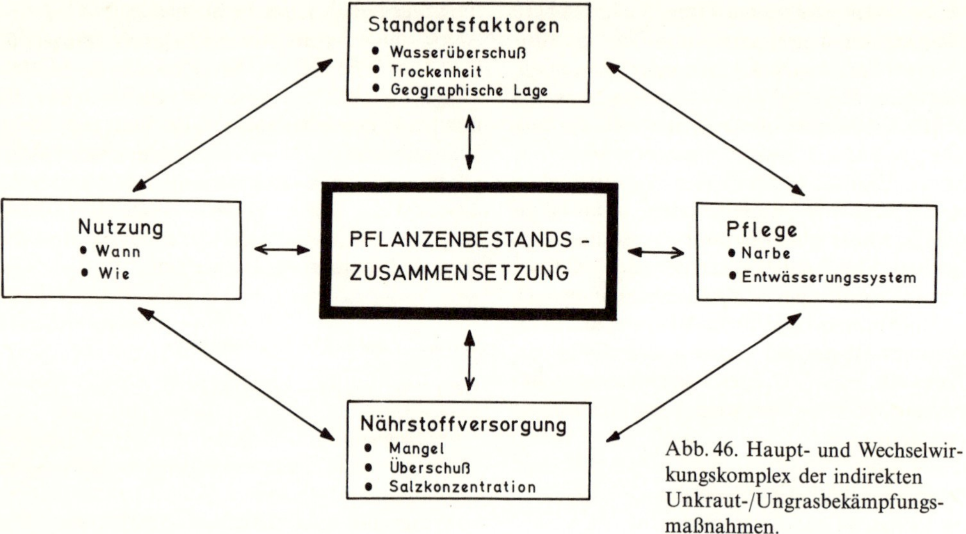

Abb. 46. Haupt- und Wechselwirkungskomplex der indirekten Unkraut-/Ungrasbekämpfungsmaßnahmen.

- Luftmangel im Wurzelbereich
- zu erhöhten Verdichtungen als Folge der Nutzung und
- zu erhöhten Narbenschäden, bedingt durch Schlupf und/oder Tritt.

Aufgrund von Luftmangel und Bodenverdichtungen werden u. a. Pflanzenarten gefördert, die sich durch eine toxische Wirkung auf die Nutztiere auszeichnen. Arten, die in diesem Zusammenhang eine größere Verbreitung aufweisen, sind u. a. *Caltha palustris*, *Cardamine pratensis*, *Colchicum autumnale*, *Equisetum palustre*, *Ranunculus acris*, *Ranunculus flammula*, *Senecio aquaticus*. Durch Narbenschädigungen infolge Tritt und Schlupf werden vor allem Arten gefördert, die die Eigenschaft haben,rasch über Ausläufer und die Entwicklung aus Samen den Freiraum zu besiedeln. Arten, die auf diese Weise narbenbeherrschend werden können und sich durch einen geringen Wert auszeichnen, sind u. a. *Bromus mollis*, *Cirsium palustre*, *Elymus repens*, *Poa annua*, *Poa trivialis*, *Rumex crispus*, *Rumex obtusifolius*, *Stellaria media*, *Taraxacum officinale*.

Da die Ansprüche der Grünlandvegetation an den Wasserhaushalt nicht gering sind (vgl. 2.2.1), bewirkt selbst periodische **Trockenheit** eine Veränderung der Narbenzusammensetzung, indem die Kampfkraft der Narbe reduziert wird und sich so Pflanzen aus Samen entwickeln oder über Ausläufer rasch vegetativ ausbreiten und wertbestimmend werden. Arten, die hier größere Bedeutung erlangen können, sind in großen Zügen identisch mit denen, die bei der Auswirkung von Tritt- und Schlupfschäden angeführt sind.

Neben den variierbaren Standortsfaktoren hat die **geographische Lage** spezifische Auswirkungen auf die Verunkrautung mit bestimmten Arten. So kann bei entsprechender Bewirtschaftungsintensität in Höhenlagen beispielsweise *Alchemilla xanthochlora* eine bekämpfungswürdige Art werden, die in den Niederungen unter vergleichbaren Verhältnissen gar nicht vorkommt. Andererseits kann bei Wasserüberschuß in den Niederungen im gewissen Gegensatz zu den Höhenlagen *Equisetum palustre* ganz beachtliche Ertragsanteile erreichen. Das Vorkommen unerwünschter Arten hat demzufolge auch regionale Schwerpunkte mit den verschiedensten Bestimmungsgründen.

2.5.4.2.2 Nutzung

Die Auswirkungen des Nutzungstermines werden im Hinblick auf das Wann bzw. den **Zeitpunkt** vom Alter des Aufwuchses und dem Feuchtezustand des Bodens geprägt. Aus der Abb. 47 geht hervor, daß die Nutzungsfrequenz weitgehend unabhängig von der Düngungsintensität einen nachhaltigen Einfluß auf die Narbendichte ausübt. Dichte Narben haben ihrerseits wiederum relativ stabile Pflanzenbestände zur Folge. Darüber hinaus werden stärker behaarte Arten oder Kräuter mit erhöhten Konzentrationen an Glykosiden, Gerbstoffen und Harzen beim Weidegang in jüngerem Zustand stärker verbissen, was im besonderen für *Elymus repens* bzw. *Rumex crispus* und *Rumex obtusifolius* zutrifft.

Ferner gehen von dem Wie bzw. der **Art der Nutzung** Einflüsse aus, die zur Verunkrautung bzw. Verungrasung führen können oder bei einer optimalen Organisation das Gegenteil bewirken. So fördert der Schnitt bei reduzierter Nutzungsfrequenz im Unterschied zum Weidegang mit erhöhter Nutzungshäufigkeit eine Reihe von Umbelliferen, wie z. B. *Anthriscus sylvestris*, *Heracleum sphondylium*. Ein tiefer Schnitt hat in Abhängigkeit von der Höhe der N-Düngung nachteilige Auswirkungen auf die Ausdauer wertvoller, an der Ertragsbildung beteiligter Gräser. Beim Weidegang gehen in Abhängigkeit von der Nutzungsform tierspezifische Wirkungen auf die Zusammensetzung der Narben und damit den Anteil auch unerwünschter Arten aus, so daß es beispielsweise auf Pferde-, Schweine- und Geflügelweiden zu Entartungen kommen kann, denen sich wirkungsvoll durch den Nutzungswechsel gegensteuern läßt (vgl. 2.6.4.4).

2.5.4.2.3 Nährstoffversorgung

Je stärker der Zustand Nährstoffmangel bzw. Nährstoffüberschuß ausgeprägt ist, desto markanter wirken sich Nährstoffgaben auf die Narbenzusammensetzung aus. Nachhaltige Auswirkungen auf den Anteil erwünschter bzw. unerwünschter Arten haben vor allem die N- und Ca-Versorgung (vgl. 2.5.2). Im Hinblick auf die N-Zufuhr bestehen enge Wechselwirkungen zur Nutzung, für die Effizienz der Ca-Zufuhr kommt dem **Wasserhaushalt** ein hoher Stellenwert zu.

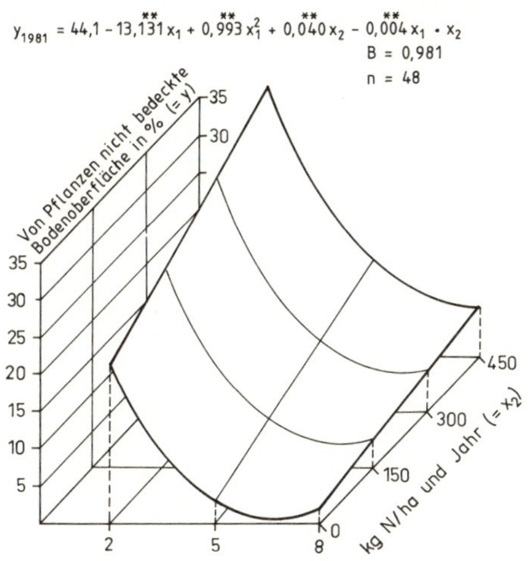

Abb. 47. Von Pflanzen nicht bedeckte Bodenoberfläche (= y) bei variierter Nutzungsfrequenz (= x_1) und N-Düngung (= x_2) nach fünfjähriger differenzierter Behandlung, Rengen 1981.

Darüber hinaus stellt die nicht sachgerechte Applikation vor allem **wirtschaftseigener Dünger** für die Verunkrautung und Verungrasung ein beachtliches Gefahrenmoment dar, da es leicht zu Narbenschäden kommen kann und sich so in Abhängigkeit vom Nutzungssystem unerwünschte Pflanzen aus dem Samenvorrat entwickeln können, wie z. B. *Anthriscus sylvestris*, *Cirsium arvense*, *Heracleum sphondylium*, *Poa trivialis*, *Rumex crispus*, *Rumex obtusifolius*, *Stellaria media*, *Taraxacum officinale*, *Urtica dioica* bzw. Arten, die die von Pflanzen nicht mehr bedeckte Bodenoberfläche rasch besiedeln, die sich durch Ausläufer ausbreiten, wie z. B. *Elymus repens*. Das skizzierte Problem stellt sich vor allem

- bei hohen Besatzstärken
- bei geringem Lagerraum für wirtschaftseigene Dünger und
- bei ungünstigem Relief.

In Abhängigkeit vom Kolloidgehalt der Böden, der Höhe der N-Gabe und der Nutzungsfrequenz können erhöhte **Salzkonzentrationen** nahe der Bodenoberfläche die Verbreitung von *Elymus repens* nachhaltig begünstigen (Schäfer 1971, Opitz von Boberfeld 1980c). Die Gefahr der Salzschäden läßt sich auf dafür prädestinierten Standorten durch die Höhe, die Art und den Termin der Nährstoffgaben einschränken.

2.5.4.2.4 Pflege

Bei den Pflegemaßnahmen ist zu unterscheiden zwischen Eingriffen, die direkt an der Narbe ansetzen und Aufwendungen, die die Funktion des Entwässerungssystems über längere Zeit hinweg sichern. Auf intensiv bewirtschaftetem Grünland sowie beim Einsatz von Herbiziden auf stärker verkrauteten Flächen sind Nachsaaten in ihrer narbenstabilisierenden Funktion als Pflegemaßnahme, die direkt auf die **Narbe** wirken, zu betrachten, indem durch sie sich bildende Lücken geschlossen werden bzw. die Zusammensetzung der Narbe gezielt verändert wird. Auf zur Auflockerung neigenden Böden, wie z. B. auf Mooren, wirkt das Walzen aufgrund der Beeinflussung des Wasserhaushaltes sowie der Begrenzung der Mineralisationsraten der Verkrautung mit u. a. *Achillea millefolium*, *Anthriscus sylvestris*, *Galium mollugo*, *Heracleum sphondylium*, *Urtica dioica* bzw. einer einseitigen Zunahme der Obergräser entgegen. Bei der Weidenutzung wirkt in Abhängigkeit von der Höhe des Weiderestes die Nachmahd der nutzungsbedingten Selektion der Arten entgegen (vgl. 2.5.3).

Die Pflegemaßnahmen der **Entwässerungssysteme** haben in Abhängigkeit vom Wasserhaushalt des Standortes indirekte Auswirkungen auf die Zusammensetzung der Pflanzenbestände. Hier ist zu beachten, daß auf dränierten Flächen vor allem Kräuter mit einem ausgeprägten Wurzelsystem, wie z. B. *Equisetum palustre*, *Petasites hybridus*, *Rumex crispus*, *Rumex obtusifolius*, bereits bei sehr geringen Anteilen aus technischen Gründen zu gefährlichen Unkräutern werden können, indem sie die Funktion der Dränage beeinträchtigen.

2.5.4.3 Direkte Bekämpfung

2.5.4.3.1 Selektiv wirkende Herbizide

Sämtliche Einzelmaßnahmen der direkten Bekämpfung, wie z. B. der Einsatz von Herbiziden bzw. die Durchführung von Neuansaaten, setzen im Prinzip nur an den Symptomen und nicht wie die indirekten Bekämpfungsmaßnahmen an den Ursachen der unerwünschten Zusammensetzung der Narbe an. Demzufolge haben Maßnahmen der direkten Bekämpfung unerwünschter Arten nur eine kurzfristige Wirkung, sofern nicht gleichzeitig auch die indirekten Maßnahmen (vgl. 2.5.4.2) durchgeführt werden. Andererseits sind in Abhängigkeit von dem Anteil unerwünschter Pflanzen die direkten Maßnahmen die Basis für die Auswirkung der indirekten Eingriffe zur Bestandesführung. Bei der Wahl des selektiv wirkenden Herbizides besteht zwischen den Anwendungsbereichen Acker- und Grünland ein grundlegender Unterschied. Auf dem Ackerland kommen bevorzugt Mittel mit großer Breitenwirkung, dagegen auf dem Grünland Produkte mit hoher Selektivität zum Einsatz. Insofern sind insbesondere beim Herbizideinsatz auf dem Grünland Kenntnisse über die zu bekämpfende Art, die zu schonenden Arten sowie Informationen über die spezifischen Wirkungen der Aktivsubstanzen unumgänglich.

Bei der Anwendung von Herbiziden sind ganz allgemein zu unterscheiden, und zwar Mittel

- ohne Translokation der Aktivsubstanzen, d. h. Ätzmittel bzw. Kontaktherbizide, sowie
- mit Translokation der Aktivsubstanzen, d. h. Wuchsstoffmittel bzw. systemisch wirkende Herbizide.

Da **Kontaktherbizide** nur zerstörend auf die Pflanzenteile wirken, mit denen sie eine gewisse Zeit Kontakt haben, stellt sich ein Bekämpfungserfolg nur bei jungen Pflanzen mit relativ wenig Blatt- und Wurzelmasse ein. Die Selektivität bei einem derartigen Wirkungsprinzip beruht vorwiegend auf morphologischen Unterschieden zwischen den Arten, hier sind u. a. von Bedeutung:

- die Blattform
- die Blatthaltung
- die die Epidermis umgebenden Wachsschichten.

Folglich hat der Einsatz von Kontaktherbiziden auf dem Grünland eine vergleichsweise geringe Verbreitung. Eine Aktivsubstanz mit vorwiegender Ätzwirkung, die in einigen Kombinationsprodukten zur Bekämpfung von *Stellaria media* enthalten ist, ist Ioxynil (Kurzbezeichnung); chemische Bezeichnung 4-Hydroxy-3,5-dijodbenzonitril, ein Nitrilderivat (PERKOW 1971). Die Ausnutzung der Ätzwirkung auf breitblättrige Kräuter, wie u. a. *Ranunculus spec.*, *Taraxacum officinale*, stand früher bei der Anwendung von Kainit und Kalkstickstoff neben der Nährstoffwirkung im Vordergrund. Ähnliche Auswirkungen auf die Kräuter hat die Applikation von Nährstofflösungen (OPITZ VON BOBERFELD 1981).

Die **systemisch wirkenden Herbizide** zeichnen sich im Vergleich zu den Kontaktherbiziden durch einen anderen Wirkungsmechanismus aus. Hier werden die Aktivsubstanzen über das Blatt, wie z. B. Phenoxyfettsäurederivate bzw. der auf dem Grünland angewandte Abkömmling der Carbamate, oder über das Blatt und die Wurzel, wie z. B. Benzoesäurederivate, aufgenommen und im gesamten System der Pflanzen verteilt. Diese aufgenommenen Aktivsubstanzen bzw. ihre Umwandlungsprodukte greifen dann störend in die Stoffwechselvorgänge ein (FEDTKE 1982), was vor dem Absterben der Pflanze durch Organdeformationen oder Nekrosen zum Ausdruck kommt. Aus dem Wirkungsmechanismus ergibt sich für die Anwendung solcher Mittel, daß hier mit einer ausreichend herbiziden Wirkung nur gerechnet werden kann, wenn

- sie bei wachstumsfördernder Witterung
- hinreichender Nährstoffversorgung und
- nicht in zu frühen Entwicklungsstadien

eingesetzt werden. Bei Substanzen, die ausschließlich über das Blatt aufgenommen werden, kommt der Verteilung, d. h. der Tropfengröße – kleine Tropfen – und der Formulierung – Salz bzw. Ester – für die Wirkung Bedeutung zu. Applikationen von Aktivsubstanzen, die über das Blatt und die Wurzel aufgenommen werden, lassen sich in der Regel nicht mit Nachsaaten (vgl. 2.5.9) kombinieren. Zum Einsatztermin bei der Flächenbehandlung läßt sich feststellen, daß der

Gesetzgeber für die auf dem Grünland in größerem Umfang zum Einsatz zugelassenen Herbizide, sofern nicht der Anwendungszeitpunkt festgelegt ist, z. Z.

- Wartezeiten von 28 Tagen, z. B. bei Abkömmlingen der Phenoxyfettsäuren (ANONYMUS 1984)
- Wartezeiten von 21 Tagen bei dem für den Einsatz auf dem Grünland infrage kommenden Derivat der Carbamate vorschreibt (ANONYMUS 1984) und daß
- Wartezeiten für die Einzelkomponenten des jeweiligen Abkömmlings von Nitril bzw. Benzoesäure, der z. Z. für den Anwendungsbereich Grünland zugelassen ist, im Prinzip von den jeweiligen Kombinationspartnern abhängen, da diese Aktivsubstanzen hier nur in Kombinationsprodukten enthalten sind (ANONYMUS 1984).

Diese Vorschriften haben zur Konsequenz, daß eine Flächenbehandlung im Frühjahr entfällt. Abgesehen von diesen Vorschriften hat ein späterer Einsatz von systemisch wirkenden Herbiziden größere Vorteile im Hinblick auf geringere Ertragsdepressionen bei den Nutzpflanzen und die erhöhte Sicherheit von Nachsaaten.

Die Einzelpflanzenbehandlung als Alternative zur Flächenbehandlung bietet sich an, wenn

- diese Maßnahme rechtzeitig eingeleitet wird
- die zu bekämpfenden Pflanzen punktuell vorhanden sind, wie dies z. B. im Frühstadium bei *Rumex crispus*, *Rumex obtusifolius*, *Urtica dioica* und einer Reihe von Umbelliferen der Fall ist
- zur Bekämpfung Mittel eingesetzt werden müssen, die in nicht unerheblichem Ausmaß auch die Entwicklung der Nutzpflanzen beeinträchtigen und
- Wartezeiten bzw. festgegebene Anwendungszeitpunkte Erschwernisse darstellen, die eine Flächenbehandlung gar nicht erlauben würden.

Im Unterschied zur Flächenbehandlung ist die Einzelpflanzenbehandlung, was die Gesamtherbizidaufwandmengen anbelangt, nicht so aufwendig und damit umweltfreundlicher, wobei der Bekämpfungserfolg in der Regel sogar sicherer ist. Im Hinblick auf den AKh-Aufwand und eine weitestgehend vollständige Erfassung aller zu bekämpfenden Pflanzen sollte die Einzelpflanzenbehandlung mit umgerüsteten Feldspritzen oder sogenannten Abstreifgeräten und möglicherweise zusätzlicher Färbung der Spritzlösung durchgeführt werden.

Sofern eine **Flächenbehandlung** bei größeren Aufwuchshöhen durchgeführt wird, kann eine Nachbehandlung erforderlich werden,da hier ein Teil der unerwünschten Pflanzen dann nicht mit dem Spritzfilm kontaminiert wird. Der Kontakt von zu bekämpfender Pflanze und Spritzfilm ist bei den meisten selektiv wirkenden Herbiziden für die Vernichtung jedoch erforderlich. Die Ursache einer nicht voll befriedigenden Wirkung einer nur einmaligen Behandlung ist vielfach in diesem Sachverhalt begründet.

Bei den selektiv wirkenden **Wuchsstoffmitteln** haben die sechs Derivate der Phenoxyfettsäuren die größte Bedeutung und damit die stärkste Verbreitung; sie haben der chemischen Unkrautbekämpfung nach dem zweiten Weltkrieg erst zum entscheidenden Durchbruch verholfen. Die Aktivsubstanzen dieser Gruppe greifen störend in eine Reihe von Stoffwechselprozessen ein (KOCH und HURLE 1978, FEDTKE 1982). Da die Abkömmlinge der Phenoxyfettsäuren im Boden rasch inaktiviert werden, erfolgt ihre Aufnahme und Wirkung nahezu ausschließlich über das Blatt. Folglich lassen sich Nachsaaten mit der Anwendung derartiger Aktivsubstanzen kombinieren. Die Abkömmlinge der Phenoxyessig-, Phenoxypropion- sowie Phenoxybuttersäure, und zwar im einzelnen

Kurzbezeichnung	**Chemische Bezeichnung**
MCPA	4-Chlor-2-methylphenoxyessigsäure
2,4 D	2,4-Dichlorphenoxyessigsäure
2,4,5 T	2,4,5-Trichlorphenoxyessigsäure
CMPP	4-Chlor-2-methylphenoxypropionsäure
2,4 DP	2,4 Dichlorphenoxypropionsäure
MCPB	4-Chlor-2-methylphenoxybuttersäure

wirken auf die Kräuter selektiv, d. h. zur Bekämpfung bestimmter Kräuter ist eine gezielte Auswahl der jeweiligen Aktivsubstanz erforderlich. Werden diese Aktivsubstanzen ganz allgemein von mild zu aggressiv hin aufgelistet, so ergibt sich folgende Gruppierung (STÄHLIN 1969, KOCH 1970)

- mild und damit leguminosenschonend: MCPB
- mild bis mittel und damit keine vollständige Vernichtung der Leguminosen: MCPA, 2,4 D
- mittel bis aggressiv und damit bereits eine vollständige Vernichtung der Leguminosen: CMPP, 2,4 DP

- aggressiv und damit sogar gehölzartige Pflanzen schädigend bis vernichtend: 2,4,5T.

Diese sechs Aktivsubstanzen sind in den Handelsprodukten in der Regel als Salz- und vereinzelt als Esterformulierungen enthalten. Was die Aggressivität anbelangt, sind Esterformulierungen namentlich bei höheren Temperaturen aufgrund der u. a. vergrößerten Kontaktfläche bzw. besseren Verteilung in der Regel toxischer als die entsprechenden Salzformulierungen (KOCH und HURLE 1978), womit aber auch gleichzeitig die Gefahr der Schädigung von benachbarten Kulturen zunimmt. Nicht zuletzt aufgrund der wesentlich besseren Löslichkeit in Wasser kommt den Salzformulierungen durchweg die größere Bedeutung zu.

Spezielle Hinweise sind in den Tab. 142 und 143 nach dem jetzigen Stand und unter Berücksichtigung der Angaben von STÄHLIN (1969) zusammengestellt. Die in den Tab. 142 und 143 angegebenen Werte sind im Hinblick darauf, ab wann die einzelnen Arten bekämpfungswürdig sind, als

Tab. 142. Unkräuter frischer bis nasser Standorte (Indirekte Bekämpfung: Steigerung der Bewirtschaftungsintensität und vereinzelt Entwässerung; Direkte Bekämpfung: Behandlung mit den nachstehend angeführten Aktivsubstanzen)

Unkraut	Wertzahl nach KLAPP et al. (1953)	Bekämpfungswürdig ab Ertragsanteil von ca.	Aktivsubstanzen	Anwendungshinweise
Caltha palustris	–1	3%	MCPB oder MCPA	Bei Blühbeginn gut erfaßbar
Cardamine pratensis	–1	5%	MCPA oder 2,4D + MCPA	Bei früher Nutzung selten erforderlich
Cirsium oleraceum	4	10%	MCPB oder 2,4D + MCPA	Von 20 cm Höhe bis zur Blüte
Cirsium palustre	0	5%	2,4D oder 2,4D + MCPA	Von 20 cm Höhe bis zum Knospenstadium
Colchicum autumnale	–1	2%	CMPP-haltig 2,4,5-T-haltig	Bei 20–30 cm Höhe in Verbindung mit Walzen
Equisetum palustre	–1	1%	Dichlobenil in 30–40 cm Tiefe	Im Herbst als Unterschneide–Unterspritzverfahren
Filipendula ulmaria	3	10%	2,4D oder 2,4D + MCPA	Bei Nesterbehandlung Totalherbizide
Juncus spec.	0/1	10%	2,4D + MCPA oder 2,4DP	Kurz vor der Blüte 20–30 cm Höhe
Petasites hybridus	2	10%	2,4DP oder 2,4,5-T-haltig	Empfindlich im zeitigen Frühjahr bei Blüte
Polygonum bistorta	4	20%	2,4DP oder 2,4,5-T-haltig	Bei 15–20 cm Höhe im Spätsommer
Ranunculus acris	–1	5%	MCPB oder MCPA + 2,4DP	Bei 15 cm Höhe bis Blühbeginn
Ranunculus flammula	–1	2%	CMPP-haltig 2,4,5-T-haltig	Hier liegen kaum Erfahrungen vor
Ranunculus repens	2	10%	2,4D + MCPA oder CMPP	Vor der Blüte im Spätsommer
Senecio aquaticus	–1	5%	2,4D + MCPA 2,4,5-T-haltig	Zum Zeitpunkt der Blüte

Tab. 143. Unkräuter nicht sachgerecht bewirtschafteter Flächen (Indirekte Bekämpfung: Änderung der Bewirtschaftungsmaßnahmen; Direkte Bekämpfung: Behandlung mit den nachstehend angeführten Aktivsubstanzen)

Unkraut/Ungras	Wertzahl nach KLAPP et al. (1953)	Bekämpfungs-würdig ab Ertragsanteil von ca.	Aktivsubstanzen	Anwendungshinweise
Achillea millefolium	5	10%	CMPP oder CMPP + 2,4,5-T	Bei 10–15 cm Höhe im Spätsommer
Alchemilla xanthochlora	5	10%	MCPB oder 2,4D + MCPA	Empfindlich im Frühjahr
Anthriscus sylvestris	4	10%	2,4DP oder 2,4,5-T-haltig	Bei etwa 20 cm Höhe
Capsella bursa-pastoris	1	5%	MCPA oder 2,4D + MCPA	Im Rosettenstadium
Cirsium arvense	0	5%	MCPB oder 2,4D + MCPA	Von 20 cm Höhe bis zum Knospenstadium
Galium mollugo	3	5%	2,4D + MCPA oder CMPP	Bei etwa 10 cm Höhe im Spätsommer
Geranium pratense	2	10%	2,4D oder 2,4D + MCPA	Bis zur Blüte sehr empfindlich
Heracleum sphondylium	5	10%	2,4,5-T-haltig 2,4DP überdosiert	Bei etwa 20 cm Höhe
Plantago spec.	2/6	5–20%	MCPB oder 2,4D + MCPA	Empfindlich im Frühjahr
Pteridium aquilinum	–1	5%	Glyphosate oder Dalapon	Ab 10 cm Höhe und Neuansaat
Rumex crispus *R. obtusifolius*	1 1	5%	CMPP-haltig oder Asulam	Jungpflanzen aus Samen mit MCPB bekämpfbar
Stellaria media	2	5%	CMPP oder Ioxynil + 2,4DP	Bei 3–5 cm Höhe nach Schnitt
Taraxacum officinale	5	20%	2,4D oder 2,4D + MCPA	vor Knospenbildung im Spätsommer
Urtica dioica	1	5%	CMPP oder 2,4,5-T-haltig	Bei 20–30 cm Höhe, Nesterbehandlung
Elymus repens	6	> 40% oder Nester	Glyphosate oder Dalapon	Ab 10 cm Höhe und Neuansaat

grobe Richtwerte zu betrachten, d. h. je nach Situation liegen bei diesen Schwellenwerten erhebliche Varianzen vor – technische Aspekte, Ertrags- und Qualitätsaspekte. Ebenso sind bei den allgemeingehaltenen Anwendungshinweisen die jeweiligen Regelungen durch Verordnungen zu beachten (ANONYMUS 1984).

Diese aufgelisteten Hinweise entbinden den Anwender nicht von der Beachtung der Gebrauchsanweisung derartiger Produkte, zumal der Gesetzgeber jederzeit Anwendungsbeschränkungen verordnen kann, so beispielsweise bereits bei der Anwendung chlorreicher Verbindungen – wie von den selektiv wirkenden Herbiziden die Aktivsubstanz 2,4,5T und von den Totalherbiziden (vgl. 2.5.4.3.2) die Aktivsubstanz Paraquat –

aufgrund ihrer Persistenz. Einen vollständigen Überblick über die zugelassenen Präparate und ihre Einsatzmöglichkeiten gibt das jeweils neueste Pflanzenschutzmittelverzeichnis der Biologischen Bundesanstalt (ANONYMUS 1984).

Von den Derivaten der Carbamate hat z. Z. speziell für die Bekämpfung von *Rumex crispus* und *Rumex obtusifolius* die leguminosenschonende Aktivsubstanz mit der Kurzbezeichnung Asulam, chemische Bezeichnung Methyl-N-4-aminobenzolsulfonylcarbamat, für leguminosenreiche Pflanzenbestände eine gewisse Verbreitung. Da diese Aktivsubstanz hauptsächlich über das Blatt aufgenommen wird und eine hohe Selektivität aufweist, ergeben sich im Hinblick auf gleichzeitig zur Anwendung kommende Nachsaaten keine Probleme. Die phytotoxische Wirkung wird mit der Beeinträchtigung der Zellteilung meristematischer Gewebe erklärt (KOCH und HURLE 1978, FEDTKE 1982). Im Handel befinden sich z. Z. für den Anwendungsbereich Grünland keine Kombinationsprodukte, die u. a. diese Aktivsubstanz enthalten, sondern nur zwei Präparate mit diesem Wirkstoff (ANONYMUS 1984).

Von den Derivaten der Benzoesäuren hat z. Z. bei der Unkrautbekämpfung auf dem Grünland nur die Aktivsubstanz mit der Kurzbezeichnung Dicamba, chemische Bezeichnung 3-6-Dichlor-2-methoxybenzoesäure, Bedeutung. Dicamba ist in einigen Kombinationsprodukten enthalten, die schwerpunktmäßig bei der Bekämpfung von u. a. *Rumex crispus*, *Rumex obtusifolius*, *Stellaria media* eingesetzt werden. Die phytotoxische Wirkung wird mit störenden Einflüssen der Stoffwechselprozesse erklärt (KOCH und HURLE 1978, FEDTKE 1982). Da die Aktivsubstanz Dicamba sowohl über das Blatt wie die Wurzel aufgenommen wird, sollte der Einsatz Dicamba-haltiger Produkte nicht mit gleichzeitig durchgeführten Nachsaaten kombiniert werden.

Zur Bekämpfung kurzlebiger Gräser, wie *Bromus mollis*, *Poa annua*, *Poa trivialis*, aber auch krautartiger Vertreter, wie *Stellaria media*, weist das Benzofuranderivat mit der Kurzbezeichnung Ethofumesate, chemische Bezeichnung 2-Äthoxy-2,3-dihydro-3,3-dimethyl-5-benzofuranyl methansulfonat, das allerdings auch *Trifolium spec.* erfaßt, eine besondere Eignung auf. Bei diesem Wirkstoff handelt es sich um ein Blatt- und Bodenherbizid, dessen Anwendung im Herbst und Winter auf Grünlandansaaten noch relativ neu ist.

2.5.4.3.2 Totalherbizide

Da die selektiv wirkenden Herbizide mit und ohne Translokation der Aktivsubstanzen, abgesehen von dem Benzofuranderivat (vgl. 2.5.4.3.1), nur die Dikotyledonen und nicht die Monokotyledonen erfassen, kommt der Einsatz von Totalherbiziden in Betracht,
- wenn die Narbe völlig verungraster Flächen nachhaltig verbessert werden soll oder
- wenn die Narbe einen so geringen Anteil von erwünschten Arten aufweist, daß die angestrebte Veränderung der Narbenzusammensetzung mit anderen Verfahren zuviel Zeit in Anspruch nehmen würde oder
- wenn hartnäckige Unkräuter (z. B. *Rumex obtusifolius*) im Einzelpflanzenbekämpfungsverfahren beseitigt werden sollen.

Feste Schwellenwerte, die den Einsatz von **Totalherbiziden** in Kombination mit Neuansaaten notwendig erscheinen lassen, können nicht angegeben werden, da neben dem Ausmaß auch die Art der Verunkrautung und Verungrasung sowie die beabsichtigte Bewirtschaftungsintensität von Bedeutung sind. So kann der Einsatz vonTotalherbiziden mit anschließender Neuansaat Bedeutung erlangen, wenn die Ertragsanteile der als ansaatwürdig zu klassifizierenden Arten(vgl. 2.5.8) in der Summe unter 40% fallen. Die Alternative zum Einsatz von Totalherbiziden stellt die mechanische Bekämpfung (vgl. 2.5.4.3.3) über eine gute Bodenbearbeitung dar, unter der Voraussetzung, daß die Fläche überhaupt eine solche erlaubt. Auf einer Reihe von typischen Grünlandstandorten, so in extremen Hanglagen, auf flachgründigen, schwer bearbeitbaren Böden und Moorstandorten, ist diese Alternative zu den Totalherbiziden nicht gegeben (Einzelheiten zur Grünlanderneuerung mit Hilfe von Totalherbiziden vgl. 2.5.8.).
Einzelpflanzenbekämpfung mit Totalherbiziden kann mit üblichen Rückenspritzen vorgenommen werden. Dabei muß gewährleistet sein, daß kein Spritzmittel abdriftet. Für die Einzelpflanzenbekämpfung speziell sind sog. „Streichgeräte" entwickelt worden. Über einen Baumwolldocht, der aus einem Vorratsbehälter ständig mit Herbizidlösung versorgt und tropfnaß durchtränkt wird, lassen sich einzelne Blätter der zu bekämpfenden Pflanze auf einfache Weise mit der Herbizidlösung manuell bestreichen (Streichstab). Streichgeräte werden darüber hinaus auch als Anbaugeräte – dann mit entsprechend hoher Flächenleistung – hergestellt. Der Einsatz von derartigen Anbaugeräten setzt vor-

aus, daß die zu bekämpfenden Pflanzenarten den Pflanzenbestand in der Wuchshöhe deutlich überragen, so daß eine Schädigung der nutzbaren Pflanzen ausgeschlossen ist.

2.5.4.3.3 Mechanische Bekämpfung

Zur mechanischen Unkraut- bzw. Ungrasbekämpfung zählen

- das Unterschneide-Unterspritzverfahren mit anschließender Neuansaat zur direkten Bekämpfung von *Equisetum palustre* (KÖHLER 1970),
- der Umbruch ohne Herbizideinsatz, so auf leichten Böden zur generellen Bekämpfung der Ungräser inklusive *Elymus repens* und auf schweren Böden zur Bekämpfung von Gräsern, die sich mit Totalherbiziden schwer erfassen lassen, wie beispielsweise u. a. *Deschampsia cespitosa*, *Festuca arundinacea*, *Festuca rubra*, sowie
- der Reinigungsschnitt im Ansaatjahr zur raschen Bekämpfung vorwiegend der Samenunkräuter des Ackerlandes, wie beispielsweise *Chenopodium album*, *Galeopsis spec.*, *Lamium spec.*, *Raphanus raphanistrum*, *Sinapis alba*, *Thlaspi arvense*.

Bei dem in Norddeutschland entwickelten **Unterschneide-Unterspritzverfahren** zur Bekämpfung von *Equisetum palustre* wird die Narbe in einer Tiefe zwischen 30 und 40 cm mit Spezialgeräten unterschnitten und gleichzeitig u. a. die Aktivsubstanz mit der Kurzbezeichnung Dichlobenil, chemische Bezeichnung 2,6 Dichlorbenzonitril, wie Ioxynil (vgl. 2.5.4.3.1) ein Nitrilderivat in flüssiger Form, bevorzugt im Herbst ausgebracht. Diese Aktivsubstanz wird im Unterschied zu Ioxynil von den unterirdischen Trieben aufgenommen, wobei sich die Wirkung hauptsächlich auf die meristematischen Gewebe durch Hemmung des Wachstums erstreckt (KOCH und HURLE 1978, FEDTKE 1982). Aufgrund der beachtlichen Persistenz von Dichlobenil werden auch die späterhin nachwachsenden Triebe beim Erreichen der Schnitt- bzw. Applikationszone abgetötet, so daß ein längerfristiger Erfolg dieser Behandlungsmethode gewährleistet ist.

Eine Ackerzwischennutzung nach dem **Grünlandumbruch** ist, sofern dies überhaupt durchführbar ist, aus Gründen des unkontrollierten Abbaues der akkumulierten organischen Substanz, der damit verbundenen Beeinträchtigung der Bodenstruktur und des späterhin aufwendigen Aufbaues der organischen Substanz nicht zweckmäßig (KLAPP 1971). Dagegen kann die Zwischennutzung mit *Lolium* x *boucheanum*, *Lolium multiflorum* bzw. entsprechender Gemische in Kombination mit der späteren Nachsaat perennierender Arten aufgrund der hohen Kampfkraft dieser beiden Vertreter zur biologischen Verdrängung bzw. Vernichtung von beispielsweise *Elymus repens*, *Poa trivialis*, *Rumex crispus*, *Rumex obtusifolius* und *Taraxacum officinale* ausgenutzt werden.

2.5.5 Krankheiten, Schädlinge und Schäden der Grasnarbe

Die Futtergräser und Futterleguminosen werden wie kaum andere Kulturpflanzen von zahlreichen Schädlingen befallen. Das Artenspektrum der Schädlinge hat seine größte Ausdehnung in natürlichen Pflanzengesellschaften und wird immer mehr eingeengt, je einseitiger und artenärmer die Pflanzenbestände werden. Die verursachten Schäden können sich durchaus umgekehrt verhalten. Während in vielartigen Pflanzenbeständen der Platz befallener oder ausgefallener Pflanzenarten von nicht geschädigten ausgefüllt werden kann, ist das in Reinbeständen nicht möglich, wenn der Bestand durch einen auf die betreffende Art spezialisierten Schädling betroffen wird.

In diesem Abschnitt sollen nur Krankheiten und Schädlinge besprochen werden, die für mehrjährige Arten des Dauergrünlandes und damit für das Dauergrünland selbst von Bedeutung sein oder werden können.

Nach- und Neusaaten spielen im Grünlandbetrieb immer noch eine zunehmende Rolle. Deswegen werden Krankheiten und Schädlinge behandelt, die auf die wichtigsten mehrjährigen Ansaatgräser und Ansaatleguminosen spezialisiert sind oder auf ihnen vorkommen und sie im Ertrag und in der Qualität nachweislich beeinträchtigen. Nicht eingegangen wird auf Krankheiten und Schädlinge im Feldfutter- und Samenbau.

Es liegen verhältnismäßig wenig Ergebnisse über den Einfluß von Krankheiten und Schädlingen auf die Erträge und die Futterqualität vom Dauergrünland vor. Zusätzlich muß aber immer bedacht werden, daß latente Schäden möglich sind und daß z. B. selektiv fressende Insektenlarven unerwünschte Pflanzenbestandsveränderungen einleiten können. So werden von verschiedenen Autoren die im Laufe der Jahre nachlassenden Leistungen und die Ausfälle von wertvollen Pflanzenarten auf dem Grünland auch dem Einfluß von nicht beachteten Schädlingen angelastet.

2.5.5.1 Virosen

2.5.5.1.1 Vorkommen und Bedeutung

Viruserkrankungen wurden an Gramineen bereits Ende des vorigen Jahrhunderts beobachtet; sie wurden jedoch nicht als solche erkannt, sondern auf andere Ursachen zurückgeführt. Nach dem zweiten Weltkrieg waren weltweit etwa 25 Gramineenviren bekannt. Heute sind es über 100, davon mehr als 40 in Europa, etwa 15 in der Bundesrepubilk Deutschland, von denen zehn an Futtergräsern vorkommen können.

An Weißklee, Rotklee, Luzerne und anderen Leguminosen wurden in der DDR 13, in Großbritannien 17 Virusarten festgestellt. Virusbefall wurde – außer an Weißklee – auch an anderen Leguminosen des Dauergrünlandes gefunden. So wird aus Mittel- und Westeuropa über die Anfälligkeit der „Wildformen" von Rotklee und Schwedenklee sowie der Wiesenpflanzen Fadenklee und Zaunwicke berichtet.

Schäden durch Viren wurden zuerst in Reinbeständen und meistens im Futterpflanzensamenbau beobachtet. Bald fielen sie auch in artenreicheren Dauergrünlandbeständen auf, wo sie aber nicht so ernst genommen wurden, weil man auf die Bestandsregulierung durch die überwiegenden Anteile nicht befallener Arten vertraute.

Intensive Grünlandwirtschaft führt jedoch zu einseitigen Beständen, in denen oft besonders anfällige Arten vorherrschen, z. B. Deutsches Weidelgras oder Knaulgras. Das trifft noch stärker für Nachsaaten und Neuansaaten zu. Diese können deswegen durch Virosen wesentlich stärker geschädigt werden.

Manche Gräserviren bringen die befallenen Individuen zum Absterben, andere reduzieren die Bestockung und wieder andere verringern die Wuchshöhe, fördern aber Bestockung und Zwergwuchs. Damit werden die Konkurrenzverhältnisse im Mischbestand in unterschiedlicher Weise beeinflußt. Häufig liegen Mischinfektionen vor, so daß an Hand der Symptome keine sicheren Rückschlüsse auf die vorliegenden Virusarten möglich sind.

Die TS-Erträge werden nicht nur durch geringere Bestockung, eingeschränkte Wuchshöhe oder Zwergwuchs beeinträchtigt, sondern auch durch deutlich herabgesetzte Photosyntheseraten. Zugleich wirken Virosen nachteilig auf die Gehalte an wasserlöslichen Kohlenhydraten und damit auf die Verdaulichkeit, auf Überwinterung und Ausdauer. So wurde häufig beobachtet, daß als weniger ausdauernd bekannte Weidelgrassorten früher und stärker von Virosen befallen wurden als ausdauernde Sorten.

Viren, die die Bestockung reduzieren und die Wuchshöhe nicht einschränken, haben auf Grund der Ausbreitung der gesunden Pflanzen im Bestand nur eine geringe Schadwirkung. Dagegen ist eine Kompensation des verursachten Schadens kaum möglich, wenn er von Viren herrührt, die die Wuchshöhe verringern und die Bestockung anregen.

Viren mit hoher Pathogenität kommen besonders an einjährigen Gramineenarten vor. An mehrjährigen oder ausdauernden Arten können aber auch weniger pathogene Viren infolge der längeren Einwirkung hohe Verluste verursachen. So wurden in der DDR an *Lolium perene* Grünmasseverluste von über 20 % nachgewiesen.

Futter-, Wild- und Ungräser sind aber auch als Infektionsquellen und als Wirtspflanzen der Überträger von Getreideviren von wirtschaftlicher Bedeutung.

2.5.5.1.2 Übertragung und Symptome

Virosen können durch Samen, Nematoden, Milben, Zikaden, Blattläuse, Käfer oder auf mechanischem Wege übertragen werden. Die meisten der von Invertebraten übertragenen Virusarten werden auch mechanisch verbreitet, indem Pflanzensaft von befallenen Individuen durch Verletzung verschiedener Art (Mähen, Reiben, Quetschen, Befahren, Beweiden) auf gesunde Pflanzen gelangt. Dagegen scheint sich keine der von Invertebraten übertragenen Virosen mit dem Saatgut auszubreiten.

Die Symptome von Gramineenviren sind im Frühjahr und Herbst am deutlichsten ausgeprägt.

Mechanisch übertragbare Viren verursachen Verfärbungen der Blätter, die mit gelblich-grauer bis dunkelgrüner Strichelung oder Scheckung verbunden sind. Übergang zu braunen Flecken und Nekrosen ist möglich, die Bestockung ist beeinträchtigt.

Nicht mechanisch übertragbare Viren bewirken stärkere Verfärbungen, eine intensivere Bestockung, eine allgemeine Verzwergung der Pflanzen und weniger Blüten.

2.5.5.1.3 Virosen an Futtergräsern

Aus der großen Zahl der an Gramineen vorkommenden Viren sollen nur einige für Futtergräser besonders wichtige hervorgehoben werden.

Das **Virus der Gelbverzwergung der Gerste** (engl.

barley yellow dwarf virus) kommt an den meisten wichtigen Futtergräsern vor. Es wird von verschiedenen Blattlausarten übertragen.

Symptome: Wachstumsdepressionen, verstärkte Bestockung, verringerte Ähren- und Blütenbildung, Verfärbungen.

Latente Infektionen sind häufig.

Der Wirtspflanzenkreis umfaßt mehr als 100 Gräserarten *(Poa-*, *Dactylis-*, *Bromus-*, *Phleum-*, *Lolium-*, *Agrostis*-Arten*)*; sie können eine wichtige Infektionsquelle für frühe Aussaaten von Wintergetreide (Gerste) darstellen. In alten Grünlandbeständen wurde ein Befall von 70% nachgewiesen.

Weidelgrasmosaikvirus *(*engl. *ryegrass mosaic virus)*. Die wichtigsten Wirtspflanzen sind die Weidelgrasarten. Befallen werden aber auch Knaulgras, Schwingelarten und Rispengräser. Das Virus wird mechanisch beim Mähen und Befahren, hauptsächlich aber durch Milben übertragen.

Symptome: Hellgrüne bis gelbliche Fleckung bis zu ernsthaften Schädigungen und zum Absterben von Individuen. Anzahl der vegetativen und fertilen Triebe sowie Pflanzenhöhe reduziert. Auf niedrigem Infektionsniveau können gesunde Pflanzen den Ertragsausfall ausgleichen. Sind 70 bis 80% der Pflanzen befallen, so ist nach englischen Untersuchungen mit Ertragseinbußen von etwa 25% zu rechnen.

Knaulgrasscheckungs-Virus *(*engl. *cocksfoot mottle virus)*,

Knaulgrasstrichel-Virus *(*engl. *cocksfoot streak virus)*,

Virus des milden Knaulgrasmosaiks *(*engl. *cocksfoot mild mosaic virus)* treten meist gemeinsam auf, verursachen aber nach Berichten aus der DDR nur dann stärkere Verluste, wenn das Knaulgrasscheckungsvirus dabei ist, das durch Blattkäfer der Gattung *Lema* übertragen wird. Den beiden anderen Knaulgrasviren dienen Blattläuse als Vektoren.

Das **Virus der Blauverzwergung des Glatthafers** *(*engl. *Arrhenatherum blue dwarf virus)* tritt besonders am Glatthafer hervor, kann aber auch an *Lolium perenne* sichtbar werden, weniger deutlich an *Trisetum flavescens*, *Lolium multiflorum* und *Phleum pratense*. Das Virus wird durch Zikaden der Gattung *Javesella* übertragen.

Symptome: Extreme Verzwergung; Blütenhalme, soweit noch vorhanden, auffallend dunkel- bis blaugrün verfärbt und starr aufrecht stehend.

Das **Trespenmosaik-Virus** *(*engl. *brome mosaic virus)* tritt außer an *Bromus inermis* auch an *Lolium perenne*, *Lolium multiflorum*, *Dactylis glomerata*, *Festuca pratensis* und *Poa pratensis* auf. Es ist mechanisch übertragbar und durch Nematoden der Gattung *Xiphinema*.

Symptome: Hellgrüne, z.T. chlorotische, z.T. nekrotische Strichelung oder Streifung. Absterben der oberen Blatteile nach Verbräunung der Blattspitzen.

Während aus den USA, Canada und der Sowjetunion von ganz erheblichen Minderungen des Futterertrages von *Bromus inermis* und *Dactylis glomerata* berichtet wird, stellt dieses Virus für die Futtergräser in Mitteleuropa offenbar keine Gefahr dar. Dasselbe gilt für das **Festuca-Nekrose-Virus** und das **Queckenmosaik-Virus.**

2.5.5.1.4 Virosen an Futterleguminosen

Das Rotkleewachstum wurde in der DDR häufig durch Viren, insbesondere durch das hier erstmals nachgewiesene **Rotkleescheckungsvirus** gehemmt. An Rotklee, Weißklee, Luzerne und anderen Leguminosen kamen 13 Virusarten vor, am häufigsten das **Bohnengelbmosaik-Virus** (SCHMIDT 1980). An mehrjährigen Beständen wurden starke Ertragsdepressionen durch **Mischinfektionen** beobachtet, an denen u. a. das Erbsenmosaik-, das Bohnengelbmosaik-, das Rotkleeadernmosaik- und das Rotkleescheckungs-Virus beteiligt waren. Von den Rotkleepflanzen auf englischen Weiden waren 14% mit Viren infiziert.

Das **Luzernemosaik-Virus** kann auch auf Rotklee im Gemisch mit Luzerne übergreifen, während gegen das von Blattläusen übertragene **Erbsenblattrollvirus** u.a. Luzerne, Inkarnatklee, Fadenklee und Zaunwicke stark anfällig waren.

Mykoplasmen, kleinste selbständig existierende Organismen, verursachen Krankheiten an Luzerne, Schwedenklee und Weißklee. Die von Zikaden übertragene Phyllodie oder Blütenvergrünung des Weißklees wird Mykoplasmen oder einem Virus zugeschrieben. Die befallenen Pflanzen bleiben klein, haben chlorotische Blätter und bilden nur kleine, weiße und wenig effiziente Wurzelknöllchen aus; die Enzymaktivität in den Wurzeln ist gestört.

Das Vorkommen von Virosen an Leguminosen in mehrjährigen und Dauerbeständen ist für das Grünland insofern von Bedeutung, als Rotklee in Dauerwiesen und Weißklee in Weiden und Mähweiden geschädigt werden können. Auf Neuansaaten können einige Virosen schon durch das Saatgut übertragen werden. Im Hinblick auf Dauerleistung scheint daher eine systematische Selektion auf Virustoleranz aussichtsreich zu sein.

2.5.5.1.5 Bekämpfung von Virosen.

Von den meisten Viruserkrankungen können sich die befallenen Pflanzen nicht erholen. Eine direkte chemische Bekämpfung der Viren ist jedoch nicht möglich. Deswegen gilt es, alle **pflanzenbaulichen Maßnahmen** auszunutzen, um stärkeren Schäden vorzubeugen. Dazu gehören die schnelle Entwicklung eines gleichmäßigen Bestandes, die rasche Beseitigung befallener Stoppeln und ggf. Tiefschnitt zur Verminderung der Zahl virusübertragender Milben oder Blattläuse. So berichten Clements et al. (1978), daß durch Tiefschnitt die Zahl der Milben von 562 (15 cm) auf 63 (4 cm) und der Befall mit dem Weidelgrasmosaik-Virus von 66 auf 46% reduziert wurde.
Manche Virosen werden durch **Weidenutzung** eingedämmt, z. B. das Knaulgrasscheckungs-Virus, und durch Mahd oder Feldhäckslereinsatz gefördert. Allgemein scheint zu gelten, daß sehr intensive Nutzung mit erhöhter N-Düngung den Virusbefall begünstigt.

Als vorbeugende Maßnahmen gegen Virosen, speziell an Leguminosen, werden der Bezug von **virusfreiem Saatgut, frühe Aussaat, Unkrautbekämpfung** zur Beseitigung von Wirtspflanzen und genügende **Distanz** zwischen Samenbeständen und Infektionsquellen empfohlen; diese Hinweise können jedoch nur über Neuansaaten auf dem Grünland realisiert werden.

Der Gedanke an eine **chemische Bekämpfung der Virusüberträger** (Vektoren) ist naheliegend. Die Bekämpfung von Milben an Weidelgräsern mit einem Acaricid erwies sich sogar in verschiedenen Fällen als wirksam, ist aber selbst auf stärker befallenem Dauergrünland zu kostspielig. Die Behandlung von wertvollen Vermehrungen und Feldansaaten erscheint aussichtsreicher. Vertiefte Kenntnisse vom Lebenszyklus der Überträger sind Voraussetzung für weitere Fortschritte.

Größere Erfolge verspricht man sich von der Züchtung und vom Anbau resistenter bzw. toleranter Sorten. Versuche in Rothamsted haben gezeigt, daß große Unterschiede in der Sortenanfälligkeit bestehen – von höchster Empfindlichkeit fast bis zur vollständigen Resistenz. Durch Selektion von und Züchtung mit resistenten Typen kann die Ausdauer mit Sicherheit verbessert werden, ein wesentlicher Vorteil für Neuansaaten von Dauergrünland. Nach dem derzeitigen Stand der Kenntnisse sind mangelnde Ausdauer mancher Weidelgrassorten und rückläufige Erträge älterer Weidelgras-Weißkleeweiden z. T. auch auf Virusanfälligkeit bzw. Virusbefall zurückzuführen.

Auch innerhalb derselben Sorte können resistente und anfällige Typen vereint sein. In einem Rothamsteder Versuch wurden aus der Weidelgrassorte S23 virusfreie Typen selektiert und im Vergleich zur unselektierten Sorte angebaut. Nach Impfung mit dem Weidelgrasmosaik-Virus ergab sich folgendes:

	S23 unselektiert	S23 selektiert
% Befall	100	6
Ertrag (g/Pflanze)	10,2	13,6
relativ	100	133

Die aus einer Sorte selektierten virusfreien bzw. virustoleranten Typen können vorteilhaft in die Erhaltungszüchtung einbezogen werden.

In Großbritannien ist es gelungen, durch Meristemkultur virusfreies Klonmaterial aus Weidelgras- und Knaulgrassorten herzustellen. Mit Erfolg hat man offenbar begonnen, auf diesem Wege wertvolle Weidelgras- und Knaulgrassorten mit einer höheren Resistenz gegenüber verschiedenen Virosen auszustatten. Für Neuzüchtungen wird empfohlen, Klone aus virusfreien Typen zu verwenden, die unter hohem natürlichem Infektionsdruck selektiert wurden.

2.5.5.2 Pilzkrankheiten an mehrjährigen Futtergräsern

2.5.5.2.1 Schneeschimmel *(Fusarium nivale)* und andere Fusariumarten

Auftreten und Bedeutung
Der Schneeschimmel tritt hauptsächlich in schneereichen Lagen, aber auch in schneereichen Wintern in sonst schneeärmeren Gebieten auf. Er ruft in *Lolium*-reichen Beständen sehr starke Ertragsdepressionen hervor, die in Reinbeständen von *Lolium multiflorum* bis zu Totalausfällen gehen können. *Lolium perenne* ist etwas weniger anfällig.

Da in der Schweiz mehrjährige bis ausdauernde Formen von *Lolium multiflorum* und in schneereichen Lagen des bayerischen und schwäbischen Alpenvorlandes Mähweidebestände mit hohen Anteilen an *Lolium perenne* vorkommen, muß angenommen werden, daß es von beiden Arten Formen und Typen gibt, die eine kräftige Resistenz gegen Schneeschimmel entwickelt haben und bewahren.

Der Fusariumpilz findet unter der Schneedecke besonders gute Bedingungen für seine Entwicklung vor. Üppig und zu hoch in den Winter gegangene Bestände bieten offenbar sehr gute Voraussetzungen für Befall und Schädigung. Nach der Schneeschmelze zeigt sich dann auf dem toten oder stark geschädigten Pflanzenmaterial der typische rosafarbene Myzelbelag.

Neben den Erträgen wird die Qualität des Futters durch Fusariumbefall beeinträchtigt. Die Assimilation und die Stoffumsetzungen in der Pflanze werden behindert, so daß die Nährstoffgehalte und die Verdaulichkeit absinken. Zunehmend wird aber auch von Erkrankungen der Nutztiere durch Mykotoxine berichtet, die sich in Fruchtbarkeitsstörungen, Leistungsabfall, eingeschränkter Futteraufnahme und vereinzelt auch in Todesfällen äußern.

Diese Erkrankungen gehen von Futtermitteln mit Pilzbefall aus, so auch von Heu und Silage. Für verschiedene Fusariumarten an Futtergräsern wurden toxigene Stämme, sog. Mykotoxinbildner, nachgewiesen. Aber auch Arten anderer Gattungen sind in der Lage, toxigene Substanzen zu bilden.

Die meisten Mykotoxinbildner können alle Pflanzenorgane befallen, an Futtergräsern besonders den Halm und den Halmgrund. Es ist noch nicht genau bekannt, wieweit ein derartiger Pilzbefall die Ausgangsbasis für verschimmelte Konserven darstellt oder ob der Befall erst während der Futterwerbung bei ungünstiger Witterung einsetzt.

Vorbeugung und Bekämpfung

Hohe N-Düngung fördert zwar häufig den Befall, offenbar den mit Schneeschimmel aber nur dann, wenn im Herbst nicht intensiv genug genutzt wird. Intensive Beweidung, solange Boden und Grasnarbe es erlauben, aber auch Kurzschnitt (5 bis 6 cm) mit anschließendem Walzen hemmen die Entwicklung des Pilzes. Ein Wiederaustrieb der Grasnarbe bis zum endgültigen Wachstumsstillstand schadet nicht, wenn die Bestandshöhe in einem Bereich bis maximal 10 cm bleibt.

Im Frühjahr ist frühes Striegeln oder Abschleppen geschädigter Bestände ratsam, um die abgestorbenen Pflanzen zu verteilen und den noch gesunden Luft zu verschaffen. Rechtzeitige N-Düngung und Einsatz der schweren Walze sorgen für kräftige Bestockung und zügige Entwicklung des verbliebenen Bestandes. Oft kann er sich auch noch aus den Wurzeln regenerieren, wie in den letzten Jahren immer wieder beobachtet wurde; wenn die Wurzeln mitabgestorben sind, rührt sich allerdings nichts mehr. Diese Stellen sind meistens daran zu erkennen, daß die Bodenoberfläche deutlich gegenüber dem verbliebenen Nachbarbestand abgesenkt erscheint.

Züchterisch wird an der Entwicklung toleranter bzw. resistenter Sorten gearbeitet. Auch in Bayern ist ein größeres Programm angelaufen. Die Aussichten sind gut, weil es offenbar Ökotypen gibt, die unter hohem Infektionsdruck eine erhebliche Widerstandsfähigkeit erworben haben.

Schäden an der Halmbasis können durch die Halmbruchkrankheit *(Pseudocercosporella herpotrichoides)* und den Erreger des Scharfen Augenflecks *(Ceratobasidium)*, in den USA als cool weather disease bekannt, verursacht werden.

2.5.5.2.2 Rostpilze *Puccinia* spp.)

Kronenrost *(P. coronata)*

Kronenrost tritt hauptsächlich an Weidelgrasarten und Wiesenschwingel auf und kann dabei erhebliche Schäden hervorrufen. Der Befall erfolgt wärend der ganzen Vegetationszeit, fällt aber am meisten infolge höherer Temperaturansprüche erst im späten Frühjahr, im Spätsommer und im Herbst bei trockener Witterung auf; er beginnt mit dem Auftreten gelblicher Flecken auf den Blättern. Der Pilz ist mit verschiedenen Formen auf etwa 40 Gramineen-Gattungen spezialisiert. Eine enge Spezialisierung zeigt sich auf *Arrhenatherum elatius;* Pathotypen von *Lolium* weisen dagegen einen größeren Wirtskreis auf.

Der Ertrag kann durch Kronenrost um etwa 30% reduziert werden bei gleichzeitiger Minderung der Qualität. In Neuseeland wurden an Deutschem Weidelgras sogar Ertragsausfälle bis zu 64% festgestellt. Dabei werden Bestockung, Wurzelwachstum und Nachwuchs nach dem Schnitt deutlich beeinträchtigt. Der Anteil brauner und gelblicher Blattmasse und der Rohfasergehalt nehmen zu, während die Verdaulichkeit, die Gehalte an leichtlöslichen Kohlenhydraten, an Rohprotein und die Futteraufnahme zurückgehen.

Die Schäden sind normalerweise in Reinbeständen größer als in Klee-Gras-Flächen, in denen jedoch der Klee durch Rostbefall des Graspartners zur Dominanz gelangen kann. Der Einfluß der N-Düngung ist nicht eindeutig. Die Empfindlichkeit der Sorten gegen Kronenrost ist sehr verschieden; im allgemeinen sind frühe Sorten und Typen stärker gefährdet als späte. Besonders stark werden Neuanlagen im Ansaatjahr von Kronenrost befallen.

Gelbrost (*Puccinia striiformis*)
Gelbrost, auch als Streifenrost bekannt, befällt Getreide- und Grasarten in vielen Ländern der nördlichen Hemisphäre. Unter den Futtergräsern ist besonders das Knaulgras durch eine Varietät des Gelbrostes betroffen, die auf *Dactylis* spezialisiert ist (*P. striiformis*, f. sp. *dactylidis*), außerdem *Poa pratensis* (*P. striiformis*, f. sp. *poae*). Schwere Infektionen treten vom Hochsommer ab bis in den Herbst hinein auf; sie beeinträchtigen die Qualität allgemein und damit die Schmackhaftigkeit im weiteren Sinne. *P. striiformis* ist ein Rostpilz der kühleren Gebiete. Anhaltend feucht-kühles Wetter im Frühjahr und im Herbst fördern in Verbindung mit einem milden Winter sein Auftreten. Andererseits sind nach MÜHLE (1971) formae speciales bekannt, die ihr Temperaturoptimum bei 22 °C haben.

Anfälligkeit gegen Gelbrost scheint mit dem Gehalt der Pflanzen an leichtlöslichen Kohlenhydraten korreliert zu sein: Hohe NSKH-Gehalte fördern den Befall und umgekehrt. Da hohe NSKH-Gehalte aus Gründen der Futterqualität erwünscht sind, hat man versucht, hohe NSKH-Gehalte mit Resistenz gegen Gelbrost zu kombinieren.

Schwarzrost (*Puccinia graminis*)
Der Schwarzrost hat für die Getreidearten weltweit die größte wirtschaftliche Bedeutung. Er weist, wie alle Gräserroste, eine weitgehende physiologische Spezialisierung auf, auf die hier nur hingewiesen wird. Jedenfalls werden alle wichtigen Grasarten des Intensivgrünlandes vom Schwarzrost befallen. Er ist auf höhere Temperaturen angewiesen und kommt deswegen in Mitteleuropa nur dort vor, wo seine Zwischenwirte, Arten der Gattungen *Berberis* und *Mahonia*, vertreten sind. Hier muß er seinen vollen Zyklus durchlaufen, während er in wärmeren Gebieten auch mit seinen Uredosporen oder als Myzel überwintern kann.

Nur wenige Grasarten erleiden Schäden, die wirtschaftlich ins Gewicht fallen. Dazu gehören Lieschgras und Wiesenrispe. Das Sortenspektrum beider Grasarten läßt große Resistenzunterschiede erkennen. Die resistenteren Formen scheinen winterfester zu sein.

Die Befallssymptome zeigen sich in länglichen polsterförmigen Streifen auf Halmen und Blattscheiden. Die optimale Infektionstemperatur liegt innerhalb der engen Spanne von 20 bis 22 °C. Die Schäden wirken sich in herabgesetzter Triebzahl und in Ertragsverlusten bis 35 % aus.

Braunrost (*Puccinia recondita* agg.)
Außer den genannten Rostarten rufen Spezialformen von *P. recondita* Schäden an mehrjährigen bis ausdauernden Grasarten hervor. ULLRICH (1977) schlägt folgende Untergliederung vor:

Agrostis-Arten	*P. agrostidis*
Arrhenatherum elatius	*P. arrhenathericola*
Alopecurus-Arten	*P. perplexans*
Bromus-Arten	*P. bromina*

Weitere Puccinia-Arten
Puccinia brachypodii var. arrhenatheri tritt an Glatthafer auf, jedoch ohne gravierende Schadwirkung. *Puccinia brachypodii var. poae-nemoralis* befällt bevorzugt Wiesenrispe und Lieschgras und kann diese Arten in wirtschaftlich spürbarem Umfang schädigen.

Rostbefall, Vorbeugung und Bekämpfung
Ausgeglichene, d. h. bedarfsgerechte Nährstoffversorgung und frühzeitige Nutzung können den Rostbefall in Grenzen halten. N-Überschuß und K-Mangel fördern die Anfälligkeit der Pflanzen.

Für Neuansaaten bieten sich weniger anfällige Sorten an. Die Resistenzunterschiede der Lieschgras- und Wiesenrispensorten gegen Schwarzrost sind sehr groß. So wird der Resistenzzüchtung von verschiedenen Seiten nach wie vor große Bedeutung beigemessen, die allerdings durch Rassenbildung der verschiedenen Rostarten erschwert ist. Für Nach- und Einsaaten zur Grünlandverbesserung erscheint es interessant, daß Hybriden von Deutschem und Welschem Weidelgras gegen Kronenrost deutlich resistenter waren als die Ausgangsarten.

Die Anwendung von Fungiziden gegen Rostpilze ist möglich und wirksam. Jedoch ist die chemische Bekämpfung von Rostkrankheiten in reinen Futterbeständen und auf Dauergrünland wirtschaftlich kaum vertretbar. Systemische Fungizide sind offenbar mit einiger Aussicht auf erfolgreichen Einsatz getestet worden. Für Futterpflanzen gibt es aber in der Bundesrepublik Deutschland bisher keine entsprechenden Zulassungen. Zur Rostbekämpfung an wertvollen Zuchtstämmen sind Getreidefungizide verwendbar.

2.5.5.2.3 Echter Mehltau (*Erysiphe graminis*), Vorkommen und Bedeutung

Der Echte Mehltau ist weltweit verbreitet und kommt an über 100 Gramineen vor. Die von ihm verursachten Verluste sind schwer zu schätzen, da die Pflanzen selten ganz abgetötet werden. Auf jeden Fall sind Ertragsminderungen auf dem Dauergrünland zu erwarten, wenn anfällige Arten größere Anteile einnehmen. Hierzu gehören hauptsächlich Wiesenrispe, Knaulgras, Deutsches Weidelgras und Wiesenschwingel. Neben dem Ertrag wird die Futterqualität beeinträchtigt.

Für das Auftreten des Mehltaus ist die Witterung entscheidend. Starker Befall ist bei reduzierter Luftzirkulation, hoher Luftfeuchte, geringer Lichtintensität und einer Lufttemperatur um 18 °C zu erwarten. Mehltau tritt meistens im Frühjahr und Sommer nach Trockenperioden auf. Stärkere Niederschläge hemmen die Entwicklung des Pilzes.

Zu hohe Düngung mit N, Ca und Mg erhöht angeblich den Befall; Düngung mit K, P und Si setzt ihn herab. Neben der Höhe der N-Düngung scheint die N-Verteilung von Bedeutung zu sein: Frühe N-Gaben wirken offenbar befallsmindernd. Einen befallsfördernden Einfluß hat die Beschattung, die bei hoher N-Düngung und Luftfeuchte durch entsprechenden Höhen- und Massenwuchs bei zu spätem Schnitt erheblich sein kann.

Der Mehltau ist in hohem Maße auf seine Wirtspflanzen spezialisiert. Daher findet man an Gräsern viele „formae speciales" und physiologische Rassen. Sogar innerhalb einer Sorte können einzelne Typen gegen bestimmte Rassen anfällig sein.

E. graminis ist ein Oberflächenparasit. Er bildet oberflächliche, längliche bis elliptische, flaumige Pusteln auf der Blattoberfläche, die eine weiße bis grau-weiße Masse aus Myzel und Konidien darstellen. Das Temperaturoptimum beträgt 17 bis 22 °C. Der Pilz dringt mit seinen Haustorien in die Epidermiszellen ein. Beim Fortschreiten ändert sich die weißliche Myzelfarbe in ein gelb- oder grau-braun mit dunklen Perithecien, während die Blätter bald ganz vergilben. Der Pilz produziert große Massen von Sporen (5000 bis 6000/mm^2), die vom Wind auch über weite Strecken verbreitet werden können.

Mehltau, Vorbeugung und Bekämpfung

Die einzelnen N-Gaben sollten so bemessen werden, daß sie schnell in Ertrag umgesetzt werden können. Da in Bezug auf den Mehltaubefall Wechselbeziehungen zwischen N- und Wasserversorgung zu bestehen scheinen, ist eine dem augenblicklichen Ertragspotential angemessene N-Versorgung besonders bei guter bis reichlicher Wasserversorgung ratsam. Unter diesen Produktionsbedingungen ist frühzeitige Nutzung besonders wichtig, um die Beschattung nach Grad und Zeitspanne niedrig zu halten. Das gelingt am leichtesten im Weidebetrieb.

Wie bei den anderen Pilzkrankheiten ist eine chemische Bekämpfung möglich, aber im normalen Futterbau nicht lohnend. Für futterbaulich wertvolle Flächen, Züchtungen oder Vermehrungen kommt eine Mehltaubekämpfung mit Schwefelmitteln (Spritzen besser als Stäuben) oder mit systemischen Fungiziden, die für den Getreidebau zugelassen sind, in Frage.

In der Resistenz gegen Mehltau bestehen große Sortenunterschiede, insbesondere bei Deutschem Weidelgras. Resistenzzüchtung erscheint aussichtsreich. In der DDR wurden bereits stark anfällige Wiesenrispen-Sorten durch schwach anfällige und mäßig resistente ersetzt.

Außer den genannten sind für mehrjährige und perennierende Futtergräser noch folgende Pilzkrankheiten erwähnenswert:

Krankheit	Erreger
1. Erstickungsschimmel	*Epichloë typhina*
2. Hexenringe (Feenringe)	*Marasmius oreades* u. a.
3. Mutterkorn*	*Claviceps purpurea*
4. Schwarzbeinigkeit	*Gaeumannomyces graminis*
5. *Septoria*-Blattfleckenkrankheiten	*Septoria* species
6. *Typhula*-Fäule	*Thyphula* species
7. *Rhizoctonia*-Fäule	*Rhizoctonia solani*

* Ursache von Vergiftungsfällen an Weidetieren

2.5.5.3 Pilzkrankheiten an mehrjährigen Leguminosen

Leguminosen des Dauergrünlandes werden häufig von Pilzen befallen. Der Wirtspflanzenkreis der einzelnen Pilze ist von unterschiedlichem Umfang. In Tab. 144 sind nur die Schaderreger aufgeführt, die außer einjährigen Arten, Rotklee oder Luzerne auch mehrjährige Leguminosen, insbesondere Weißklee, befallen.

Kleekrebs *(Sclerotinia trifoliorum)*

Der Kleekrebs bewirkt nach englischen Untersuchungen deutliche Ertragsdepressionen in Weißkleebeständen. In einem Sortenversuch in Aber-

Tab. 144. Erreger von Pilzkrankheiten an Futterleguminosen

1. *Sclerotinia trifoliorum* (Kleekrebs)
2. *Fusarium*-Wurzelfäulekomplex
3. *Erysiphe trifolii* (Echter Mehltau)
4. *Cymadothea trifolii* (Kleeschwärze)
5. *Pseudopeziza trifolii* (Klappenschorf)
6. *Peronospora trifoliorum* (Falscher Mehltau)
7. *Leptosphaerulina trifolii* (Blattbrand)
8. *Uromyces nerviphilus* (Kleerost)
9. *Uromyces trifolii* (Kleerost)

ystwyth (SCOTT and EVANS 1980) brachten acht stark befallene Sorten (26 bis 55% der Fläche geschädigt) nur 47 bis 55% des Ertrages von fünf schwach befallenen (0 bis 5% der Fläche geschädigt) im ersten Schnitt. Ähnliches ergab sich im dritten Schnitt, während der Samenertrag im zweiten unbeeinflußt blieb. Auch in anderen Versuchen zeigten sich große Sortenunterschiede in der Kleekrebsanfälligkeit des Weißklees.
Der Kleekrebs verursacht im Herbst zunächst sehr kleine, braune Flecke. Die Blätter vergilben und sterben ab. Ein weißes, watteartiges Pilzmycel breitet sich von Pflanze zu Pflanze aus. Im Frühjahr findet man je nach Stärke des Befalls mehr oder weniger große Fehlstellen und an den Pflanzenresten, besonders am Wurzelhals, Sklerotien von etwa 4 bis 5 mm Größe. Diese keimen im Herbst an der Bodenoberfläche aus und bilden trichterförmige Fruchtkörper, in denen sich die Ascosporen entwickeln. Sie werden ausgeschleudert, durch den Wind verbreitet und rufen erneut Infektionen hervor. Ein Teil der Sklerotien gelangt auch in etwas tiefere Bodenschichten und bleibt dort für mehrere Jahre infektionsbereit. Die Entwicklung des Pilzes wird durch feuchtwarme Herbstwitterung und milde Winter begünstigt und durch Kälte gehemmt.

In den meisten Gebieten werden Rotklee und Inkarnatklee am stärksten betroffen, in anderen der Weißklee (O'ROURKE 1976). Außerdem kommt der Kleekrebs an Wundklee, Schwedenklee, Hornklee, Gelbklee, Steinklee, Kronwicke, Luzerne u. a. vor.

Die Krankheit breitet sich in üppigen Beständen auf lockerem Boden besonders aus. Deswegen ist Abweiden oder Kurzhalten des Bestandes durch Schnittnutzung und anschließendes Walzen im Herbst anzuraten. Übermäßige Anwendung von Hofdüngern und Stickstoff sollte vermieden werden. Der Einsatz von Fungiziden im Herbst hat sich offenbar auch in Reinbeständen in der Praxis nicht eingeführt.

Fusarium-Wurzelfäulekomplex
Die Krankheit kommt in vielen Ländern vor und ist seit langem bekannt. Sie beeinträchtigt Ausdauer und Erträge vieler Futterleguminosen, besonders von Rotklee, Luzerne und Weißklee. Die geringe Ausdauer des Rotklees wird z. T. seiner größeren Anfälligkeit gegen diese Krankheit zugeschrieben.

Bei starkem Befall werden normalerweise ausdauernde Bestände in zwei bis drei Jahren unproduktiv. Der Befall tritt an vollentwickelten Beständen auf. Haupt- und Seitenwurzeln gehen mehr und mehr in Fäulnis über und sterben ab. Dabei treten an den Pflanzen zunächst Welkeerscheinungen auf, die zum Absterben der ganzen Pflanze und zur Bildung immer größerer Lücken im Bestand führen.

Wie der Name andeutet, hat die Krankheit komplexe Ursachen, die in der Zahl der Erreger, der Disposition der Pflanzen und in der Konstellation der Umweltfaktoren recht variabel sein können. Unter den Erregern dominieren die *Fusarium*-Arten, außerdem kommen nichtpathogene Arten vor, und zwar aus den Gattungen *Penicillium*, *Altenaria*, *Trichoderma*, *Aspergillus* und *Mucor*. Der Anteil der *Fusarium*-Arten nimmt mit dem Fortschreiten der Wurzelfäule zu, der der nichtpathogenen nimmt ab. In der Rhizosphäre finden parallel dazu offenbar ähnliche Veränderungen statt.

Die *Fusarium*-Pilze werden auch bei sehr frühem Befall erst dann aggressiv und pathogen, wenn der Pflanzenbestand in eine Streßsituation gerät, z. B. durch zu häufigen Schnitt, Nährstoffmangel, Insektenschäden an den Wurzeln, Auftreten von Nematoden und Viren oder Pilzinfektionen an den Blättern. Die Fusarien wurden deswegen auch häufig als Schwächepilze bezeichnet.

Der *Fusarium*-Wurzelfäule kann man durch Vermeidung von Streßsituationen und durch Schaffung optimaler Wachstumsbedingungen für die Futterleguminosen vorbeugen. Züchtungsmaßnahmen erscheinen wegen der Vielzahl der beteiligten Organismen und der Variabilität der Streß- und Umweltfaktoren als wenig erfolgversprechend.

Der Echte Mehltau *(Erysiphe trifolii)*
braucht hier nicht näher behandelt zu werden, da Schäden an mehrjährigen und ausdauernden Le-

guminosen nicht bekannt geworden sind. Eine direkte Bekämpfung mit Schwefelpräparaten und systemischen Mehltaumitteln war bisher nur gelegentlich in Samenbeständen erforderlich.

Die Kleeschwärze (*Cymadothea trifolii*) kommt am häufigsten auf Weißklee und Schwedenklee vor. Sie ist ziemlich standortstreu, tritt also auf Wiesen und Weiden, aber auch im Ackerfutterbau trotz längerer Anbaupausen, immer wieder an den gleichen Stellen auf. Bei starkem Befall kümmern die Pflanzen und die Blätter fallen z.T. ab; der Östrogengehalt der Blattmasse ist erhöht. Daraus können Fruchtbarkeitsstörungen entstehen oder Geschwüre am Maul weidender Tiere, wie aus den USA berichtet wurde. Nach dem Verzehr von infiziertem Pflanzenmaterial erkrankten Pferde, Rinder und Schafe; auch Todesfälle kamen vor.

Die Kleeschwärze tritt hauptsächlich im Sommer und Herbst auf, nach einem feucht-warmen Frühjahr offenbar stärker als nach einem trockenen. Sie ist kenntlich an dunkeloliv bis schwarz gefärbten, erhabenen, anfangs pulvrig stäubenden, später verkrusteten Flecken von ≤ 1 mm Durchmesser auf den Blattunterseiten.

Klappenschorf (*Pseudopeziza trifolii*) ist weltweit auf Futterleguminosen verbreitet. In Nordeuropa werden Weiß- und Rotklee, in Mitteleuropa und in den USA Luzerne stärker befallen. Konkretes über Schäden und Bekämpfungsmaßnahmen in mehrjährigen Beständen mit Beteiligung von Weißklee oder anderen Leguminosen ist nicht bekannt geworden.

Ähnliches gilt für den **Falschen Mehltau** (*Peronospora trifoliorum*), der an *Medicago*-, *Melilotus*- und *Trifolium*-Arten vorkommt, u.a. am Weißklee.

Der Blattbrand (*Leptosphaerulina trifolii*) schädigt hauptsächlich Weißklee und Luzerne in feuchten und mäßig warmen Lagen in dichten Reinbeständen. Hier kann er den Ertrag und die Qualität der Futterleguminosen herabsetzen. Insbesondere senkt er die Rohprotein- und steigert die Östrogengehalte von Weißkleeblättern. Nachteile für die Tiergesundheit und die Fruchtbarkeit sind nach verschiedenen Autoren möglich.

Auf Blättern und Blattstielen entstehen zahlreiche, gegeneinander abgegrenzte, runde, dunkelbraune bis schwarze, etwas eingesunkene Flecke. Bei starkem Befall bleiben die Flecke kleiner (≤ 1 mm), bei leichten Infektionen werden die wenigen Flecke größer (2 bis 3 mm). Die stärkeren Läsionen wurden an jüngeren Blättern beobachtet. Der Befall auch der Blattstiele (Stengel) ist charakteristisch für diese Krankheit und unterscheidet sie von anderen Blattfleckenkrankheiten. Sehr starke Infektionen verursachen Vergilbung und Entblätterung. Der Pilz verträgt große Temperaturextreme.

Bekämpfungsmaßnahmen sind nicht bekannt. Ein Züchtungsprogramm im NO der USA brachte offenbar nicht die erhofften Fortschritte.

Die Rostpilze (u.a. *Uromyces trifolii* und *Uromyces nerviphilus*) haben wirtschaftlich keine große Bedeutung, obgleich in Mittel- und Nordeuropa zahlreiche Rostpilze an verschiedenen Kleearten beobachtet werden. Unter den Wirtspflanzen findet man auch die ausdauernden Arten *Trifolium repens*, *T. fragiferum* und *T. medium*.

In manchen Ländern, z.B. in den USA, Kanada, Australien und Neuseeland, wurden allerdings stärkere Schäden, wie Blattverluste, Beeinträchtigung der N-Sammlung, Erhöhung der Cumestrolgehalte und schließlich auch Ertragseinbußen durch Rostbefall festgestellt.

Auf Weißklee kam in Irland *Uromyces nerviphilus* am häufigsten vor. Er wird in der Pflanze „systemisch" verbreitet. Die typischen rötlichbraunen, länger durch die Epidermis verdeckten Rostpusteln mit einem Durchmesser von 0,5 bis 2 mm erscheinen auf beiden Seiten der Blätter und an den Blattstielen; sie bewirken ein Vergilben und Absterben der befallenen Pflanzenteile. Spezielle Bekämpfungsmaßnahmen sind nicht erforderlich.

2.5.5.4 Nematoden

2.5.5.4.1 Vorkommen und Bedeutung

In Mitteleuropa gibt es etwa zehn zystenbildende Nematodenarten an Gramineen, davon eine *Punctodera*-Art und acht *Heterodera*-Arten.

Das **Gewöhnliche Gräserzystenälchen** *Punctodera punctata* ist in ganz Europa und in den USA vor allem in Böden unter natürlichem Grünland verbreitet. Als Wirtspflanzen werden außer Weizen, Gerste und Hafer in erster Linie *Poa pratensis*, *P. trivialis*, *P. annua*, *Phleum pratense* und *Agrostis stolonifera* genannt (Decker und Dowe 1982).

Das **Gewöhnliche Getreidezystenälchen** *Heterodera avenae* kommt weltweit in mehreren Rassen und Pathotypen vor. Als Wirtspflanzen wurden außer allen Getreidearten *Dactylis glomerata*, *Lolium perenne*, *Festuca pratensis* und *Poa pratensis* bzw. *P. trivalis* festgestellt.

Das **Langschwänzige Gramineenzystenälchen** *H. longicaudata* wurde erstmals in Grünlandböden im Norden der DDR gefunden, später auch in anderen Ländern, z. B. in Polen und in der Bundesrepublik Deutschland. Als bevorzugte Wirtspflanzen haben sich die Loliumarten, *Festuca arundinacea*, *F. pratensis*, *F. rubra* und *Arrhenatherum elatius* erwiesen. Die Art bevorzugt feuchtere Standorte und ist wohl deswegen im Niederungsgrünland besonders weit verbreitet.

Das **Irische Gräserzystenälchen** *H. mani* wurde 1971 in Nordirland beschrieben; inzwischen wurde es auch in anderen Ländern und verschiedentlich auch in der Bundesrepublik Deutschland nachgewiesen. Über die Wirtspflanzen bestehen noch Unklarheiten. Wahrscheinlich gehören *Lolium perenne*, *Dactylis glomerata* und *Festuca pratensis* außer Getreidearten dazu.

Das **Irische Straußgraszystenälchen** *H. iri* trat in Nordirland, den USA, Polen und in der Bundesrepublik auf. Als einzige Wirtspflanze ist bis jetzt *Agrostis tenuis* bekannt geworden.

Schließlich sei noch das **Zweifenstrige Gramineenzystenälchen** *H. bifenestra* erwähnt, das in Grünlandböden in den Niederlanden, in der Bundesrepublik, in Schweden und in der Sowjetunion festgestellt wurde. Über die Wirtspflanzen sind Einzelheiten noch nicht veröffentlicht worden.

Tab. 145. Anzahl der wandernden Wurzelnematoden je 100 cm³ Boden

	Helicotylenchus- und *Rotylenchus*-Arten	*Pratylenchus*-Arten	*Paratylenchus*-Arten
Flach- bis mittelgründiges Niedermoor	329	240	131
Niedermoor-Sand-Mischkultur	13	73	60
Anmooriger bis humoser Gleyboden	72	320	9

Braasch und Richter (1980) untersuchten 34 Proben überwiegend unter Grasbeständen auf zwei Niedermoorstandorten und einem anmoorigen bis humosen Gleyboden auf den Besatz mit **wandernden Wurzelnematoden.** Sie kamen zu den in Tab. 145 zusammengefaßten Mittelwerten.

Helicotylenchus-Arten waren im Niedermoorboden wesentlich stärker vertreten als in den beiden anderen. Wahrscheinlich handelt es sich, ebenso wie bei den *Paratylenchus*-Arten, um einen nativen Bewohner mooriger Böden. Zu den häufigsten Vertretern der Gattung *Helicotylenchus* auf Grünlandflächen gehört *H. pseudorobustus*. Obgleich die Zahlen im Bereich der Schadensgrenze für diese Gattung liegen, wurden visuell noch keine Schäden an den Wirtspflanzen bemerkt.

Pratylenchus-Arten waren ebenfalls in so großer Zahl vorhanden, daß man sie als Schadfaktoren in Betracht ziehen muß. Allerdings war der Anteil des unschädlichen *P. neglectus* verhältnismäßig hoch.

Unter den *Paratylenchus*-Arten sind verschiedene als gefährliche Schädlinge bekannt, z. B. *P. tateae*. Er kommt u. a. unter Weißklee, Rotklee, Wiesenlieschgras und natürlichem Grünland vor. Die Art erreichte in mehreren Beständen Besatzzahlen von 200 bis über 500 je 100 cm³ Boden und ist damit auf Niedermoor ebenfalls ein potentieller Schadfaktor.

Obgleich der Nematodenbesatz unter Grünland, besonders auf feuchten Wiesenstandorten, sehr hoch sein kann, wurden in grasreichen Futterkulturen bisher keine gravierenden Ertragseinbußen festgestellt. Einige Nematoden verursachen offenbar Schäden an Neuansaaten.

Leguminosen werden eher geschädigt, hauptsächlich durch das **Stockälchen** *Ditylenchus dipsaci* und durch das **Kleezystenälchen** *Heterodera trifolii*. Das Stockälchen kommt an Luzerne, Rotklee, Weißklee, Wundklee, Schwedenklee und Esparsette vor. Es ist auch in der Bundesrepublik Deutschland und in Bayern weit verbreitet und beeinträchtigt in Rotkleebeständen Pflanzenzahlen und Erträge. An befallenen Pflanzen zeigen sich Wachstumsstörungen, zwiebelartige Anschwellungen der Triebe an der Basis, vergallte Sproßknospen, verdickte Nebenblätter und verkürzte Triebe.

Das Kleezystenälchen *H. trifolii* richtet ebenso wie das **Wurzelgallenälchen** *Meloidogyne hapla* schwere Schäden u. a. an Weißklee und Rotklee an. Bei starkem Befall mit *H. trifolii* kommt es zu Wachstumshemmung, Bildung schwacher Triebe, kleiner Blätter, verminderter Zahl von Blütenköpfen und Vergilbungserscheinungen. Als wirtschaftliche Schadensschwelle gelten bei Rotklee etwa 500 Eier und/oder Larven pro 100 cm³ Boden. Weißklee war in niederländischen Versuchen innerhalb weniger Jahre durch Befall mit *H. trifolii* verschwunden. Nematodenbefall dürfte die Hauptursache der sog. Bodenmüdigkeit und mangelnder Selbstverträglichkeit sein. Damit kann er auch Bedeutung für kleereiches Dauergrünland gewinnen. Schließlich sei noch *Pratylenchus penetrans* erwähnt; gegen diese Art sind mit zunehmender Empfindlichkeit Weißklee, Luzerne, Rotklee und Hornklee anfällig.

Die phytopathologische Bedeutung der pflanzenparasitären Nematoden liegt nicht nur in der direkten Schädigung der Kulturpflanzen, sondern auch in der Übertragung von Krankheitserregern und Viren. In der DDR waren 1981 15 virusübertragende Nematodenarten bekannt. Sie gehören den Gattungen *Longidorus*, *Xiphinema*, *Trichodorus* und *Paratrichodorus* an. Die Arten dieser Gattungen bevorzugen offenbar lehmige Sand- bis sandige Lehmböden. Das Vorkommen, die Tiefenverteilung und die Populationsdynamik werden von ökologischen Faktoren stark beeinflußt. Alle Arten bleiben im wesentlichen auf die oberen Bodenschichten beschränkt; die leicht austrocknende Oberschicht wird jedoch ebenso gemieden wie die sauerstoffärmeren, verdichteten, tieferen Zonen. In Nässeperioden finden sich die Tiere aber auch in der oberen Schicht, bei guter Durchwurzelung des Bodens auch in den unteren Horizonten.

Die Populationsdichten waren in den vorliegenden Untersuchungen relativ gering, so daß die gefundenen Arten nicht als Direktschädlinge in Frage kommen dürften.

2.5.5.4.2 Nematodenbekämpfung

Die Bekämpfung der Nematoden wirft erhebliche Probleme auf. Das große Artenspektrum, das Vermehrungspotential, das Anpassungsvermögen und die Widerstandsfähigkeit der Tiere erschweren wirksame Gegenmaßnahmen. Außerdem leisten die mehrjährige Nutzung und die große Wurzelmasse unter Grasbeständen dem Aufbau großer Populationen Vorschub.

Im Ackerfutterbau und im Grassamenbau gibt es eine Reihe von pflanzenbaulichen und pflanzenhygienischen Möglichkeiten, den Nematodenbefall in wirtschaftlich tragbaren Grenzen zu halten. Sogar die Anwendung von Nematiziden erwies sich z. B gegen Stockälchen und *Pratylenchus penetrans* in Weiß- und Rotklee sowie gegen *Pratylenchus*-Arten in Weidelgras und Wiesenschwingel als brauchbar, wenn auch im Hinblick auf die Ertragswirksamkeit meistens als zu kostspielig.

Für das Dauergrünland scheiden die meisten pflanzenbaulichen Maßnahmen aus, soweit sie über eine ausreichende Nährstoffversorgung und eine ordnungs- und standortsgemäße Bewirtschaftung hinausgehen. Einseitige Pflanzenbestände, z. B. aus Neuansaaten, könnten ggf. dann eine Anwendung von Nematiziden rechtfertigen, wenn Mittel auf den Markt kommen sollten, die hygienisch unbedenklich, genügend wirksam und damit wirtschaftlich lohnend sind. Langfristig bleibt wiederum nur die Hoffnung auf die Pflanzenzüchtung. Sie erscheint nicht unberechtigt, weil erhebliche Unterschiede in der Anfälligkeit von einzelnen Arten, Sorten und Typen gegen bestimmte Nematodenarten bestehen.

2.5.5.5 Insekten und andere Arthropoden

2.5.5.5.1 Allgemeines

Insekten können Ertragseinbußen an Gräsern herbeiführen. Größere Schäden sind allerdings selten. Dennoch ist der Besatz des Dauergrünlandes mit Insekten ganz erheblich. So wurden auf einer Wiese über 2000 Individuen/m² gefunden, darunter ein hoher Anteil phytophager Arten; auf ungenutztem, sonst vergleichbarem Grünland lag die Anzahl um 30% niedriger, das Gesamtgewicht der Tiere aber höher. Auf einer anderen Grünlandfläche kamen allein 45 Zikadenarten vor. Durch Weidenutzung wurde im Vergleich zu nur gemähten Flächen die Individuenzahl um 90 bis 95% vermindert.

In einem Mäh-Weide-Nutzungsversuch auf mehrjährigem Kleegras in Irland (Purvis and Curry 1981) wurde die größte Arthropodenzahl auf den nur gemähten Parzellen (10351 Individuen/m²), die geringste (394/m²) auf den Varianten mit intensiver Umtriebsweide festgestellt. Die Gesamtzahl der in zwei Jahren gesammelten Arthropoden-Taxa betrug in diesem großangelegten Versuch 306.

Der Ertrag von Weidelgrasweiden wurde auf acht von zehn Niederungsstandorten durch Insektizidanwendung um 9 bis 32% erhöht; auf **Hochlandweiden** war der Erfolg wesentlich geringer (Clements et al. 1982). Hier wurden nur auf drei von 13 in England und Wales ausgewählten

Standorten die Grünlanderträge signifikant gesteigert, auf zwei Versuchsflächen sogar signifikant erniedrigt, obgleich die Zahl der Invertebraten in drei Versuchsjahren durch den Insektizideinsatz stark herabgesetzt war. Die Ursache für die geringe Ertragswirksamkeit der Behandlungen in höheren Lagen liegt darin, daß die Invertrebratenzahl, insbesondere das Vorkommen der Fritfliege, wesentlich kleiner war als im Niederungsgrünland. Das könnte sich im Zuge der Grünlandverbesserung mit weidelgrasreicheren Beständen ändern, weil das Weidelgras als bevorzugte Wirtspflanze der Fritfliege gilt. Auf zwei von den 13 Standorten führte der Insektizideinsatz zu einer einwandfrei meßbaren und hochsignifikanten Bodenverdichtung, wahrscheinlich verursacht durch die Unterdrückung der Regenwurmpopulationen.

Die z. T. erheblichen Ertragssteigerungen auf behandeltem **Niederungsgrünland** wurden auf kräftigen Beständen erzielt, denen man keinen Befall mit Insekten oder Viren ansah. Andere Schädlinge hielten sich unterhalb der Schadensgrenzen. Dieses Ergebnis zeigt, daß ziemlich große Verluste unentdeckt bleiben, wenn die Ernteerträge nicht gewogen und mit denen unbehandelter Flächen verglichen werden.

In Großbritannien werden Grasbestände häufig durch Insekten befallen. Dabei treten die Larven von etwa 15 Fliegenarten besonders hervor. Einzelheiten sind schwerer erfaßbar. Lediglich das Deutsche Weidelgras scheint sowohl in Neuansaaten als auch in etablierten Beständen nachweislich durch Fritfliegenbefall betroffen zu werden. Durch Insektizidanwendung wurde jedenfalls die Zahl der Weidelgraspflanzen/m^2 beträchtlich erhöht und die der geschädigten Triebe stark herabgesetzt, ohne daß die Erträge in jedem Fall erhöht worden wären. Allerdings wird die „Entartung“ der Grasnarben und der damit verbundene allmähliche Ertragsabfall zunehmend mit unerkanntem bzw. unbeachtetem Insektenbefall in Zusammenhang gebracht.

Neben dem Deutschen Weidelgras wurden nach Henderson und Clements (1979) auch Knaulgras und Lieschgras durch Fliegenmaden geschädigt. Insektizidanwendung erhöhte die Erträge deutlich.

2.5.5.5.2 Wiesenschnaken *(Tipula species)*

Als Wiesenschnaken werden verschiedene *Tipula*-Arten zusammengefaßt:
Sumpfschnake *(Tipula paludosa)*
Kohlschnake *(Tipula oleracea)*
Herbstschnake *(Tipula czizeki)*.

Genaue Angaben über systematische Stellung, geographische Verbreitung, Bau der Larven und Schnaken, Brutpflanzen, Schadsymptome, wirtschaftliche Bedeutung, Entwicklungszyklus, Biologie, Ökologie, natürliche Feinde und Bekämpfung findet man bei Hoffmann und Schmutterer (1983).

Obgleich die *Tipula*-Arten hauptsächlich Schäden auf Wiesen und Weiden verursachen, greifen sie nach Grünlandumbruch oder in der Nachbarschaft von Grünland praktisch auf alle Kulturpflanzen über. Dauerschäden sind besonders im maritimen Klima mit feuchten, kühlen Sommern und milden, regenreichen Wintern möglich. Die Sumpfschnake unterliegt dabei einem charakteristischen Massenwechsel: Nach einem Massenauftreten bricht die Population zusammen, um sich in ein bis drei Jahren wieder der wirtschaftlichen Schadensschwelle zu nähern. In manchen Gebieten wird alle fünf Jahre ein Massenauftreten beobachtet.

Symptome und wirtschaftliche Bedeutung

Die Schnakenlarven befressen die Wurzeln und die Sprosse im Bereich der Bodenoberfläche, ebenso die bodenanliegenden Blätter. Die Ränder der Fraßstellen sind faserig, ähnlich wie nach Drahtwurmfraß. Die Schäden treten nesterweise auf und machen sich durch Welkeerscheinungen und Absterben der Pflanzen bemerkbar. Auf humusreichen, feuchten Böden können die Wiesenschnaken sehr hohe Populationsdichten (bis 1000 Larven/m^2) erreichen.

Die Larven überwintern im jugendlichen Zustand, sind bis zum Sommer ausgewachsen und erreichen dann eine Länge von etwa 4 cm. In diesem gesamten Zeitraum fressen sie an den Pflanzen im Boden und in Bodennähe; die stärksten Schäden werden im April und Mai bewirkt. Bevorzugt werden zunächst die Kleearten, erst danach die wertvollen Futtergräser. Nur minderwertige Futtergräser (Ruchgras, Honiggras) und Unkräuter bleiben erhalten und können sich ausbreiten.

Bekämpfung

Eine Bekämpfung ist ab 100 Larven/m^2, auf Neuansaaten ab 30 bis 40/m^2 anzuraten. Der Larvenbesatz wird durch Eintauchen von Grassoden (z. B. 25 × 25 × 3 bis 5 cm) in eine Salzlösung (2 kg Viehsalz in 10 l Wasser) kontrolliert. Nach 15 bis 30 Minuten können die Larven an der

Oberfläche ausgezählt werden. Ein ähnliches Ergebnis ist durch Übergießen einer kleinen Testfläche mit Benzin zu erzielen.

Die Bekämpfung mit Parathion (z. B. 450 ml/ha E 605 forte) hat sich bewährt. Eine Frist von 28 Tagen zwischen Anwendung des Mittels und der nächsten Nutzung ist mindestens erforderlich, damit der tolerierbare Höchstwert von 0,05 mg Parathion/kg Futter nicht überschritten wird. Frühjahrsanwendung hat den Nachteil, daß die Schutzfrist schwieriger einzuhalten ist. Herbstanwendung ist in dieser Hinsicht unbedenklich, hat aber den Nachteil, daß der Larvenbesatz nicht so leicht erkennbar ist. Ein Vorteil der Herbstbehandlung läge auch darin, daß ein voller Erfolg schon mit herabgesetzter Aufwandmenge erzielt wird und daß die bis zum Frühjahr entstehenden Fraßschäden vermieden werden.

Natürliche Feinde der Wiesenschnaken sind Stare, Krähen, Möwen, Maulwürfe und Spitzmäuse; sie vertilgen die Larven im und am Boden. Die Schnaken selbst werden von Staren und Schwalben auch im Flug gefangen. Außerdem können andere Insekten, Pilze und Viren die Schnaken bzw. ihre Larven dezimieren.

2.5.5.5.3 Drahtwürmer, Larven der Schnellkäfer *(Agriotes species)*

Drahtwürmer befallen im Larvenstadium viele landwirtschaftliche und gärtnerische Kulturpflanzen. Sie greifen fast ausschließlich unterirdische Pflanzenteile an und können auf dem Grünland Schäden verursachen, die sich im Welken der Triebe und im Absterben von Pflanzen äußern. Die Käfer bevorzugen für die Eiablage in der ersten Julihälfte dichte Pflanzenbestände, weil diese das für die weitere Entwicklung erforderliche feuchte Milieu bieten.

Vier bis sechs Wochen nach der Eiablage der Weibchen schlüpfen die Junglarven, die sich im ersten Jahr hauptsächlich von abgestorbenem organischem Material ernähren. Vom zweiten Jahr ab werden die Kulturpflanzen selbst angegriffen. Die Gesamtentwicklung bis zur neuen Käfergeneration dauert drei bis fünf Jahre.

Die Larven verlassen im Sommer und im Winter unter dem Einfluß hoher bzw. tiefer Temperaturen und nachlassender Feuchtigkeit die obere Bodenschicht. Im letzten Entwicklungsjahr verpuppen sie sich in 10 bis 20 cm Tiefe im Juli und August. Die junge Käfergeneration schlüpft wenige Wochen später, vor allem im September; sie überwintert in einer Bodentiefe von 10 bis 20 cm oder in der Bodenstreu, die Larven dagegen in einer Tiefe bis zu 60 cm.

Starke Drahtwurmvorkommen werden in sauren und in humusreichen Böden beobachtet. Die Fraßschäden treten zweimal im Jahr verstärkt hervor, je einmal im Frühjahr und im Herbst, wohl auch deswegen, weil in diesen Jahreszeiten die Temperatur- und Feuchteansprüche der Larven im Wurzelbereich am besten erfüllt sind.

Bekämpfung

Eine Drahtwurmbekämpfung ist auf Dauergrünland nicht notwendig, wohl aber dann, wenn Grünland umgebrochen und als Ackerland genutzt werden soll. Auch für die Neuansaat solcher Flächen mit Futtermischungen bzw. zur Grünlandnutzung sind vorbeugende Maßnahmen erforderlich, wenn mehr als 50 Larven/m^2 festgestellt wurden. Saatgutbeizung mit Puder auf Lindanbasis ist ein verhältnismäßig sicheres und lohnendes Verfahren. Bodenbehandlung mit Lindan- oder Parathionpräparaten erfordert größere Mengen an chemischen Mitteln, ist deswegen teurer und wahrscheinlich nur bei stärkerem Befall lohnend.

2.5.5.5.4 Andere Insektenarten und Raupen

Während Wiesenschnaken und Drahtwürmer jeweils allein größere Schäden auf Dauergrünland verursachen können, kommen noch unzählige andere Arten vor, die aber keine speziellen Gegenmaßnahmen erfordern. Daß sie zu den latenten Verlusten – zusammen mit anderen Insekten – beitragen können und insofern eine Insektizidbehandlung rechtfertigen, wird durch die Erfolge der unter 2.5.5.4.1 erwähnten „ungezielten" Bekämpfungsmaßnahmen angedeutet.

Die meisten Insekten bevorzugen zwar geschlossene, aber doch extensiver genutzte Grünlandbestände und wenig verdichtete Böden für die Eiablage. Deswegen sind die Individuenzahlen und die Fraßschäden auf intensiv bewirtschafteten Weiden stets geringer als auf vergleichbaren Schnittflächen. Eine dem aktuellen Ertragspotential angepaßte Nährstoffversorgung und eine sorgfältige Bestandspflege (ggf. Walzen, Entfernen abgestorbener Pflanzenreste, Abschleppen, Nachmähen) tun ein Übriges, um die Schäden in erträglichen Grenzen zu halten.

An mehrjährigen Gäsern und in Dauerbeständen können mit größeren Anteilen noch folgende Schädlinge vorkommen: Engerlinge, Raupen von unterirdisch und oberirdisch fressenden Eulenarten, Blasenfüße, Mückenlarven, verschiedene Fliegenmaden, Blattwespenlarven, Blattläuse und Maulwurfsgrillen.

Von den genannten haben wohl nur die **Engerlinge** eine größere Bedeutung für das Dauergrünland. Als Engerlinge werden die **Larven der Blatthornkäfer** bezeichnet. Dazu gehören u. a. der Feldmaikäfer *(Melolontha melolontha)*, der Waldmaikäfer *(M. hippocastani)* und der Junikäfer *(Amphimallon solstitiale)*. Noch in den fünfziger Jahren wurden große Grünlandflächen so stark von Engerlingen heimgesucht, daß sie umgebrochen und neu angesät werden mußten. Die Grasnarbe wurde durch den Engerlingfraß förmlich vom Unterboden gelöst, so daß man sie als eine Art „Rollrasen" abheben konnte. Zu Ertragseinbußen kommt es erst, wenn im Hauptfraßjahr auf dem Grünland mehr als 30 bis 50 Engerlinge des zweiten und dritten Entwicklungsstadiums je m^2 auftreten. Bemerkenswert ist, daß alle Arten eine mehrjährige Entwicklung durchmachen. Die Eier werden bevorzugt in lückige Pflanzenbestände abgelegt. Deswegen hat Grünland in schlechtem Kulturzustand häufiger unter Engerlingsschäden zu leiden als geschlossene, wüchsige Pflanzenbestände.

Seitdem man die Maikäfer selbst in der Flugzeit auf ihren Anflugbäumen, an Waldrändern oder in Baumgruppen, systematisch mit chemischen Mitteln bekämpft und in großen Mengen vernichtet hat, sind Maßnahmen gegen die Engerlinge auf dem Grünland weitgehend überflüssig geworden.

Einzelheiten über das Auftreten, die Entwicklung, die Schäden und die Bekämpfung der in diesem Abschnitt erwähnten Arten sind der Spezialliteratur zu entnehmen. Hier wird man jedoch nur selten Hinweise auf das Dauergrünland finden. Häufig liegen nur genauere Ergebnisse über das Auftreten und die Bekämpfung von Schäden an Gräsern, bisweilen nur an Getreidearten, oder an Rotklee und Luzerne, seltener an Weißklee und Schwedenklee vor.

2.5.5.6 Kleine Wirbeltiere

2.5.5.6.1 Feldmaus *(Microtus arvalis)*

Vorkommen und Bedeutung

Die Feldmaus ist in Europa und in Teilen Asiens weit verbreitet. Sie ernährt sich von grünen und saftigen Pflanzenteilen, von Samen, Rinde und Wurzeln nahezu aller Kultur- und vieler Wildpflanzen. Auf dem Dauergrünland kommen Mäuseschäden häufig vor, besonders in geschlossenen Grünlandgebieten, aber auch in bäuerlichen Betrieben mit Feldfutterbau und Wiesenwirtschaft. Bevorzugt wird Extensivgrünland nicht zu feuchter Lagen. Grundwassernähe und Überschwemmungen sagen der Feldmaus genausowenig zu wie hohe Niederschläge auf Böden mit gehemmtem Wasserabzug.

In der Bundesrepublik treten die größten Mäuseschäden seit dem Mittelalter im Weser-Emsgebiet auf, und zwar auf entwässertem Marsch-, Moormarsch- und Moorgrünland. Ebenso werden Regionen mit vorherrschenden Getreide-Futterbau- und Futterbau-Getreide-Betrieben von Feldmäusen heimgesucht. Größere Verbreitung erreicht die Feldmaus auch in den fruchtbaren Gäulandschaften, auf dem Extensivgrünland trockener Jurastandorte und sogar im Alpenraum an trockenen Südhängen extensiv genutzter Almen.

Die Feldmaus verursacht in erster Linie Fraßschäden, bei höherem Besatz auch Wühlschäden. Beide zusammen können die Grasnarbe völlig zerstören. Der stärkste Fraß wird im Spätsommer und Herbst beobachtet. Unter einer Schneedecke kann er sich im Winter fortsetzen, während die Population in nassen Wintern geschädigt wird, ebenso bei einem mehrfachen Wechsel zwischen Frost- und Nässeperioden.

Die Feldmausplagen treten in sog. Gradationen auf, d. h. die Feldmäuse können sich in ein bis zwei Jahren so stark vermehren, daß im dritten Jahr bis zu 4000 Individuen pro ha erreicht werden. Danach bricht die Population aus noch nicht eindeutig geklärten Gründen zusammen. Als Hauptursachen für das schnelle Verlöschen von Massenpopulationen werden Nahrungsmangel, andere Streß-Erscheinungen und damit im Zusammenhang auftretende Krankheiten und Seuchen angeführt.

Unter günstigen Witterungsbedingungen führt das sehr große Vermehrungspotential der Feldmaus jedoch zu einer schnellen Erholung des Restbestandes und zum Aufbau einer neuen Massenpopulation. So ist in manchen Gebieten alle drei Jahre, manchmal auch erst jedes vierte Jahr, mit katastrophalen Mäuseschäden zu rechnen.

Die Feldmaus hat zahlreiche natürliche Feinde unter Säugetieren und Vögeln, die nachweislich große Mengen an Feldmäusen vertilgen. Diese biologische Bekämpfung kann die Schäden verringern und damit Gradationen vielleicht etwas verzögern, aber nach allen vorliegenden Erkenntnissen nicht verhindern.

Feldmausbekämpfung

Der Einsatz von Rodentiziden ist anzuraten, wenn folgende Grenzwerte überschritten werden: 70 nach Zutreten wieder geöffnete Löcher auf 1000 m² nach 24 Std. oder, nach anderen Autoren, 20 bis 30 befahrene (benutzte) Mäuselöcher/100 m² im Herbst oder fünf bis zehn im Frühjahr.

Schon in der zweiten Hälfte des vorigen Jahrhunderts wurden Strychninweizen und Phosphorpillen zur Mäusebekämpfung benutzt. Vor dem zweiten Weltkrieg wurden mit Strychnin und Zinkphosphid präpariertes Getreide, Phosphorlatwerge, Räuchermittel und Schwefelkohlenstoff (flüssig) eingesetzt. Alle Präparate müssen mit großem Arbeitsaufwand und mit geeigneten Geräten möglichst weit bzw. tief in die Löcher eingebracht werden. Eine Arbeitskraft kann in 7 bis 8 Std. etwa 1,5 ha behandeln.

Nach dem zweiten Weltkrieg wurde die gute rodentizide Wirkung der Insektizide Toxaphen und Endrin erkannt und für die Großflächenanwendung genutzt, die mit der schnell abnehmenden Zahl der Arbeitskräfte immer notwendiger wurde. Gegen beide Mittel ergaben sich bald Bedenken (Störungen der Biozönose, Sekundärvergiftungen durch verendete Mäuse), so daß Endrin aus dem Verkehr gezogen wurde. Toxaphen konnte mit gravierenden Einschränkungen noch bis 1978 verwendet werden.

Eine Flächenbekämpfung mit Castrix-Pellets (Wirkstoff Crimidin, Kleiepellet als Köder) erwies sich in den siebziger Jahren als außerordentlich wirksam. Aber auch dieses Verfahren mußte 1977 wegen ökotoxikologischer Gefahren verboten werden. Seitdem steht außer den verdeckt auszubringenden Köderpräparaten mit Zinkphosphid und Crimidin als Wirkstoffen nur ein chlorphacinonhaltiges Giftgetreide (Handelsbezeichnung „Lepit") zur Verfügung, das vom 10.9. bis zum 15.3. mit dem Düngerstreuer ausgebracht werden darf. Es wird aber vermutet, daß sich die durch dieses Mittel geschädigte Mäusepopulation bis zur Hauptschadenszeit im Sommer und Herbst wieder regenerieren kann. Die großflächige Mäusebekämpfung ist also nach wie vor ungelöst.

Über einen neuerlichen Versuch zur Lösung dieses Problems berichten LAUENSTEIN und LEFFERS (1982). Mit einer traktorgezogenen Maschine, die nach dem Prinzip der Maulwurfdränage arbeitet, wird Giftgetreide verdeckt ausgebracht. Die bisherigen Erfolge waren befriedigend, an der Verbesserung des Verfahrens wird gearbeitet.

Im Rahmen dieser Versuche wurden auch niederländische Anregungen aufgegriffen, Befallsgebiete durch Bewirtschaftungsmaßnahmen für die Mäuse schlechter bewohnbar und nutzbar zu gestalten. Dabei zeigte sich, daß die Grasnarbe auf intensiver Standweide mit verstärkter Düngung und erhöhtem Rinderbesatz den Mäuseschäden besser widerstand als die der schwächer gedüngten Varianten mit geringerem Besatz.

Als weitere Kulturmaßnahme gegen die Feldmaus wird eine sorgfältige Pflege des Grünlandes, von Hecken, Gräben und Grabenrändern empfohlen. Überständiger Aufwuchs auf Geilstellen und ödlandartigen Randflächen sollte regelmäßig entfernt werden. Bei allem sollte es das Bestreben sein, die natürlichen Feinde der Feldmaus zu fördern und den Mäusen Unterschlupf und Nahrungssuche zu erschweren. Auf jeden Fall dienen vernachlässigte, verunkrautete oder nicht mehr genutzte Landschaftsteile der Feldmaus als Vermehrungsräume, auf die zunächst eine gezielte Bekämpfung zu konzentrieren ist.

Als sehr wirkungsvoll hat sich auch der Schutz der Greifvögel und das Aufstellen von Sitzstangen auf befallenen Futterflächen im Verband von etwa 70 × 70 m erwiesen. Die Höhe der Stange sollte etwa 1,50 m und die Breite der runden oder halbrunden Querlatte etwa 25 bis 45 cm betragen; sie sollte auf der Stange so angebracht sein, daß der Greifvogel nach Westen gegen die Hauptwindrichtung sitzen kann.

Die Verwendung von Krankheitserregern (Salmonellen) zur Feldmausbekämpfung, die schon seit Beginn des Jahrhunderts erwogen und erprobt wurde, wurde 1936 wegen der Gefährdung von Menschen, Haustieren und Wild endgültig verboten.

Von den mechanischen Maßnahmen sei das Ziehen von etwa 20 cm tiefen Fanggräben um größere Befalls- und Vermehrungsplätze und die absichtliche Überschwemmung größerer Grünlandgebiete erwähnt. Obgleich die Überflutung nur eine Notlösung darstellt, weil eine andere wirksame und praktikable Bekämpfung auf großen Flächen fehlt, wurden 1970 und 1974 in Ostfriesland auf jeweils 600 ha sehr gute Erfolge erzielt. Die Gefahr der schnellen Zuwanderung aus nicht überschwemmten Randgebieten ist allerdings umso größer, je kleiner die überfluteten Flächen waren.

2.5.5.6.2 Maulwurf *(Talpa europaea)*

Vorkommen und Bedeutung

Im lockeren Wiesenboden gräbt der Maulwurf täglich einen über 10 m langen Teil seiner Gänge, die in 20 bis 40 cm Tiefe verlaufen. Er ernährt sich von den Larven schädlicher Insekten, aber auch von Nützlingen, hauptsächlich von Regenwürmern. Auf Intensivweiden tritt er – wie auch Wühlmaus und Feldmaus – weniger in Erscheinung, dafür aber auf humosen oder anmoorigen Wiesenböden und auf entwässertem Moorgrünland. Hier ist er zugleich Indikator für ein reges Bodenleben.

In Holland wurden bei Schnittnutzung etwa 130 bis 340 Maulwurfshaufen/25 a gezählt, auf weniger intensiv bewirtschafteten Weiden 110, auf intensiv bewirtschafteten aber nur knapp 25 je 25 a. Mit steigender Anzahl von Maulwurfshaufen und der Anwendung von Rotormähern nahm der Rohaschegehalt des Futters bzw. die Verschmutzung stark zu. In vielen Betrieben wurden über 16 % Rohasche im Heu und über 26 % in der Silage-TS gefunden; davon stammten jeweils nur 8 bis 10 % aus der Futter-TS. Außer der Belastung des Verdauungstraktes der Wiederkäuer verursacht ein hoher Verschmutzungsgrad meistens Fehlgärungen bei der Silierung.

Maulwurfsbekämpfung

Intensive Standweide mit hohem Viehbesatz drängt den Maulwurf selbst auf Anmoorweiden stark zurück. Auf Schnittflächen kann Abschleppen und Walzen im Frühjahr und jeweils nach den Schnitten den Maulwurf empfindlich stören und die durch Maulwurfshaufen bedeckte Grasnarbe wieder freilegen. So kann sie sich regenerieren und die sonst häufig von Maulwurfshaufen ausgehende Verunkrautung kann vermieden werden.

Am sichersten wird der Maulwurf mit Fallen bekämpft, die von den Löchern aus in die Gänge eingebracht werden. Die freigelegten Löcher werden anschließend mit etwas Pflanzenmaterial abgedeckt. Weniger sicher ist die Bekämpfung mit chemischen Mitteln. Jede Bekämpfung wird immer nur Teilerfolge bringen, besonders dann, wenn in einem größeren Befallsgebiet die beteiligten Betriebe nicht gemeinsam vorgehen.

2.5.5.6.3 Wühlmaus, Schermaus *(Arvicola terrestris)*

Für die Wühlmaus gilt Ähnliches wie für den Maulwurf. Sie ernährt sich allerdings mehr von unterirdischen Pflanzenteilen und schädigt hauptsächlich Obst- und Gemüsekulturen. Auf dem Grünland werden Wurzelunkräuter, wie Bärenklau und andere Umbelliferen, Löwenzahn und Quecke bevorzugt. Die aufgeworfenen Haufen sind scholliger und ungleichmäßiger gestaltet als die des Maulwurfs. In der Bekämpfung bestehen keine wesentlichen Unterschiede. Allerdings sind besonders ältere Wühlmäuse nicht so einfach zu fangen wie Maulwürfe, die wohl auch leichter beim Vorschieben der Erde mit ihrem rüsselartigen Kopf in die Falle geraten als die eher rundköpfigen Wühlmäuse.

2.5.5.7 Umweltschäden an der Grasnarbe

Durch **Fluoremissionen** in der Nähe von Glashütten, Aluminium-, Emaillier- und Flußsäurewerken stieg der Fluorgehalt von Grünlandfutter, Rotklee und Rübenblatt auf 15 bis 327 ppm in der TS an im Vergleich zu 7 bis 8 ppm unter normalen Bedingungen. Die Toleranz für Milchkühe von 30 bis 50 ppm wurde dabei z. T. wesentlich überschritten.

Heu enthielt durch Fluoreinwirkung von einer Emaillefabrik 11 bis 63 ppm F in der TS und verursachte damit Vergiftungserscheinungen an Kühen, ein Hinweis darauf, daß die Toleranzgrenze bis 50 ppm wahrscheinlich zu hoch angesetzt ist. In der Schweiz wurden in der Nähe von Emissionsquellen noch höhere Werte in der Gras-TS festgestellt (120 bis 200 ppm, im Höchstfall 520 ppm). Bedenklich hohe F-Gehalte im Weidefutter wurden auch durch fluorreichen Klärschlamm verursacht.

Das Welsche Weidelgras erwies sich als ein guter Bioindikator für Fluor; in der Nähe einer Glashütte enthielt es bis zu 22 ppm, in 1600 m Entfernung nur noch 1 bis 3 ppm.

Unter den Schwermetallen erfordert das **Cadmium** verstärkte Aufmerksamkeit. Außer Klärschlamm aus Industriegebieten sind Dieselfahrzeuge eine bedeutende Cd-Quelle. Neben einer Straße enthielt Weidegras 4,3 ppm Cd, in 180 m Entfernung nur noch 0,5 ppm. Deutsches Weidelgras in der Nähe eines Industriekomplexes wies sogar 50 ppm Cd auf. Zu noch höheren Gehalten und Todesfällen bei Rindern führten Cd-Immissionen im Bereich der Nordseeküste.

In England traten östlich einer chemischen Fabrik **Quecksilbergehalte** von 1 bis 10 ppm in der TS des Weidefutters auf. Dort weidende Schafe wurden jedoch nicht geschädigt. Bei einer Hg-Retention von nur 0,1 % fand man allerdings stark erhöhte Hg-Gehalte in Leber und Nieren, dagegen nicht im erzeugten Schaffleisch.

Ein weiteres Problem stellen die aus Autoabgasen stammenden **Bleibelastungen** des Grünlandes in der Nähe von stark befahrenen Straßen und

Autobahnen dar. Auf dem Grünstreifen einer Autobahn wurden 65 ppm Pb in der TS gefunden. Erst in 50 bis 100 m Abstand wurden normale Bleigehalte von etwa 1 ppm in der Frischmasse festgestellt. Bis 50 m Entfernung wurde die Toleranzgrenze für Wiederkäuer erheblich überschritten. Akute Erkrankungen sind allerdings nicht bekannt geworden.

In der Schweiz wurden im Weißklee noch wesentlich höhere Bleigehalte gefunden; erst in 400 bis 500 m Entfernung von der verkehrsreichen Straße traten unbedenkliche Werte auf. Ein erheblicher Teil des in Straßennähe (3 bis 10 m Abstand) festgestellten Bleies befand sich auf der Blattoberfläche und war abwaschbar. In Fütterungsversuchen mit bleihaltigem Heu wurden 77 % des aufgenommenen Bleis mit dem Kot der Kühe wieder ausgeschieden. Trotzdem war der Bleigehalt in den Beckenknochen bis zum Zwanzigfachen erhöht.

Im Abstand von 2 bis 8 m von einer Bundesstraße wurden ebenfalls überhöhte Pb-Gehalte von 30 bis 52 ppm im Deutschen Weidelgras analysiert, davon 6 bis 16 ppm abwaschbar. Offenbar sind damit noch keine toxischen Werte erreicht, denn in einem 54 Wochen dauernden Fütterungsversuch mit Schafen in der Schweiz erhöhte Autobahngras in Form von Pellets mit 40 bis 180 ppm Blei die Bleigehalte von Leber, Nieren und anderen Organen, ohne gesundheitliche Schäden zu verursachen.

Faßt man die für Dauergrünland vorliegenden Ergebnisse zusammen, dann ist damit zu rechnen, daß beiderseits von verkehrsreichen Straßen auf einer Breite von 50 bis 100 m der Bleigehalt im Pflanzenaufwuchs um ein Mehrfaches des Tolerierbaren, maximal bis zum 100fachen, erhöht ist. Wenn in diesem Bereich meistens auch keine akuten Erkrankungen festzustellen sind, so ist doch ungeklärt, ob dieses Futter nicht eine chronische Bleivergiftung erzeugt, wie sich diese auswirkt und welche Maßnahmen, z. B. in der Rationsgestaltung, dagegen ergriffen werden können.

Akute Erkrankungen mit Todesfällen von Rindern und Pferden wurden in der Nähe eines irischen Bleibergwerks registriert. Hier lagen aber die Bleigehalte im Futter mit 100 bis 16300 ppm Blei wesentlich höher als im Nahbereich von Autostraßen.

Für die Bleigehalte im Futter ist es von Bedeutung, daß Bleiverbindungen im Boden wenig löslich sind und daß die Wurzeln wesentlich mehr Blei enthalten als die genutzte Futtermasse. Die Wurzeln stellen also eine Art Barriere für den Übergang des Bleis in das Futter dar. Außerdem wird die Bleiaufnahme durch natürliche Umweltfaktoren (z. B. Lichtintensität) und verschiedene Synergismen (Cd) bzw. Antagonismen (Ca) beeinflußt.

Die **Verseuchung mit radioaktiven Stoffen** stellt wohl die potentiell größte Gefahrenquelle dar. Höhepunkte der Oberflächenkontamination mit Strontium-90 traten in verschiedenen Ländern in den Jahren 1963 bis 64 nach den 1962 durchgeführten Atombombenversuchen auf. In Holland wurden von dem bis 1965/66 gemessenen Sr-90-Niederschlag etwa 70 % in den obersten 10 cm des Bodens wiedergefunden. Die pflanzliche Radioaktivität war mit der im Monat vor dem Schnitt gefallenen Niederschlagsmenge eng korreliert.

Nach der Aufnahme von kontaminiertem Weidefutter erreichte die Radioaktivität der Milch nach vier bis sieben Tagen die höchsten Werte an Sr-90 und Caesium-137. Nach anderen Untersuchungen sank der Sr-90-Gehalt der Milch durch Zufütterung von Ca und bei höherer Milchleistung.

In Leguminosen ist nach radioaktiven Niederschlägen mit wesentlich höheren Sr-Mengen zu rechnen als in Gräsern. So enthielt Weißklee in einem Gefäßversuch etwa doppelt soviel Strontium wie Weidelgras. Die Sr-Aufnahme von Gräsern und Kleearten nimmt im allgemeinen deutlich ab mit steigenden Zahlen für Kalkgehalt, pH-Wert, Tongehalt, Basensättigung und Austauschkapazität des Bodens. Dagegen stieg der Cs-137-Gehalt von Deutschem Weidelgras in einem Gefäßversuch mit zunehmendem Humus- und abnehmendem Tongehalt der Böden an, während in anderen Versuchen die Cs-137-Aufnahme von Rotklee durch die Gehalte des Bodens an lactatlöslichem Calcium bzw. Kalium beeinträchtigt wurde.

Gegenüber 1963 ist nach Einstellung der Kernwaffenversuche der Gehalt der Atmosphäre an Sr-90 und Cs-137 stark zurückgegangen; das ergaben Luft-, Boden- und Pflanzenuntersuchungen in verschiedenen Ländern.

2.5.5.8 Andere Schäden auf dem Dauergrünland

Gelegentlich kommt es durch **Zwischenfälle bei der industriellen Produktion** zu normalerweise nicht auftretenden Belastungen. So entwichen in Belgien 8 t Ammoniakgas in die Atmosphäre, so daß Futterpflanzen noch in 1 km Entfernung von der Emissionsquelle geschädigt wurden. In einem anderen Fall verbreitete sich das bei der Lindanherstellung entstehende Hexachlorcyclohexan von einer Fabrik aus auf Futterflächen und führte zu hohen HCH-Gehalten in der Milch.

Vergiftungserscheinungen an Nutztieren können auch durch **Dünge- und Pflanzenschutzmittel** hervorgerufen werden. So wird von größeren Schäden aus der DDR berichtet, weil Rinder offenbar unsachgemäß ausgebrachte Düngemittel verzehrten, z. B. Klumpen von Superphosphat. Auch zu früher Auftrieb auf stark gedüngte Koppeln kann besonders dann zu Erkrankungen führen, wenn die Tiere „salzhungrig" sind, d. h. wenn die Na-Versorgung nicht ausreicht. Selbstverständlich müssen auch eingelagerte Düngemittel gegen den Zugang von Nutztieren gesichert sein.

Vereinzelt kamen auch Erkrankungen von Rindern nach der **Anwendung von Wuchsstoffmitteln** auf Weiden vor, allerdings nur auf Flächen mit einem größeren Anteil an scharfem Hahnenfuß. Anscheinend verleitet der Geruch oder der Geschmack der Herbizide die Tiere, diese Giftpflanze entgegen ihrem natürlichen Instinkt in größeren Mengen aufzunehmen.

2.5.5.9 Schäden an der Grasnarbe durch Haustiere und Wild

Diese Möglichkeiten sollen hier angedeutet werden, weil entweder der Ertrag, die Zusammensetzung der Grasnarbe oder der Grünlandboden selbst zu Schaden kommen. Alle diese Schäden können aber mit landwirtschaftlichen Maßnahmen (Düngung, Einsaat, Planieren, Neuansaat, Anwalzen) wieder ausgeglichen werden.

Rinder können auf lockeren Weideböden m^2-große Wannen aufwühlen; ob nur Spiel- und Bewegungstrieb oder irgendwelche Mängel die Ursachen sind, ist wohl nicht bekannt. **Haus- und Wildschweine** folgen ihrem natürlichen Wühltrieb und suchen außerdem nach zusätzlicher Nahrung im Boden. **Rot-, Reh- und Niederwild** kann in erster Linie den Ertrag, in extremen Fällen auch die Zusammensetzung der Grasnarbe schädigen.

Große Ertragsverluste verursachen offenbar auch **Wildgänse,** die nach zahlreichen englischen und schottischen Untersuchungen von ihren Brutplätzen in Grönland kommend auf den Hebriden, in West- und Südschottland und in Irland überwintern (1960: 8000 Stück, 1976: 28000). In der gleichen Zeit hat sich die Zahl der aus Sibirien kommenden und in Holland und Norddeutschland überwinternden Wildgänse sogar von 19700 auf 45000 erhöht.

Patton und Frame (1981) stellten mit Hilfe von Weidekäfigen in dreijährigen Versuchen auf drei Standorten in Westschottland Ertragsverluste von jährlich 14 dt TS/ha auf Ansaatgrünland fest. Am Mageninhalt von 20 Gänsen konnte eine Bevorzugung von angesätem Weidelgras gegenüber Ökotypen einheimischer Grasarten festgestellt werden.

2.5.6 Weidekrankheiten der Haustiere

Bei den Haustieren können Gesundheitsstörungen auftreten, die ausschließlich oder überwiegend durch die Haltung auf der Weide zustande kommen. Sie können weitgehend vermieden werden. Auf die Durchführung vorbeugender Maßnahmen wird deshalb im folgenden besonders hingewiesen.

2.5.6.1 Ansteckende Krankheiten

Die bei weitem größte wirtschaftliche Bedeutung hat der Befall mit Parasiten. Infektionen mit bakteriellen Erregern, die sich im Boden der Weide lange Jahre halten können, wie die des Milzbrandes und Rauschbrandes, treten dank jahrzehntelanger Bekämpfung nur noch äußerst selten auf. Gelegentlich kommt es zu Infektionen mit Salmonellen, die meist durch Flüssigmist oder Klärschlamm auf die Weiden gebracht werden. Nicht selten sind hiermit auch Fließgewässer verunreinigt, die als Tränke Verwendung finden. Die vorbeugenden Maßnahmen sind auf Seite 219 angegeben. Von Virusinfektionen können die Tollwut durch den Rotfuchs und andere wildlebende Säugetiere sowie die Schweinepest durch Wildschweine auf der Weide übertragen werden. Die Ansteckung mit beiden Viren geht jedoch auch im Stall vor sich. Die Bekämpfung ist durch das Tierseuchengesetz geregelt. Mehrere Virusinfektionen, die durch blutsaugende Ektoparasiten übertragen werden, treten besonders während der Weidezeit auf. Ihre Vorbeuge beruht in der Bekämpfung der Ektoparasiten, die auf den Seiten 215–219 angeführt wird.

2.5.6.1.1 Helmintheninfektionen

Der **Magen-Darm-Rundwurmbefall** wird durch Fadenwürmer (Nematoden) verursacht, die zu der Tierordnung „Strongyliden" gehören. Bei **Rind** und **Schaf** parasitieren in Mitteleuropa

15 Arten; sie sind 0,3 bis 3,0 cm lang. Ein Teil lebt im Labmagen, ein anderer im Dünndarm oder Dickdarm. Sie ernähren sich von Zellen und Sekreten der Schleimhaut oder saugen Blut. Die noch nicht geschlechtsreifen Entwicklungsformen sitzen in der Tiefe der Schleimhautdrüsen oder in der Schleimhaut selbst und sind besonders gesundheitsschädlich. Die Strongyliden verursachen eine verminderte Enzymbildung der Magen-Darmschleimhaut und eine herabgesetzte Resorption der aufgeschlossenen Nahrung, ferner einen erhöhten Blutverlust durch Blutung in das Darmlumen. Auch nehmen befallene Rinder und Schafe weniger Nahrung auf. Abhängig von der Stärke des Befalls führt dies zu verschiedenen Graden der Unterernährung, zu Durchfall, Blutarmut und schließlich zum Tode. Die Leistung der Tiere wird bereits erheblich beeinträchtigt, bevor Krankheitserscheinungen auftreten. Zum Verständnis der vorbeugenden Maßnahmen ist die Kenntnis der Biologie dieser Würmer erforderlich.

Wie alle Parasiten vermehren sich die Strongyliden sehr stark. Ein Weibchen setzt täglich mehrere hundert bis mehrere tausend Eier ab. Diese gelangen mit dem Kot des Wirtstieres in die Außenwelt. Hier entwickelt sich in den Eiern eine Larve, diese schlüpft und ernährt sich von Kotteilchen und im Kot enthaltenen Bakterien. Sie häutet sich zweimal, die zweite Larvenhaut wird nicht abgeworfen, sie schützt die Larve gegen äußere Schädigungen. Durch diese Hülle vermag die dritte Larve keine Nahrung aufzunehmen, sie ist die ansteckungsfähige Form. Bei einer Temperatur von +25 °C entwickelt sie sich innerhalb von fünf bis sechs Tagen nach dem Kotabsatz. Bei niedrigeren Temperaturen verzögert sich die Entwicklung wesentlich, unter +8 °C hört sie auf. Bei Dämmerlicht und hoher Luftfeuchtigkeit wandern die dritten Larven aus dem Kot auf Gräser, bei Tageslicht und noch bestehendem Feuchtigkeitsfilm auf den Pflanzen wieder herab. Diese Wanderung unterbleibt bei Temperaturen unter +8 °C. Da inaktive Larven weniger gespeicherte Nahrungsstoffe verbrauchen, leben sie bei niedrigen Temperaturen länger. Die Lebensdauer ist bei den einzelnen Arten unterschiedlich, sie schwankt zwischen 3 und 18 Monaten. Ein Teil der Larven, die im Herbst das dritte Stadium erreicht haben, ist deshalb zur Zeit des Austriebes im nächsten Frühjahr noch ansteckungstüchtig. Durch Trockenheit wird die Lebensdauer verkürzt, doch können besonders pathogene Arten (*Ostertagia* spp.) einige Monate lang im Heu infektionstüchtig bleiben. Zwei bis vier Wochen nach der Ansteckung werden die Magen-Darm-Strongyliden geschlechtsreif, ihre Lebensdauer beträgt durchschnittlich $^1/_2$ – $1^1/_2$ Jahre, doch kann sie durch eine sich entwickelnde Immunität des Wirtstieres verkürzt werden.

Durch planmäßig vorgenommene Weidewechsel können Rundwurminfektionen weitgehend vermieden werden. Unentbehrlich ist dieser für die Kälberbestände. Andernfalls infizieren sich diese wegen der noch fehlenden Immunität stark und scheiden Rundwurmeier in sehr großer Zahl aus, so daß von Kälbern benutzte Weiden in hohem Grade mit Wurmbrut verunreinigt sind. Am Tage vor dem Weidewechsel ist eine Wurmkur vorzunehmen. Drei Methoden sind zu empfehlen:

1. Gleichzeitige Behandlung und Weidewechsel erfolgen in dreiwöchigen Abständen. Auf diese Weise werden die Kälber nicht zu stärkeren Ausscheidern, da die meisten Würmer kurz vor der Geschlechtsreife abgetrieben werden. Auf der neuen Weide infizieren sie sich aber wiederum mit aus dem Vorjahre stammenden Larven. Deshalb ist der dreiwöchige Rhythmus notwendig. Auf den von Kälbern begangenen Weiden besteht dann keine Ansteckungsgefahr für ältere Rinder, die selbst kaum Ausscheider werden. An letzteren, besonders an den Jährlingsrindern, ist etwa Ende Juli stichprobenweise eine Kotuntersuchung vorzunehmen, um den Befallsgrad zu kontrollieren. Bei stärkerem Befall ist hier lediglich eine einmalige Wurmkur erforderlich. Erfolgen bei den Kälbern Behandlung und Weidewechsel erst in vier- bis fünfwöchigen Abständen, kommt es zum Ausstreuen größerer Eimengen. Auf den Kälberweiden infizieren sich dann ältere Rinder relativ stark.
2. Während der gesamten Weideperiode wird nur ein Umtrieb und eine am Tage vorher erfolgende Behandlung etwa Mitte Juli vorgenommen. Stärkere Infektionen werden in der folgenden Zeit vermieden, wenn die neue Fläche in der betreffenden Weideperiode noch nicht als Weide, sondern nur zur Heugewinnung verwendet wurde. Die bis Juli von Kälbern besetzte Weide ist jedoch stark mit Wurmbrut verunreinigt.
3. Den Kälbern wird beim Austrieb ein Bolus verabreicht, der in den Vormägen liegen bleibt und täglich geringe Mengen eines Wurmmittels freisetzt. Hierdurch wird nicht nur die Ausscheidung von Wurmeiern, sondern die Infektion überhaupt vermieden. Nach 60 Tagen ist die Wirkung des Bolus erschöpft. Die anschlie-

ßend möglichen Infektionen sind jedoch gering, da die Kälber bis dahin keine Larven ausschieden, die Weiden deshalb bei Wiederbesetzung keine wesentliche Ansteckungsquelle sind.

Bei allen drei Methoden sollte zum Zeitpunkt des Abtriebes eine weitere Behandlung vorgenommen werden, damit während der Stallperiode möglichst wenige Rundwurmeier in die Gülle geraten, durch die die Weiden mit Wurmbrut verunreinigt werden, soweit sie nicht mindestens vier Monate gelagert wurde.

Bei Haltung von Mutterkuh-Herden ist die Ansteckungsgefahr für Kälber wegen der durch die Milchnahrung verminderten Aufnahme von Gras und der sich besser entwickelnden Immunität geringer. Das gleiche wird erreicht, wenn den Kälbern wenigstens in den ersten Weidewochen etwas Kraftfutter zugefüttert wird.

Die Verunreinigung der Weiden mit Wurmbrut wird vermindert, wenn gleichzeitig oder aufeinanderfolgend die Weide mit Pferden besetzt wird. Die Larven der Wiederkäuerstrongyliden gehen während der Magen-Darmpassage im Pferd zugrunde und umgekehrt die des Pferdes im Wiederkäuer. In geringerem Grade geht dies auch bei wechselndem Auftrieb von Rindern und Schafen vor sich.

Mit **Schafen** wird in der Koppelhaltung ein regelmäßiger Weidewechsel vorgenommen. Da das Wiederbesetzen in der Regel innerhalb von zwei Monaten erfolgt, kommen hier oft starke Infektionen zustande. Zum Schutze der Lämmer sollte deshalb bei trächtigen Schafen kurz vor dem Lammen eine Wurmkur vorgenommen werden. Für die gesamte Herde ist beim Auftreten von weichem Kot und Abmagerung eine Wurmkur dringend anzuraten. Dagegen ist die Infektionsgefahr bei Wanderschafherden gering, wenn jede Fläche nur längstens zwei Wochen lang beweidet wird.

Für **Pferde** sind die zu den Magen-Darm-Strongyliden gehörenden Palisadenwürmer besonders gesundheitsschädlich. Die im Wirtstier wandernden Larven der großen Strongyliden rufen in den Arterien namentlich des Dickdarmes, aber auch anderer Organe, Thromben und in der Darmwand sowie in der Leber erhebliche Gewebeschäden hervor, die oft zum Tode führen. Ein jährlich mehrmaliger Weidewechsel ist besonders in Gestüten bei den Mutterstuten und Jährlingen oft nicht durchführbar, da diesen jeweils größere Flächen zur Verfügung stehen müssen. Weidewechsel hat hier auch einen geringeren Erfolg, da die ansteckungsfähigen Larven der kleinen Strongyliden bis zwei Jahre auf der Weide infektionstüchtig bleiben. Bei der Pferdehaltung liegt der Schwerpunkt in der Chemotherapie. Um die Ansteckung möglichst einzuschränken, ist wegen der hohen Pathogenität der Palisadenwürmer im ersten Jahre der Bekämpfung in zweimonatigen Abständen eine Wurmkur aller Pferde des Betriebes erforderlich, im zweiten Jahre in dreimonatigen und vom dritten Jahre ab in viermonatigen Abständen. Zweimonatliche Behandlungen sind auch an vorübergehend eingestellten Pensionspferden vorzunehmen. Um einen möglichen Wiederanstieg des Strongylidenbefalles vom dritten Jahre ab rechtzeitig zu erkennen, sind in halbjährlichen Abständen Kotproben von einigen Pferden zu untersuchen.

Von den in **Schweinen** parasitierenden Strongyliden kommt vor allem der Magenwurm *(Hyostrongylus rubidus)* überwiegend bei Weidehaltung vor. Er ist fast nur bei Zuchtschweinen zu finden, die Weidegang haben. Eine etwa drei Wochen lang benutzte Fläche ist anschließend drei Monate lang nicht zu beweiden, andernfalls sind stärkere Infektionen nicht zu vermeiden. Deshalb sollte auch hier ein Wechsel der Weideflächen ermöglicht werden.

Der Magenwurmbefall der **Gänse** *(Amidostomum anseris)* führt besonders bei Gösseln nicht selten zu gehäuften Todesfällen. Die Infektion erfolgt nicht nur durch Aufnahme larvenbefallenen Grases; die Larven dringen auch aktiv in die Haut ein, selbst wenn die Gänse sich im Wasser befinden. Zur Vorbeuge sind Gössel auf Grünflächen zu halten, die in dem betreffenden Jahre noch nicht von Gänsen begangen wurden. Gössel sollten grundsätzlich keinen Zugang zu stehenden Gewässern haben. Bei Mastgänsen ist im Sommer durch eine Kotuntersuchung die Stärke des Magenwurmbefalles zu kontrollieren, um rechtzeitig durch eine Wurmkur größere Gewichtsverluste zu vermeiden.

Lungenwurmbefall. Die großen Lungenwürmer *(Dictyocaulus spp.)* der Wiederkäuer und Pferde parasitieren in den Bronchien der Lunge. Sie sind ebenfalls Strongyliden und entwickeln sich deshalb in der Außenwelt wie die Magen-Darm-Strongyliden. Die für letztere angegebenen vorbeugenden Maßnahmen gelten deshalb auch für den Befall mit großen Lungenwürmern. Wirtschaftliche Bedeutung hat der Rinderlungenwurm *(Dictyocaulus viviparus)*. Wegen der im Vergleich zu den Magen-Darm-Strongyliden größeren Empfindlichkeit der ansteckungsfähigen

Larven gegenüber Trockenheit tritt dieser Befall nur in feuchten Gegenden auf, oft im nordwestdeutschen Grünlandgebiet und auf den süddeutschen Almen. Vorbeugend können Rinder, die in Lungenwurmgebieten erstmals auf die Weide aufgetrieben werden, künstlich immunisiert werden. Für Pferde sind die Ansteckungsquelle Esel, Maulesel und Maultiere, die im Gegensatz zum Pferd auch bei stärkerem Befall in der Regel keine Symptome einer Lungenerkrankung zeigen. Pferde sind deshalb nicht auf Weiden zu halten, die innerhalb des letzten Jahres mit anderen Einhufern besetzt waren. Von neu eingestellten Eseln sollten stets Kotproben auf Lungenwurmlarven untersucht werden, auch wenn sie nicht krank erscheinen.

In Schafen parasitieren ferner **kleine Lungenwürmer** *(Protostrongyliden)*. Die Larven entwickeln sich in Landschnecken zur Ansteckungsreife, in denen sie gegen Austrocknung geschützt sind. Dieser Befall kommt deshalb auch in trockenen Weidegebieten vor. Die Vernichtung der Zwischenwirte durch Chemikalien führt nicht zum Erfolg. Therapeutisch ist dieser Befall nur durch hohe Dosen moderner Wurmmittel zu beeinflussen.

Der **Große Leberegel** *(Fasciola hepatica)* parasitiert in den Gallengängen vieler Säugetierarten, auch der Mensch ist empfänglich. Die verschiedenen Funktionen der Leber im Stoffwechsel des Organismus werden bereits durch einen schwachen Befall beeinträchtigt, wodurch Leistungsminderungen verursacht werden, ohne daß sichtbare Krankheitserscheinungen auftreten. Infektionen gehen nur auf Weiden vor sich, auf denen der Zwischenwirt, die Zwergschlammschnecke *Lymnaea truncatula*, vorkommt. Sie lebt nur in klaren, sauerstoffreichen, flachen, stehenden oder schwach fließenden Gewässern, die nicht sauer oder stark eisenhaltig sind. Vornehmlich findet sie sich in offenen Dränagerinnen und Tümpeln auf der Weide sowie in der Uferregion von Gräben. Bei Austrocknung dieser Gewässer kann die Zwergschlammschnecke vier bis sechs Monate ohne Wasser leben. Infektionen der Schnecke mit den ersten Larven des Leberegels (Miracidien) und das durchschnittlich sechs bis acht Wochen später erfolgende Schlüpfen der Schwanzlarven (Cercarien) aus der Schnecke gehen aber nur im Wasser vor sich. Der geeignetste Lebensraum für die Schnecke ist schwerer Boden mit hohem Grundwasserstand. Die Schwanzlarven enzystieren sich u. a. an im Wasser stehenden Pflanzen, die sandkorngroßen Zysten sind das ansteckungsfähige Stadium.

Zur Vorbeugung des Leberegelbefalles sind der Zwergschlammschnecke die Lebensbedingungen zu nehmen. Die Weide ist mit einer gedeckten Dränage zu versehen. Ist dies nicht möglich, sind die offenen Dränagerinnen im zeitigen Frühjahr mit einem schneckentötenden Mittel (Natriumpentachlorphenolat, 2 g/m^2 als wäßrige Lösung) zu besprühen. Hierzu ist jedoch die Genehmigung der Wasserbaubehörde bei der Kreisverwaltung einzuholen. Dies ist die einzige Indikation für die Anwendung schneckentötender Präparate auf Weiden. Grabentränken sind durch Auszäunen zu beseitigen. Als Tränkgelegenheit sind versetzbare Weidepumpen zu verwenden, die auch für die Durchführung der oben angegebenen Weidewechsel erforderlich sind. Das Aufstellen von Wasserwagen ist nur ein Notbehelf. Auf küstennahen Weiden, auf denen das Grundwasser brackig ist, sind Wasserleitungen zu verlegen. Überschwemmungen der Weiden sind zu unterbinden. Wenn diese von einem Graben ausgehen, ist die Grabensohle tiefer zu legen und die Grabenböschung schräg zu halten, damit der Graben möglichst viel Wasser aufnehmen kann. Bei zu geringem Gefälle ist vor der Einmündung des Grabens in den Vorfluter ein Schöpfwerk einzubauen. Gehen die Überschwemmungen von größeren Wasserläufen aus, ist den zuständigen Behörden der Bau von Wassersammelbecken im Oberlauf des Flusses vorzuschlagen. Hierdurch wird auch die Bekämpfung weiterer Krankheitserreger ermöglicht. Bei sorgfältiger Durchführung dieser Maßnahmen, die oft nur teilweise erforderlich sind, kommen Leberegelinfektionen nicht mehr zustande. In Gegenden, die als Feuchtgebiete erhalten bleiben sollen, besteht die Bekämpfung in einer regelmäßig in jedem Jahr vorzunehmenden zweimaligen Wurmkur aller Weidetiere; sie ist kurz vor und nach der Weideperiode durchzuführen. Die verursachten Leberveränderungen heilen in etwa sechs Monaten ab, solange ist nach der Behandlung noch eine Leistungsminderung vorhanden. Die Weidetiere können sich in jedem Jahr neu infizieren, da durch eine Leberegelinfektion keine wirksame Immunität gebildet wird.

Befall mit dem **Kleinen Leberegel** *(Dicrocoelium dendriticum)* kommt nur auf kalkreichen Böden zustande (Nordhessen, Ober- und Unterfranken, Schwäbische Alb, große Teile Thüringens, Tirol u. a.), da die als erster Zwischenwirt dienenden Landschnecken nur auf solchen Böden leben. Infektionen mit diesem Egel kommen bei zahlreichen Säugetieren, insbesondere bei Wildkaninchen und Hasen, sowie beim Menschen zustande. Sie erfolgen durch Aufnahme des zweiten Zwischenwirtes, das sind Ameisen, die nach Befall mit den ansteckungsfähigen Formen (Metacercarien) bei Dämmerlicht festgebissen an Grashalmen sitzen. Eine Bekämpfung der Zwischenwirte kann nicht empfohlen werden. Bei befallenen Tieren ist eine Wurmkur vorzunehmen.

Bandwurmbefall von Rind und Schaf *(Moniezia spp.)* sowie Pferd *(Anoplocephala spp.)* kommt fast nur auf Weiden zustande. Die Finnen dieser Bandwürmer entwickeln sich in Moosmilben *(Oribatei)*. Diese ernähren sich von toten Pflanzenteilen und deshalb auch vom Kot der Weidetiere, der bei Bandwurmträgern Bandwurmglieder oder -eier enthält. Bei feuchter Witterung sitzen die stecknadelkopfgroßen Milben auf Gräsern und werden beim Abweiden von den Haustieren aufgenommen. In Wiederkäuern werden die Bandwürmer bis 6 m lang. Den Milben werden weitgehend die Lebensbedingungen genommen, wenn durch Eggen der Weiden die abgestorbenen Pflanzen beseitigt werden. Das Versprühen von Kontaktinsektiziden ist nicht zu empfehlen, da sich die Milbenpopulation überwiegend in der Humusschicht aufhält und deshalb nicht von dem Kontaktinsektizid erreicht wird.

Bei **Gänsen** tritt Bandwurmbefall *(Hymenolepis spp.* u.a.) oft stark auf, wenn die Tiere auf der Weide Zugang zu einem offenen Gewässer haben. Die Finnen entwickeln sich in Kleinkrebsen *(Cyclops* u. a.). Bei im Bestand vorhandenem Bandwurmbefall sind Gänse von Gewässern fernzuhalten. Bei stärkerem Befall ist eine Wurmkur durchzuführen.

2.5.6.1.2 Protozoeninfektionen

Ausschließlich auf der Weide kommen Protozoeninfektionen zustande, die durch blutsaugende, auf der Weide lebende Gliederfüßler übertragen werden. Das räumliche und zeitliche Auftreten dieser Infektionen hängt von dem Verhalten der Überträger ab (siehe 2.5.6.1.3 „Arthropodenbefall"). **Piroplasmen** parasitieren in Blutzellen. In Mitteleuropa kommt in Rind, Rot- und Damhirsch, Reh und anderem Schalenwild, jedoch nicht in Schaf und Ziege, derselbe Erreger, *Babesia divergens*, vor. Diese Blutparasiten zerstören die roten Blutkörperchen. Roter Blutfarbstoff wird mit dem Harn ausgeschieden, die Krankheit ist deshalb unter dem Namen Weiderot, Blutharnen oder nach ihrem hauptsächlichen zeitlichen Auftreten als Mairot bekannt. Die akute Infektion verläuft besonders in älteren Rindern oft schwer und führt hier nicht selten zum Tode. In ein Babesiosegebiet eingeführte, bisher nicht infizierte ältere Rinder sind deshalb besonders gefährdet. Auf den nordfriesischen Inseln treten bei Rindern andere Piroplasmenarten auf *(Babesia major, Theileria mutans)*. An Schaf und Ziege verursacht die Piroplasmose *(Babesia motasi, Theileria ovis)* in Mitteleuropa nur eine vorübergehende Blutarmut. Überträger aller genannten Arten sind Schildzecken. In diesen erfolgt nach dem Saugen piroplasmenhaltigen Blutes eine geschlechtliche und in verschiedenen Zellarten der Leibeshöhle mehrfach eine ungeschlechtliche Vermehrung der Erreger. Bei weiblichen Zecken werden hierbei auch die Eier befallen, so daß die folgenden Zeckengenerationen infiziert sein können. Auf diese Weise kann auf mit Zecken befallenen Weiden, die jahrelang nicht von Rindern oder Schafen begangen wurden, nach Wiederbesetzen Piroplasmose bei diesen Tieren entstehen. Tritt Blutharnen und eventuell Gelbsucht auf, ist eine Behandlung vor allem älterer Tiere dringend zu empfehlen. Zur Vorbeuge ist das Zeckenvorkommen zu beseitigen (vgl. 2.5.6.1.3).

Sarkosporidien bilden in Hauswiederkäuern und Schweinen, seltener in anderen Haustierarten, in der Körpermuskulatur Zysten, die zum Teil so groß werden können, daß sie makroskopisch sichtbar sind. Die einzelnen Arten sind wirtsspezifisch. Die Zysten enthalten Tausende kleiner Zellen (Zystozoite). Die Häufigkeit des Befalls schwankt erheblich; in der Bundesrepublik Deutschland sind Rinder und Schafe durchschnittlich zu 60 bis 100% infiziert, Schweine zu 0,5 bis 35%. Nach Verzehr roher befallener Muskulatur (Mett, Hackepeter) bilden sich bei Mensch, Hund oder Katze in der Darmschleimhaut Geschlechtsformen dieser Parasiten, oft verbunden mit erheblichen Darmreizungen. Die sich daraus entwickelnden Zysten werden mit dem Kot ausgeschieden. Werden diese von Wiederkäuern oder Schweinen aufgenommen, vermehren sich die Sporen mehrfach auf ungeschlechtlichem Wege (Schizogonie) in spezifischen Zellen vieler Organe (Retikuloendothelien). Durch schwächere Infektionen werden verminderte Gewichtszunahmen, bei stärkerem Befall Abmagerung, Blutarmut und selbst Todesfälle verursacht. Etwa sechs Wochen nach der Infektion bilden sich die Zysten in der Muskulatur, die als Ruheformen den Wirt kaum schädigen. Aus dem seltenen Auftreten an Mastschweinen im Vergleich zu dem überaus häufigen Auftreten bei auf Weiden gehaltenen Zuchtschweinen und besonders an Weiderindern und Schafen geht hervor, daß die Infektionen im wesentlichen auf der Weide erfolgen. Zur Vorbeuge ist neben Sauberkeit im Stall dafür zu sorgen, daß Abwässer nicht während der Weideperiode auf Weiden versprüht oder verregnet werden, ebenso nicht Gülle, die Fäkalien von Mensch, Hund oder Katze enthält.

Durch Ausbringung von Rindergülle auf Weiden können auch stärkere **Kokzidieninfektionen** zustande kommen. Namentlich bei Kälbern und Jungrindern entsteht hierdurch das als ‚Rote Ruhr“ bekannte klinische Bild. Auf diese Weise werden Weiden auch mit anderen im Kot enthaltenen parasitären Entwicklungsformen verunreinigt.

2.5.6.1.3 Arthropodenbefall

Von **Zecken** kommt in Mitteleuropa bei Weidetieren am häufigsten der Holzbock *(Ixodes ricinus)* vor. Ferner wird in Tälern Süddeutschlands die Schafzecke *(Dermacentor marginatus)* und auf wesentlich begrenzterem Raum in Nordwürttemberg eine verwandte Art *(Dermacentor reticulatus)* gefunden. Auf einigen nordfriesischen Inseln befällt eine weitere Zecke *(Haemaphysalis punctata)* bevorzugt Rinder. Alle genannten Zeckenarten kommen überwiegend auf feuchtem Gelände vor, das mit einer aus abgestorbenen Pflanzen bestehenden Humusschicht bedeckt ist, in die sich die Zecken bei trockener Witterung verkriechen. Zecken finden sich deshalb hauptsächlich auf schlecht gepflegten Weiden, im Wald, auf Waldweiden, an Grabenböschungen, Feldrainen und auf Ödland. Die Larven der Zecken saugen meist an Feld-, Rötel- und Gelbhalsmäusen Blut, das nächste Entwicklungsstadium der Zecken, die Nymphen, auch bei Haustieren an dünnhäutigen Hautbezirken (Innenseiten der Schenkel, Umgebung der Augen, Nasenöffnungen, äußerer Gehörgang), die geschlechtsreifen Zecken an der gesamten Körperoberfläche.

Larven und Nymphen saugen drei Tage lang Blut, die Weibchen durchschnittlich sieben Tage. Die Eiablage und die Häutungen gehen in der Humusschicht des Erdbodens vor sich. Die Jugendformen können etwa ein halbes Jahr lang hungern, die Geschlechtstiere länger als ein Jahr. Letztere sind besonders im Frühjahr aktiv. In trockenen Sommern wird kein Zeckenbefall an Weidetieren beobachtet. Entsprechend treten Krankheiten, die durch Zecken übertragen werden, überwiegend im Frühjahr und in geringerem Umfange im Herbst auf.

Der während des Saugaktes in die Stichstelle injizierte Zeckenspeichel ruft ein kurzfristiges Fieber hervor. Starker Zeckenbefall führt an den Stichstellen zu Hautentzündungen. Gelegentlich entstehen hier auch Abszesse, oder es entwickelt sich eine Pyämie. Die Zecke *Ixodes ricinus* überträgt die *Babesia divergens* beim Rind, ferner ein Virus, das eine Entzündung der Hirnhäute und des Gehirns verursacht (Frühsommer-Meningo-Encephalitis). Hierfür sind auch wildlebende Säugetierarten und der Mensch empfänglich. Im Darmepithel der Schafzecke *Dermacentor marginatus* vermehrt sich der Erreger des Q-Fiebers, eine Rickettsie, die massenhaft mit dem Zeckenkot ausgeschieden wird. Durch Einatmen von im Schafvlies enthaltenem staubförmigem Zeckenkot infizieren sich auch Menschen. An Schafen setzt sich diese Zecke besonders in der Nacken- und Rückengegend fest, stärkerer Befall führt hier zu Wollausfall.

Bei fehlender Humusauflage gehen die Zecken bei länger anhaltender Trockenheit auch auf feuchten Weiden zugrunde. Das Zeckenvorkommen auf einer Weide wird deshalb in der Regel innerhalb von zwei bis drei Jahren beseitigt, wenn durch Abschleppen im zeitigen Frühjahr abgestorbene Pflanzenteile beseitigt werden. Diese Maßnahme führt zum Erfolg, auch wenn sie auf benachbarten, von Zecken befallenen Weiden nicht vorgenommen wird. Die mitteleuropäischen Zeckenarten klettern bei Tageslicht und einer Temperatur über $+5\,^{\circ}C$ nur vertikal an Gräsern und Sträuchern hinauf, um vorbeigehende Wirtstiere zu befallen. Bei einsetzender Dämmerung verkriechen sie sich in der Humusschicht am Boden. Sie wandern nicht horizontal auf andere Flächen. In Piroplasmosegebieten sind Rinder zur Zeit des Zeckenauftretens mit einer kontaktinsektizidhaltigen Flüssigkeit zu besprühen. Dies ist in den Frühjahrs- und Herbstmonaten in zweiwöchigem Abstand zu wiederholen. Milchkühe sind von der Behandlung auszunehmen, da das von der Haut aufgenommene Insektizid mit der Milch ausgeschieden wird. Ein Besprühen der Weiden mit einer Kontaktinsektizidlösung oder -suspension führt nicht zum Erfolg.

Mit **Räudemilben** sind Haustiere nicht selten geringgradig infiziert. Bei guter Ernährung und häufiger Hautpflege bleibt der Befall klinisch latent. Bei Minderung der Widerstandsfähigkeit durch Unterernährung oder chronische Krankheiten vermögen sich die Milben stärker zu vermehren und auf größere Hautbezirke auszubreiten. Erfahrungsgemäß ist dies nicht selten an Rindern und Schafen gegen Ende einer trockenen Weideperiode oder bei Überbesatz auf Weiden zu beobachten, wenn den Tieren kaum das Erhaltungsfutter zur Verfügung steht. Zu unterscheiden sind drei Räudeformen. Besonders pathogen ist die Grabmilbenräude, verursacht durch *Sarcoptes*-Milben. Sie leben in der Haut und rufen neben Haarausfall Borkenbildung hervor. Diese Räude ist besonders ansteckend, die Milben vermehren sich aber in der Regel nur auf einer oder einigen wenigen Wirtstierarten. An nicht spezifischen Tierarten und am Menschen kommt es zum Krankheitsbild der Räude bzw. Krätze nur, wenn diese oft mit den erkrankten Tieren in Berührung kommen, so daß wiederholt Milben übergehen können. Sobald der Kontakt nicht mehr besteht, heilen Hautveränderungen nach dem Tode der übergelaufenen Milben innerhalb von drei Wochen ab (Trugräude). Auf der Haut leben die Saugmilben *(Psoroptes)* und die schuppenfressenden Milben *(Chorioptes)*. Bei ersteren entstehen als Folge der zahlreichen Stiche Krusten auf der Haut. Bei Rind und Schaf führt diese Saugmilbenart zu einer selbständigen Räude. Die schuppenfressende Räudemilbe geht auf alle Haustiere über. Die befallenen Tiere werden mit einer insektizidhaltigen Flüssigkeit wenigstens zweimal in wöchentlichem Abstand besprüht, Schafe werden hierin gebadet. Die hierzu erforderlichen Wannen stellen in der Regel die Schafzuchtverbände zur Verfügung. Aus anderen Gegenden, besonders aus dem Ausland eingeführte Zuchttiere sollten auf Räudemilbenbefall untersucht werden, bevor sie der Herde zugesellt werden. Bei latenter Räude finden sich die Milben nur an bestimmten Körperstellen, fast regelmäßig bei allen drei Milbengattungen im äußeren Gehörgang, der deshalb stets zu untersuchen ist, bei Grabmilbenräude der Rinder auch der Euterspiegel, beim Schaf der Nasenrücken, bei der *Psoroptes*-Räude der Schafe die Lenden- und Kreuzbeingegend.

Bei bestehender Mangelernährung kann an Rind, Pferd und Schwein während der Weidehaltung auch ein **Läusebefall** erheblich zunehmen. Läuse vermögen nur auf ihrem spezifischen Wirt zu leben. Auch hier besteht die Behandlung im Besprühen der Tiere mit einer insektizidhaltigen Flüssigkeit gegen den Haarstrich.

Dasselbefall. An Weiderindern treten vor allem in den nordwestdeutschen Grünlandgebieten und im Alpenvorland unter der Rückenhaut walnußgroße Beulen auf, in denen sich eine Fliegenlarve befindet. Die Beulen werden durch Dasselfliegen *(Hypoderma bovis* und *H. lineatum)* auf folgende Weise verursacht: Die von Mai bis September an sonnigen, warmen Tagen schwärmenden Fliegen legen ihre Eier am Haarkleid weidender Rinder, vor allem an den unteren Körperbezirken ab. Aus den Eiern schlüpfen nach wenigen Tagen Larven, die in die Haut der Rinder eindringen. Die Larven der weit häufigeren Art *H. bovis* bohren sich in dem die Nerven umgebenden lockeren Bindegewebe weiter. Entlang den aus dem Rückenmark entspringenden Nerven wandernd, gelangen sie in den Wirbelkanal und verlassen diesen wieder mit Nerven, die nach dem Rücken zu verlaufen. Auf diese Weise kommen sie im Verlauf von acht Monaten in die Unterhaut des Rückens. Hier bohren sie ein Loch in die Haut und verursachen die Beulen, in denen sie acht Wochen verbleiben. Die Larven von *H. lineatum* gelangen auf ihrer Wanderung in die Bauchhöhle und halten sich mehrere Wochen in der Wand des magenseitigen Teiles der Speiseröhre auf, bevor sie unter die Rückenhaut wandern. Beide Arten entwickeln sich nur im Rind bis zur Verpuppungsreife, dann verlassen sie die Dasselbeulen und verpuppen sich auf der Weide. Nach vier bis sechs Wochen schlüpfen hier die Fliegen. Die wandernden Larven verursachen deutliche Leistungsminderungen. Auf Grund des Dasselgesetzes vom 28. April 1967 sind sämtliche Rinder eines Bestandes mit einem Kontaktinsektizid zu behandeln, wenn in der Zeit vom 15. Februar bis 15. April auch nur an einem Tier Dasselbeulen auftreten. Vorher darf der Bestand nicht ausgetrieben werden. Entwickeln sich Dasselbeulen während der Weidezeit, sind die befallenen Rinder „unverzüglich“ zu behandeln. Die zur Behandlung zu verwendenden Insektizide sind gesetzlich vorgeschrieben. Sie werden von der Haut aufgenommen, gelangen auf dem Blutweg in alle Organe und töten die in den Rindern wandernden und in den Beulen sitzenden Larven ab. Der Zeitpunkt der Aufstallung am Ende der Weideperiode ist zur Behandlung am geeignetsten. Vom 16. Dezember bis 15. März darf nicht behandelt werden wegen der Gefahr der Rückenmarksverletzung durch gereizte Dassellarven.

Auf Grünlandflächen, die regelmäßig mit Pferden oder anderen Einhufern genutzt werden, kommt es zum Befall dieser Tiere mit **Magen-Dassellarven** *(Gasterophilus)*. Die Fliegen dieser Larven legen ihre Eier im Fluge an das Haarkleid der Pferde ab. Hierbei bevorzugt jede der 6 Arten bestimmte Hautbezirke. Die in Mitteleuropa häufigste Art legt ihre Eier hauptsächlich an die Innenseite der Vorderfußwurzel, bei stärkerem Befall auch an andere Teile der Vorderextremitäten. Die grau-weißen Eier sind etwa 1,5 mm lang und mit bloßem Auge zu erkennen. Die Larven schlüpfen aus dem Ei, wenn die Pferde diese Stellen mit den Lippen reiben. Sie dringen in die Mundschleimhaut der Pferde ein, wandern innerhalb von vier Wochen bis zum Schlundkopf, werden hier abgeschluckt und parasitieren an der Schleimhaut des Magens, im weiteren Verlaufe auch an der des Dünn- und Mastdarmes, insgesamt etwa 8 Monate. Dann gehen die Larven mit dem Kot ab und verpuppen sich. Nach vier bis sechs Wochen schlüpfen die Fliegen. Der Fliegenlarvenbefall kann Blutarmut und Abmagerung verursachen. Der geeignetste Zeitpunkt zur Behandlung ist der Dezember. Zur Vorbeuge sind die Eiablagestellen mit einem feuchten Lappen abzureiben; die hierbei schlüpfenden Larven werden auf diese Weise entfernt. In den Sommermonaten ist dies in wöchentlichen Abständen zu wiederholen.

Stechmückenbefall. In der Nähe fließender Gewässer kommt es in manchen Jahren Ende April bis Ende Mai zu einem Massenauftreten von **Kriebelmücken** *(Simulium spp.)*. Diese brüten in Gräben und Flüssen. Massenschlupf aus den Puppen erfolgt im Frühjahr vor allem bei steilem Anstieg der Außentemperatur oder sinkendem Wasserspiegel. Der während des Blutsaugens von den weiblichen Mücken injizierte Speichel enthält eine besonders die Herzmuskulatur schädigende Substanz. Starker Befall verursacht schwere Kreislaufstörungen, die nicht selten zum Tode führen. Die von Juli ab auftretenden Kriebelmücken verursachen derartige Schäden nicht, da die Weidetiere durch den Frühjahrsbefall gegen den Giftstoff immun geworden sind. Der im Sommer und Herbst erfolgende Kriebelmückenbefall führt aber durch Beunruhigung zu einer deutlichen Leistungsminderung der Weidetiere. Die Kriebelmückenlarven ernähren sich in den fließenden Gewässern von organischen Schwebstoffen. Zunehmende Verschmutzung der Gewässer ermöglicht eine Entwicklung der Larven auch in langsamer fließendem Grabenwasser, weshalb „Kriebelmückenschäden" gegenwärtig auch in Gegenden auftreten, in denen sie früher unbekannt waren. Der Vorbeuge des Massenauftretens dieser Mücken dient eine im zeitigen Frühjahr durchzuführende Grabenreinigung. Hierbei werden die Larven und Puppen vernichtet, die an den aus dem Graben entfernten Pflanzen sitzen. Ferner sind in gefährdeten Gegenden die Haustiere möglichst frühzeitig auszutreiben. Die anfangs in geringer Zahl schlüpfenden Mücken rufen bei den Weidetieren innerhalb von etwa zwei Wochen einen gewissen Immunitätsgrad hervor, so daß die Tiere bei dem folgenden Massenschlupf nicht ungeschützt gegen das Kriebelmückengift sind. Durch Besprühen der an dem Fließgewässer stehenden Büsche und Bäume mit einem Kontaktinsektizid werden viele Mücken vernichtet, die sich unmittelbar nach dem Schlüpfen zunächst hier niederlassen. Auch die Aufstellung eines fensterlosen offenen Schuppens auf der Weide kann zur Verminderung des Befalles beitragen. Die Weidetiere ziehen sich bei stärkerer Belästigung in den Schuppen zurück. Bei dem hier herrschenden schwachen Tageslicht verlassen die Mücken die Tiere. Der Einbau von Staustufen in dem Fließgewässer führt zu einer Verminderung der Strömungsgeschwindigkeit, so daß mit Ausnahme der Stromschnellen die Larven in diesem Gewässer nicht mehr zu existieren vermögen.

Von anderen Stechmücken belästigen besonders die **Schnaken** *(Aëdes-*Arten) die Weidetiere. Sie brüten in wenigstens mehrere Wochen vorhandenen Tümpeln auf oder in der Nähe der Weide. Die Bekämpfung besteht im Besprühen der Bruttümpel mit einem Kontaktinsektizid in Emulsionsform, das von Anfang Mai ab wenigstens zweimal in zwei- bis dreiwöchigen Abständen vorzunehmen ist.

Fliegenbefall. Die nicht stechenden **Stubenfliegen** *(Muscinae)* und **Schmeißfliegen** *(Calliphoridae)* sowie **Stechfliegen** *(Stomoxydinae)* treten besonders zahlreich in feucht-warmen Sommern auf. Durch die ständige Belästigung wird die Milchleistung der Kühe und die Gewichtszunahme der Jungtiere sichtlich beeinträchtigt. Zu ihrer Bekämpfung sind die Weidetiere mit einer Kontaktinsektizidlösung bzw. -suspension in zweiwöchigem Abstand während des Durchtreibens durch eine Schleuse zu besprühen. Das Benetzen der oberen Körperteile kann auch ohne Arbeitsaufwand auf folgende Weise erfolgen: Die Tränkestelle wird eingezäunt, so daß die Tiere diese nur durch eine Schleuse erreichen können. An dieser wird ein „Rückenschaber" angebracht; er wird laufend durch eine in einem Behälter befindliche Kontaktinsektizidlösung feucht gehalten, oder er besteht aus einem Beutel, der mit einem Kontaktinsektizid in Staubform gefüllt ist. Beim Durchgang der Weidetiere durch die Schleuse kommt das Haarkleid hiermit in Berührung. Der

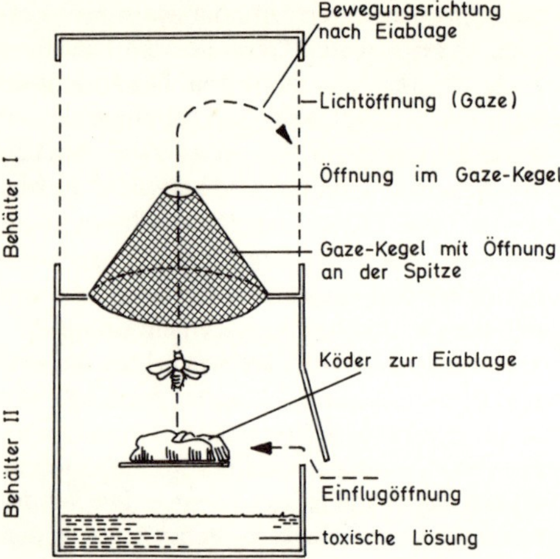

Abb. 48. Schmeißfliegenfalle aus zwei übereinandergestellten Blechkanistern. Von dem oberen sind die Boden- und die Seitenflächen herausgeschnitten, von dem unteren die obere Fläche. Die herausgeschnittenen Seitenflächen werden durch Drahtgaze ersetzt und der obere von dem unteren Kanister durch einen innen angebrachten Gazekegel getrennt, der an seiner Spitze eine Öffnung hat. In den unteren Kanister wird eine die Fliegenlarven tötende Flüssigkeit z. B. 1%ige Natrium-Arsenit-Lösung, bis zu einer Höhe von 6 cm gefüllt. Auf einen darüber angebrachten Rost wird ein Stück Kadaverfleisch gelegt. Hierdurch werden Schmeißfliegen aus einem Umkreis von mehreren Kilometern angelockt; sie gelangen durch schlitzförmige Öffnungen in den unteren Behälter und legen ihre Eier auf dem Kadaver ab. Nach der Eiablage und Nahrungsaufnahme streben sie zum Licht, das von oben her in den unteren Behälter fällt. Die Fliegen laufen deshalb in dem Gazekegel durch die Öffnung an dessen Spitze in den oberen Behälter, in dem sie gefangen sind und durch einen Kontaktinsektizidbelag getötet werden. Aus den Eiern schlüpfende Larven ernähren sich von dem Kadaverfleisch. Kurz vor der Verpuppung sind sie bestrebt, in die obere Erdschicht (nach unten) abzuwandern. Sie winden sich deshalb durch die Zwischenräume des Rostes hindurch und fallen in die Arsenlösung, in der sie zugrunde gehen.

Fliegenbefall wird auf diese Weise sichtlich vermindert. Schmeißfliegen werden erfolgreich mit Hilfe einer Fliegenfalle bekämpft (Abb. 48). Die Aufstellung dieser Fallen ist besonders auf Schafweiden in den Sommermonaten zu empfehlen. Aus den Eiern, die bevorzugt auf die durch Harn und Kot beschmutzten Vliesbezirke abgelegt werden, schlüpfen Larven, die bei einigen Fliegenarten in die unverletzte Haut, bei anderen von Wunden aus in die Muskulatur eindringen und sich vom lebenden Gewebe ernähren. Da die Wunden vom Vlies bedeckt sind, wird der Befall in der Regel erst erkannt, wenn die Gewebeschäden eine größere Ausdehnung erlangt haben. Die Brutstätten der **Bremsen** (Tabaniden) sind feuchte Weiden oder die Uferränder von Teichen und langsam fließenden Bächen. Vor den schmerzhaften Stichen der Bremsen ergreifen Weidetiere blindlings die Flucht. Hierbei kommt es nicht selten an der Einzäunung zu Verletzungen, wenn hierzu Stacheldraht verwendet wird. Zur Bekämpfung der Bremsenbrut ist eine Dränage auf feuchten Weiden zu empfehlen. Bremsen sind nur durch Pyrethrum- oder Pyrethroide enthaltende Präparate zu töten, mit denen die Weidetiere abgesprüht werden. Da die Wirkung des nicht billigen Pyrethrums nur ein bis zwei Tage anhält, ist diese Methode aus wirtschaftlichen Gründen nur bei starker Bremsenplage zu empfehlen, die im Juli und August an schwülen, warmen Tagen auftritt. Eine Verminderung des Bremsenvorkommens kann mit Hilfe einer Bremsenfalle erreicht werden. Am Rande einer Weide wird hierzu an einer möglichst erhöhten Stelle in etwa 1 m Höhe eine Bretterwand von etwa 1 × 1,5 m Größe an zwei Pfählen befestigt. Die Tafel wird je zur Hälfte mit weißer bzw. schwarzer Lackfarbe angestrichen und mit einer durchsichtigen Kunststoffolie überzogen, die mit Fliegenleim bestrichen wird. Bremsen bevorzugen derartig auffällige Flächen als Ruheplatz.

Stechmücken und Stechfliegen sind Überträger mehrerer Krankheitserreger. Erstere übertragen auf Rind und Pferd Fadenwürmer *(Filarien)*. Eine wirtschaftliche Bedeutung hat *Stephanofilaria spp.;* sie parasitiert an Rindern in der Unterhaut und ruft hier Knoten- und Geschwürbildung hervor. Häufig entstehen diese Geschwüre an den Euterzitzen, wodurch die Milchgewinnung erschwert wird. Stechfliegen übertragen beim Rind Geißeltierchen *(Trypanosoma theileri)*, die zwar nicht primär zur Krankheit führen, wohl aber bei bestehender Resistenzschwäche sich stark vermehren und zur Leistungsminderung beitragen. Der als „Sommerräude" bezeichnete Hautausschlag an Pferden tritt zur Zeit des Hauptauftretens von **Gnitzen** *(Ceratopogonidae)* auf. Der ursächliche Zusammenhang ist jedoch noch nicht endgültig geklärt.

Auch nichtstechende Fliegen verschleppen Krankheitserreger oder sind deren Zwischenwirte. Sie sitzen besonders zahlreich in der Umgebung der Augen und erhalten dadurch Gelegenheit, Larven der „Augenwürmer" *(Thelazia spp.)* zu übertragen. Die 5 bis 20 mm langen Würmer parasitieren im Lidsack und können zu Hornhauttrübungen verschiedenen Grades führen. Ferner übertragen Stubenfliegen mechanisch Rickettsien-ähnliche Erreger *(Colesiota conjunctivae)*, die in Deckzellen des Lidsackes leben. Bei bösartigem Verlauf entstehen Geschwüre auf der Hornhaut, die zu deren Perforation und zur Erblindung führen können. Regional können gelegentlich noch weitere Parasiten die Weidetiere befallen, eine wesentliche wirtschaftliche Bedeutung haben sie in der Regel nicht.

2.5.6.2 Maßnahmen der Weidehygiene

Angesichts der wirtschaftlichen Verluste, die Parasitenbefall bei den Haustieren auf der Weide verursachen kann, ist die Durchführung vorbeugender Maßnahmen zu empfehlen. Während die Stallhygiene seit langem Beachtung findet, wird die Weidehygiene immer noch vernachlässigt. Dies wird mit dadurch bedingt, daß die erforderlichen Maßnahmen nicht schematisch angewendet werden können, sondern von der Geländegestaltung, den Wasserverhältnissen, den auftretenden Parasiten sowie von der Größe des Betriebes abhängig sind. Die für die Einrichtungen erforderlichen Ausgaben sind meist einmalig, sie werden durch die verbesserte Leistung der Tiere in wenigen Jahren gedeckt. Folgende Maßnahmen sind für die Gesunderhaltung der Weidetiere zu empfehlen:

1. Die Koppeln sollten so bemessen sein, daß sie spätestens innerhalb einer Woche abgeweidet werden können. Damit eine Weide möglichst lange unbesetzt bleiben kann, ist Mähweidenutzung zweckmäßig. Das gemähte larvenhaltige Gras ist zu silieren. Im Gärsilo gehen alle parasitären Dauerformen innerhalb von drei Wochen zugrunde. Im Heu halten sich die ansteckungsfähigen Formen der Strongyliden und des großen Leberegels bis zu 5 Monaten ansteckungsfähig.
2. Zur Einzäunung ist der Elektrozaun besonders geeignet. Stacheldraht verursacht Rißwunden, in die die Erreger des Wundstarrkrampfes eindringen können.
3. Als Tränkestellen sollten möglichst versetzbare Weidepumpen verwendet werden. Klares Grundwasser wird von den Weidetieren in größerer Menge aufgenommen als verunreinigtes Grabenwasser; Wassermangel beeinträchtigt auch die Milchleistung. Die Fläche in der Umgebung von Grabentränken und stationären Kunsttränken entwickelt sich regelmäßig zu Ansteckungsquellen für Strongyliden, da die Weidetiere sich in deren Umgebung bevorzugt aufhalten und häufiger Kot absetzen. Außerdem können sie sich an Grabentränken mit dem Großen Leberegel und mit Salmonellen infizieren.
4. Bei Leberegelgefahr sind die Weiden zu drainieren. Zur Vermeidung von Überschwemmungen sind Wasserläufe zu regulieren. Hierdurch werden auch den Bremsen und Stechmücken *(Culiciden)* Brutplätze genommen.
5. Bei Zeckenauftreten sind die Weiden im zeitigen Frühjahr abzuschleppen. Auch die den Bandwürmern der Huftiere als Zwischenwirte dienende Moosmilbenfauna wird hierdurch erheblich dezimiert.
6. Auf Weiden, auf denen Kriebelmücken auftreten, ist ein fensterloser offener Schuppen zweckmäßig. Hier erhalten die Tiere auch Schutz gegen Witterungsunbilden und gegen Sonnenbrand nach Aufnahme photosensibilisierender Pflanzen. Ferner ist im Schuppen auch eine Zufütterung, insbesondere zur Vorbeuge gegen die im Frühjahr auftretende Weidetanie, leicht durchführbar.
7. Abwässer aus Kläranlagen dürfen während der Weideperiode auf Weiden nicht ausgebracht werden. Auch geklärte Abwässer enthalten noch Eier des menschlichen Bandwurmes *Taenia saginata*, der bei Rindern zum Finnenbefall führt. Ferner können auf diese Weise Infektionen der Weidetiere mit Sarkosporidien, Salmonellen und weiteren Krankheitserregern zustandekommen. Der größte Teil der geklärten Siedlungsabwässer wird in Fließgewässer eingeleitet. Deshalb sollten grundsätzlich an Fließgewässern keine Tränkstellen eingerichtet werden.
8. Mit Gülle und Schwemmist aus Sammelbehältern von Rinderställen werden auf die Weiden sehr viele Entwicklungsformen von Rinderparasiten gebracht, die sich hier zu ansteckungsfähigen Stadien entwickeln. Die Parasitenbrut wird größtenteils abgetötet, wenn die tierischen Exkremente in den Sammelbehältern nach letztmaligem Zufluß im Sommer zwei Monate, im Winter vier bis fünf Monate gelagert werden. Eine Vernichtung der Krankheitserreger ist in wesentlich kürzerer Zeit zu erreichen, wenn es gelingt, die Gülle durch Tiefenlüftung im Saug- oder Umwälzverfahren auf eine Temperatur von über 45 °C zu erwärmen. Diese Temperatur muß fünf bis sechs Tage lang bestehen bleiben. Beides ist in der Praxis mit Rindergülle nur schwer erreichbar.

2.5.6.3 Stoffwechsel- und Mangelkrankheiten

Weidetetanie wird durch einen Abfall des Magnesiumgehaltes und in dessen Folge auch des Calciumgehaltes im Blut hervorgerufen. Sie tritt im Frühsommer besonders bei älteren Kühen mit guter Milchleistung zwei bis drei Monate nach dem Kalben auf. Die Tiere erkranken nach dem Auftrieb auf Flächen mit jungem Weidefutter, das häufig magnesiumarm ist. Der hohe Eiweiß- und Kaliumgehalt dieses Futters verursacht außerdem Durchfall. Die rasche Darmpassage vermindert die Resorption des Magnesiums zusätzlich, die bei älteren Rindern auf den Dünndarm beschränkt ist. Der Magnesiumgehalt der Milch bleibt aber konstant. Mäßiger Abfall des Magnesiumgehaltes im Blut führt zu Steifigkeit und Muskelzittern. Bei starkem Mg-Mangel treten Krämpfe auf, es kommt zum Festliegen und zu völliger Benommenheit. In wenigen Stunden tritt der Tod ein. Der Tetanie kann vorgebeugt werden durch rohfaser- und energiereiches Ergänzungsfutter, durch Aufstellen magnesiumhaltiger Lecksteine oder Verabreichen von Magnesium enthaltenden Kapseln, die mehrere Wochen unter ständiger Abgabe von etwas Magnesium in den Vormägen verbleiben.

Knochenweiche beruht auf anhaltendem Phosphatmangel in der Nahrung und einem Überangebot an Calcium, durch das Phosphate aus dem Knochengewebe gelöst werden. Ferner begünstigt unzureichende Vitamin D-Versorgung die Knochenweiche. Sie wird nur noch selten, z. B. auf ungedüngten, phosphatarmen Weiden beobachtet. Da phosphatarmes Gras auch wenig Eiweiß enthält, treten meist Erscheinungen der Unterernährung, besonders bei Kälbern und Jungrindern, aber auch bei laktierenden Kühen auf. Die Knochenweiche macht sich anfangs durch unbeholfenen Gang, Lahmheit und durch längeres Liegen bemerkbar. Vor allem an den Vorderfuß- und Sprunggelenken sowie an den Rippenenden treten Verdickungen auf, später Verbiegungen der Ober- und Unterarm- sowie Ober- und Unterschenkelknochen. Angemessene Mineralstoffzufuhr mit Betonung des P-Anteils und ausreichende Vitamin-D-Versorgung sind zu empfehlen.

Natriummangel tritt auf Weiden und Pflanzenbeständen mit niedrigem Natriumgehalt sowie bei chronischem Durchfall und bei heißer Witterung durch vermehrte Schweißabgabe auf. Zu Mangelerscheinungen kommt es, wenn im Futter regelmäßig weniger als 0,15 % Natrium in der Trockensubstanz enthalten ist. Die Erscheinungen bestehen in Lecksucht, herabgesetzter Milchleistung und Abmagerung. Zur Vermeidung sind Lecksteine aufzustellen oder Mineralstoffmischungen zu verabreichen.

2.5.7 Umbruchlose Grünlandverbesserung

2.5.7.1 Grundlagen, Voraussetzungen, Ziele

Begriffserklärung:

„Umbruchlose" Grünlandverbesserung bedeutet botanische Umwandlung futterbaulich nicht befriedigender Grünlandpflanzenbestände in leistungsfähige Futterbestände unter Umgehung jeder Form der Bodenbearbeitung sowie der Ansaat.

Das Verfahren beruht auf der Wandlungsfähigkeit der Grasnarbe sowie auf der Nutzbarmachung der Beziehungen zwischen Umwelt und Artenkombination der Pflanzenbestände.

Umbruchlose Grünlandverbesserung richtet sich in ihrer ursprünglichen Zielsetzung auf ertrags- und futterwertmäßig unbefriedigende Grünlandbestände, deren Entstehung auf **Nährstoffmangel** im Boden, **unzulänglichen pH-Wert** sowie vor allem langfristig **extensive Nutzung** und **Bewirtschaftung** zurückzuführen ist. Die Existenzbedingungen wertvoller, immer aber auch vergleichsweise anspruchsvoller Grünlandfutterpflanzen sind unter derartigen Verhältnissen eingeschränkt, ihr Konkurrenzvermögen herabgesetzt. An ihre Stelle treten dem besser ange-

Tab. 146. Heuerträge (überwiegend geschätzt) und Wertzahlen (WZ)* einiger vornehmlich durch ungünstige bodenchemische Verhältnisse sowie unzulängliche, vorwiegend extensive Bewirtschaftung und Nutzung geprägter Pflanzengesellschaften (nach KLAPP 1965b)

Heu dt/ha:	in % der beobachteten Fälle 0–20	21–40	41–60	61–80	WZ $\bar{x}$
Ginsterheiden *(Genistion* u. ä.)	100	–	–	–	1,91
Borstgrasrasen *(Nardo Galion* u. ä.)	77	23	–	–	2,78
Rotschwingelweiden *(Festuco Cynosuretum)*	30	46	24	–	3,96

* Wertzahlen siehe 2.4.2.3

paßte, anspruchslosere Arten. Langfristig entwickeln sich mithin dementsprechend ertragsschwache Pflanzengesellschaften mit überwiegend geringem Futterwert (Tab. 146).

Die Nährstoff- und Reaktionsverhältnisse im Boden, Bewirtschaftung und Nutzung lassen sich verändern. Jeder Wandel bei einem oder mehreren dieser Faktoren ändert die Entwicklungs- und Wachstumsbedingungen für die Pflanzen, trifft aber die Arten eines Bestandes nicht in gleicher Weise: er begünstigt und fördert nur jene im Wettbewerb um Licht, Nährstoffe und Wasser, deren Ansprüche jeweils besser oder gänzlich erfüllt werden. Die Konkurrenzverhältnisse im Pflanzenbestand verschieben sich damit zu Lasten solcher Arten, die vom Wandel der Wachstumsbedingungen nicht profitieren oder davon sogar benachteiligt werden. Der Pflanzenbestand ändert sich folglich nach Artenanteilen und botanischer Zusammensetzung entsprechend den veränderten Umweltbedingungen. Er paßt sich an.

Umbruchlose Grünlandverbesserung nutzt diesen Zusammenhang aus. Sie stellt demzufolge in aller Regel die gezielte **Umkehr** eines Vorganges dar, der zu ertragsschwachen, futterbaulich unbefriedigenden Pflanzenartenkombinationen geführt hat.

Voraussetzung einer solcherart ausgelösten Bestandsumwandlung sind

- Gegenwart brauchbarer bzw. wertvoller Futterpflanzen
- Gleichmäßigkeit der räumlichen Verteilung und angemessene Anteile brauchbarer Arten im zu verbessernden Bestand.

Wertvolle Futterpflanzenarten sind unter den Gegebenheiten Zentraleuropas in der Regel überall vorhanden. Sie finden sich auch oft als nur unterentwickelte Individuen in ansonsten futter-

Tab. 147. Umbruchlose Grünlandverbesserung, Vorgehensweise

Komponenten der umbruchlosen Grünlandverbesserung:		
Meliorationsdüngung	Geregelte Nutzung	Bewirtschaftung
Maßnahmen		
1. Einstellung des pH-Wertes 2. Anhebung der Bodennährstoffvorräte, bes. P, K ggf. Mg, Spurenelemente	Umtriebsweide mit hoher Besatzdichte je Umtrieb und kurzer Freßzeit	starke Koppelunterteilung, Nachmahd des bei Weidegang verschmähten Futters, regelmäßige NPK-Ersatzdüngung, ggf. Beseitigung von Gehölzarten
Wirkungsträger		
Kalk, kalkhaltige Phosphate, u. U. kurzfristig hohe Flüssigmistgaben, ansonsten alle geläufigen Düngestoffe einschl. Kompost	Tritt, Biß, Exkrementanreicherung	durch Koppelunterteilung: – Erzielung hoher Besatzdichten, rascher Umtrieb – Gewährleistung von Ruhepausen zw. Weidenutzungen durch Nachmahd: – Beseitigung von Konkurrenzwirkungen verbliebener Pflanzen nach Weidegang – Verhinderung der generativen Vermehrung unerwünschter Arten
Ziel		
Beseitigung bodenchemischer Mängel, Verbesserung der Nährstoffverfügbarkeit, damit Einleitung der Bestandsänderung	Lenkung des Bestandes in gewünschte Richtung	

baulich unbefriedigenden Pflanzenbeständen oder in Gestalt keimfähiger Samen im Boden. Wind, Wild- und Weidetiere tragen zu ihrer Verbreitung bei, ebenso wirtschaftseigene Düngestoffe, insbesondere Stallmist.

Gleichmäßigkeit der räumlichen Verteilung brauchbarer Arten im zu verbessernden Bestand ist zur Erlangung angemessener Bestandsanteile für solche Arten notwendig, die nicht zu Ausläuferbildung befähigt sind. Das gilt vornehmlich für einige wichtige Horstgräser des Wirtschaftsgrünlandes wie Wiesenschwingel *(Festuca pratensis)* und Lieschgras (*Phleum pratense)*.

2.5.7.2 Methodik

Grundlage umbruchloser Verbesserung bildet die Beseitigung der Ursachen von Bestandsmängeln. Hauptziele der zu ergreifenden Maßnahmen sind:
- Herstellung des pflanzenbaulich erforderlichen bodenchemischen Zustandes durch Meliorationsdüngung
- Regelung und allmähliche Intensivierung von Nutzung und Bewirtschaftung.

Die Verwirklichung des Zieles vollzieht sich im wesentlichen nach dem Schema der Tab. 147.

Die Einstellung des pH-Wertes im Wurzelbereich im Falle zu niedriger pH-Ausgangswerte gelingt in der Regel innerhalb von zwei bis drei Jahren (siehe 2.5.2). Die Anreicherung der Rhizosphäre mit Nährstoffen stellt dagegen je nach Ausgangsvoraussetzungen einen u. U. langwierigen, nur allmählich vollziehbaren Vorgang dar. Mit Vorteil lassen sich wirtschaftseigene Düngestoffe in vorübergehend überhöhten, aber kontrollierten und die angestrebte Bestandsentwicklung nicht beeinträchtigenden Mengen einsetzen. P- und Ca-reiche Hühnergüllen scheiden für Rinderfutterflächen wegen der Gefahr der Tuberkuloseübertragung allerdings aus.

Die Umwandlung eines Bestandes kann sich je nach Ausgangspflanzenbestand und Ausgangsbedingungen schon innerhalb eines Vegetationsjahres vollziehen, aber auch mehrere Jahre beanspruchen. Wirksamstes Mittel zur Erreichung der Ziele im Zuge umbruchloser Verbesserung ist Weidenutzung in streng geregelter Form. Dem Tritt der Weidetiere sowie häufigem Verlust assimilierender Organe sind viele unerwünschte oder leistungsschwache Arten nicht gewachsen. Auf generative Vermehrung angewiesene Arten werden in ihrer Fortpflanzung gehindert. Umgekehrt sind zahlreiche futterwertmäßig wichtige Grünlandarten trittunempfindlich und/oder werden durch Tritt ebenso wie durch häufige Nutzung sogar zu vermehrter Bestockung angeregt. Auf generative Vermehrung sind sie meist nicht angewiesen. Die Exkremente der Weidetiere reichern zudem den Boden mit Nährstoffen an, das Bodenleben wird verstärkt angeregt. Die spezifischen Wirkungen der Weidenutzung (also Tritt, Biß, Exkrementanreicherung; vgl. 2.6.4.4) sind ihrem Charakter gemäß durch Schnittnutzung nicht ersetzbar. Der Verbesserungseffekt ist daher durch ausschließliche Mähenutzung schwieriger oder gar nicht zu erreichen. Soweit Schnittnutzung Gelegenheit zu generativer Vermehrung beläßt, vermögen sich unter Ausnutzung des Düngeeffektes oftmals eher wertlose Arten auszubreiten, so vielfach Wolliges und Weiches Honiggras *(Holcus lanatus, H. mollis)*, Weiche Trespe *(Bromus mollis)*, Gemeine Rispe *(Poa trivialis)*.

Als Beispiel für den Ablauf der Verbesserung einer Borstgrasheide auf umbruchlosem Wege siehe Tab. 148.

2.5.7.3 Bewertung, Aussichten

Das Verfahren „umbruchlose Grünlandverbesserung" gründet auf Ausnutzung der natürlichen Grundlagen der botanischen Entwicklung von Pflanzenbeständen. Auf dieser Basis erlaubt es die futterwertmäßige Verbesserung von Grünlandbeständen auch unter Standortvoraussetzungen, die andere Formen der Grünlanderneuerung, nämlich Umbruch mit anschließender Neuansaat, nicht zulassen. Durch Umgehung jeder Form der Bodenbearbeitung werden zudem deren nachteilige Folgen für Bodengefüge, bodenchemische und bodenbiologische Verhältnisse vermieden. Umbruch und Neuansaat beseitigen im übrigen auch gar nicht die Entstehungsursachen unbefriedigender Bestandskombinationen.

Somit ergeben sich als **Vorzüge** des Verfahrens:
- Ausschaltung des Saatrisikos der Neuansaaten
- Vermeidung jeder Form der Bodenbearbeitung
- weitgehende Unabhängigkeit von Relief und Bodengründigkeit
- Umgehung der schwierigen Anfangsphase in der Bestandsentwicklung bei Ansaaten (siehe 2.5.8.2.4)
- Entwicklung jeweils standortangepaßter Bestände.

Im Hinblick auf die Erfordernisse zeitgerechter Grünlandbewirtschaftung stehen den Vorzügen jedoch **Nachteile** gegenüber. Als wichtigste sind zu nennen:
- Zeitbedarf häufig zu hoch.

- Nur allmähliche Ausbreitung uneingeschränkt brauchbarer Nutzgräser; auf nährstoffarmen Standorten tritt oftmals Entwicklung in Richtung rotschwingelreicher Narben ein. Rotschwingeldominanz bedeutet bei Weidegang zumeist verringerte Futteraufnahme, somit keine echte Bestandsverbesserung.
- Geringe Verbesserungsaussichten für Bestände mit dichten Auflagen organischer Substanz (vorzüglich dichte Rotschwingelnarben). Die organischen Auflagen verhindern Zuwanderung und Entwicklung brauchbarer Arten.
- Wirkungslosigkeit des Verfahrens gegenüber bültenbildenden Arten wie Drahtschmiele

Tab. 148. Umbruchlose Umwandlung einer Borstgrasheide durch geregelte Nutzung bei mittlerer NPK-Düngung; Ertragsanteile in % (nach KLAPP 1959, verändert)

	Urzustand	Mähenutzung		Weidenutzung (ab 4. Jahr)		
		Nutzungsjahre 1.	3.	5./6.	10./12.	19./21.
Calluna vulgaris	62	12,4	2,0			
Danthonia decumbens	+	2,0	1,0			
Genista pilosa	12	5,0	0,8			
Carex pilulifera	1	0,7	1,4			
Potentilla erecta	1	6,0	1,0			
Nardus stricta	11	2,3	4,2			
Deschampsia flexuosa	+	25,3	1,8			
Luzula campestris	1	0,7	+			
Festuca ovina	9	11,0	7,0	2,3	0,8	
Holcus mollis	+	0,3	16,2	5,0	0,4	+
Anthoxanthum odoratum	+	1,0	4,8	2,2	1,8	0,4
Briza media		+	0,6	+	0,2	0,4
Agrostis capillaris	+	23,7	34,8	8,0	7,4	0,6
Festuca rubra		9,0	15,4	22,1	17,6	20,5
Achillea millefolium	+	0,3	0,4	0,3	0,1	1,8
Lotus corniculatus		+	+	0,5	1,6	
Holcus lanatus			+	12,4	4,4	13,4
Plantago lanceolata				1,8	1,5	0,8
Ranunculus spec.				1,1	1,6	4,4
Rumex acetosa				0,2	+	0,8
Taraxacum officinale				0,7	1,8	2,9
Poa pratensis			1,4	11,3	13,5	9,8
Cynosurus cristatus				3,9	4,0	0,3
Trisetum flavescens				+		
Dactylis glomerata				0,7	5,9	4,9
Festuca pratensis					0,5	4,0
Poa trivialis				9,2	4,8	4,1
Trifolium pratense				4,2	7,2	2,2
Trifolium repens				10,6	9,7	6,6
Alopecurus pratensis				+	0,2	2,7
Phleum pratense				0,3	0,1	0,5
Lolium perenne				0,3	7,8	16,0
Plantago major						+
Rest	3	0,3	7,2	2,7	7,1	2,9

(Deschampsia flexuosa), Rohrschwingel *(Festuca arundinacea)*, hartnäckigen Ungräsern (Kriechende Quecke = *Elymus repens)* oder hartnäckigen Unkräutern *(z. B.* Stumpfblättriger Ampfer = *Rumex obtusifolius)*.

- Einwanderung und Ausbreitung von Quecken *(Elymus repens)*, Jähriger und Gemeiner Rispe *(Poa annua, P. trivialis)*, Löwenzahn *(Taraxacum officinale)*, Vogelmiere *(Stellaria media)* in lückigen Beständen bei starker N-Düngung und/oder Anwendung zu hoher Mengen flüssiger wirtschaftseigener Dünger.

Aussichten der umbruchlosen Verbesserung

Die Anlässe zur Grünlandverbesserung haben sich geändert:

1. Ursachen unbefriedigender Bestandsentwicklung werden zunehmend sehr hohe Intensität der Grünlandbewirtschaftung in Zusammenhang mit fortschreitender Technisierung, ansteigendem Viehbesatz und vermehrter Zufuhr wirtschaftseigener Düngestoffe. Vielfach treten mit grünlandpflanzenbaulichen Methoden kurz- oder mittelfristig nicht mehr zu beseitigende Entwicklungen ein, so die Verkrautung mit hartnäckigen Unkräutern *(z. B. Rumex obtusifolius)* sowie die Einwanderung schwer bekämpfbarer unerwünschter Gräser *(Elymus repens*, mitunter auch *Poa annua)*. Die methodischen Grundlagen der herkömmlichen, vorwiegend auf Beseitigung extensiver Bewirtschaftungs- und Nutzungsverhältnisse sowie allgemeinen Nährstoffmangels im Boden gerichteten umbruchlosen Grünlandverbesserung werden unter diesen Voraussetzungen außer Kraft gesetzt.
2. Grünlandverbesserung verändert zunehmend ihren Inhalt. Sie richtet sich allmählich stärker auf die Ausnutzung des pflanzenzüchterischen Fortschrittes. Eine gänzlich „ansaatlose" Grünlandverbesserung schließt das aus.

Angesichts der neueren Entwicklungen ansaattechnischer Art (Seite 249), aber auch des Rückzuges der Grünlandbewirtschaftung aus pflanzenbaulichen Grenzlagen, auf die sich umbruchlose Grünlandverbesserung ursprünglich vorwiegend richtete, sind deren Vorteile somit geschwunden. Ihre Anwendung reduziert sich deshalb auf Fälle, in denen

- leicht behebbare Bewirtschaftungs- und Nutzungsfehler Anlaß unerwünschter, aber rasch zu korrigierender Bestandsentwicklungen geworden sind
- gravierende Nährstoffmängel im Boden vorliegen, die sich nicht augenblicklich beseitigen lassen und daher auch den Erfolg eventueller Neuansaaten in Frage stellen können
- vornehmlich aus landeskulturellen oder ökologischen Gründen eine Reaktivierung aufgelassener Grünlandflächen vor allem höherer Lagen für Weidenutzung geboten ist (z. B. Almen).

2.5.8 Grünlanderneuerung durch Ansaat

2.5.8.1 Gründe, Vorbedingungen

Grünlanderneuerung durch Ansaat bedeutet im Gegensatz zur umbruchlosen Grünlandverbesserung die vollständige Beseitigung eines Altbestandes und Etablierung eines neuen Pflanzenbestandes an gleichem Standort. Gegenüber umbruchloser Verbesserung ist der Zeitbedarf zur Erstellung eines leistungsfähigen neuen Futterbestandes in der Regel geringer. Der Ersatz eines alten Grünlandbestandes durch einen neuen hat jedoch Konsequenzen. Er ist darüber hinaus mit erheblichen Auflagen pflanzenbaulicher Art verbunden:

1. Die einer Ansaat auf altem Grünland voraufgehenden pflanzenbaulichen Maßnahmen bedeuten im Gegensatz zur umbruchlosen Grünlandverbesserung plötzlichen und radikalen Eingriff in ein bestehendes, Pflanzenbestand und Wurzelraum erfassendes Ökosystem. Ist dieser Eingriff mit ganzflächiger Bodenbearbeitung verbunden, werden davon zwangsläufig auch die bodenchemischen, bodenphysikalischen und bodenbiologischen Verhältnisse mitberührt. Dieses leitet wiederum in der von der Bearbeitung erfaßten Bodenschicht Veränderungen ein, die ihrerseits auf den zu etablierenden neuen Pflanzenbestand zurückwirken. Sie vermögen bei diesem Reaktionen auszulösen, die dem Ziel der Verbesserungsmaßnahme widersprechen. Um dieses zu verhindern und ein mit Neuansaaten offenbar stets verbundenes Risiko zu mindern, bedarf es bei Ansaaten daher generell längerfristig ausgelegter pflanzenbaulicher Folgemaßnahmen. Die Neuetablierung von Grünland erschöpft sich somit nicht in der Ansaat und deren Vorbereitung.
2. Umbruchlose Verbesserung bedeutet Förderung standortangepaßter Arten und Typen (Ökotypen), Ansaat dagegen Einbringung von Zuchtsorten. Diese stellen gegenüber Ökotypen an Standort, Ernährung und Behandlung in der Regel höhere Ansprüche. Im

Hinblick auf die sehr verschiedenartigen Umweltbedingungen der Grünlandstandorte, aber auch mit Blick auf die verschiedensten Wirtschaftsweisen kann die Erfüllung solcher Ansprüche nicht für alle zur Ansaat geeigneten Arten generell oder zumindest nicht schon von vornherein als gesichert vorausgesetzt werden. Vor allem die leistungsfähigsten, zugleich aber auch anspruchvollsten züchterisch bearbeiteten Arten bzw. deren Sorten bedürfen vielmehr einer angemessenen, das Traditionelle oft überschreitenden pflanzenbaulichen Behandlung, die sich um so aufwendiger gestaltet, je ungünstiger die natürlichen Umweltverhältnisse für die landwirtschaftliche Bodennutzung sind.

Im Hinblick auf die ökologischen Konsequenzen und die damit verbundenen aufwendigen pflanzenbaulichen Erfordernisse und Risiken ist Neuansaat mithin eine Maßnahme, deren Notwendigkeit zunächst eingehender Prüfung bedarf. Insbesondere muß vorab geklärt sein, inwieweit

- gegenüber einem bestehenden grünlandwirtschaftlich unbefriedigenden Zustand durch Neuansaat mit Sicherheit eine dauerhafte Verbesserung erreichbar wird
- andere Möglichkeiten der Verbesserung bereits ausgeschöpft sind.

Gründe für Neuansaaten: Für die Einleitung einer Grünlanderneuerung über Neuansaat ist die momentane Massenertragsleistung eines vorhandenen Bestandes kein unbedingt maßgebendes Beurteilungskriterium. Unbefriedigende Massenertragsleistungen sind Ausdruck von Bewirtschaftungs-, Nutzungsmängeln und/ oder Standortnachteilen, die der bloße Austausch von Pflanzenbeständen nicht behebt. In solchen Fällen bedarf es grundsätzlich zuerst der Beseitigung der Ursachen mangelhafter Ertragsleistungen. Zumeist wird bereits durch angemessene Bewirtschaftung und Nutzung eine Veränderung zum Besseren eingeleitet (vgl. 2.5.7 und 2.6.2). Zum Erneuerungsgrund werden daher vielmehr:

- Einbringung des in der Futterpflanzenzüchtung erreichten Zuchtfortschrittes in das Wirtschaftsgrünland
- durch Bewirtschaftungs- bzw. Nutzungsmaßnahmen nicht zu behebende, unbefriedigende Bestandsleistung (irreversible, unerwünschte Bestandsentwicklungen, Narbenschäden als Folge von Witterungs- oder Schädlingseinflüssen, Krankheiten, Meliorationen und Flurbereinigungsmaßnahmen).

Tab. 149. Uneingeschränkt ansaatwürdige Arten des Intensivgrünlandes

Intensive Weide, Mähweide, Mehrschnitt (4 u. mehr Schnitte)	Wiese (2 –3 Schnitte)
Lolium perenne = Dt. Weidelgras	
Dactylis glomerata = Knaulgras	
Festuca pratensis = Wiesenschwingel	
Phleum pratense = Wiesenlieschgras	
Poa pratensis = Wiesenrispe	
Trifolium repens = Weißklee	

2.5.8.2 Grundlagen der Ansaat

2.5.8.2.1 Ansaatwürdige Arten

Wichtigstes Kriterium der Artenwahl ist **Ansaatwürdigkeit,** mit der die vom jeweiligen Ansaat- (= Verwendungs-)zweck abhängige Ansaateignung umschrieben wird. „Ansaatwürdigkeit" ist demnach kein feststehendes Merkmal, sondern ein relatives Bewertungskriterium. Es fällt je nach Verwendungszweck für ein und dieselbe Art verschieden aus.

Für Zwecke der Ansaat von Wirtschaftsgrünland umschreibt „Ansaatwürdigkeit" die Bewertung einer Art nach folgenden Eigenschaften:

- Anpassungsvermögen an verschiedenste Standortbedingungen
- Massenbildungs- und Nachtriebsvermögen
- Futterwert
- Ausdauer.

Mit dem Begriff „ansaatwürdig" werden futterbaulich nur Süßgräser und Leguminosen charakterisiert. Kräuter scheiden bei Futteransaaten aus. Gezielte Kräuteransaat ist nicht erforderlich. Standortgemäße Kräuter stellen sich im Zuge der Bestandsentwicklung auf natürlichem Wege von selbst ein.

Die Zahl ansaatwürdiger Arten ist mit zunehmender Intensivierung der Grünlandbewirtschaftung sowie steigenden Anforderungen in der Ernährung vor allem der Milchkuh drastisch zurückgegangen. Nur wenige Arten sind den veränderten Bedingungen des Grünlandfutterbaues gewachsen und uneingeschränkt ansaatwürdig (Tab. 149).

„Beschränkte Ansaatwürdigkeit" kommt den in Tab. 150 zusammengefaßten Arten zu. Sie scheiden bei intensiver, auf Ernährung von Lei-

Tab. 150. Beschränkt ansaatwürdige Arten

Weide	herkömmliche Wiese (2–3 Schnitte)
	Arrhenatherum elatius = Glatthafer
	Alopecurus pratensis = Wiesenfuchsschwanz
Festuca rubra ssp. *rubra* = (Ausläufer-) Rotschwingel	
Trisetum flavescens = Goldhafer	
	Lotus corniculatus = Hornklee

stungstieren gerichteter Grünlandwirtschaft in der Regel bereits aus (vgl. 2.5.8.2.2) oder bleiben auf Sonderfälle beschränkt.

Fälschlicherweise gelegentlich verwendet, für Aufnahme in Saatmischungen aber nicht geeignet sind kurzlebige Arten sowie Arten mangelhafter Konkurrenzfähigkeit (vgl. 2.5.8.2.4).

Kurzlebige Arten, insbesondere Rotklee = *Trifolium pratense (var. sativum)*, Welsches Weidelgras = *Lolium multiflorum* stören auf Grund hohen, arttypischen Verdrängungsvermögens die Bestandsbildung. Sie üben im Jungbestand auf die Mischungspartner eine verdrängende Wirkung aus, hinterlassen nach ihrem natürlichen Ausscheiden lückige Bestände, in die unerwünschte Arten einwandern können.

Die Verwendung von Rotklee in Dauergrünlandsaatmischungen beruht auf irrtümlicher Gleichsetzung mit dem mehrjährigen, in *Arrhenatheretalia*-Gesellschaften spontan auftretenden Roten Wiesenklee = Wiesenrotklee = *Trifolium pratense var. pratorum.* Für diese Form ist handelsfähiges Saatgut nicht verfügbar.

Zu den Arten mit vorwiegend mangelhafter Konkurrenzfähigkeit und/oder nicht angemessener Ertragsleistung zählen vornehmlich Rotes Straußgras = *Agrostis capillaris*, Weißes Straußgras = *Agrostis gigantea*, Sumpfrispe = *Poa palustris*, Gemeine Rispe = *Poa trivialis*, Ruchgras = *Anthoxanthum odoratum.* Straußgräser, Sumpfrispe, Ruchgras unterliegen bei Gegenwart kampfkräftiger Arten bereits im Anfangsstadium der Bestandsentwicklung. Sie sind für intensive Grünlandnutzung nicht geeignet. Bedeutung kommt ihnen vorwiegend im Landschaftsbau zu oder bei Begrünung extensiv zu nutzender Flächen (bes. im Bergland). Gemeine Rispe kennzeichnet starker Massenwuchs im Frühsommer, aber unbefriedigendes Nachwuchsvermögen. Sie ist in hohem Maße trockenheitsempfindlich.

2.5.8.2.2 Charakteristik der wichtigsten ansaatwürdigen Arten nach futterbaulichen Artmerkmalen

Eine eingehende Darstellung der biologischen und ökologischen Charakteristika sowie bestimmter Futterwertkriterien der ansaatwürdigen Arten findet sich in der Fachliteratur (z. B. HUBBARD 1973; KLAPP 1965a; SCHRADER und KALTOFEN 1974; SIEBERT 1975; STÄHLIN 1960). Das folgende Kapitel erfaßt ausschließlich grünlandspezifische Anbaumerkmale. Soweit hier erwähnte Arten im Feldfutterbau Verwendung finden, wird auf 4.2.2 verwiesen.

Deutsches Weidelgras (Ausdauernder Lolch, Ausdauerndes (perennierendes) Weidelgras, Englisches Raygras), *Lolium perenne* L.: engl. perennial ryegrass
Wichtigste Art des Ansaatgrünlandes. Vornehmlich für sehr intensive Grünlandbewirtschaftung und Nutzungsformen. Ansprüche außerhalb des natürlichen Verbreitungsgebietes vielfach unterschätzt.

Merkmale: Hohes Na-Aneignungsvermögen (Ausnahme unter den ansaatwürdigen Gräsern!), hoher bis sehr hoher Gehalt vergärbarer Kohlenhydrate, gute Silierbarkeit. Produktiv und ausgesprochen vielnutzungsverträglich. Daher zur Erzeugung hochwertigen Futters prädestiniert. Hohe Nutzungsfrequenz (mit Betonung der Weidenutzung zur Bestockungsförderung) sind Voraussetzung zur Ausschöpfung des arttypisch starken Nachwuchsvermögens und der Ausbildung dichter Narben, zu der es auch als Horstgras befähigt ist.

Ausdauer außerhalb seines natürlichen Verbreitungsgebietes (am sichersten in wintermildem, luftfeuchtem Klima bei stetiger Wasser- und bester Nährstoffversorgung) in hohem Maße durch Nährstoffversorgung, Nutzungsintensität, Sortenwahl bestimmt. Geringe Nutzungsintensität (Nutzungshäufigkeit < vier/Jahr) führt unter weniger zusagenden Standortbedingungen in der Regel zum raschen Rückgang der Artanteile. Sehr anfällig für Schneeschimmel *(Fusarium nivale)*; typverschieden anfällig für Rostkrankheiten *(Puccinia spec.)*.

Für den Anbau zu berücksichtigende Sortenmerkmale: Differenzierungen nach Entwicklungsrhythmus (Seite 230f und Tab. 152) und Ploidiestufen (di-/tetraploide Sorten). Tetraploide Sorten sind offenbar etwas weniger schneeschimmelanfällig, erbringen höhere Grünmasseerträge, jedoch nicht unbedingt auch höhere Trockenmasseerträge.

„Späte“ Sorten haben im vegetativen Stadium tiefer liegende Vegetationskegel, meist bessere Ausdauer, bilden in der Regel bei angemessener Nutzungsfrequenz dichtere Narben als „frühe“ Sorten; ihre Nachwuchsintensität steigt im Herbst häufig nochmals an. Abstufungen im Entwicklungsrhythmus erlauben bei geschickter Sortenwahl Staffelung der Nutzungsreife im Frühjahr (Seite 231), damit gezielte Beeinflussung und Lenkung des Nutzungsregimes bereits ab der ersten Nutzung.
Verwendung in Saatmischungen: Rasche Jugendentwicklung und schon bei niedrigen Anteilen in der Saatmischung wirksames, hohes Verdrängungsvermögen (Seite 232f) gegenüber Bestandspartnern! Daher können unerwünschte Bestandsentwicklungen eintreten, falls die Art standorts- und/oder bewirtschaftungs- sowie nutzungsbedingt nicht ausdauert. Außerhalb typischer Weidelgraslagen mit höheren Saatmischungsanteilen deshalb nur bei gesichert sachgerechter Bewirtschaftung und Nutzung risikolos. Andernfalls oder generell unter nicht angemessenen Umweltbedingungen Saatanteil in Ansaatmischungen stark reduzieren oder auf die Art völlig verzichten (siehe 2.5.8.2.5).

Wiesenschwingel, *Festuca pratensis* Huds.: engl. *meadow fescue*
Besondere Eignung für intensivere Grünlandbewirtschaftung in rauhen, nicht mehr weidelgrassicheren Berglagen, soweit Wasser- und Nährstoffversorgung gesichert sind.
Merkmale: Gute Siliereignung, relativ zeitige Frühjahrsentwicklung, gutes Nachwuchsvermögen, aber nur mittlere Narbendichte.
Ausdauer im Mischbestand hoch, sehr krankheitsresistent, jedoch höheren Nutzungshäufigkeiten auf die Dauer nicht gewachsen, vor allem wenn konkurrenzstarke Partner (z. B. Deutsches Weidelgras, Knaulgras) mit hohen Anteilen im Bestand vertreten sind und durch starke Stickstoffdüngung zusätzlich begünstigt werden. Der Wiesenschwingel ist bei hohen Stickstoffgaben, aber oft auch in sehr wüchsigen, obergrasreichen Wiesen unterlegen. Ebenso ist er verdrängungsgefährdet, soweit sein Wasseranspruch nicht erfüllt wird. Gedeiht am sichersten in luftfeuchten, tau- und nebelreichen Lagen bei stetiger Wasser- und guter Nährstoffversorgung. Anbau ist in Höhenlagen bis um 1500 m ü. NN möglich.
Für Anbau zu berücksichtigende Sortenmerkmale: Differenzierung nach Wuchstyp (Weide-/Wiesentypen) und – vergleichsweise noch weniger ausgeprägt – Entwicklungsrhythmus.
Verwendung in Saatmischungen: In Gegenwart hoher Anteile von Deutschem Weidelgras oder anderer stark verdrängend wirkender Arten bereits zu Beginn der Bestandsentwicklung gefährdet. Höhere Bestandsanteile nur durch starke Reduzierung des Mischungsanteils kampfkräftiger Arten erreichbar.

(Wiesen-)Knaulgras, *Dactylis glomerata* L.: engl. *cocksfoot*, am. *orchardgrass*
Besondere Eignung für Mehrschnittnutzung bei angemessen hoher N-Düngung auf zu gelegentlicher Trockenheit neigenden Standorten.
Merkmale: Sehr wuchsschnell, deshalb Futterwert zur Zeit der Halmstreckung rasch sinkend. Blätter und Halme mit dem Alter verkieselnd. Zur Futterwerterhaltung rechtzeitige Nutzung zwingend. Sehr produktiv, daher hoher Nährstoffbedarf, aber auch hohe Aufnahmebereitschaft für N und (bedarfsüberschreitend) für K.
Ausdauer im Mischbestand: Je nach Umweltbedingungen sortenverschieden mittel bis hoch. Spätfrostempfindlich. Frühwüchsige Sorten daher für spätfrostgefährdete Lagen wenig geeignet. Insgesamt ungeeignet bei nicht angemessener Düngung auf nährstoffarmen Böden.
Zu berücksichtigende Sortenmerkmale: Entwicklungsrhythmus, Wuchstyp (Weide-/Wiesentypen) und Verkieselungseigenschaft.

Im Sortensortiment Wiesentypen vorherrschend. Soweit diese in Weidemischungen Verwendung finden, „spätere“ Sorten vorziehen (verlangsamte Frühjahrsentwicklung). Sortenverschiedene Anfälligkeit für Mehltau. Weniger deutlich ausgeprägt, aber vorhanden, Anfälligkeit für Schneeschimmel, Rostkrankheiten.
Verwendung in Saatmischungen: Jugendentwicklung schwach. Bei Gegenwart kampfkräftiger Mischungspartner im Ansaatjahr eher verdrängungsgefährdet. Seinerseits jedoch sehr hohes Verdrängungsvermögen ab erstem Hauptnutzungsjahr, vor allem in Verbindung mit hohen N-Gaben und verspäteter Nutzung.

Auf Grund raschen Wachstums und damit beschleunigter Futterwertverluste besonders im Frühsommer als Mischungspartner in den Weidebeständen schwierig zu beherrschen. Aufnahmebereitschaft beim Weidevieh sinkt schnell, so daß in der Regel in knaulgrasdurchsetzten Beständen hohe Weidereste entstehen, die Narben zudem lückig werden. In Weidemischungen daher Saatanteil sehr stark reduzieren (Seite 236) oder auf die Art völlig verzichten. Zur besseren Beherrschung des Futterwertes empfehlen sich zu Mehrschnittnutzung geeignete Bestände mit sehr hohem Knaulgrasanteil (Mehltauanfälligkeit beachten!). Zur Vermeidung sehr lockerer Narben (Horstbildner!) sowie der Bestandseinseitigkeit auf trockeneren Standorten Mischungen mit Wiesenrispe. Letztere erreicht allerdings erst nach Jahren und nur bei hoher Nutzungsfrequenz befriedigende Anteile.

(Wiesen-)Lieschgras (Timothe, Timotheusgras), *Phleum pratense* L. ssp. *pratense* (L.): engl. *timothy grass, cat's-tail, meadow cat's-tail*
Merkmale: Günstiges P-, aber offenbar sehr geringes Na-Aneignungsvermögen. Vergleichsweise langsame Entwicklung nach Nutzung, bei intensiver Nutzung ab Sommer in Mischbeständen meist nur wenig ins Gewicht fallend. In der Regel nur mittlere Ertragsleistung. Deshalb hohe Bestandsanteile nicht erwünscht (bei hohem Anteil im Bestand und längerer Verfütterung wurden zudem negative Rückwirkungen auf Sexualfunktionen bei Milchkühen beobachtet). Futterwert ab Weidereife schnell sinkend.
Für Anbau zu berücksichtigen: Langsame Frühjahrsentwicklung („späteste" Art der Ansaatwürdigen). Ausgeprägte Neigung zu Halmbildung auch im Nachtrieb. Daher in Weidemischungen Weidetypen bevorzugen.
Verwendung in Saatmischungen: Im Hinblick auf Anpassungsvermögen, Winterhärte, Krankheitsresistenz Bestandteil nahezu jeder Saatmischung. Rasche Jugendentwicklung, aber wenig konkurrenzfähig und bei Gegenwart kampfstärkerer Partner verdrängungsgefährdet. Der Art wird für Neuansaaten gelegentlich „Lückenfüllerfunktion" zugemessen (füllt zunächst in jungen, noch lückigen Beständen Freiräume aus, ohne verdrängend zu wirken; gibt später aber wuchsschnelleren Arten Raum). Spätsaatunempfindlich. Kann daher bei späten Ansaaten im Herbst im folgenden Jahr entgegen sonstigem Verhalten in Mischungen hohe Bestandsanteile erreichen.

Wiesenrispe (Wiesen-Rispengras), *Poa pratensis* L. ssp. *pratensis* (L.):
engl. *smooth meadow-grass;* am. *Kentucky blue grass*
Merkmale: Soll vergleichsweise hohen Gehalt an Vitamin D bzw. Vorstufen enthalten, geringer (unschädlicher) Blausäuregehalt. Günstige Wirkung auf Milchfettgehalt und Butterqualität. Hoher Blatt-, bei vergleichsweise mäßigem Halmanteil und guter blattreicher Nachwuchs nach Nutzungen (ausgenommen ungeeignete Standorte). In Reinsaaten bei entsprechender Nährstoffversorgung hohe bis sehr hohe, mit anderen ansaatwürdigen Arten durchaus vergleichbare TM-Erträge möglich. Jedoch sortenverschieden anfällig für Rostkrankheiten.
Verwendung in Saatmischungen: Bestandteil jeder Saatmischung. In mehr kontinental getönten und nicht mehr weidelgrassicheren Lagen Ersatz für Deutsches Weidelgras als Untergras. Sehr konkurrenzschwach, soweit Fuß gefaßt aber kaum noch verdrängungsgefährdet, wenn auch in Gegenwart wuchsschneller Arten anteilmäßig zurückfallend. Stärkere Ausbreitung gelegentlich nach Trockenperioden und damit verbundener Schädigung konkurrenzstärkerer Bestandspartner. In trockeneren Lagen als Mischungspartner des Knaulgrases geeignet.

Stärker als durch Standort, werden Ertragsanteile von Intensität der Düngung und Nutzung bestimmt. Begünstigend wirken reichliche N-Düngung, vor allem über wirtschaftseigene Düngestoffe (vornehmlich Stallmist, Kompost, auch Flüssigmist) in Verbindung mit erhöhter Nutzungshäufigkeit, mit der die Konkurrenz kampfkräftiger Bestandspartner eingeschränkt wird. In jungen Mischbeständen gelangt sie jedoch selbst unter Bedingungen intensiver Weidenutzung und entsprechender Nährstoffversorgung nur langsam, oft erst nach Jahren zu nennenswerten Anteilen. Da sie sich über unterirdische Ausläufer (Rhizome) ausbreitet und nur durch angemessene Bewirtschaftungs- und Nutzungsmaßnahmen höhere Ertragsanteile erlangt werden, lohnen im Hinblick auf das sehr geringe TKG (Tab. 154) hohe Saatanteile in der Saatmischung nicht.

Weißklee, *Trifolium repens* L.:
engl. *white clover*
Merkmale: Hoher Nähr- (bes. Rohprotein-) und Mineralstoffgehalt, vor allem Ca (jedoch nur teilweise resorbierbar), gutes Na-Aneignungsvermögen, hoher Carotingehalt. Aber niedriger Rohfasergehalt und unbefriedigende Futterstruktur. Bei höherem Anteil Gefahr des „Aufblähens" bei Wiederkäuern (rasche Zersetzung des Proteins mit starker Gasbildung, zugleich auf Grund unbefriedigender Futterstruktur Einschränkung der Pansentätigkeit).

Je nach Stamm, Herkunft und Witterung blausäurehaltig (Hemmung der Pansentätigkeit!). Zuchtsorten in der Regel blausäurearm. Lichtbedürftig, bedingt winterhart, trockenheitsempfindlich.

Ausdauer im Mischbestand: Rasche Jugendentwicklung, aber niedrigwüchsig; daher im vollentwickelten Bestand bei Gegenwart wuchsschneller Gräser vor allem in Verbindung mit stärkerer N-Düngung verdrängungsgefährdet (Lichtkonkurrenz!). Vermag sich jedoch nach Schäden durch klimatische Einflüsse oder nach zu starker Beschattung über den Samenvorrat im Boden oder aus überlebenden Stengelteilen schnell zu regenerieren, sobald die Wirksamkeit benachteiligender Einflüsse aufgehoben ist. Über oft lange, an Knoten wurzelnde und sich verzweigende Kriechstengel zu sehr rascher Ausbreitung befähigt. Bewährt sich daher unter Voraussetzung entsprechender Wasserversorgung als Lückenbesiedler in Ansaaten, nach Narbenverletzungen oder sonstigen Lückenbildungen.

Zu berücksichtigende Sortenmerkmale: Winterhärte, Blattstiellänge, Blausäuregehalt.

Verwendung in Saatmischungen: Wegen seines Vermögens zu rascher Ausbreitung, geringem TKG (Tab. 154) hohe Saatanteile nicht lohnend.

Glatthafer (Französisches Raygras, Fromental, Hoher Wiesenhafer, Falscher Hafer, Halmschmiele), *Arrhenatherum elatius* L. J. et C. Presl.:
engl. *tall, false oat-grass.*

Tritt- und vielnutzungsempfindlich. Für Weide und Vielschnitt ungeeignet. Hohe Nährstoff-, Wärme-, Wasseransprüche. Zu hohen Massenerträgen befähigt.

Normalerweise nur in Zwei- (und Drei-) Schnittwiesen. Höheren Nutzungsfrequenzen wegen seines Reservestoff-Speicherbedürfnisses nicht gewachsen oder doch höchstens nur bedingt unter der Voraussetzung bester Nährstoffversorgung und pflanzenbaulich günstigsten Standortbedingungen.

Im Frischzustand wegen Behaarung und Saponingehalt beim Vieh wenig beliebt. Bei Verfütterung in größeren Mengen Bittergeschmacksbeeinflussung von Milch und Butter? Liefert bei artgerechter Nutzung strukturreiches, in Verdaulichkeit und Nährstoffgehalt für die Leistungsfütterung nicht befriedigendes Futter. Anbau nur für nicht leistungsbezogene Verwertung zu empfehlen.

Durch futterwertmäßig leistungsfähigere, vor allem häufigerer Schnittnutzung zugängliche Arten ersetzbar, z. B. Knaulgras auf zu Trockenheit neigenden Standorten, bei gleichmäßiger, günstiger Wasserversorgung auch durch tetraploide Formen der ausdauernden Weidelgräser. Der Glatthafer ist züchterisch nur in geringem Umfang bearbeitet.

Wiesenfuchsschwanz, *Alopecurus pratensis* L.:
engl. *meadow-fox tail, common fox tail*

Winterhart, aber anspruchsvoll gegenüber Nährstoff- und Wasserversorgung. Sehr frühwüchsig, frühblühend, daher ebenso früher und schneller Rückgang des Futterwertes. Letzterer im 1. Aufwuchs nur unter Bedingung sehr früher, aus klimatischen Gründen aber häufig noch gar nicht durchführbarer Nutzung und Werbung zu erhalten. Ausnutzung hohen Nachtriebs- und Massebildungsvermögens verlangt wenigstens dreimaligen Schnitt.

Verwendung in Saatmischungen wegen häufig unbefriedigender Saatgutqualität (mangelnde Keimfähigkeit), aber auch im Hinblick auf schnell sinkenden Futterwert nur in Sonderfällen empfehlenswert. Nur bedingt weidefest.

Durch leistungsfähigere und technisch leichter zu behandelnde Arten ersetzbar (Wiesenschwingel, Lieschgras). Der Wiesenfuchsschwanz ist züchterisch nur in sehr geringem Umfang bearbeitet.

Goldhafer, *Trisetum flavescens* (L.) P. Beauv.:
engl. *yellow oat, golden oat*

Vorwiegend Wiesengras, bei guter Nährstoffversorgung bedingt weidefest. Bislang als hochwertiges Futtergras eingestuft. Bei sehr hohem Bestandsanteil oder hohem Anteil in der Futterration besteht jedoch ein Zusammenhang zum Auftreten der Calcinose bei Wiederkäuern. Daher scheint es angeraten, den Goldhaferanteil im Futter zu begrenzen.

Bei starker N-Düngung und Gegenwart wuchsschneller und/oder hochwüchsiger Arten verdrängungsgefährdet. Umgekehrt aber ohne Konkurrenten unter günstigen Düngungsbedingungen und bei überwiegender Schnittnutzung zu schneller Ausbreitung und Vorherrschaft im Bestand gelangend. Winterhart, relativ trockenheitsresistent, Verbreitung und Einsatzfähigkeit bis in Berglagen oberhalb 2000 m ü. NN.

Sehr guter Nachtrieb nach Nutzung mit hohem Blattanteil. Obwohl feinhalmig, dennoch wegen Behaarung im Frischzustand bei hohen Anteilen weniger gern gefressen. Züchterisch nur in geringem Umfang bearbeitet.

Ausläufertreibender Rotschwingel,
Festuca rubra L. ssp. *rubra* L.:
engl. *red fescue, creeping fescue*
Bei hohem Bestandsanteil auf Weiden ungern gefressen, offenbar wegen modrigen Geruchs abgestorbener, sich nur langsam zersetzender Pflanzenreste.

Langsame Jugendentwicklung und in Gegenwart kampfkräftiger Arten sowie bei hoher N-Düngung in Ansaaten sehr verdrängungsgefährdet; vermag andererseits bei extensiver Nutzung, vor allem auf nährstoffarmen Standorten zur Vorherrschaft zu gelangen, dann dichte, polsterähnliche, durch große Mengen schon abgestorbener Pflanzenreste unterbaute Rasen zu bilden.

Verwendung für Ansaaten intensiv zu nutzender Bestände nicht sinnvoll (geringe Kampfkraft, trittempfindlich). Landwirtschaftliche Anbaubedeutung nur bei niedriger Bewirtschaftungsintensität auf pflanzenbaulich sehr ungünstigen, insbesondere nährstoff- und basenarmen Standorten vorwiegend höherer Berglagen.

Hauptverwendung im Landschaftsbau. Hierfür hohe Anbaubedeutung. Züchterisch besonders für diesen Zweck sehr intensiv bearbeitet.

Gemeiner Hornklee (Wiesenhornklee), *Lotus corniculatus* L. ssp. *eu-corniculatus* Aschers et Gr. em. Brig.:
engl. *bird's foot trefoil*
Trockenheitsresistent, winterhart in der alpinen Form, ohne nennenswerte Ansprüche, anpassungsfähig, ausgenommen starke Bodenversauerung und Vernässung oder Überschwemmung.

In größeren Anteilen von Rindern wegen Bitterstoffgehalt weniger gern aufgenommen. Bittergeschmack in Zuchttypen jedoch vermindert. Nur auf sehr mageren Standorten und bei extensiver Nutzung weidefest. Bei intensiver Nutzung generell rasch verdrängt. Im Bestand langsame Anfangsentwicklung und geringe Kampfkraft. Zur Ansaat nur auf trockeneren Standorten und nur bei geringer Nutzungsintensität geeignet.

2.5.8.2.3 Sortenwahl

Innerhalb der wichtigsten Arten ausdauernder Futtergräser ist auf züchterischem Wege eine Vielzahl von Sorten entwickelt worden, deren Eigenschaften pflanzen- und futterbaulich zahlreichen Anforderungen nutzbar gemacht, die

Tab. 151. Sortentypische Unterschiede von Ansaatarten des Wirtschaftsgrünlandes in einigen pflanzenbaulich und futterbaulich wichtigen Eigenschaften

Merkmal Eigenschaft	Dt. Weidelgras	Wiesenschwingel	Knaulgras	Lieschgras	Wiesenrispe	Weißklee	Glatthafer	Rotschwingel
TM-Ertrag	+	(+)	+	+	(+)	+	—	+
Entwicklungsrhythmus	+	+	+	+	+	+	—	+
Ausdauer	+	●	+	●	●	●	●	●
Winterfestigkeit	+	+	+	—	(+)	(+)	—	(+)
Pilzbefall	+	+	+	(+)	+!	●	—	(+)
Rohproteingehalt*	+	(+)	+	+	(+)	(+)	(+)	+
Wuchsform u. Narbendichte	+	+	—	+	—	+	●	+
Ploidiestufe	+	●	●	●	●	●	●	●
Spezif. Nutzungseignung (Wiesen/Weidetypen)	—	+	+	+	●	●	●	●
Blausäuregehalt/ (nur *Trifolium repens*)						+		

Sortenunterschiede: + deutlich, (+) gering, — ohne, ● nicht erfaßt oder nicht bedeutsam
* bei Gräsern festgestellt am 1. Schnitt
Quelle: Beschreibende Sortenliste der Gräser und Leguminosen des Bundessortenamtes 1983

aber andererseits wegen ihrer häufig spezifischen Eigenschaften auch nicht allen Ansprüchen gleichzeitig gerecht werden können. Darüber hinaus sind die auf Leistung selektierten Zuchttypen der züchterisch bearbeiteten ansaatwürdigen Arten des Wirtschaftsgrünlandes vornehmlich in Bezug auf Nährstoffbedarf und nutzungsmäßige Behandlung anspruchsvoller als Ökotypen oder zumindest bodenständige Typen alten Grünlandes. Nichtbeachtung dieses „Existenz“-Merkmals im Anbau verhindert vielfach die volle Ausnutzung des Leistungspotentials der Zuchttypen und gefährdet darüber hinaus die Ausdauer wichtiger Arten (besonders Deutsches Weidelgras) unter weniger günstigen Umweltbedingungen außerhalb der natürlichen Verbreitungsgebiete.

Pflanzenbaulicher und futterwirtschaftlicher Erfolg oder Mißerfolg einer Grünlanderneuerung wird somit von

- Sortenwahl sowie
- art- und typgerechter Behandlung der Ansaatbestände

bestimmt. Zur Risikominderung wird nicht zuletzt deshalb für Ansaatmischungen die Kombination mehrerer Sorten (insbesondere für Deutsches Weidelgras) empfohlen.

Je nach Grad der züchterischen Bearbeitung bestehen zwischen den futterbaulich wichtigen Arten Unterschiede in Sortenvielfalt und differenzierenden Eigenschaften. Tab. 151 erfaßt einige pflanzen- wie futterbaulich verwertbare Eigenschaften und Merkmale und deren Artenbezug. Für die Sortenwahl besondere Bedeutung haben Entwicklungsrhythmus, Ausdauer, Narbendichte sowie Ploidiestufe.

Die im **Entwicklungsrhythmus** zum Ausdruck kommende Eigenschaft bezieht sich nach dem in der Bundesrepublick Deutschland gültigen amtlichen Bewertungsmaßstab auf die Entwicklungsdauer bis zum Schieben der Blütenstände. Die Merkmalsausprägung wird qualitativ mit „früh“-„mittel“-„spät“ (bei weiterer Feinuntergliederung) definiert.

Als ein mit der Entwicklungsgruppe verbundenes Merkmal gilt:

1. Frühe Sorten: in der Regel – aber nicht generell – weniger langlebig.
2. Späte Sorten: in der Regel – aber nicht generell – langlebig.

Über Unterschiede im Entwicklungsverlauf zwischen den Sorten innerhalb der uneingeschränkt ansaatwürdigen Arten informiert Tab. 152.

Die genetisch verankerten Entwicklungsunterschiede sind besonders für das schnellwüchsige Knaulgras, vornehmlich aber für Deutsches Weidelgras von hoher praktischer Bedeutung. Soweit diese Arten als Hauptbestandsbildner (Seite 234) eingesetzt und somit bestandsbeherrschend werden, erlauben solche Differenzierungen den Eintritt der Nutzungsreife in der generativen Phase gezielt festzulegen. Durch entsprechende Sortenwahl läßt sich damit der futterbaulich schwierig beherrschbare Nutzungsbeginn im Frühjahr also entzerren. Das Nutzungsregime wird auf diesem Wege bereits ab Beginn der Frischfutterperiode gezielt lenkbar, der Futterwert, vor allem die mit

Tab. 152. Mittlere Zeitdifferenz im Eintritt des Schiebens der Blütenstände zwischen jeweils frühester und spätester Sorte uneingeschränkt ansaatwürdiger Arten

Deutsches Weidelgras	31 Tage
Wiesenschwingel	7 Tage
Knaulgras	14 Tage
Lieschgras	28 Tage
Wiesenrispe	11 Tage

Quelle: Beschreibende Sortenliste des Bundessortenamtes 1983; Annäherungswerte aus mehrjährigen Registerprüfungen.

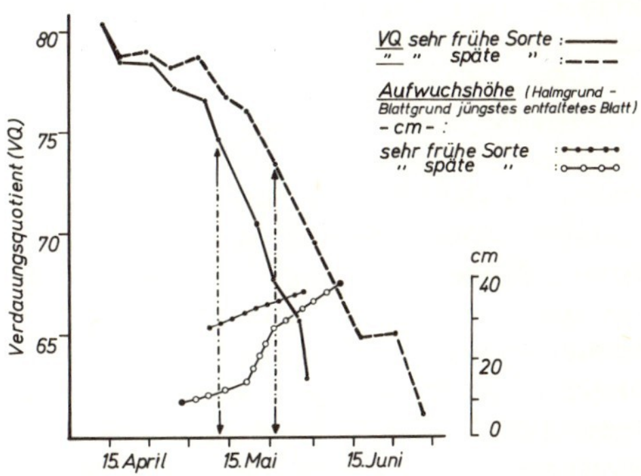

Abb. 49. Gang der Verdaulichkeit der organischen Substanz bei einer sehr frühen sowie einer sehr späten Sorte von Deutschem Weidelgras im 1. Aufwuchs. Bei übereinstimmender Aufwuchshöhe von 25 bis 30 cm, es kann Nutzungsreife unterstellt werden, liegt in beiden Sorten auch eine ähnliche Verdaulichkeit (VQ um 74) vor. Die beiden Sorten treten jedoch um zwei Wochen versetzt in das entsprechende Nutzungsstadium ein. Verdaulichkeit als maßgebliches Futtermerkmal läßt sich somit durch Sortenwahl steuern (nach FISCHER 1985, verändert).

der Alterung der Pflanze rasch sinkende Verdaulichkeit der organischen Substanz ist besser zu beherrschen (Abb. 49). Vorbedingung für diese Art der Verwertung von Entwicklungsunterschieden ist allerdings, daß im Falle von Sortenkombinationen jeweils Sorten mit übereinstimmendem Entwicklungsrhythmus verwendet werden (Jacob 1979). Dagegen kann die Kombination von Sorten mit verschiedenen Entwicklungsrhythmen innerhalb des gleichen Bestandes zu einer begrenzten Verzögerung oder Milderung des unvermeidbaren sommerlichen Ertragsabfalls (vgl. 2.6.4) beitragen. Für Deutsches Weidelgras sind im Hinblik auf die in der Regel an die „Reifegruppen" gebundenen Ausdauereigenschaften im Falle der Sortenkombination bei den einzelnen Sorten Saatstärkenbegrenzungen geboten. Empfohlen wird (Mott 1978):

- frühe Sorten (weniger ausdauernd): maximal $^1/_3$ der Saatstärke des Weidelgrasanteils
- spätere Sorten (langlebig): mindestens $^2/_3$ davon späte: mindestens $^1/_2$.

In das Merkmal **Ausdauer** (Persistenz) gehen mehrere, die Existenz der Pflanze berührende Eigenschaften gleichzeitig ein, so z. B. Krankheitsresistenz, Regenerationsvermögen, Vitalität insgesamt usw. Zahlreiche solcher die Ausdauer beeinflussenden Faktoren haben wiederum Standortbezug. Das gilt z. B. für „Winterfestigkeit", die in Gebieten mit harten Winterbedingungen sehr viel stärker ausdauerbestimmend wird als in wintermilden Lagen. Die Ausdauer einer Sorte kann daher je nach Anbaustandort durchaus verschieden bewertbar sein.

Narbendichte einer Art wird von deren Bestockungsart (Ausläuferbildung, Horstbildung), Wuchsform, Bestockungs- und Regenerationsvermögen bestimmt. Sie nimmt auf die Tragfähigkeit einer Narbe ebenso Einfluß wie sie die Keim- und Entwicklungsmöglichkeiten sowohl für spontan auftretende Arten (Kräuter, unerwünschte Gräser) als auch nachgesäte Arten berührt (vgl. 2.5.9.3). Verkrautungsneigung eines Bestandes kann somit bereits über das (Sorten-) Merkmal „Narbendichte" mit beeinflußt werden.

Ploidiestufe: Innerhalb futterbaulich verwertbarer Arten kommt Unterschieden in der Ploidiestufe derzeit bei den Weidelgräsern Bedeutung zu, aus deren diploiden Normalformen tetraploide entwickelt wurden. Tetraploide Formen unterscheiden sich von diploiden gleicher Reifegruppen durch kräftigeren Wuchs und höheres TKG (bei Ansaat zu beachten!). Bei einigen Sorten sind außerdem geringere Schneeschimmel- und Rostanfälligkeit beobachtet worden. Ihren Wuchsveranlagungen entsprechend ist die Frischmassebildung gegenüber vergleichbaren diploiden zumeist günstiger, der Trockensubstanzgehalt vielfach jedoch niedriger, der TM-Ertrag somit nicht in jedem Falle unbedingt höher als bei diploiden Formen.

2.5.8.2.4 Konkurrenzverhalten

Die flächenbezogene Pflanzenzahl ist bei Grünlandansaaten im Anfangsstadium der Bestandsbildung notwendigerweise sehr hoch (siehe Seite 237). Das bedingt mit fortschreitender Entwicklung der Jungpflanzen eine zunehmende Verschärfung des Wettbewerbs der miteinander um Licht, Wasser und Nährstoffe konkurrierenden Individuen sowohl der gleichen Art (= intraspezifische Konkurrenz) als auch verschiedener Arten (= interspezifische Konkurrenz). Die Konkurrenz geht schließlich unvermeidbar in einen Verdrängungswettbewerb über, in dessen Verlauf die Anzahl zunächst entwickelter Pflanzen wieder reduziert wird (Arens 1973, Kreuz 1969) (Tab. 153 und Abb. 52).

Maßgebend im Wettbewerb der Jungpflanzen um Standraum ist deren **Kampfkraft** (Konkurrenzkraft). Sie bestimmt das Verdrängungsvermögen. Kampfkraft und das daraus erwachsende Verdrängungsvermögen wiederum werden durch die Vitalität des Einzelindividuums, hauptsächlich aber durch genetisch bedingte Eigenschaften der Art bestimmt. Bedeutung kommt dabei vornehmlich den genetischen Veranlagungen in Keimdauer, Wuchsform, Wuchshöhe, Wuchsgeschwindigkeit, Leistungsfähigkeit des Wurzelsystems und arttypischer Vitalität insgesamt zu.

Kampfkraft ist somit ein arttypisches Merkmal!

Bei einigen Arten entwickelt sie sich allerdings erst mit zunehmendem Alter zu voller Stärke.

Tab. 153. Veränderung der Pflanzenzahlen in einer Grünlandansaat (Volkert 1934; zit. in Klapp 1971)

Ansaat	3880 Samen/m²
1. Jahr	1956 Pflanzen/m²
2. Jahr	981 Pflanzen/m²
3. Jahr	173 Pflanzen/m²
4. Jahr	125 Pflanzen/m²

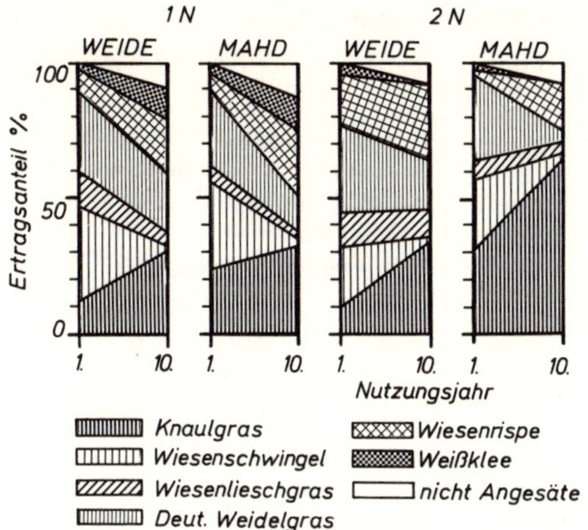

Zwischen den ansaatwürdigen Arten bestehen deutliche Unterschiede in der Kampfkraft und somit im Verdrängungsvermögen (Tab. 154). Mithin sind in den Artengemischen die Entwicklungsaussichten der einzelnen Arten im Bestandsbildungsprozeß nicht einheitlich. Bei einigen züchterisch bearbeiteten Arten können sie zudem nochmals sortenverschieden variiert sein (ARENS 1973).

Die kampfkraftbedingten Beziehungen zwischen den Arten werden ihrerseits nochmals von Umwelteinflüssen i. w. S. überlagert, die vom Standort ausgehen (vornehmlich Klima, Wasserversorgung, Boden, Bodenreaktion), und/oder durch Bewirtschaftung (vornehmlich Düngung,

Abb. 50. Reaktion einer kampfstarken Art, hier Knaulgras *(Dactylis glomerata)*, gegenüber N-Düngung und Nutzungsart. Hohe N-Düngung (2 N) stärkt das Verdrängungsvermögen der kampfstarken Art zusätzlich; in Verbindung mit reiner Mähenutzung (gleiche Nutzungshäufigkeit wie Weide) wird die Art bestandsbeherrschend. Bei Weide oder schwächerer N-Düngung (1 N) wird dieser Prozeß verlangsamt, das sich aus der artbedingten Kampfkraft ergebende Verdrängungsvermögen aber nicht grundsätzlich verändert (JACOB 1974).

Tab. 154. Konkurrenzeigenschaften verschiedener Arten des Wirtschaftsgrünlandes und Reinsaatmengen nach KLAPP (1971), ARENS (1973); TKG nach SIEBERT (1975, langjährige Ermittlungen des Bundessortenamtes am Erntegut)

	Jugend	Alter	Verdräng.-vermögen Jugend	Reinsaat-menge* (kg/ha)	TKG ($\bar{x}$)
Dt. Weidelgras (diploid) *Lolium perenne*	I	II	1	10	1,86
Wiesenschwingel = *Festuca pratensis*	II	III	3	15	2,21
Knaulgras = *Dactylis glomerata*	III	I	4	12	1,04
Wiesenlieschgras = *Phleum pratense*	III	III	4	10	0,39
Wiesenrispe = *Poa pratensis*	III	III	5	(15)	0,32
Weißklee = *Trifolium repens*	III	III	5	(5)	0,71
Glatthafer = *Arrhenatherum elatius*	II	I	2	(25)	3,29
Goldhafer = *Trisetum flavescens*	III	III	4	(25)	0,23
Rotschwingel = *Festuca rubra*	III	III	5	(25)	1,18
Wiesenfuchsschwanz = *Alopecurus pratensis*	III	I	4	(30)	0,79
Hornklee = *Lotus corniculatus*	III	III	5	(20)	1,23

Kampfkraft: I = stark; II = mittel; III = schwach
Verdrängungsvermögen: 1 = sehr stark; 2 = stark; 3 = mäßig; 4 = verdrängungsgefährdet; 5 = stark verdrängungsgefährdet
* Werte in Klammer experimentell nicht nachgewiesen

Pflege) und Nutzung (vornehmlich Nutzungszeitpunkt, Nutzungsweise) ausgeübt werden.

Solchen Einflüssen unterliegen alle Bestandsbildner gleichermaßen, indes niemals in gleicher Weise. Je nach Entwicklungs- und Vegetationsstadium Ernährungszustand, Saatzeit u.v.a.m. werden arttypische Verhaltensweisen in unterschiedlichem Maße durch fördernde oder benachteiligende Umwelteinflüsse be- und getroffen. Das berührt wiederum die Wettbewerbsbedingungen (Abb. 50). Die sich aus den in verschiedensten Ausprägungen gegebenen Umwelteinflüssen herleitenden Interaktionen sind in ihrer Vielfalt unübersehbar.

Das wirksame Grundprinzip, nämlich Beeinflussung der Wettbewerbsverhältnisse durch Förderung oder Benachteiligung einzelner Bestandskomponenten, ist aber einfach zu durchschauen und vor allem ausnutzbar: Über gezielte Einflußnahmen auf die Wettbewerbsbedingungen im Bestand mit Hilfe der „variierbaren Umweltfaktoren“ Bewirtschaftung und Nutzung kann es zum Ausgleich artbedingter Kampfkraftunterschiede herangezogen werden.

2.5.8.2.5 Grundsätze der Zusammenstellung von Ansaatmischungen

Artenwahl

Dauergrünlandansaaten werden mit dem Ziel der Risikominderung in der Regel als Artengemische vorgenommen. Dabei ist in der Mischungszusammenstellung nach **„Hauptbestandsbildnern“** (jeweils nur eine einzelne Art der Saatmischung) und **„begleitenden Mischungspartnern“** (jeweils eine bis mehrere Arten in der Saatmischung gleichzeitig) zu unterscheiden:

Hauptbestandsbildner

Funktion: führende Art des Bestandes, Erbringer des Hauptanteils am Ertrag

Anforderung: schnelle Jugendentwicklung zur Erzielung raschen Bestandsschlusses, hohes Ertragsvermögen bereits in der Jugendentwicklung
Ausdauer unter den jeweils gegebenen Bedingungen

Arten: Deutsches Weidelgras oder Wiesenschwingel; ggf. Knaulgras. In Spezialfällen können gelegentlich auch andere Arten als Hauptbestandsbildner fungieren (z.B. Glatthafer bei Wiesennutzung).

Begleitende Mischungspartner

Funktion: Sicherung der Bestandsvielfalt mit den Zielen
- Risikoausgleich gegenüber Krankheiten, Standort-, Bewirtschaftungs- und Nutzungswirkungen
- Futterwertverbesserung durch Ausgleich nach bestimmten Futterwertkriterien (Wirk-, Mineral-, Nährstoffe, Struktur)
- Verbesserung der Narbendichte und Ertragssicherheit

Anforderung: Ausdauer.

Arten: ggf. differenziert nach Nutzungsweise alle Ansaatwürdigen, also auch als Hauptbestandsbildner geeignete.

Die Wahl des Hauptbestandsbildners wird durch Nutzungsart (Wiese/Weide), Nutzungs- und Bewirtschaftungsintensität sowie Standort bestimmt. Für die begleitenden Mischungspartner sind diese Wahlkriterien weniger bedeutungsvoll, wenn auch nicht gänzlich zu vernachlässigen.

Der Standorteinfluß als Wahlkriterium für den Hauptbestandsbildner ist in der Anfangsentwicklung eines Bestandes zumeist noch gering. Er wird frühestens im Verlauf des der Ansaat folgenden Winters bestandswirksam, in der Regel erst ab dem 1. Hauptnutzungsjahr. Die augenfälligsten Einflüsse gehen dabei von den Feuchte-, Nährstoff- und Winterbedingungen aus. Den jeweiligen Standortverhältnissen nicht angepaßte bzw. diese nicht tolerierende Individuen einer bestimmten Art oder einer bestimmten Sorte werden allmählich oder schlagartig ausgemerzt. An ihre Stelle treten bei Mischungsansaaten günstigstenfalls besser angepaßte Arten der Mischung, soweit stärkere Ausfälle eintreten jedoch ebenso spontan auftretende, unerwünschte (Unkräuter, bestimmte Gräser). Die Gefahr verstärkter Unterwanderung durch unerwünschte Arten ist bei falscher Arten- und/oder Sortenwahl für den Hauptbestandsbildner besonders hoch.

Ohne ganz aufhebbar zu werden, tritt der Standorteinfluß anderseits zurück, je besser die behandlungsbezogenen Ansprüche einer Art erfüllt werden. Der Bewirtschaftungs- und Nutzungsweise sowie -intensität kommt als Kriterium der Artenwahl besonders unter weniger günstigen Standortbedingungen somit maßgebliche Bedeutung zu. M.a.W.: Der Standortcharakter ist bei

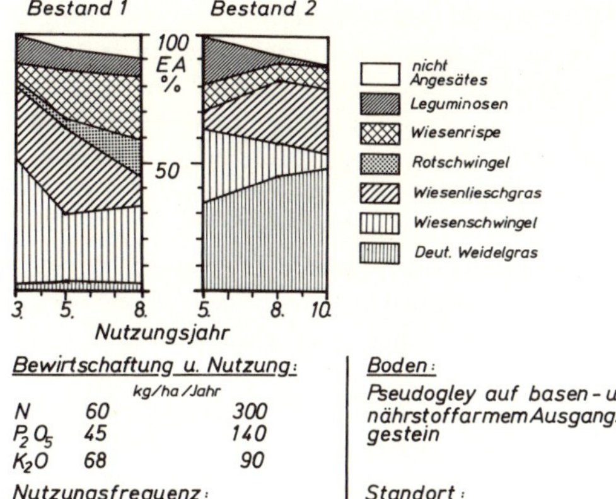

Abb. 51. Entwicklung von Ansaatbeständen gleicher Ausgangszusammensetzung in Abhängigkeit von Düngung, Nutzung und Standorteinflüssen. Gleicher Standort. Saatjahre nicht identisch. Saatmischung: Wiesenschwingel 15 kg/ha, Wiesenlieschgras 3 kg/ha, Deutsches Weidelgras 6 kg/ha, Rotschwingel 3 kg/ha, Wiesenrispe 10 kg/ha, Weiß- und Hornklee 8 kg/ha. Unter den gegebenen Standortverhältnissen und mäßiger Düngung ist der den höhenklimatischen Bedingungen besser gewachsene Wiesenschwingel als Hauptbestandsbildner dem Deutschen Weidelgras überlegen (Bestand 1). Bei starker Düngung und hoher Nutzungsintensität (Bestand 2) dominiert auf Dauer jedoch das den natürlichen Standortbedingungen weniger entsprechende Deutsche Weidelgras. Die Bestandsverhältnisse drehen sich unter dem Einfluß von Bewirtschaftung und Nutzung also um (JACOB 1972).

der Artenwahl umso stärker zu bewerten, je weniger eine den Ansprüchen der Art bzw. ihren Zuchtsorten angemessene Bewirtschaftung und Nutzung gesichert ist (Abb. 51).

Grundlage der Saatmengenberechnung

Maßgebendes Kriterium ist die in der Anfangsentwicklung (Jugendentwicklung) zur Erreichung schnellen Bestandsschlusses und angemessenen Massenertrages notwendige Pflanzenzahl/Flächeneinheit, **nicht** dagegen die des späteren Dauerbestandes (siehe Seite 237). Die Pflanzendichte im Anfangsbestand wird durch den von der intra- und interspezifischen Konkurrenz ausgehenden Wirkungsmechanismus bestimmt.

Vorgänge bei ausschließlich intraspezifischer Konkurrenz (Reinsaat)

Mit ansteigender Saatstärke einer Art wächst deren Individuenzahl je Flächeneinheit = **Artdichte** an. Parallel dazu verschärft sich die intraspezifische Konkurrenz und bremst damit die Zunahme der Artdichte immer mehr, bis schließlich ab einer bestimmten Saatstärke weitere Erhöhung der Individuenzahl der Art verhindert wird (Abb. 52). Der Konkurrenzdruck führt dazu, daß aufgelaufene Individuen innerhalb des Saatjahres oder des folgenden Jahres wieder gemerzt werden. Der Entwicklung der Artdichte entspricht die Entwicklung des Massenertrages: er wächst nur solange an, wie die Pflanzenzahlen/Flächeneinheit zunehmen (Abb. 52).

Die Saatstärke, mit der im Verlauf der Jugendentwicklung die annähernd höchste Artdichte erreichbar wird und ab der ein deutlicher weiterer Ertragsanstieg nicht mehr eintritt, entspricht in etwa der **Reinsaatmenge.** Das ist die Saatmenge, die zur Erstellung eines nur aus einer Art bestehenden geschlossenen, vollen Ertrag erbringenden Bestandes aufzuwenden ist (Tab. 154), (ARENS 1973).

Erhöhung der Saatstärke über die Reinsaatmenge hinaus bringt keine weitere Verbesserung der Artdichte. Sie verschärft lediglich die intraspezifische Konkurrenz und führt bei starker Überhöhung eher zu schwächerer Entwicklung der Einzelindividuen (ARENS 1967, KREUZ 1969).

Die Reinsaatmenge ist noch nicht für alle ansaatwürdigen Arten experimentell nachgewiesen. Die bislang hierzu vorliegenden Werte berücksichtigen zudem nicht die jahresweise schwankenden sowie innerhalb einiger Arten (besonders Deutsches Weidelgras, Knaulgras, Wiesenrispe) auch sortenbedingt außerordentlich verschiedenen TKG (Näheres bei SIEBERT 1975).

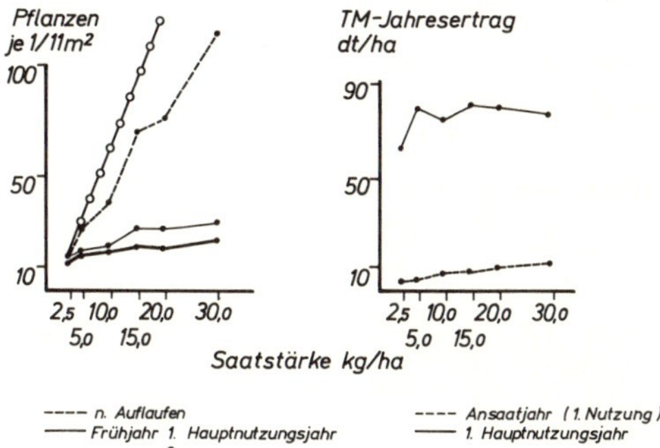

Abb. 52. Wirkung intraspezifischer Konkurrenz bei *Lolium perenne*. Artdichte (Pflanzenzahlen) und Jahreserträge in Abhängigkeit von der Saatsärke (nach ARENS 1973, verändert).

Vorgänge bei interspezifischer Konkurrenz

Werden verschiedene Arten miteinander kombiniert, so tritt zur intraspezifischen Konkurrenz zwischen Individuen jeweils der gleichen Art die durch die Kampfkraftunterschiede der verschiedenen Arten ausgelöste Konkurrenzwirkung hinzu. Es gelten hierzu folgende Beziehungen:

1. Artbedingte Kampfkraft richtet sich in Gemischen ausschließlich gegen kampfkraftschwächere (konkurrenzschwächere) Arten. Das Ausmaß des sich vollziehenden Verdrängungsprozesses in einem Pflanzenbestand wird hauptsächlich durch die Individuenzahl der kampfstärkeren Arten bestimmt. Die verdrängende Wirkung einer Art gegenüber kampfschwächeren Arten wächst folglich mit der Saatmenge der kampfstärkeren Mischungspartner (gleichbedeutend mit entsprechender Zunahme ihrer Individuenzahl je Flächeneinheit) an. Sie erreicht mit der Reinsaatmenge annähernd maximale Stärke (Abb. 53). Sehr konkurrenzstarke Arten (z. B. Deutsches Weidelgras) werden bei Anwendung ihrer Reinsaatmenge in Gemischen unweigerlich bestandsbeherrschend. Die Verhältnisse übertragen sich sodann auch auf den jeweiligen Anteil der Bestandsbildner am Ertrag. Der Anteil kampfschwacher Arten am Gesamtertrag sinkt im gleichen Maße, wie deren Individuenzahl konkurrenzbedingt reduziert wird (Abb. 53).
Die Grenzsaatstärke, ab der kampfstarke Arten auf Grund ihres Verdrängungsvermögens beginnen deutlich bestandsprägend zu werden, wird nach ARENS (1973) als **„kritische Saatstärke“** bezeichnet. Ihr kommt zwar nur für sehr stark verdrängend wirkende Arten Bedeutung zu, vornehmlich für Deutsches Weidelgras und Knaulgras (Tab. 155). Sie hat jedoch vorrangig für Deutsches Weidelgras außerordentliche praktische Bedeutung, weil die Art einerseits auf Grund ihres Verdrängungsvermögens rasch bestandsbeherrschend wird, anderseits standort- und/oder nutzungsbedingt oftmals nur begrenzte Ausdauer hat.
2. Kampfschwache Arten (Wiesenrispe, Wiesenlieschgras, Rotschwingel, Weißklee) erreichen mit Annäherung an die Reinsaatmenge in Gemischen mit kampfstärkeren Arten ebenfalls die höchste Artdichte, zahlenmäßig aber nur die unter den gegebenen Konkurrenzbedingungen noch mögliche. Diese liegt weit unter der bei Reinsaat erreichbaren, und zwar um so mehr, je weiter der kampfstärkere Partner seinerseits der Reinsaatmenge angenähert ist (ARENS 1973). Sehr konkurrenzschwache Arten werden dann unabhängig von ihrer Saatstärke weitgehend unterdrückt oder völlig verdrängt. Im Beispiel, das mit Tab. 156 aufgeführt ist, vermochte die (sehr konkurrenzschwache) Wiesenrispe in Konkurrenz zum (kampfstarken) Deutschen Weidelgras trotz gleicher Saatmenge und (auf Grund ihres geringen TKG) sehr viel höherer Spelzfruchtzahl je Flächeneinheit überhaupt keine Ertragsanteile zu erringen. Artbedingt fehlendes Verdrängungs-

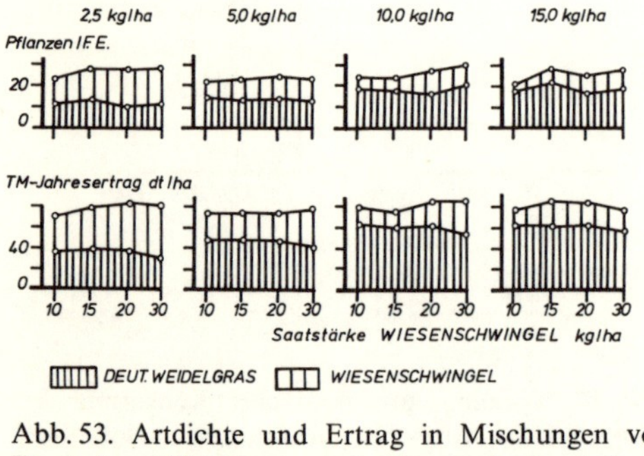

Abb. 53. Artdichte und Ertrag in Mischungen von Deutschem Weidelgras und Wiesenschwingel (nach ARENS 1973).

Tab. 155. Kritische Saatstärke für Deutsches Weidelgras und Knaulgras (nach ARENS 1973 und ergänzt)

Deutsches Weidelgras	je nach Sorte 1–3 kg/ha
Knaulgras	je nach Sorte 1–3 kg/ha

Tab. 156. Auswirkung der Saatstärke auf die Konkurrenzbeziehungen, Ertragsanteile $\bar{x}$ 1.–3. Hauptnutzungsjahr (nach ARENS 1963, verändert)

	Saatstärke (kg/ha)	Ertragsanteile in %
Deutsches Weidelgras	20,0	70
Wiesenrispe	20,0	+
Sonstige Angesäte	36,2	30
Gesamtsaatmenge	76,2	

(+ = im Bestand vorhanden, aber in Ertragsanteilen nicht meßbar)

vermögen ist demnach durch Anwendung erhöhter Saatstärken in Gemischen nicht kompensierbar.

Verdrängungsgefährdete (kampfschwache) Arten haben bei der Bestandsbildung nur Entwicklungschancen, soweit kampfkräftige (konkurrenzstarke) Arten
- fehlen oder
- in ihrer Individuenzahl je Flächeneinheit begrenzt sind oder
- durch äußere Einflüsse an der Entfaltung ihrer Kampfkraft behindert werden.

Diese Bedingungen werden erreicht durch
- Verringerung des Saatmengenanteils kampfstarker Arten in der Saatmischung auf oder unter die kritische Saatstärke (= Reduzierung der Individuenzahl) und/oder
- gezielte Lenkung der Konkurrenzbeziehungen mit Hilfe von Nutzungsmaßnahmen (siehe Seite 253).

Teilsaatmengen - Gesamtsaatmenge

Der **Hauptbestandsbildner** trägt den Hauptanteil am Ertrag. Das setzt hohe Artdichte voraus. Sein Saatanteil an der Gesamtsaatmenge der Mischung wird deshalb auf die Reinsaatmenge festgelegt oder dieser angenähert.

Begleitende Mischungspartner erscheinen lediglich mit „Mindestsaatmengen", und zwar
- kampfschwächere Arten im Hinblick auf die Aussichtslosigkeit, Kampfkraftunterlegenheit durch Saatstärke zu kompensieren
- kampfstarke Arten zur Minderung ihrer Individuenzahl im Bestand und damit zur Begrenzung ihres Verdrängungsvermögens. Sie werden deshalb mit Saatmengen unterhalb der bzw. bis maximal zur kritischen Saatstärke eingesetzt.

Die **Mindestsaatmenge** soll lediglich die Artexistenz im Bestand sichern. Die Entwicklung konkurrenzschwacher Mischungspartner zu angemessenen Bestandsanteilen ist sodann vorrangig Aufgabe der Bestandsbehandlung (siehe 2.5.8.5). Wiesenrispe (WR) und Weißklee (WK) als besonders kampfschwache Arten vermögen sich zudem über Rhizome (WR) oder Kriechstengel (WK) auszubreiten, so daß auch aus diesem Grund hohe Saatanteile nicht erforderlich sind. Über die notwendigen Teilsaatmengen informiert Tab. 157. Die Summe aller Teilsaatmengen der eingesetzten Arten ergibt die Gesamtsaatmenge. Da die Teilsaatmengen in Grenzen variierbar, die Saatmischungen in der Gewichtung ihrer Komponenten ebenfalls in Grenzen variabel sind, ist die Gesamtsaatmenge keine fest definierte Größe. Als Richtgröße gilt jedoch:

Gesamtmenge um 30 bis 35 kg/ha.

Tab. 157. Teilsaatmengen für Dauergründlandmischungen

Gruppe bzw. Art	Einzusetzende Saatmenge
Hauptbestandsbildner	Reinsaatmenge nach Tab. 154 bzw. der Reinsaatmenge angenäherte Saatstärke
Begleitende Mischungspartner	
Deutsches Weidelgras	maximal kritische Saatstärke
Knaulgras	maximal kritische Saatstärke
Wiesenschwingel	ca. 6 kg/ha bis Reinsaatmenge
Wiesenlieschgras	3–5 kg/ha
Wiesenrispe	3–5 kg/ha
Rotschwingel	3–5 kg/ha
Weißklee	2–3 kg/ha

Saatmengen um 30 kg/ha entsprechen je nach dem TKG der Bestandspartner in etwa 3000 bis 4000 Samen/m^2. Die Gesamtsaatmenge ist mithin im Hinblick auf die im Dauerbestand Raum findenden Pflanzen (Tab. 153) auch bei Berücksichtigung niedrigeren Feldaufganges weit überhöht. Maßgebend für diese Verfahrensweise sind ausschließlich die Bedingungen im Ansaatjahr, vornehmlich während der Periode zwischen Auflaufen der Ansaat und Einsetzen stärkerer Bestockung sowie kräftigeren Streckungswachstums. Der Jungbestand besitzt in dieser Phase noch geringe Konkurrenzfähigkeit gegenüber spontan auftretenden Arten, außerdem geringe Widerstandsfähigkeit gegenüber Witterungseinflüssen (Verschlämmen, Vertrocknen). Überhöhte Saatstärke bezweckt mithin eine Kompensation der anfänglichen Unterlegenheit des Jungbestandes durch höhere Pflanzendichte je Flächeneinheit und folglich rascheren Bestandsschluß. Gleichzeitig wird auch schon zu Beginn der Bestandsbildung angemessener Massenertrag gewährleistet. Überhöhte Saatstärke verschärft jedoch andererseits unerwünschterweise im Jungbestand den Verdrängungswettbewerb. Die Saatstärke soll aus diesem Grunde nicht höher bemessen sein als unbedingt erforderlich.

Tab. 158. Saatmischungsbeispiele (TKG nach SIEBERT 1975)

	$\bar{x}$ TKG	I		II		III	
		kg/ha	= %	kg/ha	= %	kg/ha	= %
Dt. Weidelgras = *Lolium perenne*	1,86*	10–14	33/46	0–3	0/10	–	–
Wiesenschwingel = *Festuca pratensis*	2,21	10– 6	33/20	17	56	–	–
Wiesenlieschgras = *Phleum pratense*	0,39	5	17	5	17	5	20
Knaulgras = *Dactylis glomerata*	1,04	–	–	–	–	15	60
Wiesenrispe = *Poa pratensis*	0,32	3	10	3	10	3	12
Rotschwingel = *Festuca rubra*	1,18	–	–	3–0	10/ 0	–	–
Weißklee = *Trifolium repens*	0,71	2	7	2	7	2	8
Summe: kg/ha		30		30		25	
Samenzahl/m² bei mittlerem TKG		3488/ 3522		3521/ 3482		3840	

* diploid

I: Weide, Mähweide; Dt. Weidelgras sicher; hohe Bewirtschaftungs- und Nutzungsintensität (mindestens 4 Nutzungen); Weidelgrasanteil je nach Ploidiestufe, TKG, Typ variierbar.

II: Weide, Mähweide, ggf. Mehrschnitt; vorzügl. höhere Berglagen bzw. Dt. Weidelgras unsicher; hohe bis mittlere Bewirtschaftungs- und Nutzungsintensität; gesicherte und reichliche Feuchteversorgung.
Soweit Dt. Weidelgras völlig entfallen soll, anstelle von Rotschwingel auch entsprechende Erhöhung bei Wiesenschwingel möglich. Rotschwingel **nur** bei mittlerer Bewirtschaftungsintensität sinnvoll.

III: Mehrschnitt, vornehmlich trockenere Standorte

Tab. 158 führt drei **Saatmischungsbeispiele** an, die auf der Grundlage der dargelegten Konkurrenzbeziehungen berechnet wurden. Die Mischungen I und II decken unter Voraussetzung gesicherter Wasserversorgung des späteren Bestandes nahezu alle Ansaaterfordernisse für intensiv zu nutzendes Grünland ab. Mischung III kommt als Sonderfall für trockene oder wechselfeuchte Lagen in Frage, die Ansaaten nach dem Artenspektrum der Mischungen I und II nicht zulassen, in denen aber eine intensive Nutzung angestrebt wird.

Auf Wiedergabe von Wiesenansaatmischungen für herkömmliche Zwei- oder Dreischnittwiesen (Heuwiesen) wird verzichtet. Umbruch alter Zweischnittwiesen und deren Neuansaat mit gleichem Nutzungsziel stellt angesichts der Erfordernisse der Tierernährung sowie der Kosten und des Risikos der Neuansaat eine kaum noch wirtschaftliche Maßnahme dar. Soweit Zwei- oder Dreischnittwiesen verbesserungsbedürftig sind, ist der einfachere und risikolosere Weg umbruchloser Verbesserung in Gestalt angemessener Bewirtschaftung dienlicher. Wird Neuansaat dennoch unumgänglich, berechnen sich einzusetzende Saatmischungen nach gleichen Grundsätzen wie oben dargestellt. In der Artenwahl ist allerdings zu berücksichtigen, daß bei der vergleichsweise niedrigen Bewirtschaftungs- und Nutzungsintensität der Zwei- oder Dreischnittwiesen dem Standortcharakter stärker Rechnung zu tragen ist (siehe Seite 224). Im übrigen ist das mit der Ansaatmischung angestrebte Ziel bei herkömmlicher Heuwiesennutzung nur sehr schwer oder gar nicht zu erreichen. Bei Zwei- oder auch noch Dreischnittnutzung führt der in der Regel relativ späte erste Nutzungstermin unausbleiblich zur generativen Vermehrung vieler Arten. Zu früher Abreife befähigte, zudem konkurrenzstarke Arten ziehen daraus vorrangig Nutzen. Das ursprüngliche Ansaatziel wird damit unvermeidbar verfälscht.

Soweit in Weide- oder Mehrschnittwiesenmischungen kampfstarke Arten lediglich als begleitende Mischungspartner auftreten und dann mit der kritischen Saatstärke eingesetzt sind, wird es im übrigen zwingend, die sich aus den einzelnen Teilsaatmengen ergebende Gesamtsaatmenge einzuhalten. Die kritische Saatstärke ist ein absoluter, flächenbezogener Wert, kein relativer auf die Gesamtmenge bezogener. Er bestimmt die höchstzulässige Individuenzahl einer Art im späteren Bestand. Erhöhung der Saatstärke einer nach den dargelegten Grundsätzen ausgelegten Saatmischung über die berechnete Gesamtsaatmenge hinaus führt zwangsläufig dazu, daß jeder einzelne Mischungspartner in einer höheren Saatmenge je Flächeneinheit zur Aussaat gelangt als notwendig oder gar zulässig ist. Folglich wird auch jene Saatmenge überschritten, die die kritische Saatstärke ausmacht. Das die Konkurrenzbeziehungen berücksichtigende Artengleichgewicht der Saatmischung wird sodann zerstört. Ein Beispiel soll das an Hand der Mischung II in Tab. 158 verdeutlichen.

Für Deutsches Weidelgras sei als Teilsaatmenge die kritische Saatstärke vorgesehen = 3,0 kg/ha. Die Gesamtsaatmenge der Mischung II beträgt 30 kg/ha. Die Teilsaatmenge des Deutschen Weidelgrases entspricht in diesem Falle also 10% der Gesamtsaatmenge. Es wird unterstellt, anstatt wie erforderlich 30 kg/ha betrüge die tatsächliche Saatstärke in einem Anwendungsfall 40 kg/ha. Die Aussaatmenge erhöhte sich gegenüber der flächenbezogen berechneten Gesamtsaatmenge um 33%. Damit erhöhen sich alle Teilsaatmengen entsprechend und gleichermaßen um 33%, also auch die des Deutschen Weidelgrases. Die tatsächliche absolute Aussaatmenge der Art beträgt statt 3,0 kg/ha nunmehr 4,0 kg/ha. Das sind zwar wiederum 10% von 40 kg, auf die Flächeneinheit „Hektar" bezogen wird jedoch die kritische Saatstärke überschritten.

Diesen Zusammenhängen ist besonders bei Verwendung handelsfertiger Saatmischungen Aufmerksamkeit zu widmen, soweit deren Zusammensetzung nur in Form der nach dem Saatgutverkehrsgesetz vorgeschriebenen prozentualen Anteile der einzelnen Mischungspartner deklariert ist. Es wird dann in jedem Einzelfall notwendig, die Gesamtsaatmenge je Flächeneinheit am Anteil kampfstarker Mischungspartner auszurichten, soweit diese die kritische Saatstärke nicht übersteigen dürfen. Um die sich hieraus vor allem für Belange der Anwendungspraxis ergebenden Irritationen zu mildern sowie überhaupt Ansaatmischungen für Dauergrünland in eine für die Anwender übersichtliche Form zu bringen, haben in der Bundesrepublik Deutschland zahlreiche amtliche Institutionen Mischungsempfehlungen, mit denen den dargelegten Grundsätzen Rechnung getragen wird, herausgegeben.

2.5.8.3 Ansaatverfahren

2.5.8.3.1 Saattiefe

Verschiedene Grasarten sind sog. Lichtkeimer, verlangen also Flachsaat und erlauben nur leichte Bodenbedeckung, die bestimmte Lichtwellenbereiche in der Saatgutablageebene noch nicht ausschließen (siehe auch GEIGER 1969). Feinsamige Arten (z. B. Wiesenrispe, Wiesenlieschgras) fordern darüber hinaus generell flache Einbringung zwischen 1 und maximal 2 cm. Zu tiefe oder uneinheitliche Saattiefe beeinträchtigen deren Aufgang. Anderseits werden großsamige Arten (z. B. Glatthafer, Weidelgräser) durch tiefere Ablage weniger stark behindert als feinsamige. Zu tiefe Ablage vermag daher zugleich die Konkurrenzverhältnisse zu beeinflussen, u. U. zu verschärfen. Für die günstigste Saatttiefe sind aus diesem Grunde in Gemischen stets die Ansprüche feinsamiger Arten maßgebend.

2.5.8.3.2 Breitsaat – Drillsaat

Breitsaat mit Hilfe von Spezialbreitsaatgeräten oder normalen Sämaschinen bei abgenommenen Särohren gewährleistet gleichmäßige Verteilung des Saatgutes und damit gleichmäßige Standraumaufteilung. Sie erlaubt aber nur Saatgutablage auf die Bodenoberfläche. Samen, Keimling und Jungpflanze sind deshalb durch Vertrocknen, Verschlämmen oder Verwehen, gelegentlich auch durch Vogelfraß gefährdet. Gleichmäßigkeit und Sicherheit des Aufganges werden daher durch zusätzliches Eindrücken des Saatgutes in das Saatbeet deutlich gefördert. Hierzu sind Profilwalzen (Cambridgewalze, Ringelwalze) geeignet, die auf frisch bearbeiteten Bodenoberflächen zugleich eine schwach bodenbedeckende Wirkung ausüben. Als Arbeitsfolge nach der Saatbeetvorbereitung hat sich bewährt: Profilwalze-Aussaat-Profilwalze. Flachsaat als Bedingung für Grünlandsaaten wird auf diesem Wege besonders gut erreicht. Weniger oder gar nicht geeignet sind dagegen Glattwalzen. Sie erhöhen die Verschlämmungs- und Erosionsgefahr, ihre bodendeckende Wirkung ist mangelhaft.

Drillsaat mit Hilfe von Spezialgrünlanddrillsaatgeräten (Seite 256) oder nach Bodenbearbeitung mit herkömmlichen Ackerdrillmaschinen gewährleistet sicheren Bodenkontakt, damit gegenüber reiner Breitsaat verbesserte Keimfeuchtebedingungen und bessere Auflaufergebnisse. KLÖCKER (1971) ermittelte bei einem Vergleich mehrerer Saatverfahren unter gleichen Standortbedingungen:

Drillsaat: Auflauf ab 6. Tag nach der Saat

Breitsaat: Auflauf ab 11. Tag nach der Saat (nach Regen).

Nachteile der Drillsaat sind jedoch:

- Verschärfung der intra- und besonders der interspezifischen Konkurrenz durch Konzentrierung der ohnehin überhöhten Saatmenge auf schmale Drillreihen
- Begünstigung ungestörten Auflaufes unerwünschter, spontan auftretender Arten sowie der Erosion in hängigem Gelände zwischen den Drillreihen
- Verzögerung des Narbenschlusses als Folge ungünstiger Standraumverhältnisse
- bei Verwendung herkömmlicher Ackerdrillmaschinen technisch schwierig zu gewährleistende Flachsaat und Ungenauigkeit in der Saatguttiefenlage.

Vor- und Nachteile von Breit- und Drillsaat stehen in Beziehung zum Standort (Boden, Witterung). Breitsaat ist wegen der damit erreichbaren gleichmäßigeren Standraumverteilung und garantierten Flachsaat stets im Vorteil, soweit die Wasserversorgung im Bereich der Saatebene gesichert ist, z. B. durch stetige Niederschläge. Drillsaat hat demgegenüber bei unsicherer Wasserversorgung aus Niederschlägen Vorteile sowie auf leichteren Böden (verbesserte Keimfeuchtebedingungen, kein Verwehen des Saatgutes). Die Verschärfung der Konkurrenzbedingungen im Bestand sowie die Gefahr der Bestandesüberfremdung bei Drillsaat mindert sich im übrigen mit deutlich verkleinerten Drillreihenabständen, wie sie bei Spezialgrünlandsaatgeräten gegeben sein können. Bei Verwendung herkömmlicher Ackerdrillmaschinen mit normalen Drillreihenabständen (um 10 cm) empfiehlt sich zur Verbesserung der Bestandsbildungsbedingungen Drillen mit halber Saatstärke bei über Kreuz geführtem (also doppeltem) Drillvorgang. Die Verfahrensweise bleibt freilich ein Notbehelf, der zudem eine entsprechende Schlaggröße voraussetzt.

2.5.8.3.3 Blanksaat – Ansaat unter Deckfrucht

Unter **Blanksaat** wird Ansaat ausschließlich der Grünlandsaatmischung auf eine pflanzenfreie Bodenoberfläche verstanden. Weder vor noch nach der Ansaat werden andere Arten eingebracht, als sie für den späteren Dauergrünlandbestand vorgesehen sind.

Merkmale der Blanksaat sind:

- verfahrensunabhängiger, den klimatischen Gegebenheiten eines Standortes sowie futterbaulichen Gesichtspunkten anpaßbarer Saattermin
- Kontrollierbarkeit des Bestandsbildungsprozesses und jederzeitige gezielte Einflußnahmemöglichkeit über Pflege-, Nutzungs- und Düngemaßnahmen (siehe 2.5.8.5); standort- und/oder ansaatbedingte Defekte sind rechtzeitig erkenn- und ausgleichbar
- unmittelbarer Einfluß aller Klimawirkungen bereits ab Ansaat; Gefährdung der Ansaat durch Trockenperioden, Starkniederschläge oder Frost.

Als **Ansaat unter Deckfrucht** wird die Einsaat der Grünlandsaatmischung in einen kurzlebigen Ackerpflanzenbestand, der während der Anfangsentwicklung des Grünlandbestandes abgeräumt wird, verstanden. Die Ansaat erfolgt entweder bei der Bestellung der Deckfrucht als Einsaat (vgl. 2.5.9.2) oder in bereits vorhandene Deckfruchtbestände als Untersaat.

Merkmale der Deckfruchteinsaat:

Vorzüge	Nachteile
– Schutz gegenüber Austrocknung, Verschlämmung, Verwehung – Ausnutzung der Winterfeuchte bei sehr früher Einsaat – zusätzlicher Nutzertrag im Ansaatjahr von der Deckfrucht	– unvermeidbare Licht-, Nährstoff-, Wasserkonkurrenz durch die Deckfrucht – Bindung des Saattermins an die Entwicklung der Deckfrucht – Gefährdung der Ansaat im Falle Lagerung der Deckfrucht – Schadensgefahr am Jungbestand bei Ernte der Deckfrucht (z. B. durch Raddruck) – Verzögerung der Bestandsentwicklung bei witterungsbedingter verspäteter Ernte der Deckfrucht.

Tab. 159. Einfluß der Art der Deckfrucht auf das Artenverhältnis (∅ 3 Jahre, mehrere Versuchsreihen; nach ZÜRN, zit. in KLAPP 1971, verändert)

	Bestandeszusammensetzung EA %		
	Gras	Klee	Unkraut
Deckfrucht Körnergetreide	53	16	31
Deckfrucht Grünhafer	68	25	7
Blanksaat	71	22	7

Deckfrüchten kommt vornehmlich **Schutzfunktion** zu! Sie stehen jedoch unvermeidbar in Konkurrenz zur Grünlandansaat und beeinflussen deren botanische Entwicklung in unkontrollierbarer Weise (Tab. 159). Im Gegensatz zur Blanksaat überwiegen daher die Nachteile (vgl. 4.1.3.3). Die Notwendigkeit einer Ansaat unter Deckfrucht hat sich deshalb nach der Dringlichkeit eines Schutzes des Grünlandbestandes in der Anfangsentwicklung zu richten. Direktsaatverfahren bzw. Einsatz von Spezialgrünlandsaatgeräten schließen Ansaat unter Deckfrüchten im übrigen aus.

Als Deckfrüchte sind
- geeignet: früh räumender Grünhafer (vgl. 4.2.7), sehr früh räumender Grünroggen
- noch geeignet: Sommergerste, bedingt Wintergerste oder Winterroggen
- ungeeignet: Welsches Weidelgras, Rotklee (starke Verdrängungswirkung!) bzw. stark bedeckende Pflanzenarten.

Einsaat in früh räumende Futterpflanzenbestände oder Sommergetreide erfolgt unmittelbar bei Bestellung der Deckfrucht in einem zweiten Ar-

Tab. 160. Zeitspanne Saat-Auflauf und Saat-Beginn Bestockung in Tagen, einjährige Beobachtung (jeweils Monatsmittelwerte); Standort: Bonn–Poppelsdorf (nach BEYENBURG-WEIDENFELD 1958, verändert)

Saatzeit	Knaulgras		Dt. Weidelgras		Wiesenschwingel		Wiesenlieschgras		Wiesenrispe		Rotschwingel	
	I	II	I	II	I	II	I	II	I	II	I	II
Juni	11	36	8	30	9	32	9	42	15	41	10	32
Juli	9	34	7	24	7	25	8	41	14	39	8	30
August	10	34	8	26	8	28	8	130	12	36	9	30
September	9	36	8	28	8	32	8	196	12	59	8	34
1.–15. Oktober	18	170	10	110	14	186	12	208	24	174	13	152
Okt. gesamt	26	170	19	118	23	182	19	208	40	182	21	148
November	42	161	36	124	38	155	26	190	116	182	37	127
Dezember	63	131	60	105	63	130	54	190	89	163	58	109
Januar	46	101	39	82	42	96	38	141	57	121	42	89
Februar	29	84	26	63	28	76	27	114	38	104	28	68
März	22	68	16	50	19	58	21	88	30	90	20	55
April	21	48	19	41	21	44	20	68	28	74	22	44
Mai	10	37	9	30	10	33	10	45	14	48	10	34

I = Tage Saat-Auflauf; II = Tage Saat-Beginn Bestockung

beitsgang als Breit- oder Drillsaat. Vorzugehen ist wie bei Blanksaat (Profilwalze-Einsaat-Profilwalze). Gemeinsames Ausbringen mit der Deckfruchteinsaat schließt sich wegen des Entmischens des Saatgutes im Säkasten und zu tiefer Ablage im Boden aus.

Untersaat in Wintergetreide ist nur als „Übersaat" (Seite 256) und vor Beginn des Streckungswachstums der Deckfrucht möglich. Herbizidbehandlung von Getreidedeckfrüchten bleibt ausgeschlossen. Zudem wird Reduzierung der Saatstärke der Deckfrucht sowie der N-Düngung zur Deckfrucht erforderlich.

2.5.8.3.4 Saatzeit

Für die futterbaulichen Zwecken dienenden Dauergrünlandansaaten haben Vernalisationseffekt sowie die Wirkung von Kurz- und Langtagsbedingungen im Ansaatjahr keine entscheidende Bedeutung. Grünlandansaaten sind deshalb theoretisch während der gesamten frost- und schneefreien Zeit möglich. Keimung und Anfangsphase der Bestandsbildung werden jedoch maßgeblich von den Temperatur- und Feuchteverhältnissen zur Saatzeit geprägt. Infolgedessen wird das Ansaatergebnis vom jahreszeitlich bedingten Witterungsablauf mitbestimmt. Das Grundsätzliche der Aussage läßt Tab. 160 erkennen, wobei die dort zusammengefaßten Werte wegen ihres Standortbezuges allerdings nicht ohne weiteres übertragbar sind.

Für alle Standorte gilt jedoch, daß sehr **zeitige Frühjahrs-** oder **späte Herbstsaat** (Oktober/November) stets Arten niedriger Keimtemperatur begünstigt (vor allem einige für Grünlandansaaten typische Kräuter, siehe Tab. 167), umgekehrt Arten mit höheren Ansprüchen an die Keimtemperatur benachteiligt (nahezu alle Ansaatarten, mit Ausnahme von Wiesenlieschgras; siehe auch Tab. 167). In Gemischen können daher saatzeitbedingte Verschiebungen des Artenverhältnisses eintreten. Darüber hinaus sind keimende Gräser und Leguminosen frostempfindlich, bei später Herbst- oder zeitiger Frühjahrssaat somit zusätzlich gefährdet.

Bei **Sommersaat** verkürzt höhere Temperatur die Keimdauer, mindert damit das Verlustrisiko. Der Bestand wird gegenüber Unkräutern oder unerwünschten Gräsern rascher konkurrenzfähig. Die Entwicklung der Sommersaaten hängt jedoch maßgeblich von der Wasserversorgung ab. Sommersaaten sind überwiegend auf Niederschläge angewiesen. In Gebieten mit ausgeprägtem Sommerniederschlagsmaximum gelten daher Juni/Juli als günstige Saatzeiten. Das Sommerniederschlagsmaximum wird in seiner Wirkung aber oftmals überschätzt. Vielfach ist es Ergebnis weniger, dafür sehr ergiebiger, oft heftiger Niederschläge, die Ansaaten durch Verschlämmen oder Abschwemmen gefährden. Der günstigste Saattermin ist somit keine verallgemeinerungsfähige Größe. Er hat sich an den jeweiligen örtlichen Verhältnissen zu orientieren, aber auch nach der Ansaatmethode zu richten.

2.5.8.4 Vorbereitung der Ansaat – Saatbeetbereitung

2.5.8.4.1 Grünlandumbruch, Wirkung der Bodenbearbeitung auf Grünlandböden

Ziel des Grünlandumbruches ist die Beseitigung der Altbestandskonkurrenz gegenüber der geplanten Neuansaat sowie Schaffung der Voraussetzung zur Herstellung eines Saatbeetes. Grünlandumbruch greift jedoch in die Krumenschicht eines langfristig unberührten, von einer geschlossenen Pflanzendecke abgeschirmten Bodens ein. Unter deren Schutz entwickelt sich auf Mineralböden ein spezifischer Bodenzustand: im Zusammenwirken von Pflanzen und Bodentieren wird die oberste Bodenschicht fortlaufend mit organischer Substanz angereichert, ständig durchmischt

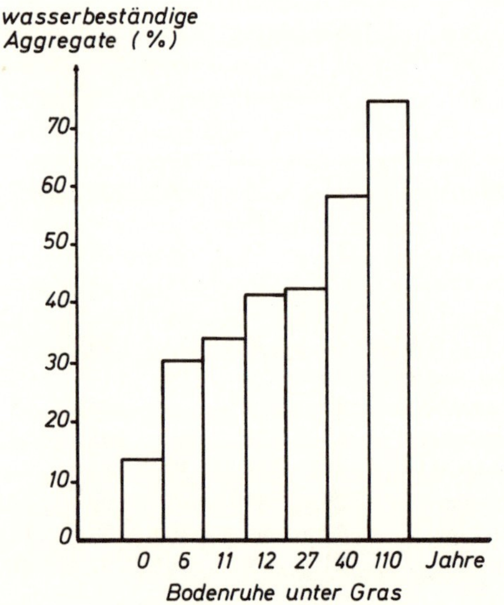

Abb. 54. Anteil wasserbeständiger Bodenaggregate in Abhängigkeit von der Bodenruhe (nach Low, aus Baeumer (Hrsg.): Allgemeiner Pflanzenbau 1971).

und gelockert. Die unter dichten Pflanzendecken vergleichsweise gehemmte Bodendurchlüftung sowie höherer CO_2-Gehalt senken den Abbau der regelmäßig anfallenden organischen Substanz und führen somit zu erhöhten Humusgehalten. Pflanzen, Bodentiere, Mikroorganismen wirken auf dieser Grundlage unmittelbar fördernd auf die Gefügebildung im Boden, so daß mit zunehmendem Alter einer Grünlandnarbe der Anteil stabiler Bodenkrümel ansteigt (Abb. 54). Die aus diesen Vorgängen resultierende Bodenstruktur begünstigt wiederum das Pflanzenwachstum, das seinerseits erneut verstärkt auf das Geschehen im Boden fördernd zurückwirkt. Der Bodenzustand unter einer Dauervegetationsdecke bietet somit beste Wachstumsvoraussetzungen, wie sie Bodenbearbeitung in ähnlich vollendeter Form nicht zu erreichen vermag.

Tiefgründiger Umbruch der alten Narbe unterbricht diesen Zustand der „Bodenruhe". Die Voraussetzungen für die Entstehung oder Erhaltung der für Dauerkulturen typischen Bodenverhältnisse werden aufgelöst oder verschlechtert:

1. Vorübergehend stärkere Durchlüftung in der gelockerten Krumenschicht fördert den Humusabbau, vermindert damit auf bindigeren Böden die Krümelstabilität.
2. Der Lebensraum aller Bodentiere, die im Mineralboden auf eine oberflächennahe „Streuschicht" angewiesen und für die Einarbeitung der anfallenden organischen Substanz in den Böden verantwortlich sind, wird zerstört. Besonders betroffen werden davon Regenwürmer (Abb. 55). Unvermeidbarer Rückgang der Bodentierpopulationen reduziert damit längerfristig die natürliche Durchmischung und Lockerung der obersten Bodenschicht.

Bodenbearbeitung eines Grünlandstandortes mit dem Ziel der Grünlanderneuerung und -verbesserung ist somit eine dem Grünland wesensfremde Maßnahme, die die Wachstumsbedingungen der Pflanzen zunächst verschlechtert. Der alte Bodenzustand wird nur allmählich wiederhergestellt.

Wirtschaftlich wird die Übergangsperiode entweder durch Hinnahme zeitweise eingeschränkter Ertragsfähigkeit der Bestände („Hungerjahre", Seite 251) oder durch erhöhten Nährstoffaufwand – besonders mit N –, mit dem die Ertragsbeeinträchtigung wieder ausgeglichen werden muß, erkauft.

Die Notwendigkeit eines Umbruches zur Grünlanderneuerung ist nicht mehr in jedem Falle gegeben (Seite 247f.). Soweit er dennoch

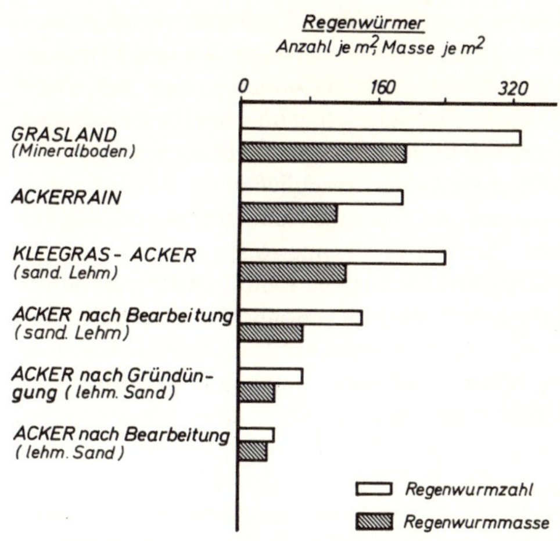

Abb. 55. Regenwurmbesatz und Regenwurmmasse in Abhängigkeit von der Bodennutzung (nach FINK, aus BAEUMER (Hrsg.): Allgemeiner Pflanzenbau 1971).

unumgänglich bleibt, sind alle pflanzenbaulichen Maßnahmen auf Minimierung seiner ungünstigen Wirkungen vorzüglich durch Begrenzung der Umbruchtiefe und Bearbeitungshäufigkeit auszurichten.

2.5.8.4.2 Technik des Umbruchs

Pflug

Die Beseitigung des Altbestandes erreichen am sichersten Pflugkörper mit schraubiger Ausführung des Streichbleches (starker Wendewinkel, sichere Unterbringung der oberirdischen Pflanzensubstanz), nur unvollkommen oder gar nicht Pflugkörper mit zylindrisch geformten Streichblechen (unzureichende Wendewinkel). Intensives Zerkleinern der alten Narbe vor dem Unterpflügen mittels Scheibenegge oder Fräse fördert den Abbau der Pflanzenreste. Umbruch zur Zeit höchster Bodenaktivität begünstigt ihn zusätzlich. **Sommerumbruch** mit Ansaat im Juli/August gilt daher als günstigster Termin. Er trifft den Altbestand zudem in der Regel im Moment stärkerer Verausgabung der Reservestoffe, bedeutet andererseits weitgehenden Nutzungsausfall für den Rest der Vegetationsperiode.

Mit **Herbstumbruch** und Ansaat im Frühjahr wird zwar ein befriedigender Abbaueffekt an der Altnarbe vor der Saat ebenfalls erreicht, er birgt in hängigem Gelände jedoch Erosionsgefahren für den vegetationsfreien Boden während der Winterperiode. **Frühjahrsumbruch** scheidet in der

Regel aus; sehr früher Umbruch verbietet sich wegen zumeist noch ungenügender Bearbeitungsfähigkeit der Grünlandböden, insbesondere für die dem Umbruch folgende Saatbeetbereitung; Umbruch im Spätfrühjahr/Frühsommer setzt im Falle unmittelbar anschließender Ansaat (Mai/Juni) den Jungbestand vielfach früh- oder hochsommerlichen Trockenperioden aus.

Dem Erfordernis, die Umbruchtiefe auf Mineralböden so flach als möglich zu halten, widerspricht die Notwendigkeit sicherer Beseitigung der Altnarbe als Voraussetzung ungestörter Saatbeetbereitung. Die Regel ist daher ein aus technischen Gründen meist unumgänglich zu tiefer Umbruch. Der Pflug ist deshalb als Umbruchwerkzeug das am wenigsten befriedigende Gerät. Pflugeinsatz bzw. tiefere Bodenwendung können jedoch erforderlich werden, soweit sehr starke Unkrautsamenanreicherungen auf/in der Bodenoberschicht oder oberflächennahe Verdichtungen sowie Bodenunebenheiten zu beseitigen sind.

Dem Umbruch folgt die eigentliche *Saatbeetbereitung*. Sie vollzieht sich nach gleichen Grundsätzen wie sie auch im Anbau von Feldfrüchten gehandhabt werden, die hohe Ansprüche an das Saatbeet stellen. Es ist davon auszugehen, daß Dauergrünlandsaatarten als „Feinsämereien" zu bewerten sind. Dies setzt zur Saat ein feinkrümeliges Saatbeet über abgesetztem Boden voraus, um rasche Förderung der erforderlichen Keimfeuchte zu den Samen sowie eine annähernd gleichmäßige Flachlage im Boden zu gewährleisten.

Scheibenegge und Fräse

Die Wirkung von Scheibenegge und Fräse ist auf gründliche mechanische Zerstörung der Altnarbe und gleichzeitige Herstellung eines Saatbeetes gerichtet. Tiefgreifende Lockerung entfällt. Die Arbeitstiefen sind auf ca. 8 bis 10 cm begrenzt. Die durch besonders günstiges Gefüge gekennzeichnete, mit organischer Substanz angereicherte oberste Bodenschicht bildet das eigentliche Saatbeet, sie wird also nicht, wie beim Pflug die Regel, in tiefere Schichten verfrachtet. Im Vergleich zum Pflugeinsatz werden somit die nachteiligen Wirkungen des Umbruchs gemildert. Der Umbruchtermin ist den klimatischen oder betrieblichen Gegebenheiten besser anpaßbar. Scheibeneggen verlangen mehrfache Wiederholung der Arbeitsgänge, bis der gewünschte Bodenzustand erreicht wird.

Die vollkommenste technische Lösung mechanischer Zerstörung von Altnarben sind die für Grünlandumbruch speziell entwickelten **Grünlandfräsen,** insbesondere die ausschließlich für die Grünlanderneuerung bestimmten **Saatfräsen** als Direktsaatgeräte, mit deren Hilfe Saatbeetbereitung, Startdüngung und Saat in einem Arbeitsgang erfolgen. Die Arbeitsweise spezieller Grünlandfräsen ist durch intensivste narbenzerstörende Wirkung gekennzeichnet. Sie erlauben flachste Bodenbearbeitung zwischen 5 und 8 cm. Das Direktsaatverfahren ist allerdings durch hohen Zugkraftbedarf gekennzeichnet, vereinigt in sich aber bedeutsame **Vorteile:**

1. Die Bodenoberfläche bleibt nur kurze Zeit der schützenden Vegetationsdecke beraubt. Rasche Wiederbegrünung mindert im hängigen Gelände das bei längerer Brache gegebene Erosionsrisiko.
2. Hohe Schlagkraft ermöglicht eine ebenso schlagartige Grünlanderneuerung zu jeder witterungsmäßig geeigneten Zeit der Vegetationsperiode. Die Erneuerungsmaßnahme läßt sich in jeweils günstigster Weise in den Betriebsablauf einpassen. Ausfallzeiten der Futtererzeugung können vermindert werden.

Nachteile der Bodenbearbeitung mit Scheibenegge, Fräse bzw. Saatfräse sind jedoch, daß die flache Bodenlockerung keine Unkrautsamen beseitigt. Sie regt diese im Gegenteil eher zur Keimung an. Auf Standorten, die mit keimbereiten Samen unerwünschter Arten angereichert sind, kann besonders Fräseinsatz verstärkte Verunkrautung des Jungbestandes oder dessen Vergrasung mit unerwünschten, spontan auftretenden Grasarten auslösen. Frässaaten können daher stärker verkrauten als Ansaaten nach Pflugumbruch (Roozeboom und Luten 1979).

2.5.8.4.3 Ackerzwischennutzung

Bedeutung, Zweck, Bewertung

Ein- bis mehrjährige Ackernutzung eines ehemaligen Grünlandstandortes zwischen Umbruch und Neuansaat bezweckt

- sichere Beseitigung der alten Narbe, insbesondere hartnäckiger Unkräuter oder dichter, verfilzter Altnarben
- Ausnutzung des Nährstoffeffektes, den der Abbau der organischen Substanz der alten Narbe auslöst
- Einebnung von Oberflächen.

Für Mineralböden sind Humusverarmung und Strukturverschlechterungen jedoch stets unvermeidbare Folge der Ackerzwischennutzung, die die Ausgangsbedingungen für die spätere Neuansaat beeinträchtigt (Genuit 1959). Durch erhöhten N-Aufwand müssen solche Nachteile ausgeglichen werden. Ohne Folgen bleibt der unver-

Tab. 161. Erträge von Neuansaaten (rel.) nach Ackerzwischennutzung (zit. nach KLAPP 1954, verändert)

Ertrag nach	Niedermoor (nach dän. Unters.)	Mineralböden
Sofortansaat	100	100
1 Jahr Ackerzwischennutzung	104	99
2 Jahren Ackerzwischennutzung	122	89
3 Jahren Ackerzwischennutzung	132	–

meidbare Humusabbau allerdings für Moorböden. Sofern keine Vermullungsgefahr besteht, vermag Umbruch mit Ackerzwischennutzung hier offenbar einen für die Ansaat sogar eher günstigen Effekt auszuüben (Tab. 161).

Zwischennutzungsarten: Soweit Ackerzwischennutzung unumgänglich wird, hat sich die Wahl der unmittelbar dem Umbruch folgenden Arten nach dem Grund der Zwischennutzung, dem Zustand der Fläche nach dem Umbruch sowie nach betrieblichen Belangen zu richten. Anzubauende Ackerfrüchte müssen folgende Forderungen erfüllen:

- Tolerierung eines mit Narbenresten durchsetzten Saatbeetes
- Verwertung eines hohen N-Angebotes, wie es beim Abbau der Pflanzensubstanz der umgebrochenen Altnarbe zunächst vorliegt
- Konkurrenzvermögen gegenüber Grünland- und Umbruchunkräutern, insbesondere Ausübung stark beschattender Wirkung und/oder Toleranz gegenüber mechanischen oder chemischen Unkrautbekämpfungsmaßnahmen.

Unter diesem Aspekt kommen als Erstfrucht nach Umbrüchen vornehmlich in Frage:

- als Verkaufsfrüchte Kartoffeln, (soweit anbaufähig) Mais
- als Futterpflanzen Kleegras, Sommergemenge, Sonnenblumen, Mais.

Wintergetreide ist wegen des nach Umbrüchen oft fehlenden oder schwierig zu erreichenden Bodenschlusses weniger geeignet. Mit der Dauer der Ackerzwischennutzung kann sich der Anbau jedoch allmählich auf alle standortgemäßen Ackerkulturarten ausweiten.

Die nach Umbruch anzubauenden Fruchtarten sind gelegentlich durch Umbruchschädlinge gefährdet (z. B. durch Drahtwürmer). Die Befallsgefahr vermindert sich jedoch ebenfalls mit der Dauer der Ackerzwischennutzung.

2.5.8.4.4 Einsatz von Herbiziden

Herbizide als Erneuerungshilfe dienen der Unterstützung mechanischer Maßnahmen zur Narbenzerstörung; unter bestimmten Voraussetzungen vermögen sie mechanische Narbenzerstörung völlig zu ersetzen (Seite 247f.). Als Voraussetzungen haben **chemische Umbruchshilfen** zu erfüllen:

- Gewährleistung sicherer Beseitigung der Altbestandskonkurrenz,
- kurze Karenzzeiten zwischen Applikation und Neuansaat, rasche Inaktivierung der Wirkstoffe im Boden.

Als Umbruchshilfe erbringen Herbizide mehrere Vorteile zugleich, nämlich

- Beschleunigung des Erneuerungsverfahrens
- Umgehung tieferer Bodenwendung, damit Schonung der Bodenstruktur
- Durchführung der Grünlanderneuerung auch unter Standortbedingungen, die mechanische Beseitigung der Altnarbe zum Risiko werden lassen oder nicht erlauben (flachgründige, steinige Böden, Hanglagen, nasse, nicht entwässerungsfähige, schwer bearbeitbare Böden)
- sichere Beseitigung hartnäckiger, mechanisch schwer oder gar nicht bekämpfbarer Unkräuter oder unerwünschter Gräser.

Als Erneuerungshilfe kommen für Grünland nur Blattherbizide zum Einsatz. Tab. 162 faßt die wichtigsten gegenwärtig verwendeten Wirkstoffgruppen zusammen (KOCH und HURLE 1978, CROMACK et al. 1980).

Der nichtselektive Wirkstoff Glyphosate aus der Gruppe der aliphatischen Säuren wird nur über das Blatt aufgenommen. Seine Wirkung beruht offenbar auf einer Störung der Biosynthese essentieller Aminosäuren, wobei besonders die Synthese des Phenylalanins betroffen wird (LANZ und KLAASSEN 1977). Der Wirkstoff wird im Boden sehr stark, jedoch nicht zur Gänze sorbiert und mikrobiell allmählich abgebaut. Glyphosate eignet sich auf Grund seines systemischen Charakters besonders zur Bekämpfung hartnäckiger Wurzelunkräuter oder unterirdische Ausläufer bildender Schadgräser (z. B. Quecken). Jedoch werden nicht alle Arten gleich stark betroffen (z. B. offenbar gar nicht Schachtelhalme = *Equi-*

Tab. 162. Blattherbizide in der Grünlanderneuerung

Wirkstoff (Kurzbezeichnung)	Wirkung auf	Herbizidform	Wartezeit
1. Glyphosate	Mono- u. Dikotyle	system. Herbizid	wird im wesentlichen vom Absterben des Altbestandes bestimmt
2. Paraquat	Mono- u. Dikotyle, vorzugsweise Monokotyle	Kontaktherbizid	
3. Deiquat	Dikotyle, begrenzt Monokotyle	Kontaktherbizid	
4. Dalapon	Monokotyle	system. Herbizid	3–4 Wochen, (siehe Seite 247)

setum ssp., weniger gut – was nicht ohne Vorteil ist – die *Trifolium*-Arten). Die Wirkung tritt zudem nicht bei allen Arten zeitlich einheitlich ein. Gräser sterben rascher ab als Kräuter, bei denen wiederum artbedingte Unterschiede bestehen. Im Mischbestand kann somit der Eintritt einer alle Arten erfassenden herbiziden Wirkung längere Zeit in Anspruch nehmen. Die Zeitspanne bis zum vollständigen Absterben des gesamten Bestandes wird daher im Einzelfall auch von dessen botanischer Zusammensetzung bestimmt. Die Angaben zur erforderlichen Wartezeit zwischen Applikation und möglicher Bodenbearbeitung bzw. Neuansaat differieren dementsprechend zwischen wenigen Tagen und ca. vier Wochen. Dabei wird die Wartezeit jedoch durch den Eintritt der herbiziden Wirkung bei allen Bestandsbildnern bestimmt, nicht aber durch die bei Einsatz von Herbiziden in Futterbeständen erforderliche Karenzzeit.

Totalwirkung auf den Gesamtbestand setzt volles Wachstum aller Bestandsbildner und bei diesen eine ausreichend große Kontaktfläche im Moment der Applikation voraus. In der Regel gewährleistet eine Bestandsaufwuchshöhe um 15 cm sichere Herbizidwirkung. Es bedeutet dieses aber zugleich die Vernichtung eines nahezu weidereifen Aufwuchses.

Äußeres sichtbares Symptom der Wirkstoffwirkung sind gehemmtes Wachstum und Gelbfärbung der Pflanzen. Haben diese Symptome den gesamten Bestand erfaßt, kann der Altbestand – soweit erforderlich – gemäht und beseitigt werden.

Als Kontaktherbizide finden die Bipyridyle Paraquat und Deiquat Verwendung. Der Wirkungseffekt der Bipyridyle besteht in einer Stimulierung der Atmung und der Zerstörung des Chlorophylls. Nicht betroffen werden die chlorophyllfreien Bereiche der Pflanze. Deiquat und Paraquat eignen sich deshalb nicht zur Bekämpfung reservestoffreicher, somit regenerationsfreudiger Wurzelunkräuter oder unterirdische Ausläufer bildender Gräser. Außerdem ist die Wirkung auf Mono- oder Dikotyle nicht ganz einheitlich (Tab. 162), so daß je nach verfolgtem Ziel ggf. Verwendung beider Wirkstoffe gleichzeitig notwendig wird. Für eine volle Wirkung von Paraquat und Deiquat ist ebenfalls das Vorhandensein einer ausreichend großen Kontaktfläche bei der Applikation erforderlich.

Die Wirkung tritt in der Regel innerhalb von zwei bis vier Tagen ein. Bodenbearbeitung und Nachsaat sind vom gleichen Augenblick an möglich. Für Deutsches Weidelgras gibt es jedoch Hinweise auf sortenbezogene Resistenz wie auch Empfindlichkeit gegenüber Paraquat bei unmittelbarer Ansaat ohne vorherige Bodenbearbeitung.

Die Bipyridyle werden nach der Applikation im Boden unverzüglich überwiegend an Tonminerale gebunden und inaktiviert. Sie sind jedoch äußerst persistent und akkumulieren sich im Boden. Eine Aufnahme über die Wurzel erfolgt indes nicht.

Der Wirkstoff Dalapon (aliphatische Säure) wirkt vorwiegend über das Blatt, in geringerem Maße über die Wurzel. Er scheint Veränderungen an der Proteinstruktur herbeizuführen und Enzym- und Membraneigenschaften zu beeinflussen (Koch und Hurle 1978). Da er hauptsächlich auf Monokotyle wirkt, bedarf es bei seinem Einsatz in verkrauteten Beständen der Ergänzungen durch entsprechend wirksame Herbizide. Er eignet sich daher vorwiegend für die Sanierung grasreicher

Bestände vornehmlich bei hohem Queckenbesatz (Opitz von Boberfeld et al. 1977b). Der Eintritt der herbiziden Wirkung zieht sich länger hin als z. B. bei Glyphosate. Die Wartezeit bis zur Ansaat verlängert sich somit. Dalapon weist gute Löslichkeit auf, wird im Boden kaum adsorbiert und ist daher leicht beweglich, so daß Verlagerungen nicht auszuschließen sind. Es wird zwar im Boden rasch abgebaut, die Abbaurate ist jedoch temperaturabhängig und bei niedrigen Temperaturen entsprechend vermindert. Vor allem bei höheren Aufwandmengen bedarf es daher längerer Wartezeit, bis Dalapon im Boden unter die Phytotoxizitätsgrenze abgebaut und Neuansaat möglich ist.

2.5.8.4.5 Umbruchlose Neuansaat ohne Bodenbearbeitung

Grundfragen und Ziele

Unter umbruchloser Neuansaat ohne Bodenbearbeitung ist die Totalerneuerung eines Grünlandbestandes zu verstehen, bei dem die Altnarbe mit Hilfe von Totalherbiziden abgetötet, aber keine oder höchstens nur eine partielle mechanische Saatbeetbereitung vorgenommen wird.

Das Verfahren fußt auf der Erkenntnis, daß der Gefügezustand der obersten Bodenschicht unter einer Dauergrünlandnarbe im Regelfall unübertroffen ist und keiner mechanischen Gefügelockerung bedarf (Seite 242f.). Die Bodenoberfläche unter Grünlandbeständen ist zudem von Wurmkotstrukturelementen bedeckt, die ihr einen überwiegend krümeligen, beinahe schon saatbeetartigen Zustand verleihen (Abb. 56). Die Notwendigkeit mechanischer Saatbeetbereitung bei Neuansaat alter Grünlandflächen ist daher zumindest zweifelhaft, sofern es gelingt, den Altbestand auf andere Weise auszuschalten als über narbenzerstörenden Umbruch. Einen entsprechenden Weg hierzu eröffnen Totalherbizide, mit deren Hilfe jede Form von Bodenbearbeitung (also Umbruch wie Saatbeetbereitung) überflüssig wird, soweit nicht Störungen im Bodenprofil, Unebenheiten oder Anreicherung mit Unkrautsamen an der Bodenoberfläche zu mehr oder weniger gründlicher Bodenwendung Anlaß geben. Die Vermeidung des Umbruches mit seinen unerwünschten Folgen im ökologischen Bereich sowie die daraus wiederum erwachsenden pflanzenbaulichen Nachteile werden zum besonderen Merkmal des Verfahrens.

Abb. 56. Regenwurmkotstrukturen auf der Bodenoberfläche unter einer vier Wochen nicht betretenen oder befahrenen Grasnarbe. Pflanzenbestand im Bild durch Abtöten beseitigt (Jacob).

Zur Herausbildung des Verfahrens einer völlig oder annähernd bodenbearbeitungsfreien Grünlanderneuerung haben nach den Entwicklungen im agrochemischen Bereich in jüngerer Zeit wesentlich gerätetechnische Vervollkommnungen bei Spezialgrünlanddrillsaatgeräten beigetragen, deren technische Arbeitsweise Aussaat in gänzlich unbearbeitete Bodenoberflächen ermöglicht oder sogar voraussetzt.

Vorzüge des Verfahrens einer Neuansaat ohne Bodenbearbeitung sind

1. Erhaltung des vorhandenen Bodengefüges, Vermeidung aller nachteiligen Folgen des Umbruchs
2. Aufwandminderung
3. Durchführbarkeit der Erneuerung sanierungsbedürftigen Grünlandes unter Standortbedingungen, die Bodenbearbeitung auf herkömmlichem Wege ausschließen.

Methodik, Saatvorbereitung

Die Saatvorbereitung beschränkt sich auf Beseitigung der Altbestandskonkurrenz mit Hilfe eines Totalherbizids. Das einzusetzende Herbizid muß dazu rasch Wirksamkeit und kurze Wartezeit zwischen Applikation und Neuansaat gewährleisten sowie jede Nachwirkung auf die Neuansaat mit Sicherheit ausschließen. Bei Anwendung von Glyphosate läßt sich neueren Untersuchungen zufolge die herbizide Wirkung des Wirkstoffes durch Kombination mit Ammoniumsulfat in Form des Schwefelsauren Ammoniaks, das der Spritzbrühe zugesetzt wird, beträchtlich erhöhen, der Herbizidaufwand auf diese Weise umgekehrt reduzieren (TURNER et al. 1980, PICARD 1982).

Die Entfernung der abgestorbenen oberirdischen Pflanzensubstanz ist nach vorliegenden Beobachtungen nicht in jedem Fall notwendig oder geboten. Sie wird offenbar von der Art des

Tab. 163. Bestandsanteile (EA %) bei Neuansaat mit einer Mähweidemischung nach verschiedenen Ansaatverfahren (Mischungsanteil Dt. Weidelgras 44%; Saatstärke 32 kg/ha, Standort: Hocheifel) (nach OPITZ VON BOBERFELD 1982, verändert)

Verfahren		Kontrolle	Übersaat		Scheibendrillsaat		Fräsrillensaat		Frässaat
Altbestand abgeräumt		–	ja	nein	ja	nein	ja	nein	
Ansaatwürdige insgesamt	1	26	75	82	84	83	78	75	80
	2	36	95	96	93	94	92	90	86
davon Dt. Weidelgras	1	11	70	78	78	79	74	71	75
	2	18	80	80	79	79	76	74	70
Quecken	1	12	–	–	–	–	–	–	–
	2	7	–	–	–	–	–	–	–
Gem. Rispe	1	40	+	+	+	+	+	+	+
	2	29	3	2	3	2	2	3	2
Vogelmiere	1	2	20	14	12	11	17	19	16
	2	+	+	+	+	+	+	1	+
Stumpfblättr. Ampfer	1	9	+	+	+	+	+	+	1
	2	14	+	+	+	+	2	2	9
sonstige Kräuter	1	4	5	4	4	6	5	3	4
	2	10	2	2	3	4	4	5	3
nicht bedeckte Bodenoberfläche (%)	1								
	2	12	5	5	7	6	14	19	7

1 = Herbst Ansaatjahr
2 = Herbst 1. Hauptnutzungsjahr

verwendeten Herbizids sowie von der im Augenblick der Applikation erreichten Bestandshöhe bestimmt. Soweit die abgestorbene Altbestandspflanzenmasse den technischen Ablauf beim Saatvorgang nicht stört, ist deren Entfernung z. B. bei Einsatz von Glyphosate nicht zwingend (Tab. 163). Andernfalls ist der abgestorbene Altbestand unter Belassung einer langen Stoppel abzumähen. Den abgestorbenen Altbestandresten kommt gegenüber Bodenoberfläche und Ansaat eine Schutzfunktion zu. Sie tragen zur Verringerung der Bodenoberflächenaustrocknung (Windschutz, Schattenwirkung) bei und schließen Erosionen weitgehend aus.

Ansaattechnik
Den Ansaatzeitpunkt nach der Applikation bestimmen die für die Erreichung voller Herbizidwirkung erforderliche Zeitspanne, ggf. auch erforderliche Karenzzeiten. Verlegung des Ansaatzeitpunktes in Perioden reichlicher Niederschläge begünstigt den Ansaateffekt bei Ansaaten ohne Bodenbearbeitung.

Die Ansaat erfolgt als
- **Breitsaat** in Form der Übersaat (Seite 256) von Hand oder mittels Schleuderdüngerstreuer oder Drillmaschine bei abgenommenen Säröhren oder als
- **Drillsaat** in Form der Einsaat (Seite 256) mittels Scheibendrill-, Schlitzdrill-, Fräsrillen- oder Zahnrillengerät.

Saatmischung, Ansaatarten, Saatmenge
Beim Einsatz von Totalherbiziden wird lediglich die vorhandene Phytomasse getroffen. An der Bodenoberfläche angereicherte keimbereite Samen unerwünschter Kräuter und Grasarten werden dagegen nicht berührt. Mit dem Wegfall der Altbestandskonkurrenz wächst daher die Gefahr, daß Keimung und Entwicklung solcher Arten erst verstärkt in Gang gesetzt werden. Sie treten sehr schnell zum Neubestand in Wettbewerb (Seite 252). Je nach Jahreszeit der Ansaat können sie dabei auf Grund ihrer gegenüber Ansaatarten vielfach niedrigeren Keimtemperaturen (Tab. 167) bereits von Anfang an einen zusätzlichen zeitlichen Entwicklungsvorsprung erhalten. Ansaaten ohne Bodenbearbeitung sind deshalb generell, vornehmlich aber bei temperaturbedingten Auflaufverzögerungen durch raschwüchsige und besonders zu polsterartigem Wuchs befähigte, spontan auftretende Arten (vor allem Vogelmiere, Gamanderehrenpreis, Jährige und Gemeine Rispe) gefährdet. Der Sekundärverunkrautung (oder Vergrasung mit unerwünschten Arten) läßt sich durch
- Saatzeiten, die eine schnelle Keimung sichern sowie
- durch die Wahl schnellwüchsiger und zugleich konkurrenzstarker Ansaatarten vorbeugen.

Soweit diese Bedingung erfüllt ist, bestehen hinsichtlich der einzusetzenden Saatmischungen und anzuwendenden Saatstärke nach bisherigen Erfahrungen keine Unterschiede zur Vorgehensweise bei herkömmlichen Ansaatverfahren (Ernst 1978, Jacob 1977, Opitz von Boberfeld 1982).

Vergleichende Bewertung der Ansaatverfahren
Aus den vorliegenden Beobachtungen läßt sich herleiten, daß bei Übersaaten bis in das Auflaufstadium eine höhere Sensibilität gegenüber Schwankungen in der Wasserversorgung gegeben ist als bei Einsaat in den Boden. Desgleichen wird unter bestimmten Umweltbedingungen eine gelegentliche Gefährdung des Keim- und Auflaufvorganges durch stärkere Salzkonzentrationen auf der Bodenoberfläche nicht ausgeschlossen. Bei Drillsaat wiederum ist die spätere Narbendichte sehr deutlich vom Drillreihenabstand abhängig. Die Narbe bleibt umso lockerer, je weiter die Drillreihenabstände gehalten werden und umgekehrt.

Unbeschadet solcher verfahrensspezifischen Besonderheiten bestehen indes bei sachgerechter Vorbereitung und Durchführung der Ansaat sowie entsprechender Bestandspflege zwischen den Ansaatverfahren nur geringe Unterschiede im Ansaateffekt (Tab. 163). Gleiches gilt auch für den Vergleich mit herkömmlichen Verfahren der Neuansaat. Als Beispiel hierfür werden mit Tab. 164 Untersuchungsergebnisse für ein Höhengebiet (1050 m ü. NN, 1400 mm Jahresniederschlag, Südschwarzwald) angeführt. Umbruchlose Ansaat (Übersaat) nach Einsatz eines Totalherbizides sind der Ansaat (Übersaat) nach herkömmlichen Bodenbearbeitungsverfahren (ohne Totalherbizidbehandlung vor der Bodenbearbeitung) gegenübergestellt.

2.5.8.5 Jugendentwicklung und Behandlung der Neuansaat

Neuansaaten entwickeln sich in ihrer botanischen Zusammensetzung in einem allmählichen, mehrere Jahre in Anspruch nehmenden Prozeß zum endgültigen Dauerbestand. Dabei sind sie bereits ab der Einsaat durch Witterung und andere

Tab. 164. Ertragsanteile (%) der Bestandsbildner bei Grünlanderneuerung nach verschiedenen Verfahren (Ansaat jeweils als Breitsaat)

Totalherbizid	mit				ohne							
Bodenbearbeitung	ohne				mit							
Umbruchverfahren	ohne				Pflug				Fräse			
Mischung	A		B		A		B		A		B	
Boniturtermin	1	2	1	2	1	2	1	2	1	2	1	2
Dt. Weidelgras	62	88	–	–	82	91	–	–	76	83	–	–
Wiesenlieschgras	1	3	35	27	+	3	25	21	4	5	15	20
Wiesenschwingel	20	7	44	64	10	4	48	71	2	4	29	63
Wiesenrispe	–	+	+	+	–	+	+	+	–	+	–	+
Weißklee	12	1	15	1	2	1	10	1	+	2	5	3
Jährige Rispe	+	+	1	6	1	+	5	5	7	5	9	10
Kräuter gesamt	3	1	3	2	5	1	12	2	11	1	42	4
davon Stumpfbl. Ampfer	–	1	–	–	2	1	6	2	1	1	–	+
Vogelmiere	–	–	–	–	–	–	2	+	4	+	1	+
Lücken %	2	–	2	–	–	–	3	–	–	–	15	–

1 = Herbst Ansaatjahr; 2 = Herbst 1. Hauptnutzungsjahr
A = Dt. weidelgrasreiche Mischung, Saatstärke 32 kg/ha
B = Mischung ohne Dt. Weidelgras, Saatstärke 32 kg/ha

Standortwirkungen sowie Konkurrenz zwischen den Ansaatpartnern Einflüssen ausgesetzt, die die Bestandsentwicklung in eine mit der Saatmischung zunächst nicht angestrebte Richtung lenken. Das Ansaatziel ist bei freiem Spiel der hierbei wirksamen Faktoren mit der Saatmischung allein nicht zu erreichen. Dieses setzt vielmehr während der ersten zwei bis drei Standjahre Eingriffe in den Bestandsbildungsprozeß voraus, mit deren Hilfe ständig Korrekturen an der sich vollziehenden Entwicklung vorgenommen werden, um den Jungbestand systematisch in die mit der Zusammensetzung der Ansaatmischung angestrebte Richtung zu lenken. Grundlage solcher korrigierender Eingriffe sind die natürliche Elastizität ausdauernder Grünlandpflanzenbestände und deren mit hinlänglicher Genauigkeit abschätzbare Reaktion gegenüber gezielten Nutzungs- und Bewirtschaftungsmaßnahmen (vgl. 2.6.2). Gegenstand solcher gezielt auszulösender Reaktionen im Jungbestand sind sodann

- die Stärkung des Konkurrenzvermögens der angesäten Jungpflanzen gegenüber spontan auftretenden, unerwünschten Wettbewerbern um Standraum bei gleichzeitiger Benachteiligung unerwünschter Arten
- der Ausgleich der durch Kampfkraftunterschiede zwischen den angesäten Arten hervorgerufenen Konkurrenz.

Lenkungselemente hierzu sind **Ernährung** und die nutzungsmäßige, ggf. durch chemische Unkrautbekämpfungsmaßnahmen unterstützte **Behandlung des Jungbestandes.**

Ernährung des Jungbestandes

Angemessene Bodenreaktion und Versorgung mit allen wichtigen Nährstoffen sind fraglos Grundbedingung der Entwicklung leistungsfähiger Grünlandbestände. Unabhängig davon kommt indessen eine besondere Bedeutung dem **Stickstoff** zu, der über seine ernährungsphysiologische Funktion hinaus zugleich Hilfsmittel bei der Bestandslenkung ist. Er nimmt nachhaltigen Einfluß auf die Entwicklung der Konkurrenzkraft der Ansaat gegenüber spontan auftretenden Arten. Grundlage hierzu sind seine bestockungs- und wachstumsfördernde Wirkung. Rasche und kräftige Bestockung vornehmlich der Gräser beschleunigt die Narbenverdichtung, die Förderung des Wachstums stärkt sodann die Konkurrenzfähigkeit gegenüber Zuwanderern weiter. Die Keimung im Boden vorhandener Samen unerwünschter Arten und deren Fortentwicklung wird nachhaltiger gebremst oder erschwert, je rascher sich die Narbe des Jungbestandes schließt. Ungehindertes Längenwachstum der Gräser schränkt andererseits die Bestockung sehr bald wieder ein (vgl. 2.6.1).Gezielte Wachstumsförderung durch N begünstigt außerdem zunächst rasch- und hochwüchsige, meist zugleich ohnehin kampfkräftige Ansaatarten zu Lasten niedrigwüchsiger. Der gewünschte N-Effekt kann sich somit selbst wieder aufheben. Stickstoff als Hilfsmittel bei der Bestandslenkung bedarf daher der Ergänzung durch Nutzungsmaßnahmen, um das Längenwachstum der jungen Ansaatpflanze zu begrenzen.

Der N-Bedarf ist bei Ansaaten grundsätzlich hoch, nach Umbrüchen oder bei Ansaaten nach Ackernutzung aber besonders ausgeprägt. Einem nach Bodenbearbeitung unvermeidbar verstärkten Humusabbau folgt nach der Ansaat mit eintretender Bodenruhe ebenso zwangsläufig eine Phase erneuten Humusaufbaues, während der Stickstoff im Boden gebunden und akkumuliert wird. Tab. 165 gibt einen Eindruck von der Größenordnung dieser Akkumulation bei Übergang von Ackerbau zu Grünlandnutzung sowie unter altem Grünland.

Tab. 165. N-Akkumulation unter Grünland. Gesamt-N (kg/ha) im Boden einer Ackerfläche, einer dort angelegten, inzwischen 10jährigen Mähweide und einer Weide unbekannten Alters. Bodenart: Lehm; Höhenlage: 500 m ü. NN, Jahresniederschlag 670 mm, Jahrestemperatur 7,7 °C (nach Rupp 1984)

Tiefe in cm	Acker	Mähweide (10 Jahre)	alte Weide
0–10	2234	3487	5043
10–20	2321	2869	3873
20–30	1755	2096	3202
Summe	6310	8452	12118

Der hohe N-Bedarf zum Aufbau des sich nach Wiederherstellung des Zustandes der Bodenruhe standortspezifisch allmählich einstellenden Humusspiegels macht einen ausgleichenden N-Mehraufwand erforderlich, um N-Mangel vom Ansaatbestand abzuwenden. N-Mangel ist die wirksamste von mehreren Ursachen der bei Nichtbeachtung der Zusammenhänge regelmäßig eintretenden **Hungerjahre.** Unter Hungerjahren wird eine ab dem zweiten bis dritten Nutzungsjahr einsetzende und mehrere Jahre anhaltende Ertragsdepression verstanden. Sie ist zugleich (vor allem bei niedriger Nutzungshäufigkeit) mit einer botanischen Umwandlung des Ansaatbestandes verbunden, während der ein mehr oder weniger hoher Anteil der Ansaatpflanzen wieder verschwindet. Es können auch einzelne Ansaatarten gänzlich gemerzt werden. Hungerjahre treten in Erscheinung, sobald nach Umbrüchen die damit ausgelösten bodenphysikalischen und bodenbiologischen Veränderungen Wirksamkeit erlangen (Genuit 1959) und die aus der organischen Substanz im Boden freigesetzten Nährstoffe verbraucht sind, ohne daß Ersatz erfolgt. Ähnliche Konsequenzen haben die sich im Boden vollziehenden Vorgänge nach Ansaaten auf Ackerflächen. Hungerjahre klingen erst ab, sobald sich umbruchbedingte Veränderungen im Wurzelraum auszugleichen oder bei Ansaaten auf Acker der grünlandspezifische Bodenzustand einzustellen beginnen und der einstmalige Ansaatpflanzenbestand sich in seiner botanischen Zusammensetzung dem Standort angepaßt hat. Um Hungerjahre zu vermeiden, wird mithin vor allem bei Ansaaten nach Bodenbearbeitung eine den Bedarf des Pflanzenbestandes übersteigende N-Versorgung notwendig. Der N-Mindestbedarf zur Milderung oder zum Ausgleich solcher Wirkungen und zur Sicherung des Ansaaterfolges sowie der Ertragsleistung intensiv zu nutzenden Ansaatgrünlandes auf Mineralböden ist in Tab. 166 zusammengestellt. Derartige schematische Angaben sind freilich stets als Anhaltswerte zu beurteilen. Der tatsächliche N-Bedarf variiert je nach Standortbedingungen (Boden, Witterung, Klima insgesamt), Art und Entwicklung des Pflanzenbestandes, Ansaatverfahren und Nutzungsweise beträchtlich. Pauschalierte Angaben wie die der Tab. 166 bedürfen daher im einzelnen Anwendungsfall ständiger kritischer Überprüfung und ggf. auch der Korrektur und Neuanpassung.

Flüssige **wirtschaftseigene Düngestoffe** lassen

Tab. 166. N-Versorgung in der Jugendentwicklung von Grünlandansaaten

Ansaatjahr		1. und folgende Hauptnutzungsjahre
Startdüngung		
bei Blanksaat vor/bei Ansaat	30–50 kg/ha	200–300 kg/ha auf Nutzungen aufgeteilt
unter Deckfrucht nach Räumung der Deckfrucht	50 kg/ha	mindestens 4 Nutzungen, untere Grenze je Nutzung 50 kg/ha
nach 1. Schröpfschnitt		
je nach Zustand des Jungbestandes und Höhe der Startdüngung	30–50 kg/ha	
nach jeder vollen Nutzung	50–60 kg/ha	

sich vor der Ansaat mit Vorteil einsetzen. Nach der Ansaat bergen sie im Saatjahr und soweit nicht deutlich verdünnt, auch noch zu Beginn des ersten Hauptnutzungsjahres Risiken durch ihre bedeckende und u. U. auch ätzende Wirkung. Eine zusätzliche Gefahrenquelle ist der beim Ausbringen unvermeidbare Raddruck.

Nutzungsmäßige Behandlung der Neuansaat
Abwehr spontan auftretender Arten:

Die Jungpflanzen einer Neuansaat sind am Beginn ihrer Entwicklung spontan auftretenden Arten in der Konkurrenzkraft in der Regel wenig gewachsen. Bedrängt, nicht selten in der Existenz sogar gefährdet, werden sie dabei vornehmlich durch

- niedrigwüchsige, aber zu sehr intensivem, polsterartigem Wuchs befähigte Arten (z.B. Vogelmiere, Gamander-Ehrenpreis, Jährige Rispe) sowie
- bodenanliegende Rosetten bildende Arten (z. B. Hirtentäschel, Löwenzahn).

Nährstoffmangel, der Keimung und Weiterentwicklung der Pflanzen abträgliche Witterungsbedingungen verstärken die anfängliche Unterlegenheit der Ansaatpflanzen noch weiter. Vor allem unter Bedingungen niedriger Temperaturen bei ungünstiger Saatzeit erhalten verschiedene spontan auftretende Arten auf Grund ihrer vergleichsweise niedrigen Keimtemperaturen zusätzlichen Wachstumsvorsprung (Tab. 167).

Tab. 167. Keimtemperatur einiger bei Neuansaaten spontan auftretender Arten (nach Koch 1970) sowie einiger Futtergräser (nach Lehmann und Aichele 1931)

	Temperatur (konstant) in °C Minimum	Optimum	Maximum
Vogelmiere *(Stellaria media)*	2–5	13–20	30
Hirtentäschel *(Capsella bursa-pastoris)*	2–5	–	35
Acker-Hahnenfuß *(Ranunculus arvensis)*	2–5	2–13	20
Ackersenf *(Sinapis arvensis)*	2–5	7	25
Hederich *(Rhaphanus raphanistrum)*	2–5	20	35
Weißer Gänsefuß *(Chenopodium album)*	2–5	15–20	35–40
Purpurrote Taubnessel *(Lamium purpureum)*	7	–	35
Jährige Rispe *(Poa annua)*	2	5–30	40–45
Wiesenlieschgras *(Phleum pratense)*	3–4	26	30
Wiesenschwingel *(Festuca pratensis)*	4,75	18–25	30–38
Deutsches Weidelgras *(Lolium perenne)*	–	20	30

Zur Abwehr der unvermeidbaren Verkrautung und gleichzeitiger Förderung des Jungbestandes ist sog. **Schröpfschnitt** die frühestmögliche Pflegemaßnahme, sobald der Jungbestand mechanischer Beanspruchung durch Schnitt und Raddruck standhält, noch wirksameren Nutzungsmaßnahmen (Weide) entwicklungsbedingt aber noch nicht gewachsen ist. Das damit verfolgte Ziel ist

- Beseitigung durch hochwüchsige Kräuter (z. B. Disteln, Hirtentäschel, Taubnessel) ausgeübter Lichtkonkurrenz
- Sicherung des Bestockungsvorganges durch Beseitigung bereits schoßgeneigter Grastriebe.

Schröpfschnitt ist kein Nutzungsschnitt, sondern vielmehr darauf gerichtet, der Jungpflanze soviel als möglich Assimilationsfläche zu belassen (lange Stoppel > 5 cm), um deren Regeneration zu erleichtern und besonders schnellwüchsigen Arten bereits einen Wachstumsvorsprung zu ermöglichen. Hochwüchsige Unkräuter werden somit andererseits noch nicht vollkommen beseitigt, niedrigwüchsige und/oder bodenblattreiche Kräuter oder unerwünschte Gräser (Jährige Rispe) ungenügend oder gar nicht erfaßt.

Zur Ausführung des Schröpfschnittes eignen sich besonders Geräte, die das nicht verwertbare Schröpfgut unmittelbar zerkleinern und nicht narbenbedeckend gleichmäßig verteilen (Mulchgerät, Schlegelhäcksler).

Wirksamste Maßnahme der Bestandslenkung im Ansaatjahr wie auch während der gesamten Jugendentwicklung ist **Weidenutzung** (Klapp 1971, Crowley 1980). Ihr Einfluß beruht auf der Wirkung des Tiertrittes sowie der mit Weidenutzung zwangsläufig verbundenen höheren Nutzungshäufigkeit. Beides benachteiligt viele Unkrautarten, verschafft aber damit gleichzeitig den trittunempfindlichen und nutzungsfesteren Ansaatarten einen Wachstumsvorsprung. Es fördert zudem die Bestockung der Ansaatgräser. Die Begünstigung der angesäten und gleichzeitige Benachteiligung spontan auftretender Arten bedeutet, daß sich nunmehr der Effekt der Lichtkonkurrenz gegen die Ansaatkonkurrenten selbst richtet.

Voraussetzung des bestandslenkenden Weideeffektes sind allerdings:

- hohe Besatzdichte (intensive, flächendeckende Trittwirkung)
- kurze Freßzeit (Sicherung langer Regenerationspausen)
- Reinigungsschnitt (um zu verhindern, daß geschonte Pflanzen blühen und fruchten, die Narbendichte Schaden nimmt sowie um einheitliche Wuchsbedingungen für den folgenden Aufwuchs zu schaffen).

Grundlage und Voraussetzung hoher Nutzungshäufigkeit ist jedoch wiederum eine entsprechende N-Versorgung des Jungbestandes.

Für den Zeitpunkt der ersten Weidenutzung sind der Feuchtezustand des Bodens sowie angemessene Verankerung (Verwurzelung) der Jungpflanzen im Boden maßgebend. Soweit Weidenutzung ausgeschlossen bleiben muß, tritt an ihre Stelle hilfsweise Schnittnutzung im „Weidestadium“. Als Maßnahme zur Unkrautbeseitigung oder Bestockungsförderung ersetzt Schnittnutzung den Weidegang wegen der fehlenden Trittwirkung jedoch unvollkommen.

Chemische Unkrautbekämpfung mittels selektiv wirkender Wuchsstoffherbizide ist erst in fortgeschrittenem Wuchsstadium, frühestens nach Einsetzen der Bestockung denkbar, bildet aber dennoch für Grünlandansaaten im Jugendstadium die Ausnahme. Sie sollte sich nur auf unumgängliche Fälle beschränken, in denen die Ansaat in ihrer Existenz bedroht und/oder der Unkrautdruck durch andere pflanzenbauliche Maßnahmen nicht mehr zu beseitigen ist.

Ausgleich der Kampfkraftunterschiede zwischen den Mischungspartnern

Ab Stadium **Bestockung** kommt die interspezifische Konkurrenz zunehmend zur Wirkung. Arten, die sich nur langsam entwickeln (z. B. Wiesenrispe) oder niedrigbleibende (Weißklee) geraten unter den verdrängenden Einfluß wuchsintensiver Ansaatarten, die rasch Raum greifen und bei ungestörtem Streckungswachstum zugleich eine sich stetig verstärkende Lichtkonkurrenz und wahrscheinlich auch Wurzelkonkurrenz ausüben. Die gegenüber spontan auftretenden Arten erwünschte Konkurrenzwirkung schnellwüchsiger, durch N zusätzlich geförderter Ansaatarten richtet sich somit gleichermaßen gegen kampfschwache Bestandspartner. Beseitigung des Aufwuchses in kurzen Abständen mildert diese Konkurrenzwirkung oder hebt sie auf. Prinzip der Bestandslenkung ist daher hohe Nutzungshäufigkeit, mit deren Hilfe zumindest die Lichtkonkurrenz in Grenzen gehalten wird. Als Aufwuchsmaßstab kann das Stadium **Weidereife** (siehe 2.6.4.3.2) zugrunde gelegt werden.

Wirksamste Nutzungsform für den Ausgleich von Kampfkraftunterschieden ist wiederum intensive Weidenutzung, die das „Kurzhalten“ der

Tab. 168. Einfluß der Nutzung auf die Bestandsentwicklung (nach KLAPP 1954)

Ertragsanteile (%)	ständig beweidet (kurzhalten!)	Wechsel (Mahd/Weide)	ständig im Blühstadium der Gräser gemäht
Glatthafer	0,2	11,5	26,5
Knaulgras	12,8	38,0	55,8
Wiesenschwingel	3,8	8,0	3,2
Dt. Weidelgras	20,8	8,8	3,5
Wiesenrispe	13,2	5,0	1,8
Weißklee	28,8	14,5	1,8

Pflanzenbestände am ehesten gewährleistet. Stärkeres Höhenwachstum oder Ausschossen der Pflanzenbestände während der Anfangsentwicklung führt stets

- zur Behinderung langsam- und niedrigwüchsiger Arten (insbesondere Weißklee und Wiesenrispe)
- zur Stärkung der Obergräser und
- Minderung der Bestockung.

Daher ist bei Wiesenneuansaaten und herkömmlicher Zweischnittnutzung das mit der Ansaatmischung angestrebte Bestandsziel kaum zu erreichen, zumal die mit der Wiesennutzung verbundene Möglichkeit der generativen Vermehrung den mit der Saatmischung verfolgten Zweck ohnehin weitgehend verfälscht. Zur Zweischnittnutzung vorgesehene Wiesenansaaten sollten daher in der Jugendentwicklung zumindest einer Vielschnittnutzung unterworfen sein, soweit eine Weidenutzung nicht durchführbar ist.

Für den beherrschenden Einfluß der Nutzungsweise auf die Bestandsentwicklung siehe Tab. 168.

2.5.9 Teilerneuerung von Grünland durch Nachsaat

2.5.9.1 Voraussetzung und Ziele

Unter Teilerneuerung durch Nachsaat wird gezielte, ggf. periodisch wiederholte Einsaat von Grünlandfutterpflanzenarten in einen lebenden Dauergrünlandbestand verstanden.

Die in neuerer Zeit zunehmend Anwendung findende Teilerneuerung ist eine Fortentwicklung schon in Vergangenheit bekannter, wegen unzulänglicher Beherrschung der pflanzenbaulichen und pflanzenbautechnischen Voraussetzungen meist aber wenig effizienter und daher selten praktizierter Nachsaatverfahren (KLAPP 1954, 1971). Das erneute Interesse an der Nachsaat, vor allem deren wissenschaftlichen Bearbeitung, stehen in Zusammenhang zu den aus Erfordernissen zeitgemäßer Tierernährung erwachsenden Notwendigkeiten einer Verbesserung der Bestands- und Futterqualität, hauptsächlich aber zu den mit steigender Intensität der Grünlandbewirtschaftung vermehrt einhergehenden Narbenschäden und unerwünschten Bestandsentwicklungen (Seite 224). Das Verfahren hat demzufolge die **Wiederherstellung in Narbenschluß** und/oder botanischer Zusammensetzung gestörter oder insgesamt futterbaulich nicht (mehr) befriedigender Bestände zum Inhalt, bei denen Neuansaat auf Grund eines dennoch vorhandenen aufbauwürdigen Bestandsgrundgerüstes nicht sinnvoll oder standortbedingt mit Risiken verbunden ist. Darüber hinaus ist die Nachsaat zugleich auch auf den **vorbeugenden Ausgleich** narbendestabilisierender Bewirtschaftungs- und Nutzungseinflüsse gerichtet. Sie ist bisherigen Erkenntnissen zufolge aber wenig oder gar nicht geeignet, leistungsschwache, gleichzeitig sehr dichte, durch hohe Anteile von Jähriger oder Gemeiner Rispe bzw. Rotschwingel „versiegelte" Narben zu verbessern (ERNST 1978b). „Lückigkeit" des zu verbessernden Bestandes ist somit eine Voraussetzung zur Erzielung eines Nachsaateffektes. Gegenüber Neuansaat vermeidet Teilerneuerung

- den nachteiligen Umbrucheffekt
- das Risiko der Neuansaat (der Altbestand bleibt als Grundgerüst und Bodenschutz erhalten)
- Ertragsausfallzeiten (der normale Nutzungsrhythmus bleibt ungestört)
- schließlich wird der Ansaataufwand vermindert.

Das Verfahren sucht somit die Vorzüge einer Neuansaat mit denen der umbruchlosen Verbesserung zu vereinigen, beider Nachteile zu vermeiden.

Kernproblem der Teilerneuerung ist die Überwindung der Altbestandskonkurrenz gegenüber den einzusäenden Pflanzen. Lichtmangel, erhöhte CO_2-Konzentration, starke Verfilzung der Altnarbe, ungenügender Bodenkontakt des Saatgutes können die Keimung behindern oder unterbinden; bereits entwickelte Jungpflanzen bleiben bei ungestörter Wirksamkeit der Altbestandskonkurrenz verdrängungsgefährdet (Licht-, Nährstoff-,

Wasserkonkurrenz). Schließlich gibt es Hinweise, daß anscheinend auch erhöhte Salzkonzentrationen an der Bodenoberfläche den Nachsaateffekt gelegentlich beeinträchtigen (OPITZ VON BOBERFELD 1980b, BRACKER 1978).

Teilerneuerung ist deshalb zwingend an begleitende Maßnahmen gebunden, die Nachsaaten blockierende Einflüsse mildern oder beseitigen. Solche begleitende Maßnahmen sind auf die Begünstigung des Keimvorganges und Förderung der Jugendentwicklung nachgesäter Pflanzen gerichtet.

Vorwiegend (jedoch nicht ausschließlich) auf Begünstigung des Keimvorganges gerichtete Maßnahmen sind:

1. Abstimmung der Saatmethode auf die Narbendichte (Seite 257f.) und Sicherung des Bodenkontaktes für das Saatgut durch Einsaat in kurzen Bestand unmittelbar nach voraufgegangener Nutzung.
2. Verlegung des Saattermines in Perioden günstiger Temperatur- und Feuchteverhältnisse.
3. Soweit erforderlich, Beseitigung der Unkrautkonkurrenz vor der Saat durch Unkrautbekämpfung (Löwenzahn, Stumpfblättriger Ampfer).
4. Unter bestimmten Voraussetzungen Herabsetzung der Altbestandskonkurrenz durch Behandlung mit sehr reduzierten Dosen von Paraquat oder Glyphosate vor der Ansaat (CROWLEY 1980, LOISEAU et al. 1980, ROOZEBOOM und LUTEN 1979, MEHNERT et al. 1981).

Vorwiegend auf Begünstigung der Jugendentwicklung nachgesäter Pflanzen gerichtete Maßnahmen haben die Minderung der vom Altbestand ausgehenden, anfänglich permanenten Lichtkonkurrenz zum Gegenstand:

1. Durch Verlegung der Saatzeit und Jugendentwicklung in die der generativen Phase folgende Periode eingeschränkten Längen- und Massenwuchses des Altbestandes (siehe Seite 291f.). Winterschäden oder durch Narbenschädlinge verursachte Defekte bedürfen zur Verhinderung evtl. Unkrauteinwanderung allerdings sofortiger Eingriffe bei Vegetationsbeginn. Die jahreszeitlich günstige Saatperiode kann nicht abgewartet werden.
2. Durch Reinigungsschnitte nach Weidenutzung, Entfernung oder gleichmäßige Verteilung des Weiderestes (Erstickungsgefahr).
3. Durch hohe Nutzungshäufigkeit; Nutzungsmaßstab ist das Stadium „Weidereife“ (S. 295).

Tab. 169. Nachsaatmethoden

	Übersaat	Durchsaat (Einsaat)
Saatverfahren:	Breitsaat	Drillsaat
Saatmethode bzw. Saatgerät:	– Handsaat* – Düngerstreuer, Ausbringung zus. mit Mineraldünger* – Getreidesämaschine	Scheibendrill-, Schlitzdrillgerät Fräsrillen-, Zahnrillensaatgerät
Bodenbearbeitung:	entfällt	partiell bei Fräs- u. Zahnrillensaat
Tiefe der Saatgutablage:		ca. 1–3 cm
Drillreihenentfernung:		Scheibendrill 5–10 cm, Schlitzdrill 4–8 cm, Fräs-, Zahnrillensaat 9,5 bis 14 cm
mechanische Nachbehandlung:		Walze zum Verdichten der Fräsreihen oder Gliederschleppe zum Abdecken der Zahnrillen bzw. Walze oder Druckrollen zum Schließen der Saatschlitze bei Scheibendrillsaat, Andruckfinger zum Andrücken des Saatgutes bei Schlitzdrillsaat

* zur Risikominderung ggf. in Teilmengen über die Vegetationsperiode verteilt

Zur Erzielung des Nachsaateffektes ist die Einhaltung höherer Nutzungshäufigkeit zwingend. Erhöhte Nutzungshäufigkeit erfordert anderseits entsprechende Ernährung des Bestandes mit Stickstoff. Das Verfahren der Teilerneuerung ist folglich insgesamt an intensive Grünlandbewirtschaftung gebunden.

Teilerneuerung durch Nachsaat ist kein Behelfsverfahren!

2.5.9.2 Nachsaatmethoden

Im Hinblick auf die inzwischen eingetretene Begriffsvielfalt ist zu definieren und zu unterscheiden:

Übersaat: Saatgutablage auf die Bodenoberfläche (gelegentlich auch als „Obenaufsaat" bezeichnet).

Durchsaat (Einsaat): Maschinelle Saatgutablage in den Boden. Maschinelle Einbringung in den Boden erfolgt mit Hilfe von Spezialgeräten, die die Altnarbe kaum oder nur geringfügig beeinträchtigen. Technische Grundprinzipien sind:

Fräsrillensaat/Zahnrillensaat: Anstelle ganzflächiger Bodenbearbeitung durch ein Fräsaggregat oder durch Scheibeneggen werden in bestimmten Abständen etwa 2 bis 3 cm breite und ca. 1 bis 2 cm tiefe Rillen in die Altnarbe gefräst (Fräsrillensaat) oder mittels abrollender Sternmesser und nachlaufender Kappschare geschnitten (Zahnrillensaat), in die das Saatgut über Drillschare eingeführt wird;

Scheibendrillsaat/Schlitzdrillsaat: Durch entsprechende Anordnung scheibensechartiger Segmente in federnder Aufhängung oder durch Schlitzmesser in federnden Schleifkufen wird die Narbe in bestimmten Abständen flach aufgeschlitzt, der Schlitz zur Saatguteinbringung über Saatröhren geweitet und mittels Nachlaufwalze oder walzenartiger Druckrollen wieder geschlossen. Bei Schlitzdrillsaat wird das Saatgut mittels eines Andruckfingers im Schlitz angedrückt.

Einen Überblick über die geläufigen Nachsaatmethoden vermittelt Tab. 169.

Soweit die Nachsaatvoraussetzungen erfüllt

Tab. 170. Bestandsverbessernder Effekt (Ertragsanteile in %) von Über- und Durchsaat im Vergleich zu Neuansaat nach Herbizidanwendung (alle Varianten einheitliche weidelgrasreiche Saatmischung[1]; nach OPITZ VON BOBERFELD et al. 1980a, verändert)

Narbe		Kontrolle		Übersaat von Hand		Durchsaat Scheibendrill		Neuansaat Saatfräse	
		di	lo	di	lo	di	lo	di	lo
Dt. Weidelgras	I	2	7	6	23	26	26	89	89
	II	7	9	11	19	31	27	71	64
Weißklee	I	+	1	+	+	+	+	2	+
	II	3	1	1	1	1	1	4	2
sonstige Angesäte ohne vorhandene Ansaatwürdige	I	2	4	2	6	2	4	10	7
	II	11	5	14	4	10	4	20	15
sonstige Gräser	I	92	68	91	70	72	68	+	+
	II	73	56	68	66	54	62	4	4
Kräuter	I	4	20	1	1	+	2	1	4
	II	6	29	6	10	4	6	1	17
WZ[2]	I	6,43	5,72	6,60	7,04	6,97	6,90	7,93	7,77

I = Herbst Ansaatjahr ca. 8 Wochen nach Saat
II = Frühsommer 1. Hauptnutzungsjahr
di = Narbe dicht
lo = Narbe locker (bei Neuansaat jeweils Zustand **vor** Ansaat)
[1] = weitere Mischungspartner: Wiesenschwingel, Wiesenlieschgras, Wiesenrispe, Ausläufer-Rotschwingel, Weißklee
[2] = Wertzahl nach KLAPP et al. 1953

Tab. 171. Kriterien der Verfahrenswahl bei Teilerneuerung

Ausgangszustand:		geeignetes Verfahren
Narbendichte	hoch:	Drillsaatverfahren (Verbesserung der Keimbedingungen durch sicheren Bodenkontakt des Saatgutes)
	locker:	ohne Verfahrenspräferenz
hohe Verunkrautungsneigung mit hohem Unkrautsamenvorrat im Boden		Übersaat ohne jede Bodenbearbeitung oder Durchsaat als Scheiben- oder Schlitzdrillsaat
hoher Steingehalt im Boden, hohe Bodenfeuchte		Übersaat, Scheibendrill- oder Zahnrillensaat

und die notwendigen begleitenden Maßnahmen durchgeführt werden, ist angemessener Nachsaateffekt von der angewandten Methode (Übersaat/Durchsaat) weniger abhängig (Tab. 170). Dennoch bestehen zwischen Übersaat und Durchsaat im Nachsaatergebnis graduelle, offenbar standortbedingte Unterschiede. Sie legen unter bestimmten Umweltbedingungen Verfahrenspräferierungen nahe. Kriterien für die Wahl des den jeweiligen Verhältnissen angemessenen Verfahrens sind mit Tab. 171 zusammengefaßt. Für Übersaaten wurde beobachtet, daß Eintreten der Saat durch Weidetiere das Ansaatergebnis begünstigt (POETSCH et al. 1980).

2.5.9.3 Arten- und Sortenwahl

Die für Nachsaat in Frage kommenden Arten müssen der zur Reduzierung der Altbestandskonkurrenz erforderlichen hohen Nutzungsfrequenz gewachsen und gleichzeitig fähig sein, sich gegen vorhandene, etablierte Arten durchzusetzen. Geeignet sind somit lediglich Arten, die durch hohe Wuchsintensität und hohes Verdrängungsvermögen sowie Vielnutzungsverträglichkeit gekennzeichnet sind. Diese Bedingungen erfüllen nur Deutsches Weidelgras, das die wichtigste für Nachsaaten geeignete Art ist, ggf. noch Knaulgras (BRACKER 1978). In Reinsaat wurde ein Nachsaateffekt allerdings auch mit Lieschgras beobachtet (MEHNERT et al. 1981). Alle übrigen ansaatwürdigen Arten sind nicht nachsaatgeeignet, da sie auf Grund überwiegend geringerer Kampfkraft der Konkurrenz des Altbestandes stets unterliegen. Die bei Neuansaaten gebräuchlichen Saatmischungen erfüllen deshalb bei Teilerneuerung ihren Zweck nicht (siehe auch Tab. 172). Geeignet und wirtschaftlich sinnvoll sind nur Reinsaaten.

Wichtiges Kriterium zur Erfüllung des mit Nachsaat verfolgten Zieles bei der Artenwahl ist deren Regenerations- und Bestockungsvermögen. Beide Eigenschaften, die Verdrängungsvermögen (Konkurrenzvermögen) und Narbendichte bestimmen, sind in der Ausprägung sortenbezogene Merkmale (Seite 232). Folglich wird das Nachsaatergebnis nicht nur von der Artenwahl, sondern auch von der Sortenwahl mit beeinflußt. Beim Deutschen Weidelgras eignen sich bislang vorliegenden Erkenntnissen zufolge durch höhere Anzahl bodennaher Blätter gekennzeichnete Sorten (Wuchsform „mittel bis liegend", daraus erwachsende Narbendichte „mittel bis dicht") besser als Sorten mit geringer Anzahl bodennaher Blätter (aufrechte bis halbaufrechte Wuchsform, lockere Narbe) (Tab. 173).

Die nachsaatgeeigneten Wuchsformen des Deutschen Weidelgrases weisen in der Regel zu-

Tab. 172. Bestandsveränderung (Ertragsanteile in %) in einer Weidenarbe 8 Jahre nach der Nachsaat einer Mischung im Fräsrillenverfahren (Ansaatarten fett gedruckt) (nach BRACKER 1976)

	unbehandelt	behandelt
Dt. Weidelgras	9	55
Wiesenschwingel	9	3
Wiesenrispe	5	5
Wiesenlieschgras	9	5
Weißklee	10	6
Rotschwingel	5	+
Quecke	8	+
sonstige Gräser	26	18
Kräuter	19	8

Tab. 173. Ertragsanteil von Deutschem Weidelgras in % bei Nachsaat in Abhängigkeit vom Sortentyp ($\bar{x}$ versch. N-Düngungsstufen) (nach Opitz von Boberfeld et al. 1980a, verändert)

Narbendichte:	locker	mittel	dicht	Kontrolle (unbehandelt, Ökotyp)
Wuchsform:	halbaufrecht	mittel	halbliegend	
1. Jahr	22	32	34	9
2. Jahr	38	56	65	17
3. Jahr	28	56	66	11

gleich das Merkmal „Reifeverspätung“ und höheres Ausdauervermögen auf. Somit eignen sich für Nachsaaten offenbar vorwiegend mittelspäte bis späte Sorten. Es sind dies meist die mit hoher Kampfkraft ausgestatteten.

Über die bei Nachsaat anzuwendende Saatstärke herrscht noch keine Klarheit. Systematischen, aber nicht abgeschlossenen Untersuchungen zufolge (Opitz von Boberfeld 1980a) ist bei Deutschem Weidelgras der Nachsaateffekt offenbar bereits mit der Reinsaatstärke erreichbar, andererseits mit Saatmengen über 20 kg/ha kaum noch zu verbessern (Abb. 57).

2.5.9.4 Wiederholungen

Rascher Effekt der Teilerneuerung und dauerhafte „Stabilisierung“ der botanischen Zusammensetzung der Grasnarbe setzen unverzügliche Einleitung der Verbesserungsmaßnahme voraus, sobald Narbenverschlechterungen augenscheinlich werden. Der Nachsaaterfolg verzögert sich und wird offenbar erst nach dem Aussaatjahr allmählich wirksam, je höher der Anteil unerwünschter Arten im Moment der Nachsaat bereits war. Soweit narbendestabilisierende Einflüsse daher ständig wirksam bleiben, ist periodische Wiederholung der Maßnahme unumgänglich. Dabei scheint nach bisherigen Erkenntnissen unerheblich, ob die Nachsaat in mehrjährigem Abstand jeweils mit voller Saatstärke erfolgt oder in jährlichen Abständen mit entsprechenden Teilsaatmengen, die wiederum auch innerhalb einer Vegetationsperiode weiter aufgeteilt werden können (Bracker 1976, Klöcker 1978, Opitz von Boberfeld 1980b). Letzteres Verfahren empfiehlt sich besonders in Fällen, in denen die Nachsaat mit dem Düngerstreuer gleichzeitig mit der Mineraldüngung jeweils nach den Nutzungen vorgenommen wird (Peter 1981).

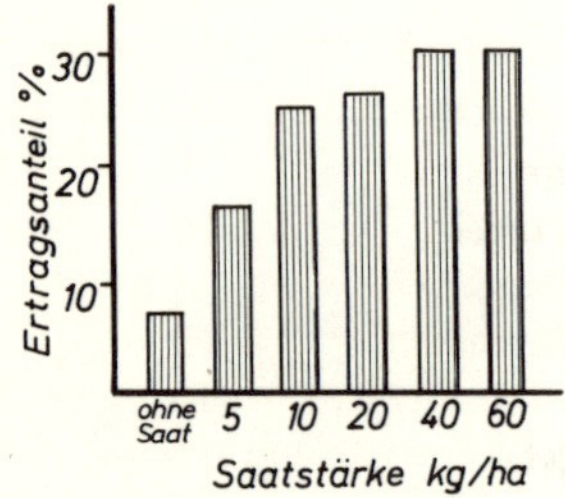

Abb. 57. Saatstärke und Ertragsanteile von Deutschem Weidelgras bei Nachsaat (nach Opitz von Boberfeld et al 1980a).

2.6 Nutzung des Dauergrünlandes

2.6.1 Physiologische Grundlagen

Die Hauptartengruppe des Wirtschaftsgrünlandes sind die Gräser. Im Pflanzenbestand bestimmen sie überwiegend den Zuwachsverlauf sowie den Massenertrag. Das folgende Kapitel bezieht sich daher im wesentlichen auf Gräser. Auf andere Artengruppen wird nur am Rande Bezug genommen.

2.6.1.1 Bewurzelung, Bestockung, Blatt- und Halmentwicklung

2.6.1.1.1 Bewurzelung

Die Wurzelsysteme der Grünlandarten unterscheiden sich nach Wurzelmenge, -verteilung und -tiefgang:

1. Leguminosen, zahlreiche Grünlandkräuter bilden ein durch eine mehr oder weniger tief reichende Haupt-, bei manchen Arten auch durch eine Pfahlwurzel gekennzeichnetes Wurzelsystem, durchwurzeln den Boden in der Regel aber weniger intensiv.
2. Gräser entwickeln feingliedrige, faserige, hauptwurzellose Wurzelsysteme, durchziehen vornehmlich den Oberboden sehr intensiv und vermögen dort die Nährstoff- und Wasservorräte entsprechend auszunutzen, ggf. aber auch zu erschöpfen (Barnard 1964).

Je intensiver eine Pflanze den Boden durchwurzelt, desto besser ist sie zur Nährstoff- und Wasseraufnahme befähigt, desto mehr ist sie zugleich im Wettbewerb der Bestandsbildner um

Nährstoffe und Wasser begünstigt. Wettbewerbsvorteile in der Rhizosphäre stärken wiederum die Konkurrenzfähigkeit innerhalb des Bestandes. Arttypische Wurzeleigenschaften sind daher für das Merkmal „Kampfkraft" (Seite 232) mitbestimmend. Darüber hinaus wurden an Deutschem Weidelgras Differenzierungen in der Kampfkraft auch innerhalb der Art aufgrund genotypisch bedingter Unterschiede des Wurzelsystems beobachtet (BAAN HOFMANN et al. 1980).

Der **Tiefgang** der Graswurzeln steht in Abhängigkeit zu Art, Bestandesalter, Nutzung und Boden. Junge Bestände bilden mehr Wurzelmasse (DARWINKEL 1976) und tieferreichende Wurzelsysteme als ältere. In der Anfangsphase eines Ansaatbestandes zunächst erreichte Wurzeltiefen gehen allmählich wieder verloren. Der Vorgang wird vornehmlich mit der entwicklungsbedingt zunehmenden Verdichtung der Ansaatbestände in Verbindung gebracht. Dichtere Bestände bremsen den Gasaustausch im bodenoberflächennahen Bereich und beschränken auf diese Weise die O_2-Versorgung der Wurzeln. Andererseits verursacht die mit Bestandsverdichtung zunehmende Selbstbeschattung einen Rückgang der Photosynthesekapazität alternder Blätter (WOLEDGE 1977). Die abnehmende Photosyntheseleistung wirkt sich vorrangig auf die Assimilateversorgung der Wurzeln aus (Seite 274).

Größte Wurzeltiefe erreichen in der Regel Obergräser bzw. schnellwüchsige Grasarten. Untergräser und langsamwüchsige Grasarten wurzeln vergleichsweise flacher. Unter den grünlandwirtschaftlich maßgebenden Grasarten erreicht bei uneingeschränkter Durchwurzelbarkeit des Bodens jedoch nur Glatthafer den Getreidearten vergleichbare Wurzeltiefen um oder von mehr als 2 m. Alle anderen wichtigen Arten überschreiten Tiefen von 1 m nur selten (Näheres zu Wurzelbildung der Gräser siehe KUTSCHERA 1982).

Ungeachtet des Tiefganges einzelner Wurzeln und unabhängig vom botanischen Aufbau eines Bestandes befindet sich die Hauptwurzelmasse grünlandwirtschaftlich genutzter Pflanzenbestände je nach Intensitätsstufe der Nutzung in den oberen 5 bis ca. 15 cm des Bodenprofiles (Abb. 65). Für die Aktivität des Wurzelsystems ist allerdings die Wurzelmasse allein nicht entscheidendes Kriterium. Maßgebend ist vielmehr die Größe der durch die Zahl intakter Wurzelspitzen und Wurzelhaare gebildeten sorptionsfähigen Wurzeloberflächen. Daher kommt auch tieferstreichenden Wurzeln trotz ihres auf die Gesamtwurzelmasse bezogen geringen Anteiles Bedeutung zu, zumal diese mit vergleichsweise größerer Saugkraft ausgestattet sind als die in der oberen Bodenschicht lokalisierten.

Das **Wurzelsystem** der Gräser besteht aus „sproßbürtigen" Adventivwurzeln, die auch als Sproßwurzeln oder Beiwurzeln oder Kronenwurzeln bezeichnet werden. An der jungen Graspflanze treten sie bereits sehr früh neben die Primärwurzel des Keimlings, die besonders bei perennierenden Arten nur von begrenzter Lebensdauer ist. Die Adventivwurzeln entspringen in den Knoten der Sproßachse etwa zeitgleich mit der Entfaltung des dort inserierten Blattes oder mit der Entwicklung der in der Blattachsel jeweils lokalisierten Achselknospe zu einem Seitentrieb (Seite 265 f.). Obwohl auch bei Hemmung der Achselknospen gelegentlich Sproßwurzeln entstehen können – dann allerdings von schwacher Ausbildung und begrenzter Lebensdauer – ergibt sich mithin ein Zusammenhang zwischen Wurzelzahl bzw. Wurzelentwicklung und Sproßverzweigung (LANGER 1972).

Entsprechend der Entwicklung der Blätter oder dem Austrieb der Achselknospen beginnt die Wurzelbildung jeweils vom untersten Knoten her und setzt sich zu den darüberliegenden fort. Sie bleibt insgesamt aber stets auf den Basalbereich der Triebe begrenzt. Je Knoten entstehen bis zu vier Adventivwurzeln, aus denen Seitenwurzeln erster Ordnung hervorgehen, die ihrerseits solche zweiter Ordnung, diese wiederum gelegentlich auch Seitenwurzeln dritter Ordnung hervorbringen. An dem unmittelbar aus dem Embryo hervorgehenden Primärtrieb sowie an den aus Achselknospen entstehenden Seitentrieben vollzieht sich die Wurzelbildung in gleicher Weise und nach gleichem Prinzip. Die sich mit den Seitentrieben entwickelnden Adventivwurzeln übernehmen zunehmend die Versorgung des jeweils zugehörigen neuen Triebes mit Wasser und Nährstoffen. Sie ermöglichen dessen selbständige Existenz, falls eine Trennung von der Mutterpflanze erfolgen oder diese absterben sollte.

Bei der Assimilateverteilung in der Pflanze werden während der Hauptwuchszeit die Meristeme oberirdischer Pflanzenorgane zu Lasten der Wurzeln bevorzugt. Infolgedessen wird Wurzelwachstum in Zeiten sehr hohen Assimilatebedarfes oberirdischer Sprosse zu deren Gunsten eingeschränkt, teilweise auch eingestellt. Daraus erwächst in Umkehrung des oberirdischen Zuwachsverlaufes (vgl. 2.6.4.2) eine deutliche Periodizität des Wurzelwuchses und der Wurzelneubildung.

Wurzelwuchs und -neubildung
- sind besonders intensiv vor Beginn deutlichen Streckungswachstums während der Bestockungsphase
- mindern sich zu Zeiten intensiven Streckungswachstums und abnehmender Bestockungsrate zur Blüte hin stetig bis zum Stillstand, wobei Wurzeln teilweise auch absterben und die Masse lebender Wurzeln verringert werden kann
- verstärken sich wieder ab Spätsommer bzw. Frühherbst mit erneuter Zunahme der Bestockung (Seite 266) und gleichzeitig zurückgehendem oberirdischem Zuwachs.

Da die jeweils günstigste Temperatur für den Wurzelwuchs niedriger liegt als für das Wachstum der oberirdischen Organe, erfolgt Wurzelwachstum auch noch bei Lufttemperaturen um oder, soweit der Boden nicht gefroren ist, unter 0 °C.

Das **Lebensalter** der Graswurzeln ist arttypisch verschieden, zudem bei Nutzung kürzer als bei unbeeinflußter Entwicklung. TROUGHTON (1981) ermittelte für verschiedene Gräser die mit Tab. 174 zusammengefaßten Werte. Bei der Untersuchung wurde allerdings nicht die Lebensdauer der Wurzel unmittelbar gemessen. Vielmehr diente die Lebensdauer der zugehörigen Sprosse, an denen Wurzelneubildung unterdrückt wurde, als Indiz für die der vorhandenen Wurzeln.

Unbeschadet der Periodizität des Wurzelwuchses wird dieser durch alle Vorgänge, die das oberirdische Wachstum und damit den Assimilateverbrauch hemmen, z. B. Nährstoff-, Wassermangel, niedrige Temperaturen, begünstigt und umgekehrt.

Insgesamt nehmen **Umwelteinflüsse** nachhaltigen Einfluß auf den Wurzelwuchs:

1. Licht: Nach Beobachtungen an Deutschem Weidelgras trifft eingeschränkter Lichtgenuß das Wurzelwachstum stärker als das oberirdische Wachstum (THOMAS et al. 1978); umgekehrt fördert Verbesserung der Einstrahlung sowie zunehmende Tageslänge den Wurzelwuchs mehr als das Sproßwachstum (WINTER 1979). Da Licht nur über die Photosynthese wirken kann, verursacht allerdings auch schon eine Verkleinerung der Assimilationsfläche durch Nutzung oder Einschränkung der Photosynthese durch Selbstbeschattung eine Reduzierung des Wurzelwuchses.
2. Wasser im Überschuß wirkt vornehmlich über die damit verbundene Einschränkung des Bodenlufthaushaltes hemmend auf Wurzelwuchs und Wurzeltiefgang. Im Falle nachträglich eintretender, länger andauernder Wassersättigung des Bodens sterben die betroffenen Wurzelteile ab. Lediglich Arten mit luftführenden Geweben (z. B. Sumpfdotterblume = *Caltha palustris*) vermögen wassergesättigte Horizonte in begrenztem Umfang zu durchwurzeln. Umgekehrt entwickelt sich das Wurzelwachstum umso tiefreichender und auch intensiver, je mehr die Wasservorräte des Bodens abnehmen. Anders liegen die Verhältnisse offenbar bei der Wurzelneubildung. An Deutschem Weidelgras zeigte sich, daß die Bildung neuer Wurzeln eingestellt wird, sobald die die Sproßbasis unmittelbar umgebende Bodenschicht austrocknet (TROUGTHON 1978, 1980, 1981).

Tab. 174. Lebensdauer von Trieben verschiedener Grasarten als Kriterium für die Lebensdauer der Wurzeln (Wurzelneubildung jeweils verhindert) (nach TROUGHTON 1981, gekürzt)

Art	Sorte	Lebensdauer der Triebe	
		ohne „Nutzung“	mit „Nutzung“ (Stoppelhöhe 3 cm)
Dt. Weidelgras	S 24	365 Tage	191 Tage
Wiesenschwingel	S 215	–	399 Tage
Wiesenlieschgras	S 48	548 Tage	455 Tage
Rohrschwingel	S 170	692 Tage	–
Rotschwingel		741 Tage	–
Knaulgras	S 345	842 Tage	–
Knaulgras	Sylvan	–	761 Tage
Honiggras		846 Tage	–
Borstgras		931 Tage	–

3. Boden: Bodentyp und Bodenart wirken gleichermaßen auf das Wurzelwachstum. Die Bodendichte übt einen mechanischen Effekt über die Durchdringbarkeit des Bodens aus, wirkt aber ebenso über den Lufthaushalt. Vornehmlich junge Wurzelgewebe haben erhöhten O_2-Bedarf. Folglich steht auch das Wurzelwachstum in Beziehung zur O_2-Konzentration in der Bodenluft. Horizonte mit günstigem Porenvolumen werden besser durchwurzelt als dichtlagernde, aus gleichem Grund Sandböden intensiver als schwere, bindige Böden. Horizontgrenzen beeinflussen deshalb die Wurzelverteilung ebenso wie im übrigen auch die Form der Einzelwurzel.
4. Nährstoffe: Die nachhaltigste Wirkung übt N aus. Es folgen P, mit weitem Abstand K, Ca u. a.. Mäßige N-Versorgung oder mäßiger N-Mangel begünstigen in der Regel Wurzelwuchs und Wurzelmenge (DIRVEN 1980). Gleiches gilt für Nährstoffmangel generell, der stets eine relative Förderung des Wurzelwuchses zur Folge hat. Die Wurzelspitzen dringen hierbei in der Regel rasch in die nährstoffmäßig noch nicht erschlossenen Zonen des Bodenprofils vor. Starke N-Düngung schränkt dagegen Wurzeltiefgang und Wurzelmasse namentlich in Verbindung mit hoher Nutzungsintensität wieder ein. Nebenwirkungen solcherart eingeschränkten Wurzelwuchses sind verstärkte Sensibilität gegenüber Unregelmäßigkeiten in der Versorgung mit anderen Nährstoffen sowie in der Wasserversorgung. Die Einschränkung des Wurzelwuchses ist offenbar Folge der mit hoher N-Düngung verbundenen verstärkten oberirdischen Substanzbildung und des dadurch bedingten vermehrten Assimilatebedarfs. Sie wird jedoch auch als Konsequenz erhöhter CO_2-Konzentration der Bodenluft infolge größerer Bestandesdichte, besonders im Zusammenhang mit gesteigerter, die Bestockung fördernder Nutzungsfrequenz erklärt (OPITZ VON BOBERFELD 1978). Allerdings gibt es Hinweise, daß N je nach Pflanzenalter und Jahreszeit unterschiedliche Einflüsse ausübt. Bei jungen Pflanzen sowie im Herbst (mit eingeschränktem oberirdischem Wachstum) scheint reichliches N-Angebot den Wurzelwuchs eher zu begünstigen (SCHUURMAN et al. 1974).

Auch die Verteilung der Nährstoffe in der Rhizosphäre nimmt auf Wurzelverteilung und Wurzelwuchs Einfluß. So wird über eine günstige Wirkung von N-Anreicherungen in tieferen Horizonten auf die Wurzelgesamtlänge bei Deutschem Weidelgras und den Wurzeltiefgang bei Wiesenrispe berichtet (UNGER et al. 1980).

2.6.1.1.2 Blatt- und Halmentwicklung der Gräser

Blattentwicklung

Die Grasblätter entwickeln sich aus **Blattprimordien** (Blattanlagen), die am Vegetationskegel des Grastriebes fortlaufend in akropetaler Richtung ausdifferenziert werden. Der Entstehungsort der einzelnen Blattanlagen am Vegetationskegel wird dabei jeweils zum Knoten. Die Primordien erscheinen zunächst nur als wulstförmige Aufwöl-

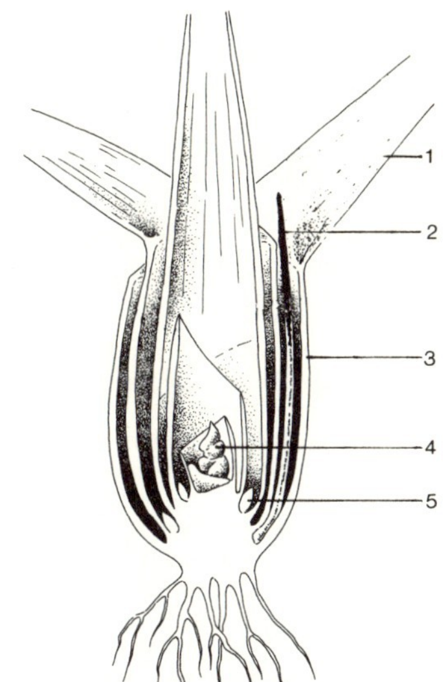

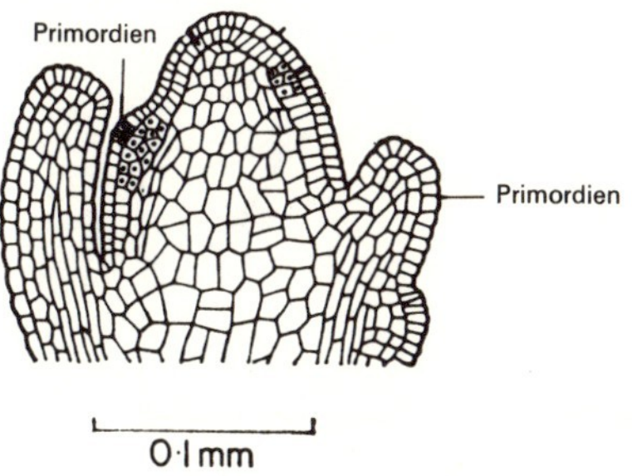

Abb. 58. Links: vergrößerter schematisierter Längsschnitt durch eine vegetative Graspflanze (nach JEWISS 1972, verändert). 1 = Blattspreite, 2 = Seitentrieb, 3 = Blattscheide, 4 = Vegetationskegel, 5 = Achselknospe. Rechts: Vegetationskegel mit Primordien (aus BARNARD, Grasses and Grasslands 1964).

bung am Vegetationskegel (Abb. 58), den sie ringartig umschließen. Ihre Entwicklung zum Laubblatt vollzieht sich in mehreren, ineinander übergehenden Schritten nach folgendem Rhythmus:

1. Verlängerung des gesamten Primordiums durch Zellteilung und -streckung.
2. Allmähliche Konzentration des Längenwachstums auf eine interkalare Wachstumszone im Basalbereich des Primordiums.
3. Differenzierung der Blattanlage in einen unteren Teil, der sich zur Blattscheide und einen oberen, der sich zur Blattspreite entwickelt. An der Basis des oberen Teiles entsteht ein neues interkalares Meristem, von dem aus sich das Wachstum der Spreite vollzieht. Das Wachstum des Grasblattes erfolgt mithin von zwei voneinander unabhängigen interkalaren Meristemen her.

Anstelle normaler Laubblätter können sich aus den Primordien **Niederblätter** entwickeln. Niederblätter sind als der Blattscheidenteil einer Blattanlage anzusprechen. Der Spreitenteil ist hier verkümmert. Niederblätter entwickeln sich vornehmlich an Seitentrieben zu Beginn der Ausbildung dieser Organe sowie an Ausläufern (Seite 268).

Zwischen jüngstem voll ausgebildetem Blatt und ältestem Blattprimordium am Vegetationskegel befinden sich in der Regel zwei bis vier Blätter in der Entwicklung. Das jüngste, gerade in Entfaltung befindliche Blatt weist jeweils die höchste

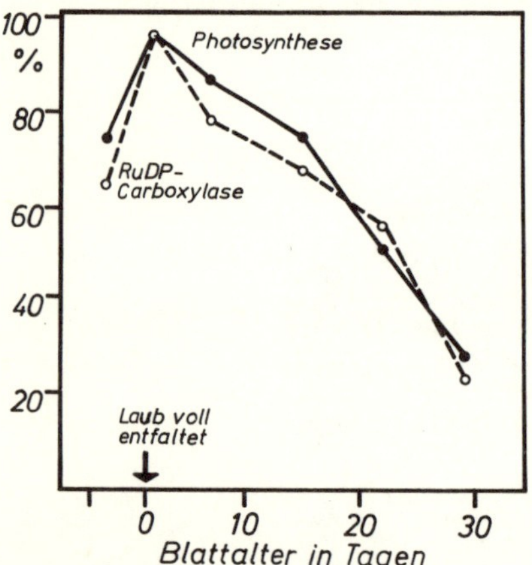

Abb. 59. Rückgang des Photosynthesevermögens und der Aktivität der RuDP-Carboxylase mit zunehmendem Blattalter bei Knaulgras (nach Treharne und Eagles, aus Larcher (Hrsg.): Ökologie der Pflanzen 1973).

Photosyntheseleistung auf. Ihm kommt für die Versorgung des Triebes mit Assimilaten und für das Wachstum der Pflanze die größte Bedeutung zu. Mit der vollen Entfaltung nimmt die Photosyntheseleistung jedoch allmählich ab. (Abb. 59). Ursache des Abfalls ist vornehmlich die zunehmende Beschattung des entfalteten Blattes durch neue Blätter, die sowohl am gleichen Trieb als auch an der Pflanze bzw. im Bestand insgesamt gebildet werden. Beschattung verändert die für die photosynthetischen Prozesse maßgebliche Enzymtätigkeit im Blatt (Woledge 1971, 1973). Dieser Vorgang ist jedoch bei Wiederherstellung voller Belichtung reversibel, solange das Blatt insgesamt noch assimilationsfähig ist (Seite 272).

Die Geschwindigkeit der Blattentwicklung, Blattzahl und Blattgröße nimmt maßgeblichen Einfluß auf die Bestandesleistung. Maß für die Zeitdauer zur Entfaltung jeweils eines Blattes ist die **„Blatterscheinungsrate“** (BER*.) Sie umschreibt die Zeit in Tagen zwischen dem Erscheinen der Blattspitzen zweier aufeinander folgender Blätter an einem Trieb. Die BER ist art- und bei den züchterisch bearbeiteten Arten offenbar auch sortentypisch verschieden (Tab. 175).

Die BER ist keine Konstante. Sie ändert sich vielmehr im Verlauf der Entwicklung eines Triebes. So vollzieht sich die Entfaltung eines Blattes am jeweils gleichen Trieb im Herbst langsamer als im folgenden Frühjahr. Während der generativen Phase verlangsamt sich dieser Vorgang erneut (Park 1980). Auslösende Faktoren für solche Änderungen in der Blattentwicklung sind Umwelteinflüsse. Maßgebend werden vornehmlich Tageslänge, Lichtintensität und Temperatur, aber auch N-Versorgung und Nutzung. Über die Wirkung dieser Faktoren, die sich in mannigfacher

* Die begrifflichen und inhaltlichen Definitionen für das hier mit „Blatterscheinungsrate“ umschriebene Phänomen sind nicht einheitlich. Anstelle Blatterscheinungsrate wird im deutschen Sprachraum auch der Begriff „Blattbildungsrate“ benutzt, mit dem nach Bommer (in Klapp 1971) die „Zeit in Tagen zwischen der Entfaltung zweier aufeinander folgender Blätter“, bei Jelmini und Nössberger (1978a) die „Zahl gebildeter Blätter je Pflanze und Woche“ bezeichnet wird.

Nach Thomas (1980) wird „Blatterscheinungsrate“ im hier gebrauchten Sinne im englischen sprachlich korrekter als „Leaf appearance interval“ (LAI), also „Blatterscheinungsintervall“ oder „Blatterscheinungszwischenzeit“ bezeichnet. „Leaf appearance rate“ in wörtlicher Übersetzung = „Blatterscheinungsrate“ ist dagegen nach dieser Definition der reziproke Wert des LAI, also: Blätter per Trieb per Tag!

Tab. 175. Blatterscheinungsrate (Tage/Blatt) einiger Grasarten; Gefäßversuch unter Freilandbedingungen, einjähriges Mittel (nach PARK 1980, verändert)

	frühe Sorte	späte Sorte	$\bar{x}$
Dt. Weidelgras	13,3	16,7	15,0
Knaulgras	11,4	12,3	11,9
Lieschgras	15,7	10,0	12,9
Wiesenschwingel	19,9	13,0	16,5
Wiesenrispe	15,0	10,0	12,5
Welsches Weidelgras	9,6	9,8	9,7

Weise überlagern, besteht bislang noch keine völlige Klarheit. Sicher ist jedoch, daß sich die Blattentfaltung im Langtag verlangsamt, bei zunehmender Lichtintensität aber beschleunigt (JELMINI et al. 1978b). Langtagswirkungen werden also bei hohen Lichtintensitäten wieder abgebremst. Die Blattentwicklung wird schließlich bei Grasarten der Zone gemäßigten Klimas bis zum Bereich zwischen 20 und 25 °C durch ansteigende Temperaturen zunehmend begünstigt (ANSLOW 1966). Das Temperaturoptimum liegt allerdings in der generativen Phase von Gräsern niedriger als in der anschließenden vegetativen Sommerphase (JELMINI et al. 1978a). Verbesserung der N-Versorgung erhöht die BER, sofern angemessene Photosynthesebedingungen gegeben sind, und der Bedarf an Assimilaten gedeckt werden kann.

Die Gesamtzahl am Vegetationskegel angelegter Blätter ist art- und sortenspezifisch (Tab. 176). Desgleichen steht die Anzahl jeweils sichtbarer und photosynthetisch aktiver Blätter in Beziehung zur Art.

Unbeschadet der arttypischen Spezifitäten ist die Zahl photosynthetisch aktiver, sichtbarer Blätter am Trieb während der generativen Phase bis zum Austreten der Infloreszenz über längere Zeit annähernd konstant, da die Blatterscheinungsrate ungefähr mit der Absterberate übereinstimmt. Erntbarer Massenzuwachs während der Halmstreckungsphase besteht demzufolge im wesentlichen aus Halm- und Infloreszenzgewebe. Mit dem Erscheinen der Infloreszenz ist auch die Entfaltung neuer Blätter am Trieb abgeschlossen. Daher sinkt ab diesem Zeitpunkt die Zahl aktiver Blätter je Trieb bis zur Samenreife allmählich wieder ab.

Die Lebensdauer der Blätter steht in Abhängigkeit zu Art und Sorte sowie zur jeweiligen Stellung des Blattes am Trieb und zur N-Versorgung. Höher inserierte Blätter leben länger als tiefer ansetzende (WILMAN et al. 1977). N-Mangel verkürzt die Lebensdauer und umgekehrt. An den wirtschaftlich wichtigsten perennierenden Arten sowie an Welschem Weidelgras ermittelte PARK (1980) jeweils für die Fahnenblätter bei Knaulgras die höchste (60,9 Tage), für Wiesenschwingel die kürzeste Lebensdauer (41,6 Tage) (Tab. 176). Zum Winter sterben alle vollentwickelten Blätter ab. Ein bis zwei in Entwicklung befindliche überleben jedoch und wachsen bei Vegetationsbeginn weiter. Sie bilden damit das erste assimilationsfähige Blattgewebe nach der Winterruhe.

Tab. 176. Blattzahlen fertiler Triebe und Alter der Fahnenblätter verschiedener Arten ($\bar{x}$ je einer frühen und späten Sorte) (nach PARK 1980, verändert)

	Anzahl Blätter insgesamt gebildet ($\bar{x}$)	je fertiler Trieb jeweils vorhanden bei Erscheinen der Infloreszenz ($\bar{x}$)	Alter Fahnenblatt Tage ($\bar{x}$)
Dt. Weidelgras	10,8	3,0	57,3
Knaulgras	14,0	4,0	60,9
Lieschgras	15,9	3,5	47,3
Wiesenschwingel	10,4	3,0	41,6
Wiesenrispe	10,0	3,0	53,4
Welsches Weidelgras	9,9	4,5	45,6
frühe Gruppe*	10,8	3,7	52,2
späte Gruppe*	12,9	3,3	49,8

* alle geprüften Arten

Halmentwicklung

Nodi und Internodien stellen die Bauelemente der **Sproßachse.** Im vegetativen Stadium des Grastriebes verharren die Internodien in gestauchtem (= ungestrecktem) Zustand. Die Nodi liegen in dieser Phase dicht gedrängt in unmittelbarer Nähe der Bodenoberfläche. Die Sproßachse ist somit im frühen Entwicklungsstadium des Triebes sehr kurz (Abb. 58). Mit der Herausbildung und allmählichen Verlängerung des ersten Blattes am Trieb entwickelt sich ein **Blatttrieb,** dem die Blattscheide eine röhrenartige Gestalt verleiht. An seiner Basis umschließt der Blatttrieb den Vegetationskegel, von dem her das jeweils älteste Blattprimordium (am Vegetationskegel also stets das unterste; siehe Abb. 58) zum Blatt heranwächst. Auf diese Weise schiebt sich ein Blatt nach dem anderen jeweils von der Blattscheide des voraufgegangenen Blattes umschlossen im Blatttrieb nach oben. Die Blattscheiden verbleiben sodann auch nach Entfaltung der jeweiligen Blattspreite mit ihrem größeren Teil röhrenförmig ineinander verschränkt. Der in dieser Weise gestaltete Blatttrieb hat artverschieden entweder stielrunde oder mehr oder weniger platte Form.

Solange die **Internodien** noch in gestauchtem Zustand verharren, beruht am Blatttrieb zu beobachtendes Höhenwachstum ausschließlich auf Verlängerung der ineinandergeschachtelten Blattscheiden („Blattschoßstadium“ nach PETERSEN 1965). Diese Form des Höhenwachstums ist streng von der eigentlichen Trieb- bzw. Sproßstreckung zu unterscheiden, die erst mit der Verlängerung der Internodien einsetzt. Die Internodienstreckung wird bei Gräsern auch als SCHOSSEN („Halmschoßstadium“ nach PETERSEN 1965), der durch gestreckte Internodien und Nodi gebildete Sproß als HALM bezeichnet.

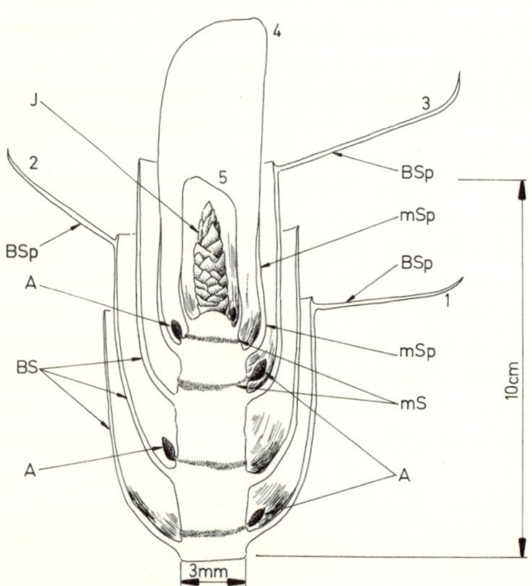

Abb. 60. Grastrieb *(Lolium perenne)* bei beginnender Halmstreckung. 1 bis 5 = Blätter, BSp = Blattspreite, BS = Blattscheide, J = Infloreszenz, A = Achselknospen, mSp/mS = meristematische Gewebe Blattspreite und Blattscheide (nach DAVIES 1972, verändert).

Die Internodienstreckung beginnt beim untersten in den „Schoßvorgang“ einbezogenen Internodium und setzt sich von dort in akropetaler Richtung fort (Abb. 60). Die Streckung wird durch Zellteilungen und Zellverlängerungen ausgelöst, die zunächst das gesamte Internodium erfassen. Sehr bald verlagert sich dieser Prozeß jedoch auf ein interkalares Meristem an der Basis des Internodiums.

Die Streckung erfaßt nicht den Sproßgrund (bzw. die Sproßbasis). Die dort lokalisierten Internodien verharren während des gesamten Sproßdaseins vielmehr in gestauchtem Zustand, die dazugehörenden Nodi verbleiben mithin stets in gedrängtem Verband. Die nicht gestreckte Sproßbasis bildet die eigentliche Zone der Seitentriebbildung bzw. Bestockung (Seite 266).

Den Abschluß der Einzeltriebbildung löst im allgemeinen – aber nicht generell – die Entwicklung der Infloreszenz aus, die am Vegetationskegel bereits vor dem Beginn der Internodienstreckung einsetzt. Die Anlage des Blütenstandes wird durch eine Umorientierung der Differenzierungsrichtung am Vegetationskegel eingeleitet. Der Vegetationskegel streckt sich dabei zunächst sehr stark und bildet in rascher Folge Blattprimordien, deren Weiterentwicklung zu Blättern jedoch unterdrückt wird. Stattdessen entwickeln sich die in den Achseln der Blattprimordien gleichfalls schon angelegten Achselknospen in artverschiedener Weise zu Gliedern der Blütenstandsanlagen. Soweit eine Ähre entsteht, bilden sich aus den Achselknospen sowie dem Vegetationspunkt der Hauptachse die Ährchen. Soweit mehrgliedrige Blütenstände entstehen (Rispen, Trauben), vollzieht sich ein ähnlicher Vorgang wie bei der Seitentriebbildung des Sprosses: Aus den Achselknospen gehen zunächst Seitenäste erster Ordnung hervor, aus denen wiederum Seitenäste zweiter Ordnung usw.. Jeweils am letzten Seitenast entwickeln sich sodann die Ährchen (Weiterführendes zur Blütenbildung bei BARNARD 1964).

Mit der vollzogenen Ausdifferenzierung des Blütenstandes ist die Tätigkeit des Vegetationskegels beendet. Die entweder gleichzeitig oder bei manchen Arten auch mit zeitlichem Abstand einsetzende Streckung der Internodien hebt die Triebspitze mit der Infloreszenz sodann allmählich empor.

Bei zahlreichen Arten (Wiesenlieschgras, Quecke, Weiche Trespe, Glatthafer, zuweilen auch Deutschem Weidelgras) können gelegentlich auch **sterile Blatthalme** entstehen, die anstatt mit einer Infloreszenz mit einem Blatt abschließen. Die Ursachen dieser Erscheinung stehen offenbar mit erhöhten Nachttemperaturen in Zusammenhang.

Mit dem Übergang des Grastriebes in die Streckungsphase wird die Entwicklung von Seitentrieben bzw. die „Bestockung" (Seite 266) schrittweise vermindert, im Falle der Blüte weitgehend, wenn auch nicht völlig eingestellt. Die Seitentrieb- bzw. Bestockungshemmung wird von der allmählich emporgehobenen und sich vergrößernden Infloreszenz, vor allem aber in Zusammenhang mit dem Halmstreckungsvorgang ausgelöst. Mineralische Nährstoffe und Assimilate werden nunmehr in der Pflanze zunehmend zu den Meristemen der sich verlängernden Halminternodien sowie des sich vergrößernden Blütenstandes umgelenkt. In der Konkurrenz um Nährstoffe unterliegen sodann die zunächst entwicklungsfähigen Seitentriebknospen. Bereits in Entwicklung zu Seitentrieben befindliche können sogar wieder absterben (siehe Seite 273).

Halmstreckung, Blühinduktion, Blütenanlage und -entwicklung werden überwiegend durch Temperatur und Tageslänge gesteuert. Die meisten wirtschaftlich wichtigen Arten bedürfen zur Auslösung der Blütenbildung und Halmstreckung einer **Vernalisation.** Die günstigste Vernalisationstemperatur liegt zwischen 0 und +10 °C (EVANS in BARNARD 1964). Der Temperatureffekt wirkt unmittelbar auf den Vegetationskegel, so daß im Laufe der Vegetationsperiode bei höheren Temperaturen entstehende Triebe im gleichen Jahr nicht mehr in die generative Phase überzugehen vermögen. Sie verharren im vegetativen Zustand und treten erst nach Winter in der folgenden Vegetationsperiode in die generative Phase ein. Die notwendige Dauer der Einwirkung niedriger Temperaturen zur Auslösung des Blüh- und Halmstreckungsvorganges ist artverschieden, variiert z. T. aber auch nach Sorten oder sogar individuell.

Für den Zeitpunkt des Überganges in die generative Phase ist neben Temperatur, Feuchte, N-Angebot u. a. vor allem die Tageslänge maßgeblich. Die meisten wirtschaftlich wichtigen Arten sind Langtagspflanzen. Jedoch treten auch hierbei wiederum innerhalb der Arten erhebliche Unterschiede auf. Die späten Sorten des Deutschen Weidelgrases beispielsweise bedürfen zur Auslösung des Streckungswachstums und der Blütenbildung längerer Tageslängen als die frühen. Ähnliches gilt auch für andere Arten.

2.6.1.1.3 Seitentriebbildung der Gräser – Bestockung

Bedeutung der Seitentriebbildung

Seitentriebbildung vornehmlich der Gräser ist für Einzelpflanze wie Pflanzenbestand von fundamentaler Bedeutung. Von der Seitentriebbildung werden in entscheidender Weise bestimmt

- die Verdichtung der Narbe nach der Ansaat
- die Schließung von Narbenlücken nach Narbenverletzungen oder sonstigen Defekten
- das Nachwuchsvermögen und die Schnelligkeit des Wiederaufwuchses nach Nutzungen und nach der Winterpause
- die vegetative Vermehrung der Pflanzen und damit das Ausdauervermögen.

Die durch die Seitentriebbildung erreichbare Narbenverdichtung ist maßgebliches Element in der Abwehr unerwünschter Arten. Je dichter die Narbe, desto stärker wird deren Zuwanderung behindert. Soweit unerwünschte Arten in gleicher Weise zu entsprechender Seitentriebbildung und damit ihrerseits zur Ausbildung dichter Narben befähigt sind (z. B. Jährige Rispe), können aber ebenso auch unerwünschte Bestandesentwicklungen eintreten. Falls solche Arten erst einmal Fuß zu fassen vermochten (vgl. 2.5.9), kann sich die Fähigkeit zur Seitentriebbildung also auch in nachteiliger Weise auswirken, zumal derartige Bestandsentwicklungen meist schwer wieder rückgängig zu machen sind.

Die von der Seitentriebbildung bestimmte Dichte der Narbe nimmt zugleich auf das Bodenklima Einfluß. Je dichter die Narbe, desto ausgeglichener das Bodenklima (vgl. 2.5.8.4).

Bei vielen Gräsern, manchen Leguminosen und Krautartigen ist die Seitentriebbildung schließlich Grundlage der vegetativen Vermehrung. Insbesondere für intensiv genutzte Dauergrünlandbestände, deren Bestandsbildner nur selten oder nie zu generativer Vermehrung in der Lage sind, ist sie Voraussetzung der Persistenz, darüber hinaus aber auch Hilfsmittel gezielter Bestandslenkung. Demgegenüber nehmen bei überwiegend generativer Fortpflanzung vornehmlich der Zeitpunkt der arttypisch verschiedenen Samenreife in Verbindung mit dem Nutzungstermin Einfluß auf das botanische Gefüge. Frühreife oder auch hochwüchsige Arten erhalten hierbei oft einen natürlichen Vorsprung. Die Bestandsentwicklung wird also sehr viel weniger kontrollier- bzw. steuerbar.

Verlauf der Seitentriebbildung bei Gräsern, Seitentriebtypen

Die Seitentriebe der Gräser entwickeln sich aus Achselknospen, von denen jeweils eine in den Achseln der Blätter etwa zugleich mit dem Blattprimordium angelegt wird (Abb. 58). Bevor der Verzweigungsvorgang am Primärtrieb einer jungen Graspflanze einsetzt, müssen zunächst mehrere Blätter entwickelt sein. Die hierfür erforderliche Blattzahl ist artspezifisch. Bei den meisten Arten beginnt die Verzweigung sodann ab der dritten bis vierten Achselknospe (bzw. am dritten bis vierten Knoten) des Haupttriebes, an dem sie sich im Normalfall in akropetaler Richtung von Knoten zu Knoten fortsetzt. Unter sehr günstigen Umweltbedingungen kann bei manchen Arten, so bei Deutschem Weidelgras, allerdings bereits die schon in der Achsel der Koleoptile angelegte Knospe zu einem Seitentrieb entwickelt werden. Der Verzweigungsvorgang und damit der Narbenschluß beschleunigt sich entsprechend.

Mit dem Austrieb der Seitenknospe entwickeln sich am jeweiligen Knoten die entsprechenden Adventivwurzeln (Seite 259), die oberhalb der Blattinsertion die Blattscheide durchbrechen, soweit diese noch vorhanden ist.

Nicht in jeder Blattachsel wird eine Achselknospe ausgebildet und nicht aus allen Achselknospen geht ein Seitentrieb hervor. In den obersten Triebabschnitten wird die Achselknospenbildung überwiegend unterdrückt; exogene und endogene Einflüsse entscheiden, ob sich angelegte Seitenknospen weiterentwickeln oder wieder zurückbilden. In der Regel bleibt Seitentriebbildung auf die in gestauchtem Zustand in Nähe der Bodenoberfläche verharrende Sproßbasis des Muttertriebes beschränkt. Artspezifisch können sich allerdings gelegentlich dennoch Achselknospen bereits gestreckter Internodien zu Seitentrieben entwickeln. Der Vorgang wird als **Halmverzweigung** bezeichnet. Er findet sich bei Horstgräsern (Seite 267) sowie Ausläufer bildenden Gräsern (Seite 268). Artabhängig kann er entweder nur auf den unteren Halmbereich des Muttertriebes beschränkt bleiben oder aber jede beliebige Achselknospe gestreckter Internodien erfassen. Gleichfalls arttypisch verschieden sind die bei Halmverzweigung entstehenden Triebformen. Bei einigen Arten bilden sich nur gestauchte Blatttriebe, die häufig von der Blattscheide des Tragblattes umschlossen bleiben, bei anderen Arten können sich die Internodien strecken, so daß sich wiederum Halme entwickeln.

Halmverzweigung findet sich bei Deutschem Weidelgras, Glatt-, Goldhafer, Sumpfrispe, Quecke, Wehrloser Trespe, Rotem Straußgras, Weichem Honiggras. An Wiesenrispe, Wiesenschwingel, Knaulgras tritt sie nicht auf.

Bei Gräsern lassen sich drei **Seitentriebtypen** unterscheiden (KLAPP 1965a, SCHRADER und KALTOFEN 1974):

- aufrecht (orthotrop) wachsende Seitentriebe
- oberirdisch horizontal wachsende, plagiotrop orientierte, kriechende Seitentriebe = Stolonen, Kriechtriebe
- unterirdisch horizontal wachsende, plagiotrop orientierte Seitentriebe = Ausläufer.

Je nach Seitentriebtyp entstehen charakteristische, zugleich artspezifische Wuchsformen.

Verzweigung durch aufrecht wachsende Seitentriebe

Die Bildung mehr oder weniger aufrecht wachsender Seitentriebe vollzieht sich durch Austrieb der Achselknospen an der Basis zunächst des Haupttriebes in der bereits beschriebenen Weise. An den dabei entstandenen Seitentrieben setzt sich die Verzweigung in analoger Weise und wiederum jeweils auf die Sproßbasis begrenzt unmittelbar fort. Es entstehen Seitentriebe zweiter, dritter und höherer Ordnung. Der Vorgang fortgesetzter Bildung aufrechtwachsender Triebe wird als **Bestockung** bezeichnet. Sie stellt eine spezielle Form der Verzweigung dar, die für zahlreiche Gräser typisch ist (SCHRADER und KALTOFEN 1974). Die Seitentriebe sind hierbei im Aufbau mit dem Haupttrieb weitgehend identisch und entwickeln sich in etwa auch nach gleichem Prinzip, d. h. zunächst entstehen stark gestauchte (vegetative) Blatttriebe mit unmittelbar in Nähe der Bodenoberfläche lokalisierter Sproßachse. Wie der Haupttrieb treten auch die Seitentriebe der ausdauernden Arten erst nach entsprechender Vorbereitung in die generative Phase ein.

Da sich bei der Bestockung die Seitentriebe jeweils an der Basis eines vorauf gebildeten Triebes entwickeln, entstehen Verbände sehr dicht beieinander entspringender Triebe, deren Wuchsrichtung ausschließlich senkrecht oder schräg aufwärts gerichtet ist. Die seitliche Ausdehnung

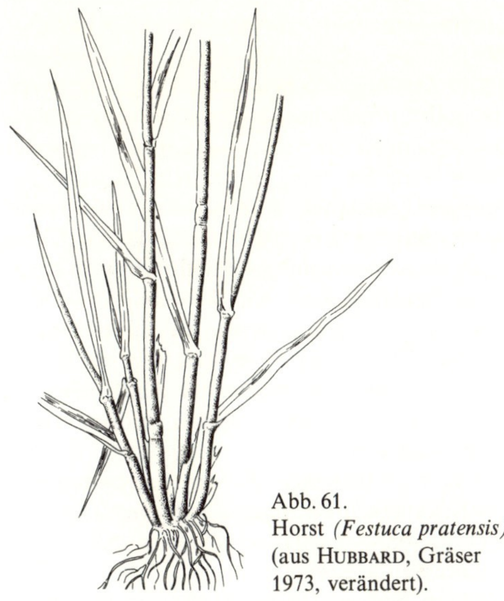

Abb. 61.
Horst *(Festuca pratensis)* (aus HUBBARD, Gräser 1973, verändert).

solcher meist scharf begrenzter Triebkomplexe ist zwar arttypisch verschieden, insgesamt aber relativ gering. Wuchsformen dieser Art werden als **Horst** bezeichnet (Abb. 61), die sie bildenden Grasarten als **Horstgräser** oder **horstbildende Gräser.**

Horstgräser sind aufgrund ihrer Wuchsform in der Regel nicht zur Bildung geschlossener Grasnarben befähigt (Ausnahme Seite 268). Sie bilden vielmehr lockere, lückige Narben, deren Trittfestigkeit oder Befahrbarkeit begrenzt ist.

Bestimmte Horstgräser bilden erhabene, dichte und sehr zähe Horste, die wegen dieser Wuchsform die Bewirtschaftung erheblich stören können. Derartige Horste werden auch als **Bülten** bezeichnet (z. B. bei der Rasenschmiele). Besonnung und Trockenheit regt die Verdichtung der Horste noch zusätzlich an, Beschattung trägt eher zur Auflockerung bei (KLAPP 1965a).

Nahezu alle einjährigen sowie die meisten ausdauernden Arten von wirtschaftlicher Bedeutung sind Horstbildner. Horstgräser sind darüber hinaus vorwiegend, aber nicht ausschließlich Obergräser. Die wirtschaftlich wichtigsten horstbildenden Obergräser sind Knaulgras, Wiesenschwingel, Lieschgras, Glatt- und Goldhafer, horstbildende Untergräser Deutsches Weidelgras (siehe Seite 268) sowie Horstrotschwingel.

Verzweigung durch oberirdisch wachsende, plagiotrop orientierte Triebe

Plagiotrop orientierte oberirdische Grasseitentriebe werden auch als **Stolonen** (KLAPP 1965a) oder **Kriechtriebe** (MÜHLBERG 1967) bezeichnet. Sie entspringen ebenfalls an der Basalzone eines Haupttriebes. Lediglich die Triebspitze mit dem Vegetationskegel und den in Entwicklung befindlichen Blättern ist jeweils mehr oder weniger deutlich aufgerichtet (Abb. 62). Kriechtriebe nehmen mit fortschreitender Entwicklung horizontale Wuchsrichtung ein. Im Gegensatz zu den orthotrop wachsenden Seitentrieben sind in der Regel nur das erste bis dritte Internodium gestaucht. Wie bei den aufrecht wachsenden Trieben entwickelt sich am Knoten ein normales Laubblatt mit je einer Achselknospe, aus der ein neuer, wiederum selbst zu entsprechender Verzweigung befähigter, oberirdisch wachsender Kriechtrieb entstehen kann. Die in dieser Weise gebildeten und wachsenden Triebe streben horizontal in jede beliebige Richtung und können alters- und artenverschieden zu meterlangen Gebilden heranwachsen. Es entsteht kein streng begrenzter Wuchsverband. Die Narbe wird von den „kriechenden Trieben" vielmehr dicht durchsetzt und „verfilzt" nicht selten.

Kriechtriebe sind daher zur Bildung geschlossener Narben befähigt (Seite 268). Auf Grund ihrer narbenverdichtenden und häufig „verfilzenden" Wuchsweise sterben die Blätter solcher Arten oft früh ab. Die dann abfallenden und sich zersetzenden Organe verleihen dem Aufwuchs vielfach faulig-modrigen Geruch. Im Falle von

Abb. 62. Graspflanze mit oberirdischen Seitentrieben = Stolonen. 1 = Haupttrieb, 2 bis 4 = in Entwicklung begriffene Seitentriebe, 5 = lebende Blätter, 6 = abgestorbene Blätter (nach WATT und HAGGAR 1980).

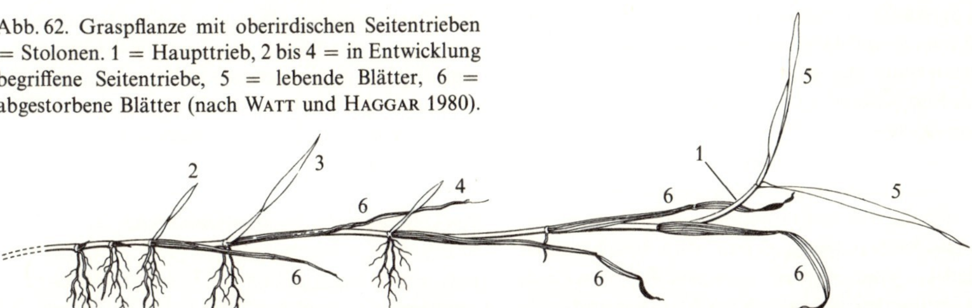

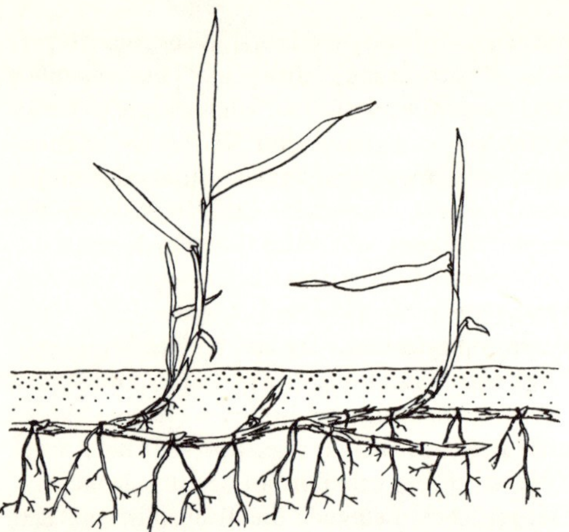

Abb. 63. Pflanze mit unterirdischen Seitentrieben = Ausläufern *(Elymus repens)* (aus SCHRADER und KALTOFEN, Gräser 1974).

Weidenutzung kann das zur Beeinträchtigung der Futteraufnahme führen, zumal „kriechende" Triebe für Weidevieh meist schwer faßbar sind.

Beim Übergang in die generative Phase geht die Triebspitze der Kriechtriebe und damit das weitere Triebwachstum in eine annähernd orthotrope Wuchsrichtung über. Die damit einsetzende Halmbildung verläuft sodann in der Regel wie bei den aufrecht wachsenden Horstbildnern auch. Bei manchen Arten bleibt allerdings eine deutliche Halmbildung aus. In solchen Fällen richtet sich lediglich das letzte, den Blütenstand tragende Internodium auf.

Kriechtriebe bildende Gräser sind z. B. Flechtstraußgras, Gemeine Rispe.

Verzweigung durch unterirdisch horizontal wachsende, plagiotrop orientierte Seitentriebe

Wie alle Seitentriebtypen entwickeln sich unterirdische Seitentriebe ebenfalls aus den basalen Achselknospen. Mit wenigen Ausnahmen wachsen sie knapp unter der Bodenoberfläche. Bei manchen Arten dienen sie gleichzeitig als Speicherorgane für Reservestoffe (= RHIZOME). Sie sind wie die aufrechten Seitentriebe in Nodi und überwiegend gestreckte Internodien gegliedert. An jedem Knoten ist ein Niederblatt mit je einer Achselknospe ausgebildet, die sich ihrerseits erneut zu einem Seitentrieb entwickeln kann (Abb. 63). Horizontal unterirdisch wachsende Seitentriebe, die ausschließlich Niederblätter tragen und vornehmlich aus gestreckten Internodien aufgebaut sind, werden als **Ausläufer** bezeichnet (zur Differenzierung von Kriechtrieben und Ausläufern Näheres bei SCHRADER und KALTOFEN 1974).

Die Ausläufer können sich an der Triebspitze zur Bodenoberfläche wenden, diese durchstoßen und sodann als aufrechte (orthotrop orientierte) Triebe weiterwachsen. Es entsteht zunächst ein normaler Blatttrieb (= Ausläufertrieb nach MÜHLBERG 1967), der nahe der Bodenoberfläche in der Regel gestauchte Internodien bzw. in enger Folge sitzende Knoten mit Niederblättern und je einer Achselknospe aufweist. Aus diesen Achselknospen können sich neue Ausläufer entwickeln oder neue, aufrecht wachsende Blatttriebe, die sich ihrerseits wiederum durch Bestockung zu verzweigen vermögen.

Ausläufer bildende Pflanzen verzweigen sich wie Kriechtriebe bildende in jede Richtung, entwickeln somit ebenfalls keine eng umgrenzten Triebverbände. Sie vermögen zwischen die Horste der Horstbildner bzw. in Bestandslücken einzuwachsen und sind zur Ausbildung dichter Narben befähigt. Aus unter- oder oberirdisch wachsenden Seitentrieben gebildete Wuchsverbände werden auch als RASEN bezeichnet, Grasarten, die sich auf diese Weise verzweigen als **Rasenbildner.** Rasenbildner

- fördern den Narbenschluß
- verbessern die Trittfestigkeit der Narben
- vermögen die Bodenoberfläche wirksam gegen klimatische Einflüsse abzuschirmen.

Zu den Ausläuferbildnern zählen u. a. Wiesenrispe und Ausläuferrotschwingel als Untergräser sowie Quecke, Rohrschwingel als Obergräser.

Zwischen allen Wuchsformen existieren z. T. arttypisch, z. T. umweltbedingt Übergänge. Rotschwingel weist ausläufer- und horstbildende Wuchsformen auf. Unter den Horstgräsern vermag das Obergras Rohrschwingel Ausläufer zu bilden. Deutsches Weidelgras und Drahtschmiele können kurze Kriechtriebe entwickeln. Eine hervorstechende Besonderheit hinsichtlich Wuchsform und Narbenbildungsvermögen ist das Deutsche Weidelgras. Die Art ist sowohl auf Grund des Vermögens zur Bildung kurzer Kriechtriebe als auch seiner hohen Bestockungsfähigkeit und der Eigenart, an den Knoten niederliegender Triebe (Halme) neue Seitentriebe und rasch Wurzeln zu bilden, als Horstgras dennoch zur Bildung dichter Rasennarben befähigt.

Beeinflussung der Seitentriebbildung

Die Seitentriebbildung der Gräser wird maßgeblich von Nutzung (Seite 273) und Ernährung, aber auch durch klimatische Faktoren beeinflußt.

Ernährung. Nachhaltigsten Einfluß nimmt N, dem unter den Hauptnährstoffen bedeutungsmäßig P folgt, mit noch weiterem Abstand K. N übt eine ausgeprägte bestockungsfördernde Wirkung aus. In Zusammenhang mit insgesamt reichlicher Nährstoffversorgung schwächt er die sich in der generativen Phase verstärkende Hemmung der Achselknospen sowie in Entwicklung befindlicher Seitentriebe ab. Erhöhte N-Zufuhr beschleunigt anderseits aber zugleich auch das Längenwachstum der Triebe sowie die Infloreszenzentwicklung. Damit verstärkt sich wiederum erneut die Achselknospenhemmung. Die bestockungsfördernde Wirkung des N ist somit nur ausnutzbar, soweit alle bestockungshemmenden Organe rechtzeitig entfernt werden.

Lichteinfluß, Tageslänge. Langtagsbedingungen hemmen, Kurztagsbedingungen begünstigen die Seitentriebbildung. Anderseits wird sie in hohem Maße zugleich vom Licht beeinflußt. Zunehmende Lichtintensität fördert die Seitentriebbildung, und zwar auch unter Langtagsbedingungen, Beschattung senkt sie grundsätzlich. Offenbar bestehen dabei sowohl arttypische Unterschiede als auch durch die jeweiligen Entwicklungsphasen bedingte. Leguminosen werden durch Lichtmangel stärker betroffen als Gräser. Bei Gräsern wiederum wird die Seitentriebbildung in vegetativ bleibenden Aufwüchsen des Sommers durch Lichtmangel stärker betroffen als in der generativen Phase.

Temperatur. Die Optimaltemperaturen für Seitentriebbildung liegen vergleichsweise niedrig. Die Hemmung der Achselknospen nimmt daher mit stärker steigender Temperatur zu. Der Temperatureinfluß ist jedoch offenbar arttypisch und ebenfalls je nach Entwicklungsphase der Pflanze verschieden. JELMINI und NÖSBERGER (1978a) beobachteten im ersten Aufwuchs bei Wiesenschwingel, Welschem Weidelgras und Rotklee mit Anstieg der Tagestemperatur innerhalb des Bereiches von 14 °C bis 26 °C (resp. 9 °C bis 21 °C Nachttemperatur) einen scharfen, arttypisch aber verschiedenen Rückgang der Triebbildungsrate. Im zweiten Aufwuchs nach Abschluß der generativen Entwicklung nahm dagegen die Triebbildungsrate besonders in der höchsten Temperaturstufe zu (Welsches Weidelgras und Rotklee) oder blieb ohne deutlichen Einfluß (Wiesenschwingel).

2.6.1.2 Reservestoffe, Speicherung und Verbrauch

Soweit die Photosynthese gewährleistet ist, werden die zur Aufrechterhaltung der Lebensvorgänge erforderlichen organischen Substanzen überwiegend oder ausschließlich aus dem Assimilationsvorgang direkt zur Verfügung gestellt. Mehrjährige bzw. ausdauernde Pflanzen bedürfen jedoch für Perioden unterbrochener oder eingeschränkter Photosynthese einer stofflichen Betriebsmittelreserve. Solche Vorräte werden als **Reservestoffe** bezeichnet. Reservestoffe sind notwendig

- zur Aufrechterhaltung des Betriebsstoffwechsels im Winter oder während sommerlicher Dürreperioden
- zum Wiederaufbau des Sproßsystems nach Winter oder Nutzung
- in Zeiten sehr hohen, durch die laufende Photosynthese nicht erfüllbaren Assimilatebedarfes, vorzüglich in der Halmstreckungsphase
- zur Aufrechterhaltung des Wurzelwachstums in Zeiten unterbrochener oder eingeschränkter Photosynthese (Vorwinter, Vorfrühling).

Als **Speicherorgane** für Reservestoffe dienen bei den Gräsern vornehmlich Wurzeln, Halmbasen und Rhizome. In der Lokalisation der Reserven bestehen arttypische Unterschiede. Wiesenrispe und Quecke speichern vorwiegend in Rhizomen; Knaulgras, Glatthafer, Deutsches Weidelgras, Wiesenschwingel in Halmbasis und Cortex der Wurzeln, Deutsches Weidelgras und Wiesenschwingel jedoch offenbar bevorzugt in der Halmbasis. Bei einigen Arten, z. B. Wiesenlieschgras, verdicken sich im Zusammenhang mit der Reservestoffspeicherung besonders im Verlauf der generativen Phase (GERVAIS et al. 1979) die Internodien der Halmbasis, die dabei zwiebelförmige Gestalt annehmen. Nach ROBERTS et al. (zit. bei BARNARD 1964) soll bei den in dieser Weise Reservestoffe speichernden Arten die Reduzierung des Wurzelwachstums in der Halmstreckungsphase abgeschwächt sein bzw. gar nicht eintreten.

Eine auffällige Verdickung einzelner als Speicherorgan fungierender Wurzeln tritt bei zahlreichen Dikotylen auf, wobei besonders die Hauptwurzel oft zu mächtigen Organen heranwachsen kann (z. B. Stumpfblättriger Ampfer, Bärenklau, manche Leguminosen).

Die Lokalisation der Reservestoffe in Grünlandpflanzen hat nutzungsbezogene Bedeutung. In Halmbasen gelagerte Reservestoffe können bei tiefem Schnitt oder Biß mit erfaßt und damit der Pflanze entzogen werden. Unterirdisch in Rhizomen oder Wurzeln gespeicherte Reservestoffe bleiben dagegen unter gleichen Nutzungsverhältnissen stets verschont. Von Reservestoffvorräten abhängige Pflanzen können mithin je nach Ort der Reservestoffspeicherung und „Schärfe" der Nutzung in artweise ganz verschiedener Weise betroffen werden. Regenerations- und Konkurrenzvermögen, Ertrag, Überlebenschancen in der Winterperiode werden entsprechend berührt.

Als **Reservestoffe im engeren Sinne** dienen: nichtstrukturbildende Kohlenhydrate (KH), und zwar artverschieden vornehmlich Fruktosane und Stärke. Reservekohlenhydrate ausdauernder Gräser der gemäßigten Klimazone sind überwiegend Fruktosane, die ausdauernder Leguminosen und Kräuter vornehmlich Stärke.

Als **Reservestoffe im weiteren Sinne** gelten: N-haltige Substanzen (Eiweißbausteine, Amide), Mineralstoffe, insbesondere N, Fette.

In die Reservekohlenhydrate werden gelegentlich auch noch Mono- und Oligosaccharide (vornehmlich Disaccharide) einbezogen (KLAPP 1971). Indes schließt der Zusammenhang zwischen osmotischem Druck und Mono- sowie Disaccharid-Konzentration im Zellsaft höhere Anteile niedermolekularer KH aus. In den Kohlenhydrat„reserven" niedrigen Polymerisationsgrades wird daher weniger Reservestoffcharakter als eher eine Transportstufe für KH im Stoffwechsel der Pflanze angenommen, soweit diese Verbindungen nicht unmittelbar im Stoffwechsel verbraucht werden.

Die Reservestoffvorräte sind offenbar arttypisch verschieden. SIMON und DANIEL (1977) ermittelten bei verschiedenen Futtergräsern in der Stoppeltrockenmasse die höchsten Fruktosangehalte bei Knaulgras und Wiesenlieschgras (19,0 bzw. 16,4 %), die geringsten bei Einjährigem Weidelgras und Glatthafer (4,8 bzw. 4,6 %). Deutsches Weidelgras und Wiesenschwingel nahmen mit 11 % bzw. 9,7 % eine mittlere Position ein (jeweils Durchschnitt von drei Jahren).

Speicherung und Auslagerung von Reservekohlenhydraten

Voraussetzung der Reservestoffspeicherung ist eine den Verbrauch übersteigende Assimilatebildung. Hohe Temperaturen, verstärktes Wachstum bzw. alle betont wachstumsanregenden Faktoren (hohe N-Düngung, reichliches Wasserangebot) erhöhen den Assimilatebedarf und wirken der Reservestoffspeicherung entgegen. Sie senken die Speicherrate oder vermögen die Speicherung völlig zum Erliegen zu bringen, darüber hinaus zum Abbau vorhandener Reserven zu führen.

Umgekehrt mindern Wachstum oder Atmung hemmende bzw. begrenzende Faktoren wie Wärmemangel, Wasserverknappung bei unbeeinträchtigter Photosynthese den Assimilateverbrauch (HORST et al. 1979). Speicherung erfolgt sodann, soweit bei uneingeschränkter Photosynthese die gebildeten niedermolekularen KH-Verbindungen nicht unmittelbar verbraucht werden können. Auslösendes Moment der Speicherung ist offenbar die mit fortgesetzter Neubildung von Assimilaten zunehmende Zellsaftkonzentration und der damit ansteigende osmotische Druck. Die Pflanze weicht diesem Vorgang aus, indem die für den Anstieg des osmotischen Druckes verantwortlichen Assimilate in osmotisch neutrale, also höherpolymere Verbindungen überführt werden (KÜHBAUCH et al. 1974).

Reservestoffspeicherung und Reservestoffverbrauch stehen mithin in engem Zusammenhang zu Umwelt-, insbesondere Witterungseinflüssen, vor allem aber zum Wuchsrhythmus der Pflanze. Aus letzterem erwächst ein charakteristischer Verlauf von Reservestoffein- und -auslagerung.

Phasen der **Reservestoffverausgabung** bzw. -auslagerung sind für Gräser in der Regel:

1. Der Austrieb im Frühjahr; Vorjahresreserven werden zur Aktivierung und/oder Neubildung meristematischer Gewebe für die Entwicklung assimilationsfähiger Organe mobilisiert.
2. Die Periode intensivsten Streckungswachstums sowie der Einlagerung von KH-Reserven in die Samenanlagen.
3. Neuaustrieb nach dem Ende der generativen Phase.

Als Phasen nachhaltiger **Reservestoffeinlagerung** treten in der Regel auf:

1. Die Periode der Blatttriebentwicklung im Frühjahr. Starke und zunächst ausschließliche Blattbildung in der vegetativen Phase läßt eine insgesamt sehr große photosynthetisch aktive Fläche mit entsprechend hoher Photosyntheseleistung entstehen. Andererseits ist der Assimilatebedarf in dieser Periode noch vergleichsweise niedrig. Das jahreszeitlich bedingt zumeist noch relativ niedrige Temperaturniveau begrenzt die Respiration und das Längenwachstum. Assimilateüberschüsse stehen zur Verfügung, die in höhermolekulare Substanzen mit Reservestoffcharakter überführt werden müssen.
2. Die Periode des vegetativen Wachstums nach Abschluß der generativen Phase (Sommer bis Ende Vegetationsperiode). Mit Änderung der Tageslänge und der Temperaturen ab Hochsommer geht die Pflanze in die vegetative Phase über. Das Längenwachstum bleibt nunmehr

wieder begrenzt. Bei gleichzeitig zum Herbst hin allmählich sinkenden Temperaturen, oftmals auch eingeschränkter Wasserversorgung sinkt der Assimilatebedarf für die Wachstumsvorgänge. Die Speicherung überschüssiger Assimilate wird wiederum begünstigt.

Der beschriebene Ein- und Auslagerungsrhythmus gilt nicht generell. Offenbar bestehen arttypische Unterschiede. So nehmen bei Wiesenlieschgras die Reservekohlenhydrate auch während der Phase des Streckungswachstums bis zur Blüte ständig zu (GERVAIS et al. 1979). Anders als die meisten Gräser verhalten sich desgleichen manche Kräuter. Stumpfblättriger Ampfer, Wiesenkerbel, Bärenklau und Wiesenknöterich lagern auch über die gesamte generative Phase und z. T. bis zur Samenreife hin Reservekohlenhydrate ein (KÜHBAUCH et al. 1976, VOIGTLÄNDER et al. 1976). Zwar bestehen hierbei graduelle arttypische Unterschiede im Speicherrhythmus, jedoch keine grundsätzlichen.

Eine für das Überleben ausdauernder Pflanzen ausschlaggebende Bedeutung haben Reservestoffe indes offenbar nur in Klimazonen mit ausgeprägtem, regelmäßig wiederkehrendem periodischem Vegetationsstillstand. Hier sind sie sowohl für die Aufrechterhaltung der Stoffwechselvorgänge in der Zeit der Wachstumsruhe als auch für den Wiederaustrieb nach Ende dieser Periode unerläßlich. Für die Regeneration während der Vegetationsperiode genutzter Pflanzen mindert sich ihre Bedeutung jedoch, soweit die Nutzung eine **Restassimilationsfläche** hinterläßt (Seite 272). In solchen Fällen bleibt die photosynthetische Aktivität in der Pflanze auch nach einer Nutzung erhalten. Die Pflanze wird damit in die Lage versetzt, die Regeneration mit Hilfe der unmittelbar gebildeten Assimilate zu vollziehen. Sie greift in solchen Fällen offenbar nur noch in begrenztem Maße auf Reserven zurück. Auch die Wiederauffüllung der Reserven nach zeitweise negativer Reservestoffbilanz während der wuchsintensiven Streckungsphase wird durch häufigere Nutzung offenbar nicht nachhaltig unterbrochen, soweit jeweils angemessene Restassimilationsflächen erhalten bleiben. Die Reservestoffspeicherung verläuft dann ähnlich wie auch bei ungestörtem Wuchsverlauf (ARENS 1978). Die sich mit Hilfe der über Restassimilationsflächen gewonnenen Assimilate bildenden neuen Assimilationsorgane gewährleisten offenbar annähernd kontinuierliche Reservestoffeinlagerung.

2.6.1.3 Regenerationsmechanismen der wichtigsten Grünlandpflanzen und Regenerationsverlauf nach Nutzungen

Regenerationsmechanismen

Die Regeneration des Assimilationsapparates ausdauernder Pflanzen zu Beginn der Vegetationszeit, nach Nutzung sowie anderen, den Assimilationsapparat reduzierenden oder beseitigenden Ereignissen vollzieht sich vornehmlich bei Gräsern über die

- Aktivierung grundständiger Seitentriebknospen und/oder
- Fortsetzung des Wachstums am Trieb.

Aktivierung grundständiger Seitentriebknospen befähigt die meisten Arten des Wirtschaftsgrünlandes auch nach längerer photosynthetischer Inaktivität oder nach nutzungs- sowie witterungsbedingtem Verlust aller assimilationsfähigen Organe zum Wiederaufbau eines Assimilationsapparates. Als Grundlage der vegetativen Vermehrung ist sie zugleich maßgebliche Voraussetzung der Bestandserhaltung im intensiv genutzten Grünland. Die Anzahl aktivierungsfähiger Seitenknospen und der zeitliche Verlauf ihrer Aktivierung sind darüber hinaus für die Triebdichte je Flächeneinheit bzw. die Schnelligkeit der Wiederherstellung voller Photosyntheseleistung maßgebend.

Fortsetzung des Wachstums am Trieb nach Verlust von Triebteilen durch äußere Einflüsse setzt voraus, daß Vegetationskegel bzw. Triebspitze der Verstümmelung entgangen, mithin entwicklungsfähige Blatt-, Halm- oder auch Infloreszenzanlagen erhalten geblieben sind. Die Fortsetzung des Wachstums an Grastrieben ist folglich nur in bestimmten Entwicklungsphasen möglich, nämlich

- im vegetativen Zustand des Triebes (Blatttrieb); der Vegetationskegel verharrt in diesem Entwicklungsstadium weitgehend unerreichbar an der Basis des gestauchten Blatttriebes (Abb. 58)
- zu Beginn der Halmstreckung, solange Vegetationskegel bzw. Triebspitze noch nicht über jene Ebene hinausgehoben wurden, auf der sich die Abtrennung oder Beschädigung von Triebteilen vollzogen hat (Abb. 60).

Soweit Vegetationskegel bzw. Triebspitze verschont geblieben sind, beeinträchtigt Teilverstümmelung eines Triebes die Ausdifferenzierung oder Weiterentwicklung von Blattprimordien oder Infloreszenzanlagen nicht oder doch nur in geringerem Maße. Ebenso unbeeinträchtigt bleibt auch das Wachstum teilverstümmelter Blätter, sofern deren interkalare Wachstumsmeristeme am Grunde von Blattspreite und -scheide unversehrt geblieben und insgesamt noch aktiv sind.

Wachstum und Entwicklung des Triebes werden jedoch irreversibel unterbrochen, soweit der Vegetationskegel bzw. die Triebspitze entfernt oder zerstört wurden. Halmtriebe sind daher nach einer Nutzung nicht mehr zur Regeneration befähigt. Lediglich an Trieben, die von der Nutzung in einem frühen Halmstreckungsstadium erfaßt wurden, vermögen nur teilweise betroffene Blätter oder noch in Streckung befindliche Internodien eine kürzere Zeit weiterzuwachsen. Zur Regeneration des gesamten Triebes kommt es jedoch nicht mehr (SCHRADER und KALTOFEN 1974).

Regenerationsverlauf nach Nutzung
Die Zeitdauer zur Wiederingangsetzung des Wachstums und Wiederherstellung voller Photosyntheseleistung eines Bestandes wird im wesentlichen vom Entwicklungszustand der Pflanzen im Augenblick der Nutzung sowie von den Quellen der für den Regenerationsprozeß erforderlichen Assimilateversorgung bestimmt.

Die Regeneration verläuft mit geringer Unterbrechung des Wachstums oder schließt sich der Nutzung unmittelbar an, soweit
- entwicklungsfähige oder bereits in Entwicklung befindliche Triebe vorhanden und
- photosynthetisch aktive Organe erhalten geblieben sind.

Die hier synthetisierten Assimilate werden unverzüglich und nach Verlust von Assimilationsflächen bevorzugt den Meristemen entwicklungsfähiger oder bereits in Entwicklung befindlicher Sprosse bzw. Seitentriebe und Blätter zugeleitet.

Unter der Voraussetzung entsprechender Wachstumsbedingungen setzt sich deren Wachstum nach einer Nutzung ohne nennenswerte Unterbrechung fort. Vornehmlich in der Periode hoher Wuchsintensität kann bei Gräsern bereits drei bis vier Tage nach Kürzung eines Triebes durch Nutzung die Regeneration des Blattapparates soweit fortgeschritten sein, daß der Neuaufwuchs für Weidevieh schon wieder erfaßbar wird (Abb. 64).

Nach einer Nutzung noch photosynthetisch aktive Organe werden in ihrer Gesamtheit auch als **Restassimilationsfläche** bezeichnet. Restassimilationsflächen setzen sich zusammen aus Blattflächen der jungen, in Entwicklung befindlichen, vom Nutzungsvorgang noch nicht betroffenen

Abb. 64. Blatt-Neuzuwachs 20 Stunden nach dem Schnitt eines auch unmittelbar nach der Nutzung noch zur Photosynthese befähigten Triebes (Deutsches Weidelgras). Die sichtbaren Nekrosen in der Triebmitte und an der Blattspreite links (Pfeile) markieren die Schnittstellen (Schnitthöhe ca. 5 cm). Der verbliebene Stoppelrest wird noch von einer photosynthetisch aktiven Blattscheide umfaßt. Die zugehörige Blattspreite ist in ihrem unteren Viertel erhalten geblieben (JACOB).

Triebe und aus älteren, in Bodennähe inserierten, noch aktiven Blättern oder verbliebenen Blatteilen stärker fortentwickelter, vom Nutzungsvorgang aber schon erfaßter Triebe.

Im Normalfall sinkt die photosynthetische Aktivität der in Bodennähe lokalisierten älteren Assimilationsorgane als Folge der sich mit wachsender Bestandshöhe und -dichte verstärkenden Beschattung dieser Zone ab. Der Rückgang vollzieht sich schneller, als der alterungsbedingten Abnahme der Photosyntheseleistung entspricht. Er ist also weniger entwicklungsbedingt als vielmehr zunächst durch Änderung der Belichtungsverhältnisse verursacht. Die photosynthetische Aktivität solcher beschatteter Organe kann daher wieder ansteigen, soweit sie erneut voller Belichtung ausgesetzt werden, z. B. nach partiellem Verlust des Assimilationsapparates. Voraussetzung des Wiederanstieges der Photosyntheseleistung ist allerdings, daß die photosynthetische Aktivität noch nicht gänzlich verloren gegangen war. Analog erhöht sich sprunghaft die Photosyntheseleistung der noch jungen, in Entwicklung befindlichen Triebe, die in den unteren, stark beschatteten Bestandsschichten heranwachsen. Ursache beider Phänomene sind neben verbesserten Lichtverhältnissen erhöhter Assimilatebedarf der Regenerationsmeristeme („source to sink"-Beziehung). Die Photosyntheseleistung der älteren Blätter sinkt allerdings erneut, sobald neues assimilationsfähiges Blattgewebe gebildet ist, das seinerseits die Versorgung des zugehörigen Triebes mit Assimilaten übernimmt (WOLEDGE 1971, 1973).

Soweit nach Nutzung keine zu unmittelbarer Fortsetzung des Wachstums befähigten Triebe bzw. keine Restassimilationsflächen verblieben sind, muß die Wiederherstellung des Assimilationsapparates über die Aktivierung von Seitenknospen eingeleitet werden. Anders als beim Vorhandensein von Restassimilationsflächen, die unmittelbar die Assimilateversorgung der Regenerationsmeristeme übernehmen, ist die Pflanze nunmehr ebenso wie zur Aufrechterhaltung aller sonstigen Stoffwechselvorgänge auf Reservestoffe angewiesen. In Abhängigkeit von der Dauer der photosynthetischen Inaktivität und dem Umfang der Reservestoffvorräte werden zwischen etwa 40 und 80 % der vorhandenen Reserven abgebaut.

2.6.2 Wirkung der Nutzung auf das Pflanzenwachstum

2.6.2.1 Wirkung der Nutzung auf Sproß- und Wurzelwachstum

Nutzung und Sprosswachstum

Die futterbaulich maßgeblichen Vorgänge des Sproßwachstums sind gekennzeichnet durch

- Seitentriebbildung als Voraussetzung steten Zuwachses sowie der Narbenverdichtung und
- Blattbildung, Blattvergrößerung sowie Triebverlängerung als Kriterien des Massenzuwachses.

Die mit der Triebverlängerung zunehmende Bestandeshöhe sowie mit der Entwicklung vieler Einzeltriebe verbundene Bestandesverdichtung verstärken aber sehr bald die Beschattung der Triebbasen. Damit wird wiederum die Bildung neuer Seitentriebe gehemmt (Seite 269). Eigentliche Halmstreckung und Infloreszenzausbildung während der generativen Phase bringen die Seitentriebbildung schließlich annähernd zum Stillstand. Das Schwergewicht im Massenzuwachs verlagert sich dann immer stärker von der Seitentrieb- und Blattbildung zur Halm- und Blütenstandsentwicklung. Beseitigung beschattender Blatttriebe oder streckungs- bzw. blühgeneigter Sprosse hebt die Wirksamkeit der Achselknospen- und Seitentriebentwicklung hemmenden Einflüsse jedoch wieder auf oder schwächt sie zumindest ab. Nutzungsvorgänge wirken deshalb beschattungs- oder entwicklungsbedingter Hemmung der Seitentriebbildung entgegen. Nutzung eines Aufwuchses erweist sich damit als ein Faktor, der die Seitentriebbildung der Gramineen in Gang halten oder wieder in Gang bringen kann. Sie wirkt hierbei umso deutlicher, je früher sie die Entwicklung sich verlängernder Sprosse unterbricht. Bei streckungs- und blühgeneigten Trieben wird Sproßwachstum allerdings erst dann schwergewichtig wieder auf die Blatttriebbildung zurückverlagert, wenn deren Vegetationskegel bzw. Triebspitze entfernt ist.

Andererseits ist selbst eine lediglich partielle Beseitigung des Assimilationsapparates stets mit einer Minderung des Assimilateangebots verbunden. Betroffen sind davon zuerst entwicklungsfähige oder schon in Entwicklung befindliche Achselknospen, deren Assimilateversorgung zugunsten verbliebener, aktiver Blattmeristeme eingeschränkt oder eingestellt wird. Der die Seitentriebbildung zunächst fördernde Effekt der Nutzung wird also durch unvermeidbare Assimilateverknappung wieder eingeschränkt (Tab. 177). Je schneller der Zustand verminderten Assimilateangebotes aber überwunden werden kann, desto früher setzen sich Seitentriebbildung und Sproßwachstum fort. Stärke und Nachhaltigkeit der benachteiligenden Nutzungswirkung werden deshalb vornehmlich vom Grad der photosynthetischen Aktivität verbleibender bodennaher Be-

Tab. 177. Bestockungstriebe bei *Lolium perenne* in der Regenerationsphase, Mittel aus ein- und dreiwöchentlichem Schnitt (nach KING et al. 1979, verändert)

Tage nach Schnitt	Triebe/dm²
0	278
3	255
7	239
25	278
GD 5%	22

standsschichten und der Größe der Restassimilationsflächen bestimmt. Die Größe der Restassimilationsfläche ist von der Schnitt- bzw. Bißtiefe beim Nutzungsvorgang abhängig, die photosynthetische Aktivität der bodennahen Bestandsschichten von den Lichtverhältnissen im Bestand, die wiederum durch Aufwuchshöhe und Bestandsdichte beeinflußt werden. Für den Erhalt photosynthetisch aktiver Bestandsschichten in Bodennähe und deren Photosyntheseleistung ist im Wirtschaftsgrünland mithin die Dauer der Nutzungsintervalle maßgeblich mit verantwortlich, die Höhenwuchs und Bestandsdichte wesentlich bestimmt. Ausgedehnte Zwischennutzungszeiten hinterlassen photosynthetisch bereits weitgehend oder völlig inaktivierte Triebreste. Die Aktivierung der Achselknospen wird dann von Reservestoffen abhängig. Neues Sproßwachstum verzögert sich entsprechend (Seite 272f.). Je günstiger umgekehrt die Lichtverhältnisse vor allem in den tieferen Bestandsschichten durch häufigere Beseitigung des Aufwuchses gehalten werden, desto besser bleibt die Photosyntheseaktivität in Bodennähe lokalisierter Assimilationsorgane erhalten. Die Abhängigkeit der Regeneration von Reservestoffen verringert sich entsprechend. Der jeweils günstigste Zustand ist gegeben, wenn der optimale BFI zum Zeitpunkt einer Nutzung nicht überschritten worden ist. Den Meristemen der sich regenerierenden oberirdischen Organe werden dann am raschesten und verstärkt Assimilate zugeführt. Die Entwicklung neuer Assimilationsorgane beschleunigt sich. Damit stellt sich wiederum zugleich der optimale BFI bzw. volle Photosyntheseleistung des Pflanzenbestandes auf kürzestem Wege wieder her. Die Ertragsleistung der Pflanzenbestände wird entsprechend gefördert. Die Dauer der Nutzungsintervalle prägt somit die Regeneration entscheidend (siehe auch Abb. 68). ALBERDA (1968) ermittelte im Feldversuch mit Deutschem Weidelgras im Durchschnitt zweier Sorten (einjähriges Ergebnis) bei

- viermaliger Nutzung 207,9 dt TM/ha
- fünfmaliger Nutzung 217,6 dt TM/ha.

Der höhere Ertrag bei fünfmaliger Nutzung beruht auf der beschriebenen Kausalität. Ungünstige Nutzungswirkungen lassen sich somit minimieren sowie die Photosyntheseleistung eines Pflanzenbestandes des Wirtschaftsgrünlandes am günstigsten ausnutzen, soweit der Nutzungszeitpunkt mit dem optimalen BFI in Übereinstimmung gebracht wird.

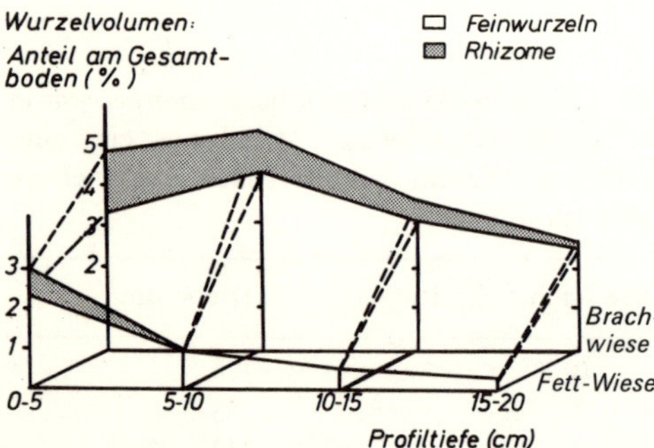

Abb. 65. Anteile der Rhizome und Feinwurzeln am Gesamtbodenvolumen unter Fettwiese und Brachwiese (nach GASS und OERTLI 1980).

Nutzung und Wurzelwachstum

In der Bereitstellung von Assimilaten für die Versorgung pflanzlicher Organe rangieren aktive meristematische Gewebe oberirdischer Sproßteile vor der Versorgung der Wurzeln. Verknappung des Assimilateangebotes als Folge einer Nutzung trifft daher die Versorgung der Wurzeln mit Wirk- und organischen Nährstoffen zuerst. Nutzung schränkt deshalb das Wurzelwachstum zumindest bei Gräsern unverzüglich ein. Bei nutzungsbedingtem Verlust von mehr als 40% oberirdischer Sproßsubstanz wird es gänzlich unterbrochen (CRIDER zit. bei YOUNGNER et al. 1972), bei sehr hohen Nutzungsfrequenzen können einzelne Wurzeln absterben. Der Wurzelwuchs normalisiert sich erst wieder, sobald der Assimilationsapparat weitgehend regeneriert ist und angemessene photosynthetische Leistung zurückgewonnen hat. Nutzung berührt allerdings nur die Wurzeln der jeweils betroffenen Sprosse, nicht dagegen die der in Entwicklung befindlichen, vom Nutzungsvorgang aber noch nicht erfaßten Triebe. Insgesamt wird mit zunehmender Nutzungsintensität

- die Wurzelmasse langfristig verringert
- der Wurzeltiefgang reduziert.

Die Reduzierung des Wurzeltiefganges bei ansteigender Nutzungshäufigkeit sowie die wenig oder gar nicht beeinflußte Wurzelneubildung an sehr jungen Trieben hat bei intensiver Grünlandnutzung eine allmähliche Konzentration der Wurzelmasse in der obersten Bodenschicht zur Folge (Abb. 65). Die auf diese Weise ausgelöste Verflachung des Wurzelsystems schränkt die Möglichkeit der Ausschöpfung von Nährstoff- und insbesondere Wasservorräten in den tieferen Schichten des Profils ein. Die mit Nutzungsintensivierung wachsende Abhängigkeit der Grünlandbestände von gleichmäßiger Nährstoff- und Wasserzufuhr, insbesondere gleichmäßig verteilten Niederschlägen findet darin ihre Erklärung.

2.6.2.2 Verhalten der Pflanzenarten, Bestandszusammensetzung und Futterwert in Abhängigkeit von der Nutzungshäufigkeit

Verhalten der Pflanzenarten

Die für die Wiederaufnahme des Sproß- und Blattwachstums nach einer Nutzung erforderliche Nährstoffversorgung hängt bis zu einem gewissen Grade von der Aktivität des Wurzelsystems ab. Wie in 2.6.2.1 dargestellt, wird sie jedoch in der Hauptsache über Restassimilationsflächen und/oder angemessene Reservestoffvorräte gesichert. Ob Restassimilationsflächen nach der Nutzung zurückbleiben ist zwar von den Belichtungsverhältnissen im Bestand abhängig. Inwieweit sie unter der Voraussetzung angemessener Belichtung aber tatsächlich ausgebildet sind, bestimmt die Stellung assimilationsfähiger Blätter an der Sproßachse. Für die Anwesenheit ausreichender Reservestoffvorräte andererseits ist der zeitliche Bezug von Nutzungsvorgang und Speicherrhythmus maßgebend. Wie häufig der Verlust von Assimilationsorganen ohne Gefährdung der Regenerationsfähigkeit der Pflanze toleriert werden kann, bestimmen somit also Wuchsform und/oder Verlauf der Reservestoffspeicherung.

Wuchsform und Gang der Reservestoffbevorratung sind arttypisch und artweise verschieden. Dementsprechend ist auch die Tolerierung bestimmter Nutzungshäufigkeiten artweise verschieden (Tab. 178).

Die Nutzungstoleranz bewegt sich dabei innerhalb der Gesamtheit der Grünlandpflanzen in einer weiten Spanne. Vereinfacht kann jedoch nach „nutzungsempfindlichen“ und „nutzungstoleranten“ Arten differenziert werden.

Merkmale nutzungsempfindlicher Arten

Merkmale nutzungsempfindlicher Arten sind

- bodenblattarme Wuchsformen und
- verhalten verlaufende oder erst in fortgeschrittenen Entwicklungsstadien einsetzende Reservestoffspeicherung.

Bodenblattarme Arten verlieren im Nutzungsfall ihre Assimilationsorgane weitgehend oder völlig und werden deshalb in der Regel photosynthetisch inaktiviert. Die Nährstoffversorgung bis zum Wiederbeginn der Photosynthese muß mithin durch Reservestoffe gesichert werden. Arten,

Tab. 178. Nutzungsverträglichkeit verschiedener Grünlandarten

	mittlere Verträglichkeit (Nutzungen)	unter günstigen Standort- u. Nährstoffverhältnissen langfristig mögliche Verträglichkeit
Pfeifengras *(Molinia caerulea)*	1	–
Sumpfrispe *(Poa palustris)* Hornklee *(Lotus corniculatus)*	2	2
Glatthafer *(Arrhenatherum elatius)* Rohrglanzgras *(Phalaris arundinacea)*	2	(3–5)
Rotschwingel *(Festuca rubra)* Wiesenschwingel *(Festuca pratensis)*	3–4	5
Knaulgras *(Dactylis glomerata)* Lieschgras *(Phleum pratense)*	4	5
Dt. Weidelgras *(Lolium perenne)* Wiesenrispe *(Poa pratensis)*	5	8
Weißklee *(Trifolium repens)*	7	8
Jährige Rispe *(Poa annua)* Vogelmiere *(Stellaria media)*	– –	ständige Nutzung

die zur Reservestoffbevorratung längerer Perioden ungestörter Photosynthese bedürfen oder erst in fortgeschrittenen Entwicklungsphasen zur Speicherung übergehen, werden im Regenerationsvermögen beeinträchtigt, sobald sie einer ihrem Speicherrhythmus nicht mehr entsprechenden Nutzung ausgesetzt sind. Nicht artgerechte Nutzungshäufigkeit führt zu eingeschränktem Sproßwachstum mit entsprechend verminderter Ertragsleistung und verringerter Konkurrenzfähigkeit. KLAPP (1954) ermittelte an einer typischen Zweischnitt-Glatthaferwiese bei Erhöhung der Nutzungsfrequenzen von zwei auf drei Schnitte folgende Ertragsveränderungen:

	1. Jahr	2. Jahr	$\bar{x}$
2 × Schnitt dt TM/ha	81,0	74,7	77,85
3 × Schnitt dt TM/ha	67,2	59,7	63,45
weniger bei 3-Schnitt dt TM/ha	13,8	15,0	14,40

In Mischbeständen unterliegen nutzungsempfindliche Arten bei nicht angemessener Nutzungshäufigkeit rasch der Konkurrenz solcher Bestandsbildner, die dem Nutzungsregime besser angepaßt sind. Der Verdrängungsprozeß trifft auch kampfstarke Arten, sofern sie nutzungsempfindlich sind. Abb. 66 verdeutlicht diesen Zusammenhang am Verhalten des mit hoher Kampfkraft ausgestatteten Obergrases Glatthafer. Glatthafer ist eine bodenblattarme Art, die zur Speicherung der lebensnotwendigen Reserven angemessener Entwicklungsperioden bedarf. Mit Erhöhung der Nutzung bereits von zwei auf drei Schnitte weicht er im Beispielfall der Konkurrenz des mehrschnittverträglichen Knaulgrases.

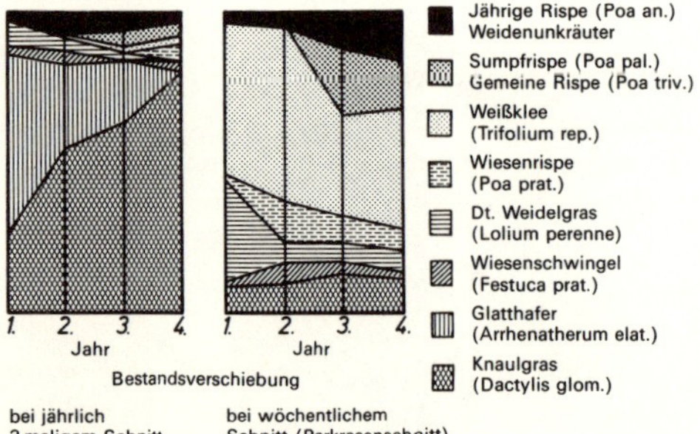

Abb. 66. Bestandsänderung bei Erhöhung der Nutzungshäufigkeit. Gleicher Ausgangsbestand (Zwei-Schnittwiese) (aus KLAPP, Wiesen und Weiden 1971, verändert).

Die Verhaltensweise nutzungsempfindlicher Arten wird nicht zuletzt von den jeweiligen Umweltbedingungen bzw. Ernährungsbedingungen mitbestimmt. Je ungünstiger diese gestaltet sind, desto schärfer kommt Nutzungsempfindlichkeit zur Geltung. Umgekehrt kann Nutzungsempfindlichkeit unter sehr günstigen äußeren Bedingungen in einem gewissen Rahmen abgemildert werden (siehe Tab. 178). In der Regel sind hierbei jedoch enge Grenzen gesetzt.

Merkmale nutzungstoleranter Arten

Nutzungstolerante (nutzungsfeste) Arten kennzeichnet vornehmlich

- Befähigung zu rascher und nachhaltiger Reservestoffspeicherung und/oder
- Befähigung zu ständiger Photosynthese durch Bodenblätter aufweisende Wuchsformen.

Verschiedene Arten sind auf Grund sehr hoher Photosyntheseleistung in der Lage, schon unmittelbar mit Vegetationsbeginn hohe Speicherraten zu erbringen. Früher oder häufigerer Verlust der Assimilationsorgane berührt solche Arten gar nicht oder nur in abgeschwächter Form. Sie vermögen sich deshalb auch sehr hoher Nutzungsintensität anzupassen (z. B. Stumpfblättriger Ampfer).

Mit Bodenblättern ausgestattete Wuchsformen besitzen entweder eine nur sehr kurze (gestauchte) Sproßachse, so daß die Assimilationsorgane ausschließlich in Bodennähe inseriert werden (z. B. Breitwegerich). Oder es werden an einer noch im gestauchten Zustand verharrenden Triebachse assimilationsfähige Blätter angelegt, die über längere Perioden erhalten bleiben können (z. B. Untergräser). Solche „bodennahen" Blätter entgehen den Nutzungsvorgängen teilweise, oft auch gänzlich. Pflanzen, die mit Bodenblättern ausgestattet sind, bleiben somit auch nach einer Nutzung photosynthetisch aktiv, sofern die zur Aufrechterhaltung der Photosynthesefähigkeit notwendigen Lichtverhältnisse über das gesamte Bestandsprofil stets erhalten geblieben sind. Die Größe der verbleibenden Restassimilationsfläche bestimmen sodann die Tiefe des Schnittes bei Mähenutzung oder die Schärfe des Bisses bei Weidenutzung (vgl. 2.6.2.3). Je nach Grad der Photosyntheseaktivität bodennaher Blätter und Gesamtgröße der verbleibenden Assimilationsfläche nach Nutzung (= Restassimilationsfläche) sind solche Arten auf Reservestoffe nur noch begrenzt oder auch gar nicht mehr angewiesen. Für die Regeneration werden offenbar überwiegend die von der Restassimilationsfläche gebildeten Assimilate eingesetzt. Die Reservestoffspeicherung solcher Arten wird von Nutzungsvorgängen jedenfalls nur noch geringfügig beeinträchtigt. Die für Überwinterung und Wiederaustrieb im Frühjahr erforderlichen Vorräte können angelegt werden.

Das Merkmal „Nutzungstoleranz“ ist nicht bei allen Arten in gleicher Weise ausgeprägt. Artverschiedener Bodenblattanteil und Regenerationsmechanismus wirken variierend. Höchste Nutzungsfestigkeit weisen zumeist jedoch die sehr bodenblattreichen Arten aus.

Mit zunehmender Nutzungshäufigkeit wird die Zwischennutzungszeit immer mehr verkürzt, so daß bei sehr hohen Nutzungshäufigkeiten der optimale BFI auch von nutzungstoleranten Arten gar nicht mehr erreicht werden kann. Je weiter aber der optimale BFI unterschritten wird, desto stärker sinkt die Photosyntheseleistung des Bestandes ab. Bei den futterwirtschaftlich wichtigen Arten ist deshalb die Überschreitung bestimmter Nutzungshäufigkeiten stets auch mit dem Rückgang der Ertragsleistung verbunden. Eine Vorstellung vom Ausmaß solcher Ertragsrückgänge vermittelt Tab. 179.

Tab. 179. Rückgang der TM-Jahreserträge (rel.) verschiedener Arten in Reinbeständen bei ansteigender Nutzungshäufigkeit; $\bar{x}$ 4 Jahre (nach Klapp 1971)

	Schnittzahl/Jahr	
	2–4	6–13
Wiesenrispe	100	35
Deutsches Weidelgras	100	31
Weißklee	100	58
Knaulgras	100	31
Rotschwingel	100	25
Wiesenschwingel	100	18
Hornklee	100	24
Sumpfrispe	100	8

Bestandszusammensetzung und Nutzungshäufigkeit

Artverschiedene Nutzungstoleranz bzw. Nutzungsempfindlichkeit zieht je nach Nutzungshäufigkeit zwangsläufig verschiedene Artenkombinationen nach sich. Ausdauernde Grünlandbestände, die über längere Zeit immer gleicher oder annähernd gleicher Nutzungshäufigkeit unterworfen sind, passen sich in ihrer Artenkombination der jeweiligen Nutzungshäufigkeit an. Die Wirkungsrichtung dieses Anpassungsprozesses steht in Zusammenhang zur Umwelt, vornehmlich zu Wasser- und mineralischer Nährstoffversorgung.

Niedrige Nutzungshäufigkeiten wie bei den Ein-, Zwei- und auch noch Drei-Schnittwiesen bedeuten lange oder zumindest noch relativ lange Entwicklungszeit je Aufwuchs. Unter angemessenen Feuchtebedingungen werden daher Artenkombinationen ermöglicht, in denen sich höher- bis hochwüchsige Arten zu entwickeln vermögen. Das sind massenwüchsige Obergräser und Kräuter, hochwüchsige, teilweise rankende Leguminosen, unter entsprechenden Standortbedingungen höher- und hochwüchsige Seggen und Simsen. In der Regel sind solche Arten bodenblattarm, im Augenblick der Nutzung in jedem Fall bodenblattfrei. Sie sind somit zumeist auf angemessene Reservestoffeinlagerung für den Regenerationsvorgang nach der Nutzung angewiesen. Ihre Fortpflanzung vollzieht sich überwiegend, wenn auch nicht ausschließlich auf generativem Wege.

Erhöhung der Nutzungshäufigkeit über drei Schnitte hinaus verkürzt die Wuchszeiten und schränkt damit die Regenerations- und Entwicklungsvoraussetzungen der hoch- und massenwüchsigen, bodenblattarmen Arten ein. Es treten zunehmend mit Bodenblättern ausgestattete, zur Erhaltung von Restassimilationsflächen befähigte Arten auf (Abb. 66), deren Regeneration nach Nutzungen nicht mehr ausschließlich oder gar nicht mehr von Reservestoffen abhängig ist. Viele dieser Arten sind außerdem nicht mehr zwingend auf generative Vermehrung angewiesen und oftmals durch sehr ausgeprägtes Vermögen zu Seitentriebbildung gekennzeichnet. Zur Gruppe solcher Pflanzen zählen die wichtigsten und zugleich ertragsreichsten Arten des intensiv genutzten Wirtschaftsgrünlandes. Unter günstigen Nährstoff- und Feuchtevoraussetzungen können sich daher bei erhöhter Nutzungshäufigkeit die futterwertmäßig wertvollsten und ertragsmäßig leistungsfähigsten Bestandskombinationen des Wirtschaftsgrünlandes entwickeln, in denen raschwüchsige Untergräser (z. B. Deutsches Weidelgras), vielnutzungsverträgliche Obergräser (z. B. Knaul-, Lieschgras) und niedrigwüchsige Leguminosen (z. B. Weißklee) sowie niedrigwüchsige Kräuter (z. B. Löwenzahn) vorherrschen.

Fortgesetzt **sehr hohe bis überhöhte Nutzungshäufigkeit** führt jedoch zugleich oder zunehmend zu Selektion auf Arten, deren Assimilationsorgane vom Nutzungsvorgang nur begrenzt oder gar nicht mehr erfaßt werden. Solche vielnutzungstoleranten Arten sind ausnahmslos durch geringe Wuchshöhe, hohen Bodenblattanteil, aber meist geringe oder eingeschränkte Ertragsleistung gekennzeichnet. In Konkurrenz mit hochwüchsigeren Arten sind sie unterlegen. Sehr hohe Nutzungshäufigkeit schafft ihnen daher erst angemessene Photosynthesebedingungen oder verbessert sie zumindest, da die von den kampfkräftigeren und hochwüchsigeren Arten ausgehende Lichtkonkurrenz immer wieder aufgehoben wird. Unter Bedingungen sehr **reichlicher bis überhöhter Nährstoffversorgung,** vor allem einseitiger N-Zufuhr erlangen annuelle Gräser und Kräuter, die zu raschem Generationswechsel befähigt sind, erhebliche Bestandsanteile (Jährige Rispe, Vogelmiere, Hirtentäschel).

Unter **Nährstoffmangelbedingungen** treten besonders in Verbindung mit Wassermangel bei erhöhten Nutzungshäufigkeiten weniger anspruchsvolle oder anspruchslose Kräuter und niedrigwüchsigere, vielfach auch dichtrasige Gräser hervor. Viele solcher Arten werden im Falle des Weideganges auf Grund bestimmter Eigenschaften (z. B. Behaarung, Verkieselung, Bewehrung durch Stacheln, Dornen) gemieden oder auf Grund der Stellung ihrer Assimilationsorgane an der Sproßachse vom Nutzungsvorgang gar nicht erfaßt (z. B. Rosettenkräuter). Manche zur Bildung dichter Rasen befähigte Gräser wie z. B. Rotschwingel, entwickeln häufig eine sehr ausgeprägte, oft modrigen Geruch annehmende Streuschicht. Bei Weidenutzung werden solche Arten eher gemieden. Es bedeutet das wiederum Schonung und folglich entsprechende weitere Ausbreitungsmöglichkeit. Das Verhalten niedrigwüchsiger, nutzungstoleranter Arten gegenüber höherer Nutzungshäufigkeit beruht mithin nicht unbedingt auf ausgeprägter Nutzungsfestigkeit. Häufig verleiht wuchsformbedingte Unerreichbarkeit bodennaher Assimilationsorgane oder mangelhafte Attraktivität bestimmter Pflanzenteile für das Weidetier eine nur scheinbare Nutzungstoleranz.

Die Beziehungen zwischen Nutzungshäufigkeit und Bestandszusammensetzung lassen sich zu einem Hilfsmittel gezielter Bestandslenkung machen. Förderung rasch- und höherwüchsiger Arten durch ein entsprechendes Nutzungsregime läßt niedrigwüchsigere Arten zurücktreten und umgekehrt (siehe Abb. 66). Wirksame Elemente gezielter Schonung oder Benachteiligung einzelner Arten bilden dabei stets die über die Nutzungshäufigkeit beeinflußbaren Lichtverhältnisse in der bodennahen Bestandszone und/oder die auf gleichem Wege erreichbaren Eingriffe in den Reservestoffspeicherrhythmus.

Futterwert und Nutzungshäufigkeit
Zum bestandsprägenden Einfluß der Nutzungsfolge bzw. Nutzungshäufigkeit tritt deren Wirkung für den durch Inhaltsstoffgehalte und physikalische Struktur bestimmten Futterwert. Die Konzentration futterwertbestimmender Inhaltsstoffe einschließlich der Gehalte von TS und Rohfaser sowie die „Futterstruktur" stehen in enger Beziehung zur physiologischen Entwicklung der Pflanzen und zum Aufwuchsalter. Mit fortschreitender Entwicklung und zunehmendem Alter der Pflanzen sinken die Konzentration verdaulicher Nährstoffe, somit die Energiegehalte bzw. „Energiedichte" (Tab. 181) sowie der Carotingehalt. In aller Regel mindern sich auch die Gehalte der Makro- und Mikronährstoffe. Umgekehrt steigen grundsätzlich TS- und Rohfasergehalt an, die physikalische Struktur wird verstärkt. Verkürzung des Alters der einzelnen Aufwüchse durch **Erhöhung der Nutzungshäufigkeit** muß folglich vor allem die Konzentration verdaulicher Nährstoffe und damit die Energiedichte sowie die Carotingehalte begünstigen, bei angemessener Mineralstoffversorgung der Pflanze auch die Mineralstoffgehalte im Futter (Tab. 180). Umgekehrt setzt erhöhte Nutzungshäufigkeit die jeweils erreichbaren TS- und Rohfasergehalte herab, die physikalische Struktur wird entsprechend beeinflußt. Aus diesem Grunde kann die Nutzungshäufigkeit nicht beliebig erhöht werden. Der für einen

Tab. 180. P-, K-, Carotingehalte in Grünlandfutter sowie Rohproteinerträge in Abhängigkeit von der Nutzungshäufigkeit (einheitliche und günstige Nährstoffversorgung); $\bar{x}$ 3 Jahre (nach SCHULZ 1967, verändert)

Nutzungszahl	3 ×	4 ×	5 ×	6 ×
P % der TS	0,36	0,41	0,45	0,46
K % der TS	2,94	2,93	3,06	3,01
RP dt/ha	12,72	13,43	14,40	14,46
Carotin mg/kg TS	335	380	410	439

geregelten Ablauf der pansenphysiologischen Vorgänge und hohe Futteraufnahme notwendige Ausbildungsgrad für TS- und Rohfasergehalt bzw. physikalische Struktur verlangt ein bestimmtes Mindestalter des Aufwuchses. Auch der Rückgang der Photosyntheseleistung setzt sehr hohen Nutzungshäufigkeiten Grenzen.

Zu weitgehende **Herabsetzung der Nutzungshäufigkeit** senkt andererseits wiederum die Energiegehalte und zugleich die Futteraufnahme, sobald der optimale Rohfasergehalt überschritten wird. Die gegenläufige Beziehung von TS-, Rohfasergehalt, physikalischer Struktur auf der einen Seite und der Nährstoffkonzentration auf der anderen bestimmt mithin sowohl die zulässige maximale Nutzungshäufigkeit als auch die zur Erreichung optimalen Futterwertes notwendige.

Die **Änderungen der Inhaltsstoffgehalte** vollziehen sich zeitlich bei den einzelnen Arten und innerhalb züchterisch bearbeiteter Arten bei den einzelnen Sorten nicht einheitlich. Ursache dieser Erscheinung sind art- und sortenbedingte Unterschiede im Entwicklungsrhythmus (siehe auch Abb. 49), aber auch in der Aktivität des Wurzelsystems. Unbeschadet arttypischer Eigenheiten sind jedoch alle Arten unterschiedslos dem entwicklungs- und alterungsbedingten Rückgang vornehmlich der Nährstoffkonzentration und damit der Energiedichte unterworfen (Tab. 182). Der artenmäßige Aufbau des Bestandes vermag solche Veränderungen also nicht aufzuhalten. Die Energiekonzentration läßt sich nicht mit Hilfe bestimmter Bestandskombinationen über längere Zeiträume auf gleichem Niveau erhalten. Den

Tab. 181. Verdaulichkeit (d) und Energiegehalte im Futter einer grasreichen (1) sowie einer klee- und krautreichen (2) Wiese und einer Intensivweide (3) in verschiedenen Entwicklungsstadien (nach Futterwerttab. der DLG 1982)

			TS (%)	RF (% der TS)	d (org. Sub.)	Energiegehalt/kg TM		
						MJ ME	MJ NEL	StE
1. Schnitt	vor Ähren-/Rispenschieben	1	17	20,5	80	11,22	6,85	671
		2	16	20,3	81	11,39	6,94	681
		3	16	18,8	81	11,15	6,81	667
	im Ähren-/Rispenschieben	1	18	23,8	75	10,54	6,34	622
		2	17,5	23,6	76	10,52	6,32	621
		3	17,5	23,3	76	10,50	6,31	620
	Beginn–Mitte Blüte	1	21	27,2	67	9,47	5,57	535
		2	20	27,0	68	9,51	5,58	539
		3	22	26,5	69	9,61	5,65	542
	Ende Blüte	1	23	31,1	61	8,55	4,92	456
		2	22	30,7	62	8,63	4,97	464
		3	24	31,5	62	8,59	4,94	453
2. und weitere Schnitte	unter 4 Wochen	1	18	20,9	74	9,90	5,94	587
		2	17	21,5	75	10,38	6,21	614
		3	16	20,7	75	10,23	6,12	604
	4–6 Wochen	1	20	25,5	70	9,77	5,78	563
		2	19	25,4	72	10,01	5,92	579
		3	18	25,2	71	9,88	5,38	572
	> 6 Wochen	1	22	29,4	65	9,01	5,25	498
		2	22	28,8	68	9,41	5,56	533
		3	20	27,7	65	8,93	5,17	500

ME = Umsetzbare Energie; NEL = Nettoenergie-Laktation

Tatbestand verdeutlicht Tab. 181, mit der die Energiegehalte dreier verschiedener Bestandstypen gegenübergestellt sind. Für die Erhaltung hoher Energiegehalte im Futter kommt der Einhaltung angemessener Nutzungsintervalle folglich höhere Bedeutung zu als der Bestandszusammensetzung.

Tab. 181 und 182 lassen auch darüber hinaus erkennen, daß die Energiegehalte in Sommeraufwüchsen in ähnlicher Weise sinken wie im Frühjahrsaufwuchs während der generativen Phase. Ursache dieser Erscheinung ist der unvermeidbare stetige Rückgang der Verdaulichkeit der organischen Substanz. Der Vorgang ist gleichbedeutend mit entsprechender Minderung der Konzentration verdaulicher Nährstoffe im Futter. Die Senkung der Verdaulichkeit geht auf Alterungsprozesse des Proteins und der Zellulose zurück, vor allem aber auf Inkrustierungsvorgänge, insbesondere auf Einlagerung von Lignin, daneben auch verschiedener anderer inkrustierender Stoffe, wie Kutin, gummiartige Substanzen, Harze usw. Die Inkrustierung ist die Hauptursache der Verdaulichkeitsminderung, Lignin dabei der ausschlaggebende Faktor. Die Ligninbildung ist mit Temperatur und offenbar auch Tageslänge positiv korreliert (AHLGRIMM 1979). Die Verdaulichkeit der organischen Substanz erreicht deshalb in Sommeraufwüchsen bei erhöhten Temperaturen und längeren Tagen die im Frühjahr oder Herbst erreichbaren Höchstwerte nicht.

Tab. 182. Änderung der Energiegehalte je kg TM bei Deutschem Weidelgras (1), Knaulgras (2), Weiß- (3) und Rotklee (4) in Abhängigkeit von Entwicklungsstadium und Alter (nach Futterwerttab. der DLG 1982)

			TS (%)	RF (%)	ME MJ	NEL MJ	StE
1. Schnitt	vor Ähren-/Rispen-	1	16,0	18,5	11,73	7,24	705
	schieben	2	19,4	23,6	10,28	6,13	601
	vor Knospe	3	12,0	12,4	11,98	7,44	731
	vor Knospe	4	19,1	15,5	10,95	6,65	659
	im Ähren-/Rispen-	1	17,5	20,5	11,22	6,85	670
	schieben	2	22,0	24,9	9,40	5,50	539
	in Knospe	3	13,0	17,9	10,37	6,29	620
	in Knospe	4	20,7	21,3	10,19	6,09	599
	Beginn–Mitte Blüte	1	21,0	25,8	10,18	6,07	585
		2	23,4	28,0	8,83	5,09	483
		3	14,0	20,3	9,68	5,73	569
		4	22,0	25,1	9,55	5,63	545
	Ende Blüte	1	23,0	32,0	8,42	4,85	446
		2	27,5	34,6	8,14	4,64	415
		3	17,0	26,0	8,68	5,05	491
		4	23,5	29,2	8,88	5,14	484
2. und weitere Schnitte	< 4 Wochen	1	19,3	19,5	10,35	6,26	617
		2	26,5	23,6	8,76	5,05	493
	vor der Knospe	3	–	–	–	–	–
	vor der Knospe	4	18,7	17,5	10,49	6,30	625
	4–6 Wochen	1	22,0	23,5	9,45	5,56	542
		2	29,0	28,0	8,54	4,91	456
	in der Knospe	3	–	–	–	–	–
	in der Knospe	4	20,0	22,7	9,86	5,84	574
	> 6 Wochen	1	25,0	30,6	8,07	4,62	424
	Beginn–Mitte Blüte	4	22,0	29,6	9,12	5,30	502

2.6.2.3 Schnitthöhe, Ertrag, Bestandsentwicklung

Definition: Unter Schnitthöhe ist die Länge einer gedachten lotrechten Strecke von der Arbeitsebene der Schnittwerkzeuge im Bestand auf die Bodenoberfläche zu verstehen. Die „Arbeitsebene" der Schnittwerkzeuge (bei Weidenutzung die „Bißtiefe") wird auch als „Nutzungsebene" bezeichnet, der oberirdisch verbleibende Triebrest der Pflanze als „Stoppel".

Schnitthöhe und Stoppellänge sind nur bei senkrechtem Wuchs der Pflanze identisch. In der Mehrzahl der Fälle trifft das nicht zu. Die nach der Nutzung verbleibenden Triebreste sind meist länger als es nach der Schnitthöhe zu erwarten wäre. Maschinenschnitt wirkt allerdings anders als Biß: Maschinen entfernen den Aufwuchs in einer annähernd einheitlichen Höhe über Grund; Tierbiß hinterläßt nur sehr selten eine in einheitlicher Tiefe verbissene Narbe.

Allgemeine Wirkungen der Schnitthöhe

Von der Schnitthöhe gehen bei Mähenutzung sowohl kurzfristig als auch auf längere Zeit bezogen Wirkungen auf Ertrag, Futterqualität und Bestandszusammensetzung aus. Maßgebend für die Stärke des Schnitthöheneinflusses sind

- die Aufwuchshöhe des Pflanzenbestandes im Augenblick der Nutzung
- die Stellung der Vegetationskegel bzw. das Entwicklungsstadium der Gräser zum Nutzungszeitpunkt
- die Größe der verbleibenden Restassimilationsfläche sowie die Lokalisation der Reservestoffspeicher.

Tab. 183. Schnitthöhe und Ertrag (TM dt/ha) bei verschiedenen Aufwuchshöhen und Stoppellängen (nach Opitz von Boberfeld 1971, verändert)

TM-Ertrag bei Schnitthöhe	Aufwuchshöhe cm 9	20/21
3 cm	4,2	19,4
1 cm	12,8	30,1
1 cm rel. bezogen auf Schnitthöhe 3 cm = 100	304,8	155,2

Aufwuchshöhe und Schnitthöhe: Die nach dem Schnitt verbleibenden Triebreste vermindern als ein Teil der gebildeten oberirdischen Biomasse den eigentlichen Ernteertrag. Je höher der Schnitt geführt wird, desto mehr Biomasse bleibt zurück, desto niedriger ist der verwertbare Anteil des Aufwuchses. Der solcherart ausgeübte Einfluß wird seinerseits jedoch wiederum von der Aufwuchshöhe des Bestandes bestimmt: die Schnitthöhenwirkung ist umso stärker, je geringer die Aufwuchshöhe ist und umgekehrt (Tab. 183).

Stellung des Vegetationskegels bei Gräsern: Während der vegetativen Phase bleibt der Vegetationskegel normalerweise bei der Nutzung unerreichbar. Das ändert sich mit dem Übergang in die Halmstreckungsphase. An Deutschem Weidelgras (Binnie et al. 1980), Lieschgras und Wehrloser Trespe (Winch et al. 1970) ließ sich nachweisen, daß der Jahresertrag sinkt, wenn der Vegetations-

Tab. 184. Wirkung der Schnitthöhe im 1. Aufwuchs auf den TM-Jahresertrag von Deutschem Weidelgras *(Lolium perenne)* (Mittel 2 Jahre, jeweils 6 Nutzungen; 2. bis 5. Nutzung einheitliche Schnitthöhe 3 cm) (nach Binnie et al. 1980, gekürzt)

	Schnitthöhe in der 1. Nutzung	1. Schnitttermin (Start)	1. Schnitt jeweils Woche(n) nach 1. Termin: 1	2	3	4	5
Ertrag 1. Nutzung	3 cm	2,4	6,9	12,5	19,6	31,5	42,2
TM dt/ha	8 cm	0,0	2,7	5,0	11,2	21,6	34,1
Jahresertrag TM dt/ha	3 cm	131,5	126,1	114,0	113,8	117,7	129,7
(6 Nutzungen)	8 cm	142,0	131,7	126,2	113,7	119,8	133,8
ährentragende Triebe je	3 cm	32,5	32,0	22,0	15,0	11,0	1,0
50 Sprosse im 2. Schnitt	8 cm	40,5	38,0	36,5	28,0	28,5	9,5

kegel bei beginnendem Streckungswachstum unmittelbar vor einer Nutzung noch knapp über die jeweilige Nutzungsebene hinausgehoben wurde. In solchen Fällen geht der Vegetationskegel bzw. die Triebspitze als Entwicklungszentrum des Triebes verloren, bevor der mit der Internodienstreckung verbundene Massenzuwachs voll einsetzen kann. Die hohe Zuwachsleistung der Halmstreckungsphase wird im Ansatz unterdrückt. Beispielhaft demonstrieren diesen Zusammenhang die in Tab. 184 zusammengefaßten Untersuchungsergebnisse. In dem diesen Befunden zugrundeliegenden Experiment (Gefäßversuch) wurden lediglich bei der ersten Nutzung differenzierte Schnitthöhen – 3 und 8 cm – angewendet, in den Folgenutzungen sodann einheitlich auf 3 cm geschnitten. Die Termine der ersten Nutzung waren gestaffelt. Das Untersuchungsergebnis vermittelt zwei Erkenntnisse von grundsätzlicher Bedeutung für Systeme mit höherer Nutzungshäufigkeit:

1. Sehr tiefer Schnitt bei der ersten Nutzung senkt gegenüber hohem den Jahresertrag.
2. Der Jahresertrag vermindert sich unabhängig von der Schnitthöhe grundsätzlich mit Verspätung der ersten Nutzung. Erst sehr stark verzögerte erste Nutzung erhöht ihn wieder. Der mit sehr zeitiger Nutzung erzielte Jahresertrag wird aber nicht mehr erreicht.

Ursache beider Phänomene ist übereinstimmend, daß sehr tiefer Schnitt in der jeweils ersten Nutzung (oder bei verzögerter erster Nutzung auch hoher Schnitt) stets die gerade in die Schnittebene hineinwachsenden Vegetationskegel bzw. Triebspitzen zu Beginn der Streckungsphase erfaßt hat. Die in der Folgenutzung gezählten generativen Triebe lassen diese Verlustraten erkennen.

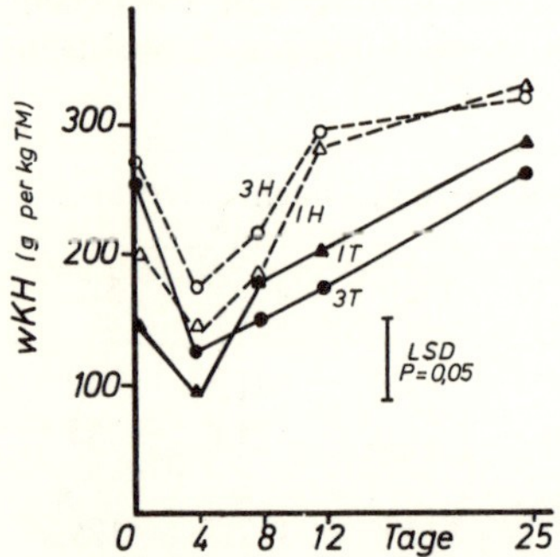

Abb. 67 Zeitliche Änderung der Konzentration wasserlöslicher Kohlenhydrate (wKH) in den Blattscheiden von *Lolium perenne* nach dem Schnitt. 1 = Schnitt wöchentlich, 3 = Schnitt alle drei Wochen, H = Schnitthöhe 4 cm, T = Schnitthöhe 2 cm (nach KING et al. 1979).

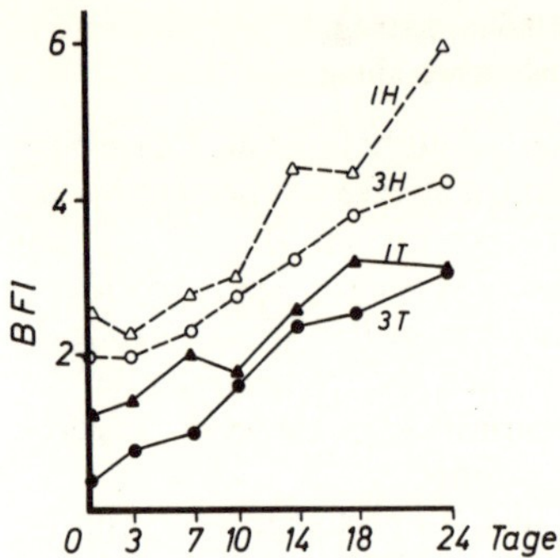

Abb. 68. Änderung des Blattflächenindex (BFI) nach Schnitt in Abhängigkeit von Schnittiefe und -häufigkeit. Symbole wie Abb. 67 (nach KING et al. 1979).

Größe der Restassimilationsfläche und Lokalisation der Reservestoffspeicher: Die Schnitthöhe bestimmt die Größe der Restassimilationsfläche, bei oberirdisch speichernden Arten ggf. auch die Höhe der Reservestoffvorräte. Wird die Restassimilationsfläche durch zu weitgehende Absenkung der Schnitthöhe reduziert, verringert sich deren Photosyntheseleistung entsprechend (Abb. 67). Verringerte Photosyntheseleistung beeinträchtigt wiederum die Regeneration (Abb. 68). Die Schnitthöhe hat für die Größe der Restassimilationsfläche allerdings nur Bedeutung, soweit die bodennahe Bestandszone überhaupt noch photosynthetisch aktiv ist.

Inwieweit durch einen Nutzungsvorgang Reservestoffe unmittelbar mit entfernt werden, bestimmen Schnitthöhe und Lage der Reservestoffspeicher gleichermaßen. **Oberirdisch speichernde Arten** können bei Nutzung Reserven teilweise oder überwiegend einbüßen, sofern die Speicherzone den bodennahen Bereich des Triebes überschreitet bzw. der Nutzungsvorgang umgekehrt tiefer in die bodennahen Bestandsschichten eingreift. Die Reserven **unterirdisch speichernder Arten** bleiben demgegenüber von mechanischen Zugriffen stets unberührt. In Mischbeständen kann letzteren daher aus scharfer Nutzung ein Entwicklungsvorteil erwachsen. Geschonte Arten vermögen sich sodann zu Lasten benachteiligter bzw. geschädigter anteilsmäßig auszudehnen. Die Ausbreitung der Quecke hat hierin ebenso eine ihrer Ursachen wie die fortschreitende Verkrautung oder Zunahme sonstiger unerwünschter Gräser. Dabei können mit tiefstreichenden und reservestoffreichen Wurzeln ausgestattete Kräuter in besonderer Weise begünstigt werden: die tiefstreichenden Wurzeln vermögen in trockeneren Perioden die Feuchtevorräte tieferer Bodenschichten auszunutzen. Damit verschaffen sich solche Arten gegenüber flacher wurzelnden Gräsern oder Leguminosen einen zusätzlichen Entwicklungsvorteil.

Klassifikation der Nutzungstiefen

Die Schnitthöhen lassen sich nach folgendem Schema klassifizieren:

Bewertung	Stoppellänge
HOHER SCHNITT bzw. lange Stoppel	> 6 cm
TIEFER SCHNITT bzw. kurze Stoppel	> 3 cm bis < 6 cm
RASIERSCHNITT	< 2 cm/3 cm

Hoher Schnitt mindert das Jahresertragsergebnis (Abb. 69) entsprechend dem erhöhten Anteil der Stoppel am Gesamtaufwuchs. Er bleibt darüber hinaus auch ohne zusätzlichen Vorteil für die Reservestoffvorräte, die bei betont schonender Nutzung nicht zusätzlich begünstigt werden (SIMON und DANIEL 1977).

Tiefer Schnitt kann die Reservestoffvorräte oberirdisch speichernder Arten gefährden. Darüber hinaus wird deren Wiederauffüllung offenbar zusätzlich beeinträchtigt. An Deutschem Weidelgras wurde nachgewiesen, daß die Rückgewinnung von Reserven umso langsamer verläuft, je tiefer der Schnitt (oder Biß) geführt wird (GRANT et al. 1981). Dessenungeachtet begünstigt tiefer Schnitt gegenüber hohem in der Mehrzahl hierzu vorliegender Untersuchungsbefunde das Jahresertragsergebnis (siehe auch Tab. 184). Schnitthöhenbedingte Ertragsverbesserung fällt jedoch artweise verschieden aus: bodenblattreiche, stark bestockende Arten (z. B. Deutsches Weidelgras) reagieren deutlicher und nachhaltiger durch Ertragsverbesserung als bodenblattarme, weniger stark bestockende (z. B. Glatthafer) (BINNIE et al. 1980, SIMON et al. 1977, WATT et al. 1980). Nach BOSWELL (1977) sind bei Deutschem Weidelgras Schnitthöhen um etwa 3 cm in Bezug auf den Ertrag solchen > 3 cm daher deutlich überlegen.

Mit Verringerung der Schnitthöhe nehmen die Verdaulichkeit der organischen Substanz, Rohproteingehalt sowie einige Mineralstoffgehalte im Schnittgut ab, der Rohfasergehalt sowie insgesamt die Futterstruktur zu. Das Ausmaß in der Änderung solcher Futterwertkomponenten steht jedoch in Beziehung zur Nutzungshäufigkeit und der während der gesamten Wachstumsperiode gehandhabten Schnitthöhe. Die Änderungen sind bei stets gleichbleibender Schnitthöhe und hoher Nutzungshäufigkeit weniger deutlich ausgeprägt und im Hinblick auf die Erfordernisse der Tierernährung ohne Bedeutung.

Rasierschnitt < 2 cm beeinträchtigt die Regeneration nachhaltig, verzögert mithin den Wiederaufwuchs und mindert damit den Jahresertrag, senkt die Wurzelmasse, verstärkt allerdings bei sehr stark bestockenden Arten die Seitentriebbildung (Tab. 185).

Eingeschränktes Regenerationsvermögen als Folge zu tiefer Lage der Nutzungsebene senkt zumindest vorübergehend das Konkurrenzvermögen gegenüber Arten, die von geringen Nutzungstiefen nicht betroffen werden. Löwenzahn

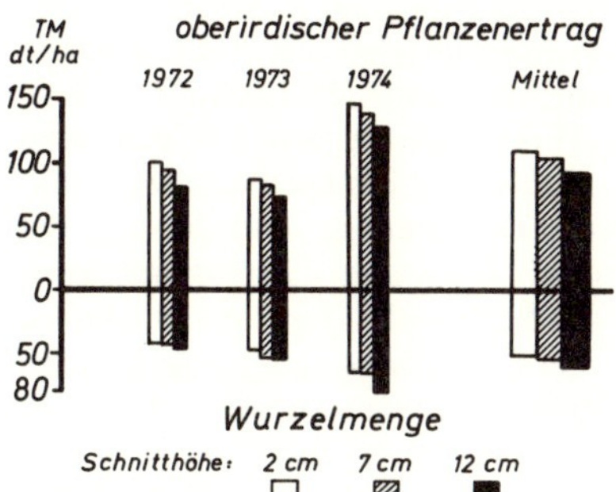

Abb. 69. Einfluß der Schnitthöhe auf Trockenmasseertrag und Wurzelmenge von Futtergräsern (nach SIMON und DANIEL 1977, verändert).

Tab. 185. Anzahl der Bestockungstriebe bei *Lolium perenne* unter verschiedenen Schnitthöhen und Nutzungshäufigkeiten (nach KING et al. 1979, verändert)

Schnitthöhe/Nutzungshäufigkeit		Triebe/dm^2
2 cm	wöchentlich	314
4 cm	wöchentlich	260
2 cm	alle 3 Wochen	237
4 cm	alle 3 Wochen	239
GD 5%		33

entwickelt sich am günstigsten in sehr kurz gehaltenen Beständen (MOLGAARD 1977). Ebenso besteht ein Zusammenhang zur Ausbreitung der unterirdisch speichernden Quecke (LUTEN 1979). Die Keimung bestimmter Kräuter (z. B. Stumpfblättriger Ampfer) ist an Licht gebunden. Sie wird bei sehr scharfer Nutzung durch Verbesserung der Lichtverhältnisse an der Bodenoberfläche begünstigt, umgekehrt durch beschattende große Restassimilationsflächen und rasche Regeneration erschwert. Verunkrautung oder Ausbreitung von unerwünschten Gräsern kann somit durch Rasierschnitt begünstigt werden.

Im Hinblick auf die Auswirkungen der verschiedenen Schnitthöhenklassen kommen für Wirtschaftsgrünland offenbar Schnitthöhen nur im Grenzbereich zwischen „hohem und tiefem Schnitt“ infrage. Eine genaue Festlegung der Schnitthöhen ist dabei ausgeschlossen. Die jeweils **günstigste Nutzungshöhe** ist nach artenmäßiger Zusammensetzung, Entwicklungszustand, insbesondere Nutzungshäufigkeit und sicher auch nach dem Witterungsverlauf verschieden. Für Mischbestände kann sie daher in der Regel auch immer nur ein am Hauptbestandsbildner orientierter Kompromiß sein. Als pauschale Richtlinie läßt sich unter Berücksichtigung der sich aus der Schnitthöhe ergebenden Wirkungsmechanismen sowie des Entwicklungsverlaufes der jeweiligen Hauptarten im Bestand festlegen:

Nutzungsphase	Stoppellänge
1. Nutzung	nicht < 6 cm (Normalschnitt)
folgende Nutzungen je nach Artenzusammensetzung	3–6 cm (Tiefschnitt)

Der Begriff **Normalschnitt** erfaßt den Übergangsbereich vom Tief- zum Hochschnitt.

Normalschnitthöhe bei der ersten Nutzung sowie Übergang zu tieferem Schnitt erst in den Folgenutzungen bietet offenbar größere Sicherheit, das Risiko verfrühter Entfernung der Triebspitzen zu senken und die Zuwachsleistung der Halmstreckungsphase besser auszunutzen. Ein maßgebendes Beurteilungskriterium für die erforderliche Schnitthöhe in der ersten Nutzung bleibt bei Ansaatgrünland zudem der jeweilige Reifetyp des Hauptbestandsbildners. Für **späte Sorten** ist die Schnitthöhe in der ersten und je nach Zeitpunkt ggf. auch in der zweiten Nutzung anders zu bewerten als für frühe, die rascher in die Streckungsphase eintreten (CAMLIN 1978). **Frühe Sorten** erlauben oder erfordern in der ersten Nutzung tieferen Schnitt als späte, um die Mehrzahl der dort bereits in der Streckungsphase befindlichen Triebe deutlich unterhalb des Vegetationskegels zu erfassen. Auf diese Weise wird die Entwicklung der frühen Sorten rascher wieder auf die Seitentriebbildung zurückverlagert.

Die für die Nutzungen nach Abschluß der generativen Phase angegebene Schnitthöhenspanne von 3 bis 6 cm trägt Erfordernissen Rechnung, die aus der Artenkombination erwachsen. Für Deutsches Weidelgras ist in fortgeschrittenen Vegetationsphasen der Vorteil schärferer Nutzung mit Schnitthöhe knapp über 3 cm für Jahresertrag, Narbendichte und Bestockungsleistung unbestritten. Für weniger stark bestockende, hochwüchsigere Arten (Wiesenschwingel, Knaulgras u. a.), sehr bodenblattarme Arten (Glatthafer) ist eine Annäherung an die obere Grenze des Tiefschnittbereiches bzw. „Normalschnitt“ im Hinblick auf die Lokalisation der Reservestoffspeicher naheliegender, zumal bei hochwüchsigen Arten oder größeren Aufwuchshöhen das Ertragsergebnis von der Stoppellänge in geringerem Ausmaß berührt wird.

2.6.3 Schnittnutzung auf Wiesen

2.6.3.1 Definition, Standorte, Intensitätsstufen und Leistungen auf Dauerwiesen

(vgl. 1.3.1.2)

Definition

Wiese bezeichnet eine Form der Grünlandnutzung, bei der die Pflanzenbestände ausschließlich oder überwiegend der Mähenutzung unterliegen. Weidenutzung wird nur gelegentlich als „Nachweide“ vor Ende der Vegetationszeit praktiziert.

Standorte

Mit einem Anteil von etwa 53% am gesamten landwirtschaftlich genutzten Grünland ist Wiesennutzung Hauptnutzungsform des deutschen Wirtschaftsgrünlandes. Räumliche Schwerpunkte sind Baden-Württemberg und Bayern mit jeweils etwa 80% Wiesenanteil am Gesamtdauergrünland (Tab. 3, Seite 19). Für den sehr hohen Wiesenanteil in der südlichen Hälfte der Bundesrepublik Deutschland sind vorwiegend verantwortlich:

1. Agrarstrukturelle Bedingungen; Flurzersplitterung, Flur- und Hoflage erschweren häufig Weidenutzung als Alternative oder schließen sie ganz aus.

2. Weidegang erschwerende Klimafeuchtebedingungen, und zwar entweder
   – regelmäßiger Wassermangel während der Wachstumsperiode, der steten Futterzuwachs ausschließt oder
   – Wasserüberschuß durch regelmäßig sehr hohe Niederschläge, die die Trittfestigkeit der Narben herabsetzen.
3. Überflutungsgefährdung sowie ständig vorhandenes oder periodisch auftretendes oberflächennahes Grundwasser nicht meliorierbarer Standorte. Weidegang ist hier unsicher oder bei grundwasserbedingt eingeschränkter Trittfestigkeit der Narbe ausgeschlossen. In Feuchtgebieten tritt oft Gefährdung der Weidetiere durch Parasiten hinzu.
4. Zwang zu Winterrauhfutterbevorratung, besonders in Ackerfutterbaubetrieben.

Intensitätsstufen landwirtschaftlich genutzten Wiesengrünlandes (Wiesennutzungsformen)

Innerhalb der Nutzungsform „Wiese" ist nach Streuwiesen und Futterwiesen zu differenzieren:

Streuwiesen (vgl. 1.3.1.3)
Diese stehen außerhalb der eigentlichen Futterwiesen. Sie dienen ausschließlich der (Ein-)Streugewinnung (Strohgewinnung). Nach durchgreifender Änderung der Aufstallungsformen haben sie kaum noch wirtschaftliche, sondern in ihren Restbeständen (vornehmlich in regenreichen Lagen des Voralpenlandes) vorwiegend ökologische Bedeutung. Charakteristika der Streuwiesen sind
- nur einmalige Nutzung je Jahr gegen Ende oder nach Abschluß der Vegetationszeit sowie
- Unterlassung jeder Form der Düngung.

Da die heranwachsende oberirdische Biomasse sehr lange am Wuchsort verbleibt, wird ein großer Teil der von den Pflanzen aufgenommenen Nährstoffe dem Boden durch Auswaschung aus den Pflanzenorganen oder über den normalen Bestandsabfall (abgestorbene Blätter, Blüten, Fruchtstände usw.) bereits vor der Ernte des Jahresaufwuchses wieder zurückgeliefert. Die Nährstoffentnahme mit dem eigentlichen Erntegut bleibt also gering. Der Nährstoffkreislauf ist annähernd geschlossen.

Die den Pflanzen zur Verfügung stehende lange Wachstumszeit begünstigt auf generative Vermehrung angewiesene, meist hochwüchsige Arten, deren Reservestoffspeicherung sich in langsamen, über die ganze Vegetationsperiode verteilten Schritten vollzieht. Arten, die zu vegetativer Vermehrung befähigt sind, treten kaum hervor (Näheres zu Streuwiesen siehe bei Ellenberg 1978).

Futterwiesen (vgl. 1.3.1.2)
Sie werden futterbaulich nach der Häufigkeit der jährlichen Nutzungen differenziert. Diese Form der Einteilung folgt ausschließlich futterbaulichen und futterbautechnischen Gesichtspunkten. Sie unterscheidet sich von der Differenzierung der Wiesenpflanzenbestände nach pflanzensoziologischen Kriterien. Da der botanische Aufbau eines Dauerbestandes jedoch den Einfluß aller Standortfaktoren widerspiegelt, somit auch den von Nutzung und Bewirtschaftung ausgehenden, besteht zwischen Wiesennutzungsform bzw. Nutzungsintensität und Wiesenpflanzengesellschaft dennoch ein enger Zusammenhang (vgl. 2.3.2.1; siehe auch Klapp 1965a, Ellenberg 1978).

Einschnittwiesen zur Futtergewinnung sind durch einen einzigen, sehr späten Heuschnitt im Hochsommer gekennzeichnet. Vielfach folgt dem Heuschnitt eine Nachweide im Herbst. Düngung unterbleibt oder wird nur gelegentlich und dann in unzulänglicher Weise verabfolgt. Die Ertragsleistung der Einschnittwiesen wird deshalb im wesentlichen vom Nährstoffnachlieferungsvermögen des Bodens sowie den standörtlichen Feuchtebedingungen bestimmt (Tab. 187).

Bestimmend für die extensive Bewirtschaftungsform sind agrarstrukturelle, vorwiegend aber standörtliche Gründe wie extreme Nässe oder extremer Wassermangel, Nährstoffarmut, Flachgründigkeit u. ä.. Wirtschaftlich kommt Einschnittfutterwiesen angesichts zumeist auch erschwerter Erntebedingungen nur noch geringe Bedeutung zu. Soweit sie nicht zu meliorieren oder in höhere Intensitätsstufen zu überführen sind, verfallen sie zunehmend der Brache oder, sofern durchführbar, extensiver Beweidung.

Zweischnittwiesen sind Hauptnutzungsform des deutschen Wiesengrünlandes. Sie dienen ausschließlich der Heugewinnung. Massenertragsleistung und botanische Zusammensetzung ihrer Pflanzenbestände bestimmendes Charakteristikum sind
- lange Wuchszeit bis zum ersten Schnitt sowie
- lange Ruhepause bis zum zweiten (Grummet- oder Öhmd-Schnitt).

Der erste Schnitt erfolgt in der Regel kurz vor oder in der Periode ab Beginn der Blüte des Hauptbestandsbildners. Soweit es die agrarstrukturellen Verhältnisse zulassen, folgt dem zweiten Schnitt mitunter noch eine Nachweide im Herbst.

Die oberirdisch heranwachsende Biomasse der Wiesenbestände nimmt in der ersten Hälfte der Vegetationszeit bis zur Anthese der Hauptbestandsbildner ständig zu (vgl. 2.6.4.2.1). Infolge-

Tab. 186. Schnittzeitpunkt der 1. Nutzung und Jahresertrag bei gleichbleibendem Termin des 2. Schnittes (nach BRÜNE et al. zit. bei KLAPP 1971, gekürzt)

Datum 1. Schnitt:	Mai 29.	Juni 7.	16.	25.	Juli 4.	13.	22.
Heuertrag							
1. Schnitt dt/ha	23,3	36,4	51,8	57,0	68,4	53,8	47,6
2. Schnitt dt/ha	41,2	37,0	32,2	37,2	31,3	28,8	12,5
Jahresertrag Heu dt/ha	64,5	73,4	84,0	94,2	99,7	82,6	60,1

dessen ist der Heuertrag beim ersten Aufwuchs der Zweischnittwiesen um so höher, je mehr der erste Schnitt verzögert wird. Erst mit Annäherung an die Samenreife der Blütenpflanzen vermindern zunehmender Bestandsabfall und gleichzeitig zurückgehender oberirdischer Zuwachs die Masse erntbarer Pflanzensubstanz wieder (Tab. 186).

Im zweiten Aufwuchs verharrt die Mehrheit der Bestandsbildner in der Regel im vegetativen Zustand. Dementsprechend ist der oberirdische Biomassezuwachs zumeist, indessen nicht generell niedriger als im ersten Aufwuchs, dessen Schnittzeitpunkt die Ertragsleistung des zweiten mitbestimmt (Tab. 186).

Maßgeblicher Wachstumsfaktor für den zweiten Aufwuchs ist das Wasser, dessen Zufuhr bei Grundwasserferne aus Niederschlägen gesichert werden muß (vgl. 2.2.1). Die Zuwachsleistung ist demzufolge sehr viel stärker als beim ersten Aufwuchs, dem wenigstens in der Anfangsentwicklung noch Winterfeuchte zur Verfügung steht, von Höhe und Verteilung der Niederschläge abhängig. Auf Standorten, die zu Sommertrockenheit neigen, ist sie daher nicht selten unsicher. Aus diesem Grund kommt im Zweischnittwiesensystem dem ersten Aufwuchs ertragsmäßig der höhere Stellenwert zu. Er prägt im wesentlichen den Jahresertrag der Zweischnittwiesen (Tab. 186).

Die relativ langen Zeiten ungestörten Wachstums führen vor allem im ersten Aufwuchs unvermeidbar zu erheblicher Selbstbeschattung. Bodenblattreiche Arten werden benachteiligt. Umgekehrt begünstigt das Nutzungsregime Arten, die sich überwiegend oder ausschließlich generativ fortpflanzen und ein ausgeprägtes Reservestoffspeicherbedürfnis haben. Solche Arten finden während der langen Perioden ungestörter Entwicklung Gelegenheit, sowohl Reservestoffe einzulagern als auch die generative Phase abzuschließen. Letztere vollzieht sich bei der Mehrzahl der Wiesenpflanzen im Frühsommer in der Periode bis zum ersten Schnitt. Verschiedene Arten treten aber auch erst im Hoch- oder Spätsommer vor dem zweiten Schnitt, manchmal sogar erst danach in die Blüte ein.

In aller Regel sind Zweischnittwiesen aufgrund der langen Nutzungsruhe durch eine vor allem nach dem Grad der Wasser- und Nährstoffversorgung differenzierte Artenvielfalt gekennzeichnet. Hervorstechendes Merkmal sind zahlreiche, mehr oder weniger auffällig blühende Kräuter, deren Existenz der selektierenden Wirkung des Nutzungsregimes zu verdanken ist.

In den charakteristischen Pflanzengesellschaften (vgl. 2.3) der Zweischnittwiesen herrschen gegenüber denen der Einschnittwiesen meist anspruchsvollere Arten vor. Das sind hochwüchsigere, vorwiegend horstbildende Gräser (Obergräser), viele staudenartige Kräuter (z. B. Wiesenkerbel, Bärenklau) und oft rankende Leguminosen (z. B. Wicken spec., Platterbsen spec.). Solcherart aufgebaute Pflanzenbestände hinterlassen nach dem ersten Schnitt überwiegend assimilationsunfähige Triebreste und eine zumeist offene, lückige Narbe. Die herabgesetzte Narbendichte und eher verhalten einsetzende Regeneration (vgl. 2.6.1.3) sind wichtige Voraussetzung für die Keimlingsentwicklung der auf generative Vermehrung angewiesenen Wiesenpflanzenarten. Sie bilden allerdings auch Ansatzpunkte unerwünschter Bestandsentwicklungen im Gefolge von Nutzungsfehlern oder in Zusammenhang mit Witterungseinflüssen.

Dem Nutzungsrhythmus entsprechend wird von Zweischnittwiesen gegenüber Einschnittwiesen jüngere, also vergleichsweise nährstoff- und mineralstoffreichere Pflanzensubstanz entnommen. Der Nährstoffexport aus dem Boden ist mithin erhöht. Das Nutzungssystem erfordert daher angemessene Nährstoffversorgung der

Pflanzenbestände über Bodenvorräte und, soweit die Bestandsleistung erhalten bleiben soll, entsprechenden Nährstoffersatz.

Dreischnittwiesen dienen überwiegend der Heugewinnung, aber auch der Futtergewinnung zur Gärfutterbereitung. Entsprechend der häufigeren Entfernung des Aufwuchses der Pflanzenbestände setzt Dreischnittnutzung notwendigerweise angemessene Feuchte- und Nährstoffversorgung voraus. Dreischnittwiesen finden sich deshalb entweder auf Standorten, die von Natur aus günstige Feuchte- und Bodennährstoffvoraussetzungen bieten („geborene" Dreischnittwiesen) oder unter Bedingungen intensiverer Bewirtschaftung, insbesondere starker Düngung.

Unter „geborenen" Dreischnittwiesen sind solche Wiesen zu verstehen, bei denen Standortgunst

Tab. 187. Intensitätsstufen und Leistungen verschiedener Wiesenformen (nach Mott 1978, Klapp 1962, 1971, Schmitt und Brauer 1979, Schöllhorn 1967, Voigtländer et al. 1971)

	Heu (dt/ha)	TM (dt/ha)
1-Schnitt – ungedüngt	15– 30	(13– 26)
2-Schnitt – insgesamt	30–120	(26–103)
im einzelnen:		
schlecht gedüngt	30– 50	(26– 43)
gedüngt, mittlere Pflege	50– 70	(43– 60)
gut gedüngte Talwiesen	70–100	(60– 86)
sehr gute Niederungs- oder Talwiesen, beste Höhenwiesen im Gebirge	80–120	(68–103)
3-Schnitt		
beste Niederungs- oder Bewässerungswiesen, sehr gut gedüngt und gepflegt	100–150	(86–130)
Mehrschnitt		
4–5 Schnitte (starke Düngung)	(90–130)	80–110
6 Schnitte (starke Düngung)	(80–130)	70–110

Angaben ohne Klammer = Originalangabe; mit Klammer = Umrechnung der Originalangabe auf Heu (TS 86%) oder TM

zur Herausbildung leistungsfähiger Pflanzenbestände geführt hat, die den erhöhten Ansprüchen dreimaliger Nutzung gewachsen sind. Der Zuwachs an oberirdischer Biomasse liegt bei den Dreischnittwiesen zumeist auf einem höheren Niveau als der der Zweischnittwiesen (Tab. 187).

Die Verkürzung der Wuchszeiten für die einzelnen Aufwüchse bei Dreischnittwiesennutzung benachteiligt bereits verschiedene Arten, die sich ausschließlich generativ vermehren und dazu aber angemessene Perioden ungestörter Entwicklung bedürfen. Desgleichen engt das Dreischnittnutzungsregime die Lebensbedingung solcher Arten ein, für die eine hinlängliche Reservestoffspeicherung nicht mehr gewährleistet ist. Glatthafer als typische Wiesenpflanze wird daher durch dreimaligen Schnitt bereits geschädigt, sofern nicht günstige Ernährungs- und Feuchtebedingungen die Nutzungswirkungen zu kompensieren vermögen (vgl. 2.6.2.2). Umgekehrt werden raschwüchsige, frühblühende Arten, wie z. B. Wiesenfuchsschwanz oder Löwenzahn vor allem durch die Benachteiligung ihrer auf längere Ruhepausen angewiesenen Konkurrenten begünstigt und somit indirekt gefördert.

Unter **Mehrschnittwiesen** werden Wiesenformen verstanden, die vier- bis fünfmaliger Nutzung, gelegentlich auch noch höherer Nutzungshäufigkeit unterliegen. Je höher die Nutzungshäufigkeit ist und je kürzer infolgedessen die Zwischennutzungszeiten werden, desto jüngeres, blatt-, mithin nährstoff- sowie wasserreicheres Futter wird gewonnen. Solches Futter ist für die Konservierung auf herkömmlichem Weg der Bodenheubereitung nicht geeignet. Vorbedingung zur Konservierung des Mehrschnittwiesenfutters sind daher entweder Einrichtungen zur Gärfutterbereitung oder der Unterdachtrocknung mit Luftanwärmung. Mehrschnittwiesen dienen darüber hinaus vielfach unmittelbarer Frischfuttergewinnung.

Mehrschnitt läßt die meisten auf generative Vermehrung angewiesenen Arten verschwinden. Er begünstigt dagegen ausdauernde, häufigere Nutzung ertragende und/oder zu vegetativer Vermehrung befähigte bzw. nicht zwingend auf generative Vermehrung angewiesene Arten. Zu den auf generative Vermehrung nicht angewiesenen zählen u. a. die futterwirtschaftlich wichtigen Untergräser Deutsches Weidelgras und Wiesenrispe, aber auch als unerwünschtes Obergras die Quecke, als Futterleguminose der Weißklee. Von den futterwirtschaftlich wichtigen Obergräsern sind Knaul- und Lieschgras, bedingt noch Wiesenschwingel häufigerer Nutzung gewachsen (siehe Tab. 178).

Mit der nutzungsbedingt nur noch begrenzten Aufwuchshöhe der Mehrschnittwiesenbestände geht auch die Selbstbeschattung innerhalb des Bestandes zurück. Die Mahd hinterläßt daher in der Regel noch assimilationsfähige, also zu rascher Regeneration befähigte Triebreste. Häufigere Nutzung in Verbindung mit günstigeren Belichtungsverhältnissen im Bestand fördern zugleich die Bestockung der Gräser und damit (im Gegensatz zur Zweischnittwiese) die Narbendichte. Mehrschnitt entspricht in seiner Wirkung auf den Pflanzenbestand nach der Häufigkeit der Entnahme assimilationsfähiger Organe daher bereits den Verhältnissen bei Weidenutzung. Anders als bei Weidenutzung fehlt jedoch die unmittelbare Rückführung von Nährstoffen, wie sie über das Weidetier geschieht. Infolgedessen hat Mehrschnittnutzung eine vergleichsweise stärkere Nährstoffversorgung zur Voraussetzung, darüber hinaus zugleich angemessene Klimabedingungen, insbesondere reichliche Wasserversorgung und günstige Temperaturen. Natürlicherweise findet sich Mehrschnitt in den regenreichen „graswüchsigen", meist auch von den Bodenverhältnissen her begünstigten Lagen des Alpenvorlandes. Er stellt hier in Verbindung mit reiner Sommerstallfütterung eine sehr alte, als „Eingrasen" bekannte Nutzungsform dar.

Leistung der Wiesen

Die Erträge oberirdischer Biomasse der Wiesen differieren innerhalb gleicher Intensitätsstufen sehr stark. Das trifft vor allem für die Wiesennutzungsformen auf niedriger Intensitätsstufe zu. Ursache der Ertragsdifferenzen sind überwiegend

- Unterschiede in den Standortbedingungen, unter denen Wiesennutzung betrieben wird; der absolute Charakter des deutschen Grünlandes kommt darin zum Ausdruck sowie
- Unterschiede in Nährstoffaufwand und Wiesenpflege.

Unbeschadet der Ertragsdifferenzen innerhalb gleicher Wiesennutzungsformen steigen die jeweils erreichbaren Massenerträge von der Einschnittwiese zur „geborenen" Dreischnittwiese an. Mit weiterer Erhöhung der Nutzungshäufigkeit sinkt der Massenertrag sodann meist, jedoch nicht generell wieder ab. Unter günstigen Standortbedingungen, insbesondere bei sehr guter Wasser- und Nährstoffversorgung, kann er sich zumindest bis zu viermaliger Schnittnutzung auch weiter verbessern, soweit entsprechend angepaßte Pflanzenbestände vorhanden sind (Tab. 188). In aller Regel steigen jedoch mit der Nutzungshäufigkeit wenigstens bis zu vier- oder selbst fünfmaligem Schnitt die Nährstofferträge an (Tab. 188). Die Zweischnittwiese ist daher unter den gängigen Nutzungsformen im Nährstoffertrag die ertragsschwächste. Darüber hinaus bleibt aber auch die Dreischnittwiese im Nährstoffertrag hinter Nutzungsformen mit höherer Nutzungshäufigkeit noch immer zurück. Die gegenüber Mehrschnittwiesen niedrigere Bruttonährstoffleistung beider Nutzungsformen ist Ausdruck eingeschränkter Konzentration verdaulicher Nährstoffe und damit begrenzter Energiedichte. Die erste Nutzung erfolgt hier zumeist bei (vor allem Zweischnittwiesen) oder kurz vor (Dreischnittwiesen) Eintritt der Gräser in die Blühphase. In diesem Entwicklungsstadium ist aber die Verdaulichkeit der organischen Substanz dieser überwiegend bestandsbestimmenden Artengruppe bereits wieder gesunken (Tab. 182). Sie verringert sich zudem von da ab sehr schnell noch weiter. Im Sommeraufwuchs treten schließlich hohe Verdauungsquotienten, wie sie in der Frühjahrs- und

Tab. 188. TM- und Nährstofferträge einer Wiesenansaat (I) nach VOIGTLÄNDER et al. 1971, sowie einer Tal-Glatthaferwiese (II) nach SCHULZ 1967
(I: $\bar{x}$ aus 2., 4. und 6. Versuchsjahr, Standort Oberbayern;
II: 1-jähriges Ergebnis, $\bar{x}$ mehrerer N-Varianten; Standort Ihinger Hof, östl. Schwarzwaldausläufer)

Schnittzahl	TM (dt/ha)		RP (dt/ha)		verd. RP (dt/ha)		kStE/ha	
	I	II	I	II	I	II	I	II
2	109,5		11,8		7,2	–	4579	–
3	101,7	106,0	16,0	16,3	11,6	–	5105	5319
4	110,0	97,1	20,2	16,3	15,4	–	5638	5943
5	–	97,5	–	18,3	–	–	–	6005
6	–	90,8	–	18,6	–	–	–	5792

Tab. 189. Mittlere Artengruppenanteile einer ehemaligen Zweischnittwiese (Melandrio Arrhenatheretum) bei variierter Nutzungsfrequenz – 12jährige Beobachtungsperiode (nach SCHÖLLHORN et al. 1970, verkürzt)

Schnitthäufigkeit	1 ×			2 ×			3 ×			4 ×			5 ×			6 ×		
	Gr	L	Kr	Gr	L	Kr	Gr	L	Kr	Gr	L	Kr	Gr	L	Kr	Gr	L	Kr
$\bar{x}$ 12 Jahre	91	1	8	79	4	17	67	18	15	63	21	16	68	19	13	80	7	13
1. Versuchsjahr	96	+	4	88	7	5	77	16	7	71	20	9	74	20	6	72	15	13
beobachteter																		
Höchstwert Gr	99	+	1	92	+	8	94	1	5	92	3	5	92	2	6	91	4	5
Tiefstwert Gr	68	3	29	45	7	48	38	19	43	39	40	21	48	19	33	62	8	30

Gr = Gräser, L = Leguminosen, Kr = Kräuter

Frühsommerwuchsphase zeitweise gegeben sind, von vornherein gar nicht erst auf. Die Energiekonzentration ist entsprechend ermäßigt. Darüber hinaus sinken Verdaulichkeit der organischen Substanz und Energiedichte auch bei den im vegetativen Zustand verbleibenden Pflanzen mit fortschreitendem Alter des zweiten Aufwuchses unvermeidbar ab (vgl. auch 2.6.4.3). Beide Futterwertmerkmale bewegen sich demnach im zweiten Aufwuchs grundsätzlich auf niedrigerem Niveau als in der vergleichbaren Entwicklungsphase des ersten Aufwuchses vor dem Beginn des Streckungswachstums. Das bei Zweischnittwiesennutzung insgesamt erzeugbare Futter entspricht mithin den erhöhten Ansprüchen in der Ernährung der Milchkuh nicht. Die aus diesem Grunde häufig geforderte Vorverlegung des Schnitttermines vornehmlich der ersten Nutzung bei Zweischnitt vermag diese qualitative Unzulänglichkeit nicht zu beheben, da die Futterwertschwäche im Grundsätzlichen, d. h. im Nutzungssystem mit seinen langen Wuchsperioden begründet ist. Eine ähnliche Bewertung gilt auch noch für das im Dreischnitt erzeugte Futter (Tab. 188). Die Nutzungsintervalle sind auch hier noch immer zu lang, so daß der Verdaulichkeit und Energiekonzentration senkende Lignifizierungsprozeß jeweils weit fortschreiten kann.

2.6.3.2 Intensivierungsmöglichkeiten für herkömmliche Heuwiesen

Verbesserungen vornehmlich in der Energiedichte im Zwei- und Dreischnittwiesenfutter sind allein durch Verkürzung der Nutzungsintervalle erreichbar. Das bedeutet Zwang zu Mehrschnitt. Übergang zu Mehrschnitt bei herkömmlichen Wiesen berührt jedoch die Existenzgrundlage typischer, eben gerade der Zwei- oder Dreischnittnutzungsfolge angepaßter Wiesenpflanzen. Sie sind in aller Regel auf generative Vermehrung und Reservestoffspeicherung angewiesen, für die wiederum längere Wuchs- und Zwischennutzungszeiten erforderlich werden. Eine Änderung im Nutzungsrhythmus führt deshalb stets zu Änderungen im botanischen Aufbau der Pflanzenbestände (siehe auch Abb. 66). Von Mehrschnitt nachteilig beeinflußt werden hauptsächlich das typische Zweischnittwiesenobergras Glatthafer, aber auch Goldhafer, ab viermaliger Nutzung desgleichen Wiesenfuchsschwanz und Wiesenschwingel. Die solcherart betroffenen Arten stellen in Wiesen zumeist die Masse der Bestandsbildner und sind somit zugleich ertragsbestimmend. Ihrem anteilmäßigen Rückgang im Pflanzenbestand folgt daher nicht selten unmittelbar auch ein Rückgang im Pflanzenertrag.

Die Änderungen in den Artanteilen und im Artenspektrum stehen im Zusammenhang zum Standort, insbesondere zu den gegebenen Feuchtebedingungen und zur Nährstoffversorgung. In Verbindung mit jahreszeitlich bedingter regelmäßiger oder auch nur gelegentlicher Trockenheit wird bei Übergang zu Mehrschnitt häufig eine mehr oder weniger schnell zunehmende Verkrautung der Pflanzenbestände beobachtet. Solche Entwicklungen sowie Ertragsrückgänge müssen jedoch nicht zwangsläufig Folge der Schnittvermehrung sein (Tab. 189 und 190). Der **Übergang zu vielschnittverträglichen Beständen** vollzieht sich vielmehr ohne Komplikationen soweit

- er nicht abrupt erfolgt
- beste Wasser- und Nährstoffversorgung gegeben und
- intensiv nutzbare Futtergrasarten bereits vorhanden sind oder

– einzuwandern vermögen oder nachträglich eingesät werden können.

Für die Einsaat kommen vorwiegend Untergräser in Frage, und zwar hauptsächlich Deutsches Weidelgras sowie Wiesenrispe. Ausnahmsweise finden aber gelegentlich auch kurzlebige Weidelgrassorten, wie Bastardweidelgras oder Welsches Weidelgras Verwendung (NEUBAUER 1978, DIETL 1980). DIETL (1980) orientiert deshalb die Intensivierungsaussichten für Zwei- oder Dreischnittwiesen nach der Weidelgrassicherheit des Standortes. Er differenziert in diesem Sinne für Standortverhältnisse der Schweiz nach gut, schlecht und gar nicht weidelgrasfähigen Standorten als Ausdruck ihrer Intensivierungsfähigkeit.

Die **Grenze der Nutzungshäufigkeiten,** die von den leistungs- und regenerationsfähigsten Futterpflanzen gerade noch toleriert werden kann, liegt unter der Voraussetzung günstigster Standortbedingungen offenbar bei sechs bis maximal acht Schnitten. Allerdings steigt mit derartigen Nutzungshäufigkeiten der Aufwand vor allem für Werbung, Konservierung und Düngung erheblich an. Im Falle sehr stark verkürzter Wuchszeiten zwischen den Nutzungen sind zudem die in der Wiederkäuerernährung aus ernährungsphysiologischen Gründen notwendigen RF- und TS-Gehalte kaum erreichbar. Von Pflanzenbeständen noch tolerierte Schnitthäufigkeiten von sechs bis acht entsprechen also nicht zugleich auch immer der futterbaulich und ökonomisch optimalen Nutzungshäufigkeit. Nach Beobachtungen von SCHÖLLHORN et al. (1970) nehmen mit der Nutzungshäufigkeit zugleich die witterungsbedingten Ertragsstreuungen größenordnungsmäßig zu, so daß auf verstärkte Empfindlichkeit gegenüber ungünstigen Witterungseinflüssen zu schließen ist (Tab. 190). Die günstigste Schnitthäufigkeit wird vielmehr offenbar mit vier bis fünf Nutzungen erreicht. Damit wird sowohl den ernährungsphysiologischen Erfordernissen der Wiederkäuerernährung Rechnung getragen, als auch unter mitteleuropäischen Klimabedingungen eine angemessene Bildung oberirdischer Biomasse gewährleistet.

Tab. 190. TM-Erträge dt/ha, $\bar{x}$ aus 12 Versuchsjahren sowie jeweils während der Versuchsperiode gemessener höchster und niedrigster Jahresertrag bei verschiedener Schnitthäufigkeit (Standort: Oberschwaben) (nach SCHÖLLHORN et al. 1970, verändert)

Schnitthäufigkeit	1 ×	2 ×	3 ×	4 ×	5 ×	6 ×
$\bar{x}$-Ertrag	63,4	89,9	89,3	82,9	82,4	68,5
höchster Ertrag	72,1	111,3	104,7	97,8	93,8	83,7
niedrigster Ertrag	50,2	77,9	60,8	47,0	48,0	42,8

Die **Steigerung der Schnitthäufigkeit** erfordert eine angepaßte Nährstoffversorgung, vor allem angemessene N-Düngung. Andererseits steht aber auch die Wirtschaftlichkeit einer verstärkten N-Düngung in engem Zusammenhang zur Nutzungshäufigkeit. Tab. 191 verdeutlicht dazu, daß Anhebung der N-Düngung zwar zu hohem Massenertrag führt, bei gleichbleibender Nutzungshäufigkeit nicht aber zugleich zu höherem Futterwert. Die den tierischen Nutzertrag des Grünlan-

Tab. 191. TM-Erträge ($\bar{x}$ 2 Jahre) und Energiekonzentration* (1 Jahr) im Futter einer ehemaligen 2-schürigen Tal-Glatthafer-Wiese in Abhängigkeit von Schnitthäufigkeit und N-Düngung (nach SCHULZ 1967, verändert)

Schnittzahl	Trockenmasse (dt/ha)				Energiekonzentration (kStE/kg TM)				Energiekonzentration (MJ NEL/kg TM)			
	0	120	240	360	0	120	240	360	0	120	240	360
3	77,7	104,5	114,6	115,2	504	501	497	505	5,29	5,26	5,23	5,30
4	87,8	92,7	108,9	117,9	613	615	597	622	6,29	6,30	6,13	6,36
5	65,6	88,4	107,0	117,4	648	615	615	619	6,59	6,30	6,30	6,33
6	60,0	80,9	98,6	108,7	644	621	644	643	6,52	6,35	6,52	6,52

* NEL aus StE berechnet nach Vorschlag Inst. f. Grünland- und Futterpflanzenforschung, FAL Braunschweig-Völkenrode 1982

des maßgeblich mitbestimmende Energiekonzentration im Futter verbessert sich im Beispielsfall bei gleichbleibender Nutzungshäufigkeit nicht. Erst mit deren Steigerung ist der massenertragsbegünstigende Effekt der N-Düngung auch mit einer Erhöhung des Futterwertes verbunden. N ist demnach Voraussetzung für Mehrschnittnutzung, Mehrschnitt umgekehrt Voraussetzung ökonomischen Einsatzes erhöhter N-Gaben (vgl. 2.5.2).

2.6.4 Weidenutzung

2.6.4.1 Ansprüche des Nutztieres an das Weidefutter

Die Ansprüche an das Weidefutter werden durch das für Erhaltung und Wohlbefinden des Nutztieres Erforderliche sowie das zur Erbringung der Individualleistung Notwendige bestimmt. Je nach Rasse, Alter, Gewicht, Leistung und Leistungsrichtung, Laktationsstadium bei Milchkühen, äußeren Lebensumständen (Klima, zusätzlicher Aufwand für Fortbewegung in Berglagen) u. v. a. m. sind die Ansprüche verschieden. Inwieweit sie bei Weidegang erfüllt werden, bestimmen zum einen die Konzentration essentieller Stoffe im Futter sowie dessen sonstige Werteigenschaften, zum anderen die Futteraufnahme. Erstere werden im wesentlichen vom Entwicklungszustand der Pflanzen im Augenblick der Aufnahme bestimmt, die Futteraufnahme vom Futteraufnahmevermögen, das seinerseits zunächst durch das Fassungsvermögen des Verdauungsapparates limitiert wird, aber rassentypisch verschieden ist.

Unabhängig vom Fassungsvermögen vor allem der Vormägen der Wiederkäuer wird die Futteraufnahme darüber hinaus entscheidend vom **mengenmäßigen Futterangebot** und der **Futterbeschaffenheit** beeinflußt. Das mengenmäßige Futterangebot wird von der Zuwachsleistung des Pflanzenbestandes bis zum Weideauftrieb sowie von der Größe der zur Verfügung stehenden Weidefläche bestimmt. Futterbeschaffenheit erfaßt begrifflich primär die Futterwerteigenschaften Trockensubstanz- und Rohfasergehalt, physikalische Struktur und Verdaulichkeit der organischen Substanz, Mineral- und Wirkstoffgehalt, die in ihrer Gesamtheit bereits unter 1.6.1.1 behandelt wurden, sekundär den **Futterzustand** und die **botanische Zusammensetzung.**

Futterzustand bezieht sich begrifflich auf den Verschmutzungsgrad des Futters vor allem durch Exkremente. Je stärker das Futter verschmutzt ist, desto mehr wird die Futteraufnahme gemindert. Sie ist deshalb auch in der Nutzungsfolge „Weide–Weide“ stets niedriger als bei regelmäßigem Wechsel von Mähe- und Weidenutzung. ’t Hart et al. (1974) ermittelten an 1,5jährigen Ochsen eine Futtermehraufnahme nach voraufgegangener Mahd gegenüber der Folge Weide–Weide zwischen 0,8 und 1,2 kg TM/Tag.

Die **Botanische Zusammensetzung** vermag die Futteraufnahme sowohl zu begünstigen als auch zu vermindern. Höhere Anteile von Arten, die stark behaart sind (z. B. Weiche Trespe = *Bromus mollis*, Wolliges Honiggras = *Holcus lanatus*, Kriechende Quecke = *Elymus repens*), stark duften (z. B. Bergwohlverleih = *Arnica montana*) oder toxische Stoffe enthalten (z. B. Hahnenfußarten = *Ranunculus spec.*) senken die Futteraufnahme, höhere Anteile wertvoller Untergräser, angemessene Anteile wertvoller Leguminosen und Kräuter verbessern sie. Die Futteraufnahme begünstigende Wirkungen bestimmter Arten erlangen jedoch nur in weniger intensiv genutztem und vornehmlich originärem Grünland merkliche Bedeutung. In leistungsfähigen, nach zeitgemäßen Erkenntnissen der Grünlandbewirtschaftung erstellten und entwickelten Beständen ist eine zusätzliche Verbesserung der Futteraufnahme etwa durch bestimmte Kräuter nicht erreichbar (Voigtländer 1974).

2.6.4.2 Entwicklung des Weidefutters

2.6.4.2.1 Wachstumsverlauf während der Weideperiode

Die Zuwachsrate oberirdischer Biomasse der Grünlandpflanzenbestände wird vom Entwicklungsrhythmus der Bestandsbildner bestimmt.

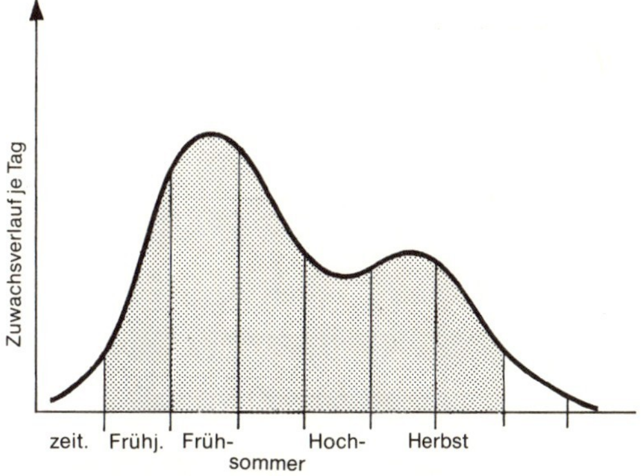

Abb. 70. Jahresgang des täglichen Ertragszuwachses bei Gräsern, schematisch.

Dementsprechend ändert sie sich innerhalb der Vegetationsperiode. Dabei lassen sich für Grünlandbestände im Normalfall drei Wuchsabschnitte unterscheiden (Abb. 70):

Erster Wuchsabschnitt: **Frühjahrs- und Frühsommerperiode** sehr intensiven Massenwuchses. Sie wird durch das intensive Streckungswachstum vor allem der Gräser nach deren Eintritt in die generative Phase ausgelöst. Zuwachshöhepunkt und gleichzeitig Ende des Entwicklungsabschnittes bildet das sog. Vorsommermaximum, das in Zentraleuropa standortverschieden zwischen Mitte Mai und Mitte Juni eintritt. Der durch ausgeprägten Massenwuchs gekennzeichneten eigentlichen Frühsommerperiode ist eine nach der Winterruhe einsetzende Vorbereitungszeit vorgeschaltet, während der vornehmlich die Gräser Seitentriebe anlegen (Bestockungsphase) und Assimilate anreichern. Der Zuwachs ist in dieser Phase auf Grund noch mäßiger Luft- und Bodentemperaturen gering. Er beschleunigt sich jedoch mit ansteigender Temperatur und Tageslänge über das Blattschoß- und Halmschoßstadium bis zum eigentlichen Wachstumshöhepunkt immer mehr. Der Zuwachsverlauf zwischen Vorbereitungsphase und Vorsommermaximum wird maßgeblich von den standörtlichen Klimabedingungen geprägt. Die tägliche Zuwachsrate steigt umso schneller an, je stärker der eigentliche Vegetationsbeginn verzögert wird (Abb. 71 und 72).

Zweiter Wuchsabschnitt: **Sommerperiode** – dem Vorsommermaximum folgende Phase nachlassenden Zuwachses. Die Erscheinung wird als Sommerdepression (engl. Midsummerdepression) bezeichnet. Der Tiefstpunkt des Wachstumsabschwunges wird in Zentraleuropa in der Regel zwischen Ende Juni und Mitte Juli erreicht. Die Ursachen der Sommerdepression sind nicht gänzlich geklärt. Sie betrifft offenbar vorwiegend Gräser, tritt kaum oder gar nicht bei mehrfach blühenden Leguminosen auf. Als auslösender Faktor wird ein endogener Wachstumsrhythmus, der Zellteilung und Zellvergrößerung hemmend beeinflußt, unterstelle. Sie fällt außerdem mit einem Rückgang der Reservestoffvorräte und Wurzelmasse zusammen. Ein Zusammenhang wird vermutet, ist aber nicht nachgewiesen.

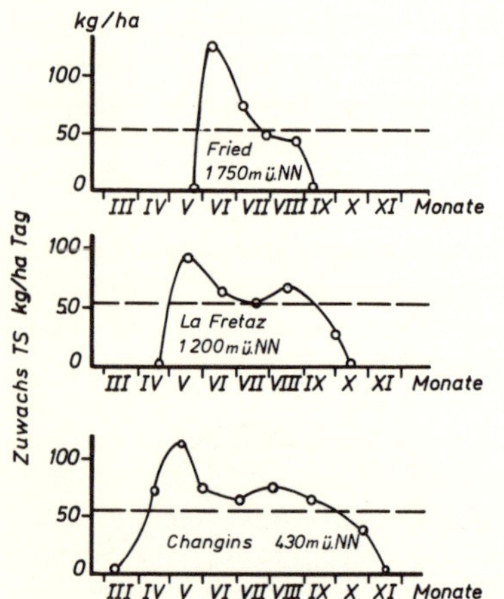

Abb.71. Wachstumskurve der natürlichen Weiderasen in verschiedenen Höhenlagen, Mittel von zwei Jahren (nach CAPUTA und SCHECHTNER 1970).

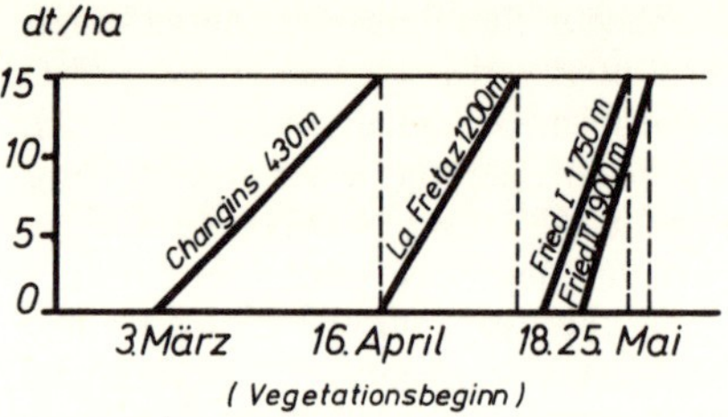

Abb. 72. Wachstumsschnelligkeit naturbelassener Weidenarben im Frühling in verschiedenen Höhenlagen. Zeitspanne zwischen Vegetationsbeginn und Weidestadium (15 dt TS/ha), Mittel drei Jahre (nach CAPUTA und SCHECHTNER 1970).

Dritter Wuchsabschnitt: **Spätsommer-/Herbstperiode,** Phase eines oftmals, aber nicht generell eintretenden erneuten mäßigen Zuwachsanstieges nach der Sommerdepression. Sie gipfelt in einem zweiten Wachstumshöhepunkt, der indessen quantitativ dem Vorsommermaximum nicht mehr entspricht. Der spätsommerliche Wachstumsschub wird überwiegend durch neuerliche oder wieder verstärkte Seitentriebbildung der nunmehr in vegetativem Zustand verharrenden Gräser ausgelöst. Er kann auch durch Arten verursacht sein, deren generative Phase erst im Spätsommer liegt. Allen in dieser Phase photosynthetisch aktiven Arten gemeinsam ist die Speicherung von Reservestoffen für Überwinterung und Neuaustrieb nach Winter.

Mit allmählich abnehmender Tagestemperatur und Strahlungsintensität zum Herbst hin sinkt die Zuwachsleistung nach dem zweiten Zuwachshöhepunkt langsam ab. Bei günstiger Witterung können bis zum endgültigen Wachstumsstillstand jedoch gelegentlich kurzzeitige Phasen eines erneut verstärkten Wachstums eintreten (siehe Abb. 29, Seite 135).

Der beschriebene und mit Abb. 70 modellhaft dargestellte dreiphasige Zuwachsverlauf während der Vegetationsperiode unterliegt vielfältigen Abwandlungen. Vor allem der sommerliche Wachstumsrückgang, der im Weidebetrieb zeitweise Frischfuttermangel verursachen kann, trifft die Pflanzenbestände des Wirtschaftsgrünlandes nicht gleichermaßen. In seiner Ausprägung wird er vielmehr vornehmlich durch botanische Zusammensetzung des Bestandes, Klima, Witterung, Vegetationsdauer, Nutzung und Bewirtschaftung bestimmt. Physiologische Faktoren als Auslöser der Sommerdepression überschneiden sich somit zugleich mit ökologischen. Verallgemeinert ergibt sich dazu:

1. Die Sommerdepression ist in leguminosen- und/oder krautreichen Beständen weniger scharf ausgeprägt als in grasreichen.
2. Sommerlicher Ertragsrückgang und Mehrgipfligkeit der Zuwachskurve sind umso deutlicher ausgeprägt, je früher die Vegetationsperiode einsetzt und je länger sie anhält. Bei verspätetem Wuchsbeginn (nördl. Zonen, Berglagen) deutet sich ein zweites Maximum oftmals nur noch an oder tritt gar nicht mehr auf. Die Zuwachsrate vermindert sich in solchen Fällen vielmehr nach dem Vorsommermaximum fortlaufend bis zum Vegetationsende hin (Abb. 71).
3. Sommertrockenheit, verspätete Nutzung (= geringe Nutzungshäufigkeit), starke ertragssteigernde und reservestoffzehrende Düngung im Vorjahr oder im Verlauf der Frühjahrswuchsperiode verstärken die Sommerdepression. Umgekehrt mildern sie reichliche Wasserversorgung und günstige Strahlungsverhältnisse sowie frühe Unterbrechung der generativen Entwicklung durch wiederholte Nutzung.
4. Zwischen den Grasarten des Wirtschaftsgrünlandes bestehen im grundsätzlichen Verlauf der Zuwachskurve keine Unterschiede. Der Eintritt der einzelnen Wuchsphasen kann sich aber art- und sortenbedingt zeitlich verschieben (Abb. 73).

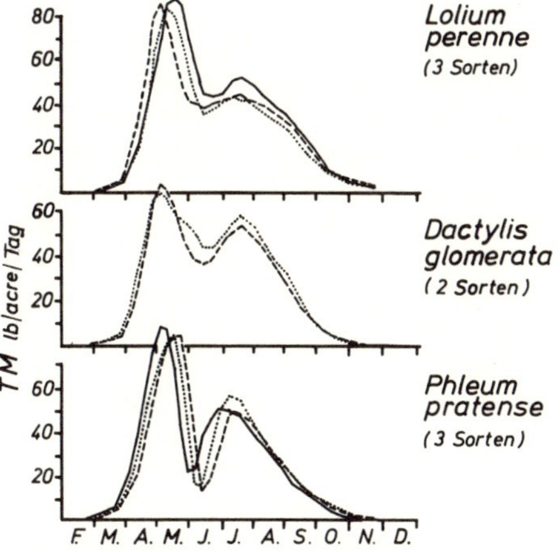

Abb. 73. Verlauf der Wachstumskurve bei drei verschiedenen Grasarten in Abhängigkeit von der Sorte (nach ANSLOW und GREEN 1967).

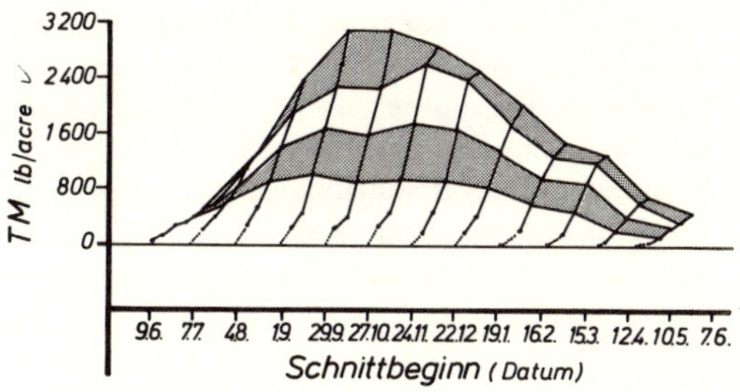

Abb. 74. TM-Zuwächse je Woche innerhalb jeweils sechswöchentlicher Wuchsperioden (Deutsches Weidelgras mit Weißklee). Neuseeland; die Winterperiode ist miterfaßt; Kurven mathemat. geglättet; die 4. und 6. Wuchswoche sind jeweils hervorgehoben (nach BROUGHAM 1959, verändert).

2.6.4.2.2 Wachstumsverlauf zwischen zwei Nutzungen

Ähnlich der Jahreszuwachskurve nimmt die Regeneration nach der Nutzung einen ebenfalls dreiphasigen Verlauf.

Erste Phase: **Vorbereitungsstadium** und Einleitung der Blattneubildung. Stoffliche Grundlage hierzu sind Reservestoffe sowie in Restassimilationsflächen gebildete Assimilate. Die Assimilateversorgung ist zu Beginn der Regenerationsphase noch unzulänglich. Der Wiederaufwuchs setzt daher zögernd ein.

Zweite Phase: **Stadium starken Zuwachses.** Die Photosyntheseleistung steigt mit Vergrößerung der Blattfläche rasch wieder an; der Zuwachs beschleunigt sich bis zur Wiederherstellung des optimalen BFI. Als Zeit stärksten Zuwachses gilt die dritte bis vierte Wuchswoche nach der Nutzung. Die zeitliche Dauer der zuwachsintensivsten Regenerationsphase ist jedoch saisonabhängig. Sie verlängert sich ab Vegetationsbeginn gegen das Sommermaximum hin. Danach verkürzt sie sich wieder (Abb. 74). Gleichzeitig mindern sich entsprechend dem Jahreszeitverlauf der Zuwachskurve auch die täglichen Zuwachsraten.

Dritte Phase: **Rückgang des Zuwachses** mit Annäherung an den und Überschreitung des optimalen BFI, vornehmlich bedingt durch allmählich eintretenden, höhenwuchsbedingten Lichtmangel in den bodennahen Bestandsschichten. Aus diesem Grund ist es nicht sinnvoll, bei nachlassender Zuwachsintensität den Nutzungstermin in Erwartung weiteren Zuwachses zu verzögern.

2.6.4.3 Durchführung des Weideganges

2.6.4.3.1 Auf- und Abtriebstermine

Weideauftrieb im Frühjahr

Im ersten Aufwuchs der Weidepflanzenbestände wird das ernährungsphysiologisch günstigste Nutzungsstadium schnell durchschritten, weil sich der Rückgang der Verdaulichkeit der organischen Substanz im Futter ab dem Eintritt in diese Entwicklungsphase beschleunigt und sich umgekehrt die Zunahme von RF- und TS-Gehalt verstärkt (vgl. 2.6.2.2). Im Gefolge solcher Vorgänge nimmt die Futteraufnahme auf der Weide ab. Die Nährstoffzufuhr bei Weidegang wird damit doppelt betroffen: durch sinkende Nährstoffkonzentration im Futter und durch verringerte Futteraufnahme. Die Reduktion der Futteraufnahme und das im ersten Aufwuchs schnell anwachsende Futterangebot lassen zugleich den Anteil nicht aufgenommenen Futters auf der Weide, den „Weiderest" (vgl. 2.6.4.4.2), ansteigen. Die Futterausnutzung sinkt damit ständig.

Das sich schnell vergrößernde Futterangebot im ersten Aufwuchs ist in den hohen Zuwachsraten des ersten Wachstumsabschnittes begründet, das seinerseits vornehmlich auf das Streckungswachstum der Gräser zurückgeht. Die mit dem Halmstreckungswachstum verbundenen Vorgänge in der Pflanze lösen wiederum die futterwertsenkenden Prozesse hauptsächlich aus. Der Futterwertabnahme läßt sich durch rechtzeitige Abschöpfung und Konservierung des Aufwuchses vorbeugen. Diese Maßnahme findet aber Grenzen: Einerseits bedarf es im Weidebetrieb eines kontinuierlichen Futterangebotes, andererseits führte die zeitgleiche Abschöpfung des gesamten Aufwuchses zum Zeitpunkt des günstigsten Futterwertes im Folgeaufwuchs nochmals zur ähnlichen Schwierigkeit eines annähernd zeitgleichen Eintrittes der Nutzungsreife. Darüber hinaus findet eine solche Vorgehensweise auch arbeitswirtschaftliche Grenzen. Angemessene Ausnutzung des Aufwuchses sowie Erhaltung seines Futterwertes erfordern deshalb, den Weideauftrieb im Frühjahr bereits während des Blattstadiums und vor das ernährungsphysiologisch günstigste Entwicklungsstadium der Pflanze zu verlegen, um auf diesem Wege

- zeitgleichen Eintritt der Nutzungsreife auf der gesamten Weidefläche zu verhindern sowie
- zeitliche Staffelung des Folgeaufwuchses und damit Kontinuität im Angebot nutzungsreifen Futters zu erreichen.

Über die Terminierung des Weideauftriebs wird somit das gesamte Nutzungsregime eines Vegetationsjahres „einreguliert". Der Auftriebstermin läßt sich allerdings nicht beliebig vorverlegen. Pflanzenbauliche wie ernährungsbezogene Gründe setzen für den regulären Weideauftrieb eine Mindestentwicklung der Pflanzenbestände voraus, die mit Aufwuchshöhen um etwa 12 cm in grasreichen Beständen erreicht wird. Mit dem Weideauftrieb vor Eintritt der Nutzungsreife wird dem Weidetier jedoch noch sehr nährstoff- und wasserreiches, demzufolge TS- und RF-armes, insgesamt „strukturarmes" Futter zugeführt, das häufig zudem einen unausgeglichenen Mineralstoffgehalt aufweist. Unabhängig davon, daß die TS-Aufnahme bei solchem jungen Futter ohnehin begrenzt bleibt, schließt der physiologische Zustand des Futters bis zum Erreichen entsprechender Futterstruktur Weidevollernährung aus.

Beeinflussung des Eintrittes der Nutzungsreife im Frühjahr durch Vorweide

Der Eintritt der Nutzungsreife im ersten Aufwuchs läßt sich durch „Vorweide" (oder Frühjahrsvorweide) in Grenzen beeinflussen. Unter Vorweide wird eine sehr frühe Überweidung des ersten Aufwuchses im Frühjahr bei Aufwuchshöhen zwischen 5 und 8 cm verstanden. Ein großer Teil des sich nach der Winterruhe gerade entwickelnden Blattapparates wird bereits im „Vorbereitungsstadium" (Seite 292) wieder entfernt und damit die Basis für den Aufbau des Assimilationsapparates reduziert. Es tritt zunächst eine Wuchsverzögerung ein, deren Ausmaß von Zeitpunkt und Dauer der Vorweide sowie von der Witterung bestimmt wird (Tab. 192). Der Verzögerungseffekt (eigentlich die Schädigung der Pflanzen) ist umso deutlicher, je schärfer verbissen wird, je früher Vorweide einsetzt und je länger sie ausgedehnt ist. Bei längerer Vorweide erhöht sich nach BECKHOFF (1976) im folgenden Aufwuchs der Rohfasergehalt, während Rohproteingehalt und Gehalt energetisch verwertbarer Stoffe dagegen erniedrigt sind. Die Erscheinung steht

Tab. 192. Vorweide und zeitliche Ertragsabstufung im folgenden Aufwuchs (Mittel 3 Jahre) (BECKHOFF 1976)

	im Mittel wurden erreicht 35	50	65
	dt TM/ha am		
ohne Vorweide	8. Mai	20. Mai	30. Mai
Vorweide bis bzw.			
am 19. April	17. Mai	27. Mai	7. Juni
am 26. April	22. Mai	2. Juni	13. Juni
am 3. Mai	27. Mai	7. Juni	20. Juni
am 10. Mai	5. Juni	21. Juni	6. Juli

offenbar in Zusammenhang zu dem sich mit fortschreitender Jahreszeit verstärkenden Langtagseinfluß, der zu raschem Streckungswachstum und schnellerer Futteralterung führt. Vorweide muß daher zu Beginn der Vegetationszeit möglichst früh durchgeführt und zeitlich kurz befristet werden. Darüber hinaus ist sie als Hilfsmittel der Wuchsverzögerung wegen ihrer langfristig eher schädigenden Gesamtwirkung zumindest bei Beständen mit geringen Anteilen von oder gar nicht vorhandenem Deutschem Weidelgras sparsam anzuwenden. Die unzeitgemäße Teilentfernung des Assimilationsapparates beeinflußt den Jahresertrag oberirdischer Biomasse negativ (JACOB 1974), die botanische Zusammensetzung des Pflanzenbestandes kann sich in unerwünschter Weise verändern. Begünstigt wird unter anderem die Einwanderung oder Ausbreitung vor allem von Jähriger Rispe, Quecke oder auch Stumpfblättrigem Ampfer. Auf nährstoffärmeren Böden der höheren Lagen führt regelmäßig verfrühte Weide häufig zu übermäßiger Förderung des Rotschwingels. Die negativen Einflüsse der Vorweide auf Pflanzenbestand und Zuwachsleistung lassen sich durch jährlichen Wechsel der Vorweideflächen sowie angemessene Nährstoffversorgung vornehmlich mit N mildern oder vermeiden (vgl. auch 2.5.2.1.5).

Weideabtrieb im Herbst

Er wird bestimmt durch

- das Ende des Wachstums und damit eintretendem Futtermangel sowie
- zunehmende Bodenfeuchte, mit der sich Trittschäden an den Narben vergrößern.

Den Weideabtrieb bestimmen demnach klimatische Gründe, nicht dagegen pflanzenphysiologische. Eine gezielte Schonung von Weidepflanzenbeständen im Herbst und dementsprechende Terminierung des Abtriebes zur Begünstigung der Frühjahrsentwicklung ist bei angemessener ganzjähriger Nährstoffversorgung nicht nötig. Im Frühjahr verfügbarer N sowie der Verlauf der Winter- und Frühjahrswitterung nehmen auf den Frühjahrsaustrieb sehr viel stärkeren Einfluß als bewußt verminderte Nutzungsintensität im Herbst.

2.6.4.3.2 **Nutzungszeitpunkt** (vgl. 2.6.5.3)

Weidereife

Der Nutzungszeitpunkt hat den Ansprüchen des Nutztieres und den Erfordernissen des Pflanzenbestandes gleichzeitig Rechnung zu tragen. Die **Ansprüche des Nutztieres** werden durch leistungsangemessene Nährstoffkonzentration im Futter, durch wiederkäuergerechte physikalische Futterstruktur und durch mengenmäßig ausreichendes Futterangebot bestimmt. Den **Erfordernissen des Pflanzenbestandes** wird durch Gewährleistung hinlänglicher Perioden ungestörter Photosynthese zwischen den Nutzungen oder vor Winterbeginn und ungestörte Reservestoffspeicherung für die Regeneration entsprochen. Die **Regeneration** bzw. Reservestoffspeicherung werden begünstigt und erstere beschleunigt, soweit nach der Nutzung Restassimilationsflächen verbleiben.

Der Regeneration förderlich ist somit Beseitigung des Aufwuchses noch bevor die höhenwuchsbedingte Beschattung bodennaher Pflanzenteile Wirksamkeit erlangt und dort zum Abbau des Chlorophylls sowie zum Absterben photosynthetisch aktiver Organe führt.

Das Entwicklungsstadium, in dem die Ansprüche des Nutztieres erfüllt sind, wird mit dem Begriff **Weidereife** umschrieben. Weidereife ergibt sich vorrangig aus den für einen ordnungsgemäßen Ablauf der Pansenfunktionen maßgeblichen Futtereigenschaften, nicht zwingend aus dem mengenmäßigen Futterangebot. Maßgebende Kriterien der Weidereife sind deshalb RF- und TS-Gehalt. Weidereife ist erreicht bei

- 18 (bis 20) % TS
- 20 bis 25 % RF in der TS.

Die Begrenzung des RF-Gehaltes auf etwa 25 % der TS ergibt sich aus der negativen Beziehung steigender RF-Gehalte zur Verdaulichkeit der organischen Substanz. Diese bewegt sich in dem als „Weidereife" bezeichneten Stadium je nach Bestandsaufbau und Jahreszeit zwischen etwa 70 und 80 %. Da RF- und TS-Gehalt in der Pflanze nicht schätzbar sind, wird als Kriterium

Tab. 193. TS-, RF- und Nährstoffgehalt von Gras in Abhängigkeit vom Beweidungszeitpunkt (Kaufmann et al., zit. bei Daenicke 1975)

Weidegras, Höhe cm		TS (%)	RF (% d. TS)	je kg TS		v.E.: StE 1:	NEL* MJ
				v.E. g	StE		
jung	ca. 15	14–17	16–19	160–180	700	4,1	7,06
„weidereif"	ca. 25	18–21	23–26	110–120	630	5,5	6,43
älter	ca. 35–40	23–26	29–33	80– 90	540	6,4	5,62

* MJ NEL aus StE berechnet nach Inst. f. Grünland- und Futterpflanzenforschung der FAL Braunschweig-Völkenrode 1982

der Weidereife hilfsweise die Aufwuchshöhe des Pflanzenbestandes herangezogen. In einheitlich zusammengesetzten Beständen steht sie in Beziehung zum Massenertrag, aber auch zu RF- und TS-Gehalt (Tab. 193). Der Rückschluß aus der Aufwuchshöhe auf Weidereife ist jedoch auch für einheitlich zusammengesetzte Pflanzenbestände nach derzeitigem Kenntnisstand problematisch. Die Beziehungen zwischen Wuchshöhe und Futterwert der Pflanzen sind vom botanischen Aufbau des Bestandes, seiner Dichte und der Witterung abhängig, zudem im Verlauf der Vegetationsperiode nicht konstant. Wuchshöhen, die im Frühsommer das Stadium Weidereife markieren, werden im Sommer und Herbst bei eingeschränktem Streckungswachstum kaum noch erreicht. Ein weiteres Kennzeichen der Sommeraufwüchse ist, daß die Rohfasergehalte schneller ansteigen als im Frühjahr oder Herbst (Tab. 194) und die Verdaulichkeit insgesamt niedriger bleibt als in anderen Vegetationsabschnitten (Tab. 181 und 182). Darüber hinaus mindert sich die im Sommer ohnehin niedrigere Verdaulichkeit fortlaufend weiter, wenn auch nicht mit der gleichen Intensität wie während der generativen, durch deutliches Streckungswachstum gekennzeichneten Frühsommerphase. Wie sich an Deutschen Weidelgras

Tab. 194. Rohfasergehalte (% d. TS) bei jeweils 4 Wochen alten Aufwüchsen von *Lolium perenne* während der Vegetationsperiode (N1 = 33 kg N/ha; N2 = 66 kg N/ha) (nach Jacob 1979)

Monat:		IV	V	VI	VII	VIII	IX
Rohfaser	N1:	16,8	20,3	25,3	24,3	23,2	18,8
% d. TS	N2:	17,8	23,5	23,8	22,4	23,7	19,0
$\bar{x}$		17,3	21,9	24,6	23,4	23,4	18,9

zeigte, beeinflußt im Sommer vornehmlich die Alterung des Aufwuchses die Verdaulichkeit (Fischer 1985). „Weidereife" im Sinne der maßgebenden Futterinhaltsstoffe tritt somit nach dem Ende der generativen Phase der Gräser im Sommer durchaus schon nach relativ kurzer Zeit und vor allem bei niedrigeren Aufwuchshöhen wieder ein als im Frühsommer. Bei der Beurteilung des Aufwuchses nach „Weidereife" ist mithin nach Vegetationsstadium zu differenzieren. Als Anhaltspunkt für den Eintritt in die Weidereife gilt daher für einheitlich zusammengesetzte, grasreiche und intensiv genutzte Bestände hilfsweise:

Vegetationsphase	mittl. Aufwuchshöhe	erforderl. Aufwuchszeit
bis ca. Mitte Juni	20–25 (30) cm	2–4 Wochen
ab Juni/Juli	ab ca. 15 cm	(4–) 6–8 Wochen

Zumindest für (holländisches) Niederungsgrünland ist das Stadium „Weidereife" zugleich mit einem **TM-Ertrag von 15 bis 25 dt/ha** definiert.

Die „Weidereife" im ernährungsphysiologischen Sinne kennzeichnende Wuchshöhe läßt die mit zunehmender Bestandshöhe verbundene Beschattung der „Stoppelebene" noch nicht vollständig zur Wirkung kommen. Restassimilation wird noch nicht gänzlich unterbunden, niedrigwüchsige Arten (z. B. Weißklee) werden nicht verdrängt. Das mit ernährungsphysiologischen Argumenten begründete Stadium „Weidereife" entspricht somit zugleich auch einem pflanzenphysiologisch günstigen Nutzungsstadium, dessen Einhaltung die Regeneration begünstigt.

Wird die mit „Weidereife" bezeichnete Aufwuchshöhe in der Halmstreckungs- („Schoß"-)

phase des Frühjahrs überschritten, bleibt davon die Futteraufnahme zunächst wenig berührt, solange Rohfaser- und TS-Gehalte des Gesamtaufwuchses noch innerhalb des ernährungsphysiologisch günstigen Bereiches verbleiben und ein insgesamt ausreichendes Futterangebot gewährleistet ist, bei dem die Weidetiere zusagende Pflanzenteile (Blätter) herausselektieren können. Mit dem Überschreiten der mit „Weidereife" verbundenen Aufwuchshöhe erhöht sich jedoch der Anteil nichtaufgenommener Pflanzenteile. Der „Weiderest" (Seite 302) steigt an, die Futterverluste nehmen zu, die Verwertung des Gesamtaufwuchses sinkt somit.

Mit „Weidereife" ist das ernährungsphysiologisch günstigste Wuchsstadium erreicht. Angesichts der Erfordernisse in der Rinderleistungsfütterung besteht daher kein Grund, bei Mähenutzung zu Silagebereitung oder bei Heugewinnung davon abzugehen. Dennoch wird aus werbungs- und konservierungstechnischen Gründen weiter nach „Silo"- und „Heureife" differenziert.

Siloreife
Als Siloreife wird das Stadium ab Beginn Schieben der Blütenstände bestandsbildender Gräser bis vor deren Blüte verstanden. Der damit umschriebene Entwicklungszustand ist unter Praxisbedingungen leicht zu ermitteln. Die Definition begrenzt die Bestimmbarkeit des Nutzungszustandes „siloreif" jedoch auf die generative Phase.

Die Notwendigkeit „Siloreife" bei der Gärfutterbereitung abzuwarten, wird mit dem im Augenblick der Nutzung dann höheren TS-Gehalt des Futters begründet und den damit günstigeren Voraussetzungen für das Anwelken sowie der zu erwartenden besseren TS-Aufnahme aus der späteren Silage. Außerdem steigt der Massenertrag von der Weidereife zur Siloreife weiter an, in der im Normalfall ein mittlerer **TM-Ertrag von 25 bis 35 dt/ha** erreicht wird. Gegenüber weidereifem Futter ist die Verdaulichkeit der organischen Substanz bei Siloreife jedoch erniedrigt. Nach neueren Untersuchungen ist zudem die Trocknungsgeschwindigkeit zumindest bei Gräsern gegenüber der im Stadium Weidereife herabgesetzt (ELSÄSSER 1984). Die Anwelkvoraussetzungen werden also eher verschlechtert.

Heureife
Heureife bezeichnet das Stadium „Schieben der Blütenstände bis Blüte der bestandsbildenden Gräser". In ihrer Anfangsphase überlagert sich „Heureife" demnach mit „Siloreife". Erhöhter TS-Gehalt sowie durch erhöhten RF-Gehalt gesteigerte Sperrigkeit des Futters erleichtern den Trocknungsprozeß. Höhere Rohfasergehalte vor allem in Stengeln bzw. Halmen und Stielen beeinträchtigen aber andererseits die Entwässerung der Pflanzenorgane umso nachhaltiger, je länger die strukturverstärkenden Prozesse in den Pflanzengeweben anhalten können.

2.6.4.4 Wirkungen des Weideganges auf Boden, Pflanze und Futterqualität

2.6.4.4.1 Tritt, Biß, Exkremente

Tritt
Der Weidetiertritt übt auf feuchten, bindigen Böden vornehmlich bodenverdichtende Wirkung aus, bei sehr hoher Feuchte in Verbindung mit hohen Besatzdichten aber auch narbenzerstörende. Auf ausgetrockneten, verhärteten Böden kann er Beschädigungen an der Pflanzendecke durch Quetschungen hervorrufen. Ungenügende Narbendichten lassen die Trittwirkungen auf Boden und Pflanze noch schärfer zur Geltung kommen. Der Tritt steht in seiner Wirkung somit in Zusammenhang zu Bodenfeuchte, Bodenart und Narbenzustand.

Das auf den Boden einwirkende Gewicht in Bewegung befindlicher Kühe von etwa 600 kg LG wird mit etwa 4 bis 5 kg/cm^2, das für stehende mit etwa 1 bis 1,5 kg/cm^2 angegeben. RIEDER (1971) berechnet die mit solchen Gewichten belastete Fläche auf 60 m^2 je Kuh und Tag, bezogen auf die nur mit Grasen verbrachte Zeit. Der dabei vom Weidevieh ausgeübte Bodendruck entwickelt seine stärkste Wirkung im Hauptwurzelraum der Grünlandbestände bis etwa 10 cm Tiefe, läßt sich aber auch noch in Schichten bis etwa 20 cm Tiefe nachweisen. Da von der Verdichtung hauptsächlich dränende und luftführende Poren erfaßt werden, können auf Weideflächen mit bindigeren Böden Oberflächenwasserableitung und Gasaustausch eingeschränkt sein.

Die verdichtende Wirkung des Tritts ist im Frühjahr am stärksten. Sie mindert sich über den Sommer zum Herbst hin. Umgekehrt nimmt aber die trittbedingte Bodenverdichtung vom Frühjahr zum Herbst zu. Die Zunahme verläuft nicht geradlinig. Zwischen den Weidegängen tritt stets wieder Bodenlockerung ein, die im Grünland offenbar vorwiegend in Zusammenhang zur biologischen Aktivität des Bodens steht.

Grünlandpflanzen reagieren auf Tritt arttypisch verschieden. Mit Tab. 195 sind Artreaktionen in Abhängigkeit von der Trittintensität zusammengefaßt. Jährige Rispe wird demnach durch sehr scharfe Trittwirkung, wie sie in Weideeingängen gegeben ist, am wenigsten getroffen. Die Art vermag sich unter solchen Bedingungen auszubreiten, da sie hier nur noch auf wenige Konkurrenten trifft. An Tab. 195 wird desgleichen die positive Reaktion des Deutschen Weidelgrases auf mäßige Bodenverdichtung deutlich. Mechanischer Druck, mit dem die Triebe dem Boden angedrückt werden, fördert zudem die Bestockung der Art. Deutsches Weidelgras wird deshalb durch intensives Betreten begünstigt. Wiesenschwingel, Knaulgras, Rotschwingel vertragen demgegenüber nur mäßige Trittbelastung. Sie reagieren auf starkes Betreten und damit verbundene Bodenverdichtungen durch Rückgang der Artanteile. Mit Abb. 75 ist beispielhaft für Knaulgras die Beziehung zwischen Porenvolumen des Bodens und Anteil der Art im Bestand wiedergegeben. Auf nassen oder zu Vernässung neigenden Böden verstärkt oder fördert Bodenverdichtung schließlich Binsen sowie die Arten der Tritt- und Flutrasengesellschaften. Der Tritt der Weidetiere wirkt somit sowohl über den direkten mechanischen Einfluß auf die Pflanze unmittelbar als auch indirekt über die am Bodengefüge ausgelösten Veränderungen auf die botanische Zusammensetzung der Weidebestände.

Sehr starkes Betreten bei intensiver Weidenutzung mindert Pflanzenertrag und Wurzelmasse. An Deutschem Weidelgras ermittelten CHARLES et al. (1978) bei 16 von 29 Aufwüchsen eine Ertragseinbuße von 9 % (wobei Jungochsen allerdings jeweils erst nach Mähenutzung über die Beobachtungsfläche getrieben wurden). An einer Portionsweide wurde mit abnehmender Trittbelastung eine Zunahme der Wurzelmasse von 1,4 (am Weideeingang) auf 6,0 g TM/cm² (Entfernung 10 m und mehr vom Weideeingang) beobachtet (MIKA 1977).

In Verbindung mit den Weideverfahren bestehen für die einzelnen Tierarten Unterschiede in der Trittwirkung. Der Tritt des **Rindes** begünstigt bei normaler Trittintensität alle typischen Weidepflanzen. Typische Wiesenobergräser (z. B. Glatthafer) und Wiesenkräuter, vor allem staudenartige (z. B. Bärenklau) werden dagegen stark ge-

Tab. 195. Änderung der Ertragsanteile mit zunehmender Entfernung von Weideeingängen; $\bar{x}$ mehrerer Weiden (nach BOTHMER zit. bei KLAPP 1965, verändert)

	Entfernung m				
	0–1	2–3	4–5	9–10	19–20
Jährige Rispe	62,0	23,4	11,4	0,2	0,2
Vogelknöterich	9,2	10,0	2,0	–	–
Breitwegerich	11,0	8,8	1,6	0,2	0,2
Deutsches Weidelgras	16,0	42,0	57,0	45,8	33,2
Weißklee	1,4	3,4	4,8	4,2	4,0
Löwenzahn	0,4	0,6	2,0	3,2	4,4
Weißes Straußgras	–	6,6	6,0	11,8	7,8
Quecke	–	0,4	0,8	1,0	0,8
Kriechhahnenfuß	–	0,4	0,6	3,4	2,6
Wiesenrispe	–	3,0	5,2	4,8	4,4
Wiesenfuchsschwanz	–	0,6	4,0	8,0	7,2
Knaulgras	–	0,2	0,2	0,6	1,4
Wiesenschwingel	–	–	0,6	2,4	7,0
Rotschwingel	–	–	–	1,0	2,6
Wolliges Honiggras	–	–	–	1,0	3,4
Kammgras	–	–	–	–	0,8
sonstige Arten	–	0,6	3,8	12,4	20,0
Lückenanteil	59,0	4,0	0,4	–	–

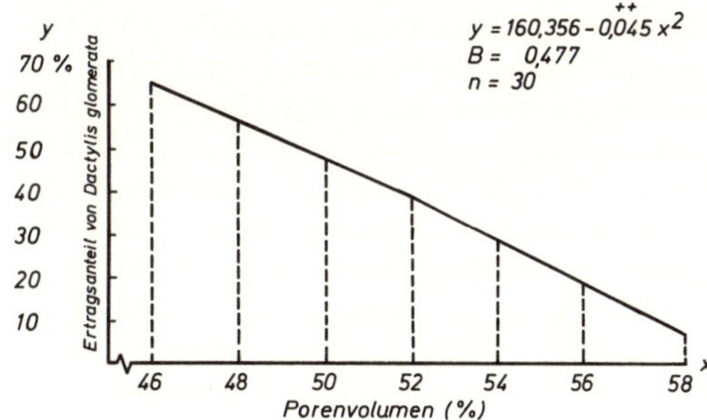

Abb. 75. Beziehung zwischen Ertragsanteil von Knaulgras *(Dactylis glomerata)* und Porenvolumen (nach OPITZ VON BOBERFELD 1976).

schädigt. Der Tritt von **Schafen** und **Ziegen** vermag bei strenger Regelung des Weideganges auf Grund schwächerer Trittbelastung (in Verbindung mit deren Freßweise) zu untergrasreicheren, daher dichteren Narben zu führen. Er kann aber umgekehrt bei ungeregelter Weidenutzung (Seite 303) vor allem in Hanglagen in besonderem Maße narbenzerstörend und erosionsfördernd wirken.

Biß

Ein Unterschied in der mechanischen Wirkung von Biß und Schnitt auf die Pflanze ist nicht nachweisbar. Unterschiedliche Wirkungen gehen dagegen von der Art des Verbeißens bei den verschiedenen Weidetierarten aus. **Rinder** vermögen auf Grund von Maulformung und des Fehlens von Schneidezähnen im Oberkiefer nicht glatt abzubeißen. Das Weidefutter wird vielmehr mit der Zunge erfaßt, ins Maul gezogen, gegen die Gaumenplatte gepreßt und abgerissen oder bei nur kurzem Aufwuchs mit den Schneidezähnen des Unterkiefers und der Gaumenplatte des Oberkiefers erfaßt und abgerupft. Rinder vermögen daher kaum Kahlfraß zu verursachen, sie üben von allen Weidetierarten die schonendste Bißwirkung aus.

Schafe und **Ziegen** können auf Grund von Kieferausformung und Zahnstellung tief verbeißen und dabei selbst die Bestockungszonen erfassen. Schafe selektieren zudem sehr scharf und bevorzugen vornehmlich Blätter. Sie vermögen Gräser und Kräuter sämtlicher Assimilationsorgane zu berauben ohne Stengel, Halme oder Stiele zwingend erfassen zu müssen. Gehölzpflanzen werden von Schafen im allgemeinen nicht verbissen, wohingegen Ziegen zumindest jüngere Gehölztriebe annehmen. Die Bißweise von Schaf und Ziege, bei Schafen zudem die ausgeprägt selektive Freßweise, können die botanische Zusammensetzung der Pflanzenbestände nachhaltig und damit zugleich deren Futterwert ungünstig beeinflussen. Beweidung durch Schafe und Ziegen erfordert deshalb eine strenge Regelung des Weideganges und angemessene Weidepflege, um nachteilige Bestandsveränderungen zu vermeiden.

Pferde verbeißen mit Lippen und Schneidezähnen schärfer als das Rind. Sie neigen zu starker Futterselektion und partiellem Kahlfraß. Pferde haben außerdem die Eigenart, die Exkremente stets an bestimmten Weideplätzen abzulegen. Über ihre Freß- und Verhaltensweise üben sie sehr wirksame bestandsverändernde Einflüsse aus, die durch die scharfe, narbenzerstörende Trittwirkung galoppierender Tiere noch verstärkt wird. Durch Beweidung mit Pferden ausgelöste Bestandsveränderungen äußern sich vor allem in einer meist sehr starken Verkrautung mit hochwüchsigen, groben Arten wie Disteln, Brennesseln u. ä. Pferdeweiden erfordern deshalb eine konsequente und regelmäßige Weidepflege, insgesamt sehr hohen Pflegeaufwand. Regelmäßiger Wechsel der Weidetiereart unterstützt die Pflegemaßnahmen nachhaltig. Vor allem die Beweidung mit Rindern stellt für Pferdeweiden eine narbenpflegende Ausgleichsmaßnahme dar.

Exkremente

Mit den Exkrementen werden bei Weidegang zwischen etwa 70 und 100% der im Futter enthaltenden Pflanzennährstoffe dem Boden unmittelbar wieder zugeführt oder bei Einsatz von

Tab. 196. Rücklieferung von Pflanzennährstoffen und organischer Substanz in Kot und Harn bei Rindern in % der ursprünglichen Aufnahme mit dem Futter (nach MOTT 1973 und GISIGER 1961)

Nutzungsrichtung	Milch	Mast
N	80	94
P_2O_5	80	98
K_2O	95	98
CaO	80–95	95
Mg	95	95
S	70	bis 100
Cl	70–90	bis 100
Spurenelemente	80–90	–
organ. Substanz	30–50	–

Tab. 197. Tagesmengen Kot und Harn bei Milchkühen (630 kg LG) (nach SAUERLANDT und TIETJEN 1970)

	Kot/kg	Harn/kg	Σ/kg
Laktationsperiode	34,4	21,2	55,6
Trächtigkeitsperiode	23,4	20,4	43,8
Mittel	29,5	20,8	50,3

Tab. 199. Nährstoffkonzentrationen in Exkrementablagestellen, umgerechnet jeweils auf 1 ha (nach HOLMES zit. bei KLAPP 1971)

	in Kuhfladen	in Urinstellen
N	650–850 kg	370–450 kg
P_2O_5	350–390 kg	17– 40 kg
K_2O	150–490 kg	660–800 kg

Zukauffuttermitteln neu hinzugefügt. Die absolute Höhe der Nährstoffrückgabe ist von Tierart, Alter der Tiere und deren Geschlecht, Nutzungsrichtung und Fütterung, bei weiblichen Tieren von der Trächtigkeit und der Milchleistung abhängig. Relative Mittelwerte für die Rückgabe der wichtigsten Stoffe bei Milchkühen und Mastrindern sind mit Tab. 196 zusammengefaßt.

Daten zur Höhe des Exkrementanfalles bei Milchkühen sowie der Mineralstoffgehalte der Exkremente enthalten Tab. 197 und 198.

Die mittlere Größe der einzelnen Exkrementablagestellen wird für Urin mit 0,49 m^2, für Kot mit 0,05 m^2 angegeben, die mittlere Häufigkeit der Ausscheidungen je Tag mit neun für Urin und zwölf für Kot (zit. bei RICHARDS et al. 1976). Je nach Besatz wird somit ein erheblicher Teil der Weidefläche durch Exkremente unmittelbar beeinflußt, was wiederum die Futterausnutzung entsprechend beeinträchtigt. Englischen Untersuchungen zufolge beträgt die gemiedene Futterfläche bei reiner Weidenutzung im Umkreis einer Kotgeilstelle nach ein bis zwei Monaten im Mittel 0,244 m^2, nach einem Jahr noch immer 0,078 m^2.

Die aus den Exkrementen zu erwartende Nährstoffwirkung wird einer größeren Fläche zuteil, als der unmittelbar beeinflußten entspricht: für Kotablagestellen werden Randwirkungen mit 13 bis 15 cm unterstellt. Hinzu treten Verschleppungen von Kotteilchen bis zu 2 m vom Ort der Ablage (BOSWELL et al. 1976). Die Nährstoffwirkung aus Exkrementen wird deshalb umso deutlicher, je höher die Besatzstärke und je länger die Weidedauer sind. Über die tatsächliche Ausnutzung der Exkrementnährstoffe und deren Ertragswirksamkeit liegt jedoch wenig Konkretes vor. Insgesamt ist die Nährstoffkonzentration an den Exkrementablagestellen sehr hoch (Tab. 199), was jedoch eher die Auswaschung begünstigt. Hinzu tritt eine hohe Verdunstungsrate des NH_3-N aus Urinstellen. Für neuseeländische Verhältnisse wird für den Harn-N eine Verlustquote von über 50 % unterstellt (BALL et al. 1979). Unbeschadet offenbar sehr eingeschränkter Ausnutzbarkeit der Exkrementnährstoffe ist deren Nachwirkung aber über längere Zeit zu verfolgen. WEEDA (1977) beobachtete in der Randzone von Kuhfladen auch noch nach 1 1/2 Jahren deutlich verstärkten Pflanzenwuchs, der Gehalt an verfügbarem P war nach 15 Monaten noch leicht erhöht. Ca und Mg erreichten Höchstwerte im Boden nach ca. vier Monaten.

Tab. 198. Gehalt an Pflanzennährstoffen in frischen Exkrementen in % – Milchkühe (nach SAUERLANDT und TIETJEN 1970)

	N	P_2O_5	K_2O	CaO	MgO
Kot	0,35	0,27	0,07	0,70	0,15
Harn	0,61	0,01	1,30	0,01	0,04

Zur Unsicherheit der Kenntnis insbesondere über die ertragsbeeinflussende Wirkung der Exkrementnährstoffe trägt deren ungleichmäßige Verteilung über die Weidefläche bei. Offenbar wird aber die Wirkung der zurückgeführten Nährstoffe von der Tierart bzw. der durch die Tierart bedingten Exkrementverteilung beeinflußt. Nach mehreren übereinstimmenden Beobachtungen ist die Nährstoffwirkung bei Schafweide gegenüber Rinderweide auf Grund gleichmäßigerer Exkrementverteilung höher.

Eine unmittelbare schädigende Wirkung der Exkremente auf den Pflanzenbestand ist gelegentlich für Urin zu beobachten, der unter entsprechenden Witterungsbedingungen Verätzungen herbeiführen kann. Die Wirkung der Kuhfladen auf den Bestand ist dagegen offenbar zu vernachlässigen. Kuhfladen verschwinden innerhalb von zwei bis drei Monaten (VAN DIJK et al. 1976). Der Abbau erfolgt hauptsächlich durch wirbellose Bodentiere, insbesondere Regenwürmer, die unter Kuhfladen in deutlich erhöhter Anzahl beobachtet werden.

2.6.4.4.2 Futterangebot, Futterselektion, Weiderest

Die Futteraufnahme bei Weidegang wird in hohem Maße durch arteneigene Unterschiede in der „Attraktivität" der Weidepflanze sowie entwicklungsbedingte, letztlich also stoffliche Unterschiede zwischen Pflanzen oder einzelnen Pflanzenorganen mitbestimmt. Das Weidetier selektiert hierbei. Zusagendes wird verbissen, weniger Zusagendes verhalten aufgenommen oder völlig gemieden. Verbiß und Schonung einzelner Pflanzen oder ganzer Bestandsteile gleichzeitig und nebeneinander bedeuten aber zwangsläufig Verschiebung der Konkurrenzverhältnisse im Pflanzenbestand zu Gunsten geschonter. Geschonten Blütenpflanzen wird außerdem generative Vermehrung ermöglicht. Artenverhältnisse und Artenspektrum des Bestandes wandeln sich deshalb bei ständig selektierender Freßweise unweigerlich (vgl. 2.6.4.5). Die eigentliche Ursache solcher Freßweise ist stets fehlende Übereinstimmung zwischen Futterangebot und Viehbesatz. Es kommt zu einer „Unterbeweidung" oder zur „Überbeweidung".

Unterbeweidung tritt ein, wenn das Futterangebot den Futterbedarf der Weidetiere übersteigt. Unterbeweidung ist Folge verspäteten Auftriebs in zu weit entwickelte Bestände und/oder zu geringer Besatzdichte bzw. überzogener Futterflächenzuweisung. Das Weidetier hat unter solchen Bedingungen eine unbeschränkte Auswahlmöglichkeit, die ihm erlaubt, bis zur Sättigung vorwiegend zusagende Pflanzenarten oder Pflanzenteile aufzunehmen. Der Vorgang wird als „selektive Unterbeweidung" bezeichnet. Von fortgesetzter selektiver Unterbeweidung profitieren vorwiegend hochwüchsige, gemiedene Kräuter, wie z. B. Ackerdisteln, Stumpfblättriger Ampfer, Brennesseln oder gemiedene Gräser, wie z. B. Rasenschmiele, aber auch einfach bereits zu weit entwickelte Nutzgräser, wie häufig z. B. das raschwüchsige Knaulgras.

Überbeweidung ist Ausdruck einer zu langen Beweidungsdauer gleicher Flächen bei zugleich zu hohem Viehbesatz und dadurch bedingten ständigen Futtermangel. Die Weidetiere verbeißen die sich regenerierenden Pflanzen in solchen Fällen unverzüglich erneut, sobald nachgewachsene Pflanzenteile wieder erfaßbar sind. Überbeweidung kann sich auch nachträglich erst entwickeln, sofern die eigentliche Freßfläche im Verlauf zu lange andauernder Beweidung einer Weidefläche eingeschränkt wird. Das kann durch Zunahme der Geilstellen geschehen, aber auch durch eine auf der Beweidungsfläche stellenweise eintretende Überalterung des Aufwuchses. Letzteres ist meist Folge eines beim Auftrieb bereits zu großen Futterangebotes, das nicht zeitgerecht bewältigt und somit überständig wird. In der Regel nehmen die Weidetiere das zu alte Futter auch bei Futtermangel nicht mehr auf, sondern wenden sich vielmehr sehr bald dem heranwachsenden Neuwuchs der zuerst abgeweideten Flächenteile zu. Der Vorgang der Konzentrierung der Futteraufnahme auf stets dieselben Pflanzen oder Plätze innerhalb der Weidefläche in kurzen Abständen wird als „selektive Überbeweidung" bezeichnet.

Selektive Überbeweidung und selektive Unterbeweidung treten annähernd unvermeidbar auch bei sachgerechter Weideführung gleichzeitig auf. Namentlich bei Nährstoff- und Wassermangel im Boden kann selektive Überbeweidung bis zur Erschöpfung betroffener Pflanzen führen. Auf jeden Fall wird deren Konkurrenzfähigkeit herabgesetzt. Der gleiche Vorgang begünstigt umgekehrt außer überständigen Futterpflanzen vor allem weidewirtschaftlich wertlose, vom Weidevieh gemiedene Pflanzen, wie bewehrte, behaarte, verkieselte, giftige Arten oder gar nicht erfaßbare, dem Boden eng anliegende Rosettenpflanzen. Selektive Überbeweidung leitet Ausbreitung solcher Arten ein und fördert sie, falls Überbeweidung zum Dauerzustand wird. Auf nährstoffarmen und/oder zu Trockenheit neigenden Standorten ist dieser Vorgang vor allem in Verbindung mit ungeregelter Schafweide Entstehungsursache leistungsschwacher Pflanzengesellschaften wie beispielsweise der Borstgrasrasen, Ginsterheiden sowie Heidekrautgesellschaften.

Die selektive Freßweise des Weidetieres hat schließlich unvermeidbar eine stete Verschlechterung der qualitativen Eigenschaften des Aufwuchses während des Beweidungsvorganges zur Folge. Vornehmlich bei hohem Futterangebot bevorzugen Weidetiere die rohfaserärmeren, höher verdaulichen, nährstoff- und mineralstoffreicheren Pflanzenteile wie Blätter oder nur Blattspitzen. Der RF-Gehalt des zunächst verbleibenden Restfutters erhöht sich damit aber während der Beweidung zwangsläufig, die Verdaulichkeit sinkt (Abb. 76). Der ohnehin stetig wirksame natürliche Alterungsprozeß der Pflanzen wird also zusätzlich verstärkt. Die Minderung der Futterqualität während der Beweidung hat andererseits zur Folge, daß die TM-Aufnahme aus dem jeweils verbleibenden Rest des Futterangebotes zurückgeht.

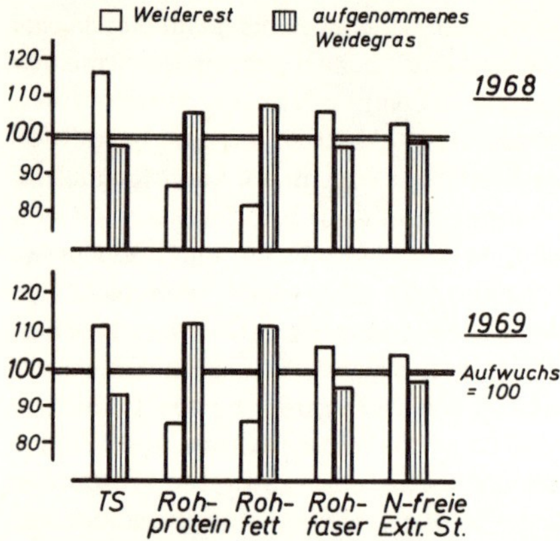

Abb. 76. Einfluß des selektiven Weidens auf den relativen Gehalt an TS und Rohnährstoffen im Weiderest und im aufgenommenen Futter in zwei Beobachtungsjahren (nach KIRCHGESSNER und ROTH 1972).

Der von den Weidetieren nicht aufgenommene, nach dem Abtrieb verbleibende Aufwuchsrest wird als **Weiderest** bezeichnet. Er setzt sich zusammen aus nicht aufgenommenem Futter der Geilstellen, zertretenem, anderweitig verschmutztem Futter, Futterresten, die grundsätzlich bei zu hohem Futterangebot oder vorzeitigem Abtrieb verbleiben. Der Weiderest nimmt mit dem Futterangebot sowie mit zunehmendem RF-Gehalt des Aufwuchses zu (Tab. 200). Er wird zusätzlich durch die in der selektiven Freßweise begründete Verschlechterung der Futterqualität während des Beweidungsvorganges vergrößert, die zum Rückgang der Futteraufnahme führt. Bildung und Höhe des Weiderestes stehen daher in enger Beziehung zur Art des Weideverfahrens (vgl. 2.6.4.5), Handhabung der Weideführung (vgl. 2.6.5) und Sorgfalt der Weidepflege (vgl. 2.5.3), aber auch zur Witterung (Tab. 201).

Nachmahd oder in den Weiderhythmus eingeschobene Mähenutzungen verbessern die Futteraufnahme und senken den Weiderest. Hohe N-Düngung vergrößert ihn nicht, soweit Futterangebot und Viehbesatz in Übereinstimmung stehen. Gülledüngung unmittelbar zu einem zu beweidenden Aufwuchs vergrößert den Weiderest dagegen sofort.

Tab. 201. Weiderest in Abhängigkeit von der Weidenutzungsform (zit. nach RIEDER 1983)

Nutzungsform	Weiderest (in % des Aufwuchses)
Portionsweide	22–25
Umtriebsweide	25–35
Standweide	35–70
Auftrieb in überständigen Bestand	40–60
Auftrieb in überständigen Bestand während Regenperioden	60–80

Der Weiderest kann sich in Grenzen von weniger als 10% bis über 40% des verwertbaren TM-Ertrages eines Aufwuchses bewegen. Zu niedrige Weidereste können Ausdruck eines unzureichenden Futterangebotes sein, zu hohe bedeuten Futtervergeudung und Ertragsverlust. Hohe Futteraufnahme setzt allerdings immer ein den Bedarf überschreitendes Angebot voraus, das dem Weidetier in begrenztem Rahmen Futterselektion erlaubt, die wiederum die Freßlust erhöht, einen Weiderest aber unvermeidbar werden läßt. Der Zusammenhang muß vor allem bei Weidegang von Milchkühen gesehen werden, bei dem im Interesse hoher Futteraufnahme ein bestimmter Weiderest unumgänglich ist. ROHR (1974) bewertet in diesem Sinne einen Mindestweiderest von 20 bis 30% als Ausdruck angemessenen Futterangebotes. Die Futterflächenzuteilung hat dem in entsprechender Weise Rechnung zu tragen.

Tab. 200. Einfluß des Rohfasergehaltes auf Futteraufnahme und Weiderest (MOTT 1968, verändert)

RF-Gehalt	% d. TS Mittel	Wuchshöhe (cm)	Futterangebot (kg TM/Kuh)	Aufnahme/Kuh (TM kg)	(kStE)	Weiderest (%)
bis 22	20,3	18,1	12,7	10,2	7,01	20*
22–24	23,3	17,9	15,8	12,1	7,40	23
24–26	24,8	25,7	15,4	12,5	7,35	19
>26	26,8	32,2	16,9	10,1	5,50	40

* Wert nicht streng vergleichbar, da Futterangebot insgesamt niedrig

2.6.4.5 Formen der Weidenutzung

2.6.4.5.1 Weide ohne oder mit geringer räumlicher und zeitlicher Begrenzung des täglichen Weideganges

Kennzeichen: Ständige oder annähernd pausenlose Weidenutzung auf gleicher Fläche während der gesamten Vegetationsperiode. Uneingeschränkte Futterselektion sowie Alterungsvorgänge beim Futter kommen voll zur Wirkung.

Im einzelnen lassen sich folgende Nutzungsformen unterscheiden:

Waldweide. Ursprüngliche und primitivste Weidenutzungsform, die auf bloßem Eintreiben des Weideviehs in Wälder oder Gewährung von Zutritt in deren Randzonen fußt. Die futterwirtschaftliche Bedeutung ist im Hinblick auf den zumeist mäßigen Futterwert des „Schattengrases" (Seite 87f.) gering. Waldweide beschränkt sich in Mitteleuropa überwiegend auf höhere Lagen, im Bereich der Almen bzw. Alpen oftmals auf die Übergangszonen von der Alm- bzw. Alpweide zum Wald. Dem Weidetier vermag sie hier zugleich als Schutzzone gegenüber Witterungseinwirkungen zu dienen.

Hutung. Auf nicht ackerfähige oder nicht ackerwürdige, nährstoffarme, oftmals trockene und siedlungsferne Standorte verwiesene, vielfach zudem durch bestimmte Bodenrechtsverhältnisse (z. B. Allmend-, Gemeindeweiden) bedingte, sehr extensiv gehandhabte Nutzungsform ohne Nährstoffersatz und Weidepflege. Der Futterüberschuß im Frühjahr bleibt unverwertet. Die zumeist leistungsschwachen Pflanzenbestände unterliegen vor allem bei nachlassender Wuchsintensität ab Sommer scharfer Selektion.

Weidewirtschaftlich haben Hutungen in ihrer ursprünglichen Form im Hinblick auf die Ernährungsansprüche insbesondere der Leistungstiere nur noch geringe Bedeutung. Vielfach sind sie brach gefallen, verschiedentlich unter Naturschutz gestellt oder unter Änderung ihrer Bestände auf umbruchlosem Wege in intensivere Nutzungsformen überführt worden. Soweit ehemalige Hutungen als Gemeinde-, Allmend- oder Genossenschaftsweiden weitergenutzt werden, dienen sie überwiegend als Jungviehweide und unterliegen inzwischen zumeist einer begrenzten, aber doch geregelten Düngung, mittelfristigem Flächenwechsel während der Weideperiode und mitunter auch gelegentlicher Mähenutzung.

Alm- (bajuwarischer Sprachgebrauch) **/Alpweiden** (alemannischer Sprachgebrauch). Diese sind siedlungsferne Weidezonen der mittleren und höheren Gebirgslagen, aus denen tägliche Rückkehr der Tiere zum Stall im Tal nicht möglich ist. Sie bleiben während der Vegetationsperiode ständig besetzt und stellen selbständige Sommerweidebetriebe dar, die vorwiegend, aber nicht ausschließlich der Rinderhaltung (Milchvieh, oft mit direkter Verarbeitung der Milch zu Käse sowie Jungviehaufzucht) dienen. Kennzeichen der Alm/Alpe ist somit Selbständigkeit als Weidebetrieb, nicht dagegen eine bestimmte Höhenlage.

Soweit sich die „Älpung" über mehrere Höhenstufen erstreckt – wie im alpinen Bereich – beginnt sie im Frühjahr in den tieferen Lagen und schreitet parallel zur Entwicklung der Vegetation über mittlere Lagen zu den Hochalmen/ -alpen fort. Ab Spätsommer verläuft die Nutzungsreihenfolge in umgekehrter Richtung. Almen/Alpen unterliegen in solchen Fällen also einem vegetationszeitbedingten Flächenwechsel.

Insgesamt wird Alm-/Alpwirtschaft in ihrer ursprünglichen Form überwiegend ungeregelter Weidenutzung fortschreitend in Formen des geregelten Weideganges mit Flächenwechsel und oftmals zumindest begrenztem Nährstoffersatz (vor allem für P) übergeführt. Der Wandel erfolgt nicht zuletzt im Interesse der Erhaltung der Almen und Alpen selber. Ihre Bewirtschaftung ist entscheidende Voraussetzung zur Erhaltung des Charakters der mitteleuropäischen alpinen oder subalpinen Zonen, insbesondere in ihrer floristischen Vielfalt. Kurzhalten der Grünlandbestände mindert zudem in Hanglagen die Lawinengefahr, das Betreten der Narben in mittlerer Intensität senkt die Erosionsgefahr. Allerdings erhöht sich umgekehrt die Erosionsgefahr, sofern bei zu hohem Viehbesatz und hoher Bodenfeuchte die Narbe zu stark belastet und zertreten wird.

Standweide. Nutzungsform althergebrachter Weidegebiete hauptsächlich im wintermilden, durch lange Vegetationsperioden gekennzeichneten Klima küstennaher Niederungen oder Talauen, auf nährstoffreichen Böden hohen Nährstoffnachlieferungsvermögens und zumeist günstiger, vorwiegend aus Grundwasser gespeister Wasserversorgung. Standweiden sind somit auf ausgesprochen graswüchsige Lagen verwiesen. Sie unterscheiden sich hierin von den Hutungen. Durch Wassergräben oder Zäune wird die Weidefläche räumlich bereits grob begrenzt. Flächenwechsel während der Weidezeit erfolgte ursprünglich gar nicht, in der heutigen Nutzungsform zumeist nur in größeren zeitlichen und unregelmäßigen Abständen. Die Pflanzenbestände unterliegen demzufolge überwiegend längerfristiger Beweidung. Futterkonservierung zur Abschöpfung der Überschüsse im Frühjahr erfolgt (in der Regel) nicht. Der jahreszeitliche Wechsel im Futterzuwachs muß durch Anpassung des Viehbesatzes an den Wachstumsverlauf der Grasnarbe ausgeglichen werden („Put-and-take system" im angelsächsischen Sprachgebrauch). Standweide in ihrer ursprünglichen Form dient deshalb überwiegend der Mast (ursprünglich Ochsen-, später Bullenmast), die eine Änderung des Viehbesatzes im Laufe der Vegetationsperiode durch Verkauf schlachtreifer Tiere am ehesten erlaubt. Soweit Milchviehhaltung betrieben wird, ist mit entwicklungsbedingter Verknappung des Futterangebotes ab Sommer ein Abtrieb der Tiere auf Zusatzflächen oder Zufütterung erforderlich. Die Düngung der klassischen Standweiden war in der Regel auf die Grunddüngung (vorwiegend P) begrenzt, wird aber zunehmend vornehmlich in der zweiten Hälfte der Vegetationszeit bei abklingender Wachstumsintensität auch auf N ausgedehnt.

2.6.4.5.2 Weide mit räumlicher Begrenzung des täglichen Weideganges

Kennzeichen: Abstimmung von Futterzuwachs und Futterbedarf durch Flächenwechsel und Futterabschöpfung. Ruhepausen zwischen Beweidungsphasen. Einschränkung der Futterselektion.

Als Nutzungsformen sind zu unterscheiden: „Koppelweide", „Umtriebsweide" und als Vervollkommnung der Umtriebsweide die „Portionsweide".

Koppelweide bezeichnet eine Weidenutzungsform, bei der die Gesamtweidefläche in vier bis sechs Teilflächen (Koppeln) mit Hilfe massiver Weidezäune unterteilt wird. Die Teilflächen werden mehr oder weniger regelmäßig nacheinander beweidet. Die Bewegungsfreiheit der Weidetiere ist (gegenüber Stand-, Hutungs-, Alp-, Almweide) deutlich begrenzt. Die Grasezeit je Teilfläche ist je nach Koppelzahl, Koppelgröße und Besatzstärke auf ca. $1^1/_2$ bis 2 Wochen herabgesetzt. Zwischen den Nutzungen entsteht damit für die Grasnarbe eine längere Ruhepause. Die Unterteilung erlaubt ggf. auch Abschöpfung von Futterüberschüssen durch Mahd. Alterung des Futters während der noch langen Grasezeit, Zertreten, Beschmutzen, Futterselektion und hoher Weiderest sind meist nicht zu vermeiden. Soweit keine Weidepflege, insbesondere regelmäßige Nachmahd erfolgt, verunkrauten Koppelweiden häufig sehr stark, ebenso breiten sich nicht selten unerwünschte, vom Weidevieh gemiedene Grasarten (z. B. Rasenschmiele) aus.

Umtriebsweide bezeichnet eine Nutzungsform, bei der die Gesamtweidefläche in zahlreiche Teilflächen (Koppeln) unterteilt wird (meist zwischen 10 und 20), über die die Weidetiere in einer besonders in der Hauptwachstumszeit raschen Folge umgetrieben werden. Kennzeichen der Umtriebsweide sind

- Teilflächengrößen, die das Abweiden des Aufwuchses in Freßzeiten von zwei bis vier Tagen ermöglichen
- Abschöpfung des nicht unmittelbar über Weide verwertbaren Futters durch Mähenutzung und Konservierung des Überschusses.

Während der Phase hohen Futterzuwachses für die Beweidung nicht benötigte Weideflächen werden (mit dem Ziel, den Aufwuchs zu konservieren) aus dem „Umtrieb" herausgenommen und diesem nach und nach wieder eingefügt, sobald das Futterangebot nach Überschreitung des Vorsommermaximums abnimmt (= Anpassung des Weidefutterangebotes an den Bedarf!).

Die Außenbegrenzung der Weidefläche erfolgt zumeist, aber nicht notwendigerweise, mittels massiver Zäune oder durch den E-Zaun. Koppelzahl und Koppelgrößen richten sich nach dem Viehbesatz und dem sich daraus ergebenden Futterflächenbedarf, der im Frühsommer ein volles Futterangebot für maximal drei bis vier Tage gewährleisten soll. Hierzu wird eine mittlere Frischfutteraufnahme von etwa 70 kg je Kuh und Tag unterstellt, soweit weidereifes Futter angeboten wird. Die dafür erforderliche Wuchsfläche ändert sich im Verlauf des Jahres und in Abhängigkeit von der Witterung. Sie läßt sich somit nicht ohne weiteres verallgemeinert festlegen (Futterzuteilung vgl. 2.6.5).

Portionsweide. Die Grasezeit des Rindes beträgt je nach Futterangebot ca. sechs bis zehn Stunden/Tag. Die übrige Zeit ruhen die Tiere (bzw. kauen wieder) oder durchwandern die Weidefläche. Das führt auch im Umtriebsweidesystem noch zu Futterverlusten durch Zertreten und Verunreinigung des Aufwuchses bei unbeschränktem Futterangebot, zudem unvermeidbar zu qualitativer Futterentwertung durch Futterselektion. Futterentwertung und Futtervernichtung lassen sich jedoch über gezielte Begrenzung des Futterangebotes auf einen Tagesbedarf oder den Bedarf einer Halbtagesration einschränken oder aufhalten. Die Weidetiere werden auf diese Weise zu rascher Futteraufnahme veranlaßt. Knapperes Futterangebot setzt außerdem die Selektionsmöglichkeit herab. „Rationierung“ des Weidefutterangebotes auf eine Futter-„Portion“ und fortlaufende tägliche oder täglich mehrmalige Zuteilung einer Futterportion wird als PORTIONSWEIDE oder RATIONSWEIDE bezeichnet. Portionsweide (Rationsweide) ist somit eine Form der Umtriebsweide mit schärfster Futterzuteilung nach Zeit und Raum. Die Vorgehensweise ist gleichbedeutend mit hoher Besatzdichte während der Beweidung. Sehr hohe Besatzdichten vergrößern andererseits die Trittbelastung der Weidenarbe. Bei ungünstiger Witterung bzw. erhöhter Bodenfeuchte sind daher Narbenschäden meist unvermeidbar. Vor allem in Zusammenhang mit gestiegenen Herdengrößen sind Verunkrautung bzw. Einwanderung unerwünschter Gräser bei unsachgemäßer Durchführung der Portionsweide häufig zu beobachten. Zu scharfe Portionierung schränkt zudem die Bewegungsfreiheit der Weidetiere ein. Bei Portionsweide ist daher sowohl der Trittbelastung der Narben (bzw. des Bodens) und dem Mindestfreiraum der Weidetiere als auch der Beziehung zwischen Futterangebot und Futteraufnahme Rechnung zu tragen. Der nötige Bewegungsraum wird gewährleistet, soweit bereits abgeweidete Flächenteile weiterhin zugänglich bleiben. Die Verfahrensweise verbindet sich nicht selten mit dem Vorteil, daß der Weiderest noch weiter verbissen wird. Andererseits muß die Zugangsmöglichkeit zu bereits abgeweideten Flächen wiederum zeitlich begrenzt sein, um einen erneuten Verbiß am Bestandsnachwuchs zu verhindern und ggf. auch die rechtzeitige Einleitung von Pflegemaßnahmen (wie z. B. Nachmahd) zu sichern.

2.6.4.5.3 Zeitliche Begrenzung des Weideganges

Inwieweit Weidegang innerhalb eines Tages zu begrenzen ist, wird maßgeblich von arbeitswirtschaftlichen und auf die Tierhaltung speziell bezogenen Gründen bestimmt sowie von Überlegungen zur Verbesserung der Futterausnutzung bzw. zur Senkung der Weideverluste. Darüber hinaus können aber auch Futteranfall, Weideflächenausstattung, Nutzungsform und Notwendigkeit der Stallmistgewinnung Bestimmungsgründe für eine zeitliche Begrenzung des Weideganges sein. Sofern sie auf Verbesserung der Futterausnutzung abzielt, bleibt das Ergebnis wesentlich davon abhängig, inwieweit die zeitliche Begrenzung des täglichen Weideganges gleichzeitig mit räumlicher Begrenzung der Weidefläche, z. B. in Form der Portionsweide verbunden ist.

Nach der zeitlichen Dauer des Weideganges innerhalb eines Tages wird nach Ganztags-, Halbtags- und Kurztagsweide differenziert. Unter **Ganztagsweide** wird Tag und Nacht währender Weideaufenthalt verstanden. Milchvieh wird lediglich zu den Melkzeiten in die Stallgebäude getrieben, sofern das Melken nicht auf der Weide erfolgt. Ganztagsweide hat vorwiegend arbeitswirtschaftliche Gründe und Vorteile. Die ausschließlich mit Futteraufnahme verbrachte Zeit beträgt jedoch lediglich etwa $^1/_3$ des 24-Stunden-Tages-Rhythmus. Sofern Ganztagsweide nicht mit Portionsweide verbunden ist, sind erhöhte Futterverluste durch Zertreten und Beschmutzen sowie Futterwerteinbußen durch Selektionsvorgänge unvermeidbar. Der Weiderest ist in solchen Fällen vornehmlich in der Zeit starken Zuwachses meist hoch.

Unter **Halbtagsweide** wird Begrenzung des Weideaufenthaltes auf die Tageszeit bei nächtlicher Aufstallung verstanden oder umgekehrt, bei hohen Tagestemperaturen oder Insektenplage ggf. auch Nachtweide mit Aufstallung tagsüber. Soweit erforderlich, wird im Stall zugefüttert. Verluste durch Zertreten oder Beschmutzen des Futters sowie Selektionsvorgänge werden bei Halbtagsweide gesenkt. Damit verbessert sich die Futterausnutzung, der Futterflächenbedarf je Vieheinheit vermindert sich. Nebeneffekt ist der Anfall von Exkrementen im Stall.

Kurztagsweide bedeutet Beschränkung des Weideaufenthaltes auf ein- oder zweimalig ca. zwei bis vier Stunden je Tag. Dem Weidetier steht also höchstens die für die Futteraufnahme erforderliche Mindestzeit zur Verfügung, meistens jedoch weniger. Im Stall muß in der Regel bis zur Sättigung beigefüttert werden. Umherlaufen, Ruhen auf der Futterfläche sind bei Kurztagsweide stark eingeschränkt oder ganz unterbunden. Die Tiere werden zu rascher Futteraufnahme veranlaßt. Der Geilstellenanteil vermindert sich, der Weiderest sinkt. Die Futterausnutzung wird mithin verbessert. Die Gewinnung von Exkrementen im Stall steigt weiter an.

2.6.4.5.4 Vorzüge, Nachteile, Ziele der verschiedenen Nutzungsformen

Die Nutzungsformen ohne jede Reglementierung des Weideganges sind ausnahmslos durch extensive Nutzung der Pflanzenbestände und minimalen Aufwand gekennzeichnet. Demgegenüber sind alle Nutzungsformen des geregelten Weideganges zwangsläufig mit Aufwendungen verbunden, die von der Koppelweide zur Portionsweide hin ansteigen. Ziel der Aufwandssteigerung ist die Maximierung der Flächenleistung. Zwischen den Formen des geregelten und ungeregelten Weideganges bestehen allerdings mittlerweile Übergänge. Koppelweide als einfachste Form geregelter Weidenutzung kann bereits Züge einer extensiven, auf Aufwandminimierung gerichteten Nutzungsform tragen. Almen bzw. Alpen und Hutungen bzw. Allmendflächen hingegen unterliegen vielfach bereits deutlicher Nutzungsregelung oder werden zunehmend in Nutzungsformen geregelten Weideganges übergeführt. Solche Wandlungen werden zum einen durch wirtschaftliche Erwägungen ausgelöst. Zum anderen wird aber für solche Veränderungen auch die Notwendigkeit des Schutzes von Pflanzendecke und Bodenoberfläche, die unter dem Einfluß ungeregelter Weidenutzung gefährdet sein können, zunehmend bedeutungsvoll. Genereller Unterschied und unterschiedliche Zielsetzung der Nutzungsformen mit bzw. ohne Regelung des Weideganges werden vor allem an der Art der Abstimmung von Futterzuwachsverlauf und momentanem Futterbedarf sowie an der Behandlung nicht direkt verwertbarer Futteraufwüchse deutlich. Charakteristikum der Nutzungsformen ohne strengere Reglementierung des Weideganges ist in diesem Sinne die

- Anpassung des Viebesatzes an den Zuwachsverlauf der Grasnarbe, also Änderung des Viehbesatzes während der Vegetationsperiode (Standweide) oder, soweit der Viehbesatz unverändert bleibt, die
- Notwendigkeit der Zufütterung bzw. des Abtriebs auf Ersatzflächen (Wiesen, Feldfutterflächen) mit nachlassender Wuchsintensität ab Sommer.

Geringer bis fehlender Aufwand für Futterkonservierung, Zäune, Geräte, Düngung, bei reiner Standweideendmast ggf. auch für Stallungen sowie geringe Beunruhigung sich weitgehend selbst überlassener Masttiere gelten als Vorteile des Systems.

Vollkommene Anpassung des Viehbesatzes an den Zuwachsverlauf der Grasnarbe gelingt im Frühsommer jedoch nicht. Erhaltung eines ständigen Futterangebotes zwingt bereits zu Beginn der Weideperiode zu niedrigerem Viehbesatz als er dem momentanen Futterangebot nach sein könnte. Das bei schnellem Zuwachs auf diese Weise systembedingt eintretende Futterüberangebot im Frühsommer führt vornehmlich auf wüchsigen Standorten zu rasch fortschreitender Futterentwertung durch Alterung des nicht unmittelbar verwerteten Futters und zu Futterverlusten durch Zertreten und Beschmutzen. Offenbar bleibt auch insgesamt die Gesamtzuwachsleistung nutzungsbedingt nur mäßig oder sogar niedrig.

Lübbe (1970) schließt aus zweijährigen Untersuchungen in der Holsteinischen Elbmarsch auf TM-Erträge zwischen 50 und 60 dt/ha. Das Leistungspotential der Grasnarbe, besonders die Zuwachsleistung im Frühsommer kann somit bei ungeregelter Weidenutzung systembedingt nicht ausgeschöpft werden; die Flächenleistung wird entsprechend betroffen.

Aus unvollkommener Anpassung der Futterentnahme an den natürlichen Zuwachsverlauf ergeben sich Konsequenzen für die botanische Zusammensetzung des Pflanzenbestandes. Futterüberangebot im Frühsommer, Futterverknappung bei abnehmender Zuwachsintensität ab Sommer lassen bei fehlender oder nur seltener Weidepflege die Folgen unvermeidbarer Über- oder Unterbeweidung auf die botanische Zusammensetzung der Bestände langfristig deutlich hervortreten. In Verbindung mit fehlender oder unzulänglicher Erholungspause für die Grasnarbe bildeten sich auf nährstoffarmen Standorten langfristig typische, der Nutzungsweise (Hutung) angepaßte, ertragsarme Vegetationsformen heraus, in denen zugleich oft vom Weidevieh gemiedene, vielfach mit Nadelblättern oder Dornen versehene Gehölze vorkommen. Auf nährstoffreichen Böden der Niederungen und Talauen vermögen sich dagegen bei Standweidenutzung häufig Ackerdisteln, Binsen, Drahtschmiele, Rohrschwingel, Brennesseln u. a. anspruchsvollere Arten auszubreiten. Gleichzeitig ist unter solchen Standortbedingungen die Nutzungsweise aber auch Entstehungsursache der ertragreichen Weidelgras-Weißklee-Weiden (Näheres zur Vegetationsentwicklung bei Klapp 1965b, Ellenberg 1978).

Charakteristikum und Ziel aller Nutzungsformen mit deutlicher Begrenzung der Weidefläche und des Weideganges nach Zeit und Raum sind

- Erhaltung eines gleichbleibenden Viehbesatzes zumindest während der Weideperiode sowie
- weitgehende Ausschöpfung des Leistungspotentiales der Grasnarbe.

Beides setzt rationellen Umgang mit dem Aufwuchs und Aufhebung unproduktiver Futtererzeugung voraus. Merkmal entsprechender Nutzungsformen, die ihre schärfste Verwirklichung in der Portionsweide finden, sind dementsprechend:

1. Futterbedarf und Futterangebot werden durch fortlaufende Anpassung der Weidefläche an den Viehbesatz zur Deckung gebracht.
2. Nicht unmittelbar verwertbare Futterüberschüsse werden durch Mahd zur Verhinderung der Futterentwertung abgeschöpft und konserviert.

Die Verhinderung oder Einschränkung der Futterentwertung sowie die Sicherung des Aufwuchses in Zeiten des Futterüberschusses erhöht die Flächenleistung und schafft damit die Voraussetzung für höheren Viehbesatz. Grundlage eines solchen Systems ist die Unterteilung der Weidefläche in Teilflächen. Sie schafft erst die Voraussetzung für gezielte, bedarfsentsprechende Weidefutterzuteilung, termingerechte Futterabschöpfung auf den für Weidetiere zunächst gesperrten Teilstücken sowie für den Weideflächenwechsel. Der Weideflächenwechsel seinerseits gewährleistet Ruhe- und Erholungspausen zwischen den Nutzungen für die Pflanzenbestände und bringt somit zugleich Zeit für Weidepflege. Die sich aus der Flächenunterteilung ergebende Möglichkeit zu termingerechter Nutzung schafft ihrerseits die Voraussetzung für schnelleren Wiederaufwuchs (Seite 272). Sehr scharfe Verkleinerung der Weidefreßfläche vor allem durch Portionsweide zieht wiederum rasches Abweiden des Aufwuchses nach sich. Folglich wird auch die Weideselektion zwangsläufig begrenzt und der Weiderest vermindert. Eingeschränkt oder vermieden wird desgleichen die durch selektive Freßweise verursachte relative Futteralterung. Der Nährstoffanspruch des Weidetieres und die Futterqualität des Aufwuchses lassen sich auf diesem Wege somit gezielt aufeinander abstimmen. Regelmäßig zwischen die Weidenutzungen eingeschaltete Mähenutzungen beseitigen zudem bei Weidegang verbliebene Aufwuchsreste. Die Folge Mahd-Weide verbessert außerdem grundsätzlich die Futteraufnahme. 'T HART et al. (1974) beobachteten auf Weideflächen, die nur beweidet wurden, gegenüber abwechselnd gemähten und beweideten in den jeweils letzten beiden (von stets vier) Weidetagen eine um 20% erniedrigte Futteraufnahme.

Übergang von ungeregeltem zu geregeltem Weidegang mit Koppelunterteilung und Futterabschöpfung

- begünstigt somit alles in allem die botanische Zusammensetzung der Weidebestände
- steigert die Ausnutzung des Aufwuchses
- vermindert damit den Futterflächenbedarf/Vieheinheit.

Mit der termingerechten Abschöpfung und Konservierung von Überschüssen wird schließlich erst die Voraussetzung zur gezielten Erhöhung des Pflanzenertrages und des Viehbesatzes durch ertragssteigernde Düngung, insbesondere durch N geschaffen. Sie ist zugleich Voraussetzung ökonomischer N-Verwertung im Grünland.

Der Maximierung des Weideertrages stehen jedoch gegenüber:

- ansteigender Aufwand innerhalb des Systems mit zunehmender Intensivierung, insbesondere für Zäune, Düngung, Futterbergelager
- unvermeidbare stärkere Beunruhigung der Tiere als Folge des Umtriebs
- zunehmende Trittbelastung der Narbe mit Erhöhung der Besatzdichte.

Halb- oder Kurztagsweide, als Weideformen einer weiteren zusätzlichen Beschränkung in der Futterzuteilung nach Zeit, sind gegenüber Ganztagsweide mit noch stärker erhöhtem Aufwand verbunden. Ihre Anwendung kann jedoch bei zu knappem Weideflächenangebot gerechtfertigt sein. Auch zusätzliche Stallmist- oder Flüssigmistgewinnung sowie die Beunruhigung der Tiere durch Insekten oder starke Sonneneinstrahlung können Motive für befristeten Weideaufenthalt sein. Anderseits überwiegen bei Ganztagsweide die arbeitswirtschaftlichen Vorzüge, das Hin- und Hertreiben der Tiere wird vermieden. Ihre Nachteile, insbesondere die höheren Futterverluste kommen nur bei zu großem Freßflächenangebot zur Geltung. Mit Hilfe der Portionsweide lassen sie sich reduzieren.

2.6.4.5.5 Mähstandweide

Definition, Kennzeichen, Voraussetzungen

Mähstandweide verbindet Elemente des intensiven Umtriebsweidesystems in Gestalt der Mähweide mit solchen der aufwandsärmeren Standweide. Als Folge unkorrekter Übersetzung der englischen Bezeichnung „set-stocking" bzw. „intensive set-stocking" ist das 1971 von HOOD (1971, 1974) erstmals beschriebene Weideverfahren im deutschen Sprachraum als „intensive Standweide" bekannt geworden. Sachbezogener wird es jedoch nach einem Vorschlag von VOIGTLÄNDER und BAUER (1979) als „intensive Mähstandweide“ oder „intensive Koppelweide mit Mähweidenutzung“ bezeichnet.

Mähstandweide ist ähnlich der Mähweide durch

- ganzjährig hohen und gleichbleibenden Viehbesatz
- starke N-Düngung sowie
- Abschöpfung und Konservierung der Futterüberschüsse

gekennzeichnet.

Im Gegensatz zur Mähweide findet sich jedoch keine strenge Koppelunterteilung, es erfolgt kein Umtrieb. Die eigentliche Grasefläche wird vielmehr in der Periode intensiven Futterwuchses und hohen Futterangebotes mit Hilfe des E-Zaunes stark begrenzt, der übrige Teil der Fläche zunächst der Mähenutzung unterworfen. Mit abnehmender Zuwachsintensität wird sodann die eigentliche Weidefläche durch sukzessive Einbeziehung zunächst gemähter Flächenteile allmählich erweitert. Wie bei der Umtriebsweide werden Futterbedarf und Futterangebot also durch Anpassung der Weidefläche an den Viehbesatz zur Deckung gebracht. Im Gegensatz zur Umtriebsweide bleibt aber die sich mit fortschreitender Jahreszeit allmählich ausdehnende beweidete Fläche dem Weidevieh bis zum Ende der Weideperiode ununterbrochen zugänglich. Ruhezeiten fallen mithin weg, sobald die Beweidung eingesetzt hat. Damit entfällt während der Vegetationsperiode auch die Weidepflege. Nur in Ausnahmefällen wird bei zu hohem Weiderest nachgemäht. Die N-Düngung erfolgt mit dem Ziel gleichmäßiger N-Versorgung des Bestandes in zwei- bis vierwöchentlichen Abständen ganzflächig, also sowohl auf Mäheflächen als gleichzeitig auch auf den gerade beweideten Flächenteilen.

Bei der Futterflächenzuteilung ist bei der intensiven Mähstandweide zu berücksichtigen, daß den Tieren stets ein ausreichendes Futterangebot zur Verfügung steht, anderseits aber zugleich Futterüberalterung vermieden werden muß. Als Maßstab für eine korrekte Abstimmung des Futterangebotes auf den Viehbesatz lassen sich Aufwuchshöhe des Bestandes und Geilstellenanteil im Juni-Juli heranziehen:

1. Die Aufwuchshöhe sollte auf dem beweideten Teil zur Aufrechterhaltung hoher Assimilationsleistung und Gewährleistung angemessener Futteraufnahme 7 bis 8 cm nicht unterschreiten.
2. Fehlender oder geringer Geilstellenanteil im Juni-Juli deutet auf zu hohen, mehr als 20 bis 25 % Flächenanteil der Geilstellen auf zu geringen Besatz hin.

Stehen Futterangebot und Viehbesatz im Gleichgewicht, wird die Zuwachsleistung der Pflanzenbestände auf den beweideten Flächen im Vergleich zum intensiven Umtrieb mit hohen Nutzungsfrequenzen und Ruhezeiten offenbar kaum geschmälert. ERNST und MOTT (1980) ermittelten nur geringfügig verminderte Tageszuwachsraten bei Mähstandweide (68 kg TM/ha) gegenüber siebenmaliger (Schnitt)-Nutzung (73 kg TM/ha).

Mähstandweide ist nicht unter allen Umständen durchführbar. Voraussetzung für Mähstandweide sind vielmehr

- eine arrondierte Weidefläche angemessener Gesamtgröße
- hohe Anteile von Deutschem Weidelgras im Bestand.

Ständiger Beweidung und ständigem Verbiß ist unter den wichtigsten Futtergräsern nur das Deutsche Weidelgras gewachsen, dessen Bestandsanteil in weidelgrasunsicheren Lagen ggf. durch regelmäßige Nachsaat in den Bestand oder regelmäßige Neuansaat erhalten werden muß.

2.6.4.5.6 Mähweide

Definition und Voraussetzungen

Unter Mähweide wird **Wechsel** von Schnitt- und Weidenutzung auf gleicher Grünlandfläche in regelmäßiger oder unregelmäßiger Folge innerhalb der Vegetationsperiode und als ständiges Nutzungsverfahren verstanden. Im Mähweidesystem existieren mithin keine reinen Weide- oder Schnittflächen. Sommer- und Winterfutter werden jeweils von gleicher Fläche gewonnen. Das Mähweidesystem ist ausgerichtet auf

- Erhaltung eines ganzjährig gleichbleibenden Viehbestandes sowie
- Abschöpfung der über Weidenutzung nicht zu bewältigenden Futterüberschüsse zum jeweils optimalen Nutzungszeitpunkt.

Unter Berücksichtigung des jeweiligen Frischfutterbedarfes richtet sich die Terminierung der Schnitt-Weide-Folge auf den einzelnen Mähweideteilflächen (Koppeln) daher vornehmlich nach Futterzuwachs bzw. erreichtem Entwicklungsstadium. Die Regel sind ein- bis zweimalige Schnittnutzung je Vegetationsperiode. Das Nutzungsschwergewicht liegt bei Weidenutzung.

Mähweide ist eine ursprünglich in Süddeutschland in graswüchsigen Lagen gebräuchliche, mit starker Gülledüngung verbundene Form der Umtriebsweide. In Verbindung mit Portionsweide ist sie das intensivste Grünlandnutzungssystem, dessen Ertrag mit zunehmendem Anteil der Mähenutzung ansteigt. Die regelmäßige Einschaltung der Mahd in den Weideumtrieb

- verbessert die Futterausnutzung
- senkt den Aufwand für Weidenachmahd, die sich in der Nutzungsfolge Weide-Mahd vielfach erübrigt
- begünstigt und erleichtert die Gülle- bzw. Flüssigmistanwendung.

Nahezu alle die Umtriebsweideverfahren kennzeichnenden positiven Wirkungen werden im Mähweideverfahren vereinigt. Bei konsequenter Durchführung erlaubt es daher, der vollen Ausnutzung des Grünlandleistungspotentials am nächsten zu kommen. In ihrer Effizienz ist Mähweide jedoch an standortbezogene, pflanzenbauliche, technische und agrarstrukturelle Voraussetzungen gebunden. Es müssen folgende Bedingungen erfüllt sein:

1. Angemessene Graswüchsigkeit; Mähweide ist vor allem an eine ausreichende, stetig gewährleistete Wasserversorgung gebunden. Dafür sind Niederschläge günstiger zu bewerten als Wasserversorgung aus pflanzenzugänglichem, oft aber auch die Trittfestigkeit der Narbe beeinflussendem, in der Tiefenlage zudem wechselndem Grundwasser. Die notwendige Höhe der Niederschläge ist in Zusammenhang zu Boden und weiteren klimatischen Verhältnissen zu werten. Als untere Grenze der Mähweidefähigkeit bei ausschließlicher Wasserversorgung über Niederschläge geben STAEHLER und STEUERER-FINCKH (1965) 300 bis 400 mm für die Vegetationsperiode (April-September) an. Das entspräche einer Jahresniederschlagsmenge zwischen 700 und 900 mm (siehe auch Seite 89f.).
2. Trittfestigkeit der Narbe.
3. Befahrbarkeit der Grünlandflächen; Hanglagen, die maschinelle Bearbeitung nicht zulassen, scheiden aus.
4. Jederzeit nutzbare Einrichtungen zur Futterkonservierung und ausreichende Konservierungskapazität.
5. Arrondierung der Betriebsfläche zur Sicherung des Weideumtriebs, Tränkmöglichkeiten für das Weidevieh.
6. Starke Unterteilung der Gesamtweidefläche zur Gewährleistung steten Nutzungswechsels, wobei eine Unterteilung mittels beweglicher Zäune (E-Zaun) ungehinderten Maschineneinsatz erlaubt.
7. Regelmäßige, angemessene N-Düngung.

Wirkungen der Mähweide auf Pflanzenbestand, Erträge und Futterqualität

Der Schnitt-Weidewechsel gleicht nachteilige Wirkungen reiner Weidenutzung und solche reiner Mähenutzung aus. Vielnutzungsempfindlichen, auf starke Reservestoffspeicherung und/oder zumeist generative Vermehrung angewiesenen, häufig auch trittempfindlichen typischen Wiesenunkräutern oder unerwünschten Gräsern der Schnittwiesen wird unter Weide die Lebensgrundlage weitgehend entzogen. Umgekehrt beseitigt regelmäßig in den Weiderhythmus eingeschobene

Tab. 202. Intensitätsstufen der Weidenutzung nach Angaben bei MOTT 1978, MOTT et al. 1978, 1979, KÖNEKAMP 1959, SPATZ 1970, GEISEN 1980

	Besatzstärke dt/ha)	rel. Weideleistung* (gute Standweide = 100)	N-Aufwand (kg/ha)
extensiv ↑			
Waldweide	1–4	< 30	0 ↑
Hutung	1–4	< 50	
Standweide	5–10	50–100	
Alm-Alpweide		30–150	
Koppelweide	10–18	75–150	
Mähstandweide	22	150–250	↓
Umtriebsweide	15–25	150–300	bis 400
Portionsweide	20–30	175–450	und mehr
↓ intensiv			

* Berechnungsbasis: kStE; gute Standweide = 2000 kStE/ha

Schnittnutzung vom Vieh gemiedene Kräuter oder unerwünschte Gräser und behindert deren generative Vermehrung (z. B. Disteln, Brennessel, Wolliges Honiggras, Weiche Trespe). Konsequente Begrenzung der pflanzlichen Entwicklung auf das Stadium Weidereife oder maximal Siloreife wirkt anderseits in Verbindung mit hoher N-Düngung auf Untergräser bestockungsfördernd (Deutsches Weidelgras, Wiesenrispe) und damit narbenverdichtend.

2.6.4.5.7 Vergleich der Weideverfahren

Die Weideleistung/Flächeneinheit steigt mit zunehmender zeitlicher und räumlicher Reglementierung des Weideganges an (Tab. 202).

Der Leistungsanstieg ist vornehmlich in einer mit der Nutzungsintensität zunehmenden Verbesserung der Futterausnutzung begründet (Tab. 203), aber auch in einem durch angemessene Bewirtschaftungsmaßnahmen erzielbaren Anstieg der qualitativen und mengenmäßigen Leistung der Pflanzenbestände. Ursache besserer Futterausnutzung und höherer Bestandsleistung wiederum sind

- die termingerechte Abschöpfung der Futterüberschüsse durch Konservierung – Futterentwertung durch Alterungsvorgänge wird verhindert
- die Zwischenschaltung von Schnittnutzungen in den Weideumtrieb – die Futteraufnahme bei Weidegang wird verbessert
- die von der Standweide zur Portionsweide immer mehr verschärfte Freßflächenbegrenzung – die Futtervergeudung wird herabgesetzt
- der mit zunehmender Nutzungshäufigkeit ansteigende N-Aufwand.

Tab. 203. Nährstoffverluste in Abhängigkeit vom Weideverfahren (MOTT 1968)

Fütterung/Weideform	Verlust in %
Stallfütterung	5
Portionsweide	
kurzes Gras	10
langes Gras	25
x̄ Portionsweide	15–20
Umtriebsweide	
kurzes Gras	20
langes Gras	40
x̄ Umtriebsweide	25–30
Standweide (herkömmlich)	40–50

Tab. 204. Vergleich Standweide–Umtriebsweide/Milchertrag (nach MCMEEKAN 1960, verändert)

Besatz Tiere/ha	Milch kg/ha (FCM)		kg/ha mehr mit Erhöhung d. Besatzes/ha	
	Umtrieb	Standweide	Umtrieb	Standweide
2,35	10281	9889		
2,95	11975	10686	+1694	+797

Tab. 205. Fleischzuwachs je Tier sowie je Flächeneinheit mit zunehmendem Viehbesatz – relativ (nach MOTT 1960, zit. bei KLAPP 1971)

Viehbesatz (je ha)	Fleischzuwachs (je Tier)	Fleischzuwachs (je ha)
100	100	100
139	94	134
185	83	151

Erhöhter N-Aufwand und angemessene Nutzungshäufigkeit fördern innerhalb der Pflanzenbestände wiederum jene Arten, die mit höherem Nährstoffverwertungs- und Regenerationsvermögen ausgestattet und die zu höherer Wuchsleistung befähigt sind. Je Flächeneinheit erhöhter Pflanzenertrag, höhere Futterqualität und bessere Futterausnutzung senken anderseits den Futterflächenbedarf je Vieheinheit und gewährleisten somit einen höheren Viehbesatz. Tab. 204 läßt den Zusammenhang an einem Vergleich von Standmit Umtriebsweide deutlich werden: mit ansteigendem, aber vergleichbarem Viehbesatz ist Umtriebsweide ertragsmäßig klar überlegen; oder anders ausgedrückt: das Leistungspotential der Weidefläche wird durch Umtriebsweide besser ausgenutzt. Unbeschadet dieser Aussage kommen vergleichende Bewertungen für Stand- und Umtriebsweide dennoch vielfach zu widersprüchlichen Ergebnissen. Die Hintergründe solcher verschiedener Urteile lassen sich jedoch anhand der mit Tab. 205 erfaßten Ergebnisse erklären: Erhöhung des Viehbesatzes im Beispielsfall um 85% auf 185% hat eine Verbesserung der am Fleischzuwachs gemessenen Flächenleistung um 51% bewirkt. Gleichzeitig ist aber die Fleischzuwachsleistung je Einzeltier um 17% zurückgegangen. Fleischzuwachs je Tier und Flächenertrag

Tab. 206. Erträge an verd. Rohprotein (RP) und kStE bei Portionsweide (PW) und Umtriebsweide (UW) ohne Portionierung (Vergleich mit Koppelschafen nach SCHNEIDER 1976, zit bei VOIGTLÄNDER 1976)

Jahr	Portionsweide		Umtriebsweide		UW:PW (PW = 100)	
	verd. RP kg/ha	kStE/ha	verd. RP kg/ha	kStE/ha	verd. RP kg/ha	kStE/ha
1967	1115	4344	1198	4648	107	107
1968	2292	6163	1920	5422	84	88
1969	2111	6674	2178	6567	103	98
$\bar{x}$ 67–69	1839	5727	1766	5546	96	97

stehen bei Erhöhung des Viehbesatzes hier also in gegenläufiger Beziehung. Diese Gegensätzlichkeit der Ertragsbeziehungen dokumentiert einen für die Bewertung der verschiedenen Nutzungsformen maßgebenden Unterschied:

Bei **Standweide** als weidewirtschaftlich wichtigstem Vertreter der Nutzungsformen ohne deutliche Regelung des Weideganges wird nicht die Höhe der Flächenproduktivität zum Bewertungsmaßstab, sondern bei zugleich eingeschränktem Aufwand die Leistung je Vieheinheit. Das Verfahren erfordert deshalb zur Kompensation begrenzter Flächenleistung eine entsprechende Flächenausstattung, um einen angemessenen, einkommenssichernden Viehbestand zu erhalten. Standweide steht daher überwiegend in Verbindung zu reichlichem Flächenangebot. Sie ist ferner hauptsächlich an graswüchsige Standorte gebunden, deren Pflanzenbestände (vornehmlich weidelgras-/weißkleereiche) fortwährendem Verbiß gewachsen sind.

Umtriebsweide als charakteristischer Vertreter der Nutzungsformen mit scharfer Reglementierung des Weideganges und hoher Flächenproduktivität wird dagegen zum Hauptverfahren bei Flächenknappheit, besonders unter ungünstigeren Standortvoraussetzungen und Zwang zur Winterfuttergewinnung.

Portionsweide ist kein selbständiges Verfahren im eigentlichen Sinne, sondern eine Vervollkommnung der Umtriebsweide vor allem in Form der Mähweide. Sie erbringt gegenüber normaler Umtriebsweide ohne Portionierung des Futterangebotes eine nochmalige Steigerung der Weideleistung/Flächeneinheit. Die hohe Leistung der Portionsweide beruht auf verbesserter Futterausnutzung, dagegen kaum in qualitativen Unterschieden der Futterarten aus beiden Nutzungsformen (Tab. 206).

Mähstandweide sucht den arbeitswirtschaftlichen Vorteil der Standweide herkömmlicher Art mit der Produktivität der Umtriebsweide zu verbinden. Vorzüge der Mähstandsweide gegenüber herkömmlicher Standweide sind

- Verhinderung der Futterüberalterung
- gleichbleibender (hoher) Viehbesatz
- ökonomische Futterausnutzung
- Ausnutzung der Effekte ertragssteigernder N-Düngung.

Gegenüber der Umtriebsweide treten als Vorzüge hervor:

- verringerter Kapitalaufwand für Zäune und deren Unterhaltung
- verminderter Aufwand für Weidepflege und Umtrieb
- erleichterter Maschineneinsatz auf Grund minimaler Binnenunterteilung der Nutzfläche, damit zusätzlicher arbeitswirtschaftlicher Vorteil
- gleichmäßigere, dem Pflanzenbedarf besser angepaßte Düngerverteilung
- geringere Beunruhigung der Weidetiere auf Grund selteneren Umtriebes
- verbesserte Narbendichte (Tab. 207).

Letztere senkt offenbar die auf intensiv genutzten Umtriebsweiden häufig beobachtete Verqueckungsneigung. Die Einwanderung hartnäckiger Kräuter wird erschwert.

Die verbesserte Narbendichte der Mähstandweiden hat ihre Ursache in einem gegenüber Umtriebsweiden höheren Untergrasanteil (Tab. 207), der seinerseits auf den häufigeren Verbiß der Pflanzenbestände zurückzuführen ist. Nach bisherigen Erkenntnissen beruht der stärkere Untergrasanteil auf höheren Anteilen des Deutschen Weidelgrases, aber ebenso auch auf deutlicher Ausweitung der Anteile vornehmlich von Gemeiner und Jähriger Rispe (Tab. 208).

Tab. 207. Narbendichte = Triebzahl/dm² auf Umtriebsweide (UW) und Mähstandweide (MStW) nach 4 (I) bzw. 5 (II) Versuchsjahren: Niederrhein (nach ERNST und MOTT 1980)

	I (Jungvieh)		II (Milchkühe)	
	UW	MStW	UW	MStW
Dt. Weidelgras	49	83	35	65
Gemeine Rispe	59	67	68	88
Jährige Rispe	13	16	8	11
Summe Gräser	155	202	145	199
Weißklee	1	5	+	1
Kräuter	1	1	2	3

Tab. 208. Ertragsanteile (%) bestandsprägender Untergräser bei Mähstandweide (MStW) und Umtriebsweide (UW); Bergisches Land; jeweils Mittel 4 landw. Betriebe (nach GEISEN 1980, verändert)

	Gemeine + Jährige Rispe *Poa annua* + *P. trivialis*		Dt. Weidelgras *Lolium perenne*	
	MStW	UW	MStW	UW
1. Versuchsjahr	8	6	42	38
2. Versuchsjahr	30	8	36	38

Gelegentlich werden im Futter von Mähstandweiden überhöhte Nitratgehalte beobachtet (LOTTHAMER et al. 1982). Ein Zusammenhang zu den kurzfristig aufeinander folgenden N-Gaben auch während der Beweidung und unter bestimmten Witterungskonstellationen ist denkbar, ein spezifischer Bezug zur Mähstandweide indes bislang nicht nachgewiesen.

In der Nettoweideleistung der Mähstandweiden ergibt sich im Vergleich zu der der Umtriebsweide bisherigen Erkenntnissen zufolge der Eindruck einer standortbezogenen Differenzierung. So fanden sich in den maritim getönten Niederungen keine oder nur sehr geringe Ertragsunterschiede zwischen Mähstandweide und Umtriebsweide. In höheren Lagen dagegen erwies sich Mähstandweide der Umtriebsweide unterlegen (Tab. 209). Die Ursachen der standortbezogenen Änderungen in den Ertragsrelationen sind nicht geklärt. Vermutet wird u. a. ein Einfluß der botanischen Zusammensetzung der Pflanzenbestände. Bedeutung wird in diesem Zusammenhang dem Bestandsanteil des Deutschen Weidelgrases zugemessen, das in den höheren Lagen zurücktritt oder gänzlich fehlt. Desgleichen ist ein Zusammenhang zu der bei Mähstandweide beobachteten Ausbreitung von Jähriger und Gemeiner Rispe nicht auszuschließen. Die Zunahme beider Arten bei Mähstandweide beschränkt sich zwar nicht ausschließlich auf Berglagen, ist dort aber anscheinend besonders ausgeprägt (Tab. 208). Der Beweis langfristiger Anwendbarkeit des Verfahrens steht damit zumindest für die höheren Lagen noch aus. Aber auch für die Niederungen Zentraleuropas sind die mit Mähstandweide gesammelten Erfahrungen noch zu kurzfristig, um das Verfahren abschließend bewerten zu können.

Tab. 209. Vergleich Nettoweideleistung Umtriebs-/Mähstandweide (in Klammer Relativwerte, Umtriebsweide = 100)

Autor/Standort	Umtriebsweide		Mähstandweide	
ERNST et al. 1980: Niederrhein	5426	(100)	5220	(96)
Weideleistung Milchvieh, kStE/ha ($\bar{x}$ 4 Jahre)				
GEISEN 1980: Berg. Land				
Weideleitung Milchvieh ($\bar{x}$ 2 Jahre):				
als reine Weide kStE/ha	4156	(100)	3624	(87)
als Mähweide kStE/ha	4843	(100)	4189	(86)
VOIGTLÄNDER pers. Mitt. 1985: Bayern				
Gewichtszunahme Mastrinder ($\bar{x}$ 3 Jahre)				
kg/Tier und Weidetag	0,809	(100)	0,742	(92)
kg/ha Weideperiode	747,0	(100)	639,0	(86)

2.6.5 Weideführung, Weideerträge und Weideleistungen

Unter Weideführung – früher Weidetechnik – verstehen wir alle Maßnahmen des Grünlandwirts, die Futterproduktion auf der Weide mit dem Bedarf der Weidetiere in Übereinstimmung zu bringen und zu halten. Dabei ist oberstes Ziel, das Produktionspotential von Tier und Grasnarbe ständig voll auszuschöpfen, ohne daß deren Leistungsfähigkeit kurzfristig oder auf die Dauer beeinträchtigt wird. Zur Ausschöpfung der Produktionspotentiale ist bei höheren Leistungen Beifütterung von Mineral- und Kraftfutter bzw. die Düngung der Grasnarbe erforderlich. In der Weideführung sichert die NPK-Düngung zusätzlich zum Wirtschaftsdünger und zu den tierischen Ausscheidungen das notwendige Ertragsniveau, während die N-Düngung außerdem – in Verbindung mit der Terminierung der Nutzungen – eine gezielte Beeinflussung der Ertragsverteilung während der Vegetationszeit ermöglicht.

Es bestehen also Wechselbeziehungen zwischen dem Ertrag der Grasnarbe und den Leistungen der Weidetiere. Deswegen hat man sich darauf geeinigt, die Pflanzenerträge in Frisch- oder Trockenmasse als Weideertrag und die daraus erzielten tierischen Leistungen (Nutzerträge) als Weideleistungen zu bezeichnen. Die Weideführung wird darauf bedacht sein, ein möglichst günstiges Verhältnis zwischen Weideertrag und Weideleistung herzustellen. Dazu ist es erforderlich, bei jeder Zuteilung einer neuen Weidefläche das Futterangebot auf die Zahl der Weidetiere und ihren aktuellen Futterbedarf abzustimmen.

Bei knapper Flächenzuteilung läßt sich ein sog. Luxuskonsum der Tiere nahezu vermeiden. Zugleich werden sie gezwungen, das Futter mit geringen Weideresten abzuweiden. In einem solchen Fall kann es vorkommen, daß Weideertrag und Weideleistung, ausgedrückt in kStE oder MJ NEL, annähernd gleich sind. So wird die höchste Leistung pro ha erzielt. Die Leistung pro Tier ist jedoch bei reichlicher Flächenzuteilung am höchsten, weil es seinem Bedarf entsprechend das beste Futter auswählen kann. Dafür, daß tatsächlich nach Qualität selektiert wird, gibt es eine Reihe fundierter Versuchsergebnisse (ROTH, BERNGRUBER u.a., vgl. auch Abb. 76). Bei reichlicher Flächenzuteilung führen Luxusverbrauch und Weidereste zu einer schlechteren Ausnutzung des produzierten Futters, d.h. die Weideleistung erreicht beispielsweise nur 50 bis 60% des Weideertrages in kStE/ha bzw. in MJ NEL.

Der Weidewirt wird also einen Kompromiß finden müssen zwischen höchster Leistung pro Tier und pro ha. Ist sein Betrieb im Vergleich zum Viehbesatz gut mit Fläche ausgestattet, wird er im Interesse hoher Leistungen pro Tier mit einer geringeren Futterausnutzung zufrieden sein; hat er wenig Fläche, wird er geringere Tierleistungen aus dem Weidefutter in Kauf nehmen und diese durch stärkere Beifütterung ausgleichen.

Weitere Anforderungen an die Weideführung ergeben sich aus dem unterschiedlichen Futterwuchs während der Vegetationszeit. Der Zuwachs je Tag läßt nach einem Höhepunkt Anfang bis Mitte Juni bis in den Herbst hinein ständig nach, wobei Witterung und N-Düngung gewisse Abweichungen vom Normalverlauf bewirken können. Mit fortschreitender Vegetationszeit ist also mehr Zeit zur Erzeugung eines weidereifen Bestandes mit 15 bis 25 dt TS/ha erforderlich. Bei gleichbleibendem oder sogar zunehmendem Viehbesatz, z. B. bei wachsenden Rindern, braucht man also im Sommer und Herbst mehr Fläche als bis Mitte Juni. Die Anpassung des Viehbesatzes an diese Wachstumskurve erreicht man dadurch, daß man ihn nach der durchschnittlichen Tagesproduktion ausrichtet. Das bedeutet, daß man in der ersten Hälfte der Vegetationszeit Futter abschöpft für die Konservierung, während man in der zweiten Hälfte die Gesamtfläche in die Weidenutzung einbezieht oder sogar noch zusätzliche Futterflächen (Wiesen nach dem zweiten oder dritten Schnitt, Zwischenfrüchte) benötigt. In Trockenperioden oder gegen Ende der Weidezeit genügt es meistens nicht mehr, die Ruhepausen zwischen zwei Beweidungen (Nutzungen) zu verlängern, weil der Ertrag der Weidereife nicht mehr erreicht wird. In diesem Fall muß bei gleichbleibendem Viehbestand mehr Fläche pro Tag bzw. Mahlzeit zugeteilt werden.

2.6.5.1 Begriffe und Maßstäbe der Weideführung

Unter **Besatzstärke** versteht man den auf der gesamten Weidefläche eines Betriebes aufgetriebenen (gehaltenen) Viehbestand, berechnet in GV je ha. Bei gleicher Futterproduktion je ha ist die Besatzstärke bei reiner Weidenutzung am höchsten, bei Mähweidenutzung mit der Gewinnung des gesamten Winterfutters am niedrigsten. Im einzelnen hängt die Besatzstärke ab vom natürlichen Produktionspotential des betreffenden Standorts, von der Intensität der Bewirtschaftung (Düngung, Nutzungsregime, Pflege, Unkrautbekämpfung) und vom Winterfutteranteil, der von der Weide bzw. Mähweide gewonnen werden muß.

Im Durchschnitt der Weidezeit steht auf 1 ha intensiv bewirtschaftetem Weideland Futter für 3 bis 4 GV zur Verfügung. Soll das gesamte Sommer- und Winterfutter von der Mähweide gewonnen werden, dann ist nur eine Besatzstärke von 2 bis 3 GV/ha möglich. Im reinen Grünlandbetrieb ist sie identisch mit dem Viehbesatz je ha/LF.

Folgendes Beispiel möge die Bedeutung des Winterfutters für die Besatzstärke erläutern. Ein reiner Grünlandbetrieb hält auf 20 ha Mähweide 50 GV. Die Besatzstärke beträgt 2,5 GV/ha. Ein Futterbaubetrieb mit 10 ha Weide (Mahd nur zur Futterabschschöpfung im Mai-Juni), 7 ha Ackerfutter und 3 ha Schnittwiesen hält ebenfalls 50 GV. Die Besatzstärke beträgt 5 GV/ha. Der Viehbesatz je ha LF ist in beiden Fällen gleich (2,5 GV). Aus dem vorhergehenden kann man schon schließen, daß die Besatzstärke nur etwas über die Leistung einer Weidefläche aussagen kann, wenn die Nutzung und der Umfang der übrigen Futterflächen eines Betriebes mit angegeben werden.

Eindeutiger definiert ist die **Besatzdichte;** man versteht darunter das Gewicht der Tiere (dt oder GV/ha), die gleichzeitig auf eine Koppel oder eine mit dem E-Zaun zugeteilte Weidefläche aufgetrieben werden. Ausschlaggebend für die Flächenzuteilung ist der Futterbedarf pro Kuh, die verfügbare Futtermassse pro ha und die gewählte Intensität des Umtriebs.
Beispiel: Ein weidereifer Bestand hat einen nutzbaren Aufwuchs von 20 dt TS = 100 Tagesportionen zu 20 kg TS für eine Milchkuh. Von den 20 kg TS werden 15 kg aufgenommen; 5 kg = 25 % des Angebots verbleiben als Weiderest. In diesem Fall wäre die Besatzdichte bei der Zuteilung von Halbtagsportionen 200 GV oder 1000 dt LG/ha.

Ein weiteres Maß für die aktuelle Weideleistung ist die **Besatzleistung** in GV-Tagen je ha. Sie errechnet sich aus der Besatzdichte, multipliziert mit der Zahl der Freßtage. Eine Besatzleistung von 100 GV-Tagen kann unter verschiedenen Voraussetzungen erzielt werden, wie aus folgendem Beispiel hervorgeht.

Freßzeit = Auftriebsdauer Tage	Besatzdichte GV/ha	Besatzleistung GV-Tage/ha
0,5	200	100
1,0	100	100
2,0	50	100

Diese Rechnung läßt sich ohne Beeinträchtigung der Futterversorgung nicht beliebig fortsetzen, weil bei noch längerer Auftriebsdauer die Futteraufnahme und die Futterausnutzung abfallen würden. Außerdem würde einem Luxuskonsum in den ersten ein Futtermangel in den späteren Auftriebstagen auf einer Zuteilungsfläche folgen.
Dieser Zusammenhang zwischen Auftriebsdauer und Besatzleistung ist in verschiedenen Untersuchungen (u. a. von Könekamp et al.) gefunden worden. Daraus wurde der Grundsatz intensiver Weidenutzung abgeleitet: Kurze Freßzeit (= Auftriebsdauer), – genügend lange Ruhezeit bis zur nächsten Nutzung. Unter **„Freßzeit“** versteht man die Dauer des Verbleibs von Weidetieren auf einer Koppel in Tagen. Dieser Begriff deckt sich nicht mit dem der **„Grasezeit“**. Hiermit ist nur die Zeit der eigentlichen Futteraufnahme gemeint; sie beträgt bei ausreichendem Futterangebot einschließlich der Fortbewegung etwa 7 Std. je Tag. Die übrige Zeit dient der Ruhe und dem Wiederkäuen; bei Kurztagsweide wird sie im Stall verbracht.

Kurztagsweide oder Stundenweide wirkt narbenschonend und erlaubt es, während der Weideperiode Stallmist (Flüssigmist) zu gewinnen. Außerdem wird die Beifütterung erleichtert und verbessert durch gezielten Ausgleich des Energie-, Struktur- und Mineralstoffangebots. Kurztagsweide bedeutet eine zeitliche, Portionsweide eine räumliche Einschränkung des Weidegangs (vgl. 2.6.4.5). Beides kann man miteinander verbinden. Kurztagsweide ist aber auch in Kombination mit anderen intensiven Weideverfahren, wenigstens bis hin zu einer mäßig intensiven Umtriebsweide sinnvoll.

Die **Ruhezeit** ist die Wachstumszeit zwischen den Auftrieben (Nutzungen). Sie nimmt vom Frühjahr zum Herbst hin zu und beträgt etwa 14 bis 20 Tage zwischen der ersten und zweiten Nutzung und 30 bis 35 Tage zwischen den letzten Nutzungen im Spätsommer und Herbst.

Die Dauer der Ruhezeit kann nicht schematisch festgelegt werden, sondern sie wird durch den Ertrag bzw. die Nutzungsreife vor jedem Auftrieb oder Schnitt bestimmt. Die Nutzungsreife sollte theoretisch zugleich mit der optimalen Kombination von Ertrag und Qualität erreicht sein. Diese Kombination ist einerseits schwer zu bestimmen und kann andererseits je nach Verwendung des Aufwuchses als alleiniges Grundfutter bzw. als Grundfutterkomponente von Fall zu Fall verschieden sein. Nicht zuletzt deswegen haben

Tab. 210. Ruhezeiten auf der Weide (Tage) (nach MOTT 1983)

	Zwischen den Nutzungen					
	1./2.	2./3.	3./4.	4./5.	5./6.	6./7.
Völkenrode	19	20	23	25	29	34
Kleve-Kellen	20	25	27	29	32	35
Schwankungen	±2Tg.	———	———	———	——▶	5Tg.

sich praktische Maßstäbe herausgebildet. Auf dichten Weidenarben wird die **Weidereife** mit einem Ertrag von 15 bis 25 dt TS/ha, die **Siloreife** mit 25 bis 35 dt und die **Heureife** mit 35 bis 45 dt TS/ha definiert (vgl. 2.6.4.3.2). In dieser Reihenfolge sinkt die Futterqualität von 60 bis 65 kStE je dt TS über 55 bis 60 auf 50 bis 55 kStE/dt TS bzw. 6,2 bis 6,6; 5,7 bis 6,2; 5,3 bis 5,7 MJ NEL/kg TS. Ein brauchbarer Maßstab ist – wiederum nur auf dichten Weidenarben – die mittlere Wuchshöhe des Bestandes. Nach unseren Untersuchungen und vielen Gewichtsfeststellungen in Beständen der Praxis entspricht die Wuchshöhe in cm abzüglich einer Stoppelhöhe von 4 cm ungefähr dem TS-Ertrag in dt/ha.

2.6.5.2 Einrichtungen zur Weideführung

Die Koppeleinteilung

In verkehrsreichen Lagen sind feste, sichere Außenzäune um die einzelnen Weidekomplexe besonders wichtig, weil durch ausbrechende Tiere Unglücksfälle verursacht werden können, für die der Besitzer bei Fahrlässigkeit haftbar ist.

Der **Stacheldrahtzaun** herrscht heute noch als Außenzaun und zurUnterteilung größerer Koppeleinheiten vor. Er ist in schneereichen hängigen Lagen oder in Skigebieten kaum zu entbehren, da er vor dem Winter niedergelegt werden muß, um Beschädigungen der Zaunanlagen durch Schneedruck bzw. Unglücksfälle beim Skifahren zu vermeiden. Knotengitter lassen sich dagegen schwerer abnehmen und im Frühjahr wieder montieren.

Ältere Stacheldrahtanlagen sind durch die zusätzliche Anbringung eines feineren, elektrisch geladenen Stacheldrahtes in 80 cm Höhe an der Zauninnenseite sehr gut zu sichern. Netzanschluß mit Transformator sorgt für gleichbleibende Spannung. Fällt der Strom einmal für kürzere Zeit aus, dann hält der Stacheldraht das Vieh besser zurück als ein nicht geladener glatter Draht.

In verkehrsärmeren Gebieten wird auch der einfache oder doppelte **Elektrodraht** mit Erfolg als Außenzaun verwendet. Sorgfältige Aufstellung und regelmäßige Überwachung ist notwendig. Werden die sog. VDE-Vorschriften beachtet, hat der Bauer seine Sorgfaltspflicht erfüllt und kann bei dennoch auftretenden Unfällen nicht haftbar gemacht werden. Für Elektrozäune gilt folende VDE-Vorschrift:
2000 bis 5000 Volt
100 bis 300 mA (bis 1000 mA)
0,02 bis 0,1 sec Impuls
0,75 bis 1,25 sec Pause

Innenzäune

Für Innenzäune und zur Unterteilung in Portionen hat sich der Elektrozaun weitgehend durchgesetzt. Wenn trotzdem noch feste Zäune für die Unterteilung in Koppeln benutzt werden, dann sollte die einzelne Koppel nicht mehr als drei bis vier Tagesportionen (3 bis 4a) für eine GV enthalten, die mit dem E-Zaun zugeteilt werden. Damit wird erreicht, daß die festen Zäune den Maschineneinsatz nicht zu sehr behindern. Neben der Koppelfläche je GV hängen Koppelgröße und Behinderung des Maschineneinsatzes noch stärker von der Herdengröße ab; für zehn Kühe ergeben Tagesportionen von 3 bis 4 a eine Koppelgröße von 0,3 bis 0,4 ha, für 50 Kühe 1,5 bis 2 ha.

Koppelformen und Triebwege

Koppeln und Triebwege sollten so angelegt werden, daß die abgeweideten Portionen nicht länger als drei bis vier Tage überlaufen und verbissen werden können (vgl. 2.6.2). Am günstigsten ist für die festen Koppeln eine länglich-rechteckige Form, weil sich dann für die einzelnen Tagesportionen rechteckige bis quadratische Formen ergeben; sie haben den Vorteil, daß für jedes Tier eine ausreichend breite Freßfront, aber nicht zuviel Bewegungsspielraum zur Verfügung steht. Lange, schmale Koppelformen haben den Nachteil, daß die Freßfront entweder zu schmal oder zu breit ist. Eine breite Freßfront bedeutet ständige Mehrarbeit beim Versetzen des E-Zaunes. Außerdem verleiten lange, schmale Koppelformen die Tiere beim Auftrieb zunächst einmal, die ganze Fläche abzulaufen. Dabei wird viel Futter zertreten und verschmutzt, so daß mit größeren Weideresten zu rechnen ist.

Jede fest eingezäunte Koppel muß an einen Triebweg angeschlossen sein. Die Triebwege müssen so breit gehalten werden, daß die Durchfahrt und die Zufahrt zu den einzelnen Koppeln mit allen Bearbeitungsgeräten, Maschinen und Fahrzeugen, die zur Bewirtschaftung erforderlich sind, ohne Schwierigkeiten möglich ist.

Tränken

In der Nähe des Triebweges werden auf der Grenze zwischen zwei fest eingezäunten Koppeln die Tränken angebracht. Wenn eine Koppel drei- bis viermal mit dem E-Zaun unterteilt wird, dann ist jede Tränkestelle von sechs bis acht Tagesportionsflächen aus erreichbar. Die Anlage der Tränken in der Nähe des Triebweges ist deswegen zweckmäßig, weil hier meistens die erste Tagesportion einer festen Koppel zugeteilt wird und weil die Tränken von hier aus am besten kontrolliert werden können. Gut funktionierende Tränken sind umso wichtiger, je länger die tägliche Weidezeit dauert, wenn also die Tiere nur zum Melken oder überhaupt nicht in den Stall kommen.

Die Überlegungen zur Unterteilung der Fläche und zur Verteilung der Tränken erübrigen sich auf der intensiven Standweide bis auf die Abtrennung der Mähflächen mit dem E-Zaun für die Futterabschöpfung. Da für jeden größeren Standweidekomplex nur eine Tränke gebraucht wird, kann und muß im Hinblick auf die starke Beanspruchung der Befestigung des Bodens in der näheren Umgebung besondere Aufmerksamkeit geschenkt werden.

2.6.5.3 Steuerung des Futter-Produktionsverlaufs durch Terminierung der Nutzung und angepaßte N-Gaben

2.6.5.3.1 Der Weideauftrieb (vgl. 2.6.4.3)

Der Übergang von der Stallhaltung zum Weidegang bringt häufig noch starke Gegensätze zwischen dem gleichmäßigen Stallklima und den großen Temperaturschwankungen im Freiland mit sich. Hiergegen ist Milchvieh mit hohen Leistungen besonders empfindlich. Den Gefahren des ersten Weideganges begegnet man am besten, indem der Übergang allmählich vollzogen wird. Das gilt im besonderen Maße für die Fütterung. Bei Halbtags- oder Kurztagsweide wird das rohfaserreiche Wintergrundfutter allmählich durch Weidegras ersetzt. Auf Energieversorgung, Rohfaser- und Mineralstoffausgleich ist besonderer Wert zu legen. Hierzu sind in Tab. 211 einige Vorschläge von KIRCHGESSNER (1982) für die Beifütterung zu jungem Weidegras zusammengestellt. Sie haben deshalb eine große Bedeutung für die Weideführung, weil beim Auftrieb kein weidereifes Futter, sondern jüngeres Gras angeboten werden muß.

Der Weideauftrieb muß im Frühjahr sobald als möglich erfolgen, dann, wenn ein Aufwuchs gerade erkennbar wird. Nur so kann man in den ersten Weidetagen eine genügend große Fläche schnell überweiden und dafür sorgen, daß ein geregelter Umtrieb zustande kommt. Wenn die Bestände weidereif sind, werden die Tagesportionen mit dem E-Zaun zugeteilt. Bei wüchsigem Wetter genügen dann acht bis zehn Tage, um die Siloreife zu erreichen. Dann müssen die zuerst überweideten Koppeln soweit nachgewachsen sein, daß sie zum zweiten Mal beweidet werden können. Bei kühler Frühjahrswitterung kommt man mit dem ersten Umtrieb besser zurecht. Eine gute Weideführung im Frühjahr ist dann erreicht, wenn laufend weidereife Bestände verfügbar sind, so daß alle „davongewachsenen" Koppeln zu Silage oder Heu gemacht werden können. Mit fortschreitender Vegetationszeit wird die Weideführung auch auf intensiven Umtriebs- und Portionsweiden einfacher.

2.6.5.3.2 Einfluß der Schnittnutzung auf die Weideführung

Die Schnittnutzung hat nicht nur die Aufgabe, hochwertiges Winterfutter zu gewinnen, sondern sie soll gleichzeitig durch richtige Wahl der Schnittermine dazu dienen, bald wieder weidereifes Futter bereitzustellen. Nach einem Schnitt wird das Futter vom Weidevieh lieber aufgenommen, so daß meistens geringere Weidereste entstehen als nach Weidegang.

Um die Schnittnutzung in den Dienst der Weideführung zu stellen, muß frühzeitig mit dem Schnitt begonnen werden, und zwar acht bis zehn Tage nach dem Termin, an dem die Weidetiere erstmals weidereifes Futter (20 dt TS/ha) zur Verfügung hatten. Schnelle Räumung der Schnittfläche beschleunigt nachweislich den nächsten Aufwuchs. Deswegen sind Verfahren günstig, die durch Vorwelken die Feldperiode verkürzen. Eine Staffelung der Schnittermine und der danach folgenden Weideauftriebe ist durch Kombination verschiedener Konservierungsverfahren möglich. So wird das Gras für die Heißlufttrocknung in der Weidereife, für Silage und Warmbelüftung in der Siloreife und für die Bodentrocknung in der Heureife geschnitten. In derselben Reihenfolge verlängert sich die Feldperiode, bei regnerischer Witterung sogar beträchtlich.

Tab. 211. Futterrationen für 16 kg Milch bei Weidegang mit Weidebeifütterung (nach KIRCHGESSNER 1982)

Futtermittel (kg)	Ration I	II	III	IV	V	VI
Weidegras	70	70	70	70	60	60
Wiesenheu	4	–	–	–	–	–
Maissilage	–	10	–	–	15	–
Grassilage	–	–	12	–	–	18
Futterstroh	–	–	–	3	–	–
Trockenschnitzel	–	–	–	1	1	1
Mineralfutter	0,15	0,15	0,15	0,15	0,15	0,15

2.6.5.3.3 N-Düngung und Nutzungsreife im Frühjahr

Der Vegetationsbeginn und der optimale Zeitpunkt für die Frühjahrs-N-Düngung lassen sich in den Niederlanden mit Hilfe der Temperatursumme nach dem 1. Januar näherungsweise bestimmen. Dazu werden alle positiven Tagesmittel der Temperatur, 10 cm über dem Boden gemessen, addiert. Der mittlere Wachstumsbeginn und der günstigste Termin für die erste N-Gabe werden dort bei folgenden Temperatursummen erreicht:

auf „frühen“ Flächen bei 175 bis 225 °C
auf „normalen“ Flächen bei 225 bis 275 °C
auf „späten“ Flächen bei 275 bis 325 °C.

Frühe, späte und normale Flächen unterscheiden sich in ihrem Lokalklima, in der Höhe der Grundwasserstände, in der Bodenart, im Verlauf der Bodenerwärmung u. a. Einzelheiten zur Methode findet man bei JAGTENBERG (1970).

Unter den Bedingungen der Wesermarsch (Infeld) ermittelte ERNST (1973) in Übereinstimmung mit den niederländischen Befunden eine Temperatursumme von 250 °C für Vegetationsbeginn und frühesten Termin der ersten N-Düngung. Beide Beobachtungsgebiete liegen im Bereich des maritimen Klimas. Sie sind geographisch ziemlich einheitlich mit vergleichbaren Höhenlagen und ähnlichen Naturräumen.

Nach unseren Untersuchungen sind die niederländischen und nordwestdeutschen Berechnungsansätze für süddeutsche Verhältnisse nicht geeignet. Die Ursachen werden u. a. darin liegen, daß hier der Frühjahrseinzug in den einzelnen Jahren weniger gleichmäßig verläuft, und daß auch die Wirkung frühzeitiger N-Gaben unbefriedigend bleibt, wenn nach warmer Witterung im zeitigen Frühjahr Kälte- und Nässeperioden folgen oder wenn z. T. im Gefolge extremer Witterungsverläufe die Wasserversorgung im Frühjahr unzureichend ist (VOIGTLÄNDER und MÄDEL 1974).

Von 1966 bis 1977 wurden auf einem sL-Boden in Weihenstephan regelmäßige Beobachtungen und Messungen zum Vegetationsbeginn von fünfmal/Jahr genutzten Mähweidenarben durchgeführt. Er wurde dann notiert, wenn das Längenwachstum einsetzte und meßbar wurde. Durch Regressionsanalysen mit den Daten des Deutschen Wetterdienstes fanden wir, daß die Summe der Tagesmittel über 5 °C, vom 1. Februar ab, den Zusammenhang zwischen Temperatursummen und Wachstumsbeginn am deutlichsten erkennen läßt. Für die Regressionsgerade ergab sich die Gleichung $y = -1{,}8x + 167$, wobei y die Temperatursumme über einer Schwellentemperatur von 5 °C und x die Zeit in Tagen seit dem 1. Februar bedeuten. In den zwölf Beobachtungsjahren wichen die errechneten von den beobachteten Terminen des Vegetationsbeginns im Mittel um 2,4 Tage ab (WAGNER und VOIGTLÄNDER 1980).

Wir haben die Witterungsdaten verschiedener Klimastationen in Bayern für die Jahre 1959 bis 1977 in die für Weihenstephan errechnete Gleichung eingesetzt. Dabei machte sich der Einfluß der Höhenlage auf den Zeitpunkt des Erreichens der erforderlichen Temperatursumme sehr deutlich bemerkbar. Der Wachstumsbeginn lag z. B. im unterfränkischen Maingebiet im Mittel um den 3. April, im fränkischen Jura und in Südbayern bis zu 600 m ü. NN um den 6. April und in Freyung (Bayerischer Wald) um den 11. April.

Tab. 212. Höhe und Zeitpunkt der ersten Stickstoffgaben auf Mähweiden

Vorgesehene Nutzung (Art)	(bei dt TS)	1. N-Gabe (kg/ha)	Erste Stickstoffgabe im Frühjahr (Zeitpunkt und Zweck)
Heu	40	80	bis Wachstumsbeginn, Beschleunigung
Silage	30	80	der Nutzungsreife
1. Weideumtrieb			
$^1/_3$ der Fläche	15–20	80	bis Wachstumsbeginn, Beschleunigung der Weidereife
$^1/_3$ der Fläche	15–20	40	zu Wachstumsbeginn, normale Weidereife
$^1/_3$ der Fläche	20–25	0	Verzögerung der Weidereife

Bei frühem Erreichen der erforderlichen Temperatursumme betrug die Zeitdifferenz zwischen der „frühesten" und der „spätesten" Wetterstation bis zu 24 Tagen, bei spätem Erreichen der Temperatursumme für den Wachstumsbeginn nur bis zu sechs Tagen.

Da die für Weihenstephan ermittelte Beziehung für andere Standorte nur eine eingeschränkte Gültigkeit haben kann, müßte die Methode noch auf anderen, in der Vegetationsentwicklung möglichst verschiedenen Standorten getestet werden.

Im Hinblick auf den Termin der ersten N-Gabe weisen auch unsere Ergebnisse darauf hin, daß es am wirkungsvollsten ist, die erste N-Düngung kurz vor oder zu Wachstumsbeginn vorzunehmen. Gaben nach Vegetationsbeginn bewirkten eher eine Verzögerung der ersten Nutzung und kamen mehr dem zweiten Aufwuchs zugute.

Wieviel Stickstoff sich in Ertrag umsetzen läßt, hängt nicht nur von der Höhe der N-Gabe, sondern auch von der Wuchsdauer ab. Will man die erste Nutzung als Heu- oder Siloschnitt nehmen, dann ist auf grasreichen Narben und Mineralböden eine Düngung von 80 kg N/ha angebracht, während eine Weidenutzung nur 40 kg N erhalten sollte, wenn man aus Gründen der Weideführung schon vor der eigentlichen Weidereife auftreiben will. Lediglich zur Beschleunigung des Wachstums kann man von diesem Grundsatz abweichen und höhere N-Gaben anwenden.

Es wäre jedoch falsch, diese Wuchsbeschleunigung auf der ganzen Weidefläche eines Betriebes bewirken zu wollen, weil sonst zuviel weidereifes Futter zur gleichen Zeit erzeugt wird. Man sollte vielmehr versuchen, durch zeitlich und der Menge nach gestaffelte N-Gaben die Nutzungsreife der einzelnen Koppeln im ersten und zweiten Umtrieb auf einen möglichst großen Zeitraum zu verteilen. Ein in der Praxis erprobtes Beispiel ist in Tab. 212 angeführt.

Erhält ein Drittel der im ersten Umtrieb benötigten Weidefläche keinen Stickstoff, später aber entsprechend mehr, dann bedeutet das nach unseren Versuchen keinesfalls, daß der Gesamtertrag des Jahres darunter leidet. In manchen Jahren brachten diese Parzellen im Vergleich zu anderen N-Verteilungen sogar die höchsten Erträge bei stets besserer Ertragsverteilung als auf Parzellen mit hohen Frühjahrsgaben.

Tab. 213 (Wieling 1977) läßt erkennen, daß mit einer Staffelung der N-Mengen tatsächlich eine Staffelung der Nutzungsreife bewirkt werden kann unabhängig davon, ob man vor oder in der Weidereife auftreiben will. Die Daten stammen aus Versuchen auf grasreichen Weidenarben.

Auch die zeitliche Staffelung der N-Gaben im Frühjahr kann nach verschiedenen Versuchen eine Staffelung der Nutzungsreife bewirken. Bei sehr früher N-Gabe bewirkte holländischen Befunden zufolge (Van Burg 1977) schwefelsaures Ammoniak vor allem auf schweren Böden (Ton) die stärkste Wuchsbeschleunigung. Demgegenüber bestanden bei späteren Anwendungsterminen keine Unterschiede zwischen den N-Formen.

Tab. 213. Zuwachs an Grastrockenmasse im ersten Aufwuchs (Wieling 1977)

kg N/ha*	kg TS/ha am 27. 4.	1. 5.	11. 5.	21. 5.	1. 6.
0	420	500	800	1550	2540
40	620	800	1550	2750	4070
80	820	1100	2400	3775	5290
120	970	1350	2850	4350	6000

* zu Wachstumsbeginn

Tab. 214. Zahl der für eine Weide- oder Schnittnutzung erforderlichen Wachstumstage (WIELING 1977)

Ertrag pro Schnitt	kg N/ha	Fläche ist verfügbar ab 1.5.	1.6.	1.7.	1.8.
Weidereife	0	34	38	44	55
17 dt TS/ha	40	24	27	29	34
	80	19	21	22	25
Weidereife	0	41	45	53	–
23 dt TS/ha	40	29	32	35	43
	80	24	26	28	32
Siloreife	0	48	54	63	–
30 dt TS/ha	40	35	38	43	54
	80	29	31	34	40
	120	26	28	29	34

2.6.5.3.4 N-Düngung und Nutzungsreife mit fortschreitender Vegetationszeit

In zahlreichen eigenen Untersuchungen, über die mehrfach berichtet wurde, haben wir auf verschiedenen Standorten festgestellt, daß in Süddeutschland während der ganzen Vegetationszeit ziemlich sicher mit guten Stickstoffwirkungen auf grasreichen Weidenarben gerechnet werden kann. Der sommerliche Ertragsabfall kann zwar durch N-Düngung nicht annähernd ausgeglichen werden. Der Stickstoff bietet aber die Möglichkeit, gerade dann zusätzliches Futter zu gewinnen, wenn es am nötigsten gebraucht wird. Dabei ist die Leistung je kg N im Sommer und im frühen Herbst kaum schlechter, häufig sogar besser als während der Hauptwachstumszeit. Ein Beispiel ist unter 2.5.2.1.5 dargestellt (Abb. 29).

Gute N-Leistungen während der Vegetationszeit lassen sich auch aus Tab. 214 (WIELING 1977) ableiten. Zugleich zeigt sie, wie sehr eine planmäßig angewandte N-Düngung als Mittel der Weideführung betrachtet werden kann. In der Tabelle ist jeweils die Zahl der Wuchstage angegeben, die nach dem Freiwerden und der N-Düngung einer Koppel benötigt werden, um Futter in bestimmten Reifestadien zu erzeugen. Auch für die Zeit von August bis Oktober liegen Daten vor, aus denen ersichtlich ist, wieviel kg TS nach 20 bis 50 Wuchstagen mit gesteigerter N-Düngung produziert werden können. Das Produktionsniveau fällt mit der Jahreszeit weiter ab, aber die N-Wirkung bleibt sehr deutlich. Damit ergibt sich eine weitgehende Übereinstimmung der süddeutschen und der niederländischen Ergebnisse auf vergleichbaren Grasnarben.

WIELING (1977) bezeichnet die hier nur teilweise angeführten Daten (Tab. 213 und 214) als das Grundmodell für ein umfangreiches Programm zur Produktionsplanung von Grünlandbetrieben. Hierauf soll in diesem Kapitel nicht weiter eingegangen werden, auch nicht auf die Gründe, warum solche Programme unter den Standortverhältnissen und Witterungsbedingungen der Alpenländer und ihrer Randgebiete noch schwieriger zu erstellen und anzuwenden sind als in Holland. Nur eines sei nochmals hervorgehoben: Auch während der Vegetationszeit sind Ertragssteigerung und Wuchsbeschleunigung durch N-Düngung so deutlich, daß es sich lohnt, den Zeitpunkt der N-Düngung mehr in die Nutzungsplanung einzubeziehen. Dabei müssen Futteranfall und Futterbedarf nach Termin und Menge vorausschauend aufeinander abgestimmt werden.

2.6.5.3.5 Dauer der Weideperiode und Verlängerung durch N-Düngung

Je länger die Weidezeit dauert, desto billiger wird der Futteraufwand im Grünlandbetrieb. Durch entsprechende Weideführung und N-Düngung kann die Futterproduktion im Herbst verlängert werden. Das gilt wohl besonders für Alpenrandgebiete, weil hier bei ausreichender Feuchte fast regelmäßig mit schönem, für die Produktion günstigem Herbstwetter zu rechnen ist. Das geht schon aus einem Vergleich von MOTT (1983) in Tab. 215 hervor.

Im Vergleich zu den beiden norddeutschen Standorten hat Weihenstephan höhere Produktionsanteile am Gesamtertrag in den Monaten Juli bis Oktober. Außer der Wahl und der Zahl der Nutzungstermine sind als Ursachen hierfür sicher die günstig verteilten Sommerniederschläge und die meistens sonnige Herbstwitterung in Weihenstephan und im nördlichen Alpenvorland anzuführen.

Diese Überlegungen waren Anlaß zu unseren Versuchen zur Verlängerung der Weideperiode durch N-Düngung im August. Wie Abb. 77 zeigt, waren die Wirkungen, aber auch die Nachwirkungen im nächsten Frühjahr recht deutlich. Die Mehrerträge im Herbst lagen immer über 9 kg TS/kg N und erreichten 1971 fast 20 kg TS/kg N, bewegten sich also zwischen 5,5 und 12 kStE/kg N. Damit war die N-Düngung im August auch ohne die Nachwirkung im nächsten Frühjahr eine

Tab. 215. Relative Verteilung der Weideleistung auf die Monate; mehrjährige Durchschnitte (MOTT 1983)

Standorte		April	Mai	Juni	Juli	Aug.	Sept.	Okt.
Mai = 100								
Völkenrode		8	100	77	60	47	34	23
Kleve-Kellen[1]	a)	29	100	77	70	55	29	19
Kleve-Kellen	b)	17	100	30	37	31	17	11
Weihenstephan[2]		21	100	84	93	73	63	42
Jahresertrag = 100								
Völkenrode		2	29	22	17	13	10	7
Kleve-Kellen	a)	8	26	20	19	14	8	5
Kleve-Kellen	b)	7	41	12	15	13	7	5
Weihenstephan		4	21	18	20	15	13	9

[1] a) bei ausschließlichem Weidegang, 7 Nutzungen
b) bei Heuschnitt Anfang Juni, dann Weidegang, 5 Nutzungen
N-Düngung bei a und b: 2 kg/ha/Tag = 360 kg/ha/Jahr
[2] aus 19 Jahresergebnissen von 3 Standorten; 8 Nutzungen je 30 N = 240 kg/ha

lohnende Maßnahme, da die Verwertung des mehr erzeugten, billigen Weidefutters in einer verlängerten Weideperiode stets gewährleistet ist.

2.6.5.4 Weideerträge und Weideleistungen

Der Grünlandertrag kann wie folgt aufgegliedert werden:

1. Die Grünmasseproduktion einer Fläche für Sommerstallfütterung oder Weidegang.
2. Der Ertrag an Konserven (Heu, Silage, Trockengrün) nach Werbung, Konservierung und Lagerung.

Die optimale Gestaltung des Pflanzenertrages ist die Grundlage des tierischen Nutzertrages (= Weideleistung). Der Pflanzenertrag wird auch als Bruttoertrag, die Weideleistung als Nettoertrag bezeichnet. Am Pflanzenertrag mißt man die Einflüsse des Standorts, der Düngung und der gesamten Bewirtschaftung einschließlich der von den Weidetieren ausgehenden Wirkungen, am tierischen Nutzertrag alle Einflüsse, die an der Umwandlung des Pflanzenertrages in tierische Leistungen beteiligt sind.

2.6.5.4.1 Die Feststellung des Weideertrages und die Ermittlung der Weideleistung

Über die Ermittlung der Grünlanderträge ist im In- und Ausland eine umfangreiche Literatur entstanden. Einen ausführlichen und sehr instruktiven Überblick aus deutscher Sicht hat KLAPP (1963) gegeben. Da auch wir uns mit der Versuchsmethodik in neuerer Zeit auseinandergesetzt haben (VOIGTLÄNDER und VOSS 1979), sollen im folgenden nur die wichtigsten Methoden kurz dargestellt werden.

Die Feststellung des Grünfutterertrages
Es ist in der Versuchsanstellung prinzipiell kein Unterschied, ob man den Grünfutterertrag in Feldfutterbeständen, auf Schnittwiesen oder auf Weiden und Mähweiden feststellt. Genügend große Parzellen – Erntefläche mindestens 10 m² –, Ausschaltung der Randwirkungen, vier bis sechs Wiederholungen, einheitliche Schnitthöhe und sorgfältige Gewichtsermittlung sind die Hauptvoraussetzungen für einwandfreie Ergebnisse. Besonderes Augenmerk ist der Entnahme einer für den gesamten Parzellenertrag möglichst repräsentativen Probe zu widmen einschließlich der exakten Weiterbehandlung bis zur Ermittlung der TS.

Die Feststellung des Futterangebotes auf Weiden
Auf beweideten Flächen wird kurz vor dem Auftrieb geschnitten. Man bezeichnet die Erntemenge auch als Futterangebot, muß sich aber darüber im klaren sein, daß man je nach Schnitthöhe und Verbißtiefe mehr oder weniger erfaßt, als das Tier tatsächlich abweidet. Die Probeflächen müssen von Schnitt zu Schnitt gewechselt werden, weil sonst der Weidecharakter der Grasnarbe verändert wird.

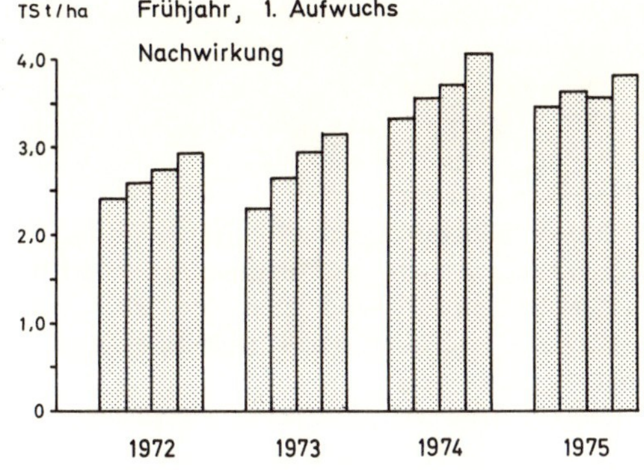

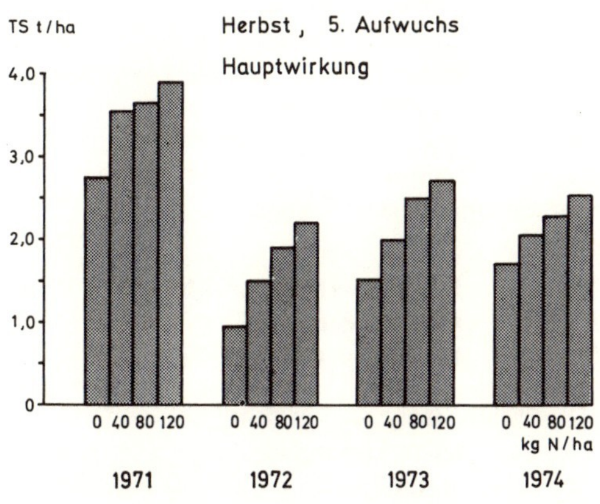

Abb.77. Wirkung steigender Stickstoffgaben zur letzten Nutzung im Herbst und Nachwirkung im nächsten Frühjahr auf den TS-Ertrag (t/ha). N-Düngung im Frühjahr einheitlich 40 kg/ha (VOIGTLÄNDER und MÄDEL 1974).

Die Ermittlung der Futteraufnahme mit Hilfe der Differenzmethode

Diese Methode ist geeignet, die mittlere Futteraufnahme einer Weidegruppe ziemlich genau zu erfassen. Sie erlaubt keine Aussage über die Futteraufnahme eines einzelnen Tieres, es sei denn, man arbeitet mit Einzeltieren, z. B. in Form der Tüderweide. Ermittelt man zugleich die Futterqualität und die Tierleistungen (Erhaltungsbedarf, Gewichtszunahme, Milchertrag), dann lassen sich auch gute Anhalte für den durchschnittlichen Luxusverbrauch einer Gruppe gewinnen.

Bei diesem Verfahren wird, wie oben beschrieben, das Futterangebot auf von Auftrieb zu Auftrieb wechselnden Probeflächen (sechs bis zehn Wiederholungen) bestimmt. Nach kürzester Freßzeit wird der Weiderest in gleicher Weise festgestellt. Die Differenz ergibt die Futteraufnahme. Macht man Qualitätsuntersuchungen von Angebot und Rest, dann kann man durch Differenzbildung auf die Qualität des aufgenommenen Futters schließen. Dieses Verfahren ist nicht für längere Auftriebszeiten geeignet.

Zur Verwendung von Weidekäfigen

Weidekäfige, die vor dem Auftrieb aufgestellt werden, können bei mehrtägiger Freßzeit Abhilfe schaffen. Kurz vor dem Auftrieb wird das Angebot außerhalb der Käfige in üblicher Weise ermittelt. Unmittelbar nach dem Abtrieb wird der Ertrag im Käfig gewogen. Die Differenz zum Angebot (je m^2) ergibt den Zuwachs während der Auftriebszeit. Der außerhalb des Käfigs festgestellte Weiderest wird vom gesamten Futterangebot abgezogen. Die Differenz, auf die zugeteilte Weidefläche umgerechnet und durch die Zahl der aufgetriebenen Tiere dividiert, ergibt die mittlere Futteraufnahme pro Tier in der gesamten Auftriebszeit.

Je stärker die Leistungsfähigkeit der Grasnarbe innerhalb einer Koppel oder Zuteilungsfläche wechselt, desto unsicherer werden die Ergebnisse der Differenzmethode, desto mehr Wiederholungen werden bei den Ermittlungen erforderlich. Die unterschiedliche Verbißtiefe verursacht weitere Fehler, die durch Tiefschnitt und gleiche Schnitthöhe beim Angebot- und Restschnitt eingeschränkt werden können.

Die Berechnung der Weideleistung (Tierischer Nutzertrag, Nettoertrag, Nettoleistung)

Differenz- und Käfigmethoden sind für das Versuchswesen, nicht aber für praktische Zwecke geeignet. Hierfür wurde nach schwedischem Vorbild von FALKE (1929) ein Verfahren entwickelt, mit dem die Nettoleistung aus den Leistungen der Weidetiere ermittelt wird. Dieses Verfahren wurde zunächst von GEITH (1937) und später von einer Reihe anderer Autoren verbessert. Besonders ZÜRN, KÖNEKAMP und BLATTMANN haben zahlreiche Versuche und Versuchsserien danach ausgewertet und zur Verfeinerung der Methodik beigetragen.

Die Methode FALKE/GEITH läßt den wirtschaftlichen Erfolg des Weideganges hervortreten. Sie ermöglicht Aussagen über die Wirkungen verschiedener Weideführung und gravierender Standortseinflüsse, z. B. von Klima und Höhenlage. Sie ist besonders für den Betriebsvergleich geeignet; auch Düngerwirkungen lassen sich bei gleicher Weideführung noch nachweisen, wenn die Unterschiede groß genug sind, z. B. in N-

Steigerungsversuchen mit nicht zu engen N-Stufen.

Am stärksten fällt jedoch die Umwandlung des Pflanzenertrages in tierische Nutzleistungen ins Gewicht. Der Ausnutzungsgrad schwankt nach BLATTMANN zwischen 30 und 90 %. Im Betriebsvergleich wird daher mit diesem Verfahren eher die Tüchtigkeit des Weidewirts als die Qualität des Standorts oder der Einfluß pflanzenbaulicher Maßnahmen beurteilt. Jedenfalls ermöglicht die Methode keine genaue Feststellung des Bruttoertrages einer Weide.

Im folgenden wird das Wesentliche in Anlehnung an MOTT (1983) zusammengefaßt.

Die Grundlage für die Berechnung der Weideleistung ist nicht der pflanzliche Bruttoertrag (dt TS/ha), sondern der tierische Nutzertrag in Form von Erhaltungsbedarf, Gewichtszunahme, Milch- und Milchfettleistung. Aus dem tierischen Nutzertrag wird die Weideleistung in MJ NEL bzw. für Weidemast in kStE errechnet. Für die Berechnung der Weideleistung sind folgende Feststellungen notwendig:

1. Zahl und Gewicht der Tiere beim Auftrieb und Abtrieb. Für die Berechnung des Erhaltungsfutters wird das Durchschnittsgewicht verwendet.
2. Milchleistung und Milchfettgehalt während der Weidezeit.
3. Mengen an Schnittfutter (Gras, Heu, Silage), unter Berücksichtigung von Werbungs- und Konservierungsverlusten.
4. Art und Menge des Beifutters; dieses wird bei der Berechnung abgezogen.
5. Dauer der Weidezeit.

Tab. 216 enthält die Bedarfsnormen für die einzelnen Tierarten und die Normen für die Bewertung der Leistungen.

Für die Einstufung von Gras, Heu und Silage des geworbenen sowie des Ergänzungs- und Zufutters können die Werte der Futterwerttabellen der DLG (1982) sinngemäß herangezogen werden.

Der Zeitaufwand für die Weideleistungsermittlung ist erheblich. Tägliche Aufschriebe über alle Vorgänge auf einem Weidekomplex oder auf einer Koppel sind erforderlich, insbesondere über Zahl und Art der Tiere, Aufenthaltsdauer, Milchleistung, Beifütterung, Schnittnutzung, Düngungs- und Pflegemaßnahmen. Je sorgfältiger die Daten und Vorgänge während der Weidezeit aufgezeichnet wurden, desto leichter und genauer kann das Endergebnis errechnet werden.

2.6.5.4.2 Die Weideerträge in Abhängigkeit von Standort, Höhenlage und Nutzungsregime

Die Weideerträge verschiedener Standorte mit verschiedener N-Versorgung

Tab. 217 läßt die Wirkung des Standorts und des Kleeanteils der Grasnarbe auf die Weideerträge erkennen. Die Varianten ohne N-Düngung unterscheiden sich im Ertrag sehr deutlich in Abhän-

Tab. 216. a: Energiebedarf für Erhaltung und Gewichtszunahme von Rindern

Mittleres Lebendgewicht der Tiere (kg)	Erhaltung		1 kg Zunahme		
	Kühe Rinder (MJ NEL/ Weidetag)	Ochsen Bullen (kStE/Weidetag)	Kühe Rinder (MJ NEL)	Bullen (kStE)	Ochsen (kStE)
200	16,9	1,60	9,8	1,10	1,40
300	22,9	2,04	14,0	1,51	1,93
400	28,4	2,46	15,2	2,22	2,69
500	33,5	2,83	21,0	3,34	3,50
600	38,6	3,17	24,0	3,98	3,98

Tab. 216. b: Energiebedarf für die Erzeugung von 1 kg Milch

Fettgehalt der Milch %	3,0	3,5	4,0	4,5	5,0
MJ NEL/kg Milch	2,77	2,97	3,17	3,37	3,57

Tab. 216. c: Bewertung der Kälbergeburten auf der Weide: 735 MJ NEL für 1 Kalb

Tab. 216. d: kStE-Bedarf für Schafe

Lebendgewicht (kg)	Erhaltung (kStE/WTE[1])	Leistung (kStE/kg Zunahme)
bis 20	1,00	2,00
20–40	1,00	3,00
40–60	0,80	4,00
üb. 60	0,80	4,50

Tab. 216. e: Bewertung des von der Weidefläche geworbenen Futters

	kStE	MJ NEL
100 kg Heu		
geringe Qualität	30	397
mittlere Qualität	35	437
hohe Qualität	40	478
100 kg frisches Weidegras[2]	10	102

[1] WTE = Weidetageinheit = 1 dt Lebendgewicht × 1 Weidetag

[2] Wird frisches Weidegras konserviert, so sind die Konservierungsverluste abzuziehen (ZIMMER, Faustzahlen. 407–408, 1983, 10. Aufl)

gigkeit von der Stickstofflieferung des Bodens (Kleeanteil, N-Gehalt des Anmoorbodens). Durch mineralische N-Düngung werden die Erträge ausgeglichener und auf ein ziemlich einheitliches Niveau gehoben. Nach den errechneten Produktionsfunktionen wurde lediglich auf dem Ackerstandort von Knaulgras und Deutschem Weidelgras das Optimum der N-Düngung mit der Versuchsdüngung noch nicht erreicht. In den übrigen Versuchen wurde es z. T. schon überschritten, ein Zeichen dafür, daß unter den vorliegenden Bedingungen das Ertragspotential nahezu ausgeschöpft wurde.

Die Weideerträge in verschiedenen Höhenlagen (vgl. 2.2.2.5)

Die Höhenlage scheint je nach Naturraum die Weideerträge erst ab 500 bis 750 m ü. NN zu begrenzen. Wir erzielten in Höhen von 350 bis 720 m ü. NN bei vergleichbarer Bewirtschaftung

Tab. 217. TS-Erträge in 5 bis 6 Nutzungen bei PK- und NPK-Düngung in Abhängigkeit von der Stickstofflieferung des Standorts (Weihenstephan und nähere Umgebung, 435 bis 470 m ü. NN)

PK (dt TS/ha)	NPK (dt TS/ha)	N (kg/ha)	Pflanzenbestand	Angaben zum Standort
23	135	500	Knaulgras	Ackerstandort
28	140	500	Dt. Weidelgras	6. Versuchsjahr
90	118	260	Dauerweide	alter Bestand 15–20 % Weißklee
115	130	300	Weideansaat	Ackerstandort 50–80 % Weißklee
128	145	400	Weideansaat	Ackerstandort mit 60–80 % Weißklee und Beregnung
95	138	250	Dauerweide	Anmoor, alter Bestand; 17–19 % C, 1,9 % N in 0–20 cm Bodentiefe

Tab. 218. Tiefst- und Höchstwerte, Mittelwerte und Variationskoeffizienten von Weideerträgen aus 17 Versuchsjahren

	Tiefst-wert	Höchst-wert	Mittel-wert	Variations-koeffizient (s %)
Ertrag dt TS/ha	79,4	130,8	104,2	8,8
Höhenlage m ü. NN	350	720	477	26,2
Niederschlag April bis Sept. mm	417	867	588	24,3
Temperatur April bis Sept. in °C	12,0	14,3	13,1	4,9
Sonnenscheindauer April bis Sept. in Std.	1005	1308	1167	8,0

100 bis 140 dt TS/ha. Diese Erträge unterscheiden sich wenig von denen am Niederrhein und im norddeutschen Küstengebiet. In einer Versuchsserie mit acht Nutzungen und in einer anderen mit fünf bis sechs brachte sogar der höchstgelegene Standort (Spitalhof Kempten, 720 m ü. NN) im Mittel mehrerer Versuchsjahre mit 121 bzw. 130,8 dt TS/ha die höchsten Erträge.

Erst in höheren Lagen begrenzt dann das Klima die Dauer der Vegetationszeit und den Ertrag. Auf schattseitigen Hängen oder in ungünstigen Klimalagen (z. B. Schwäbische Alb) wird diese Höhengrenze früher erreicht. So kamen wir auf der Schwäbischen Alb (Südhang) in einer Höhenlage von 730 m im Mittel von fünf Versuchsjahren bei guter Nährstoffversorgung und optimaler N-Verteilung in fünf Nutzungen nur auf 85 dt TS/ha.

In einem Höhenbereich von 350 bis 720 m ü. NN war in Südbayern ein Einfluß der Höhenlage auf die Weideerträge nicht nachweisbar. In Tab. 218 sind die Ergebnisse von 17 Versuchsjahren zusammengefaßt. Bei annähernd gleicher Düngung und Nutzung waren hier wahrscheinlich die Klimafaktoren von ausschlaggebender Bedeutung.

Im Almbereich scheint dagegen ein regelmäßiger Ertragsabfall mit zunehmender Höhenlage verbunden zu sein, wie umfangreiche Versuche von ZÜRN (1953) während seiner Tätigkeit in Österreich ergeben haben. Allerdings kann in diesen Höhenlagen die Exposition den Einfluß eines Höhengradienten auf die Erträge sicher erheblich variieren. So fanden SPATZ und ZELLER (1968) im Nagelfluhgebiet der Allgäuer Alpen deutliche Unterschiede in der alpwirtschaftlichen Besatzstärke in Abhängigkeit von der Exposition. Die höchsten Werte wurden in Westlagen, die niedrigsten in Ostlagen ermittelt. Alpen in Süd- und Nordlagen und auf ebenen bis schwach geneigten Flächen nahmen eine Mittelstellung ein und unterschieden sich nicht wesentlich. Niederschlagseinfluß, Besonnung und Austrocknung scheinen die Hauptursachen für die Unterschiede zu sein. Die Ergebnisse von ZÜRN (1953) auf verschiedenen Höhenstufen sind in Tab. 219 enthalten. Dabei zeigt sich, daß die relative Düngerwirkung mit der Höhenlage zunimmt. SPATZ (1970) stellte im Allgäu fest, daß die Ertragsleistung der jeweils höchsten Intensitätsstufe zwischen 955 und 1555 m ü. NN mit 100 m Höhenanstieg um 6 % linear abnahm.

Tab. 219. Heuerträge (dt/ha) mit und ohne Düngung auf Almweiden verschiedener Höhenlage und Hangneigung. Mittel von 15 Standorten mit durchschnittlich 4 Versuchsjahren (ZÜRN 1953)

Höhenlage	Exposition	Düngung kg/ha			Heuerträge dt/ha		
		N	P_2O_5	K_2O	O	PK	NPK
1100–1300	eben	62	51	102	28,2	42,9	57,1
1100–1800	eben	53	43	100	23,7	37,2	48,7
1150–1750	geneigt bis sehr steil	60	69	115	17,4	29,3	41,4
1400–1950	steil bis sehr steil	60	70	112	10,8	18,1	30,6

Tab. 220. Einfluß der Nutzungshäufigkeit auf den Ertrag von Weidelgras–Weißklee-Beständen bei gleichbleibenden Ruhezeiten zwischen den Nutzungen; Grunddüngung 90 kg P_2O_5 und 150 kg K_2O/ha

Zahl der Nutzungen		4	6	8
Ruhezeit (Tage)		45	30	22–23
N-Düngung (kg/ha)		4 × 60	6 × 40	8 × 30
Jahr, Bestand Standort			(dt TS/ha)	
1966	Ansaat Weihenstephan	172,9	146,9	125,8
1967		151,0	158,0	140,6
1968	Dauerweide Dürnast	152,4	130,5	129,2
1969		131,1	113,1	101,2
1970		137,8	122,2	110,5
$\bar{x}$		149,0	134,1	121,5

Die Weideerträge in Abhängigkeit von der Intensität der Nutzung

Tab. 220 enthält das Ergebnis eines Ruhezeitenversuchs, der fünf Jahre lang mit vier, sechs und acht Nutzungen jährlich auf zwei benachbarten Standorten durchgeführt wurde.

Die Qualität befriedigte auch noch bei viermaliger Nutzung. Hier wurde im Mittel die Heureife (37 dt TS/ha), in sechs Nutzungen die Weidereife (22 dt) und in acht Nutzungen eine frühe Weidereife (15 dt TS/ha) erreicht. Ganz ähnliche Ergebnisse brachte ein Versuch mit zwei Weide- und einer Mähweidemischung, der elf Jahre auf demselben Standort in Weihenstephan auf Mineralboden gelaufen ist (Tab. 221).

Daß der Nutzungseinfluß auch in höheren Lagen von Bedeutung sein kann, haben u. a. die Untersuchungen von Spatz (1970) im Allgäu nachgewiesen. Er hat in eingezäunten Parzellen Ertragsfeststellungen in Anpassung an den alpwirtschaftlichen Nutzungsrhythmus durchgeführt. Die Parzellen wurden nicht besonders gedüngt und gepflegt. Die Erträge für die einzelnen Pflanzengesellschaften enthält Tab. 222.

Tab. 222. Nährstoffangebot in % der Trockensubstanz und in kg/ha für einige Pflanzengesellschaften der Alpweiden in Höhenlagen zwischen 950 und 1200 m ü. NN (Spatz 1970)

Gesellschaften	verd. (%)	RP (dt/ha)	kStE/ha	E : StE
Weidelgrasweide	11,4	7,1	3237	1 : 4,5
Übergänge	12,3	6,5	2803	1 : 4,4
Rotschwingel--Rotstraußgras-Weide	11,9	4,9	2184	1 : 4,5
Übergänge	11,6	2,5	1145	1 : 4,6
Borstgrasrasen	7,9	1,8	956	1 : 5,4

Mit zunehmender Entfernung von der Hütte bildeten sich ertragsschwächere Pflanzengesellschaften aus. Weidelgras- und Rotschwingel-Rotstraußgras-Weiden entwickelten sich in Hüttennähe oder auf bevorzugten Weideplätzen. Es handelt sich hier also um die Erträge bei der derzeitigen Bewirtschaftung. Außer der Entfernung und dem Höhenunterschied zur Hütte hatten die Höhenlage ü. NN, die Geländeneigung sowie die pH-Werte und P_2O_5-Gehalte des Bodens einen signifikanten Einfluß auf die Bruttonährstofferträge.

2.6.5.4.3 Die Beziehungen zwischen den Weideerträgen und den Weideleistungen in Abhängigkeit von der Weideführung

Der Pflanzenertrag wird je nach der Fähigkeit des Bewirtschafters in ganz verschiedenem Maße in tierische Leistungen umgewandelt. Klapp schätzte 1953, daß damals der Pflanzenertrag unserer Weiden nur zu 40 bis 50% ausgenutzt wurde.

Tab. 221. TS-Erträge im Mittel von 11 Versuchsjahren auf einer Mähweide- und zwei Weideansaaten: Grunddüngung 90 kg P_2O_5 und 150 kg K_2O je ha und Jahr; 30 kg N/ha zu jeder Nutzung

	Mähweide			Weide I			Weide II		
Zahl der Nutzungen	4	6	8	4	6	8	4	6	8
dt TS/ha ($\bar{x}$ 11 Jahre)	105,9	94,8	83,0	110,0	101,7	87,7	106,6	106,8	99,2
dt TS/ha (1. Jahr)	155,2	122,6	115,1	152,3	128,0	117,8	146,2	126,7	121,4

Unter „Ausnutzung" wird der prozentuale Anteil der kStE in den Leistungen an den tatsächlich erzeugten kStE verstanden. Die Differenz zu 100% besteht aus Weiderest und Luxusverbrauch. Vielleicht ist die Futterausnutzung heute etwas günstiger als damals. Immerhin fanden wir bei guter Weideführung mit zweitägiger Freßzeit von Mastfärsen einen Weiderest von 30% auf Niedermoorboden. Da die Energieaufnahme in kStE 40 bis 50% über dem aktuellen Bedarf lag, errechnet sich in diesem Fall eine Ausnutzung des Weidefutters von 46 bis 49%.

Je schärfer man abweiden läßt, desto geringer wird der Luxusverbrauch. Es gilt jedoch, die Grenze nicht zu überschreiten, von der ab die Leistungen pro Tier beeinträchtigt werden. Die Verbrauchslenkung bzw. die bedarfsgerechte Futterzuteilung ist ganz sicher in der Sommerstallfütterung exakter zu handhaben als beim Weidegang.

Erfolgreiche Weidewirtschaft ist demnach nur z. T. ein Problem der Futtererzeugung, sondern mehr eine Aufgabe der Futterverwertung und der Verlustminderung, also der Weideführung. Das Beispiel in Tab. 223 möge die Zusammenhänge erläutern. Wenn man annimmt, daß der Pflanzenertrag auf mittleren bis sehr guten Weiden 70 bis 140 dt TS/ha beträgt, dann entspricht das, bei einer Bewertung von 60 kStE (616 MJ NEL) je dt TS, 4200 bis 8400 kStE/ha bzw. 43,1 bis 86,2 GJ/ha. Dabei ist das Weidegras vor dem Auftrieb mit 65 kStE (660 MJ NEL)/dt TS und das Gras vor dem Heu- oder Siloschnitt mit 55 kStE (570 MJ NEL)/dt TS bewertet worden. Die Ausnutzung wurde in Tab. 223 von 40 bis 100% variiert.

Tab. 223. Pflanzenertrag und tierischer Nutzertrag bei verschiedener Futterausnutzung auf der Weide

Pflanzenertrag		Tierischer Nutzertrag in kStE/ha bei einer Ausnutzung von			
TS dt/ha*	kStE je ha	40	60	80	100%
70	4200	1680	2520	3360	4200
80	4800	1920	2880	3840	4800
90	5400	2160	3240	4320	5400
100	6000	2400	3600	4800	6000
110	6600	2640	3960	5280	6600
120	7200	2880	4320	5760	7200
130	7800	3120	4680	6240	7800
140	8400	3360	5040	6720	8400

* multipliziert mit 616 ergibt den ha-Ertrag in MJ NEL (z. B.: 70 × 616 = 43120 MJ NEL = 43,12 GJ NEL)

Wahrscheinlich kommen in extremen Fällen noch geringere Ausnutzungsgrade als 40% vor. Tab. 223 zeigt, daß bei einer Differenz von 100% in den Pflanzenerträgen Differenzen von 400% und mehr in den tierischen Nutzerträgen auftreten können. So kann z. B. ein Betrieb in ungünstiger Höhenlage bei einem Pflanzenertrag von 70 dt TS/ha und einer Ausnutzung von 100% mit 4200 kStE mehr produzieren als ein Betrieb in günstigster Lage mit 140 dt TS/ha und einer Ausnutzung von 40%. Deutlicher kann der Vorrang der Futterverwertung vor der eigentlichen Futtererzeugung nicht zum Ausdruck kommen.

Mit welchen Mitteln der Weideführung die **Futterausnutzung** verbessert bzw. die Verluste herabgesetzt werden können, ist durch zahlreiche neuere Untersuchungen, insbesondere von KÖNEKAMP und Mitarbeitern, bekannt geworden. Die Weideleistung steigt mit zunehmender Besatzdichte und Verkürzung der Freßzeit auf einer Koppel oder Zuteilungsfläche. Sie hängt ab von der richtigen Bemessung der Ruhezeiten zwischen den Nutzungen und der daraus resultierenden optimalen Zahl der Umtriebe während einer Weideperiode. Die Ruhezeit wird weitgehend bestimmt durch den Futternachwuchs in der Zeiteinheit, durch die Futtermenge und -qualität, die man bei einer Nutzung anstrebt. Die Menge wird bei einem Siloschnitt größer sein als bei Weidenutzung und bei Heugewinnung größer als beim Siloschnitt.

Die Leistung von Mähweiden scheint mit steigendem **Mähnutzungsanteil** anzusteigen. Früher dachte man an eine rechnerische Überbewertung des Schnittfutters gegenüber den tierischen Leistungen auf der Weide. Heute weiß man, daß es die günstigen Wirkungen einer Mähnutzung auf Ertrag, Pflanzenbestand und Futterausnutzung einer Weide sind, die die Weideleistungen ansteigen lassen.

Aber auch die Bewertung kann dazu beitragen, daß häufiger geschnittene Koppeln höhere Leistungen bringen als überwiegend beweidete. Das trifft dann zu, wenn das Schnittfutter verlustlos geerntet und an der Grünmasse bewertet wird, während auf den Vergleichskoppeln Weideverluste von 30 bis 40% auftreten. In Weideversuchen müßte daher der Schnittfutterertrag (brutto) um die geschätzten oder ermittelten mittleren Weideverluste gekürzt werden.

Tab. 224. Weideertrag und Weideleistung in der Portions- und Umtriebsweide auf Mineralboden in kStE/ha und Verhältniszahlen (SCHNEIDER 1976)

Jahr	Weideertrag (kStE/ha)		Weideleistung (kStE/ha)		Etrag: Leistung (Ertrag = 100)	
	Pw	Uw	Pw	Uw	Pw	Uw
1967	4344	4648	3863	3530	89	76
1968	6163	5422	5939	4802	96	89
1969	6674	6567	6498	6245	97	95
67–69	5727	5546	5433	4860	95	88

Die Weidesysteme haben aufgrund ihrer Unterschiede in der Intensität der Weideführung einen entscheidenden Einfluß auf die Ausnutzung des Bruttoertrages. So lag nach KNAUER (1973) die Weideleistung auf Umtriebsweiden Schleswig-Holsteins um 30% höher als auf Standweiden alter Art. Auch CAPUTA (1972) berichtet von wesentlich höheren Mastleistungen auf Koppel- und Umtriebsweiden (464 bis 491 kg/ha) als auf extensiven Standweiden (319 kg/ha).

In unserem **Vergleichsversuch mit Koppelschafen** in Friedberg bei Augsburg (Tab. 224) wurde der Weideertrag auf der Portionsweide zu 95%, auf der Umtriebsweide zu 88% in Leistung umgewandelt; in der Futterqualität bestanden aber kaum Unterschiede, so daß sich die recht guten Zunahmen der Lämmer (200 bis 230 g/Tier und Tag) nicht signifikant unterschieden. Es wird von Fall zu Fall überlegt werden müssen, ob die erhöhten Aufwendungen für die Portionsweidenutzung, unter Berücksichtigung der Mehrleistung und des AK-Besatzes, in Kauf genommen werden können.

In achtjährigen Weideversuchen mit je neun Mastfärsen auf Niedermoorboden fiel die Umwandlung des Pflanzenertrages in tierische Nutzleistungen etwas ungünstiger aus (Umtriebsweide 70%, Intensive Standweide 61%). Wie man aus Tab. 225 entnehmen kann, waren die Unterschiede in der Futterverwertung von Jahr zu Jahr erheblich. Sie waren weniger von der Höhe der Bruttoerträge abhängig, sondern mehr von den Witterungsbedingungen während der Weidezeit und von den nicht ganz vermeidbaren Unterschieden im Tiermaterial der beiden Weidegruppen.

Innerhalb der beiden Weidesysteme waren die Jahresunterschiede in der Ausnutzung des Bruttoertrages jedenfalls nicht durch die Weideführung bedingt, die in den acht Versuchsjahren von demselben Versuchsansteller unverändert beibehalten wurde.

2.6.5.4.4 Weideführung, Weideleistung und Nutztiere

Die Grasezeit von Rindern und Schafen wird mit etwa sechs bis neun Std. täglich angegeben. Gute

Tab. 225. Bruttoerträge[1] und Nettoleistungen[2] in kStE/ha auf alter Weidenarbe im Versuch mit Mastfärsen; Versuchstation Grünschwaige, 1976 bis 1983

	Umtriebsweide kStE/ha (Brutto)	(Netto)	Ausnutzung (%)	Intensive Standweide kStE/ha (Brutto)	(Netto)	Ausnutzung (%)
1976	6193	4002	65	6215	3792	61
1977	7091	4048	57	7688	3636	47
1978	6055	4929	81	5737	4168	73
1979	7071	5061	72	7421	4270	58
1980	7435	5461	73	7192	4482	62
1981	6138	4795	78	6198	4614	74
1982	5222	4461	85	6119	4159	68
1983	7811	4570	58	7766	4220	54
∅76–83	6627	4666	70	6792	4168	61

[1] TS-Ertrag unter Weidekäfigen in dt/ha × 60 kStE

[2] Summe der kStE für Erhaltung, Gewichtszunahme und Schnittfutter (Bruttoertrag −30%)

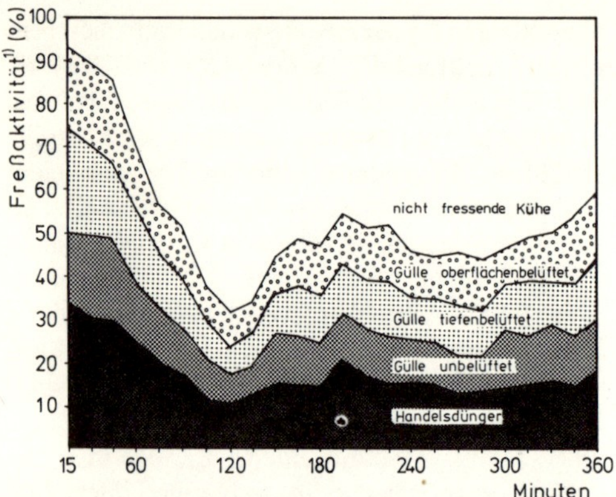

Abb. 78. Freßaktivität (= Anzahl fressender in % aller aufgetriebenen Kühe) von Milchkühen auf unterschiedlich gedüngter Weide (THALMANN 1985). Signifikante Unterschiede in der Freßaktivität ergaben sich nur zwischen der Handelsdüngervariante einerseits und allen Güllevarianten andererseits. Bei hoher Freßaktivität wurde stärker, bei nachlassender Aktivität wurde weniger selektiert.

Fresser nehmen in dieser Zeit mehr Futter auf als langsame. ROGALSKI (1977) stellte bei achtstündiger Auftriebsdauer an Rindern und Schafen eine Grasezeit von 275 bzw. 320 min. fest. Die Rinder grasten hauptsächlich in drei, die Schafe in fünf Teilperioden. Windiges Wetter und Regen verkürzten die Grasezeit.

THALMANN (1985) fand bei etwa siebenstündiger Auftriebsdauer in einem Weideversuch mit 18 Milchkühen auf verschieden gedüngten, aber gleichzeitig angebotenen Teilflächen, daß zu Beginn des Auftriebs 90% der Kühe fraßen. Nach zwei Std. erreichte die sog. Freßaktivität ein Minimum. Etwa 90 Minuten später und nochmals gegen Ende des Auftriebs traten zwei weitere Maxima auf, die jedoch wesentlich unter dem ersten Maximum blieben (Abb. 78).

Nach KLAPP (1971) wird die Grasezeit auch durch Ergänzungsfutter mit Heu und Gärfutter, ebenso durch Übergang zur Intensivweide verkürzt, weil hier auf kleinerer Fläche mehr Futter und weniger Bewegungsraum zur Verfügung steht. Demnach wird der Zeitbedarf für die Futteraufnahme auch von der Höhe des Aufwuchses bestimmt. Nach ROGALSKI (1975) ergaben allerdings Tüdern und Portionsweide eine längere Grasezeit als Umtriebsweide.

Die Zahl der Freßbewegungen wird mit 17000 bis 23000 je Tag, in neueren Arbeiten mit 12000 bis 18000 angegeben. Je Bissen werden 3 bis 6 g Frischsubstanz aufgenommen, mit zunehmendem Alter des Futters weniger. Da das Rind das Futter nicht scharf am Boden abbeißen kann, sondern mehr abrupfen muß, weidet das Rind schonender als Pferd und Schaf.

Die bevorzugte Tageszeit für das Grasen hängt natürlich stark von der täglichen Auftriebszeit ab. Rinder gewöhnen sich bald daran, reagieren aber gegen Unregelmäßigkeiten und häufige Änderungen mit Leistungsrückgang. Bei Ganztagsweide wird bevorzugt nach Sonnenaufgang bzw. am frühen Morgen, in der Mittagszeit und in den Abendstunden geweidet. Bei starker Hitze oder Insektenplage in der Mittagszeit werden die Morgen- und Abendstunden stärker bevorzugt. Insgesamt wird mehr bei Tageslicht als in der Dunkelheit geweidet.

HIJINK (1975) untersuchte die Wirkung vorübergehender Aufstallung auf die Milchleistungen, wenn das Gras auf der Halbtagsweide knapp geworden war. 40 Kühe wurden von Juni bis September dreimal je 9 bis 15 Tage ganztägig aufgestallt und ad libitum mit guter Gras- und Maissilage gefüttert. Jedesmal sank die Milchleistung stärker, als nach der Laktationskurve zu erwarten war. 2 kg Kraftfutter über die Bedarfsnorm hinaus konnten den Rückgang nicht verhindern. Es wird daher bei Futterknappheit die Beifütterung auf der Weide empfohlen.

Auch THÖNI (1976) plädiert dafür, regelmäßige Gewohnheiten in der Weideführung beizubehalten. Er versteht darunter:

- Einhalten regelmäßiger Auf- und Abtriebszeiten
- Festhalten am einmal gewählten System
- Anstreben einer gleichbleibenden Futterqualität
- Zufüttern im Stall entweder dauernd oder gar nicht.

Er führt viele Mißerfolge in der Weidenutzung und sinkende Milchleistungen auf das Nichtbefolgen dieser Regeln zurück. „Kühe sind Gewohnheitstiere, die immer wissen wollen, woran sie sind.“

Energieaufwand für Fortbewegung

Die Fortbewegung der Tiere ist ganz entscheidend vom Weidesystem und vom Futterangebot abhängig. Die Extreme sind Portionsweide mit ausreichendem und Alpweidegang mit knappem Futterangebot. Auf Umtriebsweiden unterschiedlicher Intensität liegt nach vielen Angaben die tägliche Fortbewegung der Weidetiere zwischen drei und sechs Std. bzw. 2 und 8 km. Die

Ruhezeit wird meistens mit acht bis neun Std. angegeben, wovon der Hauptteil zum Wiederkäuen gebraucht wird, das sehr stark von der Höhe des Futterverzehrs und von der Futterstruktur bestimmt wird.

Futteraufnahme und Fortbewegung auf der Weide erfordern einen höheren Energieaufwand als im Stall. Die Angaben für den zusätzlichen Bedarf schwanken zwischen 0,5 und 1,5 kStE pro GV und Tag; bei begrenzter Fortbewegung wird ein Zuschlag von 10% zum normalen Erhaltungsbedarf = 0,3 kStE/GV und Tag ausreichend sein. SCHÜRCH (1967) errechnet für Alpweiden einen Mehrbedarf von 20 bis 25% für die Erhaltung. Dabei fällt hauptsächlich die Aufwärtsbewegung ins Gewicht.

Energieaufwand für Futteraufnahme

Der Energieaufwand einer Weidekuh innerhalb eines Tages ist jedoch begrenzt. JOHNSTONE-WALLACE (1944) vertrat sogar die Meinung – ebenso VOISIN (1958) –, daß die Kuh keine Überstunden mache, d. h. daß sie nach angemessener Zeit Futtersuche und Futteraufnahme einstelle. Wenn diese Formulierung sich auch als überspitzt herausstellte, so steht doch fest, daß genügend leicht aufnehmbares und hochverdauliches Futter zur Verfügung stehen muß, wenn in einer „zumutbaren" Grasezeit ein Höchstmaß an Futteraufnahme und Leistung erzielt werden soll.

Ist das Futter noch sehr niedrig, dann wird trotz einer gewissen Verlängerung der Grasezeit zu wenig Futter aufgenommen. Ist es zu hoch und überständig, dann verlangsamen sich Futteraufnahme, Wiederkäuen und Passagegeschwindigkeit; die Folge ist ebenfalls eine verringerte Futteraufnahme. Optimal sind etwa 15 bis 20 cm Wuchshöhe.

Tab. 226. Futteraufnahme von Milchkühen auf einer Koppel; Auftriebszeit 9 Tage, Graslänge beim Auftrieb 10 cm (nach JOHNSTONE-WALLACE and KENNEDY 1944)

Auftriebstag	verfügbar/ha Grünmasse (dt)	verfügbar/ha Trockensubstanz (dt)	Grasverzehr/Kuh und Tag Grünmasse (kg)	Grasverzehr/Kuh und Tag Trockensubstanz (kg)	Trockensubstanz (%)
1.–3.	50,0	11,7	68	14,5	21,4
4.–6.	24,4	5,4	41	9,0	24,0
7.–9.	12,2	2,8	20	4,5	28,0

Wie sehr die Zuteilung von kurzem Gras und langsamer Umtrieb die Futteraufnahme herabsetzen können, zeigen die Daten in Tab. 226.

Unmittelbar nach dem Auftrieb reichte das Futterangebot für fast 20 l Milch, am Ende der Freßzeit nicht einmal für die Erhaltung. Ganz ähnliche Werte teilen HUTH et al. (1979) mit. Die Aufnahme lag zwischen 97 kg Grünmasse (14,3 kg TS) und 24 kg Grünmasse (5 kg TS).

VOISIN hat aus vorliegenden Versuchen seine bekannte Kalkulation für die Futteraufnahme in Abhängigkeit von der Wuchshöhe des Bestandes abgeleitet.

Höhe des Futters (cm)	aufgenommene Menge in 24 Std. (kg Grünmasse)	(kg TS)
20–40	32	7,8
12–20	68	14,5
8–12	41	9,0
2– 8	20	4,5

Ursachen und Wirkungen der Futterselektion

Die Auswahl des Futters auf der Weide hängt sehr stark vom Futterangebot und von der Besatzdichte ab. Auch das Bestandesalter, das Blatt : Stengelverhältnis und die Eigenschaften der bestandsbildenden Pflanzenarten geben Anlaß und Möglichkeiten zur Futterselektion. Zuerst werden die jüngeren Pflanzenteile aufgenommen. Daher kommt es, daß das aufgenommene Futter nach vielen Analysen mehr Rohprotein, Rohfett und StE, aber weniger Rohfaser enthält als der Weiderest (vgl. Abb. 76). Wenn Abweichungen vorkommen, dann wohl deswegen, weil der Wiederkäuer im Verlaufe der Futteraufnahme seinem Bedarf entsprechend auch auf ältere Pflanzenteile oder auf weiter entwickelte Pflanzenarten übergeht.

Die Ertragsanteile und Qualitätsunterschiede in den Stockwerken von Weidebeständen (Tab. 227) lassen deutlich erkennen, daß eine Selektion der oberen Pflanzenteile und Blattspitzen zur Aufnahme von nährstoffreicherem Futter führen muß als das spätere Abweiden der unteren Schichten. Als Beispiel für eine Reihe von Untersuchungen seien hier Daten von BLATTMANN (1967), zit. von KLAPP (1971), aufgeführt.

Wenn in Gruppen hintereinander geweidet wird, gibt es ganz deutliche Abstufungen in der Futterqualität vom Angebot über den Weiderest

Tab. 227. TS-Ertrag, Rohprotein-, Rohfaser- und Aschegehalte in den Schichten eines Weidebestandes

Schichthöhe (cm)	TS (kg/ha)	RP (%)	RF (%)	Asche (%)
2– 5	390	11,0	29,9	11,0
5– 8	580	12,4	28,2	10,5
8–11	450	14,6	27,1	11,0
11–14	290 }	20,5	24,3	11,4
17–20	140 }			
über 20	150	23,1	21,9	11,1

der ersten zu dem der zweiten Gruppe. Gleichsinnig fällt auch die Verdaulichkeit ab. Bei dreitägiger Auftriebsdauer einer Gruppe sank nach VAN DER MOLEN der Proteingehalt des verzehrten Futters von 16,8 auf 6,5% ab; der Weiderest des ersten Tages enthielt nur noch 10,8%. KARNS fand nach zwei Weidetagen 4% weniger Rohprotein, einen geringeren Mineralstoffgehalt, aber um 0,5% mehr Rohfaser und um 4,25% mehr NFE (KLAPP 1971).

Die Qualitätsverschlechterung durch Selektion verläuft viel schneller als durch die natürliche Alterung. Knappes Futterangebot erlaubt keine starke Selektion, umso größer ist aber die Qualitätsverschlechterung bei zu hohem Angebot und zu langer Freßzeit, besonders in vielseitig zusammengesetzten Grasnarben. Hier kann es auf die Dauer zur nachhaltigen Schädigung der bevorzugten Pflanzen kommen.

Wetterkonstellationen und Milchleistungen weidender Kühe

Der Einfluß niedriger Temperaturen auf den Energieaufwand ist bei Kühen geringer als beim Jungvieh, weil bei der Umwandlung großer Futtermengen in Milch mehr Wärme erzeugt wird. SCHÜRCH schätzt daher, daß die Milchkuh erst bei Temperaturen unter 0 °C zusätzliche Energie zur Aufheizung des Körpers braucht, das wachsende Rind aber bereits ab +6 bis +8 °C.

Neue Ergebnisse über den Einfluß meteorologischer Faktoren auf die Milchleistung von Kühen beim Weidegang wurden von HUTH et al. (1979) veröffentlicht (23 Versuchsjahre, 273 Kühe, 546 Laktationen, 61028 Laktationstage). Die Untersuchungen wurden in Mariensee in der Nähe von Hannover durchgeführt. Die wichtigsten Erkenntnisse lassen sich wie folgt zusammenfassen:

1. Der Tag des Weideaustriebs der Kühe aus dem Anbindestall bedingt eine starke Leistungsdepression. Unter den verschiedenen Einflußfaktoren hat das Wetter keine vorrangige Bedeutung, wenn man von extrem ungünstiger Witterung absieht.
2. Der überwiegende Teil der 1110 beobachteten Wetterkonstellationen hatte keine oder nur eine kurzfristige Leistungsminderung (bis 0,5 kg Milch je Kuh und Tag) zur Folge. Etwa 3% aller registrierten Wettertypen hatten einen kurzfristigen Einfluß von mehr als 1 kg Milch/Kuh und Tag. Dabei trat eine Depression im Bereich von −4 °C bis +4 °C ein, eine Steigerung in einer Ausgleichsphase im Bereich von 17 °C bis 24 °C Durchschnittstemperatur.
3. Langfristige Einwirkungen (> 4 Tage) einer Faktorenkombination (∅-Temperatur unter 14 °C, Dauerregen und Windgeschwindigkeiten > 2 m/sec) verursachten infolge einer starken Abkühlung eine auffallende Leistungsminderung und einen gleichzeitigen Verzehrsrückgang.
4. Bei einem „Normalwetter" ohne schwerwiegende Wirkung anderer Klimaelemente umfaßt die sog. Behaglichkeitszone einen weiten Temperaturbereich von 4 °C bis 16 °C. In diesem Bereich tritt keine witterungsbedingte Leistungsbeeinflussung ein.

   Der Bereich der Behaglichkeitszone verschiebt und verengt sich geringfügig (8 bis 18 °C), wenn die Wirkung einzelner Faktoren hinzukommt (große Temperatur-Differenz, Niederschlagsmenge oder Windgeschwindigkeit). Beim Zusammenwirken aller drei Faktoren verschiebt sich der Bereich erheblich in Richtung auf höhere Temperaturen; dann ist schon bei mittleren Durchschnittstemperaturen von 8 °C mit einer Leistungsdepression zu rechnen. Die obere Grenze der Behaglichkeit wird dann bei 22 °C bis 23 °C erreicht.

Die Auswirkungen der langfristigen Wettersituation „kühl – naß – windig" auf Tier und Grasnarbe zeigt das Schema von HUTH et al. auf der folgenden Seite.

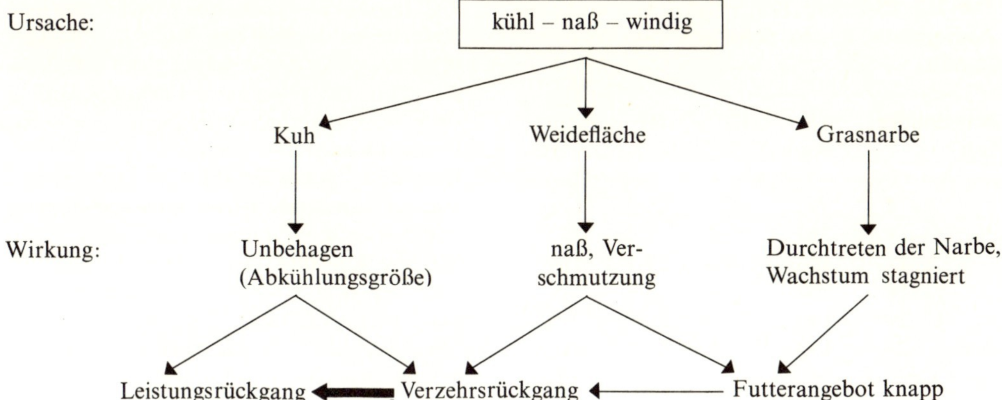

Aus diesen Ergebnissen kann man schließen, daß dem Wind eine erhebliche Bedeutung zukommt und daß die windärmeren süddeutschen Grünlandgebiete in dieser Hinsicht gegenüber den nord- und nordwestdeutschen bevorzugt sind. Andererseits erhält die Anlage von Windschutzhecken oder der sog. Knicks in Schleswig-Holstein von dieser Seite her eine zusätzliche Begründung. Ebenso zeigt die Verwendung von Wetterdecken für weidende Milchkühe in den niederländischen und deutschen Küstengebieten, daß die Praxis den negativen Einfluß von Regen und Wind auf die Milchleistungen längst erkannt hat; nach HUTH et al. (1979) macht er sich besonders bei frischmelkenden und Hochleistungskühen bemerkbar.

3 Wechselgrünland

(W. Opitz von Boberfeld)

3.1 Definition

Die verschiedenen Systeme und Formen des Wechselgrünlandes lassen sich von der sog. **Umlagewirtschaft** ableiten; so ist die Umlagewirtschaft eine Wirtschaftsweise dünn besiedelter Gebiete, bei denen jeweils die in Kultur genommenen Ackerflächen so lange bewirtschaftet werden, wie die Erträge ein bestimmtes Ausmaß erreichen. Anschließend wird die Ackerfläche der Selbstberasung bzw. Wiederbewaldung überlassen und es werden andere Flächen in Kultur genommen (Ries et al. 1956). Von der Umlagewirtschaft sind im gemäßigten Klimabereich im Unterschied zu den Tropen und bestimmten Zonen der Subtropen nur noch Relikte vorhanden.

Mit dem Begriff **Wechselgrünland** bzw. **Wechselwirtschaft** werden Fruchtfolgesysteme bezeichnet, bei denen mehr- oder langjährig genutztes Grünland, im Wechsel mit ein- oder mehrjährigem Ackerbau kombiniert wird. Die beiden Systeme sowie die Formen und Varianten des Wechselgrünlandes und ihre Stellung zueinander sind der Abb. 79 zu entnehmen. Gemein ist den Systemen und Formen des Wechselgrünlandes, daß hier keine örtliche Trennung von Acker- und Grünland besteht.

Bei der **Egartwirtschaft,** der in der Regel alpenländischen Form der Wechselwirtschaft, wird das Ackerland innerhalb der Grünlandfläche umgelegt. Dagegen wird bei der **Feldgraswirtschaft,** der mehr kontinentalen Ausprägung der Wechselwirtschaft, das Grün- bzw. Grasland innerhalb der Ackerfläche umgelegt. Während bei dem System Egartwirtschaft die Grünlandnutzung im Vordergrund steht, überwiegt bei dem System Feldgraswirtschaft die Ackernutzung (Andreae 1955). Für beide Systeme sind ackerfähige Standorte, d.h. nicht zu flachgründige Böden mit nicht zu starker Hangneigung, erforderlich.

Bei der periodisch wiederholten Ansaat von Grünland, bei der nach mehrfaktoriellen Untersuchungen von Woldring (1975) mit Mindererträgen zu rechnen ist, bzw. der regelmäßigen Rekultivierung völlig entarteter Grünlandbestände (vgl. 2.5.4.2), handelt es sich nicht um Wechsel-

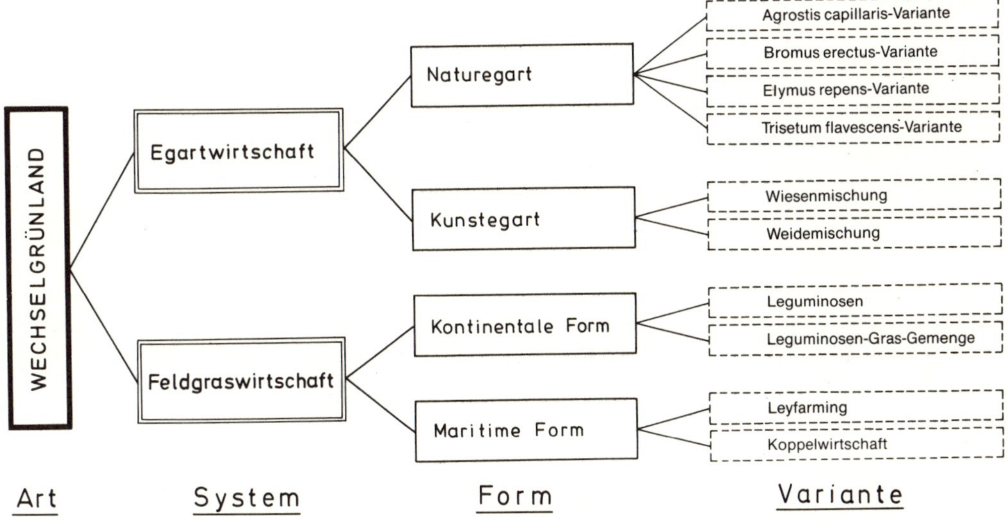

Abb. 79. Systematik der Nutzungsformen des Wechselgrünlandes.

grünland, da auf diesen Flächen eine ausgeprägte Ackerzwischennutzung fehlt.

Aufgrund der relativ geringen Forschungsarbeiten zur Problematik Wechselgrünland in gemäßigten Klimaten in der jüngsten Vergangenheit (KLAPP 1971), basieren die Aussagen zu diesem Fragenkomplex stärker auf älterem Schrifttum und sind mehr grundsätzlich ausgerichtet. Sofern zukünftig infolge Überproduktion Flächen stillgelegt werden oder eine drastische Energieverknappung eintreten sollte, könnte das Wechselgrünland aufgrund der Kohlenstoff- und Stickstoffakkumulation bzw. -mobilisierung wieder an Bedeutung gewinnen.

3.2 Egartwirtschaft

3.2.1 Naturegart

Der wesentliche Bestimmungsgrund für das System Egartwirtschaft ist die Selbstversorgung. Im Unterschied zum Kunstegart ist beim Naturegart die ackerbauliche Nutzung kurz, weil diese Flächen häufig zu einer stärkeren Verunkrautung neigen. Andererseits vollzieht sich bei nur kurzer ackerbaulicher Zwischennutzung die Selbstberasung, das eigentliche Kriterium für den Naturegart, zügiger und damit risikoloser. Im Anschluß an die einjährige ackerbauliche Nutzung des Naturegarts folgt eine vier- bis sechsjährige Grünlandnutzung.

LIEBSCHER (1954) unterscheidet innerhalb der Form Naturegart folgende Varianten:

- *Agrostis capillaris*-Egart,
- *Bromus erectus*-Egart,
- *Elymus repens*-Egart und
- *Trisetum flavescens*-Egart.

Die *Agrostis capillaris*-Egärten kommen vorwiegend auf den mäßig sauren, lockeren Böden mit nur mittleren Nährstoffgehalten vor. Neben *Agrostis capillaris* sind u. a. *Festuca rubra*, *Holcus lanatus* und *Trisetum flavescens* die bestandsprägenden Arten. Aufgrund der Basenarmut ist der Leguminosen-Anteil in der Regel unbedeutend. Die Wiederberasung erfolgt relativ rasch; insofern sind *Agrostis capillaris*-Egärten – abgesehen von der Nährstoffarmut – für die Egartwirtschaft geeignet.

Aufgrund der Beschränkung der *Bromus erectus*-Egärten auf trockene, kalkreiche Gebiete ist der Wert derartiger Regionen für die Egartwirtschaft begrenzt. Neben *Bromus erectus* sind Leguminosen wie Umbelliferen bestandsbeherrschend. Bodenbearbeitungsmaßnahmen sind hier schonendst durchzuführen, weil andernfalls die Wiederberasung äußerst risikoreich ist; insofern beschränkt sich die Zwischennutzung auf den Anbau von Getreide.

In ihrer ausgeprägtesten Gestalt finden sich die *Elymus repens*-Egärten auf den fruchtbaren Talböden der Kalkalpen. Neben *Elymus repens* erreichen hier u. a. *Festuca rubra* und *Poa trivialis* beachtliche Ertragsanteile. Darüber hinaus sind die Anteile der Leguminosen und der sonstigen Kräuter, namentlich der Umbelliferen, hoch. Im Prinzip sind die *Elymus repens*-Egärten für die Egartwirtschaft aufgrund der Neigung zu stärkerer Verungrasung weniger gut geeignet.

Die *Trisetum flavescens*-Egärten sind verbreitet auf schwachsauren bis neutralen, in der Regel nährstoffreichen Böden. Neben *Trisetum flavescens* kommen vor allem in älteren Narben in höheren Ertragsanteilen *Dactylis glomerata* und *Festuca pratensis* vor. Bei einseitiger Düngung treten *Anthriscus sylvestris* und *Heracleum sphondylium* verstärkt auf. Diese Egartvariante erlaubt eine vielseitige Ackerzwischennutzung und läßt sich andererseits rasch wieder in eine Dauernarbe überführen.

3.2.2 Kunstegart

Während beim Naturegart durchweg nur eine einjährige Ackerzwischennutzung mit dem Anbau von Getreide – meist Sommerroggen – betrieben wird, erfolgt beim Kunstegart eine ackerbauliche Zwischennutzung, der zumeist ein dreifeldriges Fruchtfolgeglied, und zwar nach dem Grünlandumbruch

1. **Kartoffeln**
2. Sommergerste
3. Sommerroggen

zugrunde liegt (STEBLER 1903, KOBLET 1965). Aufgrund der unkontrollierbaren Mineralisierungsvorgänge ist im Hinblick auf eine gezielte Bestandesführung der Ackerfrüchte die Nährstoffbemessung nicht unproblematisch. Mit Maximalerträgen ist insofern generell bei der Egartwirtschaft nicht zu rechnen; vielmehr sind die Ertragsschwankungen der Feldfrüchte aufgrund der Standortseigenschaften beachtlich.

Nach der Ackerzwischennutzung erfolgt beim Kunstegart eine acht- bis zehnjährige Grünlandnutzung, die zeitlich ausgedehnter als beim Naturegart ist. Aufgrund der längeren Ackerzwischennutzung in Kombination mit der für die

Hackfrucht intensiveren Bodenbearbeitung werden die für die Narbenregeneration wichtigen vegetativen und generativen Organe der ursprünglichen Narbe stärker in Mitleidenschaft gezogen, so daß hier anstatt der unsicheren Selbstberasung eine Ansaat vorzunehmen ist. Die Ansaatmischung ist auf die beabsichtigte Wiesen- oder Weidenutzung abzustimmen; sie kann als Blank- oder Decksaat vorgenommen werden. Die Nährstoffversorgung und die Nutzung sind auszurichten auf die beabsichtigte Bewirtschaftungsintensität.

3.3 Feldgraswirtschaft

3.3.1 Kontinentale Form

Die **Feldgraswirtschaft** ist dort von Vorteil, wo Dauerackerbau bzw. Dauergrünland aus den verschiedensten Gründen problematisch sind und das Ackerland noch ein Minimum an Futterwüchsigkeit aufweist. Wesentliche Bestimmungsgründe für die kontinentale und maritime Form der Feldgraswirtschaft sind u. a.

- Regionen mit geringen Nährstoffaufwendungen bzw. mit geringer Bewirtschaftungsintensität
- Reduzierung von durch Fruchtfolge bzw. Monokultur bedingten Schäden
- Neigung strukturschwacher Böden zur Erosion
- Gefahr der Verungrasung und Verunkrautung bzw. gute Futterwüchsigkeit von Standorten in feuchten Regionen.

Die den Vorfruchtwert der Feldgraswirtschaft bestimmenden Faktoren sind in der Abb. 80 zusammengestellt. Die Zusammenstellung vermittelt, daß hier mit Haupt- und Wechselwirkungen zu rechnen ist.

Die kontinentale Form der Feldgraswirtschaft hat die Hauptaufgabe,

- die Ertragsfähigkeit des Bodens für den Anbau von Halmfrüchten sicherzustellen und
- strukturiertes Futter zu liefern.

Die Alternative zur kontinentalen Form der Feldgraswirtschaft stellt die **Brache** dar. Je nach Zielsetzung und Standort kommen bei dieser Form der Feldgraswirtschaft als Blank- oder Decksaaten ausdauernde, trockenresistente Leguminosen, wie z. B. *Medicago falcata*, *Medicago* x *varia*, *Onobrychis viciifolia*, in Reinsaaten bzw. im Gemisch mit Gräsern, wie z. B. *Arrhenatherum elatius*, *Bromus erectus*, *Dactylis glomerata*, zum Anbau. Leguminosen-Gramineen-Gemische haben neben der Risikominderung den Vorteil, daß die Gräser stärker die oberen Bodenschichten und die Leguminosen besser tiefere Bodenzonen erschließen; sie fordern jedoch höhere Wassermengen und können Probleme im Hinblick auf den optimalen Nutzungszeitpunkt bereiten (NEHRING und LÜDDECKE 1971). Die kontinentale Form der Feldgraswirtschaft kann nur dort ihre Funktion

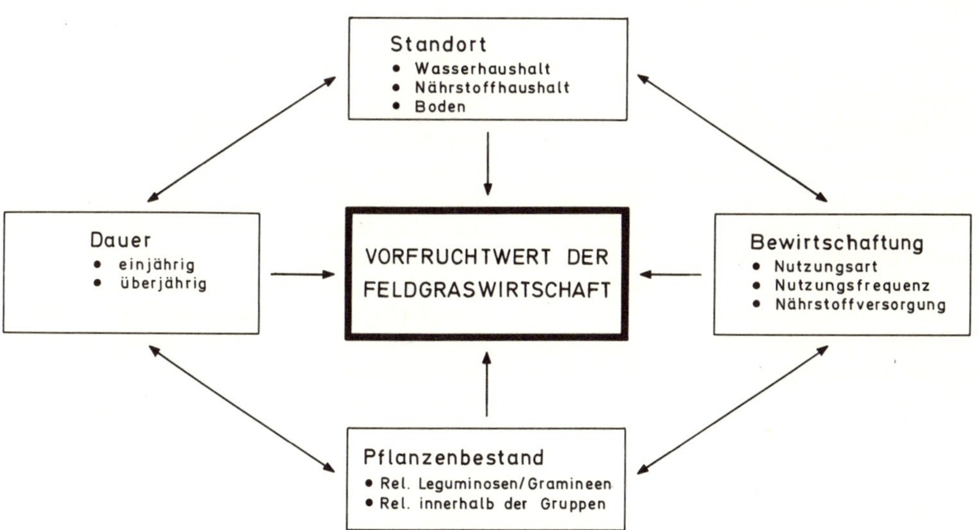

Abb. 80. Die vorfruchtwertprägenden Faktoren der Feldgraswirtschaft.

noch wirklich erfüllen, wo die Ackerflächen ein Mindestmaß an Futterwüchsigkeit aufweisen, d. h. wo der Wald noch die Klimaxvegetation darstellt.

Für den kontinentalen Bereich bringt KÖNNECKE (1967) aus der Feldgraswirtschaft Ungarns u. a. folgendes Fruchtfolgebeispiel, wobei sich das erste Fruchtfolgeglied durch einen Überfruchtwechsel auszeichnet (BRINKMANN 1942); er ist typisch für die Feldgraswirtschaft (ANDREAE 1955):

1. **Luzerne**
2. **Luzerne**
3. **Kartoffeln** bzw. **Mais**
4. Winterweizen
5. **Mais**
6. Winterweizen
7. Sommergerste

3.3.2 Maritime Form

Wie aus Abb. 79 hervorgeht, weist die maritime Form zwei Varianten auf, nämlich das Leyfarmingsystem Großbritanniens (BOEKER 1957) und die Koppelwirtschaft Norddeutschlands (KÖNNECKE 1967). Zwischen beiden Varianten bestehen keine grundsätzlichen Unterschiede. Während die Hauptaufgabe des Leyfarmingsystems in der Vorfruchtwirkung besteht (CLEMENT 1961), dient die Koppelwirtschaft vorwiegend der Deckung des Futterbedarfs (SIMON 1966). Selbst aus dem tropischen Bereich wird über eine nachhaltige Bodenverbesserung durch das Leyfarmingsystem berichtet (MCILROY 1964). Die Bemühungen, auch absolutes Grünland in die Feldgraswirtschaft zu überführen, um auf diese Weise leistungsfähige Futterpflanzen in den Futterbau einzuführen, erweisen sich aus den verschiedensten Gründen (vgl. 2.1.2) als nicht erstrebenswert (BOEKER 1957, VOIGTLÄNDER 1966). Zur Nutzung des züchtungsbedingten Fortschrittes sind Nachsaaten (OPITZ VON BOBERFELD und SCHERHAG 1980) und Direktsaaten (OPITZ VON BOBERFELD 1982) auf Grünland zweckmäßiger.

Je nach Nutzungsdauer, Nutzungsart und Standort kommen bei der maritimen Form der Feldgraswirtschaft artenarme Kleegrasgemenge als Blank- oder Decksaaten zur Anwendung. Arten, die hier in Abhängigkeit von der jeweiligen Situation zu berücksichtigen sind, sind von den Leguminosen u. a. *Trifolium hybridum*, *Trifolium pratense*, *Trifolium repens* und von den Gramineen u. a. *Dactylis glomerata*, *Lolium multiflorum*, *Lolium perenne*, *Phleum pratense*. Maßgebend für die Saatgutmischung sowie die Nutzung sind die gleichen Bestimmungsgründe wie beim Hauptfruchtfutterbau (vgl. 4.2). Mit zunehmender Nutzungsdauer läuft bei der Feldgraswirtschaft in der Regel der Ertragsabfall einher. So empfiehlt ZÜRN (1952) einen Umbruch nach zweijähriger Nutzung, während SIMON (1966) hier nach trockenen und feuchten Standorten differenziert. Auf trockenen im Vergleich zu feuchten Standorten ist der Umbruch durchweg früher angebracht.

Für den maritimen Bereich bringt KÖNNECKE (1967) für die Koppelwirtschaft Schleswig-Holsteins u. a. folgendes Fruchtfolgebeispiel:

1. **Weißkleegräsermischung**
2. **Weißkleegräsermischung**
3. **Hackfrucht**
4. Winterweizen
5. Wintergerste
6. **Rotkleegräsermischung**
7. Hafergemenge
8. Winterweizen
9. Winterroggen

Auch hier zeichnet sich das erste fünffeldrige Fruchtfolgeglied durch einen Überfruchtwechsel aus.

Zur maritimen Form der Feldgraswirtschaft zeigen viele Versuchsergebnisse (KÖNIG 1958, KLAPP 1959, HOOD 1969, BAEUMER 1978), daß, eine entsprechende Bewirtschaftungsintensität vorausgesetzt, sich Vergleichbares mit anderen Blattfrüchten in der Fruchtfolge, was den Vorfruchtwert – gemessen an verschiedenen Merkmalen – anbelangt, erreichen läßt. Darüber hinaus ist zu bedenken, daß bei einer ausreichend langen Vegetationszeit, rechtzeitiger Aussaat, nicht zu langer Wachstumszeit und rechtzeitigem Umbruch (OPITZ VON BOBERFELD 1983) sich auch mit Zwischenfrüchten außerhalb der Feldgraswirtschaft in gewöhnlichen Fruchtfolgen Beachtliches erreichen läßt.

4 Feldfutterbau (vgl. 1.3.3)

(U. SIMON)

4.1 Allgemeines

Der Feldfutterbau ist im Gegensatz zum Dauergrünland Teil des Ackerlandes und somit gleichermaßen Bestandteil des Anbauverhältnisses wie der Fruchtfolge. Unter der Sammelbezeichnung „Feldfutterbau“ oder auch „Ackerfutterbau“ faßt man den Anbau jener Kulturpflanzenarten zusammen, deren Erntegut zur Verwendung als wirtschaftseigenes Grundfutter (Grünfutter, Heu, Silage, Trockengrün) vornehmlich für Wiederkäuer bestimmt ist. In diesem Sinne entspricht Feldfutter etwa dem in der DDR verwendeten Begriff „Grobfutter“ und ungefähr dem französischen „fourrage“ beziehungsweise dem englischen „forage“ oder „fodder“. Dagegen ist Feldfutterbau nicht identisch mit Futterproduktion auf dem Ackerland schlechthin, da jene im weiteren Sinne auch Futtergetreide, Futterkartoffeln und dergleichen umfaßt. Eine Zwischenstellung nehmen die Futterrüben ein; sie gelten im statistischen Sinn als Hackfrucht. Im Hinblick auf ihre Zweckbestimmung sind sie ebenfalls Futterpflanzen.

Nach seiner zeitlichen Einordnung in die Fruchtfolge und seiner Nutzungsdauer gliedert sich der Feldfutterbau wie folgt:

Hauptfrucht	**Zwischenfrucht**
einsömmerig, z. B. Perserklee	Untersaat
überjährig, z. B. Rotklee	Stoppelsaat
zweijährig, z. B. Kleegras	überwinternd
mehrjährig, z. B. Luzerne	

4.1.1 Betriebswirtschaftliche Stellung

Der Umfang des Feldfutterbaues im landwirtschaftlichen Betrieb wird durch den Besatz an

Tab. 228. Der Anbau von Hauptfruchtfutterpflanzen und ihr Anteil an der Ackerfläche in der Bundesrepublik Deutschland 1984 (Statistisches Bundesamt 1984)

	Silomais Grünmais		Klee und Kleegras		Luzerne		Gras		Futterrüben		Summe einschl. Sonstige	
	(1000 ha)	(%)	(1000 ha)	(%)	(1000 ha)	(%)	(1000 ha)	(%)	(1000 ha)	(%)	(1000 ha)	(%)
Schleswig-Holstein	50	8,3	4	0,7	0,1	0,0	42	7,0	7	1,2	103	17,2
Niedersachsen	168	10,3	1	0,0	0,1	0,0	22	1,4	14	0,9	205	12,6
Nordrhein-Westfalen	141	13,0	2	0,2	0,2	0,0	15	1,4	14	1,3	172	15,8
Hessen	41	8,1	5	1,0	2,3	0,5	4	0,8	11	2,2	63	12,4
Rheinland-Pfalz	19	4,5	5	1,2	1,9	0,4	4	0,9	8	1,9	38	9,0
Baden-Württemberg	97	11,5	39	4,6	9,3	1,1	9	1,1	16	1,9	170	20,2
Bayern	348	16,7	101	4,8	15,7	0,8	16	0,8	40	1,9	521	25,4
Saarland	4	10,4	1	2,6	0,2	0,5	<1	1,0	1	2,6	7	15,7
Bundesgebiet einschl. Stadtstaaten u. Berlin	869	12,0	158	2,2	29,9	0,4	113	1,6	111	1,5	1279	17,7
Flächenanteil der Arten (%)	68		12		2		9		9		100	

Rauhfutterfressern und die Höhe des Grünlandanteils bestimmt. Je höher der Tierbesatz, desto größer ist der Grundfutterbedarf. Je höher der Acker : Grünland-Quotient, umso mehr muß die Erzeugung des Grundfutters auf das Ackerland verlagert werden. Neben seiner Hauptaufgabe, der Grundfutterproduktion, erfüllt der Feldfutterbau noch eine weitere wichtige Aufgabe: Durch seine vielfältigen günstigen Fruchtfolgewirkungen trägt er entscheidend zur Aufrechterhaltung der Ertragsfähigkeit des Ackerbodens bei. Diese Wirkung ist umso höher einzuschätzen, je mehr die Ertragskraft des Bodens durch starken Getreidebau beansprucht wird. Das führt schließlich dazu, daß unter bestimmten Voraussetzungen Feldfutterpflanzen nur noch zur Gründüngung und nicht mehr zur Futtergewinnung angebaut werden.

Der flächenmäßige Umfang des Feldfutterbaues in der Bundesrepublik Deutschland und sein Anteil am Ackerland ist aus den Tab. 228 und 229 ersichtlich. Demnach entfielen 1984 mit rund 1,2 Mill. ha über 15% der Ackerfläche auf den Hauptfruchtfutterbau. Diesem ist flächenmäßig der Zwischenfruchtbau, der 1977 mit 1,3 Mill. ha rund 17% der Ackerfläche einnahm, ebenbürtig. In den Bundesländern ist die Bedeutung des Futterbaues sehr unterschiedlich. So reicht der Anteil des Hauptfruchtfutterbaues an der Ackerfläche von 9% in Rheinland-Pfalz bis 23% in Bayern. Niedersachsen ist mit fast einem Drittel der Ackerfläche das zwischenfruchtreichste Bundesland. Der Schwerpunkt des Hauptfruchtfutterbaues liegt im Süden, während der Norden durch einen relativ starken Zwischenfruchtfutterbau gekennzeichnet ist.

4.1.2 Bedeutung für die Fruchtfolge

Die Eingliederung des Feldfutterbaues in die früher in Deutschland vorherrschende Dreifelderwirtschaft – Brache, Wintergetreide, Sommergetreide – erfolgte um die Wende vom 18. zum 19. Jahrhundert. Damals ging man dazu über, das Brachland, welches ein Drittel der Ackerfläche umfaßte, mit Blattfrüchten zu bestellen, und zwar in der Regel je zur Hälfte mit Futterpflanzen und Hackfrüchten. Somit entfiel auf den Hauptfruchtfutterbau ein Sechstel der Ackerfläche, oder anders ausgedrückt, auf einem bestimmten Schlag kehrten Futterpflanzen nach sechs Jahren wieder.

Die besondere Bedeutung des Futterbaues im Rahmen der Fruchtfolge liegt zunächst in der Tatsache begründet, daß Feldfutterpflanzen im Vergleich zu Getreide und Hackfrüchten ein Vielfaches an **humusmehrender** organischer Sub-

Tab. 229. Der Anbau von Zwischenfruchtpflanzen und ihr Anteil an der Ackerfläche in der Bundesrepublik Deutschland 1977 (Statistisches Bundesamt 1978)

	Raps, Senf Ölrettich etc.		Stoppelrüben		Klee		Großkörnige Leguminosen		Gras und Getreide		Summe einschl. Sonstige	
	(1000 ha)	(%)	(1000 ha)	(%)	(1000 ha)	(%)	(1000 ha)	(%)	(1000 ha)	(%)	(1000 ha)	(%)
Schleswig-Holstein	24	3,8	<1	0,1	8	1,2	2	0,3	5	0,8	40	5,3
Niedersachsen	294	18,2	113	7,0	8	0,5	43	2,7	34	2,1	510	31,6
Nordrhein-Westfalen	104	9,4	71	5,4	22	2,0	13	1,2	16	1,4	237	21,6
Hessen	40	7,2	<1	0,2	9	1,6	5	0,8	13	2,3	76	13,9
Rheinland-Pfalz	22	4,4	1	0,2	3	0,6	<1	0,2	1	0,3	21	5,1
Baden-Württemberg	63	2,4	2	0,2	9	1,0	6	0,7	3	0,3	88	9,6
Bayern	218	10,3	7	0,3	44	2,1	24	1,1	6	0,3	318	15,0
Saarland	4	6,3	<1	0,1	<1	0,4	<1	0,1	<1	0,5	5	7,9
Bundesgebiet einschl. Stadtstaaten und Berlin	768	10,3	196	2,6	103	1,4	93	1,2	78	1,1	1306	17,4
Flächenanteil der Arten (%)	60		15		8		7		6		100	

Tab. 230. Ernterückstände verschiedener Pflanzenarten (VETTER 1962)

Pflanzenart	Ernterückstände (dt/ha)
Hackfrüchte	5–10
Getreide	15
1jähriges Kleegras	40
2jähriges Kleegras	50
2jähriges Gras	65

stanz hinterlassen (Tab. 230). Nach VETTER (1962) ist z. B. die humusmehrende Wirkung von einjährigem Kleegras etwa ebenso groß wie die von 200 dt Rottemist/ha; hinzu kommt, daß die Gräser- und Kleewurzeln in feinster Verteilung in den Boden einwachsen, wodurch insbesondere bei längerer Nutzung die Bildung dauerhafter Humusstoffe gefördert wird.

Die Zufuhr von organischer Substanz ist auf extremen Böden besonders wichtig. Auf leichten Böden verbessert die organische Bodensubstanz einerseits die Wasserkapazität, zum anderen ist der Humus Sorptionsträger für Nährstoffe, die auf Sandboden verstärkt ausgewaschen werden. Auf schweren Böden wirkt eine Humuszufuhr bodenlockernd, wodurch eine bessere Durchlüftung und Wasserführung erreicht wird.

Durch ihr reich verzweigtes Wurzelsystem erschließen die Futterpflanzen Bodennährstoffe. Die Leguminosen sind darüber hinaus bekanntlich imstande, Luftstickstoff zu binden. Daraus resultiert der **hohe Stickstoffgehalt** von Kleewurzeln, der zwei- bis dreimal so groß wie der von Gräsern ist.

Unter dem beschattenden Blattwerk dichtstehender Bestände entwickelt sich eine **vorzügliche Bodengare.** Diese ist wiederum Voraussetzung für ein intensives Bodenleben. VETTER (1962) zit. FINK, der schon nach einjährigem Kleegrasanbau 70% mehr Regenwürmer als in normalem Ackerboden fand. Zugleich wird der Boden gegen Erosion durch Wasser und Wind weitgehend geschützt, was insbesondere in Hanglagen nicht zu unterschätzen ist. Zweifellos hat die Verbesserung der Bodengare durch Kleearten und Gräser auch eine hygienische Wirkung im Rahmen der Fruchtfolge. Dies gilt ganz besonders hinsichtlich der Getreidefußkrankheiten. Sowohl der Befall durch den Erreger der Schwarzbeinigkeit *Ophiobolus graminis* (HOOD and PROCTOR 1961) *Gaeumannomyces graminis* als auch durch den Halmbrucherreger *Pseudocercosporella herpotrochoides* (GLYNNE and SALT 1958, HEARD 1965) kann durch die Einschaltung von Kleegras in die Fruchtfolge reduziert werden. BOCKMANN (1962) untersuchte den Schwarzbeinigkeitsbefall an nahezu 600 Weizenfeldern und stellte dabei fest:

Weizen	% der Felder gesund
– unmittelbar nach anfälligen Halmfrüchten	4
– ein Jahr nach anfälligen Halmfrüchten	10
– unmittelbar nach Gräsern	70
– ein Jahr nach Gräsern	88

Die Einschaltung insbesondere des mehrjährigen Futteranbaues ist außerdem eine der wirksamsten Maßnahmen zur Bekämpfung von Getreide-, Rüben- und Kartoffelnematoden. Feldfutterpflanzen unterdrücken die typischen Getreide- und Hackfruchtunkräuter und reinigen im Pflanzkartoffelbau den Boden vom Nachwuchs aus liegengebliebenen Knollen.

An die Vorfrucht stellen die meisten Futterpflanzen keine besonderen Anforderungen. Sie selbst sind hingegen **ausgezeichnete Vorfrüchte** für Getreide und vor allem Hackfrüchte. Die unmittelbare ertragssteigernde Wirkung des Futterbaues auf die Nachfrucht ist in zahlreichen Untersuchungen überzeugend, u. a. von BOMMER (1955), DIEZ und BACHTHALER (1978), PÄTZOLD (1956), RÜBENSAM und W. SIMON (1961) und W. SIMON (1963), nachgewiesen worden. W. SIMON (1961) erreichte durch die Einschaltung von Kleegras in Fruchtfolgeversuchen eine um 20% höhere Fruchtfolgeleistung. Zusammenfassend ist festzustellen, daß der Feldfutterbau in der Fruchtfolge eine Doppelfunktion ausübt: Die Grundfutterproduktion steht im viehstarken Betrieb im Vordergrund. Je mehr sich die Organisation dem getreide- und zuckerrübenreichen Marktfruchtbetrieb nähert, umso stärker steigt die Bedeutung des Futterbaues als Gesundungsfrucht für die Aufrechterhaltung der Bodenfruchtbarkeit.

4.1.3 Produktionsverfahren

4.1.3.1 Wahl der Pflanzenart in Abhängigkeit von Standort und Nutzung

Vor dem eigentlichen Anbau muß aus der großen Zahl in Frage kommender Futterpflanzenarten eine Auswahl getroffen werden, wobei die artspezifischen Wachstumsansprüche mit den herrschenden Standortverhältnissen unter Berücksichtigung der betriebswirtschaftlichen Erfordernisse in Einklang zu bringen sind. Dabei spielen die Länge der Wachstumsszeit, die Temperatur, die Niederschlagsverhältnisse, Bodenfaktoren und das Vorkommen von Krankheiten und Schädlingen eine wichtige Rolle.

Nicht minder bedeutungsvoll sind betriebswirtschaftliche, insbesondere arbeitswirtschaftliche Gesichtspunkte.

Bei der vorwiegenden Verwertungsform, nämlich der Verfütterung, muß die Auswahl auch unter ernährungsphysiologischen Aspekten erfolgen. Für die Sommerfütterung werden Pflanzen benötigt, die über einen möglichst langen Zeitraum ein kontinuierlich hochwertiges Futterangebot sicherstellen. Hierfür eignen sich besonders Arten mit gutem Nachwuchsvermögen. Sollen sie beweidet werden, müssen sie außerdem biß- und trittfest sein. Ein beträchtlicher Teil des Futters ist jedoch zur Konservierung bestimmt. Da sich die Arten für die verschiedenen Verfahren wie Trocknung oder Vergärung unterschiedlich gut eignen, sind die Pflanzenarten und die Konservierungsverfahren aufeinander abzustimmen. Indirekt hängt somit die Art der anzubauenden Futterpflanzen auch mit der Maschinenausstattung des Betriebes zusammen.

Im Rahmen der Fruchtfolge können Futterpflanzen grundsätzlich entweder als Hauptfrucht, als Zwischenfrucht oder als Zweitfrucht angebaut werden. Ihre Beziehung zur Vor- und Nachfrucht hängt von arbeitswirtschaftlichen und phytosanitären Überlegungen ab. Zwar gelten Futterpflanzen allgemein als Gesundungsfrüchte. Dessenungeachtet darf die mögliche Übertragung von gefährlichen Krankheitserregern nicht übersehen werden.

4.1.3.2 Saatgut und Sorten

Futterpflanzensaatgut wird in der Regel nicht im Betrieb selbst erzeugt, sondern nach Bedarf gekauft. Da die Brauchbarkeit des Saatgutes äußerlich nicht ohne weiteres erkennbar ist, unterliegen Erzeugung und Handel in vielen Ländern gesetzlichen Vorschriften. In der Bundesrepublik Deutschland ist der Verkehr mit Futterpflanzensaatgut im wesentlichen durch die folgenden Bestimmungen geregelt:

- Saatgutverkehrsgesetz vom 20. August 1985 (Bundesgesetzblatt I S. 1633)
- Verordnung über das Artenverzeichnis zum Saatgutverkehrsgesetz vom 27. August 1985 (Bundesgesetzblatt I S. 1762)
- Verordnung über den Verkehr mit Saatgut landwirtschaftlicher Arten und von Gemüsearten (Saatgutverordnung) vom 21. Januar 1986 (Bundesgesetzblatt I S. 145)

Dem Gesetz unterliegt der gewerbsmäßige Handel mit Futterpflanzensaatgut mit Ausnahme einiger weniger wichtiger Arten wie Rohrglanzgras, Wehrlose Trespe, Serradella, *Sorghum* oder Topinambur-Knollen. In der Regel muß das Saatgut als Zertifiziertes Saatgut anerkannt sein. Mit der Anerkennung wird die Arten- und Sortenechtheit bescheinigt. Weiterhin gilt die Anerkennung als Zusicherung, daß das Saatgut die festgesetzten Anforderungen an Keimfähigkeit und Reinheit erfüllt. Dies alles trifft auch zu, wenn das anerkannte Saatgut im Ausland vermehrt wurde. Allerdings sind die Mindestnormen zum Teil relativ niedrig angesetzt. Es lohnt sich daher, auf die tatsächliche Qualität zu achten. Wenn z. B. die Mindestkeimfähigkeit für Rotkleesaatgut 80 % beträgt, sind im Handel auch Partien mit 95 % und höherer Keimfähigkeit erhältlich. Bei einigen Futterleguminosen (Lupinen, Gelbklee, Alexandrinerklee, Persischer Klee, Saatwicke) kann der Bedarf durch anerkanntes Saatgut nicht gedeckt werden. In solchen Ausnahmefällen wird sogenanntes Handelssaatgut zugelassen.

Wenn anerkanntes Saatgut einer bestimmten Sorte zugehört, dann bedeutet Artenwahl zugleich Sortenwahl. Je reichhaltiger und vielfältiger das Sortenangebot, umso vorteilhafter wird es sein, eine sorgfältige Wahl zu treffen. Sofern die Sorte Aufnahme in die Sortenliste der Bundesrepublik Deutschland gefunden hat, ist ihr landeskultureller Wert in mehrjährigen amtlichen Prüfungen nachgewiesen. Für Handelssaatgut oder Saatgut, das auf Grund seiner Eintragung im Gemeinsamen Sortenkatalog der Europäischen Gemeinschaft in der Bundesrepublik Deutschland angeboten wird, trifft dies nicht von vornherein zu. Fragwürdig ist der Anbauwert insbesondere dann, wenn es sich überhaupt nicht um Sortensaatgut handelt, sondern lediglich das Aufwuchsgebiet des Saatgutes deklariert ist. Solches Saatgut wird man, um sich vor Schaden zu bewahren, nur verwenden, wenn seine Anbauwürdigkeit in amtlichen Prüfungen festgestellt worden ist (vgl. Simon 1966, 1969, 1970).

Das vielfältige und rasch wechselnde Angebot ist selbst für den Fachmann kaum überschaubar. Informationen über besondere Sorteneigenschaften enthalten amtliche Veröffentlichungen wie zum Beispiel in der Bundesrepublik Deutschland die alljährlich erscheinenden Beschreibenden Sortenlisten für Gräser und landwirtschaftliche Leguminosen oder für Getreide, Mais und Ölfrüchte. Darüber hinaus beraten die zuständigen Länderbehörden.

Bei fast allen Arten ist eines der Hauptmerkmale für die Sortengruppierung die Entwicklungsgeschwindigkeit. Mit Früh- oder Spätreife, bei Leguminosen durch den Zeitpunkt des Blühbeginns, bei den Gräsern durch das Datum des Ährenschiebens gekennzeichnet, verbindet der Praktiker oft ganz bestimmte Vorstellungen über landwirtschaftlich wichtige Werteigenschaften. In der Tat sind späte Sorten bestimmter Gräser, namentlich der Weidelgräser, im Vergleich zu frühen meist rascher nachwachsend, ausdauernder und winterfester. Sie bilden eine dichtere Grasnarbe und sind für Weide- und Vielschnittnutzung besser geeignet. Infolge des größeren Blattanteils wird der Futterwert später Sorten höher eingeschätzt. Als Nachteile werden ihr verzögerter Wachstumsbeginn und, für die Saatguterzeugung oft ausschlaggebend, die verringerte Samenertragsfähigkeit angesehen.

4.1.3.3 Anbauverfahren

Den verschiedenen Formen des Feldfutterbaues und der Vielgestaltigkeit seiner Pflanzenarten entsprechen die mannigfachen Kulturverfahren. Grundsätzlich ist zu unterscheiden zwischen Saat oder Pflanzung, Drill- oder Breitsaat, Reinsaat oder Mischsaat, Saat mit oder ohne Überfrucht sowie Saat im Frühjahr, Sommer oder Herbst.

Die Anlage der Futterflächen erfolgt in der Regel durch **direkte Aussaat.** Das arbeitsintensive Pflanzen von Futterrüben, Futterkohl und dergl. wird noch gelegentlich in Klein- und Nebenerwerbsbetrieben praktiziert. Ebenfalls hat die Handbreitsaat der Maschinendrillsaat Platz gemacht. Beim Drillen ist besonders auf die unterschiedliche artspezifische optimale Saattiefe (siehe Tab. 242) zu achten. Ebenso richten sich die Reihenabstände nach den Erfordernissen der jeweiligen Art (Tab. 242). Die Saatmenge hängt in erster Linie von der Tausendkornmasse ab. Manche Samen sind besonders präpariert oder aufbereitet (Maiskalibrierung, Rüben-Monogermsaatgut, pilliertes Saatgut) und erfordern dann speziell dafür geeignete Präzisionssävorrichtungen.

Ob Monokultur oder Gemenge vorteilhafter ist, hängt von der gewählten Pflanzenart ab. Beliebt sind Mischsaaten bei Kleearten und Gräsern sowie bei Leguminosen im Zwischenfruchtbau. Während die Aussaat von Samen einer Art mit modernen Drillmaschinen problemlos ist, besteht bei Gemengen von sehr unterschiedlicher Korngrößenzusammensetzung die Gefahr der Entmischung. Dann müssen gegebenenfalls große und kleine Samen getrennt ausgedrillt werden.

Ob mit oder ohne **Überfrucht** gesät wird, ist bei der Saat von Klee und Gräsern zu entscheiden. Diese Arten wachsen in der Jugend relativ langsam; sie verunkrauten leicht, und häufig wird im Jahr der Aussaat der volle Ertrag noch nicht erreicht. Deswegen besteht das herkömmliche Verfahren darin, kleinkörnige Futterleguminosen und Gräser zusammen mit einer Deck- oder Überfrucht, im allgemeinen mit Getreide, heranwachsen zu lassen. Die Einsaat der Feinsämereien erfolgt in der Regel im Frühjahr, sobald der Boden befahrbar ist. Mäßiger Frost und selbst kurzzeitige Schneebedeckung schaden den Keimpflanzen nicht. Die Saat kann sowohl in Winter- als auch in Sommergetreide erfolgen. Die gemeinsame Saat von Deckfrucht und Untersaat erspart einen Sägang; aber es besteht die Gefahr, daß die Feinsämereien zu tief abgelegt werden, was zu Auflaufschwierigkeiten führen kann. Außerdem ist der Konkurrenzdruck des Getreides bei Ablage der Getreidekörner und Feinsamen in derselben Reihe besonders groß. Deswegen wird man Klee und Gras nach Möglichkeit erst nach der Getreideaussaat in einem gesonderten Arbeitsgang quer zur Getreidedrillrichtung ausbringen. Je früher und standfester das Getreide, umso besser ist es als Überfrucht geeignet. Dementsprechend gebührt unter den Wintergetreidearten dem Roggen der Vorzug, während Sommergerste besser als Hafer oder Sommerweizen geeignet ist. Die beste Deckfrucht ist Grünhafer.

Beim **Deckfruchtverfahren** geht man von der Annahme aus, daß das Getreide einen normalen Ertrag liefert, während die Untersaat unter dem Schutz der Deckfrucht heranwächst und sich nach deren Ernte kräftig weiterentwickelt. Wenn diese Annahme früher bei einem durchschnittlichen Getreideertrag um 20 dt/ha zutreffen mochte, so ist ihre Gültigkeit heute bei verdoppelten und weiterhin zunehmenden Erträgen in Frage gestellt. Die kräftig gedüngte, dicht stehende Deckfrucht wird immer mehr zum übermächtigen Konkurrenten, es sei denn, man reduziert die Saatmenge um 30 bis 40 % und nimmt mögliche Getreideertragseinbußen in Kauf. Tritt auch noch

Lager ein, haben Klee und Gräser kaum eine Überlebenschance. Durch den Bodendruck der Erntefahrzeuge, die Beschattungswirkung des liegengelassenen oder die Hitze abgebrannten Strohs wird die Untersaat weiter geschädigt. Infolgedessen häufen sich die Mißerfolge, was dazu führt, nach anderen Lösungen zu suchen. Als eine solche bietet sich der Verzicht auf die Deckfrucht an. Man spricht dann von **Blanksaat.** Blanksaat im Frühjahr ist zweifellos das sicherste Verfahren, und bei Verwendung entsprechender Arten und Sorten kann im Saatjahr ein vollwertiger Futterertrag erzielt werden. Eine andere, aber mit höherem Risiko belastete Möglichkeit stellt die Saat nach der Getreideernte dar. In beiden Fällen bedarf es einer sorgfältigen Bodenvorbereitung. Einzelheiten in Tab. 242, S. 384.

4.1.3.4 Düngung

Der Nährstoffversorgung der Futterpflanzen wird in der Praxis vielfach nicht die gebührende Beachtung geschenkt, obgleich der Bedarf oft höher als bei vergleichbaren Getreideerträgen liegt. Allgemeine Richtlinien lassen sich in Anbetracht der Vielzahl von Pflanzenarten und Anbaumöglichkeiten nur schwer geben. Ein grundsätzlicher Unterschied besteht jedoch zwischen Leguminosen und Nichtleguminosen bezüglich des Stickstoffdüngungsbedürfnisses. Leguminosen sind bekanntlich in der Lage, in Symbiose mit Knöllchenbakterien (*Rhizobium* spp.) elementaren Luftstickstoff zu binden und daraus ihren gesamten Stickstoffbedarf zu decken. Infolgedessen ist die Düngung der Leguminosen mit Stickstoff normalerweise entbehrlich. Unter ungünstigen Wachstumsbedingungen während der Jugendentwicklung kann es jedoch zu Störungen der Symbiose kommen. Dann ist eine sog. **Startstickstoffdüngung** bis zu 30 kg/ha N ratsam. In Kleegrasgemengen wird die erforderliche Stickstoffzufuhr durch die Höhe des Grasanteils bestimmt.

Alle Nichtleguminosen weisen einen erheblichen Bedarf an Stickstoff auf, der bei mehrfacher Nutzung in Teilgaben zu verabreichen ist. Gewarnt werden muß in diesem Zusammenhang vor überhöhten (über 100 kg/ha N) Stickstoffgaben zu Gras im Frühjahr, besonders zu Raps- und Kohlgewächsen im Herbst, weil sie unter bestimmten Umständen zu einer starken Nitratanreicherung in der Pflanzenmasse führen, die bei landwirtschaftlichen Nutztieren schwere gesundheitliche Schäden hervorrufen kann.

Demgegenüber stellen die Leguminosen höhere Ansprüche an die **Versorgung mit Kali, Phosphorsäure und Kalk.** Diese Nährstoffe können überwinternden Pflanzenbeständen als Grunddüngung im Herbst oder Frühjahr verabreicht werden, wobei in hängigem Gelände auf die Gefahr des Abtrags zu achten ist. Bei allen Arten, die mehrmals genutzt werden, aber auch im Zwischenfruchtbau, sind rasch wirkende Düngerformen zu bevorzugen. Hierfür eignen sich auch **Jauche** bzw. **Gülle** bis drei Wochen vor der Nutzung. Einzelheiten in Tab. 242, S. 384.

4.1.3.5 Pflege

Die Pflegemaßnahmen im Feldfutterbau beschränken sich im wesentlichen auf die Freihaltung von Unkraut. Diese wird zunächst durch alle Maßnahmen gefördert, die zum raschen Schließen der Bestände beitragen. In Gras- und Kleeansaaten kann Unkraut sehr wirksam mit Hilfe eines Schröpfschnittes, d. h. Abmähen des die Ansaat überragenden Unkrauts mit hochgestelltem Mähbalken unter Schonung der Futterpflanzen, bekämpft werden. Außerdem stehen für die einzelnen Kulturarten zur Bekämpfung bestimmter Unkräuter Spezialherbizide zur Verfügung.

4.1.3.6 Ernte und Verwertung

Im Gegensatz zum Getreide findet die Ernte der Futterpflanzen nicht erst statt, wenn das Ende ihrer Entwicklung erreicht ist, sondern während eines Wachstumsabschnittes, in dem sie sich nicht nur äußerlich, sondern auch bezüglich ihrer Werteigenschaften rasch und erheblich verändern. Bei Arten, die mehrmals pro Jahr oder sogar mehrjährig genutzt werden, kommt hinzu, daß das Nachwuchsvermögen ganz entscheidend vom Reservestoffgehalt der Pflanzen bei der Ernte abhängt, der sich ebenfalls im Entwicklungsverlauf der Pflanzen ändert. Der Reservestoffhaushalt solcher Arten wird außerdem durch die Schnitthöhe und die Zahl der aufeinanderfolgenden Nutzungen bzw. die Dauer der Zwischennutzungszeit beeinflußt. Der Wahl des optimalen Erntezeitpunktes kommt daher nicht nur für die Gewinnung hochwertigen Futters, sondern auch für das Regenerationsvermögen mehrmals genutzter Arten große Bedeutung zu.

Das Ernteverfahren hängt weitgehend von der Art der Verwertung ab. Soll das Gewachsene sofort im Stall verfüttert werden, so wird es gemäht und abgefahren. Es kann aber auch an

Ort und Stelle beweidet werden. Mit Hilfe des Elektrozaunes ist eine genaue Zuteilung täglicher Futterrationen möglich. Ein erheblicher Teil des erzeugten Futters wird allerdings nicht sofort nach der Ernte in frischem Zustand verbraucht, sondern in Form von Heu (z. B. Kleegras), Silage (z. B. Mais) oder auch nach Einlagerung (Futterrüben) im Winter verfüttert. Mit Hilfe des Heißlufttrocknungsverfahrens ist es möglich, das geerntete Pflanzenmaterial nicht nur nahezu verlustlos zu konservieren, sondern es auch in einen Handelsartikel überzuführen, der in der Futtermittelindustrie vielseitig verwendbar ist. Die jüngste Entwicklung geht dahin, aus eiweißreichen Futterpflanzen, z. B. Luzerne, das Blattprotein zu extrahieren und dieses nicht nur in der Tierfütterung, sondern sogar in der menschlichen Ernährung einzusetzen (PIRIE 1971).

Hochwachsende Gründüngungspflanzen müssen vor dem Einarbeiten in den Boden oft erst zerkleinert werden. Auf jeden Fall ist tiefes Unterpflügen zu vermeiden, weil sonst die in den Boden gebrachte Pflanzenmasse nur langsam und unvollständig verrottet.

4.1.4 Leguminosen als Stickstoffsammler

Die Fähigkeit der Leguminosen, Stickstoff zu sammeln, beruht auf ihrer eigenartigen Lebensgemeinschaft (Symbiose) mit stickstoffbindenden Bakterien. Die Wirtspflanze versorgt die Bakterien mit Nährstoff und Energie, während die Mikroben ihren Wirt mit stickstoffhaltigen Verbindungen beliefern. Ort der Symbiose und somit auch der Stickstoffixierung sind charakteristische knöllchenartige Verdickungen der Wurzeln. Bei den meisten Kleearten sind die etwa stecknadelkopfgroßen Knöllchen zahlreich über die Seitenwurzeln verteilt, während kurzlebige Körnerleguminosen wie z. B. Lupinen eine geringere Zahl bis erbsengroßer Knöllchen vornehmlich an der Hauptwurzel bilden.

Die Bakterien gehören der Gattung *Rhizobium* an. Sie leben frei im Boden als Teil der heterotrophen Mikroflora, die als Energiequelle Zucker, organische Säuren oder Aminosäuren benötigt (BERGERSEN 1973). Bevorzugt halten sie sich jedoch im Wurzelbereich (Rhizosphäre, vgl. *Rhizobium*), der Wirtspflanze auf, wo sie durch gewisse noch unbekannte Wurzelausscheidungen gefördert werden.

Die Menge der im Boden vorhandenen Rhizobien sowie die Intensität der Nodulation und somit auch das Ausmaß der Stickstoffbindung hängt nicht nur vom Vorhandensein der Wirtspflanzen, sondern auch von zahlreichen anderen externen Faktoren ab. Rhizobien sind relativ anspruchsvolle Lebewesen. Ihr Temperaturoptimum liegt zwischen 20 und 33 °C. Sie bevorzugen neutrale bis schwach saure Bodenreaktion. Ein Säuregrad unter pH 5,0 ist ihnen unzuträglich. Bei Phosphorsäure- und Kalimangel können sie sich nicht entwickeln. Gelegentlich geraten auch Spurenelemente wie Molybdän, Kobalt, Kupfer und Bor ins Minimum. Außerordentlich schädlich wirkt sich die Gegenwart von Nitrat-, Ammoniak- oder Harnstickstoff im Boden aus, gleichviel, ob der Stickstoff aus Düngemitteln oder aus dem Boden selbst stammt. Bei starker Austrocknung, aber auch bei Überflutung, stauender Nässe oder Verdichtung des Bodens stellen sie wegen Sauerstoffmangels ihre Lebenstätigkeit ein. Kurzum, am besten gedeihen die *Rhizobium*-Bakterien unter Bedingungen, die auch für das Wachstum ihrer Wirte günstig sind.

Die Bakterien dringen durch Haarwurzelzellen in die Wurzelrinde und vermehren sich dort, was schließlich zur Knöllchenbildung führt. Die Nodulation junger Sämlingspflanzen beginnt mit dem ersten Laubblatt. In den Knöllchenzellen ist der Chromosomensatz verdoppelt. Aktive Knöllchen enthalten das rote Pigment Leghämoglobin, welches mit dem Blutfarbstoff chemisch nahe verwandt ist. Auch die Nodulation, die Symbiose und somit die Intensität der N_2-Fixierung reagieren sehr empfindlich gegenüber schädlichen äußeren Einwirkungen. Niedrige Temperatur hemmt die Nodulation; Temperaturen über 30 bis 33 °C führen rasch zum Zusammenbruch des Knöllchengewebes. Ebenso schädlich wirkt jede Beeinträchtigung der Assimilatversorgung der Bakterien, wie sie z. B. durch verminderte Photosynthese infolge starker Beschattung bei Anbau unter Deckfrucht bzw. im Gemisch mit Gräsern oder auch durch Schnitt bzw. scharfe Beweidung hervorgerufen werden kann. Gewöhnlich zerfallen die Knöllchen nach ein bis zwei Monaten. Inaktive Knöllchen enthalten statt des roten Leghämoglobins das grüne Legcholeglobin. Der fixierte Luftstickstoff erscheint zunächst als Ammonium. Dieses wird in Aminosäuren übergeführt, woraus schließlich Wirtspflanzen und Bakterien Eiweiß bilden.

Nach SILVER und HARDY (1976) fixieren Körnerleguminosen im Mittel um 75 kg/ha N_2, während es Kleearten und Luzerne auf durchschnittlich 150 kg/ha N_2 bringen. Die im Laufe einer

Vegetationsperiode zerfallenen Knöllchen stellen eine ständig fließende Stickstoffquelle für Begleitpflanzen wie zum Beispiel Futtergräser dar. Bei kühler Witterung kann sogar eine Stickstofffreigabe aus lebenden Knöllchen erfolgen.

Die Rhizobienarten sind auf ganz bestimmte Leguminosen spezialisiert. Man hat folgende Symbiosegruppen festgestellt:

Bakterienart	Wirtspflanzengattung
Rhizobium meliloti	*Medicago*, *Melilotus*
Rhizobium trifolii	*Trifolium*
Rhizobium lupini	*Lupinus*, *Ornithopus*
Rhizobium japonicum	Sammelgruppe mit spezifischen Typen für *Lotus*, *Onobrychis*, *Vicia*, *Pisum*.

Für die Praxis bedeutet das, daß beim Anbau einer bestimmten Leguminosenart die Symbiose nur zustande kommt, wenn die entsprechende Bakterienart auch vorhanden ist. Dies wird normalerweise zutreffen, wenn die Wirtspflanze am Ort schon seit längerer Zeit in Kultur ist und im übrigen die Verhältnisse für das Gedeihen der Bakterien günstig sind. Andernfalls empfiehlt es sich, dem Saatgut beim Anbau die erforderlichen Bakterien zuzufügen. Man spricht vom Impfen oder Inokulieren. Solche Impfkulturen sind im Handel in Form eines dunklen Mehles erhältlich.

Bei der Anwendung ist zu beachten, daß die Rhizobien lichtempfindlich sind und keinesfalls dem direkten Sonnenlicht ausgesetzt werden dürfen. Am besten wird das Saatgut erst im Säkasten mit dem Inokulum vermischt und sofort ausgedrillt. Ebenfalls ist gleichzeitiges Düngen insbesondere mit physiologisch sauer wirkenden Düngemitteln (z. B. Superphosphat) zu vermeiden, da Spuren von Säure, aber auch von Schwermetallionen wie Zink oder Kupfer die Bakterien abtöten. Zusammenfassend gilt also, daß die größte symbiotische Leistung bei Wachstumsbedingungen erzielt wird, die sowohl für den Wirt als auch für das *Rhizobium* optimal sind. Weitere Literatur bei BUTLER and BAILEY (1973), BURNS and HARDY (1975), HARDY and SILVER (1976), NEWTON and NYMAN (1976) und QUISPEL (1974).

4.2 Hauptfruchtfutterbau (vgl. 1.3.3)

Die Pflanzenarten des Hauptfruchtbaus benötigen zur vollen Ausschöpfung ihres Leistungspotentials eine ganze Vegetationsperiode. Man kann sie in ein- und mehrschnittige, ein- und mehrjährige sowie in stickstoffsammelnde und nicht stickstoffsammelnde Arten gliedern. Im Verhältnis der verschiedenen Artengruppen vollzieht sich überall in Europa ein bemerkenswerter Wandel. Als Beispiel mögen die Veränderungen der Flächenanteile von 1958 bis 1984 in der Bundesrepublik Deutschland dienen (Abb. 81): Der Anbau der traditionellen Futterpflanzenarten Klee, Luzerne

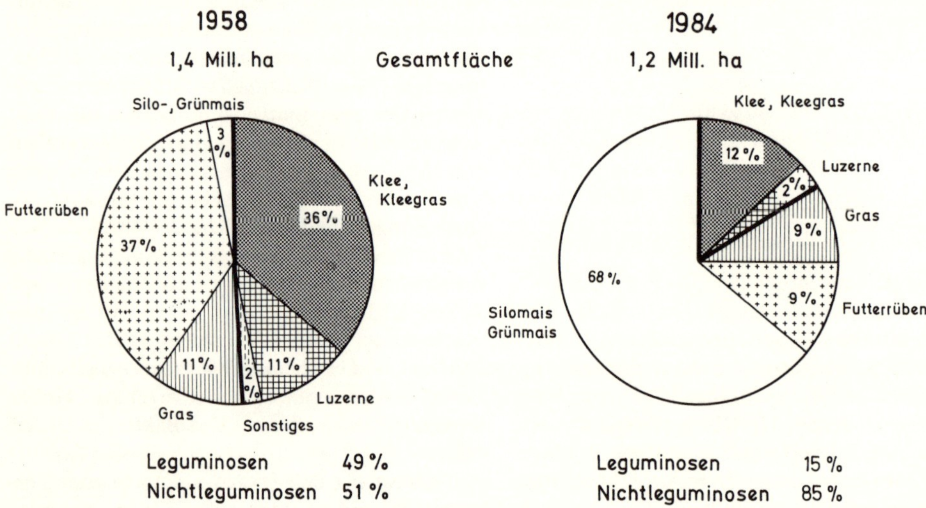

Abb. 81. Anteil verschiedener Futterpflanzen an der Hauptfruchtfutterfläche in der Bundesrepublik Deutschland 1958 und 1984.

und Futterrüben ist um mehr als die Hälfte zurückgegangen. Demgegenüber vergrößerte der Futtermais seinen Anteil von unbedeutenden 3% auf 68%. Damit geht auch eine Verschiebung des Anbauverhältnisses von Leguminosen zu Nichtleguminosen einher. Waren die Flächenanteile der beiden Gruppen früher gleich groß, so ist heute das Verhältnis 1:7. Demgemäß ist die Bedeutung der Leguminosen im Hauptfruchtfutterbau sowohl absolut als auch relativ stark zurückgegangen.

4.2.1 Mais, *Zea mays* L. (vgl. 1.3.3.2)
engl. *maize*, am. *corn*, franz. *maïs*, ital. *granturco*, span. *maiz*

Ursprung und Verbreitung
Die Heimat des Maises ist Mittelamerika. Dort haben ihn die Azteken und Mayas schon jahrtausendelang vor der Entdeckung der Neuen Welt als Getreide kultiviert. Spanier brachten ihn im 16. Jahrhundert nach Europa. Im Gegensatz zum Körnermais wird beim Futtermais die ganze Pflanze geerntet und entweder frisch verfüttert oder als Gärfutter konserviert.

In Deutschland wird der Futtermais seit ungefähr 100 Jahren kultiviert. Jedoch war sein Anbau zunächst auf klimatisch begünstigte Lagen beschränkt. Mit dem Erreichen der 100000 ha-Marke im Jahre 1965 setzte in der Bundesrepublik Deutschland ein beispielloser Siegeszug des Maises als Futterpflanze ein (Abb. 82). Inzwischen übertrifft seine Anbaufläche die der anderen Futterpflanzenarten. 40% der Anbaufläche liegen in Bayern. Aber selbst in dem nördlichen Bundesland Niedersachsen wurde 1984 mehr Futtermais als 1965 in der ganzen Bundesrepublik Deutschland angebaut. In der Europäischen Gemeinschaft besitzt die Bundesrepublik Deutschland nach Frankreich die zweitgrößte Futtermaisanbaufläche. Vier Gründen hat der Mais sein unaufhaltsames Vordringen auf Kosten herkömmlicher Futterpflanzenarten zu verdanken:

1. Arbeitswirtschaftliche Vorteile. Mit Hilfe neuentwickelter Spezialmaschinen ist der Anbau von der Saat bis zur Ernte voll mechanisierbar. Das Erscheinen moderner Herbizide machte das arbeitsintensive Hacken zur Bekämpfung des Unkrautes überflüssig. Der gesamte Jahresertrag wird auf einmal geerntet.

2. Neue Sorten. Der Mais ist das klassische Beispiel für die erfolgreiche Anwendung des

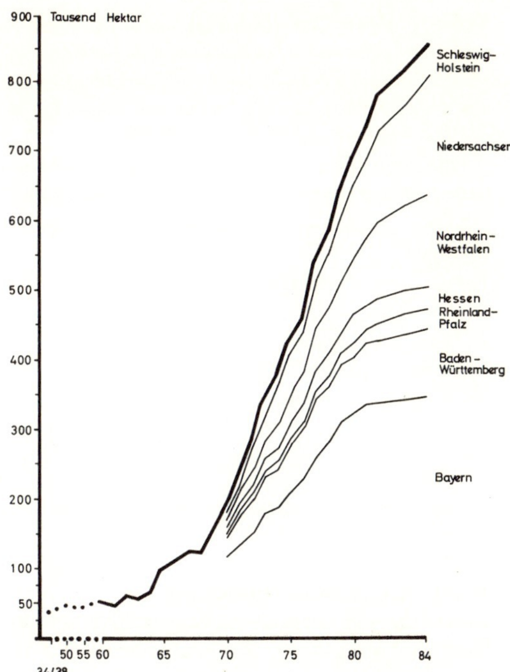

Abb. 82. Entwicklung des Futtermaisanbaues in der Bundesrepublik Deutschland.

Inzucht-Heterosis-Züchtungsverfahrens. Die daraus hervorgegangenen Hybridsorten übertrafen den Ertrag der herkömmlichen Sorten um 20 bis 30%. Mit der Züchtung raschwüchsiger, frühreifer und kälteverträglicher Sorten wurde der Mais auch in Gebieten anbauwürdig, wo er aus klimatischen Gründen vorher versagt hat.

3. Ertragsüberlegenheit. Der Mais ist eine hochertragreiche Futterpflanze. Dies geht nicht nur aus den statistisch erfaßten Durchschnittserträgen, sondern auch aus exakten Vergleichsversuchen hervor. Klee, Kleegras und Luzerne übertrifft der Mais sowohl im Trockensubstanz- als auch im kStE-Ertrag im Durchschnitt ganz erheblich. Nur die Futterrüben leisten mehr (Tab. 231).

4. Betriebswirtschaftliche Vorteile. Mais paßt gut in getreidereiche Fruchtfolgen. Er ist die am leichtesten vergärbare Futterpflanze. Deshalb eignet er sich in ganz besonderem Maße zur Konservierung in einfachen Foliensilos. Hoher Ertrag, relativ niedrige Konservierungskosten und geringe Nährstoffverluste bei der Haltbarmachung bedeuten niedrige Produktionskosten und hohe Nährstoffkonzentration im Futter. Maissilage ist vielseitig verwendbar. Sie wird besonders bei der Jungbullenmast in der Rentabilität von

Tab. 231. Ertragsvergleich von Silomais, Futterrüben, Klee und Kleegras (kStE/ha)

	Mittel sechs bayerischer Versuche 1974 (nach SEITNER 1978)		Mittel Bundesrepublik Deutschland 1980/84 Errechnet nach Angaben des Statistischen Bundesamtes	
	(kStE/ha)	(relativ)	(kStE)	(relativ)
Silomais	8600	100	5500	100
Futterrüben – Körper	9100	106	7600	138
Futterrüben – Blatt	2400	27	1400	25
Futterrüben – Gesamt	11500	133	9000	163
Klee, Kleegras, Luzerne	6400	75	2700	49
Einsömmeriges Kleegras	4500	52	–	–

keinem anderen wirtschaftseigenen Futtermittel übertroffen.

Botanik und Pflanzenentwicklung

In der Familie Süßgräser (Poaceae, Gramineae) wird der Mais nach der neuen Nomenklatur (GOULD 1968) zur Unterfamilie der Hirseartigen (Panicoideae) und hier zum Stamm Andropogoneae gestellt, dem auch das Zuckerrohr und die Sorghum-Hirse zugeordnet sind. Nähere Verwandte hat der Mais als einzige Art der Gattung *Zea* nicht. Über seine Abstammung gibt es verschiedene Hypothesen. Wahrscheinlich ist, daß an seiner Entwicklung zur Kulturpflanze die Gräser *Teosinte* und *Tripsacum* beteiligt waren.

Wegen seiner tropischen Herkunft ist der Mais eine wärmebedürftige Kulturpflanze. Das kräftige Wurzelwerk reicht ziemlich weit sowohl in die Breite (bis 1 m) als auch in die Tiefe (bis über 2 m). An den untersten Knoten entspringen Seitentriebe, die im Wachstum normalerweise stark zurückbleiben. Der runde, markerfüllte Stengel wird bis 5 cm dick und bei den in Mitteleuropa angebauten Formen bis etwa 3 m lang. Die breiten Blätter sind oberseits schwach behaart. Ihre Anzahl wächst mit zunehmender Spätreife der Sorte.

Die Blüh- und Vermehrungsorgane sind getrenntgeschlechtlich (monözisch).

Die männlichen Blüten sitzen in den zweiblütigen Ährchen der endständigen Rispe (Fahne), während die weiblichen in blattachselständigen Kolben zusammengefaßt und von Hüllblättern (Lieschen) umgeben sind. Erst mehrere Tage nach dem Entleeren der Pollensäcke treten die Narbenfäden an der Kolbenspitze aus den Lieschen hervor. Auf diese Weise stellt die Natur die Fremdbestäubung sicher. Nach der Befruchtung wachsen auf der zunächst noch weichen, später aber verholzten Spindel (amerikanisch cob) die Körner heran. Kornform und -farbe sind außerordentlich variabel. Als Futtermais verwendet man Zahnmais (*var. indentata*, *dentiformis*, amerikanisch dent), Korn länglich mit einer den Kunden des Pferdezahns ähnlichen Einsenkung, oder Hartmais (*var. indurata*, *vulgaris*, amerikanisch flint) Korn rundlich oval, ohne Einsenkung. Bei den derzeit in Mitteleuropa angebauten Sorten nimmt die Kornform zumeist eine Zwischenstellung zwischen den beiden Ausgangsvarietäten ein.

Klima-, Boden- und Fruchtfolgeansprüche

Die Anbaufähigkeit des Maises wird einerseits durch seine genetisch bedingte Entwicklungsdauer, andererseits durch die Länge der frostfreien Wachstumszeit bestimmt. Die optimale Keimtemperatur liegt um 30 °C, das Keimminimum bei 8 bis 10 °C. Rascher Auflauf und kräftige Jugendentwicklung erfordern aber wesentlich höhere Temperaturen. Jungpflanzen erfrieren bei −2 bis −5 °C, vermögen sich aber zu regenerieren, wenn der Vegetationskegel noch frostgeschützt unter der Erdoberfläche liegt. Im Herbst setzen schon wenige Frostgrade dem Maiswachstum ein Ende. Die Durchschnittstemperatur von etwa 13 °C in den Monaten Mai bis September stellt die unterste Grenze für den Silomaisanbau bei dem gegenwärtigen Sortenangebot dar (Abb. 83).

Daneben spielt das durch die Geländegestalt bedingte Kleinklima eine große Rolle. Stärker geneigte Hänge, insbesondere mit erosionsanfälligem Boden wie Sand oder Löß, sind wegen der Gefahr des Bodenabtrags während der Jugendentwicklung des Maises zu meiden. Mais ist

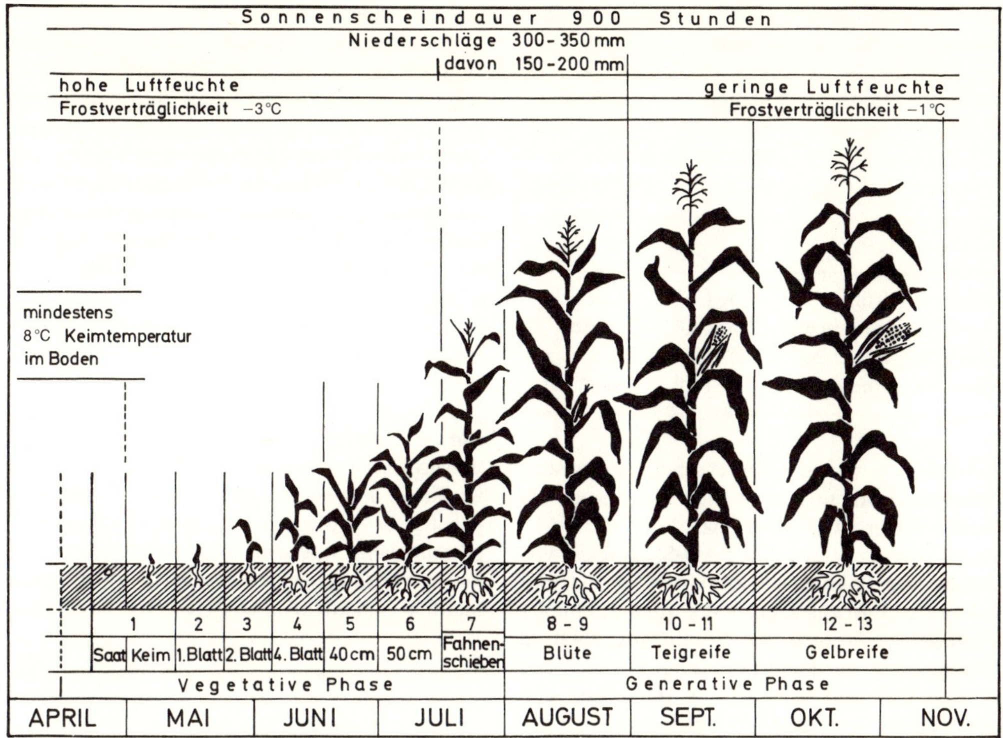

Abb. 83. Klimaansprüche des Maises (nach AID 1975, verändert).

dankbar für hohe Sonneneinstrahlung. LIESEGANG und SCHALL (1966) fanden, daß 200 Stunden Sonnenschein ungefähr 1 °C Mitteltemperatur entsprechen. Die Entwicklungsverzögerung beim Anbau im Norden ist jedoch nicht nur auf niedrige Durchschnittstemperatur und geringe Strahlungsintensität, sondern auch auf die zunehmende Tageslänge zurückzuführen. NIOPEK (1960) stellte fest, daß Mais auf längere Tage mit vergrößerter Internodienzahl, höherem Wuchs und späterem Einsetzen der Blüte reagiert.

Der Mais gilt allgemein als Pflanze mit mäßigen Wasseransprüchen. In der Jugendentwicklung und bei der Reife trifft dies auch zu. Während des stärksten Wachstums, d. h. vom Beginn des Fahnenschiebens bis zur Blüte im Juli und August ist der Wasserbedarf mit mindestens 100 mm je Monat ganz erheblich. Bei Trockenheit lohnt sich dann zusätzliche Beregnung.

Je ungünstiger die klimatischen Verhältnisse, desto anspruchsvoller ist der Mais an den Boden. Bevorzugt werden tiefgründige, basenreiche und humose Löß- und Braunerdeböden mit guter Wasserkapazität. Schwere und nasse Böden eignen sich weniger, weil sie sich im Frühjahr langsam erwärmen. In der Fruchtfolge steht der Mais gewöhnlich nach Getreide. Aber auch bezüglich anderer Vorfrüchte ist er nicht wählerisch. Besonders geeignet sind solche, die viel organische Substanz im Boden hinterlassen, wie Klee, Raps, Gründüngung oder Grünlandumbruch. Ebenso sind Rüben und Kartoffeln gute Vorfrüchte. Schließlich erlaubt seine gute Selbstverträglichkeit auch mehrmaligen Anbau auf dem gleichen Grundstück.

Mais hemmt die Ausbreitung von Fruchtfolgeschädlingen wie Erreger der Getreidefußkrankheiten oder Getreide- und Rübennematoden. Der Vorfruchtwert des Maises kann dem des Getreides gleichgesetzt werden. Als Nachfrucht kommen Hackfrüchte in Frage; in günstigen Lagen eignet sich auch Winterweizen, sonst Sommergetreide. Bei der Wahl der Nachfrucht müssen mögliche schädliche Einflüsse vorangegangener Herbizidanwendung berücksichtigt werden.

Sorten und Saatgut

Die Auswahl der Sorte richtet sich in erster Linie nach den Wachstumsbedingungen des Standortes, die vor allem durch die Dauer der Vegeta-

Tab. 232. Reifegruppen der Maissorten in der Bundesrepublik Deutschland

FAO-Zahl	Reife-gruppe	Mitteltemperatur Mai bis Sept. (°C)	Eignung des Standorts für Futtermaisanbau
bis 190	früh	12,5–13,4	Grenzlage
200–240	mittelfrüh	13,5–14,4	mittel
250–290	mittelspät	14,5–15,4	gut
300–340	spät	15,5–16,4	sehr gut

tionsperiode und die Durchschnittstemperatur bestimmt sind, und dem Entwicklungstyp der Sorte. Dieser ist international durch die FAO-Zahl* gekennzeichnet. Die FAO-Skala reicht von 100 bis 900. Je höher die Zahl, umso später reift die Sorte. Für das Gebiet der Bundesrepublik Deutschland werden die Sorten wie folgt in Reifegruppen eingeteilt (Tab. 232).

Eine Differenz von zehn FAO-Zahlen entspricht unter deutschen Verhältnissen einem Reifezeitunterschied von ein bis zwei Tagen. Die bundesdeutsche Sortenliste umfaßt gegenwärtig rund 60 Sorten, wovon die Mehrzahl der mittelfrühen und mittelspäten Reifegruppe zugeordnet ist. Nur zwei Sorten sind „früh", vier sind als „spät" klassifiziert. Mit einer Ausnahme handelt es sich um Hybridsorten. Maissaatgut kommt in der Regel nach Kornform und -größe sortiert (kalibriert) und gebeizt in den Handel. Es wird gewöhnlich in Packungen zu je 50000 Stück Körner angeboten. Über 80% des benötigten Saatgutes werden eingeführt, davon mehr als die Hälfte aus Frankreich, der Rest aus Südosteuropa.

Anbauverfahren

Bodenvorbereitung. Ziel der Bodenbearbeitung ist, die für die tiefe Durchwurzelung erforderliche günstige Bodenstruktur zu schaffen und im Frühjahr möglichst rasch ein gut durchlüftetes, trockenes, grobkrümeliges, sich schnell erwärmendes Saatbett herzurichten. Die Herbstpflugfurche ist

* FAO = Food and Agriculture Organization (Organisation für Ernährung und Landwirtschaft der Vereinten Nationen)

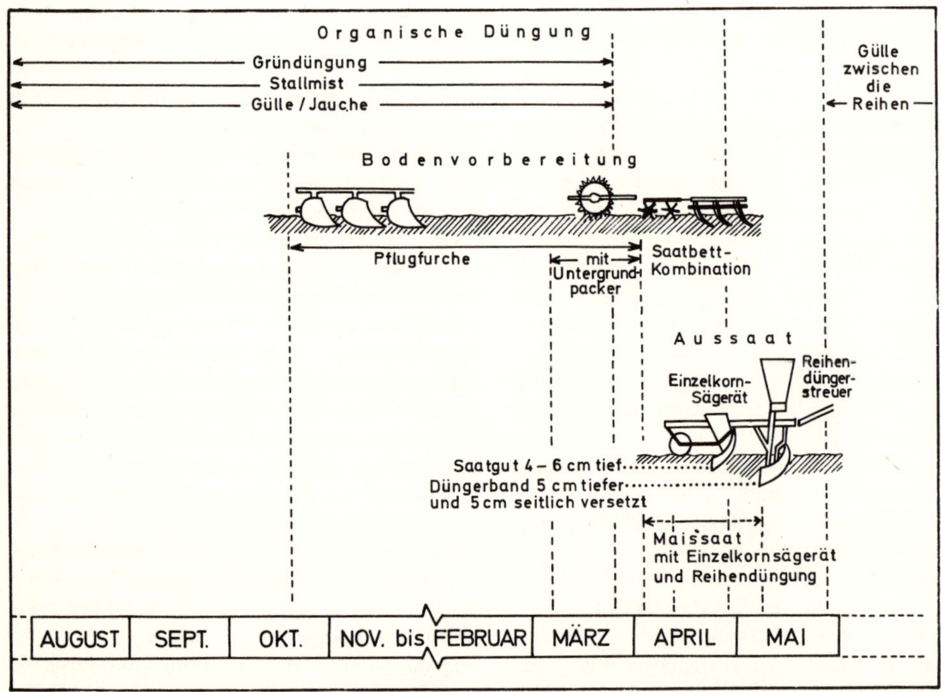

Abb. 84. Organische Düngung, Bodenvorbereitung und Aussaat beim Maisanbau (nach AID 1975, verändert).

daher die Regel. Das Saatbett soll mit möglichst wenig Arbeitsgängen (Gerätekombination) auf eine Tiefe von 5 cm gelockert werden (Abb. 84).

Saat. Der Mais stellt hohe Anforderungen an die Saattechnik. Dazu gehört das Einhalten der optimalen Saatzeit, Saattiefe und Pflanzenentfernung. Eine verfrühte Saat ist sinnlos, weil das Maiskorn unter 9 °C nicht zu keimen vermag und bei längerem ungekeimtem Verweilen im Boden leicht Schädlingen zum Opfer fällt. Zu späte Saat kürzt die Wachstumszeit. In der Praxis hat sich die zweite Aprilhälfte als günstigste Saatzeit erwiesen. Zur Beschleunigung der Jugendentwicklung wird besonders in ungünstigen Lagen das Feld von Fall zu Fall mit Kunststoffolien abgedeckt.

Die Saatmenge (S = kg/ha) errechnet sich nach der beabsichtigten Bestandsdichte (B = Pflanzenzahl/m²), der Tausendkornmasse (T = g) und der Keimfähigkeit (K = %) unter Berücksichtigung eines Zuschlags (Z = %) für Minderkeimfähigkeit und ungünstige Verhältnisse.

Beispiel:
Pflanzenzahl = 10;
T = 300;
K = 90;
Z 100 − 90 = 10.

$$S = \frac{B \cdot T}{K - Z}$$

$$S = \frac{10 \cdot 300}{90 - 10}$$

$$= 37{,}5\ \text{kg/ha}.$$

Als optimale Bestandsdichte gelten 10 Pflanzen/m². Bei frühen bis mittelfrühen Sorten empfiehlt es sich, die Pflanzenzahl je m² um ein bis zwei zu erhöhen, bei mittelspäten bis späten um ein bis zwei zu vermindern. Für Mais zur Frischverfütterung ist die Bestandsdichte zu verdoppeln. Der Reihenabstand beträgt 60 bis 75 cm. Aus der Saatmenge und dem Reihenabstand ergibt sich der erforderliche Kornabstand in der Reihe.

Optimale Bestandesdichte verlangt Präzisionssaat, die nur mit Einzelkornsämaschinen erreicht wird. Zu unterscheiden ist zwischen Geräten mit mechanischer und pneumatischer Kornablage. Für viele mechanische Maschinen müssen Sävorrichtungen und Saatgutkaliber aufeinander abgestimmt sein. Pneumatische Geräte arbeiten unabhängig vom Kaliber. Die neuere Entwicklung geht eindeutig in Richtung der kaliberunabhängigen Maschine. Ordnungsgemäße Kornablage ist nur beim Einhalten der vorgeschriebenen Fahrgeschwindigkeit gewährleistet.

Düngung. Je 100 dt/ha Grünmasse entziehen dem Boden 25 bis 35 kg N, 15 bis 20 kg P_2O_5 und 35 bis 45 kg K_2O (Ruhr-Stickstoff 1978). Daraus ergeben sich unter Berücksichtigung des Bodenvorrates die folgenden durchschnittlichen Düngungsempfehlungen in kg/ha: N = 120 bis 160, P_2O_5 = 120 bis 150, K_2O = 150 bis 250. Durch entsprechende Kalkgaben sollte der pH-Wert auf mindestens 6,0 gehalten werden. Der Magnesiumbedarf wird gewöhnlich über die Kalkung gedeckt. Mais verwertet die im wirtschaftseigenen Dünger – Stallmist, Gülle, Gründüngung – enthaltenen Nährstoffe besonders gut. Tab. 233 zeigt den durchschnittlichen Nährstoffgehalt von Jauche, Gülle und Schwemmist der Rinder.

Tab. 233. Durchschnittlicher Nährstoffgehalt in Rinderjauche, Rindergülle und Rinderschwemmmist (kg/m³)

	TM	N	P_2O_5	K_2O
Jauche	2	2	0,1	6
Gülle	7,5	4	2	5
Schwemmist	15	8	4	10

Auch auf Strohdüngung reagiert der Mais positiv. Stallmist wird vorzugsweise im Herbst ausgebracht. Zum Schutz gegen Bodenerosion hat sich aber auch die Stall- und Schwemmistdüngung zwischen Saat und Aufgang des Maises bewährt. Gülle, z. B. 40 m³ Rindergülle (7,5 % TM) wird zweckmäßig zur Saatbettbereitung oder mittels Schleppschläuchen zwischen die Reihen des aufwachsenden Bestandes gegeben.

Für die Mineraldüngung (Abb. 85) sind drei Verfahren gebräuchlich: Bei der **Flächendüngung**, vorwiegend in Süddeutschland üblich, wird die gesamte Düngermenge vor oder bei der Saat in einer Gabe mit herkömmlichen Düngerstreuern verteilt. In Norddeutschland ist die **Unterfußdüngung** mit Ammonium- und wasserlöslichem Phosphatdünger verbreitet. Mittels Spezialgeräten, die mit der Sämaschine kombiniert sind, wird genau 5 cm unter und seitlich der Kornreihe ein Düngerband in den Boden gebracht. Vorteil des Verfahrens ist, daß vor allem Stickstoff und Phosphat sofort für die Keimpflanzen verfügbar sind. Kali muß schon vor der Saat gedüngt werden, weil sonst Auflaufschäden zu befürchten sind.

Den größten Stickstoffbedarf hat die Maispflanze im Juli und August, also etwa vom Beginn des Rispenschiebens bis zum Ende der Blüte. Um in dieser kritischen Zeit die Nährstoffversorgung sicherzustellen, wird als drittes Verfahren die **Kombination Flächendüngung** zur Saat und **Reihendüngung** im kniehohen Bestand empfohlen.

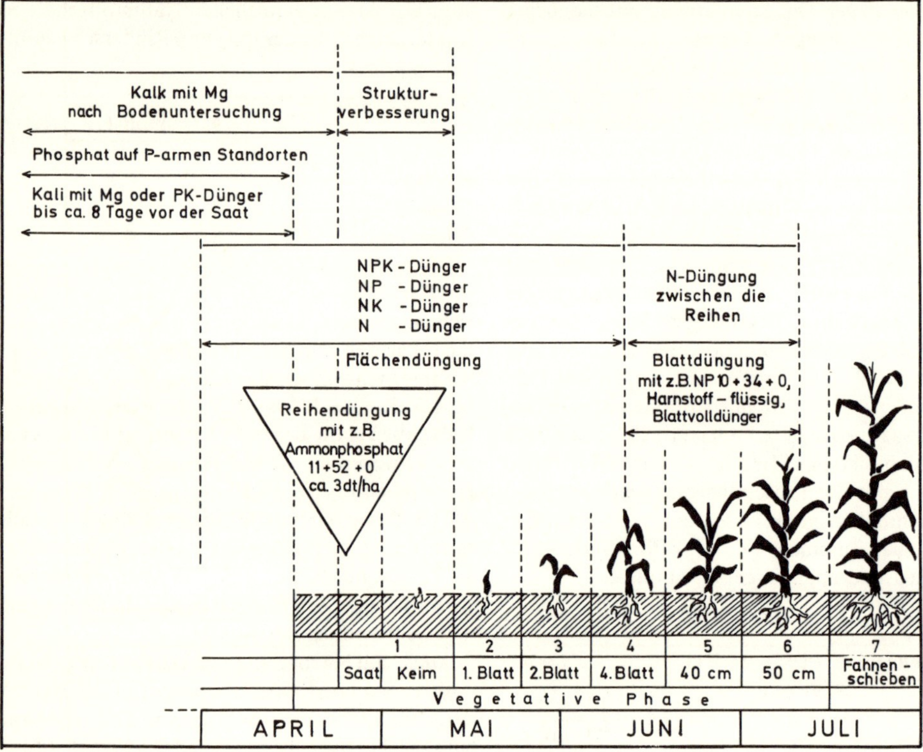

Abb. 85. Mineraldüngung im Maisanbau (nach AID 1975, verändert).

Pflanzenschutz. Die Unkrautbekämpfung mit Herbiziden ist eine Standardmaßnahme im Maisanbau (Abb. 86). Gegen zweikeimblättrige Unkräuter haben sich Atrazin-Präparate bewährt. Sie werden entweder in Vorsaateinarbeitungs-, Vorauflauf- oder Nachauflaufverfahren angewendet. Quecken und Hühnerhirse müssen gesondert behandelt werden. Da die Herbizidwirkung vom Feuchtezustand und Humusgehalt des Bodens abhängt und das Gedeihen der Folgefrucht beeinflussen kann, sind die Gebrauchsanweisungen der Hersteller genau zu beachten.

Gegen Auflaufschäden, die durch Pilze verursacht werden, gelangt Maissaatgut in der Regel mit Captan gebeizt in den Handel. Als wirtschaftlich bedeutungsvollste pilzliche Erkrankung ist die Wurzel- und Stengelfäule durch Kalkstickstoff vorbeugend bekämpfbar. Junge Maissaaten werden häufig durch Vogelfraß geschädigt. Dagegen schützt Saatgutinkrustierung. Als weitere vorbeugend bekämpfbare Schädlinge treten Fritfliegen und Drahtwürmer auf, die den Mais im Jugendstadium oft empfindlich treffen. Die auffälligste Krankheit ist zweifellos der Maisbeulenbrand, hervorgerufen durch den Pilz *Ustilago maydis*. Gesundheitliche Schäden durch Verfüttern befallenen Maises konnten nicht nachgewiesen werden (BURGSTALLER 1977, KÖNIG 1977), aber Brandbefall scheint die Vergärung nachteilig zu beeinflussen (GROSS 1984). Bekämpfung ist nicht möglich.

Nutzungsverfahren

Der Futtermais wird entweder frisch vom Feld weg verfüttert oder, als Silomais, zu Gärfutter verarbeitet.

Grünfuttermais wird vornehmlich in der Absicht angebaut, die vielfach auftretende Mitt- und Spätsommerfutterlücke zu schließen. Deshalb ist es wichtig, eine Sorte zu wählen, die bis zu diesem Zeitpunkt, also August bis Anfang September, das Stadium der Milchreife (beim Druck mit dem Daumennagel durch die Samenschale des Korns nimmt man den Inhalt als milchige Flüssigkeit wahr) erreicht hat. Unter diesem Gesichtspunkt ist die alte Auffassung, für die Grünfutternutzung seien später reifende Sorten als für Silonutzung zu wählen, nicht haltbar.

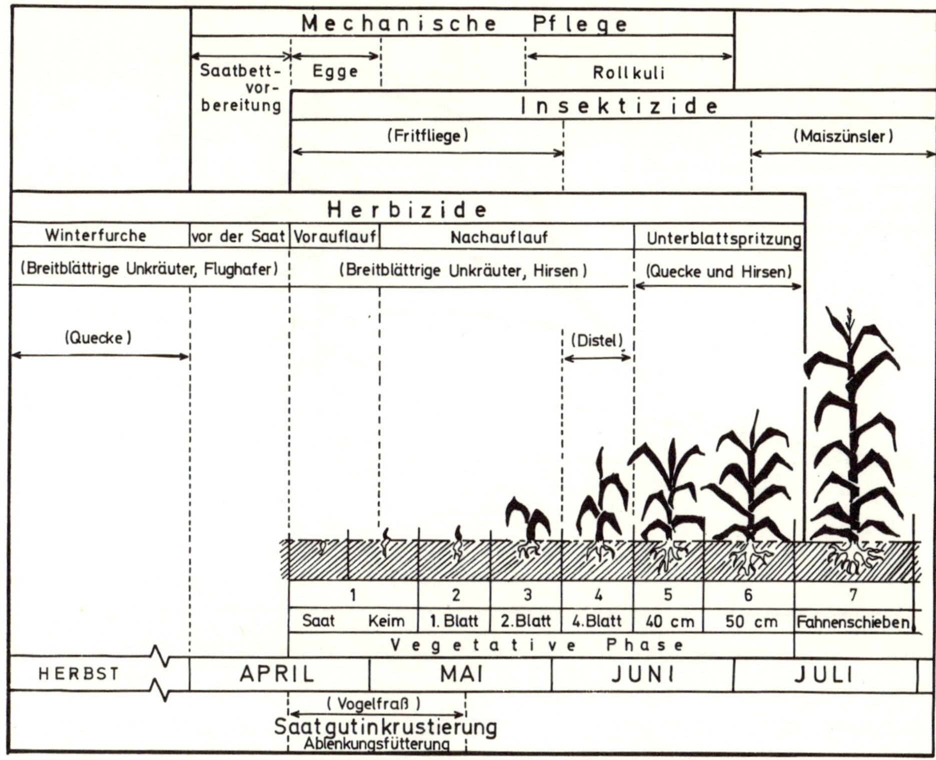

Abb. 86. Pflege und Pflanzenschutz im Maisanbau (nach AID 1975, verändert).

Der weitaus größte Teil des Futtermaises wird als Silomais genutzt. Für die Gewinnung hoher Erträge eines nährstoffreichen, schmackhaften und gut vergärbaren Futters ist die Wahl des optimalen Erntezeitpunktes ausschlaggebend. Aus gärungsbiologischen und ernährungsphysiologischen Gründen soll der Silomais bei einem Trockensubstanzgehalt zwischen 25 und 30% geerntet werden. Diesen Zustand erreicht er im Stadium der Teigreife (beim Druck mit dem Daumennagel auf das Maiskorn nimmt man den Korninhalt als breiig-teigige, nicht mehr flüssige Masse wahr). Aber auch die Ertrags- und Nährstoffentwicklung spricht für die Ernte im Teigreifestadium. ZSCHEISCHLER (1984) weist darauf hin, daß nach der Blüte im August noch ca. 20% und im September weitere 30%, also insgesamt 50% des Trockenmasseertrages gebildet werden. Dies ist auf die Zunahme des Kolbenanteils zurückzuführen, auf den bei Teigreife etwa 50% der Trockenmasse und 60 bis 70% der Gesamtnährstoffe entfallen (Abb. 87). Deshalb gilt: „Silomais ist nicht ganz reif gewordener Körnermais" (ZSCHEISCHLER 1984).

Technisch erfolgt die Silomaisernte mit dem Exaktfeldhäcksler. Es ist eine möglichst kurze Häckslung (weniger als 1 cm) anzustreben, damit auch die Körner zerschnitten werden, was für die Vergärung und die Verdaulichkeit vorteilhaft ist. Als drittes Verfahren, gewissermaßen die Kombination von Silomais- und Körnermaisnutzung, wird zunehmend Maiskolbenernte mit anschließender Silierung praktiziert. Die Ernte erfolgt mit Spezialmaschinen. Das gehäckselte Produkt, Korn-Spindel-Gemisch (Corn-Cob-Mix), Kolbenschrot oder Lieschkolbenschrot, wird vorwiegend an Schweine verfüttert.

Ertrag

Je nach Anbaulage und Jahreswitterung variieren die Futtermaiserträge stark. In der Statistik der Bundesrepublik Deutschland wird der Durchschnittsertrag im Mittel 1978/83 mit 458 dt/ha Grünmasse angegeben. In Versuchen festgestellte Erträge liegen um 10 bis 20% über den Praxiserträgen. Entscheidend ist jedoch der Nährstoffertrag, ausgedrückt in kStE. Er wird indirekt ermittelt. Das Ergebnis ist in starkem Maße von

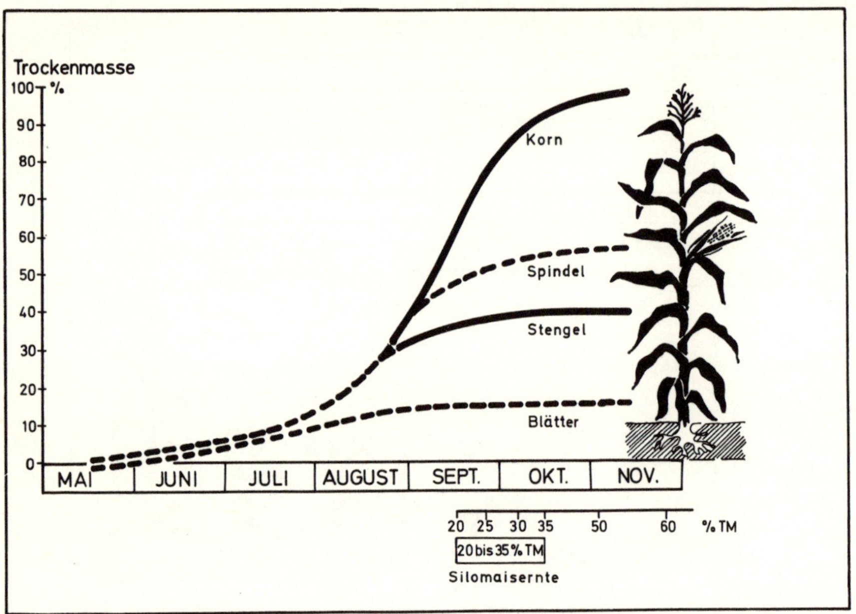

Abb. 87. Verlauf der Trockenmassebildung in der Maispflanze (nach AID 1975, verändert).

dem in Rechnung gestellten StE-Gehalt und vom Reifezustand des Erntegutes abhängig.

Demgemäß schwanken die mitgeteilten Stärkewerterträge in noch weiteren Grenzen als die Grün- und Trockensubstanzerträge. Wenn man, wie das Statistische Bundesamt, 120 StE/kg Frischmasse ansetzt, errechnen sich als Durchschnitt 1980/84 für die Bundesrepublik Deutschland 5500 kStE/ha. Werden, wie von SEITNER (1978), 170 StE/kg Frischmasse in Ansatz gebracht, ergeben sich 7700 kStE/ha. Zieht man alle Umstände in Betracht, so dürfen für den Silomaisertrag um 500 dt/ha Frischmasse, 120 dt/ha Trockenmasse und 7000 kStE als realistische Mittelwerte angenommen werden. Bei Grünfuttermais sind hiervon je nach Reifezustand 20 bis 30% abzuziehen. Ausführliche Darstellung von ZSCHEISCHLER et al. (1984).

4.2.2 Futtergräser

Der ein- und mehrjährige Anbau von Gräsern im Reinbestand gewinnt im luftfeuchten wintermilden Klima mit steigender Düngeranwendung an Bedeutung. Gräser sind in der Lage, ein reichliches Stickstoffangebot (Faustzahl: 2 kg/ha N je Wachstumstag) wirtschaftlich zu verwerten und übertreffen dann unter sonst günstigen Bedingungen, insbesondere bei ausreichender Wasserversorgung, die Leguminosen im Trockensubstanz- und Nährstoffertrag. Futtergräser eignen sich sowohl für die Schnitt- als auch für die Weidenutzung. Dabei ist allerdings zu beachten, daß Gras von optimaler Futterqualität nur während eines relativ engen Zeitraumes, im allgemeinen kurz vor bis kurz nach dem Ährenschieben, geerntet werden kann. Das reichhaltige Sortenangebot ermöglicht es jedoch, durch die Auswahl von Sorten unterschiedlicher Reifezeit den Anbau

Tab. 234. Vergleich von diploidem und tetraploidem Einjährigem Weidelgras

	diploid	tetraploid
Trockensubstanzertrag (relativ)		
Gesamtjahresertrag		
bei 3 Schnitten	100	108
bei 5 Schnitten	100	100
Wurzeltrockensubstanzertrag (relativ)	100	119
Trockensubstanzgehalt %	19,1	17,7
Verdaulichkeit (TM in vitro) %	59,9	64,0

so zu organisieren, daß stets Futter optimaler Zusammensetzung zur Verfügung steht (SIMON 1978). Seit jeher verwendet man Gräser als Bestandteile von Kleegrasgemengen.

Die wichtigsten Arten für den Feldgrasbau, das heißt für Gras in Reinsaat oder mit geringer Kleebeimengung, sind die kurzlebigen Weidelgräser. Regional haben im Reinanbau, sonst aber als Bestandteil in Kleegrasgemengen Deutsches Weidelgras, Knaulgras, Wiesenlieschgras, Glatthafer, Wiesenschwingel, Rohrschwingel und Wehrlose Trespe Bedeutung. Soweit letztgenannte Arten im Dauergrünland vorkommen oder dort für Ansaaten verwendet werden, sei auf 2.5.8.2.2 verwiesen.

4.2.2.1 Weidelgräser

4.2.2.1.1 Einjähriges (Westerwoldisches) Weidelgras, *Lolium multiflorum* Lam. ssp. *gaudini* (Parl.) Schinz et Kell. (var. *westerwoldicum* [Mansh.] Wittm.) engl. *annual (Westerwold's) ryegrass*, franz. *ray-grass westerwold*, ital. *loglio westervoldico*, span. *raygrass italiano anual*

Ursprung, Botanik, Pflanzenentwicklung

Das einjährige Weidelgras ist die sommerannuelle, nicht winterharte Abart des Welschen Weidelgrases. Ursprünglich im Mittelmeerraum beheimatet wird es heute überall im mediterranen und gemäßigten Klima kultiviert. Sein Name wird auf einen holländischen Landwirt namens Westerwold in der niederländischen Provinz Groningen zurückgeführt. Vom Welschen Weidelgras (vgl. 4.2.2.1.2) unterscheidet es sich lediglich durch das fehlende Vernalisationsbedürfnis, weshalb es bei frühzeitiger Aussaat noch im gleichen Jahr zum Blühen und Fruchten kommt.

Klima-, Boden- und Fruchtfolgeansprüche

Das Einjährige Weidelgras ist eine anspruchsvolle Grasart, die am besten in Küstennähe, d. h. bei hoher Luftfeuchtigkeit, mäßiger Temperatur und langer Vegetationszeit, gedeiht. Es verlangt einen nährstoffreichen, gut wasserhaltenden Boden. Bei Trockenheit versagt es. Das Einjährige Weidelgras paßt in jede Fruchtfolge.

Sorten und Saatgut

Neben den ursprünglich diploiden (2n = 14) Sorten überwiegen jetzt die tetraploiden Sorten im praktischen Anbau. Als Vorzüge der tetraploiden Typen gelten kräftigere Jugendentwicklung, besserer Futterwert, besonders gute Schmackhaftigkeit, Widerstandsfähigkeit gegen Rost, größere Wurzelmasse (Tab. 234). Nachteilig sind die geringere Narbendichte sowie im Blick auf die Konservierung der höhere Wassergehalt. In der deutschen Sortenliste sind zur Zeit fünf diploide und fünf tetraploide Sorten verzeichnet. Das Saatgut stammt überwiegend aus den Niederlanden.

Anbauverfahren

Die Aussaat erfolgt nach dem Winter so früh wie möglich in ein gut vorbereitetes, feinkrümeliges Saatbett. Die Reinsaatmenge beträgt für diploide Sorten 30 bis 40 kg/ha, für tetraploide wegen der höheren Tausendkornmasse 40 bis 60 kg/ha. Sehr gut ist einjähriges Weidelgras auch zur Nachsaat in lückig gewordenen Klee geeignet. Es wird entweder rein oder im Gemenge angebaut. Als Partner eignen sich Welsches Weidelgras, Persischer Klee oder Alexandrinerklee. Reichliche Düngung ist erforderlich. Man rechnet zum 1. Aufwuchs mit 80 bis 100 kg/ha N und 60 bis 80 kg/ha N für jeden weiteren Schnitt (Abb. 88). Unkraut kann durch Schröpfschnitt oder mit Hilfe von Herbiziden, die im Bedarfsfall kleeschonend sein müssen, bekämpft werden.

Nutzung

In der Regel wird Einjähriges Weidelgras gemäht, es kann aber auch, besonders im Gemenge mit Welschem Weidelgras, beweidet werden. Es eignet sich auch sehr gut für jegliche Art der Konservierung. Die Nutzung soll mit Beginn des Ährenschiebens erfolgen. Dies ist im ersten Aufwuchs etwa Mitte Juni der Fall. Insgesamt liefert Einjähriges Weidelgras drei bis fünf Schnitte.

4.2.2.1.2 Welsches Weidelgras (Italienisches Raygras), *Lolium multiflorum* Lam. ssp. *italicum* Volkart ex Schinz et Kell. engl. *Italian ryegrass*, franz. *ray-grass d'Italie*, ital. *loglio d'Italia*, span. *raigras italiano*, *margallo*

Name, Ursprung, Botanik, Pflanzenentwicklung

Die deutsche Gattungsbezeichnung Weidelgras wurde von Professor C. A. WEBER, ehem. Direktor der Moorkulturversuchsstation in Bremen, um die Zeit des Ersten Weltkrieges geprägt. Vorher und auch lange danach war auch in Deutschland die international übliche Bezeich-

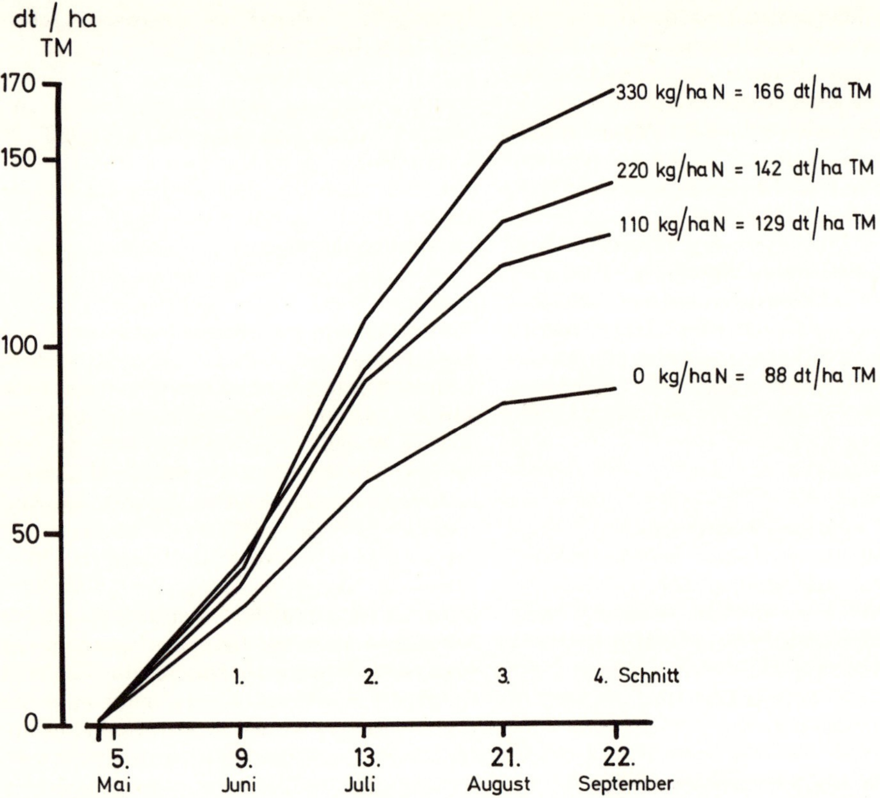

Abb. 88. Einfluß steigender Stickstoffdüngung auf den akkumulierten Trockenmasseertrag von Einjährigem Weidelgras.

nung Raygras in verschiedener Schreibweise (Ryegrass, Raigras) gebräuchlich. MARZELL (1972) führt Ray auf das englische ray (1526) zurück, den damaligen Namen für das verwandte *L. temulentum*. Die Ableitung von englisch rye = Roggen, wie die heutige Schreibweise vermuten läßt, hält MARZELL für irrig. „Vielblütiger Lolch", die wörtliche Übersetzung des lateinischen Namens, findet man nur in Büchern. Der Beiname Italienisch weist auf die Herkunft hin. Als Futtergras soll es zuerst in Oberitalien angebaut worden sein. Heute ist es im gemäßigten und mediterranen Klima weltweit verbreitet.

Das horstbildende Obergras ist das leistungsfähigste Feldfuttergras. Vom Deutschen Weidelgras unterscheidet es sich durch den hohen Wuchs, die begrannte Ähre und die geringe Lebensdauer; es ist nämlich nur überwinternd-einjährig bis zweijährig und dementsprechend nicht für Dauernutzung geeignet. Es kommt erst im Jahr nach der Saat zur Blüte.

Klima-, Boden- und Fruchtfolgenansprüche
Am besten gedeiht das Welsche Weidelgras im wintermilden, luftfeuchten Klima. Rauhe und schneereiche Lagen scheiden als Standorte aus, da es wenig frosthart ist und leicht von Schneeschimmel geschädigt wird. Seine volle Leistungsfähigkeit kann das hochwertige Gras nur bei allzeit reichlicher Wasser- und Nährstoffversorgung entfalten. Früher war es deshalb das Gras der Abwasserrieselfelder. An die Struktur, den Nährstoffgehalt und die Wasserführung des Bodens stellt es hohe Ansprüche. Moorboden ist wegen der Gefahr des Auffrierens ungeeignet. In der Fruchtfolge steht es normalerweise nach frühräumendem Getreide. Als Nachfrüchte eignen sich besonders Hackfrüchte und Mais.

Sorten und Saatgut
Die deutsche Sortenliste umfaßt derzeit 25 Sorten, von denen die Hälfte tetraploid ist. Die generellen Unterschiede zwischen beiden Typen

sind beim Einjährigen Weidelgras erklärt. Die Sorten unterscheiden sich weiterhin in der Winterfestigkeit, dem Beginn des Ährenschiebens, dem Nachwuchsvermögen und der Anfälligkeit für Rost. Der Saatgutbedarf der Bundesrepublik Deutschland wird nur zum Teil durch die Inlandsproduktion gedeckt. Saatgutimport aus den Niederlanden und aus Dänemark.

Anbau- und Nutzungsverfahren
Die Saat erfolgt Ende August bis spätestens Mitte September mit der Drillmaschine flach in dem für Getreide üblichen Reihenabstand in ein gut vorbereitetes, abgesetztes Saatbett. Die Saatmenge beträgt 30 bis 40 kg/ha für die diploide und 40 bis 50 kg/ha für tetraploide Sorten. Das Gras wird entweder rein oder im Gemenge mit anderen Pflanzenarten (siehe 4.2.4) angebaut. Die Pflanzen sollen sich im Herbst noch ausreichend bestocken, andererseits aber nicht zu üppig in den Winter gehen. Im Frühjahrsanbau wird es ähnlich wie Einjähriges Weidelgras zur Nachsaat in lückigem Klee verwendet. Neben der Grunddüngung sind im Herbst etwa 50 kg/ha N angezeigt. Nach dem Winter gibt man den Stickstoff getrennt zu jedem Aufwuchs, und zwar bis zu 100 kg/ha N so früh wie möglich vor dem ersten Schnitt und 60 bis 80 kg/ha N zu jeder weiteren Nutzung.

Im Vergleich zum Einjährigen hat das Welsche Weidelgras den Vorteil, daß es vier Wochen früher, d. h. bereits ab Mitte Mai erntereif ist. Im Normalfall kann Welsches Weidelgras drei- bis viermal, unter günstigsten Bedingungen bis sechs mal genutzt werden. Auch als Weide eignet es sich sehr gut. Von allen Gräsern weist es den höchsten Zuckerwert auf. Dies erklärt nicht nur seine hohe Schmackhaftigkeit, sondern auch die gute Eignung für die Silagebereitung. Der Trockensubstanzertrag liegt bei 80 bis 150 dt/ha.

4.2.2.1.3 Bastardweidelgras,
Lolium × hybridum Hausskn.
(L. × boucheanum Kunth.)
engl. *hybrid ryegrass*, franz. *raygrass hybride*, ital. *loglio ibrido*, span. *raigras hibrido*

Das Bastardweidelgras stellt botanisch eine Kreuzungspopulation der beiden Eltern Deutsches und Welsches Weidelgras *(L. perenne × L. multiflorum)* dar. Die Bezeichnung Oldenburger Weidelgras geht auf die frühere, jahrzehntelang einzige deutsche Bastardweidelgrassorte N.F.G. Boekers Oldenburger zurück. Verwendung wie Welsches Weidelgras. In Deutschland gegenwärtig geringe praktische Bedeutung.

4.2.2.1.4 Deutsches (Ausdauerndes) Weidelgras (Englisches Raygras),
Lolium perenne L.
engl. *perennial ryegrass*, franz. *raygrass anglais*, ital. *loglio perenne*, *loietto inglese*, span. *raigras ingles*, *ballico*

Zur Benennung gilt sinngemäß das beim Welschen Weidelgras Gesagte. Die Bezeichnung „Ausdauerndes" W. ist in der DDR gebräuchlich. Das Deutsche Weidelgras ist eine in Mitteleuropa auf Weiden und betretenen Plätzen von der Ebene bis ins Gebirge verbreitete Pflanzenart, die in ähnlichem Klima heute weltweit kultiviert wird. Das gut bestockte, horstbildende Untergras blüht erst nach Überwinterung. Die Ähren sind unbegrannt. Absolut ausdauernd, wie die wörtliche Übersetzung des lateinischen „perenne" vermuten läßt, ist das Gras nicht; zutreffender wäre, es als ± langlebig zu bezeichnen. Wenngleich es an Klima und Boden weniger anspruchsvoll als das Welsche ist, so bevorzugt es doch auch das luftfeuchte, wintermilde Klima und gedeiht besonders gut auf nährstoffreichem, feuchtem Lehmboden. In der Sortenvielfalt wird es von keinem anderen Gras übertroffen. Die deutsche Sortenliste enthält rund 60 Sorten, wozu über 40 weitere kommen, die nicht zu Futterzwecken bestimmt sind.

Im Gegensatz zum Welschen und Einjährigen Weidelgras spielen tetraploide Sorten in der Praxis eine untergeordnete Rolle. Wichtiger ist die Einteilung nach dem Beginn des Ährenschiebens, liegt doch zwischen der frühesten und der spätesten Sorte ein Zeitraum von ungefähr vier Wochen. Allgemein gilt: Je später die Sorte, desto besser sind Nachwuchsvermögen, Winterhärte, Ausdauer, Narbendichte, Trittfestigkeit, Vielschnittverträglichkeit und Stickstoffausnutzungsvermögen, umso mehr verspätet sich der Nutzungsbeginn im Frühjahr.

Das Deutsche Weidelgras wird in der Regel nicht rein, sondern im Gemenge mit anderen Gräsern und Kleearten angebaut. Die Saatmenge beträgt 25 kg/ha für diploide Sorten. Bei unübertroffener Weide- und Vielschnittverträglichkeit lohnt das Deutsche Weidelgras höchste Düngergaben. Es ist Hauptbestandteil von „Güllekleegras". Der günstigste Erntezeitpunkt des gern gefressenen Grases liegt kurz vor dem Ährenschieben.

4.2.2.2 Andere Futtergräser

Knaulgras, *Dactylis glomerata L.*
engl.*cocksfoot*, am. *orchardgrass*, franz. *dactyle*, ital. *dactylis (pannocchina)*, span. *dáctilo, espigueta*
Das Knaulgras ist eine ausdauernde, hochwüchsige und kräftige Horste bildende Grasart. Sein Name weist auf die Form des Blütenstandes hin, der aus einer Rispe mit dicht gedrängten (geknäuelten) Rispenästen besteht. Obwohl winterhart, werden die Frühjahrstriebe durch Spätfrost häufig geschädigt. Das Knaulgras bevorzugt warme Lagen, tiefgründigen, basenreichen Lehmboden, dankt reichliche Wasserversorgung, verträgt aber auch Trockenheit. Die Rispen erscheinen relativ früh. Die Sorten unterscheiden sich hauptsächlich in der Frühreife. Die Saatmenge beträgt 20 kg/ha. Das Knaulgras kann sowohl in Reinsaat als auch in Mischung angebaut werden und eignet sich für alle Verwendungszwecke. Es besitzt ein sehr gutes Nachwuchsvermögen. Für reichliche Düngung ist es dankbar.

Glatthafer, *Arrhenatherum elatius L.*
engl. *tall oatgrass*, franz. *fromental, avoine élevée*, ital. *avena altissima*, span. *fromental*
Das ausdauernde hochwüchsige Horstgras liebt einen warmen, kalkreichen Standort und verträgt Trockenheit. Man verwendet es als Mischungspartner in Klee- und Luzernegrasgemengen. Es ist ungeeignet für Weidenutzung und empfindlich gegen Vielschnitt.

Wiesenlieschgras (Timotheegras), *Phleum pratense L.*
engl. *timothy*, franz. *fléole des prés*, ital. *fleolo, coda di topo*, span. *fleo*
Der Name Timothee etc. erinnert nach BECKER-DILLINGEN (1929) an Timothy Hanson, der das Gras 1765 von Nordamerika nach England gebracht haben soll. Es ist ein ausdauerndes, horstbildendes, spätblühendes Obergras, besonders für feuchtkühle Lagen und schweren, feuchten Boden geeignet. Absolut winterhart, daher wichtigstes Futtergras in Skandinavien. Das Nachwuchsvermögen ist gering. Im Kleegrasgemenge für Mäh- und Weidenutzung sind besonders die frühen Sorten brauchbar. Saatmenge 15 kg/ha.

Wiesenschwingel, *Festuca pratensis Huds.*
engl. *meadow fescue*, franz. *fétuque des prés*, ital. *festuca dei prati*, span. *festuca de los prados*
Ausdauerndes, horstbildendes, mittelfrühes Obergras mit weitem Anwendungsbereich. Geringe Sortenunterschiede. Qualitativ hochwertig. Saatmenge 25 kg/ha.

Rohrschwingel, *Festuca arundinacea Schreb.*
engl. *tall fescue*, franz. *fétuque élevée*, ital. *festuca arundinacea*, span. *festuca alta*
Ausdauerndes, horstbildendes, sehr frühes Obergras. Sehr robust, sowohl gegen Trockenheit als auch Nässe widerstandsfähig. Im Ertrag ähnlich Wiesenschwingel, aber qualitativ minderwertig. Wird ungern gefressen, und die Verdaulichkeit ist die geringste von den hier besprochenen Futtergräsern. In Deutschland amtlich nicht empfohlen. In USA eines der wichtigsten Futtergräser und neuerdings in Frankreich propagiert. Saatmenge 25 kg/ha.

Wehrlose Trespe, *Bromus inermis Leyss.*
engl. *bromegrass*, franz. *brome inerme, brome sans arêtes*, ital. *bromo inerme*, span. *bromo inerme*
Ein ausdauerndes, ausläuferbildendes Obergras für trockene Standorte. Wichtiges Futtergras in USA, in Deutschland nicht empfohlen. Saatmenge 30 kg/ha.

4.2.3 Futterleguminosen

Die Leguminosen, von denen hier die Rede ist, gehören zur Familie der Schmetterlingsblütler, Fabaceae (Papilionaceae). Es sind die bedeutendsten wirtschaftseigenen Eiweißlieferanten. Bezüglich ihrer Fähigkeit, Luftstickstoff zu binden, wird auf 4.1.4 verwiesen. Sie sind einsömmerig bis ausdauernd und werden teils rein, teils im Gemenge mit Gräsern angebaut. Einige eignen sich mehr für Mähnutzung, andere vornehmlich für Beweidung. Zur Konservierung bedarf es besonderer Sorgfalt, um Nährstoffverluste gering zu halten. An die Vorfrucht stellen sie keine besonderen Ansprüche. Sie sind selbst geschätzte Vorfruchtpflanzen, ausgenommen für Gerste. Empfindlich gegen Bodensäure haben sie einen hohen Kali- und Phosphatbedarf. Stickstoffdüngung ist nur unter ungünstigen Wachstumsbedingungen während der Jungendentwicklung manchmal erforderlich.

4.2.3.1 Luzerne, *Medicago sativa L.*
engl. *lucerne*, am. *alfalfa*, franz. *luzerne*, ital. *erba medica*, span. *alfalfa*, *mielga*

Ursprung und Verbreitung
Die Luzerne, „Königin der Futterpflanzen" (Abb. 89), ist die älteste ausschließlich zur Futter-

Abb. 89. Dichtgeschlossener Luzernebestand (SIMON).

gewinnung angebaute Kulturpflanze. Ihre Heimat ist das südwestliche Asien. Sicher ist, daß bereits um die Mitte des ersten vorchristlichen Jahrtausends die Perser Luzerne als Pferdefutter benutzten. Von ihnen übernahmen sie Griechen und Römer, die sie, wie noch heute in Italien üblich, herba medica = medisches (persisches) Kraut nannten. Die Araber brachten sie unter dem Namen alfalfa nach Spanien. Im übrigen Europa nannte man die Pflanze Luzerne. Ob dieser Name auf die schweizerische Stadt Luzern zurückzuführen ist, wie vielfach angenommen wird, erscheint zweifelhaft. Von Spanien aus verbreitete sie sich seit dem 16. Jahrhundert über ganz Europa. Im 18. Jahrhundert sollen Mönche des Klosters Ebrach den Luzernebau in Franken eingeführt haben.

Schon sehr früh brachten Spanier die Luzerne nach Südamerika, von wo aus sie allmählich in die USA wanderte. Im Norden der Vereinigten Staaten und in Kanada wurde später die winterharte Grimm-Luzerne berühmt, die der deutsche Einwanderer Wendelin Grimm 1857 aus seiner badischen Heimat nach Minnesota brachte. Heute ist die Luzerne weltweit verbreitet. Ihre größte Anbaufläche mit ungefähr 10000000 ha liegt in den Vereinigten Staaten. Im Gebiet der Bundesrepublik Deutschland, wo die Luzerne zur Zeit ihrer maximalen Ausdehnung ein Areal von 200000 ha innehatte, ist die Luzernefläche inzwischen (1984) auf knapp 30000 ha geschrumpft.

Botanik und Pflanzenentwicklung

Die in Mitteleuropa angebaute Luzerne entspricht nicht mehr dem Pflanzentypus ihrer Heimat. Sie ist vielmehr ein Kreuzungsprodukt zwischen der ursprünglichen blaublühenden Saatluzerne und der in Mitteleuropa heimischen Sichelluzerne *M. falcata*. Wo immer beide Arten zusammentreffen, ergeben sich Kreuzungsnachkommenschaften, die man als Bastardluzerne, *M.* × *varia* = *M. media* bezeichnet. Die Saatluzerne ist anspruchsvoll an Boden und Nährstoffversorgung, wärmeliebend, wenig winterhart, kurzlebig, rasch- und hochwüchsig, grobstengelig, hochertragreich und mit einer tiefreichenden Pfahlwurzel ausgestattet; die Samen sitzen in einer schneckenförmig gewundenen Hülse. Die anspruchslose Sichelluzerne ist absolut winterhart, ausdauernd, niederliegend, feinstengelig, von geringem Ertrag, mit einem verzweigten Wurzelnetz ausgestattet; die Samen befinden sich in einer sichelförmig gebogenen Hülse. Ihrem Ursprung entsprechend ist die Bastardluzerne sehr variabel. Bald herrscht das *Sativa*-, bald das *Falcata*-Erbgut vor. Dementsprechend neigen die Sorten in ihren botanischen Merkmalen, aber auch in den landwirtschaftlichen Werteigenschaften, mehr dem einen oder dem anderen Ausgangselter zu. Die Wurzel ist an der Bodenoberfläche stark verdickt (Wurzelkopf). Den hier gebildeten Sproßknospen entspringen nach dem Winter und nach jedem Schnitt zahlreiche Triebe. Das Blatt ist dreigeteilt. Die Blütenstände sind blattachselständige gestielte Trauben. Die Bastardluzerne blüht bunt (amerikanisch variegated); das heißt, daß zwischen den Pflanzen Unterschiede in der Blütenfarbe vorhanden sind. Die Farbe reicht von den meist vorherrschenden Blautönen über rötlich und grünlich bis zu gelb und fast weiß. Zuchtsorten blühen oft nur einfarbig.

Klima-, Boden- und Fruchtfolgeansprüche

Die Luzerne bringt im warmen, sonnenscheinreichen und trockenen Klima die höchsten Nährstofferträge, wenn ihr Wasserbedarf befriedigt wird. In ariden Ländern wird die Luzerne intensiv bewässert. Die Frosthärte ist ziemlich groß. Die Überwinterung ist außerdem durch die Frühjahrsfestigkeit, d. h. Widerstandsfähigkeit gegen das sogenannte Auffrieren bedingt (Abb. 90). Die Luzerne gedeiht am besten auf tiefgründigem kalkhaltigem Löß und Lehm mit guter Wasserführung. Auf keinen Fall darf stauende Nässe vorhanden sein. „Die Luzerne will einen warmen Kopf und einen trockenen Fuß!“ Naßkalte, saure und im Untergrund verdichtete Böden wie Gleye und Podsole scheiden für den Luzernebau aus.

In der Fruchtfolge steht Luzerne normalerweise nach Getreide. Sehr gute Vorfrüchte sind außerdem Raps, Hackfrüchte und Mais, sofern der Boden frei von schädlichen Herbizidrückständen ist. Den hohen Vorfruchtwert der Luzerne nutzen am besten Hackfrüchte, Mais und Winterweizen.

Abb. 90. „Aufgefrorene“ Luzernewurzeln im Frühjahr (SIMON).

Sorten und Saatgut
Man unterscheidet in Deutschland zwei Luzernesortentypen: der eine ist durch einen hohen Anteil *Falcata*-Erbgut gekennzeichnet. Er besitzt eine weniger ausgeprägte Pfahlwurzel, dafür aber ein stärker verzweigtes Nebenwurzelsystem. Die oberirdischen Sprosse sind zahlreich und verhältnismäßig dünn; sie neigen deshalb zum Lagern. Dieser Typ ist weniger anspruchsvoll, winterhärter und etwas ausdauernder, aber weniger ertragreich unter intensiven Anbaubedingungen. Es handelt sich um die typische, buntblühende Bastardluzerne. Der andere, nach seiner Herkunft als flämische Luzerne bezeichnete Typ, steht *M. sativa* näher. Die Pfahlwurzel ist stärker ausgeprägt, die Pflanzen sind sehr frohwüchsig und dankbar für reichliche Düngung, aber weniger winterhart und ausdauernd. Hierzu gehören die meisten Sorten französischen Ursprungs. Luzernesaatgut wird in der Bundesrepublik Deutschland nicht mehr produziert. Die erforderlichen Mengen stammen zumeist aus Vermehrungen in Frankreich.

Anbauverfahren
Saat. Die Aussaat in Getreidedeckfrucht – am besten eignet sich Sommergerste – erfolgt Mitte April. Sicherer gelingt jedoch die Blanksaat. Allgemein gilt, daß die Luzerne sich im Saatjahr umso besser entwickelt, je früher sie gesät wird. Deshalb sollte sie bis Mitte Juli im Boden sein; bei Spätsaaten muß man mit Ertragseinbußen im Folgejahr rechnen. Nach der Deckfruchternte muß das Stroh sofort entfernt werden. Luzerne wird in getreideüblichen Reihenabständen mit einer Saatmenge von 15 bis 20 kg/ha in ein gut abgesetztes Saatbeet flach gedrillt. Sie wird in der Regel rein, sonst im Gemenge mit Gräsern wie Knaulgras, Glatthafer oder Wiesenschwingel angebaut. Unkraut kann mit leguminosenschonenden Herbiziden bekämpft werden. Gegen tiefen Schnitt ist die Luzerne im Ansaatjahr besonders empfindlich.
Düngung. Der Nährstoffentzug der Luzerne liegt weit über dem vergleichbarer Getreideerträge. 100 dt Luzerneheu enthalten etwa 200 kg N, 70 kg P_2O_5, 200 kg K_2O und 300 kg CaO. Kali verabreicht man in einer Höhe von 200 bis 300 kg/ha K_2O zusammen mit Phosphatdünger im Herbst oder im Frühjahr vor der Ansaat. Die laufende Ersatzdüngung liegt bei 150 bis 250 kg/ha K_2O. Besonders dankbar ist die Luzerne für reichliche Phosphatdüngung. Als Vorratsgaben vor der Saat empfehlen sich 100 bis 200 kg/ha P_2O_5. Auch die jährliche Ersatzdüngung sollte mindestens 100 kg/ha P_2O_5 betragen. Sehr hoch ist der Kalkbedarf. Kalkarme Böden müssen ihrem pH-Wert und der Bodenart entsprechend aufgekalkt werden. Als Erhaltungskalkung gibt man jährlich während der Vegetationsruhe 6 bis 10 dt/ha magnesiumhaltigen Kalk, womit in der Regel zugleich der Magnesiumbedarf gedeckt wird. Gelegentlich leidet die Luzerne an Bor- und Molybdänmangel.
Pflanzenschutz. Die Luzerne wird von einer großen Zahl tierischer und pilzlicher Organismen geschädigt. Im Herbst sind Luzernefelder beliebte Zufluchtsstätten der Feldmäuse, die im Winter die Wurzeln abfressen. Bekämpfung durch Auslegen von Giftgetreide. Der Klappenschorf *(Pseudopeziza medicaginis)* befällt die Luzerne bei feuchtkühler Witterung im Spätsommer (MORGAN and PARBERY 1977). Auf den Blättern bilden sich gelbe, dann braune, stecknadelkopfgroße Flecken. Bei starkem Befall werden die Blätter abgeworfen. Der Anbau anfälliger Sorten ist zu vermeiden. Der größte Feind des europäischen Luzernebaues ist die Welkekrankheit, die durch den bodenbürtigen Pilz *Verticillium albo-atrum* verursacht wird (PEGG 1974). Die Welkeerscheinungen werden zunächst an den Triebspitzen sichtbar, erfassen dann den ganzen Sproß und lassen schließlich die Pflanze eingehen. In älteren Beständen schreitet die Krankheit rasch fort (Abb. 91). Die Luzernewelke schädigt besonders bei vernäßtem Boden. Vorbeugend meidet man ungeeignete Standorte und wählt widerstandsfähige Sorten.
Nutzungsverfahren. In Mitteleuropa wird die Luzerne normalerweise mehrmals im Jahr gemäht und anschließend getrocknet. In anderen Ländern wird Luzerne im Gemenge mit Gras auch beweidet. Weltweit ist sie der wichtigste Rohstoff für die Herstellung von dehydriertem (heißluftgetrocknetem) Futter. Während sie früher oft viele Jahre lang genutzt wurde, lohnt sich heute meist nur noch der ein- bis zweijährige Anbau, weil die Erträge mit fortschreitender Nutzungsdauer stark absinken.

In bezug auf die Futterqualität, den Ertrag und das Nachwuchsvermögen kommt der Wahl des Schnittzeitpunktes bzw. der Pflanzenentwicklung besonders bei mehrjähriger Luzernenutzung große Bedeutung zu. Einerseits muß die Luzerne, um wirklich hochwertiges Futter zu liefern, vor Blühbeginn geerntet werden, was automatisch eine Verkürzung der Schnittintervalle und eine Vermehrung der Schnitthäufigkeit zur Folge hat. Andererseits braucht die Pflanze eine gewisse

Abb. 91. In verticilliumgeschädigter Luzerne siedelt sich als Unkraut Löwenzahn an (Simon).

Zeit, um die beim Wiederaustreiben verbrauchten Reservestoffe zu erneuern. Deshalb die Empfehlung, den ersten Aufwuchs kurz vor Blühbeginn oder vorher bei beginnendem Lagern zu mähen. Bis zum 2. Schnitt sollte die Luzerne allerdings das Blühstadium erreichen. Der letzte Schnitt muß entweder vier bis sechs Wochen vor Wintereinbruch oder so spät erfolgen, daß die Luzerne nicht mehr austreibt.

Vielschnitt zur Erzeugung eines hochverdaulichen, eiweißreichen Ernteproduktes z. B. für die Herstellung von Luzernegrünmehl ist deshalb ohne Ertragseinbußen nur unter Verzicht auf mehrjährige Nutzung durchführbar (Tab. 235). Anders ist die Nutzung im warmen Klima bei Bewässerung. Hier kann bei sehr viel längerer Vegetationszeit nichtwinterharte *Sativa*-Luzerne sieben bis achtmal im Jahr genutzt werden.

Die Konservierung ist schwierig. Bodentrocknung scheidet wegen der Gefahr großer Bröckelverluste, Reutertrocknung in vielen Betrieben wegen des hohen Arbeitsaufwandes aus. Am besten eignet sich die Luzerne für die Heißlufttrocknung.

Der statistische Durchschnittsertrag 1978/83 in der Bundesrepublik Deutschland beläuft sich auf

Tab. 235. Einfluß der Schnitthäufigkeit auf den Luzerneertrag (dt/ha TM relativ) (Simon 1967)

	Anzahl der Schnitte im Jahr der Behandlung	
	3	4
im Jahr der Behandlung	100	108
im folgenden Jahr (3 Schnitte)	74	61

84 dt/ha Heu. Unter günstigen Bedingungen sind 100 dt/ha Trockenmasse und mehr leicht erzielbar. Bei einem durchschnittlichen Roheiweißgehalt von 20% sind das 20 dt/ha Roheiweiß.

4.2.3.2 Rotklee, *Trifolium pratense L.*

engl. *red clover*, franz. *trèfle violet*, ital. *trifoglio violetto*, span. *trèbol violeta*

Ursprung und Verbreitung

Der kultivierte Rotklee (Abb. 92) stammt von dem in Europa heimischen Wiesenrotklee ab. Wann und wo der Übergang von der Wild- zur Kulturpflanze vonstatten ging, ist unbekannt. Jedenfalls wurde der Kulturrotklee bereits im 16. Jahrhundert in Spanien, Italien und Flandern angebaut. In Deutschland begann das Zeitalter des Kleebaues um die Mitte des 18. Jahrhunderts. Begünstigt wurde es durch den bald einsetzenden Übergang zur verbesserten Dreifelderwirtschaft, in der ein Teil des bisherigen Brachlandes dem Klee eingeräumt wurde. Untrennbar verbunden mit der Einführung des Rotkleeanbaues ist der Name Johann Christian Schubart, eines sächsischen Gutsbesitzers, der für seine Verdienste von Kaiser Joseph II. 1784 als „Edler von Kleefeld" in den Adelstand erhoben wurde (BECKER-DILLINGEN 1929). Heute wird der Rotklee überall in der gemäßigten bis subarktischen Zone, aber auch in den Gebirgen der Tropen angebaut. Der Umfang des Rotkleeanbaues in der Bundesrepublik Deutschland ist nicht genau bekannt, da die statistisch ermittelte Fläche, 1984 knapp 160000 ha, auch andere Kleearten sowie Kleegrasgemenge umfaßt. Jedenfalls ist die Kleefläche stark rücklaufig (Abb. 81, Seite 344).

Botanik und Pflanzenentwicklung

Der Rotklee dauert ein bis zwei Jahre aus. Das kräftige Wurzelwerk besteht aus einer Pfahl- und zahlreichen Nebenwurzeln. Die Hauptwurzel ist am oberen Ende verdickt. Hier entspringen die zahlreichen, bis etwa $^1/_2$ m langen Stengeltriebe mit dreizähligen Blättern und endständigen Blütenköpfchen. Die rote Blütenfarbe kann von dunkelrot bis weiß variieren. Die Frucht ist eine einsamige Hülse. Der Rotklee ist formenreich. Man unterscheidet

ssp. pratense (= *var. spontaneum*), Wiesenrotklee: niedrig, blattarm, frühblühend, Stammform des Kulturrotklees;

ssp. sativum, Europäischer Kulturrotklee: blattreich, hochwüchsig;

var. praecox, Frühklee: zweischüriger Rotklee, kommt bereits im Ansaatjahr zur Blüte, blüht nach Überwinterung relativ früh und ein zweites Mal im Nachwuchs. Weniger winterhart und langlebig als die folgende

var. serotinum, Spätklee: einschüriger Rotklee, blüht im Ansaatjahr nicht, nach Überwinterung im ersten Aufwuchs zwei bis vier Wochen später als der Frühklee, verharrt im zweiten Aufwuchs im Blattstadium, winterhärter und ausdauernder als der Frühklee;

Abb. 92. Hervorragender Rotkleebestand (SIMON).

ssp. expansum, Amerikanischer Kulturrotklee: aus dem europäischen Kulturrotklee hervorgegangene stark behaarte Form.
Zwischen allen Typen gibt es Übergänge.

Klima-, Boden- und Fruchtfolgeansprüche
Rotklee gedeiht am besten im gemäßigten, luftfeuchten Klima auf schwerem Lehmboden. Der pH-Wert sollte 5,5 nicht unterschreiten. Saurer Sand-, trockener Kalkverwitterungs- und Schotterboden sind für den Rotklee ebensowenig geeignet wie Moorboden. Rotklee folgt im allgemeinen auf Getreide und ist selbst eine ausgezeichnete Vorfrucht für Hackfrüchte, Winterweizen, Hafer und Mais. Die schon 1835 von Johann Nepomuk von Schwerz beschriebene, von ihm jedoch angezweifelte Selbstunverträglichkeit des Rotklees ist im praktischen Anbau ohne Belang.

Sorten und Saatgut
Die in Mitteleuropa angebauten Sorten gehören fast ausschließlich dem Typ des Frührotklees an, wenngleich zwischen den etwa 20 in der deutschen Sortenliste eingetragenen Sorten Unterschiede im Blühbeginn bis zu drei Wochen bestehen. Neben den herkömmlichen diploiden gewinnen die sehr leistungsfähigen tetraploiden Sorten zunehmend an Bedeutung. Die Sorten unterscheiden sich zum Teil beachtlich in bezug auf Winterhärte, Langlebigkeit und Krankheitsresistenz.

Abb. 93. Kleekrebsbefall. An der Wurzel haben sich als dunkle Körner die Dauerkörper (Sklerotien) des Pilzes gebildet (Simon).

Anbauverfahren
Saat. Rotklee wird vorwiegend rein, vielfach aber auch mit Gräsern, wofür sich im wintermilden Klima Welsches Weidelgras, sonst Wiesenschwingel und Wiesenlieschgras gut eignen, entweder im Frühjahr in Getreide oder aber spätestens Ende Juli blank gesät. Im übrigen gilt das gleiche wie für die Ansaat der Luzerne. Das erforderliche Saatgut stammt aus Vermehrungen in Frankreich, England, Polen und Ungarn. Saatmenge 15–20 kg/ha.

Düngung. Mit 100 dt/ha Rotkleeheu werden dem Boden 60 kg/ha P_2O_5, 200 kg/ha K_2O und 250 kg/ha CaO entzogen. Dementsprechend rechnet man je nach Versorgungsgrad des Bodens mit Düngergaben von 90 bis 120 kg/ha P_2O_5, 120 bis 250 kg/ha K_2O und einer entsprechenden Menge magnesiumhaltigen Kalks, die zweckmäßig während der Wachstumsruhe verabreicht werden.

Pflanzenschutz. Bedeutende Schäden verursacht alljährlich der Kleekrebspilz *Sclerotinia trifoliorum*. Die Infektion findet im Herbst statt. Im Frühjahr sterben die befallenen Pflanzen ab. Am Wurzelhals entstehen Dauerkörper (Sklerotien) des Pilzes (Abb. 93), die im Boden jahrelang lebensfähig bleiben und die Ursache neuer Infektionen sein können. Gegenmaßnahmen: Anbau widerstandsfähiger Sorten, Ersatz reinen Rotklees durch Kleegras, Kurzhalten des Klees im Herbst, Behandlung gefährdeter Bestände mit einem zugelassenen Fungizid. Ebenso schädlich ist das Stock- und Stengelälchen *Ditylenchus dipsaci*, welches die Pflanze von der Wurzel her befällt, eine unnatürlich starke Bestockung mit Wachstumshemmung verursacht und schließlich den Tod der Pflanze herbeiführt (Böning 1964, Spanakakis 1972). Charakteristisch ist der nesterweise Befall. Direkte Bekämpfung nicht möglich. Im Sommer verursacht bei feuchtwarmer Witterung der Stengelbrenner *Kabatiella caulivora* (Abb. 94) durch die Bildung von Stengelnekrosen beträchtliche Ertragsausfälle. Späte Sorten sind dagegen meist widerstandsfähiger als frühe.

Abb. 94. Für Stengelbrennerbefall charakteristisch ist das krückstockartige Abknicken des Blattstieles (SIMON).

Nutzungsverfahren
Im Herbst des Ansaatjahres liefert der Rotklee einen Schnitt von etwa 30 dt/ha TM (Stoppelklee). Im Hauptnutzungsjahr werden zwei bis drei Schnitte erzielt. Ist als Nachfrucht Wintergetreide vorgesehen, wird nach dem zweiten Schnitt umgebrochen. Zweijährige Nutzung lohnt nur bei langlebigen Sorten im Gemenge mit Gräsern. Der optimale Schnittzeitpunkt ist zu Beginn der Blüte. Bei Frischfütterung zieht sich die Ernte über mehrere Wochen hin, so daß Wertminderungen unvermeidlich sind. Für Trocknung und Silagebereitung gelten dieselben Regeln wie bei Luzerne. Als statistischer Durchschnittsertrag in der Bundesrepublik Deutschland werden 82 dt/ha Heu für Klee und Kleegras angegeben. Unter günstigen Bedingungen darf man jedoch mit einem Trockensubstanzertrag von 100 dt/ha rechnen.

4.2.3.3 Persischer Klee (Perserklee), *Trifolium resupinatum L.*
engl. *Persian clover*, franz. *trèfle de perse*, ital. *trifoglio persico*, span. *trébol persa*

Ursprung und Verbreitung
Sommer- bis winterannuelle Pflanze des Nahen und Mittleren Ostens, jetzt im ganzen Orient verbreitet und besonders in Persien seit langem kultiviert. Inzwischen auch in Süd- und Mitteleuropa, dem Süden der Vereinigten Staaten und in Australien angebaut. In der Bundesrepublik Deutschland nach mehreren Versuchen, die bis ins 19. Jahrhundert zurückreichen, 1963/64 durch eine westfälische Samenhandelsfirma bekannt gemacht und seitdem fest eingebürgert. Verläßliche Angaben über die Anbaufläche fehlen. Aufgrund des Saatgutverbrauchs dürfte sie in der Bundesrepublik Deutschland zwischen 50000 und 60000 ha liegen.

Botanik und Pflanzenentwicklung
Der Persische Klee ist bei uns nicht winterhart. Nach der Saat bildet er zunächst eine kräftige Blattrosette. Einige Wochen später wachsen die dicken hohlen Stengel rasch empor. In den Blattachseln tragen sie dünngestielte, hellrosa bis blaßviolette Blütenköpfchen, die stark duften. Den Namen erhielt der Klee von der Eigenschaft der Blüten, sich schon vor der Entfaltung in der Längsachse um 180° zu drehen, zu „resupinieren".

Klima-, Boden- und Fruchtfolgeansprüche
Trotz seiner südlichen Herkunft ist der Persische Klee erstaunlich anpassungsfähig. In Deutschland gedeiht er überall, wenngleich die höchsten Erträge in warmen Lagen bei ausreichender Feuchtigkeit erzielt werden. Auch an den Boden stellt er keine besonderen Ansprüche, wenn nur der hohe Wasserbedarf des Klees befriedigt wird. In der Fruchtfolge kann er an beliebiger Stelle eingesetzt werden.

Sorten und Saatgut
Deutsche Sorten sind an der Saatgutversorgung zur Zeit noch kaum beteiligt. Der Bedarf wird durch Importe aus Iran, Afghanistan, Pakistan sowie aus Mittelmeerländern gedeckt. Der Anbauwert dieser Herkünfte wird hauptsächlich durch das sehr unterschiedliche Nachwuchsvermögen bestimmt. Bewährt hat sich die portugiesische Sorte Maral.

Anbauverfahren
Die Aussaat erfolgt am besten Mitte April in ein gut vorbereitetes Saatbett. Bei verspäteter Saat müssen Ertragseinbußen hingenommen werden (Tab. 236). Die Saatmenge beträgt 15 bis 20 kg/ha. Dazu kann man 3 bis 5 kg tetraploides Welsches und/oder Einjähriges Weidelgras geben.

Der Düngerbedarf ist um 20 % geringer als bei Rotklee und wird mit der Saatbettbereitung in

Tab. 236. Einfluß der Saatzeit auf den Ertrag des Persischen Klees

Saatzeit	Zahl der Schnitte	Gesamtertrag (dt/ha TM)
16. 4.	5	73
16. 5.	4	64
12. 6.	3	46
16. 7.	2	23

den Boden gebracht. Perserklee leidet unter Krankheiten weniger als Rotklee. Vom Stock- und Stengelälchen wird er nicht befallen.

Nutzungsverfahren

Bei frühzeitiger Saat ist der Persische Klee Ende Juni bis Anfang Juli schnittreif. Unter günstigen Verhältnissen kann dann nach jeweils vier Wochen eine weitere Nutzung folgen. Auch für Beweidung eignet er sich vortrefflich. Versuche haben gezeigt, daß der Persische Klee vom Vieh mit Vorliebe gefressen wird. Der hohe Futterwert bleibt mit dem Älterwerden der Pflanze länger erhalten als bei anderen Kleearten. Infolge seines relativ hohen Wassergehaltes (85 bis 90%) eignet er sich mehr für die Frischverfütterung als für die Konservierung. Im Durchschnitt kann man mit Erträgen von 50 bis 80 dt/ha TM rechnen.

Alexandrinerklee, *Trifolium alexandrinum L.* engl. *berseem clover*, franz. *trèfle d'alexandrie*, ital. *trifoglio alessandrino*, span. *trébol de Alejandria*

Der Alexandrinerklee ist wie der Persische Klee eine Pflanze des Mittelmeerklimas. Seit Jahrhunderten wird er in Ägypten kultiviert. In Deutschland wurde er anfangs der 50er Jahre zuerst als Lückenbüßer für ausgewinterten Rotklee, dann als Rotkleersatz angebaut. Die Anbaufläche wird auf 40000 bis 50000 ha geschätzt. Die Pflanze erinnert im Habitus an die Luzerne, blüht jedoch gelblich-weiß in endständigen Köpfchen. Der Saatgutbedarf wird durch Importe aus dem Mit-

Abb. 95. Alexandrinerklee, links und rechts mehrschnittig (TKM < 3,3 g), in der Mitte einschnittig (TKM > 3,4 g) (Simon).

telmeerraum (Israel, Ägypten, Italien) gedeckt. Anbauwürdig ist bei uns nur der mehrschnittige Typ (Abb. 95), in Ägypten Muskowi genannt, der sich vom einschnittigen Alexandrinerklee, Fahli, durch die niedrigere Tausendkornmasse (< 3,4 g) unterscheidet. Die Reinsaatmenge beträgt 20 bis 25 kg/ha. Alexandrinerklee muß spätestens bei Blühbeginn Anfang Juli gemäht werden, da der Futterwert dann rasch abnimmt. Standortansprüche, Anbau und Nutzung wie beim Persischen Klee.

4.2.3.4 Andere Kleearten

Mit Ausnahme von Steinklee und Esparsette werden die folgenden Kleearten nicht im Reinanbau, sondern als Bestandteile von Kleegrasgemengen genutzt.

Weißklee, *Trifolium repens L.*
engl. *white clover*, franz. *trèfle blanc*, ital. *trifoglio bianco*, span. *trébol blanco*

Der ausdauernde Klee ist in Europa von der Ebene bis ins Gebirge heimisch. Als Kulturpflanze wird er im gemäßigten und mediterranen Klima der ganzen Welt angebaut. Von den anderen Futterleguminosen unterscheidet er sich durch seine an den Knoten bewurzelten, fest dem Boden anliegenden Kriechtriebe, die mit langgestielten Blättern besetzt sind, aus deren Achseln noch länger gestielte, weiße Blütenköpfchen entspringen. Er gedeiht am besten auf schwerem, feuchtem Boden bei relativ hoher Luftfeuchtigkeit. Die Winterhärte ist ausreichend. Weißklee ist die einzige Futterleguminose, die intensiver Beweidung auf Dauer standhält; die durch ständigen Biß und Tritt kurzgehaltene Grasnarbe ist geradezu Voraussetzung für sein gutes Gedeihen. Weißklee kommt in zahlreichen Formen vor, über deren Benennung und Abgrenzung man sich nicht einig ist. Gewöhnlich unterscheidet man nach der Größe der Blätter eine kleinblättrige Form, ertragsarm, in der deutschen Sortenliste zur Zeit nicht vertreten. Die meisten Sorten gehören der mittelgroßblättrigen Form an. Die großblättrige var. *giganteum* wurde zuerst im 19. Jahrhundert in der Po-Ebene kultiviert und gelangte von dort als Ladinoklee nach Kalifornien. Der typische Ladinoklee ist sehr anspruchsvoll an Wärme und Wasserversorgung, anfällig für Krankheiten und wenig winterhart. Einige den klimatischen Bedingungen Mitteleuropas angepaßte Sorten stehen auch in der deutschen Sortenliste. Weißkleesaatgut stammt zumeist aus Dänemark und Neuseeland. Reinsaatmenge 10 kg/ha.

Schwedenklee (Bastardklee), *Trifolium hybridum L.*
engl. *alsike clover*, franz. *trèfle hybride*, ital. *trifoglio ibrido*, span. *trébol híbrido*

Eine zweijährig nutzbare Kleeart, die früher viel in Kleegrasgemengen angebaut wurde, jetzt aber nur noch in Sonderfällen verwendet wird. Der Name Bastardklee rührt vom Blütenstand her, der in Form und Farbe etwa zwischen dem des Rotklees und des Weißklees steht. Tatsächlich handelt es sich nicht um ein Kreuzungsprodukt, sondern um eine selbständige Art. Die Bezeichnungen Schwedenklee und *alsike clover* weisen darauf hin, daß der Klee zuerst in Schweden kultiviert wurde, wo ihn Linné in dem Dorf Alsike bei Uppsala gefunden hatte (BECKER-DILLINGEN 1929). Schwedenklee ist eine Pflanze des feuchtkühlen Klimas, die Ton- und Moorboden und kalten schneereichen Winter besser erträgt als Rotklee. Normalerweise ist er dem Rotklee vor allem wegen des unbefriedigenden Nachwuchsvermögens im Ertrag unterlegen. Die deutsche Sortenliste nennt eine diploide und eine tetraploide Sorte. Reinsaatmenge 12 kg/ha.

Hornschotenklee (Gemeiner Hornklee),* *Lotus corniculatus L.*
engl. *birdsfoot trefoil*, franz. *lotier corniculè*, ital. *ginestrino*, span. *loto de cuernecillos*

Die ausdauernde, winterharte und dürrefeste Kleeart mit relativ geringen Ansprüchen an Klima und Boden gedeiht am besten auf warmem, kalkreichem Boden. Sie besitzt eine kräftige, tiefreichende Pfahlwurzel mit breiter Krone, aufsteigende Triebe mit fünfzähligen Blättern und gelben Blütendolden. Der Name rührt von der mehrsamigen Hülse her, die sich nach Art einer Schote öffnet. Die Bezeichnung Hornklee ist vorwiegend für die wild im Dauergrünland vorkommenden Typen gebräuchlich. Erstmals um 1850 in der Schweiz angebaut, wird der Hornschotenklee jetzt überall auf trockenem Standort in der gemäßigten Zone kultiviert. In Deutschland Bestandteil von Mähe- und Weidekleegras in Trockenlagen. Von den vier in der deutschen Liste eingetragenen Sorten ist Saatgut schwer erhältlich. Den Bedarf deckt vorwiegend Handelssaatgut aus Frankreich. Die Reinsaatmenge beträgt 15 kg/ha.

---

* Siehe Wiesenhornklee

Gelbklee, *Medicago lupulina L.*
engl. *black medick*, franz. *minette*, ital. *lupolina*, span. *lupulina*
Die in Florenwerken auch als Hopfenluzerne bezeichnete Art war früher hauptsächlich wegen des niedrigen Saatgutpreises Bestandteil von Kleegrasgemengen. Der geringe Ertrag und das minimale Nachwuchsvermögen rechtfertigen die Verwendung im Hauptfruchtfutterbau nicht mehr. Handelssaatgut aus Polen und Dänemark.

Weißer und Gelber Steinklee (Bokharaklee), *Melilotus alba Med.* und *M. officinalis (L.) Pall.*
engl. *sweetclover*, franz. *mélilot*, ital. *meliloto*, span. *meliloto*
Ursprünglich eurasiatische, dürrefeste, salzverträgliche, zweijährige Ruderalpflanze. Die Bezeichnung Bokhara ist von der zentralasiatischen russischen Stadt Buchara abgeleitet. Bis 1,5 m hohe, in allen Teilen bittersüß nach Kumarin duftende und schmeckende, vom Blühbeginn an stark verholzende Pflanze. In Europa bisher nur vereinzelt angebaut, aber in den USA und Kanada nach Luzerne und Rotklee wichtigste Futterleguminose. Wird nur ungern vom Vieh gefressen und hat wegen Bildung von Dicumarol wiederholt zu Vergiftungen mit tödlichem Ausgang geführt. In Deutschland keine Sorten. Hier Hauptverwendung als Bienenweide.

Esparsette, *Onobrychis viciifolia Scop.*
engl. *sainfoin*, franz. *sainfoin*, ital. *lupinella*, span. *esparceta*
Die Heimat der ausdauernden, kalkliebenden, trockenheits- und kälteverträglichen Pflanze mit gefiederten Blättern, in deren Achseln die fleischfarbenen, ährig verlängerten Blütenstände entspringen, ist vermutlich Kleinasien. Zur Kulturpflanze wurde sie schon vor Jahrhunderten auf den südfranzösischen Kalkböden, wo sie auch heute noch das größte Verbreitungsgebiet in Europa besitzt. Auf Kalkboden in Deutschland früher viel gebaut und ehedem Bestandteil des „Jura-Kleegrasgemenges“. Trotz hohen Futterwertes wegen unbefriedigendem Ertrag der normalerweise nur einschnittigen – es kommen auch zweischnittige Formen vor – Pflanze in Deutschland kaum mehr angebaut. Esparsettesaatgut besteht gewöhnlich aus den einsamigen, netzig geaderten Hülsen. Reinsaatmenge 160 kg/ha. Der Bedarf wird durch Handelssaatgut aus Polen und der Tschechoslowakei gedeckt.

4.2.4 Kleegrasgemenge

Im Vergleich zu Reinsaaten weisen Gemenge von Klee- und Gräserarten mancherlei Vorzüge auf: Sie bringen sichere und häufig höhere Erträge von ausgeglichenerem Eiweiß: Stärkeeinheiten-Verhältnis, schränken den Krankheitsbefall ein, sind vielseitiger nutzbar und können leichter geheut oder siliert werden. Die Arten- und Sortenkombinationen sind unerschöpflich. Jedoch haben sich bestimmte Mischungstypen bewährt, die sich nach Bedarf abwandeln lassen. Die wichtigsten Gesichtspunkte für die Auswahl der Arten und Sorten sind

- die beabsichtigte Nutzungsdauer (einsömmerig, überwinternd-einjährig, zwei- bis mehrjährig)
- die beabsichtigte Nutzungsweise (Mahd, Beweidung oder Kombination von beiden)
- die Gefährdung durch Krankheiten und Schädlinge
- Klima- und Bodenverhältnisse.

Für die Bemessung der Teilsaatmengen gibt es keine festen Regeln. Während man in Süddeutschland kleereiche Mischungen bevorzugt, läßt man in Norddeutschland oft die Gräser vorherrschen. Bezüglich Anbau- und Nutzungsverfahren wird auf die vorangegangenen Abschnitte verwiesen. Lediglich die Stickstoffdüngung muß umso höher sein, je mehr Gras das Gemenge enthält. Es folgen einige Mischungsbeispiele (Tab. 237).

4.2.5 Arten zur Verwendung als Ganzpflanzensilage

Als Ganzpflanzensilage (GPS) bezeichnet man Gärfutter, das aus Ackerbohnen oder Getreide schon vor dem Erreichen der Mähdruschreife bereitet wird. Von den Getreidearten kommen vor allem Wintergerste und Winterweizen in Betracht. Im Vergleich zur Körnergewinnung bietet GPS-Nutzung eine Reihe von Vorteilen:

Höherer Nährstoffertrag; vorverlegte Ernte verbessert Zwischenfruchtchancen; spezielle Kosten der Körnerernte (Strohbergung, Trocknung) fallen weg. Im maisbetonten Pflanzenbau stellt die GPS-Erzeugung eine Alternative zum Maisanbau dar.

Saat, Düngung und Pflanzenschutzmaßnahmen sind die gleichen wie bei der Körnernutzung. Für die Ackerbohne gilt: Saat so frühzeitig wie möglich am besten mit Einzelkornsägerät, Reihen-

Tab. 237. Beispiele für Kleegrasmischungen (kg/ha)

Art	Mischungsbezeichnung								
	S1	S2	E1	E2	E3	Z1	Z2	Z3	ZL
Kleearten									
Persischer Klee	15								
Alexandrinerklee		18							
Rotklee			16	15	8	12			
Weißklee							3	3	
Hornschotenklee								3	
Luzerne									15
Gräser									
Einjähriges Weidelgras	3	3							
Welsches Weidelgras	3	3	6		16				
Deutsches Weidelgras							25		
Wiesenschwingel						7			6
Wiesenlieschgras				7		3			
Knaulgras								15	1
Summe	21	24	22	22	24	22	28	21	22

entfernung 30 bis 40 cm, 40 bis 60 Körner/m² entsprechend etwa 120 bis 160 kg/ha, Saattiefe mindestens 5 cm; Unkrautbekämpfung, falls erforderlich, im Vorauflaufverfahren oder mechanisch. Ackerbohnen können auch in Gemengen unterschiedlicher Zusammensetzung mit Sonnenblumen, Getreide oder Mais angebaut werden. Gemeinsame Einzelkornsaat ist dann allerdings nicht möglich.

Mischungs-bezeichnung	**Eignung**
	Einsömmerig
S1[1]	Schnitt und Beweidung
S2[1]	Schnitt
	Überwinternd–einjährig, Schnitt und Beweidung
E1	kleereich, Winter mild, luftfeuchte Lage
E2[2]	kleereich, Winter kalt, Boden feucht
E3	grasreich, Winter mild, luftfeuchte Lage
	Zweijährig
Z1[3]	kleereich, Normallage, Schnitt und Beweidung
Z2[4]	grasreich, Normallage, Beweidung
Z3[5]	grasreich, trockene Lage, Beweidung
ZL	Luzernegras, Normallage, Schnitt

Bevorzugt geeignete Sorten sind:
[1] Weidelgras tetraploid
[2] Wiesenlieschgras früh
[3] Rotklee langlebig, Wiesenlieschgras früh
[4] Deutsches Weidelgras 40% früh, 60% spät
[5] Knaulgras spät

Der optimale Erntezeitpunkt ist bei einem Trockensubstanzgehalt von etwa 35% in der Gesamtpflanze erreicht. Dieser ist bei Getreide etwa drei Wochen vor der Druschreife gegeben, wenn die Körner milch- bis teigreif sind. Ackerbohnen sind in diesem Stadium, etwa zwei Wochen vor dem Druschtermin, dadurch gekennzeichnet, daß die Blätter in der unteren Stengelhälfte bereits abgefallen sind und die Hülsen sich hier schwarz verfärbt haben. Im Gegensatz zu Getreide verbleibt die Ackerbohne in diesem sowohl hinsichtlich Ertrag, Futterwert und Siliereignung günstigsten Stadium nur wenige Tage. Für die Ernte in dem erwünschten Trockensubstanzbereich von ca. 35% ist eine spezielle Häckseltechnik erforderlich.

4.2.6 Futterrüben

Futterrüben liefern wertvolles, hochverdauliches Saftfutter. Ihre Anbaufläche ist mit dem Vordringen des Futtermaises stark zurückgegangen (Abb. 81). Sie lag in der Bundesrepublik Deutschland 1984 bei 110000 ha. Die beiden hauptsächlich in Europa angebauten Arten gehören zwei verschiedenen botanischen Familien an.

Die Runkelrübe ist ein Meldengewächs (Chenopodiaceae). Dazu zählt auch die verwandte Zuckerrübe. Die Kohlrübe ist dagegen ein Kreuzblütler (Cruciferae). Ihrer Familienzugehörigkeit wegen bezeichnet man Runkel- und Zuckerrüben auch als Beta-Rüben, die Kohlrübe als Brassica-Rübe.

4.2.6.1 Runkelrübe, *Beta vulgaris L. ssp. vulgaris var. alba DC. (var. crassa [Alef.] Wittm.)*

engl. *fodder beet*, franz. *betterave fourragère*, ital. *barbabietola da foraggio*, span. *remolacha forrajera*

Ursprung und Verbreitung

Als Stammform der Runkelrübe gilt die im Mittelmeerraum beheimatete *Beta maritima*. Ursprünglich schon im klassischen Altertum bekannt, fand der Rübenbau in Deutschland erst mit der Einführung der verbesserten Dreifelderwirtschaft größere Verbreitung.

Botanik der Pflanzenentwicklung

Die Bewurzelung ist im Vergleich zu Gräsern und Leguminosen gering. Den eigentlichen Rübenkörper bildet der Wurzelhals (Mesokotyl), d. h. das Pflanzengewebe zwischen Wurzel und Sproß. Der Rübenkörper ist nach Form, Farbe und Tiefenwachstum sehr variabel. Zum Blühen und Fruchten kommt die Rübe erst nach Überwinterung. Gelegentlich schossen Rüben vorzeitig, wenn sie im Frühjahr längere Zeit der Kälte ausgesetzt sind.

Klima-, Boden- und Fruchtfolgeansprüche

Am besten gedeiht die Runkelrübe im mäßig warmen luftfeuchten Klima. Bevorzugt werden mittlere bis bessere Böden in guter Struktur und Basensättigung, also Löß und Braunerde. Die Runkeln stellen hohe Ansprüche an die Wasserversorgung. In der Fruchtfolge stehen sie gewöhnlich nach Getreide. Besonders vorteilhaft sind stallmistgedüngte Kartoffeln; aber auch andere Futterpflanzen wie Klee, Gras und Mais sind als Vorfrüchte gut geeignet. Der Anbau nach oder vor Brassica-Arten (Raps, Kohl, Rübsen) und Beta-Rüben muß wegen der sonst starken Vermehrung der Rübennematoden unterbleiben. Der Vorfruchtwert gilt als mäßig. In der Regel wird man Sommergetreide folgen lassen.

Sorten und Saatgut

Die zahlreichen Sorten unterscheiden sich nach Form und Farbe des Rübenkörpers sowie in der Ploidie. Ein landwirtschaftlich wichtiges Merkmal ist der Trockensubstanzgehalt. Von den verschiedenen Formen herrschen heute Olive und Walze vor. Die weiße, gelbe, orange oder rote Rübenfarbe steht in keinem Zusammenhang mit Ertrags- oder Werteigenschaften. Neben den ursprünglich diploiden nimmt die Zahl der polyploiden (tri-, tetra- und anisoploid, d. h. di-, tri- und tetraploid gemischt) Sorten zu. In bezug auf den Trockensubstanzgehalt gliedert man in Massenrüben bis 12%, Mittelrüben 12 bis 15% und Gehaltsrüben über 15%. Die Mehrzahl der Sorten gehört zum Typ der in der Praxis bevorzugten Massen- und Mittelrüben.

Man unterscheidet folgende Saatgutformen: Das herkömmliche natürliche Saatgut, auch Normalsaatgut genannt, setzt sich aus mehrsamigen (polykarp, multigerm) Früchten (Knäuel) zusammen. Durch Spalten der mehrkeimigen Knäuel entsteht Präzisionssaatgut, dessen Partikel zu mindestens 70% nicht mehr als ein Samenkorn (monokarp, monogerm) enthalten dürfen. Präzisionssaatgut wird entweder nur nach der Größe der Partikel sortiert (kalibriert) oder jedes Korn wird zusätzlich mit einer Hüllmasse umgeben (pilliert). Beim echten Monogermsaatgut ist die Einkeimigkeit, die mindestens 90% betragen muß, erblich bedingt. Es gelangt nur pilliert in den Handel. Pilliertes Saatgut wird nicht nach Gewicht, sondern in 1/2 Packeinheiten zu je 50000 Stück verkauft. Runkelrübensaatgut stammt zum größten Teil aus ausländischer Vermehrung. Der Verbraucher erhält es grundsätzlich gebeizt.

Anbauverfahren

Die Rübe stellt höchste Anforderungen an die Bodenvorbereitung. Nach tiefer Pflugfurche im Herbst muß im Frühjahr möglichst rasch ein gut abgesetztes, gleichmäßig flach gekrümeltes Saatbett bereitet werden. Das früher übliche Pflanzen hat allgemein der Direktsaat Platz gemacht. Sie erfolgt je nach Witterung von Ende März bis Mitte April. Das genaue Einhalten der idealen Saattiefe von 2 bis 3 cm ist für gleichmäßig guten Aufgang Voraussetzung. Saatverfahren, Saatgutform und -bedarf sowie der Arbeitsaufwand zur Herstellung der optimalen Endbestandesdichte von etwa 70000 Rüben/ha bei einem Reihenabstand von 45 bis 50 cm stehen in einem unmittelbaren Zusammenhang. Das Ausdrillen von Normalsaatgut ist wegen des hohen Arbeitsbedarfes für das späte Verhacken und Vereinzeln weitgehend durch die Saat von Präzisions- und Monogermsaatgut mit Hilfe von mechanischen oder pneumatischen Einzelkornsägeräten abgelöst worden. Dabei sinken Saatgutbedarf und Handhackaufwand in der Reihenfolge kalibriertes Präzisionssaatgut, pilliertes Präzisionssaatgut, Monogermsaatgut. Die Saatmenge richtet sich bei den modernen Verfahren neben Keimfähigkeit und Reinheit vor allem nach dem zu erwartenden Feldaufgang, ausgedrückt in Prozent der gesäten Körner. Er bewegt sich erfahrungsgemäß zwischen 40 und 70%. Außerdem spielt der gewählte Kornabstand in der Reihe eine Rolle. Beispiel für pilliertes Präzisionssaatgut (nach AID 1980):

Pflanzenzahl zur Zeit der Ernte	70000/ha
Pflanzenzahl nach Vereinzeln	75000/ha
Pflanzenzahl vor Vereinzeln	150000/ha

Feldaufgang 50%
Zahl der Kornablagestellen

$$\frac{150000 \cdot 100}{50} = 300000/\text{ha}$$

Saatgutbedarf $6^1/_2$ Einheiten/ha

$$\text{Kornabstand} = \frac{1000000}{\text{Reihenabstand (m)} \cdot \text{Ablagestellen (Zahl)}}$$

= bei 50 cm Reihenabstand = 6,7 ~ 7 cm.

Demgemäß ist mit folgenden Saatmengen je Hektar zu rechnen:
Normalsaatgut 12 bis 20 kg,
kalibriertes Präzisionssaatgut 5 bis 8 kg,
pilliertes Präzisionssaatgut 5 bis $10^1/_2$ Einheiten,
Monogermsaatgut 3 bis $5^1/_2$ Einheiten.

Der Nährstoffbedarf der Futterrüben ist groß. Stallmist und Gründüngung, im Herbst eingepflügt, und Jauche oder Gülle im Frühjahr werden gut verwertet. Als Richtzahlen für die zu düngenden Nährstoffmengen einschließlich der organischen Düngung gelten 160 kg/ha N, 130 kg/ha P_2O_5 und 260 kg/ha K_2O. Empfehlenswert sind bor- und magnesiumhaltige Düngemittel. Kalk verbessert die Bodenstruktur und wirkt der Oberflächenverschlämmung entgegen. Kali, Phosphorsäure und Kalk werden als Einzeldünger schon im Herbst, sonst zusammen mit dem Stickstoff ausgebracht. Den Stickstoff verabreicht man in Teilgaben, und zwar $^1/_2$ bis $^2/_3$ ein bis zwei Wochen vor der Saat, den Rest nach dem Vereinzeln.

Von allen Futterpflanzen bedürfen die Rüben der meisten Pflege: Lockern verkrusteter Bodenoberfläche, Hacken und Vereinzeln. Durch Verwendung von Monogermsaatgut und den Einsatz von Spezialherbiziden kann die Handarbeit auf ein Minimum reduziert werden. Unkräuter werden je nach Art im Vorsaat-, Vorauflauf- oder Nachauflaufverfahren bekämpft. Keinesfalls dürfen Herbizide vom Auflaufen der Rüben bis zur Bildung der ersten Laubblätter gespritzt werden. Runkelrüben werden von zahlreichen Krankheiten und Schädlingen befallen, von denen hier nur die folgenden genannt werden: Wurzelbrand der Keimpflanzen (*Pythium debaryanum* u. a.), Blattfleckenkrankheiten *(Cercospora beticola)*, viröse Vergilbung, Älchen *(Heterodera schachtii* u. a.), Drahtwürmer *(Agriotes spec.)*, Moosknopfkäfer *(Atomaria lineraris)*, Rübenfliege *(Pegomyia hyoscyami)* sowie Erdflöhe, Blattläuse und Blattwanzen. Sie sind mit geeigneten Präparaten zu bekämpfen, wenn die artspezifische Schadensschwelle erreicht wird.

Ernteverfahren

Die Runkelrübe wird Mitte Oktober geerntet. Dabei müssen die Blätter vom Rübenkörper entfernt werden. Der Blattanteil ist am geringsten bei den Massen-, am höchsten bei den Gehaltsrüben. Die Blätter verbleiben entweder auf dem Feld oder sie werden frisch oder als Silage verfüttert. Das Entblättern und Rübenernten von Hand, aber auch die Teilmechanisierungsverfahren sind durch die vollmechanisierte Rübenernte weitgehend abgelöst worden. Nach PIRKELMANN (1980) unterscheidet man dabei im wesentlichen das sogenannte dänische Verfahren, eine Kombination von Schlegelhäcksler zum Entblatten und dem Rodelader, und den Futterrübenvollernter, der die Rüben an den Blättern aus dem Boden zieht und anschließend köpft. Dazu eignen sich am besten blattreiche Sorten mit nicht zu tiefem Sitz im Boden. Die Lagerung der Rüben erfolgt in Mieten, die so angelegt sein sollen, daß hohe Luftfeuchtigkeit und niedrige Temperatur (0 bis 4 °C) die Verluste mindern und der Arbeitsaufwand vom Einlagern bis zum Verfüttern gering bleibt. Der statistisch ermittelte Durchschnittsertrag wird für die Bundesrepublik Deutschland mit rund 1000 dt/ha Rüben angegeben. Dem entspricht ein Ertrag von 120 bis 150 dt/ha Trockenmasse oder 7000 bis 9000 kStE/ha. Hinzu kommen je nach Sortentyp 150 bis 400 dt/ha Blattfrischmasse. Ausführliche Darstellung durch BROUWER und STÄHLIN (1976).

Ergänzend ist auch die Zuckerrübe als Futterpflanze zu nennen. Im Gegensatz zu der relativ geringen Blattmasse der Runkelrübe liefert sie etwa ebensoviel Blatt- wie Rübenmasse (je etwa 450 dt/ha Frischmasse). Das Rübenblatt ist ein wichtiger Rohstoff für die Silagebereitung. Hinzu kommen die von der Zuckerfabrik zurückgegebenen Rübenschnitzel. Deshalb gilt betriebswirtschaftlich die Zuckerrübenfläche als Nebenfutterfläche.

4.2.6.2 Kohlrübe, *Brassica napus L. emend. Metzg. var. napobrassica (L.) Reichenb.*

engl. *swede*, franz. *chou-navet*, *rutabaga*, ital. *navone*, span. *rutabaga*

Die Kohlrübe (Steckrübe, Wruke, Dotsche) ist sowohl Futterpflanze als auch Nahrungsmittel. Als solches wird sie in Europa seit alter Zeit kultiviert. Sie ist insgesamt anspruchsloser als die Runkelrübe und vertritt sie im feuchtkühlen Klima und auf saurem Sandboden. Ihre Hauptverbreitung liegt heute in Nord- und Westeuropa. In der Bundesrepublik konzentriert sich der Anbau in Niedersachsen und im Rheinland, wobei offenbleibt, wie groß der Futter- und der Speiserübenanteil der für 1978 letztmals amtlich ermittelten Fläche von 9000 ha ist. Als Futter werden meist die ertragreicheren, weißfleischigen Sorten verwendet, während die gelbfleischigen vorwiegend Speisezwecken dienen. Die Kohlrübe wird gewöhnlich Ende Mai bis Anfang Juni im Abstand von 50 × 25 cm gepflanzt, sie kann aber auch wie die Runkelrübe gedrillt werden. Saatgutbedarf hierfür 3 kg/ha. Für Fruchtfolge und Ernte gilt das gleiche wie bei Runkelrüben. Der Düngeraufwand ist geringer. Wegen der größeren Frostverträglichkeit (bis −8 °C) kann die Ernte noch relativ spät erfolgen. In der Miete halten sie sich weniger gut als Runkelrüben. Als statistischer Durchschnittsertrag 1972/77 wurden für die Bundesrepublik Deutschland rund 650 dt/ha Rübenfrischmasse angegeben. Der Trockensubstanzertrag liegt wegen des höheren Wassergehalts und der geringeren Blattmasse um etwa 40 % niedriger als bei Runkelrüben (LÜTKE ENTRUP und KUTTRUFF 1977).

4.2.7 Sonstige Arten

Der Vollständigkeit halber seien hier einige seltener angebaute Futterpflanzen erwähnt.

Der Grünhafer *Avena sativa*. Als Grünhafer bezeichnet man den Hafer dann, wenn er vor der Körnerreife geerntet wird. Hierfür eignen sich vor allem frühe Sorten. Grünhafer ist von allen Getreidearten die beste Deckfrucht für Untersaaten. Der optimale Erntetermin ist das Stadium des Rispenschiebens, weil dadurch nicht nur die Untersaat am meisten geschont (KREUZ 1969), sondern auch ein hochwertiges Futter (HÜBNER 1967) erzielt wird, das die Tiere gerne aufnehmen. Größere Mengen siliert man oder führt sie der Heißlufttrocknung zu.

Das Sudangras, genauer die **Sorghum-Sudangras-Hybriden** *Sorghum bicolor* × *S. sudanense*. Sorghum-Sudangras-Hybriden wurden in den USA entwickelt. Wegen ihres relativ niedrigen Wasserbedarfs werden sie nach Trockenjahren als Alternative zum Mais propagiert, wobei auch ihre Mehrschnittigkeit gepriesen wird. Dabei läßt man den hohen Wärmeanspruch des Sorghum-Sudangrases außer acht, der in Mitteleuropa nur in Ausnahmefällen befriedigt wird (SCHUSTER 1972). Ertrag und Nährstoffleistung des Silomaises werden in der Regel nicht erreicht (GUYER 1967, LÜTKE ENTRUP 1979, TE VELDE 1977, ZSCHEISCHLER 1979). Der Anbau lohnt allenfalls als Zweitfrucht zur Frischverfütterung. Sehr junges oder vom Frost getroffenes Futter kann gesundheitsschädlich hohen Blausäuregehalt aufweisen.

Die Topinambur, *Helianthus tuberosus* aus der Familie der Korbblütler *(Compositae)* ist eine Verwandte der Sonnenblume und stammt wie diese aus Amerika. Sie bildet unterirdisch Knollen. Die Pflanze ist ausdauernd. Genutzt werden die 2 bis 3 m hoch werdenden, markerfüllten Stengel und/oder die Knollen. Bei reiner Krautnutzung sind zwei Schnitte, Ende Juni und vor Frosteintritt, möglich. Die Knollen enthalten Inulin statt Stärke und müssen wegen geringer Haltbarkeit sofort nach der Ernte verbraucht werden. Topinambur erhält neuerdings Beachtung als Wildäsungspflanze. Die Anlage geschieht durch Pflanzen der Knollen (umfassende Darstellung von PÄTZOLD 1957, zit. RUDORF 1958).

Der Comfrey *Symphytum* × *uplandicum (S. asperum* × *officinale)* ist eine krautige, ausdauernde Pflanze aus der Familie der Rauhblattgewächse *(Boraginaceae)*. Der Anbau beschränkt sich auf sonst nicht verwertbare hofnahe Kleinflächen. Die Pflanze erhält sich durch den schwer zu beseitigenden kräftigen Wurzelstock. Sie ist sehr wasserreich und deshalb für Konservierung schlecht geeignet. Vor dem Blühen als Schweinefutter verwendet. Anlage durch Pflanzen von Wurzelstecklingen. Eine gewisse Bedeutung hat der Comfrey in der Naturheilkunde erlangt. Die Propagierung des Comfreys als Futter- und Heilpflanze hat sich die britische Henry Doubleday Research Association zum Ziel gesetzt. Ausführliche Beschreibungen bei HILLS (1976) und FORBES et al. (1979).

Der Ölkürbis *Cucurbita pepo*, der Familie der Kürbisgewächse (*Cucurbitaceae*) zugehörig, aus Nordamerika stammend, eine wärmebedürftige, frostempfindliche Pflanze, in Osteuropa als Futter- und Ölpflanze kultiviert. Gelegentlich für Kleinanbau in warmer Lage empfohlen. Sehr wasserreich, nur kurzfristig haltbar, zur Frischverfütterung im Herbst. Ausführliche Darstellung bei SCHUSTER (1977).

4.3 Zwischenfruchtfutterbau (vgl. 1.3.4)

Mit dem Zwischenfruchtfutterbau, d. h. der Einschaltung von Futterpflanzen zwischen zwei Hauptfrüchte, wird einerseits zusätzliches Futter gewonnen, andererseits dem Boden organische Substanz zugeführt, und zwar nicht nur direkt durch die auf dem Feld verbleibenden Ernterückstände, sondern auch indirekt durch vermehrten Stallmist- und Jaucheanfall. Der Zwischenfruchtanbau nimmt seit vielen Jahren zu. Wie Abb. 96 zeigt, ist von 1968 bis 1977 in der Bundesrepublik Deutschland die Anbaufläche von 800000 ha auf 1,3 Mill. ha gestiegen. Gleichzeitig vollzieht sich ein bemerkenswerter Wandel sowohl im Verhältnis von Leguminosen zu Nichtleguminosen als auch in der Zweckbestimmung. Bestand die Gesamtfläche 1968 noch fast zur Hälfte aus Leguminosen, so schrumpfte deren Anteil bis 1977 auf 15%. Dies ist durch die Verdoppelung der Anbaufläche von Raps und verwandten Arten bedingt, die 1977 60% der gesamten Zwischenfruchtfläche einnahmen. Über die Hälfte der Zwischenfruchtfläche wird zur Futtergewinnung genutzt; aber der Anteil der lediglich zum Unterpflügen von Gründüngung bestimmten Fläche ist im Steigen begriffen; er betrug 1977 41%. Seit 1978 wird die Zwischenfruchtfläche bei der Bodennutzungserhebung nicht mehr erfaßt.

Die Möglichkeiten des Zwischenfruchtbaues werden durch die Länge der verfügbaren Wachstumszeit begrenzt. In dieser Hinsicht ist das Bergland wegen der verspäteten Hauptfruchternte und des früh einsetzenden Winters benachteiligt. Demzufolge ist es kein Zufall, daß sich in der Bundesrepublik Deutschland der Zwischen-

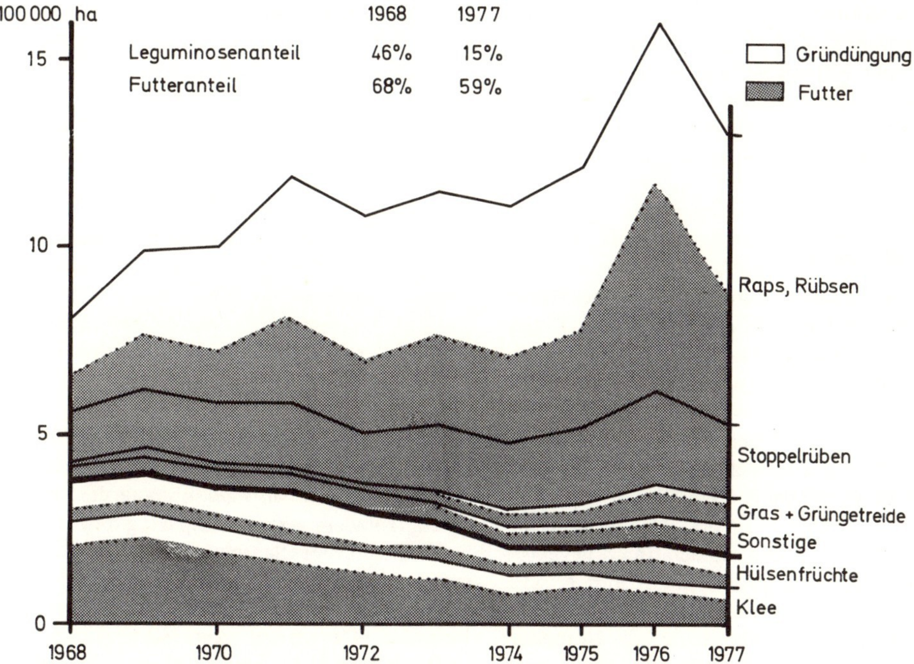

Abb. 96. Entwicklung der Zwischenfruchtfläche in der Bundesrepublik Deutschland.

fruchtbau auf die nördlichen Bundesländer konzentriert (Tab. 229, Seite 338). Für das Gelingen sind ausreichende Sommerniederschläge entscheidend. Das rasche Pflanzenwachstum erfordert reichliche Versorgung mit Nährstoffen in leicht aufnehmbarer Form. Sehr gut wirken vor dem Anbau im Sommer Jauche und Gülle. Alle Nichtleguminosen sind dankbar für reichliche Stickstoffdüngung. Die Auswahl der Arten geschieht immer mehr unter fruchtfolgehygienischen Gesichtspunkten. Wenn einerseits erwiesen ist, daß Zwischenfrüchte allgemein der Ausbreitung der Getreidefußkrankheiten entgegenwirken, so vermehren andererseits Kreuzblütler, also insbesondere Raps und seine Verwandten, Rübennematoden und Kohlhernie. Ähnlich können gewisse Kleearten Kleeschädlinge übertragen. Zwischenfrüchte werden allgemein nach Getreide angebaut. Die besten Nachfrüchte sind Hackfrucht und Mais. Futterzwischenfrüchte werden entweder frisch im Stall verfüttert oder abgeweidet, wobei die rationellste Verwertung die portionsweise Zuteilung mit Hilfe des Elektrozauns ist. Grundsätzlich ist auch Konservierung möglich, aber wegen des hohen Wassergehaltes schwierig und relativ teuer. Zwischenfruchtfutterpflanzen sind zwar qualitativ meist hochwertig; aber im Vergleich zum Hauptfruchtfutterbau ist der Zwischenfruchtbau mit einem höheren Risiko belastet, und der Ertrag ist sehr viel geringer. Je nach dem, ob die Ernte noch vor dem Winter oder erst nach Überwinterung erfolgt, spricht man von Sommer- und von Winterzwischenfrüchten. Bei den Sommerzwischenfrüchten unterscheidet man Untersaaten und Stoppelsaaten.

4.3.1 Untersaaten

Untersaaten werden im Frühjahr, seltener schon im Herbst, in Getreide eingesät, wachsen mit diesem heran und sollen sich nach der Getreideernte bis zum Herbst noch kräftig entwickeln (Beuster 1963, Lütke Entrup 1972). Sie sparen einerseits die Bodenvorbereitung zur Saat. Andererseits entwickeln sie sich unter dichtstehender Überfrucht oft ungenügend, ersticken unter Lagergetreide, werden bei der Deckfruchternte durch das Befahren und danach durch liegengelassenes Stroh geschädigt (Velich und Klatikova 1970). Umgekehrt nimmt bei dünn stehender Überfrucht die Gefahr zu, daß die Untersaat durchwächst und Schwierigkeiten bei der Getreideernte verursacht. Das einfachste Saatverfahren ist die gemeinsame Saat mit dem Getreide. Das hat aber den Nachteil, daß die Futterpflanzensamen oft zu tief in den Boden gebracht werden und später in der Drillreihe einer sehr starken Konkurrenz durch die Getreidepflanzen ausgesetzt sind. Schließlich besteht bei starkem Korngrößenunterschied die Gefahr des Entmischens im Säkasten. Deshalb empfiehlt es sich, die Untersaat gesondert quer zur Drillrichtung des Getreides zu säen. Wintergerste und Winterweizen eignen sich als Deckfrucht wegen der starken Beschattung weniger gut. Unkrautbekämpfung und Einsatz von Wachstumsregulatoren im Getreide ist mit geeigneten Mitteln auch beim Vorhandensein von Untersaaten möglich. Die Grunddüngung der Deckfrucht erhöht man um 40 bis 50 kg/ha P_2O_5 und 60 bis 80 kg/ha K_2O. Grasreiche Untersaaten müssen sofort nach der Deckfruchternte eine kräftige Stickstoffdüngung (50 bis 80 kg/ha) erhalten.

Für die Untersaat eignen sich reines Gras, reiner Klee und Kleegrasgemische. Von den Gräsern kommen vor allem Welsches, aber auch Deutsches Weidelgras, nach Möglichkeit tetraploid, infrage. Die bestgeeignete Kleeart ist der Weißklee; man bevorzugt niedrig wachsende Sorten. Altbekannt sind der bei der Deckfruchternte oft schon ziemlich hohe Gelbklee und auf leichtem saurem Sand des luftfeuchten Klimas die Serradella *(Ornithopus sativus)*. Beispiele für bewährte Untersaaten:

20 kg/ha Welsches Weidelgras

10 kg/ha Welsches Weidelgras
10 kg/ha Deutsches Weidelgras

12 kg/ha Welsches Weidelgras
6 kg/ha Weißklee

8 kg/ha Weißklee

Tab. 238 gibt Versuchsergebnisse mit Untersaaten (Esser 1968) wieder.

4.3.2 Stoppelsaaten

Stoppelsaaten werden so rasch wie möglich nach der Getreideernte, also fast noch in die Stoppel, gesät. Trotzdem verlangen sie ein gut vorbereitetes, feinkrümeliges Saatbett. Die Zeit der Stoppelsaat ist daher regelmäßig eine Arbeitsspitze und stellt hohe Anforderungen an die Schlagkraft des Betriebes. Das Arten- und Sortenangebot ist reichlich. Die Wahl richtet sich nach dem möglichen Saattermin, der seinerseits von der Getreide-

Tab. 238. Eignung von Zwischenfruchtuntersaaten (nach ESSER 1968, verändert)

Art	Sorte	Saatmenge (kg/ha)	Wuchshöhe (cm)	Ertrag (dt/ha)	Ernterückstand (dt/ha)	Eignung*
Welsches Weidelgras	diploid	20	22	28	72	5
Weißklee	mittelgroßblättrig	8	19	20	37	5
Weißklee	großblättrig	8	24	19	46	4
Weißklee + Welsches Weidelgras	mittelgroßblättrig diploid	6 12	20	24	43	5
Weißklee + Deutsches Weidelgras	mittelgroßblättrig diploid, früh	6 12	17	24	38	5
Weißklee + 10% Schwedenklee	mittelgroßblättrig, diploid	8	39	39	19	1
Rotklee	diploid	15	28	39	41	2,5

* 5 = sehr gut, 1 = sehr schlecht

art und der Ernte des Getreides abhängt, der noch verbleibenden Wachstumszeit und den Bodenverhältnissen. Bei frühzeitiger Vorfruchternte, z. B. nach Wintergerste, können im Juli z. B. noch großkörnige Leguminosen, Serradella und Sonnenblumen angebaut werden. Bis Anfang August sollten nach Möglichkeit die Stoppelrüben gesät werden. Meist erfolgt die Getreideernte jedoch so spät, daß nur noch Raps und ähnliche Arten infrage kommen. Bis Anfang September kann noch Senf gesät werden. Wir gliedern die Stoppelsaaten in Stickstoffzehrer, d. h. alle Arten, für deren Anbauerfolg Stickstoffdüngung unabdingbar ist, und Stickstoffmehrer, d. h. Leguminosen.

4.3.2.1 Stickstoffzehrer

4.3.2.1.1 Raps und seine Verwandten

Raps *Brassica napus var. napus*
- Sommerraps *f. annua*
- Winterraps *f. biennis;*

Rübsen *Brassica rapa var. silvestris*
- Sommerrübsen *f. praecox*
- Winterrübsen *f. autumnalis;*

Futterkohl *Brassica oleracea convar. acephala*
- Markstammkohl *var. medullosa*
- Blattkohl *var. viridis;*

Ölrettich *Raphanus sativus var. oleiformis.*

Die hier genannten Arten aus der Familie der Kreuzblütler *(Crucifereae)* werden alle ähnlich angebaut und genutzt, vertreten sich nicht selten gegenseitig und werden deshalb hier gemeinsam behandelt. Der Raps und seine Verwandten sind vielerorts die Stoppelfrüchte schlechthin, nehmen sie doch in der Bundesrepublik Deutschland über die Hälfte der gesamten Zwischenfruchtfläche ein. Dafür gibt es wichtige Gründe: Geringe Ansprüche an Klima- und Bodenverhältnisse, niedrige Saatgutkosten, mittlere Saatzeit erlaubt meist noch Saat nach Getreidearten; rascher Aufgang und zügiges Wachstum verhindern Unkrautwuchs; sehr gute Stickstoffverwertung, auch in Form von Jauche, Gülle und Schwemmist; Kältetoleranz ermöglicht noch Ertragszuwachs und Ernte bis in den Dezember; hervorragender Bodenaufschluß durch das ausgedehnte und feinverteilte, leicht zersetzliche Wurzelwerk.

Die verschiedenen Arten und Sorten unterscheiden sich in ihrer Neigung zum Blühen. Da der Futterwert vom Blühbeginn an stark abnimmt, müssen Saatzeit und Arten- bzw. Sortenwahl so aufeinander abgestimmt werden, daß vorzeitiges Blühen verhindert wird. Deshalb wird man bei früher Saat bis Anfang August die weniger blühwilligen, speziell für Grünnutzung gezüchteten Winterformen einschließlich Futterkohl bevorzugen. Bei Raps unterscheidet man außerdem zwischen erucasäurehaltigen und -freien Sorten. Wo erucasäurefreier Körnerraps angebaut wird, sollte man auch für den Zwischenfruchtbau erucasäurefreie Sorten wählen, um die Gefahr möglicher Vermischung von vornherein zu unterbinden. Neu sind sog. 00-Sorten, die sowohl erucasäure- als auch glukosinolatfrei sind. Eine bekannte Winterrübsensorte (Perko PVH) ist das Kreuzungsprodukt aus tetraploidem Chinakohl *(Brassica campestris ssp. pekinensis)* und tetraploidem Rübsen (HERTZSCH 1970). Sie kann bei früher Saat zweimal geerntet werden. In der Praxis ist der Sommerraps führend, der Sommerrübsen bedeutungslos. Nach der früher sehr verbreiteten Sorte Liho (Abkürzung für Limburgerhof, Versuchsstation der BASF) wird gelegentlich noch für Sommerraps die Bezeichnung Lihoraps gebraucht. Die Saat sollte nicht vor Anfang August erfolgen. Unbedingt früh, d. h. von Ende Juni bis Mitte Juli, muß der Futterkohl gesät werden. Der weißblühende Ölrettich sollte dagegen nicht vor Mitte August im Boden sein. Ölrettich trägt im übrigen weniger zur Vermehrung der Rübennematoden als andere Kreuzblütler bei, besonders wenn nematodenresistente Sorten verwendet werden. Die anderen Arten vertragen bei günstigen Wachstumsbedingungen auch Spätsaat bis Ende August; Ertragsminderungen sind dann allerdings unvermeidlich.

Das Saatbett muß sorgfältig vorbereitet werden. Verlangt wird bei gründlich gelockerter, trotzdem aber gut abgesetzter Ackerkrume eine feinkrümelige ebene Oberfläche. Das erfordert bei der gebotenen Eile beträchtlichen technischen Einsatz. Standardverfahren ist mitteltiefes Pflügen mit Vorschäler, Untergrundpacker und Krümelkombination. Soll das Stroh auf dem Feld verbleiben, muß es kurzgehäckselt flach und gleichmäßig mit dem Boden vermischt werden wie zum Beispiel durch die kombinierte Anwendung von Tiefgrubber und Bodenfräse. Die Saatmenge beläuft sich bei Raps auf 10 kg/ha, bei Futterkohl auf 4 kg/ha und bei Ölrettich auf 20 kg/ha. Die Drillsaat erfolgt flach (1 bis 2 cm) im üblichen Getreidereihenabstand. Futterkohl wird dagegen auf 30 bis 50 cm Reihenabstand gedrillt. Der Saatgutbedarf wird zum Teil aus inländischer Produktion, zum Teil durch Vermehrung deutscher Sorten in Dänemark (Sommerraps), Südosteuropa (Winterrübsen und Ölrettich) und USA (Markstammkohl) gedeckt. An die Nährstoffversorgung stellen die Cruciferen hohe Ansprüche. Als Faustzahlen gelten 90 kg/ha P_2O_5, 120 kg/ha K_2O und 60 bis 120 kg/ha N.

Wirtschaftsdünger gibt man auf die Getreidestoppel unmittelbar vor der Bodenbearbeitung, ebenso die Grunddüngung, sofern sie nicht schon der Vorfrucht verabreicht wurde. Der Stickstoff wird bis 80 kg/ha N direkt zur Bestellung gegeben, darüber hinausgehende Mengen bei wüchsigem Wetter drei Wochen nach dem Auflaufen. Wo das Stroh in den Boden eingearbeitet wurde, muß die Stickstoffdüngung um 40 kg/ha erhöht werden. Vorsicht ist bei Stickstoffmengen über 100 kg/ha wegen der Gefahr gesundheitsschädlicher Nitratanreicherung im Futter geboten!

Die Ernte lohnt sich frühestens sieben bis acht Wochen nach der Saat. Futter-, insbesondere Markstammkohl, braucht zur Vollentwicklung die doppelte Zeit, verträgt aber Frost bis −10 °C und kann deswegen bis tief in den Winter geerntet werden. Das Erntegut wird in der Regel frisch verfüttert. Dabei sollten die Mengen wegen des Gehaltes an schädlichen Inhaltsstoffen (Glukosinolate u. a.) und unerwünschter Geschmacksbeeinflussung der Milch auf 20 bis 30 kg je Tier und Tag begrenzt werden. Das bedeutet, daß Futterraps etc., obwohl hochverdaulich, eiweißreich und gern gefressen, nicht als Alleinfutter brauchbar ist. Um Gesundheitsstörungen vorzubeugen und den erforderlichen Rohfaseranteil sicherzustellen, muß in der Milchkuhfütterung eine Tagesration von 30 kg Futterraps z. B. durch 8 kg Heu ergänzt werden. Der Ertrag beläuft sich auf 150 bis 250 dt/ha Frischmasse, entsprechend 20 bis 30 dt/ha Trockenmasse.

4.3.2.1.2 Futtersenf (Gelbsenf, Weißer Senf), *Sinapis alba L.*, und andere Senfarten

Die Bezeichnung Gelbsenf ist von der gelben Samen- bzw. Blütenfarbe hergeleitet. Weißer Senf ist die wörtliche Übersetzung des lateinischen Namens. Der Futtersenf ist die schnellstwüchsige und spätsaatverträglichste Stoppelfrucht. Er bietet bei verspäteter Getreideernte und in sehr rauhen Lagen oft die einzige Möglichkeit des Stoppelfruchtbaues. Saatgut deutscher Sorten stammt zumeist aus Vermehrungen in Südosteuropa. Saatmenge 20 kg/ha. Futtersenf muß unbedingt schon vor Blühbeginn geerntet werden, weil sich sein Futterwert danach sehr schnell verschlechtert. Soll Senf über einen längeren Zeitraum frisch verfüttert werden, empfiehlt sich zeitlich gestaffelter Anbau.

Der **Schwarze Senf** *(Brassica nigra)*, wie der Weiße Senf gelbblühend, aber von dunklerer Samenfarbe, und der **Sareptasenf** *(Brassica juncea)*, beide vornehmlich im Orient zur Erzeugung von Gewürzsenf kultiviert, werden gelegentlich als Stoppelfrucht propagiert, befriedigen aber im Ertrag nicht.

4.3.2.1.3 Stoppelrübe (Weiß-, Herbst-, Wasserrübe), *Brassica rapa L. emend. Metzg. var. rapa*

Die Stoppelrübe gehört der gleichen botanischen Art wie der Rübsen an, ähnlich wie Kohlrübe und Raps Angehörige derselben Art sind. Als Kulturpflanze ist die Stoppelrübe schon recht alt. Sie wird auch als Speiserübe verwendet, weswegen sie vom Bundessortenamt als gärtnerische Kulturart eingestuft wird, deren landwirtschaftlicher Wert amtlich nicht zu prüfen ist. Nach Raps und Verwandten ist die Stoppelrübe in der Bundesrepublik Deutschland flächenmäßig die wichtigste Sommerzwischenfrucht, wenngleich die Verbreitung hier im wesentlichen auf Niedersachsen und Nordrhein-Westfalen beschränkt ist (Tab. 229, Seite 338). Damit ist angedeutet, daß die Stoppelrübe feucht-kühles Klima bevorzugt. Obwohl sie auf allen Bodenarten gedeiht, wächst sie doch am besten auf lockerem, kalkreichem Boden. Vorteile des Stoppelrübenanbaues sind die sehr geringen Saatkosten, Toleranz gegen mangelhafte Feldbestellung, Frostverträglichkeit, sicherer Ertrag, hoher Futterwert des Erntegutes. Die rund 20 in der deutschen Sortenliste eingetragenen Sorten unterscheiden sich in Ploidie (di- und tetraploid), der Farbe (gelb, weiß), der Form der Rüben (kugelig bis langgestreckt) und der Blätter (ganzrandig bis stark gegliedert), dem Verhältnis Blatt : Rübe und der Tiefe des Rübensitzes im Boden. Für schweren Boden eignen sich besonders die runden, mehr über der Erde wachsenden Sorten, während für leichten Boden auch die stärker in die Tiefe gehenden geeignet sind. Eine besonders kurze Wachstumszeit besitzen die gelbfleischigen Typen; sie sind spätsaatverträglich, aber etwas frostempfindlicher und müssen früh geerntet werden. Im praktischen Anbau überwiegen die späten Sorten. Entscheidend dafür ist, daß ihre kräftige, meist ganzrandige, lange grün und gesund bleibende Belaubung sie für die maschinelle Ernte besonders geeignet macht. Neuere Sorten haben darüber hinaus den Vorteil, daß sie wegen geringerer Seitenwurzelbildung bei der Ernte weniger verschmutzen.

Die Stoppelrübe wird bis Mitte August im Reihenabstand von etwa 40 cm und einem Saatgutaufwand von 1 bis 2 kg/ha flach gedrillt. Für die in Kleinbetrieben noch gelegentlich praktizierte Ernte von Hand genügt auch die Breitsaat. Der Nährstoffbedarf ist ähnlich hoch wie der von Futterraps. Die Ernte erfolgt mit der Rübenziehmaschine. Voraussetzung für eine gute Rodbarkeit sind ein hoher Anteil gesunder, frostwiderstandsfähiger Blätter, die sich nach Frost wieder aufrichten, und eine möglichst seitenwurzellose, flach im Boden sitzende Rübenform. Nahezu unvermeidlich ist der an der Rübe haftende Schmutz, dessen Anteil sich bei Verunkrautung, schwerem Boden und schlechter Erntewitterung noch vergrößert.

Stoppelrüben werden frisch im Stall verfüttert, können aber auch abgeweidet oder siliert werden. Sie liefern ein zwar wasserreiches, jedoch sehr gern gefressenes und hochverdauliches Futter. Wegen ihres Gehaltes an Senfölen besteht bei Verfütterung größerer Mengen die Gefahr, daß die Milch einen unangenehmen Rübengeschmack annimmt, und außerdem verursacht die Rübenverschmutzung leicht Durchfall bei den Tieren. Deshalb gilt die Empfehlung: Die Verschmutzung möglichst gering zu halten, die tägliche Fütterungsmenge auf 40 bis 50 kg Frischmasse entsprechend 10 m² Weidefläche je GV beschränken, Fütterung unmittelbar vor oder nach dem Melken. Überschüssige Rüben können, am besten gehäckselt, siliert werden. Dabei geht ein großer Teil des Senföles verloren. Allerdings sind wegen der starken Sickersaftbildung die Nährstoffverluste erheblich (Beckhoff 1968). Der Frischmasseertrag bewegt sich zwischen 250 und 500 dt/ha und liegt im Mittel bei 400 dt/ha Rüben plus Blatt.

4.3.2.1.4 Andere Stickstoffzehrer

Regional spielen stickstoffbedürftige Arten aus anderen Pflanzenfamilien als Stoppelsaaten eine Rolle. Dazu gehören:

Das **Einjährige** und das **Welsche Weidelgras,** rein oder gemischt, möglichst tetraploide Sorten, Aussaat bis Ende Juli, 50 kg/ha.

Die **Sonnenblume** *(Helianthus annuus)*, Saat bis Mitte August, 30 kg/ha, verträgt mehr Trockenheit als die Kreuzblütler, vielfach auch als Stützpflanze mit 4 bis 6 kg/ha Leguminosengemengen beigemischt, frostempfindlich. Rein gesät am besten siliert, da frisch nicht gern gefressen. Weitere Angaben bei Zimmermann (1958).

Die **Kolben-** *(Setaria italica)* und **Rispenhirse** *(Panicum miliaceum)*, wärmeliebende, frostempfindliche Pflanzen mit geringen Wasseransprüchen und deshalb für Trockenlagen besonders geeignet, drillt man in doppeltem Getreideabstand mit 12 bis 14 bzw. 16 bis 18 kg/ha bis Ende Juli. Auch als Bestandteil von Gemengen angebaut. Wegen hohen Zuckergehaltes gern gefressen, gut silierfähig.

Die **Phazelie** *(Phacelia tanacetifolia)*, aus Nordamerika stammende Pflanze der Familie Wasserblattgewächse *(Hydrophyllaceae)*, mit geringen Wasser- und Bodenansprüchen, wird meist als Gründüngung benutzt. Zur Futtergewinnung Ende Juli bis Anfang August 10 kg/ha drillen, bei Blühbeginn ernten, weil später ungern gefressen.

Auf ärmsten, sauren Sand- und Moorböden gedeihen noch der **Spörgel** *(Spergula arvensis var. sativa)* und der **Buchweizen** *(Fagopyrum esculentum)*. In Reinsaat bis Ende Juli mit 20 kg/ha (Spörgel) bzw. 75 kg/ha (Buchweizen) gedrillt, auch als Bestandteil von Gemengen. Futter qualitativ wertvoll, aber gering im Ertrag.

4.3.2.2 Stickstoffmehrer

4.3.2.2.1 Saatwicke (Sommerwicke), *Vicia sativa L.*

Ursprünglich wohl aus der Schmalblättrigen Wicke *(Vicia angustifolia)* hervorgegangen, ist die Saatwicke eine sehr alte Grünfutterpflanze, deren Kultur schon den Römern bekannt war (Becker-Dillingen 1929). Auch in Deutschland seit dem Mittelalter angebaut, hat sie hier mit der Einführung des Fruchtwechsels zu Beginn des 19. Jahrhunderts größere Verbreitung erlangt. Der dünne Stengel ist 50 bis 100 cm lang. Die fünf- bis siebenpaarig gefiederten Blätter enden in Wickelranken, mit deren Hilfe sich der Sproß an Stützpflanzen festhält. Die rotvioletten Blüten sitzen kurzgestielt einzeln oder zu zweien in den Blattachseln. Die Sommerwicke braucht zum guten Gedeihen ausreichende Wasserversorgung im August. Sie wächst auf schweren Böden besser als auf leichten. Der Saatgutbedarf kann durch die in der Sortenliste eingetragenen Sorten nur teilweise gedeckt werden. Mehr als die Hälfte der benötigten Menge besteht aus importiertem Handelssaatgut. Ist nur solches erhältlich, sollte Saatgutherkünften aus nördlicher gelegenen Gebieten der Vorzug gegeben werden, weil sie mehr Blattmasse bilden und ertragreicher sind. Herkünfte aus Mittelmeerländern lohnen den Anbau zur Futtergewinnung nicht. Rein gesät (140 kg/ha) kommt die Saatwicke nur für Gründüngung infrage. Als solche ist sie hervorragend zur Unterdrückung der Quecken geeignet. Sie ist ein wichtiger Bestandteil von Leguminosengemengen (siehe 4.3.2.2.3). Um eine ausreichende Entwicklung zu gewährleisten, muß die Sommerwicke noch im Juli gesät werden. Ertrag 150–200 dt/ha Frischmasse entsprechend 20–30 dt/ha TM.

4.3.2.2.2 Felderbse (Futtererbse), *Pisum sativum L. (P. arvense L.)*

Die Felderbse, nahe verwandt mit der Speiseerbse, hat ihre Heimat im Vorderen Orient. Als Körnerfrucht seit uralter Zeit angebaut, geht ihre Verwendung als Futterpflanze auf das 19. Jahrhundert zurück. Die Felderbse wurzelt flach. Die drei- bis fünfpaarig breit gefiederten Blätter enden in mehrfach verzweigten Ranken, die zur Befestigung des hinfälligen Stengels an Begleitpflanzen dienen. Charakteristisch ist der rote Fleck in den Achseln der breiten Nebenblätter, der neuen Sorten aber auch oft fehlt. Die Blüten sind entweder rosa bis violett oder rein weiß. Sie sitzen einzeln oder zu zweien in den Blattachseln. Die Samen sind rundlich bis kantig und von gelbgrünlicher bis brauner Farbe. In Mitteleuropa sommerannuell, im warmen Klima zum Teil auch überwinternd, ist die Felderbse weniger anspruchsvoll an Wasserversorgung und Bodenqualität, aber wärmeliebender als die Sommerwicke.

Die vorhandenen Sorten unterscheiden sich vor allem in der Tausendkornmasse und der Standfestigkeit. Kleinkörnige Formen bezeichnet man nach einem in Osteuropa gelegenen Dorf gleichen Namens (Hertzsch 1959) auch als Peluschken. Verbesserte Standfestigkeit weisen die *Fasciata*-Typen auf, die durch einen verbänderten Stengel gekennzeichnet sind. Bei ihnen sitzen außerdem die Blüten dichtgedrängt am Sproßgipfel, wo sie gleichzeitig abblühen und zur Samenreife gelangen, was vorteilhaft für die Samenernte ist. Der Saatgutbedarf in der Bundesrepublik Deutschland kann durch die Inlandserzeugung gedeckt werden. Die Felderbse ist ein wichtiger Bestandteil der Leguminosengemenge (siehe 4.3.2.2.3). Die Reinsaatmenge beträgt je nach Korngröße 160 bis 200 kg/ha. Die Saat muß frühzeitig, d.h. noch im Juli erfolgen.

4.3.2.2.3 Leguminosengemenge

Leguminosengemenge bestehen in der Regel aus unterschiedlichen Anteilen von Felderbsen und Sommerwicken, zu denen sich eine Stützfrucht gesellt. Als solche kommen die verschiedensten Arten wie Ackerbohnen, Raps und Verwandte, Sonnenblumen, Mais, Hafer und Hirse in Betracht. Die Zusammensetzung kann sehr variabel sein. Sie orientiert sich an den Standortverhältnissen bzw. an den Ansprüchen der Gemengepartner. Die Standardsaatmischung besteht aus

30 kg/ha Ackerbohnen
60 kg/ha Saatwicken
90 kg/ha Felderbsen.

Von den drei Komponenten stellt die Ackerbohne die höchsten Ansprüche an Luft- und Bodenfeuchtigkeit. Etwas geringer sind die der Sommerwicke. Mit kurzen Trockenperioden wird die Futtererbse am besten fertig. Demgemäß wird man in trockenerer Lage den Anteil der Felderbsen erhöhen und den der Ackerbohnen und Wicken vermindern. Gleichzeitig kann die Ackerbohne teilweise oder ganz durch andere Arten ersetzt werden, wobei deren Saatmenge auf 10% ihrer artspezifischen Reinsaatmenge beschränkt bleibt. Gegen Hitze, Trockenheit oder Kälte sind die Gemenge empfindlich. Auch an die Qualität des Bodens werden hohe Anforderungen gestellt. Deshalb nimmt der Ertrag vom mittleren zum besseren Boden zu. Auf Sandboden haben Leguminosengemenge keine Anbauberechtigung. Ihre volle Leistungsfähigkeit können sie nur entfalten, wenn sie frühzeitig, d. h. möglichst bis Mitte, spätestens Ende Juli gesät werden. Die Saatmenge liegt mit rund 200 kg/ha ziemlich hoch. Als Faustzahlen für die Düngung gelten 80 kg/ha P_2O_5 und 120 kg/ha K_2O, die zweckmäßig bereits zur Vorfrucht verabreicht werden. Stickstoffdüngung ist in der Regel entbehrlich. Leguminosengemenge stellen ein wertvolles, eiweißreiches und gern gefressenes Futter dar, das am besten frisch verfüttert oder der Heißlufttrocknung zugeführt wird. Zum Heuen und Silieren eignen sie sich schlecht. Die Ernteerträge liegen bei 200 dt/ha Grün- bzw. 30 dt/ha Trockenmasse.

4.3.2.2.4 Andere Stickstoffmehrer

Lupinen. Von den drei im Stoppelfruchtbau verwendeten Lupinenarten sind als Futterpflanzen nur bitterstoffarme Sorten verwendbar. Unter diesen hat die **Gelbe Lupine** *(Lupinus luteus)* auf nährstoffarmen, sauren Sandböden im Osten Bedeutung erlangt. Sie muß bis Mitte Juli gedrillt werden (Saatmenge 180 kg/ha) und liefert ab Mitte September bis zum Blühbeginn gern gefressenes Grünfutter. Weitere Angaben bei HACKBARTH und TROLL (1960).
Weiße *(Lupinus albus)* und **Blaue Bitterlupinen** *(Lupinus angustifolius)* werden nur als Gründüngung angebaut.

Persischer Klee (siehe 4.2.3.3) **und Alexandrinerklee** werden rein oder bis zu halber Reinsaatmenge gelegentlich als Gemengepartner von Einjährigem und Welschem Weidelgras verwendet.

Neben dem **Bodenfrüchtigen** *(Trifolium subterraneum)* und dem **Aegaeischen Klee** *(T. meneghinianum)* werden verschiedene **Platterbsenarten** wie Rote *(Lathyrus cicera)*, Purpur- *(L. clymenum)*, Saat- *(L. sativus)* und Tangerplatterbse *(L. tingitanus)* sowie die **Kichererbse** *(Cicer arietinum)* gelegentlich versuchsmäßig angebaut. Saatgut geeigneter Formen ist mit Ausnahme vom Bodenfrüchtigen Klee nicht verfügbar.

4.3.3 Winterzwischenfrüchte

Die überwinternden Zwischenfrüchte werden in der Zeit von Mitte August bis Mitte September gesät und liefern im darauffolgenden Frühjahr ab Ende April frisches Grünfutter. Obwohl in der Fachliteratur als sicherste Form des Zwischenfruchtbaues gerühmt, ist ihre tatsächliche Bedeutung gering geblieben. Nach der letzten amtlichen Statistik betrug ihr Anteil an der gesamten Zwischenfruchtfläche in der Bundesrepublik Deutschland 1972/73 nur knapp 5%. Der entscheidende Nachteil liegt darin, daß trotz früher Futterernte der Nachbau voll ertragsfähiger Hauptfrüchte meist nicht mehr möglich ist. Geeignete Pflanzenarten für den Winterzwischenfruchtbau sind Winterrübsen und Winterraps, Winterroggen und Welsches Weidelgras sowie Inkarnatklee und Zottelwicken. Sie werden rein, meist aber im Gemenge angebaut.
Rübsen und **Raps** als Winterzwischenfrucht stellen dieselben Ansprüche an Klima und Boden wie die entsprechenden Körnerfrüchte. Bei gleichzeitigem Körnerrapsanbau nur erucasäurefreien Futterraps verwenden. Die früher gebräuchlichen Bezeichnungen „Sprengelraps“, „Sprengelrübsen“ bedeuten nichts anderes als frühe Raps- bzw. Rübsensorten zur Verwendung im Winterzwischenfruchtbau. Ebenso gehört der „Rapko“, angeblich Kreuzung zwischen Raps und Krauskohl (RIES 1957), der Geschichte an. Rübsen sät man von Ende August bis Mitte September, Raps jedoch schon Mitte August mit 10 kg/ha auf doppelten Getreidereihenabstand. Stickstoff gibt man zu gleichen Teilen im Herbst und im zeitigen Frühjahr. Die Ernte erfolgt vor bis Beginn der Blüte ab Mitte April. Raps erlangt die Schnittreife ungefähr eine Woche nach Rübsen. Ertrag ca. 150 dt/ha Frischmasse = 20 bis 25 dt/ha Trockenmasse.
Der Futterroggen *(Secale cereale)** ist die sicherste Winterzwischenfrucht (WETZEL 1957/58). Er

* Siehe Saatroggen

gedeiht in Mitteleuropa überall. Es kann auch betriebseigenes Saatgut verwendet werden. Besonders geeignet, da optimaler Erntezeitraum verlängert, sind tetraploide Sorten, von denen Saatgut aber nur beschränkt verfügbar ist. Futterroggen wird in der ersten Septemberhälfte mit 160 kg/ha möglichst eng flach gedrillt, Tetraroggen mit 30% erhöhter Saatmenge. Stickstoff wird bis 100 kg/ha nach dem Winter so früh wie möglich verabreicht. Die Ernte erfolgt Anfang Mai vom Beginn des Schossens und muß mit Beginn des Ährenschiebens abgeschlossen sein, weil der Futterwert dann rasch sinkt. Rechtzeitig geschnitten wird Futterroggen frisch oder vergoren gern gefressen. Ertrag 250 dt/ha Frischmasse = 35 dt/ha Trockenmasse. Die früher auf leichtem Boden praktizierte Beimengung von Winterwicken empfiehlt sich nicht, weil die Wicke bei der Schnittreife des Roggens noch unterentwickelt ist.

Der Inkarnatklee *(Trifolium incarnatum)*, aus dem Mittelmeerraum stammend, in Südfrankreich zuerst kultiviert und seit dem 19. Jahrhundert in Mitteleuropa angebaut. Die ganze Pflanze ist dicht behaart. Von der leuchtend purpurroten Farbe der eiförmigen, später ährenförmig verlängerten Blütenstände hat die Pflanze ihren Namen. Gedeiht am besten im wintermilden Klima auf leichteren Böden. Inkarnatklee wird Mitte August mit 35 kg/ha gesät. Die Ernte erfolgt Mitte Mai im Knospenstadium. Gewöhnlich ist der Inkarnatklee jedoch Bestandteil von Gemengen. Saatgut wird vorwiegend in Frankreich vermehrt.

Die Zottelwicke, Winterwicke *(Vicia villosa)*, aus Südeuropa stammend und ursprünglich als Getreideunkraut nach Deutschland eingeschleppt, wurde um die Mitte des 19. Jahrhunderts von JORDAN und KÜHN als wertvolle Futterpflanze erkannt und in Kultur genommen (BECKER-DILLINGEN 1929). Jetzt überall in der gemäßigten Zone verbreitet. Die Pflanze ist meist dicht behaart; in den Achseln der 8- bis 10-paarig gefiederten Blätter sitzen die reichblütigen, langgestielten traubigen Blütenstände. Bei geringen Ansprüchen an Klima und Boden wird sie Anfang September gesät und ist ab Mitte Mai erntereif. Zum Reinanbau eignet sich die Zottelwicke nicht. Sie ist aber ein wichtiger Bestandteil verschiedener Gemenge. Saatgutbedarf wird vorwiegend durch Handelssaatgut aus USA gedeckt.

Das Landsberger Gemenge, besteht aus Welschem Weidelgras, Inkarnatklee und Zottelwicke, wurde von FRECKMANN in Landsberg an der Warthe entwickelt. Die Teilsaatmengen der Arten variieren; KLAPP (1967) nennt W. Weidelgras 16, Inkarnatklee 20 und Zottelwicken 30 kg je Hektar. Von anderer Seite (ANONYM 1972) werden von den drei Arten je 20 kg/ha empfohlen. Als Stützpflanzen für die Wicken kann man einige kg/ha Raps, Rübsen oder Roggen zusetzen. Aussaat Ende August bis spätestens Mitte September. Stickstoffdüngung zur Saat 30, im Frühjahr 50 bis 70 kg/ha N. Ernte ab Mitte Mai zur Grünfütterung, Silage- oder Heubereitung. Ertrag 250 bis 300 dt/ha Grünmasse bzw. 30 bis 40 dt/ha Trokkenmasse. Beliebt ist die Zweitnutzung des Gemenges zur Saatguterzeugung von Welschem Weidelgras.

4.4 Zweitfrüchte

Als Zweitfrüchte bezeichnet man die auf Winterzwischenfrüchte folgenden Futterpflanzenarten. Wie der Winterzwischenfruchtbau ist ihre praktische Bedeutung gering. Infrage kommen frühe Sorten des Maises (siehe 4.2.1); sodann Sonnenblumen, die mit 30 kg/ha auf 30 bis 40 cm Reihenabstand gesät, reichlich mit Stickstoff gedüngt und im Stadium der Knospe bis zum Blühbeginn geerntet, enorme Futtermassen liefern, welche man am besten einsäuert. Wo es die Arbeitskraft-

Abb. 97. Markstammkohl als Zweitfrucht (SIMON).

Abb. 98. Gräserzuchtgarten (SIMON).

verhältnisse erlauben, kann man auch Futterkohl (Markstammkohl, Blattkohl) bzw. Kohlrüben pflanzen (Abb. 97). Endlich schaffen Leguminosengemenge (siehe 4.3.2.2.3) noch in relativ kurzer Zeit beachtliche Erträge hochwertigen Eiweißfutters.

4.5 Züchtung und Saatguterzeugung von Futterpflanzen

4.5.1 Futterpflanzenzüchtung

Die planmäßige züchterische Bearbeitung von Futterpflanzenarten setzte im Vergleich zu den Marktfrüchten verhältnismäßig spät ein. In Deutschland gehen die Anfänge auf die Zeit vor dem ersten Weltkrieg zurück, als man an der Bayerischen Landessaatzuchtanstalt Weihenstephan mit der Auslese von Gräsern und Futterleguminosen begann (Abb. 98). Einen starken Impuls erhielt die Futterpflanzenzüchtung durch die nach dem ersten Weltkrieg einsetzende Grünlandbewegung. Ihr Gründer, Ludwig Niggl, war auch Initiator einer bekannten Zuchtstätte in Steinach/Niederbayern. Zahlreiche weitere Gründungen von Futterpflanzenzuchtbetrieben erfolgten nun in allen Teilen des Deutschen Reiches. Ein großer Erfolg wurde schon bald am Kaiser-Wilhelm-Institut für Züchtungsforschung zu Müncheberg/Mark mit der Selektion von bitterstofffreien Lupinen erzielt. Damals begann man auch in den skandinavischen Ländern sowie in Wales mit der Züchtung von Kleearten und Gräsern. Heute wird in fast allen Ländern der Welt mit intensivem Futterbau auch Futterpflanzenzüchtung betrieben. Über Ausmaß und Intensität der züchterischen Arbeit vermitteln die Angaben BÜRGERS (1979) eine Vorstellung. Danach ist von 1975 bis 1979 in 27 Ländern allein die Zahl der Gräsersorten von 718 auf 1327 gestiegen.

Welcher Zuchtmethode im Einzelfall der Vorzug zu geben ist, hängt u. a. von der Blütenbiologie (Selbst-, Fremdbefruchter, Wind-, Insektenbestäuber), der Lebensdauer, der Ploidiestufe, dem bereits erreichten züchterischen Fortschritt und den Zuchtzielen bei der betreffenden Pflanzenart ab. Im Prinzip besteht jedes Züchtungsprogramm aus vier Abschnitten: Der Beschaffung des Ausgangsmaterials, der Auslese (Selektion), der Prüfung und der Sortenbildung.

Grundlage für die züchterische Verbesserung können entweder in der freien Natur noch heute vorkommende Wildpflanzen wie bei Gräsern und manchen Leguminosen, Landsorten, d.h. durch natürliche Selektion entstandene Ökotypen, oder vorhandene Zuchtsorten sein. Das Ausgangsmaterial muß eine hinreichende Variabilität der Werteigenschaften aufweisen. Diese kann auch künstlich durch Kreuzung oder Auslösung von Mutationen erreicht werden. Die wichtigste Tätigkeit des Züchters liegt in der Selektion, das heißt der Auslese entsprechender und dem Ausscheiden unerwünschter Typen.

Oberstes Zuchtziel ist in jedem Fall der Ertrag, wobei nicht nur der Futter-, sondern auch der Samenertrag zu verstehen ist. Wegen der meist vorhandenen negativen Beziehung sind hoher Futter- und Samenertrag nicht leicht in Einklang zu bringen. Bei langfristig zu nutzenden Arten kommt den Faktoren Ertragssicherheit und Ausdauer besondere Bedeutung zu. Sie sind wie der Ertrag oft nichts anderes als das Ergebnis der Widerstandskraft der Pflanzen gegen schädigende physikalische (Temperatur, Wasser) oder biologische (Schadorganismen) Einflüsse. Die Resistenzzüchtung ist letzten Endes eine Maßnahme zur Verbesserung des Ertragspotentials. Außerordentlich vielfältig sind die Anforderungen an die züchterische Verbesserung des Futterwertes. Diese erstrecken sich nicht nur auf die Förderung wertverbessernder (Eiweiß, Mineralstoffe), sondern auch auf die Eliminierung wertmindernder Inhaltsstoffe (Toxine und andere unerwünschte Substanzen). Hinzu kommen die Verbesserung der Schmackhaftigkeit und Verdaulichkeit.

Die Prüfung des Zuchtmaterials dient sowohl zur Kontrolle des Selektionserfolges als auch zur Feststellung der Wechselbeziehung zwischen der genetischen Veranlagung und Umwelteinflüssen, d. h. der Eignung für unterschiedliche Standortverhältnisse und Bewirtschaftungsmaßnahmen wie Nutzungsart (Mahd, Beweidung), Nutzungsintensität, Düngung, Bewässerung. Die wirtschaftliche Nutzung des Zuchtproduktes setzt voraus, daß es als Sorte zugelassen ist. Bei der Sortenbildung muß der Züchter die Bedingungen, die an die Zulassung der Sorte geknüpft sind, berücksichtigen. Nach all dem überrascht es nicht, wenn die Züchtung einer neuen Sorte einen Zeitraum von 15 bis 20 Jahren erfordert.

Als Standardverfahren hat sich bei Mais die Inzucht-Heterosis-Züchtung durchgesetzt, deren Ergebnis Hybridsorten verschiedener Zusammensetzung sind. Futtergräser und -leguminosen werden vornehmlich nach dem Polycross-Verfahren bearbeitet. Am Ende steht hier die synthetische Sorte.

Von der Möglichkeit, polyploide Formen mit verbesserten Werteigenschaften herzustellen, macht man vor allem bei der Züchtung von Weidelgräsern, Kleearten und Rüben Gebrauch. Sogar für die erfolgreiche Herstellung von Art- und Gattungsbastarden gibt es Beispiele (Bastardluzerne, -weidelgras, Festuca-Lolium-Kreuzungen, Brassica-Bastarde). Mit selbstbefruchtenden Arten verfährt man weitgehend ähnlich wie bei selbstbefruchtendem Getreide.

4.5.2 Futterpflanzensaatguterzeugung

Kein anderes landwirtschaftliches Produkt unterliegt in Erzeugung und Vertrieb einer so strengen amtlichen Kontrolle wie das Saatgut. Es darf in der Regel nur von zugelassenen Sorten erzeugt und vertrieben werden. Die Zulassung setzt voraus, daß die Sorte unterscheidbar, hinreichend homogen, beständig und von landeskulturellem Wert ist. Ob diese Eigenschaften zutreffen, wird auch nach der Sortenzulassung vom Bundessortenamt laufend überprüft. Bevor das Saatgut in den Verkehr gebracht werden darf, muß es anerkannt werden. Die Anerkennung setzt voraus, daß

- das Saatgut einer zugelassenen Sorte angehört
- die Vermehrungsfläche den festgelegten Mindestforderungen an Gesundheit, Fremdbesatz und Abstand zu anderen Vermehrungsfeldern genügt und
- die Normen bezüglich der Saatgutbeschaffenheit (Reinheit, Gesundheit und Keimfähigkeit) erfüllt sind.

Das Vorliegen dieser Voraussetzungen wird amtlich kontrolliert. Selbst das anerkannte Saatgut wird stichprobenartig in amtlichen Nachbaukontrollversuchen auf seine Ordnungsmäßigkeit geprüft. Internationale Vereinbarungen regeln das Anerkennungsverfahren bei der Vermehrung im Ausland. Gewisse Ausnahmen sind gesetzlich festgelegt.

An der **Erzeugung von Futterpflanzensaatgut** sind in der Regel drei Vertragspartner beteiligt (Abb. 99):

1. Der Sorteninhaber erteilt gegen Zahlung einer Lizenz die Erlaubnis zur Vermehrung und stellt das Basissaatgut zur Verfügung.
2. Der Saatguterzeuger führt die eigentliche Produktion durch.
3. Die Vermehrungs- und Vertriebsfirma (VV-Firma) betreut einerseits den Vermehrer und setzt das Anerkennungsverfahren in Gang; sie verpflichtet sich andererseits, das Saatgut dem Vermehrer abzunehmen, es aufzubereiten und in den Verkehr zu bringen.

Bei der betriebswirtschaftlichen Beurteilung der Futterpflanzensaatguterzeugung muß neben dem eigentlichen Deckungsbeitrag auch der hoch einzuschätzende Vorfruchtwert berücksichtigt werden. Die Tatsache, daß es sich meist um absolutes Saatgut handelt, das bei Nichterfüllung der gesetzlichen Vorschriften keiner anderen Verwertung zugeführt werden kann, bedeutet allerdings auch ein Risiko. Durchschnittswerte der

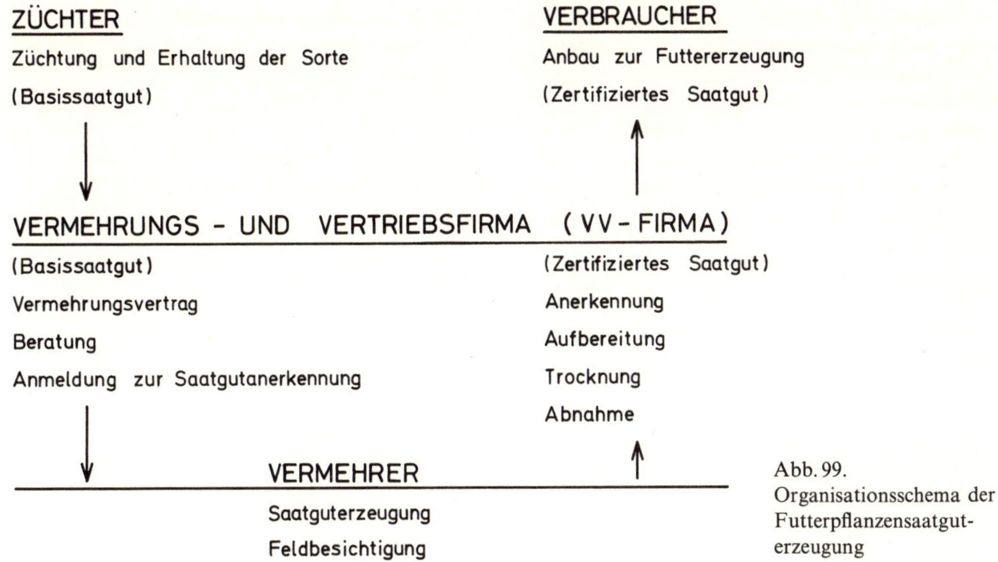

Abb. 99. Organisationsschema der Futterpflanzensaatgut-erzeugung

Erträge und Erzeugerpreise von Gräsern und Leguminosen vermittelt Tab. 239.

In Anbetracht der großen Bedeutung, die die **Versorgung mit hochwertigem Saatgut** für die Bodenproduktion besitzt, hat die Europäische Gemeinschaft eine gemeinsame Marktordnung für Saatgut geschaffen. Sie fördert die Erzeugung von besonders hochwertigem Futterpflanzensaatgut u. a. durch die Gewährung von Beihilfen.

Tab. 239. Futterpflanzensaatguterträge und Erzeugerpreise in der Bundesrepublik Deutschland, Durchschnittswerte

Art	Ertrag (dt/ha)	Erzeugerpreis (DM/dt)	Rohertrag (DM/ha)
Dt. Weidelgras	8,5	240	2040
Welsches Weidelgras	9,4	180	1690
Einjähr. Weidelgras	11,8	190	2240
Bastardweidelgras	8,5	180	1530
Wiesenschwingel	6,1	340	2070
Rotschwingel	5,5	330	1820
Wiesenlieschgras	4,3	390	1680
Glatthafer	5,5	520	2340
Goldhafer	1,8	1600	2880
Knaulgras	3,3	360	1190
Rotklee	3,1	530	1640
Felderbsen	18,3	90	1650
Sommerwicken	10,2	140	1430
Ackerbohnen	27,6	80	2210

Die Vielfalt der Pflanzenarten bedingt sehr unterschiedliche Produktionsverfahren. Sie können hier nur angedeutet werden. Die Saatguternte wird in der Regel mit dem Mähdrescher durchgeführt. Um Keimschäden zu vermeiden, muß die Rohware sofort schonend getrocknet werden. Anschließend wird das Saatgut mit Spezialmaschinen von unerwünschten Beimengungen gereinigt (LAMPETER 1957). Bestimmte Arten werden weiter aufbereitet, z. B. kalibriert und gebeizt (Mais), einkeimig gemacht (Betarüben), pilliert (Rüben) oder skarifiziert (Steinklee).

Bei der Hybridmaissaatguterzeugung vermehrt man zunächst die Inzuchtlinien. Zur **Herstellung der Einfachkreuzungen** (Basissaatgut) werden jeweils zwei Inzuchtlinien in Reihen nebeneinander angebaut. Nur von einer der beiden Inzuchtlinien, dem Saatelter, wird Saatgut geerntet. Die andere Inzuchtlinie, der Pollenspender, dient lediglich zur Bestäubung des Saatelters. Rechtzeitig vor dem Pollenschütten müssen die Saateltern „entfahnt" werden, d. h. man entfernt ihre männlichen Blütenstände. Das Verhältnis der Reihenzahl von Saateltern zu Pollenspendern ist 3 : 1.

Ähnlich wird durch Kreuzung von zwei Einfachhybriden das **zertifizierte Saatgut** von Doppelhybriden hergestellt. Bei Gräsern müssen die für Futternutzung üblichen Saatmengen erheblich reduziert werden. Je nach Art kann die Saat mit oder ohne Deckfrucht im Frühjahr, Sommer oder Herbst erfolgen. Bei Über- oder mehrjährigen Arten ist für hohe Bestandesdichte und zufriedenstellenden Ertrag eine kräftige Bestockung im Herbst zuvor entscheidend. Fremdbesatz, der aus dem Saatgut nicht herausgereinigt werden kann (LAMPETER 1962), ist bereits im Feldbestand zu entfernen.

Einen besonders kritischen Abschnitt im Produktionsablauf stellt die Ernte dar, weil sich bei vielen Arten mit zunehmender Reife die Früchte von selbst lösen. Das kann zu großen Verlusten führen (POHLER 1968). Auf Einzelheiten der sehr spezialisierten Produktionstechnik kann hier nicht eingegangen werden. Es wird auf die einschlägige Literatur verwiesen (ANSLOW 1962,

Tab. 240. Vermehrung von Futterpflanzensaatgut (ha) in der Bundesrepublik Deutschland 1984 (BML)

	Schleswig-Holstein	Niedersachsen	Nordrhein-Westfalen	Hessen	Rheinland-Pfalz	Baden-Württemberg	Bayern	Bundesgebiet*
Gräser	1345	4174	1755	227	342	1412	864	10229
Deutsches Weidelgras	760	879	172	20	26	242	88	2229
Welsches u. Bastardweidelgras	480	1174	1052	110	108	286	72	3308
Einjähriges Weidelgras	42	1564	266	44	77	131	54	2204
Wiesenschwingel	48	235	58	18	17	413	230	1035
Rotschwingel	15	102	142	14	3	33	176	485
Lieschgras	–	213	61	21	110	301	41	747
Glatthafer	0	0	0	0	0	–	142	142
Sonstige	–	7	4	0	1	6	61	79
Kreuzblütler	52	928	160	68	155	285	728	2381
Sommerraps	4	482	141	54	72	163	468	1388
Rübsen	6	49	6	8	16	28	243	356
Ölrettich	37	389	11	1	7	7	0	452
Senf	5	8	2	5	60	87	17	185
Mais einschl. Körnermais	0	0	0	27	44	1202	1	1274
Großkörnige Leguminosen	266	963	106	123	370	700	374	2942
Futtererbsen	259	931	105	64	236	592	313	2525
Sommerwicken	0	8	–	36	113	97	56	325
Winterwicken	2	24	1	23	21	11	5	87
Lupinen	5	–	0	–	0	0	0	5
Kleinkörnige Leguminosen	3	9	7	2	22	91	56	194
Rotklee	3	0	6	1	22	91	53	180
Inkarnatklee	0	9	0	0	0	0	0	9
Sonstige	0	0	1	1	–	–	3	5
Futterrüben einschl. -kohl	5	6	1	0	2	0	–	14
Insgesamt	1671	6080	2029	337	935	3690	2023	17034

* einschließlich Stadtstaaten, Saarland und Westberlin

Tab. 241. Futterpflanzensaatgut in der Bundesrepublik Deutschland 1982/83

	Inlandsproduktion[1] (t)	(% des Gesamtangebotes)	Einfuhr[2] (t)	Ausfuhr[2] (t)	Gesamtangebot (t)	(%)	(%)
Gräser	6987	23	27296	4462	29821	35	100
Deutsches Weidelgras	2040	25	7550	1416	8174		27
Welsches Weidelgras	1745	40	3354	689	4410		15
Einjähriges Weidelgras	1303	31	3285	358	4230		14
Bastardweidelgras	188	90	38	19	207		<1
Weidelgräser	5276	31	14227	2482	17021		57
Rotschwingel	443	11	3852	410	3885		13
Wiesenschwingel	845	41	1668	469	2044		7
Wiesenrispe	3	<1	4276	321	3958		13
Wiesenlieschgras	300	20	1569	341	1528		5
Knaulgras	16	12	216	95	137		<1
Glatthafer	88	51	87	1	174		<1
Straußgräser	4	<1	560	26	538		2
Schafschwingel			665	258	407		1
Rohrschwingel			7	59	7		<1
Andere Gräser	12	10	169		122		<1
Kleearten	74	2	4032	530	3576	4	100
Rotklee	70	13	680	228	522		14
Luzerne	1	<1	683	72	612		17
Persischer Klee			964	96	868		24
Alexandrinerklee			778	39	739		21
Weißklee			580	53	527		15
Inkarnatklee	3	2	153	10	146		4
Hornschotenklee			70	3	67		2
Schwedenklee			39	5	34		1
Andere Kleearten		<1	85	24	62		2
Mais	2820	8	32525	611	34734	40	100
Großkörnige Leguminosen	2211	26	6741	440	8512	10	100
Futtererbsen	1840	72	1082	359	2563		30
Sommerwicken	330	8	3667	56	3941		46
Winterwicken	26	30	65	4	87		1
Lupinen blau	15	1	1139	10	1144		14
Lupinen andere			788	11	777		9
Kruziferen	3046	35	6222	465	8803	10	100
Sommerraps	1650	60	1111	24	2737		31
Winterrübsen	870	74	341	34	1177		12
Ölrettich	300	11	2528	190	2638		30
Senf	216	10	2132	188	2160		26
Futterkohl	10	11	110	29	91		1
Futterrüben	5	<1	1229	249	985	1	100
Gesamt	15143	18	78045	6757	86431	100	

[1] geschätzt [2] Bundesamt für Ernährung und Forstwirtschaft

Tab. 242. Produktionstechnische Daten im Feldfutterbau (Richtwerte)

		Saatzeit (Monat)	Saatmenge (kg/ha)	Saattiefe (cm)	Reihenabstand (cm)	Düngung P_2O_5 (kg/ha)	K_2O (kg/ha)	N (kg/ha)	Ertrag Frisch (dt/ha)	Trocken (dt/ha)	StE (t/ha)
Mais, Silo	H	M4–A5	20– 50	3– 6	50 – 70	120–150	150–250	120–160	500	120	7
–, Grünfutter	H	M4–A5	60–120	3– 6	30 – 60	80–130	120–200	100–150	400	90	5
–, –	Z	M5–A6	60–120	3– 6	30 – 60	80–130	120–200	100–150	400	90	5
Futtergräser											
Einj. Weidelgras	H	E 3–M4	30– 40[6]	1– 2	12 – 18	90–120	150–250	200–400	300– 500	70–100	3 –5,5
Einj. Weidelgras	S	7	40– 60[6]	1– 2	12 – 18	40– 80	80–120	80–250	80– 200	10– 40	0,7–2
Welsches Weidelgras	H, U	M8–A9	30– 50[6]	1– 2	12 – 18	90–120	150–250	200–400	400– 750	80–150	4 –7
Welsches Weidelgras	U	E 3–M4	20– 30[6]	1– 2	12 – 18	90–120	150–250	200–400	80– 200	10– 40	0,7–2
Dt. Weidelgras	H	4– 7	25– 35[6]	1– 2	12 – 18	90–120	150–250	200–400	300– 600	80–130	4 –7
Knaulgras	H	4– 7	20	1– 2	12 – 18	90–120	150–250	200–400	400– 700	90–140	5 –8
Wiesenlieschgras	H	4– 7	15	1– 2	12 – 18	90–120	150–250	200–400	400– 600	90–130	5 –8
Wiesenschwingel	H	4– 7	25	1– 2	12 – 18	90–120	150–250	200–400	300– 500	80–110	4,5–6,5
Rohrschwingel	H	4– 7	25	1– 2	12 – 18	90–120	150–250	200–400	300– 600	80–120	4 –6
Wehrlose Trespe	H	4– 7	30	1– 2	12 – 18	90–120	150–250	200–400	300– 500	80–110	5 –7
Kleegrasgemenge	H, U	4– 7[1]	20– 30	1– 2	12 – 18	90–120	150–280	0–200	300– 700	70–140	4 –8
Klee und Luzerne											
Luzerne	H	M3– 7	15– 20	1– 2	12 – 18	100–200	200–300	0(–30)	300– 700	80–130	3,5–6,5
Rotklee	H	M3– 7	15– 20	1– 2	12 – 18	90–120	120–250	0(–30)	300– 700	80–130	4 –7
Persischer Klee	H, S	A –M4[2]	15– 20	1– 2	12 – 18	70–120	100–250	0(–30)	200– 600	30– 80	2 –4,5
Alexandrinerklee	H	A –M4	20– 25	1– 2	12 – 18	70–120	100–250	0(–30)	300– 600	50– 80	2 –4,5
Weißklee	H, U	M3– 7[1]	8– 10	1– 2	12 – 18	70–120	100–250	0(–30)	200– 600	30–100	2 –6
Schwedenklee	H, U	M3– 7[1]	10– 12	1– 2	12 – 18	70–120	100–250	0(–30)	250– 400	40– 60	2 –3,5
Hornschotenklee	H	M3– 7	12– 15	1– 2	12 – 18	70–120	100–250	0(–30)	300– 500	50– 70	2,5–4
Gelbklee	H, U	M3– 7[1]	20	1– 2	12 – 18	70–120	100–250	0(–30)	200– 300	30– 50	1,5–2,5
Steinklee	H	M3– 7	20	1– 2	12 – 18	70–120	100–250	0(–30)	250– 400	40– 60	2 –3
Esparsette	H	M3– 7	160	1– 2	12 – 18	70–120	100–250	0(–30)	250– 400	40– 60	2,5–3,5
Serradella	U	M4–A5	40– 50	1– 2	12 – 18	60– 90	100–200	0(–30)	80– 200	10– 20	0,5–1
Inkarnatklee	Ü	M8–A9	35	1– 2	12 – 18	60– 90	100–200	0(–30)	150– 250	30– 45	1,5–2,5
Großkörn. Leguminosen											
Felderbse	H,Z,S	M3–M4[2/3]	160–200	4– 5	15 – 25	60–100	80–150	0(–30)	150– 200	20– 30	1,2–1,8
Saatwicke	H,Z,S	M3–M4[2/3]	140	4– 5	15 – 25	60–100	80–150	0(–30)	150– 200	20– 30	1,2–1,8
Zottelwicke	Ü	E 8–M9	80	4– 5	15 – 25	60–100	80–150	0(–30)	150– 200	20– 30	1,2–1,8
Gemenge	H	M3–M4[2/3]	180–220	4– 5	15 – 25	60–100	80–150	0(–30)	150– 200	20– 30	1,2–1,8
Landsberger G.	Ü	M8–M9	60	1– 2	12 – 18	90–120	160–250	50–100	250– 300	30– 40	2 –2,5
Ackerbohnen-GPS	H	E 3–M4	200–300	5– 8	30 – 40	60–120	120–160	0(–30)	280– 400	70–100	3,5–5
Kreuzblütler											
Sommerraps	S	A –M8	10	1– 2	18 – 25	70–120	80–150	60–120	150– 300	20– 35	1 –2
Winterraps	S,Ü	M7–A8[4]	10– 12[7]	1– 2	18 – 25	70–120	80–150	60–120	150– 250	20– 30	1 –2
Sommerrübsen	S	A –M8	12	1– 2	18 – 25	70–120	80–150	60–120	150– 200	18– 25	1 –1,5
Winterrübsen	S,Ü	A –M8[5]	12– 15[7]	1– 2	18 – 25	70–120	80–150	60–120	150– 250	20– 30	1 –1,7
Ölrettich	S	A –M8	20	1– 2	18 – 25	70–120	80–150	60–120	150– 300	20– 35	1 –1,8
Futterkohl	S	A –M7	4	1– 2	18 – 25	70–120	80–150	60–120	150– 300	20– 35	1,2–2,2
Futterkohl, gesät	Z	A –M6	4	1– 2	30 – 50	100–150	200–280	140–200	300– 500	40– 60	2,5–4
Futterkohl, gepflanzt	Z	A –M6		1– 2	30 – 50	100–150	200–280	140–200	300– 500	40– 60	2,5–4
Futtersenf	S	M – E8	15– 20	1– 2	18 – 25	90–120	120–160	60–120	100– 250	20– 35	0,8–1,7
Futterrüben											
Runkelrübe	H	E 3–M4	[8]	2– 3	50 × 25	120–150	250–300	150–200	800–1200	120–160	6 –9
Kohlrübe	H	M4	3	1– 2	50 × 25	120–150	250–300	150–200	600–1000	90–120	5 –7,5
Kohlrübe, gepflanzt	Z	E 5–A6			50 × 25	100	200	150	500– 800	80–100	4,5–6,5
Stoppelrübe	S	7–M8	1– 2	1– 2	40	90–120	150–200	100–150	250– 500	25– 60	1,5–3

H = Hauptfrucht; Z = Zweitfrucht; U = Untersaat; S = Stoppelsaat; Ü = Überwinternd. A = Anfang; M = Mitte; E = Ende. [1] U = E3–M4; [2] S = 7; [3] Z = 6; [4] Ü = M–E8; [5] Ü = E8–A9; [6] Höhere Saatmenge für tetraploide Sorten; [7] Ü; [8] Normalsaatgut 12–20, Präzisionssaatgut kalibriert 5–8, Präzisionssaatgut pilliert 5–10 1/2 Einheiten, Monogermsaatgut 3–5 1/2 Einheiten; [9] Stück Stecklinge; [10] Knollen; [11] höhere Zahl = Z

Tab. 242. Fortsetzung.

		Saat-zeit (Monat)	Saat-menge (kg/ha)	Saat-tiefe (cm)	Reihen-abstand (cm)	Düngung P_2O_5 (kg/ha)	K_2O (kg/ha)	N (kg/ha)	Ertrag Frisch (dt/ha)	Trocken (dt/ha)	StE (t/ha)
Sonstige Futterpflanzen											
Grünhafer	H	M3–M4	100	2– 3	12 – 18	70–100	120–180	80–100	300– 400	40– 50	2,2–2,7
Grünroggen	Ü	A – E9	160	1– 2	12 – 18	70–100	120–180	80–100	250– 400	30– 50	2 –3,5
Sonnenblume	S,Z	7–M8[8]	30– 40	3– 4	30 – 40	30 bis 50[11]	60 bis 160[11]	70 bis 100[11]	200 bis 400[11]	30 bis 80[11]	1,5–4[11]
Sudangras	H,Z	M5–M6	25– 30	1– 2	20 – 35	100	200	120	400	80	4
Rispenhirse	S	A – E7	16– 18	1– 2	20 – 25	50	60–100	60–100	150– 200	25– 35	1,5–2
Kolbenhirse	S	A – E7	12– 14	1– 2	20 – 25	50	60–100	60–100	150– 200	25– 35	1,5–2
Phazelie	S	M7–M8	10– 12	1– 2	15 – 20	50	60–100	60–100	100– 200	15– 25	0,6–1,2
Buchweizen	S	M – E7	60– 75	2– 3	12 – 18	50	60–100	60–100	70– 100	12– 16	0,6–0,8
Spörgel	S	M7– A8	20	1	12 – 18	50	60–100	60–100	70– 100	12– 16	0,6–0,8
Comfrey	H	4	10000[9]		100 × 100	50	100	75	450	50	2,5–3
Ölkürbis	H,Z	A –M5	8– 10	3– 4	100 × 50	50	200	200	500	40	3
Topinambur	H	M3–M4	1500[10]	6–10	60 × 40	50	200	80	400	70	3,5–4,5

Bor 1978, Bürger et al. 1961, Hunt 1966, Lampeter et al. 1965, Sachs und Ziegenbein 1962, Schieblich 1959, Welsh Plant Breeding Station 1978, Wheeler and Hill 1957). Zusammenfassende Darstellungen der Saatguterzeugung von kleinkörnigen Futterleguminosen finden sich bei Hanson (1972) und Hoffmann et al. (1965) für Luzerne, Kreuz (1965) für Rotklee, Kreuz (1965) und Beran (1965) für andere Kleearten. Den Anbau von großkörnigen Leguminosen zur Saatgutgewinnung beschreibt Schieblich (1959). Der Rübensamenbau wird ausführlich von Brouwer (1978) behandelt. Die Saatguterzeugung der meisten Futterkruziferen unterscheidet sich im Prinzip nicht von der Konsum-Körnerproduktion.

Den Umfang der Vermehrungsfläche sowie ihre Aufteilung nach Arten und Ländern in der Bundesrepublik Deutschland 1984 gibt Tab. 240 wieder.

Einen Überblick über das Handelsvolumen bei einzelnen Arten und die Höhe der Inlandsproduktion in der Bundesrepublik Deutschland vermittelt Tab. 241.

5 Futterwerbung und Futterkonservierung

(E. ZIMMER)

5.1 Allgemeines zur Futterkonservierung

5.1.1 Notwendigkeit und Bedeutung

Klimatische wie **ökonomische** Gründe machen einen Ausgleich zwischen dem saisonalen Futteranfall während der Vegetationszeit und dem gleichbleibenden Nährstoffbedarf einer leistungsbetonten Tierhaltung notwendig

- entweder für den **Winter** im kühl-gemäßigten Klima mit einer Aufstallung von 150 bis 220 Tagen
- oder für **Trockenzeiten** in subtropischen oder tropischen Klimaten von ähnlichem zeitlichem Ausmaß.

Nur wenige Landbauzonen mit ganzjähriger Vegetationszeit sind von diesem Zwang zur Futterkonservierung befreit (ZIMMER 1974).

Von den **Haltungskosten** einer Milchkuh entfallen je ein Drittel auf die Kosten für Grundfutter resp. für Kraftfutter. Die Kosten der Milchproduktion werden daher wesentlich von der Höhe des Verzehrs an Grundfutter bestimmt (Abb. 100).

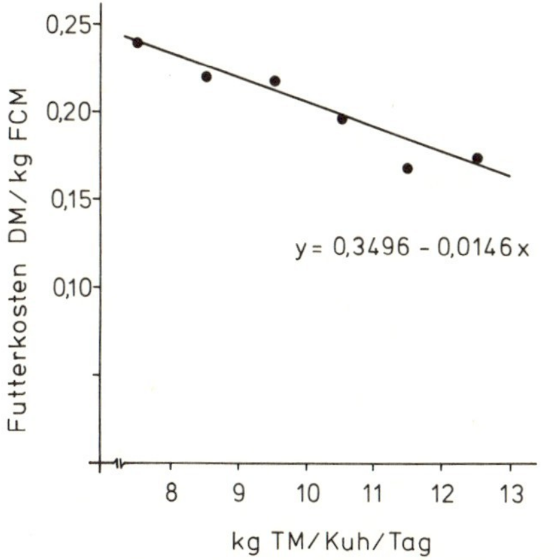

Abb. 100. Futterkosten und Aufnahme von Grundfutter (MEINHOLD et al. 1976).

Der **Umfang** der Futterkonservierung im Bundesgebiet läßt sich anhand statistischer Daten abschätzen. Zur Kapazität an massivem Siloraum sind mindestens weitere 15 Mill. m^3 Foliensilos, Erdmieten o. ä. hinzuzurechnen. Realistisch wird eine Annahme von 47 bis 49 Mill. m^3 Silage sein, aufgeteilt etwa im Verhältnis Mais – Gras – Rübenblatt wie 50 : 30 : 20, sowie von 8 bis 9 Mill. t. Heu, davon max. 30% belüftet.

Die genannten Werte können nur ein allgemeines Bild vermitteln, da die Wahl der Verfahren und der jeweilige Umfang im Betrieb von einer Vielzahl von Einflußgrößen mitbestimmt werden, wie der Betriebsgröße und Arbeitsverfassung, der Art und Leistungsfähigkeit des Futterbaues, der Leistungsrichtung der tierischen Produktion, den Möglichkeiten einer überbetrieblichen Arbeitsteilung.

5.1.2 Grundverfahren der Futterkonservierung

Die Haltbarmachung von pflanzlichen Futtermitteln gelingt, wenn

- die pflanzeneigenen Enzymsysteme der Zellatmung und der Proteolyse rasch und nachhaltig inaktiviert
- die vielfältigen Aktivitäten epiphytisch vorhandener Mikroorganismen gleichfalls unterbunden oder in einer erwünschten Richtung gefördert werden.

Nur wenige Grundverfahren sind hierfür geeignet:

Trocknen – Entzug von Wasser bis zur Lagerstabilität bei Restfeuchten unter 15%;

- **Vergären** oder **silieren** – Verschiebung der pH-Reaktion in den sauren Bereich durch eine spontane Milchsäuregärung;
- **Chemisch** konservieren – pH-Absenkung, stark alkalische Reaktion oder mikrobizide Wirkung geeigneter Stoffe;
- **Gefrieren** – Anwendung tiefer Temperaturen bis unterhalb der Toleranz für enzymatische Reaktionen.

Aus anwendungstechnischen und ökonomischen Gründen kommen für wasserreiche pflanzliche Futtermittel nur infrage die **Trocknung** als Heuwerbung oder künstliche Trocknung und die **Vergärung** als Naß-, Vorwelksilage und Gärheu.

Hilfsweise, aber immer in Kombination hiermit werden chemische oder biologische **Zusatzmittel** zur Ausschaltung unerwünschter Verderbvorgänge oder zur Stabilisierung der Lagerfähigkeit eingesetzt.

Mit diesen Verfahren lassen sich dann haltbar machen:

- grüne, frische Futterpflanzen aus den Familien der Gräser, Leguminosen, Kreuzblüter, praktisch alle als Futtermittel überhaupt nutzbaren Pflanzen
- Nebenprodukte des Hackfrucht-, Gemüse-, Obst-, Industriepflanzenbaues, wie Zuckerrübenblatt, Bagasse
- Abfall- und Nebenprodukte pflanzlicher wie tierischer Herkunft aus Verarbeitungsindustrien, wie Trester, Treber, Pülpen, Fisch- und Schlachtereiabfälle
- Feuchtgetreide und Feucht-Körnerleguminosen
- sog. unkonventionelle Futtermittel wie aufgeschlossenes Stroh, Kot aus Massentierhaltungen.

5.1.3 Anforderungen der Tierernährung an Grundfutter

Fortschreitende Erkenntnisse in der Ernährungsphysiologie des Wiederkäuers haben die Vorstellungen darüber verändert, wie Grundfutter als Heu, Trockengut oder Gärfutter beschaffen sein sollte (Balch 1969; Kaufmann und Rohr 1969). Betrachtet man das biologische System „Futterpflanze – Konservierung – Tier“, dann lassen sich die Ansprüche des Tieres in zwei Merkmalen für das Grundfutter kennzeichnen:

- seinem **Nährwert,** d. h. insbesondere der Verdaulichkeit der Nährstoffe, damit dem Gehalt an verdaulichem Rohprotein und Energie, womit die **Nährstoffversorgung** aus Grundfutter angesprochen ist
- der **Struktur** des Futters, seiner physikalischen Beschaffenheit, mit der engen Beziehung zur **Futteraufnahme.**

Der **Mineralstoff-** und Vitamingehalt, auch Stoffe mit einer Sonderwirkung spielen hier eine vergleichsweise sekundäre Rolle.

Die hieraus abgeleiteten Zielvorstellungen der Konservierung und der dieser vorgelagerten pflanzenbaulichen Maßnahmen richten sich auf größtmögliche Erhaltung dieser Werteigenschaften. Den **Nährstoffverlusten** der Futterkonservierung (siehe 5.1.5.2) mit ernährungsphysiologischen – wie ökonomischen – Auswirkungen kommt in diesem Zusammenhang dann besondere Bedeutung zu.

5.1.3.1 Nährwert und Verdaulichkeit

Leistungsabhängig verändert sich der Anspruch des Wiederkäuers an die Verdaulichkeit der Ration. Das Angebot des Futters variiert demgegen-

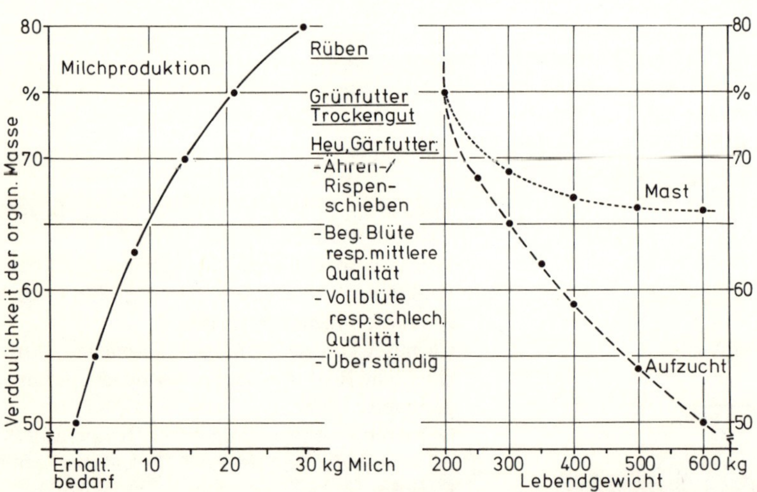

Abb. 101. Anforderungen an die Verdaulichkeit (Kirchgessner 1970, ergänzt).

über in weiten, pflanzenphysiologisch vorgegebenen Grenzen. Die in vitro-Bestimmung nach TILLEY and TERRY (1983) hat die Bewertung von Grundfutter grundlegend verbessert (siehe auch MIKA u. a. 1981).

Von besonderer Bedeutung ist die enge Beziehung zwischen der **Verdaulichkeit** von Grundfutter und der **Futteraufnahme,** d. h. zur Höhe des Verzehrs an Trockenmasse (vgl. 5.1.3.3). Eine Änderung der Verdaulichkeit um ± 5%-Punkte entspricht etwa solcher in der Aufnahme von ± 1 bis 2 kg Trockenmasse (Abb. 101).

Als Richtwert für eine ausreichende Versorgung mit **Rohprotein** können 8 bis 15% verdauliches RP gelten. Unter den pflanzenbaulichen Bedingungen des gemäßigten Klimas und bei entsprechender Werbung sind Werte unter 4% nicht zu befürchten. Dagegen wird dieser Grenzwert in den Tropen häufiger unterschritten und erklärt dann den niedrigen Produktionswert dortigen Grundfutters.

Die Fähigkeit des Wiederkäuers, Aminosäuren zu synthetisieren, enthebt im allgemeinen von der Notwendigkeit, das Aminosäuremuster der Futterpflanze und dessen Veränderung im Konservierungsprozeß zu betrachten. Neuere Ergebnisse verändern jedoch die herrschende Ansicht z. B. über den Umfang einer bakteriellen Synthese in Silagen (ULLRICH 1982) oder die Bedeutung des Aminosäureumbaus (MERCHEN und SATTER 1982).

5.1.3.2 Mineralstoffe und Vitamine

Für die Versorgung mit Mineralstoffen und Vitaminen, im wesentlichen mit Carotin, liegen die Bedarfswerte fest. Verfahrensspezifisch können andererseits die Gehaltszahlen von Heu resp. Gärfutter mehr oder weniger ungünstig beeinflußt werden. Mechanische Verluste, Auswaschung im Sickersaft ziehen die Mineralstoffe, eine Oxydation das Carotin stärker in Mittleidenschaft. Die Bewertung der Verfahren hat also auch im Hinblick auf die Erhaltung dieser Stoffgruppen zu erfolgen.

5.1.3.3 Futteraufnahme und Struktur

Eine hohe Futteraufnahme ist die Voraussetzung für eine leistungsgerechte Nährstoffversorgung. Die Aufnahmefähigkeit des Wiederkäuers an Trockenmasse ist jedoch begrenzt; bei einer Milchkuh auf etwa 18 bis 20 kg TM/Tag, selten bis 22 kg. In dieser Trockenmasse muß die Nährstoffmenge konzentriert sein, welche zur Realisierung einer Leistung notwendig ist. Die Grundfutteraufnahme ist in Abhängigkeit von Schnittzeit und Art der Konservierung sowie der notwendigen Kraftfutterergänzung zu sehen (Tab. 243).

Tab. 243. Futteraufnahme kg TM/Tag (KAUFMANN und ZIMMER 1970)

Schnitt-zeit	Naß-silage	Anwelk-silage	Gärheu	Heu
I	7–9	11	12–13	12–16
II	8	9	10	10
III	7	8	8	7,5

Neben dem Einfluß der Verdaulichkeit als Funktion von Futterart und Schnittzeit auf die Futteraufnahme ist derjenige einer wiederkäuergerechten Struktur hervorzuheben. Diese „Struktur" hat sowohl chemische (pflanzliche Gerüstsubstanzen) als auch physikalische (Trockenmasse, Dichte, Partikelgröße) Komponenten, welche durch die Art des Konservierungsverfahrens beeinflußt werden.

5.1.4 Pflanzenbauliche Bedingungen

5.1.4.1 Erntezeitpunkt

Das zentrale Problem des Futterbaubetriebes für die Werbung von Winterfutter ergibt sich aus der **zeitlichen Begrenzung** auf einen Wachstumsabschnitt, in welchem Trockenmasseertrag und Nährwert in einem günstigen Verhältnis zueinander stehen sollen. Besonders ausgeprägt ist dies beim Übergang von vegetativer zu generativer Wachstumsphase, bei Gramineen und Leguminosen im Frühsommer, der Zeit intensivsten Wachstums mit einem Produktionsüberschuß, bekannt als **Grasberg.**

Die Gehalte an Rohnährstoffen verändern sich hier in charakteristischer Weise. Das Rohprotein nimmt ab, die Rohfaser als Ausdruck des Aufbaus von Gerüstsubstanzen nimmt zu, demgemäß nimmt die Verdaulichkeit ab. Weniger ausgeprägt ist ein Rückgang des Nährwertes mit zunehmendem Alter in späteren Abschnitten der Vegetationsperiode.

Wird eine Qualität von nicht unter 65% Verdaulichkeit der org. Masse angestrebt, so stehen nur etwa **10 bis 15** Tage für die erste Nutzung zur Verfügung. Der artverschiedene Verlauf der Alterung kann Abweichungen bewirken.

5.1.4.2 Konservierungseignung – Stoffeigenschaften

Bestimmte Stoffeigenschaften der Pflanzen verändern deren Eignung für die Konservierung. Diese Variabilität ist arttypisch ausgeprägt. Sie liegt für die Trocknung mehr in der Morphologie, besonders in der Zellstruktur; für die Vergärung stärker bei chemischen Parametern (vgl. 5.2.2.2 und 5.4.3). Die pflanzenbaulichen Maßnahmen der Grünlandbewirtschaftung und des Feldfutterbaues können jedoch **nicht** auf eine Optimierung dieser Konservierungseignung ausgerichtet sein. Vielmehr sollte die höchstmögliche Flächenleistung an verdaulichen Nährstoffen mit einem ökonomisch vertretbaren Aufwand angestrebt werden. Eine Erschwerung von Trocknung oder Vergärung durch die Intensivierung ist dabei in Kauf zu nehmen, gleichgültig, ob es sich um

- eine Vorverlegung der Schnittzeiten, d. h. die Nutzung physiologisch jüngerer Pflanzen
- eine Erhöhung der Stickstoffdüngung, u. U. verbunden mit
- einer Erhöhung der Nutzungsfrequenzen
- die Einführung von Leguminosen

handelt.

Hier fällt vielmehr der **Technik** in Futterwerbung und -konservierung die Aufgabe zu, solche Verfahren zu entwickeln, welche die **Materialeigenschaften** der Futterpflanzen durch eine Aufbereitung für die Konservierung verbessern; die **Lagerbedingungen** für Trocknung oder Vergärung optimal zu gestalten helfen; die **fristgerechte** Bewältigung der Futterernte sicherstellen.

5.1.5 Bewertung von Heu und Gärfutter

5.1.5.1 Abschätzung der Qualität

Eine leistungsbezogene Fütterung verlangt die möglichst genaue Bewertung des Grundfutters in den Qualitätsparametern seines Nährwertes. Verdauungsversuch, Rohnährstoffanalyse, selbst Verdaulichkeitsbestimmung in vitro sind jedoch zeit- und kostenaufwendig (BOGDAN 1974; VOIGTLÄNDER und VOSS 1979). Die Anwendung ganz anderer Meßprinzipien (NIR-Nah-Infrarot-Spektroskopie, Mahlwiderstandsmessung) mit nachfolgender Schätzung des Nährwertes wird daher vorangetrieben (ZIMMER 1982).

Der Begriff „Qualität" wird häufig jedoch auch im Zusammenhang mit einer Erfolgskontrolle der Konservierung gebraucht. Einfach erfaßbare Merkmale wie Struktur, Farbe, Geruch, das Ausmaß von Verunreinigungen und Schimmel

Tab. 244. Heubewertungsschlüssel der DLG (zit. KLAPP 1971)

Zweiteiliger DLG-Schlüssel	
I. Sinnenprüfung auf Aussehen, Geruch, Griff, Verunreinigung	bis 30 Punkte
II. Botanische Untersuchung	bis 60 Punkte
a) Anteile von Gräsern, Klee, Kräutern	
b) Abzüge für minderwertige oder giftige Arten je nach Anteil	
c) Schnittzeit	bis 10 Punkte
zusammen	bis 100 Punkte
Dreiteiliger DLG-Schlüssel	
I. Sinnenprüfung	
II. Botanische Untersuchung Abzüge für minderwertige und giftige Arten	bis 30 Punkte
III. Chemische Untersuchung auf Rohprotein-, Rohfaser-, P- und Ca-Gehalt	bis 70 Punkte
zusammen	bis 100 Punkte

Güteklassen für beide Methoden in fünf Stufen (20 Punkte):
vorzüglich[1], sehr gut[2], gut[3], weniger gut[4], minderwertig[5], dazu Güteklasse gesundheitsschädlich, wertlos mit 0 Punkten und weniger

[1] (81–100) [2] (61–80) [3] (41–60) [4] (21–40) [5] (1–20)

lassen Rückschlüsse auf den Verlauf der Konservierung wie auf die Höhe der eingetretenen Verluste zu. Entsprechende Übung vorausgesetzt, ist die Übereinstimmung mit analytisch fundierten Methoden gut. Eine Einteilung in fünf Güteklassen entspricht den praktischen Anforderungen (Tab. 244).

Die Abschätzung von Nährwert und Futteraufnahme bleibt jedoch dringendes Erfordernis der Praxis. Dieses versucht der „DLG-Schlüssel zur Bewertung von Grünfutter, Silage und Heu" (KAUFMANN und ZIMMER 1970) für praktische Zwecke. Er gliedert sich in mehrere Abschnitte, wobei festgestellt resp. abgeschätzt werden:

- **Schnittzeit** resp. **Alter** oder der Rohfasergehalt als wichtigster Parameter
- die **Konservierungsqualität** von Heu resp. Gärfutter

- **Nährwert** aus Schnittzeit/Alter **und** Wertminderung nach Konservierung
- **Futteraufnahme** aus Schnittzeit/Alter, Konservierungsform und Güteklasse
- Konservierungs**verluste** (Tab. 245).

5.1.5.2 Nährstoffverluste bei der Konservierung

Jede Konservierung ist mit Nährstoffumsetzungen verbunden. Es kann sich um einen Nährstoffumbau handeln, wobei Metaboliten mit gleichem, geringerem, auch mit höherem Energiegehalt entstehen können, z. B. während der Vergärung (McDonald u. a. 1973). Zur partiellen Mineralisation kommt es bei der Atmung, auch bei Substratabbau während einer Nacherwärmung. Reine Massenverluste in der ursprünglichen Nährstoff-Zusammensetzung entstehen bei mechanischer Beanspruchung; der Verlust löslicher Stoffgruppen tritt bei Sickersaftbildung oder Auswaschung auf. Decarboxylierung und Desaminierung verändern die Gruppe der Eiweißstoffe.

Diese in verschiedenen Abschnitten der Werbung, Konservierung und Lagerung eintretenden Wertänderungen und Verluste sind teilweise als unvermeidbar anzusehen. Sie sind in Vorgängen biologischer, chemischer, physikalischer Natur der jeweiligen Grundverfahren Trocknen oder Silieren begründet. Teilweise sind sie Voraussetzung zum Gelingen der Haltbarmachung (z. B. Säurebildung), oder aber sie stellen nach Stand der Technik und einer zumutbaren betrieblichen Organisation die unterste Grenze von Wertänderungen dar.

Tab. 245. Bewertungsschlüssel für Gärfutter (zit. Zimmer 1966b)

Sinnenprüfung auf		
Geruch	in fünf Stufen	bis 14 Punkte
Gefüge	in vier Stufen	bis 4 Punkte
Farbe	in zwei Stufen	bis 2 Punkte

Punkte	**Güteklasse**	**Wertminderung d. Silierung**
20–16	1 sehr gut bis gut	gering
15–10	2 befriedigend	mittel
9– 5	3 mäßig	hoch
4– 0	4 verdorben	sehr hoch

Der größere Teil von Konservierungsverlusten ist jedoch vermeidbar und hat seine Ursachen in suboptimalen Verfahrensbedingungen. Diese können sowohl technischer wie organisatorischer Natur sein, beeinträchtigen jedoch den Ablauf der Konservierung oder die späteren Lagerbedingungen (Honig 1976, Zimmer 1966a). Die durchschnittliche Verlustquote liegt daher unter praktischen Bedingungen bei schätzungsweise 30 bis 35%, wobei eine weite Spanne zwischen gut und schlecht geführten Betrieben existiert.

Die wichtigsten Konservierungsverfahren unterscheiden sich in ihrer durchschnittlichen Verlusthöhe dabei prinzipiell, zunächst infolge eines unterschiedlichen Wetterrisikos, jedoch auch hinsichtlich der Möglichkeit, mit einer geringeren oder größeren Sicherheit dem biologischen Verlustminimum unter praktischen Verhältnissen nahezukommen (Abb. 102).

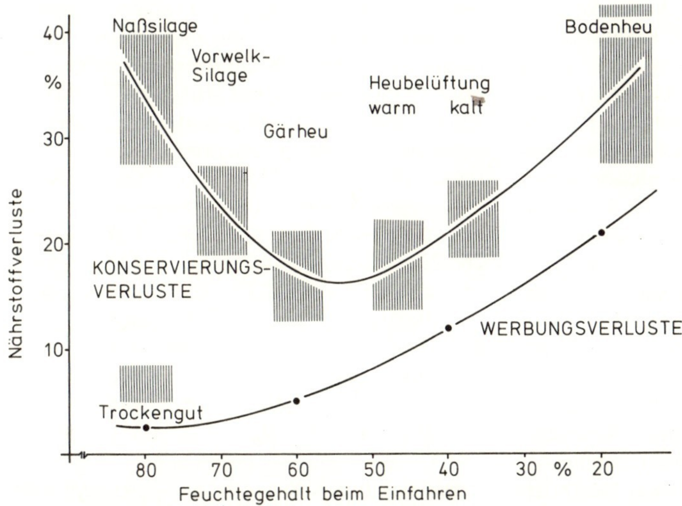

Abb. 102. Nährstoffverluste von Konservierungsverfahren (Hoglund, ergänzt).

Eine Beurteilung der Konservierungsverluste muß unter zwei Gesichtspunkten erfolgen:

Als **Massenverluste,** z. B. in dt TM/ha, mindern sie die Futterflächenleistung und schlagen sich ökonomisch in einem erhöhten Flächenbedarf, geringerem Viehbesatz oder dem Anteil an Zukauffutter nieder;

als **Qualitätsverluste,** d. h. verminderter Verdaulichkeit bzw. Gehalte an Energie und Eiweiß, bedingen sie eine schlechtere Einsatzmöglichkeit des Grundfutters in der Ration, eine Beeinträchtigung des Grundfutterverzehrs und demzufolge einen überhöhten Kraftfuttereinsatz.

5.2 Heutrocknung und Heuwerbung

5.2.1 Allgemeines zu Heu

5.2.1.1 Einordnung, Rahmenbedingungen

Die Trocknung von Futterpflanzen ist wohl das älteste Verfahren einer Haltbarmachung. Nutzung von „Heu auf dem Halm" oder das Einsammeln trockener Pflanzen werden die Vorläufer sein, wie man es unter extensiven Produktionsbedingungen heute noch findet. Unter Heuwerbung im eigentlichen Sinne werden die Verfahren verstanden, bei denen

- ausschließlich Sonnenenergie wirksam wird, um Heu am Boden oder auf Gerüsten zu trocknen
- ein wechselnder Anteil an Fremdenergie benutzt wird, um die risikoreiche Nachtrocknung unter Dach zu verlegen.

Bei ausschließlicher Verwendung von Fremdenergie für den gesamten Trocknungsvorgang spricht man von künstlicher oder Heißlufttrocknung (siehe 5.3).

Heuwerbung ist auch das verbreitetste Verfahren der Winterfutterwerbung. Bezogen auf Grünland beträgt das Verhältnis Heu zu Silage etwa 2:1. Regional und betrieblich bestehen jedoch außerordentliche Unterschiede. Der Umfang der Heuwerbung nimmt ständig ab, im wesentlichen aus folgenden Gründen:

Das **Wetterrisiko** ist infolge der langen Feldzeiten zu hoch; das Qualitäts- und Verlustrisiko wird als untragbar empfunden, zumal bei einer höheren Produktionsintensität.

Die **Mechanisierbarkeit** bleibt trotz unverkennbarer Fortschritte begrenzt; das belastet namentlich den auf Futterbau spezialisierten Familienbetrieb mit seinem größeren Bedarf an Winterfutter.

Die Verwendung von **Fremdenergie** bei der Heubelüftung gerät stärker und fühlbarer unter Kostendruck.

Andererseits hat Heu als Futtermittel unbestreitbare Vorteile:

- in Hartkäsereigebieten ist nur Heufütterung erlaubt, um die spezielle Käsereitauglichkeit zu erhalten
- Heu kann als „Rauh"futter die Mängel von kraftfutterreichen, daher rohfaser- und strukturarmen Rationen ausgleichen
- Heu ist transport- und marktfähig und erlaubt den zwischenbetrieblichen Futterausgleich
- vorhandene Altbausubstanz läßt sich vielfach noch gut und problemlos für eine Heulagerung nutzen, ohne daß Investitionen für den Bergeraum neu anfallen.

5.2.1.2 Heuqualität

Die **Qualität** von Heu wird in erster Linie durch seinen Nährstoffgehalt und die Verdaulichkeit, ferner durch Mineralstoffe und Carotin bestimmt. Die Brauchbarkeit in der Fütterung wird aber auch durch sekundäre Merkmale beeinflußt, wie den Besatz mit giftigen Pflanzen, den Grad einer Verschimmelung oder Verschmutzung, den Befall mit Heumilben u. ä (vgl. 5.1.5.1). Die Spanne im Produktionswert von Heu ist daher außerordentlich groß.

Bei der **Futtererzeugung** entscheiden die Schnittzeit, der Pflanzenbestand, die Düngung und die Witterung während des Aufwuchses über

Tab. 246. Schnittzeit und Heuqualität am Niederrhein (Beckhoff 1963)

Schnittzeit	Heuertrag (dt TM/ha)	Rohprotein Gehalt (% TM)	Rohprotein Ertrag (dt/ha)	Nettoenergie StE (je kg TM)	Nettoenergie MJ NEL* (je kg TM)
bis 25. 5.	48	16,2	7,8	529	6,05
26.–31. 5.	51	14,7	7,6	472	5,55
1.– 5. 6.	53	13,8	7,3	464	5,48
6.–10. 6.	59	12,2	7,3	465	5,49
11.–15. 6.	59	11,7	6,9	458	5,43
16.–20. 6.	62	10,2	6,3	416	5,07
21.–25. 6.	63	10,1	6,4	414	5,05
26.–30. 6.	65	9,5	6,2	411	5,02

* berechnet lt. Vorschlag Grünlandinstitut FAL 1982

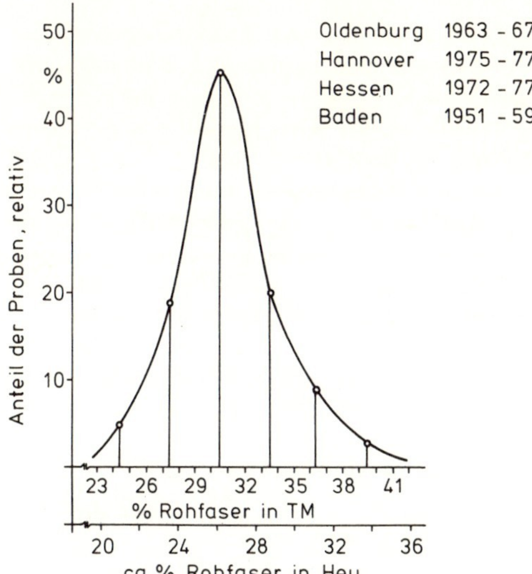

Abb. 103. Verteilung von Heuqualitäten (aus Erhebungen zusammengestellt).

die Werteigenschaften. Während der **Futterwerbung** beeinflussen wiederum die Witterung sowie die Art der Aufbereitung und Trocknung die Höhe der Verluste und das Ausmaß von sekundären Verderberscheinungen.

5.2.1.3 Bedeutung der Schnittzeit

Die Schnittzeit übt den entscheidenden Einfluß auf den Futterwert von Heu – wie auch von Gärfutter – aus. Beckhoff stellte nach 5jährigen Versuchen auf Mähweiden am Niederrhein heraus, daß früher Schnitt bis Ende Mai die beste Kombination der Ertrags- und Qualitätsparameter erbrachte.

Der Ertragszuwachs bei späterem Schnitt um weitere 25% wog die bereits fühlbaren Einbußen im Rohprotein- und Energiegehalt nicht auf (Tab. 246).

In Niedersachsen wurde in den Jahren 1975/77 die Heu- und Silagequalität in Testbetrieben ermittelt. Die größte Häufigkeit der Proben lag in den Rohfaserklassen 28 bis 34%, was sich mit einem schleswig-holsteiner Ergebnis aus elf Jahren bis 1978 von ⌀31,6% Rohfaser i. d. TM für Heu und anderen Erhebungen deckt (Abb. 103).

Umfangreichem Material aus Hessen zufolge liegt der ⌀ Rohfasergehalt dort bei 30,7% mit einer entsprechenden Abstufung der Nährstoffgehalte (Tab 247).

Tab. 248. Heuqualität in Bayern (Rieder 1972)

⌀ Rohfaser-gehalt (i. % der TM)	Zone
unter 27	Allgäu bis Lech–Donau
27 – 30	übriges Südbayern einschließlich Bayerischer Wald
30 – 33	Schwäbische Alb und südliche Fränkische Alb
33 – 36	nördliche Oberpfalz
über 36	Unterfranken und östliche Oberpfalz

Tab. 247. Heuqualität in Hessen (Lübbe 1979)

Rohfasergehalt	Anteil der Proben	verd. RP	Gehalt an			
			Nettoenergie StE	MJ NEL*	Ca	P
(% i. TM)	(relativ %)	(% der TM)	(je kg TM)		(% i. TM)	
bis 26	7,0	9,2	444	5,31	0,58	0,36
26–29	22,0	7,2	408	5,00	0,53	0,31
29–32	41,5	5,8	374	4,70	0,49	0,28
über 32	29,5	4,9	343	4,43	0,44	0,26
	100,0	6,1	378	4,73	0,49	0,28

* berechnet lt. Vorschlag Grünlandinstitut FAL 1982

Tab. 249. Heuqualität im badischen Raum (SCHÖLLHORN 1979, persönl. Mittlg.)

Schnittzeit	Anteil der Proben (relativ %)	Gehalt an			
		Rohfaser	verd. RP	StE	MJ NEL*
		(% i. TM)		(je kg TM)	
bis 1. Juni ~ vor d. Blüte	37	<25	8,0	455	5,41
bis 15. Juni bis Mitte Blüte	49	bis 29	5,6	355	4,54
bis 30. Juni Mitte bis Ende Blüte	14	30–32	4,4	312	4,17

* berechnet lt. Vorschlag Grünlandinstitut FAL 1982

Die Auswertung 10jähriger Beobachtungen zeigt ferner, daß Witterungseinflüsse den Beginn und die Dauer der Heuernte stark beeinflussen.

Daß trotz einer deutlichen Anhebung der Heuerträge und dem Übergang zum 3-Schnitt auf Wiesen nach gezielter Düngerberatung die Heuqualität nicht besser geworden ist, berichtet RIEDER (1972). Hiernach läßt sich nur für Südbayern eine annähernd den Forderungen der Tierernährung entsprechende Schnittzeit für Heu belegen (Tab. 248).

SCHÖLLHORN (1979) gibt Werte aus dem badischen Raum an (Tab. 249).

Neueren Untersuchungen von HONIG und ROHR (Tab. 250) zufolge verschlechtert bereits „mittelspäter Schnitt" trotz sorgfältiger Werbung über die Belüftungstrocknung alle Kennwerte von Heu einschließlich der Futteraufnahme derart, daß die Milchleistung fast ausschließlich über Kraftfutter erfüttert werden muß.

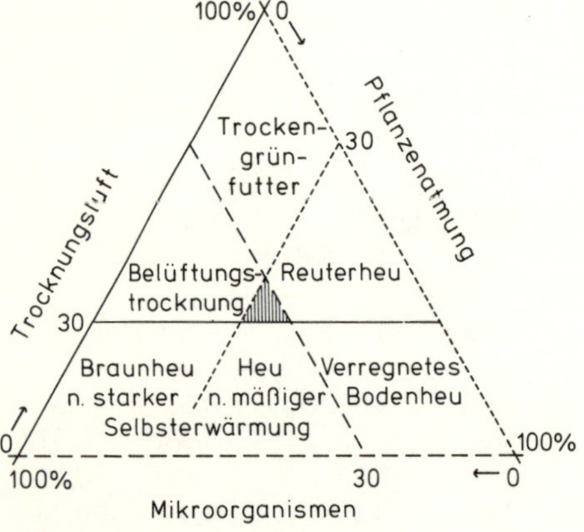

Abb. 104. Anteil der „Energiequellen" bei Gewinnung verschiedener Heuarten (KOHLER 1965).

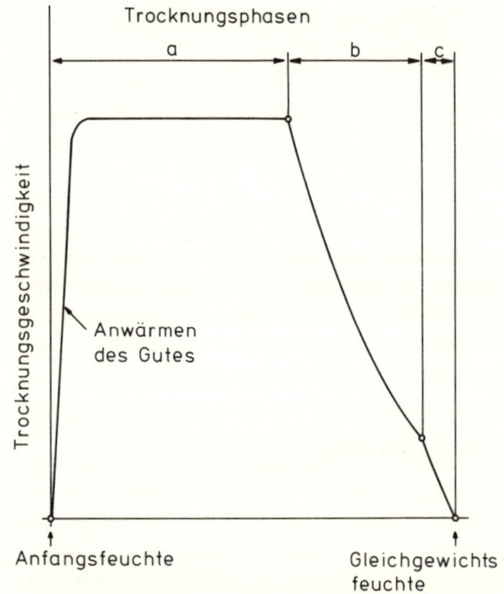

Abb. 105. Trocknungsphasen und Trocknungsgeschwindigkeit (WIENECKE 1972).

5.2.2 Grundlagen der Trocknung

5.2.2.1 Trocknung als physikalischer Prozeß

Futterpflanzen sind hygroskopische, kapillarporöse Stoffe, welche ein Mehrfaches ihrer Trockenmasse an Wasser binden. Dieses muß unter Überwindung der herrschenden Bindungskräfte verdampft werden. Die hierfür benötigte Energie entstammt überwiegend der Trocknungsluft, aber auch exothermen Reaktionen der noch nicht abgebrochenen Zellatmung sowie einer mikrobiellen Tätigkeit (Abb. 104).

Die Trocknung verläuft in drei Phasen. Die Geschwindigkeit nimmt dabei ab, der Energieaufwand je Einheit verdampftes Wasser erhöht sich (Abb. 105).

Tab. 250. Kennwerte von Heu, Völkenroder Verfahrensvergleich (Material: Feldgras) (HONIG und ROHR 1978)

	Nährwert				Futteraufnahme bei tägl. Kraftfutter		Produktionswert
	Verdaulichk. d. org. M	Nettoenergie		verd. RP	3 kg	6 kg	
		NEL	StE				
	(%)	MJ/kg TM	je kg TM	(% i. TM)	kg TM/Tag	kg TM/Tag	(kg FCM)
Im Ähren–Rispenschieben 16.–23. 5.	79	6,34	562	9,1	11,6	9,9	9
Beginn der Blüte 30. 5.–9. 6.	67	5,39	453	5,2	9,1	8,8	1

1. Oberflächenwasser, aus den Stomata nachgeliefert, auch nach einer mechanischen Aufbereitung freigeworden, wird verdunstet; die Trocknungsgeschwindigkeit ist gleichbleibend hoch.
2. Das Wasser aus dem Leitröhrensystem, aus Interzellularen und Zellgewebe verdunstet; es gelangt durch Diffusion nach außen, der Diffusionswiderstand der schrumpfenden Gewebe erhöht sich zunehmend.
3. Stärker gebundenes Wasser der Zellmembranen sowie solches aus feinsten Kapillaren wird bis auf einen Rest abgegeben.

Die **Trocknungsfähigkeit** der Luft bzw. ihre Aufnahmefähigkeit für Wasserdampf ist abhängig vom **Sättigungsdefizit** (Einheit Torr). Die Trocknung erfolgt von außen nach innen, dickere Pflanzenteile, z. B. Halmknoten, trocknen langsamer. Zwischen den Sorptionskräften des Stoffes und dem Dampfdruckgefälle der Luft stellt sich jeweils die sog. **Gleichgewichtsfeuchte** ein. Daher wird die Lagerstabilität von Heu nur erreicht und gehalten, wenn die umgebende Luft eine bestimmte Temperatur und relative Luftfeuchte aufweist (WINKELER 1954).

5.2.2.2 Trocknungseignung der Futterpflanzen

Das Verhalten der Futterpflanzen während der Trocknung wird durch die Stoffeigenschaften und den Massenertrag beeinflußt. Arteigene Unterschiede (HÜBNER und WAGNER 1968) erlangen aber kaum diejenige praktische Bedeutung wie der Entwicklungszustand.

Hiernach besteht ein Zusammenhang zwischen dem Gehalt des Futters an Rohfaser und Wasser und der Trocknungsgeschwindigkeit. Blattreiche Kleearten und saftreiche, massige Wiesenkräuter verzögern die Trocknung. Sie wird auch ungleichmäßiger. Ältere, rohfaserreiche Gräser im reinen

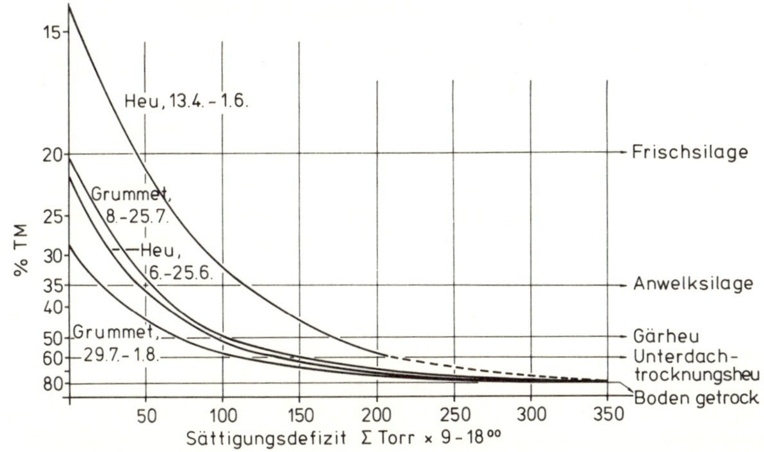

Abb. 106. Alter des Futters und Trocknungsverlauf (SPATZ et al. 1970).

Blattstadium (älteres Grummet) trocknen dagegen sehr gut und gleichmäßig (Abb. 106).

Für den Einfluß des Massenertrages stellte OLFE (1971) ab Erträgen von etwa 200 dt/ha Grünmasse signifikante Beziehungen zur Trocknungsrate fest, was mit früheren Untersuchungen übereinstimmt.

5.2.3 Verfahren und ihre Bedingungen

5.2.3.1 Vortrocknung auf dem Felde (Vorwelken)

Nur bei den Verfahren Naßsilage und Heißlufttrocknung folgt die Konservierung direkt dem Mähen des Grünfutters. Dagegen benötigen alle Verfahren der Heuwerbung sowie Vorwelksilage- und Gärheubereitung eine Vortrocknung des Grünfutters bis zu bestimmten Grenzwerten des Trockenmassegehaltes (Tab. 251).

In der **Witterung** liegt im „trocknungsfeindlichen“, humid-gemäßigten Klima das eigentliche Risiko der Trocknung ohne oder mit nur bescheidenem Einsatz von Fremdenergie. Während der Vegetationszeit herrschen ausreichende Trocknungsbedingungen nur etwa zwischen 9.00 und 18.00 Uhr. Untersuchungen im nordwestdeutschen Küstenraum (AGENA u. a. 1968) und im Alpenvorland (SPATZ u. a. 1970), konnten übereinstimmend nachweisen, daß das in diesem Zeitraum gemessene Sättigungsdefizit der Luft in direkter Beziehung zum Trocknungserfolg steht; ähnliches gilt für die Globalstrahlung oder Sonnenscheindauer. Einem angestrebten Vortrocknungsgrad in TM % entspricht somit eine hierzu notwendige Torr-Summe. Als wichtigste Variable gehen das Alter des Futters ein, die Trocknungsgeschwindigkeit dann, wenn sehr niedrige Restfeuchten erzielt werden sollen, überdies die Niederschläge.

Tab. 252. Heutrocknung im Schwad und breitgestreut (VAN D. SCHAAF 1961)

Trocknung	TM-Gehalt =	Luft-temperatur (°C)	Sonnen-schein (Std.)
Im Schwad	$y = -11{,}2$	$+0{,}6\,x_1$	$+0{,}4\,x_2$
Breitgestreut	$y = -\ 5{,}1$	$+1{,}2\,x_1$	$+0{,}8\,x_2$

Die Kenntnis dieser Schwellenwerte erlaubt die Abschätzung des regionalen Wetterrisikos (PFAU 1971) oder der Zahl verfügbarer Schnitt- und Einfuhrtage in einer Gegend (AGENA 1968, VAN EIMERN und SPATZ 1968), siehe Seite 399).

Der **Trocknungsverlauf** kann ganz wesentlich durch Organisation und Geräteauswahl gefördert werden. Der **Schnitt** sollte am Erntetag so frühzeitig als möglich, u. U. noch bei Taunässe erfolgen. Unmittelbar anschließend ist das Mähschwad zu bearbeiten; Gerätekopplung beim Mähen wäre noch besser. Ziel ist die volle Ausnutzung der Trocknungsmöglichkeit des ersten Tages, wodurch oft eine zweite Nacht mit den dann nicht unerheblichen Atmungsverlusten erspart werden kann. Hier liegt ein verbreitetes Versäumnis der Praxis, welche sich auf ein Abtrocknen im Schwad verläßt. Gezettetes Gut trocknet jedoch doppelt so schnell wie unbearbeitetes Gut (Tab. 252).

Es eignen sich Trommelzetter oder Kreiselzettwender, welche das Futter gut lockern und verteilen. Bis der geforderte Vortrocknungsgrad erreicht worden ist, sollte die Bearbeitung intensiv fortgesetzt werden. Bei günstiger Witterung läßt

Tab. 251. Verfahrensspezifische Trockenmasse – Grenzwerte und Torr-Summen zum Vorwelken (PFAU 1971, ergänzt)

	Trockenmasse Grenzwerte	Schwellenwerte der Torr Σ		
		1. Schnitt, jung	1. Schnitt, älter 2. Schnitt, jung	2. u. 3. Schnitt älter
Naßsilage	–	30	–	–
Anwelksilage	30–35 %	90	60	–
Gärheu	um 45 %	155	120	60
Belüftungsheu	ab 50 %	200	155	90
Bodenheu	ab 84 %	320	320	320

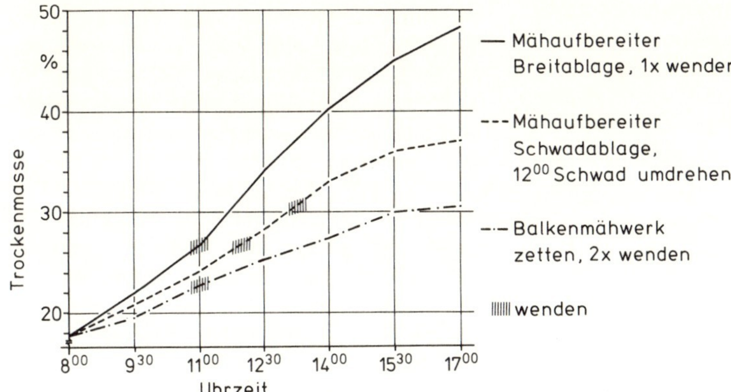

Abb. 107. Trocknungsverlauf von Wiesengras nach unterschiedlicher Behandlung (SCHURIG, in BECKHOFF et al. 1979).

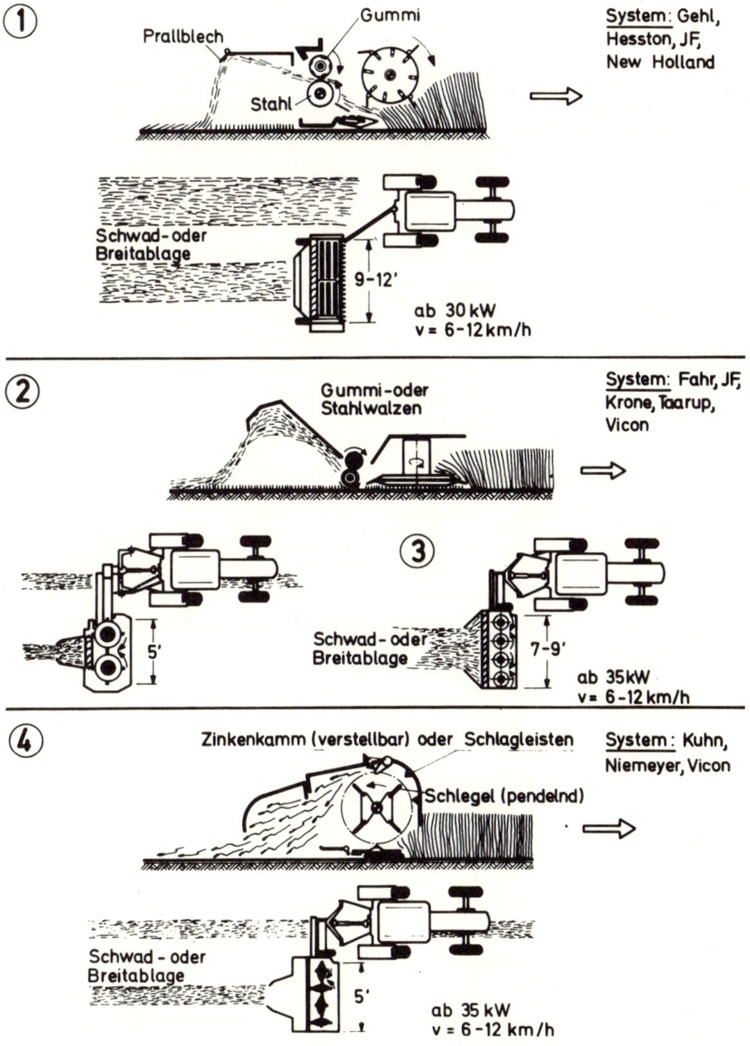

① Prallblech Gummi Stahl

System: Gehl, Hesston, JF, New Holland

Schwad- oder Breitablage 9-12'

ab 30 kW
v = 6-12 km/h

② Gummi-oder Stahlwalzen

System: Fahr, JF, Krone, Taarup, Vicon

5'

③ Schwad- oder Breitablage 7-9'

ab 35 kW
v = 6-12 km/h

④ Zinkenkamm (verstellbar) oder Schlagleisten

Schlegel (pendelnd)

System: Kuhn, Niemeyer, Vicon

Schwad - oder Breitablage 5'

ab 35 kW
v = 6-12 km/h

Abb. 108. Systeme von Geräten zur Aufbereitung von Mähgut (SCHURIG, in BECKHOFF 1979).

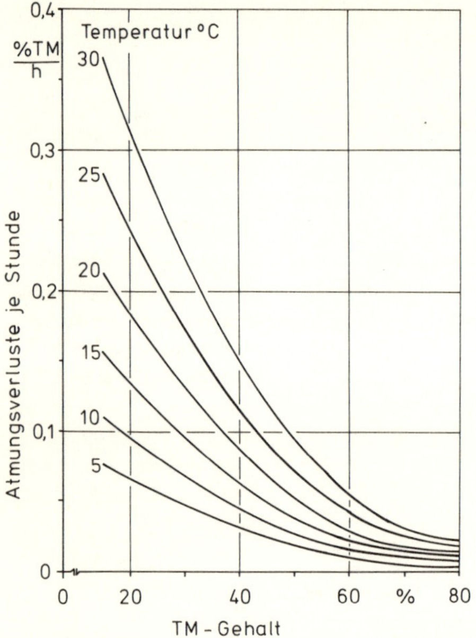

Abb. 109. TM-Verluste durch Atmung, Material: Gras (HONIG, in BECKHOFF et al. 1979).

sich Anwelksilage oder Welkheu oft bereits im Ein-Tages-Verfahren erzielen. Dies stellt allerdings an Organisationsgeschick und Schlagkraft des Betriebes hohe Anforderungen. In dem Bestreben, die Wasserabgabe der Pflanzen zu steigern, ist eine **mechanische Aufbereitung** mit Quetsch- oder Knickzettern versucht worden. Während stengliges Futter wie Klee danach deutlich schneller trocknet, blieb ein die Praxis überzeugender Erfolg für Wiesen- oder Mähweidegras aus. Gleichfalls erfolglos blieb der Einsatz von Schlegelfeldhäckslern, weil die Verluste außerordentlich ansteigen (GLASOW 1963).

Erst **Mähaufbereiter** mit rotierenden Werkzeugen, wahlweise Zinkenkämmen oder Schlagleisten, einsetzbar für Breit- oder Schwadablage, versprechen heute eine wirkungsvolle Aufbereitung auch von feinhalmigem, blattreichem Futter. Unwesentliche Mehrverluste werden durch die Trocknungsbeschleunigung und den Zeitvorteil wettgemacht (zusammenfassend bei BECKHOFF u.a. 1979; Abb. 107 und 108).

Während der Vortrocknung entstehen Atmungs- und mechanische **Verluste,** in diesem Stadium jedoch kaum Auswaschungsverluste. Die **Atmungsverluste** sind abhängig von der Umgebungstemperatur und dem jeweils erreichten Vorwelkegrad (Abb. 109).

Eine Fortdauer der Assimilation auch nach dem Schnitt bis etwa 30% TM-Gehalt wurde nachgewiesen. Andererseits steigt die Atmungsintensität nach Regen an, wobei aufbereitetes Gut dann stärker Nährstoffe umsetzt. Damit ist die Beobachtung bestätigt, daß mechanisch aufbereitetes Gut durch Einregnen höhere Verluste erleiden kann als normal gezettetes Gut.

Die **mechanischen Verluste** spielen zu Beginn der Trocknung noch keine besondere Rolle. Sie liegen bei etwa 3 bis 6% der TM, nur bei sehr schlechten Wetterbedingungen mit häufigem Wenden höher (Abb. 110).

Nach Völkenroder Ergebnissen läßt sich für den Einsatz von Mähaufbereitern auch mit geringeren Verlusten rechnen. Weitere Vorteile sind hier die Beschleunigung des Vorwelkens, die Einsparung von Arbeitsgängen und damit ein geringeres Wetterrisiko (Zusf. HONIG 1980).

5.2.3.2 Die Bodentrocknung

Die Heuwerbung am Boden unterliegt völlig dem Wetterrisiko, wobei ab etwa 60% TM die besonderen Schwierigkeiten beginnen (Tab. 253).

Das **Wetterrisiko** wird häufig unterschätzt. Bodentrocknung gelingt gelegentlich in zwei Ta-

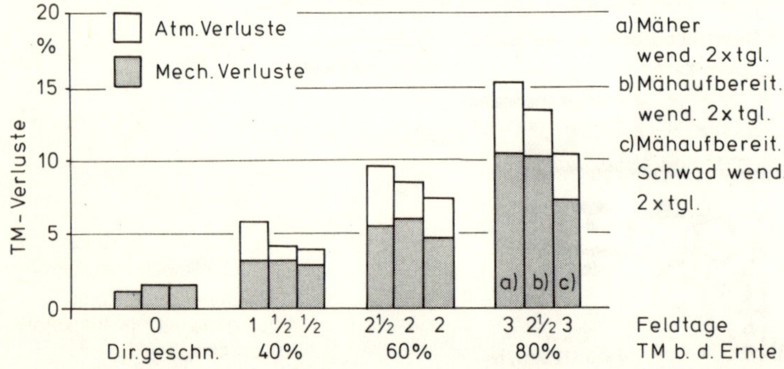

Abb. 110. Verluste während der Feldtrocknung, Material: Gras, 45 dt TM/ha; gutes Wetter (HONIG 1980).

Tab. 253. Problematik der Bodentrocknung (AGENA u.a. 1968, OLFE 1971, PFAU 1971, SPATZ u.a. 1970, SEGLER 1956)

Zustand des Halmgutes			Bedingungen der Trocknung			Wetterrisiko
	TM-Gehalt %	100 kg TM enthalten ... kg Wasser	kg Wasser zu verdampfen	notwendiges Sättigungsdefizit Torr 8^{00}–18^{00}	Benötigte Trocknungstage	Häufigkeit von* Trocknungsperioden
Frisch gemäht	18	456	–	–	–	–
Vorgetrocknet für Heubelüftung	60	67	389	170	bis 3	0,6–2,3
Feldgetrocknet bis zum Einfahren	86	16	440	320	6–8 und mehr	0–0,4
Bodentrocknung bedeutet	60 auf 86	– –	plus 51	plus 150	plus 3–5 und mehr	stark erhöht

* Häufigkeit von Perioden mit entspr. Trocknungsbedingungen innerhalb der für die Heuwerbung bevorzugten Jahreszeit und für verschiedene Regionen

gen. In vielen Gegenden wird andererseits, auch geländeklimatisch bedingt (Nordhänge, Waldlagen), die benötigte Endfeuchte von unter 15 % gar nicht erreicht, welche am Einfahrtag ein Sättigungsdefizit von ≧ 60 Torr voraussetzt. Es wird feuchter eingefahren, was unvermeidbar eine stärkere Heustockgärung nach sich zieht. Aber auch betriebstechnische Gründe tragen hierzu bei. So besteht bei den wegen ihrer arbeitswirtschaftlichen Vorteile geschätzten Großballen-Verfahren eine Tendenz zu kritisch hohen Restfeuchten.

Unter der Annahme günstiger Schnittermine lassen sich die jeweils durchschnittlich benötigte Zahl von Trocknungstagen und die wahrscheinliche Häufigkeit solcher Perioden für bestimmte Regionen ermitteln (Tab. 254). Die Chance einer mindestens vier- bis fünftägigen durchgehenden Schönwetterperiode ist demnach gerade für die typischen Grünlandgebiete sehr gering, die für eine kürzere Feldperiode zur nachfolgenden Heubelüftung dagegen realistisch groß.

Gleichmäßige Trocknung wird gefordert, weil sonst die Feldzeit verlängert oder das Verderbrisiko im Heustock erhöht wird. Kräuterreiches Wiesengras, massenwüchsiges Ackerfutter (Luzerne, Rotklee), das Breitstreuen von Schwaden, die Arbeit am Vorgewende, wie schließlich unebe-

Tab. 254. Verfügbare Feldtage für Heuwerbung, 1. Schnitt (nach PFAU 1971, beispielhaft berechnet)

Zone	Angenommener günstiger Zeitraum	Bodentrocknung a)	Bodentrocknung b)	Heubelüftung a)	Heubelüftung b)
Niederrhein (2)	21.–31. Mai	5,0	0	3,0	2,3
Nordwestdeutschland u. Küste (12)	1.–10. Juni	5,2	0,2	3,3	1,6
Mittel- und Süddeutschland (23)	11.–20. Juni	3,8	0,4	2,9	2,1
Mittelgebirge (12)	21.–30. Juni	4,1	0,2	2,8	1,0
Hunsrück, Schwarzwald, Alpen (5)	1.–10. Juli	3,6	0	2,4	0,6

( ) Zahl der Stationen;
a) durschschnittlich benötigte Zahl der Tage für Bodentrocknung bzw. Heubelüftung
b) durchschnittliche Häufigkeit solcher Perioden in der angenommenen Schnittzeit-Dekade

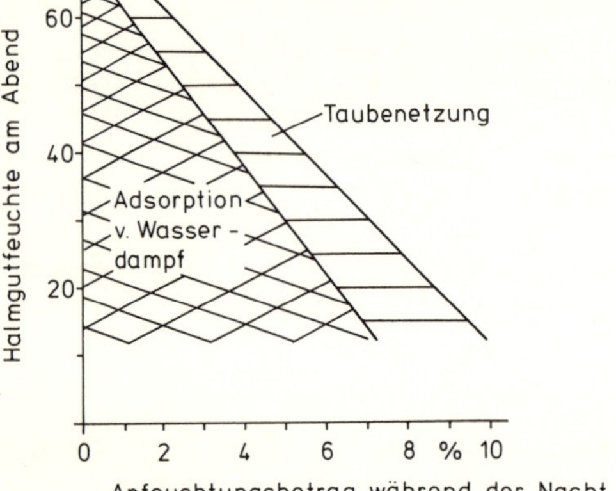

Abb. 111. Wiederbefeuchtung von Heu während der Nacht (OLFE 1971).

ne Böden oder „eingeregnetes“ Futter verlangen hier besondere Aufmerksamkeit.

Eine **Wiederbefeuchtung** durch Tau oder Wasserdampf bodennaher Luftschichten feuchter Böden während der Nachtstunden bleibt im ersten Trocknungsabschnitt unerheblich. Diese Werte erreichen bei zunehmender Trocknung jedoch sechs bis acht Prozentpunkte und mehr (Abb. 111).

In der Verminderung dieser Wiederbefeuchtung liegt das Ziel der sog. Nachtschwaden.

Bei der Bodentrocknung gewinnen mechanische Bröckelverluste und Nährstoffauswaschung zusätzliche Bedeutung. Die **Bröckelverluste** entstehen, wenn trocken-spröde Blätter, Halmspitzen, Blütenteile durch den Schlag der Bearbeitungswerkzeuge abbrechen .Feinhalmige, blattreiche Mähweide- oder kräuterreiche Wiesenbestände sind besonders empfindlich. Mit diesen Pflanzenteilen gehen hochwertige Nährstoffe verloren (Tab. 255). Die Höhe wird beeinflußt

- vom **Feuchtegehalt** des Gutes; zwischen etwa 60% TM und fertigem Bodenheu können sich die Verluste verdoppeln
- von der **Aufbereitung;** mit Schlegelmähern oder -häckslern gemähtes Gut erleidet deutlich höhere Verluste
- von der Schärfe der **Bearbeitung;** Trommelzettwender mit schnell umlaufenden Werkzeugen arbeiten deutlich verlustreicher als bodenangetriebene Radrechwender (WIENECKE 1972)
- von der **Zahl** der Bearbeitungsgänge (Abb. 112).

Indirekt läßt sich die Bedeutung der mechanischen Verluste für die Qualität von Bodenheu auch abschätzen, wenn Dauer der Trocknung und Qualität verglichen werden (Tab. 256).

Für **Auswaschungsverluste** werden bis zu 5% TM angenommen. Versuche liegen kaum vor (DERNEDDE 1969). Theoretisch können Zucker, Aminosäuren, Mineralstoffe ausgewaschen werden. Vermutlich spielen jedoch erneuerte enzymatische Reaktionen eine Rolle.

Zusammenfassend läßt sich feststellen, daß die sehr exakt ermittelten und durch Praxisversuche seinerzeit bestätigten Werte von WIEGNER (1934)

Tab. 255. Verluste bei verschiedenen Werbeverfahren und in verschiedenen Trocknungsabschnitten (BECKHOFF 1965)

Verfahren	Abschnitt[2] und ∅ Trocknungstage		Verluste (%) an TM	verd. RP	StE
Mähbalken +[1] 1–3 × täglich wenden	A	2,4	6,9	15,5	28,2
	B	4,6	14,7	30,9	36,0
Schlegelhäcksler + 2 × täglich wenden	A	1,5	18,9	30,7	41,5
	B	2,6	27,3	39,7	46,2

[1] Durchschnitt aus 3 Verfahren
[2] Abschnitt A = Belüfungstrocknung ab 35–40% Restfeuchte
B = Bodentrocknung

Tab. 256. Heuqualität und Trocknungsdauer (BRÜNNER 1957)

Feldzeit	n	Gehalt an Rohprotein	Rohfaser	P_2O_5	Botanische Zusammensetzung Gräser	Leguminosen	Kräuter	Güteklasse
Tage		% i. TM	% i. TM	% i. TM	%	%	%	Punkte
2	13	9,07	27,55	0,53	78,0	8,2	13,8	53
3	39	8,56	29,19	0,50	80,8	4,8	14,4	40
4	11	8,72	30,03	0,47	83,6	3,2	13,2	33
5 und mehr	7	8,23	31,77	0,47	86,4	2,3	11,3	19

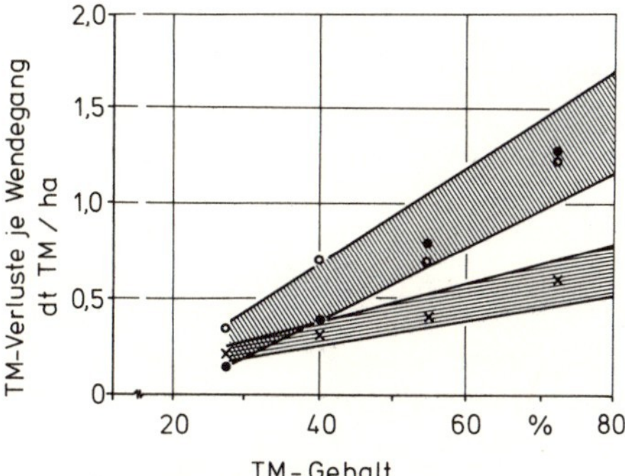

Abb. 112. Mechanische Feldverluste je Wendegang. Material: Gras, 45 dt TM/ha (HONIG, in BECKHOFF et al. 1979).

über die Verluste der Bodentrocknung von Heu ihre Gültigkeit nicht verloren haben (Tab. 257).

Die **technischen Verfahren** der Bodenheuwerbung nutzen die gleichen Geräte wie das Vortrocknen. Einschwaden und Schwadstreuen sind hier von größerer Bedeutung. Besonders von der Arbeitsqualität des Schwadstreuens hängen Gleichmäßigkeit und Geschwindigkeit des Trocknens ab.

Für die **Bergung** konkurrieren drei Arbeitsketten, geprägt jeweils durch die Lademaschine mit ihren Anforderungen und Leistungen (WIENECKE 1972).

1. **Ladewagen,** mit oder ohne Schneidwerk, anschließend Gebläse oder Greiferaufzug erlauben dem kleineren und mittleren **Grünlandbetrieb** eine gute Anpassung an unterschiedliche Bedingungen einschließlich der Erfordernisse der Belüftungstrocknung.

Tab. 257. Verluste bei der Bodentrocknung (WIEGNER 1934)

Ursache	Verluste in % an TM	verd. RP	StE
Atmung	bis 10	5–10	5–15
mech. Verluste	5–10	5–10	5–10
Gärung im Heustock	5–10	5–10	5–10
Wertigkeitsminderung	–	–	10–15
insgesamt	10–30	15–30	25–50

2. **Aufsammelpressen,** meist Hochdruckpressen, übernehmen im mittleren bis größeren **Futterbaubetrieb** neben der Strohbergung die Heuwerbung mit; nicht immer glückliche Lösungen für Lagerung und innerbetrieblichen Transport werden ebenso in Kauf genommen wie eine oft höhere Endfeuchte beim Einfahren mit den Schwierigkeiten der Ballen-Nachtrocknung.
3. **Großballen-Aufsammelpressen** mit sehr hoher Bergeleistung verwenden größere Betriebe oder Lohnunternehmen; innerbetrieblicher Transport und Heuzuteilung erfordern gleichfalls häufig Kompromisse; hinsichtlich der Heuqualität ist bedenklich, daß die bei einer Bodentrocknung oft unvermeidbaren höheren Restfeuchten in den Großballen dann zu einem deutlich höheren Verderb- bzw. Schimmelrisiko führen.

Die **Heubrikettierung** mit Hilfe von Matrizen-Ringwalzenpressen konnte im humiden Klima keine Bedeutung erlangen, da eine einwandfreie Funktion nur in engen TM-Grenzen gesichert ist. Noch im Experimentierstadium befindet sich die

Tab. 258. Anforderungen verschiedener Gerüstarten (aus Literatur zusammengestellt)

Gerüstart	Zulässiger Wassergehalt (%)	Materialbedarf (je ha)	Futtermenge Frischgut (kg je Einheit)	Arbeitskräftebedarf Zahl	Arbeitskräftebedarf AKh/ha	Eignung[1] für Regenlage	Eignung[1] für Windlage
A. Wandreuter							
Alpine Region							
– Heinze, Hiefel	naß	1000–1800 St.	8–10/St.	1	54	++	++
Flach- u. Hügelland							
– Schwedenreuter u. Rollenreuter	naß	350–450 lfd. m	40–50/m	3	67–51	++	++
– Schnurreuter	naß	200–300 lfd. m	60–80/m	1	47	++	++
B. Hütten							
Berg- und Flachland							
– Schrägwand	vorgewelkt	100 St.	60–80/St.	2	38	++	+
– Allgäuer Hütte	vorgewelkt	50–90 St.	240–300/St.	2	37	+	+
– Steinacher Hütte	vorgewelkt	25–35 St.	400–500/St.	2	37	+	+
C. Heuböcke							
Feldfutterbau							
– Dreibock	stärker vorgewelkt	15–25 St.	600–800/St.	2	31	–	+

[1] ++ ja – nein + weniger

Wickelbrikettierung, welche in einem weiten Feuchtebereich eingesetzt werden könnte (Matthies 1968, Zimmer und Honig 1968).

5.2.3.3 Trocknung auf Gerüsten

In den europäischen Mittelgebirgen und alpinen Grünlandgebieten hat die Gerüsttrocknung eine **Tradition,** welche bis ins Mittelalter zurückreicht. Bis Ende der 50er Jahre waren Reuter die einzige Alternative zur Bodentrocknung mit größerer Unabhängigkeit vom Wetter und besseren Heuqualitäten. Heute sind sie durch die Belüftungstrocknung verdrängt worden. Der Haupteinwand gilt dem hohen Handarbeitsaufwand und der geringen Möglichkeit einer Mechanisierung. Dennoch hat die Gerüsttrocknung noch eine gewisse Berechtigung

- in Klein-, Neben- oder Zuerwerbsbetrieben, soweit es deren Arbeitsverfassung erlaubt und Qualitätsheu gefragt ist
- in Almgebieten, wo die Infrastruktur oder ein Bedarf an Sommerreserven die Heuwerbung auf kleine und abseits gelegene Flächen beschränkt
- in Ländern mit noch nicht vergleichbarem Zwang zur Mechanisierung, aber ähnlichen Gelände- und Witterungsverhältnissen.

Die **Reuterformen** wurden im Laufe der Zeit geprägt von der jeweils vorherrschenden Futterart und der regionalen Witterung sowie beeinflußt von Überlegungen zu Materialbedarf, Arbeitsaufwand, Beweglichkeit und Anpassung im Gelände. So entstanden drei Gruppen mit ähnlichen Ansprüchen (Tab. 258).

Für den Erfolg der Gerüsttrocknung ist entscheidend, daß der Wind durch das Futter hindurchstreichen kann, Regen dagegen außen abläuft und nicht eindringt. Geschick und Verständnis für das Setzen und Packen der Reuter sind daher notwendig (Tab. 259).

Das Ausmaß futterwirtschaftlicher Vorteile läßt sich durch Unterschiede zu Bodenheu kenn-

Tab. 259. Futterwirtschaftliche Aspekte bei Boden- und Gerüsttrocknung (Nehring 1950)

	n	Verdaulichkeit $\bar{x} \pm s$ der org. Masse	des Rohproteins
Bodentrocknung	9	60,4 ± 6,2	60,9 ± 6,2
Gerüsttrocknung	17	66,0 ± 4,5	67,2 ± 3,5

zeichnen, wie sie in der Mehrzahl der Fälle etwa auftreten:

Rohprotein	relativ um 10–20 %	höherer Gehalt und
	relativ um 10 %	höhere Verdaulichkeit
Rohfaser	relativ um 5–10 %	geringerer Gehalt
Nettoenergie	relativ um 0–20 %	höherer Gehalt
Mineralstoffe	relativ um 10–30 %	höherer Gehalt
org. Masse	um 4– 8 %	-Punkte höhere Verdaulichkeit

Diese Daten finden ihre Ergänzung in einer Überlegenheit der Gerüsttrocknung hinsichtlich der Verluste.

Trockemasseverluste (gewogenes Mittel) bei
Reuterheu (n = 163) = 16,5 %
Bodenheu (n = 138) = 21,3 %.
(AXELSSON 1940, DIJKSTRA 1961,
LANDIS 1932, KÖHNLEIN 1954,
SALVADORI und WIEGNER 1934.)

Es läßt sich aber auch belegen, daß die Verfahren im Einzelfall gleich gut oder schlecht abschneiden können. Gutes Wetter für die Bodentrocknung, gefolgt von einer längeren Schlechtwetterperiode für Reuterheu, welches dann der Witterung ausgesetzt bleibt, sind typische Bedingungen hierfür. Die Wirkung verschiedener Einflußgrößen auf die Verlusthöhe von Reuterheu hat KÖHNLEIN (1954) in diesem Zusammenhang analysiert und die Einflüsse von Witterung, Futterart, Reuterform herausgearbeitet.

5.2.3.4 Belüftungstrocknung von Heu

Das **Prinzip** der Belüftungs- oder Unterdachtrocknung besteht darin, nach einer Feldtrocknung auf 50 bis 60 % TM die risikoreiche letzte Phase der Trocknung bis zur Lagerfähigkeit „unter Dach" zu verlegen und Fremdenergie einzusetzen. Hierdurch bietet sich eine größere Chance für die Bereitung von hochwertigem Heu, eine zeitgerechte Bewältigung der Futterernte sowie eine bessere Mechanisierung und Arbeitseinsparung.

Anfang der 50er Jahre aus den USA übernommen, von SEGLER, MATTHIES, BRÜNNER für deutsche Verhältnisse angepaßt und weiterentwickelt, hat die Unterdachtrocknung ihre stärkste Verbreitung in den süddeutschen Grünlandgebieten gefunden.

Der Erfolg hängt von dem gewählten Verfahren, d.h. von der richtigen Auslegung von Gebläse und Luftverteilungssystem ab, da nicht unerhebliche Wassermengen, zwischen durchschnittlich 40 bis 60 kg je 100 kg Heu, zu verdampfen sind.

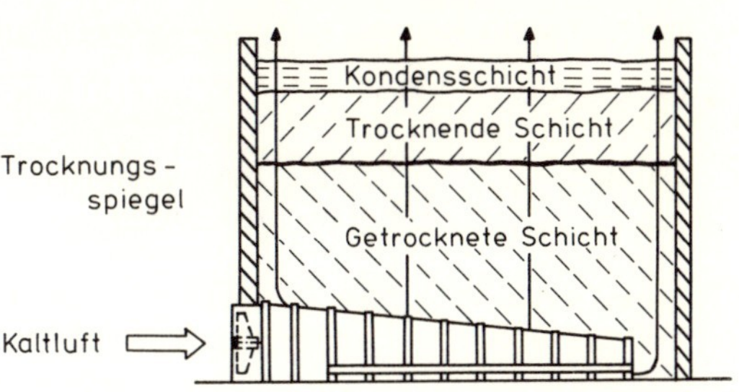

Abb. 113. Verlauf der Trocknung beim Belüften eines Heustapels (SEGLER 1958).

Sieht man von einem normalerweise geringen Energiebeitrag aus biologischen Prozessen ab, so muß die notwendige Energie durch die Trocknungsluft zugeführt werden. Die Trocknungszone wandert durch den Futterstock (Abb. 113).

Aus dem Zusammenhang zwischen Einfahrfeuchte, Temperaturentwicklung und hiervon abhängigem Verderbrisiko muß die Nachtrocknung in einer begrenzten Zeit abgeschlossen sein. Bei der Verwendung von Warmluft ist diese Zeitspanne noch kürzer, weil bei höherer Gutsfeuchte entstehende Temperaturen jede biologische Aktivität stark intensivieren und Rekondensationszonen eine größere negative Rolle spielen.

Die heutigen Verfahren unterscheiden sich im geforderten Vortrocknungsgrad des Futters sowie durch das Ausmaß an zugeführter Fremdenergie, mithin in ihrer Trocknungsleistung. Bei steigenden Energiekosten ist ihre Wirtschaftlichkeit teilweise neu zu überdenken, da dem Energieeinsatz nur ein begrenzter realisierbarer Nutzen an höherem Futterwert, Sicherheit des Verfahrens und arbeitswirtschaftlichen Vorteilen gegenübersteht (Tab. 260).

1. **Belüftungstrocknung mit Kaltluft (1 und 2)**
   Die Einlagerungsfeuchte liegt besser unter 35 %. Nach anfangs ganztägiger Belüftung wird diese später unter Kontrolle der Stapeltemperatur (nicht über 35 °C) und der Luftfeuchte der Außenluft (≦ 85 % rF) fortgesetzt. Die Trocknung wird beendet, wenn nach mehrfacher Messung an verschiedenen Stellen ein Temperaturanstieg nicht mehr festzustellen ist.
2. **Belüftungstrocknung von Welkheu mit Kaltluft (3)**
   Gebläse mit höherem statischen Druck und größerer Luftleistung sind nötig, wenn im Ein-Tages-Verfahren gewonnenes Welkheu sicher getrocknet werden soll. Dieses Verfahren kommt einer intensiven Grünlandbewirtschaftung noch besser entgegen. Es stellt jedoch

Tab. 260. Bedingungen und Leistungen von Verfahren der Belüftungstrocknung (angelehnt an SEGLER 1969, CLAUS 1972, BAT 1970, BLÜMEL 1973, SCHÖLLHORN 1970)

Verfahren	Feuchte b. Einlagern (%)	Spez. Luftmenge der Anlage (m³/s je m²)	(m³/s je m³)[2]	Brutto-Wärmebedarf[1] (kcal. je m³/s je 1 °C)	Lüfter, Leistung, statischer Druck (in mm WS)	Anlagenart
1 Kaltluft	< 35	unter 0,06	unter 0,03	–	Axial-Lüfter geringer Leistung	Kleinanlagen, geringe Ansprüche
2 Kaltluft	35–40	0,06–0,12	0,03–0,06	–	Axial-Lüfter 40 mm WS	Vorwiegend verwendete Anlagen der Größe 75–150 m²
3 Welkheu mit Kaltluft	45–60	0,06–0,18	0,06–0,09	–	Axial- oder Radial-Lüfter –80 mm WS u. höher	Bei höheren Bergeleistungen und höherer Gutfeuchte
4 Warmluft + 3 bis 8 °C	bis 60	0,12–0,18	0,06–0,19	um 0,40	um 60 mm WS	Bei gleichzeitig höherem Wetterrisiko
5 Warmluft + 30 bis 40 °C	bis 60	0,18–0,20	um 0,10	um 0,40	um 60 mm WS	Höchste Ansprüche, absätziges Arbeiten nötig
6 Ballentrocknung	< 30	über 0,10	über 0,05	wahlweise wie 4	wie 3 –60 mm WS u. höher	Wie 2 oder 3, abgestellt auf höhere Dichten

[1] bei 70–80% Wirkungsgrad im Bereich 3–7 °C Anwärmung
[2] bei durchschnittlichen Dichten und Stapelhöhen per Schnitt = 2 m

größere Anforderungen an eine gute Abstimmung zwischen Luftleistung und Stapelhöhe bzw. Einfahrfeuchte, die sorgfältige und gleichmäßige Verteilung des Gutes, schließlich die Luftführung in Anlagen mit luftdichten Wänden zur Vermeidung von Verlusten, ausgerüstet mit Ziehstöpseln oder -schächten.

3. **Belüftungstrocknung mit angewärmter Luft (4 und 5)**
Höhere Bergeleistungen lassen sich bei gleichzeitig noch größerer Witterungsabhängigkeit durchsetzen, wenn die Trocknungsluft angewärmt wird. Gängig ist eine Anwärmung um 3 bis 8 °C durch Vorwärmgeräte oder Nutzung der Abwärme aus Verbrennungsmotoren, welche zum Antrieb der leistungsstarken Gebläse notwendig sind. Die Vorwärmung auf 40 bis 50 °C für absätzig arbeitende Kastentrocknung hat dagegen bei den heutigen Energiekosten kaum noch eine reale Chance.

4. **Trocknung von Preßballen (6)**
Die Verdichtung von feuchtem Heu in Hochdruck-Aufsammel-Pressen schafft ungünstige strömungstechnische Bedingungen. Die Ballen trocknen zum Kern hin; die Feuchte-Nachlieferung nach außen erfolgt aber wegen der hohen Dichten so langsam, daß ziemlich rasch Selbsterwärmung eintritt. Eine Belüftungstrocknung von HD-Ballen ist deshalb nur dann sicher, wenn der Feuchtegehalt beim Einfahren unter 30% liegt, sehr sorgfältig gestapelt wird und bei größeren Stapelhöhen, höherer Einfahrfeuchte oder ungünstigem Wetter angewärmte Luft verwendet wird.

Das Luftverteilsystem schafft die Voraussetzungen für eine trocknungstechnisch gute Luft-

Tab. 261. Heuqualität bei verschiedenen Trocknungsverfahren (Erhebung in der Praxis) (LÜBBE 1979, RIEDER 1972, SCHÖLLHORN pers. Mittlg. 1979)

Herkunft	Verfahren	Zahl der Proben	Im Heu sind enthalten …				
			Roh-faser (%)	verd. RP (%)	Energie StE je kg	NEL[1] MJ/kg	P (%)
Hessen	Boden	2557	26,4	5,1	322	4,25	0,24
	UDT	1275	25,6	5,5	331	4,33	0,25
Bayern	Boden	1343	26,8	10,7[2]	–	–	–
	UDT	278	25,8	10,9	–	–	–
Baden-Württemberg	Boden	601	28,0	5,2	312	4,16	0,24
	UDT-kalt	557	27,0	6,1	343	4,43	0,28
	UDT-warm	94	23,0	8,3	436	5,24	0,32

[1] Berechnet lt. Vorschlag Grünlandinstitut FAL 1982
[2] Rohprotein

führung im Stapel bei gleichzeitig bestmöglicher Nutzung des vorhandenen Lagerraumes. Es beeinflußt ferner Arbeitswirtschaft und Erstellungskosten (Abb. 114).

Erhebungen über die **Heuqualität** in der Praxis zeigen niedrigere Werte für Rohfaser, höhere für Rohprotein, Energie und Mineralstoffe bei Unterdachtrocknungsheu (Tab. 261).

Ohne Zweifel könnten aber die Unterschiede zur Bodentrocknung höher ausfallen, wie exakte Versuche erkennen lassen, so daß die Möglichkeiten der Belüftungstrocknung von der Praxis noch nicht in vollem Maße ausgeschöpft werden.

Die geringeren Umsetzungen haben geringere Verluste an Trockenmasse, Energie, verdaulichem Rohprotein, auch an Mineralstoffen und Carotin zur Folge. Dabei überdeckt der Zusammenhang zwischen der Einfahrfeuchte und der Verlusthöhe während der folgenden Trocknung alle anderen Einflüsse (Tab. 262).

Obgleich diese Untersuchungen sowohl an artenreichen Beständen des Alpenvorlandes als

Bauweise u. Luftführung	Übliche Benenn./Syst.	Bauelemente	Verwendung	Vorteile	Nachteile
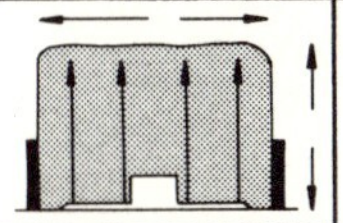	Braunschweig 1949	Hauptkanal, Seitenkanäle oder -roste, Seitenwände	h < 6 m b = variabel	Gleichmäßige Belüftung, kein Betreten des Heus	Hoher Druckbedarf bei großen Stapelhöhen, Seitenwände erforderlich
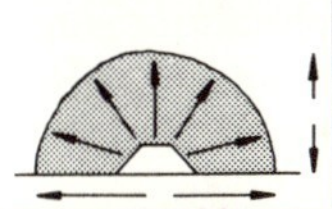	Braunschweig 1949	Hauptkanal, Seitenkanäle oder -roste	h = b/2 b = variabel	Billige Bauweise ohne Seitenwände, geringer Luft- und Druckbedarf	Stapelhöhe beschränkt
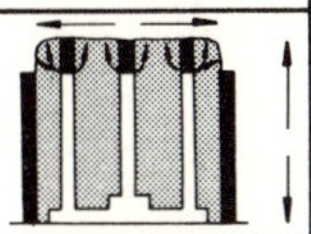	Aulendorf 1955	Hauptkanal, Seitenkanäle oder -roste, Ziehstöpsel, Seitenwände	h = 4 ÷ 12 m b = variabel	Geringer Druckbedarf bei großen Stapelhöhen	Seitenwände erforderlich, Betreten des Heus
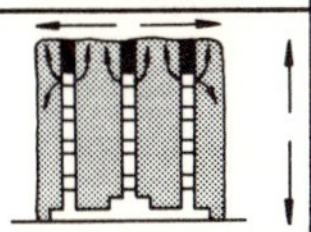	Stuttgart 1958	Hauptkanal, Seitenkanäle, Vertikalrohre mit Regelöffnungen	h = 4 ÷ 12 m b = variabel	Geringer Druckbedarf bei großen Stapelhöhen, geringer Luftbedarf, keine Seitenwände	Vertikalrohre mit regelbaren Ausströmöffnungen teurer als Ziehstöpsel

Abb. 114. Systeme der Luftführung (LANZ 1964, ausgewählt).

Tab. 262. TM-Verluste der Belüftungstrocknung in Abhängigkeit von der Einfahrfeuchte

Autor	Jahr	n	Einfahrfeuchte % TM		
			50	40	30
DIJKSTRA	1962	32[1]	9,7	6,4	3,1
BECKHOFF	1965a	252[2]	12,2	8,1	4,0
BRÜNNER	1961	153[2]	12,1	8,5	5,0
BRÜNNER u. SCHÖLLHORN	1967	352[2]	10,2	7,8	5,4
BRÜNNER	1960	9[1]	15,3	9,9	4,6

[1] Messungen über Heustockbilanzen
[2] Bilanzbeutel-Methode

auch an fast reinen Grasbeständen des Niederrheins durchgeführt wurden, stimmen die Ergebnisse überein. BECKHOFF (1965a) folgerte hieraus, daß „die Verlusthöhe bei der Belüftungstrocknung weniger von der Artenzusammensetzung als vielmehr vom Feuchtigkeitsgehalt des eingefahrenen Heues abhängt". Aus verfügbaren Werten lassen sich ziemlich genau die zu erwartenden Verluste über eine Regression abschätzen (HONIG 1976):

- bei Kaltluft:
  TM-Verluste $= 73{,}94 - 1{,}85x + 0{,}012x^2$
  Energieverl. $= 101{,}72 - 2{,}43x + 0{,}015x^2$
- bei angewärmter Luft:
  TM-Verluste $= 23{,}57 - 0{,}49x + 0{,}003x^2$
  Energieverl. $= 37{,}06 - 0{,}86x + 0{,}005x^2$

  wobei x = TM-Gehalt bei der Einlagerung ist.

Die Energieverluste liegen etwa um das 1,5fache, bei angewärmter Luft um das 1,2fache höher als die TM-Verluste.

Es hat nicht an Versuchen gefehlt, die **Selbsterwärmung** des Futters zur Beschleunigung der Trocknung zu verwenden. Dieses Verfahren läßt sich aber nicht rechtfertigen, da die Umsetzungen an Kohlenhydraten wie die Energiewerte denen bei Bodentrocknung gleichkommen und solches Heu qualitativ minderwertig wird.

5.2.4 Lagerung von Heu

Die Vorgänge bei der Lagerung von Heu können zu weiteren Qualitätsverschlechterungen und Verlusten führen. Sie stehen immer im Zusammenhang mit einer stellenweise oder insgesamt zu hohen Restfeuchte. DIJKSTRA (1961) stellte diese Beziehung mit der Formel

$$Y_{\text{TM Verluste}} = 33{,}82 - 0{,}39\,x_{\text{TM-Gehalt}}$$

dar, d. h. je 1 % höherer Einfahrfeuchte steigen die Verluste im Lager um rund 0,4 % an. Da selten eine absolut gleichmäßige Trocknung des Heues erreicht wird, kommt es fast immer zum Schwitzen bzw. zur Heustockgärung in unterschiedlicher Intensität. Stets werden verdauliche Kohlenhydrate abgebaut und wird die Verdaulichkeit des Proteins beeinträchtigt (Tab. 263).

Tab. 263. Verluste im Heustock durch sog. Gärvorgänge (PÖTKE 1961, zit. nach BECKHOFF 1965a (1), PHILIPSEN 1965, zit. nach BECKHOFF 1965a (2), DIJKSTRA 1961 (3))

Gärung	°C Temperatur	Verdaulichkeit des Rohproteins % (1)	Verluste (%) an verd. Rohprotein (2)/(3)	Verluste (%) an Energie (StE) (2)/(3)
nicht wahrnehmbar	unter 40		0	0
leicht	um 50	59	8/25	10/ 7
mäßig	um 65	49	45/55	18/18
stark	75–80	39	70/80	30/34
sehr stark	85–90	17	85/90	45/50

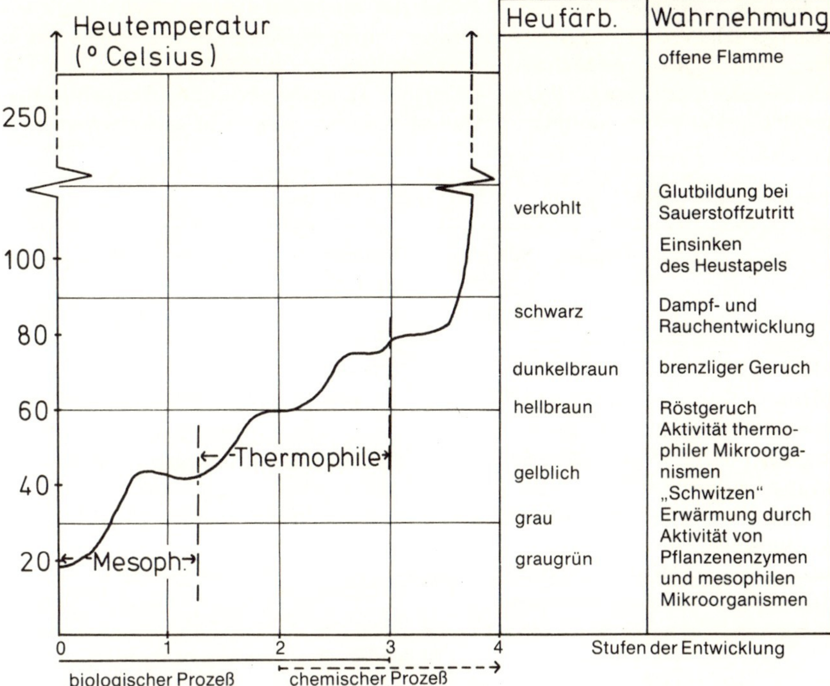

Abb. 115. Selbsterhitzung und Selbstentzündung von Heu.

Diese Vorgänge
- sind im Normalfall unerheblich und klingen ab, sobald der Feuchteausgleich im Heustock beendet ist
- wurden früher bei der Braun- oder Brennheubereitung mit Temperaturen um 50 bis 60 °C gewollt forciert, um über diese Wärmeentwicklung Giftpflanzen unschädlich zu machen (Alkaloid-Abbau) oder die Schmackhaftigkeit zu verbessern (Karamelisierung von Zucker)
- führen in Einzelfällen zur Überhitzung auf 70 bis 80 °C mit der Gefahr autoxidativer chemischer Prozesse bis zur Selbstentzündung (Abb. 115).

5.3 Heißlufttrocknung von Grünfutter

Unter Heißlufttrocknung versteht man die Trocknung von frischem oder leicht angewelktem, stets kurz gehäckseltem Grünfutter mit einem Luft-Feuergas-Gemisch von 700 bis 1100 °C bis zu einer Endfeuchte von 10 bis 12 % (Abb. 116).

Je nach Aufbereitung entstehen Produkte unterschiedlicher Eigenschaften, wobei der Einsatzbereich für Grünmehl und Pellets die Mischfutterindustrie ist, während Cobs und Briketts für die direkte Verfütterung an Wiederkäuer in Frage kommen (Tab. 264).

Um die wechselnde Einschätzung dieses Verfahrens durch Praxis, Wissenschaft und Agrarpolitik über die letzten Jahrzehnte und in verschiedenen Ländern zu verstehen, ist die Kenntnis der Bestimmungsgründe, seiner Vor- und Nachteile unerläßlich.

5.3.1 Futterwert und Fütterung

Die Heißlufttrocknung unterliegt dem geringsten Wetterrisiko. Das Grünfutter kann somit fast unabhängig vom Wetter in der optimalen Kombination zwischen Ertrag und Nährwert geerntet werden. Die Verluste während der Werbung, der sehr kurzen Trocknungszeit mit stoßartiger Verdampfung des Wassers und im Lager sind gering. Im Mittel zahlreicher Bilanzen ergibt sich nur ein TM-Verlust von 4 bis 9 %, entsprechend einem Nettoenergie-Verlust von 6 bis 14 %. Wesentliche qualitative Wertminderungen können nicht auftreten, wenn man von fehlerhafter Trocknungsführung absieht. Der Nährwert von Trockengut liegt daher, entsprechendes Ausgangsmaterial vorausgesetzt, hoch. Die energetische Verwertung ist gegenüber Grünfutter praktisch gleich. Verdaulichkeit, umsetzbare oder Nettoenergie liegen bei Werten zwischen 96 und 99% relativ zu Grünfutter.

Für die Alleinfütterung werden Verzehrsleistungen von 11 bis 16 kg TM aus Trockengut je Kuh und Tag, in Einzelfällen bis zu 20 kg TM angegeben. Dementsprechend sind auch Milchleistungen von über 20 kg FCM nachgewiesen wor-

Tab. 264. Trocknungsprodukte (nach Literaturangaben, siehe KÜNTZEL 1976)

Produkt	Form	Feuchte (%)	Schüttgewicht (kg/m³)	Rohfaserstruktur	Futteraufnahme
Grünmehl	Mehl, lose	6– 8	300–400	zerstört	begrenzt bis 4–6 kg/Tag
Pellets ∅0,5–1 cm	Mehl, Rotationspresse	~8	700–750	zerstört	begrenzt bis 4–6 kg/Tag
Cobs ∅2,5–3 cm	Häcksel, Kollerpresse	12–14	500–600	fast erhalten	unbegrenzt ad lib.
Briketts ∅5–10 cm	Häcksel, Kolbenpresse	12–14	260–300	voll erhalten	unbegrenzt ad lib.

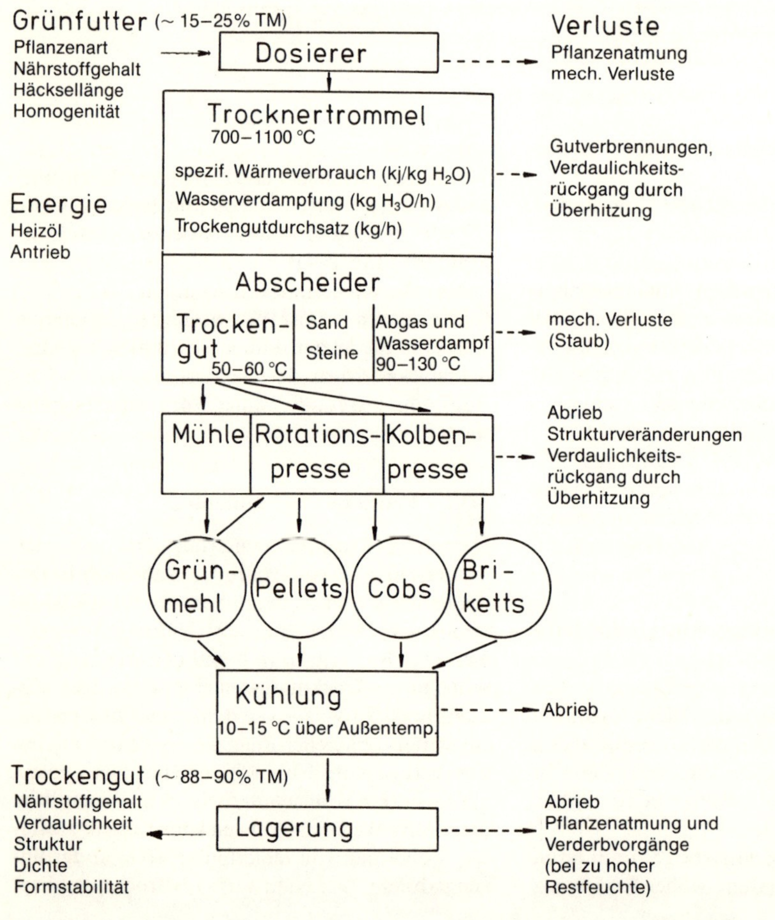

Abb. 116. Prozeßschema: Heißlufttrocknung von Grünfutter (KÜNTZEL 1976).

den. Innerhalb dieses Verzehrs- und Leistungsbereiches kann Trockengut sowohl Kraftfutter ersetzen als auch umgekehrt zugefüttertes Kraftfutter das Trockengut verdrängen.

Die erheblichen futterwirtschaftlichen Vorteile der Heißlufttrocknung sind somit unbestritten.

5.3.2 Betriebstechnische Überlegungen

Die Heißlufttrocknung kann voll mechanisiert werden. Trockner mit unterschiedlicher Leistungsfähigkeit, meist Trommeltrockner nach dem Gleichstromverfahren, stationär oder mobil, erlauben eine gute Anpassung an gegebene betriebliche Bedingungen. Der Arbeitsbedarf pro Flächen- oder Ertragseinheit ist vergleichsweise am geringsten, der Trocknungsvorgang auch einer weitgehenden Automation zugänglich, (siehe KÜNTZEL 1976, WIENECKE 1972). Die Leistung eines Trockners bestimmt sich im wesentlichen nach folgenden Größen:

- dem spezifischen Wärmeverbrauch als Maß für den technischen Wirkungsgrad, etwa 2930 bis 3770 kJ/kg Wasserverdampfung
- der Wasserverdampfungskapazität in t Wasser/h; Trockner westeuropäischer Bauart zwischen 1,5 bis 15 t Wasser/h
- und dem hiermit korrespondierenden Trockengutdurchsatz dt/ha.

Die organisatorischen Voraussetzungen (vgl. 5.3.4), insbesondere die Abstimmung der Futtererzeugung auf die Trocknungskapazität mit dem Ziel einer kontinuierlich hohen Anlagen-Auslastung, lassen sich schaffen. Somit ergeben sich auch aus betriebstechnisch-arbeitswirtschaftlicher Sicht weitere Vorteile.

5.3.3 Energiebedarf – Ökonomie

Anerkennt man, daß Produktionsverfahren auch auf ihren Bedarf an Primärenergie im Verhältnis zur im Produkt verfügbaren Energiemenge kritischer als bisher zu betrachten sind, so wird der entscheidende Nachteil der Heißlufttrocknung sichtbar. Der Energieaufwand liegt hier sehr hoch, wobei auf das Heizöl etwa 80 bis 95 % der notwendigen Primärenergie entfallen. Selbst wenn derartige Vergleiche umstritten sein können, weisen sie auf die spezielle Problematik dieses Verfahrens hin (WHITE 1975, WILKINS 1976, HONIG und ZIMMER 1979).

Auf der Basis im Jahre 1976 gültiger Heizölpreise von etwa 0,30 DM/l machten die Energiekosten je nach Anlageart und deren Auslastung noch 34 bis 44 % im Durchschnitt 39 % der festen und variablen Kosten aus. Die damalige Kostenstruktur ergab etwa Parität mit Kraftfutter. Heute ist eine wirtschaftliche Trockenguterzeugung kaum denkbar.

Allerdings findet man folgende Ausnahmen:

- eine Förderung aus strukturpolitischen Überlegungen für grünlandstarke, von Natur aus benachteiligte Standorte
- die Produktion von Trockengut für die Mischfutterherstellung oder
- die Heißlufttrocknung als integrierter Bestandteil bestimmter Fütterungsstrategien in Ländern mit sozialisierter Landwirtschaft und Großbetriebsstruktur.

5.3.4 Grünfuttererzeugung für die Heißlufttrocknung

Die gleichmäßige und hohe Auslastung einer installierten Trocknerkapazität mit nährstoffreichem Futter setzt entsprechende pflanzenbauliche Überlegungen voraus. Ungleich stärker als bei anderen Konservierungsverfahren muß „vorgeplant" werden:

- auf Grünland die Nutzungssequenz der einzelnen Teilflächen und deren Bewirtschaftung
- unter Berücksichtigung standörtlicher Gegebenheiten die Auswahl geeigneter Arten und evtl. Sorten, im Hauptfruchtfutterbau bis zur Entwicklung spezieller Futterbaufruchtfolgen, deren Düngung, der richtige Schnittzeitpunkt
- die mögliche Ergänzungsfunktion des Feldfutterbaus mit geeigneten Arten (z. B. Grünmais) zum Grünland, um den Futteranfall wachstumsschwächerer Zeiten aufzubessern.

Das geerntete Grünfutter sollte **trocknungswürdig** sein, wobei diese Mindestqualität Aspekte der Tierernährung wie solche der Trocknungstechnik berücksichtigt. Eine Verdaulichkeit von > 70 % sowie ein Gehalt an Rohprotein von > 14 % sind zu fordern (KÜNTZEL 1976).

Bei rechtzeitigem Schnitt, und zwar auf Mähweiden in der Weidereife etwa bei 20 bis 25 dt TM/ha; auf Mehrschnitt-Wiesen, bei Feldgras oder Kleegras vor dem Ähren-/Rispenschieben der Hauptbestandsbildner; für Rotklee, Luzerne in voller Knospe, können sowohl Jahreserträge von 120 bis 140 dt/ha Trockengut erzielt, wie auch Nährstoffgehalt und Verdaulichkeit sehr gleichmäßig gehalten werden. Eine derart intensive Futterproduktion setzt eine hohe **Düngung** voraus, da der Nährstoffentzug nach Angaben von VOIGTLÄNDER (1971) je 100 dt Trockengrün betragen kann für Stickstoff etwa 300 kg, Phosphor (als P_2O_5) etwa 90 kg, Kali (als K_2O) etwa 300 kg, Kalk (als CaO) etwa 100 kg.

Die Düngung hat hier, wie auch eine eventuelle **Beregnung,** besonders ihre ertragssteigernde und bei hoher Nutzungsfrequenz auch eine ertragssichernde Funktion, jedoch weniger Einfluß auf die Inhaltsstoffe.

5.4 Gärfutterbereitung

5.4.1 Allgemeines zur Gärfutterbereitung

5.4.1.1 Einordnung und Rahmenbedingungen

Die Vergärung von Nahrungs- und Futtermitteln gehört gleichfalls zu den frühesten, vom Menschen beherrschten Verfahren der Haltbarmachung. Erst gegen Ende des 19. Jahrhunderts gewinnt die Gärfutterbereitung dann auch wissenschaftliches Interesse, zugleich begünstigt durch eine zunehmende Spezialisierung der Betriebe, verbunden mit Leistungssteigerungen in der Tierhaltung. Die Nutzung von Nebenprodukten (Rübenblatt) oder neuen Futterpflanzen (Mais), die Suche nach größerer Wetterunabhängigkeit, nach einer zeit- und arbeitssparenden Mechanisierung waren und sind ökonomische Motive hierzu. Unzweifelhaft wirft die Silierung andererseits auch besondere Probleme auf:

- an Wissen und Können des Betriebsleiters werden höhere Ansprüche gestellt
- Schwierigkeiten bei der Futteraufnahme von Silagen begrenzen häufig deren Einsatz
- größere Aufmerksamkeit ist der Milchqualität und Käsereitauglichkeit zu schenken
- die Verfahrensvorteile sind an einen bestimmten Umfang der Rindviehhaltung gebunden.

Trotzdem ist ein Trend zur Ausweitung der Silagebereitung in allen Ländern unverkennbar.

5.4.1.2 Silagequalität

Die Qualität des Grünfutters bestimmt diejenige des Gärfutters. Darüber hinaus sind alle den Gärverlauf beeinflussenden Maßnahmen der Siliertechnik mit entscheidend. Die landläufig als „Silagequalität“ angesprochenen Werteigenschaften, wie Säuregehalt, pH-Wert u. a., haben sich in den letzten Jahren verbessert, dank des gezielteren Einsatzes der Landtechnik. Die vom Gärverlauf ausgehenden Beeinträchtigungen des Energie- und Eiweißgehaltes sowie der Futteraufnahme konnten somit vermindert werden. Dennoch liegt, gemessen an den Möglichkeiten des Verfahrens, der durchschnittliche **Nährwert** nur auf einem mittleren Niveau (vgl. Seite 393).

5.4.1.3 Futteraufnahme

Die Aufnahme von Gärfutter ist, verglichen mit der von Heu und Grünfutter, niedriger. Als Ursache werden die Acidität, physiologische Wirkungen von Eiweißabbauprodukten, die ungenügende Struktur von Naßsilagen angesehen (Tab. 265).

Durch **Vorwelken** kann die Futteraufnahme deutlich verbessert werden, wobei Jungrinder und Schafe im Durchschnitt der auswertbaren Fütterungsversuche deutlicher mit höheren Nährstoffaufnahmen reagieren als Milchkühe, andererseits ad libitum-Fütterung wieder bessere Ergebnisse zeigt als eine mit Kraftfutter ergänzte Silageration

Tab. 265. Einfluß der Silierung auf die Futteraufnahme (DEMARQUILLY and JARRIGE 1971, HONIG 1981, WILKINS 1980)

		Parameter der Qualität Gras	Silage	Wirkung auf Futteraufnahme
pH-Wert		6	3,7– 5,2	negativ, wenn pH sehr niedrig
wasserlösl. Zucker	(% TM)	10–25	0 – 5	unbekannt, Schmackhaftigkeit?
organ. Säuren	(% TM)	3	5 –20	indirekt negativ (Essigsäuregehalt)
Reinprotein-N	(% Ges. N)	80	20 –60	negativ durch Abbauprodukte
Ammoniak-N	(% Ges. N)	0	5 –30	z. T. noch unbekannt
Verdaulichkeit	(% org. M.)	75	73 –65	negativ über Absenkung der
Nettoenergie	(MJ/kg TM)	6,9	6,8– 5,7	Zellwandverdaulichkeit

Tab. 266. Einfluß von Ameisensäure und Vorwelken auf die Futteraufnahme (Auswertung der Literatur) (WALDO 1978)

	Relative Futteraufnahme	
	Rinder	Kühe
Naßsilage ohne	100	100
– mit Ameisensäure	120	112
Vorwelksilage ohne	141	112
– mit Ameisensäure	149	122

bei Kühen oder Rindern (MARSH 1979, SKOVBORG 1976, HONIG und ROHR 1978).

Ein ähnlicher Effekt ergibt sich bei Verwendung einiger **Zusatzmittel,** insbesondere von Ameisensäure. In beiden Fällen wird weniger Säure gebildet, der Eiweiß- und Nährstoffabbau gehemmt; das Vorwelken verbessert außerdem die Struktur (Tab. 266).

5.4.1.4 Einfluß auf Produktqualität und Tiergesundheit

Es bestehen vielseitige stoffliche Zusammenhänge zwischen der Silagequalität und den Eigenschaften der **Milch.** Grundsätzlich soll daher Gärfutter erst nach dem Melken gefüttert werden. Eine Infektion der Milch mit Silage-Mikroorganismen kann dagegen nur von außen verursacht werden. Ein Zusammenhang zwischen der Qualität von Silage, deren Gehalt an Clostridien und dem der Milch, und damit besonders ihrer **Käsereitauglichkeit,** ist jedoch nachgewiesen. Diese Sekundärinfektion auszuschließen, ist an sich Sache der Melk- und Stallhygiene. Dennoch wird in der Hartkäserei das Risiko der Spätblähung als so hoch angesehen, daß in den typischen Produktionsgebieten ein Silageverbot, neben anderen Fütterungsbeschränkungen, besteht (RENNER 1968a + b, Zusf. GROSS und RIEBE 1974).

Die **Listeriose** der Schafe, seltener der Rinder, eine Art Encephalitis, kann gelegentlich auf die Aufnahme verdorbener Silageanteile zurückgeführt werden. *Listeria monocytogenes* stammt aus der Verschmutzung des Futters mit Bodenteilchen. Sie ist aber so wenig säuretolerant, daß eine gute Silier- und Fütterungstechnik das Risiko unter unseren Verhältnissen äußerst gering halten kann.

Schließlich ist auf die Gefahr des pilzlichen Verderbs und der Bildung von **Mykotoxinen** hinzuweisen, wobei Gleiches für das Heu gilt. Feuchtes Heu, Feuchtgetreide- und Maissilagen bieten unter aeroben Verhältnissen besonders günstige Wachstumsbedingungen für Pilze. Obgleich viele Einzelbeobachtungen vorliegen, können verallgemeinernde Aussagen über das Auftreten und mögliche Gefährdungen noch nicht gemacht werden. Unbestritten ist jedoch, daß ein sicherer Luftabschluß bei Silage die Vermehrung von Schimmelpilzen verhindert (Zusf. VETTER und VON GLAN 1978, GEDEK et al. 1981).

5.4.2 Gärungsbiologische Grundlagen

5.4.2.1 Prinzip und biologisches Modell

Die Gärfutterbereitung beruht auf einer spontanen **Milchsäuregärung** in Biomassen unterschiedlichster Art und in einem weiten Feuchtigkeitsbereich **unter Luftabschluß.**

Bei höheren Feuchtegehalten wird der pH-Wert bis zu einem Grade abgesenkt, ab dem die pflanzliche Restatmung, die Proteolyse und **bakterielle Fehlgärungen** unterbunden werden (ZIMMER 1979, MC DONALD 1982), (Abb. 117).

Zur Wirkung der pH-Absenkung tritt zusätzlich diejenige der undissoziierten Säuren und bei höheren Trockenmassegehalten (d. h. Wasserentzug) diejenige des osmotischen Druckes auf bestimmte Mikroorganismen (z. B. Clostridien). Es können daher sog. „kritische“ pH-Werte für stabile, haltbare Silagen in Beziehung zum

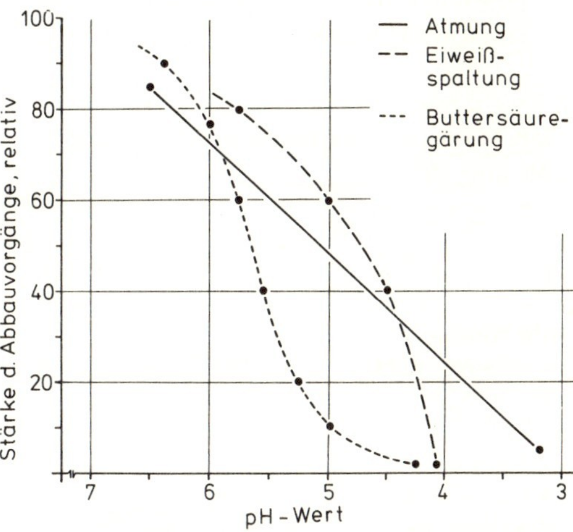

Abb. 117. Abbauvorgänge in der Pflanze und pH-Wert (VIRTANEN 1934).

Trockenmassegehalt des einsilierten Futters abgeleitet werden.

Ein natürlicherweise oder als Folge technologischer Maßnahmen niedriger Feuchtegehalt einer Reihe von Futterstoffen (z. B. Vorwelkgut, Mais, Sorghum, CCM, Feuchtgetreide und -mais u. a.) läßt schließlich das **pilzliche Verderbrisiko** ansteigen. Damit wird die anaerobe Lagerung in selbstgebildeter Kohlendioxyd-Atmosphäre zum weiteren Wirkungsprinzip der Gärfutterbereitung.

Für die Feuchtkonservierung = Gärfutterbereitung ergeben sich somit Umfang und Kombination der verschiedenen Wirkungsarten gegenüber den pflanzlich enzymatischen, bakteriellen oder pilzlichen Verderbvorgängen im wesentlichen aus dem Feuchte- bzw. Trockenmassegehalt der zu konservierenden Stoffe.

Es ist daher nicht gerechtfertigt, einen Unterschied zwischen einer „Silierung" und einer „gasdichten Lagerung" zu machen, weil es sich um gleitende Übergänge handelt. Diese reichen von der fast ausschließlichen Wirksamkeit der H^+-Ionen-Konzentration in Naßsilagen mit einer sehr hohen Lagerdichte bis zu einer fast ausschließlichen Wirkung der CO_2-Lagerung, ergänzt durch geringe Säurebildung und die Wirkung des Wassermangels bei trockenmassereichen Vorwelksilagen, bei der Körnerkonservierung o. ä. mit ihrem hohen Porenvolumen und der prinzipiellen Gefahr eines kontinuierlichen Gasaustausches (Abb. 118).

Die Bedingungen für eine Silierung ergeben sich aus drei Faktorenkomplexen:

1. Den Anforderungen und Reaktionen konkurrierender **Mikroorganismen,** die sich aus einer Feldflora in eine die Gärung tragende und die Haltbarkeit sichernde Lagerflora umschichten.

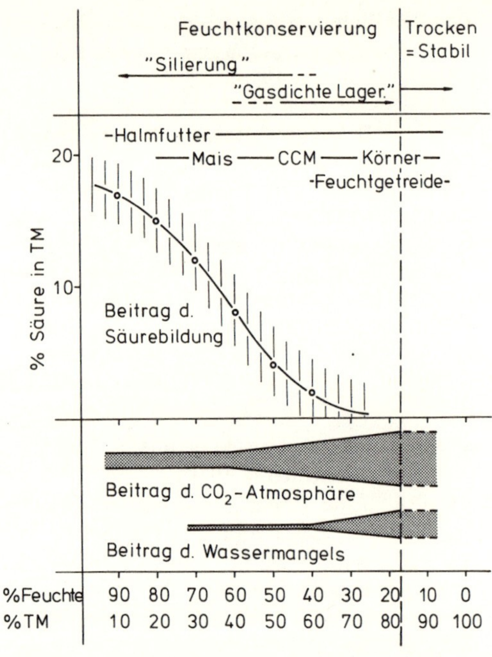

Abb. 118. Konservierung in verschiedenen Feuchtigkeitsbereichen, Prinzipschema.

2. Der natürlichen **Siliereignung** der Futterpflanzen bzw. anderer Biomassen, wobei es sich im wesentlichen um stoffliche Eigenschaften handelt.
3. Der **Siliertechnik,** d. h. derjenigen organisatorischen, baulichen, technischen Maßnahmen, mit denen entweder die natürliche Siliereignung verbessert und/oder das Milieu für die Milchsäuregärung gestaltet wird (ZIMMER 1969) (Abb. 119).

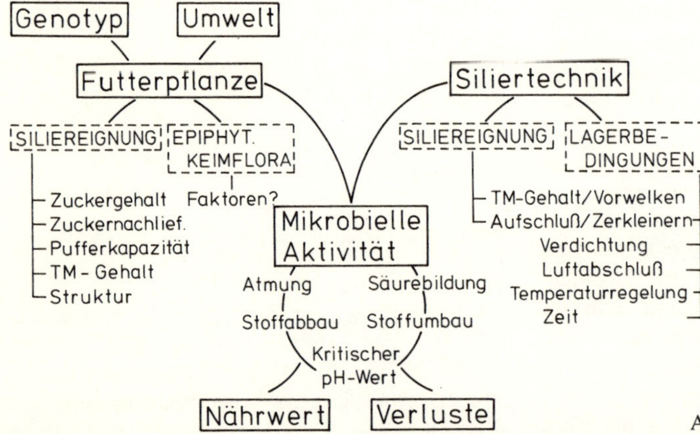

Abb. 119. Silieren von Futterpflanzen.

5.4.2.2 Lebensansprüche der Gärfutterorganismen

Die natürlicherweise auf Futterpflanzen vorkommende epiphytische Feldflora an Mikroorganismen ist vielfältig (Weise 1969, McDonald 1981), jedoch gehören nur wenige Artengruppen mit einem Anteil von 1 bis 2% zur eigentlichen später tätigen Gärfutterflora. Die Schnelligkeit und das Ausmaß dieser in der ersten Gärphase stattfindenden Umschichtung und die Entwicklung der eigentlichen Gärfutterflora entscheiden aber über die im Futter stattfindenden Wertänderungen, Nährstoffumsetzungen, die Haltbarkeit während der Lagerzeit sowie schließlich auch über die aerobe Stabilität in der Zeit der Auslagerung.

Die **Milchsäurebakterien** (Lactobakterien) stellen die wichtigste Gruppe der Silageorganismen (McDonald 1981, zusammenfassend). Vertreter der Gattungen *Lactobacillus*, *Pediococcus* und *Streptococcus* bilden **homofermentativ** Milchsäure. Es dominieren *L. plantarum* und *Pediococcus spp*.

Das Vermögen, Hexosen und Pentosen nach Abbau hochpolymerer Kohlenhydrate zu vergären, ist unterschiedlich. Die Ansprüche an Aminosäuren, Mineralstoffe und Vitamine sind teilweise sehr speziell, direkte Mangelsituationen sind dennoch kaum zu befürchten. Ein Abbau von Protein findet praktisch nicht statt, Aminosäuren werden nicht fermentiert, von der Ausnahme der Desaminierung von Arginin und Serin durch einige Arten abgesehen.

In **heterofermentativer** Form wird Milchsäure durch andere Lactobakterien (z. B. *L. brevis*) und die Gattung *Leuconostoc* gebildet, wobei Ethanol und Acetat als Nebenprodukte entstehen.

Unter dem Gesichtspunkt der Konservierung vereint keine andere Säurebildung als die der Milchsäuregärung die gleichen vielfältigen positiven Effekte:

- eine bakteriostatische Wirkung gegenüber Begleitorganismen
- eine volle Verträglichkeit für das Tier innerhalb normaler Konzentrationsbereiche
- den geringsten Energieverlust, selbst wenn ein unvermeidlicher Anteil heterofermentativer Vorgänge mit höheren Energieverlusten berücksichtigt wird. Als „normal" für Silage ist hier ein Milchsäure : Essigsäure-Verhältnis von 4 bis 5 : 1 zu betrachten.

Als **Voraussetzungen** für eine rasche Vermehrung der Lactobakterien und hohe Aktivität der Säurebildung sind dann zu nennen:

1. Ein Anteil **vergärbarer Kohlenhydrate** von mindestens 2 bis 3% in der Frischmasse; Glucose ist als Nährsubstrat immer geeignet, Fructose und Galactose können noch überwiegend genutzt werden, während die Reaktion auf andere Pflanzenzucker artspezifischer wird.
2. **Anaerobe Verhältnisse;** dem widerspricht nicht, daß Milchsäurebildner fakultative Anaerobier sind und demgemäß auch unter Sauerstoffeinfluß fermentieren können; doch hilft ein rascher, nachhaltiger Luftabschluß, die Vergärung in der erwünschten Richtung zu stabilisieren.
3. **Temperaturen** zwischen 15 und 25 °C, wobei wenige Arten bei höheren Temperaturen ihr Optimum finden (Abb. 120).

Die Bakterien der **Coli-Aerogenes Gruppe** (Enterobakterien) bilden größere Mengen an Essigsäure, Ethanol sowie CO_2- und H_2-Gas. Diese taxonomisch noch wenig klassifizierte Gruppe von Bakterien wird, soweit sie in Gärfutter vorkommt, beschrieben als gramnegativ, ohne Sporenbildung, fakultativ anaerob, nicht pathogen, Kohlenhydrate vergärend (Beck 1978).

Ihre rasche Entwicklung zu Beginn hat eine unerwünschte Wärmebildung und einen nachteiligen Zuckerverbrauch zur Folge. Ihre geringe Säuretoleranz mit einem pH-Optimum um 7 eröffnet allerdings die Möglichkeit, sie durch eine Förderung der Milchsäurebildung schnell und nachhaltig zu unterdrücken.

O2 | pH-Wert | Temperatur
Milchsäurebakterien
Hefen
Buttersäurebakterien
Coli-Bakterien
Fäulnisbakterien
7 6 5 4 3 | 10 20 30 40

Abb. 120. Lebensbereich von Gärfutter-Mikroorganismen (Ruschmann 1939, ergänzt).

Zur Gattung **Clostridium** gehören die anaeroben, sporenbildenden Buttersäurebakterien mit einer pH-Toleranz in Naßsilagen nur bis pH 4,2 und zunehmender Empfindlichkeit gegenüber höheren osmotischen Drucken (z. B. durch Vorwelken oder Kochsalz-Zusatz). Sie fermentieren Zucker, organische Säuren und Proteine und können zwei physiologischen Gruppen zugeordnet werden:

- **Saccharolytische** Clostridien, d. h. „Zuckervergärer", welche hauptsächlich Kohlenhydrate und organische Säuren, z. B. Milchsäure, vergären sowie nur eine begrenzte proteolytische Aktivität aufweisen; hierher gehören *Cl. butyricum* und *Cl. tyrobutyricum*
- **Proteolytische** Clostridien, d. h. „Protein abbauende", welche überwiegend Aminosäuren fermentieren; *Cl. sporogenes* ist ein bekannter „Silage"-Vertreter.

Clostridien sind allgegenwärtig, gelangen in größerer Zahl allerdings mit verschmutztem Futter in den Silo. Eine Anfangsvermehrung kann um so eher ausgeschlossen werden, je rascher Säurebildung und pH-Abfall erfolgen. Da ihr Temperaturoptimum bei 37 °C liegt, bedeutet andererseits jede Erwärmung des Futterstockes eine erhebliche Förderung.

Wenn aus Zuckermangel nicht nachhaltig genug Säure gebildet werden konnte, finden die sehr widerstandsfähigen Sporen günstige Bedingungen zum Auskeimen. Saccharolytische Formen können hierauf Milchsäure zu Buttersäure abbauen, was den pH-Wert wieder ansteigen läßt. Dieses sog. „Umkippen" einer zunächst gut vergorenen Silage tritt nach einigen Wochen Lagerzeit ein.

Proteolytische Formen fördern insoweit Verderbprozesse, als sie zunächst Aminosäuren desaminieren, das freigesetzte Ammoniak pH-Wert und Pufferkapazität ansteigen läßt und weitere, weniger säuretolerante Mikroorganismen günstige Milieubedingungen finden. Eine weitere Sekundärwirkung muß schließlich erwähnt werden. Die Verfütterung hoch sporenhaltiger Silagen führt trotz bester Melk- und Stallhygiene zu einem untragbaren Kontaminationsrisiko für die Milch , sofern diese in der Hartkäserei Verwendung finden soll. Spätblähungen im reifenden Käse sind die Folge. Es besteht daher ein Silage-Fütterungsverbot in Erzeugungsgebieten für bestimmte Käsereimilch.

Als Gärfutterschädlinge sind von **pilzlichen** Organismen die Hefen und die Schimmelpilze zu nennen. Grundsätzlich benötigen sie wenigstens Spuren von Sauerstoff zum Leben, so daß ihr Auftreten immer einen zu lang andauernden Sauerstoffeinfluß zu Beginn der Füllung oder einen Gasaustausch während der Lagerung anzeigt. Für die säuretoleranten **Silagehefen** wird nach taxonomischer Neuordnung (KREGER-VAN RIJ 1984) von der herkömmlichen Trennung in Kahmhefen und Bodensatzhefen abgesehen. Unterscheidungsmerkmal bleibt die Fähigkeit, unter Sauerstoffgegenwart vor allem Milchsäure abzubauen. Hierzu sind Arten der Gattungen *Hansenula*, *Pichia* und *Candida* in der Lage.

Zunächst bildet eine normalerweise vorhandene Population Ethanol und Alkoholester, welche die Schmackhaftigkeit der Silage durchaus günstig beeinflussen. Kommt es infolge fehlender Konkurrenz und günstiger Vermehrungsbedingungen zum Aufbau einer „kritischen" Population (etwa 10^5 Keime/g Silage), so ist die Stabilität solcher Silagen während der Entnahme stark gefährdet. Der mit „Nachgärung" oder Nacherwärmung bezeichnete Vorgang betrifft besonders nährstoffreiche und trockenmassereiche Silagen. Unter Luftzutritt wird u. a. die Milchsäure abgebaut, wobei rasche Vermehrung eintritt. Solches Gärfutter verdirbt in kürzester Zeit.

Die Entwicklung von **Schimmelpilzen** ist immer ein Zeichen von Luftzutritt. Nährstoffe werden abgebaut, das Futter verliert Geschmack und Geruch. Die Bildung von Mykotoxinen ist nicht auszuschließen, obgleich hier unsere Kenntnisse noch nicht vollständig sind.

Ebenso aerob und daher eigentlich nicht zur Silageflora gehörend sind **Fäulnisbakterien,** deren Säuretoleranz aber so gering ist, daß sie sehr rasch unterdrückt werden.

5.4.2.3 Phasen der Vergärung

Der Ablauf der Gärung läßt sich in Phasen unterschiedlicher Dauer und Intensität unterteilen, wobei eine scharfe Abgrenzung natürlich nicht möglich ist (ZIMMER 1969) (Abb. 121).

Phase 1, wenige Stunden: Der im Futterstock eingeschlossene Sauerstoff wird unter Wärmebildung veratmet; noch aktive proteolytische Enzyme bauen Eiweiß bis zur Stufe der Aminosäuren ab. Zunehmend anaerobe Verhältnisse bewirken den Zelltod, den Austritt von Zellsaft, schließlich eine Umschichtung der Keimflora.

Phase 2, einige Tage: Der austretende Zellsaft wird Nährboden der mikrobiellen Aktivität; zunächst wird heterofermentativ Milchsäure gebildet (Coli-Gruppe), doch gewinnen homofermen-

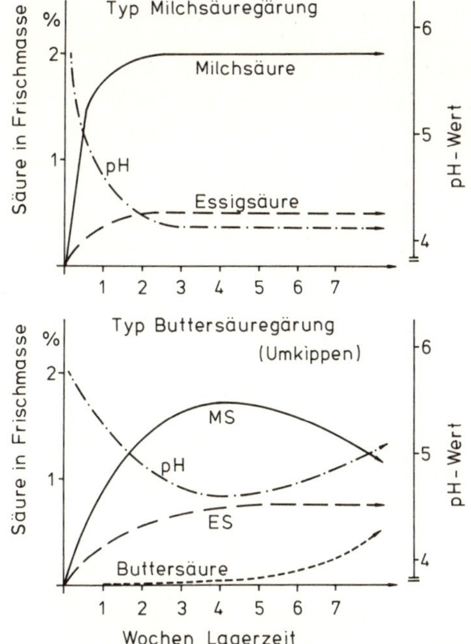

Abb. 121. Typische Gärverläufe.

tative Laktobakterien rasch die Oberhand; der pH-Wert fällt, der Futterstock sackt ab.

Phase 3, bis etwa drei Wochen: Eine hohe Vermehrungsrate der Laktobakterien kennzeichnet die Hauptgärung; Schnelligkeit und Ausmaß des pH-Abfalles werden durch die Verfügbarkeit von Zucker sowie die Zusammensetzung der Gärflora bestimmt.

Phase 4, restliche Lagerzeit: Die mikrobielle Aktivität klingt ab bis zu einer teilweisen Entkeimung; eine eventuelle Säurezehrung wird durch Säurenachlieferung ausgeglichen, das Gärfutter lagert stabil.

Zwei Fehlentwicklungen können diesem „Normalverlauf“ eine andere Richtung geben:

1. Wird infolge Zuckermangels oder eines zu hohen Verbrauchs der kritische pH-Wert nicht unterschritten, so kippt die Silage um. Sekundär wird **Buttersäure** gebildet, der pH-Wert steigt, die Eiweiß-Desmolyse nimmt zu bis zum Verderb (siehe Abb. 121 unten).
2. Hat sich zu Beginn der Gärung eine zu starke **Hefepopulation** bilden können und liegen genügend Substrate vor (Milchsäure, Restzucker), so kann unter aeroben Bedingungen deren säurezehrende und exotherme Tätigkeit zur „Nachgärung“ und zum Verderb führen (Zusf. Honig 1980, Lindgren et al. 1985).

5.4.3 Verluste der Gärfutterbereitung

Die Verluste der Gärfutterbereitung haben unterschiedliche Ursachen wie Atmungs- und mechanische Verluste auf dem Feld (siehe 5.2.3.1), den Stoffumbau der anaeroben Vergärung im Silo, aerobe Umsetzungen durch Atmung im Silo, die Sickersaftbildung, schließlich aerobe Umsetzungen bei der Entnahme (Tab. 267).

Das verfahrensspezifische **Minimum** an Verlusten kann hiernach recht niedrig gehalten werden. Andererseits wird die Bedeutung der **aeroben** Umsetzungen deutlich, welche für die tatsächlich große Spannweite der praktischen Verfahrensverluste der Silierung verantwortlich sind.

5.4.3.1 Gärverlauf und Verluste

Die Komplexität der im Silo ablaufenden aeroben und anaeroben Vorgänge erlaubt keine deutliche Trennung. Eine quantitative Analyse ist verschiedentlich versucht worden (Mc Donald 1967, Küntzel und Zimmer 1972). Es läßt sich aber verallgemeinern, daß

- **aerobe** Vorgänge eine partielle Mineralisation des Substrats bedeuten, und ihr Umfang von der Siliertechnik bestimmt wird (vgl. 5.4.5.2)
- eine **homofermentative** Milchsäuregärung ohne Energieverlust und Gasbildung bleibt

Tab. 267. Verluste bei der Gärfutterbereitung (Zimmer 1969)

Biologischer Prozeß		Energie-Verluste (%)
Restatmung d. Pflanze	unvermeidbar	1– 2
Vergärung (Milchsäure)	unvermeidbar	~ 4
Sickersaft und/	wahlweise	5– 7 oder
oder Vorwelken	unvermeidbar	2– 5
Sekundärgärung (Buttersäure)	vermeidbar	0– > 5
Aerobe Umsetzungen	vermeidbar	0– > 10
Aerobe Umsetzungen nach der Entnahme	vermeidbar	0– > 10
Konservierungsverluste		7– > 40

- die **heterofermentative** Bildung flüchtiger Fettsäuren, wie Essig- und Buttersäure, mit größeren Stoff- und Energieverlusten verbunden ist, wobei die Silierfähigkeit des Futters eine bestimmte Rolle spielt
- Ammoniak, auch Iso-Säuren, auf **Eiweißabbau** und Fehlgärungen schließen lassen (OSHIMA and McDONALD 1978)
- eine Erhöhung des **TM-Gehaltes** alle Umsetzungen reduziert
- die Stoffumsetzungen immer **verdauliche** Nährstoffe betreffen und daher die Verluste an **Nettoenergie** – trotz teilweise höherer Bruttoenergie-Konzentrationen in den Silagen (kJ/TM) – stets höher sind als die an Trockenmasse oder Bruttoenergie.

Hierauf stützt sich die Aussage, daß auch zwischen der Gärfutterqualität und dem Energiegehalt eine signifikante Beziehung besteht, wobei je Güteklasse die Energiekonzentration um 25 bis 30 StE abnimmt (Tab. 268).

5.4.3.2 Sickersaftbildung

Sickersaft (Gärsaft) entsteht beim Silieren wasserreicher Pflanzen. Er ist reich an löslichen Nährstoffen, wie Rohprotein, Zuckern, Mineralstoffen, organischen Säuren. Infolge seiner Verderblichkeit und eines sehr hohen Sauerstoffverbrauches beim oxydativen Abbau unterliegt er nach § 34 des Bundes-Wasserhaushaltsgesetzes, ergänzt durch Landesgesetze, strengen Bestimmungen. Seine unschädliche Beseitigung erfolgt daher am besten über eine Landbehandlung. Die ablaufende Menge und die Höhe der Verluste werden vom Trockenmassegehalt des einsilierten Materials bestimmt (Abb. 122). In den ersten zehn Tagen laufen bei Naßsilagen bis 80 % der Gesamtmenge ab. Der TM-Gehalt schwankt, doch sind 5 bis 6 % TM die Werte mit der größten Häufigkeit (Zusf. KÜNTZEL und ZIMMER 1972, KÜNTZEL 1978).

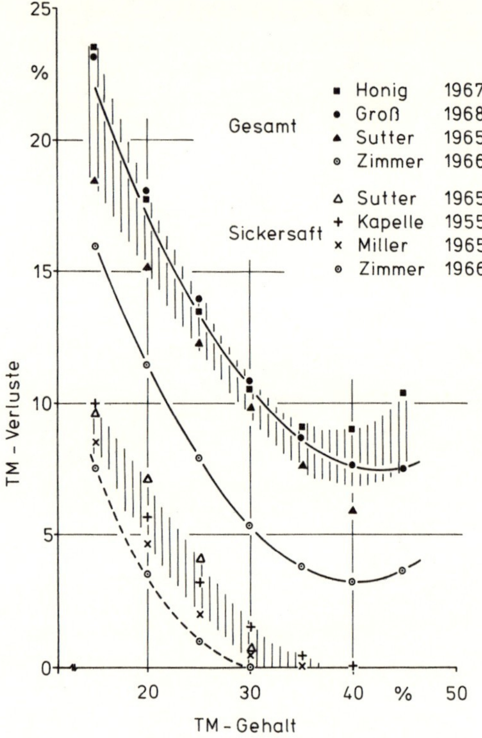

Abb. 122. TM-Gehalt und Silierverluste (ZIMMER 1967 a).

Tab. 268. Gärfutterqualität und Energiegehalt (ZIMMER 1974)

Autor	Jahr	n	Funktion*	B	StE berechnet
ZIMMER	1967	658	393,0 +1,29 x	0,53	Futterwerttabelle
UCHIDA	1971	104	428,2 +1,30 x	0,49	Dijkstra-Formel
HONIG	1972	104	440,9 +1,61 x	0,86	in-vivo-Versuch

* y StE = a + bx FLIEG

5.4.3.3 Verluste bei der Auslagerung

Neben den Hefen als führenden Organismen (siehe 5.4.2.2) können unter bestimmten Voraussetzungen auch Aktinomyceten die Nacherwärmung verursachen (WOOLFORD u. a. 1977, 1978, 1979).

Vorwelk- und Maissilagen, milchsauer vergoren, reich an Nährsubstrat und infolge ihrer niedrigen spezifischen Wärme bei exothermen Prozessen leicht mit Temperaturanstieg reagierend, sind besonders gefährdet. Als „stabil" erweisen sich dagegen Gärfutter mäßiger bis schlechter Qualität infolge der fungistatischen Wirkung der dann reichlich vorhandenen Essig-, vor allem Buttersäure. Die Verluste an verdaulichen Nährstoffen können Größenordnungen um 10 % und mehr erreichen und machen damit einen wesentlichen Teil der Gesamtverluste aus.

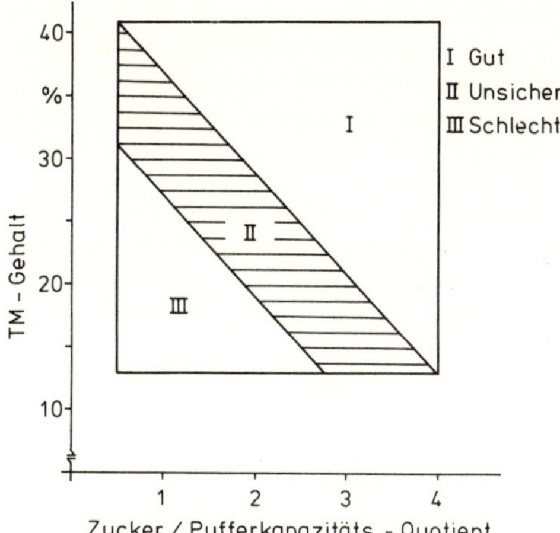

Abb. 123. Abhängigkeit des Konservierungserfolges von Z/PK und TM-Gehalt (WEISSBACH 1973).

5.4.4 Siliereignung von Futterpflanzen

5.4.4.1 Faktoren der Siliereignung

Die zu konservierende Pflanze ist zugleich Nährsubstrat für die Gärfutter-Mikroorganismen. Ihre, die Siliereignung oder Vergärbarkeit charakterisierenden stofflichen Eigenschaften unterliegen einer natürlichen Variation (LANG 1975, OEHRING 1967). Es sind dies der Gehalt an vergärbaren Kohlenhydraten, basisch wirksamen puffernden Substanzen, an Trockenmasse. Darüber hinaus können Verschmutzung, pflanzeneigene Hemmstoffe, die epiphytische Keimflora wirksam werden.

Aus der Erkenntnis, daß der Zuckergehalt zum Parameter Pufferkapazität relativiert werden muß, sind Kennwerte wie das Zuckerminimum, das Zucker/Rohproteinverhältnis, der Quotient Zucker/Pufferkpazität (Z/Pk) entwickelt worden. Besonders letzterer eignet sich gut für die Abschätzung der Vergärbarkeit von Futterpflanzen, insbesondere wenn der stabilisierende Effekt des Trockenmassegehaltes mit berücksichtigt wird (Abb. 123).

Von den **wasserlöslichen Kohlenhydraten** (WSC) kommen in erster Linie in Betracht Glucose, Fructose, Saccharose, Pentosane, die Fructosane der Gräser, ferner die Säuren des Trikarbonsäurezyklus (bis 2 bis 4% der TM). Diese leicht vergärbaren Substanzen decken jedoch häufig nicht den Bedarf einer nachhaltigen Säurebildung. In Bilanzversuchen gelang die Erklärung der Umsetzungen, nur bezogen auf die WSC, zu $75 \pm 21\%$, dagegen nach Einbeziehung höher polymerisierter Kohlenhydrate zu $90 \pm 16\%$ (KÜNTZEL und ZIMMER 1972a). Die schrittweise Abspaltung von Pentosen aus den Hemizellulosen ist zu nennen, wobei Abbauraten zwischen 10 und 60% gemessen wurden. Offensichtlich wird auch Zellulose hydrolysiert, obgleich die hier herrschenden Bedingungen noch nicht voll erfaßt sind. Damit kann die Nachlieferung gärfähiger Zucker aus höher polymeren Kohlenhydraten zur Aufrechterhaltung des pH-Niveaus eine nicht zu unterschätzende Rolle spielen.

Die **Pufferkapazität** der Pflanzen (in mval/100 g TM) wirkt der Säurebildung entgegen und verzögert den pH-Abfall. In der frischen Pflanze entfällt ein Anteil von etwa 60 bis 80% auf den Anionen-Komplex, Salze der organischen Säuren, Orthophosphate, Sulfate, Nitrate, Chloride, ein kleinerer Teil auf Eiweißstoffe. Somit läßt sie sich auch aus Aschealkalität und N-Gehalt rechnerisch schätzen. Während der Vergärung ändern sich die Verhältnisse durch den Abbau der pflanzeneigenen Säuren, dessen Endprodukte als Laktat oder Acetat ihrerseits puffern oder als Kationen ebenso wie die aus der Desaminierung freigesetzten Basenäquivalente (NH_3) neutralisiert werden müssen.

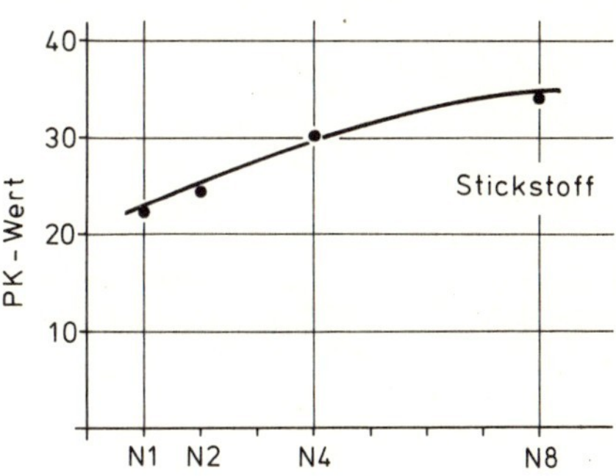

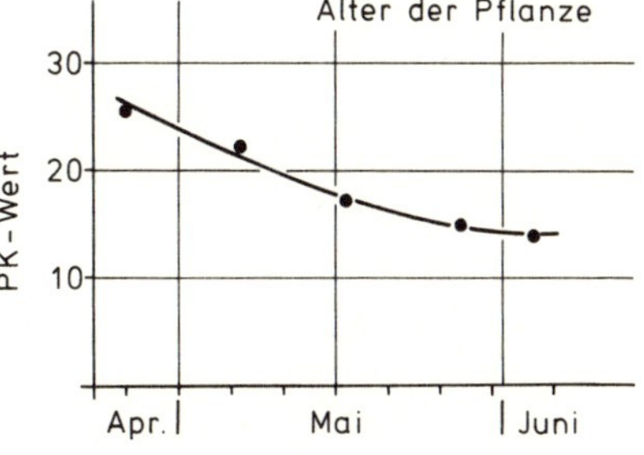

Abb. 124. Pufferkapazität (GRIFFITH 1966).

Die Pflanzenarten unterscheiden sich z. T. recht erheblich, so liegt die Pufferkapazität von Leguminosen etwa doppelt so hoch wie die der Gräser, auch Löwenzahn hat hohe Werte. Sie nimmt mit steigender N-Düngung zu, dagegen mit fortschreitender Entwicklung der Pflanzen ab (Abb. 124).

Der Effekt des erhöhten **Trockenmassegehaltes** hat mehrere Ursachen. Die Erhöhung der Zellsaftkonzentration, auch ein Mehr an gärfähigen Zuckern infolge einer Dissimilation von Kohlenhydraten während des kurzfristigen Vorwelkens verbessern die Vergärbarkeit. Höhere osmotische Drücke wirken selektiv auf die Mikroorganismenpopulation, bestimmte Gärschädlinge (Clostridien) sind weniger tolerant.

Als weitere Kriterien der natürlichen Siliereignung müssen schließlich angesprochen werden: Stoffe mit **spezifischer Hemmwirkung,** Alkaloide, Senföle, stellen Sonderfälle dar, wenn derartige Spezies im Pflanzenbestand überhandnehmen, z. B. Löwenzahn, oder eine falsche Schnittzeit gewählt wird, z. B. bei Kruziferen.

Pflanzeneigene Nitratgehalte von 0,1 bis 0,2% in der Frischmasse üben eine deutliche Hemmwirkung auf Buttersäurebakterien aus. Nitrat wird hierbei zu Nitrit reduziert (siehe auch 5.4.5.3). Die Wirkung beschränkt sich auf einen so engen Konzentrationsbereich vermutlich deshalb, weil höhere Nitratwerte gewöhnlich niedrigere Zuckergehalte zur Folge haben und die Vergärung hierdurch negativ beeinflußt wird (OSHIMA and MCDONALD 1978, WIERINGA 1966).

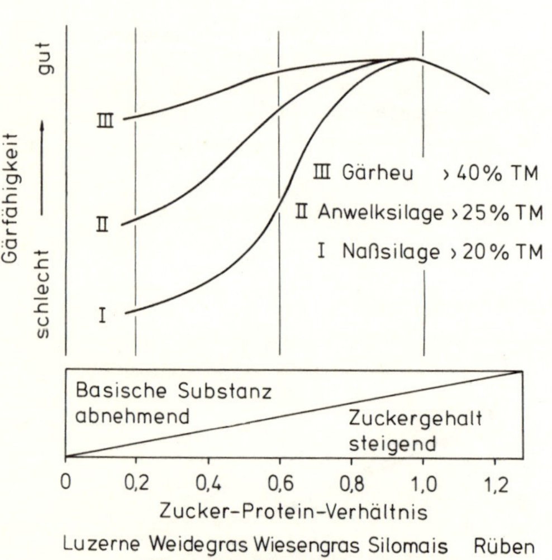

Abb. 125. Gärfähigkeit von Futterpflanzen (LAUBE, ergänzt ZIMMER 1969).

Die **epiphytische Keimflora,** von welcher sich nach der Umschichtung ein Bruchteil zur typischen Silageflora entwickelt, kann in ihrer eigentlichen Wirkung auf den Gärverlauf noch nicht abgeschätzt werden. Arteigene Besonderheiten, wie eine starke Hefetätigkeit auf Silomais oder Sukzessionen im Verlauf der pflanzlichen Entwicklung und infolge von Witterungseinflüssen, sind bekannt (Zusf. BECK 1978, WEISE 1969).

5.4.4.2 Einteilung der Futterarten

Die Einteilung der Futterarten nach guter oder schlechter Siliereignung wurde früher empirisch vorgenommen. Sie läßt sich heute feiner abstufen, wobei Artunterschiede bei Gräsern und Kruziferen, teilweise schon Sortenunterschiede nachweisbar sind (JONES 1970, OEHRING 1967). Einen Überblick vermittelt Abb. 125, für eine praktische Nutzanwendung sei auf die Arbeit von WEISSBACH (1973) verwiesen.

5.4.4.3 Einfluß von Nutzungszeit, Witterung, Düngung

Das **Vegetationsstadium** der Pflanzen und die Jahreszeit variieren die Vergärbarkeit. Der Begriff „Siloreife“ hebt hierauf ab und macht deutlich, daß es einen für die Silagebereitung optimalen Schnittzeitpunkt gibt. Er liegt, bedingt durch den Kohlenhydratstoffwechsel, bei den Gräsern etwas vor dem Optimum des Nährstoffertrages. Infolge günstiger Konservierungseigenschaften ist aber die Netto-Nährstoffmenge nach der Konservierung häufig gleich. Die Futterarten unterscheiden sich besonders im Frühjahr typisch:

- Weidelgräser erreichen die Siloreife zu Beginn des Ährenschiebens, anschließend nimmt die Silierbarkeit ab
- andere Gräser wie Knaulgras, Lieschgras, Wiesenschwingel sowie Grünlandbestände im allgemeinen sind siloreif im Ähren/Rispenschieben bis Beginn der Blüte
- bei Grüngetreide erfolgt ein Abfall vom Schossen bis zum Ähren/Rispenschieben
- Ganzpflanzengetreide und Körnerleguminosen erreichen die Siloreife bei Teigreife der Körner bzw. bis zum Hülsenansatz (Abb. 126).

Spätere Schnitte im Jahr sind immer schlechter gärfähig, was auf einen Rückgang im Zuckergehalt zurückzuführen ist (Tab. 269).

Tab. 269. Auswirkungen verschiedener Schnittermine (ZIMMER 1966b)

Datum	n	Zuckergehalt in Frischmasse	relativ	Zucker-Rohprotein-Verhältnis
25.4.–20.5.	14	1,44	100	0,55
20.6.–10.8.	24	0,84	58	0,32
28.8.–20.9.	9	0,53	37	0,19

Die Höhe des Zuckergehaltes wechselt auch mit der **Tageszeit.** Ein am zeitigen Nachmittag gemähter Pflanzenbestand kann an sonnigen Tagen bis zu doppelt so hohe Gehalte ausweisen als früh morgens. Auf die betriebstechnischen Überlegungen, ob hiernach jedoch die Schnittzeit bestimmt werden soll, wurde schon hingewiesen (siehe 5.2.3.1, Seite 396).

Die **Witterung** wirkt sich direkt auf die Gärfähigkeit aus. Sonniges Wetter mit ausreichender Wasserversorgung fördert den Kohlenhydratstoffwechsel; der Gehalt an Eiweiß-Vorstufen bleibt gering. Trübe, sonnenarme regnerische Jahre vermindern dagegen die Gärfähigkeit; die Pflanzen sind wasserreicher, das Zucker-Rohprotein-Verhältnis ist niedrig. Ergebnisse aus dem nordwestdeutschen Küstengebiet verdeutlichen dies (Tab. 270).

Regennasses Futter oder nachträgliches Einregnen verschlechtert die Gärbedingungen und führt zu essigsauren Silagen mit deutlich höheren Verlusten. In eingeregneten Schichten ist die Gefahr der Fäulnis groß, zumal Regenwasser besonders sauerstoffhaltig ist (Tab. 271).

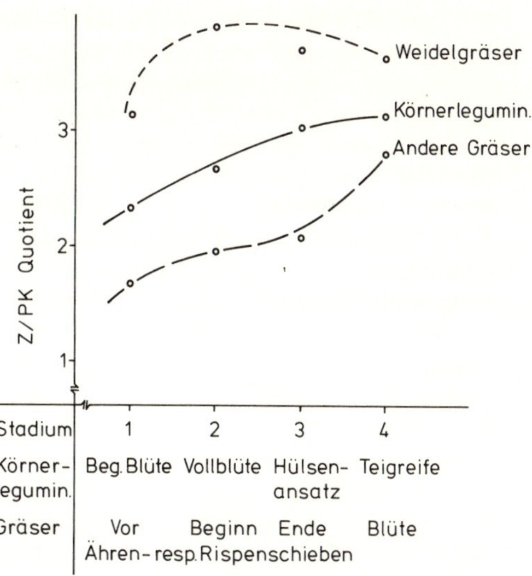

Abb. 126. Änderung der Vergärbarkeit (zusammengestellt nach WEISSBACH 1973).

Die Wirkung der **Düngung** ist vielfältig. Auf den Anstieg der Pufferkapazität wurde schon hingewiesen. Es ändert sich aber auch der Kohlenhydratstoffwechsel. Besonders nach hohen Stickstoffgaben ohne eine ausreichende Zeitspanne für eine geordnete Stoff- und Ertragsbildung bis zur Nutzung sind negative Wirkungen auf die Gärfähigkeit möglich. GORDON (1964) stellte bei Versuchen mit Knaulgras den Zusammenhang zwischen N-Düngung, Gärfähigkeit, Gärverlauf und Futteraufnahme her (Tab. 272), wies jedoch auf die ausgleichende Wirkung sorgfältiger Siliertechnik hin. Zu ähnlichen Ergebnissen kommen auch PEDERSEN (1975) und PESTALOZZI (1978).

Tab. 270. Einfluß der Witterung auf die Gärfähigkeit (ZIMMER 1966b)

Jahre	Witterung	Anteil Proben in Güteklasse (%) sehr gut bis gut	befriedigend	mäßig bis schlecht
1952, 1955, 1959	Trocken, 50–80% der langj. Niederschläge, wärmer als normal	54	18	28
1954, 1956, 1957, 1958	Feucht, 110–140% der langj. Niederschläge, kühler als normal	29	17	54

Tab. 271. Einfluß von Regen auf die Gärbedingungen (ZIMMER 1966, GROSS 1974)

	Milchsäure	Essigsäure	Buttersäure	flücht. S.	TM-Verluste
	(% der Trockenmasse)			(in % Ges. S.)	(%)
Mähweidegras					
frisch bis regennaß	6,3	5,0	1,3	50	16,9
frisch bis trocken	8,3	3,1	0	27	6,8
Futterroggen					
vorgewelkt verregnet	9,6	5,7	0,2	38	35,0
vorgewelkt trocken	8,6	2,0	0,4	22	10,0
Luzerne					
vorgewelkt verregnet	2,6	2,4	4,0	71	–
vorgewelkt trocken	3,5	1,0	0,5	30	–

Auf Dauergrünland können Düngungsmaßnahmen zu Bestandesumschichtungen führen, welche auf die Vergärbarkeit zurückwirken. Schließlich weisen Erfahrungen aus dem Voralpengebiet darauf hin, daß Gülleanwendung eine Verschlechterung der Silierbarkeit mit sich bringen kann. Möglicherweise spielt bei der Anwendung von Wirtschaftsdüngern, insbesondere in flüssiger Form, die Kontamination mit Gärschädlingen wie Proteolyten und Clostridien eine größere Rolle.

5.4.5 Siliertechnische Maßnahmen

5.4.5.1 Das Vorwelken

Die wirksamste Maßnahme zur Verbesserung der Silierbarkeit ist das Vorwelken, d. h. die Erhöhung des TM-Gehaltes vor dem Silieren auf um 35% für die Anwelksilagen oder bis auf 45 bis 50% für sog. Gärheu.

Damit verbindet sich eine Reihe von Vorteilen:

- die Gärung verläuft stärker homofermentativ bei insgesamt geringerer mikrobieller Aktivität (Abb. 127)
- der höhere osmotische Druck hemmt selektiv die Gruppe der Clostridien, während Laktobakterien eher gefördert werden
- der Eiweißabbau bleibt geringer
- durch Wegfall des Sickersaftes und eine geringere Gärgasbildung als Folge geänderter mikrobieller Umsetzungen sind die unvermeidbaren Verluste gering (siehe Abb. 122, Seite 416).
- die Futteraufnahme wird deutlich verbessert und erreicht etwa bei einem TM-Gehalt von 35% das Ausmaß des durchschnittlichen Verzehrs an Heu.

Das Vorwelkverfahren erbringt somit die höchsten Netto-Nährstoffleistungen. Allerdings müssen durch technisch-organisatorische Maßnahmen zwei Voraussetzungen geschaffen werden, nämlich

- das kurzzeitige intensive Vortrocknen im Felde (siehe 5.2.3.1), weil anderenfalls Atmung, Carotinabbau, Proteolyse weiterlaufen, ja Verderbvorgänge im Schwad beginnen können
- eine gute Dichtlagerung und ein sicherer Luftabschluß des Futterstockes.

5.4.5.2 Schaffung anaerober Verhältnisse

Neben ihrer arbeitswirtschaftlichen Funktion haben die meisten Maßnahmen der Siliertechnik den Zweck, anaerobe Verhältnisse im Futterstock schnell herzustellen und über die Lagerzeit hin-

Tab. 272. Wirkung von Stickstoff auf die Gärfähigkeit (GORDON 1964)

	Zucker-Rohprotein-Verhältnis	Milchsäure (% der TM)	Essigsäure	Buttersäure	TM-Verlust (%)	Futteraufnahme kg TM je 100 kg Lebendgewicht
mit N	0,34	2,33	4,63	3,43	22,5	1,64
ohne N	0,65	5,00	3,58	1,63	15,8	1,87

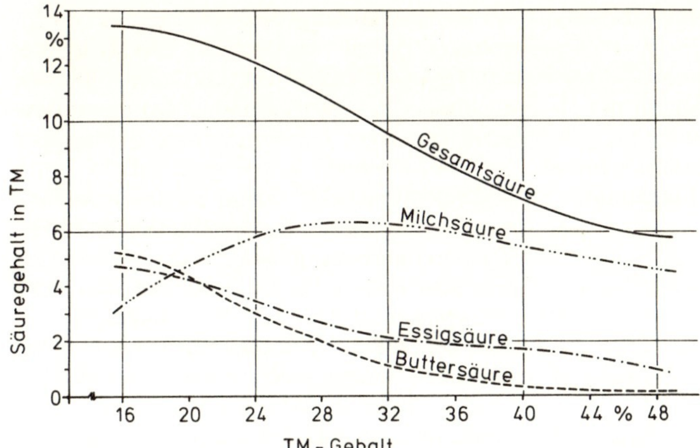

Abb. 127. Säurebildung in Abhängigkeit vom TM-Gehalt (RENNER 1967).

weg zu erhalten. Im gemäßigten Klima ist es auch gerechtfertigt, die Temperatureffekte überwiegend als eine Folge exothermer oxydativer Prozesse anzusehen und nicht so sehr als diejenige der Strahlung oder der Umgebungstemperatur. Die zentrale Bedeutung des Faktors Luft ist damit herausgestellt. Eine gezieltere Versuchsanstellung hat es ermöglicht, dessen Wirkung besser zu quantifizieren (HONIG 1975, HONIG and WOOLFORD 1980, RUXTON and MCDONALD 1975, TAKAHASHI 1968, 1969, 1970, WEISE et al. 1975).

Als ein **unmittelbarer** Effekt des Sauerstoffes ist anzusehen, daß die pflanzliche Zellatmung aufrechterhalten bleibt, Substrat abgebaut wird und Wärme entsteht, welche ihrerseits alle biochemischen Prozesse intensiviert. Die Umschichtung der Keimflora wird dadurch verzögert, was Hefen und Coliformen günstige Entwicklungsmöglichkeiten bietet. Die Säurebildung bleibt niedrig und wird in Richtung auf die Bildung von Bernstein- und Propionsäure intensiviert, welche jedoch nur einen geringen Beitrag zur pH-Absenkung liefern. Die hieraus entstehenden **sekundären Effekte** sind (siehe 5.4.2.3) das Umkippen von Silagen während der Lagerzeit in Buttersäuregärung aus Zuckermangel; die Nacherwärmung während der Entnahme, insbesondere durch Hefen verursacht, bei nährstoffreichen Silagen. Die den Landwirt interessierenden **praktischen Folgen,** wie höhere Nährstoffverluste und niedrige Nettoenergiewerte resp. Eiweißverdaulichkeit, ein schlechtes Säuremuster mit Schwierigkeiten für den Futterverzehr, schließlich eine größere Instabilität bei der Entnahme, wirken sich direkt auf das wirtschaftliche Ergebnis aus.

Ein verbreiteter Fehler in der Praxis sind zu lange **Füllzeiten,** weil die Behälter zu groß bzw. die Bergeleistungen zu niedrig sind. Der ungehinderte Gasaustausch führt zur Erwärmung, zur Einleitung von Fehlgärungen und einer Abnahme der Proteinverdaulichkeit (Tab. 273 und Tab. 274).

Tab. 273. Einfluß der Fülldauer auf Qualität und Leistung (Praxissilos)

Autor		Material	Relative Veränderungen **langsam** vs. **schnell**				
			Verluste TM	Güteklasse	% fl. Säuren d. Gesamtsäure	TM-Verzehr	kg FCM
BLATTMANN	1957	Mais	–	–1 Klasse	höherer Anteil	–	–
GROSS	1974	Mais	+ 66%	–1 Klasse	+59%	–	–
MASKOVA u. HAVELIK	1969	Luzerne u.a. Gärheu	+103%	schlechter	höherer Anteil	–	–
MILLER et al.	1962	Kleegras-Frischsilage	+ 35%	–1 Klasse	+66%	–7%	–4%

Tab. 274. Einfluß der Luftzufuhr auf die Rohproteinverdaulichkeit

Autor	Verdaulichkeit des Rohproteins (%)		
	bei völligem Luftabschluß	nach ... Tagen Luftzufuhr	
Wieringa 1960 – Gras	76	1 Tag	70
		2 Tage	61
Zimmer 1960 – Zuckerrübenblatt	81	4–5 Tage	73
Donaldson 1977 – Gras	78	3 Tage	71

Es ist daher eine Planungs- und Organisationsaufgabe, die Silogrößen und Bergeleistungen aufeinander abzustimmen, da die Fülldauer per Einheit nicht länger als zwei, höchstens drei Tage betragen sollte (Tab. 275).

Die hohe Schlagkraft von Lohnunternehmen kommt hier vorteilhaft zum Tragen. Andererseits können bestimmte Fülltechniken, wie das sog. Dorset Wedge System, in großen Flachsilos die Nachteile langer Füllzeiten mildern. Man füllt beispielsweise nicht schichtweise, sondern abschnittsweise mit möglichst steiler Rampe in Längsrichtung.

Tab. 275. Bergeleistung von Verfahren für Vorwelksilage (80 dt/ha, 35 % TM)) (Schurig, pers. Mittlg.)

Verfahren	Bedarf AK	Bedarf Schlepper	Bedarf KW	Leistung je 4,5 Std. Tag ha	Leistung je 4,5 Std. Tag m³ Siloraum
Häckselladewagen	1	1	60	2,5	35
Kurzschnittladewagen	1	1	50	2,7	40
Feldhäcksler (umhängen)	2	2	60, 50	5,0	65
Feldhäcksler (parallel)	4	4	60 3 × 40	7,5	100

Eine hohe **Dichtlagerung** verringert das Porenvolumen. Damit wird sowohl die Menge des anfangs eingeschlossenen Luftsauerstoffes wie auch das Ausmaß eines möglichen Gasaustausches verringert. Der Eigendruck, in Flachsilos der Walzschlepper, seltener mechanische Hilfen wie Betonpreßdeckel, verdichten das in den Silo eingebrachte Futter. Die Größenordnungen von Temperaturerhöhung und Nährstoffabbau, sofern kein zusätzlicher Gasaustausch stattfindet, veranschaulicht Abb. 128. Nicht unerheblich ist auch der Einfluß der eingeschlossenen Luftmenge auf die Ausprägung der Vergärung (Abb. 129). Diese Fälle treten insbesondere dort auf, wo ein gasdichter Silo zunächst nur mit einer geringen Füttermenge befüllt wird. Positiv wirkt das Vorwelken: Die TM-Dichte je m³ steigt bis zu einem TM-Gehalt von 45 bis 50 % an. Bei höheren TM-Gehalten wird die Sperrigkeit dann zu groß, so daß die Dichte wieder sinkt. Von ziemlichem Einfluß ist ferner der Rohfasergehalt (Abb. 130). Er verhindert eine ausreichende Dichtlagerung, bis sehr kurze Häcksellängen gewählt werden. Holländische Versuche bestätigen deshalb die

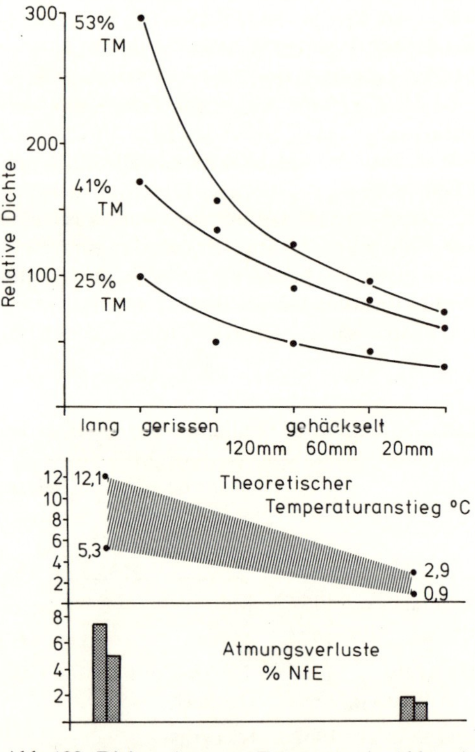

Abb. 128. Dichte, Atmung, Temperatur in Abhängigkeit von TM-Gehalt/Zerkleinerung.

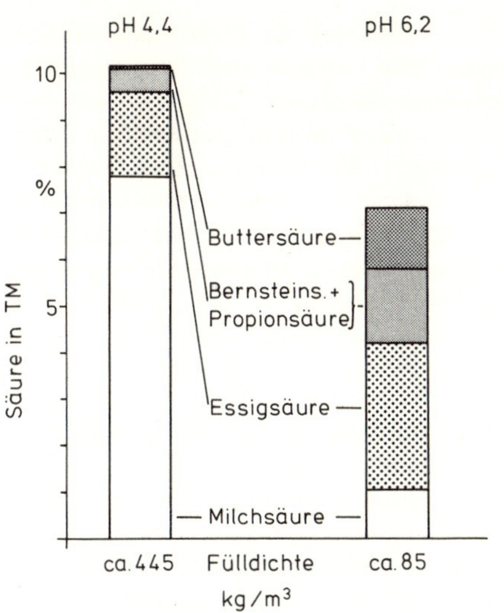

Abb. 129. Restsauerstoff und Gärungsverlauf (RUXTON and MC DONALD 1975).

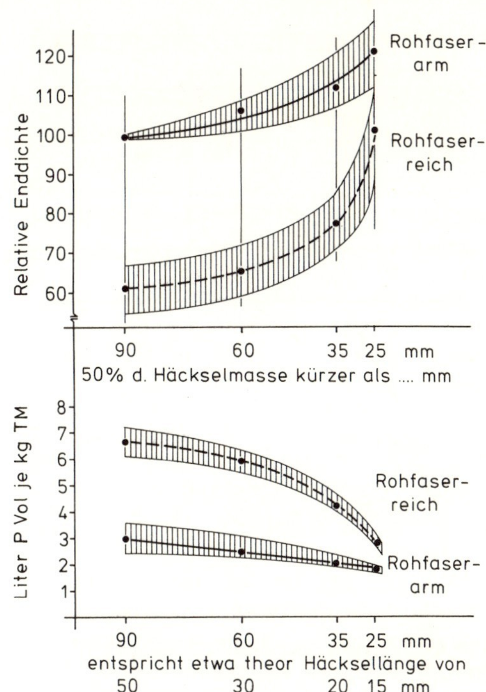

Abb. 130. Relative Enddichte und Porenvolumen (MÜLLER 1970, ergänzt).

Rangfolge der auf die Verdichtung wirkenden Faktoren wie folgt: Silohöhe – Trockenmasse – Rohfaser – Zerkleinerung (BOSMA 1978, BOSMA et al. 1984, DERNEDDE 1983, HONIG und ZIMMER 1985).

Die Dichtlagerung läßt sich durch eine **Zerkleinerung** verbessern, wobei für Rübenblatt = Reißhäcksel, für Halmfutter = Kurzschnitt-Ladewagengut oder Exakthäcksel, 20 bis 10 mm, schließlich für Mais = Exakthäcksel, 6 bis 8 mm in Frage kommen.

Eine Zerkleinerung hat jedoch mehrere Wirkungen auf die Vergärung (Zusf. ZIMMER 1967b, 1978). Der Aufschluß intensiviert und fördert eine gleichmäßige Milchsäurebildung (Abb. 131).

Tab. 276. Silierverluste und Zerkleinerungsgrad (siehe ZIMMER 1978)

Autor	Jahr	Silierverluste in % TM				
		n	unzerkleinert	n	gehäckselt 20 mm	relativ
BUYSSE	1961	14	26,3	14	11,4	43
ULVESLI	1965	35	13,5	39	4,8	36
ZIMMER	1967	48	27,1	347	18,0	66
LINDELL	1970	3	29,5	6	14,3	49
						∅49

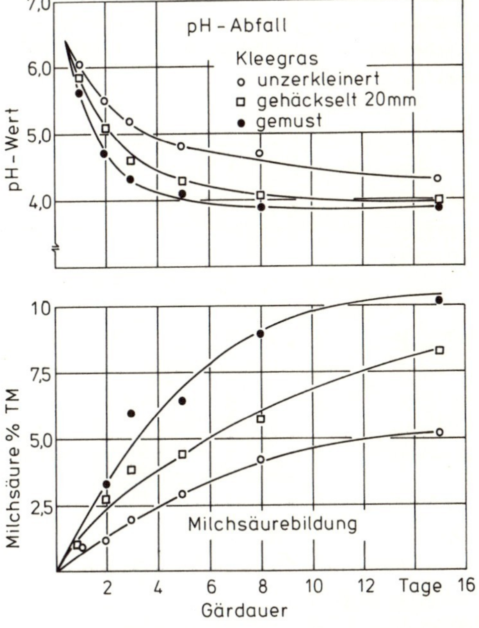

Abb. 131. Aufschluß intensiviert Säurebildung (MURDOCH et al. 1955).

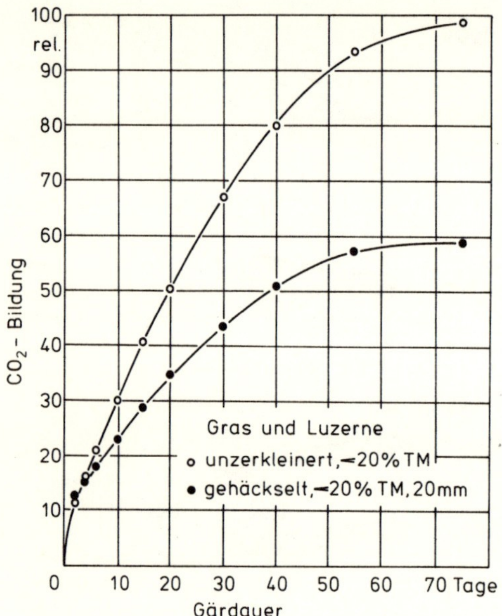

Abb. 132. Zerkleinerung senkt CO_2-Bildung (ZIMMER 1967).

Hierdurch wird die Gasbildung verringert und die Verluste sinken (Abb. 132 und Tab. 276).

Ein Einfluß auf die Futteraufnahme kann zunächst darin gesehen werden, daß eine stabilisierte, nährstoffsparende Gärung günstige Voraussetzungen hierfür schafft. Eine Erhöhung des Verzehrs per se steht aber inzwischen gleichfalls außer Frage (Tab. 277).

Tab. 277. Einfluß auf die Futteraufnahme bei Kurzhäcksel und Langgut (siehe ZIMMER 1978)

Tierart	Zahl der Versuche	Relative Futteraufnahme von Kurzhäcksel vs. Langgut
Kühe u. Rinder	6	115
Schafe	6	131

Negative Auswirkungen zu feiner Zerkleinerung wären dann zu befürchten, wenn die Funktionen der Vormägen gestört würden. Bei Silagen werden solche Grenzen aber nicht erreicht.

Der **Gärfutterbehälter** und seine Abdeckung sollen als Einheit die luftdichte Lagerung gewährleisten. Vom gärbiologischen Prinzip her ist es an sich gleichgültig, welche Form oder welcher Baustoff gewählt werden. Zwischen Behelfs-, Folien-, massiven Flach- und Hochsilos bestehen jedoch beträchtliche arbeitswirtschaftliche Unterschiede, solche hinsichtlich der erforderlichen Investitionen und der laufenden Kosten. Andererseits ist das Grünfuttersilo Teil eines Systems zur Lagerung von Gärfutter und dieses weist einen unterschiedlichen Grad der Sicherheit unter praktischen Verhältnissen auf; der Sicherheit, den optimalen, gärbiologischen Bedingungen zu entsprechen. In diesem Sinne ist Abb. 133 zu interpretieren, daß die Chance, niedrige Konservierungsverluste zu erreichen, sowie die durchschnittliche

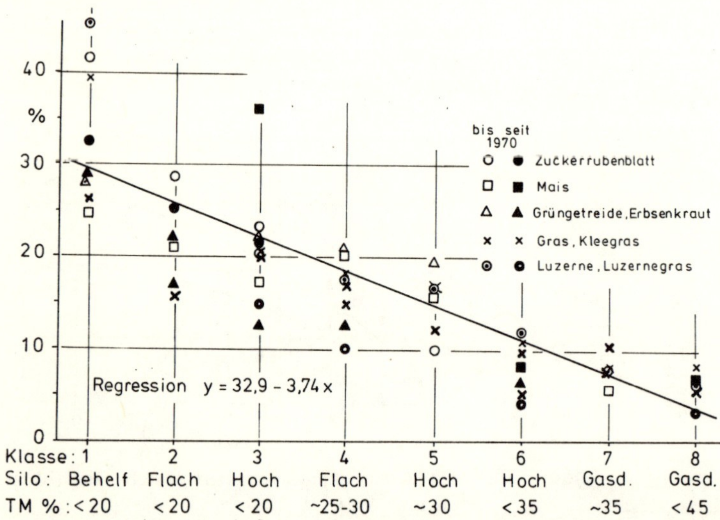

Abb. 133. Siloform und Trockenmasseverluste (Versuche Völkenrode n = 230, intern. Literatur n = 721).

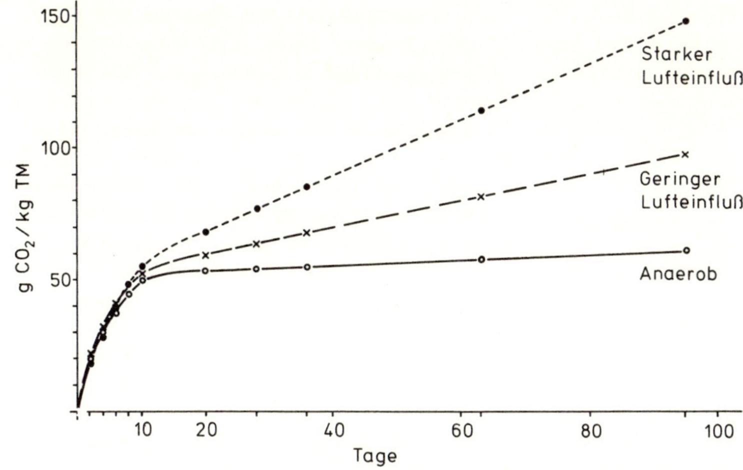

Abb. 134. Lufteinfluß und Gärgas-CO_2-Produktion (Völkenrode 1968 bis 1970, n = 6).

Sicherheit unter praktischen Verhältnissen zunehmen, je größer die Gasdichtigkeit von Silos wird und beim Übergang von Naß- zu Vorwelksilagen. Wird die Wahl für eine Siloform und Bauweise aus arbeitswirtschaftlichen oder Investitions-Überlegungen getroffen, steht die Frage der zweckmäßigen Abdeckung an. Besonders dort, wo große Oberflächen zu schützen sind (Flachsilos) oder die „Abdeckung selbst zum Silo wird" (Foliensilo), entscheiden sich hieran Qualität und Verluste der Konservierung.

Durch Undichtigkeiten eindringende Luft wird unter Nährstoffabbau fortwährend umgesetzt (Abb. 134). In Abhängigkeit von Lagerdichte und Zeit werden unterschiedlich starke Schichten beeinträchtigt. Als sicherste Abdeckung haben sich Folie und Sand oder gegen Windeinwirkung festgelegte Doppelfolie erwiesen (Abb. 135). Die Abdeckung sollte auch eine übermäßige Einstrahlung im Sommer verhindern, welche zu Kondensationen von Wasser und Verderb in den obersten Deckschichten führt. Nur in warmen Klimaten besteht darüber hinaus die Gefahr, daß infolge des insgesamt höheren Temperaturniveaus alle Umsetzungen intensiver verlaufen und dadurch z. B. optimale Bereiche für Fehlgärungen erreicht werden. Eine Erd- oder Sandschicht auf der Abdeckfolie wirkt am besten als Wärmedämmung.

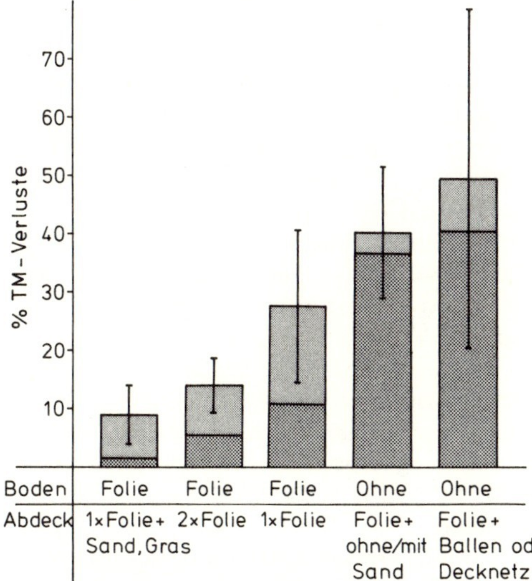

Abb. 135. Einfluß der Abdeckung auf Verlusthöhe und -risiko bei Foliensilos (PEDERSEN et al. 1976).

Tab. 278. Nachgärverluste und Entnahmetechnik (HONIG 1975)

Entnahme und Zwischenlagerung	Nach-gär-risiko	TM-Verluste % in … Tagen 2	3	4
Siloanschnitt glatt nach Vorschneiden/Abfräsen, Futterstapel blockweise	niedrig	1	1	2
	hoch	2	4	4
Siloanschnitt gelockert, Futterstapel gelockert	niedrig	1	2	4
	hoch	3	7	11
Gefräste Maissilage, lose zwischengelagert	niedrig	2	3	4
	hoch	7	12	15

Eine angepaßte **Entnahmetechnik** hilft, das Risiko der Nacherwärmung weiter zu senken. Mindest-Entnahmemengen sind vorzusehen. Glatte Anschnitte und möglichst geringe Lockerung von Anschnit oder Oberfläche vermindern Erwärmung und Verderb (Tab. 278).

5.4.5.3 Zusatzmittel

Mit der Verwendung von Zusatzmitteln verfolgt man mehrere Ziele

1. Eine **Förderung** der Milchsäuregärung durch Absenkung des pH-Wertes, Vergrößerung des Nahrungsangebotes oder eine Hemmung der Gärschädlinge bei schwerer silierbaren Futterarten oder ungünstigen Witterungsbedingungen.
2. Eine Verbesserung der **Haltbarkeit** durch selektive Beeinflussung von Hefen und Schimmelpilzen bei zur Nachgärung neigenden Silagen.
3. Eine **Aufwertung** in Richtung auf höheren Rohproteingehalt oder eine höhere Verdaulichkeit bei gleichzeitiger besserer Silierbarkeit bei Mais bzw. zellulosereichen Futterarten (ZIMMER 1972).

Die Verwendung von „Silierzusätzen" ist durch eine ergänzende Definition des Begriffes „Einzelfuttermittel Gärfutter" in der Futtermittelverordnung geregelt. Zulassungsbestimmungen bestehen derzeit nicht, doch gibt es einen Prüfrahmen der DLG. Während bei uns die Anwendung auf spezielle Bereiche beschränkt ist, gehört in anderen Ländern, wie z. B. Skandinavien, England oder Irland, die Verwendung von Zusatzmitteln zur Standardtechnologie.

Zusatzmittel sind kein Ersatz für eine sorgfältige Siliertechnik, sondern müssen diese ergänzen. Fehler bei der Dosierung und besonders bei der Verteilung sind daher die Hauptursache für widersprüchliche Ergebnisse aus der Praxis. Die große Zahl der in den Handelsmitteln verwendeten und kombinierten Substanzen und Stoffe läßt sich wie folgt klassifizieren:

Biologische Mittel zur Stützung der Milchsäuregärung und zur Aufwertung:

1. **Bakteriennahrung,** z. B. Zucker, Melasse, Zuckerschnitzel, alle Getreideschrote, Trockenschnitzel usw. liefern vergärbare Kohlenhydrate.
2. **Enzyme** setzen vergärbare Kohlenhydrate aus der Futterpflanze zusätzlich frei bzw. sollen eine Aufschließung des Zellwand-Komplexes herbeiführen, z.B. Amylase aus Malz, Zellulasen (GROSS 1974, HUHTANEN et al. 1985).
3. **Milchsäurebakterien,** in Form aktiver angereicherter Impfkulturen, um die Konkurrenzbedingungen zu verbessern (BOLSEN 1978, GROSS 1974, PAHLOW 1982).

Chemische Mittel zur Stützung der Milchsäuregärung:

4. **Anorganische oder organische Säuren** senken den pH-Wert unter die Toleranzgrenze unerwünschter Organismen, z. B. Schwefel- und Salzsäure, früher im AIV-Verfahren; Ameisensäure verbreitet in anderen Ländern (WALDO 1977, 1978, SAUE 1974), Ca- und Na-Formiat als Komponenten verschiedener Handelspräparate.
5. **Nitrit** wirkt selektiv auf Coliforme, Clostridien und Mikrokokken, beeinträchtigt kaum Milchsäurebilder und vegetative Formen von Hefe; in verschiedenen Handelspräparaten wie Kofasil (GROSS 1974, LUSK 1978).
6. **Formaldehyd** bzw. Hexamethylentetramin als bakteriostatisches Mittel, allein oder meist in Kombinationen besonders in England; mögliche Einsatzbereiche unter Einbeziehung des protein-protection-Effektes sind offensichtlich begrenzt (MÜHLBACH 1979, THEUNE 1979).

Fungistatika zur Senkung des Nachgärrisikos:

7. **Organische Säuren** als fungistatisch wirkende Säuren oder deren Salze wie Propinosäure, Propionate, Essigsäure, Isobutyrat zur selektiven Bekämpfung von Hefen und Schimmel in Vorwelk-, Mais-, Feuchtgetreide-Silagen; z. B. Luprosil, Mais-Kofasil u.a.

NPN zur Rohproteinaufwertung:

8. **Harnstoff, Ammoniak** zur Rohprotein-Anreicherung kohlenhydratreicher Silagen; mikrobizide Wirkung gleichzeitig nutzbar zur Unterstützung der Konservierung.

Eine große Zahl weiterer Stoffe mit Hemmwirkung in der einen oder anderen Form, z. B. Antibiotika, sind versucht worden (Zusf. OWEN 1971, LUSK 1978, BOLSEN 1978, WOOLFORD 1984, BOLSEN and HINDS 1984).

Sorgfältige Anwendung und richtige Mittelwahl vorausgesetzt, läßt die außerordentlich große Zahl von Versuchsergebnissen den Schluß zu, daß eine Verbesserung der Gärfutterqualität um ein bis zwei Güteklassen; eine Senkung der Nährstoffverluste um 5 bis 10 % absolut; eine Vermeidung von Nachgärverlusten in der gleichen Größenordnung erreichbar sind. Diesen Vorteilen sind Mittel- und Ausbringungskosten gegenüberzustellen.

Trotz des erreichten Kenntnisstandes und eines hohen Grades von Anwendbarkeit, wenn auch unter Berücksichtigung der ökonomischen Situation, bleibt ein Bedarf an Neuentwicklungen.

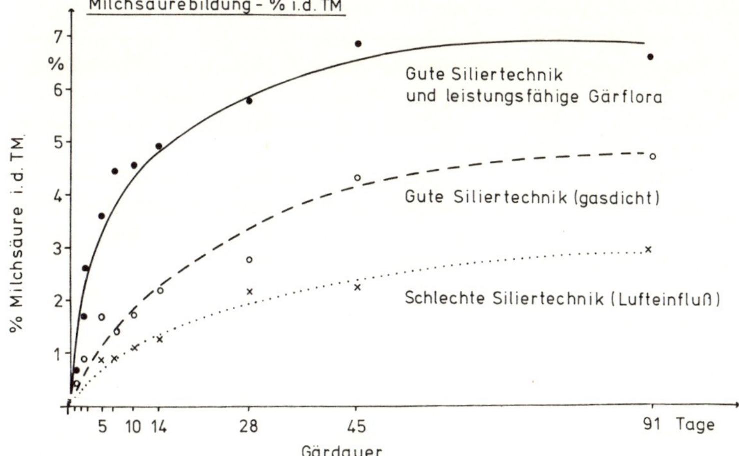

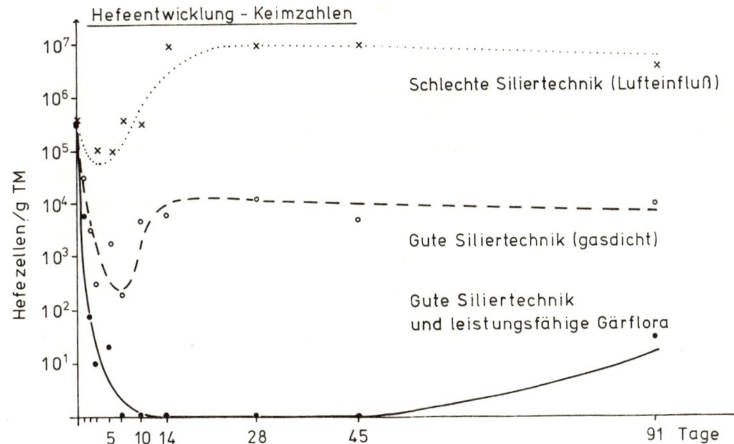

Abb. 136. Zusammenhang Milchsäurebildung und Hefeentwicklung in Maissilage (Versuche Völkenrode).

Der Wunsch nach weniger „Agrochemie" als auch der nach einer besser gesteuerten, kontrollierbaren und somit sicherer voraussagbaren Gärfutterbereitung haben ihren Niederschlag in einer verstärkten Beschäftigung mit Impfkulturen gefunden. Eine umfassendere, gezieltere Suche und Evaluierung auf infrage kommende Stämme der Gruppe Lactobakterien, neue Bemühungen, die Konkurrenzsituation der ersten Gärphase wirklich zu quantifizieren und ihre Wirkungen z. B. auf die anerobe Stabilität sehr viel stärker zu verfolgen, kennzeichnen derartige Bemühungen von Forschung und Industrie (Pahlow 1984, Pahlow und Honig 1986, Lindgren et al. 1985, Henderson and McDonald 1984, Seale et al. 1986) (Abb. 136).

Schließlich ist erwähnenswert, daß die Aufwertung qualitativ geringwertigen Rauhfutters, in erster Linie Stroh, aber auch spät geschnittenes Heu, mit Hilfe eines Alkaliaufschlusses oder noch in Entwicklung befindlicher pilzlich-enzymatischer Aufschlüsse der Feuchtkonservierung eine neue Dimension vermittelt. Derartige Materialien sind wieder nur begrenzt lagerfähig und müssen mindestens zwischenkonserviert werden. Eine „Silagebereitung" mit Hilfe von Zusatzmitteln bietet sich an (Sundstol und Owen 1984).

5.5 Konservierungsverfahren im Vergleich

Eine alle biologischen, betriebstechnischen, ökonomischen Aspekte in Betracht ziehende vergleichende Wertung von Produktions- und Konser-

Tab. 279. Nettoenergiegehalt von Graskonserven, StE/kg TM (ZIMMER 1979)

Autor	Jahr	Naßsilage	Anwelksilage	Heu	Trockengut
BRABANDER	1977	495	501	447	–
HONIG und SCHULTZ	1967	595	527	499	–
ROHR und HONIG	1974	572	577	569	605
KIRCHGESSNER	1975	–	634	581	620
LINGVALL	1972	561	–	521	598
SKOVBORG	1973	585	559	524	573
WINTHER	1973	499	471	463	501
∅StE/kg TM		564	546	515	561
∅NEL MJ/kg TM		6,31	6,20	6,01	6,29
Relativ NEL Heu = 100		105	103	100	105

vierungsverfahren, wie es HANF, HELL und HONIG (1970) umfassend vorgenommen haben, setzt ein breites Datenfundament voraus. Die Spezifizierung auf eine betriebliche oder eine regionale Situation kann jedoch auch angebracht sein. Neben dem Ziel, das Einkommen in Futterbau-Rindvieh-Betrieben angemessen zu gestalten, was in der Regel die Optimierung der Produktionsverfahren voraussetzt, sind künftig auch andere, konkurrierende Zielvorstellungen denkbar (ZIMMER 1980):

- die besondere Ausnutzung des Grünlandes über die bodenabhängige Rindvieh/Schafhaltung bei Reduzierung des Einsatzes von Futtergetreide und Kraftfutter
- die Verbesserung von input-output-Relationen unter dem Gesichtspunkt der Verwendung von Fremdenergie.

Der landwirtschaftliche Unternehmer muß die Entscheidung treffen, ob er der Heuwerbung oder der Silagebereitung den Vorzug gibt und welche Lagerkapazitäten nötig sind; welche Werbungs- und Lagerungsverfahren er dann allein, im überbetrieblichen Verbund oder mit Hilfe von Lohnunternehmen realisieren will. Eine Wahlmöglichkeit hinsichtlich der Futterart ist selten oder nur in beschränktem Umfange möglich. Allerdings bahnt sich hier auch ein Wandel an, wenn man an Silomais auf Umbruchflächen im Grünlandgebiet der Voralpen denkt.

Im Sinne einer vergleichenden Betrachtung lassen sich am leichtesten die **biologischen Kenndaten** verallgemeinern, welche über Nährwert, Verluste und Futteraufnahme Auskunft geben und die Leistungsfähigkeit von Verfahren beschreiben (ZIMMER 1980, LINGVALL 1980, ZIMMER

Tab. 280. Leistungsfähigkeit von Konservierungsverfahren (SKOVBORG 1976, ROHR und HONIG 1974, 1978, HONIG u.a. 1982)

		Naßsilage mit Zusatzmittel	Vorwelksilage	Unterdachtrocknung – Heu
TM-Verluste	total %	19,4	13,3	16,0
Nährwert	StE/kg TM	553 ± 30	544 ± 29	543 ± 40
	NEL MJ/kg TM*	5,74	5,67	5,03
Futteraufnahme	kg TM/Kuh/Tag	10,2 ± 0,9	11,5 ± 1,0	11,1 ± 12
Leistung aus Grundfutter	kg FCM/Tag	8,4	10,8	9,9
Weideleistung	kStE/ha	4430	4860	4630
Weideleistung	kg FCM/ha	6600	8430	7540

* berechnet lt. Vorschlag Grünlandinstitut FAL 1982

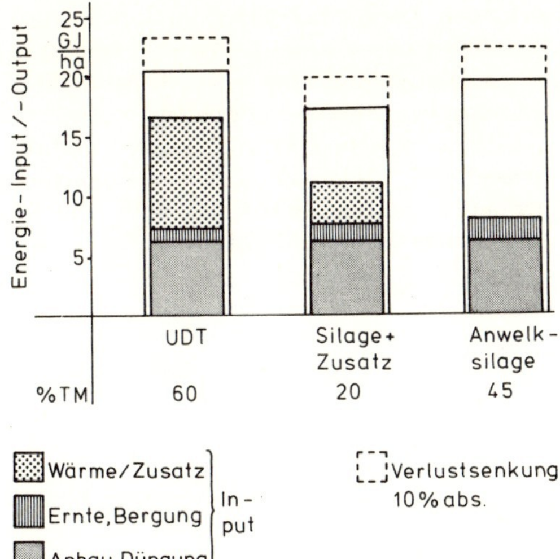

Abb. 137. Konservierung von Gras (HONIG, ZIMMER 1979).

and WILKINS 1984). Verschiedentlich war die nur mittlere Qualität des Grundfutters angesprochen worden. Eine Reihe sog. Verfahrensvergleiche hat jedoch in den letzten Jahren nachgewiesen, daß, rechtzeitigen und vergleichbaren Schnitt vorausgesetzt und unter Ausschöpfung aller technologischen Möglichkeiten, der **Energiegehalt** von Heu bzw. Silage der wichtigsten Verfahren praktisch gleich hoch sein kann (Tab. 279).

Allerdings ist die Realisierung dieses Potentials dann verfahrensspezifisch mit einem unterschiedlichen Wetterrisiko und unterschiedlich hohen Konservierungsverlusten verbunden.

Wenn **Flächenleistung** und tierische Leistung optimiert werden sollen, werden künftig besonders miteinander konkurrieren die Verfahren Naßsilage mit Zusatzmittel, Vorwelksilage, Heubelüftung. Eine Abschätzung der zwischen ihnen liegenden Unterschiede ergibt, daß die prinzipiellen, verfahrensspezifischen Unterschiede relativ gering gehalten werden können (Tab. 280).

Bezieht man eine Betrachtung des **Fremdenergieeinsatzes** mit ein, so ändert sich die Rangfolge derart, daß

- Vorwelksilage infolge günstigster Relationen von input zu output die erste Stelle einnimmt
- Naßsilagen durch den Energieaufwand in Zusatzmitteln in ihrer Konkurrenzfähigkeit zurückfallen und
- die Heubelüftung stark und unterschiedlich durch den Energieaufwand der Nachtrocknung belastet ist (Abb. 137).

Tab. 281. Einfluß von Schnittzeit und Verfahren auf die Leistungsfähigkeit der Gärfutterbereitung (Völkenroder Versuche, siehe auch KRISTENSEN et al. 1979)

		Im Ähren-/Rispenschieben		20% Blüte	
		Naßsilage	Vorwelksilage	Naßsilage	Vorwelksilage
Verdaulichkeit und Ertrag		75%	4,5 t TM/ha	67%	7,5 t TM/ha
TM-Verluste	gesamt %	23,0	11,6	17,5	11,3
Nährwert	StE/kg TM	578	582	442	453
	NEL MJ/kg TM*	5,96	6,00	4,79	4,97
Futteraufnahme	kg TM Silage/Tag	10,7	12,0	9,3	9,5
Leistung aus Silage	kg FCM	10,5	13,4	3,0	3,7
Weideleistung	kStE/ha	2000	2320	2730	3010
	kg FCM/ha	3400	4440	1960	2560
Kraftfutterergänzung	kg Kraftf./ha bei 5000 kg FCM/Kuh	805	440	3660	3640
Variable Kosten des Grundfutters in % d. Milchproduktionswertes		33	24–25	41–47	39–45

* berechnet lt. Vorschlag Grünlandinstitut FAL 1982

Am günstigsten schneidet in dieser Betrachtungsweise die Bodentrocknung ab, deren Nährstoffausbeute je ha jedoch am geringsten und deren Risiko vor allem nicht bewertbar ist (ZIMMER und HONIG 1979).

In welchem Ausmaß die **Qualität des Grüngutes** die Leistungsfähigkeit von Verfahren zu beeinflussen vermag, veranschaulicht anhand von Versuchsdaten Tab. 281. Diese Werte spiegeln zugleich die Spannweite wider, in welcher sich Betriebsergebnisse heute finden und berechnen lassen, und beleuchten zugleich vorhandene Möglichkeiten betrieblicher Entwicklung.

Es besteht schließlich kein Zweifel, daß die **Konservierung** als ein integrierter Bestandteil einer auf ein hohes Einkommen ausgerichteten Betriebsorganisation anzusehen ist.

Literaturverzeichnis

In mehreren Kapiteln verwendete oder weiterführende Lehr-, Hand- und Fachbücher

BAEUMER, K.: Allgemeiner Pflanzenbau. Verlag Eugen Ulmer, Stuttgart 1971.

BARNARD, C.: Grasses and Grasslands. Macmillan and Co. LTD, London, Melbourne, New York 1964.

BAUMANN, H., SCHENDEL, U., und MANN, G.: Wasserwirtschaft in Stichworten – Wasserhaushalt und seine Regelung. Verlag Ferdinand Hirth, Kiel 1974.

BECKER, M., und NEHRING, K.: Handbuch der Futtermittel, Band 1. Verlag Paul Parey, Hamburg und Berlin 1969.

BERNHARDT, H. und Mitarbeiter: Phosphor, Wege und Verbleib in der Bundesrepublik Deutschland. Verlag Chemie, Weinheim und New York 1978.

BOGUSLAWSKI, E. VON: Ackerbau. DLG-Verlag, Frankfurt/Main 1981.

BRAUN-BLANQUET, J.: Pflanzensoziologie. Verlag Springer, Wien, New York 1964, 3. Aufl.

BROUWER, W.: Die Feldberegnung. DLG-Verlag, Frankfurt/Main 1959, 4. Aufl.

BRÜNNER, F., und SCHÖLLHORN, J.: Bewirtschaftung von Wiesen und Weiden. Verlag Eugen Ulmer, Stuttgart 1972, 2. Aufl.

BUCHNER, A., und STURM, H.: Gezielter düngen. Verlagsunion Agrar 1980.

BURGSTALLER, G.: Praktische Rinderfütterung. Verlag Eugen Ulmer, Stuttgart 1983, 3. Aufl.

COUCH, H.B.: Diseases of Turfgrasses. Robert E. Krieger Publ. Comp., Huntington, New York 1973.

EIMERN, J. VAN, und HÄCKEL, H.: Wetter- und Klimakunde für Landwirte, Gärtner, Winzer und Landschaftspfleger. Ein Lehrbuch der Agrarmeteorologie. Verlag Eugen Ulmer, Stuttgart 1979, 3. Aufl.

ELLENBERG, H.: Landwirtschaftliche Pflanzensoziologie, Band II: Wiesen und Weiden und ihre standörtliche Bewertung. Verlag Eugen Ulmer, Ludwigsburg 1952.

ELLENBERG, H.: Vegetation Mitteleuropas mit den Alpen in ökologischer Sicht. Verlag Eugen Ulmer, Stuttgart 1978, 2. Aufl.

ELLENBERG, H.: Zeigerwerte der Gefäßpflanzen Mitteleuropas. Mit einem Beitrag von G. SPATZ, L. PLETL und A. MANGSTL. Verlag E. Goltze, Göttingen 1973, 2. Aufl.

ENCKE, F., BUCHHEIM, G., und SEYBOLD. S.: Zander Handwörterbuch der Pflanzennamen. Verlag Eugen Ulmer, Stuttgart 1984, 13. Aufl.

FINCK, A.: Dünger und Düngung. Verlag Chemie, Weinheim, New York 1979.

FRECKMANN, W.: Wiesen und Dauerweiden. Verlag Paul Parey, Berlin 1932.

GEIGER, R.: Das Klima der bodennahen Luftschicht. Verlag Friedr. Vieweg u. Sohn, Braunschweig 1969.

GEISLER, G.: Pflanzenbau in Stichworten. II. Die Ertragsbildung. Verlag Ferdinand Hirth, Kiel 1971.

GEISLER, G.: Pflanzenbau. Ein Lehrbuch – Biologische Grundlagen und Technik der Pflanzenproduktion. Verlag Paul Parey, Berlin und Hamburg 1980.

HOFFMANN, G.M., und SCHMUTTERER, H.: Parasitäre Krankheiten und Schädlinge an landwirtschaftlichen Kulturpflanzen. Verlag Eugen Ulmer, Stuttgart 1983.

HOPE, F. (dtsch. bearbeitet von Schulz, H., und Ulmer, I.): Rasen. Verlag Eugen Ulmer, Stuttgart 1983.

KAUFMANN, W., ROHR, K., und HILDEBRANDT, H.M.: Mehr Geld vom Grünland. Verlag Th. Mann GmbH, Hildesheim 1969.

KIRCHGESSNER, M.: Tierernährung. DLG-Verlag, Frankfurt/Main 1978, 3. Aufl.; 1982, 5. Aufl.

KLAPP, E.: Wiesen und Weiden. Verlag Paul Parey, Berlin und Hamburg 1954, 2. Aufl.; 1956, 3. Aufl.; 1971, 4. Aufl.

KLAPP, E.: Futterbau und Grünlandnutzung. Verlag Paul Parey, Berlin und Hamburg 1957, 6. Aufl.

KLAPP, E.: Taschenbuch der Gräser. Verlag Paul Parey, Berlin und Hamburg 1965a, 9. Aufl.

KLAPP, E.: Grünlandvegetation und Standort nach Beispielen aus West-, Mittel- und Süddeutschland. Verlag Paul Parey, Berlin und Hamburg 1965b.

KLAPP, E.: Lehrbuch des Acker- und Pflanzenbaues. Verlag Paul Parey, Berlin und Hamburg 1967, 6. Aufl.

KOBLET, R.: Der landwirtschaftliche Pflanzenbau. Verlag Birkhäuser, Basel und Stuttgart 1965.

KOCH, W.: Unkrautbekämpfung. Verlag Eugen Ulmer, Stuttgart 1970.

KOCH, W., und HURLE, K.: Grundlagen der Unkrautbekämpfung. Verlag Eugen Ulmer, Stuttgart 1978.

KÖHNLEIN, J.: Grundriß der Futterbaulehre. Verlag Eugen Ulmer, Stuttgart 1971.

KORIATH, H., und Kollektiv: Güllewirtschaft und Gülledüngung. VEB Deutscher Landwirtschaftsverlag, Berlin 1975.

KUTSCHERA, L., und LICHTENEGGER, E.: Wurzelatlas

mitteleuropäischer Grünlandpflanzen. Bd. 1: Monocotyledoneae. Gustav Fischer Verlag, Stuttgart, New York 1982.

LANGER, R.H.M.: How grasses grow. Edward Arnold, London 1972, 2. Aufl.

LARCHER, W.: Ökologie der Pflanzen. Verlag Eugen Ulmer, Stuttgart 1973.

LEIDENFROST, K., und PASCHER, O.: Almwirtschaft – Ein Leitfaden. Verlag Carl Gerolds Sohn, Wien 1958.

LÖHR, L.: Bergbauernwirtschaft im Alpenraum. Leopold Stocker Verlag, Graz und Stuttgart 1971.

MENGEL, K.: Ernährung und Stoffwechsel der Pflanze. Gustav Fischer Verlag, Stuttgart 1984, 6. Aufl.

MENKE, K.-H., und HUSS, W.: Tierernährung und Futtermittelkunde. UTB. Verlag Eugen Ulmer, Stuttgart 1980, 2. Aufl.

MÜCKENHAUSEN, E.: Bodenkunde. DLG-Verlag, Frankfurt/Main 1975, 1. Aufl.; 1985, 3. Aufl.

MÜHLE, E.: Krankheiten und Schädlinge der Futtergräser. S. Hirzel Verlag, Leipzig 1971.

OBERDORFER, E.: Pflanzensoziologische Exkursionsflora für Süddeutschland und die angrenzenden Gebiete. Verlag Eugen Ulmer, Stuttgart 1970, 3. Aufl.

REISCH, E., und ZEDDIES, J.: Einführung in die landwirtschaftliche Betriebslehre. Bd. 2: Spezieller Teil. Verlag Eugen Ulmer, Stuttgart 1983.

RIEDER, J.B.: Dauergrünland. Verlagsunion Agrar 1983.

Ruhr-Stickstoff AG: Faustzahlen für Landwirtschaft und Gartenbau. 1980, 9. Aufl.; 1983, 10. Aufl.

SAUERLANDT, W., und TIETJEN, G.: Humuswirtschaft des Ackerbaues. DLG-Verlag, Frankfurt/Main 1970.

SCHRÖDER, G.: Landwirtschaftlicher Wasserbau. Verlag Springer, Berlin, Heidelberg und New York 1968.

SEGLER, G., und DENCKER, C.H.: Verfahren und technische Hilfsmittel für die Gewinnung von Grünfutter, Gärfutter und Heu. In: DENCKER, C.H. (Hrsg.): Handbuch der Landtechnik. Verlag Paul Parey, Berlin und Hamburg, 523 bis 643, 1961.

ŠOŠTARIĆ-PISAČIĆ, K., und KOVAČEVIĆ, J.: Bestimmung der Qualität und des Summarwertes von Grünland- und Kleeflächen mittels der „Komplexmethode". Schriftenreihe der Fakultät für Landwirtschaft der Univers. Zagreb 1974.

SPANN, J.: Alpwirtschaft. Verlag Dr. F.P. Datterer und Cie., Freising 1923.

STAEHLER, H., und STEUERER-FINKH, B.: Grünlandwirtschaft und Feldfutterbau. BLV-Verlagsges., München 1965.

STÄHLIN, A.: Gütezahlen von Pflanzenarten in frischem Grundfutter. DLG-Verlag, Frankfurt/Main 1971.

STÄHLIN, A., und SCHWEIGHART, O.: Verbreitete Pflanzengesellschaften des Dauergrünlandes, der Äcker, Gärten und Weinberge. BLV-Verlagsges., München, Bonn, Wien 1960.

STRAUCH, D., BAADER, W., und TIETJEN, C.: Abfälle aus der Tierhaltung. Verlag Eugen Ulmer, Stuttgart 1977.

THÖNI, E., und ZWINGLI, W.: Futterbau und Futterkonservierung. Lehr- und Fachbuch für Schüler an landw. Schulen und für die Praxis. – Hrsg.: Schweiz. Verband der Ingenieur-Agronomen. Verbandsdruckerei AG, Bern 1976.

TUTIN, T.G., HEYWOOD, V.H., BURGES, N.A., VALENTINE, D.H., WALTERS, S.M., WEBB, D.A., and MOORE, D.M.: Flora Europaea. Cambridge University Press, Cambridge, U.K., 5 Bde. 1964, 1968, 1972, 1976, 1980.

VOIGTLÄNDER, G., und VOSS, N.: Methoden der Grünlanduntersuchung und -bewertung. Verlag Eugen Ulmer, Stuttgart 1979.

VOISIN, H.: Die Produktivität der Weide. BLV-Verlagsges., München, Bonn, Wien 1958.

WERTHEMANN, A., und IMBODEN, A.: Die Alp- und Weidewirtschaft in der Schweiz. Hrsg.: Bundesamt für Landwirtschaft 1982.

ZÜRN, F.: Neuzeitliche Düngung des Grünlandes. DLG-Verlag, Frankfurt/Main 1968.

Kap. 1 Einführung in den Futterbau – Umfang, Formen und Leistungen

ALBERDA, TH.: Maximum herbage output. Stikstof Nr. 13, 48 bis 56, 1969.

ALBERDA, TH.: Possibilities of dry matter production from forage plants under different climatic conditions. Proc. 13. Intern. Grassl. Congress, Bd. 1, 60 bis 69, Leipzig 1977.

Ausschuß für Bedarfsnormen der Gesellschaft für Ernährungsphysiologie der Haustiere: Empfehlungen zur Mineralstoffversorgung. DLG-Verlag, Frankfurt/Main 1978.

BERNGRUBER, K.: Untersuchungen zur Färsenmast auf Weiden unter besonderer Berücksichtigung der Futterqualität und der Futteraufnahme. Bayer. Landw. Jb. 54, 771–835, 1977.

BOMMER, D.: Entwicklung und Substanzbildung von Glatthaferpflanzen unter der Wirkung wechselnder Temperatur und Tageslänge. Proc. 8. Intern. Grassl. Congress, 409–413, 1960.

BOMMER, D.: Vernalisationsbedürfnis und photoperiodisches Verhalten der Futtergräser und ihre Bedeutung für Anbau und Züchtung. In: Neue Ergebnisse futterbaulicher Forschung, 120–132. DLG-Verlag, Frankfurt/Main 1961.

BÜRGER, K., BEUSTER, K.H., HERFORTH, G., und TERKAMP, E.: Unsere Gräser im Futter- und Samenbau. In: Boden und Pflanze Nr. 9. Ruhr-Stickstoff AG, Bochum 1961.

DAENICKE, R., und ROHR, K.: Rindermast. AID-Broschüre 372, 1977.

DLG-Arbeitskreis Futter und Fütterung: Mastbullen richtig versorgen. Tierzüchter 37, (3), 128–129, 1985.

DLG-Futterwerttabelle für Wiederkäuer. DLG-Verlag, Frankfurt/Main 1982, 5. Aufl.

ECKL, J.: Ermittlung von Kalkulationsdaten für ausgewählte Verfahren der Schafhaltung und Untersuchungen zur Wirtschaftlichkeit der Landschaftspflege mit Schafen. Diss. TU München, Weihenstephan 1976.

Fachverband Futtermittelindustrie: Täglich Mineralfutter. Fachabt. Mineralfutter, Bonn 1979.

GÜNTHER, K.D.: Zur Calcium- und Phosphorversorgung der Milchkuh. Vortrag Fachvereinigung Futterphosphate, Hannover 1978.

JUNGEHÜLSING, H., zit. von N.N.: Milchviehbetriebe weiter auf der Flucht nach vorne? Allg. Bauernbl. 47, Nr. 40, 1840, 1979.

KELLNER, O., und BECKER, M.: Universal-Futterwerttabellen. Verlag Paul Parey, Hamburg und Berlin 1971.

KEMP, A., DEIJS, W.B., HEMKES, O.J., and ES, A.J.H. VAN: Hypomagnesaemia in milking cows: intake and utilization of magnesium from herbage by lactating cows. Neth. J. agric. Sci. 9, 134–149, 1961.

KIRCHGESSNER, M., VOIGTLÄNDER, G., MAIER, D.A., und PAHL, E.: Zum Einfluß des Vegetationsstadiums auf den Spurenelementgehalt von Rotklee (*Trifolium pratense* L.) und Luzerne (*Medicago varia* Mart.). Wirtschaftseig. Futter 14, 112–122, 1968.

KIRCHGESSNER, M., MÜLLER, H.L., und VOIGTLÄNDER, G.: Spurenelementgehalte (Fe, Mn, Cu, Zn, Co, Mo) des Weidegrases in Abhängigkeit von Wachstumsdauer und Vegetationsperiode. Wirtschaftseig. Futter 17, 179–189, 1971.

KIRCHGESSNER, M., und ROTH, F.X.: Futterangebot und Futteraufnahme von Milchkühen auf der Weide. Wirtschaftseig. Futter 18, 23–31, 1972.

KIRCHGESSNER, M., KREUZER, M., und SCHWARZ, F.J.: Alternative Milchviehfütterung in Forschung und Beratung. Vortrag Hochschultagung Weihenstephan 1985.

KNAUER, N.: Über die Brauchbarkeit der Pflanzenanalyse als Maßstab für die Nährstoffversorgung und das Düngerbedürfnis von Grünland. Schriftenreihe der Landw. Fakultät der Univ. Kiel. Verlag Paul Parey, Hamburg und Berlin 1963.

KNAUER, N.: Ackerfutterpflanzen, Zwischenfrüchte. In: FISCHBECK, G., HEYLAND, K.-U., KNAUER, N.: Spezieller Pflanzenbau. Verlag Eugen Ulmer, Stuttgart 1975.

KOBLET, R.: Über die Entwicklung und die Stoffproduktion von Wiesenpflanzen in Abhängigkeit von der Artenkombination und von Umweltfaktoren. Angew. Botanik 46, 59–74, 1972.

KÖGEL, J.: Die energetische Bewertung von Futtermitteln nach der Nettoenergie-Laktation. Schule und Beratung, (6), IV 1–6, 1980.

KRIEGER, F.: Allgäuer Alpwirtschaft einst und jetzt. Volkswirtschaftlicher Verlag, Kempten 1950.

LACKAMP, J.W.: Observations on the breeding of forage species in Holland, especially of grasses. Forage Production and Forage Research in the E.E.C. Countries. Sonderh. Fourrages 72, 109–116, 1978.

LANG, V., KIRCHGESSNER, M., und VOIGTLÄNDER, G.: Spurenelementgehalte des Wiesenschwingels (*Festuca pratensis* Huds.) in Abhängigkeit von Wuchshöhe, Entwicklung und Witterung. Z. Acker- und Pflanzenbau 135, 216–225, 1972.

LANG, V.: Lösliche Kohlenhydrate und Spurenelemente im Mähweidefutter in Abhängigkeit von Witterung und Bewirtschaftung. Bayer. Landw. Jb. 52. 421–479, 1975.

MAAF-ROUDPICHI, M.: Untersuchungen über Pflanzenbestände und Leistungen des Dauergrünlandes auf dem Versuchsgut Veitshof. Diss. TU München, Weihenstephan 1969.

MÄDEL, F., und Voigtländer, G.: Die vertikale Verteilung der Trockensubstanz in einigen Grünlandpflanzen und -beständen. Wirtschaftseig. Futter 21, 280–290, 1975a.

MÄDEL, F., und VOIGTLÄNDER, G.: Die vertikale Verteilung der Trockensubstanz in einigen Futterleguminosen. Wirtschaftseig. Futter 21, 312–323, 1975b.

MARTEN, G.C.: Temperature as a determinant of quality of alfalfa harvested by bloom or age criteria. Proc. XI. Intern. Grassl. Congress, 506–509, 1970.

MCCULLOUGH, M.E.: Optimum Feeding of Dairy Animals for Meat and Milk. The University of Georgia Press, Athens, USA, 1973.

MOTT, N.: Hohe Futteraufnahmen durch gezielte Weidenutzung. top agrar Nr. 4, R8–R9, 1974.

NÖSBERGER, J.: Die Analyse der Ertragsbildung von Pflanzen. Schweiz. Landw. Mh. 48, 325–345, 1970.

NÖSBERGER, J.: Trockensubstanzproduktion, Blattfläche und Bestockung von Knaulgras in Abhängigkeit von der Stickstoffdüngung und vom Drillreihenabstand. Schweiz. landw. Forsch. 13, 51–58, 1974.

PAHL, E., VOIGTLÄNDER, G., und KIRCHGESSNER, M.: Untersuchungen über den Spurenelementgehalt (Fe, Mn, Cu, Zn, Co, Mo) des Weidefutters einer mehrfach genutzten Weidelgras- Weißklee-Weide während zweier Vegetationsperioden. Z. Acker- und Pflanzenbau 131, 70–83, 1970.

PALLAUF, J.: Die Mineralstoffversorgung des Rindes unter Berücksichtigung der neuen Empfehlungen der Gesellschaft für Ernährungsphysiologie der Haustiere. Hrsg.: Fachverb. Futtermittelindustrie Bonn. Vortrags- und Diskussionstagung, Gießen, 9–27. 1978.

PIATKOWSKI, B.: Nährstoffverwertung beim Wiederkäuer, VEB Verlag G. Fischer, Jena 1975.

RIEDER, J.: Grundlagen der Grünlandnutzung. In: Die Landwirtschaft; 1. Pflanzliche Erzeugung; Teil C: Dauergrünland. BLV-Verlagsges., München 1976, 7. Aufl.

ROHR, K.: Untersuchungen über die Regulation der Grünfutteraufnahme. Z. Tierphysiol., Tierern. und Futtermittelkunde 29, 52, 1972.

ROHR, K.: Zur Bedeutung des Grundfutters in Milchviehrationen. Kali-Briefe 12, Fachgeb. 13, 5. Folge, 1–6, 1975.

ROHR, K.: Welche Bedeutung hat das Grundfutter bei hohen Milchleistungen? Mitt. DLG 93, 1308, 1978.

ROHR, K.: Neue Bedarfswerte für die Eiweißversorgung. Mitt. DLG 100, (9), 494–496, 1985.

ROTH, F.X., und KIRCHGESSNER, M.: Zur Eiweiß- und Energieversorgung von Milchkühen bei Weidegang. Bayer. Landw. Jb. 49, 132–139, 1972.

SCHELLER, H.: Feldfutterbau. In: Die Landwirtschaft; 1 B: Acker- und Pflanzenbau. BLV-Verlagsges., München 1976, 7. Aufl.

SCHNEEBERGER, H.: Rindvieh, Haltung und Fütterung. In: Landwirtschaft heute. Hrsg. Schweizer. Landw. Verein. Verbandsdruckerei Bern 1980.

SEITNER, M.: Die wichtigsten Futterpflanzen in Bayern – langjährige Ertragsentwicklung, Ertragsvergleiche und Abhängigkeit der Erträge von Witterungsfaktoren. Bayer. Landw. Jb. 55, 131–197, 1978.

SIMON, U.: Forage research in the Federal Republik of Germany. Forage Production and Forage Research in the E.E.C. Countries. Sonderh. Fourrages 72, 169–183, 1978.

SMITH, D.: Influence of cool and warm temperatures and temperature reversal at inflorescence emergence on yield and chemical composition of timothy and brome grass at anthesis. Proc. 11. Intern. Grassland Congress, 510–514, 1970.

SMITH, D.: Physiological considerations in forage management. In: Forages, Third edition, 425–436. The Iowa State University Press, Ames Iowa, USA 1975.

SONDEREGGER, H.: Die Mineralstoffversorgung der Milchkuh und ihr Einfluß auf die Fruchtbarkeit. Vortrag Fachvereinigung Futterphosphate, Hannover 1978.

SPATZ, G., VOIGTLÄNDER, G., und REINER, L.: Untersuchungen zum Anbau von Futterpflanzen im Oberbayerischen Grünlandgürtel. Bayer. Landwirtsch. Jb. 51, 259–281, 1974.

STÄHLIN, A.: Aufgaben und Ziele der Grünlandwissenschaft. Z. Acker- und Pflanzenbau 91, 120–133, 1949.

STEINHAUSER, H., KREUL, W., und Heissenhuber, A.: Stand und neuere Entwicklungstendenzen im Ackerfutterbau. Tierzüchter 35, 94–97, 1983.

STEINHAUSER, H.: Ökonomik der tierischen Produktion, Rindviehhaltung und Schafhaltung. Vorlesungsunterlagen 1983, 1984.

TROUGHTON, A.: The underground organs of herbage grasses. Commonw. Bureau of Pastures and Field Crops, Hurley, Berkshire, Bull. No. 44, 1957.

VOIGTLÄNDER, G.: Die Frage „Grünland oder Ackerfutterbau" in pflanzenbaulicher Sicht. Bayer. Landwirtsch. Jb. 43, 43–57, 1966.

VOIGTLÄNDER, G., LANG, V., und KIRCHGESSNER, M.: Spurenelementgehalte der Luzerne (*Medicago varia* Mart.) in Abhängigkeit von Wachstum, Entwicklung und Witterung in drei Versuchsjahren. Z. Acker- und Pflanzenbau 135, 204–215, 1972.

VOIGTLÄNDER, G., und RIEDER, J.B.: Düngen wir richtig im Blick auf die Qualität von Futterpflanzen? Landwirtsch. Forsch. 32, Sh. 35 (Kongreßband 1978), 86–98, 1979.

WASSHAUSEN, W.: Vergleichende wachstumsanalytische Untersuchungen an Welschem Weidelgras, Futterrüben und Mais. Diss. Christian-Albrechts-Univers., Kiel 1975.

WEISS, A.: Arbeitszeitbedarf und Kosten der Grünlandbewirtschaftung. Diplomarbeit LS Grünlandlehre der TU München, Weihenstephan 1978.

WINIGER, F.A.: Studien über den Ertragsaufbau einer Naturwiese in Abhängigkeit von den Umweltbedingungen. Diss. Nr. 4266, ETH Zürich 1968.

Kap. 2 Dauergrünland

AHLGRIMM, H.J.: Der Einfluß verschiedener Witterungsfaktoren auf die Entwicklung von Grashalmen (*Phleum pratense*) und ihre Wirkung auf die Halmfestigkeit. Angewandte Botanik 53, 161–173, 1979.

ALBERDA, TH.: Dry matter production and light interception of crop surfaces. IV: Maximum herbage production of compared with predicted values. Neth. J. Agric. Sci. 16, 142–153, 1968.

ANONYMUS: Dränung, Regelung des Bodenwasserhaushaltes durch Rohrdränung, rohrlose Dränung und Unterbodenmelioration. DIN 1185, Blatt 1–5, Beuth Verlag, Berlin und Köln 1973a.

ANONYMUS: Landwirtschaftlicher Wasserbau. DIN 4047, Blatt 1–4, Beuth Verlag, Berlin und Köln 1973b.

ANONYMUS: Sicherung von Gewässern, Deichen und Küstendünen. DIN 19657, Beuth Verlag, Berlin und Köln 1973c.

ANONYMUS: Pflanzenschutzmittel-Verzeichnis 1984, Teil 1. BBA für Land- und Forstwirtschaft (Hrsg.) Braunschweig-Völkenrode 1984, 32. Aufl.

ANSLOW, R.C.: The rate of appearance of leaves on tillers of the gramineae. Herb. abstr. 36, 149–155, 1966.

ANSLOW, R.C.: and GREEN, J.O.: The seasonal growth of pasture grasses. J. Agric. Sci. 68, 109–122, 1967.

ARCHER, F.C.: Uptake of magnesium and trace elements by the herbage of a reseeded upland pasture. J. Sci. Fd. Agric. 21, 279–281, 1970.

ARENS, R.: Beiträge zur langjährigen Entwicklung von Mähweide-Ansaaten unter besonderer Berücksichtigung der kritischen Saatstärken. Forschung und Beratung, Reihe B, (8), Landwirtschaftsverlag, Münster-Hiltrup 1963.

ARENS, R.: Einfluß der Saatmischung auf Ertrag und Bestandeszusammensetzung von Daueransaaten. Wirtschaftseig. Futter 3. Sh., 29–57, 1967.

ARENS, R.: Grundsätze der Mischungsberechnung für Daueransaaten. Wirtschaftseig. Futter 19, 90–102, 1973.

ARENS, R.: Wirkungen der Grünlandnutzung auf Reservebildung und Ausdauer der Grasnarbe. Tierzüchter 30, 531–533, 1978.

ARENS, R., KRÄMER, F., und LANGNER, C.: Über die Bodenstruktur, den Wasserhaushalt und die Ertragsfähigkeit von Pseudogleyen und gleyartigen Braunerden. Z. Acker- und Pflanzenbau 107, 67–98, 1958.

BAAN HOFMAN, T., and ENNIK, G.C.: Investigation into plant characters affecting the competitive ability of perennial ryegrass (*Lolium perenne* L.). Neth. J. Agric. Sci. 28, 97–109, 1980.

BALL, R., KEENY, D.R., THEOBALD, P.W., and NES, P.: Nitrogen balance in urine affected areas of New Zealand pasture. Agr. J. 71, (2), 309–314, 1979.

BAUDIS, H., KOHLS, D., und PFEFFER, H.: Wirtschaftlich bedeutsame Schaderreger an mehrjährigen Futterpflanzen und Möglichkeiten ihrer Bekämpfung bzw. Einschränkung. Nachrichtenbl. für den Pflanzenschutz in der DDR 34, (3), 45–49, 1980.

BECKHOFF, J.: Lohnt die Beregnung von Dauergrünland? Tierzüchter 15, 715–717, 1963.

BECKHOFF, J.: Einfluß der Frühjahrsvorweide auf Ertragsverteilung und Nährstoffgehalt nachfolgender Konservierungsschnitte. Wirtschaftseig. Futter 22, 105–120, 1976.

BECKHOFF, J.: Nicht zu tief schneiden! Landw. Wbl. Westf.-Lippe 136, (20, 26), 1979.

BECKHOFF, J.: Schriftl. Mitteilung 1983.

BEYENBURG-WEIDENFELD, W.: Über die Wirkung der Saatzeit auf die Entwicklung einiger Gräser. Diss. Bonn 1958.

BINNIE, R.C., CHESTNUTT, D.M.B., and MURDOCH, J.C.: The effect of time of initial defoliation and height of defoliation on the productivity of perennial ryegrass swards. Grass and Forage Sci. 35, 267–273, 1980.

BOEKER, P.: Basenversorgung und Humusgehalte von Böden der Pflanzengesellschaften des Grünlandes. Decheniana, Bonn, Beih. 4, 101 S., 1957.

BOSWELL, C.C.: Effects of cutting regime on pasture production. New Zealand Exp. Agric. 5, 403–408, 1977.

BOSWELL, C.C. and SMITH, A.: The use of a fluorescent pigment to record the distribution by cattle of traces of faeces from dung pats. J. Brit. Grassl. Soc. 31, 135–136, 1976.

BRAASCH, H., und RICHTER, M.: Nematodenfunde von Grünland-Versuchsfeldern aus dem Havelländischen Luchgebiet. Nachrichtenbl. für den Pflanzenschutz in der DDR 34, (6), 129–132, 1980.

BRACKER, H.H.: Nachsaat – eine systematisch einzuplanende Maßnahme zur Verbesserung des Grünlandes. Bayer Landw. Jb. 53, 584–593, 1976.

BRACKER, H.H.: Erfahrungen mit den Nachsaatverfahren. Vorträge Jahrestag. Arbeitsgem. Grünland und Futterbau. Ges. Pflanzenbauwissenschaften, Bredstedt 1978. Landw. Kammer Schleswig-Holstein (Hrsg.), 25–35, 1978.

BREUNIG, W.: Untersuchungen über die Wirksamkeit der Nachmahd und Fladenverteilung in der Weidepflege. Landeskultur 3, 120–169, 1962.

BROUGHAM, R.W.: The effects of season and weather on the growth rate of a Ryegrass and Clover pasture. New Zealand J. agric. Res. 2, 283–296, 1959.

BUCHNER, W.: Einfluß der Temperatur im Pflanzenbestand und im Boden auf Bodenfeuchtegehalt, Stickstoffmineralisation, Ertrag und Nährstoffverwertungsvermögen zweier Grasarten (*Lolium perenne* L., *Festuca pratensis* Huds.). Diss. Bonn 1977

Bundessortenamt (Hrsg.): Beschreibende Sortenliste 1983. – Gräser, Klee, Luzerne. Verlag Alfred Strothe, Frankfurt/Main 1983.

BURG, P.F.J. VAN: The seasonal response of grassland herbage to nitrogen. Netherl. Nitrogen Technical Bull. 8, 59, 1970.

BURG, P.F.J. VAN: Nitrogen fertilization of grassland. Proc. Intern. Meeting on animal production from temperate Grassland, 104–108, Dublin 1977.

CAMLIN, M.S.: Spring growth and management of early, mid-season and late varieties of perennial ryegrass. Agric. In Northern Ireland 52, 303–308, 1978.

CAPUTA, J.: Quelques aspects économiques de la production agricole dans la montagne. Arb. Geb. Futterbau 10, 62–74, 1968.

CAPUTA, J., und SCHECHTNER, G.: Wachstumsrhythmus und Stickstoffwirkung auf natürlichen Beständen der Bergweiden. Wirtschaftseig. Futter 16, 165–182, 1970.

CAPUTA, J., et LUBINIECKI, A.: Production de viande sur une paturage d' altitude. Arbeiten aus dem Gebiete des Futterbaues 15, 17–31, 1972.

CHARLES, A.H., and VALENTINE, J.: A comparison of diploid and tetraploid *Lolium perenne* L. sown alone and in mixtures with particular reference to the effect of treading. J. Agric. Sci. 91, 487–495, 1978.

CHÉTELAT, A.-A.: Impact des éléments trace sur la croissance des plantes cultivées (une étude bibliographique). Recherche agron. en Suisse 17, 211–227, 1978.

CLEMENTS, R.O., GIBSON, R.W., HENDERSON, I.F., and PLUMB, R.T.: Ryegrass: Pest and Virus Problems. ARC Research Review 4, (2), 51–54, 1978.

CLEMENTS, R.O., HENDERSON, I.F., and BENTLEY, B.R.: The effects of pesticide application on upland permanent pasture. Grass and Forage Sci. 37, 123–128, 1982.

COOPER, J.P., and TAINTON, N.M.: Light and temperature requirements for the growth of tropical and temperate grasses. Herb. Abs. 38, 167–176, 1968.

CROMACK, H.T.H., DAVIES, W.I.C., and DAVIES, J.: The use of herbicides for hill land improvement. General Meeting, European Grassl. Federation, Zagreb, 3.21–3.27, 1980.

CROWLEY, J.G.: Focus on grassland establishment, 2. Direct drilling. Farm and Food Research 11, 103–105, 1980.

CZERATZKI, W., und KORTE, W.: Die Beregnung der Zuckerrübe nach der Bodenfeuchte. Zucker 14, 244–249, 1961.

DAENICKE, R.: Rindermast auf der Weide. Kali-Briefe 12, Fachgeb. 13, 7. Folge, 1–7, 1975.

DANCAU, B.: Wasserhaushalt und Bewirtschaftung der Mähwiese. Bayer. Landw. Jb. 43, 231–235, 1966.

DARWINKEL, A.: Effect of sward age on nitrate accumulation in ryegrass. Neth. J. Agric. Sci. 24, 266–273, 1976.

DAVIES, I.: Factors affecting leafiness in herbage grasses. In: Evaluation of Breeding Material in Herbage Crops. Eucarpia Meeting 1972, Report of Fodder Crops Meeting, 55–73, Dublin 1972.

DECKER, H., und DOWE, A.: Zur Bestimmung der an Gramineen in Mitteleuropa vorkommenden zystenbildenden Nematodenarten. Nachrichtenbl. für den Pflanzenschutz in der DDR 36, (2), 27–32, 1982.

DEINUM, B.: Influence of some climatological factors on the chemical composition and feeding value of herbage. Proc. of X. Int. Grassl. Congress, 415–418, 1966.

DELLER, B.: Zur Probenahmetiefe auf Grünland. Unveröfftl. Manuskript, Weihenstephan 1980.

DIETL, W.: Die Pflanzenbestände der Dauerwiesen bei intensiver Bewirtschaftung. Mittl. für die Schweizerische Landwirtsch. 28, 101–113, 1980.

DIJK, J.P.F. VAN and BASTIMAN, B.: Some aspects of muck pat breakdown. Experimental Husbandry 31, 1–8, 1976.

DIRVEN, J.G.P., en WIND, K.: De beworteling van enige grassoorten bij verschillende bodemvruchtbaarheit. Stikstof 8, 354–359, 1980.

DÖRTER, K.: Untersuchungen zur Lösung bestehender Probleme der Unterflurbewässerung. Kühn Arch. 76, 153–308, 1962.

EGGELSMANN, R.: Dränanleitung. Verlag A. Lindow, Hamburg 1973.

EGGELSMANN, R.: Entwässerung. In: BRETSCHNEIDER, H., LECHER, K., und SCHMIDT, M.: Taschenbuch der Wasserwirtschaft, 573–596. Verlag Paul Parey, Berlin und Hamburg 1982.

ELSÄSSER, M.: Auswirkungen der Heubelüftung mit solarerwärmter Trocknungsluft auf Qualitätseigenschaften von Mähweidefutter. Diss. Univ. Hohenheim 1984.

ERNST, P.: Die Temperatursumme als Maßstab für den Streutermin der 1. Stickstoffgabe auf Grünland im Frühjahr. Kali-Briefe Fachgeb. 4, 4. Folge, 1–9, 1973.

ERNST, P.: Einfluß der Magnesia-Kainitdüngung auf die Schmackhaftigkeit des Weidefutters und auf den Futterverzehr durch Milchkühe. Diss. Justus Liebig Univ., Gießen 1978a.

ERNST, P.: Unterschiedliche Verfahren zur Narbenverbesserung. Vorträge Jahrestagung Arbeitsgem. Grünland und Futterbau der Ges. für Pflanzenbauwiss., Bredstedt 1978, 44–56, 1978b.

ERNST, P.: Umtriebsweide oder Intensivstandweide? Betriebswirtsch. Mitt., Landw. Kammer Kiel (Hrsg.), Nr. 336, 3–11, 1983.

ERNST, P., und MOTT, N.: Umtriebsweide oder Intensiv-Standweide. In: Erfolgreiche Grünlandbewirtschaftung. Schriften der Landw. Kammer Rheinland (47), 14, 1980.

FALKE, F.: Die Ertragsermittlung im Weidebetrieb. Bericht über die 1. Versammlung der Wiesen- und Weidewirte. DLG Berlin, 1929.

FEDTKE, C.: Biochemistry and physiology of herbicide action. Verlag Springer, Berlin, Heidelberg und New York 1982.

FINCK, A.: Mineraldüngung gezielt. AID-Broschüre 401, 1979.

FISCHER, H.: Veränderung der Verdaulichkeit verschiedener Reifetypen von *Lolium perenne* L. in Abhängigkeit von Entwicklungsstadium der Pflanze, Jahreszeit und Stickstoffdüngung. Diss. Univ. Hohenheim 1985.

FLEMING, G.A.: Mineral disorders associated with grassland farming. Proc. Intern. Meeting on Animal Production from Temperate Grassland, 88–95, Dublin 1977.

GALVIN, L.F.: Gravel-mole drains are the most suitable system for many unpermeable soils. Farm and Food Res. 13, 103–105, 1982.

GASS, P., und OERTLI, H.H.: Durchwurzelungsvergleich zwischen Fettwiese und angrenzender Bergwiese. Pflanzenernährung und Bodenkunde 143, 208–214, 1980.

GEISEN, E.P.: Zustand, Entwicklung und Leistung des Grünlandes bei verschiedener Weideführung im Bergischen Land. Diss. Bonn 1980.

GEITH, R.: Die Verbesserung der Normen zur Ermittlung des tierischen Nutzertrages einer Weide. 4. Intern. Grünlandkongreß, Verhandlungsbericht, Aberystwyth, 434, 1937.

GENUIT, F.: Über die Wirkung verschieden langer Zwischennutzungszeiten auf Boden und Neuansaat. Z. Acker- und Pflanzenbau 107, 301–316, 1959.

GERVAIS, P., et ST-PIERRE, J.C.: Influence du stade de croissance a la premiere recolte sur le rendement, la composition chimique et les reserves nutritives de la fleole des pres. Can. J. Pl. Sci. 59, 177–183, 1979.

GEURINK, J.H., en KEMP, A.: Nitraat in ruwvoeders in relatie tot de gezondheid von het vee. Stikstof 102, 35–42, 1983.

GIÖBEL, G.: Betestillväxtens säsongvariation. Svenska Vall-och Mosskulturföreningens Kvartalsskrift 7, (4), 1945.

GISIGER, L.: Neue Erkenntnisse über die Bereitung der Gülle und ihre zweckmäßige Anwendung. Ber. 3. Arbeitstagung „Fragen der Güllerei", Bundesvers.-Anstalt für alpenländ. Landwirtschaft, Gumpenstein, 103–122, 1961.

GOERNER, M., und SCHLOSSER, S.: Greifvogelschutz – wertvolle Ergänzung zur Feldmausbekämpfung. Feldwirtschaft 20, (1), 44–46, 1979.

GRANT, S.A., BARTHRAM, G.I., und TORVELL, L.: Components of regrowth in grazed and cut *Lolium perenne* swards. Grass and Forage Sci. 36, 155–168, 1981.

GROOT, TH. DE, en BROUWER, E.: Betrouwbaarheid van de voorspelling van het serum-magnesium-gehalte met behulp van gewasonderzoek volgens de methode Kemp-Rameau. Stikstof 5, 258–262, 1967.

GRUBER, P.: Ein Beitrag zur Klärung der Wirkung der Pflanzennährstoffe Stickstoff und Kalium auf Grünland. Bodenkultur 30, 352–376, 1979.

GRUNDLER, TH., und VOIGTLÄNDER, G.: Die Wirkung langjähriger Kalkung bei physiologisch alkalischer und saurer NPK-Düngung auf Futterqualität und Heuertrag einer Feuchtwiese. Bayer. Landw. Jb. 56, 337–350, 1979.

HABOVSTIAK, J.: Der Einfluß der Höhenlage auf die Leistungsfähigkeit von natürlichen und künstlichen Grasbeständen im slowakischen Teil der Karpaten. 13. Intern. Graslandkongreß, Leipzig, Sek. 4, 159–163, 1977.

'T HART, M.-L., und KLETER, H.J.: Zum Einfluß von Grasangebot und Weidevorbehandlung auf die Futteraufnahme von weidenden Rindern. Vorträge Jahrestag. Arbeitsgem. Grünland und Futterbau 1973, Ges. f. Pflanzenbauwiss., Kleve-Kellen. Forschungsstelle f. Grünland und Futterbau d. Landes NRW (Hrsg.), Kleve-Kellen, 48–62, 1974.

HEHL, G., und MENGEL, K.: Der Einfluß einer variierten Kalium- und Stickstoffdüngung auf den Kohlenhydratgehalt verschiedener Futterpflanzen. Landw. Forsch. 27, 2. Sh., 117–129, 1972.

HELLSTERN, B.: Belüftung verdichteter Rasenflächen. Rasen-Turf-Gazon 3, 44–47, 1972.

HENDERSON, I.F., and CLEMENTS, F.O.: Differential susceptibility to pest damage in agricultural grasses. J. Agric. Sci. 73, (2), 465–472, 1979.

HIJINK, J.W.F.: Tijdelijk opstallen van melkvee in de zomer. Publikatie, Proefstation voor de Rundveehouderij, Lelystad, Nr. 4, 32–36, 1975.

HOOD, A.E.M.: A comparison of set-stocking paddock grazing and a three-field system for dairy cows. J. Brit. Grassl. Soc. 26, 1971.

HOOD, A.E.M.: Intensive set-stocking of dairy cows. J. Brit. Grassl. Soc. 29, 63–67, 1974.

HOOGERKAMP, M., und WOLDRING, J.J.: Der Einfluß des Grundwasserstandes auf den Ertrag von Ackerfrüchten und Grünland auf Marschböden. Z. Acker- und Pflanzenbau 127, 1–19, 1968.

HORST, G.L., and NELSON, C.J.: Compensatory growth of tall fescue following drought. Agr. J. 71, 559–663, 1979.

HUBBARD, C.E.: Gräser. Verlag Eugen Ulmer, Stuttgart 1973.

HUTH, F.-W., SCHUTZBAR, W. VON, und THANINDRATARN, B.: Einfluß meteorologischer Faktoren auf die Milchleistung bei Kühen während des Weideganges in der gemäßigten Klimazone. Landbauforsch. Völkenrode, Sh. 44, 1979.

JACOB, H.: Der Einfluß des Grundwassers auf den Grünlandertrag. Habil. Schrift, Bonn 1969.

JACOB, H.: Die Entwicklung einiger Dauerweideansaaten bei verschiedener Bewirtschaftungsintensität. Z. Acker- und Pflanzenbau 136, 1–13, 1972.

JACOB, H.: Wirkung des Mehrschnittes auf die Entwicklung einiger Dauerbestände. Wirtschaftseig. Futter 20, 112–122, 1974.

JACOB, H.: Dauergrünlandneuansaat ohne Bodenbearbeitung. Vorträge Jahrestag. Ges. Pflanzenbauwiss., Göttingen. Hrsg.: Ges. Pflanzenbauwiss., Gießen, 48, 1977.

JACOB, H.: Pflanzenbauliche Möglichkeiten besserer Ausschöpfung des Grünlandleistungspotentials. Kali-Briefe 14, 519–527, 1979.

JAGTENBERG, W.D.: die Temperatursumme als Kriterium für das Ausbringungsdatum des ersten Stickstoffes auf Grünland im Frühjahr. Z. Acker- und Pflanzenbau 131, 8–18, 1970.

JELMINI, G., und NÖSBERGER, J.: Einfluß der Temperatur auf die Ertragsbildung, den Gehalt an nichtstrukturbildenden Kohlenhydraten und Stickstoff von *Festuca pratensis* Huds., *Lolium mulitflorum* Lam., *Trifolium pratense* L. und *Trifolium repens* L.. Z. Acker- und Pflanzenbau 146, 143–153, 1978a.

JELMINI, G., und NÖSBERGER, J.: Einfluß der Lichtintensität auf die Ertragsbildung und den Gehalt an nichtstrukturbildenden Kohlenhydraten und Stickstoff von *Festuca pratensis* Huds., *Lolium multiflorum* Lam., *Trifolium pratense* L. und *Trifolium repens* L.. Z. Acker- und Pflanzenbau 146, 154–163, 1978b.

JEWISS, O.R.: Tillering in grasses – its significance and control. J. Brit. Grassl. Soc. 27, 65–82, 1972.

JOHNSTONE-WALLACE, D.B., and KENNEDY, K.: Grazing management practices and their relationship to the behaviour and grazing habits of cattle. J. Agric. Sci. 34, 190, 1944. Ref. Nutr. Abstr. Rev. 14, 774, 1944/45.

JUNK, J.J.: Umfang und Ursachen der Grünlandverunkrautung in der Eifel. Diss. Univ. Bonn 1982.

KING, J., LAMB, W.I.C., and McGREGOR, M.T.: Regrowth of ryegrass swards subject to different cutting regimes and stocking densities. Grass and Forage Sci. 34, 107–118, 1979.

KIRCHGESSNER, M., MÜLLER, H.L., und VOIGTLÄNDER, G.: Spurenelementgehalte (Fe, Mn, Cu, Zn, Co, Mo) des Weidegrases in Abhängigkeit von Wachstumsdauer und Vegetationsperiode. Wirtschaftseig. Futter 17, 179–189, 1971.

KIRCHGESSNER, M., und ROTH, F.X.: Futterangebot und Futteraufnahme von Milchkühen auf der Weide. Wirtschaftseig. Futter 18, 23–31, 1972.

KLAPP, E.: Wege zur Verbesserung des Grünlandes. Forschung und Beratung, Reihe B. Wissenschaftl. Berichte der Landwirtschaftl. Fakultät der Univers. Bonn. Landwirtschaftsverlag, Münster-Hiltrup 1959.

KLAPP, E.: Ertragsfähigkeit und Düngungsreaktion von Wiesenpflanzen-Gesellschaften. Z. Acker- und Pflanzenbau 115, 81–98, 1962.

KLAPP, E.: Verfahren zur Ermittlung des Grünlanderträges. Wirtschaftseig. Futter 9, 249–269, 1963.

KLAPP, E., BOEKER, P., KÖNIG, F., und STÄHLIN, A.: Wertzahlen der Grünlandpflanzen. Grünland 2, 38–40, 1953.

KLÖCKER, W.: Grünlandansaat im Direktverfahren. Bericht der Lehranstalt für Grünlandwirtschaft und Futterbau Borler- Emmelshausen. Druck: Landw. Aus- und Fortbildungsseminar Emmelshausen 18 S., 1971.

KLÖCKER, W.: Grünlandverbesserung durch Übersaaten. Vorträge Jahrestagung Arbeitsgem. Grünland und Futterbau, Ges. f. Pflanzenbauwiss. Bredstedt. Landw. Kammer Schleswig-Holstein (Hrsg.), 36–43, 1978.

KNAUER, N.: Über die Brauchbarkeit der Pflanzenanalyse als Maßstab für die Nährstoffversorgung und das Düngebedürfnis von Grünland. Schriftenreihe der Landw. Fakultät der Univ. Kiel, 140 S., 1963a.

KNAUER, N.: Einfluß der Düngung mit Phosphat, Kalium und Calcium auf Pflanzenbestand und Mineralstoffgehalt von Wiesen- und Weidefutter. Wirtschaftseig. Futter 9, 28–39, 1963b.

KNAUER, N.: Leistungsstand und Leistungsfähigkeit des Grünlandes im schleswig-holsteinischen Küstenbereich. Wirtschaftseig. Futter 19, 44–58, 1973.

KÖHLER, J.: Beiträge zur Verbreitung, Biologie und Bekämpfung des Sumpfschachtelhalms (*Equisetum palustre* L.). Diss. Univ. Hohenheim 1970.

KÖHNLEIN, J., und SPRECKELSEN, R. VON: Einfluß der

Geilstellen auf den Weideertrag. Z. Acker- und Pflanzenbau 96, 235–242, 1953.

KÖNEKAMP, A.H., BLATTMANN, W., WEISE, F., und GUTMANN, A.: Erträge deutscher Dauerweiden. Ruhr-Stickstoff, Bochum 1959.

KÖNIG, F.: Die Rolle der Nährstoffversorgung bei der Leistungssteigerung der Wiese. Bayer. Landw. Jb. 27, Sonderh. 1950.

KREIL, W.: Nachmahd – eine wichtige Pflegemaßnahme auf den Weiden. Feldwirtschaft 22, 64–65, 1981.

KREUZ, E.: Über den Einfluß des Standraumes auf Mortalität und Ertrag bei Gräsern und Kleearten zur Futternutzung. Albrecht Thaer-Archiv 13, 197–212, 1969.

KRZYSCH, G.: Der Einfluß der Untergrundbewässerung auf die Ertragsleistung landwirtschaftlicher Kulturpflanzen. Wasser und Nahrung 4, 50–58, 1958.

KÜHBAUCH, W., und VOIGTLÄNDER, G.: Vegetationskegelentwicklung und Variabilität von Zuckergehalten in Knaulgras (*Dactylis glomerata* L.). Z. Acker- und Pflanzenbau 140, 85–99, 1974.

KÜHBAUCH, W., LANG, V., VOIGTLÄNDER, G., und IMHOFF, H.: Zum Reservestoffwechsel von Bärenklau (*Heracleum sphondylium* L.) und Wiesenkerbel (*Anthriscus sylvestris* (L.) Hoffm.). Z. Acker- und Pflanzenbau 143, 294–303, 1976.

KUNTZE, H.: Melioration – vom Hofe aus. Rationalisierungs-Kuratorium für Landwirtschaft (Hrsg.), Kiel, 108–169, 1981.

LANZ, W., und KLAASSEN, H.: Einsatzmöglichkeiten von Roundup auf dem Ackerland und in Dauerkulturen. BASF, Mitteilungen für Landbau, (6), 1977.

LAUENSTEIN, G.: Zur Entwicklung der Feldmausbekämpfung in Weser-Ems. Gesunde Pflanzen 33, (6), 132–140, 1981.

LAUENSTEIN, G., und LEFFERS, G.: Feldmausbekämpfung ohne Rodentizide. Landwirtschaftsbl. Weser-Ems 129, (25), 14–20, 1982.

LEHMANN, E., und AICHELE, F.: Keimungsphysiologie der Gräser. Verlag Ferdinand Enke, Stuttgart 1931.

LOISEAU, P., LAMBERT, T., et MERKE, G.: Utilisation du parcage des ovins et du desherbage chemique pour l'amelioration par sursemis d'un terrain de parcours. Fourrages 84, 23–42, 1980.

LOTTHAMMER, H.-H., PÖHLMANN, K.-J., und BORSTEL, U. VON: Untersuchungen über den Einfluß der Nitrataufnahme aus dem Grünfutter auf verschiedene Blutparameter unter besonderer Berücksichtigung der Gesundheit und Fruchtbarkeit bei Milchkühen. Dt. Tierärztl. Wochenschr. 89, 223–227, 1982.

LÜBBE, R.: Ertragsentwicklung und Erträge auf Stand- und Umtriebsweiden im norddeutschen Küstenraum. Diss. Univ. Kiel 1970.

LUFA Bayern: Die Düngung von Acker- und Grünland nach Ergebnissen der Bodenuntersuchung, München-Weihenstephan-Würzburg, 27 S., 1979.

LUFA Bayern: Die Düngung von Acker- und Grünland nach Ergebnissen der Bodenuntersuchung, München-Weihenstephan-Veitshöchheim, 36 S., 1984.

LUTEN, W.: Grünland regelmäßig umbrechen? Mitt. DLG 94, 198, 1979.

MAAF-ROUDPICHI, M.: Untersuchungen über Pflanzenbestände und Leistungen des Dauergrünlandes auf dem Versuchsgut Veitshof. Diss. TU München, Weihenstephan 1969.

MAKKING, G.F.: Vijf Jaren Lysimeteronderzoek. Verslag 68, 1, Wageningen 1962.

MARAMBIO, J.: Der Einfluß gesteigerter Stickstoffgaben auf die Nähr- und Mineralstoffgehalte von Mähweidefutter. Diss. TU München, Weihenstephan 1971.

MC MEEKAN, C.P.: Grazing management. Proc. IIX. Intern. Grassl. Congr. (Reading), 21–26, 1960.

MEHNERT, C., und POPP, TH.: Erfahrungen mit Nachsaaten auf intensiv genutzten Mähweideflächen im Alpenvorland. Vorträge Jahrestag. Arbeitsgem. Grünland und Futterbau, Bonn. Inst. f. Grünland- u. Futterpflanzenforschung der FAL, Braunschweig, und Landw. Kammer Rhld.-Pfalz (Hrsg.), 141–159, 1981.

MIKA, V.: Intenzita seslapavani a produktivnost rostlinnych spolecenstev v oplutkovych pastvinach. Rostlinna Vyroba 23 (12), 1305–1310, 1977.

MINDERHOUD, I.W.: Grasgroei en Grondwaterstand. Ponsen en Lovijnen, Wageningen 1960.

MINDERHOUD, J.W., BURG, P.F.J. VAN, DEINUM, B., DIRVEN, J.G.P, and 'T HART, M.L.: Effects of high levels of nitrogen fertilization and adequate utilization on grassland productivity and cattle performance, with special reference to permanent pastures in the temperate regions. Proc. XII. Int. Grassl. Congr. Moscow, 99–121, 1974.

MOLGAARD, P.: Competitive effect of grass on establishment and performance of *Taraxacum officinale*. Oikos 29, 376–382, 1977.

MORGNER, F.: Virustoleranz als Zuchtziel bei Deutschem Weidelgras. SAFA 31, (5), 219, 1979.

MOTT, N.: Untersuchungen über die tatsächliche Förderleistung von Grundwasser in natürlich gelagerten Böden. Diss. Univ. Bonn 1953.

MOTT, N.: Die Anwendung von Futterwertzahlen bei der Beurteilung von Grünlandbeständen. Grünland 6, 53–56, 1957.

MOTT, N.: Nährstoffverluste bei Weidegang. Mitt. DLG 83, 436–439, 1968.

MOTT, N.: Düngung mit Flüssigmist von Rindern auf Dauergrünland. In: Vetter, H.: Mist und Gülle. DLG-Verlag, Frankfurt/Main 1973.

MOTT, N.: Grünlandwirtschaft. In: Ruhr-Stickstoff (Hrsg.): Faustzahlen für Landwirtschaft und Gartenbau, Bochum 1978, 8. Aufl., und 1983, 10. Aufl.

MOTT, N., und MÜLLER, G.: Wirkung der Weidenachmahd auf Ertrag, Weiderest, Inhaltsstoffe und Pflanzenbestand. Wirtschaftseig. Futter 17, 245–260, 1971.

MOTT, N., MÜLLER, G., und KUTTRUFF, E.: Einfluß der Nachmahd auf Umfang und Dauer von Geilstellen. Wirtschaftseig. Futter 18, 81–88, 1972.

MOTT, N., COENEN, J., und ERNST, P.: Prüfung der Intensiv-Standweide im Vergleich zur Intensiv-Umtriebsweide (Ergebnisse der Weideperioden 1976 und 1977). Landw. Kammer Rheinl., Einzelinformation Nr. 16, 19 S., Bonn 1978.

MOTT, N., ERNST, P., und COENEN, J.: Hat sich die Intensiv-Standweide bewährt? top-agrar 8, 43–53, 1979.

MÜHLBERG, H.: Die Wuchstypen der mitteldeutschen Poaceen. Hercynia N.F. 4, 11–50, 1967.

MUNDEL, G., und WELLENBROCK, K.H.: Die Gesamtverdunstung grasbestockter hydromorpher Böden im Trockenjahr 1976, untersucht an Grundwasserlysimetern. Archiv f. Acker- und Pflanzenbau und Bodenkunde 22, 131–137, 1978.

NELSON, C.J., TREHARNE, K.H., and COOPER, C.P.: Influence of temperature on leaf growth of diverse population of tall fescue. Crop Sci. 18, (2), 217–220, 1978.

NEUBAUER, H.: Der Einfluß von Stickstoffdüngung, Schnitthäufigkeit und umbruchloser Regeneration der Grasnarbe auf den Nährstoffgehalt und -ertrag von Dauerwiesen. 2. Mittlg.-Bodenkultur 29, 40–58, 1978.

OOSTENDORP, D., und HOOGERKAMP, M.: Grünlandertrag und Milchleistung bei Sommerstallfütterung. Wirtschaftseig. Futter 13, 94–110, 1967.

OOSTENDORP, D.: The influence of fertilization on the mineral content of the grass in relation to animal health. Proc. Symp. of the Economic Comm. for Europe. Genf 1974.

OPITZ VON BOBERFELD, W.: Vorherrschende Pflanzengesellschaften und die Ertragsleistung der Dauerweiden im rechtsrheinischen Höhengebiet Nordrhein-Westfalens. Diss. Bonn 1971.

OPITZ VON BOBERFELD, W.: Einfluß von Stickstoffdüngung, Nutzung und Jahreszeit auf das Porenvolumen von Dauergrünland. Z. Acker- und Pflanzenbau 143, 66–82, 1976.

OPITZ VON BOBERFELD, W.: Möglichkeiten zur serienmäßigen Ermittlung sorten- und artspezifischer Wurzelgewichte in verschiedenen Medien. Habil. Schrift, Bonn 1978.

OPITZ VON BOBERFELD, W.: Bessere Narben durch Nachsaat oder Neuansaat. Schriften der LWK Rheinl. (47), 35–53, 1980b.

OPITZ VON BOBERFELD, W.: Auswirkungen verschiedener K-Salze auf einige Eigenschaften des Aufwuchses und des Bodens in Abhängigkeit vom K- und N-Aufwand bei Mähweiden. Z. Acker- und Pflanzenbau 149, 58–74, 1980c.

OPITZ VON BOBERFELD, W.: Nach- und Neuansaat auf dem Grünland. Bauernbl. Schlesw.-Holst. 131, (35), 28–29, 1981a.

OPITZ VON BOBERFELD, W.: Zur Anwendung der Ammon-Nitrat-Harnstoff-Lösung auf Dauergrünland unter variierenden Bedingungen. Z. Acker- und Pflanzenbau 150, 193–206, 1981b.

OPITZ VON BOBERFELD, W.: Direktsaaten auf Grünlandflächen in Abhängigkeit von der Methodik. Z. Acker- und Pflanzenbau 151, 62–74, 1982.

OPITZ VON BOBERFELD, W., und BOERER, P.: Einfluß differenzierter Grundwasserstände, Nutzungsarten und Düngungsintensitäten auf die Pflanzengesellschaften des Dauergrünlandes, dargestellt am Grundwasserstandversuch Boker Heide/Westfalen. Kulturtech. und Flurber. 18, 13–22, 1977a.

OPITZ VON BOBERFELD, W., und BOEKER, P.: Dalapon und Glyphosate zur Bekämpfung der Ackerquecke (*Agropyron repens* (L.) P. Beauv.) auf Dauergrünland. Wirtschaftseig. Futter 23, 243–254, 1977b.

OPITZ VON BOBERFELD, W., und SCHERHAG, H.: Nachsaaten auf Mähweiden in Abhängigkeit vom Verfahren und der Narbenbeschaffenheit. Z. Acker- und Pflanzenbau 149, 137–147, 1980a.

O'ROURKE, C.J.: Diseases of Grasses and Forage Legumes in Ireland. An Foras Taluntais, Oak Park Research Centre, Carlow 1976.

OSIECZANSKI, E.: Biologie und Nutzung des Grünlandes. Deutscher Bauernverlag, Berlin 1954.

PAHL, E., und EIMERN, J. VAN: Zur Abhängigkeit jahreszeitlicher Schwankungen der Futterproduktion einiger Weiden von der Witterung, insbesondere von der Evapotranspiration. Z. Acker- und Pflanzenbau 130, 323–348, 1969.

PAHL, E., und VOIGTLÄNDER, G.: Jahreszeitliche Schwankungen der Futterproduktion auf einigen Weiden Südbayerns. Z. Acker- und Pflanzenbau 130, 304–322, 1969.

PARK, B.-H.: Untersuchungen zum Entwicklungsverlauf im Primäraufwuchs von perennierenden Futtergräsern. Diss. Univ. Gießen 1980.

PATTON, D.L.H., and FRAME, J.: The effect of grazing in winter by wild geese on improved grassland in West Scotland. J. Applied Ecol. 18, 311–325, 1981.

PERKOW, W.: Wirksubstanzen der Pflanzenschutz- und Schädlingsbekämpfungsmittel. Verlag Paul Parey, Berlin und Hamburg 1971.

PETER, W.: Alle Reserven des Grünlands nutzen. Landw. Wochenbl. Westf.-Lippe 138, 20–21, 1981.

PETERSEN, A.: Das kleine Gräserbuch. Akademie Verlag, Berlin 1965, 2. Aufl.

PICARD, K.: Zur Problematik des Einsatzes von Glyphosate bei Direktsaaten auf dem Grünland. Diss. Univ. Bonn 1982.

PLUMB, R.T.: Invertebrates as vectors of grass viruses. Sci. Proc. of the Royal Dublin Soc., A. 6, (11), 343–350, 1978.

POETSCH, R., ECKERT, S., und SCHALITZ, G.: Erfahrungen bei Intensivierung des Hanggraslandes in der Grundlage der weiteren Leistungssteigerung der tierischen Produktion. Tierzucht 34, 372–373, 1980.

PURVIS, G., and CURRY, J.P.: The influence of sward management on foliage arthropod communities in a ley grassland. J. Applied Ecol. 18, 711–725, 1981.

RABENSTEIN, F.: Die Viruskrankheiten der Futtergräser in der DDR. Nachrichtenbl. für den Pflanzenschutz in der DDR 35, (9), 173–175, 1981.

REMUS, A.: Das Vorkommen von Regenwürmern, Tausendfüßlern und Insekten unter Dauergrünland in gleyartigen Böden des Versuchsgutes Rengen/Eifel. Diss. Univ. Bonn 1962.

REMY, Th., und VASTERS, J.: Untersuchungen über die Wirkung steigender Stickstoffgaben auf Rein- und Mischbeständen von Wiesen- und Weidepflanzen. Landwirtsch. Jb. 73, 521–602, 1931.

REXILIUS, L., und SCHMIDT, H.: Untersuchungen zum Abbauverhalten von Parathion auf Wiesen und Weiden. Gesunde Pflanzen 30, (10), 251–253, 1978.

RICHARDS, I. R., and WOLTON, K.M.: The spatial distribution of excreta under intensive cattle grazing. J. Brit. Grassl. Soc. 31, 89–92, 1976.

RIEDER, J.B.: Die Messung von Bodenfeuchte und Bodendichte mit radioaktiven Strahlen in unterschiedlich belasteten Grünlandböden. Bayer. Landw. Jb. 48, 259–305, 1971.

RIEDER, J.: Pflanzliche Erzeugung. Die Landwirtschaft Band 1, Teil C – Dauergrünland. BLV-Verlagsges. München 1976, 7. Aufl.

RIEDER, J.: Gülle als Dünger richtig einschätzen. Mitt. DLG 98, 394–398, 1983a.

RIEDER, J.: Gülle auf Grünland besser nutzen. Bayer. Landw. Wbl. 173 (11), 20–22, 1983b.

ROGALSKI, M.: Einfluß der Wetterverhältnisse und des Weideverfahrens auf das Weideverhalten der Rinder. Roczniki Nauk Polniczych, Ser. B. (Pl) 97, (1), 17–29, 1975.

ROGALSKI, M.: Verhalten der Weidetiere. Roczniki Akademii Polniczej Poznan, Rozprawy Naukowe (Pl) Nr. 78, 41 S., 1977.

ROHR, K.: Nährstoffversorgung von Kühen und Mastrindern beim Weidegang. Vorträge Jahrestag. Arbeitsgem. Grünland und Futterbau 1973. Ges. f. Pflanzenbauwiss. Hrsg.: Forschungsstelle f. Grünland und Futterbau des Landes NRW, Kleve-Kellen, 4–17, 1974.

ROOZEBOOM, L., en LUTEN, W.: Doorsaaien von grasland op veen en komklei. Rapport, Proefstation voor de Rundveehouderij, Lelystad 63, 15 S., 1979.

ROTH, D.: Zur Wirkung und rationellen Ausnutzung steigender Stickstoffgaben auf verschiedenen Weidestandorten. Wiss. Z. Friedrich-Schiller-Univ., Jena 16, 391–396, 1967.

ROTH, D.: Auswirkung steigender Stickstoffgaben auf den Gehalt an Inhaltsstoffen im Weidefutter. Tierzucht 24, 62–63, 1970.

RUPP, G.: Rückwirkungen der botanischen Zusammensetzung und des Alters von Dauergrünlandbeständen sowie der Ansaatmethode bei Grünlanderneuerung auf verschiedene Bodeneigenschaften in der Wurzelzone. Dipl Arb., Inst. f. Pflanzenbau, Univ. Hohenheim 1984.

SAALBACH, E.: Schwefel. In: Ruhr-Stickstoff (Hrsg.): Boden und Pflanze Nr. 14, Bochum 1970.

SCHÄFER, H.: Untersuchungen über Auftreten, Standortabhängigkeit und Nutzwert der Gemeinen Quecke (*Agropyron repens* (L.) P. Beauv.) auf Dauergrünland. Diss. Univ. Berlin 1971.

SCHECHTNER, G.: Wieviel Kali und Stickstoff zu Wiesen und Weiden? Sonderdr. ohne bibliogr. Angaben, etwa 1971.

SCHILDKNECHT., H.: Untersuchungen und Leistungsfähigkeit der Weiden in 19 Betriebsvergleichen des lippischen Flach- und Hügellandes. Diss. Univ. Bonn 1953.

SCHMIDT, H.E.: Ökonomisch bedeutsame Viren an Futterleguminosen und ihre Bekämpfung. Nachrichtenbl. für den Pflanzenschutz in der DDR 34, (3), 49–52, 1980.

SCHMIDT, H.E., KLEINHEMPEL, H., SCHMIDT, H.B., VALENTA, V., und MUSIL, M.: Viruskrankheiten an Futterleguminosen in der DDR. Proc. XIII. Intern. Grassl. Congr., Leipzig 1977.

SCHMITT, L., und BRAUER, A.: 75 Jahre Darmstädter Wiesendüngungsversuche. J.D. Sauerländer's Verlag, Frankfurt/Main 1979.

SCHNEIDER, A.: Wirkungen der Weideführung in der Koppelschafhaltung auf Weideerträge und tierische Nutzleistung. Bayer. Landw. Jahrb. 53, 140–154, 1976.

SCHÖLLHORN, J., und MÜLLER, A.: Möglichkeiten der Ertrags- und Qualitätssteigerung einer Dauerwiese durch vermehrte Nutzung bei gleichzeitig gesteigerter Stickstoffdüngung. Z. Acker- und Pflanzenbau 131, 93–106, 1970.

SCHRADER, A., und KALTOFEN, H.: Gräser. Biologie, Bestimmung, wirtschaftliche Bedeutung. VEB Deutscher Landwirtschaftsverlag, Berlin 1974.

SCHULTE-KARRING, H.: Die Unterbodenmelioration. Landes-Lehr- und Versuchsanstalt (Hrsg.), Ahrweiler 1968.

SCHULTE-KARRING, H.: Die meliorative Bodenbewirtschaftung. Landes-Lehr- und Versuchsanstalt (Hrsg.), Ahrweiler 1970.

SCHUMANN, K., RODORFF, B., und KRUEGER, G.: Zum Auftreten pilzlicher Schaderreger am Weidelgras. Nachrichtenbl. für den Pflanzenschutz in der DDR 37, (6), 126–127, 1983.

SCHULZ, H.: Der Einfluß unterschiedlicher Nutzung nach Düngung zweier Dauergrünlandflächen auf Pflanzenbestand, Ertrag und Qualität. Diss. Univ. Hohenheim 1967.

SCHULZE, F.W.: Pflanzensoziologische Grünlanduntersuchungen in Flurbereinigungsgebieten des Oberbergischen Kreises. Diss. Univ. Bonn 1961.

SCHULZE, F.W.: Auswirkungen der Melioration auf die Grünlandgesellschaften in Flurbereinigungsgebieten des Oberbergischen Kreises. Z. Kulturtechn. und Flurber. 7, 207–224, 1966.

SCHÜRCH, A.: Sömmerungsweide und Fütterung. Mitt. AGFF, Nr. 70, 6–14, 1967.

SCHUURMAN, J.J., and KNOT, L.: The effect of nitrogen on the root and shoot development of *Lolium multiflorum* var. *westerwoldicum*. Neth. J. agric. Sc. 22, 82–88, 1974.

SCHWEIGHART, O.: Über die Struktur des Dauergrünlandes in Bayern. Bayer. Landw. Jb. 43, 236–243, 1966.

SCOTT, S.W., and EVANS, D.R.: *Sclerotinia trifoliorum* Erikss. on white clover (*Trifolium repens* L.). Grass and Forage Sci. 35, (2), 159–163, 1980.

SIEBERT, K.: Kriterien der Futterpflanzen einschließlich

Rasengräser und ihre Bedeutung zur Sortenidentifizierung. Bundesverband Dt. Pflanzenzüchter e.V. (Hrsg.) 1975.

SIMON, U., und DANIEL, P.: Einfluß der Schnitthöhe auf Ertrag, Fruktosangehalt in den Stoppeln und Wurzelmenge von Futterpflanzen. Wirtschaftseig. Futter 23, 217–229, 1977.

SPATZ, G. Pflanzengesellschaften, Leistungen und Leistungspotential von Allgäuer Alpweiden in Abhängigkeit von Standort und Bewirtschaftung. Diss. Univ. München, Weihenstephan 1970.

SPATZ, G., und ZELLER, W.: Entwicklung und Leistung der Allgäuer Alpwirtschaft im Nagelfluhgebiet, in Abhängigkeit von Höhenlage und Exposition, in den Jahren 1950 bis 1966. Bayer. Landw. Jb. 45, 16–36, 1968.

SPATZ, G., und VOIGTLÄNDER, G.: Einfluß verschiedener Standortfaktoren auf den Ertrag von Schnittwiesen im Bayerischen Grünlandgürtel. Wirtschaftseig. Futter 15, 143–164, 1969.

SPATZ, G., und SIEGMUND, J.: Eine Methode zur tabellarischen Ordination, Klassifikation und ökologischen Auswertung von pflanzensoziologischen Bestandsaufnahmen durch den Computer. Vegetatio 28, 1–17, 1973.

STÄHLIN, A.: Die Acker- und Grünlandleguminosen im blütenlosen Zustand. DLG-Verlag, Frankfurt/Main 1960.

STÄHLIN, A.: In: BECKER, M., und NEHRING, K. (Hrsg.): Handbuch der Futtermittel, 1. Band. Verlag Paul Parey, Hamburg und Berlin 1969.

STÄHLIN, A.: Maßnahmen zur Bekämpfung von Grünlandunkräutern. Wirtschaftseig. Futter 15, 243–334, 1969.

THAER, A.: Grundsätze der rationellen Landwirtschaft, Band 3. Verlag G. Reimer, Berlin 1810.

THALMANN, H.: Wirkungen belüfteter und unbelüfteter Rindergülle unter Schnitt und Beweidung auf Dauergrünland. Diss. TU München, Weihenstephan 1985.

THOMAS, H.: Terminology and definitions in studies of grassland plants. Grass and Forage Sci. 35, 13–23, 1980.

THOMAS, H., and DAVIES, A.: Effect of Shading on the Regrowth of *Lolium perenne* Swards in the Field. Ann. Bot. 42, 705–715, 1978.

THÖNI, E.: Über den Einfluß von Düngung und Schnitthäufigkeit auf den Pflanzenbestand und den Mineralstoffgehalt des Ertrages einer feuchten Fromentalwiese. Diss. ETH Zürich 1964.

TROUGHTON, A.: The effect of prevention of the production of additional root axes upon the growth of plants of *Lolium perenne*. Ann. Bot. 42, 269–276, 1978.

TROUGHTON, A.: Production of root axes and leaf elongation in perennial ryegrass in relation to dryness of the upper soil layer. J. Agric. Sci. 95, 533–538, 1980.

TROUGHTON, A.: Length of life of grass roots. Grass and Forage Sci. 36, 117–120, 1981.

TRUNINGER, E.: Phosphorsäuredüngungsversuche auf Wiesland. 1. und 2. Mitt. Schweiz. Landw. Jb. 41, 861–912, 1927, und 43, 653–698, 1929.

TURNER, D.J., and LOADER, M.P.C.: Effect of ammonium sulphate and other addition upon the phytotoxicity of glyphosate to *Agropyron repens* (L.) Beauv. Weed. Res. 20, 139–146, 1980.

ULLRICH, J.: Die mitteleuropäischen Rostpilze der Futter- und Rasengräser. Mitt. BBA für Land- und Forstwirtsch. (175), Verlag Parey, Berlin und Hamburg 1977.

UNGER, H., und SCHULZE, R.: Zum Einsatz von Pflanzennährstoffen zur gefügemeliorativ wirksamen Stimulierung des Wurzelwachstums. Tagungsbericht, Akad. Landwirtschaftswis., 180, 135–144, 1980.

VETTER, H.: Die Kupferversorgung auf dem Grünland; VETTER, H., TEICHMANN, W., und KLASINK, A.: Versuchserfahrungen mit „Stickstoffmagnesia mit Kupfer“ auf Grünland. Landw. Bl. Weser-Ems, (21 und 23), 1970.

VOIGTLÄNDER, G.: Die Güllewirtschaft und die Verhütung von Gülleschäden in Grünlandbetrieben. Diss. Univ. Hohenheim 1950.

VOIGTLÄNDER, G.: Phosphorsäuredüngung auf der Weide. Phosphorsäure 12, 358–369, 1952.

VOIGTLÄNDER, G.: Wachstumsverlauf und Weideertrag. Wirtschaftseig. Futter 10, 3–14, 1964.

VOIGTLÄNDER, G.: Wirkungen mineralischer und organischer Düngung auf einer Zweischnittwiese. Bayer Landw. Jb. 43, 202–213, 1966.

VOIGTLÄNDER, G.: Futteraufnahme und Nährstoffversorgung von Milchkühen und Mastfärsen auf der Weide. Vorträge Jahrestag. Arbeitsgem. Grünland und Futterbau 1973, Ges. f. Pflanzenbauwiss. Forschungsstelle für Grünland und Futterbau d. Landes NRW (Hrsg.), Kleve-Kellen, 30–47, 1974.

VOIGTLÄNDER, G.: Standweide-Umtriebsweide-Portionsweide. Mitt. DLG 91, 302–304, 1976.

VOIGTLÄNDER, G., MÄDEL, F., und BLAHA, F.J.: Entwicklung und Leistung von Grünlandansaaten im Vergleich zu Dauerbeständen in 6 Nutzungsjahren. Z. Acker- und Pflanzenbau 134, 93–112, 1971.

VOIGTLÄNDER, G., MÄDEL, F.: Verlängerung der Weideperiode durch rechtzeitige Nutzung und Stickstoffdüngung. Wirtschaftseig. Futter 20, 95–111, 1974.

VOIGTLÄNDER, G., und LANG, V.: Produktionsfunktionen der Stickstoffdüngung auf Mähweiden. Z. Acker- und Pflanzenbau 141, 120–131, 1975.

VOIGTLÄNDER, G., LANG, V., und KÜHBAUCH, W.: Zum Reservestoffwechsel des Stumpfblättrigen Ampfers (*Rumex obtusifolius* L.) und des Wiesenknöterichs (*Polygonum bistorta* L.). Landw. Forsch. 29, 109–117, 1976.

VOIGTLÄNDER, G., und BAUER, J.: Vor- und Nachteile der intensiven Standweide. Mitt. DLG 94, 203–205, 1979.

VOLLRATH, H.: Bewertungssysteme für Grünlandbestände und frisches Grundfutter. Bayer. Landw. Jb. 50. 462–495, 1973.

VOSS, N.: Ergebnisse der Grünland- und Futterbauforschung. Dokumentationsberichte Nr. 3, 4, 5, 8, 11, 12. Dokumentationsstelle für Grünland und Futterbau, Freising-Weihenstephan 1972–1984.

VRIES, D.M. DE, en 'T HART, M.L.: Een waardeering van grasland op grond van de plant-kundige samenstelling. Landbouwk. Tijdschrift 54, 245–265, 1942.

WAGNER, C., und VOIGTLÄNDER, G.: Vegetationsbeginn auf Grünland in Weihenstephan in Abhängigkeit von der Temperatursumme. Wirtschaftseig. Futter 26, (1), 5–14, 1980.

WAGNER, P.: Die Düngung der Wiesen. Arb. d. DLG (308), 1921.

WASSHAUSEN, W.: Gülledüngung mit gesteigerten mineralischen N-Gaben auf nordwestdeutschem Intensivgrünland. In: Vortr. und Beitr. zur Jahrestagung d. Arb. Gem. Grünland und Futterbau, Weihenstephan, 79–88, 1980.

WASSHAUSEN, W., und MÜLLER, A.: Auswirkungen spezieller Düngung auf die Natrium- und Magnesiumversorgung in Mähweidebetrieben. Wirtschaftseig. Futter 24, (1), 50–64, 1978.

WATT, T.A., und HAGGAR, R.J.: The effect of defoliation upon yield, flowering and vegetative spread of Holcus lanatus growing with and without *Lolium perenne*. Grass and Forage Sci. 35, 227–234, 1980.

WAYDBRINK, W. VON DER: Höhe und Sicherheit der Erträge des Grünlandes in verschiedenen Niedermoorgebieten. Landeskultur 10, 279–295, 1969.

WEEDA, W.C.: Effect of cattle dung patches on soil tests and botanical and chemical composition of herbage. New Zealand J. Agr. Res. 20, 471–478, 1977.

WEIS, G.B.: Vegetationsdynamik, Ertragsleistung und Futterqualität unterschiedlich bewirtschafteter Almweiden. Diss. TU München, Weihenstephan 1980.

WEIS, G.B.: Persönliche Mitt. 1983.

WIELING, H.: The use of planning in grassland management on dairy farms. Proc. Intern. Meeting on animal production from temperate grassland, Dublin, 109–115, 1977.

WILMAN, D., DROUSHIOTIS, D., MZAMANE, M.N. and SHIM, J.S.: The effect of interval between harvests and nitrogen application on initiation, emergence and longevity of leaves, longevity of tillers and dimensions and weights of leaves and stems in *Lolium*. J. Agric. Sci. Camb. 89, 65–79, 1977.

WINCH, J.E., SHEARD, R.W., and MOWAT, D.N.: Determining cutting schedules for maximum yield and quality of brome grass, timothy, lucerne and lucerne/grass mixtures. J. Brit. Gassl. Soc. 25, 44–52, 1970.

WINTER, C.: Die Wirkung verschieden langer Lichtperioden auf die Produktivität einiger Gräser. Photosynthetica, 401–408, 1979.

WOLEDGE, J.: The Effect of Light Intensity during Growth on the subsequent Rate of Photosynthesis of Leaves of Tall Fescue *(Festuca arundinacea* Schreb.*)*.Ann. Bot. 35, 311–322, 1971.

WOLEDGE, J.: The photosynthesis of ryegrass leaves grown in a simulated sward. Ann. appl. Biol. 73, 229–237, 1973.

WOLEDGE, J.: The effects of shading and cutting treatments on the photosynthetic rate of ryegrass leaves. Ann. Bot. 1279–1286, 1977.

WOLF, H.: Erträge und Mineralstoffgehalte von Wiesenheu aus Steinacher Dauerversuchen in Abhängigkeit von der Düngung und einigen Standortsfaktoren. Diss. TU München, Weihenstephan 1972.

WÜRTELE, K.H.: Gülledüngung mit gesteigerten mineralischen Stickstoffgaben. In: Vortr. und Beitr. z. Jahrest. der Arb. Gem. Grünland und Futterbau, 89–105, Weihenstephan 1980.

YOUNGNER, V.B., and MCKELL, C.M.: The Biology and Utilization of Grasses. Academic Press, New York, San Francisco, London 1972.

ZÜRN, F.: Die Düngung der Mäh- und Dauerweiden. Bayer. Landw. Jb. 29, 544, 1952.

ZÜRN, F.: Mittel und Wege zur Steigerung der Almerträge. Schriftenr. Admont, Heft 7, Verlag Springer, Wien 1953.

ZÜRN, F.: Vielschnittnutzung auf Weideansaaten an Stelle von Weidenutzung. 3. Grünlandsymposium, 211–223, Leipzig 1965.

Kap. 3 Wechselgrünland

ANDREAE, B.: Die Feldgraswirtschaft in Westeuropa. Ber. über Landwirtschaft, NF 33, Sdh. 163,1955.

BOEKER, P.: Dauergrünland und Ley farming in englischer und deutscher Sicht. Grünland 6, 57–60, 1957.

BRINKMANN, T.: Das Fruchtfolgebild des deutschen Ackerbaues. Bonner Kriegsvorträge, (74), 1942.

CLEMENT, C.R.: Benefit of ley-structural improvement for nitrogen reserves. J. Brit. Grassl. Soc. 16, 194–200, 1961.

HOOD, A.E.M.: An experiment on the effect of leys on soil fertility. VIII. Intern. Grassl. Congr. Reading, 242–244, 1960.

KLAPP, E.: Mähklee oder Weidekleegras? Ein-, zwei- oder dreijähriger Futterbau in der Fruchtfolge? Z. Acker- und Pflanzenbau 109, 1–32, 1959.

KOBLET, R.: Der landwirtschaftliche Pflanzenbau. Verlag Birkhauser, Basel und Stuttgart 1965.

KÖNIG, O.-H.: Untersuchungen über die Wirkung von Kleegras, Rotklee und Luzerne auf einige fruchtbarkeitsbestimmende Bodeneigenschaften und Erträge der Nachfrüchte. Diss. Univ. Bonn 1958.

KÖNNECKE, G.: Fruchtfolgen. VEB Deutscher Landwirtschaftsverlag, Berlin 1967.

LIEBSCHER, K.: Egartwirtschaft in den Alpenländern. Ber. Grünlandtag. Bundesanstalt f. alpine Landw., Admont, 53–63, 1954.

MCILROY, R.J.: An introduction to tropical grassland husbandry. London Oxford University Press, New York, Toronto 1964.

NEHRING, K., und LÜDDECKE, F.R.: Ackerfutterpflanzen. VEB Deutscher Landwirtschaftsverlag, Berlin, 1971.

OPITZ VON BOBERFELD, W.:Direktsaaten auf Grünlandflächen in Abhängigkeit von der Methodik. Z. Ackerund Pflanzenbau 151, 62–74, 1982.

OPITZ VON BOBERFELD, W.: Fortschritte und Zukunftsperspektiven im Acker- und Pflanzenbau. Ber. über Landwirtschaft 61, 79–88, 1983.

OPITZ VON BOBERFELD, W., und SCHERHAG, H.: Nachsaaten auf Mähweiden in Abhängigkeit vom Verfahren und der Narbenbeschaffenheit. Z. Acker- und Pflanzenbau 149, 137–142, 1980.

RIES, L.W., KLAPP, E., und HARING, F.: Pareys Landwirtschaftslexikon. Verlag Paul Parey, Hamburg und Berlin 1956, 7. Aufl.

SIMON, W.: Wirtschaftliche Ackerweide. VEB Deutscher Landwirtschaftsverlag, Berlin 1966.

STEBLER, F.G.: Alp- und Weidewirtschaft. Ein Handbuch für Viehzüchter und Alpwirte. Verlag Paul Parey, Berlin 1903.

VOIGTLÄNDER, G.:Die Frage „Grünland oder Ackerfutterbau“ in pflanzenbaulicher Sicht. Bayer. Landw. Jb. 43, (Sh.), 43–57, 1966.

WOLDRING,J.J.: Invloed van herinzaai en stikstof op de opbrengst en de botanische samenstellung van grasland. Rapport 35, Proefstation voor de Rundveehouderij, Lelystad 1975.

ZÜRN, F.: Ertrag und Nutzungsdauer von Kleegras und Wechselwiesen im Alpen- und Voralpengebiet. Bayer. Landw. Jb. 29, 181–205, 1952.

Kap. 4 Feldfutterbau

Anonym: Vorschläge für den Zwischenfruchtbau als Stoppelsaaten. Grüne Saat. Deutsche Saatveredelung Lippstadt-Bremen GmbH, Lippstadt (Hrsg.), (5), 27, 1972.

Anonym: Neue Richtwerte für die Düngung nach Bodenuntersuchung. Mitt. DLG 89, 790–794, 1974.

ANSLOW, R.C.: The seed production of some herbage species in temperate regions. Commonwealth Agricultural Bureaux, No. 1, 1–38, 1962.

Auswertungs- und Informationsdienst für Ernährung Landwirtschaft und Forsten (AID) e.V.: Folienserie Futterrüben von der Saat bis zur Verfütterung. Bonn 1980.

BECKER-DILLINGEN, J.: Handbuch des gesamten Pflanzenbaues einschließlich der Pflanzenzüchtung. 3. Bd.: Handbuch des Hülsenfruchtbaues und Futterbaues. Verlag Paul Parey, Berlin 1929.

BECKHOFF, J.: I. Die Stoppelrübe als Grünfutter, II. Silierung von Stoppelrüben. Landw. Wbl. Westfalen-Lippe Nr. 43/44, 1968.

BERAN, V.: Samenzüchtung farbiger Kleepflanzen (Fortschrittsbericht, tschechisch). Studijni Informace. Rostlinná výroba 4, 1–84, 1965.

BERGERSEN, F.J.: Symbiotic nitrogen fixation by legumes. In: BUTLER, G.W., and BAILEY, R.W. (Ed.): Chemistry and biochemistry of herbage. Academic Press Inc., New York, Vol. 2, 189–226, 1973.

BEUSTER, K.-H.:Untersaaten zur Herbstnutzung. Kali-Briefe, Fachgeb. 6, 6. Folge, 1963.

BOCKMANN, H.: Fruchtfolge und Fußkrankheitsgefahr beim Weizen mit besonderer Berücksichtigung des Anbaus von Grassamen und grashaltigen Feldfutterkulturen sowie der Stickstoffdüngung. Praxis und Forschung 14, 27–29, 1962.

BÖNING, K.: Stockälchen als Großschädlinge im Getreide-, Rüben- und Futterpflanzenbau und Möglichkeiten zu ihrer Bekämpfung. Bayer. Landw. Jb. 41, 649–670, 1964.

BOMMER, D.: Ernterückstände von Feldfutterpflanzen und ihre Bedeutung für den Humushaushalt des Bodens. Z. Acker- und. Pflanzenbau 99, 239–258, 1955.

BOR, N.A.: Teelt van raaigrassen. Proefstation voor de akkerbouw en de groenteteelt in de volle grond, teelthandleiding nr. 8, 1–73, 1978.

BROUWER, W., STÄHLIN, L.: Die Beta-Rüben (Futter- und Zuckerrübe). In: BROUWER, W.: Handbuch des speziellen Pflanzenbaues. Band II. Verlag Paul Parey, Berlin und Hamburg 1976.

BÜRGER, K., BEUSTER, K.-H., HERFORTH, G., und TERKAMP, E.: Unsere Gräser im Futter- und Samenbau. Landw. Schriftenreihe Boden und Pflanze. Ruhr-Stickstoff AG (Hrsg.), Bochum, Nr. 9, 1–180, 1961.

BÜRGER, K.: Gräser-Sortenbezeichnungen – Stand bei 28 Grasarten in 27 Ländern –. Auswertungs- und Informationsdienst für Ernährung, Landwirtschaft und Forsten (AID) (Hrsg.), Bonn 1979, 2. Aufl.

BURGSTALLER, G.: Welche Nachteile durch Maisbeulenbrand? Mais 5, (4), 26–28, 1977.

BURNS, R.C., and HARDY, R.W.F.: Nitrogen fixation in bacteria and higher plants. Springer Verlag, Berlin 1975.

BUTLER, G.W. and Bailey, R.W. (Ed.): Chemistry and biochemistry of herbage, Vol. 2. Academic Press, New York 1973.

Deutsche Landwirtschafts-Gesellschaft: DLG-Futterwerttabelle für Wiederkäuer. DLG-Verlag, Frankfurt/Main 1968.

DIEZ, Th. und BACHTHALER, G.: Auswirkungen unterschiedlicher Fruchtfolge, Düngung und Bodenbearbeitung auf den Humusgehalt der Böden. Bayer. Landw. Jb. 55, 368–377, 1978.

ESSER, J: Mähdruschfeste Untersaaten. Landw. Z. Rheinland 12, 1968.

FISCHER, W., und LÜTKE ENTRUP, E.: Die wichtigsten Gräser. Selbstverlag der Verfasser, 1–120, 1972.

FORBES, J.C., MCKELVIE, A.D., and SAUNDERS, P.J.C.: Comfrey (*Symphytum* spp.) as a forage crop. Herbage Abstracts 49, 523–539, 1979.

GLYNNE, M.D., and SALT, G.A.: Eyespot of wheat and barley. Rep. Rothamsted Exp. Sta. for 1957, 238, 1958.

GOULD, F.W.: Grass systematics. McGraw-Hill Book Co., New York 1968.

GROSS, F.: Futterkonservierung . In: ZSCHEISCHLER, J., ESTLER, M.C., GROSS, F., BURGSTALLER, G., NEUMANN, H., und GEISSLER, B.: Handbuch Mais. DLG-Verlag, Frankfurt/Main 1984.

GUYER, H.: Der Anbau von Futtersorghum. Arbeiten a. d. Gebiete d. Futterbaues 8, 43–48, 1967.

HACKBARTH, J., and TROLL, H.J.: Anbau und Verwertung von Süßlupinen. DLG-Verlag, Frankfurt/Main 1960.

HANSON, C.H.: Alfalfa science and technology. American Soc. of Agronomy, Madison 1972.

HARDY, R.W.F., and SILVER, W.S. (Ed.): A treatise on dinitrogen fixation. Wiley-Interscience, New York 1976.

HEARD, A.J.: Eyespot in wheat after four-course rotations and 3 1/2-year leys. Ann. Appl. Biol. 55, 115–122, 1965.

HEATH, M.E., METCALFE, D.C., and BARNES, R.F.: Forages 3rd edition. The Iowa Press, Ames 1973.

HERTZSCH. W.: Futterbau. In: KAPPERT, H., und RUDORF, W.: Handbuch der Pflanzenzüchtung. Bd. 4. Züchtung der Futterpflanzen. Verlag Paul Parey, Berlin und Hamburg 1959, 2. Aufl.

HILLS, L.D.: Comfrey, past, present and future. Faber and Faber Ltd., London 1976.

HOFFMANN, Th., POHLER, H. UND SCHÖBERLEIN, W.: Luzernefutter- und Luzernesamenbau. Fortschrittsberichte f. d. Landwirtschaft 16, 1–64, 1965.

HOOD, A.E.M., and PROCTOR, J.: An intensive cereal-growing experiment. J. Agric. Sci. 57, 241, 1961.

HÜBNER, R.: Die Leistungseigenschaften des Grünhafers in verschiedenen Schnittstadien und in Kombination mit Kleegras-Untersaat. Z. Ackerbau- und Pflanzenbau 126, 129–156, 1967.

HUNT, I.V.: Proceedings of a conference on timothy seed production. West of Scotland Agricultural College, Auchincruive, 1–47, 1966.

KÖNIG, K.: Der Maisbeulenbrand, seine Schadwirkung und Bekämpfung. Mais 5, (1), 16, 1977.

KREUZ, E.: Neue Forschungsergebnisse im Futter- und Samenbau von Rotklee. Fortschrittsberichte f. d. Landwirtschaft 1, 1–88, 1965.

KREUZ, E.: Neue Forschungsergebnisse im Futter- und Samenbau von Weißklee und anderen Kleearten. Fortschrittsberichte f. d. Landwirtschaft 8, 1–68, 1965.

KREUZ, E.: Untersuchungen zum Einfluß der Grünhafer-Deckfrucht auf das Gelingen von Luzerne- und Rotklee-Untersaaten. Albrecht-Thaer-Archiv 13, 597–612, 1969.

LAMPETER, W.: Die Saatgutaufbereitung. Deutscher Bauernverlag, Berlin 1957.

LAMPETER, W.: Unkräuter in der Saatguterzeugung. Akademie-Verlag, Berlin 1962.

LAMPETER, W., SCHIEBLICH, J., URBAN, G., TITTEL, C., SCHERM, W., WERNER, E., NITZSCHE, G., und TEUCHER, C.: Ertragssteigerung im Grassamenbau in Abhängigkeit von Aussaatmengen und Stickstoffdüngung. VVB Saat- und Pflanzgut, Quedlinburg, 1–137, 1965.

Land- und Hauswirtschaftlicher Auswertungs- und Informationsdienst e.V. (AID): Folienserie Mais. Bonn-Bad Godesberg 1975.

LIESEGANG, F., und SCHALL, S.: Der natürliche Standort für den Anbau von Körner- und Silomais in der Bundesrepublik Deutschland. Berichte über Landwirtschaft 44, 568–605, 1966.

LÜDDECKE, F.: Ackerfutter. VEB Deutscher Landwirtschaftsverlag, Berlin 1976.

LÜTKE ENTRUP, E.: Ergebnisse mehrjähriger Untersaat-Versuche im Zwischenfruchtbau. Grüne Saat, (5), 12–17, 1972.

LÜTKE ENTRUP, E.: Anbauwürdigkeit von Sorghum-Sudangras und Mais im Hauptfrucht-, Nachfrucht- und Zwischenfruchtbau. Wirtschaftseig. Futter 25, 244–256, 1979.

LÜTKE ENTRUP, N., und KUTTRUFF, E.: Kohlrüben oder Futterrüben? Landw. Z. Rheinland (10), 1977.

MARZELL, H.: Wörterbuch der deutschen Pflanzennamen. 2. Band. Verlag S. Hirzel, Leipzig 1972.

MORGAN, W.C., and PARBERY, D.G.: Effects of Pseudopeziza leaf spot disease on growth and yield in lucerne. Aust. J. Agric. Res. 18, 1029–1040, 1977.

NEWTON, W.E., and NYMAN, C.J. (Ed.): Proceedings of the first international symposium on nitrogen fixation. Washington State Univ. Press, Pullman 1976.

NIOPEK, J.: Der Einfluß der Klimafaktoren Licht, Temperatur und Niederschlag auf Wachstum, Entwicklung und Ertragsleistung bei Mais und Sorgumarten. Diss. Univ. Gießen 1980.

PÄTZOLD, Ch.: Die Topinambur als landwirtschaftliche Kulturpflanze. Bundesministerium f. Ernährung, Landw. u. Forsten, in Zusammenarb. mit d. Land- u. Hauswirtschaftl. Auswertungs- u. Informationsdienst e.V. (AID) (hekt.), 1957 (zit. RUDORF, 1958).

PÄTZOLD, H.: Untersuchungen über den Vorfruchtwert von Rotklee, verschiedenen Gräsern und Kleegrasgemischen. Deutsche Landwirtschaft, (7), 1–6, 1956.

PEGG, G.F.: Verticillium diseases. Rev. Plant Pathol. 53, 157–182, 1974.

PIRIE, N.W.: Leaf Protein: its agronomy, preparation, quality and use. IBP. Handbook No. 20. Internatiomal Biological Programme, London. Blackwell Sci. Publ., Oxford and Edinburgh 1971.

PIRKELMANN, H.: Futterrüben: Technik in Feld und Stall. Broschüre Nr. 450. Auswertungs- und Informationsdienst für Ernährung, Landwirtschaft und Forsten (AID) e.V., Bonn 1980.

POHLER, H.: Untersuchungen zur Verlustsenkung in der Grassamenernte. VVB Saat- und Pflanzgut Quedlinburg, 1–111, 1968.

QUISPEL, A. (Ed.): The biology of nitrogen fixation. North Holland Publishing Co., Amsterdam 1974.

RIES, L.W.: Pareys Landwirtschaftslexikon, Bd. 2. Verlag Paul Parey, Hamburg und Berlin 1957, 7. Aufl.

RÜBENSAM, E., und SIMON, W.: Der Einfluß von Futterpflanzen als Haupt- und Zwischenfrüchte auf die Erträge und die Fruchtbarkeit verschiedener Böden. Teil I. Erträge und Fruchtfolgen mit unterschiedlichem Futterpflanzenanteil auf sandigem Boden. Albrecht-Thaer-Archiv 6, 687–704, 1961.

RUDORF, W.: Topinambur, *Helianthus annuus* L. In: KAPPERT, H, und RUDORF, W. (Hrsg.): Handbuch der Pflanzenzüchtung, Band 3: Züchtung der Knollen- und Wurzelfruchtarten. Verlag Paul Parey, Berlin und Hamburg 1958, 2. Aufl.

SACHS, E., und ZIEGENBEIN, G.: Praktischer Grassamenbau im Spiegel von Versuchsergebnissen. DLG-Verlag, Frankfurt/Main 1962.

SCHIEBLICH, J.: Saatguterzeugung bei Futterpflanzen. Deutscher Bauernverlag, Berlin 1959.

SCHUSTER, W.: Sorghum-Hirsen als Futterpflanzen. Mitt. DLG 87, 910–911, 1972.

SCHUSTER, W.: Der Ölkürbis *(Cucurbita pepo L.)*. Verlag Paul Parey, Berlin und Hamburg 1977.

SEITNER, M.: Die wichtigsten Futterpflanzen in Bayern – langjährige Ertragsentwicklung, Ertragsvergleiche und Abhängigkeit der Erträge von Witterungsfaktoren. Bayer. Landw. Jb. 55, 131–197, 1978.

SILVER, W.S., and HARDY, R.W.F.: Newer developments in biological dinitrogen fixation of possible relevance to forage production. In: HOVELAND, C.S. (Ed.): Biological N Fixation in Forage-Livestock Systems, 1–34. ASA Special Publication No. 28, Madison 1976.

SIMON, U.: Prüfung ausländischer Klee- und Gräsersorten in der Bundesrepublik Deutschland. Saatgutwirtschaft 18, 163–164, 1966.

SIMON, U.: Einfluß des Schnittes auf den Luzerneertrag. Acta Universitatis Agriculturae Brno, Reihe A, 75–81, 1967.

SIMON, U.: Saatgut und Sortenwert kleeartiger Ackerfutterpflanzen. Bayer. Landw. Jb. 46, Sh. 1, 1–107, 1969.

SIMON, U.: Ertrag und Werteigenschaften ausländischer Futterpflanzensorten in der Bundesrepublik Deutschland. AID-Schriftenreihe (163), 1–172, 1970.

SIMON, U.: Sequential utilization of grass cultivars for optimum grassland production. Proc. 7th Gen. Meet. Europ. Grassl. Fed. Gent 1978,(1), 233–240, 1978.

SIMON, W.: Über den Einfluß des Kleegrashaupt- und Kleegraszwischenfruchtbaues auf die Rotationsleistung verschiedener Fruchtfolgen in feuchten Lagen und über Möglichkeiten realer Rotationsvergleiche. Wiss. Z. Univ. Halle Math.-Naturwiss. Reihe 10, 347–355, 1961.

SIMON, W.: Der Einfluß von Futterpflanzen als Haupt- und Zwischenfrüchte auf die Erträge und die Fruchtbarkeit verschiedener Böden. Teil IV. Fruchtfolgeversuch mit unterschiedlichem Futterpflanzenanteil auf stark lehmigem Sandboden im Kreis Neubrandenburg. Albrecht-Thaer-Archiv 7, 873–887, 1963.

SPANAKAKIS, A.-M.: Untersuchungen über das Stengelälchen, *Ditylenchus dipsaci* (KÜHN 1857) Fil., bei Rotklee, *Trifolium pratense* L., unter besonderer Berücksichtigung der Resistenzzüchtung. Diss. TU München 1972.

VELDE, H.A. TE: Sorghum als groenvoedergewas. Bedrijfsontwikkeling 8, 327–332, 1977.

VELICH, J., und KLATIKOVA, M.: Einfluß der Beschattung mit Stroh der abgeernteten Deckfrucht auf die Entwicklung der Rotklee- und Luzerneuntersaat (tschechisch). Rostlinná výroba 16, 979–986, 1970.

VETTER, H.: Grassamenbau und Fruchtfolge. Bayer. Landw. Jb. 39, 792–806, 1962.

Welsh Plant Breeding Station: Principles of herbage seed production. Technical Bulletin No. 1, 2nd Ed., Welsh Plant Breeding Station, Plas Gogerddan, Near Aberystwyth 1978.

WETZEL, M.: Der Futterroggen, die Futterroggengemische und die sonstigen Futtergemische des Winterzwischenfruchtbaues als Lieferanten von Futter und Wurzeln, 1. und 2. Teil. Wiss. Z. Univ. Rostock Math.-Naturwiss. Reihe 7, (1), 89–166; (2), 307–366, 1957/58.

WHEELER, W.A., and HILL, D.D.: Grassland seeds. Van Nostrand Company, Inc., New York 1957.

ZIMMERMANN, H.-G.: Die Sonnenblume. Deutscher Bauernverlag, Berlin 1965.

ZSCHEISCHLER, J.: Grundlagen, Anbau. In: ZSCHEISCHLER, J., ESTLER, M.C., GROSS, F., BURGSTALLER, G., und GEISSLER, B.: Handbuch Mais. DLG-Verlag, Frankfurt/Main 1984.

Kap. 5 Futterkonservierung

AGENA, M.U., BÄTJER, D., und WESSELS, G.: Wieviel „Einfuhrtage" stehen im nordwestdeutschen Raum für die Bergung von Winterfutter zur Verfügung? Meteor. Rdsch. 21, 169–175, 1968.

BALCH, C.C.: Physiological aspects of efficient utilization of forages. Proc. 3rd Gen Meet. Europ. Grassl. Fed., 245–252, 1969.

Bayer. Arbeitsgem. Tierernährung: Unterdachtrocknung von Heu mit vorgewärmter Luft. Wirtschaftseig. Futter 16, 25–35, 1970.

BECK, Th.: The microbiology of silage fermentation. In: MCCULLOUGH, M.E.: a. a. O.

BECKHOFF, J.: Wann soll der Heuschnitt erfolgen? Ldw. Zeitschr. der Nord-Rheinprovinz (21), 1963.

BECKHOFF, J.: Lagerungsverluste bei Heu. Wirtschaftseig. Futter 11, 284–290, 1965a.

BECKHOFF, J.: Trocknungsverlauf, Masse- und Nährstoffverluste bei verschiedenen Heuwerbeverfahren. Forschung und Beratung, Reihe C (10), Landwirtschaftsverlag Münster-Hiltrup 1965b.

BECKHOFF, J., DERNEDDE, W., HONIG, H., und SCHURIG, M.: Einfluß neuer Mähaufbereiter auf Trocknung und Feldverluste bei der Gewinnung von Anwelksilage und Heu. Wirtschaftseig. Futter 25, 5–19, 1979.

BLATTMANN, W.: Die Qualität des Maisgärfutters. Arb. Dt. Landwirtsch.-Ges. 47, 64–72, 1957.

BLÜMEL, K.: Möglichkeiten und Grenzen der Welkheubereitung. Wirtschaftseig. Futter 19, 230–244, 1973.

BML, Stat. Jahrbuch ü. Ern. Landw. u. Forsten 1979. Landwirtschaftsverlag Münster-Hiltrup 1979.

BOGDAN, G.: Berechnung des Futterwertes. Wirtschaftseig. Futter 20, 216–228, 1974.

BOLSEN, K.: The use of aids to fermentation in silage production. In: MCCULLOUGH, M.E.: a. a. O.

BOLSEN, K.K., and HINDS, M.A.: The role of fermentation aids in silage management. In: MCCULLOUGH, M.E., and BOLSEN, K.K. (Eds.): Silage Management. Silage Technology Division NFIA, West Des Moines, Iowa/USA, 79–112, 1984.

BOSMA, A.H., and 'T HART, C.: The physical properties of ensiled grass and maize. In: THOMAS, C.: a.a.O.

BOSMA, A.H., 'T HART, C., OLDENHOF, H.B.J., und TELLE, M.G.: Kuilvoeropslag in toren silos. Inst. Mech. Arb. en Gebouw., Wageningen, Niederlande, Publikatie 205, 1984.

BRÜNNER, F.: Futterernte leichter und besser. DLG-Verlag, Frankfurt/Main 1957.

CLAUS, H.G.: Versuche zur Belüftung von Hochdruck-Preßballen. Wirtschaftseig. Futter 18, 271–279, 1972.

DEMARQUILLY, C., and JARRIGE, R., The digestibility and intake of forages from artificial and natural grassland. Proc. 4th Gen. Meet. Europ. Grassl. Fed., 91–106, 1971.

DERNEDDE, W.: Der Einfluß verschiedener Faktoren auf die Verdichtung von Gras in Lagerbehältern bei statischer Belastung. Landbauforsch. Völkenrode 33, 259–263, 1983.

DERNEDDE, W., und WILMSCHEN, R.: Heuwerbungsverluste durch Niederschläge bei gequetschtem Gras. Landbauforsch. Völkenrode 19, 39–42, 1969.

DIJKSTRA, N.D.: Die Verluste bei den verschiedenen Heugewinnungsmethoden in den Niederlanden. Futterkonservierung 7, 170–182, 1961.

DONALDSON, E., and EDWARDS, R.A.: Effect of delaying the sealing of the silo on the nutritive value of grass silage. J. Sci. Food Agric. 28, 798–805, 1977.

EIMERN, J. VAN, und SPATZ, G.: Das Problem der verfügbaren Tage für den Wiesenschnitt. Bayer. Landw. Jb. 45, 350–363, 1968.

GEDEK, B., BAUER, J., und SCHREIBER, H.: Zur Mykotoxinbildung silageverderbender Schimmelpilze. Wiener Tierärztl. Monatsschrift 68, 299–301, 1981.

GLASOW, W.: Trocknungserfolg bei verschiedenen Heumaschinen. Landtechnik 18, 718–722, 1963.

GORDON, C.H., DERBYSHIRE, J.C. et al.: Variations in initial composition of orchardgrass as related to silage composition and feeding value. J. Dairy Sci. 47, 987–992, 1964.

GRIFFITH, G., in: Report of the Welsh Plant Breeding Station for 1966. 120–122, 1966.

GROSS, F., und RIEBE, K.: Gärfutter. Verlag Eugen Ulmer, Stuttgart 1974.

HANF, C.-H., HELL, K.-W., und HONIG, H.: Produktionsverfahren in der Grünlandbewirtschaftung und ihre betriebswirtschaftliche Einordnung. Landbauforsch. Völkenrode, Sh. 5, 1–144, 1970.

HENDERSON, A.R., and MCDONALD, P.: The effect of a range of commercial inoculants on the biochemical changes during the ensilage of grass in laboratory studies. Research and Development in Agriculture 1, 171–176, 1984.

HONIG, H.: Umsetzungen und Verluste bei der Nachgärung. Wirtschaftseig. Futter 21, 25–32, 1975.

HONIG, H.: Schätzung der Verluste an Trockenmasse und Energie bei verschiedenen Konservierungsverfahren. KTBL Kalkulationsunterlagen, Manuskriptdruck 1976.

HONIG, H., und ZIMMER, E.: Energieeinsatz bei der Konservierung von Rauhfutter. Landbauforsch. Völkenrode, Sh. 49, 71–82, 1979.

HONIG, H., and WOOLFORD, M.K.: Changes in silage on exposure to air. In: THOMAS, C.: a.a.O.

HONIG, H., ZIMMER, E., and ROHR, K.: Comparison of conservation methods under controlled practical conditions. Proc, XIV. Int. Grassl. Congr., Lexington, USA, 650–653, 1983.

HONIG, H., and ZIMMER, E.: Losses during ensiling due to gas exchange. Proc. XV. Int. Grassland Congress, Kyoto, Japan, 1985 (in press).

HÜBNER, R., und WAGNER, F.: Beitrag zum Anwelke- und Trocknungsverlauf einiger Futterpflanzenarten. Wirtschaftseig. Futter. 14, 218–230, 1968.

HUHTANEN, P., HISSA, K., JAAKKOLA, S., and POUTIAINEN, E.: Enzymes as silage additive. Effect on fermentation quality, digestibility in sheep, degradability in sacco and performance in growing cattle. J. Agric. Sci. in Finland 57, 285–291, 1985.

JONES, D.I.H.: The ensiling characteristics of different herbage species and varieties. J. agric. Sci. Camb. 75, 293–300, 1970.

KAUFMANN, W., und ROHR, K.: Der Einfluß des Futters auf die bakterielle Fermentation in den Vormägen der Wiederkäuer. Handbuch d. Tierernährung, Bd. 1, 1969.

KAUFMANN, W., und ZIMMER, E.: Bewertungsschlüssel für Halmfutter. Wirtschaftseig. Futter 16, 269–276, 1970.

KIRCHGESSNER, M.: Tierernährung. DLG-Verlag, Frankfurt/Main 1970.

KÖHNLEIN, J., und VETTER, H.: Die Höhe der Trockensubstanz- und Nährstoffverluste bei sorgfältiger Heugewinnung auf Trockengerüsten unter holsteinischen Witterungsverhältnissen. Z. Acker- und Pflanzenbau 99, 183–206, 1954.

KOHLER, W.: Das Trocknungsverhalten von Futterpflanzen. Wirtschaftseig. Futter 11, 291–312, 1965.

KREGER-VAN RIJ, N.J.W. (Ed.): The yeasts. A taxonomic study. 3rd Edition. Elsevier Science Publishers B.V., Amsterdam 1984,

KRISTENSEN, V.R., SKOVBORG, E.B., and ANDERSEN, P.E.: The influence of stage of cutting and amount of concentrate on intake of grass silage and milk production in dairy cows. Europ. Ass. Animal Prod., Manuskriptdruck, Harrogate, 1979.

KÜNTZEL, U.: Heißlufttrocknung von Grünfutter. Übers. Tierernähr. 4, 25–66, 1976.

KÜNTZEL, U.: Untersuchungen zur Beseitigung von Silage-Gärsaft durch Landbehandlung. Landbauforsch. Völkenrode 28, 5–16, 1978.

KÜNTZEL, U., und ZIMMER, E.: Untersuchungen über Vorkommen, Veränderung und Verbrauch von Kohlenhydraten bei der Silierung. Landbauforsch. Völkenrode, Sh. 13, 1972a.

KÜNTZEL, U., und ZIMMER, E.: Umweltbelastungen durch Verarbeitungsrückstände der Futterkonservierung. Ber. Landwirtsch. 50, 682–692, 1972.

Landwirtschaftskammer Hannover: Pers. Mitt. Ref. 44, 1978.

LANG, V.: Lösliche Kohlenhydrate und Spurenelemente im Mähweidefutter in Abhängigkeit von Witterung und Bewirtschaftung. Bayer. Landw. Jb. 52, 422–479, 1975.

LANZ, H.: Der Einfluß der Gebäudeform auf die Gestaltung von Heubelüftungsanlagen. Arb. d. Landw. Hochsch. Hohenheim 25, 1964.

LINDGREN, S., PETTERSSON, K., JONSSON, A., LINGVALL, P., and KASPERSSON, A.: Silage inoculation. Selected strains, temperature, wilting and practical application. Swedish J. Agric. Res. 15, 9–18, 1985.

LINDGREN, S., PETTERSSON, K., KASPERSSON, A., JONSSON, A., and LINGVALL, P.: Microbial dynamics during aerobic deterioration of silages. J. Sci. Food Agric. 36, 765–774, 1985.

LINGVALL, P., and NILSSON, E.: Efficient hay systems. In: THOMAS, C.: a.a.O.

LÜBBE, R.: Futterqualität und Konservierungsverfahren. Landtechnik 34, 222–224, 1979.

LUSK, I.W.: The use of preservation in silage production. In: MCCULLOGH, M.E.: a.a.O.

MARSH, R.: The effects of wilting on fermentation in the silo and on the nutritive value of silage. Grass and Forage Sci. 34, 1–10, 1979.

MASCOVA, H., und HAVELIK, J.: Gärverlauf und Verluste in Hochsilos. Wirtschaftseig. Futter 15, 165–184, 1969.

MATTHIES, H.J.: Verfahren und Aussichten der Heubrikettierung. Mitt. DLG 83, 1615–1618, 1968.

MCCULLOUGH, M.E. (Ed.): Fermentation of Silage – A Review. Nat. Feed Ingredients Association, West des Moines, USA, 1978.

MCDONALD, P.: The Biochemistry of Silage. John Wiley & Sons, Chichester 1981.

MCDONALD, P.: Silage Fermentation. Trends in Biochemical Sciences, 15–17, 1982.

MCDONALD, P., and WHITTENBURRY, R.: Losses during ensilage. Proc. Fodder Conser. Symp. No. 3, 76–84, 1967.

MCDONALD, P., HENDERSON, A.R., and RALTIN, I.: Energy changes during ensilage. J. Sci. Food Agric. 24, 827–834, 1973.

MEINHOLD, K., ROSEGGER, S. et al.: Wirtschaftliche Bedeutung der Optimierung der Produktionsverfahren in der Milcherzeugung. Landbauforsch. Völkenrode, Sh. 35, 1976.

MERCHEN, N.R., and SATTER, L.D.: Changes in nitrogenous compounds and sites of digestion of alfalfa harvested at different moisture contents. J. Dairy Sci., 1982.

MIKA, V., PAUL, CHR., ZIMMER, E., und KAUFMANN, W.: Ein Vergleich verschiedener Labormethoden zur Schätzung der Verdaulichkeit von Grundfutter. Z. Tierphysiol., Tierernährg. u. Futtermittelk. 45, 132–141, 1981.

MILLER, W.J., and CLIFTON, C.M.: Fill silos rapidly. Georgia Agric. Res. 3, 4–6, 1962.

MÜHLBACH, P., und KAUFMANN, W.: Eiweißverfügbarkeit formaldehydbehandelter Grassilage beim Wiederkäuer. Wirtschaftseig. Futter 25, 115–132, 1979.

MÜLLER, M.: Verdichten von gehäckseltem Siliergut. Dt. Agrartechnik 20, 473–474, 1970.

MURDOCH, J.C. et al.: The effect of chopping, lacerating and wilting of herbage on the chemical composition of silage. J. Brit. Grassl. Soc. 10, 181–188, 1955.

NEHRING. K.: Lehrbuch der Tierernährung und Futtermittelkunde. Neumann Verlag, Radebeul und Berlin 1950.

OEHRING, M.: Über die Siliereignung einiger Grasarten. Z. Acker- und Pflanzenbau 125, 145–157, 1967.

OLFE, H.CH.: Untersuchungen über die Korrespondenz der meteorologischen Daten mit den thermodynamischen Trocknungsmöglichkeiten von Halmfutter. KTBL Ber. ü. Landtechnik, Nr. 141, 1971.

OSHIMA, M., and MCDONALD, P.: A review of the changes in nitrogenous compounds of herbage during ensilage. J. Sci. Food Agric. 29, 497–505, 1978.

OSHIMA, M. et al.: The relation between silage quality and the reduction of nitrate during ensilage. Techn. Bull., Fac. Agric. Kagawe Univ. 30, 19–24, 1978.

OWEN, F.G.: Silage additives and their influence on silage fermentation. Techn. Papers Intern. Silage Research Conf., Washington, Ed.: National Silo Ass., 79–112, 1971.

PAHLOW, G.: Verbesserung der aeroben Stabilität von Silagen durch Impfpräparate. Wirtschaftseig. Futter 28, 107–122, 1982.

PAHLOW, G.: O_2-abhängige Veränderungen der Mikroflora in Silagen mit Lactobacterienzusatz. Landwirtschaftliche Forschung 37, 630–639, Kongreßband 1984.

PAHLOW, G., und HONIG, H.: Wirkungsweise und Einsatzgrenzen von Silage-Impfkulturen aus Milchsäurebakterien. Das Wirtschaftseigene Futter 32, 20–35, 1986.

PEDERSEN, E.J.N., and WITT, N.: Ensiling of grass crops heavily fertilized with nitrogen. T. Planteavl., Kopenhagen 79, 99–121, 1975.

PEDERSEN, E.J.N., WITT, N., and SKOVBORG, E.B.: Methods of sealing of silage stacks. T. Planteavl., Kopenhagen 80, 467–482, 1976.

PESTALOZZI, M., und SAUE, O.: Einfluß des Erntezeitpunktes und der Düngung auf Silagequalität und Nährstoffverluste bei der Silierung von Gras und Grünhafer. Forskn. og Forsøk Landbruk. 29, 261–276, 1978.

PFAU, R.: Verfügbare Arbeitstage für die verschiedenen Verfahren der Futterernte. KTBL Manuskriptdruck Nr. 38, Darmstadt 1971.

RENNER, E.: Über den Zusammenhang zwischen Trockenmassegehalt und Qualität der Silage. Bayer. Landw. Jb. 44, 953–978, 1967; 45, 227–247, 1968a.

RENNER, E.: Einfluß der Silagefütterung auf die Qualität von Milch und Milchprodukten. Milchwissenschaft 23, 288–296, 678–683, 748–754, 1968b.

RIEDER, J.B.: Ein Beitrag zum Problem des Heuertrages und der Heuqualität in Bayern. Bayer. Landw. Jb. 49, 345–356, 1972.

ROHR, K., HONIG, H., und DAENICKE, R.: Biologische Kenndaten verschiedener Konservierungsverfahren.

2. Grundfutteraufnahme, Wiederkauaktivität und Pansenfermentation bei gestaffelten Kraftfuttergaben. Wirtschaftseig. Futter 20, 227–287, 1974.

RUSCHMANN, G.: Die wissenschaftlichen Grundlagen der Gärfutterbereitung. Landw. Jb. 88, 135–295, 1939.

RUXTON, I.B., CLARK, B.J., and MCDONALD, P.: A review of the effects of oxygen on ensilage. J. Brit. Grassl. Soc. 30, 23–30, 1975.

SAUE, O.: Grass preservation with formic acid added in the flail harvester or in the silo compared to ensiling without additives at early and late cutting. Meld. Norges Landbrukshøgsk. 53, 1–15, 1974.

SCHAAF, D. VAN DEN: The drying operation in hay making. IBVC, Wageningen 1961.

SCHMITTEN, F.: Vergleichende Untersuchungen über die Verdaulichkeit von belüftetem und bodengetrocknetem Heu. Arbeiten aus d. Dtsch. Tierzucht, (41), 1958.

SCHÖLLHORN, J.: Heuqualität. Pers. Mitt. 1979.

SCHÖLLHORN, J., und HILBERT, M.: Zur Unterdachtrocknung mit stark angewärmter Luft. Wirtschaftseig. Futter 16, 230–238, 1970.

SEALE, D.R., HENDERSON, A.R., PETERSSON, K.O., and LOWE, J.F.: The effect of addition of sugar and inoculation with two commercial inoculants on the fermentation of lucerne silage in laboratory silos. Grass and Forage Science 41, 61–70, 1986.

SEGLER, G.: Stand der Heubelüftungstechnik. Landtechnik 24, 246–250, 1969.

SKOVBORG, E.B., and ANDERSEN, P.E.: Conservation of green crops for dairy cows (III). 5. Beretn. Statens Planteavlsudvalg Kopenhagen 1976.

SPATZ, G., und EIMERN, J. VAN: Der Trocknungsverlauf von Heu im Freiland. Bayer. Landw. Jb. 29, 446–464, 1970.

SUNDSTØL, F., and OWEN, E.: Straw and other fibrous by-products as feed. Elsevier Scientific Publ., B.V., Amsterdam, Oxford, New York, Tokyo 1984.

TAKAHASHI, M.: Influence of level of initial air inclusion in ensiling on quality of silage. J. Jap. Soc. Grassl. Sci. 14, 32–37, 38–43, 255–259, 260–265, 1968; 15, 131–137, 1969; 16, 98–104, 105–111, 1970.

THEUNE, H.H., und HONIG, H.: Formaldehyd als Gärfutterzusatz. Wirtschaftseig. Futter 25, 105–114, 1979.

THOMAS, E. (Ed.): Forage Conservation in the 80's, Europ. Grassl. Fed., Occasional Symp. No. 11, Brighton 1979, British Grassland Soc. 1980.

TILLEY, J.M.A., and TERRY, R.A.: A two-stage technique for the in vitro digestion of forage crops. J. Brit. Grassl. Soc. 18, 104–111, 1963.

ULLRICH, B.: Amount and quality of microbial protein in different silages. E.E.C. Seminar Dublin, Ireland, Sept. 1982.

VETTER, R.L., and GLAN, K.N. VON: Abnormal silages and silage related disease problems. In: MCCULLOUGH, M.E.: a.a.O.

VIRTANEN, A.J.: Rep. of Laboratory of Valio, Nr. 2. 1934.

VOIGTLÄNDER, G., in: KLAPP, E. (Hrsg.): Wiesen und Weiden. Verlag Paul Parey, Berlin und Hamburg 1971, 4. Aufl.

WACHTER, H. VON: Zum Entwicklungsstand der Futterkonservierung in der Bundesrepublik Deutschland. Wirtschaftseig. Futter 22, 142–146, 1976.

WALDO, D.R.: Potential of chemical preservation and improvement of forages. J. Dairy Sci. 60, 306–326, 1977.

WALDO, D.R.: The use of direct acidification in silage production. In: MCCULLOUGH, M.E.: a.a.O.

WEISE, F.: Einfluß des epiphytischen Keimbesatzes auf den Gärverlauf. Proc. 3rd Gen. Meet. Europ. Grassl. Fed., 221–227, 1969.

WEISE, G., RETTIG, H., und SUCKOW, G.: Untersuchungen zur Quantifizierung des Lufteinflusses bei der Silierung. Arch. Tierernähr. 25, 69–82, 1975.

WEISSBACH, F. et al.: Methode und Tabellen zur Schätzung der Vergärbarkeit. Agrarbuch, Leipzig 1973.

WHITE, D.K.: The use of Energy in agriculture. Farm management 2, 637–650, 1975.

WIEGNER, G.: Heubereitung und Silage. Vortrag III. Grünland-Kongreß d. nord- und mitteleurop. Länder, Zürich 1934.

WIENEKE, F.: Verfahrenstechnik der Halmfutterproduktion. Selbstverlag Inst. f. Landtechnik, Göttingen 1972.

WIERINGA, G.W.: Some factors affecting silage fermentation. Proc. 8th Intern. Grassl. Congr., 497–502, 1960.

WIERINGA, G.W.: The influence of nitrate on silage fermentation. Proc. 10th Intern. Grassl. Congr. 537–546, 1966.

WILKINS, R.J.: The potential for increased use of ensiled crops for animal production with particular reference to support energy inputs. CEC Proc. Improving the nutritional efficiency of beef production, 224–234, 1976.

WILKINS, R.J.: Progress in Silage Production and Utilisation. J. Roy. Agric. Soc. England 141, 127–141, 1980.

WINKELER, B.: Feuchtigkeitsgleichgewicht von Luzerne und Wiesengras. Landtech. Forsch. 4, 59–61, 1954.

WOOLFORD, M.K.: The Silage Fermentation. Marcel Dekker, Inc., New York und Basel 1984.

WOOLFORD, M.K., HONIG, H., und FENLON, J.S.: Untersuchungen über aerobe Umsetzungen in Silage mit Hilfe einer Labortechnik. Wirtschaftseig. Futter 23, 10–32, 1977; 24, 125–139, 1978; 25, 158–177, 1979.

ZIMMER, E.: Verluste bei verschiedenen Konservierungsverfahren im Futterbau. KTBL Kalkulationsunterlagen, Bd. 3, 1966a.

ZIMMER, E.: Gärungsbiologie und Verfahrensgrundlagen. In: KÖNEKAMP A.H. und Mitarb.: Silowirtschaft. BLV-Verlagsges., München 90–138, 1966b, 2. Aufl.

ZIMMER, E.: Das Anwelken in seinem Einfluß auf die Nährstoffverluste, insbesondere die Bildung von Gärgasen. Tag. Bericht Nr. 92d. DAL zu Berlin, 37–48, 1967a.

ZIMMER, E.: Einfluß der mechanischen Aufbereitung auf die Silierfähigkeit von Halmfutter. Grundlag. d. Landtech. 17, 197–202, 1967b.

ZIMMER, E.: Biochemische Grundlagen der Einsäuerung. Proc. 3rd Gen. Meet. Europ. Grassl. Fed., 113–125, 1969.

ZIMMER, E.: Agrochemische Verfahren in der Halmgutaufbereitung und Konservierung. Grundlag. d. Landtech. 22, 7–10, 1972.

ZIMMER, E.: Futterkonservierung als pflanzenbauliches und biotechnisches Problem. Landbauforsch. Völkenrode 24, 10–14, 1974.

ZIMMER, E.: Einfluß der Zerkleinerung auf Gärverlauf und Futteraufnahme. Landtech. v. morgen, 18. Folge, 26–33, 1978.

ZIMMER, E.: Efficient silage systems. In: THOMAS, C.: a.a.O.

ZIMMER, E.: Möglichkeiten einer Schnellbeurteilung von Grundfutter. Landbauforsch. Völkenrode, Sh. 62, 91–103, 1982.

ZIMMER, E., und HONIG, H.: Brikettierung und Gärfutterbereitung. Mitt. DLG 83, 1622–1626, 1968.

ZIMMER, E., and WILKINS, R.J. (Eds.): Eurowilt – Efficiency of silage systems: a comparison between unwilted and wilted silages. Landbauforsch. Völkenrode, Sh. 69, 1–88, 1984.

Bildquellen

Die Bildautoren sind in den Legenden genannt und mit dem entsprechenden Werk im Literaturverzeichnis aufgeführt. Abbildungen ohne Quellenangabe stammen vom Verfasser des betreffenden Kapitels.

Verzeichnis der genannten Arten

Höhere Pflanzen

Nomenklatur nach TUTIN et al. (1964–1980) und ZANDER (1984)

Ackerbohne, Puffbohne, Saubohne	*Vicia faba* L. = *Faba bona* Medik. = *F. vulgaris* Moench
Adlerfarn	*Pteridium aquilinum* (L.) Kuhn = *Pteris aquilina* L.
Ampfer, Krauser	*Rumex crispus* L.
Ampfer, Sauer-	*Rumex acetosa* L. = *Acetosa pratensis* Mill.
Ampfer, Stumpfblättriger	*Rumex obtusifolius* L.
Arnika	*Arnica montana* L.
Bärenklau	*Heracleum sphondylium* L.
Beinwell, Komfrey, Comfrey	*Symphytum* x *uplandicum* Nym. = *S. asperum* Lepech. x *S. officinale* L.
Bibernelle, Große	*Pimpinella major* (L.) Huds. = *P. magna* L.
Bibernelle, Kleine	*Pimpinella saxifraga* L.
Bilsenkraut, Schwarzes	*Hyoscyamus niger* L.
Binsen-Arten	*Juncus* L. spec.
Binse, Wald-	*Juncus acutiflorus* Ehrh. ex Hoffm. = *J. sylvaticus* auct. non Reichard
Bocksbart, Wiesen-	*Tragopogon pratensis* L. ssp. *orientalis* (L.)
Borstgras	*Nardus stricta* L.
Brennessel, Große	*Urtica dioica* L.
Buchweizen	*Fagopyrum esculentum* Moench = *Polygonum fagopyrum* L. = *F. sagittatum* Gilib. = *F. vulgare* Th. Nees
Distel, Kohl-	*Cirsium oleraceum* (L.) Scop. = *Cnicus oleraceus* L.
Dotterblume, Sumpf-	*Caltha palustris* L. = *C. holubyi* Beck
Dreizahn	*Danthonia decumbens* (L.) DC. = *Sieglingia decumbens* (L.) Bernh. = *Triodia decumbens* (L.) P. Beauv.
Ehrenpreis, Gamander-	*Veronica chamaedrys* L.
Engelwurz, Wald-	*Angelica sylvestris* L. = *A. illyrica* K. Maly = *A. elata* Velen = *A. brachyradia* Freyn
Erbse, Feld- (= Peluschke)	*Pisum sativum* L. ssp. *arvense* (L.) Aschers. et Graebn. = *P. arvense* L.
Erbse, Kicher-	*Cicer arietinum* L.

Esparsette, Hahnenkamm	*Onobrychis viciifolia* Scop. = *Hedysarum onobrychis* L. = *O. sativa* Lam.
Ferkelkraut, Gewöhnliches	*Hypochoeris radicata* L.
Fingerkraut, Aufrechtes (= Blutwurz)	*Potentilla erecta* (L.) Raeusch. = *P. tormentilla* Stokes = *P. sylvestris* Neck.
Flockenblume, Wiesen-	*Centaurea jacea* L. = *Jacea communis* Delarbre = *C. amara* L. p.p.
Frauenmantel, Gewöhnlicher	*Alchemilla xanthochlora* Rothm. = *Alchemilla vulgaris* auct. non L. = *A. pratensis* auct. non vix Opiz = *A. sylvestris* auct.
Fuchsschwanz, Knick-	*Alopecurus geniculatus* L.
Fuchsschwanz, Wiesen-	*Alopecurus pratensis* L.
Gänseblümchen	*Bellis perennis* L.
Gänsefuß, Weißer	*Chenopodium album* L.
Garbe, Schaf-	*Achillea millefolium* L.
Geißfuß	*Aegopodium podagraria* L.
Gerste, Roggen-	*Hordeum secalinum* Schreb. = *H. pratense* Hudson
Gerste, Saat-	*Hordeum vulgare* L. = *H. sativum* Jess.
Ginster, Behaarter	*Genista pilosa* L.
Ginster, Besen-	*Cytisus scoparius* (L.) Link = *Sarothamnus scoparius* (L.) Wimm. ex W.D.J. Koch = *Genista scoparia* (L.) Lam.
Glanzgras, Knollen-	*Phalaris aquatica* L. = *Ph. tuberosa* L. = *Ph. bulbosa* auct. non L. = *Ph. nodosa* L.
Glanzgras, Rohr-	*Phalaris arundinacea* L. = *Typhoides arundinacea* (L.) Moench = *Baldingera arundinacea* (L.) Dumort. = *Phalaroides arundinacea* (L.) Rauschert
Glockenblume, Rundblättrige	*Campanula rotundifolia* L.
Greiskraut, Wasser- (= Kreuzkraut, Wasser-)	*Senecio aquaticus* Hill
Hafer, Flaum-	*Avenula pubescens* (Huds.) Dumort = *Avena pubescens* (Huds.) = *Avenochloa pubescens* (Huds.) J. Holub = *Avenastrum pubescens* (Huds.) Jess. Opiz = *Arrhenatherum pubescens* (Huds.) samp. = *Helictotrichon pubescens* (Huds.) Pilg.
Hafer, Glatt-	*Arrhenatherum elatius* (L.) P. Beauv. ex J.S. et K.B. Presl = *Avena elatior* L.
Hafer, Gold-	*Trisetum flavescens* (L.) P. Beauv. = *Avena flavescens* L. = *Trisetum pratense* Pers.
Hafer, Saat- (= Hafer, Grün-)	*Avena sativa* L.
Hahnenfuß, Brennender	*Ranunculus flammula* L.
Hahnenfuß, Knolliger	*Ranunculus bulbosus* L.
Hahnenfuß, Kriechender	*Ranunculus repens* L.
Hahnenfuß, Scharfer	*Ranunculus acris* L. = *Ranunculus acer* auct.
Hahnenfuß, Wald-	*Ranunculus nemorosus* DC.
Hainsimsen-Arten	*Luzula* DC. spec.

Hainsimse, Feld-	*Luzula campestris* (L.) DC. = *L. subpilosa* (Gilib.) V. Krecz.
Hederich	*Raphanus raphanistrum* L.
Heidekraut	*Calluna vulgaris* (L.) Hull
Hellerkraut, Acker-	*Thlaspi arvense* L.
Herbstzeitlose	*Colchicum autmnale* L.
Hirse, Kolben-	*Setaria italica* (L.) P. Beauv.
Hirse, Rispen-	*Panicum miliaceum* L.
Hirtentäschel	*Capsella bursa-pastoris* (L.) Medik.
Hohlzahn-Arten	*Galeopsis* L. spec.
Honiggras, Weiches	*Holcus mollis* L.
Honiggras, Wolliges	*Holcus lanatus* L.
Hornklee, Sumpf-	*Lotus uliginosus* Schkuhr = *L. pedunculatus* auct. non Cav. = *L. corniculatus* L. ssp. major auct. p. p.
Hornklee, Wiesen-, Hornschotenklee	*Lotus corniculatus* L.
Hornkraut, Gewöhnliches	*Cerastium fontanum* Baumg. ssp. triviale (Link) Jalas = *Cerastium holosteoides* Fries emend. Hyl.
Hundszahn	*Cynodon dactylon* (L.) Pers.
Johanniskraut, Geflecktes	*Hypericum maculatum* Crantz = *H. quadrangulum* auct. non L.
Kammgras, Wiesen-	*Cynosurus cristatus* L.
Kerbel, Wiesen-	*Anthriscus sylvestris* (L.) Hoffm. = *A. torquata* Coste = *Chaerophyllum sylvestre* L. = *Cerefolium sylvestre* (L.) Besser
Klappertopf-Arten	*Rhinanthus* L. spec.
Klee, Aegaeischer	*Trifolium meneghinianum* G. C. Clementi
Klee, Alexandriner (-)	*Trifolium alexandrinum* L.
Klee, Bodenfrüchtiger	*Trifolium subterraneum* L.
Klee, Erdbeer-	*Trifolium fragiferum* L.
Klee, Faden-	*Trifolium dubium* Sibth. = *T. Minus* Sm. = *T. filiforme* auct.
Klee, Gelb-	*Medicago lupulina* L.
Klee, Inkarnat-	*Trifolium incarnatum* L.
Klee, Mittlerer	*Trifolium medium* L.
Klee, Persischer	*Trifolium resupinatum* L.
Klee, Rot-	*Trifolium pratense* L.
Klee, Schweden-	*Trifolium hybridum* L. = *T. fistulosum* Gilib.
Klee, Weiß-	*Trifolium repens* L.
Kleeteufel, Kleiner	*Orobanche minor* Sm.
Knaulgras, Gemeines	*Dactylis glomerata* L.
Knautie, Wiesen-	*Knautia arvensis* (L.) Coult. = *Scabiosa arvensis* L.
Knöterich, Wiesen-	*Polygonum bistorta* L. = *Bistorta major* S. F. Gray
Kohlrübe	*Brassica napus* L. emend. Metzg. var. *napobrassica* (L.) Rchb. (var. *rapifera* Metzg.)

Kratzdistel, Acker-	*Cirsium arvense* (L.) Scop.
Kratzdistel, Sumpf-	*Cirsium palustre* (L.) Scop.
Kümmel, Wiesen-	*Carum carvi* L.
Labkraut, Wiesen-	*Galium mollugo* L. = *G. mollugo* L. ssp. *tyrolense* (Willd.) Hayek
Leimkraut, Nickendes	*Silene nutans* L.
Lichtnelke, Kuckucks-	*Lychnis flos – cuculi* L. = *Coronaria flos – cuculi* (L.) A. Br.
Lieschgras, Wiesen-	*Phleum pratense* L.
Löwenzahn, Gemeiner	*Taraxacum officinale* Weber in Wiggers = *Leontodon taraxacum* L.
Löwenzahn, Herbst-	*Leontodon autumnalis* L.
Löwenzahn, Rauher	*Leontodon hispidus* L.
Lupine, Blaue	*Lupinus angustifolius* L. = *L. varius* L.
Lupine, Gelbe	*Lupinus luteus* L.
Lupine, Weiße	*Lupinus albus* L. = *L. termis* Forssk.
Luzerne, Bastard-	*Medicago* x *varia* Martyn
Luzerne, Saat-	*Medicago sativa* L.
Luzerne, Sichel-	*Medicago sativa* L. ssp. *falcata* (L.) Arcang. = *M. falcata* L.
Mädesüß	*Filipendula ulmaria* (L.) Maxim. = *Spiraea ulmaria* L.
Mais	*Zea mays* L.
Markstammkohl, Futterkohl	*Brassica oleracea* L. convar. *acephala* (DC.) Alef. var. *medullosa* Thell. et var. *palmifolia* DC. et var. *viridis* L.
Miere, Vogel-	*Stellaria media* (L.) Vill.
Möhre, Wilde	*Daucus carota* L.
Ölkürbis, Gartenkürbis	*Cucurbita pepo* L.
Pestwurz, Gemeine	*Petasites hybridus* (L.) Ph. Gärtn., B. Mey. et Scherb. = *P. officinalis* Moench
Phazelie	*Phacelia tanacetifolia* Benth.
Pfeifengras, Blaues	*Molinia caerulea* (L.) Moench = *Aira caerulea* L.
Pippau, Wiesen-	*Crepis biennis* L.
Platterbse, Purpur-	*Lathyrus clymenum* L. = *Lathyrus articulatus* L.
Platterbse, Rote	*Lathyrus cicera* L.
Platterbse, Saat- (= Deutsche Kichererbse)	*Lathyrus sativus* L.
Platterbse, Tanger-	*Lathyrus tingitanus* L.
Platterbse, Wiesen-	*Lathyrus pratensis* L.
Quecke, Kriechende	*Elymus repens* (L.) Gould = *Agropyron repens* (L.) P. Beauv. = *Triticum repens* L. = *Elytrigia repens* (L.) Desv. ex Nevski
Raps	*Brassica napus* L. emend. Metzg. var. *napus* = var. *oleifera* Del. ssp. *oleifera* DC.
Rettich, Oel-	*Raphanus sativus* L. var. *oleiformis* Pers.
Rispe, Gemeine	*Poa trivialis* L.
Rispe, Jährige	*Poa annua* L.

Rispe, Sumpf- (= Rispe, Fruchtbare)	*Poa palustris* L.
Rispe, Wiesen-	*Poa pratensis* L.
Roggen, Saat-	*Secale cereale* L.
Rübsen	*Brassica rapa* L. emend. Metzg. var. *silvestris* (Lam.) Briggs = ssp. *oleifera* DC.
Ruchgras, Wohlriechendes	*Anthoxanthum odoratum* L.
Runkelrübe	*Beta vulgaris* L. ssp. *vulgaris* var. *alba* DC. = var. *crassa* (Alef.) Wittm.
Salzschwaden, Strand-	*Puccinellia maritima* (Huds.) Parl. = *Atropis maritima* (Huds.) Griseb. = *Glyceria maritima* (Huds.) Wahlenb. = *G. foucaudii* (Hack.) Coste
Schachtelhalm, Sumpf-	*Equisetum palustre* L.
Schaumkraut, Wiesen-	*Cardamine pratensis* L.
Schmiele, Draht-	*Deschampsia flexuosa* (L.) Trin. = *Avenella flexuosa* (L.) Drejer = *Aira flexuosa* L.
Schmiele, Rasen-	*Deschampsia cespitosa* (L.) P. Beauv. = *Aira cespitosa* L.
Schwaden, Wasser-	*Glyceria maxima* (Hartm.) Holmberg = *Poa aquatica* L. = *G. aquatica* (L.) Wahlenberg non J. S. et C. K. B. Presl = *G. spectabilis* Mert. et W. D. J. Koch
Schwingel, Rohr-	*Festuca arundinacea* Schreb. = *F. elatior* L.
Schwingel, Rot-	*Festuca rubra* L.
Schwingel, Schaf-	*Festuca ovina* L. = *F. vulgaris* (Koch) Hayek
Schwingel, Wiesen-	*Festuca pratensis* Huds. = *F. elatior* auct. non L. = *F. elatior* ssp. *pratensis* (Huds.) Hack.
Seggen – Arten	*Carex* L. spec.
Segge, Davall's	*Carex davalliana* Sm.
Seide – Arten	*Cuscuta* L. spec.
Seide, Klee-	*Cuscuta epithymum* (L.) L. ssp. *trifolii* (Bab.) Hegi
Senf, Sarepta-	*Brassica juncea* (L.) Czern. et Coss. ssp. *juncea*
Senf, Schwarzer	*Brassica nigra* (L.) W. D. J. Koch
Senf, Weißer	*Sinapis alba* L. ssp. *alba* = *Brassica hirta* Moench
Serradella	*Ornithopus sativus* Brot.
Silge, Wiesen-	*Silaum silaus* (L.) Schinz. et Thell. = *Silaus pratensis* Besser
Simse, Wald-	*Scirpus sylvaticus* L.
Sommerwurz – Arten	*Orobanche* L. spec.
Sonnenblume	*Helianthus annuus* L.
Sorghum	*Sorghum bicolor* (L.) Moench.
Spörgel, Spark, Ackerspark	*Spergula arvensis* L. var. *sativa* (Boenn.) Mert. et W. D. J. Koch
Stechapfel, Gemeiner	*Datura stramonium* L. = *D. tatula* L.
Steinklee, Gelber	*Melilotus officinalis* (L.) Pall.
Steinklee, Weißer	*Melilotus alba* Medik.

Stoppelrübe	*Brassica rapa* L. emend. Metzg. var. *rapa* = ssp. *rapifera* Metzg.
Storchschnabel, Wald-	*Geranium sylvaticum* L.
Straußgras, Hunds-	*Agrostis canina* L.
Straußgras, Kriechendes	*Agrostis stolonifera* L. = *A. alba* auct. p.p. non L. = *A. palustris* Huds.
Straußgras, Rotes	*Agrostis capillaris* L. = *Agrostis tenuis* Sibth. = *Agrostis vulgaris* With.
Straußgras, Weißes	*Agrostis gigantea* Roth = *A. alba* auct. p.p. non L.
Sudangras	*Sorghum sudanense* (Piper) Stapf
Taubnessel, Rote	*Lamium purpureum* L.
Topinambur	*Helianthus tuberosus* L.
Trespe, Aufrechte	*Bromus erectus* Huds. = *B. arvensis* Poll. non L. = *Zerna erecta* (Huds.) Panzer ex Jacks.
Trespe, Trauben-	*Bromus racemosus* L.
Trespe, Wehrlose	*Bromus inermis* Leyss. = *Zerna inermis* (Leyss.) Lindm.
Trespe, Weiche	*Bromus hordeaceus* L. ssp. *hordeaceus* = *B. mollis* L.
Wegerich, Großer	*Plantago major* L.
Wegerich, Spitz-	*Plantago lanceolata* L.
Weidelgras, Bastard-	*Lolium* x *boucheanum* Kunth = *L. multiflorum* x *L. perenne* L. = *Lolium* x *hybridum* Hausskn.
Weidelgras, Deutsches	*Lolium perenne* L.
Weidelgras, Einjähriges (= W., Westerwoldisches)	*Lolium multiflorum* Lam. ssp. *gaudini* (Parl.) Schinz et Kell.
Weidelgras, Welsches	*Lolium multiflorum* Lam. = *L. italicum* A. Br.
Weidelgras, Winterannuelles	*Lolium rigidum* Gaudin
Wicke, Saat-	*Vicia sativa* L. ssp. *sativa*
Wicke, Vogel-	*Vicia cracca* L.
Wicke, Zaun-	*Vicia sepium* L.
Wicke, Zottel-	*Vicia villosa* Roth = *V. dasycarpa* Ten.
Wiesenknopf, Großer	*Sanguisorba officinalis* L. = *S. major* Gilib. = *S. polygama* F. Nyl.
Wiesenknopf, Kleiner	*Sanguisorba minor* Scop. = *Poterium sanguisorba* L. = *Pimpernella minor* (Scop.) Lam. = *S. gaillardotii* (Boiss.) Hayek = *S. garganica* (Ten.) Bertol.
Wucherblume (= Wiesenmargerite)	*Leucanthemum vulgare* Lam. = *Chrysanthemum leucanthemum* L.
Ziest, Heil-	*Stachys officinalis* (L.) Trev. = *St. betonica* Benth. = *Betonica officinalis* L.
Zittergras	*Briza media* L.

Pilze

Blattbrand	*Leptosphaerulina trifolii* (Rost.) Petrak
Braunrost auf Agrostis-Arten	*Puccinia agrostidis* Plowr.
Braunrost auf Arrhenatherum elatius	*P. arrhenathericola* Ed. Fisch.
Braunrost auf Alopecurus-Arten	*P. perplexans* Plowr.
Braunrost auf Bromus-Arten	*P. bromina* Erikss.
weitere Puccina-Arten	*Puccinia brachypodii* var. *arrhenatheri* (Kleb.) Cumm. et Greene
	Puccinia brachypodii var. *poae-nemoralis* (Otth) Cumm. et Greene
Echter Mehltau (Klee)	*Erysiphe trifolii* Grev.
Echter Mehltau (Getreide)	*Erysiphe graminis* D.C.
Erstickungsschimmel	*Epichloe typhina* (Fr.) Tul.
Falscher Mehltau (Klee)	*Peronospora trifoliorum* de Bary.
Fusarium-Wurzelfäule-Komplex (Klee)	*Fusarium oxysporum* Schlecht. *F. solani* (Mart.) Appel et Wallr., F. spp.
Gelbrost	*Puccinia striiformis* Westend.
Halmbruchkrankheit	*Pseudocercosporella herpotrichoides* (Fron.) Deigh.
Hexenringe (Feenringe)	*Marasmius oreades* Fr.
	M. urens Fr.
	Collybia butryacea Fr.
	C. confluence Fr.
	u.a. zahlreiche Basidiomyceten
Klappenschorf	*Pseudopeziza trifolii* (Bivona-Bernardi) Fuckel
	P. medicaginis (Lib.) Sacc.
	P. jonesii Nannf.
	P. meliloti Syd.
Kleekrebs	*Sclerotinia trifoliorum* Erikss.
Kleerost	*Uromyces nerviphilus* (Grognot) Hotson
	U. trifolii (D. C.) Lev. u.a.
Kleeschwärze	*Cymadothea trifolii* (Pers. ex Fr.) Wolf
Kronenrost	*Puccinia coronata* Corda.
Mutterkorn	*Claviceps purpurea* (Fr.) Tul.
Rhizoctonia-Fäule	*Rhizoctonia solani* Kühn
Schneeschimmel	*Fusarium nivale* Ces. ex Sacc.
weitere Fusarium-Arten	*Fusarium roseum* (Lk.) Snyder et Hansen
	F. tricintum (Pk.) Snyder et Hansen
	F. avenaceum (Fr.) Sacc.
	F. culmorum (W.G.Sm.) Sacc.
Schwarzbeinigkeit	*Gaeumannomyces graminis* (Sacc.) Arx et Olivier
Schwarzrost	*Puccinia graminis* Pers.

Septoria Blattfleckenkrankheit	*Septoria calamagrostidis* (Lib.) Sacc.
	S. triseti Spreg.
	S. nodorum (Berk.) Berk.
	S. avenae Frank
	S. loligena Sprague
	S. tritici f. sp. *lolicola* Sprague et A. J. Johnson
Spitzer Augenfleck	*Ceratobasidium* spec.
Typhula-Fäule	*Typhula incarnata* Lasch ex. Fr.
	T. idahoensis Remsb.
	T. ishikariensis Imai.
Verticillium-Welke an Luzerne	*Verticillium albo-atrum* Reinke et Berth.

Bakterien

Knöllchenbakterien	*Rhizobium* spec.

Viren

Blattrollvirus der Ackerbohne und Erbse	bean leaf roll virus
Braunverzwergungs-Virus des Glatthafers	Arrhenatherum blue dwarf virus
Bohnengelbmosaik-Virus	bean yellow mosaic virus
Gewöhnliches Erbsenmosaik (Stamm des Bohnengelbmosaik-Virus)	bean yellow mosaic virus
Erbsenblattrollmosaik-Virus	pea leaf roll mosaic virus
Festuca-Nekrose-Virus	Festuca necrosis virus
Gelbverzwergungs-Virus der Gerste	barley yellow dwarf virus
Knaulgrasscheckungs-Virus	cocksfoot mottle virus
Knaulgrasstrichel-Virus	cocksfoot streak virus
Luzernemosaik-Virus	alfalfa mosaic virus
Mildes Knaulgrasmosaik-Virus	cocksfoot mild mosaic virus
Queckenmosaik-Virus	Agropyron mosaic virus
Rotkleeadernmosaik-Virus	red clover vein mosaic virus
Rotkleescheckungs-Virus	red clover mottle virus
Trespenmosaik-Virus	brome mosaic virus
Weidelgrasmosaik-Virus	ryegrass mosaic virus

Tiere

Ameisen	Formicidae
Augenwürmer	*Thelazia* spec.
Babesien	*Babesia divergens* (M'Fadyean u. Stockman)
	Babesia major (Sergent)
	Babesia motasi (Wenyon)
	Babesia ovis (Babes)

Bandwurm (Gans)	*Hymenolepis* spp.
Bandwurm (Mensch)	*Taenia saginata* (Goeze)
Bandwurm (Pferd)	*Anoplocephala* sp. *Paranoplocephala* sp.
Bandwurm (Rind, Schaf, Ziege)	*Moniezia* spp.
Blasenfüße	Thysanoptera
Blattläuse	Aphididae, Aphidina
Bremsen	Tabanidae
Dasselfliege, Große	*Hypoderma bovis* (De Geer)
Dasselfliege, Kleine	*Hypoderma lineatum* (De Villers)
Drahtwurm	*Agriotes* spec.
Engerling (Larve)	*Melolontha* spec.
Erreger des Sommerausschlages	*Stephanofilaria* spp.
Fadenwürmer	Filarien
Feldmaikäfer	*Melolontha melolontha* L.
Feldmaus	*Microtus arvalis* Pall.
Fritfliege	*Oscinella frit* L.
Gallmilben	Tetrapodili
Geißeltierchen	*Trypanosoma theileri* (Laveran)
Gerandeter Holzbock (Rind, Schaf, Ziege, Reh, Hirsch)	*Dermacentor marginatus* (Sulzer) = *D. reticulatus*
Graseule	*Cerapteryx graminis* L.
Herbstschnake	*Tipula czizeki* (De Jong)
Holzbock	*Ixodes ricinus* (L.)
Hüpferling	*Cyclops* spp.
Junikäfer	*Amphimallon solstitiale* L.
Kaninchen	*Oryctolagus cuniculus* L.
Kohlschnecke	*Tipula oleracea* L.
Kokzidien	*Eimeria* spp.
Kriebelmücke	*Simulium* spp.
Leberegel, Großer	*Fasciola hepatica* (L.)
Leberegel, Kleiner	*Dicrocoelium dendriticum* (Rudolphi)
Lungenwurm, Großer	*Dictyocaulus viviparus* (Bloch)
Lungenwurm, Kleiner	Protostrongylinae
Magenwurm (Gans)	*Amidostomum anseris* (Zeder)
Magenwurm (Schwein)	*Hypostrongylus rubidus* (Hassel u. Stiles)
Magenbremsen, Dassellarven	*Gasterophilus* spp.
Magen-Darm-Fadenwürmer	*Ostertagia* spec.
Maulwurf	*Talpa europaea* L.
Milben	Acari
Moosmilben	Oribatiden
Palisadenwürmer	Strongyliden
Saugmilben	*Psoroptes*
Schmeißfliegen	Calliphoridae
Schnecken	Gastropoda
Schorfmilben	*Chorioptes*

Stechfliegen	Stomoxydinae
Stechmücke, Gemeine	*Culex pipiens*
Stubenfliege	*Musca domestica*
Sumpfschnacke	*Tipula paludosa* Mg.
Theileria	*Theileria mutans* (Theiler)
Waldmaikäfer	*Melolontha hippocastani* F.
Wanzen	Heteroptera spec.
Wiesenmücken	*Aëdes* spp.
Wiesenschnaken	Tipulidae
Wühlmaus, Große	*Arvicola terrestris* (L.), Rodentia
Zecken	Ixodidae
Zeckenart (Rind, Schaf, Ziege)	*Haemaphysalis punctata* (Canestrini u. Fanzage)
Zikade	Cicadina
Zwergschlammschnecke	*Galba truncatula* = *Lymnaea truncatula*

Nematoden

Gewöhnliches Getreidezystenälchen	*Heterodera avenae* Woll.
Gewöhnliches Gräserzystenälchen	*Punctodera punctata* Mulvey und Stone
	Helicotylenchus pseudorobustus (Steiner) Golden
Irisches Gräserzystenälchen	*Heterodera mani* Math.
Irisches Straußgraszystenälchen	*Heterodera iri* Math.
Kleezystenälchen	*Heterodera trifolii* Goff.
Langschwänziges Gramineenzystenälchen	*Heterodera longicaudata* Seidel
Stockälchen	*Ditylenchus dipsaci* (Kühn) Filipjev
Wurzelgallenälchen	*Meloidogyne hapla* Chitw.
Wurzelläsionsnematoden, Läsionenälchen	*Pratylenchus neglectus* (Rensch) Filipjev und Stekhoven = *Pratylenchus penetrans* (Cobb.) Filipjev und Stekhoven
	Paratylenchus tateae Wu und Townshend
Zweifenstriges Gramineenzystenälchen	*Heterodera bifenestra Kirjanova und Krall*

Abkürzungen

BFI	= Blattflächenindex
BWZ	= Bestandeswertzahl
C_t	= Gesamtkohlenstoff
DE	= Verdauliche Energie (GE minus Kotenergie)
DG	= Dauergrünland
EFE	= Ertrags-Futterwert-Einheit = dt TM/ha × WZ
FCM	= fat corrected milk (4% Fett)
f.sp.	= forma spezialis
GE	= Bruttoenergie
GJ	= Giga-Joule (10^9)
GV	= Großvieheinheit
HF	= Hauptfruchtfutterfläche
kEFr	= 1000 Energetische Futtereinheiten (für das Rind)
kStE	= 1000 StE
LAI	= leaf area index
LF	= Landwirtschaftlich genutzte Fläche
LG	= Lebendgewicht
LM	= Lebendmasse
LN	= Landwirtschaftliche Nutzfläche
Mcal	= Mega-Kalorie (10^6)
ME	= umsetzbare Energie (DE minus Energie in Harn und Gärungsgasen)
MJ	= Mega-Joule (1 Mcal = 4.186 MJ)
NAR	= Nettoassimilationsrate
NEL	= Nettoenergie – Laktation
NFE	= N-freie Extraktstoffe
NPN	= Nichtproteinstickstoff
NSKH	= Nichtstrukturkohlenhydrate
P	= Irrtumswahrscheinlichkeit
q	= Umsetzbarkeit $\left(\frac{ME}{GE} \times 100\right)$
RF	= Rohfaser
RWR	= Relative Wachstumsrate
spec.	= Spezies
spp.	= Spezies
ssp.	= Subspezies
StE	= Stärkeeinheit
TKG	= Tausendkorngewicht
TKM	= Tausenkornmasse
TM	= Trockenmasse
TS	= Trockensubstanz
UDT	= Unterdachtrocknung
var.	= Varietas
verd. RP	= verdauliches Rohprotein
VQ	= Verdauungsquotient
W	= Körpermasse in kg
$W^{0,75}$	= metabolische Körpermasse
WTE	= Weidetageeinheiten
WZ	= Wertzahl

Register